comportement humain et ORGANISATION

5e ÉDITION

ACCÉDEZ à MonLab

MonLab | L'apprentissage optimisé

MonLab, c'est l'environnement numérique de votre manuel. Il vous connecte aux exercices interactifs ainsi qu'aux documents complémentaires de l'ouvrage. De plus, grâce à son tableau de bord, il vous permet de suivre la progression de vos résultats ainsi que le calendrier des activités à venir. **MonLab** vous accompagne vers l'atteinte de vos objectifs, tout simplement !

INSCRIPTION de l'étudiant

1. Rendez-vous à l'adresse de connexion **http://mabiblio.pearsonerpi.com**
2. Cliquez sur « **Pas encore d'accès ?** » et suivez les instructions à l'écran.
3. Vous pouvez retourner en tout temps à l'adresse de connexion pour consulter MonLab.

L'accès est valide pendant 6 MOIS à compter de la date de votre inscription.

[redacted]

AVERTISSEMENT : Ce livre NE PEUT ÊTRE RETOURNÉ si la case ci-dessus est découverte.

ACCÈS de l'enseignant

Du matériel complémentaire à l'usage exclusif de l'enseignant est offert sur adoption de l'ouvrage. Certaines conditions s'appliquent. **Demandez votre code d'accès à information@pearsonerpi.com**

1 800 263-3678 poste 342
http://assistance.pearsonerpi.com

@AidePearsonERPI

20688W (A36410)

ERPI SCIENCES ADMINISTRATIVES

comportement humain et ORGANISATION

5e ÉDITION

John R. Schermerhorn, Jr.
Ohio University

Richard N. Osborn
Wayne State University

Mary Uhl-Bien
University of Nebraska

James G. Hunt
Texas Tech University

Claire de Billy
Faculté des sciences de l'administration
Université Laval, Québec

PEARSON

Montréal Toronto Boston Columbus Indianapolis New York San Francisco Upper Saddle River
Amsterdam Le Cap Dubaï Londres Madrid Milan Munich Paris
Delhi México São Paulo Sydney Hong-Kong Séoul Singapour Taipei Tōkyō

Développement de produits
Julie Fortin

Supervision éditoriale
Christiane Desjardins

Traduction
Véra Pollak

Révision linguistique
Bérengère Roudil

Correction d'épreuves
Martin Benoit

Index
François Morin

Recherche iconographique
Chantal Bordeleau

Direction artistique
Hélène Cousineau

Supervision de la production
Muriel Normand

Conception graphique de l'intérieur et de la couverture
Frédérique Bouvier

Édition électronique
Laliberté d'esprit

Cet ouvrage est une version française de la 12e édition de *Organizational Behavior*, de John R. Schermerhorn, Richard N. Osborn , Mary Uhl-Bien et James G. Hunt, publiée et vendue à travers le monde avec l'autorisation de John Wiley and Sons, Inc.

Dans cet ouvrage, le générique masculin est utilisé sans aucune discrimination et uniquement pour alléger le texte.

5757, rue Cypihot
Saint-Laurent (Québec) H4S 1R3
Canada
Téléphone : 514 334-2690
Télécopieur : 514 334-4720
info@pearsonerpi.com
pearsonerpi.com

Dépôt légal – Bibliothèque et Archives nationales du Québec, 2014
Dépôt légal – Bibliothèque et Archives Canada, 2014

Imprimé au Canada
ISBN 978-2-7613-5603-9

1234567890 SO 17 16 15 14
20688 BCD SM9

Préface

Exercer un travail utile, mener une carrière intéressante, contribuer au fonctionnement optimal des organisations de notre société – petites et grandes entreprises, hôpitaux, écoles, gouvernements, organismes communautaires, etc. –, tels sont les objectifs professionnels que poursuivent un très grand nombre d'individus. Le champ de connaissances du comportement organisationnel, étude des comportements humains au sein des organisations, offre à ces personnes des enseignements solides et orientés vers la pratique. Il leur permet de comprendre les divers comportements et leur fournit des outils pour relever les défis de leur vie professionnelle ou de leur engagement social, pour contribuer au succès de leur organisation dans un environnement en constante évolution.

Cette 5e édition de *Comportement humain et organisation* est l'adaptation en langue française de la 12e édition d'*Organizational Behavior*, en usage dans de nombreuses universités américaines et canadiennes, et ailleurs dans le monde. Tous les chapitres ont été mis à jour et intègrent les recherches scientifiques les plus récentes ainsi que les dernières données statistiques disponibles. De nouveaux exemples reflètent précisément les nouvelles réalités québécoise, canadienne et internationale. Tout en maintenant l'accent sur les fondements du comportement organisationnel (notamment la personnalité, la motivation, la dynamique de groupe, les caractéristiques des organisations), l'ouvrage met en évidence les enjeux actuels des milieux de travail, dans le but d'approfondir l'étude de cette discipline. L'éthique et la responsabilité sociale y apparaissent comme des composantes fondamentales de toute appréciation des réalisations individuelles et organisationnelles. L'approche adoptée témoigne d'un respect à l'égard de l'apport d'une main-d'œuvre diversifiée et de plus en plus riche sur les plans sociodémographique et ethnoculturel. En outre, elle reconnaît pleinement l'empreinte quotidienne des forces de la mondialisation. Enfin, elle prend en considération les enjeux associés à l'instauration de conditions favorables à la santé et au bien-être des personnes.

Cet ouvrage est tout particulièrement destiné aux étudiants des premier et deuxième cycles en administration des affaires, en relations industrielles et en psychologie du travail et des organisations. Néanmoins, il intéressera de manière générale tous les étudiants qui sont conscients de la valeur pratique du comportement organisationnel pour leur future carrière. Il s'adresse également aux enseignants qui veulent transmettre à leurs étudiants de solides bases en la matière et favoriser le développement de leurs compétences par un grand nombre d'activités pédagogiques stimulantes. Enfin, les gestionnaires et toutes les personnes qui souhaitent améliorer leur compréhension de la dimension humaine de l'organisation pour agir plus efficacement dans leur milieu professionnel y trouveront assurément matière à réflexion.

L'objectif du manuel est d'offrir à ses différents publics un cadre conceptuel intégrant des connaissances issues de diverses disciplines, notamment les sciences humaines, et de contribuer ainsi à une meilleure compréhension du comportement humain dans les milieux de travail contemporains. Pour les auteurs, l'étude du comportement organisationnel, dont la pertinence est accentuée par la complexité des organisations et de leur environnement, s'avère essentielle à quiconque souhaite approfondir sa connaissance de soi et des autres pour agir plus efficacement dans son milieu professionnel.

Les auteurs ont voulu miser sur les applications pédagogiques des technologies de l'information. C'est pourquoi une plateforme électronique, MonLab, accompagne le manuel. Elle propose notamment une série de questionnaires en mode interactif permettant au lecteur d'évaluer sa compréhension des concepts abordés dans les différents chapitres. Elle comporte également plusieurs autoévaluations visant à favoriser la connaissance de soi du lecteur.

Pour terminer, je désire remercier toutes les personnes qui ont participé à cette édition française. À l'Université Laval, M. Bernard Garnier, ancien doyen de la Faculté des sciences de l'administration et actuellement vice-recteur aux études et aux activités internationales, mérite toute ma reconnaissance pour ses judicieux conseils, son soutien constant et ses encouragements. Mes collègues enseignants du cours «Comportement organisationnel» ont droit à toute ma gratitude pour avoir contribué à la réalisation de cet ouvrage par leurs suggestions et leurs remarques constructives. Aux Éditions du Renouveau Pédagogique, l'équipe éditoriale reçoit tous mes remerciements pour son travail effectué avec compétence, dévouement et enthousiasme.

Claire de Billy
Université Laval
Québec

Titulaire d'un baccalauréat en psychologie et d'un MBA (Université Laval), **Claire de Billy** est chargée d'enseignement au Département de management de la Faculté des sciences de l'administration de l'Université Laval à Québec depuis 1987. Elle donne, notamment, des cours de comportement organisationnel aux programmes de 1er et de 2e cycle. Conférencière appréciée, elle participe à la formation continue de différents groupes de professionnels, en particulier les pharmaciens travaillant dans les établissements de santé et en milieu communautaire. Récipiendaire de plusieurs distinctions pour la qualité de son enseignement, elle a obtenu, pour la deuxième édition de *Comportement humain et organisation*, le Prix d'excellence en enseignement, catégorie «volume», de l'Université Laval.

Présentation

Enrichie de nombreuses mises à jour et améliorations, cette 5e édition de *Comportement humain et organisation* témoigne des changements qui animent le monde actuel et les milieux de travail. Les lecteurs y retrouveront le contenu solide et complet en comportement organisationnel, les multiples exemples et le *Cahier d'apprentissage en CO* (regroupant des études de cas, des exercices et des autoévaluations) qui ont fait la renommée des éditions précédentes.

LA STRUCTURE

Les personnes qui connaissent bien les éditions antérieures constateront que la table des matières a été remaniée. Les chapitres suivent un ordre de présentation méthodique et progressif de la discipline. Il est d'abord question des caractéristiques individuelles, puis des caractéristiques des équipes. Sont ensuite décrits les processus interpersonnels et la dynamique des équipes en milieu organisationnel. Enfin, les derniers chapitres abordent la structure et la culture organisationnelles dans un environnement changeant. Bien entendu, l'ouvrage permet à l'enseignant de modifier à sa guise l'ordre de traitement des grandes parties et des chapitres.

LE CONTENU

L'ouvrage a été entièrement mis à jour sous l'éclairage des dernières découvertes de la recherche, des applications observables aujourd'hui dans les organisations et des enjeux du moment. Prenant en considération les commentaires reçus, nous avons modifié l'agencement des chapitres et retouché leur contenu afin de mieux rendre compte non seulement de l'avancement et des nouvelles orientations de la discipline, mais aussi des tendances qui transforment sans cesse les milieux de travail et les défis professionnels. Ainsi, nous avons mis davantage l'accent sur l'apport de la recherche, recadré et enrichi les chapitres traitant des caractéristiques individuelles et du comportement en milieu organisationnel, et accordé une plus large place aux études et aux idées émergentes concernant le leadership.

Guide visuel

DES POINTS DE MIRE

Au fil des chapitres, des encadrés thématiques ou rubriques contiennent des exemples qui rendent compte de l'environnement québécois, canadien et mondial actuel. Il s'agit de situations réelles se rapportant aux thèmes suivants : l'éthique, la recherche, le leadership et l'application des connaissances.

La vie et la mort dans un atelier de sous-traitance[6] — L'ÉTHIQUE EN CO

Achèteriez-vous un produit si vous saviez qu'il a été fabriqué dans un atelier où un certain nombre d'ouvriers se sont suicidés ? Une telle situation vous semble poussée à l'extrême, n'est-ce pas ? Pourtant, Foxconn, grand atelier de sous-traitance de Chine, a connu des problèmes à cause du suicide de plusieurs ouvriers. Or on fabrique là, entre autres, les produits d'Apple, de Dell et d'Hewlett-P ackard. À cet endroit, dans la ville chinoise de Shenzhen, plus de 250 000 personnes travaillent dans un immense complexe bâti sur plus de 2,5 km². Ce dernier comporte, en plus des ateliers, de nombreux dortoirs, des restaurants et un hôpital. En regardant de près, on s'aperçoit que des filets antisuicide ont été installés sous les fenêtres des dortoirs, pour prévenir le suicide d'ouvriers se jetant dans le vide.

L'un des ouvriers de Foxconn raconte que le travail est assommant, que les conversations sur les chaînes de production sont interdites et que les pauses pour aller aux toilettes sont rares. Un autre déclare : « Je fais tous les jours la même chose. Je n'ai aucun avenir. » Un surveillant explique que la société propose des services de consultation, car la plupart des ouvriers sont jeunes et pour la première fois loin de leur foyer. « Sans leur famille, dit-il, ils ne savent plus quelle direction prendre. Nous sommes là pour les orienter et les aider. »

QUESTIONS Les gens travaillent parfois dans des conditions qui nuisent à leur santé et à leur bien-être. Ils sont victimes de mauvais traitements prenant la forme de harcèlement sexuel, d'abus de pouvoir de la part des surveillants, d'incivisme des collègues de travail, de conditions de travail non sécuritaires, de très longues journées, etc. Quelles sont les responsabilités éthiques de l'entreprise qui sous-traite à l'étranger, sur le plan des conditions de travail des ouvriers de ces usines ? Qui a la responsabilité de veiller à ce que les ouvriers soient bien traités ? Quant aux consommateurs, doivent-ils soutenir les mauvaises pratiques en continuant d'acheter les produits commercialisés par les entreprises dont les sous-traitants traitent mal leurs employés ?

- ***L'éthique en CO*** Cette rubrique vise à aider le lecteur à prévoir et à comprendre, pour mieux y faire face, les enjeux éthiques susceptibles de surgir aujourd'hui dans les milieux de travail et au cours d'une carrière. Dans chaque chapitre, le lecteur est placé devant un problème réel ou inspiré de l'actualité, puis est invité à répondre à une question qui exige une réflexion personnelle sur l'éthique et sur les enjeux sous-jacents.

- ***Du côté de la recherche*** Cette rubrique très prisée a été enrichie et met davantage en valeur la pertinence des observations scientifiques sur lesquelles s'appuie le comportement organisationnel. Chaque chapitre offre un compte rendu d'un article publié par une revue de grande réputation (par exemple, *Academy of Management Journal* ou *Journal of Applied Psychology*). Parmi les sujets traités, mentionnons les répercussions de la satisfaction professionnelle sur la vie familiale, la place des femmes à la tête des organisations, l'influence du supérieur et de l'organisation sur le bien-être des travailleurs ou encore l'influence du télétravail sur les conflits travail-famille. L'enseignant qui désire accorder une attention particulière à la recherche trouvera particulièrement intéressant le module complémentaire intitulé « Les fondements de la recherche en comportement organisationnel », qui se trouve dans MonLab.

L'évaluation des employés par leurs superviseurs pourrait être teintée par les préjugés raciaux[50] — Du côté de la RECHERCHE

Telle est l'une des conclusions d'une étude menée par Joseph M. Stauffer et M. Ronald Buckley, publiée en 2005 dans le *Journal of Applied Psychology*. Les auteurs soulignent l'importance de véritables critères de rendement et d'évaluations impartiales. Ils s'appuient, à cet égard, sur une métaanalyse de Kraiger et Ford (1985) qui a montré que les évaluateurs de race blanche ont tendance à attribuer une meilleure note aux employés de race blanche qu'aux employés de race noire, tandis que les évaluateurs de race noire manifestent un penchant semblable en faveur, cette fois, des employés de race noire. Par ailleurs, ils citent une étude ultérieure, réalisée par Sackett et DuBois (1991), qui remet en question cette conclusion voulant que les évaluateurs tendent à favoriser les membres de leur propre groupe racial.

Dans leur étude, Stauffer et Buckley ont procédé à une nouvelle analyse des données fournies par Sackett et DuBois, afin d'examiner de façon plus approfondie les possibles interactions entre la race de l'évaluateur et celle du travailleur noté. Les données disponibles provenaient notamment d'échantillons d'employés militaires et civils ayant chacun été évalués par des superviseurs de race noire et de race blanche. Les deux chercheurs ont ainsi découvert que les superviseurs de race blanche attribuaient aux employés de leur propre race une note considérablement plus élevée qu'aux employés de race noire, mais que les superviseurs de race noire tendaient eux aussi à attribuer une note supérieure aux employés de race blanche.

Cependant, Stauffer et Buckley déclarent qu'il faut interpréter avec prudence les différences observées et se garder de les expliquer d'emblée comme la manifestation de préjugés raciaux. Les données, préviennent-ils, ne sont pas suffisamment consistantes pour valider cette hypothèse. En conséquence, ils suggèrent que de nouvelles études se penchent à la fois sur l'influence de préjugés raciaux sur le jugement des évaluateurs et sur les causes d'un tel phénomène. Malgré tout, leurs propos sont concluants quant aux implications des tendances qui se dessinent dans les milieux de travail : « Si vous êtes un employé de race blanche, la race du superviseur qui vous évalue importe peu. En revanche, si vous êtes un employé de race noire, la race du superviseur qui vous évalue devient un facteur important. »

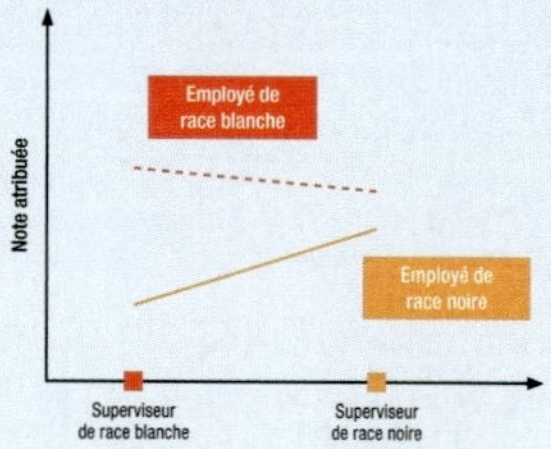

Source : Figure tirée de Joseph M. Stauffer et M. Ronald Buckley, « The Existence and Nature of Racial Bias in Supervisory Ratings », *Journal of Applied Psychology*, vol. 90, 2005, p. 586-591.

Propos et confidences de Jacques Guénette, PDG de D.L.G.L.

Des leaders parlent de leadership

[...] En 1980, trois ans après avoir touché à la gestion intérimaire – un boulot qui m'a appris que je ne voulais plus jamais travailler pour quelqu'un d'autre –, j'ai construit, lentement et prudemment, D.L.G.L. avec Claude Lalonde à mes côtés. Afin de concrétiser notre philosophie, nous avons décidé d'inverser les valeurs de l'entreprise, en créant d'abord et avant tout de la valeur, pas pour les actionnaires mais bien pour les employés. Aussi loufoque qu'elle puisse paraître, cette stratégie guide encore notre mission aujourd'hui. Elle va à l'encontre du modèle courant, mais, à mon sens, aucune organisation n'est viable pour les actionnaires et les clients si elle ne repose pas avant tout sur la richesse de sa base.

Chez nous, créer de la valeur pour les employés se traduit par une foule de gestes concrets. Par exemple, outre des salaires compétitifs, nous offrons un plan de participation aux revenus bruts, des bonis généreux, un fonds de pension (une rareté dans la petite entreprise) qui atteint déjà 11 millions de dollars. De plus, nous avons créé un *pot* pour inciter les gens à arrêter de fumer ou à se mettre en forme. Nous offrons aussi les services d'une entraîneure physique à temps plein et l'accès, même les week-ends, à un gymnase tout équipé.

Notre structure n'est pas pyramidale mais sphérique. Il n'y a pas de place pour la hiérarchie : personne n'a de titre sur sa carte professionnelle, les employés s'évaluent entre eux et ils gèrent eux-mêmes leurs vacances et leurs congés. Nous misons sur les compétences de chacun. En contrepartie, nous nous attendons à ce que les gens donnent le meilleur d'eux-mêmes. Pas plus. Pas moins. À vrai dire, la culture de l'entreprise préconise la confiance. Et il n'y a pas d'abus, pour la simple raison que les employés se comportent comme on les traite, c'est-à-dire avec respect, et qu'ils doivent rendre des comptes à leurs pairs.

Notre façon de faire a suscité – et suscite toujours – l'étonnement dans le milieu des affaires. On me demande souvent comment une entreprise peut se permettre d'offrir autant de privilèges à ses employés. En fait, ce que nous ne pouvons pas nous permettre, c'est de perdre constamment des employés. Entre nous, s'il fallait que chez D.L.G.L. nous ayons un taux de roulement comparable à celui de l'industrie, soit de 15 à 20 %, nous ne pourrions pas prétendre à l'excellence.

■ ***Des leaders parlent de leadership*** Un large éventail de modèles se prêtent à l'étude du leadership : voilà ce que rappelle cette rubrique, d'un chapitre à l'autre. De vrais leaders y font part de leurs expériences et de leur vision. Puis, une ou des questions incitent le lecteur à s'interroger sur la signification des propos présentés et à les mettre en relation avec sa propre expérience.

Force d'attraction

DES AS DE LA GESTION

[...] Un tantinet espiègle, Pascale Pageau s'en amuse : « Les vacances ? C'est pitoyable pour l'entreprise, mais formidable pour nos travailleurs : elles sont illimitées ! » Quand elle a bâti son affaire en 2005, la présidente du cabinet d'avocats montréalais Delegatus n'a pas lésiné sur les bonnes conditions de travail. « L'idée première venait d'un besoin de conciliation travail-famille », explique cette mère de quatre jeunes enfants. La structure, atypique dans le monde traditionnel du droit, répondait au besoin de « créer une atmosphère plus axée sur la créativité, la flexibilité et l'innovation ». L'avocate ne s'est pas trompée. Ce sont là trois ingrédients essentiels à toute PME en quête de personnel qualifié et fidèle.

Installée à l'avant-dernier étage d'un immeuble victorien de l'avenue McGill College, la firme a laissé de côté l'aspect tape-à-l'œil des grands cabinets d'avocats. Objectif : économiser sur le coût des opérations. L'aire de travail ouverte réduit les exigences en superficie et favorise les discussions constructives. Autre économie, et non des moindres : les professionnels savent utiliser un ordinateur, l'assistance d'une adjointe est superflue. « Le rayonnement de notre entreprise vient de la qualité des services rendus, pas de leur emballage. » Et c'est précisément cette stratégie qui permet à la firme d'attirer une main-d'œuvre hautement qualifiée. Ses avocats ont un statut de travailleur autonome, assorti d'une entente d'exclusivité. Dès lors que le service est optimal, il importe peu de savoir où, quand et en combien de temps le travail a été fait : l'autodétermination règne. En créant un environnement et des conditions de travail sains, le cabinet s'est forgé une réputation telle qu'aujourd'hui, les candidats se bousculent au portillon.

« Les grands bureaux forment les juniors à merveille, nous les récupérons après quelques années, quand ils constatent qu'ils n'ont pas de vie. C'est une mine d'or pour nous ! » affirme Pascale Pageau. [...]

Source : Sophie Mangado, « Force d'attraction », *Les Affaires*, hors série, 20 octobre 2012, p. X16. Cet extrait a été reproduit aux termes d'une licence accordée par Copibec.

■ ***Des as de la gestion*** Cette rubrique est consacrée à l'application des connaissances acquises en comportement organisationnel à des situations réelles ou à des problèmes de gestion. Elle fournit l'éclairage de gestionnaires expérimentés et d'organisations reconnues sous des titres tels que « S'épanouir chez XEOS Imagerie », « RBC offre du soutien aux parents âgés de ses employés » et « Chez L-Ipse, tous les moyens sont bons pour souder l'équipe ».

Astuces d'employeurs pour combattre la « fuite » des mamans

Ce n'est un secret pour personne, de plus en plus d'employeurs proposent des horaires flexibles aux salariés afin de tenir compte de leurs besoins. Parmi eux, Accenture et Booz Allen Hamilton recourent à … attirer et retenir les … ques initiatives des … ttre la « fuite » des … ême occasion, aux … s congés de mater- … s congés parentaux … mettre de côté une … onger leur congé de … tal.

- Créer des emplois de remplacement stimulants comportant peu de déplacements.
- S'assurer que les cotisations aux régimes d'assurance ou de retraite ne pénalisent pas les employés en congé parental ou en congé de maternité.
- Mettre en place des systèmes de mentorat et de réseautage ayant pour but d'aider les parents qui travaillent.
- Garder le contact avec les employés en congé de maternité ou en congé parental.

Si une crise est toujours violente, l'application des six règles suivantes de gestion de crise peut aider à la traverser

1. *Comprendre ce qui se passe.* Prendre le temps d'interpréter les faits et de saisir les conditions de résolution de la crise.
2. *Garder à l'esprit que la vitesse de réaction est un facteur clé.* Prendre en charge la crise le plus rapidement possible et essayer de la maîtriser avant qu'elle ne s'étende.
3. *Garder à l'esprit que la lenteur est tout aussi importante.* Savoir quand prendre du recul et attendre une meilleure occasion pour régler la crise.
4. *Reconnaître le danger d'un terrain inconnu.* Comprendre le danger que représente un territoire où on n'a jamais mis les pieds.
5. *Écouter les sceptiques.* Ne pas chercher un accord à tout prix et ne pas se sentir rassuré si on l'obtient. Apprécier les conseils des sceptiques ; ils peuvent aider à envisager la situation sous un autre angle.
6. *Se tenir prêt à combattre le feu par le feu.* Lorsque la situation se dégrade et que personne ne semble s'en soucier, il peut être utile de déclencher une autre crise pour attirer l'attention de tout le monde.

■ ***Des encadrés*** Ici et là, des encadrés décrivent des applications supplémentaires du comportement organisationnel.

D'AUTRES ÉLÉMENTS PÉDAGOGIQUES

Captiver le lecteur tout en lui offrant un contenu solide, tel est l'objectif que nous avons encore une fois poursuivi tout au long de la rédaction de cet ouvrage. Nous avons eu recours à des spécialistes ainsi qu'à des groupes de consultation formés d'étudiants et de professeurs pour discerner les points forts des éditions précédentes, repérer les aspects susceptibles d'être améliorés et déterminer les éléments à ajouter. Dans cette édition, les éléments pédagogiques les plus prisés des éditions précédentes se conjuguent donc avec des nouveautés. Plusieurs outils d'apprentissage s'ajoutent ainsi aux cinq rubriques précédemment décrites.

- ***Introduction du chapitre*** Au début de chaque chapitre, une brève introduction, les objectifs d'apprentissage visés ainsi qu'un plan exposant les principales sections et les éléments clés du chapitre préparent le lecteur à l'étude du sujet en question. En outre, un récit authentique lui présente sous un autre angle ce qu'il va découvrir.

L'optimiste à la conquête du monde

La crise immobilière américaine, Philippe Boisclair l'a subie. Courtier en bois, il avait réalisé des affaires d'or avec ses partenaires de la mi-1990 jusqu'en 2005, profitant du boom des mises en chantier aux États-Unis. « Nous gérions la croissance. C'était la belle vie », se rappelle le jeune du début de la quarantaine, diplômé en commerce de l'Université Concordia. Toutefois, en 2006, le marché s'effondre. Au sud de la frontière, il n'y a plus de débouchés pour le bois canadien.

Cette crise crée une mésentente entre ses partenaires. « Leur approche était : on ferme les écoutilles en espérant que le bateau ne coulera pas. Or, cette philosophie ne me convenait pas du tout. Je n'avais pas l'intention de perdre les plus belles années de ma vie à gérer de la décroissance », raconte Philippe Boisclair, frère de l'ancien chef du Parti québécois, André Boisclair.

Son plan à lui : sacrifier la rentabilité en recrutant du personnel hautement qualifié, maintenant disponible, et se lancer à l'international. « Pendant qu'aux États-Unis, c'était la débâcle, les princes arabes, eux, construisaient à la tonne. Les affaires continuaient là-bas et il fallait y être », raconte Philippe Boisclair.

L'optimiste cherche en permanence à développer des ressources positives.

Philippe Boisclair quitte le navire et fonde en 2009 la Canadian Wood Products. Plus rien ne freine son ambition. « Quand on sait qu'il coûte moins cher de livrer du bois à Londres qu'à Toronto, on comprend que le monde est à notre portée », dit cet amateur d'alpinisme, qui a gravi l'Aconcagua et le Kilimandjaro. Aujourd'hui, Canadian Wood Products compte 25 employés et réalise 30 % de son chiffre d'affaires à l'international (excluant les États-Unis), surpassant la performance de ses anciens partenaires qui sont toujours en affaires. Résultat : on construit avec du bois canadien à Dubaï, en Égypte et en Arabie saoudite.

« L'optimiste, écrit Philippe Gabilliet, docteur en sciences de la gestion et professeur de psychologie à l'ESCP Europe (Paris), dans son livre *Éloge de l'optimisme*, affiche clairement ses intentions d'aller de l'avant, de tester, de risquer ; il cherche en permanence à développer des ressources positives. » Exactement comme Philippe Boisclair.

Qui se ressemble s'assemble, dit-on. Philippe Boisclair fréquente des gens positifs et accorde beaucoup d'importance à l'idée de nouer des relations cordiales. Pour l'optimiste, la première source d'occasions, c'est les rencontres, soutient Philippe Gabilliet. Ce sont des gens faciles à fréquenter, qui prennent naturellement plaisir à la réussite des autres.

Source : Simon Diotte, « Le club des optimistes », *a+*, été 2011, p. 32-33.

- ***Glossaire*** Les termes clés mettant en évidence les concepts majeurs de la discipline apparaissent en gras de couleur verte dans le texte et sont repris dans la marge avec leur définition. Ils sont listés à la fin du chapitre, puis regroupés en un glossaire à la fin de l'ouvrage.

▸ **Contexte décisionnel de risque**
Contexte dans lequel les décideurs n'ont pas de certitude absolue quant aux résultats des diverses actions qu'ils envisagent, mais connaissent les probabilités qui y sont associées

▸ **Contexte décisionnel d'incertitude**
Contexte dans lequel les décideurs disposent de si peu d'information qu'il leur est impossible d'évaluer les probabilités associées aux résultats des diverses actions qu'ils envisagent

Dans un **contexte décisionnel de risque**, les décideurs n'ont pas de certitude absolue quant aux résultats des diverses actions qu'ils envisagent, mais ils connaissent les probabilités qui y sont associées. La *probabilité* d'un phénomène est une estimation des chances qu'il se produise. Elle peut s'évaluer par une méthode statistique objective ou par l'intuition. Ainsi, un gestionnaire pourra estimer statistiquement combien de produits d'un lot de fabrication seront rejetés pour non-conformité aux normes de qualité, alors qu'un dirigeant chevronné pourra parvenir au même résultat en se fondant sur son expérience. Le contexte décisionnel de risque est le plus fréquent dans les organisations contemporaines.

Dans un **contexte décisionnel d'incertitude**, les décideurs disposent de si peu d'information qu'il leur est impossible d'évaluer les probabilités associées aux résultats des diverses actions qu'ils envisagent. C'est évidemment le contexte décisionnel le plus délicat des trois. L'incertitude oblige les décideurs à s'en remettre essentiel-

GUIDE de révision

RÉSUMÉ

QUELLES SONT LES DIVERSES APPROCHES EN MATIÈRE DE CONCEPTION DE POSTE ET QUELS SONT LEURS EFFETS SUR LA MOTIVATION ET LE RENDEMENT ?

- La conception de poste englobe la planification et la description des tâches inhérentes à un poste, ainsi que la détermination des conditions dans lesquelles celles-ci s'accomplissent.
- La simplification des tâches, ou organisation scientifique du travail, est une approche de la conception de poste selon laquelle les procédés sont standardisés et les travailleurs, confinés dans des tâches normalisées, clairement définies et hautement spécialisées.
- L'élargissement des tâches est une approche de la conception de poste selon laquelle on augmente la diversité des tâches en confiant au titulaire d'un poste un plus grand nombre de tâches, sans pour autant augmenter le degré de difficulté de celles-ci ni le niveau de responsabilité du poste.
- La rotation des postes est une approche de la conception de poste selon laquelle on augmente la diversité des tâches en changeant périodiquement les travailleurs de poste, sans pour autant augmenter le degré de difficulté des tâches ni le niveau de responsabilité du poste.

MOTS CLÉS

Classement	p. 198	Programme de partage des gains de productivité	p. 194
Comparaison par paires	p. 198	Programme de participation aux bénéfices	p. 194
Conception de poste	p. 174	Programme d'options d'achat d'actions	p. 195
Distribution forcée	p. 199	Récompense extrinsèque	p. 191
Échelle d'évaluation comportementale	p. 199	Récompense intrinsèque	p. 191
Échelle d'évaluation graphique	p. 199	Régime d'actionnariat des employés	p. 195
Effet de récence	p. 203	Rémunération au mérite	p. 192
Effet de sévérité	p. 203	Rémunération fondée	
Effet des stéréotypes	p. 203		
Effet de tendance centrale	p. 203		

- ***Guide de révision*** À la fin de chaque chapitre, un guide de révision aide les étudiants à consolider leurs connaissances et à se préparer aux examens. Cet outil d'apprentissage comprend trois sections :
  - un ***résumé*** présenté sous la forme de questions-réponses, qui reprend les objectifs énumérés au début du chapitre et fait ressortir les éléments essentiels ;
  - une liste de ***mots clés*** (avec page de référence) qui renvoie aux termes apparaissant en gras de couleur verte dans le texte et à leur définition dans la marge ;

- une section d'***évaluation des connaissances*** renfermant des questions à choix multiple ainsi que des questions à réponse brève et des questions à développement.

ÉVALUATION DES CONNAISSANCES

MonLab Évaluation des connaissances questions interactives

QUESTIONS À CHOIX MULTIPLE

1. La simplification des tâches est associée au concept ________ mis de l'avant par Frederick Taylor. **a)** d'expansion verticale des tâches **b)** d'expansion horizontale des tâches **c)** d'organisation scientifique du travail **d)** de sentiment de compétence
2. ________ des tâches donne ________ à un poste par la combinaison de plusieurs tâches, sans augmentation de complexité. **a)** La rotation ; de la profondeur **b)** L'élargissement ; de la profondeur **c)** La simplification ; de l'étendue **d)** L'élargissement ; de l'étendue
3. Lorsqu'une gestionnaire modifie la nature d'un poste par une expansion verticale des tâches, elle ________ **a)** ajoute des tâches qui correspondent à une étape antérieure du flux de travaux. **b)** ajoute des tâches qui correspondent à une étape postérieure du flux de travaux. **c)** ajoute des responsabilités de planification et de contrôle. **d)** hausse les normes de rendement.
4. Selon la théorie des caractéristiques de l'emploi, le titulaire d'un poste sera plus motivé par un enrichissement de ses tâches ________ **a)** si on lui offre une option d'achat d'actions. **b)** s'il est soutenu par l'organisation. **c)** s'il bénéficie d'une expansion horizontale de ses tâches. **d)** s'il est satisfait de son cadre de travail.
5. Dans la théorie des caractéristiques de l'emploi, ________ correspond à l'indépendance et à la latitude accordées au titulaire du poste pour ce qui est de l'organisation de son travail et du choix des procédures. **a)** la polyvalence **b)** l'intégralité de la tâche **c)** la valeur de la tâche **d)** l'autonomie
6. Quelle caractéristique fondamentale de l'emploi est tout particulièrement présente lorsque le titulaire d'un poste a la possibilité d'exécuter la totalité d'une opération, par exemple le traitement d'une déclaration de sinistre depuis la réception de la demande jusqu'au règlement final, à la satisfaction du client ? ________ **a)** L'intégralité de la tâche. **b)** La valeur de la tâche. **c)** L'autonomie. **d)** La rétroaction.
7. Une semaine de travail à temps plein en quatre jours illustre un aménagement du temps de travail appelé ________ **a)** la semaine de travail comprimée. **b)** l'horaire de travail variable. **c)** le partage de poste. **d)** le travail permanent à temps partiel.
8. Selon le modèle intégré de la motivation au travail, qu'est-ce qui conditionne l'effort ? **a)** Les récompenses. **b)** Le soutien organisationnel. **c)** Les compétences. **d)** La motivation.
9. Le salaire e[…] tandis que l[…] tâche est un […] compétence […] intrinsèque […]

QUESTIONS À RÉPONSE BRÈVE

16. Comment procéderiez-vous pour enrichir des postes, c'est-à-dire pour leur donner de la profondeur ?
17. Quel rôle joue le besoin de croissance du travailleur dans la théorie des caractéristiques de l'emploi ?
18. Expliquez en quoi consiste la méthode d'évaluation du rendement appelée « rétroaction à 360 degrés ».
19. Expliquez ce qui distingue l'effet de halo et l'effet de récence, deux erreurs courantes dans l'évaluation du rendement.

QUESTION À DÉVELOPPEMENT

20. Un magasin a fait appel à vous à titre de consultant, afin que vous lui proposiez un programme destiné à créer un cadre de travail motivant et source de rendement pour le rayon des vêtements pour hommes et pour femmes. En vous appuyant sur ce qui a été dit dans ce chapitre au sujet de la conception de poste et de la gestion des récompenses, formulez des hypothèses pertinentes et expliquez, en les justifiant, quelles seraient vos recommandations.

- ***Le CO dans le feu de l'action*** Cette section qui clôt le chapitre oriente le lecteur vers les études de cas, les exercices et les autoévaluations du *Cahier d'apprentissage en CO* qui se rapportent au contenu du chapitre.

LE CO DANS LE FEU DE L'ACTION

Pour ce chapitre, nous vous suggérons les activités suivantes du *Cahier d'apprentissage en CO* (voir p. C1).

Études de cas	Exercices	Autoévaluations
10. La société Hovey & Beard 11. La société aérienne Maritime 12. Pizzeria Idéale	3. Mon meilleur emploi 13. Le jeu de construction 14. Préférences en matière de conception de poste 15. Un emploi de rêve 16. La motivation par l'enrichissement des tâches 17. Augmentations de salaire annuelles 30. Évaluation d'un supérieur 31. Rétroaction à 360 degrés	5. Vos valeurs personnelles 7. Votre profil bifactoriel 8. Êtes-vous *universel* ?

LE *CAHIER D'APPRENTISSAGE EN CO*, INCLUANT LE *RECUEIL DE JOSSEY-BASS ET PFEIFFER*

Placé à la fin de l'ouvrage, le ***Cahier d'apprentissage en CO*** est un élément clé de *Comportement humain et organisation*. Il met à la disposition de l'enseignant et de l'étudiant des études de cas, des exercices et des autoévaluations. Cette nouvelle édition en offre une version mise à jour et enrichie, notamment, de plusieurs études de cas. En outre, le *Cahier* présente le *Recueil de Jossey-Bass et Pfeiffer*, qui comprend le populaire *Inventaire des pratiques de leadership de l'étudiant* élaboré par Kouzes et Posner, ainsi que d'autres exercices récents extraits de manuels de formation que Pfeiffer publie annuellement. Tout ce matériel offre maintes possibilités d'enrichir de façon utile et créative l'expérience d'apprentissage de la discipline du comportement organisationnel.

UNE PLATEFORME NUMÉRIQUE AU CONTENU DYNAMIQUE : MonLab

En complément de l'ouvrage *Comportement humain et organisation*, la plateforme numérique interactive MonLab propose un éventail de ressources tant aux enseignants qu'aux étudiants. Ces derniers pourront ainsi, notamment, accéder aux réponses aux questions d'évaluation des connaissances et effectuer les autoévaluations en ligne, en mode interactif.

Deux pictogrammes renvoient à un complément en ligne :

- MonLab Des textes complémentaires
- MonLab Des questions interactives : vrai ou faux, questions à choix multiple, questions à réponse brève et questions à développement

Sommaire

TABLE des matières

Partie 1

Le comportement organisationnel de nos jours

CHAPITRE 1

Introduction au comportement organisationnel

Introduction au comportement organisationnel

Les êtres humains, dans leur diversité, constituent les fondements de toute organisation. Chacun mérite d'être respecté au travail ; chacun mérite de tirer une satisfaction professionnelle de ses tâches et de ses réalisations. Le chapitre 1 présente le comportement organisationnel comme un champ de connaissances qui peut contribuer à une gestion efficace des individus et des équipes dans les milieux de travail contemporains, et favoriser la réussite professionnelle.

Chapitre 1

OBJECTIFS D'APPRENTISSAGE

Après l'étude de ce chapitre, vous devriez pouvoir :

- Définir le comportement organisationnel et en saisir les fondements historiques et scientifiques, ainsi que mesurer l'importance de ce champ de connaissances.
- Décrire les organisations en tant que cadres de travail.
- Expliquer ce qui caractérise les rôles du gestionnaire et du leader.
- Expliquer comment se fait l'apprentissage du comportement organisationnel.

Les êtres humains, dans leur diversité, constituent les fondements de toute organisation.

PLAN DU CHAPITRE

DLGL : Aucun départ en quatre ans

[…] Depuis quatre ans, personne n'a quitté son emploi chez DLGL. Et pourtant, les occasions de changer d'employeur sont légion dans les technologies de l'information, un secteur en pénurie de main-d'œuvre où le taux de roulement atteint fréquemment de 15 à 20 % par année. Le secret de cette PME spécialisée dans les systèmes de gestion de ressources humaines ? Le bonheur au boulot. Pour le créer, une philosophie d'affaires à l'opposé de l'approche traditionnelle.

« Quand les dirigeants d'entreprise parlent de créer de la valeur, c'est toujours pour les actionnaires, remarque Jacques Guénette, président de DLGL. Nous, on a inversé la pyramide. La première chose à faire est de créer de la valeur pour les employés. Ainsi, ils deviennent loyaux et expérimentés, et c'est grâce à ça qu'on crée de la valeur pour les clients. À la fin, ça crée de la valeur pour les actionnaires, mais c'est la conséquence et non l'objectif. »

Au Canada comme au Québec, DLGL ne cesse d'être reconnue et récompensée pour la qualité exceptionnelle de sa gestion de personnel. De 2005 à 2009, elle a été membre du Club Platine des sociétés les mieux gérées au Canada. Elle a été reconnue meilleur employeur de la province au Défi Meilleurs Employeurs de 2002 à 2004, puis lauréate du Prix Panthéon (la plus haute distinction du Défi) jusqu'en 2010. Après ce passage au rang d'honneur, la société revient à la compétition cette année et rafle encore la première position dans sa catégorie ! La voilà à nouveau qualifiée pour le Panthéon.

« Avoir une culture fondée sur le respect nous apporte beaucoup. On a une longue liste de gens qui veulent travailler pour nous. On n'a aucun problème de recrutement. C'est connu que c'est l'fun de travailler chez nous. Mais on embauche peu, parce qu'on ne perd pas notre monde… », souligne M. Guénette.

La première chose à faire est de créer de la valeur pour les employés. Ainsi, ils deviennent loyaux et expérimentés.

[…] La longévité du personnel dans la société est la clé du modèle d'entreprise de DLGL, car les clients peuvent établir des relations de confiance à long terme avec les conseillers.

En 1980, quand l'entreprise a été fondée, elle s'est engagée à offrir une qualité de vie à tous : employés, directeurs, clients, fournisseurs. L'engagement n'a pas changé. Elle accorde des horaires de travail flexibles et, surtout, non abusifs. Les mandats sont exigeants. Les conseillers font affaire avec de grandes entreprises qui ont des bureaux partout au pays, qui peuvent avoir 25 directeurs, qui gèrent une trentaine de conventions collectives.

« Ce qu'on fait, c'est ce qu'il y a de plus difficile en informatique, c'est là où il y a le plus de projets manqués. Les conventions collectives changent à mesure qu'on travaille. Mais il n'est pas question de faire du 70 heures par semaine parce qu'on est en mode projet. On est toujours en mode projet », dit M. Guénette.

Si un employé dépasse ses heures de travail normales, la direction de DLGL ne laisse pas la situation durer. La PME a fait le pari que le respect attire le respect. Elle fait confiance. Un employé est évalué en fonction de son rendement général et s'il veut jouer au golf un vendredi après-midi, il a la liberté de le faire. Comme il a la liberté de planifier ses vacances sans que l'entreprise s'en mêle, mais en prenant ses responsabilités à l'égard de ses collègues et des clients.

« C'est une question d'adhésion à la culture de l'entreprise. On traite les employés de façon excellente et on s'attend à ce que les employés traitent l'entreprise et les clients de la même manière. »

Jacques Guénette imaginait devoir changer de méthodes en raison de la croissance de l'entreprise, mais à 10 ou à 90 personnes, tout baigne. Mais pas question d'ajouter du personnel à la tonne. L'objectif est de rester petit, mais d'être meilleur que les autres. […]

Source : Valérie Lesage, « Aucun départ en quatre ans », *Les Affaires*, 22 octobre 2011, p. 14. Cet extrait a été reproduit aux termes d'une licence accordée par Copibec.

Le message qu'on doit retenir au sujet des meilleurs employeurs et des organisations les mieux gérées est le suivant: « Les êtres humains, dans leur diversité, constituent les fondements de toute organisation. » Jeffrey Pfeffer, professeur à la Stanford University, souligne que cette conviction ne relève pas d'un simple attachement sentimental au facteur humain. Les résultats, insiste-t-il, sont aussi là pour le prouver. Les organisations qui adoptent des pratiques positives en matière de gestion des ressources humaines obtiennent un avantage concurrentiel grâce à la hausse de leur productivité et à la baisse du roulement de leur personnel. Selon ce professeur, les organisations réussissent mieux quand leurs dirigeants traitent bien les gens et les considèrent non pas comme des coûts à maîtriser, mais plutôt comme un actif qu'il faut soutenir et mettre en valeur[1].

Introduction au comportement organisationnel

Il y a une leçon importante à tirer du leadership exercé par le cofondateur de DLGL: quand on agit de manière éthique et qu'on traite avec égards les membres d'une organisation, on peut s'attendre à une considération semblable de leur part en retour. Toutefois, les voies menant au succès sont aujourd'hui complexes. Bien que stimulantes, elles demeurent semées d'embûches. Et rien n'est jamais sûr. Par contre, même en pleine crise, un dirigeant peut faire face aux incertitudes avec confiance s'il a su gagner le respect de ses employés.

Quel que soit le cadre de travail où vous évoluerez – PME, grande entreprise, fonction publique ou autre –, vous devriez retenir cet enseignement: les gens sont les assises de la réussite organisationnelle. Une organisation parvient à prospérer quand ses membres s'engagent à fond, individuellement et collectivement, pour contribuer à son succès. Tant au sein de l'organisation que dans les rapports avec l'extérieur, le parcours menant à la réussite implique donc le respect des gens, de leurs besoins, de leurs talents et de leurs aspirations. Il exige aussi une compréhension du comportement humain, tel qu'il se manifeste dans des systèmes organisationnels devenus complexes.

Cet ouvrage parle des gens, des gens comme vous et moi qui travaillent et poursuivent leur carrière dans les cadres nouveaux et exigeants que nous connaissons aujourd'hui, des gens qui, en ces temps incertains, cherchent à s'accomplir de toutes sortes de manières sur les plans personnel et professionnel. Il traite des défis propres aux milieux de travail actuels, dont ceux qui sont associés au leadership, à l'éthique, à la mondialisation, à l'usage de la technologie, à la diversité de la main-d'œuvre ainsi qu'à l'équilibre entre vie professionnelle et vie personnelle. Il aborde aussi la façon dont l'environnement complexe pousse les individus et les organisations à apprendre et à se perfectionner sans cesse, dans la quête d'un avenir gratifiant et de résultats excellents.

DÉFINITION DU COMPORTEMENT ORGANISATIONNEL

Le champ de connaissances qu'englobe le terme «comportement organisationnel» apporte un éclairage du plus grand intérêt sur la nouvelle donne avec laquelle doit maintenant composer le monde du travail et des organisations. On appelle **comportement organisationnel** – CO en abrégé – l'étude du comportement humain au sein des organisations. Il s'agit d'un domaine multidisciplinaire dans lequel on cherche à mieux comprendre le comportement des individus et des groupes, les processus interpersonnels et les dynamiques organisationnelles en vue d'améliorer l'efficacité organisationnelle et la satisfaction professionnelle. L'apprentissage du CO peut vous apporter une meilleure compréhension de vous-même et d'autrui dans un contexte de travail. Il pourrait aussi contribuer à votre réussite professionnelle dans de nouveaux milieux de travail qui demeureront complexes, mouvants et parsemés de défis.

Comportement organisationnel
Étude du comportement humain au sein des organisations

LES FONDEMENTS HISTORIQUES ET SCIENTIFIQUES DU COMPORTEMENT ORGANISATIONNEL

Il y a plus d'un siècle que les universitaires et les spécialistes se sont mis à l'étude systématique de la gestion. Les premières recherches, notamment celles de Frederick Taylor et de Henri Fayol, portaient surtout sur les conditions matérielles du travail et sur les grands principes de l'administration et du génie industriel. Cependant, à partir des années 1940, particulièrement avec les recherches d'Elton Mayo, le champ d'études s'est étendu à l'élément humain, facteur essentiel s'il en est un. Dès lors, la recherche sur les comportements individuels, la dynamique des groupes et les relations entre gestionnaires et travailleurs a pris un essor considérable. Le module complémentaire A présente les fondements historiques du CO, et surtout les études de Taylor, de Fayol et de Mayo.

MonLab
Module complémentaire A

Devenu une discipline à part entière, le comportement organisationnel consiste aujourd'hui en l'analyse scientifique du comportement humain au sein des organisations, et de l'influence des structures, des systèmes et des processus organisationnels sur le rendement[2].

L'INTERDISCIPLINARITÉ DES CONNAISSANCES

Le CO constitue un ensemble de connaissances interdisciplinaires étroitement liées aux sciences du comportement, comme la psychologie, la sociologie et l'anthropologie, ainsi qu'aux sciences sociales connexes, comme l'économie et les sciences politiques. La singularité du CO réside dans le fait qu'il intègre et applique des connaissances issues de ces diverses sciences humaines pour parvenir à une meilleure compréhension du comportement humain dans les organisations. Essentiellement, le CO vise l'amélioration du rendement des individus, des groupes et des organisations, ainsi que l'amélioration de la qualité de vie professionnelle.

LE RECOURS À DES MÉTHODES SCIENTIFIQUES

Le CO s'appuie sur des méthodes de recherche scientifiques pour établir et vérifier empiriquement des hypothèses concernant le comportement humain dans les organisations. Grâce à ces méthodes, les chercheurs proposent et mettent à l'épreuve des

modèles – c'est-à-dire des visions simplifiées de la réalité –, par lesquels ils tentent de dégager les principaux facteurs et les forces sous-jacentes pouvant expliquer les phénomènes du monde réel. Ces modèles mettent en relation des variables indépendantes, les causes présumées, et des variables dépendantes, des résultats qui représentent une valeur ou un intérêt pratique. La **variable dépendante** est un fait ou un évènement auquel le chercheur s'intéresse et qui, selon son hypothèse de recherche, devrait varier sous l'effet de la **variable indépendante**. Le schéma ci-dessous, par exemple, illustre un modèle très simple décrivant l'une des découvertes de la recherche en comportement organisationnel : la satisfaction à l'égard de l'emploi (variable indépendante) influe sur l'absentéisme (variable dépendante).

Modèle
Vision simplifiée de la réalité par laquelle le chercheur tente d'expliquer un phénomène du monde réel

Variable dépendante
Fait ou événement auquel le chercheur s'intéresse et qui, selon son hypothèse de recherche, devrait varier sous l'effet de la variable indépendante

Variable indépendante
Fait ou événement qui, selon l'hypothèse de recherche, devrait avoir une incidence sur la variable dépendante

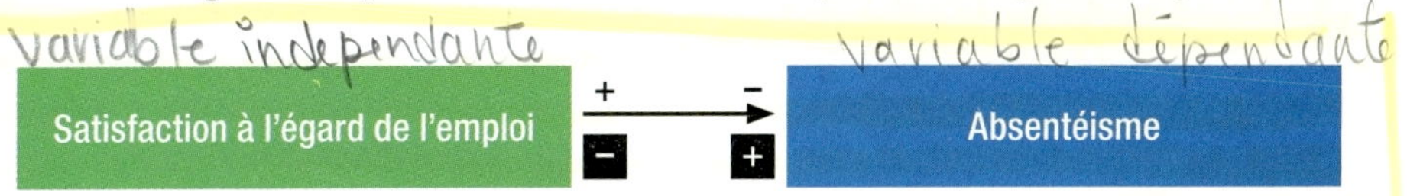

Notez que les signes « + » et « – » du modèle ci-dessus indiquent que plus la satisfaction à l'égard de l'emploi augmente, plus l'absentéisme tend à diminuer, mais qu'à mesure que la satisfaction à l'égard de l'emploi diminue, l'absentéisme tend souvent à s'accroître. En regardant ce modèle, vous pourriez vous demander quelles autres variables dépendantes font l'objet d'études en comportement organisationnel : peut-être des facteurs comme le rendement, le comportement conforme à l'éthique, le stress professionnel, l'incivilité, la cohésion de l'équipe et l'efficacité du leadership. La satisfaction à l'égard de l'emploi peut également être une variable dépendante. À votre avis, quelles variables indépendantes pourraient déterminer un niveau faible ou élevé de satisfaction à l'égard de l'emploi chez une personne travaillant dans le secteur tertiaire (services), comme un agent de bord, ou chez une personne jouant un rôle de cadre, comme un directeur d'école ?

La **figure 1.1** présente les principales méthodes de recherche en comportement organisationnel. Les chercheurs du CO se réclament de la pensée scientifique parce que : (1) ils procèdent à une collecte de données systématique et contrôlée ; (2) ils soumettent les hypothèses qu'ils avancent à une vérification rigoureuse ; (3) ils ne retiennent que les explications scientifiquement vérifiables. Le module complémentaire B décrit les fondements scientifiques du CO et s'attache particulièrement aux méthodes et aux plans de recherche.

MonLab
Module complémentaire B

FIGURE 1.1 LES MÉTHODES DE RECHERCHE EN COMPORTEMENT ORGANISATIONNEL

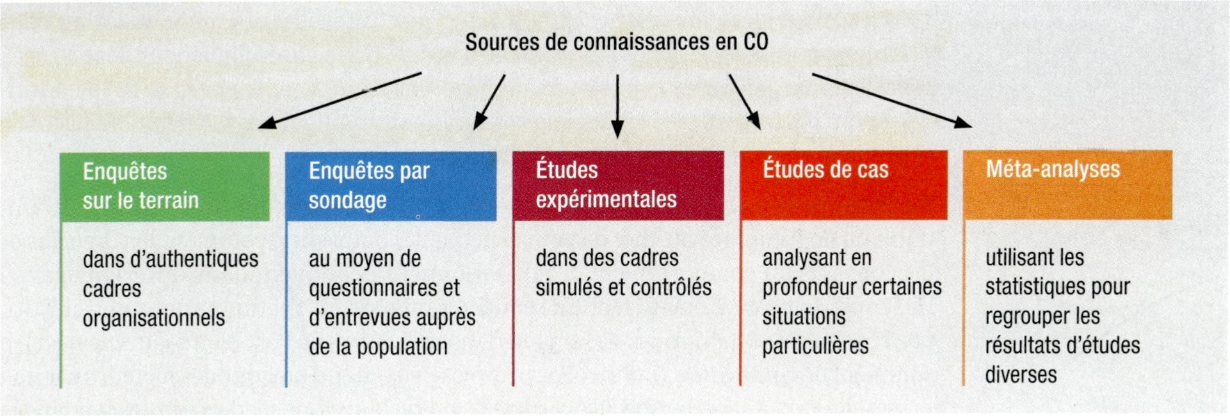

LA PRIORITÉ AUX APPLICATIONS

Comme cela a été dit, le champ d'études du CO consiste surtout dans les applications susceptibles de bonifier sensiblement le rendement des organisations et des gens qui y travaillent, mais aussi d'améliorer la satisfaction professionnelle de ces derniers. Voici quelques-unes des questions pratiques qu'aborde cette discipline et que reprend cet ouvrage : Comment doit-on utiliser des gratifications comme les augmentations de salaire liées au mérite ? Dans quelles circonstances faut-il s'appuyer sur les individus en priorité ou au contraire sur les groupes en priorité pour concevoir les postes de travail ? Quels sont les ingrédients d'une équipe à rendement élevé ? Comment peut-on faire évoluer les cultures organisationnelles ? Les décisions doivent-elles se prendre individuellement, en consultation ou en groupe ? Au cours d'une négociation, quelle est la meilleure façon de conclure une entente qui ne fasse que des gagnants ? Quel est le meilleur moyen d'arriver à ce qu'une négociation soit favorable à toutes les parties ? Pourquoi les gens en viennent-ils à éprouver de l'insatisfaction concernant leur travail ou leur employeur ? Qu'est-ce qui fait qu'une organisation et ses membres adoptent ou non un comportement conforme à l'éthique et socialement responsable ?

L'APPROCHE DE LA CONTINGENCE

Approche de la contingence
Approche qui consiste à tenter de répondre aux besoins de gestion en tenant compte des particularités du contexte

Au lieu de présumer qu'il existe une bonne réponse aux différentes questions qui viennent d'être soulevées, les spécialistes en CO préfèrent adopter l'**approche de la contingence**, par laquelle ils reconnaissent la nécessité d'adapter le style d'une gestion aux particularités de la situation dans laquelle elle s'exerce. L'une des conclusions scientifiques les plus largement acceptées est qu'il n'existe pas de méthode unique surpassant toutes les autres pour la gestion des organisations et des ressources humaines. Autrement dit, il n'y a pas de solutions toutes faites pouvant résoudre les problèmes organisationnels courants. Les solutions doivent être conçues autant que possible en fonction des situations et des personnes. Comme vous pouvez vous en douter, de solides données scientifiques en comportement organisationnel se révèlent ainsi des plus importantes. La rubrique *Du côté de la recherche*, apparaissant dans chacun des chapitres, vous en donnera de nombreux exemples.

Gestion fondée sur des données probantes
Approche de gestion qui s'appuie, en matière de prise de décision, sur des faits indéniables et des preuves empiriques

L'un des apports importants d'une science, quelle qu'elle soit, est de créer et de mettre à l'épreuve des modèles de prise de décision et d'action étayés par des données probantes. Dans l'un de leurs ouvrages, les chercheurs Jeffrey Pfeffer et Robert Sutton définissent la **gestion fondée sur des données probantes** comme la prise de décision reposant sur des « faits indéniables », c'est-à-dire des faits réels, et non sur des « demi-vérités dangereuses », faits qui ont l'air intéressants mais qu'on ne peut corroborer empiriquement[3]. L'une des façons dont une pensée fondée sur des données probantes s'exprime en comportement organisationnel est l'approche de la contingence, qui permet aux chercheurs de déterminer le meilleur moyen pour comprendre et prendre en charge différentes situations.

En cette ère de mondialisation complexe, il importe que chaque individu, du gestionnaire ou de l'employé au chef de gouvernement, comprenne comment les théories et les concepts du comportement organisationnel s'appliquent dans différents pays[4]. Bien qu'il soit relativement facile de conclure que ce qui fonctionne dans une culture pourrait ne pas fonctionner aussi bien dans une autre, ça l'est bien moins de décrire comment des différences culturelles précises peuvent influer sur des facteurs comme la motivation, la satisfaction à l'égard de l'emploi, le style de leadership, les tendances touchant la négociation et le comportement éthique. Heureusement, le domaine du comportement organisationnel s'est enrichi d'une abondance de données empiriques relatives aux problèmes interculturels.

LE COMPORTEMENT ORGANISATIONNEL DANS UN ENVIRONNEMENT DYNAMIQUE

L'approche de la contingence s'avère particulièrement pertinente dans les milieux de travail d'aujourd'hui, qui ne ressemblent pas à ceux d'autrefois. Ils présentent des caractéristiques inédites. L'approche des mécanismes de production y est différente. Le personnel, les consommateurs et les marchés ont changé, notamment sur les plans des valeurs et des besoins. Ces dernières années, en particulier, on a assisté à des bouleversements spectaculaires tant par leur nature que par la vitesse à laquelle ils se sont manifestés. Un observateur décrivait le phénomène en ces termes: «... une révolution angoissante, culpabilisante, douloureuse, libératrice, déconcertante, exaltante, énergisante, frustrante, enrichissante, déroutante, stimulante. Autrement dit, une révolution qui ressemble beaucoup au chaos[5].»

L'environnement dynamique dans lequel nous vivons et travaillons aujourd'hui exige d'être sans cesse en mode d'apprentissage et de vigilance. En ce qui concerne les attentes et les valeurs des individus évoluant dans les organisations, le CO reconnaît plusieurs grandes tendances[6].

- *La volonté d'adopter des comportements conformes à l'éthique* Des scandales largement publicisés mettant en cause des conduites professionnelles illégales et contraires à l'éthique ont attiré l'attention sur l'éthique dans les milieux de travail. La tolérance diminue à l'endroit des organisations et des dirigeants qui trahissent la confiance du public.
- *La vue élargie du leadership* À cause des nouvelles demandes et pressions, les organisations ne peuvent plus compter uniquement sur les gestionnaires pour maintenir leur leadership. Elles doivent aussi s'appuyer sur les qualités de meneur de chaque membre de l'organisation. Le leadership doit se cultiver à tous les échelons de la hiérarchie et circuler dans tous les sens, pas seulement de haut en bas.
- *La priorité donnée au capital humain et au travail d'équipe* On ne réussit que grâce à la connaissance, à l'expérience et à l'engagement envers les autres, qui constituent des ressources humaines précieuses.

Depuis que la génération Facebook est entrée dans le monde du travail, les choses ont beaucoup changé[7]

Appelons la génération Facebook «génération F». Ces jeunes s'investissent beaucoup dans le monde des médias sociaux et apportent des changements notables au marché du travail. Le chercheur et consultant en gestion Gary Hamel affirme que les gestionnaires qui veulent travailler efficacement avec la génération F doivent répondre à des attentes complètement nouvelles. Voici les principes qui, à son avis, gouvernent l'attitude de la génération F concernant le travail.

- Personne n'a le droit de tuer une idée dans l'œuf; toutes les idées méritent d'être entendues.
- L'esprit de collaboration prime sur la compétence.
- L'autorité doit se gagner, elle n'est pas acquise d'avance.
- Les leaders servent, ils ne commandent plus.
- Les employés choisissent les tâches qui les intéressent.
- Les groupes se forment librement et s'organisent eux-mêmes.
- Les ressources doivent alimenter les bonnes idées et les projets valables.
- Le pouvoir vient du partage de l'information.
- La sagesse émane des foules; l'avis des pairs compte.
- Les collectivités se développent grâce à des prises de décisions collectives.
- La reconnaissance et la satisfaction qu'on tire des accomplissements sont d'importants facteurs de motivation.
- On doit soutenir l'effervescence et non la décourager.

S'épanouir chez XEOS Imagerie

DES AS DE LA GESTION

«Travailler, ce n'est pas obligé de faire mal!» Jean Domingue résume ainsi la «devise» qui anime XEOS Imagerie, une firme de Québec spécialisée dans le domaine de l'imagerie aérienne numérique à haute résolution.

En 2010, la Fédération des chambres de commerce du Québec décernait à XEOS le prix Mercure de la catégorie Gestion proactive de la main-d'œuvre. D'un seul coup, l'entreprise de 25 employés devenait une référence à l'échelle du Québec en matière de développement de la main-d'œuvre. Les mesures mises de l'avant pour attirer et intégrer de nouveaux travailleurs, pour les fidéliser et pour planifier la relève avaient retenu l'attention du milieu des affaires.

Jean Domingue raconte au *Soleil* que toutes les mesures déployées ne visaient pas à épater la galerie. «Ça fait partie de notre philosophie d'entreprise. Depuis la fondation de la compagnie, en 2005, mes deux associés et moi avons toujours eu à cœur de fournir un milieu de travail agréable et équilibré à nos employés en leur proposant les conditions les plus favorables pour qu'ils restent à nous», expose le président de XEOS.

«Nous avons toujours voulu avoir une entreprise aux dimensions humaines et nous travaillons constamment à l'atteinte de cet objectif», poursuit-il en expliquant que la firme proposait, entre autres, à son personnel des horaires de travail flexibles et des congés mobiles afin de favoriser la conciliation entre le travail et la famille. Les employés ont également été consultés pour l'aménagement des lieux de travail.

«Nous plaçons les comportements de tous et chacun et les valeurs de l'entreprise au même rang que la réalisation des contrats et la rentabilité de l'entreprise», indique M. Domingue en soulignant qu'une fois par mois, la direction rencontrait les employés pour parler des derniers bons coups de l'entreprise et pour échanger sur les points à améliorer.

L'une des valeurs de l'entreprise est le travail d'équipe. On va même jusqu'à considérer le travail comme un «véhicule d'épanouissement».

«Il ne faut pas se contenter d'être les meilleurs, il faut aussi se donner les moyens d'être heureux», insiste la firme de Québec qui, malgré tout, échappe un ou deux employés à l'occasion.

«Il y a des gens talentueux et souvent plus individualistes qui, rapidement, se rendent compte qu'il n'est pas facile pour eux d'évoluer dans un milieu comme le nôtre et ils nous quittent.»

Pour Jean Domingue, il n'est pas question que [XEOS] devienne une entreprise d'une centaine d'employés. Ça ne veut pas dire non plus que la croissance n'est pas une priorité.

«Nous investissons beaucoup dans la R & D pour en arriver, aux deux ou trois ans, à doubler notre capacité de production sans avoir à augmenter nos effectifs.»

XEOS® Imagerie aérienne à haute résolution

Source: Gilbert Leduc, «S'épanouir chez XEOS Imagerie», *Le Soleil*, 2 mars 2011, p. 25.

Pour accomplir le travail, on s'appuie de plus en plus sur les équipes, sans jamais négliger l'apport des pairs.

- *La disparition de la direction centralisée* Les structures hiérarchiques et pratiques traditionnelles se révèlent peu efficaces pour relever les défis d'aujourd'hui. Elles sont en voie d'être remplacées par des structures flexibles et des cadres de travail participatifs dans lesquels le capital humain est apprécié à sa juste valeur.
- *L'influence des technologies de l'information* À mesure que les nouvelles technologies, notamment les médias sociaux, s'immiscent dans tous les aspects du monde du travail, l'importance de leur rôle dans l'organisation du travail et dans les

processus et les systèmes organisationnels, ainsi que dans le comportement des individus, ne cesse d'évoluer.

- *Le respect des nouvelles attentes de la main-d'œuvre* La nouvelle génération de travailleurs tolère moins la hiérarchie, exige plus de flexibilité et se montre moins sensible au statut professionnel. Les organisations sont plus soucieuses d'aider leurs membres à concilier leurs responsabilités professionnelles et leur vie personnelle.
- *Les cheminements professionnels en mutation* Dans le nouveau contexte de l'économie mondiale, de plus en plus d'employeurs ont recours à la sous-traitance ainsi qu'à l'externalisation à l'étranger pour combler leurs besoins en main-d'œuvre. Un nombre croissant d'individus ont le statut de travailleur autonome plutôt que celui de salarié permanent à temps plein.
- *Les préoccupations relatives au développement durable* Les questions de développement durable sont prioritaires. Les prises de décisions et l'établissement d'objectifs tiennent de plus en plus compte de l'environnement, de l'impact des activités sur le climat et de la préservation des ressources pour les générations futures.

Les organisations en tant que cadres de travail

Dans notre processus de compréhension de cet ensemble complexe de forces qui entrent en jeu dans le comportement humain en milieu organisationnel, l'analyse de la nature même de l'organisation est un point de départ incontournable. Une **organisation** peut être définie simplement comme un regroupement d'individus qui, après répartition des tâches, travaillent à un objectif commun. Cette définition englobe aussi bien les associations, les organismes sans but lucratif et les groupes religieux que les petites et grandes entreprises, les syndicats, les établissements d'enseignement, les établissements de santé et la fonction publique.

Organisation
Regroupement d'individus qui travaillent à un objectif commun

LE COMPORTEMENT ORGANISATIONNEL DANS SON CONTEXTE

Le comportement des gens qui travaillent au sein des organisations dépend beaucoup du contexte dans lequel il s'inscrit. Prenez votre exemple. Agissez-vous de la même façon quand vous êtes avec vos amis, en milieu scolaire ou au travail? Vous répondrez probablement «non». La question suivante est alors: «Pourquoi?» Pour comprendre un comportement dans un milieu donné, nous devons nous demander comment et en quoi les facteurs contextuels l'influencent. Nous devons également considérer le fait que nous pourrions, nous aussi, influer sur le contexte. Comment nos comportements contribuent-ils positivement ou négativement à la dynamique individuelle et collective? En fin de compte, l'un des éléments clés pour mieux comprendre le comportement humain en milieu organisationnel réside dans l'analyse des situations ou des contextes dans lesquels ce comportement se produit.

Culture organisationnelle
Ensemble des attitudes, des valeurs et des croyances communes qu'acquièrent les membres d'une organisation et qui guident leur comportement

L'une des influences contextuelles les plus importantes qui s'exercent sur le comportement humain en milieu organisationnel est la **culture organisationnelle**, l'ensemble des attitudes, des valeurs et des croyances communes qu'acquièrent les membres d'une organisation et qui déterminent leur comportement. L'ex-présidente d'eBay, Meg Whitman, parle de la «personnalité» de l'organisation. Elle dit que la culture organisationnelle est «un ensemble de valeurs et de principes sur lequel vous vous appuyez pour diriger un établissement» et qu'elle devient le «centre moral» aidant chaque membre à comprendre quel comportement individuel il convient ou non d'adopter[8].

La culture organisationnelle exerce une influence sur notre façon de penser et d'agir au sein d'une organisation. Dans une culture fondée sur l'autoritarisme et la hiérarchie, les individus hésitent à prendre des décisions ou à agir de leur propre chef; ils ont tendance à prendre peu d'initiatives et à attendre qu'on les approuve. Dans une autre culture, ils peuvent être extrêmement concurrentiels et agressifs, chercher à obtenir des résultats et des récompenses pour leurs performances. Dans une autre culture encore, on peut accorder de l'importance à l'habileté et à la diligence avec lesquelles on traite avec les marchés et l'environnement, ainsi qu'à la promotion de nouvelles idées et d'innovations.

La façon dont les diverses cultures organisationnelles influent sur les individus dépend de la «concordance», c'est-à-dire de l'harmonie existant ou non entre la culture de l'organisation et les caractéristiques de ses membres. Les personnes qui sentent une harmonie entre la culture de leur organisation et leurs propres caractéristiques tendent à se montrer confiantes et sont satisfaites de leur travail. Celles qui, au contraire, perçoivent une discordance peuvent se replier sur elles-mêmes, trouver leur travail stressant et même devenir hostiles et agressives à cause de l'insatisfaction qu'elles éprouvent.

Climat organisationnel
Perception qu'ont les employés de leur milieu de travail, notamment sur les plans de l'ambiance de travail, des relations avec les collègues et de la supervision

Tout comme elles ont une culture, les organisations ont un climat. Le **climat organisationnel** représente la perception qu'ont les employés de leur milieu de travail, notamment sur les plans de l'ambiance de travail, des relations avec les collègues et de la supervision. Il peut être déterminé, entre autres, par la confiance, le respect, la transparence, l'entraide et l'équité. Vous avez probablement noté et ressenti le climat des organisations au sein desquelles vous avez travaillé. Parfois, les relations entre les gestionnaires et les employés sont décontractées et la communication se fait librement. Mais d'autres fois, les gestionnaires gardent leurs distances, favorisent des interactions et des procédés de travail rigides; la communication est alors plus structurée et plus limitée.

LES ENVIRONNEMENTS ORGANISATIONNELS ET LES PARTIES INTÉRESSÉES

Système ouvert
Système qui interagit avec son environnement, transforme les ressources qu'il reçoit de lui, avant de les y réexpédier sous forme de produits finis (biens ou services)

Chaîne de valeur
Séquence des activités d'une organisation menant à la création de biens et de services qui ont une valeur pour les clients

La **figure 1.2** montre que l'organisation est un **système ouvert**: elle reçoit de l'environnement des ressources qu'elle transforme, avant de les y réexpédier sous forme de produits finis (biens ou services). Si l'interaction se passe bien, les fournisseurs valorisent l'organisation et continuent de l'approvisionner. Les employés valorisent leur travail et insufflent leur enthousiasme et leur intelligence dans le processus de transformation. Enfin, les clients valorisent suffisamment les produits ou les services de l'organisation pour maintenir leur demande.

Ce que nous venons de décrire est la **chaîne de valeur**, la séquence des activités d'une organisation menant à la création de biens et de services qui ont une valeur pour les clients. Elle commence par l'acquisition d'intrants, se poursuit par leur

FIGURE 1.2 LES INTERACTIONS ENTRE L'ORGANISATION ET SON ENVIRONNEMENT

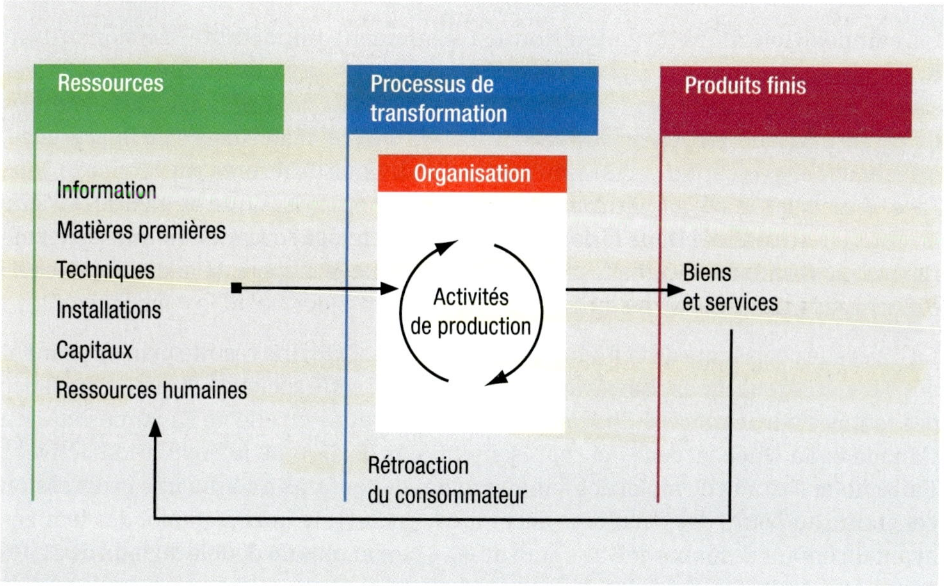

transformation en produits finis et se termine par leur distribution à des clients satisfaits. Si la chaîne de valeur est bien gérée, l'organisation peut maintenir ses activités et espérer prospérer à long terme. Toutefois, des problèmes relatifs à l'acquisition des ressources, au processus de transformation ou à la distribution des produits finis aux clients peuvent miner l'intégrité de la chaîne de valeur. L'organisation peut voir sa performance en pâtir et, si les choses empirent, être forcée de cesser ses activités.

On peut décrire et analyser les environnements organisationnels complexes à la lumière des **parties intéressées**, c'est-à-dire des individus, des groupes et des organisations susceptibles d'être touchés par le rendement d'une organisation et ayant par conséquent des intérêts dans son évolution. Dans le domaine du comportement organisationnel, les parties intéressées sont généralement les clients, les actionnaires, le personnel, les fournisseurs, les organismes de contrôle, les collectivités locales et les générations futures. La question à se poser à leur sujet est: «Que veut chacune d'elles?»

▸ **Parties intéressées**
Individus, groupes et organisations ayant des intérêts dans l'évolution du rendement d'une organisation

Idéalement, une organisation devrait orienter ses activités de manière à servir les intérêts de toutes les parties intéressées. Dans les faits, la nécessité de concilier les intérêts divergents des multiples parties constitue un défi de taille pour les décideurs. Les clients exigent en effet de plus en plus des prix équitables et des produits de qualité. Les actionnaires, quant à eux, se préoccupent des profits et du rendement de leurs investissements. Les membres du personnel se soucient de pouvoir gagner leur vie et souhaitent obtenir de bonnes conditions de travail. Les fournisseurs désirent décrocher des contrats et s'attendent à être payés dans les délais prévus. Les organismes de contrôle veillent au respect de la réglementation. Les collectivités locales attachent de l'importance au comportement citoyen de l'organisation et au soutien qu'elle apporte à la communauté. Enfin, les jeunes générations souhaitent la protection de l'environnement et la durabilité des ressources naturelles.

LA DIVERSITÉ DE LA MAIN-D'ŒUVRE ET LE MULTICULTURALISME

La composition d'une organisation est également importante. Le consultant R. Roosevelt Thomas souligne le fait que les cultures organisationnelles positives savent tirer profit des talents, des idées et du potentiel créatif de tous les membres de l'organisation[9]. La **diversité de la main-d'œuvre** rend compte de la présence, au sein des organisations, d'une multitude d'individus différents par leur sexe, leur race, leur origine ethnoculturelle, leur âge, leur état physique et mental, et leur orientation sexuelle[10]. Dans le domaine du comportement organisationnel, le terme **multiculturalisme** désigne le pluralisme ainsi que le respect de la diversité et des différences individuelles en milieu de travail[11].

Diversité de la main-d'œuvre
Présence, au sein de la main-d'œuvre, d'une variété d'individus se différenciant par le sexe, la race, l'origine ethnoculturelle, l'âge, l'état physique et mental, l'orientation sexuelle

Multiculturalisme
Pluralisme et respect de la diversité et des différences individuelles dans un milieu de travail

La diversité croissante de la main-d'œuvre nord-américaine résulte principalement des dernières tendances démographiques au sein de cette société[12]. Ainsi, la présence des femmes sur le marché du travail est plus marquée qu'elle ne l'a jamais été. Au Canada et au Québec, celles-ci représentent plus de 47 % de la population active[13]. Fait à noter : le taux d'emploi des femmes ayant des enfants a connu une progression constante au cours des dernières décennies. En 2011, le taux d'emploi des femmes ayant un enfant de moins de 6 ans était de 66, 8 %, soit plus du double du taux de 31,4 % enregistré en 1976[14]. En outre, le marché du travail compte un nombre croissant de travailleurs âgés de plus de 55 ans. De 2001 à 2009, la proportion de ces derniers est passée de 10 à 17 %. On estime qu'en 2021 près de un travailleur sur quatre (environ 24 %) pourrait avoir plus de 55 ans, ce qui correspondrait à la plus forte proportion jamais enregistrée[15]. La proportion croissante de personnes issues de minorités visibles – notamment des travailleurs provenant d'Asie, du Maghreb ou d'Haïti – est un autre aspect de la diversification de la main-d'œuvre. En 2006, les personnes appartenant à des minorités visibles et nées au Canada représentaient environ 17 % de l'ensemble de la population active ; d'ici à 2031, leur proportion pourrait atteindre 25 %[16]. Enfin, d'ici à 2031, dans la population active, environ une personne canadienne sur trois pourrait être née à l'étranger.

Les femmes feraient de meilleurs leaders[17]

Du côté de la RECHERCHE

Nul ne doute qu'il existe de bons comme de mauvais leaders, tant parmi les hommes que parmi les femmes. Toutefois, selon une recherche menée par Alice Eagly et ses collègues de la Northwestern University, les femmes auraient davantage recours à un style de leadership incitant leur entourage professionnel à se surpasser. Une méta-analyse des résultats de 45 études portant sur le style de leadership adopté par des personnes des deux sexes a révélé aux chercheurs que les femmes étaient plus enclines que les hommes à exercer la fonction de leader en inspirant les autres, en éveillant leur enthousiasme, en leur servant de mentor et en stimulant leur créativité.

Ces comportements ont une dimension « transformationnelle » : comme ils encouragent l'innovation et le travail d'équipe, ils contribuent à renforcer l'organisation. Les statistiques indiquent que les femmes ont tendance à récompenser les individus dont le rendement est satisfaisant, tandis que les hommes sont plutôt portés à punir et à corriger les personnes qui commettent des erreurs. Selon Eagly et ses collègues, ces constatations s'expliquent en partie par le fait que les subordonnés acceptent mieux le leadership transformateur quand il est exercé par une femme. En outre, les femmes adopteraient ce style plus naturellement que les hommes en raison de leur tendance à prendre soin d'autrui. Les chercheurs formulent aussi l'hypothèse que les femmes acquièrent davantage de compétences en leadership parce qu'elles doivent travailler plus fort que leurs collègues masculins pour réussir.

Points forts possibles du leadership au féminin

- Dimension « transformationnelle » bien présente
- Dimension de mentorat
- Capacité d'inspirer l'entourage
- Encouragement à la créativité
- Enthousiasme communicatif

Malgré les nouvelles tendances, rien n'assure que la diversité soit pleinement respectée, valorisée et mise à contribution dans l'optique du multiculturalisme préconisé par Thomas et d'autres spécialistes[18]. Parmi les critères clés permettant de repérer une organisation favorable au multiculturalisme se trouve le degré d'**inclusion**, indiquant dans quelle mesure une organisation respecte et valorise la diversité dans sa culture en s'ouvrant à quiconque se montre capable d'accomplir adéquatement son travail, quelles que soient les différences qui pourraient le caractériser[19].

Inclusion
Degré selon lequel une organisation respecte et valorise la diversité en s'ouvrant à quiconque se montre capable d'accomplir adéquatement son travail, quelles que soient les différences qui pourraient le caractériser

La valorisation de la diversité est l'un des thèmes centraux de l'étude du comportement organisationnel. L'attention que nous lui accordons dans ce livre reflète son importance dans les nouveaux milieux de travail[20]. En pratique, toutefois, il reste beaucoup à faire dans ce domaine, comme en témoignent des données récentes montrant qu'au Canada, pour chaque dollar gagné par un homme, une femme doit se contenter de 72 cents[21]. De plus, selon le *Financial Post*, parmi les PDG des 500 plus grandes entreprises canadiennes, 4,5 % seulement sont des femmes[22].

La gestion et le leadership

Le **gestionnaire** exécute des tâches impliquant un soutien direct aux efforts déployés par d'autres. Il doit assumer différentes responsabilités étroitement liées au domaine du comportement organisationnel. Son rôle consiste à aider les membres du personnel à obtenir des résultats dans les délais prescrits, conformément à des normes de qualité élevées et d'une façon personnellement satisfaisante pour eux. Dans les nouveaux milieux de travail, l'atteinte de ces objectifs passe plus par l'*encadrement* et le

Gestionnaire
Au sein d'une organisation, personne dont la tâche consiste à soutenir les efforts déployés par d'autres

soutien que par les fonctions traditionnelles de *direction* et de *contrôle*. D'ailleurs, le terme «gestionnaire» est de plus en plus associé à des rôles de *coordonnateur*, d'*entraîneur* ou de *chef d'équipe*.

▸ **Gestionnaire efficace**
Gestionnaire qui aide le personnel à atteindre à la fois un rendement excellent et un degré élevé de satisfaction professionnelle

▸ **Efficacité fonctionnelle**
Rendement quantitatif et qualitatif d'un individu, d'une unité de travail ou d'une organisation dans son ensemble par rapport aux objectifs fixés

▸ **Satisfaction professionnelle**
Sentiment favorable qu'un individu éprouve à l'égard de son emploi et de son milieu de travail

Le **gestionnaire efficace** est celui dont l'unité de travail, le groupe ou l'équipe atteint ses objectifs à plusieurs reprises, sans que fléchissent l'engagement et l'enthousiasme de ses membres. Cette définition met en lumière deux éléments clés, deux variables dépendantes se situant au cœur du comportement organisationnel: l'**efficacité fonctionnelle**, c'est-à-dire le rendement quantitatif et qualitatif d'un individu, d'une unité de travail ou d'une organisation dans son ensemble au regard des objectifs fixés; la **satisfaction professionnelle**, c'est-à-dire le sentiment favorable qu'inspirent aux individus leur emploi et leur milieu de travail.

Le point de vue du comportement organisationnel est assez clair à ce sujet: le gestionnaire devrait avoir à répondre des résultats sur les deux plans. Le premier, celui de la performance, se passe d'explications. Le deuxième, celui de la satisfaction, demande un peu de réflexion. Tout comme on ne devrait pas laisser tomber en panne une machine utile par manque d'entretien, on ne devrait pas laisser s'essouffler les talents et l'enthousiasme des effectifs d'une organisation; bien au contraire, on devrait les entretenir convenablement. Dans ce sens, on pourrait dire qu'en cultivant aujourd'hui la satisfaction des employés, on investit dans la performance de demain.

LES ACTIVITÉS ET LES RÔLES DU GESTIONNAIRE

Quiconque occupe un poste de gestionnaire ou de chef d'équipe assume la responsabilité d'un travail à la fois très complexe et très exigeant, pouvant être décrit et enseigné à l'aide de différents modèles. Celui qui est représenté à la **figure 1.3** met en relief quatre fonctions constituant un cadre des tâches et des responsabilités associées à un poste de gestion[23]:

▸ **Planification**
Fixer des objectifs et déterminer les actions à entreprendre pour les atteindre

▸ **Organisation**
Mettre sur pied les structures, répartir les tâches et distribuer les ressources en fonction des objectifs

▸ **Direction**
Insuffler au personnel de l'enthousiasme et de l'ardeur au travail

▸ **Contrôle**
Surveiller le rendement et prendre les mesures correctives qui s'imposent

1. La **planification**, qui consiste à établir des objectifs de rendement stratégiques et spécifiques, et à déterminer les actions à entreprendre pour les atteindre.
2. L'**organisation**, qui consiste à mettre sur pied des structures, à répartir des tâches et à définir des rythmes de travail, mais aussi à distribuer les ressources en fonction des objectifs à atteindre.
3. La **direction**, qui consiste à communiquer avec le personnel afin de lui insuffler de l'enthousiasme, de le motiver à faire du bon travail et de maintenir de bonnes relations interpersonnelles.
4. Le **contrôle**, qui consiste à veiller au bon déroulement du plan d'action en faisant le suivi du rendement et en prenant, au besoin, les mesures correctives appropriées.

Dans une étude devenue un classique, Henry Mintzberg est allé au-delà de ces fonctions en précisant les 10 rôles que le gestionnaire doit être prêt à jouer au jour le jour[24]. Comme l'illustre la **figure 1.4**, ces rôles se répartissent en trois catégories.

Les *rôles interpersonnels*, décrits dans le rectangle du haut, impliquent des relations directes avec d'autres personnes: animation d'événements officiels ou assistance à de tels événements (représentation); stimulation de l'enthousiasme du personnel et réponse aux besoins de ce dernier (leadership); relations avec les individus et les groupes importants (liaison).

FIGURE 1.3 LES QUATRE FONCTIONS DU GESTIONNAIRE

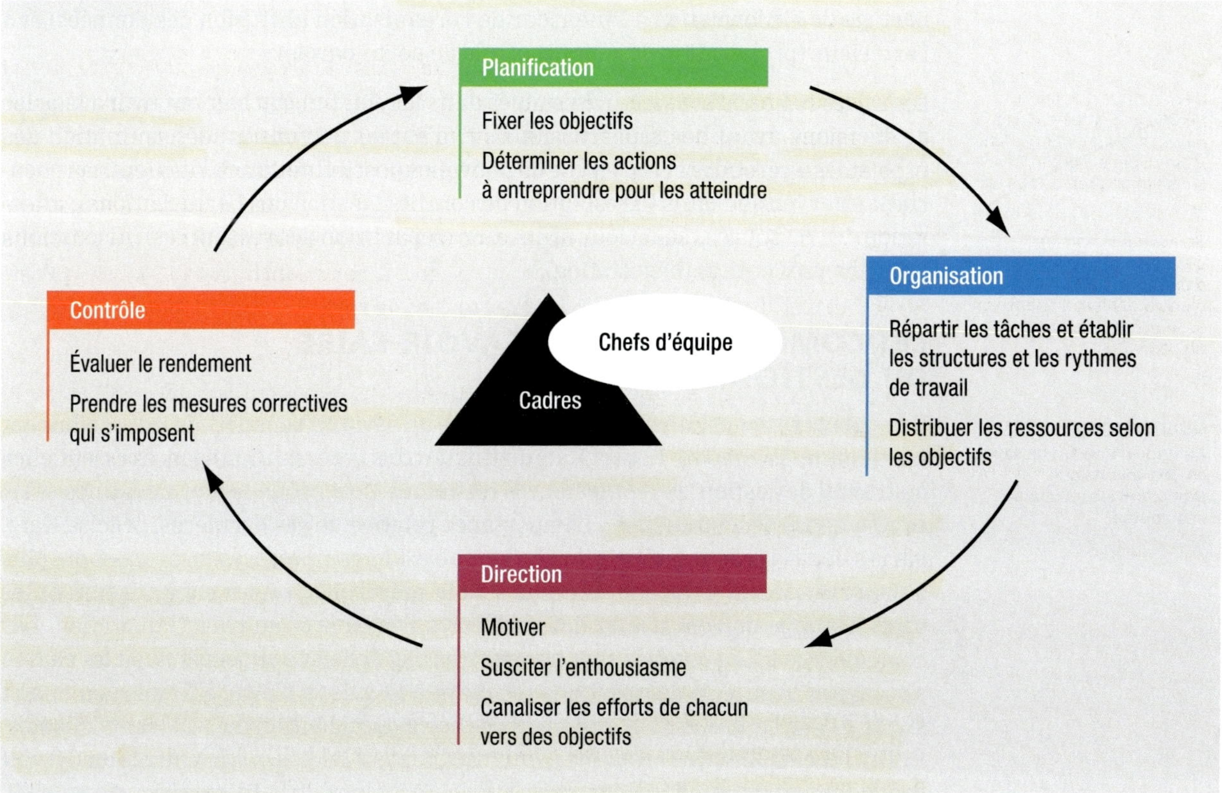

FIGURE 1.4 LES 10 RÔLES DU GESTIONNAIRE EFFICACE

Rôles interpersonnels

Interactions avec autrui

- Représentation
- Leadership
- Liaison

Rôles informationnels

Échange et traitement de l'information

- Collecte et contrôle des données
- Diffusion des données
- Propagation des données (rôle de porte-parole)

Rôles décisionnels

Utilisation de l'information et prise de décisions

- Entrepreneuriat
- Gestion des perturbations
- Répartition des ressources
- Négociation

Les *rôles informationnels*, regroupés dans le rectangle du centre, concernent l'échange d'information : recherche de l'information utile (collecte et contrôle des données); partage de l'information à l'intérieur de l'organisation (diffusion des données) et à l'extérieur (propagation des données, rôle de porte-parole).

Enfin, les *rôles décisionnels*, rassemblés dans le rectangle du bas, ont trait à la prise de décisions ayant des répercussions sur d'autres personnes : détermination des problèmes à résoudre et recherche de nouvelles possibilités d'activités (entrepreneuriat); intervention dans la résolution de conflits (gestion des perturbations); affectation des ressources selon leur utilisation (répartition des ressources); discussions avec diverses entités (négociation).

LES COMPÉTENCES ET LE SAVOIR-FAIRE DU GESTIONNAIRE

Compétence
Aptitude à traduire un savoir en des actions qui produiront les résultats escomptés

Une **compétence** est une aptitude à traduire un savoir en des actions qui produiront les résultats escomptés. Robert Katz distingue trois types de compétences essentielles au travail de gestion : les compétences techniques, les compétences humaines et les compétences conceptuelles[25]. L'importance relative de ces dernières, précise Katz, varie selon les responsabilités du gestionnaire. Les compétences techniques ont plus d'importance aux échelons inférieurs de la hiérarchie, où les superviseurs et les chefs d'équipe doivent traiter des problèmes liés de près au travail quotidien. Les compétences conceptuelles sont nécessaires aux échelons supérieurs, où les cadres s'occupant beaucoup de questions touchant à la raison d'être, à la mission et aux stratégies de l'organisation, prennent des décisions à long terme, vastes et délicates. Enfin, les compétences humaines, intrinsèquement liées aux fondements du CO, ont pratiquement autant d'importance à tous les échelons de la hiérarchie.

LES COMPÉTENCES TECHNIQUES

Compétence technique
Aptitude à effectuer certaines tâches spécialisées

Une **compétence technique** est une aptitude à s'acquitter de certaines tâches spécialisées. Découlant d'un savoir ou d'une expertise acquis par la formation ou l'expérience pratique, elle permet d'utiliser efficacement les méthodes, les procédures et les procédés choisis en fonction des tâches à accomplir. L'aptitude à se servir des technologies de l'information et des communications en est un bon exemple. Dans les nouveaux milieux de travail, de plus en plus dépendants de la haute technologie, les compétences en gestion de données, en analyse de chiffriers électroniques et en utilisation des réseaux sociaux sont souvent des préalables à l'embauche.

LES COMPÉTENCES HUMAINES

Compétence humaine
Aptitude qui permet de bien travailler avec d'autres

Au cœur du travail de gestion, d'encadrement et de direction d'équipe, les **compétences humaines** confèrent la capacité de travailler efficacement avec d'autres personnes. L'individu possédant de solides compétences humaines dégage et inspire de la confiance, de l'enthousiasme et un engagement sincère dans les relations interpersonnelles ; il a une excellente connaissance de soi et sait faire preuve d'ouverture d'esprit et d'empathie pour comprendre ce que ressent son entourage. Il peut interagir sans heurts avec autrui, est capable de convaincre, de dissiper les malentendus et de résoudre les conflits.

Intelligence émotionnelle (IE)
Capacité de se connaître et de gérer efficacement ses propres émotions, ainsi que ses relations avec autrui

L'**intelligence émotionnelle (IE)** est un aspect important des compétences humaines. Daniel Goleman la définit comme la capacité de comprendre et de gérer ses propres émotions, tout comme celles qui entrent en jeu de part et d'autre dans les interactions avec autrui[26]. Cette compétence est aujourd'hui considérée comme incontournable en matière de leadership. Selon les recherches effectuées par D. Goleman, l'intelligence émotionnelle d'une personne contribue largement à sa capacité de s'affirmer véritablement comme leader. À une époque où les hiérarchies traditionnelles et les structures verticales cèdent la place aux relations horizontales et aux structures collégiales, elle est une compétence humaine primordiale. Les principales facettes de cette forme d'intelligence sont les suivantes.

- *La conscience de soi:* la capacité de comprendre ses propres humeurs et émotions.
- *La maîtrise de soi:* la capacité de réfléchir avant d'agir et de maîtriser ses propres émotions.
- *La motivation:* la capacité de travailler avec ardeur et persévérance.
- *L'empathie:* la capacité de comprendre les émotions d'autrui.
- *Les aptitudes sociales:* la capacité d'établir et d'entretenir de bonnes relations avec les autres.

Les compétences humaines telles que l'intelligence émotionnelle et la capacité d'avoir de bonnes relations avec autrui se révèlent primordiales pour bien assumer les rôles et effectuer l'ensemble des activités de gestion présentées précédemment. Les cadres et les chefs d'équipe doivent savoir créer et maintenir des réseaux à l'intérieur et à l'extérieur de l'organisation: *réseaux de tâches*, constitués des contacts particuliers liés au travail; *réseaux professionnels*, regroupant les contacts permettant d'obtenir des conseils de carrière et des occasions d'affaires; *réseaux sociaux*, comprenant les contacts personnels, les amis et les collègues en qui ils ont confiance[27]. En ce sens, on peut affirmer que les gestionnaires doivent constituer et maintenir leur **capital social**, c'est-à-dire l'ensemble des relations et des réseaux sur lesquels ils peuvent au besoin s'appuyer pour mener à bien certaines tâches.

Capital social
Ensemble des relations et des réseaux sur lesquelles le gestionnaire peut au besoin s'appuyer pour mener à bien certaines tâches

LES COMPÉTENCES CONCEPTUELLES

Outre qu'il possède des compétences techniques et humaines, le bon gestionnaire est capable d'appréhender une organisation ou une situation dans son ensemble, de résoudre des problèmes pour le plus grand bien de toutes les parties concernées. On appelle **compétence conceptuelle** cette aptitude à analyser et à résoudre des problèmes complexes en tenant compte de toutes leurs facettes. Le gestionnaire doit pouvoir envisager l'organisation comme un système global. Il doit comprendre son fonctionnement général ainsi que le rôle de chacune de ses composantes et les liens qui unissent celles-ci. Les compétences conceptuelles du cadre lui permettent de discerner les problèmes et les occasions à saisir, de recueillir et d'interpréter les données utiles et de prendre des décisions éclairées servant les fins de l'organisation.

Compétence conceptuelle
Aptitude à analyser et à résoudre des problèmes complexes

LE LEADERSHIP DANS LES ORGANISATIONS

Le gestionnaire n'a jamais eu un travail plus exigeant que dans les milieux dynamiques et hyperconcurrentiels d'aujourd'hui. Mais il ne peut pas, à lui seul, résoudre tous les problèmes complexes ni se sortir des situations difficiles qu'il rencontre dans son organisation. Actuellement, on se rend de plus en plus compte que chaque personne apporte à l'ensemble de l'organisation sa contribution et qu'il faut engager de plus en plus d'employés dans le processus de leadership pour faire avancer de nouvelles idées et de nouvelles solutions, mais aussi pour remettre en question les anciennes façons de penser. Nous vivons dans un monde où les gestionnaires ne sont plus les seuls meneurs et où la réussite d'un gestionnaire découle en partie de sa capacité à mobiliser ses troupes et à intégrer les contributions de chacun.

Les leaders sont des personnes qui utilisent leur influence pour provoquer du changement. Si les autres les suivent, c'est qu'ils comprennent la valeur de leurs idées ou de leurs suggestions et décident de les adopter ou d'y adhérer. En vertu de leur position et de leur autorité, les gestionnaires ont le pouvoir d'être des meneurs, mais ils ne réussissent pas toujours à bien remplir cette fonction. Ils y parviennent lorsque les gens les suivent non pas parce qu'ils sont obligés de le faire, mais parce qu'ils le veulent bien. Cette influence positive émane de leur pouvoir de persuasion, de leur compétence et de leurs qualités humaines. Dans chacun des chapitres, l'encadré *Des leaders parlent de leadership* vous fournira des modèles à suivre et vous aidera à réfléchir aux moyens de développer votre propre potentiel de leadership.

Gérer autrement

Des **leaders** parlent de **leadership**

[…] Où les Finlandais rêvent-ils de travailler? Chez le fabricant de cellulaires Nokia? Chez Rovio, le concepteur du jeu *Angry Birds*? Pas du tout. Ils adoreraient évoluer chez Kone, un fabricant d'ascenseurs et d'escaliers roulants, d'après un récent sondage de Talentum Media.

Pourquoi Kone? Tout simplement parce qu'on s'y soucie réellement des employés. Le programme *Bien-Être* est accessible à tous, offre un suivi médical et psychologique, une invitation à faire du sport pendant les heures de travail, du *coaching* en nutrition, etc. Tout est mis en œuvre pour aider chacun à développer ses compétences: encouragement à prendre des responsabilités, formations, etc. «Il y a un *running gag* chez nous: Fais attention à ce que tu dis quand tu souhaites quelque chose, car ça va t'être vite accordé! C'est comme ça qu'une collègue a été mutée dans nos bureaux en Chine avant d'avoir eu le temps de dire ouf», ricane Liisa Kivelä, directrice des communications.

«Nous usons de trois clés pour susciter l'engagement de nos quelque 35 000 employés répartis dans 50 pays, dont le Canada», explique Susanne Skippari, chef de la gestion des talents.

AVOIR DE BONS LEADERS

«Nous décelons aisément ceux qui ont un bon potentiel de leadership et les formons en ce sens, car ce sont eux qui peuvent vraiment permettre à une équipe de faire des étincelles. Chez nous, le leadership est caractérisé par six compétences: la prise de décision; l'exécution; la réussite grâce aux autres; la collaboration; le sens des affaires; l'orientation client», dit-elle.

FAIRE PARTICIPER CHACUN AU MAXIMUM

«Si nous aidons un employé à briller, il brillera. C'est comme ça que nous avons mis au point, par exemple, l'outil d'innovation, un intranet où chacun peut présenter ses idées neuves. On les compte par dizaines chaque mois. Tout le monde peut en discuter en ligne, les enrichir et même leur donner une note. Les meilleures sont soigneusement analysées: des dizaines ont d'ores et déjà été concrétisées, pour le plus grand bénéfice de Kone et de leurs auteurs, bien sûr», indique-t-elle.

ENCOURAGER CHACUN À SA GUISE

«Les managers ont pour mission d'être à l'écoute des membres de leur équipe et de veiller à leur épanouissement au travail. Cela se traduit souvent, entre autres, par des horaires flexibles pour concilier au mieux le travail et la vie de famille», dit Mme Skippari.

Le niveau de satisfaction des employés est mesuré tous les ans à l'aide d'un sondage. Ces dernières années, il avoisinait les 80 % de «globalement satisfaits». Seul bémol: crise économique mondiale oblige, le nombre d'employés ne cesse de diminuer chez Kone depuis 2008… […]

Source: Olivier Schmouker, «Embauchez un bouffon, et autres façons de gérer autrement», *Les Affaires*, 22 et 24 septembre 2012. Cet extrait a été reproduit aux termes d'une licence accordée par Copibec.

QUESTIONS Quelles sont les principales compétences que semble manifester ce dirigeant? Comment envisage-t-il les rôles qu'il doit assumer? Quels défis doit-il relever?

La gestion est-elle une profession ?

L'ÉTHIQUE EN CO

La récession, avec son lot de difficultés et de bouleversements, n'a épargné ni les individus ni les organisations. Mais bien que certains établissements aient connu de mauvais résultats ou même fait faillite, de nombreux cadres supérieurs ont continué de recevoir des salaires élevés, des primes et des indemnités de départ très généreuses. Parallèlement, nombre de salariés ont été mis au chômage, ont subi des baisses de salaire ou ont dû accepter un horaire de travail réduit.

Comme si ce n'était pas assez, le scandale concernant Bernard Madoff a éclaté sur ces entrefaites. L'homme d'affaires, condamné à 150 ans de prison, menait un grand train de vie grâce à un montage financier inspiré du schéma de Ponzi, dont il se servait pour escroquer plusieurs milliards de dollars à des individus, à des organismes caritatifs, à des collèges et à des universités, ainsi qu'à d'autres établissements.

Seriez-vous surpris d'apprendre que les chefs d'entreprise sont en train de perdre la confiance du public, d'après les auteurs d'un article paru dans la *Harvard Business Review*[28] ? Pour améliorer la situation, ces derniers exhortent les écoles de commerce à aborder le sujet de la haute direction comme une profession régie par des codes de conduite qui « établissent implicitement un contrat social avec la société ».

Cette proposition s'inscrit dans un débat suivi sur l'éthique de la gestion et la responsabilité sociale des entreprises. Certains vous diront que les cadres supérieurs doivent essayer d'agir selon les intérêts des divers intervenants de l'organisation, alors que d'autres vous affirmeront qu'ils doivent avant tout remplir leur principal mandat : maximiser les profits des actionnaires.

QUESTIONS Quelle est votre position dans le débat opposant les partisans de la maximisation des profits des actionnaires aux défenseurs des intérêts des divers intervenants ? Êtes-vous d'accord avec l'idée que la direction des entreprises devrait être une profession ? À votre avis, la professionnalisation de la fonction de gestionnaire changerait-elle quelque chose à la responsabilité éthique et au comportement quotidien des chefs d'entreprise ?

Les organisations ont de nombreux leaders dans leurs effectifs, tant parmi les gestionnaires que parmi les simples salariés. Il s'agit de personnes que tout le monde écoute : collègues, chefs de service, subordonnés et supérieurs hiérarchiques. À l'encontre du point de vue traditionnel selon lequel le leadership s'exerce du haut vers le bas, aujourd'hui, une partie substantielle du leadership s'exerce du bas vers le haut, ainsi qu'horizontalement. Vous pouvez être un leader pour vos collègues en devenant la personne vers laquelle ils se tournent pour obtenir des conseils, du soutien ou une marche à suivre. Vous pouvez être un leader si vous convainquez la haute direction d'adopter vos suggestions de nouvelles pratiques. Enfin, comme nous l'avons dit auparavant, le gestionnaire est aussi un *entraîneur* et un *coordonnateur*. Ainsi, chaque fois que vous vous conduisez d'une manière qui correspond à ces rôles, vous êtes sans aucun doute un leader.

LA GESTION ET LE LEADERSHIP CONFORMES À L'ÉTHIQUE

C'est une chose de posséder les compétences essentielles au travail de direction, c'en est une autre de les mettre en œuvre correctement pour atteindre les résultats escomptés. En matière de moralité, Archie B. Carroll, spécialiste en gestion, fait une distinction entre le gestionnaire immoral, le gestionnaire amoral et le gestionnaire moral[29].

FIGURE 1.5 LE LEADERSHIP MORAL, LA CONSCIENCE ÉTHIQUE ET L'ÉVOLUTION VERTUEUSE[30]

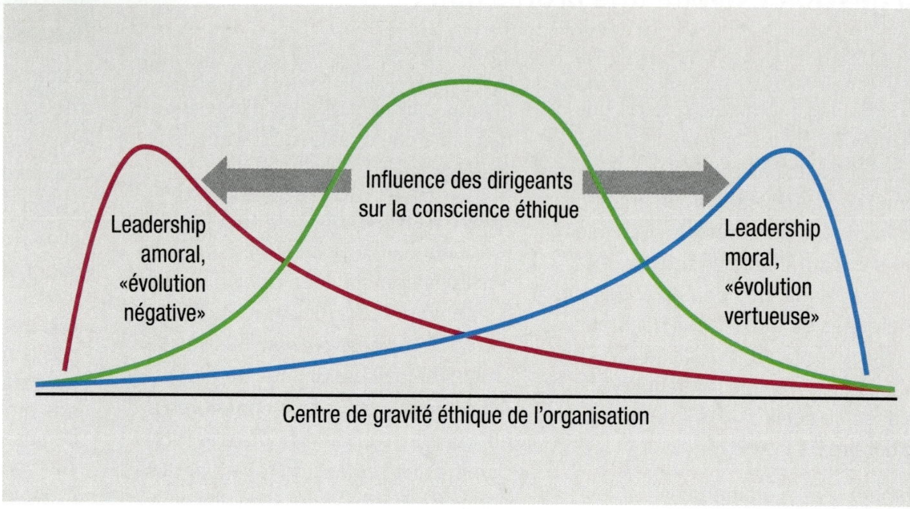

Gestionnaire immoral
Gestionnaire qui ne souscrit à aucun principe éthique; quelle que soit la situation, il agit et prend des décisions uniquement en fonction de ses propres intérêts

Gestionnaire amoral
Gestionnaire qui omet de considérer les enjeux éthiques de ses décisions ou de ses comportements

Gestionnaire moral
Gestionnaire qui intègre des principes et des visées éthiques dans son comportement personnel

Le **gestionnaire immoral** ne souscrit à aucun principe éthique ; quelle que soit la situation, il agit et prend des décisions uniquement en fonction de ses propres intérêts. Ce type de gestionnaire, en somme, choisit délibérément de se conduire de manière contraire à l'éthique. Et c'est là le chapeau que pourraient sans doute porter Bernard Madoff et les autres dirigeants d'entreprise dont la disgrâce a été évoquée dans les récentes manchettes. Le **gestionnaire amoral**, en revanche, omet de considérer les enjeux éthiques de ses décisions ou de ses comportements. S'il agit parfois de façon contraire à l'éthique, c'est involontairement. Ces écarts de conduite involontaires, que nous risquons tous de commettre si nous n'y prenons garde, prennent souvent des formes insidieuses : préjugés découlant de stéréotypes et d'attitudes inconscientes ; partis pris en faveur de notre groupe d'appartenance ; attribution injuste d'un mérite à soi-même et de privilèges à des personnes qui servent nos intérêts[31]. Enfin, le **gestionnaire moral** intègre des principes et des visées éthiques dans son comportement personnel. Pour ce type de gestionnaire, adopter et maintenir un comportement conforme à l'éthique devient un but, une exigence, voire une habitude bien ancrée.

De l'avis de Carroll, la majorité des gestionnaires tendent à se comporter de façon amorale. Si cela est vrai, et puisque nous savons tous qu'il existe certains gestionnaires immoraux, il est important de bien saisir la responsabilité personnelle en matière de comportements et de leadership conformes à l'éthique. Tous les membres d'une organisation peuvent et doivent être des leaders éthiques, notamment en prêchant par l'exemple et en se montrant fermes à l'égard de subordonnés, de collègues ou de supérieurs qui adoptent des conduites non éthiques.

Conscience éthique
Conscience enrichie qui incite la personne à s'interroger systématiquement sur la valeur éthique de ses décisions et de ses comportements

Dans un article de synthèse, Terry Thomas et ses collègues posent l'existence, dans toute organisation, d'un « centre de gravité éthique » qui, comme l'illustre la **figure 1.5**, pourrait se déplacer dans un sens positif – ou « vertueux » – grâce à un leadership moral, ou dans un sens négatif sous l'influence d'un leadership amoral[32]. En ce sens, le gestionnaire ou le leader moral prêche par l'exemple, transmet des valeurs et des messages conformes à l'éthique et se fait le champion de la **conscience éthique**,

« conscience enrichie » qui incite la personne à s'interroger sans cesse sur l'éthique au fil des décisions qu'elle est amenée à prendre et des comportements qu'elle adopte. Enfin, le gestionnaire ou le leader moral, en transmettant des valeurs éthiques, contribue à créer une culture organisationnelle dans laquelle la conscience éthique devient la norme. Lorsqu'une telle « évolution vertueuse » se produit (flèche allant vers la droite dans la figure 1.5), les membres de l'organisation finissent par intégrer l'éthique dans leur quotidien, presque comme un réflexe naturel. L'un des thèmes de ce livre, comme l'illustre la rubrique *L'éthique en CO* figurant dans chaque chapitre, est l'éthique en tant que responsabilité de chacun au sein d'une organisation.

L'apprentissage du comportement organisationnel

Le comportement organisationnel s'apprend. C'est un apprentissage important et directement utile. Il vous aide à comprendre comment travailler plus efficacement et comment exercer une plus grande influence dans diverses situations professionnelles. Dans le monde d'aujourd'hui, fondé sur la connaissance, on accorde une grande valeur à l'apprentissage. Seules les personnes ayant soif d'apprendre pourront suivre le rythme effréné actuel et réussir dans un environnement mondial, hautement technologique et en constante évolution.

L'APPRENTISSAGE ET L'EXPÉRIENCE

On entend habituellement par **apprentissage** un changement durable du comportement résultant de l'expérience. L'**apprentissage continu** est le développement permanent d'une personne et de ses connaissances, jour après jour, grâce aux expériences vécues dans l'exercice du travail, aux échanges avec les collègues et amis, à l'orientation et aux conseils de mentors, à l'observation de modèles de réussite, à la participation à des séminaires ou à des ateliers de formation, etc. À certains égards, il constituera un élément clé de votre succès. Vous pouvez dès maintenant entamer une démarche continue de développement personnel et professionnel.

▸ **Apprentissage**
Changement durable du comportement résultant de l'expérience

▸ **Apprentissage continu**
Développement permanent d'une personne et de ses connaissances, jour après jour, grâce aux expériences vécues

La **figure 1.6** montre comment la matière et les activités d'un cours type de CO se complètent en formant un cycle d'apprentissage expérientiel[33]. L'apprentissage commence par une expérience initiale, suivie d'une réflexion. Le processus se poursuit avec l'élaboration d'une théorie visant à expliquer les phénomènes observés. Celle-ci fait l'objet d'une expérimentation dans de nouvelles situations concrètes. Les manuels, les lectures, les discussions et les activités de formation devraient vous guider au cours des différentes phases du cycle de l'apprentissage.

Dans cette perspective, vous avez une grande part de responsabilité en ce qui concerne votre apprentissage. Nous vous fournissons dans les pages de cet ouvrage des exemples, des études de cas et des exercices représentant votre expérience initiale. Nous pouvons alimenter votre réflexion et vous procurer d'importants repères théoriques par les concepts que nous présentons, les résultats de recherche dont nous discutons et leurs incidences pratiques. Mais tôt ou tard, vous devrez participer activement au processus, faire le travail requis, car personne n'effectuera à votre place la mise en pratique qui doit boucler le cycle de l'apprentissage.

CHAPITRE 2
Les différences individuelles et la diversité en milieu organisationnel

CHAPITRE 3
Les émotions, les attitudes et la satisfaction professionnelle

CHAPITRE 4
La perception, l'attribution et l'apprentissage

CHAPITRE 5
Les théories de la motivation

CHAPITRE 6
La motivation, la conception de poste et les récompenses

Partie 2

Les caractéristiques individuelles et le comportement en milieu organisationnel

Les différences individuelles et la diversité en milieu organisationnel

Le comportement organisationnel se traduit par les actions des individus qui interagissent dans un contexte professionnel. Par conséquent, nous devons commencer par comprendre l'individu. Ce chapitre montre l'importance qu'il y a à considérer l'éventail des différences entre les êtres humains – notamment en ce qui concerne leurs traits de personnalité, leurs valeurs, leurs caractéristiques sociodémographiques, leurs aptitudes – dans l'étude des milieux de travail de plus en plus hétérogènes que nous connaissons aujourd'hui. Les caractéristiques individuelles influent beaucoup sur les organisations dans leur ensemble.

Chapitre 2

OBJECTIFS D'APPRENTISSAGE

Après l'étude de ce chapitre, vous devriez pouvoir :

- Expliquer ce que sont les différences individuelles et quelle est leur importance.
- Définir la personnalité et décrire les principaux traits distinctifs sur le plan de la personnalité.
- Expliquer ce qui distingue les personnes et les cultures nationales les unes des autres sur le plan des valeurs.
- Expliquer comment les caractéristiques sociodémographiques se reflètent dans la diversité de la main-d'œuvre et comment cette diversité devrait être gérée.

Chaque personne est unique.

PLAN DU CHAPITRE

La diversité, levier de performance humaine et économique : le cas L'Oréal

Pour L'Oréal, beauté et diversité vont de pair. En effet, depuis cent ans, L'Oréal s'est construit autour de valeurs fortes, parmi lesquelles la diversité constitue un atout majeur. La pluralité et la complémentarité de ses vingt-trois marques internationales d'origines culturelles variées et de ses produits témoignent de l'engagement de L'Oréal à mettre en valeur toutes les formes de beauté et de bien-être, dans le respect des différences.

De même, des équipes diversifiées permettent plus de créativité et une meilleure compréhension des consommateurs afin de développer des produits qui répondent à leurs attentes. Ainsi, dans sa quête d'excellence et de performance, L'Oréal entend continuer à s'enrichir de collaborateurs ouverts et rejette toute idée et toute pratique de discrimination entre les personnes.

L'Oréal a choisi de s'appuyer sur trois grands facteurs clés : l'engagement, le partage, la mesure.

[…] Une politique sur la diversité durable passe tout d'abord par un engagement fort de la direction générale. Dès l'an 2000, par sa Charte éthique et la signature du Pacte mondial en 2003, L'Oréal a formalisé ses engagements en faveur de la diversité et de la non-discrimination. Le Pacte mondial est une initiative internationale qui invite les entreprises à adopter, soutenir et appliquer dix principes universels relatifs aux droits de l'homme, aux normes du travail, à l'environnement et à la lutte contre la corruption.

Le Groupe a aussi été l'une des premières entreprises à signer la Charte de la diversité, par laquelle il s'engage à lutter contre toute forme de discrimination et à mettre en place une démarche en faveur de la diversité, d'abord en France, puis en Belgique, en Allemagne, en Espagne et enfin en Italie, où sa filiale a contribué à sa création. L'Oréal participe actuellement à la création de la Charte de la diversité en Suède, qui sera lancée à la fin de 2010. En France, par ailleurs, L'Oréal SA (siège social) a été parmi les premières entreprises à obtenir le label Diversité, en 2009. […]

> ***Une politique sur la diversité durable passe tout d'abord par un engagement fort de la direction générale.***

Une véritable gestion de la diversité passe par la mise en œuvre concrète des engagements. Dans cette perspective, la politique diversité de L'Oréal se veut globale et systémique. Tout d'abord, les ambitions du Groupe sont de :

- refléter dans ses équipes et à tous les échelons la diversité des origines (ethnique, culturelle, sociale) de ses clients, en cohérence avec ses bassins d'emploi ;
- favoriser la mixité au sein de ses équipes par l'accès aux femmes aux postes à responsabilité, la mixité dans les fonctions aujourd'hui trop sexuées et l'égalité salariale entre les hommes et les femmes ;
- favoriser l'emploi des personnes handicapées ;
- valoriser l'expérience pour anticiper l'allongement de la durée de la vie professionnelle ;
- développer une culture managériale inclusive, respectueuse de tous.

L'Oréal vise à répondre à ces ambitions à travers six dimensions, soit la nationalité, l'origine ethnique, la promotion sociale, le genre, le handicap et l'âge, et cinq leviers d'action, soit le recrutement et l'intégration, la gestion de carrière, le management et l'inclusion, la formation et enfin, la communication. […]

Dans une perspective de partage et de co-construction, L'Oréal a eu très vite la volonté de soutenir une dynamique collective et un écosystème des diversités. Ainsi, depuis des dizaines d'années, le Groupe a associé d'autres entreprises ainsi que ses fournisseurs et ses clients à certaines de ses actions. L'opération B'A'ba en est un bon exemple : grâce à un partenariat entre L'Oréal, son fournisseur ISS (société de nettoyage) et la Fédération française du ménage, le programme a pour objectif de faire bénéficier les employés de ménage intervenant à L'Oréal de cours de français et d'assurer un suivi personnalisé par des collaborateurs du Groupe. Les employés de ménage progressent dans leur métier, puisque la maîtrise du français leur permet de passer le Certificat de qualification professionnelle, reconnu par la Fédération française du ménage, et de bénéficier d'une meilleure rémunération.

[...] Enfin, L'Oréal souhaite rendre compte de ses actions et mesurer ses progrès. Le Groupe a la conviction que l'égalité des chances et la diversité, son corollaire, doivent être mesurées, afin d'être maîtrisées, effectives et reconnues. [...]

En conclusion, en ce qui concerne le cas L'Oréal, ces dernières décennies auront été placées sous le signe de l'engagement : celui de ses dirigeants, de ses collaborateurs, mais aussi celui de ses marques. Dans un esprit entrepreneurial, le Groupe a développé une culture de la mesure et du partage de la diversité et de ses bienfaits au sein de l'ensemble de son écosystème. Le défi qu'il lui reste désormais à relever est d'assurer la réussite du déploiement international de sa politique diversité par des actions fortes et durables sur l'ensemble des territoires géographiques où le Groupe est implanté.

Source : Sylviane Balustre-D'Erneville, « La diversité, levier de performance humaine et économique : le cas L'Oréal », *Effectif*, vol. 13, n° 4, sept.-oct. 2010. Reproduit avec l'autorisation de l'Ordre des conseillers en ressources humaines agréés.

Les entreprises doivent chercher à refléter ce que nos économies sont en train de devenir : une réalité marquée par la diversité des clientèles et de la main-d'œuvre. Qui dit « diversité » dit aussi « différences », lesquelles peuvent conduire tant à des problèmes qu'à des possibilités. Prendre en considération la diversité et les différences individuelles signifie qu'on s'intéresse au rôle que jouent la personnalité, les valeurs, les caractéristiques sociodémographiques ainsi que les aptitudes des personnes. Voilà donc énumérés certains des concepts fondamentaux du CO qui sont examinés de plus près dans ce chapitre.

Les différences individuelles

Les êtres humains sont complexes. Lorsque vous abordez une situation d'une certaine façon, une autre personne peut le faire tout à fait différemment. À cause des différences entre les individus, il peut être difficile de prévoir et de comprendre le comportement dans les organisations. Mais ce sont également ces différences, entre autres, qui donnent une dimension fascinante à l'étude du comportement organisationnel.

Dans le domaine du comportement organisationnel, le terme **différences individuelles** désigne tout ce qui distingue les individus les uns des autres, dans leurs façons de penser, leurs sentiments et leurs comportements. Bien que deux personnes ne puissent pas être exactement pareilles, elles ne peuvent pas non plus être complètement différentes. C'est la raison pour laquelle l'étude des différences individuelles s'attache à recenser les tendances comportementales, avec leurs similitudes et leurs différences. En fait, si nous arrivions à déterminer des catégories de tendances comportementales et à discerner les tendances des individus, nous pourrions prédire avec exactitude en quelles circonstances et à quel moment ceux-ci adopteraient un comportement donné.

▸ **Différences individuelles**
Différences dans les façons de penser, les sentiments et les comportements qui distinguent les êtres humains les uns des autres

Si elles peuvent parfois rendre le travail de collaboration difficile, les différences individuelles peuvent aussi présenter beaucoup d'avantages. Les meilleures équipes sont souvent celles qui rassemblent des individus ayant des compétences, des approches et des façons de penser différentes et dans lesquelles on met à contribution le «cerveau global»[1]. Pour profiter des différences, il faut comprendre ce qu'elles sont et miser sur les avantages qu'elles offrent.

LA CONSCIENCE DE SOI ET LA CONSCIENCE DE L'AUTRE

Ce chapitre porte également sur les éléments qui aident à mieux comprendre les différences individuelles – les nôtres et celles des autres – en milieu de travail. Les deux facteurs importants pour notre analyse sont la conscience de soi et la conscience de l'autre. La **conscience de soi** est la connaissance de ses propres

Yvan Morin : le vrai leader est au service des autres

Des leaders parlent de leadership

[…] À mon avis, on ne bâtit pas une entreprise, on bâtit des gens qui bâtissent une entreprise. Ce sont les gens qu'on forme, qu'on aide à s'épanouir et à se dépasser. Diriger des gens m'a demandé une grande rigueur. J'ai toujours eu une certaine discipline personnelle, mais il m'en a fallu davantage. Chacun a sa vision de la discipline. Pour moi, c'est une question d'ego. J'ai réalisé que l'ego était probablement le pire obstacle que je pouvais avoir dans mon métier. J'ai appris à m'affranchir de son emprise. Je me suis «vidé un peu de moi-même» pour «faire place aux autres en moi», sans quoi l'ego me menait à l'échec, certain! J'entends par *ego* le souci de l'image de soi qu'on projette aux autres. J'ai trop vu d'entrepreneurs, une fois qu'ils atteignaient un certain niveau de sécurité, devenir assoiffés de pouvoir. Le pouvoir, si on n'y prête pas attention, peut nous détruire.

Même chose pour les épreuves, elles peuvent nous anéantir ou nous pousser à tourner la situation à notre avantage. La motivation entre alors en jeu et les obstacles soulèvent la passion; après tout, on n'est jamais à l'abri des coups du destin. Quand, après avoir surmonté de grandes épreuves familiales, j'ai compris que ce qui me restait, c'était la santé, et qu'un bon matin j'ai fait un infarctus, j'ai dû me reprendre en mains et continuer. Et lorsque, quatre ans plus tard, j'ai souffert d'un anévrisme à l'aorte et qu'il m'a fallu subir une seconde chirurgie cardiaque, et que j'ai compris que je ne pouvais pas laisser l'entreprise en plan, je me suis relevé et j'ai continué.

MAILHOT INDUSTRIES

[…] Comme leader, j'ai un rôle social. Prenons la rentabilité de l'entreprise [Mailhot Industries], par exemple: c'est un sujet que je ne suis jamais gêné de débattre avec mes employés. En 1993, on avait ouvert une usine au Mexique, et, quand le marché est devenu difficile, des employés m'ont demandé ce qu'on faisait là: «On n'a pas besoin de faire des affaires au Mexique, pourquoi on ne ferme pas cette usine?» Il fallait qu'on en parle, alors j'ai rassemblé tout le monde. Je leur ai dit que, si c'était vraiment ce qu'ils voulaient, j'étais prêt à fermer l'usine, mais qu'il fallait d'abord bien mesurer les conséquences de ce geste. J'ai expliqué d'une manière très simple que le Mexique produisait des pièces qu'on ne produit pas ici, et les employés ont réalisé que, si on fermait l'usine au Mexique, on devrait aussi couper des postes ici, au Québec. Les gens se sont rendu compte qu'ils faisaient partie de l'équation: dans une comportements, préférences, styles, louvoiements, traits de personnalité, etc. La **conscience de l'autre** est la connaissance de ces mêmes éléments chez autrui. Pour creuser davantage ces thèmes, il faut commencer par comprendre ce qu'est l'*image de soi* et comment elle se forme. Nous verrons ensuite ce qu'est la personnalité et chercherons à reconnaître les caractéristiques et les valeurs personnelles les plus pertinentes pour le CO. Tout au long de l'étude de ces notions, tâchez de vous situer par rapport à elles. Dans quelle mesure correspondent-elles à ce que vous êtes ? Dans quelle mesure vous font-elles penser à des personnes que vous connaissez ?

▸ **Conscience de soi**
Connaissance de ses propres comportements, préférences, styles, louvoiements, traits de personnalité, etc.

▸ **Conscience de l'autre**
Connaissance des comportements, des préférences, des styles, des louvoiements et des traits de personnalité d'autrui

L'IMAGE DE SOI

La façon dont un individu intègre et organise toutes les composantes et tous les traits de sa personnalité contribue à bâtir son image de soi. L'**image de soi** est la conception que chacun se fait de son identité sociale, physique, spirituelle et morale ; c'est une façon de se reconnaître en tant qu'être unique[2].

▸ **Image de soi**
Conception que chacun se fait de son identité sociale, physique, spirituelle et morale

La culture influe fortement sur l'image de soi. À titre d'exemple, les Américains sont enclins à en révéler beaucoup plus sur eux-mêmes que les Anglais. Du fait de leur culture, ils ont une image de soi plus affirmée et qui s'exprime plus aisément[3].

entreprise, tout le monde est interrelié, notre succès dépend aussi du succès de nos partenaires, et, en créant de la richesse là-bas, on en crée aussi ici. Ce jour-là, j'ai donné une leçon importante sur la profitabilité et la solidarité au sein d'une entreprise.

[...] Avec le temps, j'ai compris aussi que, quand on est à la tête d'une entreprise, on n'est pas seulement là pour s'enrichir. En fait, on est responsables des autres – de la vie des autres. C'est facile de dire qu'on est responsables de la vie des autres ; le défi, c'est de traduire les paroles en actions. Un jour, je faisais le tour de l'usine, et j'ai remarqué qu'un employé n'avait vraiment pas l'air en forme. Je me suis approché, et il m'a confié que sa femme venait de tomber enceinte et qu'ils n'avaient pas les moyens d'avoir un troisième enfant. Il m'a dit : « Elle veut se faire avorter, mais moi, j'en veux, de cet enfant-là. Je ne sais pas quoi faire. » Ça m'a touché, et je suis revenu quelques heures plus tard pour lui proposer de passer me voir avec sa femme. Quand je les ai rencontrés, j'ai proposé à la femme de mener la grossesse à terme, et je leur ai dit qu'ils auraient mon soutien financier – à une condition : dès que le bébé viendrait au monde, je voulais qu'ils me l'amènent, pour que je puisse le prendre dans mes bras ! Depuis, à chaque party de Noël du bureau, je vois la petite, qui est aujourd'hui une ado. Qu'est-ce qui m'a poussé à faire ce geste-là ? C'est une question de valeurs. J'ai toujours su que le fait d'avoir reçu plus que les autres ne fait pas de nous de meilleures personnes – ça nous donne plutôt plus de responsabilités. Ce jour-là, j'ai assumé mes responsabilités...

Quand ça a fait 10 ans que j'avais acheté l'entreprise, mes employés, qui connaissaient mon engagement social et humanitaire, m'ont remis une charte pour la création d'une fondation. C'est comme ça que, après avoir doublé, grâce à un tournoi de golf, les fonds recueillis, j'ai créé la Fondation Yvan Morin, qui a pour mission de soutenir les plus démunis parmi les démunis, les laissés-pour-compte de la société. Depuis 18 ans, la Fondation a pris de l'ampleur, et on a remis près de un million de dollars à des œuvres de charité, au Québec et aussi en Haïti, où on soutient une école et un dispensaire. Et j'en suis très fier. [...]

Source : Yvan Morin, « Le vrai leader est au service des autres », *Premium*, mars-avril 2011, p. 30-37. Propos recueillis par Manon Chevalier.

QUESTIONS Qu'est-ce qui distingue ce leader ? Quelles sont ses principales valeurs ?

Le cerveau global est mis à contribution

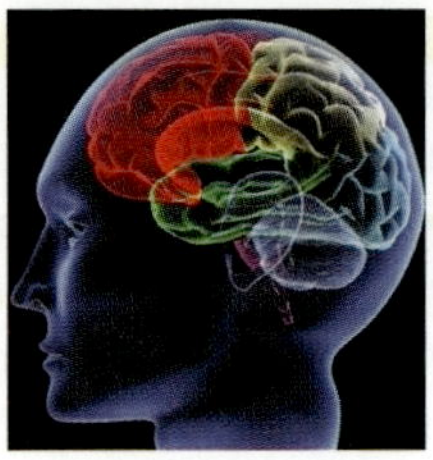

Au 20e siècle, c'était le cerveau gauche (pensée analytique) qui menait la danse. Dans le monde du travail d'aujourd'hui, la clé du succès réside dans la mise à contribution du cerveau droit (créativité) et du «cerveau global».

L'image de soi comporte deux dimensions importantes: l'estime de soi et le sentiment de compétence. L'**estime de soi** est l'opinion que chacun a de lui-même en fonction d'une autoévaluation générale[4]. Les personnes qui ont une grande estime d'elles-mêmes se jugent capables, méritantes et respectables, et doutent rarement de leur potentiel, au contraire de celles qui ont une faible estime d'elles-mêmes. Des recherches en CO semblent indiquer que, si elle peut souvent stimuler le rendement et favoriser la fidélité à l'organisation, une haute estime de soi peut également, en situation de stress, se traduire par de l'arrogance et de l'égocentrisme. Trop sûres d'elles-mêmes, certaines personnes négligent parfois des informations importantes[5].

▸ **Estime de soi**
Opinion que chacun a de lui-même en fonction d'une autoévaluation générale

▸ **Sentiment de compétence** (ou **autoefficacité**)
Conviction intime qu'un individu a de pouvoir accomplir avec succès une tâche déterminée

Autre facette de l'image de soi, le **sentiment de compétence** (ou **autoefficacité**) est la conviction intime qu'un individu a de pouvoir accomplir avec succès une tâche déterminée. On peut très bien avoir une haute estime de soi et un faible sentiment de compétence par rapport à une situation précise (prendre la parole en public, par exemple).

LA DIMENSION INNÉE ET LA DIMENSION ACQUISE DES TRAITS DE PERSONNALITÉ

Qu'est-ce qui détermine le développement de la personnalité? Celle-ci est-elle héréditaire et d'origine génétique ou façonnée par l'environnement? Tantôt on entend dire qu'untel «agit comme sa mère», tantôt que «son comportement s'explique par son éducation». Ces deux commentaires reflètent l'éternelle polémique sur la part de l'inné et de l'acquis dans le développement de la personnalité. La personnalité d'un individu est-elle déterminée par ses gènes ou est-elle le produit de son environnement? En fait, comme le montre la **figure 2.1**, ces deux influences agissent de concert. L'hérédité est responsable – par l'intermédiaire des gènes – de la transmission, des parents aux descendants, de caractères tels que les traits physiques, le sexe et certains éléments de la personnalité. L'environnement, lui, exerce une influence par des facteurs sociaux, culturels et conjoncturels.

FIGURE 2.1 LES LIENS ENTRE L'HÉRÉDITÉ, L'ENVIRONNEMENT ET LA PERSONNALITÉ

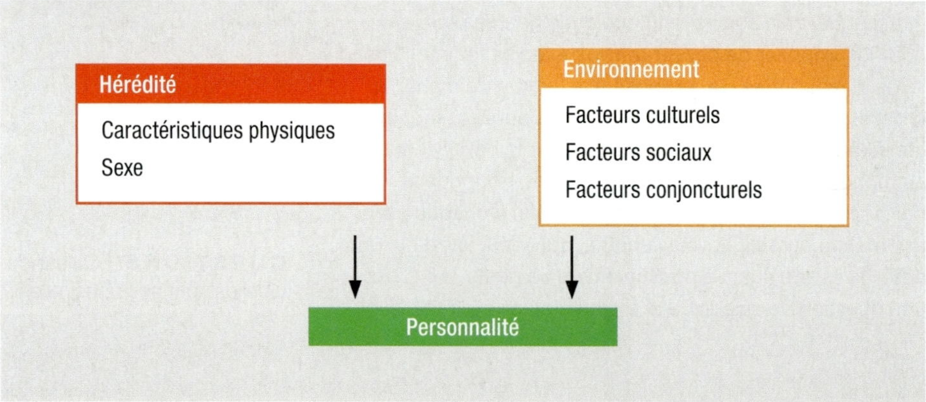

L'influence de l'hérédité sur la personnalité ne cesse de susciter des polémiques. Dans l'état actuel des connaissances, on peut probablement dire que l'hérédité établit les limites dans lesquelles certains traits de personnalité peuvent se développer et que l'environnement détermine leur développement à l'intérieur de ces limites. Si les gènes contiennent l'information de base sur notre développement, c'est l'expérience de vie de chaque individu qui détermine lesquels seront actualisés, la façon dont cela se fera et à quel moment. Ainsi, un cadre de travail de type autoritaire pourrait accentuer une tendance innée à l'autoritarisme. Bien que leur importance respective semble varier selon les caractéristiques, d'une manière générale, l'hérédité et l'environnement ont des influences équivalentes[6].

L'environnement dans lequel un individu est élevé («dimension acquise») joue un rôle dans le développement de sa personnalité. Comme nous le montrons tout au long de cet ouvrage, *les normes et les valeurs culturelles* influent considérablement sur le développement de la personnalité d'un individu de même que sur ses comportements. Il suffit de comparer les effets de l'individualisme de la culture américaine avec ceux du collectivisme de la culture mexicaine pour s'en convaincre[7]. Plusieurs *facteurs sociaux* interviennent aussi dans la structuration de la personnalité : le milieu familial, la religion et toutes les relations sociales que nous établissons au cours de notre vie dans des groupes plus ou moins structurés (groupes d'amis, équipes sportives, associations, groupes de travail, etc.). Enfin, divers *facteurs conjoncturels* favorisent ou inhibent l'expression de certains traits de la personnalité humaine. Par exemple, pendant un cours ou une réunion, vous pouvez vous contenir et ne pas manifester le côté expansif de votre personnalité ; toutefois, celui-ci se révélera à l'occasion d'un évènement sportif, où vous serez plus démonstratif et où vous ne vous gênerez pas pour encourager bruyamment votre équipe en gesticulant et en vilipendant l'arbitre.

Les études sur les jumeaux : hérédité ou environnement[8] ?

Du côté de la RECHERCHE

Dans l'étude des différences individuelles, en psychologie, une question se pose depuis longtemps : quelle est la part de l'hérédité et la part de l'environnement dans ce que nous sommes ? Les résultats de la recherche commencent à nous ouvrir des perspectives fascinantes à ce propos, grâce aux études effectuées auprès d'échantillons de jumeaux. Avant de lire ce qui suit, tentez de répondre à la question suivante : à votre avis, dans les compétences en matière de leadership, quelle est la part de l'hérédité et celle de l'environnement ?

Cette question a fait l'objet d'une recherche menée par Rich Arvey et ses collègues. Dans une étude récente, ces derniers ont utilisé un échantillon de 178 jumelles dizygotes et de 214 jumelles monozygotes pour déterminer s'ils pouvaient généraliser leur découverte selon laquelle les variations dans l'exercice du rôle de leadership, chez les jumeaux de sexe masculin, pourrait s'expliquer par des facteurs génétiques dans une proportion de 30 %. Ils ont tiré leur échantillon du Registre des jumeaux du Minnesota, qui recense les jumeaux nés dans cet État entre 1936 et 1951 et ayant été élevés ensemble pendant leur enfance. Ils ont envoyé aux jumelles de leur échantillon un questionnaire visant à évaluer leurs expériences en matière de leadership (exercice du rôle de leader) ainsi que leurs expériences de développement personnel, notamment dans la vie familiale et professionnelle.

Les résultats obtenus ont corroboré les tendances qu'ils avaient décelées avec l'échantillon de jumeaux de sexe masculin, à savoir que les variations dans l'exercice du rôle de leader découlait de l'hérédité dans une proportion de 32 %. Les expériences familiales et professionnelles étaient aussi liées à l'exercice du rôle de leader, même si, fait peu surprenant, les expériences professionnelles avaient plus de poids que les expériences familiales dans le développement du leadership chez les femmes. Ces découvertes sont importantes, car elles indiquent que les expériences déterminantes pour le développement peuvent aider autant les hommes que les femmes à exercer des rôles de leaders.

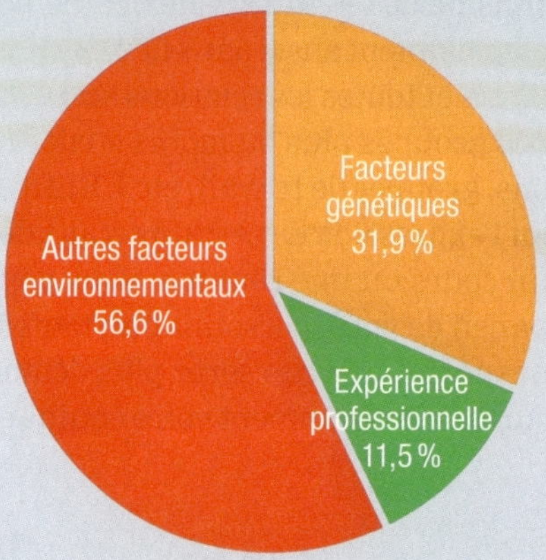

La personnalité

Personnalité Profil global d'un individu ; combinaison de traits qui font de lui un être unique dans la manière qu'il a de se comporter et d'entrer en relation avec autrui

Façon d'être unique et relativement stable.

La **personnalité** est le profil global d'un individu, une combinaison de traits qui font de lui un être unique par la manière qu'il a de se comporter et d'entrer en relation avec autrui. Elle englobe un ensemble de caractéristiques, notamment émotives, affectives et mentales, qui orientent les perceptions de l'individu, sa façon de penser, ses actes et ce qu'il ressent. Prenez votre exemple, celui des membres de votre famille et celui de vos amis. Vos interactions avec les autres ne dépendent-elles pas en grande partie de votre personnalité et de la leur ? Allez-vous interagir avec un ami susceptible de la même façon qu'avec un ami ou un membre de votre famille qui prend bien la plaisanterie ?

On tente parfois de cerner la personnalité à l'aide de questionnaires et de tests spéciaux. Cependant, on peut souvent en saisir les grands traits simplement en observant le comportement d'un individu. Quelle que soit la façon dont ils s'y prennent, les gestionnaires doivent être capables de cerner cette importante caractéristique individuelle qu'est la personnalité, car cela leur permet de prévoir de manière générale les comportements et les relations entre individus.

Les théories sur le développement de la personnalité qu'ont élaborées Chris Argyris, Daniel Levinson et Gail Sheehy examinent en profondeur les façons dont la personnalité évolue dans le temps. Pour Argyris, le développement de la personnalité est un continuum allant de l'immaturité à la maturité (voir la **figure 2.2**). Selon lui, trop d'organisations traitent les adultes ayant atteint la maturité comme s'ils étaient toujours immatures, les empêchant ainsi d'exprimer et d'exploiter le meilleur d'eux-mêmes. De leur côté, Levinson et Sheehy affirment que la personnalité se déploie par étapes. Sheehy distingue trois étapes ayant chacune un effet déterminant sur la vie professionnelle de l'individu : de 18 à 30 ans, de 30 à 45 ans, et de 45 ans jusqu'à la fin de la vie. Les besoins et certains traits de personnalité des gens changent considérablement à mesure qu'ils mûrissent et qu'ils passent d'une étape à une autre[9]. Les organisations doivent donc en tenir compte dans leur gestion des ressources humaines.

FIGURE 2.2 LE CONTINUUM DU DÉVELOPPEMENT DE LA PERSONNALITÉ SELON CHRIS ARGYRIS

De l'immaturité…	… à la maturité
Passivité	Activité
Dépendance	Indépendance
Comportements peu diversifiés	Comportements diversifiés
Préférences superficielles	Préférences marquées
Vision à court terme	Vision à long terme
Position subalterne	Position dominante
Faible conscience de soi	Forte conscience de soi

LES TRAITS DE PERSONNALITÉ SELON LE MODÈLE À CINQ FACTEURS

On a dressé d'innombrables listes de **traits de personnalité**, caractéristiques marquées et durables qui déterminent le comportement d'un individu, et beaucoup d'entre elles ont servi à la recherche en CO. Au début des années 1990, des études ont permis d'élaborer un modèle de personnalité à cinq facteurs qui synthétise les listes interminables et les ramène à cinq grandes dimensions, appelées les « Big Five »[10].

Traits de personnalité
Caractéristiques marquées et durables qui déterminent le comportement d'un individu

LES CINQ GRANDES DIMENSIONS DE LA PERSONNALITÉ

1. *L'extraversion et l'introversion* Cette dimension concerne la facilité ou la difficulté qu'a une personne à entrer en relation avec les autres. La personne extravertie est communicative, sociable et assurée. Au contraire, la personne introvertie est timide, réservée et calme.
2. *L'amabilité et le manque d'amabilité* Cette dimension a trait à la tendance plus ou moins grande qu'a une personne de se montrer plaisante avec les autres. La personne présentant un haut degré d'amabilité est facile à vivre, confiante et coopérative. À l'inverse, la personne manifestant un faible degré d'amabilité est déplaisante, froide, voire hostile.

3. *L'application et l'inapplication* Cette dimension renvoie au degré plus ou moins grand de fiabilité d'une personne, à son sens des responsabilités et à sa persévérance. Une personne appliquée est responsable, fiable et persévérante. Au contraire, une personne manquant d'application est négligente, désorganisée et peu fiable.
4. *La stabilité émotionnelle et l'instabilité émotionnelle* Cette dimension correspond à la capacité plus ou moins grande d'une personne à maintenir un équilibre émotif, malgré les aléas de la vie. La personne stable émotionnellement est sereine, stable et détendue. À l'inverse, la personne instable émotionnellement manifeste une humeur plutôt fluctuante et se montre nerveuse.
5. *L'ouverture et la fermeture à l'expérience* Cette dernière dimension concerne l'intérêt que porte une personne à la nouveauté et donc sa tolérance aux changements. La personne ouverte à l'expérience est imaginative, curieuse et créative. En revanche, la personne fermée résiste aux changements et manifeste une préférence pour la routine, le statu quo et les situations présentant peu d'incertitudes.

Les tests normalisés d'évaluation de la personnalité permettent d'évaluer un individu par rapport à chacune de ces dimensions et d'obtenir une idée globale de sa personnalité. Par exemple, une personne très ouverte à l'expérience aura tendance à poser beaucoup de questions et à penser de façon non conformiste. La recherche montre par ailleurs qu'un degré élevé d'application influe positivement sur le rendement professionnel dans cinq types d'emplois: l'ingénierie, la police, la gestion, la vente et les emplois qualifiés et semi-qualifiés. Les autres dimensions peuvent également servir d'indicateurs prévisionnels pour divers types d'emplois. Ainsi, on ne s'étonnera pas qu'un haut degré d'extraversion laisse présager un rendement élevé dans des emplois de gestion ou de vente.

Une deuxième approche en CO consiste à diviser les traits de personnalité en trois catégories, soit les traits sociaux, les traits relatifs à la conception personnelle du monde et les traits relatifs à l'adaptation affective, puis à évaluer leur dynamique dans la personnalité d'un individu.

LES TRAITS SOCIAUX

▸ **Traits sociaux**
Caractéristiques apparentes qui composent l'image projetée par un individu en interaction sociale

Les **traits sociaux** sont les caractéristiques apparentes qui composent l'image projetée par un individu en interaction sociale. Le mode de résolution de problèmes, étudié par l'éminent psychiatre Carl Jung, en est l'un des critères constitutifs[11]. Il correspond à la façon dont un individu procède à la collecte et à l'évaluation de l'information qui lui servira à résoudre un problème et à prendre une décision.

La *collecte d'information* englobe à la fois la recherche et l'organisation des données en vue de leur utilisation. Les divers modes de collecte d'information sont axés soit sur la sensation, soit sur l'intuition. L'individu de type *sensation* aime la routine et l'ordre, et s'attache aux moindres détails lorsqu'il recueille de l'information. Plutôt que d'envisager de nouvelles possibilités, il préfère travailler à partir de faits établis. À l'opposé, l'individu de type *intuition* privilégie une vue d'ensemble de la situation, a la routine en aversion et aime avoir de nouveaux problèmes à résoudre. Plutôt que de travailler à partir de faits établis, il préfère chercher de nouvelles possibilités.

Deuxième dimension de la résolution de problèmes, l'*évaluation des données* concerne la façon de traiter l'information recueillie. Selon les individus, le mode d'évaluation sera axé soit sur le sentiment, soit sur la pensée. L'individu de type *sentiment* est enclin au conformisme et s'efforce de bien s'entendre avec les autres. Il tente d'éviter les situations potentiellement conflictuelles. L'individu de type *pensée* fait appel à la raison et à l'intellect pour résoudre les problèmes. Il est porté à en minimiser les aspects émotionnels.

En combinant les façons qu'ont les individus de procéder à la collecte et à l'évaluation des données, on peut dégager quatre grands modes de résolution de problèmes, que décrit brièvement la **figure 2.3**: *sensation-sentiment*, *intuition-sentiment*, *sensation-pensée* et *intuition-pensée*.

Les recherches montrent l'existence d'une correspondance entre le mode de résolution de problèmes d'une personne et le type de décision qu'elle privilégie. Ainsi, l'individu de type *sensation-pensée* s'oriente vers des stratégies analytiques axées sur les détails et une approche méthodique, tandis que l'individu de type *intuition-sentiment* préfère les stratégies intuitives axées sur une vue d'ensemble de la situation et de ses ramifications. Les individus de type mixte (*sensation-sentiment* ou *intuition-pensée*), eux, combinent les stratégies intuitives et analytiques.

Par ailleurs, d'après certaines études, les individus de type *pensée* sont plus motivés au travail que ceux de type *sentiment*, et les individus de type *sensation* éprouvent plus de satisfaction professionnelle que ceux de type *intuition*. Ces constats, avec

FIGURE 2.3 RÉSUMÉ DES QUATRE MODES DE RÉSOLUTION DE PROBLÈMES

Sensation-sentiment

Sociabilité
Attention prêtée aux détails d'ordre humain
Approche amicale, sympathique
Communication ouverte
Rétroaction rapide

Doué pour:
- l'empathie
- la coopération

But: aider autrui

Sensation-pensée

Attention prêtée aux détails d'ordre technique
Capacité à analyser des données brutes
Ordre, minutie
Respect des règles et des procédures
Fiabilité, sens des responsabilités

Doué pour:
- l'observation
- l'organisation
- le classement
- ce qui exige de la mémoire

But: faire les choses comme il se doit

Intuition-sentiment

Introspection, spiritualité
Idéalisme, altruisme
Créativité, originalité
Vision globale, orientée vers les gens
Intérêt pour le potentiel humain

Doué pour:
- l'invention, la conception
- les nouveaux concepts

But: embellir le monde

Intuition-pensée

Capacité d'abstraction, de spéculation
Volonté de comprendre
Esprit de synthèse
Pensée logique, analyse
Objectivité, détachement, idéalisme

Doué pour:
- la découverte
- la recherche, l'enquête
- la résolution de problèmes

But: aller au fond des choses

d'autres résultats de recherche, donnent à penser qu'il existe des différences fondamentales entre les divers modes de résolution de problèmes. Ainsi, pour pourvoir un poste donné, il est important de trouver la personne dont le mode de résolution de problèmes correspond aux exigences du poste en matière de traitement et d'évaluation de l'information[12].

On se sert fréquemment de l'indicateur typologique de Myers-Briggs (MBTI) pour évaluer les modes de résolution de problèmes. Ce test comporte près d'une centaine de questions sur les réactions et les sentiments suscités par des situations déterminées. Un grand nombre d'organisations – notamment Apple, AT&T et Exxon, des établissements hospitaliers, des établissements d'enseignement et les forces armées – ont recours à cet outil pour la formation et le perfectionnement de leurs cadres[14]. Au Québec, Lionel Arsenault a conçu, au début des années 1990, le modèle TRIMA puisant ses fondements, notamment, dans le modèle à cinq facteurs (le « Big Five ») et le MBTI. Ce modèle comporte trois questionnaires psychométriques validés, conçus pour mesurer, dans un tout cohérent et intégré, trois aspects des dimensions identitaires :

1. *Les styles sociaux, ou la disposition à agir :* préférences, attitudes et traits de caractère.
2. *Les compétences, ou le savoir-agir :* ressources et stratégies de succès.
3. *Le leadership, ou l'intention d'agir :* mode d'influence recherché.

LES TRAITS RELATIFS À LA CONCEPTION PERSONNELLE DU MONDE

Traits relatifs à la conception personnelle du monde
Traits de personnalité qui se rapportent à la façon dont un individu conçoit son environnement social et physique, à ses croyances et à ses convictions intimes sur diverses questions

Lieu de contrôle
Degré d'emprise que les gens ont l'impression d'avoir sur leur propre vie

Lieu de contrôle interne
Tendance de l'individu à attribuer ce qui lui arrive à des facteurs inhérents à sa personne et à se croire maître de sa destinée

Lieu de contrôle externe
Tendance de l'individu à attribuer ce qui lui arrive à des facteurs externes sur lesquels il n'a pas d'emprise

On appelle **traits relatifs à la conception personnelle du monde** les traits de personnalité qui se rapportent à la façon dont l'individu conçoit son environnement social et physique, à ses croyances et à ses convictions intimes sur diverses questions.

LE LIEU DE CONTRÔLE

Un chercheur en apprentissage social du nom de J.B. Rotter a élaboré un instrument de mesure permettant d'évaluer le degré d'emprise que les gens ont l'impression d'avoir sur leur propre vie, soit le **lieu de contrôle**[14]. Certains pensent qu'ils peuvent orienter le cours des événements. Ils attribuent ce qui leur arrive à des facteurs inhérents à leur personne : leur intelligence, leurs compétences, leurs choix, etc. Ils croient donc être maîtres de leur destinée. On dit d'eux qu'ils ont un **lieu de contrôle interne**. D'autres, au contraire, ont un **lieu de contrôle externe**. Ils ont l'impression que ce qui leur arrive résulte de forces ou de facteurs extérieurs sur lesquels ils n'ont pas d'emprise : leur environnement physique et social, la chance, la difficulté d'une tâche, etc.

Généralement, les externes sont plus extravertis et plus axés sur le monde extérieur. Les internes, plus introvertis, ont tendance à se fier à leurs propres impressions et idées. La figure 2.4 présente les principales caractéristiques de l'interne. Bien que sommaire, cette description suggère qu'un interne réussira mieux dans un poste exigeant des capacités de traitement de données complexes, d'apprentissage et d'initiative, exigences qui caractérisent de nombreux postes de gestion et maintes professions.

FIGURE 2.4 LES PRINCIPALES CARACTÉRISTIQUES DE L'INDIVIDU AYANT UN LIEU DE CONTRÔLE INTERNE, PAR RAPPORT À L'INDIVIDU AYANT UN LIEU DE CONTRÔLE EXTERNE

Traitement de l'information	Rarement satisfait de la quantité d'information qu'il possède, l'interne cherche toujours à en obtenir davantage et il l'utilise adéquatement.
Satisfaction professionnelle	L'interne est généralement plus satisfait, moins isolé, mieux ancré dans son milieu de travail ; chez lui, le lien entre la satisfaction professionnelle et le rendement est particulièrement étroit.
Rendement	L'interne réussit mieux sur le plan de l'apprentissage et de la résolution de problèmes si son rendement lui procure le type de récompenses qu'il valorise.
Maîtrise de soi, gestion du risque, anxiété	L'interne a une plus grande maîtrise de soi ; il est plus prudent, moins enclin aux comportements à risques et moins anxieux.
Motivation, attentes et résultats	L'interne a une plus grande motivation au travail ; il associe plus étroitement ce qu'il fait et ce qui lui arrive, s'attend à ce qu'un travail intense se traduise par un bon rendement et gère mieux son temps.
Réaction aux autres	L'interne est plus indépendant, se fie davantage à son propre jugement, est moins influençable et plus susceptible d'évaluer objectivement le bien-fondé de l'information reçue.

LA PERSONNALITÉ PROACTIVE

Certains membres d'une organisation restent passifs au moment où ils se heurtent à des contraintes, alors que d'autres se mobilisent et prennent des mesures pour changer leur situation. La **personnalité proactive** est ainsi la disposition d'une personne à agir en vue de modifier son environnement. Les individus ayant une forte personnalité proactive reconnaissent les occasions qui se présentent et les saisissent, font des gestes concrets et persévèrent jusqu'à obtenir un changement notable. Au contraire, les individus non proactifs ne perçoivent pas les occasions à saisir et ne peuvent donc pas agir pour apporter des changements à leur situation. Passifs et inertes, ils préfèrent s'adapter aux circonstances plutôt que les changer[15].

Personnalité proactive
Disposition d'une personne à agir en vue de modifier son environnement

Dans le monde du travail d'aujourd'hui, de plus en plus exigeant, de nombreuses sociétés cherchent des employés ayant les qualités d'une personnalité proactive, des individus prenant des initiatives et s'engageant proactivement dans la résolution de problèmes. La recherche soutient cette démarche, puisqu'elle montre qu'une personnalité proactive est associée à un bon rendement, à la créativité, au leadership et à une carrière couronnée de succès. Des études ont également mis en évidence les liens existant entre, d'une part, une personnalité proactive et, d'autre part, l'efficacité d'une équipe et l'entrepreneuriat. De plus, lorsque les organisations souhaitent apporter des changements novateurs et concrets, les effets se révèlent plus positifs pour les personnes proactives que pour les autres, car elles s'investissent davantage et sont plus réceptives au changement. Cela montre qu'une personnalité proactive est un élément important et souhaitable dans le monde du travail d'aujourd'hui.

L'AUTORITARISME ET LE DOGMATISME

Autoritarisme
Tendance à adhérer scrupuleusement à des valeurs traditionnelles, à obéir à l'autorité établie et à privilégier la fermeté et le pouvoir

Dogmatisme
Tendance à percevoir le monde comme une source de menaces et à tenir l'autorité légitime pour absolue

L'autoritarisme et le dogmatisme renvoient à la rigidité des convictions. L'individu très enclin à l'**autoritarisme** est porté à adhérer scrupuleusement aux valeurs traditionnelles, à obéir à l'autorité établie, à privilégier la fermeté et le pouvoir, et à rejeter les impressions subjectives. Celui qui est très enclin au **dogmatisme** perçoit le monde comme une source de menaces, tient l'autorité légitime pour absolue et juge les autres en fonction de leur degré de soumission à cette autorité. Les cadres enclins au dogmatisme ont tendance à se montrer inflexibles et bornés. Les subalternes dogmatiques recherchent un encadrement rigide et des certitudes venues d'en haut[16].

On peut s'attendre à ce que les gens très autoritaires soient une source de problèmes d'ordre éthique, car leur attachement à l'autorité et leur empressement à s'y plier risquent de les amener à commettre des actes répréhensibles sur ce plan[17]. Prenons l'exemple extrême des militaires nazis qui se sont livrés aux crimes les plus abjects durant la Seconde Guerre mondiale : ils étaient autoritaires et dogmatiques et obéissaient aveuglément aux ordres immoraux ou non conformes à l'éthique qu'ils recevaient…

LE MACHIAVÉLISME

Machiavélisme
Tendance à manœuvrer en usant de tous les moyens pour parvenir à ses fins

Autre trait de personnalité lié à la conception personnelle du monde, le **machiavélisme** tient son nom de Nicolas Machiavel (1469-1527). Administrateur de la république de Florence impliqué dans un complot visant à abattre les Médicis et à restaurer la République, cet homme fut arrêté, torturé et banni. Durant son exil, il écrivit *Le Prince*[18] dans le but d'instruire les princes et les tyrans sans envergure sur l'art de rester au pouvoir par tous les moyens : le mensonge, le vol et même l'assassinat. C'est notamment à Shakespeare, qui le décrivit comme « le sanguinaire Machiavel », que le Florentin doit sa triste réputation. La lecture au premier degré qu'on a faite de son *Prince* n'était peut-être pas justifiée, mais on dit encore d'une personne n'ayant pas de scrupules et manipulant les autres à son profit qu'elle est machiavélique.

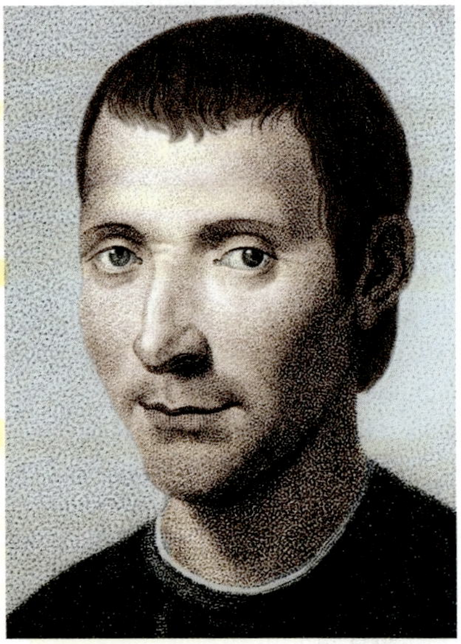

Une personne très encline au machiavélisme aborde les situations avec logique et sang-froid et n'hésite pas à mentir pour atteindre ses objectifs[19]. Peu soucieuse de loyauté, d'amitié et des opinions d'autrui, elle se sent rarement liée par ses promesses et excelle dans l'art de manipuler les gens. En revanche, une personne peu encline au machiavélisme est portée à accepter les orientations dictées par les autres dans une situation peu structurée et à travailler dur pour réussir dans une situation très structurée.

Les psychologues ont mis au point une série de mesures permettant d'évaluer le degré de machiavélisme des gens : les échelles de Mach[20]. Les recherches effectuées à l'aide de ces dernières donnent un aperçu des comportements prévisibles d'un individu donné dans certaines situations, selon qu'il se situe à un degré plus ou moins élevé de machiavélisme. Ainsi, la personne à forte tendance machiavélique, flegmatique et détachée, tentera de manipuler et d'exploiter les situations floues et ambiguës, mais fera preuve d'une légèreté frôlant la désinvolture dans les contextes bien structurés. Si la situation s'y prête, elle pourra dire ou faire tout ce qu'elle estime nécessaire pour arriver à ses fins. Au contraire, la personne très peu machiavélique sera portée à respecter les règles de l'éthique et à refuser de mentir ou de tricher ; d'ailleurs, si elle le fait, elle sera rarement assez habile pour tirer son épingle du jeu.

LE MONITORAGE DE SOI

Dernier trait de personnalité associé à la conception personnelle du monde, auquel les gestionnaires devraient d'ailleurs s'intéresser de près, le **monitorage de soi** est la capacité qu'a un individu d'adapter son comportement aux facteurs environnementaux (situation, cadre de travail, etc.)[21].

Monitorage de soi
Capacité qu'a un individu d'adapter son comportement aux facteurs environnementaux

Les personnes qui présentent un haut degré de monitorage de soi sont sensibles aux signaux de l'environnement et tendent à agir différemment dans des situations différentes. Comme les machiavéliques, elles semblent souvent très différentes de ce qu'elles sont réellement. Par contre, à l'instar des moins machiavéliques, les personnes qui ont un faible degré de monitorage de soi n'arrivent pas à déguiser leurs comportements ; elles sont ce qu'elles paraissent être. En outre, les personnes dont le degré de monitorage de soi est élevé s'adaptent plus rapidement aux comportements des autres et se plient plus facilement à leurs exigences[22]. Elles peuvent montrer une grande flexibilité et se révéler particulièrement aptes à faire face aux contingences dont nous traitons dans cet ouvrage. Par exemple, elles parviennent facilement à modifier leur style de leadership en fonction de l'expérience de leurs subordonnés, de la nature du travail et de la structure organisationnelle.

LES TRAITS RELATIFS À L'ADAPTATION AFFECTIVE

Les **traits relatifs à l'adaptation affective** déterminent dans quelle mesure un individu est émotionnellement instable ou enclin à avoir des comportements inadmissibles. Ils influent souvent sur l'état de santé d'une personne. Parmi les nombreux traits relatifs à l'adaptation affective qui sont étudiés, les personnalités de types A et B présentent un intérêt particulier pour le CO.

Traits relatifs à l'adaptation affective
Traits de personnalité qui déterminent dans quelle mesure un individu est émotionnellement instable ou enclin à avoir des comportements inadmissibles

Avant de poursuivre votre lecture, afin de bien saisir ce qui caractérise les personnalités de types A et B et de prendre conscience de vos propres tendances à cet égard, prenez quelques instants pour faire le petit test proposé à la page suivante. Pour cela, encerclez le chiffre qui vous décrit le mieux.

La **personnalité de type A** se caractérise par l'impatience, le désir de réussite et le perfectionnisme, tandis que la **personnalité de type B** se distingue plutôt par un caractère calme et un faible esprit de compétition[23]. L'individu de type A est porté à travailler vite et à se montrer brusque, rigide, mal à l'aise, irascible et agressif. De telles tendances dénotent un comportement obsessionnel, assez répandu chez les gestionnaires, ce qui n'est pas toujours une bonne chose. Travailleur acharné et méticuleux, l'individu de type A se fixe des objectifs de rendement très élevés et s'épanouit dans la routine. Poussée à l'extrême, son obsession du travail bien fait peut l'amener à s'intéresser plus aux détails qu'aux résultats, à résister au changement et à encadrer ses subordonnés de façon tatillonne. Elle peut également engendrer des problèmes interpersonnels pouvant aller jusqu'aux menaces ou même à la violence physique. Le gestionnaire de type B est généralement beaucoup plus serein et patient dans ses relations avec ses collègues et ses subordonnés.

Personnalité de type A
Personnalité caractérisée par l'impatience, le désir de réussite et le perfectionnisme

Personnalité de type B
Personnalité caractérisée par un caractère calme et un faible esprit de compétition

Je suis souvent en retard.	1 2 3 4 5 6 7 8	Je ne suis jamais en retard.
Je n'ai pas l'esprit de compétition.	1 2 3 4 5 6 7 8	J'ai un esprit de compétition très poussé.
Je ne me sens jamais pressé(e) ni bousculé(e).	1 2 3 4 5 6 7 8	Je me sens souvent pressé(e) et bousculé(e).
Je fais une chose à la fois.	1 2 3 4 5 6 7 8	J'essaie de faire plusieurs choses à la fois.
J'agis en prenant mon temps.	1 2 3 4 5 6 7 8	J'agis rapidement.
J'exprime mes sentiments.	1 2 3 4 5 6 7 8	Je ne manifeste pas mes sentiments.
Beaucoup de choses m'intéressent en dehors du travail.	1 2 3 4 5 6 7 8	Peu de choses m'intéressent en dehors du travail.

Faites le total de vos points, multipliez-le par 3 et servez-vous du barème ci-dessous pour déterminer l'orientation de votre personnalité.

Résultat (total des points)	moins de 90	de 90 à 99	de 100 à 105	de 106 à 119	120 ou plus
Personnalité de type…	B	B+	A–	A	A+

Source: R.W. Bortner, « A Short Rating Scale as a Potential Measure of Pattern A Behavior », *Journal of Chronic Diseases*, vol. 22, nº 2, 1969, p. 87-91. Reproduit avec l'autorisation de C.V. Mosby, par l'entremise du Copyright Clearance Center.

Les valeurs

Valeurs
Principes généraux qui orientent les actions et les jugements d'un individu

On peut définir les **valeurs** comme les principes généraux qui orientent les actions et les jugements d'une personne, tant dans sa vie privée que dans sa vie professionnelle. Les valeurs sont intimement liées à la notion qu'a chacun du bien et du mal et, jusqu'à un certain point, de « ce qui doit être[24] ». *L'égalité entre tous les êtres humains* ainsi que *le respect et la dignité de la personne humaine* sont des exemples de valeurs.

Les valeurs influent sur les attitudes et le comportement. Par exemple, si vous êtes très attaché à la valeur de l'égalité entre toutes les personnes et que vous commencez à travailler pour une organisation traitant beaucoup mieux ses cadres que ses salariés, vous considérerez votre employeur et votre lieu de travail comme injustes. En conséquence, vous adopterez une attitude négative, ne serez pas très efficace et pourrez même démissionner. Si l'organisation avait une philosophie plus « égalitaire », votre attitude et vos comportements seraient probablement plus positifs et plus constructifs.

L'ORIGINE DES VALEURS

Nos parents, nos amis, nos enseignants et nos groupes de référence en général peuvent influer sur nos valeurs personnelles. Celles-ci sont le fruit de nos apprentissages et de nos expériences dans le contexte culturel où nous grandissons. Comme ces deux facteurs varient considérablement d'une personne à une autre, il en résulte inévitablement des différences de valeurs. Profondément enracinées dans la tendre enfance et l'éducation reçue, les valeurs sont difficiles, mais pas impossibles, à changer[25].

LES VALEURS INDIVIDUELLES

LES VALEURS FINALES ET INSTRUMENTALES DE ROKEACH

Dans sa célèbre typologie, l'éminent psychologue Milton Rokeach répartit les valeurs en deux grandes catégories : les valeurs finales et les valeurs instrumentales[26]. Les **valeurs finales** indiquent les choix de l'individu quant aux buts et aux objectifs qu'il se fixe dans la vie. Les **valeurs instrumentales**, elles, concernent les moyens que l'individu utilise pour atteindre ses buts ; elles indiquent comment il pourra se comporter pour parvenir à ses fins, selon l'importance qu'il accorde aux moyens. La figure 2.5 énumère les 18 valeurs finales et les 18 valeurs instrumentales définies par Rokeach.

▸ **Valeurs finales**
Valeurs relatives aux choix de l'individu quant aux buts et aux objectifs qu'il se fixe dans la vie

▸ **Valeurs instrumentales**
Valeurs relatives aux moyens qu'utilise l'individu pour atteindre ses buts

Les recherches ont montré – et ce n'est guère étonnant – que les valeurs tant finales qu'instrumentales diffèrent d'un groupe social à un autre. Les cadres supérieurs, par exemple, n'ont pas les mêmes valeurs que les activistes ou que les travailleurs syndiqués[27]. Lorsque ces divers groupes entrent en interaction, ces différences de valeurs quant aux fins et aux moyens peuvent provoquer des conflits.

FIGURE 2.5 LE CLASSEMENT DES VALEURS SELON ROKEACH

Valeurs finales

- Amitié authentique (camaraderie)
- Amour accompli (sexualité et intimité)
- Beauté dans le monde (nature, arts)
- Bonheur (bien-être)
- Confort (aisance)
- Égalité (fraternité, égalité des chances)
- Liberté (indépendance, libre choix)
- Paix dans le monde (ni guerres ni conflits)
- Paix intérieure (sérénité)
- Plaisir (vie douce et agréable)
- Reconnaissance sociale (admiration, respect)
- Respect de soi (estime de soi)
- Sagesse (maturité, discernement)
- Salut (rédemption, vie éternelle)
- Sécurité familiale (soin des proches)
- Sécurité nationale (défense du pays, de la nation)
- Vie passionnante (stimulation)
- Volonté d'accomplissement (réalisations durables)

Valeurs instrumentales

- Affection (tendresse, attachement)
- Ambition (travail acharné)
- Bienveillance (altruisme)
- Capacités (compétences, efficacité)
- Courage (force de défendre ses convictions)
- Docilité (dévouement, respect)
- Entrain (humour, gaieté)
- Honnêteté (sincérité, franchise)
- Imagination (créativité, audace)
- Indépendance (autosuffisance)
- Intelligence (pensée, réflexion)
- Largeur d'esprit (ouverture, tolérance)
- Logique (rationalité, cohérence)
- Maîtrise de soi (autodiscipline)
- Mansuétude (indulgence)
- Netteté (ordre, méthode)
- Politesse (courtoisie, civilité)
- Sens des responsabilités (sérieux, fiabilité)

LA CLASSIFICATION DES VALEURS D'ALLPORT, SELON SIX CHAMPS D'INTÉRÊT

L'équipe du psychologue Gordon Allport a conçu une autre classification des valeurs humaines, elle aussi couramment utilisée, reposant sur six champs d'intérêt[28] :

1. *Le champ théorique:* l'intérêt pour une quête de la vérité fondée sur la raison et la pensée rationnelle.
2. *Le champ économique:* l'intérêt pour tout ce qui est utile et pratique, y compris l'accumulation des biens.
3. *Le champ esthétique:* l'intérêt pour l'harmonie, la beauté et l'art.
4. *Le champ social:* l'intérêt pour autrui et pour l'amour comme dimension des relations humaines.
5. *Le champ politique:* l'intérêt pour le pouvoir et la persuasion.
6. *Le champ religieux:* l'aspiration à l'harmonie et à la compréhension de l'univers.

Bien entendu, selon les groupes, l'ordre de priorité accordé à ces valeurs varie considérablement. À titre d'exemple, la **figure 2.6** présente les échelles de valeurs de trois groupes professionnels.

FIGURE 2.6 LES ÉCHELLES DE VALEURS DE TROIS GROUPES PROFESSIONNELS[29]

	Ministres du culte	Directeurs des achats	Chercheurs industriels
Champs d'intérêt par ordre de priorité	• religieux • social • esthétique • politique • théorique • économique	• économique • théorique • politique • religieux • esthétique • social	• théorique • politique • économique • esthétique • religieux • social

LA GRILLE DES VALEURS LIÉES AU TRAVAIL, D'APRÈS MEGLINO ET SON ÉQUIPE

Les typologies précédentes, largement diffusées et reprises par de nombreux auteurs, ne portent pas spécifiquement sur les valeurs des gens en milieu de travail. Or, il y a quelques années, Bruce Meglino et ses collaborateurs ont établi une grille de valeurs liées au monde du travail et ont mis en évidence les valeurs suivantes[30]:

- *L'accomplissement:* faire ce qu'il y a à faire, travailler dur pour relever des défis et accomplir de grandes choses dans la vie.
- *L'entraide et l'altruisme:* se préoccuper des autres, leur venir en aide.
- *L'honnêteté:* s'en tenir à la vérité et agir selon ses convictions.
- *L'équité:* agir en toute justice et en toute impartialité.

Comme ces quatre valeurs se révèlent particulièrement importantes en milieu de travail, la grille de Meglino convient tout à fait à l'étude des valeurs dans le cadre du CO.

▸ **Congruence des valeurs**
Situation dans laquelle des individus se disent satisfaits d'être en contact avec des personnes dont les valeurs sont similaires aux leurs

L'influence des valeurs en milieu de travail devient évidente lorsqu'il y a **congruence des valeurs**, c'est-à-dire lorsque les individus se disent satisfaits de travailler avec des personnes dont les valeurs sont similaires aux leurs. Quand cette concordance fait défaut, on peut s'attendre à des conflits, notamment concernant les objectifs et les moyens à employer pour les atteindre. Ayant utilisé leur grille pour étudier la congruence des valeurs entre les leaders et leurs subordonnés, Meglino et son équipe ont constaté que les subordonnés étaient plus satisfaits de leurs leaders lorsqu'ils partageaient leur vision des choses en matière de réalisation, d'entraide, d'honnêteté et d'équité[31].

LES VALEURS CULTURELLES

Dans le contexte de la mondialisation de l'économie, les valeurs culturelles prennent de plus en plus d'importance. Comme nous l'avons défini au chapitre 1, la *culture* est le bagage commun de valeurs et de façons de faire d'un groupe, d'une collectivité ou d'une société. Elle comprend les manières dont les personnes mangent, s'habillent, se saluent, agissent les unes envers les autres, éduquent les enfants, abordent et résolvent les problèmes du quotidien[32].

Le chercheur néerlandais Geert Hofstede parle de la culture comme du « logiciel de l'esprit » (*software of the mind*), suggérant par cette métaphore que l'esprit lui-même est le matériel (*hardware*) commun à tous les êtres humains[33]. En revanche, le « logiciel culturel » peut varier. Nous ne naissons pas avec une culture ; nous naissons au sein d'une société qui nous enseigne sa culture. Comme nous la partageons avec notre groupe, notre culture détermine en partie ce qui nous distingue d'un autre groupe et influe ainsi sur nos interactions. L'expression **intelligence culturelle** a récemment été proposée pour décrire la capacité qu'a une personne de reconnaître et de comprendre les traits propres à une culture, ainsi que d'agir avec tact et efficacité en situation interculturelle[34].

Intelligence culturelle
Capacité de reconnaître et de comprendre les traits propres à une culture, ainsi que d'agir avec tact et efficacité en situation interculturelle

LES DIMENSIONS DES CULTURES NATIONALES SELON HOFSTEDE

D'une culture à une autre, les valeurs et les comportements diffèrent parfois considérablement. L'idée que se font les gens de la réussite, de la richesse, des gains matériels, du risque ou de l'innovation peut influer sur leur façon d'aborder le travail et sur leurs relations avec les organisations. Hofstede a élaboré une « grille culturelle » qui permet de prévoir l'influence potentielle des différences de valeurs liées à l'identité culturelle sur le comportement au travail. Son cadre conceptuel comporte cinq dimensions visant à cerner les grandes caractéristiques des cultures nationales[35]. Voyons brièvement en quoi elles consistent.

1. La *distance hiérarchique* traduit le degré d'acceptation culturelle des inégalités de statut et de pouvoir entre les individus. Cette dimension est révélatrice du degré de respect que manifestent les gens à l'égard de la hiérarchie et de l'autorité au sein des organisations. Ainsi, on considère que la distance hiérarchique est élevée dans la culture indonésienne et très faible dans la culture suédoise.
2. La *maîtrise de l'incertitude* correspond à la propension culturelle à éviter le risque et l'ambiguïté. Cette dimension indique si les gens préfèrent les situations organisationnelles très structurées ou, au contraire, peu structurées. Ainsi, on considère que la culture française accorde énormément d'importance à la maîtrise de l'incertitude, tandis que la culture de Hong Kong s'en soucie fort peu.

3. L'*individualisme* et le *collectivisme* privilégient l'intérêt individuel pour le premier et l'intérêt collectif pour le second. De même, les gens préfèrent le travail individuel ou le travail en groupe. Ainsi, la culture des États-Unis se révèle hautement individualiste, tandis que la culture mexicaine est nettement plus collectiviste.
4. L'*orientation masculine* et l'*orientation féminine* constituent des tendances culturelles divergentes valorisant, l'une, des traits associés au stéréotype masculin, et l'autre, des traits associés au stéréotype féminin. Elles témoignent de la propension d'une société à privilégier la compétitivité et la combativité ou, au contraire, l'empathie et l'harmonie dans les relations interpersonnelles. Ainsi, on considère la culture japonaise comme très «masculine» et la culture thaïe comme plus «féminine».
5. L'*orientation à long terme* et l'*orientation à court terme* impliquent des valeurs associées à l'avenir, comme l'esprit d'économie et la persévérance, ou au contraire des valeurs centrées sur le présent, voire l'immédiat. Elles se manifestent dans les organisations par des objectifs de rendement à long terme ou à court terme. Ainsi, typiquement, les organisations sud-coréennes ont une orientation à long terme, alors que les organisations américaines favorisent l'orientation à court terme.

LES TRAITS CULTURELS DES GESTIONNAIRES QUÉBÉCOIS SELON SU ET LESSARD

Su et Lessard ont utilisé le modèle de Hofstede pour définir les traits culturels des gestionnaires québécois et classer quatre des cinq dimensions (distance hiérarchique, maîtrise de l'incertitude, individualisme ou collectivisme, orientation masculine ou orientation féminine) selon l'importance qu'ils leur accordent[36]. Reconnaissant que les caractéristiques culturelles des Québécois résultent de l'interaction de deux cultures, la culture anglo-saxonne (Canada anglais, États-Unis, Angleterre) et la culture latine (France), ces chercheurs ont comparé les résultats des gestionnaires québécois avec ceux des gestionnaires des autres provinces canadiennes et de la France. Examinons les résultats qu'ils ont obtenus.

Manière dont patron intéragit avec employé.

Il faut avoir des règles et des normes biens établies pour certains et non pour d'autres

- *Une distance hiérarchique marquée* Tout comme leurs homologues français, les gestionnaires québécois font preuve d'une grande tolérance à l'égard de la répartition inégale du pouvoir. Ils se distinguent en cela des gestionnaires du Canada anglais, qui ne la tolèrent que modérément.
- *Une forte maîtrise de l'incertitude* Comme leurs homologues français, les gestionnaires québécois tolèrent mal l'incertitude et cherchent à la maîtriser, ce qui est loin d'être le cas des gestionnaires des autres provinces canadiennes. Ces derniers, selon d'autres études, manifestent une tolérance à l'incertitude bien supérieure à celle de la moyenne internationale.
- *L'individualisme* À l'instar de leurs collègues du reste du Canada, les gestionnaires québécois font preuve d'un très fort individualisme, bien supérieur à celui des dirigeants français.
- *L'orientation féminine* Les dirigeants québécois privilégient nettement les valeurs féminines, se distinguant en cela à la fois de leurs homologues de France et de ceux des autres provinces canadiennes.

Selon Su et Lessard, le très haut degré d'individualisme des gestionnaires québécois devrait avoir une influence importante sur les pratiques de gestion, qu'il convient d'adapter en conséquence. Par ailleurs, bien que les dimensions «distance hiérarchique marquée», «forte maîtrise de l'incertitude» et «orientation féminine» décrivent bien la culture de gestion québécoise, elles ne semblent pas avoir un effet très marqué sur les pratiques de gestion.

L'INTERDÉPENDANCE DES DIMENSIONS DE HOFSTEDE

Les quatre premières dimensions du cadre conceptuel de Hofstede découlent d'une recherche très approfondie menée auprès de milliers de travailleurs d'une multinationale exerçant ses activités dans plus de 40 pays[37]. La cinquième dimension, concernant l'orientation temporelle, s'appuie sur une étude des valeurs chinoises menée par le psychologue transculturel Michael Bond et ses collègues[38]. Ces derniers ont mis en lumière l'importance culturelle du confucianisme – du nom de Confucius, philosophe chinois du 5e siècle av. J.-C. –, qui valorise la persévérance, la hiérarchie des relations, l'esprit d'économie, la loyauté, la fermeté, le fait de s'engager à rendre des services réciproques, le sens de l'honneur, l'amour-propre («sauver la face») ainsi que le respect des traditions[39].

Lorsqu'on utilise la grille culturelle de Hofstede, il ne faut jamais oublier que les cinq dimensions ne sont pas indépendantes les unes des autres, au contraire[40]. Pour mieux comprendre les cultures nationales, il convient de les imaginer comme des regroupements intégrant plusieurs dimensions. À titre d'exemple, la **figure 2.7** situe un ensemble de pays selon leurs tendances culturelles quant aux dimensions «distance hiérarchique» et «collectivisme ou individualisme». On remarque que la tendance collectiviste va souvent de pair avec une distance hiérarchique marquée, et la tendance individualiste, avec une faible distance hiérarchique.

On pourrait s'attendre à ce qu'une équipe de travail indonésienne (au collectivisme marqué) fonctionne par consensus. Cependant, à cause de la distance hiérarchique marquée qui caractérise cette culture, les opinions du chef d'équipe risquent de peser lourdement sur les décisions prises. Par contre, dans une équipe de travail à la culture plus individualiste, avec une distance hiérarchique plus faible (une équipe

FIGURE 2.7 UN ÉCHANTILLON DE PAYS CLASSÉS SELON LES DIMENSIONS «DISTANCE HIÉRARCHIQUE» ET «COLLECTIVISME-INDIVIDUALISME» DÉFINIES PAR HOFSTEDE

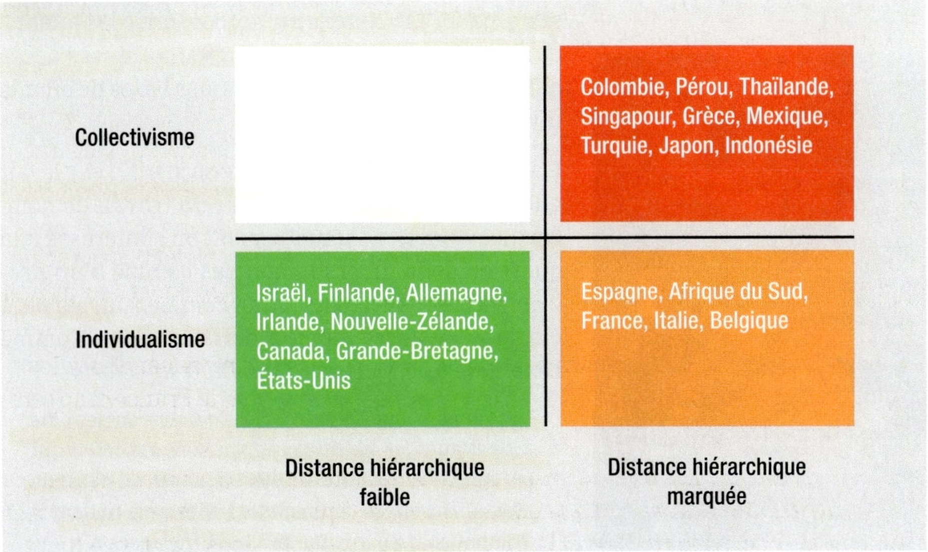

canadienne ou américaine, par exemple), les décisions devraient découler d'une discussion plus ouverte, autorisant même l'expression d'opinions contraires à celles du chef d'équipe.

À l'échelle nationale, les dimensions culturelles telles que celles qui ont été mises en lumière par Hofstede ont tendance à influer sur les contextes qui sont à l'origine des valeurs individuelles, dont il a été question précédemment dans cet ouvrage. Ces contextes diffusent les valeurs individuelles ainsi orientées, qui se reflètent ensuite dans les structures de valeurs des personnes. Par exemple, aux États-Unis, dans un contexte de faible distance hiérarchique, les personnes sont incitées à orienter leur propre structure de valeurs en fonction du filtre de cette dimension. De même, les habitants d'autres pays ou sociétés sont influencés par la position de leur pays relativement à ces différentes dimensions.

La diversité

Nous avons expliqué en début de chapitre que les différences individuelles sont importantes, car elles peuvent apporter beaucoup d'avantages. En abordant le sujet de la diversité, nous sommes maintenant prêts à faire le tour complet de la question.

Parler de *diversité de la main-d'œuvre*, c'est, comme nous l'avons mentionné au chapitre 1, faire référence aux caractéristiques qui distinguent les gens les uns des autres[41]. Pour être plus précis, disons que la diversité d'une main-d'œuvre donnée résulte des différences que présentent les individus qui la composent quant aux caractéristiques sociodémographiques comme le sexe, la race, l'origine ethnoculturelle, l'âge, l'état physique et mental et même, dans certains cas, la situation matrimoniale et familiale, ou la religion[42]. De nos jours, le défi consiste à gérer cette diversité de façon à mobiliser l'ensemble des membres d'une organisation autour d'une vision commune, d'une mission et d'objectifs précis, tout en respectant le rôle et l'apport de chacun. Les organisations ont reconnu qu'il était important d'adopter une philosophie et des pratiques visant à diversifier leur main-d'œuvre, car la diversité améliore la compétitivité, consolide les talents, élargit les capacités organisationnelles et l'accès aux marchés (par exemple, par des bases de clients diversifiées)[43].

L'attention prêtée à la diversité se justifie par le fait que celle-ci apporte au marché du travail de nombreux avantages. Actuellement, on s'intéresse à la question de la diversité non pas comme à un problème à résoudre, mais plutôt comme à un élément clé de la « Guerre mondiale des talents ». Comme l'explique Rob McIness dans *Diversity World*:

> Il est évident que les entreprises qui tireront les plus gros avantages de la diversité ne sont pas celles qui ont appris à embaucher des employés en dépit de leurs différences, mais plutôt celles qui ont appris à embaucher en misant sur ces différences[44].

Au Canada, comme dans la plupart des pays industrialisés, la main-d'œuvre se diversifie de plus en plus. En 2011, 58 % des femmes occupaient un emploi, ce qui représente une augmentation de 16 % depuis 1976[45]. La présence des membres des minorités visibles continue également de s'accroître, puisque ces derniers représentent environ 20 % de la population active[46]. Enfin, le taux de participation au marché du travail des gens de plus de 55 ans dépasse 17 %[47]. Voilà qui donne le visage d'une main-d'œuvre actuelle bien différente de celle d'autrefois, composée d'une majorité d'hommes blancs et jeunes.

Pour tirer pleinement profit de cette diversité, il faut connaître les forces qu'elle peut apporter à l'organisation. La recherche montre que, dans les organisations, la diversité accroît la créativité et l'innovation. Pensez-y ! Pour pouvoir vous montrer créatif, allez-vous vous tourner vers des personnes qui vous ressemblent ou vers des personnes qui ne pensent pas comme vous ? De plus, pour comprendre quelque chose de tout à fait nouveau, comme une nouvelle culture ou un marché émergent (par exemple, le marché des Latinos de Miami), allez-vous vous tourner vers des gens qui vous ressemblent ou irez-vous vous renseigner auprès de collègues qui connaissent cette culture ? Ces exemples illustrent les avantages d'une perspective hétérogène plutôt qu'homogène, permettant de tirer parti des diverses visions du monde, cultures et expériences personnelles composant un milieu de travail.

LES CARACTÉRISTIQUES SOCIODÉMOGRAPHIQUES

Les **caractéristiques sociodémographiques** englobent toutes les variables qui sont liées à la situation sociale d'une personne et qui influent sur son devenir. Certaines d'entre elles, comme l'état de santé, concernent sa situation actuelle. D'autres, comme le parcours professionnel, se rapportent à son histoire, à son passé. En ce qui concerne la diversité de la main-d'œuvre et les pratiques d'équité en matière d'emploi, les caractéristiques qui nous intéressent particulièrement sont la race et l'origine ethnoculturelle, le sexe, l'âge, l'état physique et mental ainsi que l'orientation sexuelle.

Caractéristique sociodémographique
Variable qui reflète la situation sociale d'un individu (âge, sexe, etc.) et qui influe sur son devenir

LA RACE ET L'ORIGINE ETHNOCULTURELLE

Nous employons le terme de plus en plus répandu de « groupes ethnoculturels » pour désigner le large éventail de groupes ethniques qui constituent un segment de plus en plus important de la main-d'œuvre[48]. La présence croissante de personnes appartenant aux minorités visibles témoigne de la diversité de la main-d'œuvre canadienne. Selon la *Loi sur l'équité en matière d'emploi*, les personnes non autochtones qui ne sont pas de race blanche ou n'ont pas la peau blanche font partie des minorités visibles. Sont ainsi considérés comme minorités visibles les groupes suivants : les Chinois, les Sud-Asiatiques, les Noirs, les Arabes, les Asiatiques occidentaux, les Philippins, les Asiatiques du Sud-Est, les Latino-Américains, les Japonais, les Coréens et les autres groupes comme les personnes originaires des îles du Pacifique[49].

Les membres de ces communautés représentent plus de 17 % de la population canadienne et de la main-d'œuvre active. Parmi eux, les Chinois et les Sud-Asiatiques sont les plus nombreux[50]. On prévoit qu'en 2031, au Canada, environ un travailleur sur trois appartiendra à un groupe faisant partie des minorités visibles. Cette proportion était de 15,7 % en 2006[51]. Il devient donc urgent de prendre conscience de l'importance de tels phénomènes et de leurs conséquences, et en particulier des stéréotypes et de la discrimination qui risquent de freiner la carrière et l'avancement professionnel des membres de ces groupes.

À Montréal, les employeurs préfèrent les Bélanger aux Traoré

Du côté de la RECHERCHE

À Montréal, mieux vaut s'appeler Bélanger que Traoré ou Ben Saïd pour trouver un emploi, révèle la Commission des droits de la personne et de la jeunesse (CDPDJ) [...]. Un test démontre que, à qualifications et compétences égales, les candidats dont le nom a une consonance québécoise ont 60 % de plus de chances d'être invités à un entretien d'embauche que ceux qui ont un nom à consonance africaine, arabe ou latino-américaine.

Au printemps [2011], la CDPDJ a répondu à plus de 581 offres d'emploi d'organismes publics ou à but non lucratif ou encore d'entreprises privées pour des postes dans trois domaines qualifiés ou deux domaines peu ou pas qualifiés. Deux CV et lettres de motivation ont été envoyés pour chaque poste: l'un porte un nom franco-québécois, l'autre, un nom à consonance africaine, arabe ou latino-américaine. Dans les deux cas, les candidats ont étudié et travaillé au Québec.

Pourtant, dans les entreprises privées comme dans les organismes à but non lucratif, le candidat aux origines franco-québécoises a été plus souvent rappelé que l'autre. Le taux de discrimination est de 37 % pour une entreprise privée, et de 35 % pour un OBNL. Du côté des employeurs publics, il n'y a pas de discrimination, ce qui, selon la CDPDJ, peut s'expliquer par le fait qu'ils sont obligés d'appliquer des programmes d'accès à l'égalité.

Cette discrimination existe dans toutes les catégories d'emploi examinées. C'est dans le secteur des ressources humaines et du secrétariat que les écarts sont les plus marqués. Contrairement à une idée reçue, la discrimination est encore plus forte pour les emplois non spécialisés: le taux de discrimination est de 42,1 % pour les noms à consonance africaine et de 35,1 % pour les noms à consonance arabe.

Selon l'étude, ce sont les patronymes africains qui font le plus l'objet de discrimination, devant les patronymes arabes ou latino-américains.

« Ces résultats reflètent-ils la distance variable qui sépare, dans l'imaginaire des employeurs, chacun de ces groupes du "Nous" québécois ? s'interroge l'auteur de l'étude, Paul Eid. Bien qu'il soit difficile de répondre avec certitude [à cette] question, une chose est certaine: les candidats racisés sont significativement désavantagés par rapport au candidat issu du groupe majoritaire à l'étape du premier tri des CV. »

Le Québec n'est pas un cas isolé en la matière: la discrimination à l'embauche s'observe aussi dans les grandes villes européennes ou américaines. Les employeurs tendent à chercher des « gens qui leur ressemblent », avance l'étude, ou évitent les groupes « socialement stigmatisés ».

Alors qu'ils sont sélectionnés par le ministère de l'Immigration pour leurs compétences, les néo-Québécois chôment davantage que les Québécois. Entre ces deux groupes, l'écart du taux de chômage, en points de pourcentage, est de 4,5. Les minorités victimes de racisme sont encore plus susceptibles d'être au chômage, même avec un diplôme universitaire: leur taux de chômage est de 12,6 %, comparativement à 8,5 % pour les Québécois.

En conclusion, la Commission encourage le gouvernement à adopter une politique globale de lutte contre la discrimination puisque le marché du travail tend à reproduire les exclusions. Malheureusement, les difficultés auxquelles se heurtent les minorités sont souvent expliquées par leur inadaptation au marché du travail québécois. Or, la discrimination et le racisme dans le marché du travail sont encore occultés du débat public, souligne l'étude.

Source: Anabelle Nicoud, « À Montréal, les employeurs préfèrent les Bélanger aux Traoré », *La Presse*, 29 mai 2012.

LE SEXE

Les femmes aussi apportent dans leur milieu de travail une gamme de compétences et de styles différents. Fortes de leurs expériences uniques dans les organisations, elles ont appris à faire plus avec moins, ont beaucoup de ressources et ont un style de communication interpersonnelle qui favorise l'innovation et le travail d'équipe. Elles ont notamment la capacité d'être à l'écoute et de résoudre les problèmes dans un esprit de collaboration, de fonctionner en mode multitâche et de synthétiser rapidement et efficacement plusieurs points de vue.

Placées à la tête d'une organisation, les femmes y apportent des avantages d'autant plus importants. La recherche montre que les entreprises ayant un pourcentage élevé de femmes dans leur conseil d'administration et dans la haute direction obtiennent en moyenne des résultats financiers bien supérieurs à ceux des entreprises dans lesquelles ce pourcentage est le plus bas[52]. Les femmes occupant des postes de direction présentent l'intérêt d'encourager d'autres femmes à joindre leurs rangs et de servir de modèles ou de mentors aux plus jeunes d'entre elles. De plus, leur présence montre que l'organisation est un vivier de talents vaste et profond, ainsi qu'un «employeur de premier choix» qui offre un milieu de travail favorisant l'intégration et encourageant la diversité.

Le tuyau qui fuit

Malgré les avantages qu'elles apportent dans leur milieu de travail, on a constaté que les femmes n'atteignent pas les postes de haute direction et quittent même l'organisation au moment où elles étaient sur le point d'atteindre les échelons supérieurs. L'expression **tuyau qui fuit** a été inventée pour décrire ce phénomène, mis en évidence par la professeure Lynda Gratton, de la London Business School[53]. Cette dernière a étudié 61 organisations exerçant leurs activités dans 12 pays européens et a constaté que le nombre de femmes décroît à mesure qu'on s'élève dans la hiérarchie.

Tuyau qui fuit
Expression inventée pour désigner le fait que les femmes n'atteignent pas les échelons les plus élevés d'une organisation

Ce phénomène de «fuite» peut s'expliquer par les stéréotypes. Les **stéréotypes** naissent lorsqu'on assimile une personne à une catégorie ou à un groupe de la population, sans tenir compte de ses particularités individuelles, et qu'on lui attribue

Stéréotype
Attribution à une personne des caractéristiques couramment associées à une catégorie ou à un groupe de la population auquel on l'associe, sans tenir compte de ses particularités individuelles

d'emblée les caractéristiques couramment associées à ce groupe. Une recherche effectuée par Catalyst a permis de constater que, pour une grande majorité de femmes, les stéréotypes d'ordre sexuel constituent un obstacle de taille à l'évolution dans une organisation[54]. Il existerait un état d'esprit associant systématiquement la direction au sexe masculin, une idée selon laquelle les hommes sont des leaders par défaut. Les hommes comme les femmes ont la vision stéréotypée des femmes compétentes dans les rôles subalternes, les rôles de soutien et d'encouragement des autres. Ils ont par ailleurs la vision stéréotypée des hommes compétents dans les rôles de gestion, à responsabilités, dans lesquels ils influencent leurs supérieurs hiérarchiques et résolvent des problèmes, caractéristiques auparavant jugées essentielles à l'exercice du leadership. Ces perceptions sont particulièrement marquées dans les métiers traditionnellement masculins, comme l'ingénierie.

Les femmes d'affaires ont peur d'être prétentieuses

Des **leaders** parlent de **leadership**

Ruth Vachon a relevé la plupart des défis qui jalonnent le parcours d'une entrepreneure. Présidente du Réseau des femmes d'affaires du Québec (RFAQ) depuis près de deux ans, la Saguenéenne a commencé sa carrière par un passage chez Alcan, puis elle a fondé, à 28 ans, la première de ses deux entreprises... ainsi que son foyer familial. Engagée et volontaire, nommée femme d'affaires du Saguenay à maintes reprises, Mme Vachon porte désormais un regard neuf, grâce à un certain recul, sur les nouveaux enjeux auxquels fait face la gent féminine professionnelle.

[...] « On ne prend pas conscience de l'ampleur de nos défis quand on est entrepreneure, tellement on est dans notre bulle », constate-t-elle aujourd'hui. L'enjeu le plus critique, à ses yeux, est-ce l'équité salariale ? la parité ? la conciliation travail-famille ?

Que nenni. Même si ceux-ci demeurent primordiaux, Ruth Vachon brandit avant toute chose les résultats d'une récente étude de chercheurs de l'Université d'Ottawa : selon leurs conclusions, les descendants d'Adam auraient en général plus d'ambition que ceux d'Ève. Mais pour Mme Vachon, cette situation n'est pas due à un manque d'ambition, plutôt à un manque de confiance en soi-même.

« Les femmes d'affaires québécoises doivent prendre conscience de leurs capacités. Elles sont réticentes quand il s'agit de se promouvoir, de communiquer sans complexe leurs performances. Elles sont très humbles ; on dirait qu'elles ont peur d'être prétentieuses », indique celle qui s'est donné pour mission de lever les freins vers la réussite que les femmes mettent elles-mêmes.

Le désir de ne « pas aller trop vite », de « garder l'équilibre entre vie personnelle et vie professionnelle » se reflète partout, peut-être même de façon plus intense chez les plus jeunes. « Au RFAQ, on a eu l'occasion de former des femmes de la génération Y ayant des carrières de taille ; des jeunes de chez Deloitte, du Cirque du Soleil. Elles disent vouloir le même résultat que nous [les femmes d'affaires plus âgées], mais pas de la même façon. »

[...] Alors, quels moyens et stratégies le RFAQ peut-il mettre en place pour relever ce défi ? Avant tout, définir des modèles différents de ceux que l'on voit actuellement.

« On cherche des modèles de femmes inspirants, atteignables et qui représentent l'équilibre, confie Ruth Vachon, qui souhaite surtout combler l'écart entre les générations. Oui, on a des Monique Leroux, des Jacynthe Côté. Mais comprenez qu'entre 25 et 55 ans, il y a un fossé. »

Et, aussitôt que le réseau prospecte ses modèles féminins idéaux, l'écueil de la confiance en soi ressurgit. « Quand on sollicite des femmes en bas de la quarantaine, elles nous disent : "Attendez, je n'ai rien réalisé encore, je ne suis pas prête." Et pourtant, elles s'investissent dans des entreprises qui font des dizaines de millions de dollars de chiffre d'affaires. La femme considère qu'elle n'en a jamais assez fait », déplore la présidente du réseau. [...]

Source : Sylvain Sarrazin, « Les femmes d'affaires ont peur d'être prétentieuses », *Les Affaires*, 10 mars 2012, p. 24. Cet extrait a été reproduit aux termes d'une licence accordée par Copibec.

QUESTION Quels sont, selon vous, les principaux obstacles au leadership féminin ?

Les femmes sont, de ce fait, enfermées dans un *double dilemme*: si elles se conforment aux stéréotypes, elles sont considérées comme faibles; si elles ne s'y conforment pas, elles s'opposent en même temps aux normes de la féminité. Comme l'expriment certains: «Elles sont perdantes quoi qu'elles fassent[55].» Pour surmonter les stéréotypes, les organisations devraient créer des milieux de travail qui ont plus de sens pour les femmes brillantes et qui leur apportent plus de satisfaction, c'est-à-dire des milieux de travail moins rigides dont la culture met moins l'accent sur le commandement et le contrôle que sur la valeur ou le sens même des tâches à accomplir[56]. Pour citer le rapport de Catalyst: «En fin de compte, ce n'est pas le style de leadership des femmes qui doit changer, ce sont les structures et les perceptions qui doivent s'adapter aux évolutions de notre époque.»

L'ÂGE

Il devient de plus en plus difficile de discuter avec les gestionnaires d'aujourd'hui sans aborder la question de la différence d'âge. À ce sujet, la **figure 2.8** présente la composition du marché du travail canadien selon les générations. La diversité relative à l'âge, ou plutôt la diversité *générationnelle*, joue un rôle sans précédent dans le monde du travail. Et maintenant que les premiers baby-boomers ont atteint 65 ans, il semblerait que tout un chacun ait une opinion sur le sujet!

Le problème vient du fait que les membres des générations X, Y, Z et les baby-boomers se trouvent tous en même temps sur le marché du travail et doivent apprendre à s'entendre les uns avec les autres. L'un des principaux points de discorde est l'éthique professionnelle. Les baby-boomers pensent que les membres des générations Y et Z tirent au flanc et tiennent tout pour acquis. Eux valorisent le travail acharné, une

Des employés plus lents, mais plus compétents

Les employés plus âgés sont-ils moins productifs? Ce que la science sait, c'est que leur cerveau fonctionne différemment. La composante la plus touchée par le vieillissement est la vitesse. «Le temps de réaction est plus lent, affirme la docteure Sylvie Belleville, directrice de la recherche à l'Institut universitaire de gériatrie de Montréal. On a du mal à passer rapidement d'une activité à l'autre.» C'est à se demander si le *multitasking* n'est pas condamné à disparaître. Ce déclin se produit de façon graduelle, dès qu'on franchit la trentaine, indique-t-elle. Par contre, le travailleur âgé compense sa lenteur à encoder de nouvelles informations par des jugements plus sûrs et une meilleure prise de décision. «Dans tous les emplois, les travailleurs âgés sont davantage compétents que les plus jeunes», dit Mme Belleville. Le problème de productivité peut se poser si un employeur demande à un travailleur âgé d'apprendre trop de choses en même temps et trop vite, sans formation adaptée.» [...]

Source: Suzanne Dansereau, «Des employés plus lents, mais plus compétents», *Les Affaires*, 3 avril 2010, p. 14. Cet extrait a été reproduit aux termes d'une licence accordée par Copibec.

FIGURE 2.8 LA COMPOSITION DU MARCHÉ DU TRAVAIL CANADIEN SELON LES GÉNÉRATIONS[57]

Génération	Année de naissance	Pourcentage sur le marché du travail d'aujourd'hui
Génération silencieuse	1922-1945	3
Baby-boomers	1946-1964	35
Génération X	1965-1979	29
Génération Y	1980-1991	27
Génération Z	Après 1991	6

« Ils se voient chef de la direction dans quelques mois ! »

Le Canadien National (CN) devra remplacer 10 000 de ses 22 000 employés au cours des cinq prochaines années. Un défi colossal qui aura un impact considérable sur la culture d'entreprise du transporteur ferroviaire.

Le CN offre une grande sécurité d'emploi, mais cet avantage a perdu de son lustre aux yeux de la génération Y. Le jeu de l'offre et de la demande plaide en leur faveur, et ils le savent. « Dans mon ancien emploi, des jeunes quittaient parce qu'ils ne voulaient pas se syndiquer, raconte Louise Senécal, directrice principale, gestion des talents, au CN. La segmentation excessive des tâches ne les intéresse pas, ils préfèrent la polyvalence. En plus, ils se voient chef de la direction dans quelques mois ! »

Ce qui explique sans doute, du moins en partie, qu'un grand nombre des nouveaux employés du CN s'en vont dès la première année. « La qualité de vie et l'équilibre travail-famille, c'est primordial pour eux, poursuit Mme Senécal. Le problème est que nos trains roulent 24 heures sur 24, 365 jours par année. Pour qui veut être en contrôle de son horaire de travail, ce n'est pas l'idéal... »

Pour les baby-boomers, les sociétés comme le CN, c'était l'Eldorado. Quand on y décrochait un emploi, l'avenir était assuré. « Mais les jeunes savent qu'à la porte d'à côté, ils trouveront peut-être un emploi qui leur conviendra mieux, explique la directrice principale. Ils posent tout un défi aux gestionnaires ; l'employeur doit pouvoir leur expliquer comment il fera pour leur permettre de se développer dans leur emploi. »

Source : Dominique Froment, « Ils se voient chef de la direction dans quelques mois », *Les Affaires*, 13 novembre 2010, p. 43. Cet article a été reproduit aux termes d'une licence accordée par Copibec.

façon « professionnelle » de s'habiller, de longues heures de travail et l'acquittement de leurs dettes ; ils estiment que gagner des galons est un lent processus[58]. Les membres des générations Y et Z, quant à eux, pensent que les baby-boomers et les membres de la génération X se préoccupent plus des heures travaillées que des résultats obtenus. Eux valorisent la souplesse, le plaisir, la chance d'avoir dès le départ un travail qui a un sens, des carrières « sur mesure » leur permettant d'avancer à leur rythme.

Ce mélange de générations est un excellent exemple de la diversité en action. Ainsi, les membres des générations Y et Z apportent sur le marché du travail leur grand attachement à l'égalité des sexes et à la diversité sexuelle, culturelle et raciale. Ils prisent aussi la collectivité et la collaboration. Ils peuvent aider à créer un milieu de travail plus décontracté, moins embarrassé par les problèmes de statut social et de hiérarchie[59]. Les baby-boomers et les membres de la génération X apportent leur grande expérience, leur dévouement et leur engagement qui contribuent à une plus grande productivité, ainsi qu'un sens du professionnalisme dont leurs jeunes collègues peuvent tirer profit. Ensemble, les membres des générations X, Y et Z pourraient satisfaire le désir de la génération X d'obtenir un meilleur équilibre entre la vie professionnelle et la vie privée, grâce à un intérêt accru pour des horaires plus flexibles et le télétravail. Ces changements pourront s'accomplir lorsque toutes les générations apprendront à se comprendre, à se respecter et, peut-être même, à s'estimer.

Étant donné le vieillissement de la main-d'œuvre, les recherches portant sur l'âge prennent une importance particulière. Parmi l'ensemble des Canadiens travaillant en 2011, 18 % étaient âgés de 55 ans et plus, alors qu'ils représentaient 10 % en 2000. Cette proportion, s'établissant à 12 % en 1976, est tombée à 10 % dans les années 1990 avant d'augmenter constamment[60]. En outre, plus de 24 % de la population sera âgée de plus de 65 ans d'ici 2031. Ainsi, plus de 78 % des entreprises canadiennes prévoient de proposer des emplois flexibles pour attirer ou conserver les semi-retraités ou les retraités. Depuis juillet 2011, le Québec en particulier compte plus de personnes âgées de 65 ans et plus que de jeunes âgés de 15 ans et moins. Depuis 2013, la population québécoise en âge de travailler (15-65 ans) a cessé de croître. De 2010 à 2030, le groupe des 15-65 ans diminuera de 3 % dans la province[61]. Ce déclin du bassin de main-d'œuvre potentiel aura des répercussions majeures sur les organisations.

RBC offre du soutien aux parents âgés de ses employés

DES AS DE LA GESTION

RBC Banque Royale offre à ses employés de 50 ans et plus du soutien à domicile d'urgence pour leurs parents âgés.

Dans le cadre d'un nouveau programme élaboré au siège social de l'entreprise, à Toronto, l'institution financière a conclu des partenariats avec des organismes de santé et services sociaux dans chaque région du pays, afin que ces derniers envoient aux employés du soutien à domicile lorsque leurs parents âgés ont une urgence.

La RBC paie alors la facture. « Cela se limite toutefois à des services d'appoint », précise Norma Tombari, directrice du service de la diversité. Cependant, cette politique illustre le genre d'incitatifs que les employeurs peuvent mettre en place pour fidéliser leur cohorte d'employés de 50 ans et plus.

Le groupe RBC fait figure de modèle en matière d'intégration des travailleurs âgés. L'institution financière a été primée deux années de suite, en 2008 et en 2009, pour sa politique envers les 50 ans et plus.

Elle a été une des premières entreprises au pays à offrir la retraite progressive à ses employés, voilà maintenant sept ans. Ce programme permet aux employés de ne travailler que trois à quatre jours sans que cela nuise à leur prestation de retraite.

De plus, elle offre de la formation continue ouverte aux 50 ans et plus, de même qu'un programme de soutien ergonomique.

Source: Suzanne Dansereau, « RBC offre du soutien aux parents âgés de ses employés », *Les Affaires*, 3 avril 2010, p. 13. Cet article a été reproduit aux termes d'une licence accordée par Copibec.

L'ÉTAT PHYSIQUE ET MENTAL

Selon les Nations Unies, l'incapacité peut consister en des déficiences d'ordre physique, intellectuel ou sensoriel, tenir à un état pathologique ou à une maladie mentale; elle peut être temporaire ou permanente. Citons, notamment, la cécité, la surdité ou la paralysie. C'est la capacité réduite d'une personne à effectuer une activité généralement jugée normale chez l'être humain, par exemple, la difficulté à voir ou à entendre à un degré jugé normal. L'incapacité d'une personne ne signifie pas que celle-ci peut moins participer et contribuer à la société.

Les personnes handicapées ont beaucoup d'obstacles et de difficultés à surmonter à cause de leur incapacité. L'accès aux outils permettant la participation à la société ne leur est pas facile. Les attitudes des autres citoyens peuvent également constituer des obstacles à leur intégration. Les contributions sociales et économiques des personnes handicapées ne sont pas toujours bien reconnues. On a tendance à faire plus attention à leur incapacité qu'à leur personne. À cause du manque de mesures d'adaptation dans les domaines du travail, de l'éducation et du transport, ces personnes n'ont pas toujours accès aux mêmes possibilités que les autres et sont plus susceptibles de souffrir d'isolement social, du chômage et de la pauvreté.

L'égalité et la pleine participation à la société sont des droits de la personne. Comme tous les citoyens, les personnes handicapées ont des libertés et des droits fondamentaux en matière, notamment, de soins de santé, d'emploi, d'éducation et de participation aux

Le Québec a encore des « croûtes à manger » en matière d'intégration au travail des personnes handicapées

L'ÉTHIQUE EN CO

L'adoption, en 2008, de la Stratégie nationale pour l'intégration et le maintien en emploi des personnes handicapées représente certainement un pas dans la bonne direction. Mais, souligne Martin Prévost, coordonnateur du Regroupement des organismes spécialisés pour l'emploi des personnes handicapées (ROSEPH), « les bottines ont de la misère à suivre les babines ».

L'objectif de la Stratégie est de réduire de moitié l'écart entre le taux d'emploi des personnes sans incapacité (70 %) et celui des personnes handicapées (35 %). Autrement dit, d'amener le taux d'emploi de ces dernières à 52,5 %.

[...] Des employeurs font des efforts exceptionnels, reconnaît M. Prévost. Mais ils sont encore nombreux à avoir des préjugés, à craindre pour la rentabilité de l'opération. « Il n'y a aucune clientèle pour qui tous les obstacles sont tombés, mais il y en a qui sont moins avancés que d'autres », note-t-il, en soulignant par exemple le cas des personnes ayant un trouble envahissant du développement, comme l'autisme, ou une maladie mentale.

L'hésitation des employeurs se comprend d'autant moins, selon lui, que bien des personnes handicapées ont une productivité supérieure à la moyenne – en plus d'une grande loyauté envers leur employeur –, et qu'il existe des subventions pour compenser une productivité moindre que les autres.

Quant à la Stratégie nationale, élaborée sur 10 ans, « ça s'est bien passé la première année. Mais dès la deuxième, il manquait d'argent » pour ces compensations salariales, justement.

Pour sa part, Martin Trépanier, président de l'Office des personnes handicapées du Québec (OPHQ), estime que la province est sur une bonne lancée.

Il faut beaucoup de préalables avant d'arriver à l'emploi, dit-il, à commencer par l'intégration scolaire. Quant à la Stratégie nationale, il ne faut pas oublier qu'elle s'est amorcée en pleine crise économique. Il constate qu'il y a de nombreuses personnes handicapées « très formées », mais qu'« il faut jouer du coude ».

Lui aussi estime que l'obstacle majeur est encore dans les préjugés, qui ont de plus un effet de perte de confiance chez les chercheurs d'emploi. « Il n'y aura jamais rien qui leur sera offert sur un plateau d'argent. Ce sera toujours un défi », conclut-il.

Source : Claudette Samson, « Intégration au travail des personnes handicapées : Québec a encore des "croûtes à manger" », *Le Soleil*, 21 septembre 2010, p. 40.

QUESTION Selon vous, quels avantages ont les employeurs à embaucher des personnes aux prises avec un handicap ?

activités culturelles. Au Canada et au Québec, la loi garantit le droit à l'égalité des chances et énonce l'obligation de prendre les mesures d'adaptation nécessaires pour répondre aux besoins des personnes handicapées. La *Charte canadienne des droits et libertés*[62] et la *Charte des droits et libertés de la personne*[63] du Québec citent spécifiquement la déficience physique ou mentale comme motif de discrimination illicite.

En vertu de la *Loi canadienne sur les droits de la personne*[64], les employeurs sous réglementation fédérale sont légalement tenus de prévenir la discrimination fondée sur la déficience physique ou mentale et de fournir un accès et un soutien aux personnes handicapées. Toutefois, ils ne sont obligés de prendre des mesures d'adaptation que dans la mesure où celles-ci ne constituent pas une « contrainte excessive » pour eux : pour des raisons de sécurité ou de coût, les mesures d'adaptation peuvent être trop extraordinaires et présenter trop de difficultés ou de dangers pour eux.

Au Québec, la *Loi assurant l'exercice des droits des personnes handicapées* vise à permettre à celles-ci d'exercer leurs droits et à favoriser leur intégration, grâce à une participation des ministères et de leurs réseaux, des municipalités et des organismes publics et privés, et grâce à la mise en œuvre de diverses mesures concernant les personnes handicapées, leurs familles, leur milieu de vie, le développement et l'organisation de ressources et de services. À cette fin, l'Office des personnes handicapées a pour mission d'évaluer l'intégration des personnes handicapées, de veiller au respect des principes et des règles édictées par la loi et de jouer un rôle de conseil et de coordination pour encourager l'offre de possibilités aux personnes handicapées.

Au sein de la société américaine, notamment, les mouvements de défense des droits des personnes handicapées travaillent sans relâche à la redéfinition de l'invalidité. Leur but est d'abolir la **stigmatisation** rattachée à l'invalidité, c'est-à-dire le déni ou le rejet des personnes handicapées à cause de leur incapacité. Par peur de la stigmatisation et de la discrimination, de nombreuses personnes handicapées hésitent à faire appel à la loi pour faire valoir leurs droits.

Stigmatisation
Déni ou rejet d'une personne à cause d'un attribut que la société dans laquelle elle vit dénigre fortement

Le besoin de résoudre la question de la stigmatisation et de l'intégration des personnes handicapées n'est pas négligeable. Au Québec, on estime que plus de 12 % de la population présente une ou plusieurs incapacités physiques ou mentales. Or les études montrent que les travailleurs handicapés peuvent accomplir leur travail aussi bien, sinon mieux, que les autres. Pourtant, 35 % des personnes handicapées occupent un emploi, alors que 70 % des personnes sans incapacité travaillent[65].

L'ORIENTATION SEXUELLE

Dans le monde entier, les relations sexuelles entre personnes de même sexe ont souvent été l'objet de discrimination dans le droit national et les pratiques sociales. Au Canada, environ 0,5 % des couples sont des couples de même sexe[66]. Avant 1969, les rapports entre adultes consentants de même sexe étaient considérés comme un crime et punissables d'une peine d'emprisonnement. Cette année-là, le gouvernement canadien a adopté un projet de loi d'ensemble décriminalisant les actes sexuels privés entre deux personnes de plus de 21 ans. Il s'agissait là d'une étape décisive dans la considération des gais, des lesbiennes et des bisexuels.

La *Loi canadienne sur les droits de la personne*[67] interdit toute discrimination, notamment le traitement inégal des gais, des lesbiennes et des bisexuels. En 1996, on l'a modifiée pour y inclure explicitement l'orientation sexuelle parmi les motifs de distinction illicite. Ce faisant, on reconnaissait expressément que les gais et les lesbiennes du Canada ont droit « à l'égalité des chances d'épanouissement et à la prise de mesures visant à la satisfaction de leurs besoins ». La Commission canadienne des droits de la personne est chargée de surveiller l'application de la Loi.

L'article 15 de la *Charte canadienne des droits et libertés*[68] établit que tous les individus sont égaux, indépendamment de leur race, de leur origine nationale ou ethnique, de leur couleur, de leur religion, de leur sexe, de leur âge ou de leurs déficiences mentales ou physiques. La Cour suprême du Canada a soutenu que, même si « l'orientation sexuelle » n'est pas inscrite dans la liste des motifs de distinction illicite, elle constitue un motif analogue sur lequel on peut fonder une plainte pour distinction illicite. En outre, soulignons que la plupart des provinces et des territoires ont inclus l'orientation sexuelle comme motif de distinction illicite dans leur législation relative aux droits de la personne. Le Québec a été la première province canadienne à le faire, en 1977.

L'enquête Harris, menée en 2010, a montré que 78 % des adultes hétérosexuels des États-Unis sont d'accord pour dire qu'un employé devrait être évalué d'après son rendement et non d'après son orientation sexuelle. De plus, ils sont 62 % à penser que tous les employés devraient avoir les mêmes avantages sociaux, comme une assurance médicale pour son partenaire, son conjoint ou sa conjointe[69]. De nombreuses entreprises se penchent très attentivement sur cette question car, d'après les statistiques, le segment de marché des homosexuels est l'un de ceux qui croissent le plus rapidement aux États-Unis. Le pouvoir d'achat des gais et des lesbiennes dépassait 835 milliards de dollars en 2011[70]. Les entreprises qui veulent se lancer sur ce marché ont besoin d'employés qui le comprennent et le représentent.

LA VALORISATION DE LA DIVERSITÉ

L'ACCENT MIS SUR L'INCLUSION

Alors que, par le passé, de nombreuses organisations traitaient la question de la diversité en respectant les lois, ces dernières années, elles ont mis l'accent sur l'**intégration**, ce qui constitue une évolution importante. Comme l'explique Katharine Esty[71], « ce changement de cap s'est produit sans sonner le clairon et presque sans préavis. Dans la plupart des organisations, le terme "intégration" a été ajouté à tout le matériel relatif à la diversité, sans aucune explication. » D'après elle, cette évolution représente le passage d'un jeu de nombre à un recentrage sur la culture, sur la recherche de modalités d'intégration de tous.

> **Intégration**
> Caractéristique d'un milieu de travail où tous les employés sont traités équitablement et respectueusement, ont des chances égales de promotion et un même accès aux ressources, et peuvent contribuer pleinement au succès de l'organisation

Le changement de cap de la diversité vers l'intégration s'explique principalement par le fait que les employeurs ont commencé à comprendre que, s'ils réussissaient à recruter une main-d'œuvre diversifiée, ils n'arrivaient pas à la retenir. En fait, nombre d'organisations se sont rendu compte que, malgré leurs efforts déployés sur plusieurs années, la représentation de certains groupes dans leurs effectifs était plus *faible* qu'auparavant. Elles ont relié cela au fait que leur haute direction continuait d'être formée surtout d'hommes de race blanche. Dans un tel milieu de travail, la prise de conscience et la formation sur la diversité n'étaient pas suffisantes. Il fallait s'attaquer plus profondément au problème. Pour ce faire, on a posé aux employés une série de questions : Est-ce que les employés de tous les groupes et de toutes les catégories se sentaient à l'aise et bien accueillis dans l'établissement ? Se sentaient-ils intégrés, avaient-ils l'impression que leur milieu de travail favorisait leur insertion[72] ?

LA THÉORIE DE L'IDENTITÉ SOCIALE

Les questions présentées ci-dessus constituent le point de mire de la **théorie de l'identité sociale**. Les psychologues Henri Tajfel et John Turner ont élaboré cette théorie pour comprendre les fondements psychologiques de la discrimination[73]. Selon eux, les individus n'ont pas un seul « moi personnel », mais plusieurs. C'est le groupe auquel une personne s'identifie qui détermine quel moi s'active. Le simple fait de se considérer comme membre de ce groupe incite la personne à le privilégier et renforce son sentiment d'appartenance à cet **endogroupe**. Favoriser l'endogroupe se fait *au détriment* de l'**exogroupe**. Sur le plan de la diversité, la théorie de l'identité sociale laisse entendre que la simple présence de groupes divers soulève la question de l'identité. Les gens réfléchissent à l'identité et s'engagent dans une tentative de catégorisation en *endogroupes* et en *exogroupes*.

> **Théorie de l'identité sociale**
> Théorie visant à déterminer les bases psychologiques de la discrimination

> **Endogroupe**
> Groupe dont une personne se sent membre à part entière et dans lequel elle jouit d'un bon statut

> **Exogroupe**
> Groupe dont une personne ne se sent pas acceptée, à l'égard duquel elle se sent mal à l'aise et éprouve un sentiment de non-appartenance

Les implications de cette théorie sont évidentes. Si les organisations ont des identités marquées quant à des endogroupes et à des exogroupes, tous les employés ne se sentiront pas intégrés. Ce qu'il faut retenir, c'est que le simple fait de dire « nous vous acceptons » n'est pas suffisant. Dans le contexte organisationnel, cette catégorisation,

Réussir la cohabitation entre les générations

DES AS DE LA GESTION

[…] Les entreprises auront à faire face à un nouveau défi au cours de la prochaine décennie : celle de la mixité générationnelle. Pour le relever, il faut que le rôle de chacun soit bien défini. « C'est important que les gestionnaires communiquent avec leurs employés pour clarifier les attentes. Car l'objectif, c'est une collaboration entre les employés qui permet de faire ressortir les forces de chacun », indique Adèle Girard [directrice générale du Conseil québécois des ressources humaines en tourisme].

Elle mentionne un projet pilote mis sur pied dans les centres d'information touristique des Cantons-de-l'Est. « D'un côté, nous avions des personnes plus âgées qui connaissaient la région sur le bout de leurs doigts en plus d'être excellentes en service à la clientèle. De l'autre, nous avions des jeunes qui ont pris le temps de leur montrer comment utiliser internet et la technologie dans le cadre de leur travail. »

À l'Orienthèque aussi, la diversité générationnelle constitue un atout de taille. « Quand un nouvel employé arrive en poste, il est évalué par un comité composé de gens de différentes tranches d'âge. Cette mixité nous permet de partager nos points de vue, d'avoir une évaluation à 360 degrés très intéressante. La mise en commun de nos opinions nous permet de trouver des solutions pour améliorer les compétences de la recrue », indique Christine Latour, directrice générale.

Même son de cloche aux Glissades des Pays d'en Haut. « Les employés d'expérience sont motivés. Quand ils arrivent le matin, ils transmettent leur enthousiasme aux plus jeunes. De plus, ils ont un tact et une diplomatie sans pareil. Ils servent donc de modèle aux plus jeunes dans leurs contacts avec les clients », assure Nicolas Raymond.

Mais attention, souligne Adèle Girard : pour que la recette fonctionne, il faut que tous les ingrédients soient mesurés. « Les entreprises ont tout intérêt à évaluer leurs besoins et à cerner dans quelle situation les travailleurs d'expérience peuvent devenir une valeur ajoutée. Il faut arriver à une complémentarité des ressources, à un équilibre entre les jeunes et les travailleurs d'expérience. Sans quoi cela ne fonctionnera pas. » […]

Source : Anne-Marie Tremblay, « Place aux cheveux blancs en entreprise », *Effectif*, vol. 14, nº 3, juin-juillet-août 2011. Reproduit avec l'autorisation de l'Ordre des conseillers en ressources humaines agréés. Tous droits réservés.

bien que subtile, peut être très puissante. Les individus entrant dans la catégorie des exogroupes ressentiront particulièrement ses effets. Bien qu'elles n'aient pas forcément l'intention de créer un milieu discriminatoire, les organisations peuvent manifester une tendance concernant un exogroupe en n'embauchant que quelques membres de ce groupe. De ce fait, ces derniers peuvent se sentir mal à l'aise et éprouver un sentiment de non-appartenance à l'égard de cette organisation.

LA VALORISATION ET LE SOUTIEN DE LA DIVERSITÉ

Comment les entreprises et les gestionnaires s'en sortent-ils ? En cherchant à créer des milieux de travail qui adoptent l'intégration et en s'efforçant de promouvoir une meilleure compréhension des facteurs qui favorisent l'intégration au sein des organisations. La valorisation de la diversité au sein des entreprises se traduit par l'acceptation des différences, la création d'un milieu où chacun se sent valorisé et bien à sa place, grâce à des mesures comme les suivantes[74] :

- un engagement fort du conseil d'administration et de la haute direction ;
- la présence de mentors et d'accompagnateurs qui aident les employés à élaborer un plan de carrière et à comprendre les diverses pratiques ;
- des occasions pour se créer des réseaux ;
- des modèles à suivre parmi les employés de même sexe, de même race ou de même groupe ethnique ;

L'accommodement raisonnable au travail

L'ÉTHIQUE EN CO

[En 2007-2008], la création de la commission Bouchard-Taylor a fait grand bruit partout au Québec. Depuis, la « crise des accommodements raisonnables » s'est calmée, mais les demandes sont toujours là, et les organisations doivent se montrer créatives.

Veg Pro, important producteur de légumes frais situé à Saint-Patrice-de-Sherrington, en Montérégie, est l'une de ces entreprises où les accommodements raisonnables font partie du quotidien.

Le groupe de 500 employés forme une mosaïque de cultures très diverses.

Traduction de certains documents en espagnol, modification de l'horaire pour des raisons religieuses et sur demande, politique de congé sans solde pour un voyage dans son pays d'origine par exemple, installations accessibles aux personnes à mobilité réduite : les accommodements sont nombreux.

« Il y a une ouverture sur le monde, ça fait partie des valeurs de l'entreprise. Il n'y a pas de jalousie, parce que tous les employés savent qu'ils peuvent en bénéficier. Le congé sans solde, par exemple, pourrait aussi être accordé à un employé à la recherche d'une garderie pour ses enfants », explique Chantal Teasdale, directrice des ressources humaines.

Elle assure que la mise en place de ces accommodements est bien moins compliquée qu'elle en a l'air.

[…] Être accommodant, c'est toutefois plus qu'une valeur d'entreprise : c'est avant tout une obligation légale. Les employeurs sont tenus de s'adapter pour éviter toutes formes de discrimination.

On a tendance à l'oublier, mais l'accommodement raisonnable ne concerne pas seulement la religion. Il touche aussi la race, la couleur, le sexe, la grossesse, l'orientation sexuelle, l'état civil, l'âge, les convictions politiques, la langue, l'origine ethnique ou nationale, la condition sociale et le handicap.

« Le motif le plus courant d'accommodement raisonnable en milieu de travail est le handicap. On a donné à ce terme une définition étendue. Une personne qui connaît des ennuis de santé de manière générale peut être assimilée à une personne handicapée », précise Me Christian Brunelle, professeur à la faculté de droit de l'Université Laval.

Pour se soustraire à son obligation, un employeur doit démontrer que l'accommodement cause une contrainte excessive, comme un coût très élevé, un effet majeur sur le fonctionnement de l'organisation ou un problème de sécurité. De manière générale, on considère qu'une grande entreprise a une faculté d'accommoder plus importante qu'une petite.

[…] Dans la recherche de solutions, le leadership revient au patron, mais le travailleur et le syndicat doivent néanmoins collaborer.

« L'employeur doit être imaginatif et chercher activement des solutions, mais l'employé ne peut pas rester les bras croisés et attendre qu'il trouve un accommodement parfait pour lui. Il doit contribuer à trouver des solutions. Le syndicat doit aussi faire preuve de souplesse », indique Jean-Sébastien Imbeault, conseiller en matière d'accommodements raisonnables à la Commission des droits de la personne.

De plus, l'employeur doit s'assurer que l'application de l'accommodement accordé se déroule bien. « Gérer les réactions du personnel fait partie de l'obligation d'accommodement. Cela peut faire l'objet d'une formation ou de sensibilisation.

L'employeur doit veiller à ce que la personne bénéficie réellement de son accommodement et ne soit pas l'objet de représailles, indique M. Imbeault. D'ailleurs, un employeur ne peut pas refuser un accommodement sous prétexte que les autres employés réagiraient mal. »

Tout comme Me Brunelle, il insiste toutefois sur le fait que la grande majorité des demandes d'accommodement raisonnable se règlent sans problème. […]

Source : Nathalie Côté, « L'accommodement raisonnable au travail », *La Presse*, 2 juin 2012. Cet extrait a été reproduit aux termes d'une licence accordée par Copibec.

QUESTION Selon vous, quels avantages ont les organisations à intégrer des personnes aux profils divers ?

- l'attribution de tâches à haute visibilité mettant en évidence les employés qui les ont accomplies ;
- la création d'une culture de l'intégration, qui valorise les différences et n'exige pas d'efforts trop grands de la part des employés pour se faire accepter ;
- la limitation de la stigmatisation et des stéréotypes insidieux et inconscients.

La valorisation de la diversité implique la conservation des caractéristiques des groupes, ainsi que la transformation de l'organisation par les groupes et inversement. Comme l'a dit Santiago Rodriguez, ancien directeur de Diversity for Microsoft, les entreprises démontrant une vraie volonté de diversité sont celles qui « embauchent des personnes différentes en sachant qu'elles changeront leur façon de faire des affaires, et en voulant cela ».

LES APTITUDES ET LES CAPACITÉS

Lorsqu'on réduit des caractéristiques sociodémographiques à des stéréotypes, on prive les gens du droit d'être évalués selon leurs aptitudes et leurs capacités. Les **aptitudes** sont les prédispositions d'un individu à apprendre certaines choses. Les **capacités** sont les facultés qu'a un individu d'accomplir les tâches inhérentes à un poste donné[75]. En d'autres mots, les aptitudes d'une personne sont ses capacités potentielles et ses capacités englobent le savoir-faire et les compétences qu'elle possède déjà.

Aptitude
Prédisposition à apprendre ; capacité potentielle

Capacité
Faculté d'accomplir les tâches inhérentes à un poste donné

Les gestionnaires accordent évidemment beaucoup d'importance aux aptitudes et aux capacités lorsqu'ils sélectionnent les membres de leur personnel. Tout le monde sait qu'il existe des tests pour évaluer les aptitudes et les capacités intellectuelles. Certains, comme le Stanford-Binet, fournissent des indications globales sur le quotient intellectuel (QI) ; d'autres mesurent des compétences plus particulières, nécessaires, entre autres, pour un programme de formation ou un emploi. Vous vous êtes peut-être prêté à ce genre de test visant à faciliter le processus de sélection lorsque vous avez voulu vous inscrire à un programme de formation ou soumettre votre candidature à un poste. Outre les aptitudes et les capacités intellectuelles, certains emplois, comme ceux de pompier ou de policier, requièrent des capacités physiques qui doivent être évaluées. Les tests conçus à cette fin permettent d'estimer de nombreux paramètres, notamment la force musculaire et l'endurance cardiovasculaire[76].

Toutefois, la loi oblige les employeurs à démontrer que des résultats supérieurs à ces tests sont vraiment liés à un rendement supérieur dans le programme de formation ou le poste concerné ; en d'autres mots, elle les force à prouver que les aptitudes et les capacités recherchées correspondent vraiment aux exigences du poste. Par exemple, si vous voulez devenir chirurgien et que votre coordination oculomanuelle est médiocre, vous n'avez pas les capacités correspondant aux exigences du poste. Cette correspondance est absolument essentielle ; c'est d'ailleurs l'un des concepts clés du chapitre 6, consacré à la motivation, à la conception de poste et aux récompenses.

GUIDE de révision

RÉSUMÉ

QUE SONT LES DIFFÉRENCES INDIVIDUELLES ET POURQUOI SONT-ELLES IMPORTANTES ?

- L'étude des différences individuelles aide à déceler les tendances comportementales, avec leurs similitudes et leurs différences, et permet de prédire avec plus de justesse comment les gens se conduiront et pourquoi ils se conduiront ainsi.
- Pour miser sur les différences individuelles, il faut être conscient de leur existence. La conscience de soi est la connaissance de ses propres comportements, préférences, styles, louvoiements et traits de personnalité. La conscience de l'autre est la connaissance de ces mêmes éléments chez autrui.
- L'image de soi est l'idée qu'une personne se fait d'elle-même, en tant qu'être physique, social, spirituel et moral. C'est une façon de se reconnaître soi-même en tant qu'être humain unique.
- La dichotomie hérédité-environnement nous pousse à nous demander si nous sommes tels que nous sommes en raison de notre hérédité ou en raison de l'environnement dans lequel nous avons été élevés et dans lequel nous vivons.

QU'EST-CE QUE LA PERSONNALITÉ ?

- La personnalité est le profil global d'une personne, une combinaison de traits qui font d'elle un être unique par la manière qu'elle a de se comporter et d'entrer en relation avec autrui.
- La personnalité est déterminée à la fois par l'hérédité et par l'environnement, dans des proportions à peu près équivalentes.
- Selon le modèle à cinq facteurs, les cinq grandes dimensions de la personnalité sont l'extraversion, l'amabilité, l'application, la stabilité émotionnelle et l'ouverture à l'expérience.
- Une autre approche très utile consiste à distinguer trois catégories de traits de personnalité, les traits sociaux, les traits relatifs à la conception personnelle du monde et les traits relatifs à l'adaptation affective, puis à évaluer leur dynamique dans la personnalité d'un individu.

QU'EST-CE QUI DISTINGUE LES PERSONNES ET LES CULTURES NATIONALES SUR LE PLAN DES VALEURS ?

- Les valeurs sont des principes généraux qui orientent les jugements et les actions d'un individu.
- Le classement des valeurs de Milton Rokeach comporte 18 valeurs finales (choix des objectifs) et 18 valeurs instrumentales (choix des moyens).
- Gordon Allport et son équipe classent les valeurs en six grandes catégories correspondant à six champs d'intérêt, soit les champs théorique, économique, esthétique, social, politique et religieux.
- Bruce Meglino et son équipe ont élaboré une grille des valeurs liées au travail et ont mis en évidence les valeurs suivantes : l'accomplissement, l'entraide et l'altruisme, l'honnêteté et l'équité.

- La culture est le bagage commun de valeurs et de façons de faire d'un groupe, d'une collectivité ou d'une société. Elle reflète les influences profondes de la société sur les façons de penser, de se comporter et de résoudre les problèmes.
- Selon Geert Hofstede, les cinq dimensions permettant de définir les grandes caractéristiques des cultures nationales sont : (1) la distance hiérarchique ; (2) la maîtrise de l'incertitude ; (3) l'individualisme ou le collectivisme ; (4) l'orientation masculine ou féminine ; (5) l'orientation à court terme ou à long terme.

COMMENT LES CARACTÉRISTIQUES SOCIODÉMOGRAPHIQUES SE REFLÈTENT-ELLES DANS LA DIVERSITÉ DE LA MAIN-D'ŒUVRE ET COMMENT DEVRAIT-ON GÉRER CETTE DIVERSITÉ ?

- Les mains-d'œuvre du Canada, des États-Unis et de l'Europe sont de plus en plus diversifiées. Apprendre à valoriser et à bien gérer cette diversité devient de plus en plus essentiel pour assurer la compétitivité des organisations et le développement des individus.
- La diversité d'une main-d'œuvre donnée résulte des différences que présentent les individus qui la composent au regard, notamment, de caractéristiques sociodémographiques comme la race et l'origine ethnoculturelle, le sexe, l'âge, l'état physique et mental et l'orientation sexuelle.
- Les organisations ne doivent pas seulement « gérer » la diversité, mais aussi la valoriser.
- Ces dernières années, nous avons assisté à une tendance mettant l'accent sur l'intégration plutôt que sur la seule diversité, ce qui traduit le besoin de se centrer non seulement sur le recrutement, mais aussi sur la rétention de la main-d'œuvre.
- Selon la théorie de l'identité sociale d'Henri Tajfel et John Turner, il existe de nombreuses formes de discrimination, subtiles mais lourdes de conséquences. Elles peuvent prendre la forme de processus psychologiques inconscients que les membres des exogroupes perçoivent sur les lieux de travail.
- Les organisations peuvent favoriser la diversité en promouvant une culture de l'intégration, en mettant en œuvre une philosophie et des pratiques permettant de créer un environnement de travail équitable, donnant des chances égales d'avancement à tous les salariés.
- Les aptitudes sont les prédispositions d'un individu à apprendre certaines choses ; ce sont des capacités potentielles.
- Les capacités sont les facultés qu'a un individu d'accomplir les tâches inhérentes à un poste donné ; elles englobent le savoir-faire et les compétences qu'il possède déjà.
- La prise en considération des aptitudes et des capacités tant intellectuelles que physiques d'un candidat permet de s'assurer de leur correspondance avec les exigences du poste à pourvoir.

MOTS CLÉS

Aptitude	p. 67	Monitorage de soi	p. 47
Autoritarisme	p. 46	Personnalité	p. 40
Capacité	p. 67	Personnalité proactive	p. 45
Caractéristique sociodémographique	p. 55	Personnalité de type A	p. 47
Congruence des valeurs	p. 50	Personnalité de type B	p. 47
Conscience de l'autre	p. 37	Sentiment de compétence (ou autoefficacité)	p. 38
Conscience de soi	p. 37	Stéréotype	p. 57
Différences individuelles	p. 35	Stigmatisation	p. 63
Dogmatisme	p. 46	Théorie de l'identité sociale	p. 64
Endogroupe	p. 64	Traits de personnalité	p. 41
Estime de soi	p. 38	Traits relatifs à la conception personnelle du monde	p. 44
Exogroupe	p. 64	Traits relatifs à l'adaptation affective	p. 47
Image de soi	p. 37	Traits sociaux	p. 42
Intégration	p. 64	Tuyau qui fuit	p. 57
Intelligence culturelle	p. 51	Valeurs	p. 48
Lieu de contrôle	p. 44	Valeurs finales	p. 49
Lieu de contrôle externe	p. 44	Valeurs instrumentales	p. 49
Lieu de contrôle interne	p. 44		
Machiavélisme	p. 46		

MonLab
Évaluation des connaissances
questions interactives

ÉVALUATION DES CONNAISSANCES

QUESTIONS À CHOIX MULTIPLE

1. Les différences individuelles sont importantes, car elles ________ **a)** impliquent que nous devons nous distinguer des autres. **b)** réduisent l'importance de l'individualité. **c)** prouvent que certains groupes culturels sont supérieurs aux autres. **d)** nous aident à prédire avec exactitude en quelles circonstances les gens adopteront un comportement donné.
2. La conscience de soi est ________ la conscience de l'autre. **a)** plus importante que **b)** moins importante que **c)** aussi importante que **d)** sans lien avec
3. Le sentiment de compétence est une des dimensions de ________ **a)** la conscience de soi. **b)** l'estime de soi. **c)** la présence et des soins. **d)** l'affabilité.
4. La personnalité englobe ________ **a)** un ensemble de caractéristiques générales qui rendent une personne unique. **b)** uniquement les composantes du soi déterminées par l'environnement. **c)** uniquement les composantes du soi déterminées par l'hérédité. **d)** la conscience de soi de la personne.
5. Les personnes qui ont un lieu de contrôle interne puissant ________ **a)** pensent que ce qui leur arrive est déterminé par des forces environnementales, tel le destin. **b)** pensent qu'elles ont une emprise sur leur existence ou sur leur

destin. **c)** sont très extraverties. **d)** sont moins aptes à accomplir des tâches qui nécessitent un apprentissage ou un esprit d'initiative.

6. La personnalité proactive ________ dans les milieux de travail d'aujourd'hui. **a)** est condamnée **b)** est absente **c)** devient plus importante **d)** prend moins d'importance
7. Les employés qui ont tendance à avoir ________ sont susceptibles de suivre des directives non conformes à l'éthique sans les remettre en question. **a)** un lieu de contrôle interne puissant **b)** une conduite machiavélique **c)** une personnalité proactive et extravertie **d)** une personnalité autoritaire et dogmatique
8. On peut dire que les gestionnaires qui sont dynamiques et méticuleux, qui se fixent des normes de rendement élevées et qui sont stimulés par la routine ont ________ **a)** une personnalité de type A. **b)** une personnalité de type B. **c)** un fort monitorage de soi. **d)** un comportement peu machiavélique.
9. Les aptitudes et les capacités ________ **a)** se transforment parfois en stéréotypes. **b)** sont d'ordre physique et intellectuel. **c)** concernent l'intellect et la personnalité. **d)** peuvent être de type agressif ou de type passif.
10. Les caractéristiques sociodémographiques ________ **a)** sont de très bons indicateurs permettant d'évaluer si une personne possède les compétences requises pour occuper un emploi. **b)** témoignent des aptitudes et des capacités d'un individu. **c)** sont des variables qui reflètent la situation sociale d'un individu et qui influent sur son devenir. **d)** sont des aspects importants de la personnalité.
11. Concernant les valeurs, ________ **a)** les valeurs instrumentales sont plus importantes que les valeurs finales. **b)** la congruence des valeurs semble être le facteur qui détermine la satisfaction. **c)** il est rare que les gens aient les mêmes valeurs. **d)** la plupart des cultures ont des valeurs communes.
12. La culture se définit comme ________ **a)** l'ensemble des principales croyances d'une personne et son attitude générale concernant un certain nombre de sujets. **b)** la façon dont une personne recueille de l'information et l'évalue. **c)** la façon dont une personne est perçue par les autres pendant qu'elle interagit dans diverses situations sociales. **d)** l'ensemble des façons de faire d'une société donnée.
13. La composition démographique de la main-d'œuvre ________ **a)** est restée relativement stable. **b)** n'a aucun lien avec les pratiques de gestion. **c)** a connu des changements spectaculaires au cours des dernières décennies. **d)** n'est plus une préoccupation majeure des directions d'organisations.
14. Les entreprises qui ________ tirent pleinement profit de la diversité de leurs employés. **a)** ont appris à embaucher des salariés en misant sur leurs différences **b)** ont appris à embaucher des salariés en dépit de leurs différences **c)** ne se préoccupent pas des différences entre leurs salariés **d)** ont mis en œuvre des programmes de promotion de la diversité fondés uniquement sur la discrimination positive ou à l'envers
15. La question de l'identité que soulèverait la simple présence de groupes divers est un exemple ________ **a)** de stigmatisation. **b)** de tuyau qui fuit. **c)** d'intégration. **d)** de la théorie de l'identité sociale.

QUESTIONS À RÉPONSE BRÈVE

16. Que sont les différences individuelles et quelle est leur importance pour le comportement organisationnel ?

17. De l'hérédité ou de l'environnement, lequel joue le rôle le plus marquant dans la détermination de la personnalité ?

18. Quelles valeurs Meglino et ses collaborateurs ont-ils définies, et comment peut-on les associer au comportement en milieu professionnel ?

19. Concernant la diversité et l'intégration, qu'avez-vous appris au sujet des milieux qui favorisent et soutiennent le plus la diversité ?

QUESTION À DÉVELOPPEMENT

20. La PDG de votre organisation se demande comment faire pour avoir à chaque poste l'employé qui convient le mieux, la personne qui pourra plus que toute autre améliorer le rendement général, et comment gérer efficacement un personnel comptant de plus en plus de membres issus de minorités visibles. Elle souhaite que vous rédigiez à son intention un bref rapport sur la question, comprenant des recommandations précises quant aux mesures à prendre.

LE CO DANS LE FEU DE L'ACTION

Pour ce chapitre, nous vous suggérons les activités suivantes du *Cahier d'apprentissage en CO* (voir p. C1).

Études de cas	Exercices	Autoévaluations
3. Des frontières à franchir 4. Les enfants terribles 5. Xerox	1. Mon meilleur patron 3. Mon meilleur emploi 4. Que valorisez-vous particulièrement dans un travail ? 5. Votre actif 6. Un poste à l'étranger 8. Les préjugés au quotidien 10. La rivière aux alligators 28. Mon meilleur patron II	1. Les postulats d'un gestionnaire 3. Votre tolérance à l'agitation 5. Vos valeurs personnelles 13. Votre propension à la délégation 14. Votre degré de machiavélisme 19. Votre type de personnalité

Les émotions, les attitudes et la satisfaction professionnelle

Chapitre 3

Chaque jour, nous éprouvons une multitude d'émotions. Lorsque nous nous sentons bien, tout va pour le mieux. Mais lorsque la déprime nous gagne, elle se répercute sur notre bien-être et, souvent, sur celui de notre entourage. Les chercheurs en CO s'intéressent beaucoup aux répercussions des émotions, des attitudes et de la satisfaction professionnelle sur le comportement des gens. Ce chapitre traite ainsi de la dimension affective de l'étude du comportement organisationnel, dont l'importance est de plus en plus reconnue, parallèlement à celle des facteurs cognitifs. Les nombreux apprentissages que vous pouvez faire à ce sujet peuvent vous aider tant sur le plan personnel que sur le plan professionnel.

OBJECTIFS D'APPRENTISSAGE

Après l'étude de ce chapitre, vous devriez pouvoir :

- Décrire les fondements des émotions et de l'humeur.
- Montrer comment les émotions et l'humeur se manifestent concrètement.
- Expliquer ce qu'est une attitude et quelle est son importance en milieu professionnel.
- Définir le concept de satisfaction professionnelle et discuter des liens entre la satisfaction professionnelle et le rendement.

Il faut aller au-delà de ce que les personnes pensent et saisir ce qu'elles ressentent.

PLAN DU CHAPITRE

L'optimiste à la conquête du monde

La crise immobilière américaine, Philippe Boisclair l'a subie. Courtier en bois, il avait réalisé des affaires d'or avec ses partenaires de la mi-1990 jusqu'en 2005, profitant du boom des mises en chantier aux États-Unis. « Nous gérions la croissance. C'était la belle vie », se rappelle le jeune du début de la quarantaine, diplômé en commerce de l'Université Concordia. Toutefois, en 2006, le marché s'effondre. Au sud de la frontière, il n'y a plus de débouchés pour le bois canadien.

Cette crise crée une mésentente entre ses partenaires. « Leur approche était : on ferme les écoutilles en espérant que le bateau ne coulera pas. Or, cette philosophie ne me convenait pas du tout. Je n'avais pas l'intention de perdre les plus belles années de ma vie à gérer de la décroissance », raconte Philippe Boisclair, frère de l'ancien chef du Parti québécois, André Boisclair.

Son plan à lui : sacrifier la rentabilité en recrutant du personnel hautement qualifié, maintenant disponible, et se lancer à l'international. « Pendant qu'aux États-Unis, c'était la débâcle, les princes arabes, eux, construisaient à la tonne. Les affaires continuaient là-bas et il fallait y être », raconte Philippe Boisclair.

L'optimiste cherche en permanence à développer des ressources positives.

Philippe Boisclair quitte le navire et fonde en 2009 la Canadian Wood Products. Plus rien ne freine son ambition. « Quand on sait qu'il coûte moins cher de livrer du bois à Londres qu'à Toronto, on comprend que le monde est à notre portée », dit cet amateur d'alpinisme, qui a gravi l'Aconcagua et le Kilimandjaro. Aujourd'hui, Canadian Wood Products compte 25 employés et réalise 30 % de son chiffre d'affaires à l'international (excluant les États-Unis), surpassant la performance de ses anciens partenaires qui sont toujours en affaires. Résultat : on construit avec du bois canadien à Dubaï, en Égypte et en Arabie saoudite.

« L'optimiste, écrit Philippe Gabilliet, docteur en sciences de la gestion et professeur de psychologie à l'ESCP Europe (Paris), dans son livre *Éloge de l'optimisme*, affiche clairement ses intentions d'aller de l'avant, de tester, de risquer ; il cherche en permanence à développer des ressources positives. » Exactement comme Philippe Boisclair.

Qui se ressemble s'assemble, dit-on. Philippe Boisclair fréquente des gens positifs et accorde beaucoup d'importance à l'idée de nouer des relations cordiales. Pour l'optimiste, la première source d'occasions, c'est les rencontres, soutient Philippe Gabilliet. Ce sont des gens faciles à fréquenter, qui prennent naturellement plaisir à la réussite des autres.

Source : Simon Diotte, « Le club des optimistes », a+, été 2011, p. 32-33.

On essaye toujours de comprendre la satisfact° au travail par l'émotion

Les émotions et l'humeur

Que ressentez-vous lorsque vous conduisez votre voiture et qu'un policier vous arrête ? Lorsque vous recevez une mauvaise note à un examen ? Lorsque votre animal familier meurt ? Lorsque vous trouvez dans vos courriels une invitation à vous présenter à une entrevue pour un nouvel emploi ? Lorsque vous croisez un bon ami qui passe sans vous saluer ? Lorsque l'un de vos parents, de vos frères ou de vos sœurs perd son emploi ? Lorsque vous trouvez dans votre messagerie le SMS suivant envoyé par une nouvelle connaissance : « tle +bo J » ?

Affect
Terme générique désignant le large éventail de sentiments que les individus éprouvent dans leur vie et qui se manifestent sous forme d'émotions et d'humeurs

Ces exemples de situations montrent que ce qui nous arrive suscite en nous toutes sortes de « sentiments » : joie ou tristesse, colère ou contentement. Ces sentiments forment l'**affect**, c'est-à-dire la gamme d'émotions et d'humeurs que les individus éprouvent dans diverses circonstances de leur vie[1]. Les affects influent beaucoup non seulement sur notre vie en général, mais aussi sur notre comportement au travail[2]. Philippe Boisclair, dont il est question dans la capsule d'ouverture, aurait pu laisser la frustration générée par la crise immobilière américaine et la mésentente avec ses partenaires se transformer en un affect négatif à l'égard de son travail. Au contraire, il a pris l'initiative de fonder l'entreprise Canadian Wood Products, qui compte 25 employés et qui réalise 30 % de son chiffre d'affaires à l'international (excluant les États-Unis), et a même surpassé ses anciens partenaires.

LA NATURE DES ÉMOTIONS

La colère, l'excitation, la peur, la tristesse, l'exaltation, le chagrin sont des **émotions** qui prennent la forme de forts sentiments positifs ou négatifs envers une personne ou un objet[3]. Les *émotions* sont habituellement intenses et de courte durée. Elles découlent toujours d'une source, personne ou objet déterminant ce que nous ressentons à un moment précis. Vous pouvez vous sentir heureux (émotion positive) lorsque votre enseignant vous félicite pour votre présentation devant le groupe, ou en colère (émotion négative) lorsqu'il vous critique devant toute la classe. Dans les deux situations, la source de votre émotion est l'enseignant, mais les répercussions de son comportement sur vos émotions sont très différentes. De même, votre réaction aux émotions déclenchées variera probablement beaucoup d'une situation à l'autre. Votre visage s'éclairera sans doute d'un grand sourire lorsque vous serez félicité, et vous aurez sans doute envie de faire un commentaire désobligeant et de vous replier sur vous-même lorsque vous recevrez une critique.

Émotion
Fort sentiment, positif ou négatif, ressenti à l'égard de quelqu'un ou de quelque chose

L'INTELLIGENCE ÉMOTIONNELLE

Les tests de mesure du quotient intellectuel (QI), menés depuis de nombreuses années, nous ont familiarisés avec les notions de « compétence cognitive » et d'« intelligence ». L'*intelligence émotionnelle*, ou IE, est un concept plus récent dont nous avons déjà parlé au chapitre 1, lorsque nous décrivions les compétences humaines essentielles à un gestionnaire. Le chercheur Daniel Goleman, qui l'a mise en évidence, l'a définie comme la capacité à comprendre nos émotions et celles des autres, puis à utiliser cette compréhension pour nouer des relations efficaces[4]. L'IE se révèle notamment dans les façons dont nous gérons nos émotions, par exemple lorsqu'une émotion négative risque de nous causer des problèmes et que nous sommes capables de la refréner suffisamment pour qu'elle ne vienne pas nous perturber.

Selon Goleman, l'intelligence émotionnelle nous aide à mieux fonctionner parce qu'elle nous rend capables de reconnaître nos émotions et celles des autres, et de les gérer. Lorsque nous avons une IE élevée, nous arrivons à ne pas nous laisser submerger par nos émotions. En sachant à l'avance que les critiques de notre enseignant vont nous mettre en colère, par exemple, nous réussissons mieux, grâce à l'IE, à maîtriser notre colère, à montrer une attitude positive, et nous pouvons peut-être inciter l'enseignant à nous féliciter la prochaine fois pour une bonne intervention en classe. Si nous ne pouvons réprimer notre colère et nous laissons aller à faire une remarque désobligeante ou à adopter une conduite agressive, nous suscitons une impression négative chez notre enseignant. De même, si nous nous replions sur nous-mêmes et refusons de participer aux travaux en classe, nous donnons à l'enseignant l'impression que nous nous désintéressons du cours. Dans ces deux cas, notre expérience d'apprentissage s'en ressent.

FIGURE 3.1 LES QUATRE GRANDES COMPÉTENCES RATTACHÉES À L'INTELLIGENCE ÉMOTIONNELLE, ESSENTIELLES AU LEADERSHIP

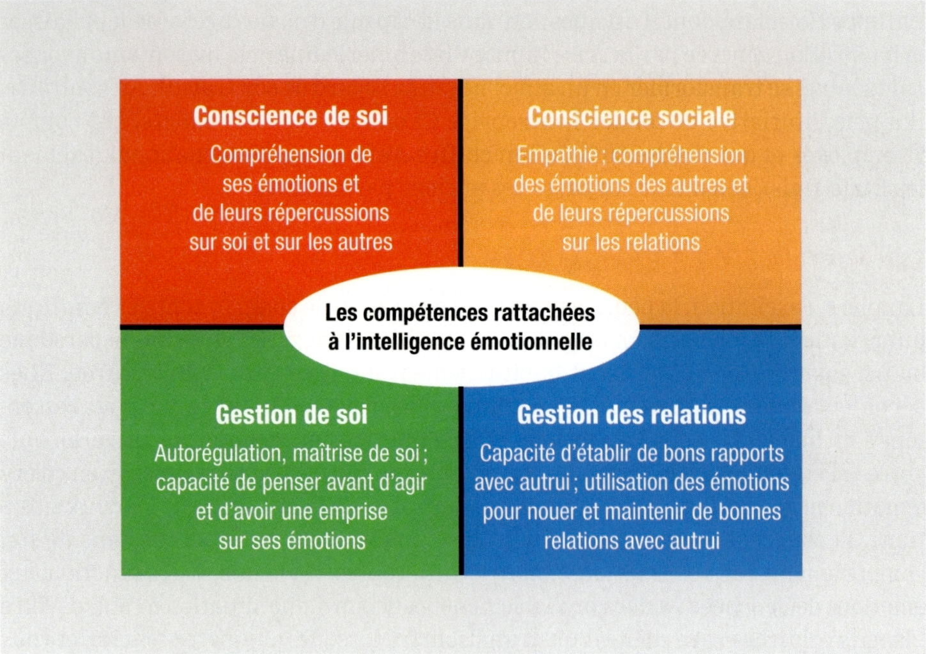

Si vous arrivez à prendre conscience de vos propres émotions et à les gérer, si vous êtes capable d'interpréter les émotions des autres, vous interagirez mieux avec les gens, aussi bien au travail et dans votre vie en général que dans les situations où vous devez faire preuve de leadership[5]. La **figure 3.1** illustre quatre compétences rattachées à l'intelligence émotionnelle qui sont essentielles pour réussir dans votre rôle de leader, et même dans tous les types de situations interpersonnelles[6]: Ces compétences sont : la conscience de soi, la conscience sociale, l'autogestion et la gestion des relations.

▸ **Conscience de soi**
Capacité de comprendre ses propres émotions et leurs répercussions sur soi et sur les autres

▸ **Conscience sociale**
Capacité de faire preuve d'empathie, de comprendre les émotions des autres

▸ **Gestion de soi**
Capacité de penser avant d'agir et de maîtriser des impulsions susceptibles d'être destructrices

▸ **Gestion des relations**
Capacité d'établir de bons rapports avec les autres, de manière à nouer avec eux des relations satisfaisantes

Sur le plan de l'intelligence émotionnelle, la **conscience de soi** est la capacité de comprendre ses propres émotions et leurs répercussions sur son travail et sur celui des autres. C'est comme une évaluation constante de nos émotions qui nous aide à bien les comprendre et à les exprimer naturellement. La **conscience sociale** est la capacité de faire preuve d'*empathie*, de comprendre les émotions des gens et de se servir de cette compréhension pour avoir de meilleurs rapports avec autrui.

Sur le plan de l'intelligence émotionnelle, la **gestion de soi** est la capacité de penser avant d'agir et de maîtriser des émotions qui pourraient, autrement, être destructrices. C'est une forme d'*autorégulation* qui nous permet de maîtriser nos émotions et de ne pas nous laisser submerger par elles. La **gestion des relations** est la capacité d'établir de bons rapports avec les autres, de manière à nouer avec eux des relations satisfaisantes et à influer positivement sur leurs émotions. Elle implique la reconnaissance continuelle des émotions des autres, pour une meilleure compréhension de ces derniers.

Un moteur nommé empathie

DES AS DE LA GESTION

[...] L'idée de créer une organisation propice à l'empathie repose sur le désir de bâtir un système d'information humain et de le propager. Il s'agit d'amener chaque membre d'une organisation à acquérir une connaissance directe des besoins des gens, des moyens pris par l'entreprise pour répondre à ces besoins et des activités individuelles qui contribuent à ajouter ou à enlever de la valeur à leurs actions. Lorsque les employés constatent que leurs activités quotidiennes touchent des gens à l'extérieur de l'entreprise, ils deviennent souvent motivés à créer des impacts plus positifs. [...]

Harley-Davidson remplit son siège social de récits concrets envoyés par des adeptes de la moto. Quiconque travaille chez Harley-Davidson n'a qu'à regarder autour de lui pour comprendre exactement ce qui compte pour les motocyclistes. De même, Nike a créé toute une culture pour célébrer le potentiel de réalisations sportives que nous avons tous en nous. IBM aide ses clients à maintenir leurs technologies de l'information en bon état de fonctionnement, ce qui explique pourquoi la société reste aussi près que possible de sa clientèle d'affaires. Elle utilise sa division des services, ses effectifs de vente directe et ses portails en ligne pour maintenir des liens quotidiens entre ses employés et ses clients.

Pour ces entreprises et toutes celles du même genre, l'empathie est un actif incorporel, mais important, et un puissant moteur de croissance.

L'objectif est d'améliorer les milliers de décisions que les gens prennent chaque jour. La tâche peut sembler titanesque, mais n'importe quelle société peut s'engager sur la bonne voie en procédant à quelques petits changements. Les organisations qui intègrent l'empathie comme une façon simple, quotidienne et expérientielle de travailler réussissent à la propager.

Source: Dev Patnaik et Peter Mortensen, «Un moteur nommé empathie», *Premium*, vol. 14, juin-juillet-août 2012, p. 77. Version anglaise originale publiée dans *Rotman Magazine*, publication de la Rotman School of Management, University of Toronto.

LES TYPES D'ÉMOTIONS

Les chercheurs ont dégagé six grandes catégories d'émotions : la colère, la peur, la joie, l'amour, la tristesse et la surprise[7]. Sur le plan de l'intelligence émotionnelle, les principales questions sont : reconnaît-on ses propres émotions et celles des autres, et est-on capable de bien les gérer ? Ainsi, la colère peut inclure, entre autres, le dégoût et l'envie, qui peuvent avoir des conséquences très négatives. La peur peut se manifester sous forme d'état d'alerte ou encore d'anxiété. La joie peut s'exprimer sous forme de gaieté ou de contentement. L'amour peut être fait d'affection, d'attirance romantique ou de désir. La tristesse peut correspondre à de la déception, à un sentiment d'abandon ou de honte.

▶ **Émotion liée à la conscience de soi**
Émotion d'origine interne

▶ **Émotion liée à la conscience sociale**
Émotion liée à une information extérieure

On distingue souvent les **émotions liées à la conscience de soi**, d'origine interne, des **émotions liées à la conscience sociale**, provenant d'une source externe[7]. Les premières, telles que la honte, la culpabilité, la gêne et la fierté, aideraient l'individu à réguler ses rapports avec les autres et à y demeurer attentif. Les secondes, telles que la pitié, l'envie et la jalousie, sont liées à une information extérieure. Par exemple, vous pouvez ressentir de l'envie, voire de la jalousie, à l'égard d'un collègue de travail en apprenant qu'il a obtenu une promotion à laquelle vous aspiriez.

LA NATURE DES HUMEURS

▶ **Humeur**
Sentiment ou état d'esprit négatif ou positif moins intense qu'une émotion, mais pouvant persister pendant un certain temps et ne résultant généralement pas d'un stimulus contextuel particulier

Contrairement aux émotions, qui sont d'habitude de courte durée et qui visent clairement une personne ou une chose, les **humeurs** sont des sentiments ou des états d'esprit négatifs ou positifs moins intenses, mais pouvant persister pendant un certain temps et ne résultant généralement pas d'un stimulus contextuel particulier. Tout le monde peut être occasionnellement de bonne ou de mauvaise humeur, ce qui se traduit de nombreuses façons que nous connaissons tous. Il nous arrive souvent de nous réveiller frais et dispos le matin et de nous sentir de bonne humeur, ou alors plutôt fatigués et moroses et de nous sentir malheureux. Quelles sont les conséquences de ces différentes formes d'humeur sur le comportement que nous adoptons avec nos amis, les membres de notre famille, nos collègues de travail ou nos camarades de classe ?

Dans le domaine du CO, on s'intéresse tout particulièrement aux influences des humeurs sur le rendement professionnel et sur la capacité de se montrer agréable au travail. En parlant des PDG, par exemple, on affirme dans un article de *Business Week* que « la sévérité est démodée, et l'aménité à la mode »[9]. Certains PDG embauchent même des consultants pour apprendre à prendre en charge leurs affects et à se montrer plus amicaux et plus accessibles dans leurs relations avec les autres. Si un PDG se rend à une réunion de bonne humeur et est perçu comme « jovial », « charmant », « drôle », « amical » et « franc », il verra sa cote de popularité augmenter au sein de l'équipe. Mais s'il s'y rend de mauvaise humeur et est perçu comme « pinailleur », « impatient », « distant », « dur », « hargneux » et même « impitoyable », il verra fort probablement sa cote de popularité chuter.

La **figure 3.2** présente une petite comparaison entre les émotions et les humeurs. En général, les émotions sont des sentiments intenses qui visent une personne ou un objet ; toujours déclenchées par un événement précis, elles se manifestent de nombreuses façons : colère, peur, joie, etc. Les humeurs, quant à elles, ont tendance à prendre la forme d'un sentiment positif ou négatif plus généralisé. Elles sont moins intenses que les émotions et ne semblent pas découler d'une source précise. Il est souvent difficile de déterminer pourquoi ou comment nous sommes gouvernés par une humeur en particulier[10]. Par ailleurs, les humeurs ont tendance à durer plus longtemps que les émotions. Si une personne dit ou fait quelque chose qui provoque une réaction positive ou négative brusque et intense, cette émotion passera probablement rapidement. Au contraire, une humeur, bonne ou mauvaise, a tendance à persister pendant plusieurs heures, voire plusieurs jours, et influe sur un grand nombre de comportements.

FIGURE 3.2 LES ÉMOTIONS ET LES HUMEURS DIFFÈRENT LES UNES DES AUTRES, MAIS PEUVENT AUSSI AGIR LES UNES SUR LES AUTRES

Émotions

« Les critiques du professeur Dupont concernant ma présentation m'ont vraiment mis en colère. »

- Elles ont une source ou une cause reconnaissable.
- Elles sont épisodiques et généralement brèves.
- Elles sont de plusieurs types ou prennent diverses formes.
- Elles sont concrètes, associées à un comportement.
- Elles peuvent se transformer en une forme d'humeur.

Humeurs

« Je n'ai tout simplement pas l'énergie de faire quelque chose aujourd'hui. Cela fait une semaine que je me sens déprimé. »

- Elles ont une source ou une cause difficile à déterminer.
- Elles peuvent durer longtemps.
- Elles peuvent être positives ou négatives.
- Elles sont plus cérébrales, moins concrètes que les émotions.
- Elles peuvent influer sur les émotions.

Attention aux indiscrétions sur Facebook[11]

L'ÉTHIQUE EN CO

Facebook peut être amusant, mais si vous y publiez quelque chose de malséant, comme une photo indécente, un commentaire sarcastique ou une critique à l'égard de votre employeur, vous devrez peut-être modifier votre profil en ligne pour écrire : « Je viens d'être viré ! »

Employée de banque naviguant depuis son lit Après qu'une employée de banque suisse a appelé son employeur pour se porter malade, expliquant qu'elle devait rester couchée dans le noir, les directeurs de la banque ont remarqué qu'elle naviguait sur Facebook. Ils l'ont congédiée en invoquant le prétexte que « la banque ne pouvait plus lui faire confiance ».

Mascotte en colère Les Pirates de Pittsburgh ont congédié leur mascotte après qu'elle a affiché sur sa page Facebook des critiques à l'encontre de la direction de l'équipe. Une campagne de soutien sur Twitter lui a permis d'être réembauchée.

Serveuse mécontente Une serveuse travaillant dans une pizzeria de la Caroline du Nord a écrit sur Facebook que ses clients étaient « radins », car ils ne lui donnaient pas assez de pourboires. Ses patrons, ayant pris connaissance de son message, l'ont congédiée pour avoir dérogé aux politiques de l'établissement.

QUESTIONS Qui a raison, qui a tort ? Peut-être connaissez-vous des cas similaires d'employés pénalisés pour ce qu'ils ont écrit sur leur page Facebook. Comment départager ce qui est acceptable de ce qui ne l'est pas ? La page Facebook d'une personne ne fait-elle pas partie de sa vie privée ? N'est-on pas libre de parler librement de son travail, de ses collègues et même de ses employés en dehors de son travail ? Ou alors existe-t-il une frontière éthique entre le travail et les communications au public qu'il est interdit de franchir ? Quelles questions éthiques se posent ici pour l'employé et pour l'employeur ?

Les émotions et l'humeur dans l'organisation

Il y a un certain temps, Mark V. Hurd, ancien PDG de Hewlett-Packard, s'est trouvé aux prises avec un scandale dans son entreprise. Des «consultants» avaient, semble-t-il, été engagés pour dépister des fuites de renseignements considérés comme confidentiels. Les responsables présumés de ces fuites étaient des membres du conseil d'administration. À la conférence de presse, essayant d'expliquer la situation et la démission de Patricia C. Dunn, présidente du conseil d'administration, il a qualifié ces faits de «très troublants», et le *Wall Street Journal* a indiqué ensuite que «sa voix tremblait»[12].

On peut affirmer que Hurd était ému et fâché, car cet incident avait causé son humiliation publique et celle de son entreprise. Cela a dû le mettre de mauvaise humeur pendant un certain temps. À brève échéance tout au moins, ses émotions et son humeur ont sans doute eu un impact sur ses proches collaborateurs et sur le personnel de HP. Il y a lieu de se demander si le PDG n'a eu ce genre de réaction que cette fois-là ou chaque fois que quelque chose le contrariait.

LA CONTAGION DES ÉMOTIONS ET DE L'HUMEUR

Affectivité positive
Tendance à être continuellement positif

Affectivité négative
Tendance à être démoralisé la plupart du temps

Comme nous l'avons montré, différents facteurs peuvent influer sur l'humeur. Toutefois, on observe chez les individus des tendances relativement stables à éprouver des sentiments positifs ou négatifs[13]. Ainsi, ceux qui possèdent une **affectivité positive** marquée tendent à se montrer perpétuellement positifs : à leurs yeux, le verre est presque toujours à moitié plein. En revanche, ceux qui présentent une **affectivité négative** sont enclins à être démoralisés, à laisser leurs humeurs négatives prendre le dessus dans les circonstances les plus diverses : à leurs yeux, le verre est presque toujours à moitié vide. Ces éternels pessimistes réalisent des choses peu impressionnantes et peuvent nuire au rendement des autres par leur état d'esprit.

Ils tendent en effet à créer un climat négatif qui déteint sur la prise de décisions et le travail d'équipe. Ils suscitent souvent l'hostilité de leurs collègues. Ainsi, les grandes tendances des individus à se montrer optimistes ou pessimistes ont une influence non seulement sur leurs propres comportements, mais aussi sur ceux des personnes qu'ils côtoient, collègues de travail, amis ou membres de la famille.

Les chercheurs s'intéressent de plus en plus au phénomène de **contagion des émotions et de l'humeur**, c'est- à-dire à la propagation des émotions et de l'humeur d'une personne dans son entourage[14]. De même qu'un rhume peut s'attraper, les recherches montrent que les émotions positives et négatives sont «contagieuses», bien que cela puisse passer inaperçu au travail. Une étude a permis de constater qu'après deux heures passées ensemble, les membres d'une équipe pouvaient partager leur bonne ou leur mauvaise humeur. Chose curieuse, la mauvaise humeur se transmet plus rapidement d'une personne à une autre que la bonne humeur[15]. Une autre recherche a montré que, lorsqu'un leader est de bonne humeur, ses subalternes sont plus attirés par lui et lui attribuent une cote de popularité plus élevée. Contagieuse, l'humeur positive ou négative a des répercussions sur les collègues de travail et les membres du groupe, tout comme sur les amis ou les membres de la famille[16].

Contagion des émotions et de l'humeur
Propagation des émotions et de l'humeur d'une personne dans son entourage

Le bonheur est contagieux

Du côté de la RECHERCHE

Le bonheur est contagieux, ont découvert des sociologues américains. Mais il n'est pas transmissible au téléphone et encore moins par courriel: pour attraper le virus du bonheur, il faut entrer en contact direct avec une personne heureuse.

Avoir un ami heureux augmente de 15,3 % la probabilité d'être soi-même heureux. L'effet diminue à chaque «degré de séparation»: si un ami a lui-même un ami heureux, la probabilité augmente de 9,8 %; si un ami d'un ami d'un ami est heureux, la probabilité augmente de 5,6 %. En d'autres mots, si un ami de votre sœur est heureux et qu'un ami du frère de votre voisin est heureux, votre chance d'être heureux grimpe de 16 % (1,098 multiplié par 1,056).

Les personnes les plus heureuses avaient le plus grand nombre de proches, et les chercheurs ont expliqué aux médias que le bonheur se comporte comme un virus. Ils ont proposé l'exemple du sida, qui touche davantage les gens ayant un grand nombre de partenaires sexuels.

«Ce n'est pas la première fois qu'on montre que le bonheur est contagieux», explique Yaël Glick, sociologue et psychologue à l'Université Concordia, à qui *La Presse* a demandé des commentaires sur l'étude publiée dans le *British Medical Journal*[17]. «Mais les chercheurs prouvent que l'interaction sociale doit se faire en chair et en os pour que l'humeur de quelqu'un influence vraiment quelqu'un d'autre. Les cellulaires et les courriels ne comptent pas.»

Les chercheurs de l'Université de Californie à San Diego et de Harvard ont pu établir l'importance du contact direct en comparant les amis qui habitaient à moins d'un kilomètre, et les autres. Ils ont postulé que les amis habitant à proximité se voient plus souvent face à face. Ils ont épluché 5 000 dossiers d'une étude ayant suivi pendant des décennies la santé cardiovasculaire de patients, et qui a recueilli des données nominales sur les proches des cobayes.

Pourquoi l'étude est-elle publiée dans une revue médicale? «La médecine a tendance à prendre le patient individuellement, sans tenir compte de son réseau de proches, dit Mme Glick. Mais on ne peut vraiment savoir comment va une personne sans tenir compte de ses réseaux sociaux.»

Ces résultats donnent une note d'espoir en ces temps de récession et de crise financière, selon Mme Glick. «Les contacts sociaux peuvent être une réponse à la possibilité de désespoir et d'aliénation dans notre société de plus en plus centrée sur la consommation. L'essence de la santé est la communauté.» [...]

Source: Mathieu Perreault, «Le bonheur est contagieux», *La Presse*, 23 décembre 2008, p. 34. Voir aussi Claire Fleury, «C'est contagieux, docteur?», *Le Nouvel Observateur*, 24 décembre 2008, p. 69.

Aidez vos collègues[18]

Dans une étude qu'ils ont réalisée auprès de 1 648 étudiants de Harvard, Shawn Achor, Phil Stone et Tal Ben-Shahar ont constaté que le soutien social était l'indicateur prévisionnel de bonheur le plus important durant les périodes de grand stress. En fait, le coefficient de corrélation entre le bonheur et l'échelle de soutien social de Zimet (mesure scientifique utilisée pour évaluer l'investissement positif des étudiants dans leur réseau social) était de 0,71 ; en comparaison, le coefficient de corrélation entre la cigarette et le cancer est de 0,37. Cette étude était axée sur l'importance du soutien social que recevaient les étudiants. Toutefois, dans une étude de suivi menée en mars 2011, Shawn Achor a constaté que le soutien social qu'offraient les étudiants contribuait encore plus à soutenir le bonheur et l'investissement. Par exemple, combien de fois un étudiant aide-t-il les autres lorsqu'ils sont débordés de travail ? Combien de fois amorce-t-il des interactions sociales au travail ? Ceux qui fournissent du soutien social, c'est-à-dire ceux qui ont pris la relève pour d'autres, qui ont invité des collègues à déjeuner et qui ont organisé des activités au bureau, étaient 10 fois plus susceptibles de s'investir dans le travail que ceux qui ne socialisaient pas. Ils avaient en outre 40 % plus de chances d'avoir une promotion.

Daniel Goleman et ses collègues, qui étudient l'intelligence émotionnelle, pensent que les leaders devraient se préoccuper de la contagion de l'humeur et des émotions. « La mauvaise humeur d'un haut dirigeant tend à se propager le plus vite, disent-ils, car tout le monde a les yeux rivés sur le patron[19] ». On pouvait facilement observer ce phénomène chez les PDG de toutes les organisations – entreprises commerciales aussi bien qu'organismes sans but lucratif – quand ils essayaient de surmonter l'impact de la crise économique sur leur établissement et sur leurs salariés. « Se plaindre ne fait pas partie de la description des tâches d'un gestionnaire, disait Rupert Stadler de chez Audi. Nous pouvons tous nous mettre à pleurer ensemble ou nous pouvons transformer la souffrance en vertu. Je préfère cette deuxième solution[20]. »

LE TRAVAIL ÉMOTIONNEL

Le concept de **travail émotionnel** fait référence à l'effort déployé par un individu pour manifester les émotions attendues de lui par l'organisation au cours des échanges interpersonnels au travail[21]. On en trouve de bons exemples dans le travail attendu du personnel au sol ou des agents de bord des sociétés aériennes : ces employés doivent se montrer accessibles, affables et cordiaux pendant qu'ils prennent des dispositions pour satisfaire les voyageurs. Certaines sociétés aériennes, comme Southwest, vont jusqu'à demander à leurs employés de se montrer « drôles », « bienveillants » et « joviaux » pendant qu'ils accomplissent leur travail.

▸ **Travail émotionnel**
Effort déployé par un individu pour manifester les émotions attendues de lui par l'organisation au cours des échanges interpersonnels au travail

Le travail émotionnel n'est pas toujours facile. Il peut être pénible de devoir constamment exprimer les émotions attendues au travail. Si vous êtes dans un mauvais jour ou si vous avez tout simplement eu une altercation avec votre voisin, par exemple, vous pouvez trouver trop difficile de vous montrer « joyeux » et « empressé » en servant un client très exigeant. Une telle situation peut engendrer une **dissonance émotionnelle**, c'est-à-dire une divergence entre les émotions réellement ressenties et celles qu'on essaye d'exprimer, de projeter[22]. C'est une dichotomie entre ce que nous éprouvons et ce que nous sommes censés éprouver.

▸ **Dissonance émotionnelle**
Écart susceptible de survenir entre les émotions qu'on ressent réellement et celles qu'on essaye d'exprimer, de projeter

Il faut souvent faire preuve de maîtrise de soi pour pouvoir exprimer sur les lieux de travail les émotions attendues de nous par l'entreprise. Il suffit de penser, par exemple, aux employés travaillant dans les services, qui doivent souvent surmonter leurs émotions personnelles ou passer outre leur humeur dissonante pour arborer une attitude positive envers les clients[23]. Le *jeu en profondeur* et le *jeu en surface* représentent deux façons possibles de réduire la dissonance émotionnelle. Pour les chercheurs, le **jeu en profondeur** est le fait d'essayer de modifier ses émotions pour mieux s'adapter à une situation : par exemple, se mettre dans la peau d'un voyageur

▸ **Jeu en profondeur**
Tentative de modification de ses sentiments intimes, selon des règles de présentation de soi, pour mieux s'adapter à une situation

Deux frères qui font du bonheur une entreprise florissante[24]

Il suffit de l'imaginer! Mais oui, vous le pouvez! Allez-y! La vie est chouette! Sinon, rendez-la magnifique! Ces rêves sont devenus réalité pour Bert et John Jacobs. À leurs débuts, ils vendaient des tee-shirts dans les rues de Boston; maintenant ils sont à la tête d'une entreprise dont le chiffre d'affaires s'élève à plus de 80 millions de dollars, Life is Good, dont un magazine a dit que c'était une «sympathique petite entreprise qui cherche juste à rendre heureux». John déclare: «La vie est chouette... N'attendez pas d'avoir une nouvelle voiture, d'obtenir une superbe promotion ou de rencontrer votre âme sœur pour être heureux. Vous pouvez décider que vous êtes heureux dès aujourd'hui.»

dont on a perdu les bagages et se sentir tout aussi désemparé que lui. Par le jeu en profondeur, l'individu tente de modifier ses sentiments intimes selon les **règles de présentation de soi**, c'est-à-dire les normes informelles de son groupe d'appartenance, qui détermine dans quelle mesure il est approprié de manifester ses émotions. Le **jeu en surface** consiste à cacher ses vraies émotions et à en exprimer des différentes: par exemple, sourire à un client qui a fait une réclamation dans des termes offensants. Par le jeu en surface, l'individu dissimule ses sentiments intimes et renonce à les exprimer, en réponse aux règles de présentation de soi[25].

▸ **Règles de présentation de soi**
Normes informelles d'un groupe social donné qui déterminent dans quelle mesure il est approprié, pour ses membres, de manifester ses émotions

▸ **Jeu en surface**
Dissimulation de ses sentiments intimes et renoncement à les exprimer, en réponse aux règles de présentation de soi

LES ASPECTS CULTURELS DES ÉMOTIONS ET DE L'HUMEUR

Dans des situations multiculturelles, les questions de l'intelligence émotionnelle, de la contagion des émotions et de l'humeur, et du travail émotionnel peuvent s'avérer difficiles à aborder. Les interprétations générales des émotions ou de l'humeur semblent similaires dans les diverses cultures, les émotions comme la joie, le bonheur et l'amour étant toutes considérées comme positives[26]. En revanche, la fréquence et l'intensité des émotions varient d'une culture à une autre. Par exemple, la recherche a montré qu'en Chine continentale les individus éprouvent moins d'émotions positives et négatives et moins d'émotions intenses que dans d'autres cultures[27]. En outre, les normes concernant l'expression des émotions varient d'une culture à une autre. Par exemple, dans les cultures collectivistes, favorisant les relations au sein du groupe, comme celle du Japon, l'expression des émotions est plus rare et moins bien acceptée que dans les cultures individualistes, comme celles du Canada et des États-Unis[28].

Comme nous l'avons souligné précédemment, des *règles de présentation de soi*, culturelles et informelles, déterminent dans quelle mesure il est approprié de manifester ses émotions. En Grande-Bretagne, une certaine réserve est de mise, tandis qu'au Mexique, on se montre assez démonstratif en public. L'attitude amicale et l'affabilité que Walmart encourage tellement chez ses employés ne sont pas du tout bien accueillies en Allemagne, où les acheteurs adoptent une attitude plutôt sérieuse. De même, en Israël, le sourire étant associé à l'inexpérience, on conseille aux caissiers d'adopter un air grave[29].

Compte tenu de toutes ces observations, une personne avisée devrait accorder une attention particulière à la façon, souvent très différente, dont s'expriment les émotions dans les cultures autres que la sienne.

LA THÉORIE DES ÉVÉNEMENTS AFFECTIFS

La figure 3.3 présente la théorie des événements affectifs, résumant notre exposé sur les émotions, l'humeur et le comportement humain dans les organisations[30]. Fondamentalement, cette théorie indique que nos émotions et notre humeur sont influencées par les autres personnes et par des situations. Elles influencent ensuite notre rendement au travail et la satisfaction que nous ressentons à notre égard et à l'égard des autres.

La partie gauche de la figure représente la façon dont l'environnement de travail, notamment les caractéristiques et les exigences de l'emploi et le travail émotionnel requis, ainsi que les événements liés au travail provoquent des réactions émotionnelles positives ou négatives. Ces dernières influent à leur tour sur le degré de satisfaction au travail et sur le rendement[31]. Ainsi, dans notre travail, nous faisons tous face tantôt à des contrariétés, tantôt à des situations agréables, et ce, parfois au cours d'une même journée. De nos réactions émotionnelles positives ou négatives aux événements dépendent alors notre façon de travailler et notre attitude.

Les prédispositions personnelles, sous la forme de la personnalité et de l'humeur jouent un rôle déterminant. La personnalité, par la prédominance positive ou négative de l'affectivité qui la caractérise, accentue ou atténue les réactions émotionnelles positives ou négatives. De même, l'humeur du moment peut amplifier les émotions provoquées par un événement. Par exemple, le commentaire d'un collègue qui vous paraîtrait bien inoffensif en d'autres circonstances vous blessera sûrement davantage si vous venez de recevoir une critique très négative de votre patron.

FIGURE 3.3 LA THÉORIE DES ÉVÉNEMENTS AFFECTIFS

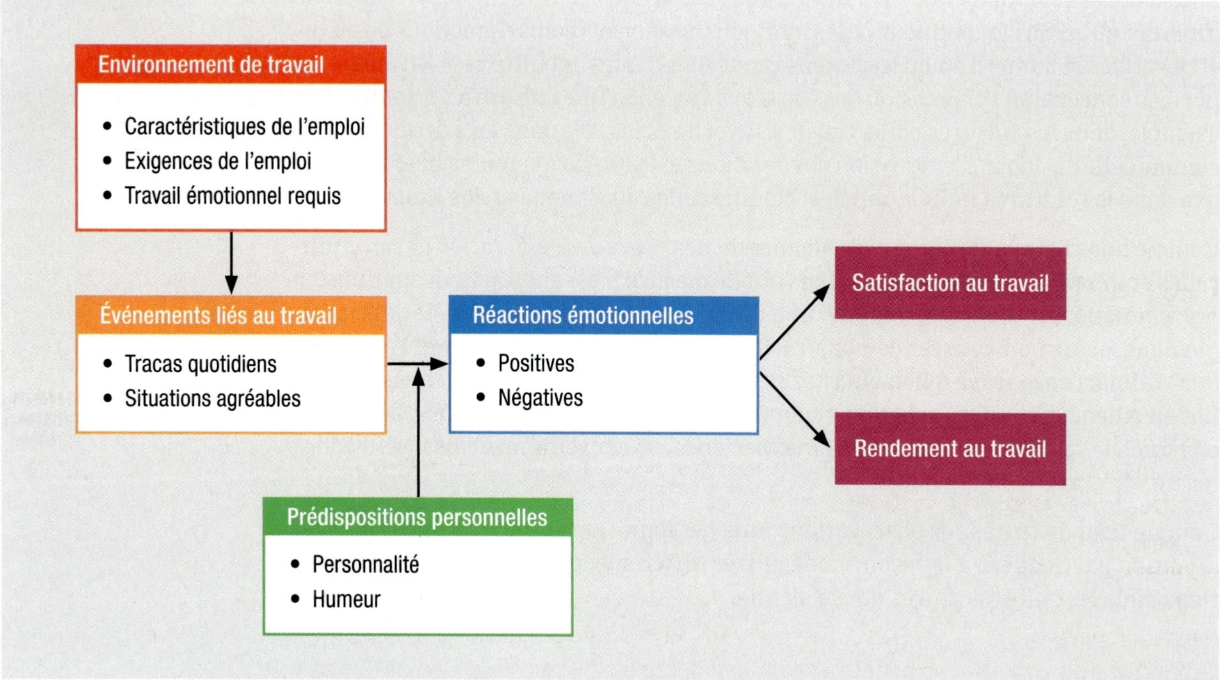

Le bonheur, un actif au bilan

Des leaders parlent de leadership

Les habitants du Bhoutan se l'offrent, les patients et les soignants du Centre de réadaptation de l'Estrie y goûtent depuis quelques années et les équipes d'Adecco Québec en font la quête avec le slogan « Travailler heureux, vivre mieux ». Qu'ont-ils en commun ? Le bonheur !

À première vue, ces personnes partagent bien peu de choses. Mais en y regardant de plus près, on constate qu'elles ont toutes choisi un jour d'écouter les gens autour d'elles pour comprendre que chacun cherche à être heureux et, bien sûr, à souffrir le moins possible. Elles ont du coup pris conscience que c'était ce qu'elles recherchaient elles-mêmes. Conclusion : le bonheur pour tous ! Toutes ces personnes sont par conséquent sorties de la dualité qui oblige à choisir entre faire plaisir aux actionnaires (ou au roi) et faire plaisir aux employés. Elles ont compris qu'il faut cesser de se battre les uns contre les autres pour gagner son bonheur.

Elles ont amorcé des dialogues sur ce qui les rendait heureuses ou malheureuses, et elles ont choisi de dépasser ce qui les rendait heureuses et d'éviter ce qui les rendait malheureuses… Finalement, elles sont devenues plus heureuses… Tout simple, n'est-ce pas ?

Quand vous êtes-vous interrogé sur ce qui vous rend heureux ? Quand avez-vous amorcé une discussion avec vos équipes pour échanger sur les façons d'être plus heureux ensemble ? Délicat, n'est-ce pas ? […]

Comme tout grand projet le requiert, ces personnes ont un dernier point en commun : elles possèdent toutes des leaders de premier plan qui ont travaillé dur pour se donner de nouvelles bases de vie commune, de nouveaux principes de gestion et des valeurs claires. Elles sont ensuite devenues des gardiens de la cohérence entre les aspirations et les gestes quotidiens. Tracy-Ann Lugg, d'Adecco Québec, porte haut les valeurs choisies. Lucie Dumas, du Centre de réadaptation de l'Estrie, s'est jointe au réseau américain Plantree, qui travaille sur cet enjeu depuis longtemps. Avec les membres de ce réseau, elle a défini de nouveaux principes de gestion. Le roi du Bhoutan a remplacé la mesure du PNB (produit national brut) par celle du BNB (bonheur national brut). Avec ses ministres, il a défini quatre grands piliers pour assurer le bonheur de son peuple, soit la croissance et le développement économique, la conservation et la promotion de la culture, la sauvegarde de l'environnement et la gouvernance responsable…

Pour toutes ces personnes, la croissance, la performance et la richesse ont pris l'aspect d'un résultat, et non d'une finalité. Le bonheur est accessible à tous. Il l'est aux citoyens d'un pays, à une grande entreprise cotée en Bourse qui emploie des milliers de personnes, à une organisation de santé ou à un individu… En tant que leaders, nous avons du pouvoir sur nous-mêmes et la responsabilité d'offrir un environnement propice au bonheur. Et vous, qu'attendez-vous pour être heureux ?

Source : Rémi Tremblay, « Le bonheur, un actif au bilan », *Premium*, vol. 14, juin-juillet-août 2012, p. 82.

QUESTION En quoi le bonheur permet-il aux leaders d'être plus efficaces au travail et d'assurer la croissance de leur organisation ?

Les attitudes

L'**attitude** est la disposition d'esprit positive ou négative à l'égard d'une personne ou d'un objet de l'environnement. Quand vous dites que vous aimez ou n'aimez pas quelque chose, vous exprimez une attitude. Mais il ne faut pas oublier que l'attitude, comme la valeur, est un concept abstrait, qui ne peut se voir ni se toucher. En réalité, les attitudes se dégagent des propos ou des comportements d'une personne. Influencées par les valeurs, elles proviennent des mêmes sources : amis, enseignants, parents, modèles à suivre et culture. Cependant, elles concernent des personnes ou des objets particuliers. Ainsi, la conviction que les salariés doivent avoir voix au chapitre constitue une valeur. Par ailleurs, votre sentiment positif ou négatif quant au degré de participation que vous permet votre emploi est une attitude.

Attitude
Disposition d'esprit positive ou négative à l'égard d'une personne ou d'un objet de l'environnement

LES COMPOSANTES D'UNE ATTITUDE

Composante cognitive d'une attitude
Ensemble des croyances, des opinions, des connaissances et de l'information que possède un individu et qui engendrent des sentiments; antécédents de l'attitude

Croyance
Idée qu'entretient un individu sur une personne ou une situation, et conclusion qui en découle

Composante affective d'une attitude
Sentiment particulier qu'éprouve un individu à l'égard de quelqu'un ou de quelque chose; attitude elle-même

Composante comportementale d'une attitude
Intention de comportement ou prédisposition à agir d'une façon donnée, résultant d'une attitude

Comme le montre la figure 3.4, les attitudes d'un individu ont des antécédents, correspondent elles-mêmes à des sentiments et engendrent des manifestations comportementales[31]. Les antécédents constituent la **composante cognitive d'une attitude** et rassemblent les **croyances**, les opinions, les connaissances et l'information que possède la personne. Les croyances sont les idées qu'on entretient sur quelqu'un ou quelque chose, ainsi que les conclusions auxquelles elles mènent; elles correspondent à la représentation qu'on se fait d'une réalité donnée. Elles peuvent être fondées ou non, et s'appuient sur des valeurs. Ainsi, pour reprendre l'exemple de la figure 3.4, la croyance «Mon poste ne comporte pas assez de responsabilités» relève de la composante cognitive de l'attitude et repose sur la valeur résumée dans la phrase «Les responsabilités au travail sont importantes».

Le sentiment particulier qu'éprouve un individu à l'égard de quelqu'un ou de quelque chose, et qui dépend de ses antécédents, constitue la **composante affective d'une attitude**. C'est l'attitude en soi: par exemple, «Je n'aime pas cet emploi». Il détermine à son tour une intention de comportement – «Je vais démissionner» –, une prédisposition à agir d'une façon donnée: c'est la **composante comportementale d'une attitude**.

LES ATTITUDES ET LE COMPORTEMENT

Il faut bien comprendre que la relation entre telle attitude et tel comportement n'est pas automatique. L'attitude débouche sur une intention comportementale, qui peut ou non se concrétiser selon les circonstances. Généralement, plus les attitudes et les comportements sont particuliers, plus la relation entre les deux est étroite. Il est plus probable que la personne exprimant l'attitude «Je ne suis pas capable d'endurer le harcèlement d'Alex une journée de plus au travail» quitte effectivement son emploi que la personne exprimant l'attitude «Je n'aime pas mon emploi». Dans le premier cas, tant l'attitude que le comportement concernent précisément Alex, font référence à une situation de travail donnée et s'inscrivent dans une période déterminée. On peut donc s'attendre à trouver un lien très étroit entre l'attitude exprimée par la personne et sa détermination à passer rapidement à l'action. Précisons que la concré-

FIGURE 3.4 LES TROIS COMPOSANTES D'UNE ATTITUDE: UN EXEMPLE EN MILIEU DE TRAVAIL

Les antécédents		L'attitude		La manifestation
Les croyances, les valeurs et l'information mémorisée	— engendrent —	des sentiments positifs et négatifs	— qui déterminent →	l'intention comportementale.
«Mon poste ne comporte pas assez de responsabilités.» *«Les responsabilités au travail sont importantes.»*		*«Je n'aime pas cet emploi.»*		*«Je vais démissionner.»*

tisation d'une intention de comportement dépend d'un autre facteur non négligeable : la liberté d'action. Dans notre exemple, celle-ci dépend beaucoup des offres d'emploi[33].

LES ATTITUDES ET LA DISSONANCE COGNITIVE

On doit au prestigieux psychosociologue Leon Festinger l'expression **dissonance cognitive**, qui décrit le malaise que ressentent les êtres humains lorsqu'il y a contradiction entre leur attitude et leur comportement[34]. Imaginons la situation suivante : vous estimez que la récupération est une bonne chose pour l'économie, mais vous continuez de jeter à la poubelle le carton, le verre et le papier. Selon Festinger, cette contradiction suscitera en vous un désagrément que vous serez tenté d'éliminer ou de diminuer : (1) en modifiant votre attitude à l'égard du recyclage ; (2) en changeant de comportement (en récupérant les matières recyclables) ; (3) en rationalisant votre comportement, c'est-à-dire en trouvant une façon de justifier la contradiction entre votre attitude et votre comportement.

Dissonance cognitive
Malaise que ressent un individu en cas de contradiction entre son attitude et son comportement

Deux facteurs influent sur les décisions qu'un individu prend en réponse à la dissonance cognitive : le degré de maîtrise de la situation qu'il croit avoir et les retombées positives qui découleront de la décision. Dans l'exemple précédent, en ce qui concerne le degré de maîtrise de la situation, si le problème se pose au travail parce que votre patron a refusé d'implanter un programme de récupération, il y a moins de probabilités que vous changiez d'attitude que si vous aviez décidé vous-même de ne pas récupérer les matières recyclables. Vous opterez alors plutôt pour la rationalisation. Quant aux retombées positives, elles tendent à réduire le sentiment de dissonance et de malaise : « Je touche des primes même si je ne fais pas de recyclage ; après tout, ce n'est peut-être pas si important. » Vous pouvez aussi réduire la dissonance en réaffirmant votre intention de recycler dans l'avenir.

LES TYPES D'ATTITUDES AU TRAVAIL

Si les attitudes ne permettent pas toujours de prédire le comportement, la relation entre l'attitude et l'intention comportementale constitue un enjeu important en milieu de travail. Pensez à vos propres expériences professionnelles ou aux conversations que vous avez pu avoir avec des amis à propos de leur emploi : vous avez peut-être le souvenir d'une collègue dont l'attitude au travail « laissait à désirer » ou d'une autre qui, au contraire, avait « une bonne attitude ». Ces sentiments se reflètent dans le degré de satisfaction professionnelle de la personne, ainsi que dans son engagement au sein de son entreprise ou de son organisation.

Vous entendez sans doute souvent parler du « moral d'une personne » pour évoquer son état d'esprit envers son travail ou son employeur. Ce terme est très proche de ceux, plus précis, de « satisfaction professionnelle » et d'« insatisfaction professionnelle ». La **satisfaction professionnelle** est l'attitude ou le sentiment positif que le travailleur éprouve, à divers degrés, à l'égard de son emploi et de son milieu de travail. Au contraire, l'**insatisfaction professionnelle** est le sentiment négatif ressenti par un individu, à divers degrés, à l'égard de son emploi et de son milieu de travail. Vous devez vous rappeler qu'aider les autres à être satisfaits dans leur travail est une qualité importante d'un gestionnaire efficace. Celui-ci sait créer un milieu de travail qui incite les employés à fournir un rendement élevé et à tirer une grande satisfaction de ce qu'ils font. La satisfaction professionnelle étant un concept très important en CO, nous lui accordons une attention particulière dans la section suivante de ce chapitre.

Satisfaction professionnelle
Attitude ou sentiment positif qu'un individu éprouve, à divers degrés, à l'égard de son emploi et de son milieu de travail

Insatisfaction professionnelle
Attitude ou sentiment négatif qu'un individu éprouve, à divers degrés, à l'égard de son emploi et de son milieu de travail

Investissement professionnel
Attitude positive, dévouement plus ou moins grand d'un individu à l'égard de son emploi, découlant d'une identification plus ou moins forte à celui-ci

Attachement à l'organisation
Attitude positive, loyauté plus ou moins grande d'une personne envers son organisation

Engagement de l'employé
Attitude positive de l'employé qui traduit son sentiment d'appartenance envers l'organisation et sa passion pour son emploi

Outre la satisfaction professionnelle, les chercheurs et spécialistes du comportement organisationnel s'intéressent à l'**investissement professionnel**, c'est-à-dire à l'attitude positive qu'est le dévouement plus ou moins grand d'un individu à l'égard de son emploi. Une personne qui s'engage beaucoup sur le plan professionnel s'identifie psychologiquement à son emploi et accomplit des tâches qui vont au-delà de ce qui est exigé. Très proche de l'investissement professionnel, le concept de citoyenneté organisationnelle sera abordé dans la prochaine section de ce chapitre.

Parmi les autres attitudes, citons l'**attachement à l'organisation**, c'est-à-dire l'attitude positive qui traduit la loyauté plus ou moins grande d'une personne envers son organisation. Les employés très attachés à leur organisation s'identifient beaucoup à elle et sont fiers d'en faire partie. L'*attachement rationnel* traduit le sentiment que notre emploi sert nos intérêts financiers et professionnels, ainsi que nos besoins en matière de développement. L'*attachement affectif* traduit le sentiment que nous avons d'accomplir un travail important, ayant de la valeur et profitant réellement aux autres. La recherche montre que l'attachement affectif influe beaucoup plus sur le rendement au travail que l'attachement rationnel[35].

Selon un sondage effectué par Gallup auprès de 55 000 employés des États-Unis, les profits que peut faire l'employeur sont plus élevés lorsque l'attitude des employés témoigne d'un grand investissement professionnel et d'un fort attachement organisationnel. Ces derniers entraînent un profond **engagement de l'employé**, que Gallup définit comme « un lien serré avec l'organisation » et « une passion pour son emploi »[36]. Un degré élevé d'engagement de l'employé se traduit par la volonté d'aider ses collègues, de ne pas lésiner sur ses efforts pour améliorer le rendement et de toujours parler en termes positifs de l'organisation. D'après le sondage de Gallup, les facteurs déterminants d'un fort engagement sont la conviction qu'on peut faire de son mieux tous les jours, que son opinion compte, que les collègues de travail attachent une grande valeur à la qualité et qu'il existe un lien direct entre son travail et la mission de l'entreprise[37].

Le moral des employés varie selon les pays[38]

Une étude internationale montre que le moral et les attentes des employés varient d'un pays à un autre. La firme FDS International du Royaume-Uni a réalisé une enquête auprès de 13 832 employés de 23 pays, qui portait sur la satisfaction qu'ils tiraient de leur travail, les relations entre l'employeur et les employés et l'équilibre entre la vie professionnelle et la vie privée. Voici comment se classaient les différents pays : les employés qui avaient le moral au plus haut étaient ceux des Pays-Bas, de l'Irlande et de la Thaïlande (ex æquo), et de la Suisse. Les États-Unis se classaient 10e dans cet échantillon, le Canada, 11e, et le Japon, 15e.

La satisfaction professionnelle

Il ne fait aucun doute que la satisfaction professionnelle est l'une des attitudes au travail dont on parle le plus. Comme nous l'avons expliqué plus haut, elle reflète les sentiments positifs d'une personne envers son travail ou les tâches qu'elle doit accomplir à un certain moment[39]. À propos de la satisfaction professionnelle, on peut se poser plusieurs questions pertinentes. Quelles en sont les principales composantes ? Quelles grandes découvertes ont été faites, quelles tendances ont été mises au jour ? Quel lien existe-t-il entre la satisfaction professionnelle et le rendement au travail ?

LE CONCEPT ET LES MÉTHODES DE MESURE

Les gestionnaires peuvent évaluer régulièrement la satisfaction de leurs employés en observant ou en écoutant attentivement et en interprétant avec soin tant le déroulement des activités de ces derniers que leurs commentaires sur leur travail. Pour évaluer plus précisément le degré de satisfaction d'équipes ou de groupes particuliers de travailleurs, ils peuvent aussi recourir à des questionnaires et à des entrevues structurées ou, comme le font de plus en plus d'organisations, à de nouvelles méthodes comme les groupes de discussion et les sondages informatisés[40].

Parmi les questionnaires qui ont fait leurs preuves, citons le Minnesota Satisfaction Questionnaire (MSQ) et le Job Descriptive Index (JDI)[41]. Tous deux mettent en lumière certaines composantes de la satisfaction professionnelle des subordonnés auxquelles les gestionnaires devraient prêter attention. Ainsi, le MSQ mesure la satisfaction à l'égard, notamment des conditions de travail, des possibilités d'avancement, du degré de latitude dans le travail, de la reconnaissance du travail accompli et de la réalisation de soi. Quant au JDI, il évalue la satisfaction en fonction des cinq critères suivants:

1. *Le travail proprement dit*: responsabilités, intérêt et épanouissement personnel.
2. *La qualité de l'encadrement*: soutien technique et social.
3. *Les relations avec les collègues*: environnement de travail harmonieux et respectueux.
4. *Les possibilités de promotion*: avancement professionnel.
5. *Le salaire*: salaire adéquat et perception d'un traitement équitable.

Le lien avec le rendement[42]

Dans une métaanalyse en profondeur de 225 études universitaires, Sonja Lyubomirsky et Ed Diener ont constaté qu'en moyenne, la productivité des employés heureux est supérieure de 31 %. De plus, ceux-ci réalisent 37 % plus de ventes et ils sont trois fois plus créatifs.

LES TENDANCES RELATIVES À LA SATISFACTION PROFESSIONNELLE

Si vous écoutez ou lisez les nouvelles, vous trouvez régulièrement des commentaires sur la satisfaction professionnelle des travailleurs. De plus, un grand nombre d'études ou de sondages portant sur le sujet sont régulièrement menés. Ainsi, d'après la plus récente enquête trimestrielle sur le travail réalisée par Randstad[43], près du tiers (31 %) des employés canadiens ont déclaré être «très satisfaits». Le sondage a été réalisé en ligne auprès d'employés de 32 pays, plus précisément d'individus âgés de 18 à 65 ans travaillant au moins 24 heures par semaine dans un emploi rémunéré, les travailleurs autonomes étant exclus. L'échantillon minimal était de 400 entrevues par pays. Seuls le Danemark (35 %), le Luxembourg (33 %), la Norvège (33 %) et la Suisse (32 %) ont obtenu un score plus élevé que le Canada quant au degré de satisfaction des employés. Lorsqu'on regroupe les catégories, on voit que 76 % des travailleurs canadiens affirment être «très satisfaits» et «satisfaits» au travail. Ces résultats sont similaires à ceux des États-Unis (72 %) et de l'Australie (73 %). Au Canada, ce sont les employés âgés de 18 à 24 ans qui montrent le plus haut taux de satisfaction, 47 % des travailleurs de ce groupe affirmant être «très satisfaits» de leur employeur. À l'inverse, on observe le taux de satisfaction le plus bas chez les travailleurs âgés de 25 à 34 ans (23 %).

En 2011, Accenture a réalisé une enquête auprès de 3 400 professionnels de 29 pays[44]. D'après les résultats, moins de la moitié d'entre eux se disaient satisfaits sur le plan professionnel, avec un pourcentage approximativement égal chez les femmes (43 %) et chez les hommes (42 %). Mais environ les trois quarts des répondants affirmaient qu'ils n'avaient pas l'intention de quitter leur emploi du moment. On peut donc se demander, à juste titre, quelles sont les répercussions, pour les employeurs et les employés, d'une si faible satisfaction professionnelle chez des collaborateurs qui ne désirent pourtant pas quitter leur emploi.

Les répondants du sondage d'Accenture, hommes ou femmes, s'accordaient généralement pour indiquer que les aspects les moins satisfaisants de leur travail étaient la rémunération insuffisante, le manque de possibilités d'avancement et le sentiment d'être dans une impasse. Toutefois, des différences entre les sexes ressortaient également. Ainsi, les femmes se sentaient moins enclines que les hommes à demander une augmentation de salaire (44 % contre 48 %) ou une promotion (28 % contre 39 %). Elles avaient plus tendance à croire qu'on ne pouvait pas accélérer sa carrière (63 % contre 55 %) et que l'avancement n'allait pas sans un travail acharné et de longues heures de travail (68 % contre 55 %). Pour ce qui est des différences entre les générations, les employés de la génération Y voyaient dans la rémunération une source plus importante de motivation (73 %) que ceux de la génération X (67 %) ou que les baby-boomers (58 %).

L'INFLUENCE DE LA SATISFACTION PROFESSIONNELLE SUR LE COMPORTEMENT AU TRAVAIL

Vous reconnaîtrez probablement que les gens méritent de tirer une certaine satisfaction de leur travail. Mais la satisfaction professionnelle a-t-elle d'autres avantages que celui de procurer un sentiment de bien-être? Quelle est son influence sur le comportement au travail et sur le rendement? À propos de résultats obtenus par le Conference Board des États-Unis dans des sondages menés en 1987 et en 2009, Lynn Franco, directrice du Centre de recherches sur les consommateurs de l'organisation, a déclaré: « La tendance à la baisse de la satisfaction professionnelle risque de poser des problèmes sur le plan de l'engagement des employés américains et, en fin de compte, sur le plan de leur productivité[45]. »

LES COMPORTEMENTS DE REPLI SUR SOI

Il existe un lien étroit entre l'insatisfaction professionnelle et les comportements de repli physique comme l'*absentéisme* et la *rotation du personnel*. Les travailleurs satisfaits sont moins souvent absents que les autres. Ils sont aussi plus susceptibles de garder leur emploi que les travailleurs insatisfaits, enclins à démissionner ou à être sans cesse à l'affût de nouvelles occasions[46]. Les comportements de repli comme l'absentéisme et la rotation de la main-d'œuvre peuvent coûter très cher à une entreprise: ils constituent une perte d'expérience et engendrent des coûts de recrutement et de formation pour le remplacement des employés absents ou ayant démissionné[47].

Un sondage réalisé par Salary.com montre que les employeurs tendent à surestimer la satisfaction que leurs employés tirent de leur travail et à sous-estimer le temps qu'ils passent à rechercher un nouvel emploi[48]. Alors que 37 % des employeurs pensaient que leurs employés étaient en quête d'un nouvel emploi, 65 % des employés déclaraient chercher du travail par réseautage, internet, affichage de curriculum vitæ ou petites annonces. Les membres des générations Y et Z, dans la vingtaine ou au début de la trentaine, sont les plus enclins à se chercher un travail « juste au cas où ». Le rapport réalisé conclut que « la plupart des employeurs n'ont pas suffisamment mis l'accent sur des stratégies de recrutement efficaces ».

Il existe également un lien entre l'insatisfaction professionnelle et les comportements de repli psychologique prenant la forme de rêveries, de flânerie cybernétique sur la toile ou sur des dispositifs électroniques personnels, de relations sociales poussées à l'extrême ou du simple acte de présence. Ces comportements sont des indicateurs de désengagement professionnel, lequel, d'après les chercheurs de Gallup, est un sentiment que 71 % des travailleurs éprouvent par moments[49].

L'insatisfaction ressentie à l'égard du patron diffère selon les générations[50]

Seriez-vous surpris d'apprendre que les membres des générations Y et Z ne voient pas leur patron de la même façon que leurs collègues de la génération X ou que les baby-boomers ? Ce fait est clairement ressorti d'un sondage réalisé par Kenexa auprès de 11 000 répondants auxquels on avait demandé d'évaluer le rendement de leur patron. D'après les résultats, le rendement du patron était évalué positivement par 55 % des baby-boomers, 59 % des membres de la génération X et 68 % des membres des générations Y et Z. Sa gestion du personnel était évaluée positivement par 50 % des baby-boomers, 53 % des membres de la génération X et 62 % des membres des générations Y et Z. Enfin, son leadership était évalué positivement par 39 % des baby-boomers, 43 % des membres de la génération X et 51 % des membres des générations Y et Z.

LA CITOYENNETÉ ORGANISATIONNELLE

La satisfaction professionnelle est également liée à la notion de **comportements de citoyenneté organisationnelle**[51]. Ces derniers sont des comportements non obligatoires qui manifestent une volonté d'aller au-delà de son devoir ou de faire un effort supplémentaire dans son travail[52]. Le bon citoyen organisationnel déploie des efforts particuliers pour aider les autres, par des *comportements de citoyenneté organisationnelle axés sur les relations interpersonnelles*, ou pour faire avancer le rendement de l'entreprise, par des *comportements de citoyenneté organisationnelle axés sur l'organisation et ses résultats*[53]. On peut observer le premier type de comportements chez un employé du service à la clientèle qui s'occupe d'un client en colère avec une extrême courtoisie ou chez un employé qui s'acquitte d'une partie du travail d'un collègue de son équipe qui est malade ou absent. On peut observer le deuxième type de comportements chez un employé qui se porte toujours volontaire pour participer à un comité particulier ou à un groupe de travail, ou chez un employé qui fait toujours des commentaires positifs en public sur son entreprise.

▸ **Comportement de citoyenneté organisationnelle**
Comportement du travailleur qui manifeste sa volonté d'aller au-delà de son devoir ou de faire un effort supplémentaire dans son travail

À l'opposé des comportements de citoyenneté organisationnelle, les **comportements professionnels contreproductifs**[54], souvent associés à une quelconque forme d'insatisfaction professionnelle, visent à perturber les relations, à nuire à la culture organisationnelle ou à freiner le rendement au travail[55]. Ils englobent une vaste gamme de comportements allant de la paresse aux agressions physiques et verbales, au dénigrement, au sabotage pur et simple et même au vol.

▸ **Comportement professionnel contreproductif**
Comportement professionnel visant à perturber les relations ou à freiner le rendement au travail

LES AFFECTS DOMESTIQUES

Lorsque les chercheurs en CO parlent de « retombées », ils font souvent référence aux incidences des événements de la vie familiale sur les attitudes et les comportements

Exemples de comportements contreproductifs ou déviants sur le lieu de travail

Alors que les comportements de citoyenneté organisationnelle peuvent améliorer le climat de travail, les comportements contreproductifs ou déviants font tout à fait l'opposé. À divers degrés de gravité, ils portent préjudice au travail, aux employés et à la culture organisationnelle. Voici quelques exemples:

- *L'agression contre des personnes:* harcèlement sexuel, violence verbale, violence physique, intimidation, humiliation.
- *La déviance à l'égard de la production:* gaspillage des ressources, paresse, perturbation des opérations, erreurs délibérées.
- *La déviance à l'égard des pratiques entrepreneuriales:* colportage de rumeurs nuisibles, commérages, écarts de langage, impolitesse.
- *La déviance à l'égard de la propriété:* sabotage ou destruction des lieux et du matériel, vol d'argent ou d'autres ressources.

au travail, et vice versa. D'après les recherches, les personnes qui tirent une plus grande satisfaction de leur profession expriment des émotions plus positives à la maison[56]. Une étude menée sur les évaluations du conjoint et des proches a mis en évidence des scores relatifs à l'affect domestique plus élevés les jours où les travailleurs étaient plus satisfaits de leur travail[57]. La question du lien entre la satisfaction professionnelle et les affects domestiques s'avère particulièrement importante dans l'environnement de haute technologie d'aujourd'hui, où il est de plus en plus difficile de concilier la vie privée avec la vie professionnelle.

LA SATISFACTION PROFESSIONNELLE ET LE RENDEMENT

Les gens prennent, concernant leur travail, deux décisions qui ont un lien avec leur satisfaction professionnelle. La première a trait à l'*appartenance*: ils décident de se joindre à une organisation et d'y demeurer en tant que membre à part entière. La deuxième concerne le *rendement*: ils décident de fournir un travail de qualité et un rendement élevé. Ce sont deux décisions distinctes, car le sentiment d'appartenance ne garantit pas un rendement répondant aux attentes de l'organisation.

La décision d'appartenir à une organisation concerne l'assiduité et la présence à long terme, autrement dit, le *temps* que le travailleur décide de passer là. En ce sens, l'insatisfaction professionnelle entraîne des comportements de repli physique comme l'absentéisme et la rotation du personnel: vous ne serez pas étonné d'apprendre qu'en général les travailleurs insatisfaits sont moins assidus au travail et restent moins longtemps au service d'une organisation. Mais quel est le lien entre la satisfaction professionnelle et le rendement[58]? À titre d'exemple, une étude récente montre qu'une grande satisfaction des employés entraîne une grande satisfaction de la clientèle à l'égard de ces employés[59]. Peut-on conclure, hors de tout doute, qu'un degré élevé de satisfaction professionnelle entraîne un degré élevé de rendement des employés du service à la clientèle? Cette question est loin d'être réglée. En fait, elle suscite une énorme controverse dans laquelle s'opposent trois points de vue bien distincts.

1. **La satisfaction entraîne le rendement.** Si la satisfaction professionnelle se traduit par un rendement élevé, le message est clair pour les gestionnaires: si vous voulez augmenter le rendement des travailleurs, rendez-les heureux. Cependant, les recherches indiquent qu'il n'existe pas de lien direct entre la satisfaction professionnelle d'un individu à un moment donné et le rendement qu'il fournit par la suite. Telle est la conclusion à laquelle sont parvenus de nombreux chercheurs en CO, bien que certaines études mettent en évidence un lien plus marqué entre la satisfaction et le rendement chez les membres des professions libérales et les salariés des catégories supérieures que chez les salariés des échelons inférieurs. À elle seule, la satisfaction professionnelle ne constitue pas une variable prédictive juste du rendement.

2. **Le rendement entraîne la satisfaction.** Si c'est un rendement élevé qui suscite la satisfaction des travailleurs, le message est tout à fait différent du précédent pour les gestionnaires : au lieu d'insister sur la satisfaction des travailleurs, aidez-les à atteindre un rendement élevé en leur donnant tous les moyens et toutes les ressources nécessaires, et la satisfaction devrait suivre. Les recherches indiquent un lien empirique entre le rendement fourni par un individu, au cours d'une période donnée, et la satisfaction qu'il éprouve par la suite.

   La **figure 3.5** illustre ce lien entre le rendement et la satisfaction à l'aide d'un modèle tiré des travaux d'Edward E. Lawler et Lyman Porter. Dans ce dernier, le rendement au travail conduit à des récompenses, qui suscitent à leur tour de la satisfaction[60]. Les récompenses y sont des variables intermédiaires, faisant le lien entre le rendement et la satisfaction ultérieure lorsque celui qui les reçoit les valorise. La perception d'équité concernant les récompenses y est une variable modératrice : le rendement n'engendre de la satisfaction que si les récompenses sont perçues comme justes et équitables. Bien que ce modèle soit un point de départ valable et l'un des modèles dont nous nous servirons au chapitre 6 pour parler de motivation, nous savons par expérience que certaines personnes peuvent donner un bon rendement tout en n'aimant pas le travail qu'elles doivent accomplir.

3. **Les récompenses améliorent à la fois le rendement et la satisfaction.** Ce dernier point de vue sur le lien entre la satisfaction professionnelle et le rendement au travail allègue qu'une attribution adéquate des récompenses peut avoir une incidence positive tant sur le rendement que sur la satisfaction. Ces deux conséquences influent également l'une sur l'autre. Quant à l'attribution des récompenses, le mot clé est « adéquate » : les récompenses doivent être proportionnelles au rendement ; leur importance et leur valeur doivent varier selon le rendement. Elles seront conséquentes pour un rendement élevé, et faibles ou inexistantes pour un rendement médiocre.

   Si les études indiquent généralement que les travailleurs recevant d'importantes récompenses ressentent une plus grande satisfaction, elles montrent aussi que les récompenses liées au rendement ont bel et bien un effet sur les résultats[61]. Le gestionnaire avisé devrait donc, pour favoriser la satisfaction et le rendement,

FIGURE 3.5 LE MODÈLE DE PORTER-LAWLER SIMPLIFIÉ REPRÉSENTANT LE LIEN ENTRE LE RENDEMENT ET LA SATISFACTION PROFESSIONNELLE

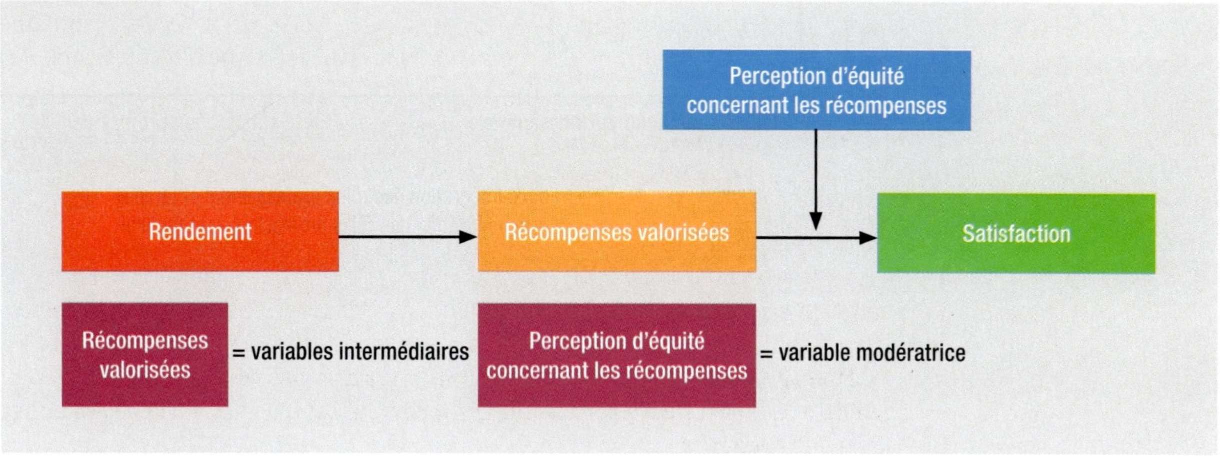

accorder des récompenses en fonction du niveau de rendement. Attribuer de minces récompenses au travailleur au rendement médiocre peut faire naître en lui un sentiment d'insatisfaction dans un premier temps, mais devrait aussi lui donner envie de faire des efforts pour améliorer son rendement et obtenir des récompenses plus importantes[62].

Les répercussions de la satisfaction professionnelle sur la vie familiale

Du côté de la RECHERCHE

Les répercussions de la satisfaction professionnelle sur la vie familiale sont le sujet d'une recherche menée par Remus Ilies, Kelly Schwind Wilson et David. T. Wagner, publiée dans *Academy of Management Journal*. Remarquant que les technologies de la communication et la flexibilité des horaires de travail réduisent la distance entre le travail et la maison, les chercheurs ont posé la question suivante : dans quelle mesure la satisfaction professionnelle d'une personne influe-t-elle sur ses sentiments et ses attitudes dans l'exercice de son rôle familial ?

Les chercheurs ont réalisé un sondage et des entrevues téléphoniques auprès de 101 employés d'une université et leurs conjoints ou leurs proches pendant deux semaines. Ils ont défini la forte intégration des rôles professionnel et familial comme un « manque de distinction entre le rôle professionnel et le rôle familial », et la faible intégration des rôles comme la séparation nette entre la vie professionnelle et la vie familiale. L'une des principales hypothèses posées était que les répercussions de la satisfaction professionnelle sur la vie familiale un jour donné seraient plus importantes dans les cas de forte intégration des rôles professionnel et familial.

Les résultats ont montré que les employés manifestaient des affects très positifs à la maison les jours où ils étaient particulièrement satisfaits au travail. Comme l'illustre la figure, les effets modérateurs attendus de l'intégration des rôles professionnel et familial s'observaient également. Chez les employés à la forte intégration des rôles, le lien entre la satisfaction professionnelle quotidienne et l'affect positif manifesté à la maison était fort, alors qu'il était faible chez ceux dont l'intégration des rôles était faible. En réalité, parmi ces derniers, ceux qui avaient tendance à segmenter les rôles exercés au travail et en famille manifestaient à la maison un affect positif décroissant au fil de l'augmentation de la satisfaction au travail.

Source : D'après Remus Ilies, Kelly Schwind Wilson et David. T. Wagner, « The Spillover of Daily Job Satisfaction onto Employees' Family Life : The Facilitating Role of Work-Family Integration », *Academy of Management Journal*, vol. 52, nº 1, 2009, p. 87-102. © Academy of Management. Reproduction autorisée.

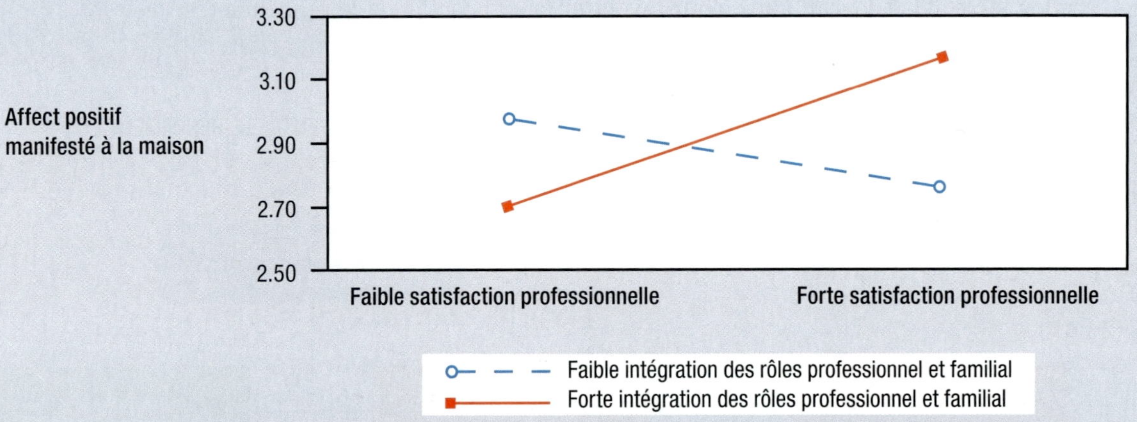

RÉSUMÉ

GUIDE de révision

QUELS SONT LES FONDEMENTS DES ÉMOTIONS ET DE L'HUMEUR ?

- Le terme «affect» désigne le large éventail de sentiments que les individus éprouvent dans leur vie et qui se manifestent sous forme d'émotions et d'humeurs.
- Les émotions sont des sentiments positifs ou négatifs habituellement intenses et de courte durée ressentis à l'égard de quelqu'un ou de quelque chose.
- L'humeur est un sentiment ou un état d'esprit positif ou négatif moins intense qu'une émotion, mais pouvant persister pendant un certain temps et ne résultant généralement pas d'un stimulus contextuel particulier.
- L'intelligence émotionnelle (IE) est la capacité de capter et de gérer de l'information et des signaux émotionnels. Les quatre grandes compétences rattachées à l'intelligence émotionnelle sont la conscience de soi, la conscience sociale, la gestion de soi et la gestion des relations.
- Les émotions liées à la conscience sociale sont provoquées par une information extérieure à l'individu et correspondent à des sentiments tels que la pitié, l'envie, le mépris et la jalousie. Les émotions liées à la conscience de soi ont une origine interne et aident l'individu à réguler ses rapports avec les autres et à y demeurer attentif; elles comprennent la honte, la culpabilité, la gêne et la fierté.

COMMENT LES ÉMOTIONS ET L'HUMEUR SE MANIFESTENT-ELLES CONCRÈTEMENT ?

- La contagion des émotions et de l'humeur est le phénomène de propagation des émotions et de l'humeur d'une personne dans son entourage.
- Le travail émotionnel est l'effort que déploie un individu pour manifester les émotions attendues de lui par l'organisation au cours des échanges interpersonnels au travail.
- La dissonance émotionnelle apparait lorsque survient un écart entre les émotions réellement ressenties et celles qu'on essaye d'exprimer pour répondre aux attentes de l'organisation. Elle implique souvent un jeu en profondeur, par lequel la personne tente de modifier ses véritables sentiments pour s'adapter, ou encore un jeu en surface, par lequel la personne dissimule ses sentiments réels pour en exprimer d'autres.
- La théorie des événements affectifs (TEA) met en relation, d'une part, l'environnement de travail et les événements liés au travail, et, d'autre part, les réactions émotionnelles positives ou négatives. Ces dernières, elles-mêmes atténuées ou accentuées par des prédispositions personnelles positives ou négatives, finissent par avoir une incidence sur la satisfaction professionnelle et sur le rendement.

QU'EST-CE QUE L'ATTITUDE ? COMMENT INFLUENCE-T-ELLE LE COMPORTEMENT EN MILIEU PROFESSIONNEL ?

- Une attitude est une disposition d'esprit positive ou négative à l'égard d'une personne ou d'un objet de l'environnement.
- Les attitudes ont des composantes cognitives, affectives et comportementales.
- Bien que les attitudes prédisposent une personne à certains comportements, elles ne garantissent pas l'adoption systématique de ces derniers.
- Les personnes visent l'harmonie entre leurs attitudes et leurs comportements, et ressentent une dissonance cognitive lorsque celle-ci fait défaut.
- La satisfaction professionnelle est une attitude ou un sentiment positif que le travailleur éprouve, à divers degrés, à l'égard de son emploi, de ses collègues et de son milieu de travail. À l'opposé, l'insatisfaction professionnelle est un sentiment négatif ressenti à l'égard de ce qui concerne le travail.
- L'investissement professionnel est une attitude positive, le dévouement plus ou moins grand d'un individu à l'égard de son emploi, découlant d'une identification plus ou moins forte à cet emploi.
- L'attachement à l'organisation est une attitude positive, la loyauté plus ou moins grande d'un employé envers son organisation.
- L'engagement de l'employé est une attitude positive qui traduit son sentiment d'appartenance envers l'organisation et sa passion pour son emploi.

QU'EST-CE QUE LA SATISFACTION PROFESSIONNELLE ?

- Les composantes de la satisfaction ou de l'insatisfaction professionnelle sont le travail lui-même, la qualité de l'encadrement, les relations avec les collègues, les possibilités de promotion et la rémunération.
- L'insatisfaction professionnelle entraîne des comportements de repli physique comme l'absentéisme et la rotation du personnel, ainsi que des comportements de repli psychologique comme les rêveries et la flânerie cybernétique.
- La satisfaction professionnelle est liée aux comportements de citoyenneté organisationnelle qui peuvent être axés sur les relations interpersonnelles, comme quand on fait un travail supplémentaire pour aider un collègue, ou axés sur l'organisation et ses résultats, comme quand on ne cesse de parler de son entreprise en termes positifs.
- L'insatisfaction professionnelle peut entraîner des comportements contre-productifs pouvant aller de la paresse aux agressions physiques et verbales, en passant par l'accomplissement délibéré d'un travail de piètre qualité et par des vols sur le lieu de travail.
- Trois points de vue s'affrontent en ce qui a trait au lien entre le rendement et la satisfaction professionnelle : (1) la satisfaction entraîne le rendement ; (2) le rendement entraîne la satisfaction ; (3) les récompenses améliorent à la fois le rendement et la satisfaction.

MOTS CLÉS

ÉVALUATION DES CONNAISSANCES

MonLab
Évaluation des connaissances
questions interactives

QUESTIONS À CHOIX MULTIPLE

1. ________ est un sentiment positif ou négatif assez intense, mais de courte durée, concernant une personne ou une situation, alors que ________ est un sentiment négatif ou positif moins intense, mais pouvant persister un certain temps, et ne résultant généralement pas d'un stimulus contextuel particulier.
   a) Le facteur de stress ; le facteur de satisfaction **b)** L'affect ; l'attitude
   c) Le débordement ; le facteur modérateur **d)** L'émotion ; l'humeur

2. Quand une personne se fâche à cause d'un collègue ou d'une situation, elle manifeste ________, mais quand elle dit qu'elle a « juste une mauvaise journée », elle manifeste ________ **a)** une humeur ; une émotion. **b)** une émotion ; une humeur. **c)** un affect ; un effet. **d)** une dissonance ; une consonance.

3. Les émotions et les humeurs, en tant que représentations de l'affect d'une personne, ont une influence sur ________ **a)** les attitudes. **b)** l'habileté. **c)** l'aptitude. **d)** l'intelligence.

4. Une personne qui se montre empathique, comprend les émotions des autres et utilise ces compétences pour consolider ses rapports avec eux possède la composante de l'intelligence émotionnelle qu'on appelle ________
   a) la conscience de soi. **b)** la contagion des émotions. **c)** la gestion des relations. **d)** la conscience sociale.

5. La composante ________ d'une attitude est la croyance d'une personne en quelque chose, alors que la composante ________ est le sentiment positif ou négatif à cet égard. **a)** cognitive; affective **b)** émotionnelle; affective **c)** cognitive; thymique **d)** comportementale; thymique

6. ________ décrit le malaise qu'une personne ressent lorsque son comportement n'est pas en phase avec son attitude. **a)** L'aliénation **b)** La dissonance cognitive **c)** L'insatisfaction professionnelle **d)** Le déséquilibre entre la vie privée et la vie professionnelle

7. Selon la théorie des événements affectifs, les réactions émotionnelles d'une personne à des événements professionnels et à l'environnement de travail ainsi que ses prédispositions personnelles ont une incidence sur ________ **a)** sa satisfaction professionnelle et son rendement. **b)** son travail émotionnel. **c)** son intelligence émotionnelle. **d)** la contagion émotionnelle.

8. On appelle ________ la tendance à manifester au travail des sentiments correspondant à l'humeur des collègues et des patrons. **a)** dissonance émotionnelle **b)** travail émotionnel **c)** contagion de l'humeur **d)** stabilité émotionnelle

9. Lorsqu'un agent de bord exprime, dans ses interactions avec les passagers, les émotions que sa société aérienne attend de lui, il donne un exemple ________ **a)** de travail émotionnel. **b)** de contagion émotionnelle. **c)** de dévouement professionnel. **d)** d'affect négatif.

10. On dit d'une personne qui se porte toujours volontaire pour faire du travail supplémentaire ou qui aide un collègue que ________ est fort(e). **a)** son travail émotionnel **b)** son affect **c)** son intelligence émotionnelle **d)** son attachement à l'organisation

11. La principale différence entre l'investissement professionnel et ________ est que le premier exprime une attitude positive envers le travail et que le ou la deuxième exprime une attitude positive envers l'organisation. **a)** l'attachement à l'organisation **b)** l'engagement de l'employé **c)** la satisfaction professionnelle **d)** la dissonance cognitive

12. On sait que le degré de satisfaction professionnelle est un bon prédicteur ________ **a)** du jeu en profondeur. **b)** de l'intelligence émotionnelle. **c)** de la dissonance cognitive. **d)** du taux d'absentéisme.

13. La meilleure conclusion qu'on puisse tirer à propos de la satisfaction professionnelle dans le marché du travail d'aujourd'hui est ________ **a)** qu'elle est une question sans importance. **b)** que la seule réelle préoccupation est la rémunération. **c)** que la majorité des gens sont insatisfaits sur le plan professionnel, la plupart du temps. **d)** qu'elle suit une tendance à la baisse.

14. Quel énoncé à propos du lien entre la satisfaction professionnelle et le rendement reflète probablement le mieux les résultats des recherches? ________ **a)** Un travailleur heureux sera productif. **b)** Un travailleur productif sera heureux. **c)** Un travailleur productif et adéquatement récompensé sera heureux. **d)** Un travailleur insuffisamment récompensé sera heureux.

15. À quoi fait référence l'expression «attribution adéquate» lorsqu'il est question de l'influence possible des récompenses sur la satisfaction et sur le rendement? ________ **a)** Les récompenses sont très valorisées. **b)** Les récompenses sont fréquentes. **c)** Les récompenses sont proportionnelles au rendement. **d)** Les récompenses sont uniquement fonction de l'ancienneté.

QUESTIONS À RÉPONSE BRÈVE

16. Quelles sont les principales différences entre les émotions et l'humeur à titre d'affects personnels?

17. Nommez et décrivez les trois composantes d'une attitude, et donnez-en des exemples.

18. Indiquez les cinq aspects ou composantes de la satisfaction professionnelle et expliquez brièvement leur importance.

19. Pourquoi est-il important que les gestionnaires comprennent la notion de dissonance cognitive?

QUESTION À DÉVELOPPEMENT

20. Votre patronne a affiché sur sa porte le message suivant: «Un travailleur satisfait est un travailleur à haut rendement.» En le pointant et en plaisantant à moitié, elle vous dit: «Vous qui êtes frais émoulu de l'université, diplômé en administration des affaires, croyez-vous que j'ai raison ou que j'ai tort?» Que lui répondez-vous?

LE CO DANS LE FEU DE L'ACTION

Pour ce chapitre, nous vous suggérons les activités suivantes du *Cahier d'apprentissage en CO* (voir p. C1).

Études de cas	Exercices	Autoévaluations
6. SAS 7. Lois Quam	4. Que valorisez-vous particulièrement dans un travail? 5. Votre actif 8. Les préjugés au quotidien	4. Votre indice de préparation à la mondialisation 5. Vos valeurs personnelles

La perception, l'attribution et l'apprentissage

Chapitre 4

Quels que soient les événements ou les expériences de la vie quotidienne, on s'étonne toujours que des gens ayant vu la même chose arrivent à des conclusions différentes. En effet, souvent les individus ont des perceptions différentes d'une même situation. Mieux nous comprendrons les perceptions, les attributions et leurs effets sur le comportement et l'apprentissage, mieux nous saurons prendre en charge les événements, les personnes et les relations, à point nommé, mais aussi de façon positive. Ce chapitre traite d'abord des processus de perception, d'attribution et d'apprentissage social, puis de l'apprentissage par renforcement.

OBJECTIFS D'APPRENTISSAGE

Après l'étude de ce chapitre, vous devriez pouvoir :

- Décrire le processus de perception.
- Définir les principales erreurs de perception.
- Expliquer les processus d'attribution et d'apprentissage social.
- Expliquer et distinguer les diverses stratégies en matière d'apprentissage par renforcement.

Tout est dans le regard de celui qui regarde.

PLAN DU CHAPITRE

Dix minutes pour faire bonne impression

Lors d'un entretien d'embauche, les candidats disposent de peu de temps pour faire bonne impression. Un récent sondage commandé par la firme de placement Accountemps, division du cabinet Robert Half, révèle que l'opinion des recruteurs se forge dès les premières minutes de l'entrevue.

Ainsi, plus de la moitié (52 %) des répondants portent un jugement sur le postulant en 10 minutes ou moins, alors qu'un répondant sur trois (29 %) affirme qu'il lui faut cinq minutes ou moins. Autant dire que la première impression est déterminante.

[...] Éric Tremblay, psychologue industriel chez André Filion & Associés, attribue ces résultats à l'effet de halo. « On a tous un halo au-dessus de nos têtes. Si, au départ, mon attitude est très positive, cela va teinter le reste de l'entrevue, tandis que si je donne une mauvaise première impression, ça va prendre de 15 à 20 minutes pour remonter la pente », résume-t-il.

Dans les premières minutes d'un entretien, l'image et le langage corporel revêtent une importance cruciale. Éric Tremblay estime que 80 % du jugement des recruteurs se base sur des éléments visuels et auditifs dès le début de l'entrevue. Soigner son apparence, sourire et regarder ses interlocuteurs dans les yeux sont autant de gestes qui peuvent influencer l'opinion du recruteur.

Lors d'un entretien d'embauche, les candidats disposent de peu de temps pour faire bonne impression.

[...] La première impression peut cependant porter préjudice à certains candidats. Des qualités qui, d'entrée de jeu, séduisent l'employeur – l'entregent, le dynamisme ou l'éloquence – correspondent à certains types de personnalité, reconnaît Angélique Desgroseilliers, conseillère d'orientation à l'Université de Montréal.

Dans le cadre d'une entrevue d'embauche, « l'introverti doit sortir de sa zone de confort », prévient-elle. La première impression pourrait jouer en faveur des personnes plus démonstratives ou enjôleuses, éliminant du fait même les candidats timides ou réservés. « C'est dommage, car parfois les employeurs n'ont pas embauché la personne la plus compétente », dit-elle.

En revanche, certains employeurs feront preuve de plus de compréhension. « Quand je vois des candidats timides, je tente de les aider, de les mettre à l'aise », affirme Natacha Tougas, directrice de succursale de Robert Half, firme de recrutement spécialisée en comptabilité. « Il faut laisser le temps aux gens de sortir de leur coquille », ajoute-t-elle.

De plus en plus d'employeurs convoquent d'ailleurs le candidat à une deuxième ou une troisième entrevue. L'objectif ? Avoir de nombreux points de vue sur le candidat et juger plus en profondeur de ses compétences. Il s'agit toutefois d'une pratique coûteuse, rappelle Angélique Desgroseilliers, et encore loin d'être généralisée dans les entreprises.

Source : Laurence Niosi, « Dix minutes pour faire bonne impression », *La Presse*, 15 octobre 2012.

L'exemple présenté ci-dessus illustre l'importance des processus de perception et de gestion des impressions, mais aussi des processus qui leur sont apparentés. Ce chapitre vise à vous en assurer une meilleure compréhension.

Le processus de perception

La **perception** est le processus par lequel nous sélectionnons, organisons, interprétons et récupérons l'information qui nous parvient de notre environnement, pour ensuite y réagir[1]. Ce processus nous permet de nous faire une opinion sur nous-mêmes, sur autrui et sur les événements de la vie quotidienne. Il sert également de filtre, tamisant l'information avant qu'elle ne nous parvienne et n'influe sur nous. Comme des facteurs personnels interviennent dans ce processus, deux personnes vivant un même événement peuvent en avoir une perception très différente et y réagir tout à fait différemment. La qualité ou la justesse des perceptions d'un individu a des conséquences majeures sur les décisions qu'il prend dans telle ou telle situation.

▸ **Perception**
Processus par lequel nous sélectionnons, organisons, interprétons et récupérons l'information que nous transmet notre environnement

La perception et les réactions des cadres d'une organisation peuvent être nettement différentes de celles de leurs subordonnés. Examinez la **figure 4.1**, qui fait ressortir les divergences de perception entre cadres et subordonnés en matière d'évaluation du rendement. Vous constaterez que l'écart entre la perception des uns et des autres est éloquent. Dans ce cas précis, les cadres ont l'impression de s'être suffisamment penchés sur des points comme le rendement antérieur de leurs subordonnés, leur cheminement professionnel et l'appui dont ils ont besoin. Par conséquent, ils ne reviendront probablement plus sur ces sujets dans les prochaines entrevues d'évaluation du rendement. Leurs subordonnés risquent d'en éprouver une frustration croissante, puisqu'ils estiment, de leur côté, qu'on a accordé trop peu d'attention à ces questions.

FIGURE 4.1 LES DIVERGENCES DE PERCEPTION ENTRE DES CADRES ET LEURS SUBORDONNÉS : LE CAS DES ENTREVUES D'ÉVALUATION DU RENDEMENT

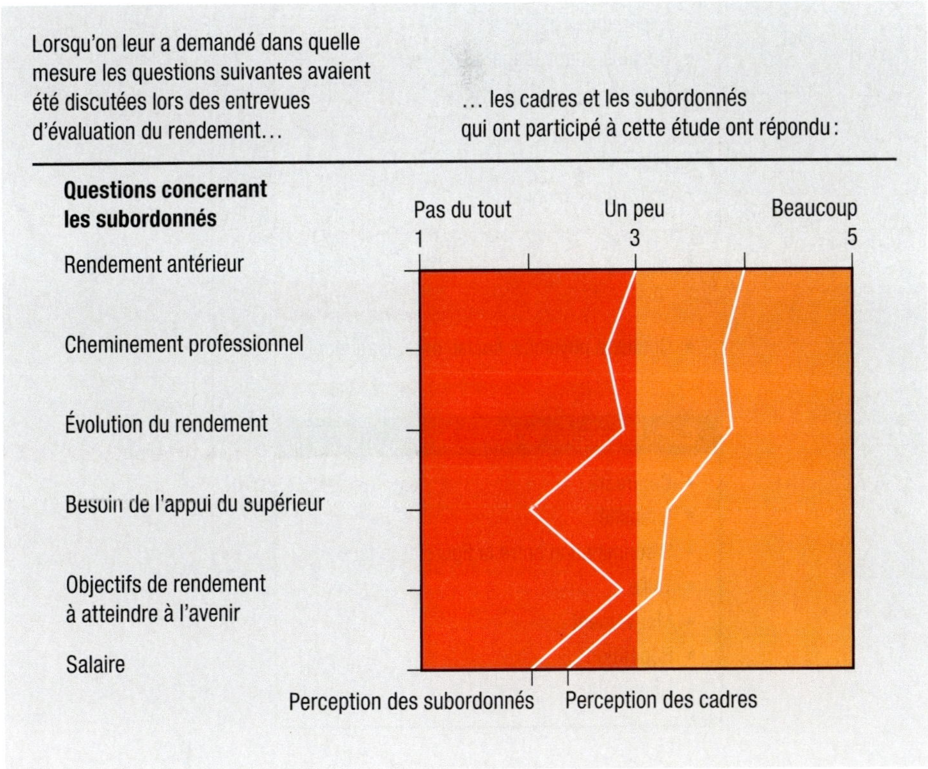

LES FACTEURS QUI INFLUENT SUR LE PROCESSUS DE PERCEPTION

Comme le montre la figure 4.2, les caractéristiques de l'*agent perceptif* (celui qui perçoit), du *cadre de perception* (le contexte, l'environnement) et de l'*objet perçu* (la personne, la chose, l'événement) sont autant de facteurs qui interviennent dans le processus de perception et qui contribuent aux différences de perception en milieu de travail.

L'AGENT PERCEPTIF

Les expériences passées d'une personne, ses attentes, ses besoins, ses motivations, sa personnalité, ses valeurs et ses attitudes influencent le processus de perception. Ainsi, la personne qui éprouve un fort besoin d'accomplissement aura tendance à percevoir une situation donnée en fonction de celui-ci. Par exemple, si elle voit dans la réussite scolaire un bon moyen de le satisfaire, elle tiendra compte de la probabilité de bien réussir lorsqu'elle choisira ses cours. Dans le même ordre d'idées, la personne qui a une attitude négative à l'égard des syndicats réagira mal dès que des délégués syndicaux mettront le pied dans l'entreprise, ne serait-ce que pour une visite de routine. Ces caractéristiques, et bien d'autres, de l'agent perceptif sont autant de facteurs dont dépendent les diverses étapes du processus de perception décrites à la section suivante.

FIGURE 4.2 LES FACTEURS QUI INFLUENT SUR LE PROCESSUS DE PERCEPTION

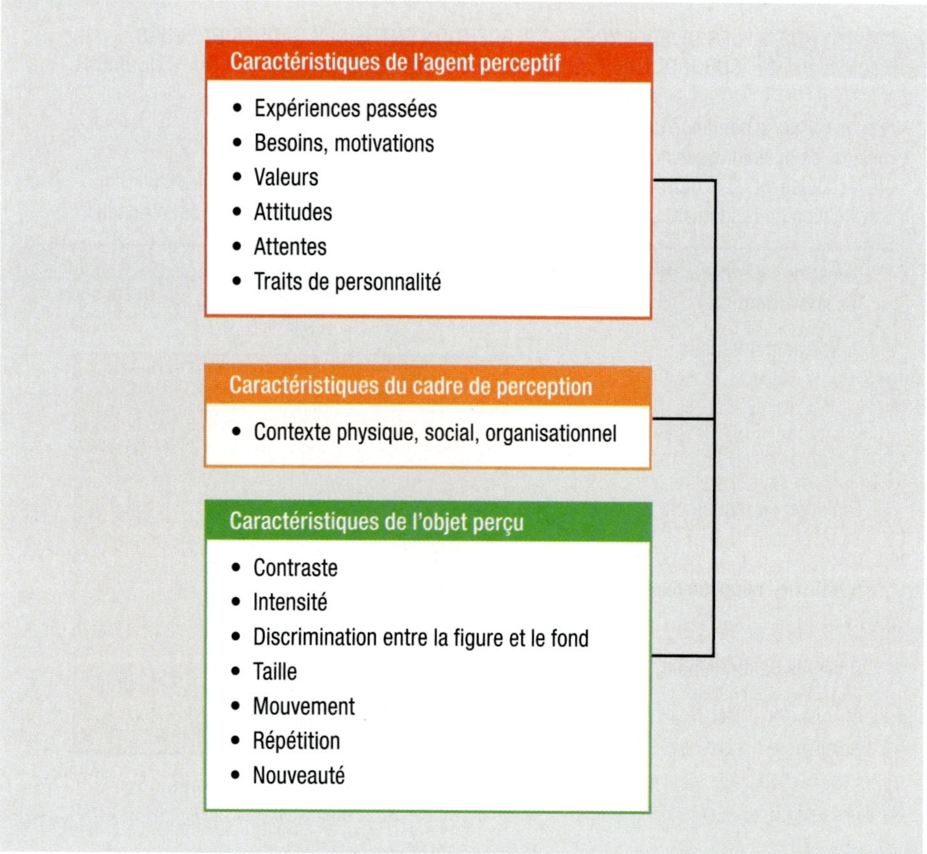

LE CADRE DE PERCEPTION

Le contexte physique, social et organisationnel peut également influer sur le processus de perception. Ainsi, une personne au tempérament bouillant à qui il arrive de s'emporter peut être perçue comme très menaçante dès son accession au poste de chef de direction. Le contexte ayant changé, ses accès de colère, qui ne portaient pas trop à conséquence jusque-là, peuvent intimider ses subalternes au point qu'ils craignent d'exprimer leurs opinions ou leurs recommandations. C'est précisément ce qui s'est passé avec Kim Jeffrey, président-directeur général de la division nord-américaine de Nestlé Waters. Cependant, une fois qu'il a été informé de la situation, il est parvenu à changer la perception négative de ses subordonnés à son égard[2].

L'OBJET PERÇU

L'objet, c'est-à-dire la personne, la chose ou la situation, est perçu différemment selon plusieurs paramètres jouant tous un rôle déterminant dans la perception.

- *Le contraste* On remarque plus vite un homme au milieu d'un groupe de femmes qu'au milieu d'autres hommes, et on le perçoit différemment. Il en va de même d'un ordinateur Macintosh au milieu d'une demi-douzaine d'appareils IBM.
- *L'intensité* L'intensité peut varier, notamment sur les plans de la brillance, de la couleur et du son. Une voiture rouge se détache d'autres véhicules de couleur sombre ; un murmure ou un cri détonne dans une conversation courante.
- *La discrimination entre la figure et le fond* L'objet de la perception ressort toujours dans un environnement donné ; ce à quoi on prête attention, la *figure*, se détache de ce qui l'entoure, le *fond*. Distinguer ce qui appartient à la figure et ce qui relève du fond permet d'observer plus facilement des personnes et des choses lorsque l'environnement est très chargé. Examinez la **figure 4.3**. Voyez-vous deux profils ou un vase ? Cela dépend de la partie sur laquelle vous focalisez votre attention, de ce qui constitue pour vous la figure et le fond : la partie blanche ou la partie rouge.

FIGURE 4.3 LA DISCRIMINATION ENTRE LA FIGURE ET LE FOND

- *La taille* Plus un objet est grand, plus il a de chances d'être perçu. On remarque plus vite une personne de grande taille qu'une personne de taille moyenne, et on la perçoit différemment.
- *Le mouvement* En général, l'objet en mouvement attire davantage l'attention que l'objet immobile.
- *La répétition* Plus le stimulus est répété, plus il a de chances d'être perçu. Les publicitaires en savent quelque chose…
- *La nouveauté* La nouveauté d'une situation, son caractère inédit, son originalité, influent sur notre perception. On remarque plus vite une adolescente aux cheveux mauves qu'une blonde ou une brune, et on la perçoit autrement.

Si l'objet de la perception est un être humain, des facteurs particuliers interviendront dans le processus de perception.

- *Les caractéristiques sociodémographiques* L'âge, le sexe, l'origine ethnoculturelle et la profession d'une personne, entre autres éléments, influent sur la perception qu'on a d'elle. Ainsi, quelqu'un qui fait preuve d'autorité et d'audace sera perçu différemment selon qu'il s'agit d'un homme ou d'une femme, selon qu'il est jeune ou âgé, etc.

- *L'apparence générale et le comportement* La tenue vestimentaire, les gestes, la posture, les expressions faciales et le timbre de voix sont autant de facteurs qui jouent un rôle dans la perception qu'on a d'une personne. Au cours d'une entrevue de sélection, le candidat qui porte un jean sera perçu différemment de celui qui a revêtu un costume élégant; on pourra penser du premier qu'il est irrespectueux, impertinent et contestataire. Par ailleurs, un candidat souriant, qui regarde son interlocuteur bien en face avec des yeux pétillants, sera probablement perçu comme dynamique et déterminé, ce qui ne sera probablement pas le cas de celui qui arrive en traînant les pieds, qui s'affale dans un fauteuil ou qui a un regard fuyant et un visage crispé.

LES ÉTAPES DU PROCESSUS DE PERCEPTION

Maintenant que nous avons passé en revue les facteurs clés qui interviennent dans le processus de perception, penchons-nous sur les étapes du traitement de l'information qui déterminent la perception d'une personne ainsi que ses réactions à cette perception. Comme vous pouvez le voir à la **figure 4.4**, ces étapes sont au nombre de quatre: l'attention et la sélection, l'organisation, l'interprétation, ainsi que la récupération de l'information.

FIGURE 4.4 LE PROCESSUS DE PERCEPTION

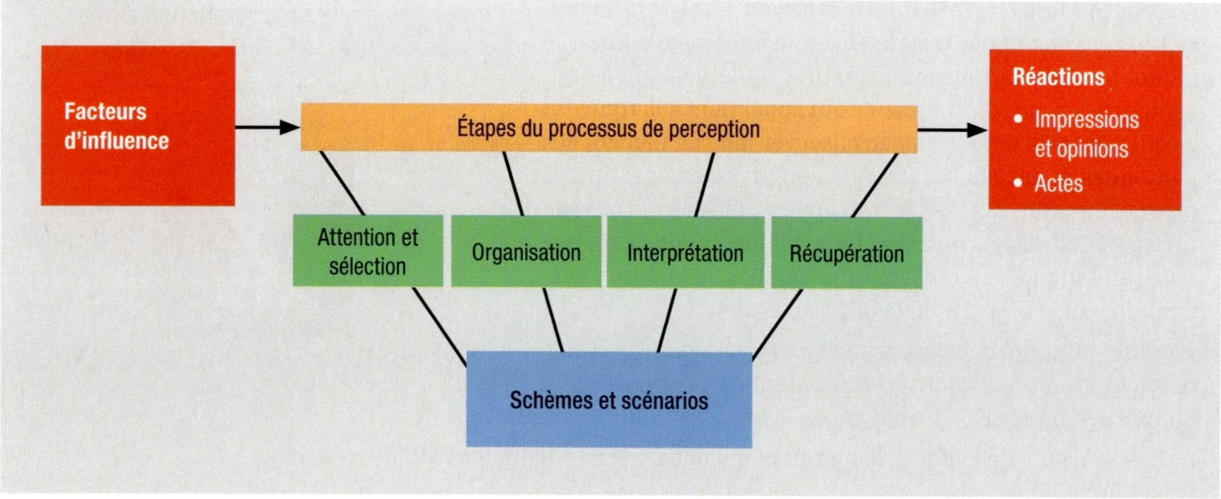

L'ATTENTION ET LA SÉLECTION

▶ **Filtrage sélectif**
Processus par lequel une personne trie les données fournies par l'environnement pour n'en retenir qu'une infime partie

filtrage sans qu'on s'en rende compte.

Pour éviter d'être submergé par la prodigieuse quantité d'information que lui transmettent ses sens et qu'il serait bien incapable de traiter dans sa totalité, l'être humain doit la filtrer. Ce **filtrage sélectif** fait en sorte qu'il ne perçoit qu'une infime partie des données fournies par l'environnement.

La sélection se fait en partie par un traitement volontaire et maîtrisé de l'information, au cours duquel l'individu décide de prendre en considération certaines données et d'en écarter d'autres. Il s'agit d'un processus conscient: pensez, par exemple, à la façon dont vous filtrez les bruits qui vous assaillent dans un restaurant bondé afin d'accorder toute votre attention à votre interlocuteur.

Mais cette opération de filtrage peut aussi se faire sans qu'on s'en rende compte. Par exemple, une personne au volant d'une voiture n'a pas conscience de toutes les opérations mentales qu'implique la conduite automobile. Elle peut très bien réfléchir à un problème, à un projet ou à une conversation tout en recevant, par ailleurs, une quantité considérable d'information sur la circulation : feux de signalisation, mouvements des autres véhicules, des cyclistes et des piétons, etc. Le cerveau du conducteur traite toutes ces données sans qu'il y prête attention. S'il survient un événement qui sort de l'ordinaire – un animal s'élançant brusquement sur la route, par exemple –, le filtrage de l'information change de mode : il passe du traitement automatique au traitement contrôlé, ce qui permet d'éviter un accident. Cette réaction, qu'on observe dans de nombreuses situations, s'expliquerait, selon les psychologues, par le fait que le cerveau accorde alors plus d'attention aux *changements* de stimuli qu'aux stimuli stables.

L'ORGANISATION

Après l'étape de l'attention et du filtrage de l'information perçue, il faut trouver des façons d'organiser efficacement les données sélectionnées. Interviennent alors les **schèmes**, cadres cognitifs correspondant à la connaissance, structurée par le temps et l'expérience, qu'a l'individu d'un concept ou d'un stimulus donné[3]. Ainsi, le *schème de soi* (image de soi) englobe l'information que chacun possède sur son apparence, son comportement et sa personnalité. La personne ayant un schème de soi marqué par l'esprit de décision sera portée à se percevoir en fonction de cette caractéristique, surtout dans des situations exigeant du leadership.

▸ **Schème**
Cadre cognitif qui correspond à la connaissance, structurée par le temps et l'expérience, qu'a l'individu d'un concept ou d'un stimulus donné

Organisat° : structurer notre perception. La mise en scène et c'est là où les stéréotypes rentrent en jeu.

Bien entendu, les schèmes de perception ne s'appliquent pas qu'à soi. Les *schèmes de l'autre* concernent la catégorisation que chacun opère à l'égard des gens, les classant en types, en groupes, en styles, etc., selon des caractéristiques perçues comme analogues. On utilise souvent les termes *cliché* et *stéréotype* pour désigner ces concepts rudimentaires, ces « idées toutes faites », ces opinions préconçues constituées de caractéristiques souvent associées à tous les membres d'une catégorie. Comme nous l'avons vu au chapitre 2, les stéréotypes reposent généralement sur des caractéristiques sociodémographiques comme l'âge, le sexe, la race, l'origine ethnoculturelle ainsi que l'état physique et mental. Une fois ces clichés formés, l'individu les stocke dans sa mémoire à long terme pour pouvoir, au besoin, les retrouver et vérifier dans quelle mesure les caractéristiques de telle ou telle personne correspondent à celles de la catégorie à laquelle il l'associe. Ainsi, le cadre qui s'est composé un stéréotype du *salarié performant*, représenté par un travailleur acharné, intelligent, ponctuel, s'exprimant bien et capable de prendre des décisions, y fera appel lorsqu'il voudra évaluer un membre de son personnel.

Les schèmes s'appliquent également aux situations. L'individu se construit des *scénarios*, c'est-à-dire des cadres cognitifs établissant la *séquence* attendue des événements dans telle ou telle situation[4]. Le gestionnaire chevronné en utilise ainsi pour se répéter mentalement les étapes d'une réunion importante, par exemple.

Enfin, on observe des schèmes sur les *personnes en situation*, plus globaux et combinant les schèmes de soi, les schèmes de l'autre et les scénarios[5]. Ainsi, un gestionnaire pourrait organiser l'information qu'il perçoit au cours d'une réunion en fonction de l'image qu'il a de lui et de l'image qu'il a d'un élément clé du groupe quant à l'esprit de décision. Dans cette situation, il puiserait dans le *scénario* les étapes de la réunion et leur séquence. Il procéderait avec fermeté, ferait accepter ses décisions à la hâte (*schème de soi*) et, de temps à autre, ferait appel au participant connu pour son esprit de décision (*schème de l'autre*) afin qu'il réagisse résolument.

Notons que, si cette approche peut faciliter l'organisation de l'information importante, elle risque de fausser les perceptions qu'on a des autres participants. Ainsi, dans notre exemple, le schème *personnes en situation* du gestionnaire, fondé sur l'esprit de décision, ne laisse pas assez de temps et de latitude aux autres participants pour permettre une discussion franche et ouverte.

Si vous réexaminez la figure 4.4, vous pouvez constater que les schèmes et les scénarios jouent un rôle important non seulement à l'étape de l'organisation, mais aussi à toutes les autres étapes du processus de perception. Ajoutons qu'ils reposent largement sur un *traitement automatique* de l'information, de manière à permettre aux individus de se concentrer sur un *traitement contrôlé* lorsqu'il le faut. Retenons enfin que les divers facteurs qui influent sur le processus de perception influent également sur ces schèmes et scénarios, de même que les erreurs de perception, auxquelles nous consacrons la prochaine section de ce chapitre.

On essaye toujours de découvrir les raisons de quelque chose c'est pour ça qu'on fait l'interprétat°.

L'INTERPRÉTATION

Une fois que certains stimuli ont retenu notre attention et que notre cerveau a organisé et classé les données reçues, nous cherchons à découvrir les raisons qui sous-tendent un comportement ou une réaction. En effet, même si notre attention retient la même information qu'une autre personne et même si nous l'organisons exactement comme elle, il se peut que nous l'interprétions tout autrement ou que nous lui *attribuions* des causes tout à fait différentes. Prenons l'exemple du salarié qui adresse un compliment à un supérieur hiérarchique. Ce dernier pourra *attribuer* cette attitude amicale à l'enthousiasme sincère de son subordonné, tandis qu'un collègue témoin de la scène pourra l'interpréter comme une flatterie hypocrite.

LA RÉCUPÉRATION

Parler des étapes du processus de perception comme si elles se succédaient de façon ininterrompue, ce que nous avons fait jusqu'ici, revient à ignorer le rôle crucial qu'y joue la mémoire. En effet, chacune des trois étapes que nous venons de décrire alimente cette dernière par le stockage de stimuli et de données. Mais, pour pouvoir utiliser l'information emmagasinée, il nous faut d'abord la récupérer ; c'est la dernière étape du processus de perception (voir la figure 4.4).

Il arrive fréquemment que nous soyons incapables de récupérer dans notre mémoire de l'information qui y est pourtant stockée. Notre mémoire flanche : nous retrouvons certaines données, mais d'autres nous échappent. Les schèmes et les scénarios contribuent à ce phénomène en rendant plus difficile la mémorisa-

Dans le monde des médias sociaux, il est payant de bien rédiger votre message[6]

Saviez-vous que vous aviez déjà votre propre image de marque en ligne ? C'est vrai. C'est le personnage que vous créez en esquissant votre profil et en interagissant avec les autres dans le monde des médias sociaux. Et c'est une image durable. Mais la marque seule suffit-elle ? Ne serait-il pas intéressant que vous cherchiez à adapter votre message à votre auditoire ? Donna Byrd, éditrice de TheRoot.com, se sert de Twitter et de LinkedIn pour faire entendre son opinion d'experte et pour faire la publicité de son entreprise. « Si vous le faites constamment, déclare-t-elle, vous pouvez devenir une voix qui compte dans votre domaine d'expertise. »

La perception de la justice interactionnelle influe sur l'intention de démissionner[7]

Du côté de la RECHERCHE

Selon les recherches effectuées par Merideth Ferguson, Neta Moye et Ray Friedman, les perceptions relatives à la justice interactionnelle pendant les entrevues de recrutement influent sur les relations d'emploi à long terme. Avec les questions d'équité au travail comme point de mire, une littérature impressionnante sur la justice organisationnelle montre que les personnes réagissent positivement ou négativement aux traitements qu'ils perçoivent comme équitables ou inéquitables, le lien entre la perception d'une injustice et les comportements négatifs étant particulièrement fort.

Examinant les perceptions relatives à l'équité pendant les négociations du processus de recrutement, les chercheurs ont cherché à déterminer dans quelle mesure elles avaient des répercussions sur l'intention de démissionner plus tard. Ils ont vérifié deux hypothèses. Selon la première, la perception de pressions exercées par le recruteur pendant les négociations aurait un effet négatif sur la perception de la justice interactionnelle par les candidats. Selon la seconde, la perception d'une injustice interactionnelle pendant les négociations aurait un effet positif à long terme sur l'intention des employés nouvellement embauchés de démissionner plus tard.

Les chercheurs ont conduit deux études. Dans le cadre de la première, ils ont demandé à 68 anciens étudiants d'un programme universitaire en administration des affaires quelles étaient leurs perceptions rétrospectives de la justice interactionnelle pendant leurs négociations de recrutement et quelle était leur intention du moment quant à une éventuelle démission. Dans le cadre de la deuxième étude, ils ont interrogé un échantillon de jeunes ayant récemment reçu leur diplôme de maîtrise en administration des affaires sur leurs perceptions de la justice interactionnelle pendant leurs négociations de recrutement. Six mois plus tard, ils leur ont demandé s'ils avaient l'intention de quitter leur nouvel emploi. Les résultats de ces études ont confirmé les deux hypothèses émises au départ.

Pour conclure, Ferguson et ses collaborateurs affirment que « l'injustice qu'une personne ressent pendant les négociations a une incidence sur ses intentions de quitter l'établissement l'ayant embauchée [...] les négociations qui ont lieu pendant le processus de recrutement donnent le ton aux relations de travail à venir ». Ils recommandent d'autres recherches permettant d'examiner dans quelle mesure des tactiques de négociation, comme des réponses lentes, le manque d'honnêteté ou de respect ou le refus de faire des concessions, influent sur la perception de la justice et sur l'intention de démissionner plus tard. Ils avancent aussi que, lorsque les offres d'emploi abondent, la perception d'injustice pendant le processus de recrutement peut inciter les candidats à aller chercher ailleurs, alors que, lorsque les offres d'emploi sont rares, elle n'empêche pas les candidats d'accepter le poste, mais fait naître en eux l'intention de démissionner dès qu'une occasion se présentera.

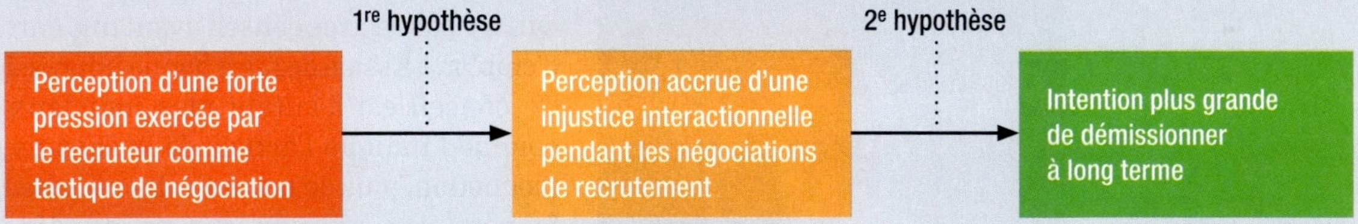

tion des éléments qui n'en font pas partie. Par exemple, le cadre ayant en tête un stéréotype du *salarié performant* risque, au moment de l'évaluation d'un subalterne qu'il considère généralement comme un *bon travailleur*, de surestimer chez ce dernier la présence des caractéristiques clés qu'il associe à son stéréotype : travailleur acharné, intelligent, ponctuel, s'exprimant bien et capable de prendre des décisions. Parallèlement, il risque de sous-estimer d'autres caractéristiques qui n'y sont pas associées.

De fait, les gens peuvent « se souvenir » tout aussi bien de traits inexistants que de traits bien réels. Qui plus est, une fois établis, les clichés et les stéréotypes sont particulièrement tenaces. De toute évidence, ces erreurs de perception qui faussent le jugement peuvent avoir de lourdes conséquences sur l'évaluation du rendement et la promotion, comme sur tout le reste d'ailleurs. Il ne faut donc jamais oublier que les schèmes qui nous aident à synthétiser et à gérer la surabondance d'information sont une arme à double tranchant.

LA PERCEPTION, LA GESTION DE L'IMPRESSION ET LES MÉDIAS SOCIAUX

Gestion de l'impression
Déploiement systématique d'efforts par une personne dans le but d'influer sur la perception des autres à son sujet

Richard Branson, PDG du groupe Virgin, est l'un des cadres supérieurs les plus riches et les plus connus du monde. On pourrait dire également qu'il est passé maître en **gestion de l'impression**. Cette expression désigne les efforts systématiques que déploie une personne pour se comporter de manière à produire sur les autres les impressions désirées, et à maintenir ces impressions[8]. L'une des premières réalisations de Branson a été la création de Virgin Airlines, jeune entreprise florissante dès ses débuts, qui est devenue un concurrent mondial redouté par les sociétés aériennes traditionnelles. Dans un mémoire, l'ancien chef de la direction de British Airways, Lord King, avait avoué : « Si Richard Branson avait porté une chemise et une cravate au lieu d'une barbichette et d'un pull, je ne l'aurais probablement pas sous-estimé[9]. »

Vous vous demandez peut-être si la volonté de Branson de donner de lui une image d'insouciance ne fait pas partie d'une stratégie commerciale. Que cela ait été le cas ou non, il y a fort à parier qu'il s'est également servi du personnage qu'il a créé dans d'autres démarches commerciales. Voilà un bon exemple de l'importance de l'image que nous projetons, qu'elle soit positive ou négative. Et ce n'est pas un fait nouveau ; nous en avons déjà entendu parler. Qui n'a pas reçu ce conseil avant une entrevue d'emploi : « Essaie de faire bonne impression » ? Ce conseil est d'autant plus judicieux que, comme l'indique l'article de la capsule d'introduction, plus de la moitié des recruteurs se forgent une opinion sur un candidat en 10 minutes ou moins.

En vérité, dans la vie de tous les jours, nous essayons souvent de gérer les impressions que nous produisons. C'est le cas lorsque, par notre façon de nous habiller et de parler ou par les objets dont nous nous entourons, nous renforçons une image recommandable de nous-même et essayons de la transmettre aux autres. En cas de réussite, cette image nous aide à obtenir des promotions et à avancer dans notre carrière, à nouer des relations avec des gens que nous admirons, et même à devenir membre de clubs ou d'associations prestigieuses. Nous faisons de la gestion des impressions lorsque nous cherchons à créer des liens avec des personnes « utiles », lorsque nous choisissons une tenue élégante ou décontractée selon l'occasion, lorsque nous regardons dans les yeux la personne qu'on nous présente, lorsque nous rendons service à quelqu'un pour nous faire accepter, lorsque nous encensons quelqu'un pour gagner ses faveurs, lorsque nous nous attribuons le mérite d'une réussite ou lorsque nous nous excusons pour un geste déplorable, enfin lorsque nous acquiesçons aux opinions d'autrui[10].

L'un des aspects les plus puissants de la gestion des impressions aujourd'hui est peut-être celui qui est le moins reconnu: la façon de communiquer notre présence en ligne dans le monde des médias sociaux. Il se pourrait même que ce court message mérite de devenir viral: «Attention! L'image de marque que vous donnez de vous-même dans les médias sociaux risque de vous coller à la peau toute votre vie!»

Ce n'est un secret pour personne que de plus en plus d'employeurs font des recherches poussées sur la toile pour sélectionner les candidats prometteurs. En réalité, ils recueillent des impressions que les candidats ont laissées pendant leurs interventions dans les médias sociaux. Une photo inappropriée, un sobriquet moqueur ou un commentaire déplacé peut produire une mauvaise impression et tuer dans l'œuf une possibilité d'emploi. Lorsque nous sommes très actifs sur internet, nous suscitons sans cesse des impressions à notre sujet. Or, aussi drôles qu'elles puissent être au sein des réseaux sociaux, ces images peuvent nous nuire sur le plan professionnel.

Il y a beaucoup à apprendre sur la gestion des impressions et les réseaux sociaux. Au minimum, il vaut la peine d'établir une frontière bien étanche entre les deux espaces des réseaux sociaux, l'espace social et l'espace professionnel, et de les séparer avec un bon pare-feu. Vous trouverez d'autres renseignements sur la question dans l'encadré ci-contre.

Réseaux sociaux: Valorisation de votre image de marque et l'impression que vous produisez

Gardez la maîtrise de votre présence dans les médias sociaux. Pour cela, la gestion de l'impression est aussi importante en ligne que dans les rapports en face à face. Voici quelques conseils qui pourraient vous aider à gérer au mieux l'impression que vous produisez.

- Questions à vous poser: «Comment est-ce que je veux être perçu? Quels sont mes objectifs quand je participe à ce groupe de discussion?»
- Question à vous poser: «Qu'est-ce que je communique ou veux communiquer à mon auditoire?»
- Question à vous poser: «Est-ce que je veux que ma famille, mes proches ou mon employeur éventuel voient la photo que je m'apprête à afficher?»
- À faire: Choisissez un nom d'utilisateur respectable.
- À faire: Construisez votre profil en fonction de la façon dont vous voulez réellement être connu par les autres; restez cohérent dans vos interventions.
- À faire: Considérez votre personnalité en ligne comme une «image de marque» que vous allez porter pendant longtemps. Assurez-vous que votre personnage et votre image de marque sont en harmonie.
- À faire: Quand vous affichez des photos et participez à des groupes de discussion en ligne, faites-le uniquement dans le respect de votre image de marque. Ne faites rien qui puisse nuire à cette dernière.

Les erreurs de perception les plus répandues

Étant donné la complexité de l'information qui afflue de l'environnement, nous devons recourir à divers moyens pour simplifier et organiser nos perceptions. Cependant, de telles simplifications risquent de fausser nos impressions et le processus de perception en général. Les types les plus courants d'erreurs de perception pouvant influer sur les réactions humaines en faussant le processus sont, comme le montre la **figure 4.5**, le stéréotype (ou cliché), l'effet de halo, la perception sélective, la projection, la prophétie qui se réalise, également appelée *effet Pygmalion* ou *effet Rosenthal*, et l'effet de contraste.

FIGURE 4.5 LES ERREURS DE PERCEPTION AUX DIVERSES ÉTAPES DU PROCESSUS

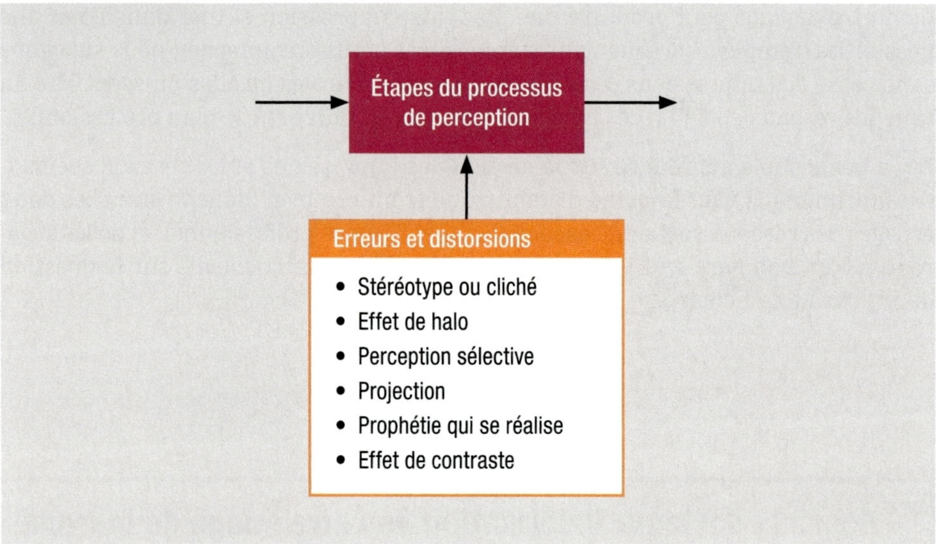

LE STÉRÉOTYPE OU LE CLICHÉ

L'une des simplifications les plus courantes dans le processus de perception est le recours aux *stéréotypes*, consistant à identifier une personne à un groupe ou à une catégorie, puis à utiliser les attributs supposés de ce groupe ou de cette catégorie pour décrire cette personne. La plupart des stéréotypes qui se propagent dans le monde du travail et dans la vie en général sont associés à des facteurs sociodémographiques tels que le sexe, l'âge, la race et l'état physique et mental. Bien que le cliché puisse nous faciliter les choses dans la mesure où il nous permet de ne pas tenir compte des caractéristiques uniques de chaque personne, il s'agit d'une simplification extrême. Comme il obscurcit les différences individuelles, nous pouvons facilement méconnaître la personne. Les gestionnaires qui ont tendance à recourir à des stéréotypes, par exemple, risquent de ne pas comprendre les besoins, les préférences et les compétences de chaque employé de leur équipe.

Femmes cadres, un « objectif explicite »

DES AS DE LA GESTION

« Lorsque j'ai procédé à la réorganisation de Desjardins, j'ai formé des comités de travail composés à parts égales d'hommes et de femmes pour envoyer un signal clair que les femmes ont autant leur place que les hommes quand vient le temps de décider de l'avenir de l'organisation. »

Fondamentalement persuadée que « la diversité des genres rend les organisations plus performantes », Monique F. Leroux, présidente et chef de la direction du Mouvement Desjardins, se dit fière de son bilan dans ce domaine, même s'il reste du travail à faire.

« Le secteur des services financiers est historiquement un milieu masculin, mais ceci est de moins en moins vrai », ajoute Mme Leroux.

« Je me suis toujours impliquée personnellement pour faire avancer la cause et je vais continuer de le faire », affirme celle qui copréside, avec l'ex-ministre des Finances Monique Jérôme-Forget, la Table partenaires influentes instituée par la ministre québécoise de la Condition féminine, Christine St-Pierre.

Elle continue aussi d'accompagner personnellement des femmes (mentorat) et s'adresse régulièrement à des auditoires féminins pour partager son engagement pour une représentativité des genres dans les postes de gouvernance et de gestion.

Au sein de son organisation, la patronne de la plus grande coopérative de services financiers au Canada a fait de la représentation des femmes dans les postes de cadres et de dirigeants élus un « objectif explicite ».

Mme Leroux est devenue en mars 2008 la première femme à accéder au sommet de la structure de Desjardins selon le choix d'un collège électoral essentiellement masculin. Elle a été réélue en janvier dernier pour un second mandat à la tête d'un des 10 plus grands groupes financiers au Canada, ayant un actif sous gestion évalué à 190 milliards $ et un effectif de 43 000 personnes pour servir 5,8 millions de membres et clients.

[...] D'entrée de jeu, elle constatait qu'« il faut une masse critique de femmes dans les postes de cadres et de cadres supérieurs, sinon l'isolement fait son œuvre et il n'y a pas vraiment de modèles proposés aux femmes qui ont du potentiel de gestion ».

Elle souligne que 22 % des postes de cadres supérieurs de son organisation sont occupés par des femmes, une augmentation de trois points depuis 2007. En 2011, à ce niveau hiérarchique, une nomination sur trois concernait une femme, comparativement à 28 % en 2007.

À l'échelon juste au-dessous (autres cadres), les femmes ont récolté près de 57 % des nominations en 2001 et occupent maintenant cette même proportion des postes décisionnels.

Chez les 5 400 dirigeants élus des caisses populaires, Mme Leroux estime à 35 % la représentation des femmes, une proportion enviable à son avis.

Sur la question de la conciliation travail-famille, Monique Leroux soutient que c'est « dans nos gènes depuis longtemps ».

Elle rappelle que Desjardins est reconnu comme l'un des « meilleurs employeurs profamille au Canada » et facilite la conciliation sous diverses formes : flexibilité des horaires, télétravail ou bloc de congés mobiles.

Source : Louis Tanguay, « Pouvoir au féminin : Monique Leroux, la mentore », *Le Soleil*, 8 mars 2012, en ligne.

LE SEXE

Une étude réalisée par Catalyst quant aux possibilités qui s'offrent aux femmes sur les marchés mondiaux incrimine les *stéréotypes sexistes* à cause desquels les femmes sont désavantagées au profit des hommes. La tendance est de présumer que les femmes n'ont pas les compétences nécessaires pour travailler à l'étranger ou qu'elles

Les femmes toujours aussi discriminées au travail

[...] C'est bien simple, 77 % des Québécoises qui occupent un poste de direction en entreprise affirment qu'il existe de nos jours une différence « modérée » ou « importante » entre les hommes qui ont les mêmes fonctions que les leurs et elles, en matière, entre autres, de salaire. Et il est à souligner que ce pourcentage est le plus faible à l'échelle du Canada : les Ontariennes, par exemple, sont 83 % à constater de telles différences.

Ainsi, 62 % des Québécoises interrogées estiment que les chances de promotion ne sont pas les mêmes pour les hommes et pour les femmes. Le pourcentage grimpe à 92 % à l'échelle du Canada, les trois quarts des femmes (72 %) estimant que cette différence est « très importante » ou « importante ». À noter qu'aucune femme interrogée en Alberta ne pense avoir les mêmes chances qu'un homme pour décrocher une promotion.

Idem pour les prises de décision : 70 % des Canadiennes croient qu'en entreprise les hommes ont plus souvent l'occasion de prendre des décisions importantes que les femmes.

Ce n'est pas tout. À l'échelle du Canada, 69 % des femmes estiment que les hommes se voient encore attribuer les meilleurs postes, tâches ou projets, au détriment de leurs collègues féminines aux compétences pourtant similaires. Ou encore, 83 % pensent que les hommes bénéficient d'un plus grand nombre d'occasions de voyage d'affaires que les femmes.

« Nombre d'entreprises ont aujourd'hui de la difficulté à retenir les femmes les plus talentueuses, en raison de la persistance du plafond de verre. Pour y remédier, il leur faudra mieux saisir les obstacles auxquels les femmes font face », dit Delphine Robert, directrice marketing de Randstad Canada. [...]

Source : Olivier Schmouker, « Les femmes toujours aussi discriminées au travail », lesaffaires.com, 11 décembre 2012. Cet extrait a été reproduit aux termes d'une licence accordée par Copibec.

n'ont pas envie de le faire[11]. Les stéréotypes sexistes faussent également l'interprétation des comportements de chaque jour. Par exemple, « il parle avec ses collègues » sera interprété comme « il leur explique les termes d'un nouveau contrat ». Au contraire, « elle parle avec ses collègues » sera interprété comme « elle colporte des commérages »[12].

Il suffit d'observer la situation de la plupart des conseils d'administration pour constater à quel point les stéréotypes sont tenaces. Malgré certaines avancées, les femmes occupent seulement 17,7 % des postes de haute direction dans les entreprises canadiennes. Au sein des conseils d'administration, elles sont également minoritaires, avec 14,5 % des sièges[13]. Par ailleurs, elles représentent 5,8 % des chefs de direction des grandes entreprises du *Financial Post 500*. À l'échelle mondiale, les femmes occupent 9 % des postes de chef de direction[14].

Au Québec, les femmes constituent moins de 15 % des membres des conseils d'administration d'entreprises. La *Loi sur la gouvernance des sociétés d'État*, adoptée en 2006, impose à 22 sociétés d'État la parité aux conseils d'administration. Ainsi, alors que les femmes représentaient 27,5 % des membres des conseils d'administration de ces sociétés en 2006, elles en représentent maintenant 52,4 %. En outre, de 2003 à 2011, le pourcentage de femmes dans la haute fonction publique québécoise a progressé : la proportion de femmes sous-ministres est passée de 25 % à 38,5 %, tandis que celle de femmes sous-ministres adjointes ou associées est passée de 24,6 % à 35,5 %. Toutefois, au cours de la même période, on a observé un recul de la place des femmes aux présidences des sociétés d'État, puisque leur proportion a chuté de 34,1 % à 26,1 %[15].

Isabelle Hudon: femmes en affaires, une place à prendre

Des **leaders** parlent de **leadership**

Il n'y a pas assez de femmes dans les postes de haute direction ou dans les grands conseils d'administration et c'est un peu de la faute des femmes elles-mêmes, car «les femmes ont la responsabilité de prendre leur place dans le monde des affaires», affirme en entrevue Isabelle Hudon, présidente de la Financière Sun Life pour le Québec.

Devant une centaine de femmes d'affaires et quelques hommes réunis pour l'occasion au Château Frontenac mercredi, par l'Association des femmes entrepreneures de Québec, Mme Hudon voulait passer un message teinté d'audace et d'ambition à celles qui cherchent une inspiration dans la progression dans le monde des affaires.

Audace et ambition, mais aussi authenticité, le tout chapeauté par la fierté. Car Isabelle Hudon est fière de ses réussites comme de ce qu'elle nomme «ses demi-succès» par lesquels elle a aussi appris.

À son avis, les femmes doivent non seulement avoir de l'ambition, mais aussi un certain détachement dans le monde des affaires, un détachement de la notion de pouvoir plaire à tout le monde, tout le temps. «C'est impossible, avouera-t-elle. Il faut savoir prendre des décisions et vivre avec les conséquences. Les femmes sont trop timides et oublient qu'il faut jouer du coude lorsqu'on veut gravir les échelons.»

Pour elle, il faut d'abord vouloir gravir les échelons et avoir de l'ambition du matin jusqu'au soir. Dans son parcours atypique, passant du monde politique à la direction des affaires publiques d'entreprise, cinq ans à la présidence de la Chambre de commerce de Montréal pour aboutir il y a un peu plus de deux ans dans le giron des assurances dans le monde de la haute finance, elle soutient qu'elle a dû prendre des risques et sauter pratiquement dans le vide.

«Mon parachute s'est ouvert à quelques reprises, dit-elle en souriant. Les femmes en affaires doivent aussi croire qu'elles ont un parachute accroché à leur dos et qu'il s'ouvrira au bon moment.» Les hommes se lancent dans l'aventure dans une nouvelle direction même s'il manque 30 % ou 40 % des garanties pour faire le saut, alors que les femmes osent à peine faire un pas, même à 150 % d'assurance de gagner.

[…] Elle constate aussi que les femmes ne sont pas des adeptes du réseautage d'affaires comme les hommes, une lacune qu'elles devraient apprendre à combler rapidement. Car, dans le monde des hommes, les grands concurrents, voire les pires ennemis, deviennent souvent de grands alliés à cause du réseautage lorsqu'ils doivent propulser leur entreprise un peu plus haut. Cette entraide et cette solidarité, les femmes doivent aussi la développer en affaires.

Son souhait pour l'avenir des femmes en entrepreneuriat, ce serait leur donner le goût d'être audacieuses et ambitieuses tout en respirant la fierté d'avoir réussi. «Je suis fière de mes succès, affirme-t-elle avec assurance, car ce sont les miens. Mes demi-succès aussi. Tout ce que j'ai bâti, je l'ai bâti avec fierté en prenant des risques, des décisions pas toujours faciles, mais j'ai osé faire un pas en avant.»

Chose certaine, si elle reconnaît que les femmes peuvent être timides dans le monde des affaires, ce n'est pas son cas. Elle fonce. Même avec une plus longue espérance de vie pour les femmes que pour les hommes, pas question de perdre du temps dans les regrets car, dira-t-elle, un passage de 70 ans dans le monde, c'est encore trop court pour regretter de ne pas avoir pris des risques lorsque les occasions se sont présentées de faire un bond en avant.

Source: Yves Therrien, «Isabelle Hudon: femmes en affaires, une place à prendre», *Le Soleil*, 3 novembre 2012, p. 42.

QUESTION Quelles caractéristiques composent votre stéréotype du leader féminin?

LA RACE

On peut aussi se poser des questions légitimes sur les *stéréotypes raciaux et ethniques*, notamment sur la lenteur avec laquelle des gestionnaires issus de minorités visibles gravissent les échelons de la hiérarchie[16]. Les femmes de couleur occupent seulement 3,3 % des sièges au sein des conseils d'administration des entreprises du *Fortune 500*[17]. Au Canada, parmi les grandes entreprises du *Financial Post 500*, les autochtones représentent 1,1 % des chefs de direction, et les membres de minorités visibles, 4,6 %[18].

L'ÉTAT PHYSIQUE ET MENTAL ET L'ÂGE

Les *stéréotypes relatifs à l'état physique et mental* et *à l'âge (âgisme)* sont également fréquents dans le monde du travail. Les candidats ayant des difficultés mentales ou physiques peuvent ainsi être ignorés par un recruteur, même s'ils possèdent toutes les habiletés nécessaires. Un employé âgé et talentueux peut ne pas bénéficier d'une promotion à cause d'un chef de service présumant que les personnes âgées sont circonspectes et évitent généralement de prendre des risques[19]. Or, un sondage de The Conference Board réalisé auprès d'employés de 50 ans et plus montre que 72 % d'entre eux estiment pouvoir assumer des responsabilités supplémentaires, et que les deux tiers aimeraient suivre une nouvelle formation et se perfectionner[20]. À l'opposé, on se demande souvent si une personne jeune peut devenir un réel leader et même un PDG. Le fondateur et PDG de Facebook, Mark Zuckerberg, est encore dans la vingtaine. Et lorsque l'actuelle directrice générale de Facebook, Sheryl Sandberg, a quitté Google pour rejoindre l'entreprise de Zuckerberg, elle reconnaît avoir pensé : « Waouh, je vais travailler sous les ordres d'un PDG bien jeune. » « Mark est un excellent leader », déclare-t-elle maintenant. Après avoir travaillé avec lui, sa perception a changé. « Mark a une vision vraiment nette des choses… Il entraîne les gens avec lui[21]. » Enfin, concernant les stéréotypes relatifs à l'état physique et mental, notons qu'au Canada, les personnes handicapées occupent 2,7 % des postes de chefs de direction parmi les grandes entreprises du *Financial Post 500*[22].

L'EFFET DE HALO

Effet de halo
Erreur de perception qui consiste à se faire une impression générale d'une personne ou d'une situation en se fondant sur une seule de ses caractéristiques

L'impression qu'on va se faire en se basant seulement sur 1 caractéristiq

L'**effet de halo** se produit lorsqu'on se fait une impression générale d'une personne ou d'une situation en se fondant sur une seule de ses caractéristiques. Comme le stéréotype, cette erreur de perception, très courante dans la vie quotidienne, survient la plupart du temps à l'étape de l'organisation. Par exemple, le sourire agréable de celui que nous rencontrons pour la première fois peut nous laisser l'impression qu'il s'agit d'une personne chaleureuse et franche. Les conséquences de l'effet de halo sont identiques à celles du stéréotype : en généralisant, on omet de prendre en considération certaines caractéristiques individuelles.

L'effet de halo a des conséquences particulièrement importantes au moment des entrevues d'évaluation du rendement, car il peut empêcher le gestionnaire de juger objectivement le travail de ses subordonnés. Ainsi, on a tendance à croire que les travailleurs assidus sont intelligents et ont le sens des responsabilités, et que ceux qui s'absentent fréquemment fournissent un piètre rendement. Or, de telles croyances peuvent aussi bien être erronées qu'exactes. Le gestionnaire doit se méfier de l'effet de halo et fonder son jugement sur des faits objectifs.

LA PERCEPTION SÉLECTIVE

La **perception sélective** est la tendance à privilégier une lecture de la réalité qui correspond à nos besoins, à nos attentes, à nos valeurs et à nos attitudes. Elle nous amène à ne voir que certains aspects d'une situation, certaines caractéristiques d'une personne ou certains côtés d'un point de vue. Les effets de cette erreur de perception, particulièrement marqués à l'étape de l'attention et de la sélection, ont été mis en évidence par une étude classique menée auprès des cadres supérieurs d'une entreprise manufacturière[23]. Lorsqu'on a soumis à ces derniers un cas complexe de stratégie d'entreprise et qu'on leur a demandé de mettre le doigt sur le problème clé, la plupart ont évoqué des difficultés relevant de leur propre domaine d'intervention. Ainsi, ceux qui travaillaient à la commercialisation ont diagnostiqué des faiblesses aux ventes, et ceux qui travaillaient à la production, des problèmes sur le plan de l'organisation. Dans une situation réelle, ces divergences de points de vue auraient influé sur l'approche du comité de direction ; elles auraient également pu engendrer des difficultés si ces personnes avaient dû collaborer pour redresser la situation.

Perception sélective
Tendance d'une personne à privilégier une lecture de la réalité qui correspond à ses besoins, à ses attentes, à ses valeurs et à ses attitudes, et qui l'amène à ne voir que certains aspects d'une situation, d'une personne ou d'un point de vue

LA PROJECTION

La **projection** est le fait d'attribuer à autrui des caractéristiques, des attentes, des besoins ou des convictions propres à soi. Elle se produit surtout à l'étape de l'interprétation. Une projection répandue parmi les cadres consiste à attribuer à leurs subordonnés des besoins semblables aux leurs. Supposons que vous recherchiez les responsabilités et la possibilité de vous réaliser dans votre travail et qu'on vous confie de nouvelles fonctions auprès d'un groupe de salariés dont les tâches vous semblent routinières et fastidieuses. Vous pourriez alors vous empresser d'enrichir le travail de ces derniers en y ajoutant des tâches qui, *selon vous*, sont plus motivantes et procure une plus grande satisfaction professionnelle. Or, ce ne serait pas nécessairement une bonne décision. Lorsque vous projetez vos propres besoins sur vos subordonnés, vous perdez de vue leurs caractéristiques individuelles : au lieu de concevoir des tâches qui répondent autant que possible à leurs besoins, vous réfléchissez en fonction des vôtres. Ces salariés étaient peut-être relativement satisfaits et productifs lorsqu'ils exécutaient les tâches qui vous paraissaient si routinières et monotones. Pour ne pas se laisser aller à la projection, le gestionnaire doit à la fois bien se connaître et faire preuve d'empathie, c'est-à-dire savoir se mettre à la place d'autrui, ressentir ce qu'il ressent, s'identifier à lui.

Projection
Fait d'attribuer à autrui des caractéristiques, des attentes, des besoins ou des convictions propres à soi

L'EFFET DE CONTRASTE

Au sujet de l'objet perçu, nous avons dit qu'une auto rouge se remarque facilement au milieu d'autos sombres à cause du contraste. Le même phénomène s'observe lorsque, par exemple, une personne prend la parole à la suite d'un orateur particulièrement brillant ou qu'une autre passe une entrevue d'emploi après une série de candidats très médiocres. Dans ce genre de situations où les caractéristiques d'un individu tranchent avec celles d'autres individus rencontrés un peu plus tôt et évalués nettement plus favorablement ou défavorablement, un **effet de contraste** peut se produire. Vous comprendrez sans doute qu'il fausse la perception et ne permet pas de porter un jugement objectif. Gestionnaires et salariés doivent être conscients de cet effet et se méfier de ses conséquences potentielles en milieu professionnel.

Effet de contraste
Erreur de perception qui peut se produire dans une situation où les caractéristiques d'un individu tranchent avec celles d'autres individus rencontrés un peu plus tôt et évalués nettement plus favorablement ou défavorablement

LA PROPHÉTIE QUI SE RÉALISE

Prophétie qui se réalise
Propension à découvrir ou à susciter ce à quoi on s'attend chez quelqu'un ou dans une situation donnée

Influencer 1 groupe de travailleur en leur disant qu'ils sont bons.

La dernière erreur de perception dont nous allons traiter est la **prophétie qui se réalise**, c'est-à-dire la propension à découvrir ou à susciter ce à quoi on s'attend chez quelqu'un ou dans une situation donnée. En psychologie, on utilise souvent le terme *effet Pygmalion*, du nom d'un roi légendaire de Chypre qui sculpta une si belle statue de la compagne idéale qu'il en tomba amoureux et obtint de Vénus qu'elle lui donne vie[24]. Son désir s'était réalisé ! On parle aussi parfois de l'*effet Rosenthal*, du nom d'un des deux auteurs (Rosenthal et Jacobson) qui l'ont décrit ainsi :

> La prédiction faite par un individu A sur un individu B finit par se réaliser, que ce soit seulement dans l'esprit de A ou, résultant d'un processus subtil et parfois inattendu, par une modification du comportement réel de B sous la pression des attentes de A[25].

Cet effet se remarque souvent en milieu de travail, où il peut avoir des répercussions tantôt positives, tantôt négatives pour les gestionnaires. Supposons que vous estimiez que vos subordonnés n'attendent pas grand-chose de leur emploi et cherchent plutôt à se réaliser à l'extérieur de leur travail. Vous concevez alors des tâches simples et bien structurées n'exigeant d'eux qu'un minimum d'engagement. Selon vous, comment réagiront-ils ? Probablement en montrant le peu d'intérêt et d'engagement auquel vous vous attendiez. Voilà votre « prophétie » réalisée… Quant à la situation suivante, elle illustre les retombées positives que peut avoir l'*effet Pygmalion* : des élèves présentés à leurs professeurs comme des personnes particulièrement douées obtiennent de meilleurs résultats aux tests que leurs camarades qui n'ont pas été présentés aussi positivement aux enseignants.

Opinions des travailleurs révélées par un sondage sur la conduite éthique en milieu de travail[26]

L'ÉTHIQUE EN CO

Ces données sont issues d'un sondage sur la conduite éthique en milieu de travail, réalisé par la firme Deloitte et Touche aux États-Unis.

- Parmi les travailleurs interrogés, 42 % affirment que le comportement de leur chef de service a une forte incidence sur l'éthique en milieu de travail.
- Parmi les actes contraires à l'éthique que commettent les gestionnaires et les superviseurs, les plus courants sont les harcèlements verbal, sexuel et racial, l'usage inapproprié des biens de l'entreprise et le traitement préférentiel.
- La plupart des travailleurs considèrent qu'il est inacceptable de voler son employeur, de falsifier une note de frais, de s'attribuer le mérite des réalisations d'une autre personne et de falsifier la feuille de présence.
- La plupart des travailleurs considèrent qu'il est acceptable de demander à un collègue une faveur personnelle, de se faire porter malade alors qu'on ne l'est pas et d'utiliser le matériel informatique de l'entreprise à des fins personnelles.
- Les principales raisons d'un comportement contraire à l'éthique sont le manque d'intégrité personnelle (80 %) et l'insatisfaction professionnelle (60 %).
- Parmi les travailleurs interrogés, 91 % se disent susceptibles d'adopter une conduite éthique lorsqu'ils peuvent concilier leur vie professionnelle avec leur vie privée ; 30 % déclarent qu'ils souffrent du déséquilibre entre ces deux sphères de leur vie

QUESTIONS Éthique des autres, éthique personnelle, laquelle compte ? Une personne ne devrait-elle pas être responsable de ses raisonnements et de ses analyses éthiques ? Comment et pourquoi le code d'éthique des autres, notamment des gestionnaires, influence-t-il notre conduite en matière d'éthique ? Que peut-on faire pour renforcer la confiance des gens en leurs propres cadres éthiques, de façon que même une mauvaise gestion ne conduise pas à des pratiques contraires à l'éthique ?

Un autre exemple très révélateur des effets de la *prophétie qui se réalise* est celui des équipages de chars d'assaut israéliens. On avait informé des commandants de bataillons de chars d'assaut que, selon les résultats de tests, les soldats du premier groupe possédaient des aptitudes exceptionnelles, tandis que ceux du second groupe étaient dans la moyenne. En réalité, les soldats avaient été répartis aléatoirement dans les deux groupes expérimentaux et étaient d'égale qualité. Par la suite, les commandants ont noté que les soldats présentés comme *exceptionnels* avaient fait meilleure figure que ceux qui avaient été présentés comme *moyens*. En fait, ils avaient accordé beaucoup plus d'attention et prodigué beaucoup plus d'éloges aux hommes envers lesquels ils nourrissaient de plus grandes *attentes*[27]. Tout cela montre que les professeurs et les gestionnaires doivent prendre cet effet en considération et adopter des approches positives et optimistes à l'égard des étudiants et des travailleurs.

Être optimiste, ça paie[28]

Dans une étude publiée en 2010 qui évaluait l'optimisme auprès d'une population de diplômés de MBA, Ron Kaniel, David T. Robinson et Cade Massey ont montré que les individus plus optimistes que la moyenne avaient trouvé leur emploi en fournissant un effort moindre que le reste de l'échantillon. Mieux, deux ans après leur embauche, les plus optimistes avaient été davantage promus que les autres, et surtout que les plus pessimistes ! Pour expliquer ces résultats, les auteurs parlent de prophétie autoréalisatrice : convaincus que tout se passera bien, les optimistes font plus facilement face aux problèmes que les autres, et ils envisagent plus aisément des solutions quand la situation tourne mal.

La perception, l'attribution et l'apprentissage social

L'une des façons par lesquelles la perception exerce une influence sur le comportement est l'**attribution**. Il s'agit d'un processus qui consiste à essayer de trouver des explications à un événement, d'en déterminer les causes. Il est normal que les gens cherchent à s'expliquer ce qu'ils observent et ce qui arrive. Comment réagissez-vous lorsque vous vous apercevez qu'un collègue de travail ou un étudiant de votre groupe ne fournit pas les résultats attendus ? Comment l'expliquez-vous ? Et, selon les explications trouvées, que faites-vous pour essayer d'améliorer la situation ?

▸ **Attribution**
Processus par lequel un individu tente de trouver des explications à un événement, d'en déterminer les causes

L'IMPORTANCE DE L'ATTRIBUTION

Par le processus d'attribution, les individus tentent : (1) de comprendre les causes d'un événement ; (2) de déterminer les responsabilités dans le déroulement et les suites de l'événement ; (3) d'évaluer les qualités personnelles des gens qui ont joué un rôle dans l'événement[29]. Ainsi, le comportement d'un individu peut être attribué soit à des facteurs *internes*, soit à des facteurs *externes*. Les premiers sont du ressort de l'individu : par exemple, Jean a un rendement médiocre parce qu'il est paresseux. Les seconds, eux, ne peuvent être maîtrisés par l'individu : le rendement de Jean n'est pas fameux parce que sa machine commence à se faire vieille.

Trois facteurs influent sur le processus d'attribution, c'est-à-dire sur la détermination de l'origine externe ou interne d'un comportement : la spécificité, le consensus et l'uniformité.

La *spécificité* renvoie au fait que le comportement donné d'un individu se manifeste dans une situation bien particulière et pas dans d'autres circonstances. Si Jean fournit un piètre rendement quelle que soit la machine qu'il utilise, on parle d'un comportement non spécifique et on l'attribue à un facteur interne : manque d'aptitudes, efforts insuffisants, etc. Par contre, si le faible rendement de Jean est inhabituel et ne s'observe que lorsqu'il utilise une machine particulière, on parle d'un comportement spécifique et on l'attribue plutôt à un facteur externe : le mauvais état de la machine.

Le *consensus* correspond à la probabilité que toutes les personnes se trouvant dans une situation identique réagissent de la même façon. Si tous les ouvriers utilisant une machine comme celle de Jean fournissent un piètre rendement, il y a consensus, et on attribue la situation à un facteur externe. Par contre, si les collègues de Jean donnent un bon rendement, il n'y a pas de consensus, et on envisage une cause interne.

L'*uniformité* a trait à la constance du comportement d'un individu. Le comportement se manifeste-t-il chaque fois que la personne se trouve dans la même situation ? Si on constate que la baisse de rendement de Jean est momentanée, c'est-à-dire que l'uniformité est faible, on a tendance à y voir un incident isolé et on ne peut pas tirer de conclusion sur la véritable raison de son comportement. En effet, l'élément de fidélité, qui se traduit par une grande uniformité, est essentiel pour affirmer qu'un comportement est attribuable à des facteurs personnels ou conjoncturels. Toutefois, le fait que le rendement de Jean sur une machine donnée soit faible sur une période prolongée n'indique pas si le problème est attribuable à une insuffisance d'efforts ou de compétences, ou au mauvais état de la machine. C'est l'analyse des facteurs spécificité et consensus qui permettra de trouver des causes.

LES ERREURS D'ATTRIBUTION

Outre les trois facteurs que nous venons de voir, deux erreurs risquent d'influer sur la détermination de l'origine externe ou interne d'un comportement : l'*erreur fondamentale d'attribution* et l'*effet de complaisance*[30]. La **figure 4.6** présente quelques données d'une étude américaine menée dans le secteur de la santé. Lorsqu'on a demandé à des cadres de déterminer les causes du faible rendement de leurs subordonnés, la plupart ont attribué celui-ci à des facteurs *internes* (manque de compétences et efforts insuffisants) plutôt qu'à un facteur *externe* (manque d'appui). C'est un exemple classique d'**erreur fondamentale d'attribution**, c'est-à-dire de tendance à sous-estimer l'influence des facteurs conjoncturels et à surestimer celle des facteurs personnels lorsqu'on évalue le comportement d'autrui.

Erreur fondamentale d'attribution
Tendance à sous-estimer l'influence des facteurs externes et à surestimer celle des facteurs internes lorsqu'on évalue le comportement d'autrui

FIGURE 4.6 LES CAUSES DU MAUVAIS RENDEMENT SELON DES CADRES DU SECTEUR DE LA SANTÉ

Raisons du mauvais rendement de leurs subordonnés	Attribution la plus fréquente	Raisons de leur propre mauvais rendement
7	Manque d'aptitudes	1
12	Manque d'efforts	1
5	Manque de soutien	22

Par contre, lorsqu'on a invité les mêmes cadres à indiquer les causes de la faiblesse de leur propre rendement, une écrasante majorité a invoqué un manque de soutien organisationnel, c'est-à-dire un facteur conjoncturel et donc *externe*. Cette attitude relève de ce qu'on appelle l'**effet de complaisance**, c'est-à-dire de la tendance à nier sa responsabilité personnelle en cas d'échec, mais à s'attribuer le mérite d'un succès.

Effet de complaisance
Tendance à nier sa responsabilité personnelle en cas d'échec et à s'attribuer le mérite d'un succès

Autrement dit, lorsque nous cherchons à comprendre les comportements d'autrui, nous sommes portés à surestimer les facteurs internes (personnels) et à sous-estimer les facteurs externes (conjoncturels). Par contre, nous attribuons généralement nos propres réussites à des facteurs internes et nos propres échecs à des facteurs externes.

Pour saisir toute la portée du processus d'attribution en gestion, il faut se rappeler que les perceptions d'un individu influent sur ses réactions[31]. Supposons qu'un cadre attribue d'emblée le rendement médiocre de ses subordonnés à l'insuffisance de leurs efforts, donc à un facteur interne. Que fera-t-il ? Il cherchera à les motiver à améliorer leur rendement, sans songer à agir sur des facteurs externes (par exemple, en allégeant les contraintes inhérentes à leur travail et en leur offrant davantage d'appui). Pour les organisations, de telles omissions se traduisent souvent par une perte substantielle de productivité.

LES DIFFÉRENCES INTERCULTURELLES EN MATIÈRE D'ATTRIBUTION

Des recherches consacrées à l'effet de complaisance et à l'erreur fondamentale d'attribution dans d'autres cultures ont donné des résultats inattendus[32]. Ainsi, en Corée, on a découvert l'existence d'un phénomène opposé à l'effet de complaisance. Au lieu d'attribuer à des facteurs externes les échecs des groupes dont ils sont responsables, les gestionnaires coréens en assument l'entière responsabilité : « Je n'ai pas été un leader efficace. » En Inde, l'erreur fondamentale d'attribution, contrairement à celle qu'on observe en Amérique du Nord, consiste à surestimer les facteurs externes par rapport aux facteurs internes lorsqu'on cherche à expliquer les échecs d'autrui. Bien que nous ne puissions pas encore expliquer exactement pourquoi, il est certain que les valeurs culturelles jouent un rôle important dans ces différences de perception. Notons enfin que, selon une étude menée aux États-Unis, les femmes sont moins enclines à l'effet de complaisance que les hommes[33].

Certaines cultures, comme celle des États-Unis, ont tendance à accorder trop d'importance aux facteurs internes au détriment des facteurs externes. Il peut en résulter des attributions défavorables aux travailleurs. Celles-ci peuvent entraîner, à leur tour, des sanctions, des évaluations de rendement négatives, des mutations et un recours exagéré à la formation ; alors qu'on pourrait plutôt chercher à combler les lacunes de l'organisation, comme le manque de soutien, on s'en remet à la formation[34]. Les subordonnés, quant à eux, subissent l'influence de leurs supérieurs et, à cause du phénomène de la *prophétie qui se réalise*, finissent par confirmer les erreurs d'attribution de ces derniers. Heureusement, les gestionnaires comme les salariés peuvent apprendre à mieux gérer les erreurs de perception et d'attribution. Voici quelques conseils à cet égard.

- Apprendre à bien se connaître.
- Veiller à obtenir de l'information de sources variées.
- Essayer d'adopter le point de vue des autres dans une situation donnée.

Où sont les femmes dans la direction des organisations[35] ?

Du côté de la RECHERCHE

L'étude *Où sont les femmes dans la direction des organisations ?*, réalisée par Mmes Hélène Lee-Gosselin, titulaire de la Chaire Claire-Bonenfant de l'Université Laval Femmes, Savoirs et Sociétés, et Hawo Ann, avait pour but de mieux comprendre la situation des hommes et des femmes dans les instances de direction, de trouver des explications à la sous-représentation des femmes dans les postes à haute responsabilité et de découvrir des pistes de solution. La collecte de données s'est faite au moyen d'entrevues approfondies. L'échantillon, constitué de personnes s'étant portées volontaires, comprenait 15 hommes cadres supérieurs et 1 homme cadre intermédiaire, 10 femmes cadres supérieures, 2 femmes ayant occupé un poste de vice-présidente, 25 femmes cadres intermédiaires et 3 femmes membres d'une profession libérale. Les 3 organisations dont sont issues ces personnes comptent plus de 1 000 employés chacune, exercent leurs activités dans le secteur des services et disposent d'un plan d'accès à l'égalité.

Bien qu'ils ne soient pas statistiquement significatifs et qu'ils ne permettent pas de faire de généralisation pour l'ensemble des organisations québécoises, les résultats de cette étude fournissent des renseignements très riches sur le vécu des personnes rencontrées, remettent en question certaines idées reçues et offrent des pistes de réflexion et d'intervention. Notamment, ils montrent que, pour les femmes qui souhaitent accéder à des postes de direction, la compétence et la réussite, voire la volonté et l'ambition, ne suffisent pas toujours pour être reconnues et promues. Certains éléments du contexte organisationnel s'avèrent souvent déterminants, tels que la sensibilité de l'organisation à la réalité des femmes, l'existence d'un lien entre l'employée et un membre du réseau des personnes influentes dans l'organisation, l'encouragement et le soutien offerts tout au long du cheminement professionnel ou l'émergence de possibilités liées à une restructuration, à des projets spéciaux ou à de nouvelles activités. L'ascension professionnelle est donc bien souvent la résultante d'une combinaison de facteurs individuels et organisationnels auxquels s'ajoute la présence de circonstances favorables.

Selon cette étude, attribuer aux seuls « choix des femmes » la lenteur de leur progression jusqu'aux postes de haute direction, ce qui fait référence aux types de qualifications qu'elles ont acquises, à leur valorisation des rôles de mère et de conjointe ou encore à l'importance qu'elles accordent à une « certaine qualité de vie », c'est ignorer l'effet des dynamiques sociales, notamment celles qui sont associées aux processus de recrutement et de sélection du personnel. Ainsi, si des possibilités d'avancement se présentent dans l'organisation, il faut, en plus de posséder les qualifications requises, en être informé ou être invité à poser sa candidature, ce qui, d'après les chercheuses, peut parfois relever du privilège ou d'un heureux hasard. Les résultats de l'étude montrent que certains sont plus encouragés et soutenus que d'autres dans leur progression ; toutefois, rares sont les femmes qui ont bénéficié d'un tel soutien et d'un tel encouragement. En outre, plusieurs femmes ont dû changer d'organisation pour évoluer sur le plan professionnel, alors que les hommes rencontrés ont surtout cheminé à l'intérieur d'une même organisation.

Les messages qui transpirent dans une organisation au regard de ce qu'il faut faire pour être promu sont par ailleurs déterminants. Les exigences réelles liées aux postes de cadres supérieurs ne sont pas toujours très claires ou pas toujours bien comprises des femmes, qui tendent à les surestimer – ce qui finit par les décourager de poser leur candidature – alors qu'elles sous-estiment les avantages liés à ces postes. La « culture des longues heures », variable selon les organisations, constitue aussi un obstacle. Dans certains cas, la lourde charge de travail est rendue invisible en raison du fait qu'elle est effectuée au domicile les soirs et les fins de semaine, ce qui laisse faussement croire que le nombre d'heures à consacrer au travail est moindre que ce qu'il est réellement.

L'étude permet de remettre en question certains mythes. Ainsi, contrairement à ce qu'on pourrait penser, les femmes qui occupent un poste de cadre intermédiaire ou supérieure dans les organisations analysées sont en couple et ont plus d'enfants que la moyenne des Québécoises. La conciliation travail-famille (CTF) demeure toutefois un enjeu majeur pour elles, alors que les hommes vice-présidents, même s'ils comptent parfois plus d'enfants que leurs homologues féminines, évoquent rarement les enjeux de la CTF dans les décisions portant sur leur cheminement professionnel. L'attribution des rôles au sein du ménage de ces hommes est généralement différente de celle de leurs collègues femmes : ils bénéficient du fait qu'un adulte ralentit ou interrompt son propre cheminement professionnel pour assurer l'intendance à la maison, ce qui s'avère moins fréquent pour les femmes vice-présidentes. Le défi que représente la CTF reste donc encore un tabou touchant surtout les femmes.

Finalement, l'étude présente certaines pistes de solution pour faire avancer les choses. Ainsi, les chercheuses recommandent aux organisations de mettre en place des systèmes de repérage des talents et de développement du potentiel, mais aussi de mettre en relation les personnes talentueuses avec plusieurs membres influents de l'organisation pour diversifier les influences et nourrir leur réseau. Elles proposent également aux organisations de revoir leurs mesures d'équité en matière d'emploi ainsi que la façon dont elles les communiquent et les mettent en place, de manière à mieux les faire connaître et accepter.

Certaines recommandations s'adressent plutôt aux femmes. Les chercheuses leur suggèrent ainsi de prendre le temps d'enrichir leur réseau professionnel interne et externe afin d'augmenter leurs chances d'être connues et reconnues. Elles leur conseillent en outre de rechercher les occasions de collaboration professionnelle avec des membres de l'organisation situés à des échelons supérieurs de la hiérarchie, mais aussi dans d'autres secteurs. Enfin, elles les invitent à tenter de mieux comprendre les dimensions politiques des organisations.

- Prendre conscience des différents schèmes.
- Prendre conscience des erreurs de perception.
- Surveiller sa gestion des impressions et celle d'autrui.
- Être à l'affût des erreurs d'attribution possibles[36].

L'ATTRIBUTION ET L'APPRENTISSAGE SOCIAL

Selon la **théorie de l'apprentissage social**, le processus d'apprentissage se fonde sur l'interaction entre l'individu, le comportement des gens qui l'entourent et l'environnement. L'accent est mis sur le rôle de l'observation dans l'apprentissage et sur les processus de perception et d'attribution qui entrent dès lors en jeu. En effet, les individus réagissent selon les perceptions et les attributions qui constituent leur vision des conséquences d'un comportement, et non par rapport aux conséquences telles qu'elles se présentent objectivement. Cette théorie reconnaît que l'individu apprend en observant le comportement des gens et les conséquences qui en résultent pour eux ; il sera incité à imiter les autres si ces conséquences sont positives.

Théorie de l'apprentissage social
Théorie selon laquelle le processus d'apprentissage se fonde sur l'interaction entre l'individu, le comportement des gens qui l'entourent et l'environnement

La **figure 4.7**, qui illustre et explique le processus de l'apprentissage social, s'inspire des travaux d'Albert Bandura[37]. Selon ce schéma, l'individu se sert de l'*apprentissage vicariant*, ou *apprentissage par modèle,* pour acquérir un comportement en observant et en imitant autrui. Dans un contexte professionnel, le *modèle* peut être un gestionnaire, un collègue se comportant de la manière recherchée ou un travailleur plus âgé servant de *guide* ou de *parrain* à un ou à plusieurs collègues plus jeunes et moins expérimentés. Notons à cet égard que, selon certains, le manque de mentors pour les femmes gestionnaires explique la lenteur de leur progression professionnelle[38].

Les *processus symboliques* mentionnés à la figure 4.7 jouent également un rôle de premier plan dans l'apprentissage social. Les mots et les symboles employés par les gestionnaires et d'autres intervenants dans un milieu de travail peuvent faciliter la transmission de valeurs, de convictions et d'objectifs, et orienter ainsi le comportement individuel. Par exemple, le « pouce levé » d'un patron vous indique qu'il juge votre comportement approprié.

FIGURE 4.7 LE SCHÉMA DE L'APPRENTISSAGE SOCIAL

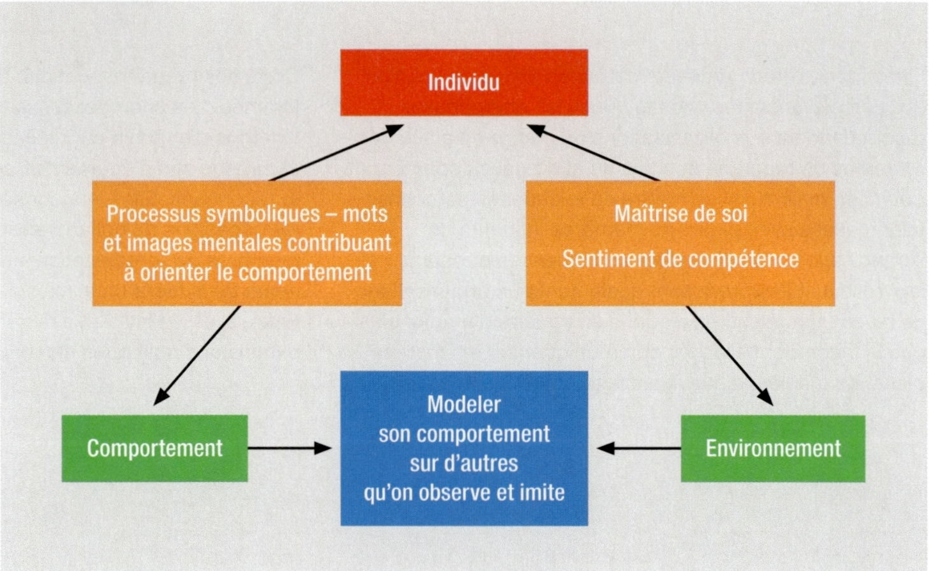

Parallèlement, la *maîtrise de soi* influe énormément sur le comportement d'une personne. Élément clé de cette dernière, le *sentiment de compétence* correspond à la conviction qu'a l'individu d'être capable d'agir adéquatement dans une situation donnée. Il est étroitement lié aux notions de confiance en soi, de compétence et d'aptitudes[39].

Les gens qui ont un fort sentiment de compétence sont convaincus qu'ils possèdent les aptitudes nécessaires à l'accomplissement d'une tâche donnée, qu'ils peuvent fournir les efforts nécessaires et qu'aucun événement extérieur ne les empêchera d'atteindre le rendement souhaité[40]. En revanche, ceux qui n'ont pas ce sentiment de compétence croient fermement que, quels que soient les efforts qu'ils déploient, ils ne parviendront jamais au résultat escompté, et cela, à cause de facteurs extérieurs sur lesquels ils n'ont aucune possibilité d'agir. Si vous êtes du premier type, une mauvaise note à un examen vous stimulera à étudier davantage, à discuter avec le professeur, bref, à employer divers moyens pour faire mieux la prochaine fois. Si vous êtes du deuxième type, vous pourriez abandonner le cours ou cesser d'étudier. Bien entendu, même ceux qui possèdent un fort sentiment de compétence n'ont pas une emprise totale sur leur environnement.

L'APPRENTISSAGE SOCIAL ET L'ÉTHIQUE

Étant donné l'importance de l'*apprentissage vicariant* ou *apprentissage par modèle* d'après la théorie de l'apprentissage social, il est possible d'influencer les autres en matière de comportements éthiques. Voici quelques conseils[41].

- Reconnaissez les valeurs fondamentales qui transcendent les différentes religions, l'éventail des positions politiques et les expériences différenciées des hommes et des femmes à certains égards, valeurs qui sont susceptibles de fonder des comportements éthiques : l'honnêteté, la responsabilité, le respect, le sens de l'équité et la compassion.

La quête de l'excellence

DES AS DE LA GESTION

Chez GE Aviation, à Bromont, la qualité et l'amélioration continue, c'est l'affaire de tous les employés. En effet, le fabricant d'aubes à compresseur pour les moteurs d'avion applique la philosophie de gestion participative qui le caractérise à sa démarche d'amélioration.

Ainsi, son processus d'amélioration continue repose en grande partie sur l'observation par les pairs. Des 700 employés, environ 60 ont été formés pour observer leurs collègues travailler et leur donner une rétroaction ainsi que du renforcement positif. Les séances d'observation sont individuelles et durent moins de 30 minutes. GE Aviation a d'abord utilisé cette méthode pour prévenir les accidents de travail et l'a appliquée à la qualité il y a trois ans.

[...] Les observateurs ont une vingtaine de points à considérer : l'opérateur a-t-il vérifié ses instructions de travail avant de commencer ? Utilise-t-il la bonne jauge ? De 60 à 70 % des problèmes de qualité sont causés par des erreurs humaines, selon Normand Charron, qui agit à titre de consultant pour l'entreprise. « Avec les outils d'amélioration traditionnels, comme Lean et Six Sigma, on finit par atteindre un plateau. Pour aller plus loin, il faut élever le niveau de conscience des individus et faire en sorte qu'ils maintiennent leur degré d'attention. Avec cette méthode, au lieu d'une seule personne qui parle de qualité, il y en a des centaines ! »

L'une des forces de l'observation entre pairs, c'est qu'elle n'est pas menaçante. « Si une erreur est observée, il n'y a ni représailles ni noms mentionnés, insiste le directeur de l'usine, Philippe Simonato. L'objectif n'est pas de chercher des coupables, mais plutôt de faire ressortir les vrais problèmes. »

Il note que les erreurs humaines, lorsqu'elles sont répétées, sont souvent causées par une défaillance des processus. « Si les rapports d'observation révèlent que plusieurs employés font la même erreur, c'est qu'il faut améliorer nos processus. »

L'observation par les pairs a aussi l'avantage d'être proactive. « Souvent, les problèmes de qualité sont réglés après coup, constate Normand Charron. Mais ce qui est le plus efficace, c'est d'agir sur leurs causes, comme on le fait à Bromont. »

[...] Le journal Kaizen, une sorte de boîte à suggestions moderne, est une autre façon pour GE Aviation d'engager ses troupes envers la qualité. Les idées d'amélioration soumises par les employés sont évaluées une fois par semaine. « Tout le monde reçoit une réponse et toutes les améliorations comptent, grandes ou petites », souligne Philippe Simonato. [...]

Source : Nathalie Vallerand, « 700 paires d'yeux braqués sur la qualité », *Les Affaires*, 22 octobre 2011, p. A3.

- Reconnaissez les manifestations contraires à l'éthique et, du coup, aux valeurs citées ci-dessus : le mensonge, le manque de respect, les comportements irresponsables, les injustices et l'absence de compassion.
- Par vos attitudes corporelles et par des gestes concrets, tendez à devenir vous-même un modèle ou un mentor.
- Dans la même optique, de façon constante, suscitez la discussion, contribuez à l'articulation des discours, favorisez la communication et encouragez le dialogue au sujet des questions éthiques, et ce, en cherchant à créer dans l'environnement de travail des contextes favorables à ces interactions.
- Soyez un *catalyseur* et montrez votre force morale, afin d'encourager les personnes travaillant au sein de votre organisation à affirmer elles aussi à voix haute ce qui, de leur point de vue, revêt une réelle importance.
- Montrez à quel point il est important que les personnes influentes et ayant un statut élevé se comportent de façon éthique en raison de leur pouvoir et de leur accès privilégié aux sphères de décision.

Quatre moyens de « bâtir » son sentiment de compétence ou de l'améliorer

D'après les chercheurs, il y a, en général, quatre moyens de « bâtir » son sentiment de compétence ou de l'améliorer.

1. *L'acquisition d'une maîtrise par une approche sensorimotrice* (*énactive*). Il s'agit de gagner de la confiance en soi par des expériences positives. Plus une tâche nous demande d'efforts, pour ainsi dire, plus nous acquérons de l'expérience et plus nous nous sentons confiants dans notre capacité de l'exécuter.
2. *L'apprentissage vicariant.* Il s'agit de gagner de la confiance en soi en observant les autres. Si une personne accomplit une tâche efficacement et si nous pouvons observer comment elle s'y prend, nous devenons de plus en plus confiants dans notre capacité de faire de même.

- *La persuasion verbale.* Il s'agit de gagner de la confiance en soi grâce aux encouragements d'une personne qui nous assure que nous sommes parfaitement capables d'accomplir une tâche. En entendant une autre personne louer nos efforts et les relier à notre réussite, nous sommes plus motivés.

3. *La stimulation affective.* Il s'agit de gagner de la confiance en soi par une forte incitation à bien exécuter une tâche. La concentration des athlètes pendant une compétition importante et leur motivation à gagner en est un bon exemple.

L'apprentissage par renforcement

Renforcement
Attribution d'une conséquence à un comportement afin d'influer sur ce celui-ci

En CO, le terme **renforcement** a un sens particulier que lui ont donné les psychologues[42]. Il désigne l'attribution d'une conséquence à un comportement afin d'influer sur celui-ci. En recourant au renforcement, il est possible de modifier l'orientation, l'intensité et la persistance du comportement des individus. Pour mieux comprendre ce concept, rappelons brièvement les notions de conditionnement répondant et opérant. Nous verrons ensuite comment elles s'appliquent concrètement au champ du CO.

LE CONDITIONNEMENT RÉPONDANT ET LE CONDITIONNEMENT OPÉRANT

Conditionnement répondant (ou **conditionnement pavlovien**)
Forme d'apprentissage par association qui fait appel à la manipulation de stimuli pour influer sur le comportement

Vous avez probablement déjà entendu parler des études du psychologue russe Ivan Pavlov sur le conditionnement. La notion de **conditionnement répondant** (ou **conditionnement pavlovien**) que ce dernier a définie implique une forme d'apprentissage par association qui fait appel à la manipulation de stimuli pour influer sur le comportement. Ainsi, Pavlov a enseigné à des chiens à saliver au son d'une cloche : sachant que la vue de leur pâtée déclenchait naturellement le mécanisme de la salivation chez les chiens, il a fait sonner une cloche chaque fois qu'il les nourrissait, ce qui a amené les bêtes à saliver à la simple audition de l'instrument. Cette forme d'apprentissage par association est si répandue dans les organisations qu'on l'oublie souvent, jusqu'à ce qu'on découvre les problèmes considérables qui en découlent.

Stimulus
Agent déclencheur qui provoque une réaction comportementale

Pour bien comprendre le mécanisme, il importe de saisir la différence entre un stimulus et un stimulus conditionné. Un **stimulus** est un agent déclencheur (dans l'exemple des chiens, la pâtée qui leur est offerte) qui provoque une réaction (la salivation) et incite à une action. En associant un stimulus neutre (le son de la cloche) à un stimulus naturel (la nourriture) agissant déjà sur le comportement, on peut transformer le stimulus neutre en un stimulus conditionné déclenchant la même réaction que le stimulus naturel. Dans l'exemple de la **figure 4.8**, le sourire du contremaître, stimulus neutre au départ, devient un stimulus conditionné une fois que le travailleur l'a associé à ses critiques.

À la fois plus complexe et plus global que le simple conditionnement pavlovien, le **conditionnement opérant** (ou **conditionnement instrumental**, pour certains auteurs), proposé par le psychologue B.F. Skinner, va bien au-delà du stimulus conditionné qui déclenche une réaction[43]. En effet, il vise à influer sur le comportement d'autrui en manipulant ses conséquences. Le conditionnement opérant se distingue du conditionnement pavlovien de deux façons.

▸ **Conditionnement opérant** (ou **conditionnement instrumental**)
Processus qui vise à influer sur le comportement d'autrui en manipulant ses conséquences

1. L'emprise sur le comportement s'exerce par les conséquences associées à celui-ci.
2. Il exige une vision plus globale, tenant compte des antécédents, du comportement et des conséquences. Ici, on entend par « antécédent » toute condition qui entraîne ou déclenche un comportement.

Dans l'exemple de la figure 4.8, le fait que le patron demande à son subordonné de faire des heures supplémentaires est l'antécédent ; le fait pour le subordonné de travailler plus longtemps est le comportement ; les éloges du patron sont la conséquence. Selon les principes du conditionnement opérant, si le patron tient à ce que le comportement de son subordonné se répète, s'il veut que son subordonné fasse encore des heures supplémentaires, il doit agir sur les conséquences et, donc, continuer à lui faire des éloges.

▸ **Loi de l'effet**
Loi selon laquelle un comportement suivi d'une conséquence agréable a de fortes chances de se répéter, tandis qu'un comportement suivi d'une conséquence désagréable ne se reproduira probablement pas

Le conditionnement opérant s'appuie sur ce qu'E.L. Thorndike a appelé la **loi de l'effet**[44], loi fort simple mais ayant une portée considérable : un comportement suivi d'une conséquence agréable a de fortes chances de se répéter, tandis qu'un comportement suivi d'une conséquence désagréable ne se reproduira probablement pas. Les conclusions que le gestionnaire doit tirer de cette loi vont de soi : s'il veut obtenir la

FIGURE 4.8 LES DIFFÉRENCES ENTRE LE CONDITIONNEMENT RÉPONDANT ET LE CONDITIONNEMENT OPÉRANT

Conditionnement répondant		Stimulus	Comportement
Apprentissage par association de stimuli		Le patron sourit puis émet des critiques à l'égard d'un subordonné. →	Le subordonné est nerveux et serre les dents.
		Plus tard… Le patron sourit. →	Le subordonné est nerveux et serre les dents.

Conditionnement opérant	Antécédent	Comportement	Conséquence
Apprentissage par les conséquences du comportement	Le patron demande à son subordonné de faire des heures supplémentaires. →	Le subordonné fait des heures supplémentaires. →	Son patron le félicite.
		Plus tard… Il fait encore des heures supplémentaires.	

répétition d'un comportement, il doit faire en sorte que ses conséquences soient positives pour l'individu.

Récompense extrinsèque
Récompense attribuée à un individu par quelqu'un d'autre comme conséquence positive d'un travail jugé satisfaisant

Notez qu'on s'intéresse ici aux conséquences sur lesquelles le gestionnaire peut agir plutôt qu'à celles qui relèvent de l'individu et de l'adoption du comportement en soi. Les recherches en CO ont permis de mettre en lumière certains types de récompenses qui, dans la perspective du renforcement, peuvent influer sur le comportement des individus. Ainsi, les **récompenses extrinsèques**, comme la rémunération et les félicitations accordées pour un travail jugé satisfaisant, sont des conséquences que l'individu juge positives et qui proviennent de quelqu'un d'autre. Ce sont des facteurs de renforcement externes ou des conséquences environnementales qui peuvent fortement influencer les comportements de la personne au travail, en vertu de la loi de l'effet[45]. La **figure 4.9** donne quelques exemples de récompenses extrinsèques que les gestionnaires peuvent accorder à leurs subordonnés[46]. Certaines sont des récompenses délibérément conçues et planifiées qui ont des incidences budgétaires : augmentation de la rémunération, primes. D'autres, les récompenses naturelles, ne coûtent que du temps et de l'énergie : félicitations, compliments ou expression de reconnaissance pour le travail accompli dans l'entreprise, par exemple.

Modification du comportement organisationnel
En milieu de travail, renforcement systématique des comportements recherchés et non-renforcement ou punition des comportements indésirables

Renforcement positif
Stratégie de modification du comportement qui consiste à faire suivre le comportement souhaité par des conséquences positives afin d'augmenter la probabilité de le voir se reproduire dans un contexte similaire

Une fois qu'on les a bien comprises, on doit combiner les notions de conditionnement opérant, de renforcement et de récompense extrinsèque de façon à modifier l'orientation, l'intensité et la persistance du comportement des gens. La **modification du comportement organisationnel** se caractérise par le renforcement systématique des comportements recherchés en milieu de travail et par l'absence de renforcement ou la punition des comportements indésirables. Elle englobe quatre grandes stratégies : le renforcement positif, le renforcement négatif (ou l'évitement), la punition et l'extinction[47].

LE RENFORCEMENT POSITIF

B.F. Skinner et ses partisans défendent l'efficacité du **renforcement positif**, qui consiste à faire suivre le comportement souhaité de conséquences positives afin d'augmenter la probabilité de le voir se reproduire dans un contexte similaire. Supposons qu'au cours d'une réunion de vendeurs chez Apple le chef d'équipe hoche

FIGURE 4.9 DES EXEMPLES DE RÉCOMPENSES EXTRINSÈQUES DONT PEUVENT SE SERVIR LES CADRES

Récompenses planifiées avec incidences budgétaires

- Rafraîchissements
- Musique d'ambiance
- Locaux agréables
- Primes en espèces
- Augmentation des salaires au mérite
- Intéressement
- Fêtes du personnel
- Promotions
- Voyages
- Voitures de fonction
- Assurances payées
- Droits de souscription
- Cadeaux
- Billets (spectacles ou événements sportifs)

Récompenses naturelles sans incidence budgétaire

- Sourires
- Salutations
- Compliments
- Tâches spéciales
- Reconnaissance
- Rétroaction
- Demande de suggestions

la tête en signe d'approbation lorsqu'une jeune femme soulève un point intéressant ; celle-ci en déduira qu'il apprécie ses suggestions constructives et continuera probablement à intervenir dans ce sens, comme il l'espérait.

Pour mettre en œuvre une stratégie fondée sur le renforcement positif, il faut d'abord faire la différence entre le renforçateur positif et la récompense, deux choses distinctes. Les félicitations pour le travail accompli, par exemple, tiennent autant de la récompense que du renforçateur positif potentiel. La récompense ne devient un renforçateur positif que dans la mesure où son attribution est suivie d'une amélioration du rendement de l'individu, ce qui n'est pas toujours le cas. À titre d'exemple, un contremaître de la société Bombardier aura beau féliciter un subordonné qui a décelé une erreur dans le rapport préparé par son groupe, s'il le fait en présence des autres membres de l'équipe et que ceux-ci frappent leur collègue d'ostracisme, le pauvre évitera probablement de soulever de telles erreurs à l'avenir. La récompense accordée par le contremaître aura alors l'effet contraire d'un renforçateur positif.

Selon la **loi du renforcement contingent**, pour que la récompense devienne un renforçateur vraiment efficace, elle doit être attribuée uniquement si le comportement désiré se manifeste. Autrement dit, elle est tributaire du comportement recherché. Ainsi, dans l'exemple de l'équipe de vendeurs d'Apple, l'approbation du chef d'équipe découlait des suggestions constructives de la jeune femme. De plus, selon la **loi du renforcement immédiat**, la récompense doit venir le plus rapidement possible après la manifestation du comportement souhaité[48]. Par conséquent, si le cadre avait attendu l'entrevue annuelle d'évaluation du rendement pour féliciter sa jeune subordonnée de ses interventions au cours de la fameuse réunion, ses encouragements auraient perdu leur effet.

▸ **Loi du renforcement contingent**
Loi selon laquelle, pour un effet renforçateur maximum, la récompense doit être accordée uniquement s'il y a manifestation du comportement souhaité

▸ **Loi du renforcement immédiat**
Loi selon laquelle, pour un effet renforçateur maximum, la récompense doit être attribuée le plus rapidement possible après la manifestation du comportement souhaité

Les concepts généraux étant maintenant définis, il est temps de s'intéresser à deux questions importantes que soulève le recours à ce type de stratégie en gestion : (1) Que faire si le comportement manifesté se rapproche du comportement désiré sans être pleinement satisfaisant ? (2) Doit-on utiliser le renforcement positif à chaque manifestation du comportement recherché ? Ces deux questions concernent respectivement le façonnement et les programmes de renforcement positif.

LE FAÇONNEMENT

Si le comportement désiré est très précis et difficile à obtenir, on peut avoir recours à une série de renforcements positifs. Le **façonnement** consiste ainsi à obtenir un comportement donné par le renforcement positif d'approximations successives de ce comportement. Prenons un exemple pour l'illustrer.

▸ **Façonnement**
Stratégie de renforcement qui consiste à obtenir un comportement donné par le renforcement positif d'approximations successives de ce comportement

Afin de pouvoir travailler sur de nouvelles machines à couler le métal, une équipe d'opérateurs de Ford Motor doit apprendre à maîtriser une série de tâches complexes pour que le métal coulé dans les moules ne comporte ni bulles, ni fissures, ni bavures[49]. Le remplissage des moules se fait en trois phases de complexité croissante. Des ouvriers instructeurs enseignent d'abord la première aux néophytes, puis les regardent travailler en les félicitant chaque fois qu'ils font quelque chose correctement. Par la suite, à mesure que les apprentis gagnent en expérience, les instructeurs ne les félicitent plus que s'ils exécutent correctement toutes les tâches de la première étape. Celle-ci étant maîtrisée, on passe à l'étape suivante. Les instructeurs offrent alors leurs encouragements renforçateurs seulement à ceux qui maîtrisent, en plus de toutes les tâches de la première étape, l'une de celles de la deuxième. Peu à peu, l'équipe de travailleurs apprend ainsi à maîtriser les trois étapes, et chaque membre doit alors réussir une série complète de moulages impeccables pour recevoir des félicitations (renforcement positif contingent et immédiat). En agissant de la sorte, les instructeurs façonnent progressivement le comportement des travailleurs pour obtenir le comportement désiré.

LES PROGRAMMES DE RENFORCEMENT POSITIF

▸ **Renforcement continu**
Stratégie de renforcement qui consiste à récompenser le comportement souhaité chaque fois qu'il se manifeste

▸ **Renforcement intermittent** (ou **renforcement partiel**)
Stratégie de renforcement qui consiste à ne récompenser le comportement souhaité qu'occasionnellement

Les programmes de renforcement positif peuvent miser soit sur le **renforcement continu**, où chaque manifestation du comportement souhaité est suivie d'une récompense, soit sur le **renforcement intermittent** (ou **renforcement partiel**), où les récompenses sont accordées de manière occasionnelle. Ces deux types de renforcements agissent différemment. En général, le renforcement continu amène plus rapidement le comportement souhaité ; c'était l'approche la plus appropriée au début de la formation des apprentis de l'exemple précédent. Cependant, il est très coûteux en récompenses. De plus, le comportement encouragé disparaît plus rapidement lorsque ces dernières cessent. Avec le renforcement intermittent, le comportement a tendance à durer plus longtemps lorsque les récompenses cessent ; on dit qu'il résiste mieux à l'*extinction*. C'est pourquoi, après les premiers succès des apprentis, les instructeurs sont passés du renforcement continu au renforcement intermittent.

Dans le cadre d'un programme de renforcement intermittent, l'attribution de la récompense peut être fonction du temps écoulé ou du nombre de fois où le comportement a été répété. De plus, la période ou le nombre de comportements sur lequel le programme est basé peut être fixe ou variable. Comme l'illustre la **figure 4.10**, on peut ainsi différencier quatre types de programmes de renforcement.

Dans un *programme à intervalles fixes*, après une période donnée, on accorde la récompense à la première apparition du comportement désiré, puis de nouveau après le même délai. Dans un *programme à ratio fixe*, on accorde la récompense toutes les *n* fois qu'on observe le comportement désiré.

FIGURE 4.10 QUATRE TYPES DE PROGRAMMES DE RENFORCEMENT INTERMITTENT

	INTERVALLES	RATIO
	Intervalles fixes Recours au renforçateur à intervalles réguliers et prédéterminés *Exemples :* • Chèque de paie hebdomadaire ou mensuel • Examens trimestriels planifiés	**Ratio fixe** Recours au renforçateur après un nombre fixe de répétitions du comportement souhaité *Exemples :* • Salaire à la pièce • Commission sur les ventes (montant fixe sur chaque dollar de vente)
	Intervalles variables Recours au renforçateur à intervalles irréguliers et aléatoires *Exemples :* • Compliments à l'occasion de visites imprévues du patron • Nombre indéterminé d'interrogations surprises au cours du trimestre	**Ratio variable** Recours au renforçateur après un nombre aléatoire de répétitions du comportement souhaité *Exemples :* • Contrôle de la qualité d'un échantillon d'une gamme de produits pris au hasard, suivi de compliments pour une qualité totale • Commission sur les ventes (le nombre d'appels nécessaire pour obtenir une vente varie)
	Renforcement fondé sur le temps	**Renforcement fondé sur le nombre de répétitions du comportement**

Dans un *programme à intervalles variables*, on récompense le comportement désiré à intervalles aléatoires, tandis que dans un *programme à ratio variable*, on donne la récompense selon une fréquence aléatoire d'apparition du comportement désiré. Ces deux derniers programmes, de type variable, fournissent généralement des résultats plus constants concernant le comportement désiré. Ainsi, une fois que les apprentis de Ford Motor ont maîtrisé une étape du moulage, les instructeurs poursuivent le renforcement avec un programme à ratio variable.

Prenons le cas d'une entreprise qui, aux prises avec un taux d'absentéisme élevé, décide d'adopter une stratégie de renforcement positif pour améliorer l'assiduité de son personnel. Elle instaure une prime semestrielle de 200$ pour une assiduité parfaite, avec un supplément annuel de 500$ pour les individus ayant une feuille de présence parfaite. Ces derniers peuvent en outre participer à une loterie : le tirage au sort donne lieu à un grand banquet, et les gagnants ont droit à un séjour pour deux, toutes dépenses payées, dans un centre de villégiature.

Si on examine la nature de ce programme de renforcement positif, on constate qu'il s'agit d'un programme à ratio fixe combiné à un programme à ratio variable. Le programme à ratio fixe récompense le comportement désiré (l'assiduité parfaite) selon sa fréquence : nombre de jours de présence au travail sur une période de 6 mois et de 12 mois. Pour chaque période au cours de laquelle un travailleur est parfaitement assidu, il reçoit une prime. Il s'agit donc bien d'un programme à ratio fixe. S'ajoute à cela un programme à ratio variable qui donne le droit de participer à une loterie. Pourquoi la loterie correspond-elle à un programme à ratio variable ? Parce que le travailleur doit reproduire le comportement désiré – et donc ne jamais s'absenter pendant un an – un nombre indéterminé de fois avant de gagner un voyage. Adopter ce comportement – ne jamais s'absenter – afin de se qualifier pour le tirage, c'est un peu comme jouer avec une machine à sous : le joueur doit continuer à nourrir la machine – à conserver son assiduité parfaite – parce qu'il n'a aucune idée du moment où il touchera le gros lot, le fameux voyage[50].

Toutes sortes d'entreprises, du concessionnaire automobile à la grande société d'assurances, utilisent de telles loteries[51]. Les dirigeants de certains hôpitaux du Québec ont d'ailleurs adopté une stratégie similaire pour réduire le taux d'absentéisme très élevé chez les infirmières.

LE RENFORCEMENT NÉGATIF

Renforcement négatif (ou **évitement**)
Stratégie de modification du comportement qui consiste à faire suivre le comportement souhaité du retrait de conséquences négatives ou désagréables, afin de favoriser la répétition du comportement dans des conditions similaires

La deuxième stratégie de modification du comportement organisationnel est le **renforcement négatif** (ou **évitement**), qui consiste à faire suivre le comportement souhaité du retrait de conséquences négatives ou désagréables afin de favoriser la répétition de ce comportement dans des conditions similaires. On en trouve un exemple lorsqu'un gérant de restaurant McDonald's ayant l'habitude de reprocher à l'un de ses subordonnés son manque d'assiduité s'abstient de toute critique le jour où celui-ci arrive à l'heure. Notons que cette approche repose sur deux conditions : (1) l'existence préalable de conséquences négatives (les critiques) ; (2) leur retrait dès que le comportement désiré se manifeste.

On donne à cette stratégie le nom de *renforcement négatif* en raison de sa principale caractéristique : le retrait de conséquences négatives. Plus rarement, on l'appelle *évitement* parce que l'individu adopte le comportement désiré pour *éviter* une conséquence négative. Lorsque nous nous garons aux endroits autorisés et respectons les feux de circulation, nous le faisons pour *éviter* les contraventions. Dans le même ordre d'idées, un travailleur qui préfère un poste de jour peut l'obtenir si son patron est satisfait de son rendement à un poste de nuit.

LA PUNITION

Punition
Stratégie de modification du comportement qui consiste à attribuer des conséquences négatives ou à supprimer des conséquences positives à la suite d'un comportement indésirable, et ce, afin de diminuer la probabilité que le comportement se répète dans des conditions similaires

La troisième stratégie de modification du comportement organisationnel fait appel à la punition qui, contrairement aux renforcements positif et négatif, n'est pas destinée à affermir un comportement positif, mais à *décourager un comportement négatif ou indésirable*. La **punition** peut se décrire comme l'attribution de conséquences négatives ou le retrait de conséquences positives à la suite d'un comportement indésirable, et ce, afin de diminuer la probabilité que le comportement se répète dans des conditions similaires. Par exemple, lorsque le gérant d'un restaurant Burger King affecte un travailleur retardataire à une tâche désagréable, comme l'entretien des toilettes, il le punit en attribuant une conséquence négative au retard. Lorsqu'il fait une retenue sur le salaire du retardataire, il le punit en faisant disparaître une conséquence positive.

Richard Branson mène ses troupes grâce à sa personnalité et au renforcement positif[52]

Des **leaders** parlent de **leadership**

Sir Richard Branson, le fondateur bien connu du groupe Virgin, croit aux vertus du renforcement positif. « Vous devez sans cesse combler d'éloges ceux qui travaillent avec vous ou sous vos ordres, dit-il. Si vous arrosez une plante, elle fleurira. Sinon, elle s'étiolera et périra. » Il ajoute même : « C'est bien plus amusant de dénicher les qualités des gens. »

Le groupe Virgin est un conglomérat d'entreprises qui emploient des milliers de personnes partout dans le monde. Il possède même une entreprise spatiale, Virgin Galactic. C'est un groupe aux initiatives très créatives et ambitieuses, à l'image de Branson lui-même. « J'aime apprendre sur des sujets que je connais peu », affirme ce dernier.

Cependant, si vous croisez Branson dans la rue, vous pourrez être surpris. Il est décontracté, souriant et drôle. Mais lorsqu'il s'agit d'affaires et de leadership, on considère qu'il est brillant. Son but est de faire de Virgin « la marque la plus respectée du monde entier ».

L'homme qui tient les rênes de la marque Virgin est, au dire des autres, « flamboyant », qualité qu'il ne nie pas et qu'il considère comme un avantage commercial majeur assurant, à lui et à son entreprise, une bonne visibilité.

À propos du leadership, Branson déclare : « Avoir une personnalité empathique est important… Vous ne pouvez pas être un bon leader si vous n'aimez pas les gens en général. Ce n'est qu'ainsi que vous dénicherez leurs talents. » Il affirme que sa personnalité s'est développée au sein de sa famille, pendant son enfance. Quand il a eu 10 ans, sa mère l'a inscrit à une randonnée à vélo de 500 km pour lui tremper le caractère et l'aguerrir. À l'âge de 16 ans, il a lancé un magazine estudiantin, et à 22 ans, le magasin de disques Virgin. Au moment de ses 30 ans, le groupe Virgin progressait à toute vapeur.

Branson prétend qu'il ne prendra jamais sa retraite. Devenu Sir Richard après avoir été anobli, il continue de diriger Virgin, qui est devenu pour lui un « mode de vie ». Mais il déclare aussi : « Durant la prochaine étape de ma vie, je veux utiliser mes compétences en affaires pour m'occuper des causes humanitaires partout dans le monde… La malaria tue quatre millions de personnes chaque année en Afrique. Le sida en tue davantage… Je ne veux pas gaspiller cette fabuleuse chance que j'ai eue. »

QUESTIONS Sir Richard a certainement confiance en lui-même aussi bien comme personne que comme leader. Dans quelle mesure son succès en affaires et ses talents de leader sont-ils attribuables à sa gestion des impressions concernant le public ? Est-ce quelque chose que nous pourrions tous utiliser à notre avantage ? Lorsqu'il dit « vous devez sans cesse combler d'éloges ceux qui travaillent sous vos ordres », donne-t-il un exemple de mise en pratique de la loi de l'effet ? Par ailleurs, Branson semble maintenant rechercher plus qu'un succès personnel ; il veut laisser son empreinte dans les domaines social et humanitaire. S'agit-il d'une évolution naturelle chez les entrepreneurs et les cadres supérieurs connaissant le succès ?

Des études confirment que la punition a de réels effets en gestion. Si elle est vraiment justifiée et infligée pour un rendement médiocre, elle entraîne une amélioration marquée du rendement sans incidence notable sur la satisfaction. En revanche, si elle est jugée arbitraire par les travailleurs, elle a un effet déplorable à la fois sur la satisfaction et sur le rendement[53]. La punition peut donc être infligée à bon ou à mauvais escient, et il incombe au gestionnaire de savoir quand et comment l'utiliser adéquatement.

Par ailleurs, un renforcement positif provenant d'une autre source peut neutraliser l'effet de la punition. Ainsi, le comportement qui vaut à un travailleur une sanction de son supérieur peut recevoir un renforcement positif de la part de ses collègues. Parfois, le travailleur accorde une telle valeur au soutien de ses pairs qu'il encaisse la punition sans changer quoi que ce soit à sa conduite. Par exemple, s'il est encouragé par les ricanements de ses collègues, il peut continuer à s'amuser aux dépens de nouveaux membres du personnel malgré les remontrances répétées de son supérieur.

Le gestionnaire doit-il pour autant renoncer aux punitions ? Certainement pas, mais il doit y recourir en temps opportun et de façon judicieuse.

L'EXTINCTION

Extinction
Stratégie de modification du comportement qui consiste dans le retrait du renforçateur d'un comportement, ce qui a pour effet d'atténuer ou de faire disparaître ce dernier

La quatrième stratégie de modification du comportement organisationnel est l'**extinction**, c'est-à-dire le retrait du renforçateur d'un comportement, ce qui a pour effet d'atténuer ou de faire disparaître ce dernier. Voici un exemple. Jacques est souvent en retard, mais ses collègues le protègent en assumant ses tâches à sa place (renforcement positif). Un jour, le supérieur leur demande de cesser d'agir de la sorte (retrait des conséquences positives). Ce faisant, il recourt délibérément à l'extinction pour faire disparaître le comportement indésirable ou, du moins, pour diminuer sa fréquence.

Notons que, même si cette stratégie peut effectivement l'atténuer beaucoup ou en diminuer la fréquence, le comportement indésirable n'est pas *désappris* pour autant ; si on le renforce de nouveau, il réapparaîtra. Retenons donc que, si le renforcement positif cherche à établir et à maintenir un comportement profession-nel souhaité, l'extinction vise à atténuer ou à éliminer un comportement jusque-là encouragé.

RÉSUMÉ DES STRATÉGIES DE MODIFICATION DU COMPORTEMENT ORGANISATIONNEL

La **figure 4.11** résume dans un schéma les diverses stratégies de modification du comportement organisationnel. Toutes visent à orienter les comportements en milieu de travail vers des pratiques souhaitées par les gestionnaires. Qu'il soit positif ou négatif, le renforcement a pour but d'encourager les comportements désirables qui améliorent la qualité du travail. La punition, par l'attribution de conséquences négatives ou par le retrait de conséquences positives, vise à atténuer ou à faire disparaître un comportement franchement indésirable en milieu de travail. L'extinction vise également l'atténuation ou l'élimination d'un comportement non désiré, tel qu'un travail très insatisfaisant caractérisé par de nombreuses erreurs. L'extinction, consistant dans le retrait du renforçateur, est donc inopportune si le comportement adopté est adéquat, en l'occurrence si le travail est satisfaisant.

Le gestionnaire peut recourir à l'une ou à l'autre de ces quatre stratégies, ou encore à une combinaison de plusieurs d'entre elles.

LE RENFORCEMENT : LE POUR ET LE CONTRE

Le recours judicieux aux stratégies de modification du comportement peut faciliter la gestion des comportements humains en milieu de travail. C'est du moins ce qu'indiquent les expériences menées, dans une grande variété d'entreprises, par un grand nombre d'agences de consultants spécialisées dans le domaine du renforcement.

Cependant, la popularité de ce type d'approche ne doit pas occulter les critiques émises à son égard. Ainsi, en y regardant de plus près, on constate que le présumé *succès* de certains programmes de renforcement ne repose en fait que sur des expériences isolées n'ayant fait l'objet d'aucune étude scientifique. Il reste encore à prouver que les améliorations observées – si améliorations il y a – tiennent vraiment aux

FIGURE 4.11 DES EXEMPLES DE STRATÉGIES DE MODIFICATION DU COMPORTEMENT ORGANISATIONNEL

Antécédent déterminé par le gestionnaire (condition qui suscite le comportement)	Réaction comportementale du travailleur	Conséquences attribuées par le gestionnaire (selon le comportement)	Stratégies de modification du comportement organisationnel (type de conséquence)
«Travaillez mieux!»	• Amélioration de la qualité de son travail	«Félicitations! Je recommanderai qu'on vous donne une augmentation.»	Renforcement positif (attribution d'une conséquence positive)
	• Amélioration de la qualité de son travail	Cessation des critiques	Renforcement négatif (retrait d'une conséquence négative)
	• Travail très insatisfaisant	Critiques et réprimandes	Punition (attribution d'une conséquence négative)
	• Travail très insatisfaisant	Suppression des primes au mérite	Punition (retrait d'une conséquence positive)
	• Travail très insatisfaisant	Réaménagement physique de l'espace et restructuration des équipes: les aires ouvertes regroupant de bons amis de longue date généraient des pertes de temps et minaient leur rendement	Extinction (retrait du renforçateur)

stratégies de modification du comportement. Un critique affirme même qu'à lui seul le processus de fixation d'objectifs pourrait expliquer l'amélioration du rendement qu'on semble avoir constatée: autrement dit, les résultats de ces programmes découleraient du fait que les gestionnaires aient été amenés à fixer des objectifs de rendement beaucoup plus explicites à leurs travailleurs et que ces derniers soient tenus responsables de leur atteinte[54]. D'autres critiques émettent des réserves d'ordre éthique sur le recours aux stratégies de renforcement à des fins de manipulation du comportement humain en milieu de travail. Pour certains, une utilisation systématique de ces approches véhicule une vision déshumanisante et humiliante des travailleurs, et risque de nuire à leur développement[55]. Dans le même ordre d'idées, d'autres dénoncent ce qu'ils considèrent comme un abus de pouvoir de la part des gestionnaires, lesquels profitent de leur position d'autorité et de leurs connaissances pour exercer une emprise sur le comportement de leurs subordonnés.

Il est vrai que la modification du comportement implique que le gestionnaire exerce une emprise sur le comportement du personnel, reconnaissent les défenseurs de ces stratégies. Mais cela est inhérent à son rôle et tout à fait légitime tant que ce pouvoir s'exerce de façon constructive, soutiennent-ils[56].

GUIDE de révision

RÉSUMÉ

QU'EST-CE QUE LE PROCESSUS DE PERCEPTION ?

- Chacun d'entre nous perçoit ce qui l'entoure en recevant de l'information de l'environnement puis en la sélectionnant, en l'organisant, en l'interprétant et en la récupérant.
- La perception joue le rôle d'un filtre que doivent traverser les communications entre deux personnes.
- Comme ils ont tendance à percevoir les choses différemment, les individus peuvent interpréter différemment la même situation et y réagir également différemment.
- Trois facteurs influent sur le processus de perception : l'agent perceptif (celui qui perçoit), le cadre de perception (le contexte) et l'objet perçu (la personne, la chose, l'événement).
- Les réactions au processus de perception sont de trois types : des impressions, des opinions et des actes.

QUELLES SONT LES ERREURS DE PERCEPTION LES PLUS COURANTES ?

- Le *stéréotype* ou le *cliché* fait en sorte que tous les membres d'un groupe donné ou d'une catégorie de la population se voient attribuer des caractéristiques identiques, sans que soient prises en considération les différences individuelles qui existent entre eux.
- L'*effet de halo* se produit lorsqu'on se fait une impression générale d'une personne ou d'une situation en se fondant sur une seule de ses caractéristiques.
- La *perception sélective* est la tendance à privilégier une lecture de la réalité qui correspond à ses besoins, à ses attentes, à ses valeurs et à ses attitudes, et qui amène à ne voir que certains aspects d'une situation, d'une personne ou d'un point de vue.
- La *projection* consiste à attribuer à autrui des caractéristiques propres à soi.
- L'*effet de contraste* peut se manifester dans une situation où les caractéristiques d'un individu tranchent avec celles d'autres individus rencontrés un peu plus tôt et évalués nettement plus favorablement ou défavorablement.
- La *prophétie qui se réalise* est la propension à susciter ou à découvrir ce à quoi on s'attend chez quelqu'un ou dans une situation donnée.

QUELS SONT LES LIENS ENTRE LES PROCESSUS DE PERCEPTION, D'ATTRIBUTION ET D'APPRENTISSAGE SOCIAL ?

- Le processus d'attribution est le processus par lequel une personne tente de comprendre le rôle des facteurs internes et externes dans le comportement des individus et dans les événements.

- Trois facteurs permettent d'attribuer l'origine d'un comportement ou d'une situation à des causes externes ou internes : la spécificité, le consensus et l'uniformité.
- Lorsqu'on attribue d'emblée le piètre rendement d'individus à des facteurs personnels, sans tenir compte de possibles causes externes, on commet une erreur fondamentale d'attribution.
- L'effet de complaisance se manifeste lorsqu'on attribue ses succès à des facteurs internes et ses échecs à des facteurs externes.
- La théorie de l'apprentissage social fait le lien entre les processus de perception et d'attribution en montrant que l'apprentissage est le fruit de l'interaction entre l'individu, le comportement des gens qui l'entourent et l'environnement.

QUELS SONT LES TENANTS ET LES ABOUTISSANTS DE L'APPRENTISSAGE PAR RENFORCEMENT ?

- La théorie du renforcement met l'accent sur l'influence que peut exercer sur le comportement d'autrui la manipulation des conséquences qui y sont associées.
- Le renforcement se fonde sur la loi de l'effet, selon laquelle un comportement suivi d'une conséquence agréable a de fortes chances de se répéter, tandis qu'un comportement suivi d'une conséquence désagréable ne se reproduira probablement pas.
- Le renforcement positif est une stratégie de modification du comportement qui consiste à faire suivre le comportement souhaité de conséquences positives, afin d'augmenter la probabilité de le voir se reproduire dans un contexte similaire.
- Dans un programme de renforcement positif, la récompense ne doit être attribuée que si le comportement désiré se manifeste (loi du renforcement contingent) et elle doit venir le plus rapidement possible après la manifestation du comportement (loi du renforcement immédiat). La récompense peut être accordée de façon continue ou intermittente, selon les objectifs visés et les ressources disponibles.
- Le renforcement négatif (ou évitement) est une stratégie de modification du comportement qui consiste à faire suivre le comportement souhaité du retrait de conséquences négatives ou désagréables, ce qui a pour effet de favoriser la répétition du comportement dans des conditions similaires.
- La punition est une stratégie de modification du comportement qui consiste à attribuer des conséquences négatives ou à éliminer des conséquences positives à la suite d'un comportement indésirable, et ce, afin de diminuer la probabilité que le comportement se répète dans des conditions similaires.
- L'extinction est une stratégie de modification du comportement qui consiste dans le retrait du renforçateur d'un comportement, ce qui a pour effet d'atténuer ou de faire disparaître ce dernier.

MOTS CLÉS

Attribution	p. 119
Conditionnement opérant (ou conditionnement instrumental)	p. 127
Conditionnement répondant (ou conditionnement pavlovien)	p. 126
Effet de complaisance	p. 121
Effet de contraste	p. 117
Effet de halo	p. 116
Erreur fondamentale d'attribution	p. 120
Extinction	p. 134
Façonnement	p. 129
Filtrage sélectif	p. 106
Gestion de l'impression	p. 110
Loi de l'effet	p. 127
Loi du renforcement contingent	p. 129
Loi du renforcement immédiat	p. 129
Modification du comportement organisationnel	p. 128
Perception	p. 103
Perception sélective	p. 117
Projection	p. 117
Prophétie qui se réalise	p. 118
Punition	p. 132
Récompense extrinsèque	p. 128
Renforcement	p. 126
Renforcement continu	p. 130
Renforcement intermittent (ou renforcement partiel)	p. 130
Renforcement négatif (ou évitement)	p. 132
Renforcement positif	p. 128
Schème	p. 107
Stimulus	p. 126
Théorie de l'apprentissage social	p. 123

MonLab
Évaluation des connaissances
questions interactives

ÉVALUATION DES CONNAISSANCES

QUESTIONS À CHOIX MULTIPLE

1. La perception est un processus par lequel les gens ________ et interprètent l'information. **a)** génèrent **b)** reçoivent **c)** transmettent **d)** vérifient
2. Lorsqu'une personne ne saisit qu'une petite partie de l'information qui lui vient de l'extérieur, elle recourt à un processus portant le nom ________ **a)** d'interprétation. **b)** d'autoscénarisation. **c)** d'attribution. **d)** de filtrage sélectif.
3. L'effet de complaisance est une erreur d'attribution qui consiste à ________ **a)** s'en prendre à soi-même pour des problèmes dont on n'est pas responsable. **b)** blâmer l'environnement ou les autres pour des problèmes dont on est responsable. **c)** faire preuve de peu d'intelligence émotionnelle. **d)** avoir un faible sentiment de compétence.
4. L'erreur fondamentale d'attribution consiste à ________ **a)** surestimer l'influence des facteurs conjoncturels lorsqu'on évalue le comportement d'autrui. **b)** sous-estimer l'influence des facteurs personnels lorsqu'on évalue le comportement d'autrui. **c)** surestimer l'influence des facteurs personnels lorsqu'on évalue le comportement d'autrui. **d)** nier sa responsabilité personnelle en cas d'échec.

5. Si une nouvelle chef d'équipe change les tâches des personnes de son groupe de travail de telle sorte qu'elles répondent davantage à ses besoins qu'aux besoins de ses subordonnés, elle commet une erreur de perception appelée ________ **a)** effet de halo. **b)** stéréotype. **c)** perception sélective. **d)** projection.

6. Le recours à une façon particulière de s'habiller, à des manières ou à des gestes spécifiques ou encore à un vocabulaire spécial dans une entrevue avec un employeur potentiel est un exemple ________ **a)** de projection. **b)** de perception sélective. **c)** de gestion des impressions. **d)** d'effet de halo.

7. L'erreur de perception qu'on appelle ________ est associée à l'effet Pygmalion et consiste à découvrir ou à susciter dans une situation ce à quoi on s'attendait. **a)** sentiment de compétence **b)** projection **c)** prophétie qui se réalise **d)** effet de halo

8. Si un gestionnaire permet qu'une caractéristique d'une personne, par exemple son côté aimable, vienne fausser l'évaluation du rendement global de cette dernière, il commet une erreur de perception appelée ________ **a)** effet de halo. **b)** stéréotype. **c)** perception sélective. **d)** projection.

9. La prémisse qui sous-tend la théorie du renforcement est que ________ **a)** le comportement d'un individu est fonction de ses conséquences sur l'environnement. **b)** la motivation est engendrée par une attente positive. **c)** des besoins d'ordre supérieur stimulent l'assiduité au travail. **d)** les récompenses considérées comme injustes sont une source de démotivation.

10. La loi ________ stipule qu'un comportement qui aura des conséquences positives sera probablement répété, alors qu'un comportement qui aura des conséquences indésirables ne le sera probablement pas. **a)** du renforcement **b)** de la contingence **c)** de la fixation d'objectifs **d)** de l'effet

11. ________ est une stratégie de renforcement positif qui récompense les approximations successives d'un comportement souhaitable. **a)** L'extinction **b)** Le renforcement négatif **c)** Le façonnement **d)** La rémunération selon le mérite

12. La modification du comportement organisationnel repose, notamment, sur ________ **a)** le renforcement systématique des comportements souhaités. **b)** les récompenses non contingentes. **c)** les punitions non contingentes. **d)** l'extinction plutôt que sur le renforcement positif.

13. Le but du renforcement négatif en tant que technique de conditionnement opérant est de ________ **a)** punir un mauvais comportement. **b)** décourager un mauvais comportement. **c)** encourager un comportement souhaitable. **d)** compenser l'effet du façonnement.

14. La punition ________ **a)** peut parfois être neutralisée par un renforcement positif provenant d'une autre source. **b)** s'avère généralement la stratégie de modification du comportement organisationnel la plus efficace. **c)** est plus efficace si elle est infligée anonymement. **d)** ne devrait jamais être directement liée à sa cause.

15. Une caractéristique déterminante de la théorie de l'apprentissage social est qu'elle ________ **a)** reconnaît l'existence de l'apprentissage vicariant. **b)** ne se préoccupe pas des récompenses extrinsèques. **c)** ne se fonde que sur le recours au renforcement négatif. **d)** évite de s'intéresser au sentiment de compétence.

QUESTIONS À RÉPONSE BRÈVE

16. Dessinez un schéma présentant les étapes du processus de perception et commentez-le brièvement.

17. Choisissez deux erreurs de perception, définissez-les et expliquez pourquoi elles influent sur le processus de perception.

18. Comparez le conditionnement répondant et le conditionnement opérant en soulignant ce qui distingue ces deux approches.

19. Comparez le renforcement et l'apprentissage social en soulignant ce qui distingue ces deux approches.

QUESTION À DÉVELOPPEMENT

20. L'une de vos amies vient d'être nommée chef d'une équipe de travail. C'est sa première affectation à un poste de leader. Récemment, elle a entendu parler de la théorie de l'attribution et elle aimerait que vous la lui expliquiez en détail, en vous concentrant sur son utilité et sur ses risques pour la gestion d'une équipe. Que lui direz-vous ?

LE CO DANS LE FEU DE L'ACTION

Pour ce chapitre, nous vous suggérons les activités suivantes du *Cahier d'apprentissage en CO* (voir p. C1).

Étude de cas	Exercices	Autoévaluations
8. La société MagRec	8. Les préjugés au quotidien 9. Comment percevons-nous les différences ? 10. La rivière aux alligators 12. Les inconvénients des mesures disciplinaires	1. Les postulats d'un gestionnaire 6. Votre degré de tolérance à l'ambiguïté 17. L'influence des heuristiques sur le processus décisionnel

Les théories de la motivation

Malgré leur grand talent, nombreux sont ceux qui ne parviennent pas à avoir du succès. C'est qu'ils ne sont tout simplement pas prêts à travailler suffisamment fort pour obtenir de bons résultats. Il est difficile d'arriver à quoi que ce soit en l'absence d'une volonté ferme de fournir les efforts requis. Ce chapitre traite d'une question essentielle en matière de gestion et de comportement organisationnel : qu'est-ce qui amène les membres d'une organisation à être hautement motivés à travailler ?

Chapitre

5

OBJECTIFS D'APPRENTISSAGE

Après l'étude de ce chapitre, vous devriez pouvoir :

- Définir le concept de motivation et distinguer les théories du contenu et les théories des processus.
- Expliquer les postulats des différentes théories du contenu : théorie de la hiérarchie des besoins, théorie ERD, théorie des besoins acquis et théorie bifactorielle.
- Saisir les fondements de la théorie de l'équité.
- Préciser les éléments clés de la théorie des attentes.
- Expliquer les principes directeurs et les applications de la théorie de la fixation des objectifs.
- Décrire les éléments clés de la théorie de l'autodétermination et en présenter les applications.

L'accomplissement exige des efforts.

PLAN DU CHAPITRE

LA MOTIVATION
Les différentes théories de la motivation • La motivation et les différences culturelles

LES THÉORIES DU CONTENU
La théorie de la hiérarchie des besoins • La théorie ERD • La théorie des besoins acquis • La théorie bifactorielle

LA THÉORIE DE L'ÉQUITÉ
L'équité et les comparaisons sociales • Les prédictions relatives à la théorie de l'équité • La théorie de l'équité et la justice organisationnelle

LA THÉORIE DES ATTENTES
Les termes et les concepts propres à la théorie des attentes • Les prédictions relatives à la théorie des attentes • Les applications et les recherches relatives à la théorie des attentes

LA THÉORIE DE LA FIXATION DES OBJECTIFS
Les éléments motivateurs des objectifs • Les principes directeurs de la fixation des objectifs • La fixation d'objectifs et la gestion par objectifs

LA THÉORIE DE L'AUTODÉTERMINATION
Les divers types de motivation • La théorie de l'évaluation cognitive • Les applications relatives à la théorie de l'autodétermination

GUIDE DE RÉVISION

Comme chez Google… à Drummondville

Chez Soprema, on trouve une denrée qui se fait de plus en plus rare : des employés qui, comme François Bonin, ont 27 ans d'ancienneté. Cette année, la direction lui a demandé de choisir l'arbre sur lequel se trouvera la plaque où apparaîtront son nom et la date de son arrivée dans l'entreprise.

Chaque fois qu'il entrera au travail, il croisera l'arbre. La mise en terre de celui-ci sera célébrée lors d'un barbecue auquel toute la famille Bonin sera invitée. Ce nouveau programme de reconnaissance s'adressera à tous les employés fidèles depuis plus de 20 ans à l'enseigne du sympathique mammouth gris et bleu.

Soprema en plantera, des arbres. « Près de 70 % de nos employés ont plus de 20 ans d'ancienneté », dit Richard Voyer, vice-président et directeur général, Amérique du Nord, de l'entreprise de Drummondville.

Grâce à une croissance importante au cours des dernières années, ce fabricant de revêtements d'étanchéité pour la construction a décidé de bichonner ses 400 employés pour les inciter à continuer l'aventure.

C'est sûr que nous investissons de manière importante dans nos employés, mais nous ne voyons pas comment faire autrement pour progresser.

C'est en 2001 que le service des ressources humaines a vu le jour. Avant cela, le recrutement était fait au hasard. « On partait de loin », se souvient M. Voyer.

Filiale d'une entreprise française fondée en 1908, Soprema Canada a voulu se distinguer à l'aide de grandes mesures, mais aussi de petits détails qui comptent.

« Les patrons nous rendent souvent visite. Le directeur de l'usine serre la main des employés tous les matins. Certains d'entre eux n'en ont pas l'habitude, mais nous avons toujours fait cela ici », dit le chef machiniste, François Bonin.

Autre habitude appliquée à l'interne : « Prendre des décisions en consultant directement les employés des usines », explique Véronique Labrecque, directrice des ressources humaines. Ainsi, chaque année, le PDG prononce un discours pour annoncer les orientations de l'entreprise aux employés.

Si l'entreprise mise sur une grande transparence à l'interne, elle n'hésite pas non plus à se tourner vers l'exté-

La motivation

Motivation au travail
Ensemble des énergies qui sous-tendent l'orientation, l'intensité et la persistance des efforts qu'un individu consacre à son travail

Le gestionnaire à qui on demande de nommer une préoccupation commune à la plupart des organisations mentionnera probablement la nécessité de motiver les individus et de créer les conditions qui les inciteront à demeurer là. En CO, on définit la **motivation au travail** comme l'ensemble des énergies qui sous-tendent l'orientation, l'intensité et la persistance des efforts qu'un individu consacre à son travail. Ici, l'*orientation* concerne le choix qu'effectue une personne placée devant plusieurs possibilités (par exemple, viser la qualité ou la quantité, ou les deux), l'*intensité* touche la quantité d'énergie déployée (par exemple, beaucoup ou peu) et la *persistance* se rapporte à la durée des efforts (par exemple, essayer d'atteindre un degré élevé de qualité sur le plan de la production ou abandonner si cela devient difficile à réaliser).

LES DIFFÉRENTES THÉORIES DE LA MOTIVATION

Plusieurs théories de la motivation ont été proposées à ce jour. On peut les classer, pour la plupart, en deux grandes catégories : les théories du contenu et les théories des processus[1]. Ces deux types de théories contribuent à notre compréhension de la rieur, depuis que son vice-président, M. Voyer, a entrepris un MBA exécutif à Concordia en 2005 pour se perfectionner en gestion. « Nous étions une entreprise technique, notre personnel était issu du domaine technique et avait accédé à des postes de gestion. Mais nous ne naissons pas cadre ou directeur d'usine. » Depuis, Soprema a mis sur pied un programme de formation continue sur la résolution des conflits et le leadership ainsi qu'un processus global de requalification et de description des tâches, et tout d'abord, celles de la direction.

Une dizaine d'employés de 25 à 35 ans suivent aussi un programme de MBA financé par l'entreprise.

« Nous voulons investir dans les employés et dans notre avenir. En entrevue, nous demandons à nos candidats s'ils se voient toujours dans l'entreprise après 30 ans. Le pire, c'est que personne ne nous prend au sérieux », affirme Richard Voyer. Pourtant, une des priorités des dirigeants de Soprema est de faire progresser les jeunes recrues afin d'établir un plan de relève solide. « Tous les dirigeants ont près de 45 ans. Une entreprise se doit de préparer la relève », soutient le vice-président.

Pour cela, l'entreprise ne lésine pas sur les avantages sociaux, reconnus comme ambitieux : assurance-maladie, assurance dentaire, assurance-voyage… Mais aussi, un régime de retraite à cotisations déterminées, un club social actif qui a même formé une équipe pour prendre part à une course de bateaux-dragons, une compétition où 20 personnes doivent ramer ensemble. L'image en dit long : « Nous avons remporté la deuxième place du concours alors que nous n'y avions jamais participé. Dans cette course, l'important n'était pas la vitesse, mais la coordination et l'harmonie entre les membres », dit Mme Labrecque.

Autre investissement d'importance : l'achat de locaux situés près de l'autoroute 20, pour rapprocher les services administratifs de l'usine de Drummondville. Ces locaux abritent un laboratoire dernier cri, une cafétéria moderne, un petit salon au milieu des bureaux, un terrain de volleyball sur sable, des aires à vélo, et bientôt, un gym… « Nous voulons nous donner un cadre à la Google, avec les moyens que nous avons, dit Richard Voyer. Cet environnement favorise l'esprit d'équipe et le dépassement de soi. C'est sûr que nous investissons de manière importante dans nos employés, mais nous ne voyons pas comment faire autrement pour progresser. »

Source : Marie Lyan, « Comme chez Google… à Drummondville », *Les Affaires*, 19 juin 2010, p. 16.

motivation au travail, mais aucune n'offre à elle seule une explication complète. Notre but est, dans ce chapitre, d'examiner ces diverses théories et de relever leurs principales applications en matière de gestion et, au chapitre suivant, de réunir tous les éléments dans un modèle intégré de la motivation au travail.

Les **théories du contenu** ont surtout pour objet la compréhension des *besoins* des individus, c'est-à-dire des lacunes matérielles ou psychologiques qu'ils se sentent poussés à combler. Se fondant sur elles, les chercheurs tentent d'expliquer comment des besoins non comblés dans l'environnement professionnel peuvent entraîner un rendement médiocre, des comportements indésirables, une insatisfaction professionnelle, etc. Pour les tenants de ces théories, il incombe aux gestionnaires d'établir un milieu de travail qui réponde aux besoins individuels. Ce chapitre traite des quatre théories du contenu les plus connues, soit la *théorie de la hiérarchie des besoins* d'Abraham Maslow, la *théorie ERD* de Clayton Alderfer, la *théorie des besoins acquis* de David McClelland et la *théorie bifactorielle* de Frederick Herzberg.

Théories du contenu
Théories de la motivation qui portent sur la compréhension des besoins susceptibles d'influencer le comportement des individus

Les **théories des processus**, quant à elles, portent sur les processus cognitifs ou mentaux qui influencent le comportement. Tandis qu'une approche centrée sur le *contenu* jugera que la sécurité d'emploi est un besoin important à combler pour un

Théories des processus
Théories de la motivation qui portent sur la compréhension des processus cognitifs ou mentaux déterminant le comportement des individus

individu, une approche centrée sur les *processus* ira plus loin et tentera de comprendre pourquoi un individu adopte tel comportement plutôt que tel autre dans sa quête de satisfaction de ce besoin. Dans le cadre de ce chapitre, nous nous concentrons sur trois des principales théories des processus: la *théorie de l'équité* d'Adams, la *théorie des attentes* de Vroom et la *théorie de la fixation des objectifs* de Locke, Latham et leurs collègues. Nous terminons notre étude des théories de la motivation par la *théorie de l'autodétermination* de Deci et Ryan, qui intègre à la fois la perspective du contenu et la perspectives des processus.

LA MOTIVATION ET LES DIFFÉRENCES CULTURELLES

Avant l'étude plus approfondie des diverses théories de la motivation, une importante mise en garde s'impose. La motivation de la main-d'œuvre est une question clé dans les organisations du monde entier. Cependant, les théories nord-américaines sur le sujet – celles dont traite ce chapitre – sont limitées par leur dimension culturelle[2]. Les sources de motivation et les meilleures approches dans ce domaine peuvent différer considérablement selon qu'on se trouve en Asie, en Amérique du Sud, en Europe de l'Est ou en Afrique.

Nous avons souligné ce point précédemment: les valeurs et les attitudes, deux facteurs prépondérants dans la motivation, ont de profondes racines culturelles. Une récompense *motivante* dans un contexte culturel donné pourrait fort bien ne pas donner les mêmes résultats dans un autre; elle pourrait même avoir l'effet inverse. Le gestionnaire contemporain doit être conscient des dimensions culturelles et éviter de faire preuve d'*esprit de clocher* ou d'*ethnocentrisme* en s'imaginant que les gens de toutes les cultures agissent et réagissent de la même façon sur le plan de la motivation[3].

Emploi : qu'est-ce qui séduit vraiment les Canadiens ?

En cette période de pénurie de main-d'œuvre qualifiée, plus d'un employeur aimerait savoir comment s'y prendre pour attirer les personnes les plus talentueuses à lui. Des éléments de réponse figurent dans un sondage mené par le cabinet-conseil en ressources humaines Randstad auprès de quelque 7 000 Canadiens. Il convient ainsi de tenir compte de:

- *Sa capacité de séduction* Plusieurs facteurs interviennent dès lors qu'il s'agit de déterminer ce qui fait qu'un emploi est séduisant, ou pas. Le principal, pour les Canadiens, concerne la sécurité d'emploi (65 %). Comptent également le salaire (61 %), l'atmosphère de travail (54 %), la santé financière de l'entreprise (45 %), les possibilités de progression de carrière (36 %), la conciliation travail-famille (36 %), ou encore ce sur quoi l'employé est appelé à travailler (34 %). [...]
- *L'âge* C'est bien connu, quand on a 20 ans, on ne porte pas le même regard sur le monde que lorsqu'on a 40 ans, ou encore 60 ans. Cela se retrouve en matière d'emploi. Ainsi, ceux qui ont moins de 40 ans apprécient en général les emplois offrant des opportunités de carrière à l'international, un bon programme de formation et une réelle conciliation travail-famille. Quant aux plus de 40 ans, ils sont plus concernés par ce sur quoi ils travaillent, le salaire, l'atmosphère de travail et la localisation des bureaux. [...]

Source : Olivier Schmouker, « Emploi : qu'est-ce qui séduit vraiment les Canadiens ? », lesaffaires.com, 24 mai 2012. Cet extrait a été reproduit aux termes d'une licence accordée par Copibec.

Les théories du contenu

Comme nous l'avons indiqué en début de chapitre, les théories du contenu partent de l'hypothèse que la motivation de l'être humain résulte de son désir de satisfaire ses besoins. Leurs tenants cherchent *quoi* offrir aux gens pour les motiver; ces théories traitent donc des moyens d'agir sur la motivation des individus en comblant les besoins qu'ils tentent de satisfaire. Chacune des théories du contenu présentées ci-dessous propose une vision légèrement différente des besoins que les gens cherchent à combler en milieu de travail.

LA THÉORIE DE LA HIÉRARCHIE DES BESOINS

Abraham Maslow, l'un des premiers psychologues à avoir tenté d'élucider les aspects de la motivation humaine, a énoncé la célèbre **théorie de la hiérarchie des besoins**. Selon lui, les besoins humains sont organisés en fonction d'une hiérarchie à cinq paliers, les trois premiers correspondant aux besoins les plus primaires que sont les besoins physiologiques, le besoin de sécurité et les besoins sociaux, et les deux derniers correspondant aux besoins d'ordre supérieur que sont le besoin d'estime et le besoin de réalisation de soi (voir la **figure 5.1**)[4].

Théorie de la hiérarchie des besoins
Théorie de Maslow en vertu de laquelle les besoins humains sont organisés de façon hiérarchique, selon une pyramide à la base de laquelle se trouvent les besoins les plus élémentaires (besoins physiologiques, besoin de sécurité et besoins sociaux) et au sommet de laquelle se situent les besoins d'ordre supérieur (besoin d'estime et besoin de réalisation de soi)

FIGURE 5.1 LA HIÉRARCHIE DES BESOINS SELON MASLOW

BESOINS D'ORDRE SUPÉRIEUR

Besoin de réalisation de soi
Besoin de se réaliser, de s'épanouir, de développer ses talents et de les mettre à profit de la manière la plus créative possible

Besoin d'estime
Besoin d'être reconnu, respecté et estimé, d'avoir du prestige; besoin d'être fier de soi, de se sentir compétent et maître de sa destinée

BESOINS D'ORDRE INFÉRIEUR

Besoins sociaux
Besoin d'amour, d'affection; besoin d'appartenance à un groupe et à une collectivité

Besoin de sécurité
Besoin de protection, de stabilité et de tranquillité au quotidien, sur le plan matériel comme dans les relations interpersonnelles

Besoins physiologiques
Besoins vitaux de l'être humain: boire, manger, dormir, etc.

Maslow est parti du principe que les besoins les plus primaires, et les plus importants, devaient être satisfaits pour que les autres deviennent à leur tour des facteurs de motivation. En d'autres termes, l'être humain doit d'abord satisfaire ses besoins physiologiques, pour ensuite pouvoir chercher à combler son besoin de sécurité, puis ses besoins sociaux, et ainsi de suite.

La conception maslowienne de la motivation est assez répandue, notamment parce qu'elle est facile à comprendre et à mettre en pratique. Cependant, les recherches ne confirment pas l'existence d'une hiérarchie des besoins aussi stricte, avec une progression en cinq étapes. En fait, la hiérarchisation des besoins semble être beaucoup moins universelle que ne le pensait Maslow. Selon certaines recherches, au fur et à mesure que les individus progressent dans la hiérarchie d'une entreprise, les **besoins d'ordre supérieur** (besoin d'estime et besoin de réalisation de soi) ont tendance à prendre plus d'importance que les **besoins d'ordre inférieur** (besoins physiologiques, besoin de sécurité et besoins sociaux)[5]. Selon d'autres recherches, les besoins varient également en fonction des étapes de la carrière professionnelle, de la taille de l'organisation et même de sa situation géographique[6]. De plus, les chercheurs n'ont trouvé aucun résultat probant indiquant qu'un besoin situé à un niveau donné de la hiérarchie de Maslow diminue d'importance, aux yeux de l'individu, une fois qu'il est satisfait, au profit du besoin situé au niveau supérieur[7]. Enfin, les observations qui sont à l'origine de la théorie de la hiérarchie des besoins varient d'une culture à une autre. Par exemple, on constate que les besoins sociaux revêtent une plus grande importance dans les sociétés *collectivistes*, comme celles du Mexique ou du Pakistan, que dans les sociétés *individualistes*, comme celles des États-Unis et du Canada[8].

Besoins d'ordre supérieur
Dans la théorie de la hiérarchie des besoins de Maslow, besoin d'estime et besoin de réalisation de soi

Besoins d'ordre inférieur
Dans la théorie de la hiérarchie des besoins de Maslow, besoins physiologiques, besoin de sécurité et besoins sociaux

LA THÉORIE ERD

Théorie ERD
Théorie d'Alderfer selon laquelle les besoins humains se répartissent en besoins existentiels, en besoins relationnels et en besoins de développement

Besoins existentiels
Dans la théorie ERD, besoins liés au désir de bien-être physique et matériel

Besoins relationnels
Dans la théorie ERD, besoins liés au désir de relations interpersonnelles satisfaisantes

Besoins de développement
Dans la théorie ERD, besoins liés au désir d'épanouissement et d'accomplissement

La **théorie ERD**, énoncée par le psychologue Clayton Alderfer, met également l'accent sur les besoins humains, mais elle diffère de celle de Maslow sur trois points fondamentaux[9].

1. Elle réduit les besoins humains à trois catégories :
   - les **besoins existentiels**, ou le désir de bien-être physique et matériel ;
   - les **besoins relationnels**, ou le désir de relations interpersonnelles satisfaisantes ;
   - les **besoins de développement**, ou le désir d'épanouissement et d'accomplissement.
2. Tandis que la théorie de Maslow suppose que l'individu progresse vers les niveaux supérieurs de la hiérarchie des besoins à mesure qu'il satisfait ses besoins d'ordre inférieur, la théorie ERD, elle, propose plutôt un principe de *frustration-régression* selon lequel un besoin primaire, même comblé, peut reprendre de l'importance si l'individu ne parvient pas à satisfaire un besoin d'ordre supérieur. En vertu de ce principe, un individu continuellement frustré dans ses tentatives de satisfaire ses besoins de développement, par exemple, peut retrouver une source de motivation dans ses besoins relationnels.
3. Selon la théorie ERD, l'être humain peut chercher à satisfaire plus d'une catégorie de besoins à la fois.

Il faudra d'autres études pour confirmer la validité de la théorie ERD, mais les résultats obtenus jusqu'ici sont encourageants[10]. L'idée qu'il puisse y avoir régression vers des besoins d'ordre inférieur, en particulier, apporte une contribution intéressante au CO. Ce principe de frustration-régression peut expliquer pourquoi, dans de nombreux milieux de travail, le mécontentement des travailleurs concerne surtout les salaires, les avantages sociaux et les conditions de travail, éléments qui relèvent tous de besoins existentiels. Outre le fait que ces besoins ont une importance vitale, l'impossibilité pour les travailleurs de combler leurs besoins relationnels et leurs besoins de développement pourrait les amener à y trouver une source de motivation encore plus grande.

La théorie ERD offre donc au gestionnaire une approche plus souple de la compréhension des besoins humains que la très stricte hiérarchie des besoins formulée par Maslow.

LA THÉORIE DES BESOINS ACQUIS

La **théorie des besoins acquis** a pour origine une série d'expériences qu'a menées le psychologue David I. McClelland avec son équipe, à l'aide du Test d'aperception thématique (TAT), afin d'évaluer les besoins humains[11]. Le TAT est une technique projective consistant à présenter des images à un sujet, puis à demander à ce dernier d'écrire une histoire associée à ce qu'il vient de voir.

Théorie des besoins acquis
Théorie de McClelland qui met en lumière trois besoins particulièrement importants en milieu professionnel : le besoin d'affiliation, le besoin de pouvoir et le besoin d'accomplissement ; ces besoins s'acquièrent avec le temps et l'expérience

Au cours d'une de ses expériences, McClelland présenta à trois cadres supérieurs la photographie d'un homme assis à son bureau qui regardait des photos de famille. Le premier y vit un ingénieur rêvant à une sortie en famille prévue pour le lendemain. Le deuxième évoqua un concepteur réfléchissant à un nouveau gadget dont sa famille lui avait donné l'idée. Le troisième parla d'un ingénieur concentré sur un problème de charge de rupture concernant le tablier d'un pont et certain de le résoudre, d'après son air confiant[12]. S'appuyant sur ces trois récits, McClelland put dégager trois grands thèmes, correspondant chacun à un besoin sous-jacent, dont l'analyse permettrait, selon lui, de mieux comprendre le comportement des individus. Ces trois besoins sont :

-> c'est possible de développer les 3 besoins

- le **besoin d'affiliation**, ou le désir d'établir et d'entretenir des relations chaleureuses avec autrui ;
- le **besoin de pouvoir**, ou le désir d'exercer son emprise sur les autres, d'influencer leur comportement ou d'en être responsable ;
- le **besoin d'accomplissement**, ou le désir de faire mieux et d'être plus efficace, de résoudre des problèmes ou de maîtriser des tâches complexes.

Besoin d'affiliation
Dans la théorie des besoins acquis, désir d'établir et d'entretenir des relations chaleureuses avec autrui

Besoin de pouvoir
Dans la théorie des besoins acquis, désir d'exercer son emprise sur les autres, d'influencer leur comportement ou d'en être responsable

Besoin d'accomplissement
Dans la théorie des besoins acquis, désir de faire mieux et d'être plus efficace, de résoudre des problèmes ou de maîtriser des tâches complexes

Selon McClelland, ces trois besoins s'acquièrent avec le temps et l'accumulation des expériences. Le chercheur incite les gestionnaires à apprendre à les déceler chez eux et chez les autres pour être en mesure de créer des milieux de travail qui y répondent adéquatement.

La théorie des besoins acquis s'avère très utile, car elle permet d'associer chaque besoin à un ensemble de préférences en matière de travail. Ainsi, les gens qui ont un fort *besoin d'accomplissement* apprécieront les responsabilités, les objectifs stimulants et la rétroaction. Ceux qui ont un grand *besoin d'affiliation* seront attirés par les relations interpersonnelles et les occasions de communiquer. Enfin, ceux chez qui le *besoin de pouvoir* est prépondérant voudront exercer de l'influence et rechercheront l'attention et la reconnaissance sociale.

Si ces besoins sont véritablement acquis, il devient possible de connaître ceux qu'on doit cultiver pour réussir dans tel ou tel type d'emploi. Par exemple, McClelland a découvert un lien entre le succès des cadres supérieurs et un profil combinant un besoin modéré ou élevé de pouvoir et un besoin plus faible d'affiliation. Le besoin de pouvoir des cadres supérieurs leur donne la volonté d'exercer une influence et d'avoir de l'ascendant sur les autres, tandis que leur besoin plus faible d'affiliation leur permet de prendre des décisions difficiles sans crainte de se rendre impopulaires[13].

Particulièrement instructives, les recherches sur le besoin d'accomplissement, notamment, ont trouvé des applications intéressantes dans les pays émergents. En effet, McClelland a entraîné des gens d'affaires de Kakinda (Inde) à penser, à s'exprimer et à agir comme des gens qui réussissent, et ce, par la rédaction d'histoires d'accomplissement et la participation à des jeux de rôles comportant des défis à relever. Les participants ont également rencontré des chefs d'entreprises prospères et ont appris à fixer des objectifs stimulants à leur propre organisation. Dans les deux années qui ont suivi ce programme, ceux qui y avaient pris part ont créé deux fois plus d'emplois que les autres[14].

LA THÉORIE BIFACTORIELLE

Frederick Herzberg a choisi une tout autre approche pour étudier les ressorts de la motivation : il a simplement demandé à des travailleurs à quels moments ils s'étaient sentis particulièrement heureux de leur emploi et à quels moments ils s'étaient sentis particulièrement mécontents[15]. Or, les réponses obtenues à ces deux questions différaient considérablement et ne s'appuyaient pas sur les mêmes éléments. Cette étude a permis à Herzberg et à ses collaborateurs d'élaborer la **théorie bifactorielle** (ou **théorie des deux facteurs**), qui distingue les facteurs de satisfaction professionnelle (facteurs moteurs) des facteurs pouvant prévenir l'insatisfaction professionnelle (facteurs d'hygiène) (voir la **figure 5.2**).

▸ **Théorie bifactorielle** (ou **théorie des deux facteurs**)
Théorie de Herzberg qui distingue les facteurs de satisfaction professionnelle (facteurs moteurs) des facteurs pouvant prévenir l'insatisfaction professionnelle (facteurs d'hygiène)

▸ **Facteurs d'hygiène** (ou **facteurs d'ambiance**)
Dans la théorie bifactorielle, facteurs associés au cadre de travail et déterminant le degré d'insatisfaction professionnelle

Les **facteurs d'hygiène** (ou **facteurs d'ambiance**), qui déterminent le degré d'insatisfaction professionnelle, sont des facteurs *extrinsèques* relevant non pas de la nature des tâches, mais de l'environnement de travail, du contexte professionnel. Selon la théorie bifactorielle, l'amélioration de facteurs d'hygiène laissant à désirer et entraînant de l'insatisfaction au travail ne mène pas à la satisfaction, mais ne fait que pallier l'insatisfaction. Vous vous étonnerez peut-être de trouver la rémunération au nombre des facteurs d'hygiène, dans la figure 5.2 (colonne de gauche). C'est que, d'après ce qu'a découvert Herzberg, si un salaire de base insuffisant entraîne l'insatisfaction des travailleurs, une amélioration de la rétribution n'a pas nécessairement pour effet de satisfaire ou de motiver ces derniers.

▸ **Facteurs moteurs**
Dans la théorie bifactorielle, facteurs associés à la nature même du travail et déterminant le degré de satisfaction professionnelle

Selon la théorie de Herzberg, pour augmenter la satisfaction des travailleurs, il faut intervenir sur un tout autre ensemble de facteurs : les **facteurs moteurs** (colonne de droite de la figure 5.2). Ces derniers relèvent de la nature même du travail ; ils concernent ce que les gens *font* dans leur emploi. La réalisation de soi, la reconnaissance et les responsabilités en sont des exemples. Les facteurs moteurs et la satisfaction professionnelle qu'ils engendrent influent sur la motivation et le rendement des travailleurs, dit Herzberg. Ainsi, lorsqu'ils sont peu présents, le faible degré de satisfaction professionnelle entraîne une diminution de la motivation et du rendement. En revanche, avec des facteurs moteurs très présents, le degré élevé de satisfaction professionnelle entraîne une augmentation de la motivation et du rendement.

FIGURE 5.2 LES FACTEURS QUI DÉTERMINENT LES DEGRÉS DE SATISFACTION ET D'INSATISFACTION PROFESSIONNELLES SELON LA THÉORIE BIFACTORIELLE DE HERZBERG

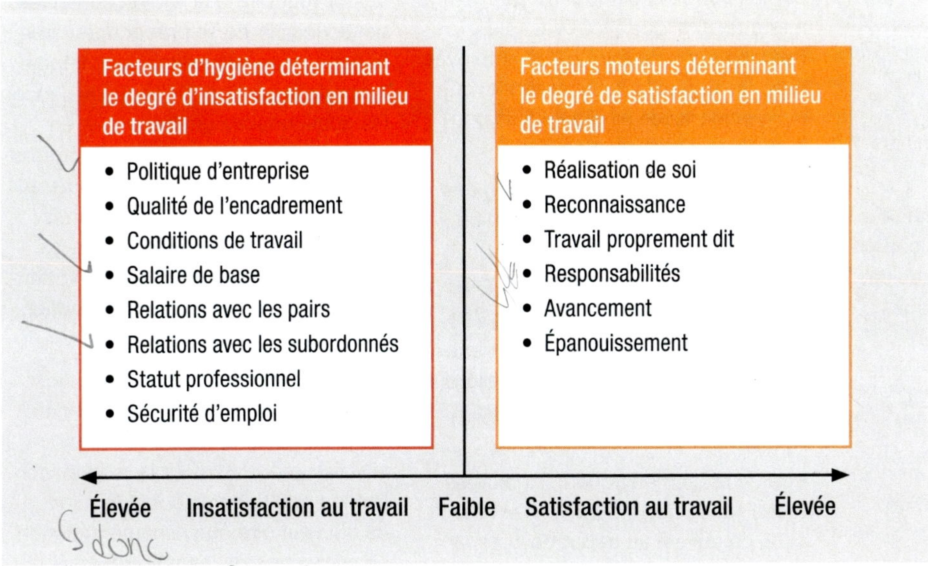

L'argent ne fait pas le bonheur

DES AS DE LA GESTION

[...] Certes, toute tâche doit être rémunérée à sa juste valeur. Cependant, les employeurs, les experts et les employés interrogés sont unanimes : l'argent ne fait pas le bonheur.

Dès l'élaboration de son plan d'affaires, le cofondateur de Frima Studio, Steve Couture, avait pour objectif de faire de l'entreprise « le lieu de travail le plus "le fun" du monde ». Lorsque deux géants du jeu vidéo s'installent à Québec deux ans plus tard, c'est la panique. « L'un d'entre eux arborait une bannière "Nous recrutons" qui devait valoir à elle seule plus que notre loyer de l'époque ! J'avais l'impression qu'ils cherchaient à recruter mes employés ! Nous avons pensé augmenter les salaires, puis nous nous sommes dit que nous perdrions cette guerre de surenchère, que ce serait David contre Goliath. Nous avons plutôt développé des stratégies créatrices. » Au menu : paniers de fruits frais quotidiens, aires de jeux et de détente, passes d'autobus, systèmes de points cumulés à la performance échangeables contre des services en tout genre, cinq jours de congé maladie payables si non utilisés, trois semaines de vacances... À ces programmes s'ajoutent la conciliation travail-famille grâce aux horaires flexibles, mais aussi l'engagement et la consultation. Le volet Frimagination permet aux employés de proposer un projet aux décideurs. S'il est retenu, l'employé peut dégager du temps pour le réaliser. Si le projet est commercialisé, l'employé touchera des redevances sur le produit final. « Cette idée nous est venue pendant que nous nous demandions ce que nous pouvions offrir à nos employés que des géants ne pourraient pas leur proposer. Dans une grande organisation, ce genre de latitude est difficile à obtenir. » [...]

Source : Sophie Mangado, « Force d'attraction », *Les Affaires*, hors série, 20 octobre 2012, p. X18. Cet extrait a été reproduit aux termes d'une licence accordée par Copibec.

Pour mieux mobiliser leurs troupes, les gestionnaires ont du pain sur la planche

Du côté de la RECHERCHE

Mauvaise nouvelle pour les gestionnaires des entreprises québécoises : ils ne savent pas mobiliser leurs employés, selon Secor. Ceux-ci trouvent leur propre motivation dans la relation qu'ils entretiennent avec les clients et leur responsabilisation dans le travail qu'ils accomplissent. Par ailleurs, l'état de la mobilisation est meilleur dans les PME que dans les grandes entreprises.

C'est ce qui ressort d'une enquête récente menée par la firme de consultants Secor, de Montréal, auprès de 34 382 répondants œuvrant dans 43 entreprises québécoises de 12 secteurs d'activité. Les personnes sondées sont des employés, des gestionnaires et des spécialistes.

Selon Philippe Collas, directeur principal chez Secor, un tiers des répondants est très mobilisé, mais un quart est démobilisé. C'est une situation qui est improductive et qui, selon le chercheur, devrait être corrigée.

[...] Les personnes engagées trouvent leur motivation (ou source de mobilisation) dans quatre composantes : l'autonomie, l'aisance de la relation avec le client, la valorisation que ces personnes se donnent dans l'exécution de leur travail et la collaboration avec les autres membres de l'équipe.

Selon M. Collas, la mobilisation individuelle des employés est positive pour l'entreprise, mais cela ne veut pas dire que ces employés servent bien les objectifs de l'entreprise. Leur implication n'est pas optimale puisque ceux-ci ne connaissent peut-être pas l'orientation stratégique de leur entreprise, ignorent peut-être la dynamique du marché dans lequel œuvre leur employeur et ne sont peut-être pas familiers de l'organisation du travail dans leur entreprise. Selon le chercheur, bien que ces employés aiment leur travail, ils pourraient même être inefficaces !

« Les employés pensent donner un sens à leur travail, mais ils peuvent être à côté de la plaque. Ce qui manque, explique M. Collas, c'est l'alignement stratégique des employés avec les objectifs de l'entreprise, que les gestionnaires négligent trop souvent de leur communiquer. »

[...] Pour mesurer la mobilisation des employés, Secor a conçu un indice de mobilisation en entreprise.

Cet indice est illustré par un thermomètre dont l'échelle va de -40 à +80. Un indice inférieur à zéro traduit une situation de sous-mobilisation, alors que la mobilisation s'accroît avec l'indice.

Pour la présente enquête, l'indice de mobilisation des employés s'est établi à 22, ce qui est au début de la zone d'accélération. Sans être désastreuse, la situation a besoin d'être améliorée.

Autre observation intéressante, l'indice varie considérablement entre les trois groupes de personnes consultées : les employés de la base, les gestionnaires et les spécialistes.

Des trois groupes, ce sont les gestionnaires qui sont les plus mobilisés, avec un indice de 37. Ils connaissent les objectifs de leur entreprise et ils sont par conséquent mieux alignés sur ceux-ci. Les employés sont les moins mobilisés, avec un score de 19. Quant aux spécialistes et aux professionnels, leur indice est de 21. Ces écarts sont normaux, explique M. Collas, mais cela ne veut pas dire qu'il ne faille pas chercher à les réduire.

Les employés de la base obtiennent un score de 5 pour l'alignement stratégique, ce qui veut dire qu'un grand nombre d'entre eux ne connaissent pas la vision stratégique et les objectifs de leur entreprise. Par contre, ils ont des indices de 28 pour leur vision client et la responsabilisation.

[...] D'autre part, les employés se sentent peu considérés (indice de 9), ce qui veut dire que la direction et les gestionnaires ne se préoccupent pas beaucoup de cette dimension importante de la gestion. De toute évidence, les gestionnaires québécois, et en particulier les gestionnaires de premier niveau, ont beaucoup à apprendre sur le plan de la mobilisation : transmission de la vision et des objectifs de l'entreprise à leurs employés, communication, considération à leur donner, reconnaissance pour leurs efforts.

Naturellement, les indices sont meilleurs pour les gestionnaires : 28 pour l'alignement stratégique, 44 pour la vision client, 39 pour la responsabilisation et 32 pour la considération, ce qui veut dire que la haute direction se préoccupe de les récompenser pour leur travail. Malheureusement, les gestionnaires n'agissent pas de même à l'égard de leurs employés.

Quant aux spécialistes, ils se retrouvent entre les deux autres groupes, avec des indices de 27 pour la vision client, de 40 pour la responsabilité et de 15 pour la considération. Mais ils obtiennent un score de -3 pour l'alignement stratégique, ce qui veut dire qu'ils sont laissés de côté par leurs gestionnaires. Leur niveau de responsabilité et leur désir de bien servir les clients les mobilisent, mais ils ne reçoivent pas plus de considération que les employés de la base et ils ne sont pas mieux informés de la vision stratégique et des objectifs de l'entreprise.

Source : Jean-Paul Gagné, « Pour mieux mobiliser leurs troupes, les gestionnaires ont du pain sur la planche », *Les Affaires*, Cahier spécial, 5 avr. 2008, p. A8.

La satisfaction et l'insatisfaction sont, dans le cadre de la théorie bifactorielle, deux concepts distincts. Il s'agit d'un principe clé et controversé de cette théorie. Ainsi, l'amélioration d'un facteur d'hygiène tel que les conditions de travail ne mène pas à la satisfaction ou à la motivation au travail, mais empêche simplement que ce facteur soit une source d'insatisfaction. Pour introduire des facteurs moteurs susceptibles d'accroître la satisfaction associée à un travail, Herzberg propose plutôt l'*enrichissement des tâches*, une notion que nous approfondirons au chapitre 6 en tant que stratégie de conception de poste, mais que résument bien ces mots de Herzberg : « Si vous voulez que les gens fassent du bon travail, donnez-leur un bon travail à faire[16]. »

La théorie bifactorielle est loin de faire l'unanimité chez les spécialistes du CO[17]. En raison de la difficulté d'en confirmer les conclusions au moyen de nouvelles recherches, on reproche à cette théorie d'être captive de sa méthodologie ou d'avoir des résultats qui se confirment uniquement en cas d'application rigoureuse du protocole de recherche établi à l'origine par Herzberg. Il s'agit là d'une critique sérieuse, dans la mesure où la démarche scientifique préconisée pour l'étude du comportement organisationnel exige que les théories puissent se vérifier au moyen de diverses méthodes de recherche[18]. Malgré tout, la distinction entre facteurs d'hygiène et facteurs moteurs demeure une contribution utile à la compréhension du comportement organisationnel. Comme nous le verrons au prochain chapitre, dans lequel il sera question de stratégies de conception de poste, cette idée d'existence de deux types de facteurs, les uns relatifs à l'environnement de travail et les autres relatifs à la nature même du travail, revêt un intérêt pratique et apporte une certaine rigueur à la réflexion managériale.

La théorie de l'équité

Que se passe-t-il quand vous recevez une note pour un travail ou un examen ? Comment interprétez-vous vos résultats et quelle incidence cela a-t-il sur votre motivation future dans le cours ? Voilà le type de questions auxquelles s'intéresse la première des théories des processus que nous abordons : la **théorie de l'équité**. Selon J. Stacy Adams, à qui nous devons les travaux les plus intéressants sur l'application de cette théorie au monde du travail, lorsqu'une personne compare ce qu'elle reçoit pour son travail avec ce que d'autres reçoivent pour leur propre travail, toute iniquité qu'elle perçoit devient pour elle une source de motivation à rétablir l'équilibre[19].

Théorie de l'équité
Théorie d'Adams selon laquelle, lorsque l'individu compare ce qu'il reçoit pour son travail avec ce que d'autres reçoivent pour leur propre travail, toute iniquité perçue devient une source de motivation ; l'individu tentera de redresser la situation afin d'éliminer la tension résultant de la perception d'iniquité

L'ÉQUITÉ ET LES COMPARAISONS SOCIALES

La théorie de l'équité se fonde sur le phénomène de la comparaison sociale. Réfléchissez de nouveau aux questions posées ci-dessus. Quand vous recevez une note, n'essayez-vous pas de savoir quels résultats ont obtenus les autres ? L'interprétation que vous faites de votre note ne dépend-elle pas, du moins en partie, de la position de cette note par rapport à celles des autres ? Selon la théorie de l'équité, vous réagirez différemment à la note obtenue selon que vous aurez ou non l'impression qu'elle est juste et équitable, et cela, après que vous aurez comparé vos résultats à ceux des autres.

Adams soutient que cette logique s'applique également à toute récompense qu'une personne peut recevoir dans un contexte de travail et à son incidence sur la motivation. Selon lui, la motivation est fonction de l'évaluation que fait un individu des récompenses qu'il a obtenues pour sa contribution, après comparaison avec les récompenses reçues par d'autres pour leur contribution. L'idée d'équité est au cœur de la comparaison. Comme on peut s'y attendre, tout sentiment d'injustice ou toute perception d'iniquité engendre une tension, état d'esprit que la personne a tendance à vouloir éliminer.

LES PRÉDICTIONS RELATIVES À LA THÉORIE DE L'ÉQUITÉ

Il y a **perception d'iniquité** quand une personne estime qu'elle est trop ou pas assez récompensée pour son travail, compte tenu des récompenses que d'autres semblent avoir reçues pour leur travail. La comparaison, dans la perspective de l'équité, peut se résumer au moyen de l'équation suivante :

Perception d'iniquité
Sentiment éprouvé par une personne qui, se comparant à d'autres, estime qu'elle est trop ou pas assez récompensée pour son travail

$$\frac{\text{Rétribution individuelle}}{\text{Contribution individuelle}} \quad \overset{\text{comparée}}{\underset{\text{à}}{\longleftrightarrow}} \quad \frac{\text{Rétribution des autres}}{\text{Contribution des autres}}$$

La *perception d'une iniquité défavorable* apparaît lorsqu'un individu a l'impression d'avoir reçu moins que les autres, compte tenu de leurs contributions respectives. La *perception d'une iniquité favorable* est provoquée par l'impression d'avoir reçu plus que les autres, compte tenu de leurs contributions respectives. Dans les deux cas, l'individu sera tenté de retrouver un sentiment d'équité et adoptera probablement un ou plusieurs des comportements suivants :

- comportement visant à modifier sa contribution (selon le cas, par une diminution ou une amélioration de son rendement, par exemple) ;
- tentative de modification de sa rétribution (demande d'augmentation, par exemple) ;
- geste visant à mettre fin à la situation (démission, par exemple) ;
- modification des éléments de la comparaison (comparaison avec d'autres collègues de travail, par exemple) ;
- recherche d'une interprétation rationnelle de la situation (se convaincre que l'iniquité n'est que temporaire, par exemple) ;
- adoption de mesures visant à modifier la contribution ou la rétribution du sujet avec lequel il se compare (selon le cas, gestes ou actions visant à faire en sorte que le collègue concerné ait une charge de travail plus importante ou une rétribution revue à la baisse ; ou, au contraire, que la tâche du collègue soit allégée ou que sa rétribution soit augmentée, par exemple).

Les recherches en lien avec la théorie de l'équité montrent que les gens qui s'estiment trop payés (perception d'une iniquité favorable) augmentent la quantité ou la qualité de leur travail, tandis que ceux qui s'estiment insuffisamment payés ont la réaction inverse[20]. Évidemment, les études les plus concluantes à cet égard concernent la perception d'iniquités défavorables, ce qui laisse entendre que les gens s'en accommodent moins bien que des iniquités favorables. Cependant, de tels résultats sont, il importe de le noter, le fait de cultures individualistes, où les comparaisons dans les rapports sociaux se font surtout sur la base des intérêts *individuels*. Dans les cultures plus collectivistes, comme celles de nombreux pays d'Asie, on se préoccupe davantage d'égalité que d'équité, ce qui favorise la solidarité des groupes et l'harmonie des rapports sociaux[21].

La théorie de l'équité nous rappelle que la valeur d'une récompense sur le plan de la motivation est fonction de la façon dont l'individu interprète cette récompense dans un contexte de comparaison sociale. Les effets de la récompense sur la motivation dépendent ainsi non pas de l'intention du gestionnaire qui l'accorde, mais plutôt de la perception de la personne qui la reçoit. Il ne faut pas oublier que le phénomène de la comparaison intervient après l'attribution des récompenses, pour déterminer alors l'effet ultime sur la motivation des gens. La séquence se présente donc comme suit:

Récompense reçue ⟶ Perception d'équité ou d'iniquité après comparaison avec les récompenses reçues par d'autres ⟶ Effet de la récompense sur la motivation

Il se peut, par exemple, qu'une récompense attribuée par un chef d'équipe et censée être un important facteur de motivation n'ait pas l'effet escompté sur la personne qui la reçoit. Si elle n'est pas perçue comme juste et équitable par rapport à ce qu'ont obtenu les coéquipiers, elle peut engendrer des dynamiques négatives au regard de l'équité et produire des résultats contraires à ceux que le chef d'équipe visait. Vous trouverez ci-dessous quelques conseils en matière de gestion de cette dynamique de l'équité.

- Admettez que les comparaisons et la recherche d'équité sont inévitables en milieu de travail.
- Lorsque vous accordez des récompenses, attendez-vous à ce qu'elles puissent susciter un sentiment d'iniquité.
- Expliquez clairement les raisons qui justifient l'attribution de toute récompense.
- Communiquez les éléments de l'évaluation du rendement qui justifient l'attribution d'une récompense.
- Faites connaître les critères de comparaison sur lesquels se fonde votre décision.

LA THÉORIE DE L'ÉQUITÉ ET LA JUSTICE ORGANISATIONNELLE

La théorie de l'équité prend en considération, notamment, le fait que l'individu a l'impression d'avoir été traité, ou non, de façon juste. En matière de comportement organisationnel, cette approche soulève la question de la **justice organisationnelle**, c'est-à-dire de l'appréciation de justice et d'équité que font les individus quant aux pratiques existant dans leur milieu de travail. S'appuyant sur le point de vue de la justice sociale, on dit qu'un comportement est conforme à l'éthique s'il donne lieu à un traitement juste et impartial de toutes les personnes. Les notions associées à la justice organisationnelle sont d'un grand intérêt pour le domaine du comportement organisationnel. Dans le cadre de la théorie de l'équité, elles se rattachent à quatre dimensions[22].

▸ **Justice organisationnelle**
Appréciation de justice et d'équité que font les individus quant aux pratiques existant dans leur milieu de travail

Justice procédurale
Justice qui garantit le respect des règles et des procédures établies dans tous les cas où elles s'appliquent

1. La **justice procédurale** assure qu'on respecte, dans tous les cas où elles s'appliquent, les règles et les procédures énumérées dans la politique de l'organisation. Cela peut signifier, par exemple, qu'en matière de harcèlement sexuel chaque plainte soumise à l'administration est entendue conformément aux procédures prévues dans de tels cas.

Justice distributive
Justice qui garantit le traitement équitable de tout être humain

2. La **justice distributive** garantit le traitement équitable de tout être humain, au-delà de caractéristiques telles que l'âge, le sexe ou l'origine ethnoculturelle. Pour reprendre notre exemple de harcèlement sexuel, cela pourrait signifier qu'une plainte déposée par un homme contre une femme serait traitée avec la même diligence et le même intérêt que celle d'une femme contre un homme.

Justice interactionnelle
Justice qui garantit le traitement respectueux des diverses personnes concernées par une décision

3. La **justice interactionnelle** fait en sorte que les personnes concernées par une décision soient traitées avec respect et dignité[23]. Dans l'exemple précédent, cela peut signifier, notamment, que toutes les parties, c'est-à-dire à la fois la personne accusée et celle qui a porté plainte, doivent avoir le sentiment d'avoir reçu des explications acceptables au sujet de la décision qui a été prise.

Justice commutative
Justice qui règle les échanges selon le principe de l'égalité, entre des personnes considérées comme égales

4. La **justice commutative** vise la rectitude dans les échanges et les transactions. Elle règle les échanges selon le principe de l'égalité, entre des personnes considérées comme égales. Cela peut signifier, pour reprendre notre exemple de harcèlement sexuel, que la victime est en droit de demander réparation.

Dilemme à la découverte d'une mine d'information[24]

L'ÉTHIQUE EN CO

Une employée soulève le rabat de la photocopieuse et trouve un document oublié par quelqu'un. Ce dernier contient la liste des évaluations du rendement, des salaires et des primes de 80 de ses collègues. Elle se met à le lire.

Surprise! Un individu qualifié de «cossard» a un salaire plus élevé que d'autres employés considérés comme des «bosseurs». Les nouveaux employés reçoivent des primes et des salaires plus élevés que les autres. Et comme si ce n'était pas suffisant, elle-même se situe vers le milieu de la liste et non en haut, comme elle s'y attendait. On lui verse un salaire beaucoup plus bas qu'à d'autres.

En parcourant les données, elle commence à se demander pourquoi elle travaille de longues heures sur son ordinateur, chez elle, les soirs et les fins de semaine pour se rendre vraiment utile à son entreprise. Puis elle s'interroge: «Devrais-je diffuser cette information anonymement pour que tout le monde sache ce qui se passe? Ou devrais-je plutôt donner ma démission et me trouver un autre employeur qui saura apprécier tous mes talents et mon travail acharné?»

Finalement, elle décide tout simplement de démissionner, déclarant: «Je ne peux pas supporter cette injustice.» Elle décide également de ne pas divulguer l'information trouvée à ses collègues du bureau, car «je ne veux pas qu'ils soient aussi déprimés que moi».

QUESTIONS Que feriez-vous? Appuieriez-vous sur le bouton «Imprimer» pour faire environ 80 copies que vous glisseriez dans la boîte aux lettres de tous les employés ou dont vous laisseriez quelques piles à des endroits stratégiques? Ainsi, l'information serait rapidement diffusée, grâce à la chaîne des potins. Mais est-ce éthique? Par ailleurs, si vous ne divulguez pas ces renseignements, est-ce éthique de laisser les autres employés vaquer à leurs petites tâches quotidiennes, dans l'ignorance des pratiques salariales inéquitables de leur entreprise? En démissionnant sans divulguer les renseignements, l'employée a-t-elle commis une faute d'éthique?

La théorie des attentes

Autre théorie des processus, la **théorie des attentes**, élaborée par Victor Vroom, explique que le comportement individuel est fonction de la valeur perçue de ses conséquences. En d'autres termes, avant d'adopter un comportement, l'individu soupèserait les conséquences potentielles des diverses options qui s'offrent à lui et choisirait l'option dont il attend les récompenses ayant le plus de valeur à ses yeux. Son comportement résulterait donc d'un choix rationnel.

Théorie des attentes
Théorie de Vroom selon laquelle la motivation au travail résulte d'un calcul rationnel faisant intervenir la perception du lien entre les efforts déployés, le rendement atteint et la valeur de la récompense qui y est associée

LES TERMES ET LES CONCEPTS PROPRES À LA THÉORIE DES ATTENTES

Selon la théorie des attentes, comme le montre la **figure 5.3**, la motivation au travail d'un individu dépendrait de trois éléments.

1. Sa conviction que les efforts déployés permettront d'atteindre le rendement visé; ce sont les *attentes*.
2. Sa conviction que la récompense sera proportionnelle au rendement atteint; c'est l'*instrumentalité*.
3. La valeur qu'il accorde à la récompense qu'il croit pouvoir obtenir; c'est la *valence*.

Ces trois concepts clés, sur lesquels repose la théorie des attentes, peuvent être définis comme suit[25].

- Les **attentes** sont la probabilité, aux yeux de l'individu, que les efforts investis dans l'exécution d'une tâche se traduisent par un niveau de rendement donné. Sur une échelle allant de 0 à 1, les attentes sont nulles (0) si l'individu croit qu'il ne pourra pas atteindre un rendement donné et elles sont égales à 1 s'il est absolument certain d'y parvenir.

Attentes
Dans la théorie des attentes, probabilité, aux yeux de l'individu, que les efforts investis dans l'exécution d'une tâche se traduisent par un niveau de rendement donné

FIGURE 5.3 LES CONCEPTS CLÉS DE LA THÉORIE DES ATTENTES ET SES APPLICATIONS POUR LE GESTIONNAIRE

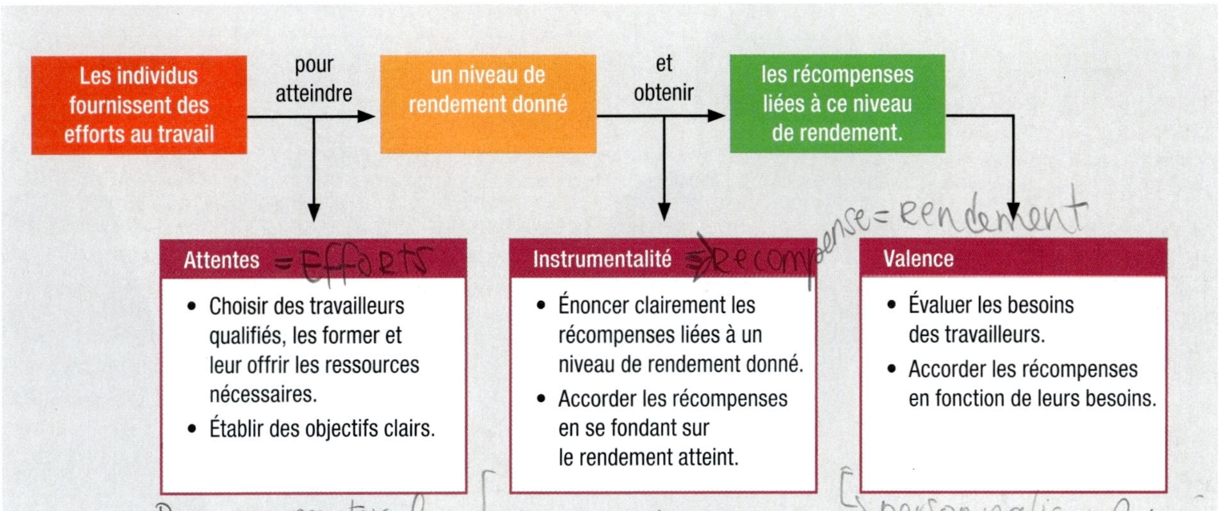

= Efforts
⇒ Récompense = Rendement
Pour augmenter les attentes on peut :
- clarifier les rôles
- fournir de l'aide aux gens qui manquent de confiance.
↳ Bonus, voyage
- système d'évaluation à la performance
↳ personnaliser les récompenses

Instrumentalité
Dans la théorie des attentes, probabilité, aux yeux de l'individu, que le rendement atteint se traduise par une juste récompense

Valence
Dans la théorie des attentes, valeur accordée par l'individu à chaque récompense possible

- L'**instrumentalité** est la probabilité, aux yeux de l'individu, que le rendement atteint se traduise par une juste récompense, probabilité qui s'évalue également sur une échelle allant de 0 à 1. Strictement parlant, selon la façon dont Vroom aborde l'instrumentalité, cette mesure pourrait se situer entre –1 et +1. Toutefois, l'échelle de 0 à +1 répond logiquement à la définition que nous utilisons à des fins pédagogiques et qui fait référence à une probabilité.
- La **valence** est la valeur accordée par l'individu à chaque récompense possible, valeur qui se mesure sur une échelle allant de –1 (valeur très négative) à +1 (valeur très positive).

LES PRÉDICTIONS RELATIVES À LA THÉORIE DES ATTENTES

Vroom exprime la relation entre la motivation (M), les attentes (A), l'instrumentalité (I) et la valence (V) par l'équation suivante : $M = A \times I \times V$. Cela signifie, en raison de l'effet multiplicateur, que dès que l'une ou l'autre de ces trois variables tend vers 0, la motivation est considérablement réduite. Pour que l'effet motivant d'une récompense se fasse vraiment sentir, les *attentes*, l'*instrumentalité* et la *valence* qui y sont rattachées doivent être positives et avoir une valeur élevée.

Supposons qu'un gestionnaire se demande si la perspective d'une augmentation au mérite pourrait ou non motiver un subordonné. Selon la théorie des attentes, on peut prédire que la motivation à faire des efforts pour obtenir l'augmentation ne sera pas très forte dans les trois cas suivants.

1. Si les *attentes* sont faibles : le travailleur pense qu'il ne pourra pas atteindre le rendement souhaité, en dépit des efforts fournis.
2. Si l'*instrumentalité* est faible : le travailleur n'est pas convaincu qu'une amélioration de son rendement se traduira par une augmentation au mérite qui soit proportionnelle.
3. Si la *valence* est faible : le travailleur n'accorde guère de valeur à l'augmentation au mérite.

Évidemment, en cas de combinaison de deux ou trois de ces circonstances, la motivation sera encore plus faible. Comme la motivation est le produit d'une multiplication, pour la maximiser, le gestionnaire doit maximiser chacune des trois variables. Si l'une ou l'autre de ces dernières est nulle (valeur de 0 dans l'équation de Vroom), il peut s'attendre à ce que la perspective d'une augmentation au mérite ait un effet nul sur la motivation de son subordonné.

LES APPLICATIONS ET LES RECHERCHES RELATIVES À LA THÉORIE DES ATTENTES

La relation entre les diverses variables et le résultat visé exige du gestionnaire qu'il intervienne activement dans le milieu de travail afin de maximiser les attentes, l'instrumentalité et la valence, et cela, en respectant les objectifs de son organisation[26]. Pour agir sur les attentes, il doit choisir des travailleurs qualifiés, leur donner une formation adéquate, leur fournir ce dont ils ont besoin et leur fixer des objectifs de rendement précis. Pour agir sur l'instrumentalité, il doit établir clairement la relation entre rendement et récompense et faire preuve de cohérence lorsqu'il récompense les réussites en matière de rendement. Enfin, pour agir sur la valence, le gestionnaire doit chercher à évaluer les besoins de chacun et adapter les récompenses à ces besoins.

La théorie des attentes a fait l'objet de nombreuses recherches et de nombreux articles[27]. Quoiqu'elle ait été très bien accueillie, elle comporte certains points qui, comme l'effet multiplicateur, soulèvent encore des questions.

Par ailleurs, cette théorie a grandement contribué à expliquer certaines observations qui étaient d'abord apparues comme contre-intuitives dans des situations faisant l'objet d'une gestion interculturelle. Par exemple, un groupe de travailleurs mexicains à qui on avait accordé une augmentation de salaire ont réduit leur temps de travail : le surplus d'argent n'avait d'intérêt à leurs yeux que dans la mesure où il leur permettait de s'accorder quelques loisirs. Pour prendre un autre exemple, dans une entreprise américaine, la promotion d'un agent commercial japonais à un poste de direction a entraîné une baisse de son rendement : ses supérieurs n'avaient pas prévu que cette récompense le placerait dans une situation embarrassante à l'égard de ses collègues et l'éloignerait d'eux[28].

La théorie de la fixation des objectifs

Il y a quelques années, un défenseur de l'équipe de football des Vikings du Minnesota a intercepté une passe ratée de l'équipe adverse pour aller porter le ballon avec un plaisir et une détermination manifestes… du mauvais côté du terrain ! Ce joueur ne manquait pas de motivation, cela sautait aux yeux. Toutefois, il s'est montré incapable de canaliser son énergie vers l'objectif approprié, comme cela se produit trop souvent en milieu de travail. On peut atténuer ou résoudre ce genre de problèmes en définissant clairement les objectifs qu'on désire atteindre. On a souvent tendance à passer rapidement sur les objectifs. Or ils représentent un aspect important de la motivation. En l'absence d'objectifs clairs, les employés risquent de se sentir désorientés. Au contraire, si les objectifs sont correctement établis, les employés peuvent être grandement motivés à travailler à leur réalisation.

FIGURE 5.4 LE MODÈLE DE LA FIXATION DES OBJECTIFS DE LOCKE ET LATHAM

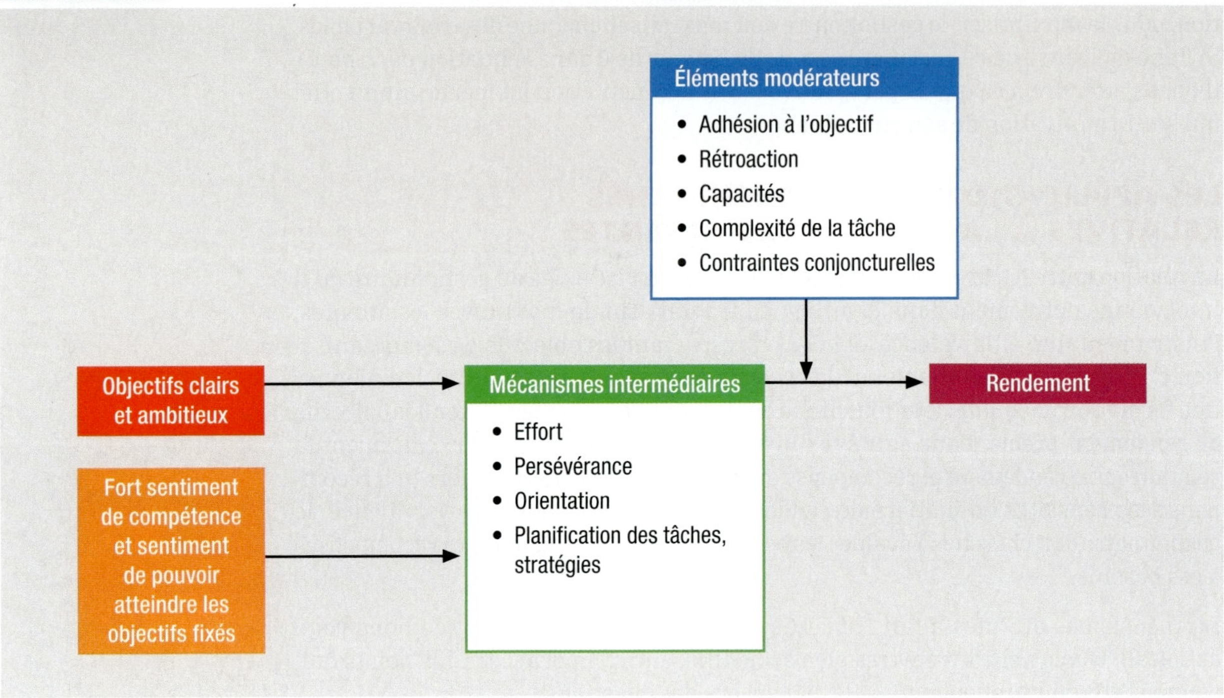

LES ÉLÉMENTS MOTIVATEURS DES OBJECTIFS

Fixation des objectifs
Processus d'élaboration, de négociation et de mise en forme des objectifs ou des cibles que le travailleur doit atteindre

En CO, la **fixation des objectifs** est le processus d'élaboration, de négociation et de mise en forme des objectifs ou des cibles que le travailleur doit atteindre[29]. Edwin Locke, Gary Latham et leurs collègues ont consacré de nombreuses années à la mise au point d'un modèle exhaustif établissant les liens entre les objectifs et le rendement. Selon eux, sans un but clair et stimulant, on n'accomplit pas grand-chose dans la vie[30]. Leur modèle, illustré à la **figure 5.4**, intègre certains éléments de la *théorie des attentes* pour mettre en lumière les répercussions potentielles de la fixation des objectifs sur le rendement, tout en tenant compte de certaines variables modératrices, telles que les capacités du travailleur et la complexité des tâches.

Un nombre considérable de chercheurs ont suivi la voie tracée par les précurseurs que sont Locke et Latham, en s'intéressant à la fixation des objectifs. De fait, on mène plus de recherches sur la fixation des objectifs que sur toute autre théorie de la motivation au travail[31]. Le sujet a fait l'objet de plus de 400 études dans nombre de pays, dont l'Australie, la Grande-Bretagne, l'Allemagne, le Japon et les États-Unis[32]. Malgré certaines critiques, les préceptes fondamentaux de la théorie de la fixation des objectifs constituent pour le gestionnaire une source considérable d'information et de conseils sur la gestion des ressources humaines en milieu organisationnel[33].

LES PRINCIPES DIRECTEURS DE LA FIXATION DES OBJECTIFS

Sur le plan de la gestion, on peut résumer comme suit les implications des recherches relatives à la théorie de la fixation des objectifs[34].

1. *Des objectifs ambitieux sont plus susceptibles d'entraîner un rendement accru que des objectifs modestes.* Cependant, cette affirmation n'est plus valable si les objectifs sont perçus comme trop complexes ou impossibles à atteindre. Ainsi, un préposé aux services financiers fournira un meilleur rendement s'il a pour objectif de vendre six placements de retraite par semaine que s'il doit en vendre trois. Par contre, si l'établissement bancaire lui fixe un objectif de 15 placements hebdomadaires, il peut le juger impossible à atteindre, et son rendement risque d'être plus faible que si on lui avait donné un objectif réaliste.

2. *Des objectifs clairs sont plus susceptibles d'entraîner un rendement accru que des objectifs inexistants, vagues ou très généraux.* Trop souvent, on ne fixe aux travailleurs que des objectifs généraux, en les encourageant *à donner le meilleur d'eux-mêmes*. Les recherches prouvent que des objectifs plus précis, comme « nous nous attendons à ce que vous vendiez six ordinateurs par jour », sont plus stimulants et donnent de meilleurs résultats.
3. *La rétroaction sur le travail qu'ils ont accompli ou la connaissance de leurs résultats incitent les travailleurs à fournir un rendement accru en les amenant à se fixer des objectifs toujours plus élevés.* La rétroaction permet à l'individu de savoir où il se situe par rapport aux attentes de l'organisation. Vous-mêmes, n'avez-vous pas hâte de savoir si vous avez réussi votre dernier examen ?
4. *Les objectifs conduisent plus sûrement à un rendement accru si les travailleurs ont les compétences requises et s'ils se croient capables de les atteindre.* Un travailleur doit être non seulement capable d'atteindre les objectifs fixés, mais aussi convaincu de l'être. Le préposé aux services financiers de l'exemple précédent peut être capable de vendre six placements de retraite par semaine et avoir confiance en son aptitude à atteindre ce but. Par contre, si on lui fixe un objectif de 15 placements hebdomadaires, il pourra avoir l'impression qu'il ne sera pas à la hauteur de la tâche et se décourager avant même d'avoir essayé.
5. *Les objectifs sont plus motivants si les travailleurs y adhèrent et s'engagent à les atteindre.* Cette adhésion et cet engagement s'obtiennent plus facilement si les travailleurs participent à l'élaboration des objectifs et s'ils sentent qu'ils en sont parties prenantes, que ce sont « leurs » objectifs. Cependant, des objectifs assignés par autrui peuvent être tout aussi efficaces dans la mesure où ils proviennent d'une personne en position d'autorité pouvant exercer une influence et dans la mesure où les subordonnés ont la capacité d'atteindre ces objectifs. En revanche, les recherches confirment que des objectifs assignés par autrui peuvent conduire à un mauvais rendement si on ne s'est pas assuré que le travailleur est capable de les atteindre, ou *s'ils sont trop peu ou trop mal* expliqués.

L'effet conjugué des objectifs conscients et inconscients sur la motivation[35]

Du côté de la RECHERCHE

Dans un article publié par le *Journal of Applied Psychology*, Alexander D. Stajkovic, Edwin A. Locke et Eden S. Blair soulignent que les travaux portant sur la théorie de la fixation des objectifs et la motivation ont certes acquis une renommée, mais sont limités du fait qu'ils ne prennent en considération que la motivation consciente. Dans le cadre de deux études empiriques, ces chercheurs ont tenté d'établir un lien entre cet ensemble d'observations déjà constitué et une série de travaux menés dans le domaine de la psychologie sociale au sujet des objectifs inconscients qui seraient à l'origine de la motivation.

D'une part, les recherches sur la théorie de la fixation des objectifs ont notamment permis de constater que l'établissement d'objectifs difficiles à atteindre menait à un rendement supérieur à celui qui pouvait résulter d'un simple encouragement à faire son possible ou de la fixation d'objectifs faciles à atteindre. Cette tendance nécessite la présence des trois éléments suivants : une rétroaction sur le rendement, un engagement à l'égard des objectifs et une connaissance des tâches à accomplir. D'autre part, un courant de recherche en psychologie sociale s'est intéressé à l'activation inconsciente d'objectifs par des amorces dans des environnements où la fixation d'objectifs est chose courante. S'appuyant sur ces études, les trois chercheurs se sont proposé d'« établir, par un examen empirique de leurs interactions, un lien entre les objectifs conscients et les objectifs inconscients ».

Une étude-pilote et une étude principale ont été menées à l'aide d'échantillons constitués d'étudiants de premier cycle et des cycles supérieurs, inscrits à une université du Midwest des États-Unis. Les participants ont été divisés en deux groupes. Ceux du premier groupe étaient soumis à un « amorçage », c'est-à-dire qu'ils effectuaient une mise en train permettant le repérage et l'utilisation de termes associés à la réalisation d'objectifs, avant d'exécuter complètement une tâche déterminée. Ceux du deuxième groupe, dit « sans amorçage », étaient seulement exposés à des termes neutres par rapport à la réalisation d'objectifs, avant l'exécution d'une tâche déterminée.

Confirmant les hypothèses de la théorie de la fixation des objectifs, les résultats des deux études ont montré que des objectifs conscients et difficiles à atteindre augmentent plus le rendement que des objectifs faciles à atteindre et que le simple encouragement à « faire de son mieux ». En outre, les chercheurs ont constaté que les sujets soumis à un « amorçage » inconscient faisaient preuve d'un meilleur rendement que ceux qui n'en avaient pas bénéficié, et cela, qu'ils aient des objectifs faciles ou difficiles à atteindre.

En conclusion, ces études soulignent la nécessité de mener de nouvelles recherches sur les liens pouvant exister entre les objectifs conscients, les objectifs inconscients et le rendement. Les observations réunies à ce jour tendent toutefois à montrer que la combinaison des deux types d'objectifs accroît leur effet sur la motivation.

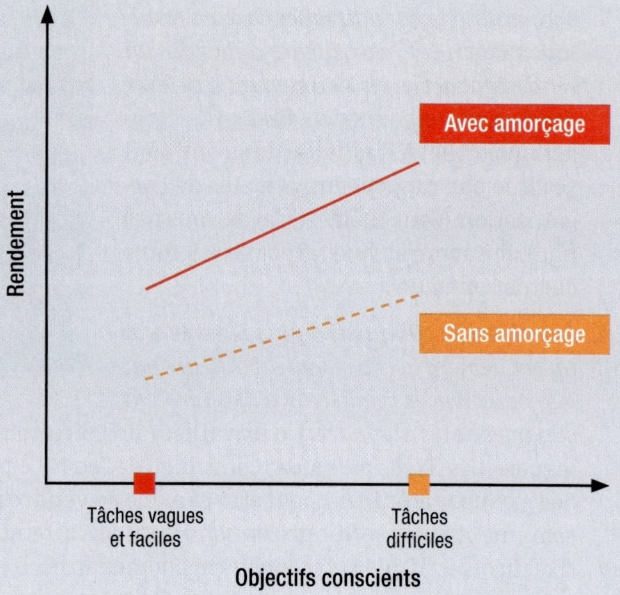

LA FIXATION D'OBJECTIFS ET LA GESTION PAR OBJECTIFS

Lorsqu'il est question de fixation d'objectifs et de son effet éventuel sur la motivation des travailleurs, l'ensemble du processus de gestion est en cause. À l'étape de la *planification*, première phase du processus de gestion, sont déterminés les objectifs ; ces derniers sont au cœur de l'*organisation* et de la *direction* ; enfin, à l'étape du *contrôle*, l'évaluation des résultats se fait à la lumière des objectifs fixés. On peut difficilement traiter de l'intégration des objectifs à toutes ces fonctions de gestion sans évoquer le concept de **gestion par objectifs (GPO)**. La GPO est un mode de gestion qui repose essentiellement sur la fixation conjointe d'objectifs par le supérieur et le subordonné[36]. Gestionnaires et subordonnés élaborent ensemble des programmes et des objectifs de rendement en respectant les objectifs supérieurs des unités de travail et de l'organisation en général. Lorsqu'elle est utilisée dans toute l'organisation, la GPO permet d'établir très clairement la hiérarchie des objectifs à intégrer dans une chaîne buts-moyens bien précise.

Gestion par objectifs (GPO)
Mode de gestion qui repose essentiellement sur la fixation conjointe d'objectifs par le supérieur et le subordonné

La **figure 5.5** illustre toutes les étapes de ce mode de gestion et montre bien sa cohérence avec la notion de fixation des objectifs et ses principes connexes. Vous remarquerez que les discussions entre cadre et subordonné ont lieu tant à l'étape initiale de la fixation des objectifs de rendement qu'à celle de l'évaluation des résultats, ce qui permet au subordonné de participer activement à toutes les étapes du processus. L'implantation réussie d'une stratégie de GPO exige énormément de rigueur. En effet, en plus de laisser à ses subordonnés la latitude nécessaire à l'atteinte des objectifs, le gestionnaire doit soutenir activement leurs efforts.

FIGURE 5.5 UN SCHÉMA DU PROCESSUS DE GESTION PAR OBJECTIFS

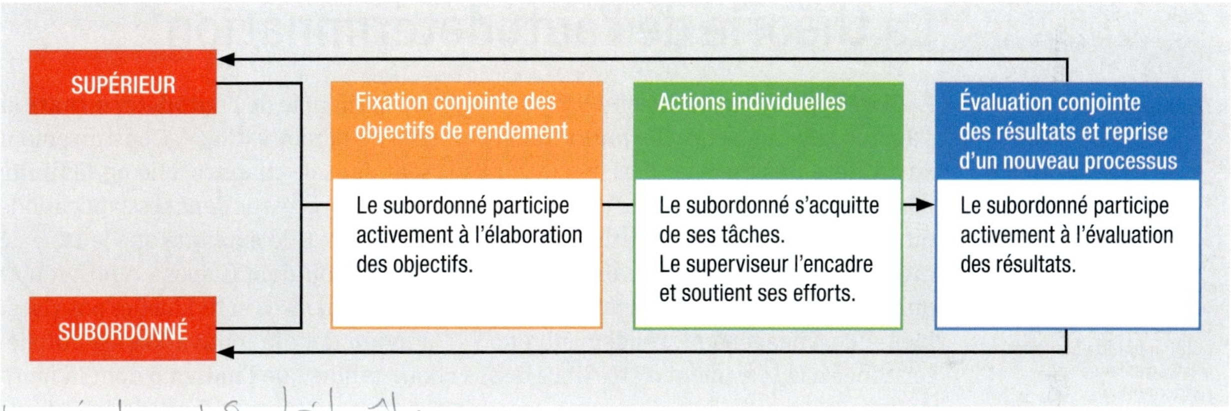

La rétroact° doit être
- précis, pertinent, fréquent, crédible

Comment utiliser la fixation des objectifs à votre avantage

- *Fixez des objectifs ambitieux:* lorsqu'on les considère comme réalistes et atteignables, les objectifs ambitieux incitent à un plus haut rendement que les objectifs facilement atteignables.
- *Formulez des objectifs précis:* ils mènent à un rendement plus élevé que des objectifs énoncés en termes vagues, du genre «faites de votre mieux».
- *Informez les employés de leur progression vers l'atteinte des objectifs:* assurez-vous d'indiquer aux personnes où elles en sont par rapport à l'atteinte de leurs objectifs.
- *Renforcez l'acceptation des objectifs et l'engagement quant à leur atteinte:* les individus font plus d'efforts pour atteindre des objectifs qu'ils acceptent et dans lesquels ils croient; ils résistent en général à ceux qu'on leur impose.
- *Clarifiez les objectifs prioritaires:* assurez-vous que les gens connaissent vos attentes relatives aux objectifs qu'il faut atteindre en premier.
- *Récompensez l'atteinte des objectifs:* ne laissez pas passer inaperçue l'atteinte des objectifs; récompensez les employés qui mènent à bien leurs projets.

Nous disposons de nombreuses études de cas sur des programmes de gestion par objectifs qui ont réussi. Cependant, les recherches rigoureuses et complètes sur le sujet sont rares, et leurs conclusions, mitigées[37]. En général, la GPO offre des possibilités intéressantes d'application de la théorie de la fixation des objectifs, mais son instauration et son maintien sont loin d'être aisés. Bien des organisations renoncent à cette approche à cause des nombreuses difficultés qui surgissent aux premiers stades de son implantation. Les principaux inconvénients de la GPO sont les suivants :

- Les tâches administratives et la paperasse qui y sont associées sont importantes.
- Le système de récompenses et de punitions est trop axé sur l'atteinte des objectifs.
- Les objectifs viennent plutôt du haut de la pyramide hiérarchique.
- Les objectifs sont simplistes, restreints à ce qui est observable et mesurable.
- La fixation d'objectifs individuels se fait au détriment d'objectifs collectifs.

Ajoutons que, pour que la GPO fonctionne bien, il est souvent nécessaire de l'étendre à toute l'organisation.

La théorie de l'autodétermination

Théorie de l'autodétermination
Théorie qui s'appuie sur une approche multidimensionnelle de la motivation et selon laquelle le type de motivation est fonction du degré d'autodétermination dont dispose l'individu ; un degré élevé d'autodétermination est source, notamment, de bien-être, d'engagement et de rendement

Élaborée par Edward L. Deci et Richard M. Ryan, la **théorie de l'autodétermination** s'appuie sur une approche multidimensionnelle de la motivation[38]. Contrairement aux différentes théories décrites jusqu'à présent dans ce chapitre, elle ne se limite pas à la perspective du contenu ou à la perspective des processus dans ses explications du phénomène de la motivation, mais inclut les deux. Elle explique que le type de motivation est fonction du degré d'autodétermination dont dispose l'individu et qu'une motivation autodéterminée entraîne des conséquences individuelles positives : bien-être, engagement, rendement, etc.[39] L'individu dont la motivation est autodéterminée a le sentiment d'être libre de ses choix, tandis que l'individu dont la motivation est contrôlée estime que ses comportements sont le fruit de pressions extérieures[40].

LES DIVERS TYPES DE MOTIVATION

Au-delà de la traditionnelle opposition entre la motivation extrinsèque, découlant de facteurs externes à l'accomplissement de la tâche, et la motivation intrinsèque, liée à l'accomplissement même de la tâche, Deci et Ryan distinguent différents types de motivation en fonction du degré d'autodétermination ou de contrôle qu'a l'individu sur son propre comportement.

- La *motivation intrinsèque* correspond au degré d'autodétermination le plus élevé. Ainsi, l'individu accomplit une tâche de son propre gré et non sous les pressions ou les menaces externes, ni en vue d'obtenir une récompense. L'individu intrinsèquement motivé déploie des efforts essentiellement parce qu'il trouve son travail intéressant, qu'il éprouve du plaisir à l'accomplir et qu'il en tire de la satisfaction. Pour lui, l'accomplissement de la tâche est, en soi, source de motivation. On trouve souvent cette motivation intrinsèque chez les artistes. Par ailleurs, le bénévole travaillant auprès de personnes vulnérables peut être motivé par la profonde satisfaction qu'il ressent lorsqu'il aide ces dernières. Enfin, imaginez que vous vous inscrivez à un programme d'entraînement pour le simple plaisir de faire de l'exercice physique : il s'agit d'un autre exemple de motivation intrinsèque.

- À l'opposé de la motivation intrinsèque se trouve l'*amotivation*. Celle-ci correspond à l'absence de motivation, au fait d'adopter un comportement de façon automatique ou par habitude, sans en saisir la valeur ou l'utilité et sans éprouver d'intérêt. L'individu amotivé n'accorde aucune importance au comportement qu'il adopte ou à ses résultats. Ainsi, un employé peut exécuter certaines tâches tout en estimant que ses efforts sont vains et qu'il n'atteindra pas les objectifs de résultats fixés, puisque ceux-ci lui semblent trop élevés ou qu'il ne possède pas les compétences requises.

Entre l'amotivation et la motivation intrinsèque se trouve la motivation extrinsèque qui, selon Deci et Ryan, peut prendre diverses formes. Contrairement à la motivation intrinsèque, elle suppose que la satisfaction ne provient pas de l'activité en soi, mais plutôt de facteurs externes liés à celle-ci. Par ailleurs, selon les auteurs de la théorie de l'autodétermination, la motivation extrinsèque ne doit pas être uniquement considérée comme une motivation non autodéterminée : des individus peuvent être motivés extrinsèquement et se sentir autonomes[41]. Ainsi, la théorie de l'autodétermination met en lumière quatre formes de motivation extrinsèque : la régulation externe, la régulation introjectée, la régulation identifiée et la régulation intégrée. Précisons que ces deux dernières formes sont associées à la motivation autodéterminée.

- La *régulation externe* représente la forme de motivation extrinsèque la moins autodéterminée. L'individu motivé par régulation externe adopte un comportement qui répond à des demandes ou à des pressions de l'environnement. Il agit avec l'intention d'obtenir quelque chose ou d'éviter des conséquences désagréables. Tel est le cas de l'employé qui déploie des efforts considérables pour recevoir une prime ou pour ne pas être rétrogradé ; tel est aussi le cas du pompier s'inscrivant à un programme d'entraînement parce que son employeur le lui impose.
- Un individu motivé par *régulation introjectée* effectue une activité dans le but de satisfaire les attentes d'autrui ou d'éviter de culpabiliser. Son comportement est considéré comme un moyen d'être accepté, compris ou valorisé par les autres. Tel est le cas de l'employé qui déploie des efforts parce qu'il estime que c'est son devoir, qu'il le doit à son employeur. L'individu motivé par régulation introjectée exerce lui-même des pressions sur lui ; il ne réagit pas à des pressions de l'environnement comme l'individu motivé par régulation externe.

Par exemple, le pompier ou le policier peut estimer lui-même qu'il est de son devoir de se tenir en forme et, par conséquent, de suivre un programme d'entraînement physique.

- La *régulation identifiée* correspond à un investissement dans une activité qui n'est pas nécessairement obligatoire ni intéressante, mais qui permet d'atteindre des objectifs fortement valorisés. Est ainsi motivé par régulation identifiée l'employé qui déploie des efforts parce que son travail a une signification personnelle pour lui. Il fait son travail par conviction personnelle. Ainsi, valorisant la réussite professionnelle, le policier ou le pompier qui est intimement convaincu que son succès dans son métier est lié à la forme physique sera motivé par régulation identifiée à suivre un programme d'entraînement.
- Dans le cas de la *régulation intégrée*, l'individu a le sentiment que son comportement est en accord avec ses valeurs personnelles et son identité. L'employé peut déployer des efforts parce que son travail correspond à ses valeurs. Par exemple, l'individu qui valorise la forme physique peut avoir une motivation intégrée le poussant à suivre son programme d'entraînement.

Comme l'illustre la **figure 5.6**, les différentes formes de motivation peuvent être représentées sur une échelle continue d'autodétermination allant de l'amotivation à la motivation intrinsèque, la forme la plus autodéterminée. Entre ces dernières se situent les deux types de motivation extrinsèque non autodéterminée que sont les régulations externe et introjectée et les deux types de motivation extrinsèque autodéterminée que sont les régulations identifiée et intégrée.

FIGURE 5.6 LES DIFFÉRENTS TYPES DE MOTIVATION SELON LA THÉORIE DE L'AUTODÉTERMINATION DE DECI ET RYAN

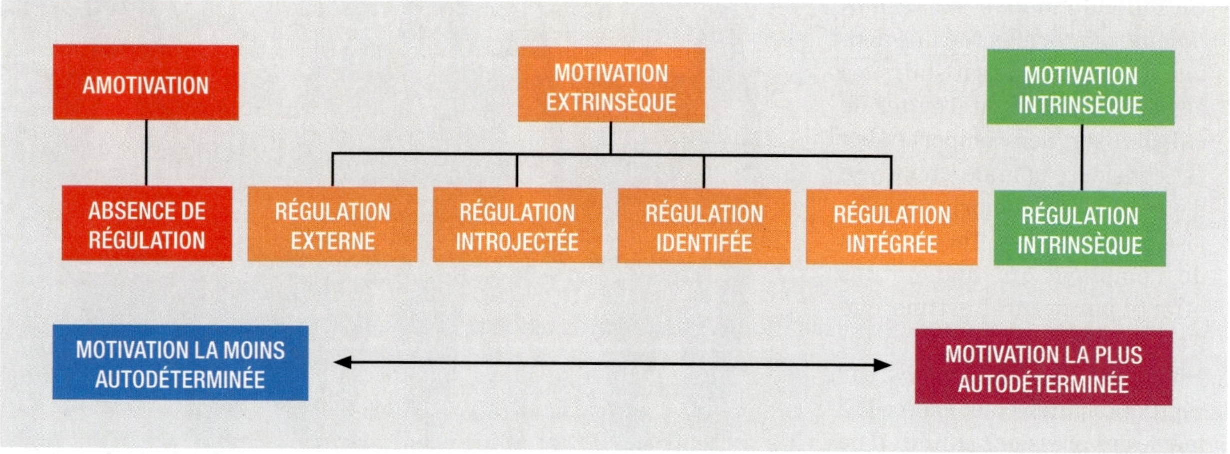

Source: Edward L. Deci et Richard M. Ryan, «Self-Determination Theory and the Facilitation of Intrinsic Motivation, Social Development, and Well-Being», *American Psychologist*, 2000, vol. 55, p. 72. © 2000 American Psychological Association. Traduit et reproduit avec l'autorisation de l'APA. L'APA n'est pas responsable de l'exactitude de la traduction, et son autorisation n'implique pas qu'elle approuve le contenu de cette publication.

L'influence du supérieur et de l'organisation sur le bien-être des travailleurs[42]

Du côté de la RECHERCHE

Le fait, pour un employé, d'être heureux ou malheureux au travail pourrait en partie être dû au style de gestion du supérieur hiérarchique, selon un article publié dans le *Journal of Business and Psychology*. Ce dernier, intitulé « The Impact of Organizational Factors on Psychological Needs and Their Relations with Well-Being », relate deux études réalisées par les professeurs Nicolas Gillet, Évelyne Fouquereau, Paul Brunault et Philippe Colombat, du département de psychologie de l'Université François-Rabelais de Tours (France), et Jacques Forest, de l'École des sciences de la gestion de l'Université du Québec à Montréal. Ces spécialistes se sont intéressés à l'influence, sur le bien-être des employés, de leurs perceptions quant au soutien organisationnel offert et quant au style interpersonnel de leur supérieur.

Plus précisément, les chercheurs ont conduit deux études auprès de 468 employés et de 650 employés, respectivement, provenant de petites, de moyennes et de grandes entreprises françaises. Ils ont soumis aux participants des questionnaires portant sur leur perception du style de gestion de leur supérieur et sur leur sentiment concernant le soutien offert par leur organisation.

Leurs différentes hypothèses ont été validées :

- Plus les employés estiment que leur supérieur adopte un style de gestion favorisant leur autonomie, plus leurs besoins psychologiques de base, soit les besoins d'affiliation, de compétence et d'autonomie, sont comblés.
- Plus les employés estiment que leur supérieur leur accorde de la latitude et une certaine marge de manœuvre, et plus ils sentent que leur opinion est sollicitée et considérée, moins la satisfaction de leurs besoins psychologiques de base est minée.
- Plus les employés estiment que le soutien organisationnel offert est solide, plus leurs besoins psychologiques de base sont comblés et moins la satisfaction de ces besoins est entamée.
- Plus les employés estiment que le soutien organisationnel offert est solide, plus leur sentiment de bien-être est fort.
- Le sentiment de bien-être des employés est plus fort lorsque leur supérieur crée un environnement de travail propice à leur autonomie, c'est-à-dire lorsqu'il leur accorde de la latitude et une certaine marge de manœuvre et qu'il sollicite leur opinion.

Les deux études ont donc démontré que le style de gestion perçu influe sur la satisfaction ou sur la frustration liées aux besoins psychologiques de base, soit les besoins d'affiliation, de compétence et d'autonomie des employés. Ainsi, les supérieurs qui ne semblent pas valoriser les contributions individuelles et exercent un contrôle excessif en utilisant les menaces pour motiver les travailleurs négligent les besoins de base que sont l'autonomie, la compétence et l'affiliation sociale. S'ensuivent des répercussions négatives sur le bien-être au travail, ainsi que des conséquences pour l'entreprise, compte tenu de la baisse d'efficacité des employés. La satisfaction ou la frustration liées aux besoins de base jouent un rôle primordial dans l'amélioration ou la dégradation du bien-être au travail.

Pour accroître le bien-être des employés, les pratiques de gestion devraient donc être orientées vers l'augmentation de la satisfaction des besoins, par l'offre d'un éventail de choix notamment, et vers la diminution de la frustration liée à ces besoins. Selon les deux études, 25 % de la productivité d'un employé découle du bien-être qu'il ressent au travail. L'inefficacité d'un travailleur pourrait donc être causée par un supérieur trop autoritaire ou pas assez à l'écoute.

LA THÉORIE DE L'ÉVALUATION COGNITIVE

Intimement liée à la théorie de l'autodétermination, dont elle est issue, et découlant également des travaux de Deci et Ryan, la **théorie de l'évaluation cognitive** explique que le fait de récompenser extrinsèquement un individu pour un travail qu'il estime intrinsèquement satisfaisant réduit sa motivation. Avec une récompense extrinsèque à la clé, l'individu accomplit la tâche pour répondre à des exigences et obtenir la récompense plutôt que pour la satisfaction qu'il en tire. Accorder une prime à

Théorie de l'évaluation cognitive
Théorie selon laquelle le fait de récompenser extrinsèquement un individu pour un travail intrinsèquement satisfaisant réduit sa motivation

Propos et confidences de Jacques Guénette, PDG de D.L.G.L.

Des **leaders** parlent de **leadership**

[...] En 1980, trois ans après avoir touché à la gestion intérimaire – un boulot qui m'a appris que je ne voulais plus jamais travailler pour quelqu'un d'autre –, j'ai construit, lentement et prudemment, D.L.G.L. avec Claude Lalonde à mes côtés. Afin de concrétiser notre philosophie, nous avons décidé d'inverser les valeurs de l'entreprise, en créant d'abord et avant tout de la valeur, pas pour les actionnaires mais bien pour les employés. Aussi loufoque qu'elle puisse paraître, cette stratégie guide encore notre mission aujourd'hui. Elle va à l'encontre du modèle courant, mais, à mon sens, aucune organisation n'est viable pour les actionnaires et les clients si elle ne repose pas avant tout sur la richesse de sa base.

Chez nous, créer de la valeur pour les employés se traduit par une foule de gestes concrets. Par exemple, outre des salaires compétitifs, nous offrons un plan de participation aux revenus bruts, des bonis généreux, un fonds de pension (une rareté dans la petite entreprise) qui atteint déjà 11 millions de dollars. De plus, nous avons créé un *pot* pour inciter les gens à arrêter de fumer ou à se mettre en forme. Nous offrons aussi les services d'une entraîneure physique à temps plein et l'accès, même les week-ends, à un gymnase tout équipé.

Notre structure n'est pas pyramidale mais sphérique. Il n'y a pas de place pour la hiérarchie : personne n'a de titre sur sa carte professionnelle, les employés s'évaluent entre eux et ils gèrent eux-mêmes leurs vacances et leurs congés. Nous misons sur les compétences de chacun. En contrepartie, nous nous attendons à ce que les gens donnent le meilleur d'eux-mêmes. Pas plus. Pas moins. À vrai dire, la culture de l'entreprise préconise la confiance. Et il n'y a pas d'abus, pour la simple raison que les employés se comportent comme on les traite, c'est-à-dire avec respect, et qu'ils doivent rendre des comptes à leurs pairs.

Notre façon de faire a suscité – et suscite toujours – l'étonnement dans le milieu des affaires. On me demande souvent comment une entreprise peut se permettre d'offrir autant de privilèges à ses employés. En fait, ce que nous ne pouvons pas nous permettre, c'est de perdre constamment des employés. Entre nous, s'il fallait que chez D.L.G.L. nous ayons un taux de roulement comparable à celui de l'industrie, soit de 15 à 20 %, nous ne pourrions pas prétendre à l'excellence.

Chez nous, le taux de roulement est nul. Depuis trois ans, notre équipe est restée la même et nous n'avons embauché personne, malgré une croissance significative. La moyenne d'ancienneté de nos employés s'élève à 13,7 ans, et l'absentéisme est inexistant. Résultat, notre niveau de compétence

quelqu'un qui aime son travail ferait diminuer l'intérêt intrinsèque de cette personne pour la tâche. Ainsi, l'individu perdrait une partie de son contrôle sur son comportement. Reprenons l'exemple du pompier qui suit un programme d'entraînement physique. S'il s'entraîne parce que son employeur le lui a demandé, il est motivé par une source externe, mais s'il persévère dans le programme alors qu'il est promu à un poste comportant des tâches administratives, on peut conclure qu'il s'entraîne parce qu'il aime tout simplement se tenir en forme.

Plusieurs recherches appuient la théorie de l'évaluation cognitive. Toutefois, celle-ci ne fait pas l'unanimité, notamment en raison de la méthodologie utilisée dans les études et de l'interprétation qui est faite des données recueillies[43]. D'après cette théorie, une entreprise qui accorderait des récompenses extrinsèques, telles que des augmentations de salaire liées au rendement, pour motiver ses employés le ferait au détriment de l'intérêt et de la motivation intrinsèque de ces derniers. Le débat est ouvert.

va toujours en augmentant. Bien entendu, nous ne comptons que 93 employés : d'une certaine façon, c'est petit, mais, d'une autre, c'est gigantesque. Car ils sont tous extrêmement expérimentés.

En somme, les coûts engendrés par les privilèges que nous accordons à nos employés sont négligeables par rapport à ce qu'il en coûterait de perdre ne serait-ce qu'un seul employé aux mains d'un de nos concurrents.

À ceux qui nous demandent : « Pourquoi partager vos profits ? » je réponds : « Pourquoi pas ? » Il n'y a aucune raison de ne pas le faire. En effet, croire qu'il faut s'assurer d'en garder le plus possible pour soi est une très mauvaise prémisse. Après tout, lorsque chacun y trouve son compte, il y en a pour tout le monde. Et puis, les privilèges consentis aux employés ne mettent pas l'entreprise en péril, au contraire. J'aime mieux que nous nous comportions de façon juste et raisonnable que continuer à m'enrichir ou posséder quatre bateaux.

Entre nous, qu'est-ce qui est trop généreux ou pas assez ? La question se pose, surtout que, tout compte fait, ma philosophie d'entreprise donne, sur le plan financier, de bien meilleurs résultats que celle d'autres organisations plus traditionnelles.

À vrai dire, notre façon de faire est simple. Tout le monde peut s'en inspirer et nous imiter. À condition de se fixer des priorités, d'élaborer des stratégies cohérentes et d'agir en conséquence. Aussi, afin d'éviter d'entraîner les employés dans la spirale de la surproductivité, nous avons adopté un plan d'affaires raisonnable. Oui, raisonnable. Nous ne signons pas des contrats simplement pour faire fonctionner l'entreprise.

Certaines organisations sont trop contraintes par le fameux impératif de création de valeur pour les actionnaires pour pouvoir même songer à nous imiter. C'est connu, on peut tout se permettre – même le pire ! – au nom de cet impératif. Il pardonne tout ! Le problème, c'est que cette mentalité génère des conflits d'intérêts, les ennemis mortels de l'entreprise. Par exemple, lorsqu'un conseil d'administration ne privilégie que les intérêts des actionnaires, il est tenté d'embaucher le PDG le plus cow-boy possible pour y parvenir, sans égard aux clients et encore moins aux employés. Et c'est la catastrophe : l'alignement des intérêts communs est inexistant et chacun tire alors dans sa direction, au détriment de l'organisation. [...]

Source : Jacques Guénette, « Aligner les intérêts génère le succès », *Premium*, vol. 6, janvier-février 2011, p. 16-24. Propos recueillis par Manon Chevalier.

QUESTION À la lumière des diverses théories de la motivation présentées dans ce chapitre, quels pourraient être les effets des pratiques de gestion de M. Guénette et de la culture de D.L.G.L. sur la motivation du personnel ?

LES APPLICATIONS RELATIVES À LA THÉORIE DE L'AUTODÉTERMINATION

La théorie de l'autodétermination soutient que le type de motivation d'un individu est intimement lié aux occasions de s'autodéterminer qui lui sont offertes. Les besoins d'autonomie, de compétence et d'affiliation sous-tendent l'autodétermination. Ainsi, cette théorie explique que les individus sont motivés non seulement par une plus grande autonomie, mais aussi par un désir de devenir compétents et d'avoir des relations positives avec les autres.

Plus précisément, la théorie de l'autodétermination avance que tout individu a besoin de se sentir compétent, autonome et relié à ses pairs[44]. Les organisations qui prennent en compte la satisfaction de ces trois besoins psychologiques fondamentaux favorisent la motivation et le bien-être des personnes, leur engagement et leur développement personnel[45]. Au contraire, celles qui négligent la satisfaction de ces besoins nuisent à la motivation de leurs employés, à leur bien-être général et à leur rendement.

Le degré d'engagement et la performance

[...] En 2006, Towers Perrin a analysé les données d'une cinquantaine d'entreprises multinationales en observant plus particulièrement « les niveaux d'engagement des 664 000 salariés qui y travaillent et la performance financière de ces entreprises en considérant les évolutions du résultat d'exploitation et le bénéfice par action ». Les résultats sont sans appel : les entreprises dans lesquelles les salariés étaient fortement mobilisés ont connu des performances bien meilleures que celles où l'engagement était moindre, puisque « les premières ont vu leur résultat d'exploitation augmenter de 19,2 % alors que celles du second groupe affichaient une baisse de 37,7 % ». [...]

Source : Christophe Laval, « La reconnaissance au travail : pratiques internationales et différences culturelles », *Effectif*, vol. 13, nº 4, septembre-octobre 2010. Reproduit avec l'autorisation de l'Ordre des conseillers en ressources humaines agréés.

GUIDE de révision

RÉSUMÉ

QU'EST-CE QUE LA MOTIVATION ?

- La motivation au travail est l'ensemble des énergies qui sous-tendent l'orientation, l'intensité et la persistance des efforts qu'un individu consacre à son travail.
- Les théories du contenu, comme la théorie de la hiérarchie des besoins de Maslow, la théorie ERD d'Alderfer, la théorie des besoins acquis de McClelland et la théorie bifactorielle de Herzberg, cherchent à déterminer les besoins qui influent sur le comportement des individus dans un milieu de travail donné.
- Les théories des processus, comme la théorie de l'équité d'Adams, la théorie des attentes de Vroom et la théorie de la fixation des objectifs de Locke et Latham, portent sur les processus cognitifs qui influent sur le comportement des individus en milieu de travail.
- La théorie de l'autodétermination intègre à la fois la perspective du contenu et la perspective des processus dans sa compréhension du phénomène de motivation.
- On doit être conscient du fait que la motivation de la main-d'œuvre revêt de l'importance pour les organisations du monde entier. Cependant, il faut aussi comprendre que les sources de motivation et les approches dans ce domaine peuvent différer d'une culture à une autre.

QUELS SONT LES PRINCIPAUX POSTULATS DES THÉORIES DU CONTENU EN MATIÈRE DE MOTIVATION ?

- Selon la théorie de la hiérarchie des besoins de Maslow, les besoins humains sont organisés en une hiérarchie comportant à la base les besoins d'ordre inférieur que sont les besoins physiologiques, le besoin de sécurité et les besoins sociaux et, à son sommet, les besoins d'ordre supérieur que sont le besoin d'estime et le besoin de réalisation de soi.
- La théorie ERD d'Alderfer ramène les besoins humains à trois catégories : les besoins existentiels, les besoins relationnels et les besoins de développement. Elle soutient que l'individu peut chercher à satisfaire plus d'une catégorie de besoins à la fois.

- La théorie des besoins acquis de McClelland met l'accent sur le besoin d'accomplissement, le besoin d'affiliation et le besoin de pouvoir, trois besoins qui s'acquièrent avec le temps et l'expérience.
- La théorie bifactorielle ou théorie des deux facteurs de Herzberg distingue les facteurs de satisfaction professionnelle, ou facteurs moteurs, comme les responsabilités, la reconnaissance et, plus généralement, la nature même du travail, des facteurs pouvant prévenir l'insatisfaction professionnelle, ou facteurs d'hygiène, comme le salaire, les conditions de travail et, plus généralement, le cadre de travail.

QUELS SONT LES FONDEMENTS DE LA THÉORIE DE L'ÉQUITÉ ?

- La théorie de l'équité d'Adams se fonde sur le phénomène de la comparaison sociale et suggère que l'individu compare ce qu'il reçoit pour son travail avec ce que d'autres reçoivent pour le leur.
- Toute iniquité perçue devient pour l'individu une source de motivation, car elle le pousse à vouloir redresser la situation afin d'éliminer la tension qu'elle crée.
- La perception d'une iniquité défavorable apparaît lorsqu'un individu a l'impression d'avoir reçu moins que les autres pour son travail. Elle peut pousser la personne à réduire ses efforts ou à démissionner.
- Le concept de justice organisationnelle se rapporte à l'appréciation de justice et d'équité que font les individus quant aux pratiques existant dans leur milieu de travail. Il comporte quatre dimensions : la justice distributive, la justice procédurale, la justice interactionnelle et la justice commutative.

QUELS SONT LES ÉLÉMENTS CLÉS DE LA THÉORIE DES ATTENTES ?

- Selon la théorie des attentes de Vroom, la motivation au travail d'un individu dépend de sa conviction que les efforts déployés permettront d'atteindre le rendement visé (*les attentes*), de sa conviction que la récompense sera proportionnelle au rendement atteint (l'*instrumentalité*) et de la valeur qu'il accorde à la récompense qu'il croit pouvoir obtenir (la *valence*).
- Selon la théorie des attentes, la motivation (M) = les attentes (A) × l'instrumentalité (I) × la valence (V). Comme il s'agit d'une multiplication, les gestionnaires doivent intervenir pour maximiser chacun de ces facteurs s'ils veulent atteindre des degrés élevés de motivation.

QUELS SONT LES PRINCIPES DIRECTEURS DE LA THÉORIE DE LA FIXATION DES OBJECTIFS ET SES PRINCIPALES APPLICATIONS ?

- La fixation des objectifs est le processus d'élaboration, de négociation et de mise en forme des objectifs ou des cibles que le travailleur doit atteindre.
- Selon les études, des objectifs ambitieux, clairs et qui permettent de faire une rétroaction sur les résultats incitent les travailleurs à fournir un rendement accru. En outre, les objectifs sont plus motivants si les travailleurs y adhèrent et s'engagent à les atteindre.
- Les capacités individuelles et la complexité de la tâche constituent des variables modératrices qui influencent les effets des objectifs sur le rendement.

- La gestion par objectifs (GPO) est un mode de gestion qui repose essentiellement sur un processus de fixation conjointe d'objectifs par le supérieur et le subordonné. Elle est l'application de la théorie de la fixation des objectifs aux pratiques de gestion quotidiennes et peut s'étendre à toute l'organisation.

QUELS SONT LES FONDEMENTS DE LA THÉORIE DE L'AUTODÉTERMINATION ET SES PRINCIPALES APPLICATIONS ?

- Selon la théorie de l'autodétermination de Deci et Ryan, le type de motivation est fonction du degré d'autodétermination dont dispose l'individu.
- Selon cette théorie, une motivation autodéterminée entraîne des conséquences individuelles positives : bien-être, engagement, rendement, etc.
- Deci et Ryan distinguent différents types de motivation en fonction du degré d'autodétermination : entre l'amotivation (absence de motivation) et la motivation intrinsèque (degré élevé d'autodétermination) se trouvent les deux formes de motivation extrinsèque non autodéterminée que sont les régulations externe et introjectée et les deux formes de motivation extrinsèque autodéterminée que sont les régulations identifiée et intégrée.
- Suivant la théorie de l'évaluation cognitive, le fait de récompenser extrinsèquement un individu pour un travail qu'il estime intrinsèquement satisfaisant réduit sa motivation.
- Les organisations qui prennent en compte la satisfaction des trois besoins psychologiques fondamentaux que sont le besoin d'autonomie, le besoin de compétence et le besoin d'affiliation favorisent la motivation et le bien-être des gens, leur engagement et leur développement personnel.

MOTS CLÉS

Attentes	p. 155	Justice organisationnelle	p. 153
Besoin d'accomplissement	p. 147	Justice procédurale	p. 153
Besoin d'affiliation	p. 147	Motivation au travail	p. 142
Besoins de développement	p. 146	Perception d'iniquité	p. 152
Besoin de pouvoir	p. 147	Théorie bifactorielle (ou théorie des deux facteurs)	p. 148
Besoins d'ordre inférieur	p. 146	Théorie de l'autodétermination	p. 162
Besoins d'ordre supérieur	p. 146	Théorie de la hiérarchie des besoins	p. 145
Besoins existentiels	p. 146	Théorie de l'équité	p. 151
Besoins relationnels	p. 146	Théorie de l'évaluation cognitive	p. 165
Facteurs d'hygiène (ou facteurs d'ambiance)	p. 148	Théorie des attentes	p. 155
Facteurs moteurs	p. 148	Théorie des besoins acquis	p. 147
Fixation des objectifs	p. 158	Théories des processus	p. 144
Gestion par objectifs (GPO)	p. 161	Théories du contenu	p. 143
Instrumentalité	p. 156	Théorie ERD	p. 146
Justice commutative	p. 154	Valence	p. 156
Justice distributive	p. 154		
Justice interactionnelle	p. 154		

ÉVALUATION DES CONNAISSANCES

MonLab
Évaluation des connaissances
questions interactives

QUESTIONS À CHOIX MULTIPLE

1. Une théorie des processus porte, notamment, sur ________ **a)** la frustration-régression. **b)** les attentes relatives aux récompenses pouvant être obtenues à la suite de l'exécution d'une tâche. **c)** les besoins d'ordre inférieur. **d)** les facteurs d'hygiène.

2. Selon la théorie de la hiérarchie des besoins de Maslow, le supérieur d'un employé manifestant un fort besoin de réalisation devrait chercher à le motiver à accomplir un excellent travail au sein de son équipe par ________ **a)** une prime liée au rendement du groupe. **b)** des félicitations et des marques de reconnaissance individuelles pour son travail. **c)** des interactions sociales nombreuses au sein de l'équipe. **d)** des objectifs de travail individuels stimulants.

3. Selon McClelland, une personne ayant un grand besoin d'accomplissement ________ **a)** appréciera le statut que lui confère un poste de cadre supérieur. **b)** voudra exercer son emprise sur les autres et influencer leur comportement. **c)** sera attirée par le travail d'équipe et les responsabilités collectives. **d)** appréciera les objectifs stimulants, mais réalisables.

4. Dans la théorie ERD d'Alderfer, les besoins ________ sont ceux qui se rapprochent le plus des besoins d'ordre supérieur (estime et réalisation de soi) définis par Maslow. **a)** existentiels **b)** relationnels **c)** de reconnaissance **d)** de développement

5. Selon la théorie bifactorielle de Herzberg, la satisfaction professionnelle tend à s'accroître quand on améliore ________ **a)** les conditions de travail. **b)** le salaire de base. **c)** les relations entre les pairs. **d)** le degré des responsabilités associées au travail.

6. Selon la théorie bifactorielle de Herzberg, on peut trouver les facteurs ________ dans l'environnement de travail. **a)** moteurs **b)** déterminant le degré de satisfaction professionnelle **c)** d'hygiène **d)** d'enrichissement des tâches

7. Jeanne et Jacques sont tous deux des étudiants très motivés. Je peux donc m'attendre à ce qu'ils ________ dans ma classe. **a)** ne ménagent pas leurs efforts **b)** soient très performants **c)** soient très satisfaits **d)** soient très insatisfaits.

8. Selon la théorie de l'équité, ________ est une question essentielle. **a)** la comparaison sociale des contributions et des récompenses **b)** l'égalité des récompenses **c)** l'égalité des efforts **d)** la valeur absolue des récompenses

9. Un gestionnaire qui, d'un employé à un autre, applique de façon variable la politique sur les retards au travail viole les principes de la justice ________ **a)** interactionnelle. **b)** morale. **c)** distributive. **d)** procédurale.

10. Selon la théorie des attentes, lorsqu'une personne a des « attentes » très élevées et positives, cela signifie qu'elle ________ **a)** pense qu'elle peut répondre aux attentes relatives au rendement. **b)** prise fortement les récompenses qu'on lui offre. **c)** voit un lien entre le rendement élevé et les récompenses proposées. **d)** pense que les récompenses sont équitables.

11. Dans la théorie des attentes, ________ correspond à la valeur accordée par l'individu à la récompense qu'il croit pouvoir obtenir. **a)** l'attente **b)** l'instrumentalité **c)** la motivation **d)** la valence

12. Quels types d'objectifs sont les plus susceptibles d'être motivants pour les travailleurs ? **a)** Les objectifs ambitieux. **b)** Les objectifs faciles à atteindre. **c)** Les objectifs très généraux. **d)** Les objectifs qui exigent peu de rétroaction.

13. La GPO privilégie ________ comme moyen d'obtenir l'adhésion et l'engagement des travailleurs à l'égard des objectifs fixés. **a)** l'autorité **b)** la fixation conjointe d'objectifs par le supérieur et le subordonné **c)** la rétroaction aléatoire **d)** les objectifs à caractère général

14. Selon la théorie de l'autodétermination, l'individu motivé par ________ adopte un comportement qui répond à des demandes ou à des pressions de l'environnement. **a)**la régulation externe **b)** la régulation introjectée **c)** la régulation intégrée

15. Selon la théorie de l'autodétermination, ________ correspond au degré d'autodétermination le plus élevé. **a)** la motivation extrinsèque **b)** l'amotivation **c)** la régulation intégrée **d)** la motivation intrinsèque

QUESTIONS À RÉPONSE BRÈVE

16. À quoi correspond le principe de frustration-régression dans la théorie ERD d'Alderfer ?

17. Dans la perspective de la théorie bifactorielle de Herzberg, comment peut-on accroître la motivation des travailleurs ?

18. Qu'est-ce qui distingue la justice distributive de la justice procédurale ?

19. Décrivez l'effet multiplicateur relatif à la théorie des attentes.

QUESTION À DÉVELOPPEMENT

20. Au restaurant, vous surprenez le dialogue suivant à une table voisine :

— Je t'assure que, si tu rends tes travailleurs heureux, ils seront productifs.

— Je n'en suis pas si certain. Si je les rends heureux, ils seront peut-être plus assidus au travail, mais rien ne garantit qu'ils travailleront dur.

Avec laquelle de ces deux personnes êtes-vous d'accord ? Pourquoi ?

LE CO DANS LE FEU DE L'ACTION

Pour ce chapitre, nous vous suggérons les activités suivantes du *Cahier d'apprentissage en CO* (voir p. C1).

Étude de cas	Exercices	Autoévaluation
9. C'est trop injuste !	4. Que valorisez-vous particulièrement dans un travail ? 11. Travail d'équipe et motivation 17. Augmentations de salaire annuelles	7. Votre profil bifactoriel

La motivation, la conception de poste et les récompenses

L'adéquation entre la personne et le poste qu'elle occupe n'est pas toujours facile à obtenir, mais une telle correspondance a une incidence indéniable sur la motivation et le rendement. Ce chapitre fait le lien entre les théories de la motivation précédemment abordées et trois processus stratégiques : la conception de poste, la mise en place de formules novatrices en matière d'aménagement du temps de travail et l'élaboration de systèmes de récompenses dans un contexte de gestion du rendement.

Chapitre 6

OBJECTIFS D'APPRENTISSAGE

Après l'étude de ce chapitre, vous devriez pouvoir :

- Décrire les diverses approches en matière de conception de poste et expliquer leurs effets sur la motivation et le rendement.
- Décrire les diverses approches en matière d'aménagement du temps de travail.
- Expliquer le lien entre la motivation, le rendement et les récompenses.
- Discuter du processus de gestion du rendement, énumérer les principales méthodes d'évaluation du rendement et définir les erreurs courantes pouvant nuire à cette évaluation.

La clé est l'adéquation entre la personne et le poste qu'elle occupe.

PLAN DU CHAPITRE

LA MOTIVATION ET LA CONCEPTION DE POSTE

L'organisation scientifique du travail • L'élargissement des tâches et la rotation des postes • L'enrichissement des tâches • La théorie des caractéristiques de l'emploi

L'AMÉNAGEMENT DU TEMPS DE TRAVAIL : DES APPROCHES NOVATRICES

La semaine de travail comprimée • L'horaire de travail variable • Le partage de poste • Le télétravail • Le travail à temps partiel

LA MOTIVATION ET LES RÉCOMPENSES

Un modèle intégré de la motivation au travail • Les récompenses intrinsèques et les récompenses extrinsèques • La rémunération selon le rendement

LA MOTIVATION ET LA GESTION DU RENDEMENT

Le processus de gestion du rendement • Les méthodes d'évaluation du rendement • Les erreurs courantes dans l'évaluation du rendement

GUIDE DE RÉVISION

Le bureau mobile

[…] Les PME qui ont numérisé l'ensemble de leurs documents papier ont un avantage sur les autres en matière de mobilité. Celles qui favorisent le télétravail ne se contentent plus seulement de rendre leurs archives accessibles en ligne ; de plus en plus de PME s'assurent que leurs employés peuvent travailler à distance avec le même numéro de téléphone et les mêmes outils informatiques. Cette approche est surtout populaire auprès des entreprises dont les employés sont souvent en déplacement, et des sociétés qui favorisent le télétravail.

Les bureaux de Nashen Technologies [Montréal], une PME de 12 employés qui œuvre dans le secteur du soutien informatique, accueillent rarement plus de six d'entre eux. Le taux d'absentéisme de l'entreprise n'est pas en cause, bien au contraire : les employés peuvent travailler de chez eux. « Par exemple, le consultant qui a deux rendez-vous travaillera de chez lui le matin, avant son premier rendez-vous, et rentrera chez lui directement après le second, illustre Barry Nashen, vice-président de l'entreprise. Si nous lui évitons deux trajets de 30 minutes ce jour-là, l'entreprise gagne une heure de travail de plus. »

… les employés peuvent travailler de chez eux.

Grâce au système de téléphonie IP dont Nashen Technologies s'est dotée, les employés peuvent être joints au même poste téléphonique. Lorsqu'ils se déplacent, ils prennent leurs appels sur leur téléphone cellulaire. Ils peuvent également accéder à leurs outils de travail sur internet : « Nous avons développé notre propre CRM [logiciel de gestion de la relation client], qui est accessible à partir de n'importe quel ordinateur ou téléphone, explique Barry Nashen. La moitié de la trousse d'outils est accessible en ligne. Pour le reste, nos employés peuvent utiliser leur portable pour se connecter à leur poste de travail par VPN. »

Nashen Technologies héberge ses applications sur ses propres serveurs. Il faut dire que l'entreprise œuvrant en informatique, la gestion des serveurs est loin de poser problème. […]

Source : Julien Brault, « Léger, léger », *Les Affaires*, hors série, 20 octobre 2012, p. X26. Cet extrait a été reproduit aux termes d'une licence accordée par Copibec.

La motivation et la conception de poste

Bien sûr, en raison du contexte ou de la nature du poste, il n'est pas toujours possible d'offrir autant de flexibilité que Nashen Technologies en matière d'aménagement du travail. Dans tous les cas, il demeure pertinent de viser un même objectif : parvenir à la meilleure adéquation possible entre le poste à pourvoir et la personne qui l'occupera, en recherchant celle qui sera le plus en mesure de le prendre en charge. Quand cette correspondance est réussie, les chances que la personne fasse preuve d'une grande motivation au travail et que son rendement soit élevé sont bien meilleures. L'équation suivante résume bien cette tendance de fond :

Personne + Adéquation du poste = Motivation et rendement

Conception de poste Planification et description des tâches inhérentes à un poste, et détermination des conditions dans lesquelles celles-ci s'accomplissent

Cet objectif peut être atteint notamment par une bonne conception de poste. La **conception de poste** correspond à la planification et à la description des tâches inhérentes à chaque poste, ainsi qu'à la détermination des conditions dans lesquelles celles-ci s'accomplissent. Comme le montre la **figure 6.1**, les diverses approches en matière de conception de poste se distinguent par le degré de spécialisation des tâches et l'importance des récompenses intrinsèques associées au travail. Le poste le mieux

FIGURE 6.1 UNE ÉCHELLE DES STRATÉGIES RELATIVES À LA CONCEPTION DE POSTE

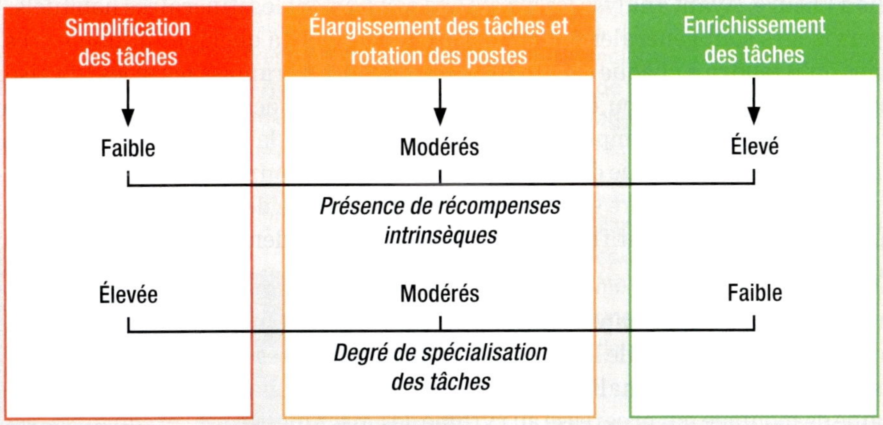

conçu est évidemment celui qui répond le mieux aux exigences de rendement de l'organisation, tout en offrant la meilleure adéquation possible avec les besoins et les compétences de son titulaire, et en procurant à ce dernier la plus grande satisfaction professionnelle possible.

L'ORGANISATION SCIENTIFIQUE DU TRAVAIL

On s'entend généralement pour dire que la recherche scientifique sur la conception des tâches a commencé au début du 20e siècle, avec la publication de *Scientific Management*, par Frederick Taylor[1]. Cet ingénieur américain et ses contemporains voulaient concevoir une organisation pratique du travail afin d'optimiser l'efficience des travailleurs et des équipements. Leur approche consistait à étudier dans le détail un travail donné, à le décomposer en ses éléments les plus simples, à déterminer la durée exacte et les gestes précis pour son exécution la plus efficace, puis à former les travailleurs à répéter ces gestes inlassablement. Les principes de l'organisation scientifique du travail définis par Taylor peuvent se résumer comme suit :

1. Pour chaque poste, mettre au point une « méthode scientifique » établissant les règles d'exécution des tâches, les outils requis et les conditions de travail les plus favorables.
2. Embaucher des employés possédant les compétences requises.
3. Former et motiver les travailleurs à accomplir leurs tâches, définies selon la méthode scientifique.
4. Afin d'aider les employés, planifier les tâches et faciliter leur exécution grâce aux principes scientifiques de gestion.

Ces premières recherches préfiguraient les approches contemporaines du génie industriel qui sont axées sur l'efficience et qui tentent de déterminer, pour chaque poste, les meilleurs procédés, les méthodes les plus efficaces, les circuits de production les plus appropriés, les meilleures normes de productivité ainsi que la meilleure interface travailleur-équipement.

Enrichissement des tâches
Approche de la conception de poste selon laquelle on améliore le contenu du travail en ajoutant aux fonctions d'exécution des fonctions de planification, d'organisation et de contrôle traditionnellement attribuées à des cadres

Dans la perspective du modèle de Herzberg, l'**enrichissement des tâches** consiste en une amélioration du contenu du travail par l'ajout de *facteurs moteurs* comme la responsabilité, le sentiment d'accomplissement, la reconnaissance professionnelle et l'épanouissement personnel. Cette stratégie diffère considérablement de celles dont nous venons de parler, car elle ajoute aux fonctions d'exécution des fonctions de planification, d'organisation et de contrôle traditionnellement attribuées à des cadres. Herzberg appelle *expansion verticale des tâches* la transformation de la nature d'un poste visant à donner de la *profondeur* à ce dernier. Les postes enrichis, affirme-t-il, aident l'individu à satisfaire ses besoins d'ordre supérieur et augmentent ainsi sa motivation à fournir un rendement supérieur. Ainsi, selon Herzberg, le gestionnaire qui souhaite enrichir les tâches des travailleurs devrait :

- permettre aux travailleurs de planifier eux-mêmes leurs tâches ;
- permettre aux travailleurs d'évaluer leurs résultats ;
- accorder plus d'autonomie aux travailleurs ;
- augmenter la complexité des tâches ;
- aider les travailleurs à devenir des experts dans leurs tâches respectives ;
- donner aux travailleurs de la rétroaction sur leur rendement ;
- responsabiliser les travailleurs à l'égard de leur rendement ;
- organiser le travail en unités formant un tout.

Autonomie, confiance et mentorat

Des **leaders** parlent de **leadership**

Le climat de confiance et d'autonomie qui règne chez Cisco explique en grande partie les excellents résultats d'Aon Hewitt, selon Jean-Claude Ouellet, vice-président Ventes et opérations pour l'est du Canada.

« La culture de l'entreprise est simple : chaque individu gère sa propre PME, explique M. Ouellet. Autrement dit, les employés sont maîtres de leur emploi du temps et travaillent avec leurs propres ordinateurs, téléphones et tablettes. La relation est basée sur la confiance mutuelle. »

Au cours des dernières années, l'entreprise a doté ses employés des outils les plus performants pour leur permettre de travailler de la maison ou en déplacement. « Ces outils rendent plus productif, mais donnent surtout plus de souplesse au quotidien. »

En raison de la pénurie de main-d'œuvre et de la compétitivité, le domaine des technologies de l'information a beaucoup changé depuis 10 ans, constate M. Ouellet. « Aujourd'hui, les candidats demandent en entrevue : "Qu'est-ce que l'entreprise peut faire pour moi ?" Et non plus l'inverse. »

[...] Pour stimuler son personnel multigénérationnel, Cisco Canada a mis en place l'an dernier un programme de mentorat inversé. « L'expérience des aînés est inestimable, mais il faut profiter également de l'expertise des plus jeunes qui ont une connaissance phénoménale des réseaux sociaux, des dernières tendances. À titre d'exemple : à 42 ans, j'ai un mentor de 71 ans et un autre de 26 ans », raconte M. Ouellet. [...]

Source : Mélissa Proulx, « Autonomie, confiance et mentorat », *La Presse*, 21 novembre 2012, « La Presse Affaires », p. 10. Cet extrait a été reproduit aux termes d'une licence accordée par Copibec.

QUESTION Quel est le lien entre, d'une part, la philosophie animant le leadership au sein de Cisco Canada et, d'autre part, les caractéristiques et le potentiel de motivation d'un poste de travail au sein de cette entreprise ?

Malgré l'intérêt certain des idées de Herzberg, deux questions se posent au gestionnaire.

1. *L'enrichissement des tâches entraîne-t-il des coûts importants?* L'enrichissement des tâches peut être coûteux pour une organisation, surtout s'il exige la modification, voire la transformation, des installations et des circuits de production, ou l'implantation de nouvelles technologies.
2. *Les travailleurs réclameront-ils des augmentations de salaire si on les affecte à des postes enrichis?* Selon Herzberg, si la rémunération des travailleurs est vraiment concurrentielle, les récompenses intrinsèques découlant d'un travail enrichi seront amplement satisfaisantes. D'autres chercheurs se montrent sceptiques et conseillent aux gestionnaires d'étudier la question salariale avec la plus grande attention[3].

LA THÉORIE DES CARACTÉRISTIQUES DE L'EMPLOI

Les spécialistes du CO hésitent à voir dans l'enrichissement des tâches la panacée à tous les problèmes de satisfaction professionnelle et de rendement au sein des organisations. En effet, outre les coûts et les exigences salariales, ils estiment qu'il faut prendre en considération les différences individuelles. Il faut se demander si l'enrichissement des tâches convient à tout le monde. L'approche diagnostique, élaborée par Richard Hackman et Greg Oldham, propose un modèle plus étendu et axé sur la contingence, qui permette de concevoir des postes stimulants pour les travailleurs[4]. Ce modèle offre d'énormes possibilités en matière de conception de poste personnalisée favorisant la motivation et le rendement.

LES CARACTÉRISTIQUES FONDAMENTALES D'UN EMPLOI ENRICHI

Illustrée à la **figure 6.2**, la **théorie des caractéristiques de l'emploi** se fonde, comme son nom l'indique, sur cinq caractéristiques de l'emploi qui revêtent une importance particulière dans la conception de poste. Un poste sera considéré comme enrichi s'il possède, à un degré élevé, chacune des caractéristiques fondamentales suivantes:

Théorie des caractéristiques de l'emploi
Théorie qui met en lumière cinq caractéristiques fondamentales d'un emploi enrichi, particulièrement importantes dans la conception de poste: la polyvalence, l'intégralité de la tâche, la valeur de la tâche, l'autonomie et la rétroaction

- La *polyvalence*, c'est-à-dire la variété des tâches inhérentes à un poste et la diversité des compétences et des talents requis.
- L'*intégralité de la tâche*, c'est-à-dire la possibilité d'exécuter la totalité d'une opération, de la première à la dernière étape, avec un résultat perceptible.
- La *valeur de la tâche*, c'est-à-dire l'importance du poste, sa portée et son incidence sur l'organisation ou sur la société en général.
- L'*autonomie*, c'est-à-dire l'indépendance et la latitude accordées au titulaire du poste pour ce qui est de l'organisation de son travail et du choix des procédures.
- La *rétroaction*, c'est-à-dire le retour d'information suffisant, clair et direct sur la qualité de son travail que fournit au titulaire du poste l'accomplissement même de ses tâches[5]. réunion du mois pour féliciter les employés donner 1 point positif sur chacun.

Hackman et Oldham recommandent à quiconque désire implanter ce modèle de déterminer préalablement dans quelle mesure un poste possède ou non chacune de ces caractéristiques[6]. On pourra ensuite modifier systématiquement celles-ci de manière à enrichir le poste et à augmenter son potentiel de motivation. L'instrument de mesure mis au point par les deux chercheurs, le Job Diagnostic Survey

FIGURE 6.2 LA THÉORIE DES CARACTÉRISTIQUES DE L'EMPLOI APPLIQUÉE À L'ENRICHISSEMENT DES TÂCHES

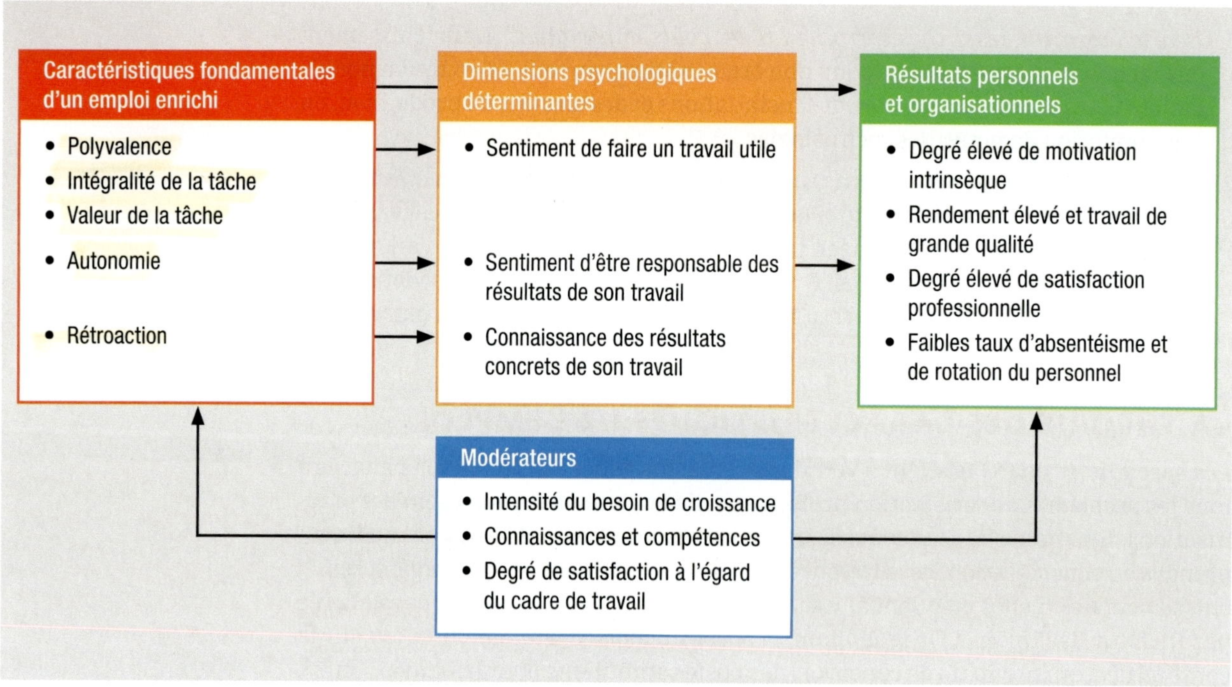

(« évaluation diagnostique des postes »), permet de procéder à l'évaluation de chacune des caractéristiques fondamentales d'un emploi, puis d'établir l'**indice du potentiel de motivation (IPM)** indiquant dans quelle mesure un poste peut être stimulant pour son titulaire. L'IPM est le résultat d'une équation simple :

> **Indice du potentiel de motivation (IPM)**
> Indice qui permet de déterminer dans quelle mesure les caractéristiques fondamentales d'un emploi le rendent stimulant pour son titulaire

$$\text{IPM} = \frac{\text{Polyvalence} + \text{Intégralité de la tâche} + \text{Valeur de la tâche}}{3} \times \text{Autonomie} \times \text{Rétroaction}$$

LE SENTIMENT D'AUTONOMISATION

On peut augmenter l'IPM d'un poste par l'extension et la combinaison des tâches, par l'instauration de circuits de rétroaction qui informeront mieux le travailleur sur la qualité de son travail, par l'établissement de relations directes avec la clientèle qui favoriseront cette rétroaction ainsi que par l'expansion verticale du poste, c'est-à-dire par l'ajout de responsabilités de planification et de contrôle. Une fois qu'on a enrichi les cinq caractéristiques fondamentales d'un emploi et augmenté autant que possible son IPM, le poste génère, chez son détenteur, un **sentiment d'autonomisation**, c'est-à-dire un sentiment d'accomplissement personnel et de réalisation d'un but engendré par une liberté d'action accrue permettant l'utilisation des talents et du savoir-faire personnels ; ce sentiment alimente le sentiment de compétence et d'engagement au travail[7]. La figure 6.2 met en lumière trois dimensions psychologiques qui ont des retombées positives sur la motivation intrinsèque, la satisfaction professionnelle et le rendement de l'individu : (1) le sentiment de faire un travail utile, (2) le sentiment d'être responsable des résultats de son travail et (3) la connaissance des résultats concrets de son travail.

> **Sentiment d'autonomisation**
> Sentiment d'accomplissement personnel et de réalisation d'un but engendré par une liberté d'action accrue permettant l'utilisation des talents et du savoir-faire personnels ; ce sentiment alimente le sentiment de compétence et d'engagement au travail

LES VARIABLES MODÉRATRICES

Selon la théorie des caractéristiques de l'emploi, les individus ne réagissent pas tous de la même manière à un poste auquel sont associées les cinq caractéristiques fondamentales citées plus haut. Contrairement à Herzberg, pour qui les emplois enrichis doivent nécessairement satisfaire tout le monde, Hackman et Oldham estiment qu'on doit concevoir les postes en visant la meilleure adéquation possible entre leurs caractéristiques fondamentales et les caractéristiques individuelles de leur titulaire: besoins, compétences, aptitudes, etc. Plus précisément, ils pensent que l'enrichissement des tâches donne de bons résultats uniquement dans la mesure où cette adéquation existe. Si un poste enrichi ne convient pas à son titulaire, les résultats obtenus ont moins de chances d'être positifs, et des problèmes risquent de se manifester.

La figure 6.2 met en lumière trois modérateurs liés aux différences individuelles et pouvant influer sur les préférences des gens quant à la conception de leur poste.

1. L'*intensité du besoin de croissance* se rapporte aux désirs d'autonomie, d'apprentissage et d'accomplissement en milieu de travail. Ce modérateur correspond aux besoins d'estime et de réalisation de soi qu'on trouve dans la théorie de la hiérarchie des besoins de Maslow, ainsi qu'aux besoins de développement qu'on trouve dans la théorie ERD d'Alderfer (voir le chapitre 5). Il signifie ici que les individus ayant un fort besoin de croissance en milieu professionnel réagiront positivement s'ils sont affectés à un poste enrichi, alors que les individus ayant un faible besoin de croissance seront déstabilisés à un tel poste.
2. Les *connaissances* et les *compétences* agissent également comme modérateur dans la mesure où on peut s'attendre à ce que les individus dont les compétences correspondent aux exigences d'un poste enrichi fournissent un bon rendement, alors que ceux qui n'ont pas les compétences requises ou ont l'impression de ne pas les avoir risquent d'éprouver des difficultés d'adaptation.
3. La *satisfaction du travailleur à l'égard de son cadre de travail* porte sur le salaire, la qualité de l'encadrement, les relations avec les collègues, les conditions de travail. Les gens qui sont satisfaits de leur cadre de travail tendraient à favoriser davantage les projets d'enrichissement de poste et réussiraient mieux à accomplir des tâches enrichies que ceux qui sont insatisfaits.

LES RÉSULTATS DE LA RECHERCHE

L'approche des caractéristiques de l'emploi a fait l'objet de multiples recherches dans les milieux de travail les plus divers: banques, cabinets dentaires, services correctionnels, entreprises de téléphonie, entreprises industrielles et organismes gouvernementaux. Les spécialistes considèrent généralement que, bien qu'encore imparfaites, la théorie des caractéristiques de l'emploi et son approche diagnostique sont effectivement des outils utiles dans la conception de poste[8]. En général, ils ont constaté que les cinq caractéristiques fondamentales d'un emploi enrichi ont un effet réel sur le rendement, mais que cette influence est sans commune mesure avec celle qu'elles exercent sur la satisfaction.

De plus, les chercheurs insistent sur le rôle de l'*intensité du besoin de croissance* en tant que modérateur dans les relations entre la conception de poste et le rendement et dans les relations entre la conception de poste et la satisfaction professionnelle.

Les caractéristiques fondamentales d'un emploi enrichi influent plus fortement sur le rendement des personnes ayant un grand besoin de croissance que sur celui des personnes ayant un faible besoin de croissance. Le constat est le même pour la satisfaction professionnelle. En outre, les études montrent clairement que l'enrichissement des tâches sera un échec si les exigences du poste enrichi dépassent les compétences de la personne ou ne concordent pas avec ses centres d'intérêt.

Enfin, ajoutons que la perception qu'ont les travailleurs des caractéristiques d'un emploi diffère souvent de l'évaluation qu'en fait un consultant ou un cadre. Le gestionnaire aurait tort de négliger cet aspect car, en définitive, l'évaluation que fait le travailleur des caractéristiques fondamentales de son poste repose sur sa perception. C'est donc cette dernière qui détermine, en grande partie, les effets de l'enrichissement des tâches sur les résultats du travail.

Théorie du traitement des données sociales
Théorie selon laquelle les besoins individuels, la perception des tâches et les comportements qui en découlent se fondent sur des réalités d'origine sociale

Gerald Salancik et Jeffrey Pfeffer remettent en question l'idée selon laquelle les emplois possèdent des caractéristiques stables et objectives auxquelles les individus accorderaient une importance prévisible et invariable dans le temps[9]. Ils abordent plutôt la question de la conception de poste en s'appuyant sur la **théorie du traitement des données sociales**, selon laquelle les besoins individuels, la perception des tâches et les comportements qui en découlent se fondent sur des réalités d'origine sociale. Dans les organisations, les données sociales influent sur la perception qu'ont les individus de leur emploi ainsi que sur leur attitude à son égard. Cette influence s'observe tout aussi bien dans une salle de cours. Si plusieurs de vos amis critiquent un cours en affirmant qu'il est ennuyeux, qu'il exige trop de travail et que le professeur est incompétent, il se pourrait bien que vous considériez les principales caractéristiques du cours comme étant le professeur, le contenu et la charge de travail, et que vous ne les jugiez pas attirantes du tout. Cette appréciation influerait considérablement sur votre perception de l'enseignant et de son cours ainsi que sur votre attitude à leur égard, et ce, quelles que soient leurs caractéristiques objectives. Les recherches sur le traitement des données sociales semblent indiquer qu'en ce qui concerne la perception des tâches et l'attitude des travailleurs à leur égard, les données sociales ont autant d'importance que les caractéristiques fondamentales de l'emploi. En effet, la perception des caractéristiques d'un emploi peut être influencée par ce qu'elles sont objectivement, mais aussi par les données sociales, soit l'information et les commentaires provenant du milieu de travail.

L'ENRICHISSEMENT DES TÂCHES : DES CONSIDÉRATIONS D'ORDRES PRATIQUE ET CULTUREL

Le recours à l'enrichissement des tâches peut se révéler utile pour améliorer la conception de poste, mais cette approche soulève un certain nombre de problèmes. Les questions et réponses qui suivent résument les principaux points que le gestionnaire devrait prendre en considération.

Doit-on enrichir les postes de travail de tous les individus ? La réponse est « non ». Les différences individuelles étant ce qu'elles sont, les travailleurs ne désirent pas tous assumer davantage de responsabilités. Les plus susceptibles d'apprécier l'enrichissement des tâches sont ceux qui recherchent l'accomplissement personnel, manifestent une forte éthique professionnelle et veulent que leur travail réponde à leur besoin de croissance, un besoin d'ordre supérieur. L'enrichissement des tâches semble également avoir plus de chances de fournir des résultats positifs si les travailleurs sont satisfaits de leur cadre de travail et s'ils ont les compétences requises pour

Force d'attraction

DES AS DE LA GESTION

[…] Un tantinet espiègle, Pascale Pageau s'en amuse : « Les vacances ? C'est pitoyable pour l'entreprise, mais formidable pour nos travailleurs : elles sont illimitées ! » Quand elle a bâti son affaire en 2005, la présidente du cabinet d'avocats montréalais Delegatus n'a pas lésiné sur les bonnes conditions de travail. « L'idée première venait d'un besoin de conciliation travail-famille », explique cette mère de quatre jeunes enfants. La structure, atypique dans le monde traditionnel du droit, répondait au besoin de « créer une atmosphère plus axée sur la créativité, la flexibilité et l'innovation ». L'avocate ne s'est pas trompée. Ce sont là trois ingrédients essentiels à toute PME en quête de personnel qualifié et fidèle.

Installée à l'avant-dernier étage d'un immeuble victorien de l'avenue McGill College, la firme a laissé de côté l'aspect tape-à-l'œil des grands cabinets d'avocats. Objectif : économiser sur le coût des opérations. L'aire de travail ouverte réduit les exigences en superficie et favorise les discussions constructives. Autre économie, et non des moindres : les professionnels savent utiliser un ordinateur, l'assistance d'une adjointe est superflue. « Le rayonnement de notre entreprise vient de la qualité des services rendus, pas de leur emballage. » Et c'est précisément cette stratégie qui permet à la firme d'attirer une main-d'œuvre hautement qualifiée. Ses avocats ont un statut de travailleur autonome, assorti d'une entente d'exclusivité. Dès lors que le service est optimal, il importe peu de savoir où, quand et en combien de temps le travail a été fait : l'autodétermination règne. En créant un environnement et des conditions de travail sains, le cabinet s'est forgé une réputation telle qu'aujourd'hui, les candidats se bousculent au portillon.

« Les grands bureaux forment les juniors à merveille, nous les récupérons après quelques années, quand ils constatent qu'ils n'ont pas de vie. C'est une mine d'or pour nous ! » affirme Pascale Pageau. […]

Source : Sophie Mangado, « Force d'attraction », *Les Affaires*, hors série, 20 octobre 2012, p. X16. Cet extrait a été reproduit aux termes d'une licence accordée par Copibec.

s'acquitter de leurs tâches enrichies. Ajoutons que les coûts, les contraintes techniques et l'opposition des groupes de travailleurs ou des syndicats peuvent compliquer son implantation[10].

L'enrichissement des tâches peut-il s'appliquer aux équipes de travail ? Tout à fait. Les équipes semi-autonomes, dont il sera question au chapitre suivant, en sont un excellent exemple.

Quelle est l'influence de la culture sur l'enrichissement des tâches ? L'influence de la culture est considérable, dirions-nous, et il est essentiel d'en tenir compte à l'ère de la mondialisation. Des études menées en Belgique, en Israël, au Japon, aux Pays-Bas, aux États-Unis et en Allemagne montrent que chacun de ces pays présente des caractéristiques uniques quant à la perception du travail[11]. C'est en Belgique et au Japon que le travail est le plus fortement perçu comme un déterminant social, et en Allemagne qu'il l'est le moins. Dans tous ces pays, à l'exception de la Belgique, le travail est considéré comme un moyen de gagner de l'argent. Dans la plupart, toutefois, on estime que le travail comporte à la fois une dimension économique et une dimension sociale. Ces observations, ainsi que les constats sur certaines dimensions culturelles nationales comme la *distance hiérarchique* et la tendance à l'*individualisme* ou au *collectivisme*, montrent bien combien il est important d'adopter une approche fondée sur la contingence et d'accorder une attention particulière aux différences culturelles lorsqu'on envisage de recourir à l'enrichissement des tâches dans une organisation.

L'aménagement du temps de travail : des approches novatrices

Les exemples de Nashen Technologies (cité en début de chapitre) et du cabinet d'avocats Delegatus (cité dans la rubrique « Des as de la gestion ») témoignent d'un intérêt grandissant, dans différents secteurs, pour des formules novatrices en matière d'aménagement des horaires de travail. Les nouvelles approches visent surtout à réorganiser le modèle traditionnel de la semaine de 40 heures, où le travail se fait de 9 h à 17 h dans les locaux de l'organisation. Le but avoué de la plupart d'entre elles est d'influer positivement sur la satisfaction des travailleurs par la possibilité d'une conciliation des exigences de leur emploi avec celles de leur vie familiale et personnelle[12].

De plus en plus de gens réclament cet équilibre entre la vie professionnelle et la vie personnelle et cherchent des employeurs compréhensifs à l'égard des réalités familiales[13]. Les couples à double revenu avec enfants, les étudiants à temps partiel, les travailleurs âgés (sur le point de prendre leur retraite) et les chefs de famille monoparentale comptent parmi ceux qui recherchent des horaires de travail souples.

Au Québec, notamment, l'emploi atypique prend de plus en plus d'importance. En effet, les salariés qui occupent un poste permanent à temps complet dans les locaux de l'employeur pour une durée indéterminée se font de moins en moins nombreux. Plus de 1,43 million de Québécois, soit 37,2 % de la population active, ont un emploi atypique. Ce chiffre comprend, notamment, les travailleurs autonomes, les travailleurs à temps partiel, les contractuels engagés pour une durée déterminée, les travailleurs saisonniers et les employés de bureaux de placement. Parmi les 15-24 ans, 60 % des salariés ont un emploi atypique. En outre, précisons que les femmes occupent la majorité des emplois de ce genre, soit 52,2 %[14].

LA SEMAINE DE TRAVAIL COMPRIMÉE

Semaine de travail comprimée
Aménagement de l'horaire de travail consistant en une répartition des tâches hebdomadaires d'un emploi à temps plein sur moins de cinq jours complets

Le terme **semaine de travail comprimée** renvoie à tout aménagement de l'horaire de travail consistant en une répartition des tâches hebdomadaires d'un emploi à temps plein sur moins de cinq jours complets, l'aménagement le plus répandu étant une répartition sur quatre jours.

Cette formule comporte plusieurs avantages. Pour le travailleur, les plus importants sont sans doute les moments libres plus nombreux, les week-ends de trois jours, une journée au cours de la semaine pour s'occuper de ses affaires personnelles, ainsi que les économies de temps et d'argent attribuables à une réduction des déplacements entre le bureau et le domicile. Pour l'organisation, les avantages sont, notamment, l'amélioration du recrutement et la diminution du taux d'absentéisme.

La formule peut aussi présenter certains inconvénients. Pour les travailleurs, il s'agit surtout d'une fatigue accrue à cause de la longueur des journées de travail et d'éventuelles difficultés pour concilier la vie familiale avec le nouvel horaire professionnel. Pour l'organisation, il peut être plus complexe d'établir les divers horaires. De plus, une baisse éventuelle de la qualité du service ou un manque de constance peuvent être à l'origine de plaintes de la clientèle. Enfin, notons que certaines législations imposent la rémunération d'heures supplémentaires dès que la journée de travail excède huit heures, et que certains syndicats s'opposent à la semaine de travail comprimée.

En règle générale, les travailleurs qui sont les plus favorables à la semaine de travail comprimée sont ceux qui ont participé à la décision de l'implanter, ceux dont les postes sont *enrichis* par le nouvel aménagement du temps de travail et ceux qui ont d'importants *besoins d'ordre supérieur*, pour reprendre le terme de Maslow.

L'HORAIRE DE TRAVAIL VARIABLE

Autre formule innovatrice pour l'aménagement du temps de travail, l'**horaire de travail variable** est également appelé *horaire à la carte*, *horaire libre*, *horaire flexible* ou *horaire personnalisé*. Il donne aux individus une certaine latitude quant à leur horaire de travail quotidien, leur permettant, notamment, de choisir à leur convenance leurs heures d'arrivée et de départ. La formule la plus courante exige des employés qu'ils travaillent durant les heures d'une *plage horaire commune* et qu'ils répartissent à leur gré les heures restantes dans les *plages horaires libres*. Ainsi, un travailleur peut décider de commencer très tôt pour partir de bonne heure, tandis qu'un collègue peut faire le contraire. Cette approche connaît un vif succès, car elle permet de structurer les activités professionnelles en tenant compte des besoins et des champs d'intérêt de chacun.

Horaire de travail variable
Aménagement du temps de travail consistant à laisser aux travailleurs une certaine latitude quant à leur horaire de travail quotidien, notamment quant à leurs heures d'arrivée et de départ

L'horaire variable présente de nombreux avantages. Le cas échéant, il permet aux travailleurs d'adapter leur horaire à celui de leurs enfants, de s'occuper de parents âgés ou d'un proche malade, ou tout simplement d'aller plus commodément à la banque, chez le médecin ou chez le dentiste, et de perdre moins de temps dans les

Astuces d'employeurs pour combattre la « fuite » des mamans

Ce n'est un secret pour personne, de plus en plus d'employeurs proposent des horaires flexibles aux salariés afin de tenir compte de leurs besoins. Parmi eux, Accenture et Booz Allen Hamilton recourent à des mesures particulières pour attirer et retenir les mères talentueuses. Voici quelques initiatives des employeurs d'élite pour combattre la « fuite » des mamans et répondre, par la même occasion, aux besoins des papas.

- Offrir des salaires élevés et des congés de maternité prolongés.
- Offrir des salaires élevés et des congés parentaux prolongés.
- Permettre aux employés de mettre de côté une partie de leur salaire pour prolonger leur congé de maternité ou leur congé parental.
- Créer des emplois de remplacement stimulants comportant peu de déplacements.
- S'assurer que les cotisations aux régimes d'assurance ou de retraite ne pénalisent pas les employés en congé parental ou en congé de maternité.
- Mettre en place des systèmes de mentorat et de réseautage ayant pour but d'aider les parents qui travaillent.
- Garder le contact avec les employés en congé de maternité ou en congé parental.

embouteillages. De plus, ses partisans affirment qu'accorder de la latitude aux travailleurs quant à leur horaire de travail favorise les attitudes positives et accroît la satisfaction professionnelle. Pour l'organisation, les avantages de l'horaire variable sont des taux d'absentéisme et de retard réduits, un faible taux de rotation du personnel, un grand engagement des employés et un rendement accru.

Selon une étude de Mercer, société de services-conseils dans le domaine des ressources humaines, 62 % des entreprises offrent des horaires flexibles[15]. Un dirigeant de la société Aetna déclarait à ce propos : « Nous n'avons pas adopté l'horaire variable pour faire plaisir aux travailleurs, mais parce que c'est bon pour les affaires[16]. » En outre, les 100 premières entreprises de la liste des employeurs des *working mothers*, ou « mères au travail », offrent un horaire flexible. Selon les rapports, cette flexibilité, qui permet aux mères de faire face à leurs obligations autres que professionnelles, réduit le stress et la rotation de personnel non souhaitée[17].

LE PARTAGE DE POSTE

Partage de poste
Formule qui consiste à répartir la totalité des tâches d'un poste à temps plein entre deux travailleurs ou plus, selon des horaires convenus entre eux et avec l'employeur

Le **partage de poste** est une formule qui consiste à répartir la totalité des tâches d'un poste à temps plein entre deux travailleurs ou plus, selon des horaires convenus entre eux et avec l'employeur. La plupart du temps, les personnes travaillent par demi-journées, mais elles peuvent aussi se partager le poste selon une fréquence hebdomadaire ou mensuelle (une semaine ou un mois à tour de rôle). Pour les organisations, l'intérêt de ce type d'aménagement réside dans le fait qu'il leur permet de s'attacher des personnes talentueuses qu'elles ne pourraient conserver autrement. Ainsi, deux institutrices qualifiées qui ne peuvent travailler que des demi-journées, l'une parce qu'elle veut s'occuper de ses enfants, l'autre parce qu'elle étudie, peuvent, avec un poste partagé, prendre conjointement la charge d'une même classe. Certains titulaires d'un tel poste disent qu'ils sont moins fatigués et qu'ils arrivent toujours en forme au travail. Évidemment, il n'est pas toujours aisé de trouver deux personnes qui s'entendent assez bien pour se répartir les tâches.

Partage du travail (ou **travail partagé**)
Procédé par lequel un employeur et son personnel s'entendent pour réduire le nombre d'heures de travail afin d'éviter des licenciements

Il ne faut pas confondre le *partage de poste* avec ce procédé plus controversé qu'on appelle le **partage du travail** (ou **travail partagé**), par lequel un employeur et son personnel s'entendent pour réduire le nombre d'heures de travail afin d'éviter des licenciements. Si l'organisation traverse une période difficile, les travailleurs acceptent, par exemple, de réduire de 20 % leur semaine de travail et leur salaire pour éviter la mise à pied de 20 % du personnel.

Télétravail
Aménagement du travail qui permet aux individus d'exercer leurs activités professionnelles à distance, chez eux ou ailleurs, tout en restant reliés à l'organisation grâce aux technologies de l'information et des communications

LE TÉLÉTRAVAIL

Les technologies de l'information et des communications ont donné naissance à une autre forme d'organisation du travail, le **télétravail** : les individus travaillent chez eux, chez des clients ou dans un centre de télétravail, tout en demeurant en contact avec l'organisation notamment grâce aux technologies avancées de l'information et

La Banque Royale valorise son personnel grâce au télétravail

DES AS DE LA GESTION

La Banque Royale est un des employeurs les plus importants du pays, mais aussi l'un des 100 meilleurs, selon l'évaluation 2011 du *Globe and Mail*. Parmi les mesures qu'elle a mises en place pour faciliter la vie de ses 79 000 employés, sa politique d'accès au télétravail.

Cette politique contribue à sa réussite en matière de ressources humaines et lui permet de réduire ses dépenses d'immobilisations.

L'entreprise a même des centaines d'employés qui n'ont pas d'autre lieu de travail que leur bureau à domicile, aménagé selon les normes de leur employeur.

Le télétravail est accessible à tous les employés de la banque – ils sont 8 000 au Québec –, pourvu que leurs fonctions s'y prêtent. Les conseillers en prêts hypothécaires et leurs homologues spécialistes du placement, eux, font du télétravail à temps plein : « Ils peuvent emprunter un espace, s'ils en ont besoin, dans le réseau des succursales, mais leur bureau est à la maison », explique Raffaele Spena, vice-président régional de l'institution financière.

Lorsqu'ils font du télétravail, les employés accèdent à leur courriel et à leur boîte vocale par l'intermédiaire d'un réseau privé virtuel (réseau VPN). Les téléconférences et les vidéoconférences permettent d'organiser des réunions sans qu'aucune des parties n'ait à se déplacer.

[...] À Toronto, la Royale dispose d'un système informatique de gestion de l'espace : « Workspace Manager est un outil central de notre stratégie de travail mobile, car il permet de réserver un espace à distance ou sur place pour une durée prédéterminée, dit Denise Curran, directrice, communication des changements organisationnels, de la Banque Royale. Il permet aux employés de savoir où se trouve chacun de leurs collègues. »

Le télétravail amène son lot d'enjeux en matière de sécurité, dans la mesure où l'environnement de travail s'étend jusque dans les résidences des employés. D'ailleurs, la Royale a dû veiller soigneusement à la sécurité et à la confidentialité dans le déploiement de son programme de télétravail. Ainsi, ses employés en télétravail n'ont accès qu'aux données qui leur sont utiles dans l'exercice de leurs fonctions et ils doivent disposer d'un bureau fermé à clé.

Si les pratiques en matière de télétravail sont très encadrées, ses avantages dépassent de loin ses contraintes, considère l'entreprise. Notamment, les employés y gagnent en conciliation travail-famille. Le mode de travail est si populaire qu'il s'étend d'ailleurs maintenant aux fonctions de soutien administratif, indique M. Spena.

Source : Julien Brault, « La Banque Royale valorise son personnel grâce au télétravail », *Les Affaires*, 11 juin 2011, p. 20. Cet extrait a été reproduit aux termes d'une licence accordée par Copibec.

des communications. Cette pratique, parfois appelée *travail à distance*, est de plus en plus répandue dans de nombreux secteurs.

Au Québec, on estime que la proportion de télétravailleurs varie entre 5 et 8 %. Ce pourcentage atteint près de 20 % si on tient compte de toutes les personnes qui travaillent à domicile de façon individuelle[18]. Les plus récentes données de Statistique Canada montrent que les employés rémunérés travaillant au moins quelques heures à la maison chaque semaine constituaient 10 % de la population en 2000 et représentent aujourd'hui 11 % de la population[19].

À titre d'exemple, Bell a adhéré au télétravail dès le début des années 1990. Sur un total de 45 000 employés, plus de 20 000 sont équipés pour le télétravail et 1 000 en font à temps plein[20]. L'entreprise Hewlett-Packard (HP) a également adopté cet aménagement du travail : 53 % de ses 4 000 employés au Canada font du télétravail ; parmi ceux-ci, 36 % travaillent sur la route, notamment à titre de représentants[21]. Enfin, Xerox compte, au Québec, de nombreux employés mobiles. Plus de 65 % de ses effectifs travaillent sur la route. La plupart sont représentants de service (200) ou représentants commerciaux (100). Une vingtaine de gestionnaires sont aussi appelés à travailler à l'extérieur du bureau[22].

Le télétravail aurait un effet complexe sur les conflits travail-famille[23]

Du côté de la RECHERCHE

Selon Timothy D. Golden, John F. Veiga et Zeki Simsek, les travaux publiés sur le télétravail et les conflits travail-famille comportent des ambiguïtés : leurs conclusions amènent à penser tantôt que les horaires de travail variables réduisent les conflits travail-famille, tantôt qu'ils les accentuent. Aussi les 3 chercheurs ont-ils mené leur propre enquête auprès de 454 professionnels, afin de mieux comprendre la dynamique existant entre le télétravail et les conflits travail-famille.

D'entrée de jeu, les chercheurs ont formulé l'hypothèse qu'une pratique accrue du télétravail pouvait être associée à une réduction des conflits travail-famille signalés par les répondants, soit à une interférence moindre du travail avec la vie familiale. Les résultats de l'enquête ont confirmé cette tendance, qui s'explique par le fait que la flexibilité inhérente au télétravail permet à la personne de répondre de façon plus immédiate à certaines obligations familiales et la rend plus disponible, au besoin, sur le plan affectif. Les chercheurs ont vérifié une autre hypothèse selon laquelle, cette fois, une pratique accrue du télétravail serait associée à une augmentation des conflits famille-travail signalés par les répondants, soit à une interférence plus grande de la vie familiale avec le travail. Les résultats de l'enquête ont également confirmé cette deuxième tendance, qui tiendrait à la tension découlant du fait que le télétravail permet à la personne de consacrer plus de temps et d'énergie affective à des questions familiales.

Dans cette même étude, les chercheurs se sont en outre intéressés à l'influence de variables modératrices, notamment celle de la taille du ménage, sur les relations précédemment observées. L'une des hypothèses à cet égard était que la relation négative entre le télétravail et les conflits travail-famille serait moins marquée à mesure qu'augmente la taille du ménage. Bien qu'elles aient semblé indiquer l'existence d'une telle tendance, les données ne se sont pas révélées statistiquement significatives et n'ont pas confirmé cette hypothèse. Une autre hypothèse a en revanche été validée : la relation positive entre le télétravail et les conflits famille-travail est plus marquée à mesure qu'augmente la taille du ménage. L'enquête a, par ailleurs, montré que l'autonomie au travail et les horaires variables avaient un effet modérateur positif sur la relation entre le télétravail et les conflits travail-famille.

En conclusion, les chercheurs soulignent la nécessité d'étudier de plus près les compromis que les télétravailleurs sont susceptibles de faire lorsqu'ils tentent de trouver un équilibre entre leurs responsabilités familiales et professionnelles.
Ils énoncent aussi une mise en garde : le télétravail n'est pas la panacée et ne règle pas nécessairement les problèmes de conciliation travail-famille auxquels font face les employés et leurs employeurs.

Pour les télétravailleurs, plusieurs avantages sont liés à leur aménagement de travail particulier : augmentation du rendement, diminution des distractions, surveillance réduite et flexibilité des horaires. En outre, ils profitent d'une structure souple, du confort de leur domicile ou du choix d'un lieu qui convient à leur mode de vie. Pour l'organisation, les avantages du télétravail se traduisent souvent par une baisse des coûts, une productivité accrue et un degré élevé de satisfaction professionnelle du personnel. À titre d'exemple, chez Bell Helicopter Textron Canada, non seulement presque 100 % des employés qui font du télétravail restent fidèles à l'entreprise, mais leur productivité s'est accrue de 17 %. Quant à l'absentéisme, il est quasiment nul[24]. En outre, chez Telus, des enquêtes menées par l'entreprise de télécommunications ont permis de constater que le travail à domicile plaît aux employés qui en bénéficient. Leur satisfaction s'est traduite par une augmentation de 25 % de la productivité et une réduction de 60 % de l'absentéisme[25].

Cependant, le télétravail présente des inconvénients. Ainsi, les télétravailleurs se plaignent parfois de trop travailler et d'avoir de la difficulté à bien séparer vie professionnelle et vie personnelle[26]. De plus, ils se sentent souvent isolés de leurs collègues, ils ont l'impression d'être moins bien informés sur ce qui se passe au bureau, ils s'identifient moins à leur équipe de travail et ils peuvent éprouver des difficultés techniques avec le réseau, ce qui constitue pourtant un aspect des plus cruciaux. Enfin, ils sont parfois interrompus au cours d'activités familiales. Selon un télétravailleur : « Vous devez non seulement faire preuve d'autodiscipline et manifester un sentiment de compétence par rapport à vos activités, mais aussi avoir un patron qui a suffisamment confiance en vous pour vous laisser la voie libre[27]. »

LE TRAVAIL À TEMPS PARTIEL

Le travail à temps partiel est un mode d'aménagement du temps de travail de plus en plus fréquent et de plus en plus controversé. L'individu qui a un **travail temporaire à temps partiel** travaille moins d'heures que celui qui a une semaine de travail normale et jouit d'un statut de *travailleur temporaire*. L'individu qui a un **travail permanent à temps partiel** travaille également moins d'heures que celui qui a une semaine normale de travail, mais jouit d'un statut de *travailleur permanent*.

Travail temporaire à temps partiel
Formule qui consiste, pour une personne ayant un statut de travailleur temporaire, à travailler moins d'heures que si elle faisait une semaine de travail normale

Travail permanent à temps partiel
Formule qui consiste, pour une personne ayant un statut de travailleur permanent, à travailler moins d'heures que si elle faisait une semaine de travail normale

En général, il est plus facile d'embaucher et de licencier des travailleurs temporaires à temps partiel en fonction des besoins de l'entreprise. De nombreuses organisations font donc appel à de tels travailleurs pour maintenir au plus bas les coûts de la main-d'œuvre et pour mieux répondre aux pointes et aux creux du cycle économique. Un employeur peut également avoir recours à de tels travailleurs pour conserver une main-d'œuvre compétente, des personnes hautement qualifiées qui veulent continuer à progresser sur le plan professionnel sans pour autant occuper un emploi à temps plein. Certaines infirmières à temps partiel, entre autres, font partie de cette catégorie[28].

Travailler à temps partiel peut présenter des avantages pour ceux qui veulent avoir d'autres activités professionnelles ou qui, pour une raison ou pour une autre, ne tiennent pas à travailler 40 heures par semaine. Toutefois, ceux qui occupent deux emplois, dont au moins un à temps partiel, vivent un stress et une fatigue qui peuvent nuire à leur rendement dans l'un ou l'autre emploi, voire dans les deux. De plus, les travailleurs à temps partiel n'ont souvent pas droit à certains avantages sociaux, comme l'assurance maladie complémentaire, l'assurance vie et la pension de retraite, et il arrive que leur salaire de base soit inférieur à celui de leurs collègues à temps plein. Néanmoins, les postes à temps partiel sont de plus en plus nombreux en raison de leurs nombreux avantages pour les organisations.

La motivation et les récompenses

La motivation au travail, telle qu'elle a été définie au chapitre précédent, traduit l'intensité et la persistance des efforts qu'une personne consacre à son travail. En d'autres mots, comme l'illustre la **figure 6.3**, la motivation d'un travailleur détermine l'ampleur de l'effort qu'il fournit. Toutefois, comme la motivation relève essentiellement de l'individu, le rôle du gestionnaire se limite à créer un cadre de travail qui réponde aux besoins et aux objectifs de chacun. Le cadre de travail est plus ou moins motivant pour une personne donnée selon la disponibilité des récompenses et la valeur qu'elle leur attribue.

UN MODÈLE INTÉGRÉ DE LA MOTIVATION AU TRAVAIL

Les théories de la motivation, dont nous avons traité dans le chapitre précédent, et les diverses approches en matière de conception de poste, que nous venons tout juste d'aborder, ont chacune soulevé, sous un angle particulier, la question des récompenses que les individus obtiennent grâce à leur travail et celle de l'influence de ces récompenses sur leur rendement. Il est maintenant temps d'examiner la façon dont ces différentes dimensions peuvent être rassemblées et prises en considération dans un processus de gestion du rendement.

La figure 6.3 schématise les principaux éléments d'un modèle intégré de la motivation au travail. Ce modèle reprend et relie trois notions fondamentales en CO: effort → rendement → récompenses. Le rendement et la satisfaction y sont des résultantes du travail distinctes, mais potentiellement interdépendantes. Les facteurs qui influent le plus directement sur le rendement sont les caractéristiques individuelles (compétences, expérience, etc.), le soutien organisationnel (ressources, techniques, etc.) et les efforts déployés au travail, variable sur laquelle la motivation agit directement. Quant à la satisfaction, elle découle de l'obtention de récompenses pour un travail accompli, récompenses perçues comme équitables et proportionnelles au rendement atteint.

Examinez de nouveau la figure 6.3 et déterminez de quelle façon les théories motivationnelles du contenu, des processus et du renforcement entrent en jeu. La théorie du renforcement met en lumière l'importance de récompenses qui soit proportionnelles au rendement atteint (*loi du renforcement contingent*) et qui suivent le plus rapidement possible le comportement à renforcer (*loi du renforcement immédiat*) pour avoir un effet renforçateur. La théorie de l'équité met en évidence l'enjeu que représentent les récompenses sur le plan de l'équité perçue. Si un individu perçoit les *récompenses* reçues comme équitables, sa motivation en sera accrue; sinon, sa satisfaction et sa motivation en seront diminuées. À cet égard, le modèle intégré de la motivation au travail reprend donc les principes de la théorie de l'équité et met en avant le fait que l'individu compare ce qu'il reçoit pour son travail avec ce que d'autres reçoivent pour le leur. En ce qui concerne les théories du contenu, elles sont des guides utiles pour comprendre les besoins individuels qui donnent une valeur motivationnelle aux récompenses possibles. Elles aident le gestionnaire à saisir les caractéristiques de chacun de ses subordonnés et à discerner chez eux les besoins

FIGURE 6.3 UN MODÈLE INTÉGRÉ DE LA MOTIVATION AU TRAVAIL

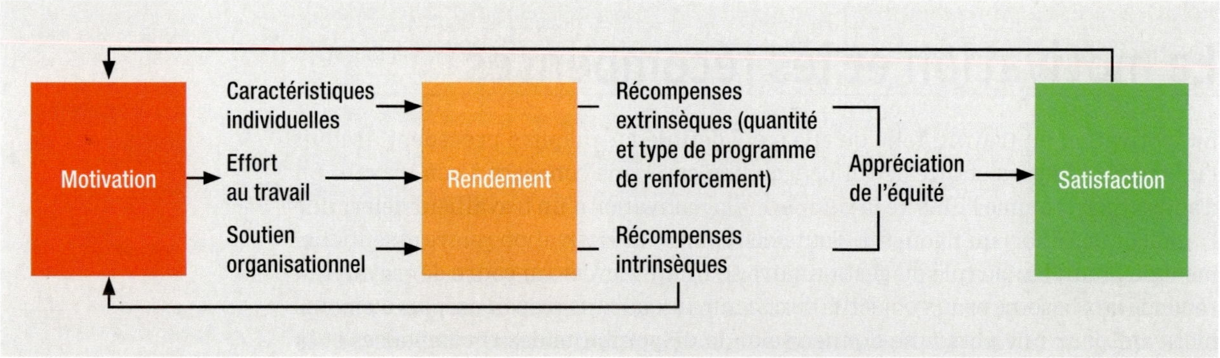

susceptibles de conférer un effet motivant à certaines récompenses plutôt qu'à d'autres. Enfin, la théorie des attentes joue un rôle essentiel dans l'enchaînement effort → rendement → récompenses.

LES RÉCOMPENSES INTRINSÈQUES ET LES RÉCOMPENSES EXTRINSÈQUES

Ne serait-ce pas souhaitable pour nous tous d'être capables d'aborder notre travail et notre organisation de façon positive et inspirante? En réalité, il existe beaucoup de lieux de travail formidables, et ils le sont parce que les gestionnaires, à tous les échelons de la hiérarchie, agissent de façon telle que les employés se sentent motivés à faire leur travail plutôt que découragés. Pour ce faire, les gestionnaires doivent bien comprendre le lien existant entre les différentes théories de la motivation et leurs applications. La connaissance de ces théories n'est en effet qu'un début. Il s'agit ensuite de les utiliser de façon à transformer les récompenses en outils motivationnels qui interpellent tous les employés, en tenant compte de leur riche diversité.

En général, les systèmes de récompenses mis en place par les organisations conjuguent récompenses intrinsèques et récompenses extrinsèques. Les **récompenses intrinsèques** découlent directement de l'accomplissement du travail et du rendement obtenu; elles ne reposent pas sur un renforcement extérieur. C'est dans une large mesure à ce type de récompenses que se rapporte la notion d'enrichissement des tâches, dont il a été question dans la première partie de ce chapitre. En effet, on peut s'attendre à ce qu'un poste comportant beaucoup de *facteurs moteurs*, au sens où les définit la théorie bifactorielle (voir le chapitre 5), ou présentant à un degré élevé les caractéristiques fondamentales d'un emploi, selon la théorie des caractéristiques de l'emploi, procure de nombreuses récompenses intrinsèques. Ainsi, une personne dont le poste est en adéquation avec ses compétences éprouve un sentiment d'accomplissement après l'exécution d'une tâche particulièrement difficile. Pour considérer la chose sous un autre angle, citons Lisa Myers, qui travaille chez Patagonia: «Il est facile d'aller travailler lorsqu'on vous paie pour faire ce que vous aimez[29].»

Récompense intrinsèque
Récompense qui découle directement de l'accomplissement du travail et du rendement obtenu

Les *récompenses extrinsèques*, quant à elles, sont des récompenses attribuées par une personne à une autre ou à un groupe pour un travail jugé satisfaisant. Le gestionnaire peut avoir recours, de façon judicieuse, à des récompenses extrinsèques, qu'il s'agisse simplement de félicitations sincères pour un travail bien fait ou d'une reconnaissance symbolique comme la désignation de l'employé du mois. La rémunération, incluant le salaire et les avantages sociaux, constitue une importante récompense extrinsèque, et ses effets sur la satisfaction, la motivation et le rendement dépendent de sa bonne gestion. Vous avez sans doute régulièrement entendu des personnes autour de vous dire: «Je ferai tout mon possible pour garder cet emploi. Le salaire et les avantages sont imbattables.»

LA RÉMUNÉRATION SELON LE RENDEMENT

La rémunération est une récompense extrinsèque importante, mais particulièrement complexe. Bien insérée dans une démarche de motivation au travail, elle peut contribuer à attirer et à retenir des travailleurs hautement compétents, à les combler et à les motiver à maintenir des rendements élevés. Cependant, en cas d'insatisfaction des travailleurs, elle peut aussi entraîner des effets négatifs sur la motivation et sur le rendement. Parmi les problèmes liés à une rémunération inadéquate, mentionnons la manifestation d'une mauvaise attitude, les griefs, l'absentéisme, un taux élevé de rotation du personnel, l'absence de comportements de citoyenneté organisationnelle et même des problèmes d'ordre psychologique ou physique.

L'expert en gestion Edward Lawler a grandement contribué à notre compréhension de la rémunération en tant que récompense extrinsèque. Ses recherches l'ont amené à la conclusion suivante: pour que la rémunération soit une source de motivation, les travailleurs doivent considérer qu'un rendement élevé est le moyen d'obtenir une rémunération importante[30]. Tel est l'essence même de la **rémunération selon le rendement**, d'après laquelle les individus qui fournissent le meilleur rendement sont les mieux rémunérés: on gagne davantage lorsqu'on produit plus et on gagne moins lorsqu'on produit moins.

▸ **Rémunération selon le rendement**
Système de rémunération selon lequel les individus qui fournissent le meilleur rendement sont les mieux rémunérés

LA RÉMUNÉRATION AU MÉRITE

La **rémunération au mérite**, forme courante de rémunération selon le rendement est un système de rémunération selon lequel le salaire et les augmentations sont directement liés à l'évaluation du rendement pour une période donnée.

▸ **Rémunération au mérite**
Système de rémunération selon lequel le salaire et les augmentations des travailleurs sont directement liés à l'évaluation de leur rendement pour une période donnée

La recherche confirme la logique et les avantages théoriques de la rémunération au mérite, mais elle indique également que son instauration n'est ni aussi facile ni aussi répandue qu'on pourrait le croire. Une étude réalisée par le Hudson Institute a montré qu'en matière de rémunération au mérite, il y a loin de la coupe aux lèvres. Quand on leur a demandé si les employés qui présentaient le meilleur rendement étaient les mieux rémunérés, 48 % des gestionnaires interrogés ont répondu par l'affirmative, tandis que seulement 31 % des répondants n'occupant pas un poste de gestionnaire étaient du même avis. Quand on a demandé à ces deux groupes si la dernière augmentation salariale des employés avait découlé de leur rendement, ils ont répondu par l'affirmative dans des proportions respectives de 46 % et de 29 %[31]. En fait, 80 % des répondants aux sondages menés ces 30 dernières années estiment ne pas avoir été récompensés pour le travail bien fait[32]. Un système de rémunération au mérite adéquatement conçu pourrait redresser la situation.

Pour bien fonctionner, un système de rémunération au mérite doit s'appuyer sur une évaluation réaliste et objective du rendement des travailleurs et convaincre ces derniers qu'ils doivent fournir un rendement élevé pour obtenir une rémunération importante. De plus, l'ampleur de la récompense doit distinguer clairement des autres les travailleurs qui obtiennent de bons résultats. Enfin, les gestionnaires ne doivent pas confondre les augmentations au mérite et les augmentations automatiques, qui ne constituent qu'une indexation au coût de la vie.

Les systèmes de rémunération au mérite sont une tentative parmi d'autres pour améliorer l'incidence positive de la rémunération en tant que récompense d'un travail. Cependant, certains affirment qu'ils ne sont plus adaptés aux exigences des organisations d'aujourd'hui, car ils ne tiennent pas compte de l'interdépendance des tâches et des fonctions des travailleurs. De plus, comme on l'a dit, les systèmes d'évaluation du rendement et de récompenses doivent être conformes aux stratégies d'ensemble de l'organisation. Par conséquent, le système de rémunération d'une organisation à la recherche de travailleurs hautement qualifiés et pour lesquels la

Le présentéisme peut nuire aux affaires[33]

L'ÉTHIQUE EN CO

Votre réveil a été pénible, vous vous sentez encore plus mal que la veille. Malgré les reniflements, les éternuements et la toux, vous vous rendez au travail en espérant simplement tenir jusqu'au soir. Voilà certes une intention louable, mais avez-vous pris en considération toutes les personnes que vous rencontrerez au cours de cette journée de même que l'effet que votre «présentéisme», c'est-à-dire le fait de vous présenter malade au travail, est susceptible d'avoir sur la productivité?

Brett Gorovsky, analyste chez CCH, société de services d'information pour les professionnels et les entreprises, soutient que les employés qui s'acharnent à travailler même quand ils sont malades «risquent d'en payer durement le prix au bout du compte». Selon une enquête menée par CCH, 56 % des cadres dirigeants considèrent que ce comportement pose problème. Cette proportion est de 17 % supérieure à celle qu'une enquête similaire, réalisée deux ans plus tôt, avait révélée.

Aux États-Unis, le coût de la perte de productivité qui découle du présentéisme est estimé à 180 milliards de dollars par an. WebMD a fait état d'une étude qui tend à confirmer que la perte de productivité peut représenter des coûts supérieurs aux salaires versés durant les congés de maladie autorisés. Un fait demeure: plusieurs personnes se présentent malades au travail parce qu'elles y sont obligées si elles veulent être payées.

QUESTIONS Sur le plan éthique, comment peut-on considérer le comportement qui consiste à se présenter malade au travail et à soumettre ainsi ses collègues à un risque de contagion? Quant aux responsabilités de l'organisation sur le plan éthique, que pouvez-vous dire au sujet des conditions salariales qui ne permettent pas aux employés de rester à la maison quand ils ne se sentent pas en état de travailler?

demande est très forte doit privilégier la stabilité de la main-d'œuvre plutôt que le seul rendement[34].

Finalement, précisons que la proportion de la masse salariale consacrée aux primes d'intéressement annuelles était, en 2008, de 22 % pour les cadres supérieurs, de 12 % pour les cadres et professionnels et de seulement 6 % pour les employés de soutien et de production. La rémunération variable reposait sur les résultats de l'organisation dans 69 % des cas, tandis que les primes étaient liées au rendement individuel dans 64 % des cas[35].

LES PRIMES

Certains employeurs octroient des **primes** en espèces comme complément de salaire pour récompenser les individus dont le rendement est supérieur aux normes ou aux attentes de l'organisation. Il s'agit d'une pratique relativement courante, en particulier à l'égard des titulaires de postes de haute direction. Dans certains secteurs, les cadres supérieurs reçoivent des primes annuelles qui s'élèvent à 50 % de leur salaire de base, voire plus. Toutefois, on tente de plus en plus d'étendre cet avantage aux employés de tous les échelons, qu'ils occupent ou non un poste de gestionnaire.

Prime
Complément de salaire en espèces visant à récompenser les individus dont le rendement est supérieur aux normes ou aux attentes de l'organisation

Récompenser l'échec chez les dirigeants d'entreprise[36]

L'ÉTHIQUE EN CO

Les modèles et les approches théoriques nous incitent à considérer que les récompenses ont une influence sur le comportement au travail et sur le rendement des travailleurs. Ce principe s'applique-t-il aussi aux cadres supérieurs ? En effet, on peut se demander ce qu'il en est au sein de certains conseils d'administration, quand on constate que des dirigeants d'entreprise ayant une performance médiocre continuent de recevoir des salaires exorbitants, souvent même accompagnés de primes.

Bien qu'il ait perdu sa prime compte tenu d'une contre-performance, l'ex-président de SNC-Lavalin, Pierre Duhaime, a bénéficié d'une indemnité de près de 5 millions de dollars quand il a quitté ses fonctions, sur fond de scandale de corruption[37]. À son départ de la direction générale d'Alcatel, Serge Tchuruk a perçu un parachute doré de 5,6 millions d'euros, alors que sous sa direction le cours de l'action Alcatel avait diminué de moitié[38]. Forcé de démissionner à la suite de la mise au jour de malversations financières, M. Hurd, ex-PDG d'Hewlett-Packard, a reçu un parachute doré d'environ 50 millions de dollars[39]. Quant à Robert Nardelli, le chef de la direction de Home Depot, il a bénéficié d'une indemnité de 210 millions de dollars à son départ, alors que la valeur des actions de l'entreprise avait diminué de 8 % durant son mandat. Henry McKinnell, ancien directeur général de Pfizer, a quant à lui reçu 213 millions de dollars, bien que la valeur des actions de l'entreprise ait chuté de 40 % pendant qu'il était aux commandes. Voici d'autres exemples d'indemnités de départ faramineuses versées à certains dirigeants d'entreprises au bord du gouffre : 19,1 millions de dollars pour Alan H. Fishman, PDG de la banque Washington Mutual, et 14 millions pour Martin Sullivan, PDG de l'assureur AIG. Enfin, Richard Fuld, qui a mené la banque Lehman Brothers à la faillite, a reçu 22 millions en argent et en options d'achat d'actions.

Ces nombreux exemples donnent à penser que les contrats établissant la rémunération des cadres supérieurs ne sont pas toujours très bien conçus en ce qui a trait au rendement pouvant justifier cette rémunération : on paie trop souvent les dirigeants pour le seul fait qu'ils occupent un poste à responsabilités, au lieu de les rémunérer en fonction de la réussite de l'entreprise pendant qu'ils sont à la barre[40].

QUESTION Il est peu probable que les parachutes dorés prévus dans les contrats d'embauche des cadres supérieurs viennent à disparaître. Doit-on pour autant considérer que cette pratique est correcte ?

LE PARTAGE DES GAINS DE PRODUCTIVITÉ ET LE PARTAGE DES PROFITS

▸ **Programme de partage des gains de productivité**
Système de rémunération qui accorde aux travailleurs un supplément de rémunération proportionnel aux gains de productivité de l'organisation

Le lien entre le rendement et la rémunération est également au cœur des **programmes de partage des gains de productivité**, qui permettent aux travailleurs de toucher un supplément de rémunération proportionnel aux gains de productivité de l'organisation. Ce type de rémunération donne aux employés l'occasion de gagner davantage en recevant des parts de tout gain de productivité qu'ils aident à créer. Les régimes de participation des employés aux bénéfices sont censés engendrer un sentiment de responsabilité personnelle accru envers l'amélioration du rendement de l'entreprise et augmenter la motivation à travailler d'arrache-pied. Ils sont également censés favoriser la collaboration et le travail d'équipe, qui vise à accroître la productivité[41].

▸ **Programme de participation aux bénéfices**
Système de rémunération qui récompense les travailleurs en liant leur rémunération aux profits de l'organisation

Bien qu'assez semblables, les **programmes de participation aux bénéfices** diffèrent des programmes de partage des gains de productivité sur certains points. Si, dans les deux cas, la rémunération des travailleurs est liée à une mesure de la performance de l'entreprise, les programmes de participation aux bénéfices ne récompensent pas sur la base des gains de productivité, mais en liant la rémunération aux profits de l'entreprise : plus les profits sont élevés, plus le montant à distribuer sous forme de participation aux bénéfices est élevé[42]. En revanche, une diminution des profits entraîne évidemment une diminution des revenus, puisque le montant à distribuer sous forme de participation aux bénéfices est plus faible. En fait, l'une des critiques qu'on fait à cette approche est que l'augmentation ou la diminution des profits n'est pas toujours le résultat direct des efforts des employés. De nombreux autres facteurs, notamment une conjoncture économique difficile, peuvent entrer en ligne de compte. Dans de tels cas, on est en droit de se demander s'il est juste ou non que les employés gagnent moins en raison de circonstances sur lesquelles ils n'ont pas d'emprise.

LES OPTIONS D'ACHAT D'ACTIONS ET LES RÉGIMES D'ACTIONNARIAT DES EMPLOYÉS

Autre façon de lier la rémunération au rendement, le **programme d'options d'achat d'actions** destiné aux employés donne le droit à ces derniers, s'ils y adhèrent, d'acheter des actions à une date ultérieure, à un prix précisé à l'avance ou à un «prix de levée»[43]. Par son implantation, on espère que les employés auxquels on a octroyé de telles options d'achat seront fortement motivés et ne lésineront par sur leurs efforts pour faire obtenir à l'entreprise de bons résultats, puisqu'ils font des profits financiers lorsque le prix des actions monte. Cependant, comme la récente crise économique l'a montré, la valeur des actions détenues par les employés peut baisser ou même être nulle lorsque le prix de l'action chute.

Programme d'options d'achat d'actions
Système de rémunération donnant aux employés qui y adhèrent le droit d'acheter ultérieurement des actions à un prix fixé à l'avance

Parmi les autres formes de rémunération au rendement, on compte les **régimes d'actionnariat des employés**, par lesquels des sociétés de capitaux donnent à leurs salariés des actions de l'entreprise ou leur permettent d'en acquérir à un prix inférieur à celui du marché. Ces régimes d'intéressement se fondent sur la prémisse que les salariés actionnaires feront preuve d'une grande motivation au travail pour faire en sorte que l'entreprise obtienne de bons résultats, lesquels se traduiront par une hausse du cours des actions. En tant qu'actionnaires, les employés tirent profit de l'augmentation des bénéfices. En revanche, ces régimes n'échappent pas aux aléas inhérents à tout investissement boursier : le cours des actions peut monter, mais aussi descendre[44]. Durant la crise économique, plusieurs personnes ayant une rémunération largement constituée d'actions ont été durement touchées. Autrement dit, l'actionnariat n'est pas sans risque pour les employés, et il ne faut pas négliger ce fait lorsqu'on tente d'établir l'incidence d'un tel système de récompenses sur la motivation.

Régime d'actionnariat des employés
Système de rémunération par lequel une société de capitaux donne à ses salariés des actions de l'entreprise ou leur permet d'en acquérir à un prix inférieur à celui du marché

LA RÉMUNÉRATION FONDÉE SUR LES COMPÉTENCES

Autre système de rémunération novateur, la **rémunération fondée sur les compétences** est fonction de l'acquisition ou du perfectionnement d'habiletés liées au travail. Les travailleurs sont rémunérés selon la diversité et l'étendue de leurs compétences plutôt que selon leur affectation. Ainsi, ils sont payés pour les différentes compétences acquises et parce qu'ils acceptent de les mettre au service de l'organisation.

Rémunération fondée sur les compétences
Système de rémunération par lequel une société de capitaux donne à ses salariés des actions de l'entreprise ou leur permet d'en acquérir à un prix inférieur à celui du marché

Ce système de rémunération comporte plusieurs avantages, parmi lesquels : (1) la formation interfonctionnelle des travailleurs, les uns apprenant à accomplir les tâches des autres ; (2) un besoin moindre de superviseurs, les travailleurs remplissant eux-mêmes certaines des fonctions de supervision ; (3) une attitude moins passive des travailleurs en matière de rémunération, du fait qu'ils savent ce qu'ils doivent accomplir pour recevoir une augmentation et qu'ils peuvent donc prendre les mesures appropriées. Du côté des inconvénients pour l'entreprise, notons le risque que l'augmentation des coûts (formation et salaire) ne soit pas absorbée par une productivité accrue, ainsi que la difficulté d'attribuer une valeur financière juste à chaque compétence[45].

La motivation et la gestion du rendement

Le modèle intégré de la motivation au travail place au premier plan la relation *effort → rendement → récompenses*. Tout système de rémunération selon le rendement repose sur cette logique. Son application représente toutefois un défi et une responsabilité de taille pour le gestionnaire, qui doit savoir mesurer le rendement avec précision et utiliser correctement les mesures dans la prise de décision relative à la rémunération et aux autres aspects de la gestion des ressources humaines. Si on souhaite que la rémunération soit fondée sur le rendement et qu'en même temps elle réponde aux exigences du modèle intégré de la motivation, au regard de l'équité, notamment, il faut s'assurer que la mesure du rendement soit rigoureuse et acceptée par toutes les parties concernées. En termes clairs, si l'évaluation du rendement est erronée, le système de rémunération ou de récompenses sera lui aussi un échec sur le plan de la motivation.

LE PROCESSUS DE GESTION DU RENDEMENT

Le fondement de tout système de gestion du rendement est la mesure du rendement, comme l'illustre la **figure 6.4**. Et pour mesurer correctement le rendement, les gestionnaires doivent avoir de bonnes réponses à apporter aux questions du « pourquoi » et du « quoi ».

La question du « pourquoi ? » en lien avec la mesure du rendement fait référence aux deux grands objectifs auxquels celle-ci répond. Premièrement, la mesure du rendement vise l'*évaluation proprement dite*. En elle-même, elle permet en effet aux employés de savoir où ils se situent exactement par rapport à certains objectifs et à certaines normes. Elle sert de fondement à des décisions concernant l'attribution des récompenses ainsi qu'à l'administration générale des systèmes de gestion des ressources humaines de l'entreprise. Deuxièmement, la mesure du rendement vise la *rétroaction* et le *perfectionnement des compétences*. Elle doit en effet pouvoir donner un aperçu des forces et des faiblesses individuelles. Elle facilite ainsi l'application des décisions relatives à la formation continue, qui vise le perfectionnement des subordonnés ; elle permet de bien planifier cette dernière et contribue à convaincre les travailleurs de son importance.

Par ailleurs, la question du « quoi » en lien avec la mesure du rendement nous renvoie au vieil adage *Tout ce qui est mesuré finit par arriver*. Cela signifie que les individus agissent en fonction de ce qui est mesuré. Ainsi, dans le cadre de la gestion du processus du rendement, les gestionnaires doivent s'assurer de mesurer les bonnes choses et de le faire correctement. Impérativement, toute mesure du rendement doit se fonder sur des critères clairs liés au travail, donner lieu à une évaluation exacte,

FIGURE 6.4 LES PRINCIPALES ÉTAPES DU PROCESSUS DE GESTION DU RENDEMENT

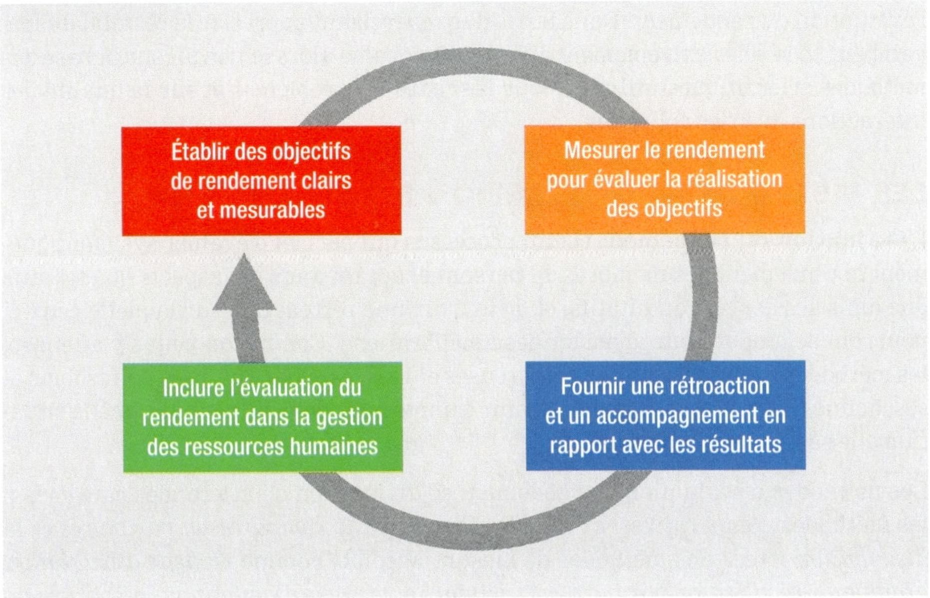

permettre de distinguer un rendement faible d'un rendement élevé et fournir une information substantielle qui alimentera la rétroaction visant l'amélioration du rendement.

La **mesure des résultats** consiste en l'évaluation du rendement par rapport aux résultats du travail. Par exemple, on peut fixer à un assembleur travaillant sur une chaîne de montage un objectif horaire de 15 moniteurs. Comme il est facile de calculer le nombre de moniteurs assemblés dans un temps donné, l'entreprise peut déterminer une *norme de quantité*. C'est alors l'aspect *quantitatif* du rendement, le nombre d'articles assemblés à l'heure, qui est évalué. Mais l'entreprise peut y ajouter une norme de qualité et décider d'évaluer l'ouvrier non plus seulement selon le nombre de moniteurs assemblés à l'heure, mais aussi selon le nombre de moniteurs passant avec succès l'*inspection de contrôle de la qualité*. Quantité et qualité deviennent alors deux critères essentiels. L'ouvrier ne peut privilégier l'un au détriment de l'autre. Par exemple, s'il réussit à monter 20 moniteurs à l'heure, mais que 10 d'entre eux seulement satisfont aux normes qualitatives, son rendement sera jugé insatisfaisant. Il en sera de même si tous les moniteurs qu'il assemble satisfont aux normes qualitatives, mais qu'il n'en monte que 10 à l'heure. La direction de l'entreprise peut également se préoccuper d'autres aspects du rendement, comme la durée d'arrêt de l'équipement utilisé pour l'assemblage des moniteurs. Dans notre exemple, la direction pourrait évaluer l'assembleur non seulement sur la quantité et la qualité de sa production, mais aussi sur le temps d'arrêt de l'équipement; elle s'assurerait ainsi qu'il assemble au rythme souhaité un produit qui satisfait aux normes et qu'il prend également soin de l'équipement.

▸ **Mesure des résultats**
Évaluation du rendement par rapport aux résultats du travail

La **mesure des activités**, quant à elle, consiste en l'évaluation du rendement par rapport aux efforts ou aux moyens mis en œuvre dans le travail. On recourt souvent à ce type de mesure lorsque l'évaluation du rendement est difficile ou lorsqu'on sait que certaines activités sont des prédicteurs valables du succès en matière de rendement.

▸ **Mesure des activités**
Évaluation du rendement par rapport aux efforts ou aux moyens mis en œuvre dans le travail

Ainsi, pour un représentant, le nombre de visites aux clients effectuées en une journée peut remplacer, ou compléter, le nombre de ventes réellement effectuées pour l'évaluation du rendement. Dans le cas d'un chercheur, apprécier le résultat du travail peut se révéler extrêmement difficile. On évalue alors le travail sur la base des méthodes scientifiques utilisées pour résoudre les problèmes et sur la qualité des interactions avec les collègues.

LES MÉTHODES D'ÉVALUATION DU RENDEMENT

Évaluation du rendement
Processus qui permet d'évaluer systématiquement le rendement des membres du personnel, sur les plans quantitatif et qualitatif, et de fournir une rétroaction sur laquelle ceux-ci pourront se fonder pour apporter des améliorations

L'**évaluation du rendement** est un processus qui permet d'évaluer systématiquement le rendement des membres du personnel autant dans ses aspects quantitatifs que dans ses aspects qualitatifs, et de fournir une rétroaction sur laquelle ceux-ci pourront se fonder pour apporter des améliorations. Comme on peut s'y attendre, les méthodes d'évaluation sont nombreuses et variées. Chacune a ses points forts et ses lacunes, dont il est judicieux de tenir compte pour déterminer dans quelle situation elle se révélera la plus utile[46].

Les méthodes d'évaluation du rendement se divisent en deux grandes catégories: les méthodes comparatives, comme le *classement*, la *comparaison par paires* et la *distribution forcée*; les méthodes de mesure absolue, comme l'*échelle d'évaluation graphique*, l'*évaluation par incidents critiques* et l'*échelle d'évaluation comportementale*. Les méthodes comparatives d'évaluation du rendement visent à déterminer le classement relatif de chaque individu par rapport à l'ensemble de l'effectif évalué. Autrement dit, elles peuvent établir que le rendement de Claire est supérieur à celui de Charles, qui est supérieur à ceux de Jacqueline et de Thomas. Elles peuvent indiquer qu'un travailleur réussit mieux qu'un autre sur tel ou tel aspect du rendement, mais *elles ne fournissent pas l'ordre de grandeur de cette réussite* et ne permettent pas de savoir si le meilleur travailleur est *suffisamment efficace dans l'absolu*. Il se pourrait bien, après tout, que Claire ne surpasse les autres que parce que ceux-ci sont vraiment inefficaces. En revanche, les méthodes de mesure absolue du rendement s'appuient sur des normes d'évaluation précises, préétablies. Par exemple, la ponctualité peut s'évaluer sur une échelle allant de *très ponctuel* à *jamais à l'heure*.

LES MÉTHODES COMPARATIVES

Classement
Méthode comparative d'évaluation du rendement selon laquelle on classe les personnes évaluées de la meilleure à la moins bonne pour chacun des aspects du rendement visés par l'évaluation

Le classement Le **classement** est la méthode comparative la plus élémentaire. Il consiste à classer les personnes évaluées de la *meilleure* à la *moins bonne*, pour chacun des aspects du rendement visés par l'évaluation. Ainsi, pour apprécier la qualité du travail de trois salariés, le gestionnaire compare les résultats, puis classe X en première place, Y en deuxième et Z en troisième. Bien que des plus simples, cette méthode peut devenir très difficile à gérer s'il y a beaucoup de travailleurs à évaluer.

Comparaison par paires
Méthode comparative d'évaluation du rendement selon laquelle on compare chaque travailleur à chacun de ses collègues évalués

La comparaison par paires La **comparaison par paires** consiste à comparer chaque travailleur à chacun de ses collègues évalués. Le nombre de fois où un individu obtient la meilleure note dans toutes les paires utilisées pour la comparaison détermine sa notation finale. Toutes les combinaisons possibles au sein du groupe de personnes évaluées sont prises en considération, comme l'illustre l'exemple qui suit (le nom du *meilleur* de chaque paire est en italique):

Claire et Charles
Claire et Jacqueline
Claire et Thomas

Charles et Jacqueline
Charles et Thomas

Jacqueline et Thomas

Nombre de fois où Claire se classe le mieux	3
Nombre de fois où Charles se classe le mieux	2
Nombre de fois où Jacqueline se classe le mieux	1
Nombre de fois où Thomas se classe le mieux	0

Dans cet exemple, c'est Claire qui donne le meilleur rendement, suivie de Charles, puis de Jacqueline et, enfin, de Thomas, qui se classe en dernier. Lorsqu'il faut évaluer un grand nombre de personnes, la méthode de comparaison par paires peut se révéler encore plus fastidieuse à gérer que la méthode du classement.

La distribution forcée La **distribution forcée** est une méthode comparative d'évaluation du rendement qui se fonde sur un nombre restreint de catégories d'appréciation (*excellent*, *bon*, *acceptable*, *médiocre*, *insatisfaisant*) dans lesquelles l'évaluateur doit placer une proportion donnée des personnes évaluées ; par exemple, 10 % dans la catégorie *excellent*, 20 % dans la catégorie *bon*, et ainsi de suite. L'évaluateur qui utilise cette méthode est *forcé* d'utiliser toutes les catégories, ce qui permet d'éviter de retrouver tous les travailleurs dans une ou deux d'entre elles. Évidemment, la méthode de la distribution forcée devient problématique si la plupart des personnes évaluées sont vraiment efficaces ou ont un rendement à peu près équivalent.

▸ **Distribution forcée**
Méthode comparative d'évaluation du rendement qui se fonde sur un nombre restreint de catégories d'appréciation (excellent, bon, acceptable, médiocre, insatisfaisant) dans lesquelles l'évaluateur doit placer une proportion donnée des personnes évaluées

LES MÉTHODES DE MESURE ABSOLUE

L'échelle d'évaluation graphique L'**échelle d'évaluation graphique** permet d'évaluer le rendement selon divers critères qu'on estime liés à un rendement satisfaisant, à un poste donné (quantité de travail, qualité du travail, coopération, esprit d'initiative, assiduité, etc.). Pour chacun des critères, le gestionnaire indique son appréciation sur une échelle allant, par exemple, d'*excellent* à *insatisfaisant*, comme dans la **figure 6.5**. Une note de 1 à 5, comme dans notre exemple, peut également être associée à chacun des niveaux d'appréciation pour l'obtention d'une indication numérique du rendement.

▸ **Échelle d'évaluation graphique**
Méthode de mesure absolue qui permet d'évaluer le rendement selon divers critères qu'on estime liés à un rendement satisfaisant, à un poste donné ; l'appréciation relative à chacun des critères est indiquée sur une échelle

Outre sa simplicité d'utilisation, qui est son avantage premier, l'échelle d'évaluation graphique exige peu de temps et de ressources, et elle s'applique à une multitude de types d'emplois. Par contre, à cause de cette simplicité et de son caractère très général, il est difficile d'associer étroitement ce genre d'échelle à l'analyse de poste ou à des aspects particuliers d'un poste donné. On peut remédier à cet inconvénient en s'assurant, par une analyse rigoureuse du poste, que seules les dimensions s'appliquant au poste seront évaluées. Il y a donc un choix à faire : plus l'échelle est générale, plus elle s'applique à une multitude d'emplois ; plus elle est étroitement associée à l'analyse d'un poste donné, moins elle peut servir de critère de comparaison entre les titulaires de postes différents.

L'échelle d'évaluation comportementale Plus complexe et plus perfectionnée que l'échelle d'évaluation graphique, l'**échelle d'évaluation comportementale** établit des liens entre des comportements précis et observables et un niveau donné de rendement. Ainsi, après avoir recensé une série de comportements observables dans un emploi donné, on construit une échelle avec différents comportements typiques servant de références et correspondant chacun à un niveau de rendement. La **figure 6.6** montre un exemple conçu pour évaluer le rendement d'un représentant du service à la clientèle. Comme vous pouvez le voir, chacun des comportements est décrit très précisément et placé dans l'échelle selon la « note » qu'on lui a attribuée. Des échelles d'évaluation comportementale similaires permettent d'évaluer toutes les autres

▸ **Échelle d'évaluation comportementale**
Méthode de mesure absolue du rendement selon laquelle, après avoir recensé une série de comportements observables dans un emploi donné, on construit une échelle avec différents comportements typiques servant de références et correspondant chacun à un niveau de rendement

FIGURE 6.5 UNE ÉCHELLE D'ÉVALUATION GRAPHIQUE : EXEMPLE D'ÉVALUATION SEMESTRIELLE DU RENDEMENT DE DEUX EMPLOYÉS

dimensions importantes du poste. Cette méthode détaillée et complexe exige du temps et des efforts. Elle permet néanmoins de cerner des comportements précis pouvant alimenter la rétroaction et contribuer à l'orientation professionnelle[47].

Évaluation par incidents critiques
Méthode de mesure absolue du rendement selon laquelle on consigne dans un registre des incidents critiques liés au comportement du travailleur : succès ou échecs sortant de l'ordinaire et touchant diverses dimensions du rendement

L'évaluation par incidents critiques Dans l'**évaluation par incidents critiques**, des superviseurs consignent dans un registre des incidents critiques liés au comportement du travailleur : succès ou échecs sortant de l'ordinaire et touchant diverses dimensions du rendement. Ils remplissent généralement le registre quotidiennement ou hebdomadairement, en écrivant dans les rubriques prévues à cet effet. Cette approche donne d'excellents résultats pour ce qui est de la rétroaction et du perfectionnement du personnel. Cependant, comme elle s'appuie sur des données qualitatives plutôt que sur des données quantitatives, il est parfois difficile de s'en servir pour prendre des décisions d'ordre administratif. Pour remédier à cet inconvénient, on l'associe parfois à une ou à plusieurs autres méthodes.

LA RÉTROACTION À 360 DEGRÉS

Afin d'être le mieux informées possible sur le rendement de leur personnel, de plus en plus d'organisations utilisent maintenant, outre les évaluations effectuées par les patrons, les collègues et les subordonnés, l'autoévaluation ainsi que l'évaluation

FIGURE 6.6 UNE ÉCHELLE D'ÉVALUATION COMPORTEMENTALE : EXEMPLE D'ÉVALUATION DU RENDEMENT D'UN REPRÉSENTANT DU SERVICE À LA CLIENTÈLE

Rendement exceptionnel

5 ← Si le client signale une marchandise défectueuse, mais dont l'imperfection ne relève pas du magasin, on peut s'attendre à ce que ce représentant fasse des démarches pour aider le client à trouver l'endroit où les réparations pourront être effectuées.

4 ← On peut s'attendre à ce que ce représentant aide le client en lui donnant toute l'information relative aux pratiques du magasin concernant les retours.

3 ← On peut s'attendre à ce que ce représentant, après avoir renseigné le client, l'encourage à revenir faire d'autres achats au magasin.

2 ← On peut s'attendre à ce que ce représentant fasse attendre le client sans lui donner d'explication, pendant qu'il travaille à d'autres dossiers.

1 ← On peut s'attendre à ce que ce représentant traite le client de façon grossière et irrespectueuse.

Rendement insatisfaisant

par les clients ou par d'autres personnes avec qui le travailleur est en contact à l'extérieur de son unité de travail. Ce type d'évaluation élargie s'appelle la **rétroaction à 360 degrés**[48]. Il convient particulièrement bien aux nouvelles organisations à la structure aplanie, orientées vers le travail d'équipe et visant la gestion intégrale de la qualité et la haute performance. Dans de tels contextes, en effet, la diversification des sources est essentielle au processus d'évaluation du rendement. Par ailleurs, l'informatique facilite grandement la collecte et l'analyse des données fournies par diverses formes de rétroaction à 360 degrés. Pour prendre un exemple, le subordonné peut s'autoévaluer, puis discuter avec son supérieur après que celui-ci a procédé à son évaluation et, le cas échéant, avec d'autres personnes l'ayant également évalué, dans une perspective à la fois de rétroaction et de perfectionnement des compétences.

▸ **Rétroaction à 360 degrés**
Approche de l'évaluation du rendement qui ajoute aux sources internes d'information (supérieur immédiat, collègues, subordonnés) l'autoévaluation ainsi que l'évaluation par la clientèle ou par d'autres personnes avec qui le travailleur est en contact à l'extérieur de son unité de travail

LES ERREURS COURANTES DANS L'ÉVALUATION DU RENDEMENT

Pour être vraiment significatif, un système d'évaluation doit à la fois être *fiable*, c'est-à-dire donner des résultats constants et stables, et *valide*, c'est-à-dire évaluer réellement le rendement des gens en fonction des caractéristiques de leur poste. Or, un certain nombre d'erreurs peuvent saper la fiabilité ou la validité d'une évaluation[49]. Vous remarquerez la relation étroite qui existe entre les erreurs que nous allons maintenant décrire et les erreurs de perception et d'attribution étudiées au chapitre 4.

L'effet de halo Une erreur attribuable à l'effet de halo se produit si, en évaluant le rendement d'un subordonné, un gestionnaire lui attribue la même note pour divers aspects de son travail parce qu'il est obnubilé par la prépondérance de l'un d'eux. C'est ce qui arrive lorsqu'un représentant connu pour sa pugnacité, et donc très bien noté pour son dynamisme, obtient des notes aussi élevées, mais imméritées, pour son sérieux, son tact et d'autres dimensions du rendement. Dans ce cas, l'évaluateur

L'évaluation des employés par leurs superviseurs pourrait être teintée par les préjugés raciaux[50]

Du côté de la RECHERCHE

Telle est l'une des conclusions d'une étude menée par Joseph M. Stauffer et M. Ronald Buckley, publiée en 2005 dans le *Journal of Applied Psychology*. Les auteurs soulignent l'importance de véritables critères de rendement et d'évaluations impartiales. Ils s'appuient, à cet égard, sur une métaanalyse de Kraiger et Ford (1985) qui a montré que les évaluateurs de race blanche ont tendance à attribuer une meilleure note aux employés de race blanche qu'aux employés de race noire, tandis que les évaluateurs de race noire manifestent un penchant semblable en faveur, cette fois, des employés de race noire. Par ailleurs, ils citent une étude ultérieure, réalisée par Sackett et DuBois (1991), qui remet en question cette conclusion voulant que les évaluateurs tendent à favoriser les membres de leur propre groupe racial.

Dans leur étude, Stauffer et Buckley ont procédé à une nouvelle analyse des données fournies par Sackett et DuBois, afin d'examiner de façon plus approfondie les possibles interactions entre la race de l'évaluateur et celle du travailleur noté. Les données disponibles provenaient notamment d'échantillons d'employés militaires et civils ayant chacun été évalués par des superviseurs de race noire et de race blanche. Les deux chercheurs ont ainsi découvert que les superviseurs de race blanche attribuaient aux employés de leur propre race une note considérablement plus élevée qu'aux employés de race noire, mais que les superviseurs de race noire tendaient eux aussi à attribuer une note supérieure aux employés de race blanche.

Cependant, Stauffer et Buckley déclarent qu'il faut interpréter avec prudence les différences observées et se garder de les expliquer d'emblée comme la manifestation de préjugés raciaux. Les données, préviennent-ils, ne sont pas suffisamment consistantes pour valider cette hypothèse. En conséquence, ils suggèrent que de nouvelles études se penchent à la fois sur l'influence de préjugés raciaux sur le jugement des évaluateurs et sur les causes d'un tel phénomène. Malgré tout, leurs propos sont concluants quant aux implications des tendances qui se dessinent dans les milieux de travail: «Si vous êtes un employé de race blanche, la race du superviseur qui vous évalue importe peu. En revanche, si vous êtes un employé de race noire, la race du superviseur qui vous évalue devient un facteur important.»

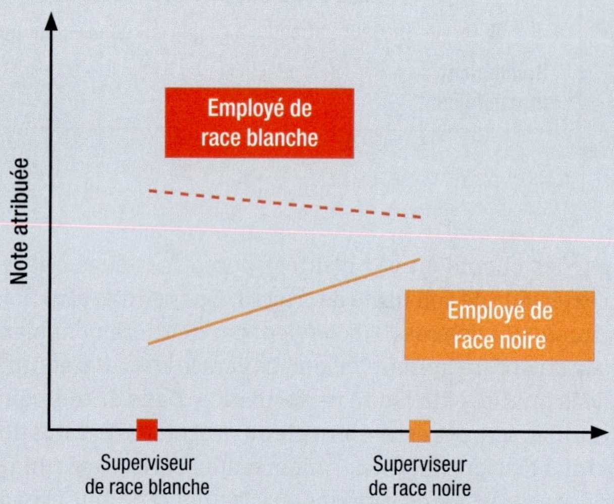

Source: Figure tirée de Joseph M. Stauffer et M. Ronald Buckley, «The Existence and Nature of Racial Bias in Supervisory Ratings», *Journal of Applied Psychology*, vol. 90, 2005, p. 586-591.

n'est pas parvenu à faire la distinction entre les points forts et les points faibles de la personne, le halo ayant contaminé son évaluation des autres dimensions. Cette erreur peut avoir des répercussions considérables si les diverses dimensions évaluées sont importantes et relativement indépendantes les unes des autres. Variante de l'effet de halo dans l'évaluation du rendement, l'*erreur du critère unique* survient lorsqu'on ne considère qu'une des dimensions importantes du rendement.

Effet d'indulgence
Dans l'évaluation du rendement, erreur par laquelle l'évaluateur tend à accorder des notes exagérément élevées à la quasi-totalité des personnes évaluées

L'effet d'indulgence et l'effet de sévérité À l'image de certains enseignants qui accordent facilement d'excellentes notes, certains cadres sont portés à évaluer favorablement tous leurs subordonnés: c'est l'**effet d'indulgence**. À l'opposé, certains évaluateurs ont tendance à donner des notes faibles à tous les individus évalués: on parle alors d'**effet de sévérité**. Dans les deux cas, le problème tient à l'absence de distinction entre les travailleurs efficaces et ceux dont le rendement est insatisfaisant. L'effet d'indulgence peut se manifester lorsque des collègues s'évaluent les uns les autres, en particulier lorsqu'on leur demande de partager les résultats entre eux : il est plus facile de justifier une note élevée qu'une note faible…

L'effet de tendance centrale L'**effet de tendance centrale** se manifeste lorsqu'un gestionnaire, par exemple, est porté à accorder à tous ses subordonnés une note proche de la moyenne, donnant ainsi l'impression erronée qu'aucun d'eux ne se distingue des autres d'une quelconque façon. Ici encore, l'évaluateur ne parvient pas à établir de distinction entre les individus en matière de rendement. Ce type d'erreur, de même que l'effet d'indulgence ou l'effet de sévérité, est le fait d'évaluateurs victimes de l'**erreur de faible différenciation**, qui consiste à n'utiliser qu'une petite partie de l'échelle d'évaluation.

L'effet de récence On parle d'**effet de récence** pour décrire l'erreur de l'évaluateur qui, obnubilé par des événements récents, occulte des faits antérieurs qu'il devrait pourtant prendre en considération. Ainsi, l'évaluateur qui note mal un subordonné au chapitre de la ponctualité simplement parce que ce dernier, bien que généralement à l'heure, est arrivé une heure en retard la veille est victime de l'effet de récence.

L'effet des stéréotypes L'**effet des stéréotypes** se fait sentir lorsqu'un évaluateur laisse ses préjugés personnels influencer ses évaluations. Ce serait ainsi le cas, par exemple, si une personne, à cause de ses préjugés raciaux, surévaluait des travailleurs blancs et sous-évaluait des travailleurs de couleur. Les préjugés touchant certaines caractéristiques sociodémographiques, comme l'âge, le sexe, l'origine ethnoculturelle, l'orientation sexuelle ou les handicaps, peuvent contaminer le jugement de l'évaluateur.

Effet de sévérité
Dans l'évaluation du rendement, erreur par laquelle l'évaluateur tend à accorder des notes exagérément faibles à la quasi-totalité des personnes évaluées

Effet de tendance centrale
Dans l'évaluation du rendement, erreur par laquelle l'évaluateur tend à accorder à toutes les personnes qu'il évalue des notes proches de la moyenne

Erreur de faible différenciation
Dans l'évaluation du rendement, erreur par laquelle l'évaluateur n'utilise qu'une petite partie de l'échelle d'évaluation ; il est victime de l'effet d'indulgence, de l'effet de sévérité ou de l'effet de tendance centrale

Effet de récence
Dans l'évaluation du rendement, erreur par laquelle l'évaluateur, obnubilé par des événements récents, occulte des faits antérieurs qu'il devrait pourtant prendre en considération

Effet des stéréotypes
Dans l'évaluation du rendement, erreur par laquelle l'évaluateur laisse ses préjugés personnels touchant certaines caractéristiques sociodémographiques, comme l'origine ethnoculturelle, l'âge, le sexe, l'orientation sexuelle ou les handicaps, influer sur son évaluation

GUIDE de révision

RÉSUMÉ

QUELLES SONT LES DIVERSES APPROCHES EN MATIÈRE DE CONCEPTION DE POSTE ET QUELS SONT LEURS EFFETS SUR LA MOTIVATION ET LE RENDEMENT ?

- La conception de poste englobe la planification et la description des tâches inhérentes à un poste, ainsi que la détermination des conditions dans lesquelles celles-ci s'accomplissent.
- La simplification des tâches, ou organisation scientifique du travail, est une approche de la conception de poste selon laquelle les procédés sont standardisés et les travailleurs, confinés dans des tâches normalisées, clairement définies et hautement spécialisées.
- L'élargissement des tâches est une approche de la conception de poste selon laquelle on augmente la diversité des tâches en confiant au titulaire d'un poste un plus grand nombre de tâches, sans pour autant augmenter le degré de difficulté de celles-ci ni le niveau de responsabilité du poste.
- La rotation des postes est une approche de la conception de poste selon laquelle on augmente la diversité des tâches en changeant périodiquement les travailleurs de poste, sans pour autant augmenter le degré de difficulté des tâches ni le niveau de responsabilité du poste.
- L'enrichissement des tâches consiste à améliorer le contenu du travail en ajoutant aux fonctions d'exécution des fonctions de planification et de contrôle traditionnellement attribuées à des cadres.
- La théorie des caractéristiques de l'emploi propose une approche diagnostique de l'enrichissement des tâches fondée sur cinq caractéristiques fondamentales que le poste doit posséder à un degré élevé : la polyvalence, l'intégralité de la tâche, la valeur de la tâche, l'autonomie et la rétroaction.
- La théorie des caractéristiques de l'emploi ne présume pas que tout travailleur désire un poste enrichi. Elle affirme que l'enrichissement des tâches donne de bons résultats uniquement dans le cas des travailleurs qui ont un besoin de croissance important, qui possèdent les connaissances et les compétences requises par le poste et qui sont satisfaits de leur cadre de travail.

QUELLES SONT LES NOUVELLES APPROCHES EN MATIÈRE D'AMÉNAGEMENT DU TEMPS DE TRAVAIL ?

- Avec la complexité accrue de notre société, on voit apparaître de nouvelles formules d'aménagement du temps de travail visant à permettre aux travailleurs de concilier les exigences de leur vie personnelle et familiale avec leurs responsabilités et leur cheminement professionnels.
- La semaine de travail comprimée consiste en une répartition des tâches hebdomadaires d'un emploi à temps plein sur moins de cinq jours complets. L'aménagement le plus répandu est une répartition sur quatre jours.

- L'horaire de travail variable consiste à laisser aux travailleurs une certaine latitude quant à leur horaire quotidien, notamment quant à leurs heures d'arrivée et de départ.
- Le partage de poste est une formule qui consiste à répartir la totalité des tâches d'un poste à temps plein entre deux travailleurs ou plus, selon des conditions convenues entre eux et avec l'employeur.
- Le télétravail est un aménagement du travail qui permet aux individus d'exercer leurs activités professionnelles à distance, chez eux ou ailleurs, tout en restant reliés à l'organisation grâce aux technologies de l'information et des communications.
- Le travail à temps partiel est une formule qui consiste, pour une personne ayant un statut de travailleur temporaire ou permanent, à travailler moins d'heures que s'il faisait une semaine de travail normale.

QUEL EST LE LIEN ENTRE LA MOTIVATION, LE RENDEMENT ET LES RÉCOMPENSES ?

- Réunissant des éléments provenant des théories motivationnelles du contenu, des processus et du renforcement, le modèle intégré de la motivation met en relation l'effort, le rendement et les récompenses.
- En général, les systèmes de récompenses mis en place par les organisations conjuguent récompenses intrinsèques, telles que le sentiment d'accomplissement lié à l'exécution d'une tâche particulièrement difficile, et récompenses extrinsèques, telles qu'une augmentation salariale.
- La rémunération selon le rendement peut prendre diverses formes, dont la rémunération au mérite, les primes, le partage des gains de productivité et la participation aux bénéfices, l'actionnariat des travailleurs et les options d'achat d'actions.

EN QUOI CONSISTE LE PROCESSUS DE GESTION DU RENDEMENT ?

- La gestion du rendement est un processus qui implique la mesure du rendement et qui doit mener à la prise de décisions conséquentes en matière de ressources humaines.
- La mesure du rendement vise deux grands objectifs : l'évaluation proprement dite ainsi que le perfectionnement des compétences.
- L'évaluation du rendement peut s'appuyer sur la mesure des résultats du travail ou sur la mesure des activités, c'est-à-dire des efforts ou des moyens mis en œuvre dans le travail.
- Le classement, la comparaison par paires et la distribution forcée sont des méthodes comparatives d'évaluation du rendement.
- L'échelle d'évaluation graphique, l'échelle d'évaluation comportementale et l'évaluation par incidents critiques sont des méthodes de mesure absolue du rendement.

- La rétroaction à 360 degrés est une évaluation à laquelle participent toutes les personnes avec lesquelles le travailleur est en contact dans son emploi (collègues, subordonnés, fournisseurs, clients, etc.) et qui comprend également une autoévaluation.
- Plusieurs erreurs peuvent fausser l'évaluation du rendement, notamment: l'effet de halo, l'effet d'indulgence, l'effet de sévérité, l'effet de tendance centrale, l'effet de récence et l'effet des stéréotypes.

MOTS CLÉS

ÉVALUATION DES CONNAISSANCES

MonLab
Évaluation des connaissances
questions interactives

QUESTIONS À CHOIX MULTIPLE

1. La simplification des tâches est associée au concept ________ mis de l'avant par Frederick Taylor. **a)** d'expansion verticale des tâches **b)** d'expansion horizontale des tâches **c)** d'organisation scientifique du travail **d)** de sentiment de compétence
2. ________ des tâches donne ________ à un poste par la combinaison de plusieurs tâches, sans augmentation de complexité. **a)** La rotation ; de la profondeur **b)** L'élargissement ; de la profondeur **c)** La simplification ; de l'étendue **d)** L'élargissement ; de l'étendue
3. Lorsqu'une gestionnaire modifie la nature d'un poste par une expansion verticale des tâches, elle ________ **a)** ajoute des tâches qui correspondent à une étape antérieure du flux de travaux. **b)** ajoute des tâches qui correspondent à une étape postérieure du flux de travaux. **c)** ajoute des responsabilités de planification et de contrôle. **d)** hausse les normes de rendement.
4. Selon la théorie des caractéristiques de l'emploi, le titulaire d'un poste sera plus motivé par un enrichissement de ses tâches ________ **a)** si on lui offre une option d'achat d'actions. **b)** s'il est soutenu par l'organisation. **c)** s'il bénéficie d'une expansion horizontale de ses tâches. **d)** s'il est satisfait de son cadre de travail.
5. Dans la théorie des caractéristiques de l'emploi, ________ correspond à l'indépendance et à la latitude accordées au titulaire du poste pour ce qui est de l'organisation de son travail et du choix des procédures. **a)** la polyvalence **b)** l'intégralité de la tâche **c)** la valeur de la tâche **d)** l'autonomie
6. Quelle caractéristique fondamentale de l'emploi est tout particulièrement présente lorsque le titulaire d'un poste a la possibilité d'exécuter la totalité d'une opération, par exemple le traitement d'une déclaration de sinistre depuis la réception de la demande jusqu'au règlement final, à la satisfaction du client ? ________ **a)** L'intégralité de la tâche. **b)** La valeur de la tâche. **c)** L'autonomie. **d)** La rétroaction.
7. Une semaine de travail à temps plein en quatre jours illustre un aménagement du temps de travail appelé ________ **a)** la semaine de travail comprimée. **b)** l'horaire de travail variable. **c)** le partage de poste. **d)** le travail permanent à temps partiel.
8. Selon le modèle intégré de la motivation au travail, qu'est-ce qui conditionne l'effort ? **a)** Les récompenses. **b)** Le soutien organisationnel. **c)** Les compétences. **d)** La motivation.
9. Le salaire est généralement considéré comme une récompense ________, tandis que le sentiment d'accomplissement que donne la réalisation d'une tâche est un exemple de récompense ________ **a)** extrinsèque ; fondée sur les compétences. **b)** fondée sur les compétences ; intrinsèque. **c)** extrinsèque ; intrinsèque. **d)** absolue ; comparative.

10. Les programmes ________ offrent au travailleur qui améliore la productivité de l'organisation, en mettant par exemple au point une nouvelle méthode de travail, un supplément de rémunération proportionnel à cet apport.
a) de participation aux bénéfices **b)** de partage des gains de productivité
c) d'actionnariat des salariés **d)** de rémunération fondée sur les compétences

11. La mesure du rendement vise deux grands objectifs en matière de gestion des ressources humaines : l'évaluation proprement dite et ________ **a)** l'allocation de récompenses. **b)** le développement des compétences. **c)** l'application de mesures disciplinaires. **d)** la détermination des montants des primes.

12. L'évaluation par incidents critiques est une méthode d'évaluation du rendement ________ **a)** comparative. **b)** absolue. **c)** qui mesure les activités. **d)** au mérite.

13. Une méthode d'évaluation du rendement qui n'évalue pas le rendement en fonction des caractéristiques du poste ________ **a)** ne tient pas suffisamment compte des contingences. **b)** est faussée par l'effet d'indulgence. **c)** n'est pas valide. **d)** est faussée par l'effet de sévérité.

14. Quelle méthode utilise le superviseur qui consigne dans un registre les comportements du travailleur, plus précisément ses succès ou ses échecs relatifs à diverses dimensions du rendement ? ________ **a)** La distribution forcée. **b)** L'évaluation par incidents critiques. **c)** La comparaison par paires. **d)** L'échelle d'évaluation graphique.

15. Un chef d'équipe qui évalue comme « moyen » le rendement de tous les membres de l'équipe commet très probablement une erreur d'évaluation causée par ________ **a)** l'effet des stéréotypes. **b)** l'effet de récence. **c)** l'effet de halo. **d)** l'effet de tendance centrale.

QUESTIONS À RÉPONSE BRÈVE

16. Comment procéderiez-vous pour enrichir des postes, c'est-à-dire pour leur donner de la profondeur ?

17. Quel rôle joue le besoin de croissance du travailleur dans la théorie des caractéristiques de l'emploi ?

18. Expliquez en quoi consiste la méthode d'évaluation du rendement appelée « rétroaction à 360 degrés ».

19. Expliquez ce qui distingue l'effet de halo et l'effet de récence, deux erreurs courantes dans l'évaluation du rendement.

QUESTION À DÉVELOPPEMENT

20. Un magasin a fait appel à vous à titre de consultant, afin que vous lui proposiez un programme destiné à créer un cadre de travail motivant et source de rendement pour le rayon des vêtements pour hommes et pour femmes. En vous appuyant sur ce qui a été dit dans ce chapitre au sujet de la conception de poste et de la gestion des récompenses, formulez des hypothèses pertinentes et expliquez, en les justifiant, quelles seraient vos recommandations.

LE CO DANS LE FEU DE L'ACTION

Pour ce chapitre, nous vous suggérons les activités suivantes du *Cahier d'apprentissage en CO* (voir p. C1).

Études de cas	Exercices	Autoévaluations
10. La société Hovey & Beard 11. La société aérienne Maritime 12. Pizzeria Idéale	3. Mon meilleur emploi 13. Le jeu de construction 14. Préférences en matière de conception de poste 15. Un emploi de rêve 16. La motivation par l'enrichissement des tâches 17. Augmentations de salaire annuelles 30. Évaluation d'un supérieur 31. Rétroaction à 360 degrés	5. Vos valeurs personnelles 7. Votre profil bifactoriel 8. Êtes-vous *universel*?

Partie 3

Les équipes et le travail d'équipe

La bonne gouvernance commence par les employés

DES AS DE LA GESTION

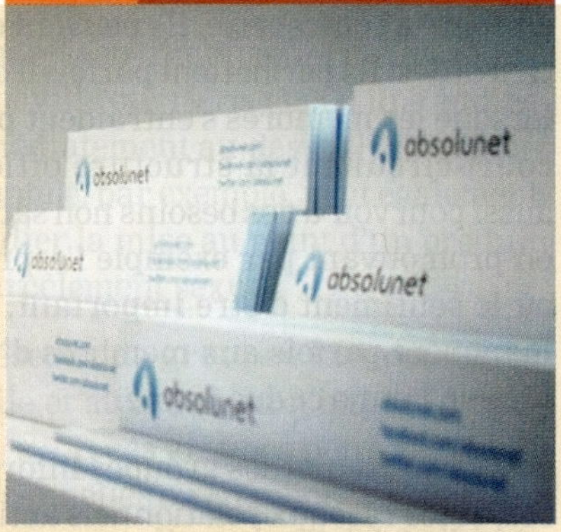

[...] Si les dirigeants sont les seuls à prendre les décisions, les conseils, eux, doivent venir de partout, croit Charles Desjardins [associé et vice-président, Ventes et marketing, chez Absolunet]. « Ça ouvre les horizons, et ça permet de considérer des aspects qu'on n'aurait pas envisagés autrement. La plupart du temps, Marcel n'est pas là pour apporter des solutions, mais bien pour soulever des questions », explique-t-il.

Cette façon de faire est fréquente chez les dirigeants de moins de 40 ans, note Marcel Choquette. « C'est une génération qui pige des conseils à droite et à gauche, et qui souvent teste les décisions avant de les appliquer », ajoute-t-il. Une façon de faire qui contraste avec celle de sa propre génération, quand les dirigeants croyaient que la force résidait dans le fait de prendre les décisions seul. [...]

Chez Absolunet, la direction et les employés se rencontrent chaque mois pour discuter du développement et des objectifs. Ensemble, ils rajustent le tir. C'est aussi l'occasion de sonder les employés, baromètres de ce qui se passe sur le terrain. L'initiative permet de cristalliser le sentiment d'appartenance, que Charles Desjardins présente comme le noyau de l'entreprise. Ces consultations sont particulièrement importantes avec un personnel formé en bonne partie d'Y, souligne Charles Desjardins. « Ils veulent avoir leur mot à dire. À première vue, le processus peut paraître plus long, mais en fin de compte, on gagne du temps. » [...]

Source : Ulysse Bergeron, « Le mythe du carcan », *Les Affaires*, hors série « Guide croissance 2013 », 20 octobre 2012, p. X32.

Syndrome de la compartimentation Ensemble de problèmes qui résultent d'un manque de communication et d'interactions entre les travailleurs des divers services et unités d'une organisation

La création d'équipes interfonctionnelles permet, notamment, de contrer le **syndrome de la compartimentation**, c'est-à-dire l'ensemble de problèmes qui surviennent lorsque les travailleurs des divers services et unités d'une organisation se concentrent strictement sur *leurs* fonctions et limitent leurs interactions avec leurs collègues des autres unités. En ce sens, la division traditionnelle en services et en unités de travail, parce qu'elle crée des cloisons artificielles et isole les travailleurs dans des compartiments étanches, décourage plutôt qu'elle encourage l'intégration et la coordination efficace entre les différentes composantes de l'organisation. L'équipe interfonctionnelle est conçue pour décloisonner l'organisation du travail en constituant un forum au sein duquel les membres occupant diverses fonctions travaillent ensemble à une tâche commune[16].

L'ÉQUIPE DE RÉSOLUTION DE PROBLÈMES ET L'ÉQUIPE FAVORISANT LA PARTICIPATION DES TRAVAILLEURS

Équipe de résolution de problèmes Groupe de travailleurs formé temporairement pour trouver une solution à un problème particulier ou un moyen de saisir une certaine occasion

On observe une tendance marquée des organisations contemporaines à recourir à des **équipes de résolution de problèmes** formées pour un temps limité et devant rechercher une solution à un problème donné ou un moyen de saisir une certaine occasion. Ainsi, le président d'une société peut mettre sur pied un groupe de travail dont les membres, provenant de diverses unités, doivent étudier la possibilité d'implanter l'horaire de travail variable pour les salariés. Le directeur des ressources humaines peut former un comité qui lui suggérerait des changements à apporter à la politique touchant les avantages sociaux des employés. Enfin, une équipe de projet pourrait avoir pour mission d'élaborer et de mettre en place un nouveau système informatique à l'échelle de l'entreprise.

Le terme **équipe favorisant la participation des travailleurs** s'applique à une grande variété d'équipes dont les membres se réunissent régulièrement pour examiner ensemble des questions importantes relatives à leur milieu de travail. Les travailleurs peuvent discuter, par exemple, des moyens permettant d'améliorer la qualité, de mieux satisfaire les clients, d'accroître la productivité ou d'améliorer la qualité de vie au travail. Ce type d'équipe est censé tirer profit de tout le savoir-faire et de toute l'expérience de ses membres pour améliorer sans cesse le milieu de travail. Le **cercle de qualité** en est un exemple : il s'agit d'une petite équipe de personnes qui se réunissent périodiquement pour étudier et tenter de résoudre des problèmes relatifs à la qualité de leurs activités au sein de l'organisation et à leurs produits ou services[17].

▸ **Équipe favorisant la participation des travailleurs**
Groupe de travailleurs qui se rencontrent régulièrement pour se pencher sur des questions importantes concernant leur milieu de travail

▸ **Cercle de qualité**
Groupe de travailleurs qui se rencontrent régulièrement pour trouver des moyens d'améliorer la qualité de leurs produits ou services et de leurs activités au sein de leur organisation

L'ÉQUIPE SEMI-AUTONOME

Dans le chapitre précédent, nous avons parlé de l'enrichissement des tâches et de ses répercussions sur la motivation et le rendement individuels. Maintenant, nous allons nous pencher sur une forme d'enrichissement des tâches à l'échelle des équipes plutôt qu'à celle des individus.

De plus en plus répandue dans les organisations les plus avancées, l'**équipe semi-autonome** est un autre type d'équipe de travail hautement participative : il s'agit d'un petit groupe de travailleurs auquel on a délégué la planification, l'organisation et l'évaluation de ses propres tâches et activités quotidiennes[18]. Il existe plusieurs variantes de cette formule et de cette appellation : *groupe de travail autogéré*, *équipe autonome*, *groupe autodirigé* ou *équipe responsable*. Comme le montre la **figure 7.2**, les membres d'une équipe semi-autonome authentique doivent absolument avoir toute la latitude voulue en matière de planification du travail, de répartition des tâches, de formation, d'évaluation du rendement, de sélection des recrues et de contrôle de la qualité. De plus, ils sont collectivement responsables de l'ensemble des résultats en matière de rendement.

▸ **Équipe semi-autonome**
Équipe de travail qui a la latitude nécessaire pour planifier, organiser et évaluer ses tâches

L'équipe semi-autonome est une composante permanente et officielle de la structure organisationnelle[19]. Elle remplace le groupe de travail traditionnel dirigé par un superviseur. Elle s'en distingue par le fait que ses membres assument collectivement des tâches qui incombaient jusqu'alors à un cadre de premier échelon : la planification et l'organisation des horaires de travail, l'évaluation du rendement, le contrôle de la qualité, etc.

L'équipe semi-autonome doit être assez importante pour permettre une combinaison intéressante de compétences et de ressources, mais assez réduite pour permettre un fonctionnement efficace ; elle comprendra donc idéalement de 5 à 15 membres. Comme on l'a dit, l'équipe décide elle-même de la cadence du travail et de la répartition des tâches. Elle peut le faire grâce à la **polyvalence** de ses membres, formés à remplir plusieurs fonctions. Dans une équipe semi-autonome, on s'attend à ce que chacun puisse accomplir plusieurs tâches et même, au besoin, toutes les tâches dévolues à l'équipe. Idéalement, la rémunération fondée sur les compétences est privilégiée : plus les compétences sont étendues, plus le salaire de base est élevé.

▸ **Polyvalence**
Capacité des travailleurs à assumer toute une variété de fonctions et de tâches

Les avantages qu'on peut attendre des équipes semi-autonomes sont nombreux : amélioration de la productivité et de la qualité, plus grande souplesse dans la production, réponse plus rapide aux changements technologiques, diminution de l'absentéisme et de la rotation du personnel, satisfaction professionnelle accrue et amélioration de la qualité de vie professionnelle. Il est impossible, cependant, de garantir ces résultats.

FIGURE 7.2 L'ÉQUIPE SEMI-AUTONOME ET SES RÉPERCUSSIONS SUR L'ORGANISATION ET LE PERSONNEL D'ENCADREMENT

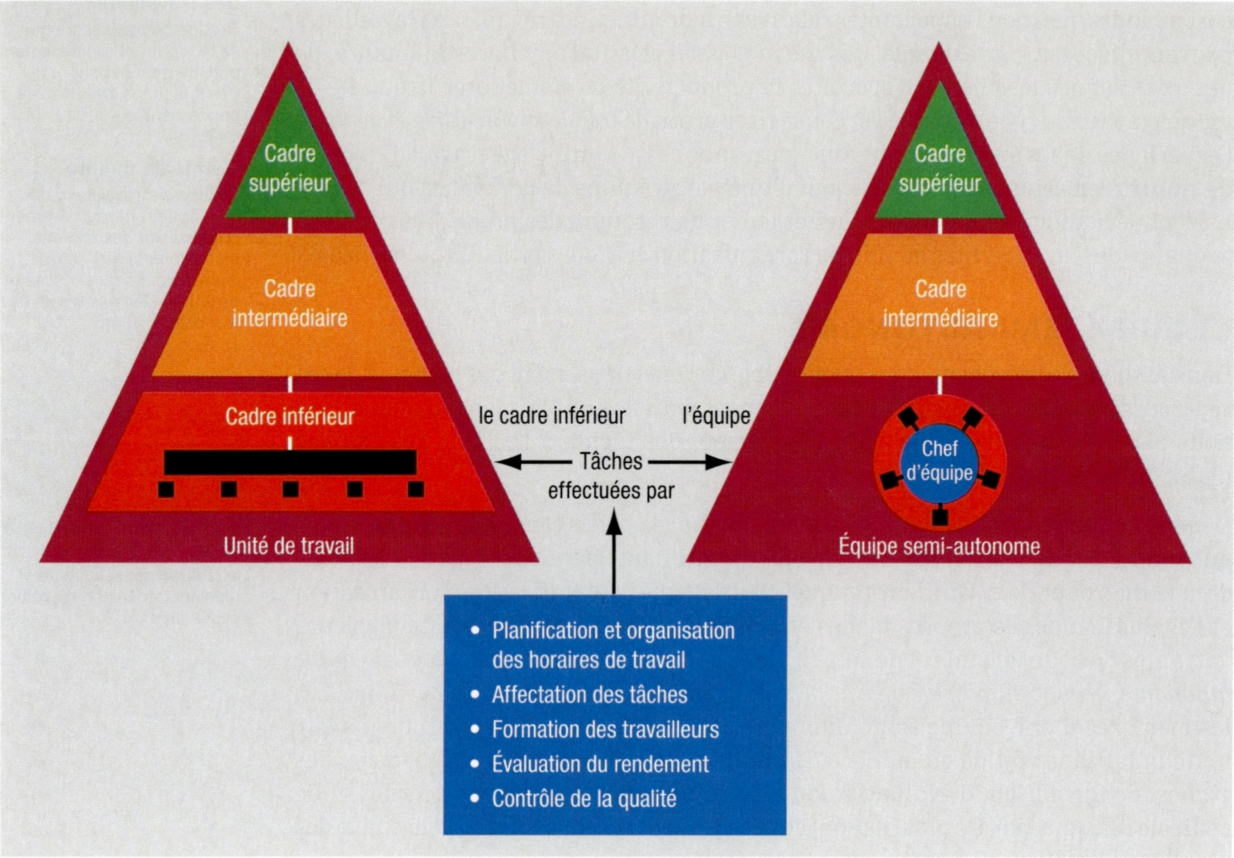

Comme tous les changements organisationnels, le virage vers l'autonomisation des équipes de travail peut présenter des difficultés. Les modifications structurelles touchant la classification des tâches et la hiérarchie des postes ont des répercussions importantes pour les cadres et pour d'autres membres du personnel habitués à un fonctionnement plus traditionnel. En effet, comme vous pouvez le voir à la figure 7.2, l'équipe semi-autonome assume la plupart des fonctions traditionnelles du cadre de premier échelon ; par conséquent, ce dernier devient inutile et disparaît.

Pour les personnes habituées à l'organisation du travail traditionnelle, ce nouvel aménagement ne va pas de soi. Le cadre intermédiaire qui doit apprendre à gérer ce type d'équipe plutôt que des individus peut se trouver en difficulté. Le cadre de premier échelon remplacé par une équipe semi-autonome ressent le changement et ses répercussions de manière encore plus personnelle et menaçante.

Étant donné ce qui précède, bien des gestionnaires s'interrogent : *faut-il faire de tous les groupes de travail des équipes semi-autonomes ?* La réponse est « non ». Les équipes semi-autonomes ne conviennent probablement pas à toutes les organisations, à tous les cadres de travail ni à tous les individus. Elles ont un énorme potentiel, mais elles exigent des conditions particulières et un soutien organisationnel approprié. À tout le moins, les principes fondateurs de toute équipe semi-autonome – *autonomisation*, *participation* et *engagement* des travailleurs – doivent correspondre aux valeurs et à la culture de l'organisation.

L'ÉQUIPE VIRTUELLE

Jusqu'à récemment, le travail d'équipe se limitait, dans son concept et ses applications, aux situations où les coéquipiers pouvaient se rencontrer en personne. Cette contrainte n'est plus qu'un souvenir. Les organisations d'aujourd'hui comptent de plus en plus d'**équipes virtuelles** dont les membres se réunissent et collaborent à un même projet malgré la distance qui les sépare, grâce aux technologies de l'information et des communications (TIC)[20]. Travaillant dans le cyberespace et libérés des contraintes associées à la distance physique, les membres des équipes virtuelles, tout comme les membres des équipes traditionnelles, peuvent partager de l'information, prendre des décisions et accomplir leurs tâches.

Équipe virtuelle
Équipe dont les membres se réunissent et travaillent ensemble à distance, grâce aux technologies de l'information et des communications (TIC)

L'encadré ci-dessous met en lumière les principales conditions de succès des équipes virtuelles. À plusieurs égards, ces dernières reflètent les fondements d'un travail d'équipe efficace dans des contextes traditionnels où les membres sont présents physiquement[21]. Comme pour tous les types de travail collectif, l'efficacité des équipes virtuelles dépend d'une bonne sélection des membres, des efforts et de la contribution de ceux-ci, ainsi que du soutien organisationnel.

Les équipes virtuelles peuvent se révéler très profitables pour l'organisation. En plus d'utiliser la puissance des outils informatiques pour maximiser l'efficacité de la collecte des données et du processus décisionnel, elles offrent un excellent rapport coût-efficacité et accélèrent le travail des équipes dont les membres ne peuvent pas facilement se réunir en personne[22]. En outre, les discussions entre les membres d'équipes virtuelles et l'information partagée peuvent être enregistrées et constituent donc des archives accessibles à tout moment.

Évidemment, avec la médiation de l'ordinateur, la dynamique de l'équipe virtuelle risque d'être un peu différente de celle de l'équipe dont les membres travaillent coude à coude. Si la technologie permet de triompher des distances et rend possible la communication entre des coéquipiers virtuels, ces derniers risquent, en revanche, de n'avoir que très peu de contacts personnels. Cela a le mérite de réduire au minimum

Conditions de succès des équipes virtuelles

- Choisir des membres d'équipe autonomes et ayant l'esprit d'initiative.
- Choisir des membres d'équipe à l'attitude positive et prêts à s'investir.
- Choisir des membres d'équipe connus pour leur volonté de travailler sans relâche afin d'atteindre les objectifs fixés.
- Commencer les réunions par une entrée en matière à caractère personnel, pour permettre aux membres d'échanger des renseignements les uns sur les autres et pour personnaliser ainsi le processus.
- Attribuer à chacun des membres des objectifs et des rôles précis, afin que chacun puisse travailler de façon autonome tout en sachant ce que les autres ont à faire.
- Demander régulièrement aux membres quel est leur avis sur le fonctionnement de l'équipe et sur la façon éventuelle de l'améliorer.
- Transmettre régulièrement aux membres des données sur les réalisations de l'équipe.

Les équipes virtuelles de Texas Instruments voyagent dans le monde

Chaque jour, des ingénieurs talentueux de Bangalore, en Inde, travaillent avec leurs collègues du Texas sur la conception de microprocesseurs complexes. Les membres des équipes virtuelles sont constamment en communication, se transmettant du travail les uns aux autres en tirant avantage de la demi-journée de décalage horaire.

l'influence des considérations affectives dans les interactions et la prise de décision, lesquelles se fonderont davantage sur des faits et des données objectives. Cependant, les décisions prises dans un contexte social aussi pauvre ne seront pas nécessairement les plus judicieuses. Les équipes virtuelles peuvent pâtir du manque de rapports humains et d'échanges directs entre leurs membres. Si c'est possible, le gestionnaire pourrait combiner le travail en collaboration directe avec le travail en équipe virtuelle afin de bénéficier de leurs avantages respectifs et d'optimiser les résultats.

L'équipe : ses effets bénéfiques et ses effets néfastes sur l'organisation

Sans aucun doute, les équipes sont importantes pour les organisations et ont du pouvoir. Elles mènent à bien des tâches essentielles et aident leurs membres à tirer satisfaction de leur travail. Cependant, notre expérience personnelle nous a appris qu'elles connaissent aussi des difficultés pouvant les ralentir dans leur travail. Toutes les équipes ne sont pas très efficaces, tous les membres n'en sont pas toujours satisfaits. Vous connaissez sûrement l'adage *Un chameau, c'est un cheval dessiné par une commission d'experts* ou le proverbe *Trop de cuisiniers gâtent la sauce*. Ils soulèvent une question importante : quels sont les critères d'une équipe efficace[23] ?

LES CRITÈRES D'UNE ÉQUIPE EFFICACE

Les équipes de quelque forme ou type que ce soit, tout comme les individus, doivent être responsables de leur rendement. Pour saisir cette notion, nous devons d'abord comprendre ce qu'est une équipe efficace, connaître les critères qui définissent cette efficacité.

Équipe efficace
Équipe caractérisée par un rendement élevé, la satisfaction professionnelle de ses membres et une certaine viabilité

L'**équipe efficace** se caractérise par un rendement élevé, la satisfaction professionnelle de ses membres et une certaine viabilité. En matière de *rendement*, elle atteint ses objectifs sur les plans quantitatif et qualitatif, tout en respectant les échéances. Pour une équipe de travail permanente affectée à la fabrication d'un bien, cela se traduira par la réalisation des objectifs quotidiens de production ; pour un groupe temporaire chargé d'élaborer une nouvelle pratique organisationnelle, cela se traduira par le respect du calendrier prévu pour la soumission du projet au chef de la direction.

En matière de *satisfaction professionnelle*, l'équipe efficace se distingue par le fait que ses membres valorisent leur contribution et leurs expériences professionnelles. Celles-ci répondent à des besoins personnels importants pour eux. Ils sont satisfaits de leurs tâches, de leurs réalisations et de leurs relations interpersonnelles.

Concernant la *viabilité*, les membres d'une équipe efficace ont la volonté de continuer à travailler ensemble ou, le cas échéant, envisagent avec plaisir la perspective de travailler de nouveau ensemble s'ils en ont l'occasion. L'équipe qui réunit ces caractéristiques présente un potentiel de rendement à long terme considérable.

LA SYNERGIE ET LES EFFETS BÉNÉFIQUES DE L'ÉQUIPE

Les équipes efficaces aident l'organisation à accomplir des tâches particulièrement importantes, notamment grâce à leur potentiel de **synergie**, phénomène de coordination des énergies qui fait que le tout dépasse la somme des parties. Lorsqu'il y a synergie, l'équipe obtient des résultats supérieurs à ceux qu'aurait donnés la simple addition des forces et des ressources individuelles de ses membres. Dans le contexte de profonds bouleversements que nous connaissons actuellement, la synergie est cruciale pour toute organisation qui veut rester concurrentielle et atteindre des objectifs de haut rendement à long terme.

Synergie
Phénomène de coordination des énergies qui fait que le tout dépasse la somme des parties

Les équipes peuvent aider les organisations sur plusieurs plans:

- Elles ont un effet positif sur les individus.
- Elles peuvent encourager la créativité.
- Elles peuvent prendre de meilleures décisions.
- Elles peuvent favoriser l'engagement des travailleurs à l'égard des décisions prises.
- Elles facilitent l'encadrement des membres.
- Elles peuvent remédier aux inconvénients liés à la grande taille d'une organisation.

En matière de rendement plus précisément, les équipes présentent trois avantages par rapport aux travailleurs isolés[24]:

1. En l'absence de spécialiste, devant un problème ou une tâche sortant de l'ordinaire, elles tendent à faire preuve d'un meilleur jugement que l'individu moyen.
2. Lorsque les problèmes à résoudre sont complexes et exigent une répartition des tâches et un partage de l'information, elles réussissent généralement mieux que les individus.
3. Comme elles ont tendance à prendre des décisions plus risquées, elles sont souvent plus inventives et innovatrices que les individus.

L'équipe est également un milieu propice à l'apprentissage, ainsi qu'au partage des connaissances et des compétences. Sa vaste réserve d'expériences et les apprentissages qu'on y fait aident à résoudre les problèmes les plus exceptionnels ou les plus rares. L'équipe peut en outre se révéler particulièrement utile pour soutenir une recrue, le temps qu'elle se familiarise avec ses tâches. Si ses membres s'entraident et s'épaulent dans l'acquisition et le perfectionnement des compétences requises par le travail, l'équipe peut même combler les lacunes des programmes de formation de l'organisation.

L'équipe peut également répondre à divers besoins de ses membres. Elle offre un cadre irremplaçable d'interactions sociales. Elle sécurise ses membres en leur fournissant aide et conseils techniques pour l'accomplissement de leurs tâches. Dans les moments de tension et de stress, elle peut apporter un soutien sur le plan affectif. Enfin, en s'investissant dans les objectifs et les activités de leur équipe, les travailleurs peuvent combler des besoins d'estime de soi et de réalisation de soi.

LA FACILITATION SOCIALE

Facilitation sociale
Influence qu'exerce sur le comportement d'un individu la simple présence d'autres individus

Autre phénomène à prendre en considération dans l'analyse des effets de l'équipe, la **facilitation sociale** est l'influence qu'exerce sur le comportement d'un individu la simple présence d'autres individus[25]. Dans une équipe, elle peut avoir un effet stimulant ou débilitant sur la contribution qu'un membre apporte au rendement. D'après la théorie de la facilitation sociale, le fait de travailler en présence d'autres personnes aiguiserait les émotions ou soulèverait un certain enthousiasme qui stimule le comportement et permet d'améliorer le rendement. La facilitation sociale aurait un effet positif et inciterait la personne à fournir un effort supplémentaire lorsqu'elle peut s'acquitter avec compétence des tâches qui lui ont été assignées. C'est ainsi le cas lorsqu'un membre de l'équipe accepte avec enthousiasme une tâche qu'il sait pouvoir accomplir efficacement, telle que préparer des diapositives en PowerPoint pour une présentation que l'équipe doit faire. Toutefois, l'effet de la facilitation sociale peut également être négatif si la personne n'a pas les compétences nécessaires pour exécuter le genre de travail qu'on lui demande de faire ou si elle n'a pas l'habitude de l'effectuer. En effet, le membre de l'équipe concerné peut rentrer dans sa coquille ou même s'abandonner à la paresse sociale si on lui demande de faire un travail pour lequel il ne se sent pas compétent, tel que faire une présentation devant une classe ou un vaste auditoire.

LA PARESSE SOCIALE ET LES EFFETS NÉFASTES DE L'ÉQUIPE

Paresse sociale (ou **effet Ringelmann**)
Phénomène qui se manifeste par une diminution du rendement des individus en situation de travail collectif.

En dépit de leur potentiel de rendement considérable, les équipes peuvent connaître certains problèmes. Ainsi, la **paresse sociale** (ou **effet Ringelmann**) se manifeste par une diminution du rendement des individus, ceux-ci étant portés à fournir moins d'efforts en situation de travail collectif qu'en situation de travail individuel[26]. L'agronome français qui a donné son nom à ce phénomène l'a observé en demandant à des sujets de tirer de toutes leurs forces sur une corde, d'abord seuls, puis en équipe[27]. Il a découvert que la *traction* (productivité) *moyenne* diminuait sensiblement chaque fois que des personnes additionnelles s'attelaient à la tâche. Selon lui, deux raisons pourraient expliquer la tendance des gens à déployer moins d'efforts en équipe qu'individuellement : (1) leur propre contribution est moins évidente dans le contexte d'un travail d'équipe ; (2) ils préfèrent laisser aux autres la charge du travail.

Vous avez probablement rencontré des cas de paresse sociale dans vos équipes de travail ou d'étude et vous vous êtes sûrement demandé comment résoudre ce problème. Il vous est aussi peut-être arrivé de vous abandonner à la paresse sociale dans certaines circonstances où vous ne vous sentiez pas capable de fournir le rendement nécessaire. Au lieu de céder à la paresse sociale et d'essuyer les pertes de rendement qu'elle peut engendrer, on peut la prévenir et souvent renverser la vapeur. Pour ce faire, le chef d'équipe a intérêt à restreindre la taille du groupe et à redéfinir les rôles de chacun afin que les *passagers gratuits* soient démasqués et que la pression exercée par les pairs se fasse plus sentir. Il devrait aussi responsabiliser davantage les individus en énonçant avec clarté et précision les attentes en matière de rendement, ou offrir des récompenses en fonction des contributions individuelles au rendement.

Les caractéristiques des membres, les interactions et la méthode d'évaluation influent sur la paresse sociale au sein d'un groupe[28]

Du côté de la RECHERCHE

Pourquoi des personnes réfrènent-elles leurs efforts ou réduisent-elles leur contribution quand elles se retrouvent au sein d'une équipe ? Cette question qu'ont posée les chercheurs Kenneth H. Price, David A. Harrison et Joanne H. Gavin laisse perplexe et renvoie à la théorie de la paresse sociale. Les trois chercheurs, précisant que cette théorie se fonde sur des observations effectuées le plus souvent en laboratoire, ont conçu un protocole de recherche qui leur a permis d'étudier des équipes interagissant dans un milieu « naturel », en l'occurrence des étudiants travaillant à un projet de session au sein de petites équipes de travail. Leur recherche leur a notamment permis de vérifier une série d'hypothèses concernant la relation entre la paresse sociale et (1) l'évaluation individuelle de chaque membre, (2) le sentiment d'inutilité concernant la contribution personnelle et (3) la perception d'une équité dans les processus de groupe.

Price et ses collègues ont étudié 144 équipes composées au total de 515 étudiants inscrits à des cours des différents cycles universitaires. Les participants ont répondu à un questionnaire avant le début du travail de groupe et à la fin de la session. Dans l'une des sections du questionnaire final, ils devaient indiquer dans quelle mesure les autres membres de l'équipe avaient « fait preuve de paresse en n'effectuant pas leur part des tâches, en laissant les autres faire le travail, en bâclant les choses ou en n'étant pas libres quand on leur demandait de l'aide », autrement dit, dans quelle mesure les autres membres avaient fait montre de paresse sociale.

L'analyse des résultats obtenus auprès de cet échantillon d'étudiants a permis de découvrir que la paresse sociale était moindre lorsque les étudiants percevaient une équité dans les processus de groupe. Ils ont en outre pu établir un lien entre le sentiment d'inutilité quant à la contribution personnelle et une plus grande paresse sociale. Toutefois, ce lien s'affaiblit lorsque la méthode d'évaluation permet de reconnaître les contributions individuelles. Par ailleurs, les compétences associées aux tâches diminueraient le sentiment d'inutilité. Les résultats de l'étude ont en outre fait ressortir un lien entre ce sentiment et la présence de différences entre les membres du groupe sur le plan relationnel. Ils indiquent enfin que la présence de ces différences relationnelles a un effet négatif sur la perception d'une équité dans les processus de groupe.

Les chercheurs considèrent que leur étude est la première à montrer une relation entre le processus décisionnel, la justice organisationnelle et la paresse sociale au sein des équipes. Ils soulignent également que la mise en lumière du lien entre les différences sur le plan relationnel et le sentiment d'inutilité quant aux contributions individuelles, ainsi qu'entre ces différences et la perception d'une équité dans les processus de groupe, sont à prendre en compte dans la gestion de la diversité au sein des équipes.

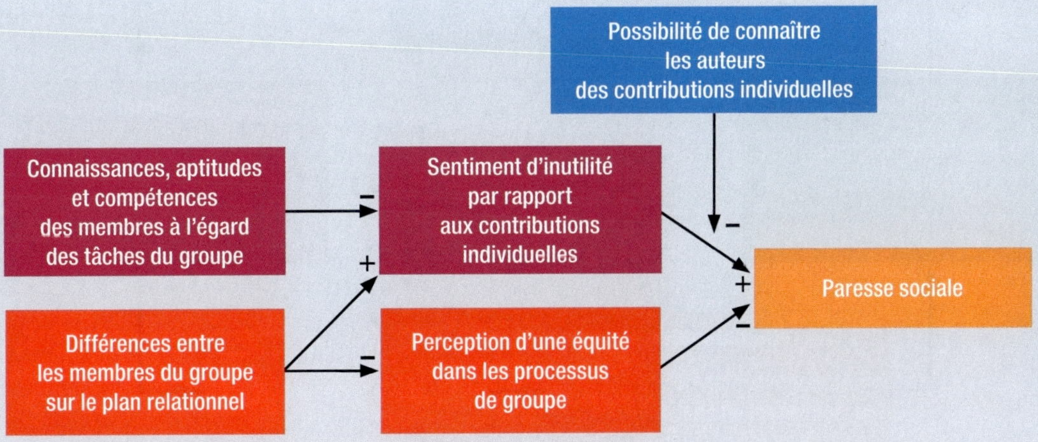

D'autres problèmes que les équipes peuvent rencontrer sont les conflits de personnalité et les différences dans le style de travail, qui peuvent éveiller l'hostilité, perturber les relations et entraver les résultats collectifs. Parfois, les membres d'une équipe peuvent renoncer à participer activement parce qu'ils ne comprennent pas bien les tâches qui leur ont été assignées ou parce que les objectifs provoquent des tiraillements ou des visions antagonistes. Des ordres du jour flous ou des problèmes mal définis peuvent également fatiguer et faire perdre la motivation lorsque les équipes travaillent trop longtemps sur un faux problème et obtiennent peu de résultats.

Un manque de motivation, mais aussi d'autres priorités ou le manque de temps, compte tenu des échéances à respecter, peuvent expliquer pourquoi tous ne sont pas toujours disposés à collaborer à un travail d'équipe. Finalement, le faible enthousiasme de certains peut aussi découler de perceptions négatives relativement à l'organisation de l'équipe et à son évolution. Ces difficultés comptent parmi celles qui peuvent transformer les avantages associés au travail d'équipe en frustration et en échec.

Les étapes de l'évolution d'une équipe

Il ne fait aucun doute que le cheminement d'une équipe vers l'efficacité est souvent difficile et parsemé d'embûches. L'une des premières choses à avoir à l'esprit lorsqu'on parle d'une équipe, qu'il s'agisse d'une unité de travail, d'un groupe de réflexion, d'une équipe virtuelle ou encore d'une équipe semi-autonome, c'est qu'elle a un cycle de vie comportant plusieurs étapes[29]. Selon l'étape que leur équipe traverse, le chef et les membres peuvent rencontrer des difficultés de toutes sortes qui les rendent moins efficaces. La **figure 7.3** décrit les cinq étapes de l'évolution d'une équipe : (1) la constitution, (2) le tumulte, (3) la cohésion, (4) le rendement, (5) la dissolution[30].

FIGURE 7.3 LES CINQ ÉTAPES DE L'ÉVOLUTION D'UNE ÉQUIPE

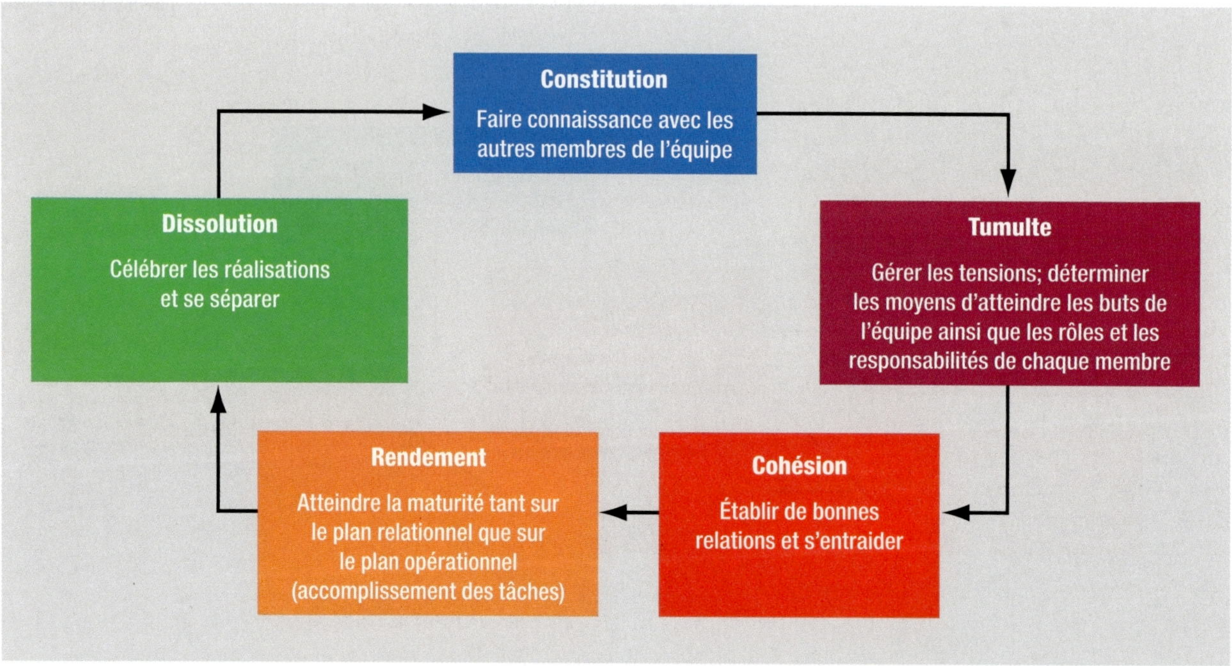

L'ÉTAPE DE LA CONSTITUTION

À l'**étape de la constitution**, les principales difficultés qu'éprouve l'équipe sont liées à l'intégration de ses membres. Durant cette période, chacun commence à s'identifier à d'autres membres et à l'équipe elle-même et se pose un certain nombre de questions. Il se demande *ce que l'équipe peut lui offrir, ce qu'on attend de lui* et *s'il pourra satisfaire ses besoins tout en contribuant aux réalisations collectives*. Les individus cherchent à mieux se connaître, à déterminer plus clairement les comportements acceptés ou attendus et à préciser la raison d'être de l'équipe de même que ses règles de fonctionnement.

Étape de la constitution
Première étape de l'évolution d'une équipe, au cours de laquelle chacun des membres commence à s'identifier à certains autres et à l'équipe elle-même et se pose un certain nombre de questions sur son intégration

L'ÉTAPE DU TUMULTE

L'**étape du tumulte** est une période riche en émotions et en tensions pour les membres de l'équipe. Ceux-ci vivent souvent une certaine hostilité, qui déclenche des conflits internes et entraîne des modifications de tous ordres. Ils défendent leurs idées et leurs opinions, les opposent à celles des autres et entrent en compétition pour s'imposer au sein de l'équipe; des *clans* ou des *alliances* peuvent ainsi se former. Parfois irréalistes ou prématurées, les exigences venant de l'extérieur peuvent susciter des tensions intestines difficiles à supporter. Au cours de l'étape du tumulte, les attentes envers chacun tendent à se préciser, et l'attention des membres se tourne vers les obstacles qui gênent la réalisation des objectifs de l'équipe. On commence à mieux comprendre et à mieux accepter le style de chacun, on s'efforce de trouver les meilleurs moyens d'atteindre les buts collectifs tout en satisfaisant ses besoins individuels.

Étape du tumulte
Deuxième étape de l'évolution d'une équipe, qui est riche en émotions et en tensions pour ses membres

L'ÉTAPE DE LA COHÉSION

L'**étape de la cohésion**, parfois appelée étape de l'*intégration initiale*, est la période où l'équipe commence réellement à se cimenter et à coordonner les contributions individuelles de ses membres. Les conflits de la phase précédente disparaissent au profit d'un équilibre des forces encore précaire, mais bien réel. Comme ils aiment ce début d'harmonie, les membres s'efforcent de maintenir cet équilibre positif. La consolidation des bonnes relations peut même prendre le pas sur l'atteinte des objectifs et l'accomplissement des tâches de l'équipe. Pendant cette période de rapprochement, les membres de l'équipe peuvent être tentés de décourager les critiques, les opinions minoritaires ainsi que les positions ou les conduites qui s'écartent de l'orientation commune. Certains peuvent entretenir l'illusion que l'équipe a déjà atteint sa pleine maturité. Or, c'est une impression prématurée, car il est essentiel de comprendre que l'étape de la cohésion n'est que le tremplin vers l'étape suivante.

Étape de la cohésion
Troisième étape de l'évolution d'une équipe, au cours de laquelle les membres commencent réellement à se souder et à coordonner leurs contributions individuelles

L'ÉTAPE DU RENDEMENT

L'**étape du rendement**, aussi appelée étape de l'*intégration totale*, survient lorsque l'équipe atteint la maturité. Désormais bien organisée et opérationnelle, l'équipe peut s'acquitter de tâches complexes et gérer les désaccords avec créativité. Sa structure est stable; ses membres, généralement satisfaits, sont stimulés par les objectifs qu'ils poursuivent de concert. À cette étape, le défi consiste pour l'équipe à s'améliorer continuellement, tant sur le plan des relations que sur celui des résultats. Au fil du temps, elle doit continuer à saisir les occasions et à relever les défis; à cette fin, ses membres doivent s'adapter aux changements. Généralement, l'équipe qui parvient à l'étape du rendement obtient une excellente note au regard des 10 critères par lesquels une équipe arrivée à maturité se distingue (voir la **figure 7.4**).

Étape du rendement
Quatrième étape de l'évolution d'une équipe, au cours de laquelle l'équipe atteint la maturité et devient bien organisée et opérationnelle

FIGURE 7.4 LES 10 CRITÈRES D'ÉVALUATION DE LA MATURITÉ D'UNE ÉQUIPE

	Équipe immature		Équipe arrivée à maturité
1. Mécanismes de rétroaction	médiocres	→	excellents
2. Modes de prise de décision	dysfonctionnels	→	fonctionnels
3. Cohésion de l'équipe et loyauté des membres	faibles	→	fortes
4. Procédures	rigides	→	souples
5. Utilisation des ressources individuelles	insuffisante	→	excellente
6. Communications	confuses	→	claires
7. Objectifs	mal acceptés	→	bien acceptés
8. Rapports hiérarchiques	bien marqués, relativement rigides	→	moins formels, plus souples
9. Participation au leadership	faible	→	forte
10. Respect des opinions minoritaires	faible	→	fort

L'ÉTAPE DE LA DISSOLUTION

▶ **Étape de la dissolution**
Dernière étape de l'évolution d'une équipe, au cours de laquelle l'équipe, ayant rempli son rôle ou accompli ses tâches, se dissout

Une équipe totalement intégrée est capable de se dissoudre le moment venu, c'est-à-dire lorsqu'elle a rempli son rôle ou accompli ses tâches. L'**étape de la dissolution** est particulièrement importante pour les équipes temporaires, qui poussent comme des champignons dans les organisations d'aujourd'hui : équipes de travail, comités ad hoc, équipes de projet, etc. Les membres de ces groupes doivent pouvoir se réunir rapidement, accomplir leur mission dans des délais serrés, puis se séparer pour se regrouper de nouveau, au besoin. Un excellent test de la viabilité à long terme d'une équipe consiste à juger de la promptitude de ses membres à se séparer une fois le travail fini et, le cas échéant, à collaborer à de nouveaux projets.

Les fondements de l'efficacité d'une équipe

L'ancien PDG de Procter et Gamble, A. G. Lafley, dit qu'une équipe est efficace lorsque « les bons voyageurs occupent les bons sièges dans le même autobus et qu'ils roulent tous dans la même direction »[31]. Ces paroles pleines de sagesse confirment les résultats des chercheurs en CO.

L'ÉQUIPE EN TANT QUE SYSTÈME OUVERT

Le modèle de système ouvert illustré à la **figure 7.5** met en évidence la façon dont les équipes atteignent l'efficacité, au même titre que les organisations, en interagissant avec leur environnement pour transformer les intrants (facteurs de production) en extrants (produits)[32]. Comme le montre ce schéma, l'efficacité d'une équipe dépend à la fois des intrants, «les bons voyageurs occupent les bons sièges dans le même autobus», et des processus, «ils roulent tous dans la même direction»[33]. Pour vous souvenir de ce que signifie et implique cette figure, mémorisez l'équation suivante:

Efficacité de l'équipe = Qualité des intrants × (Avantages associés aux processus – Inconvénients associés aux processus)

Partant de cette équation relative à l'efficacité de l'équipe, nous allons maintenant parler de la qualité des intrants (ou variables d'entrée) et aborderons au chapitre suivant la question des processus, de leurs avantages et de leurs inconvénients. Nous commençons par les intrants, car ils établissent la fondation sur laquelle se bâtit le rendement de l'équipe. Ce sont eux qui préparent toutes les actions. Et plus l'assise qu'ils constituent est solide, meilleures sont les chances pour l'équipe de faire preuve d'une efficacité durable. Les principaux intrants sont les ressources de l'équipe et le contexte organisationnel, la nature de la tâche, la taille de l'équipe et sa composition.

FIGURE 7.5 L'ÉQUIPE EN TANT QUE SYSTÈME OUVERT QUI TRANSFORME DES INTRANTS EN EXTRANTS

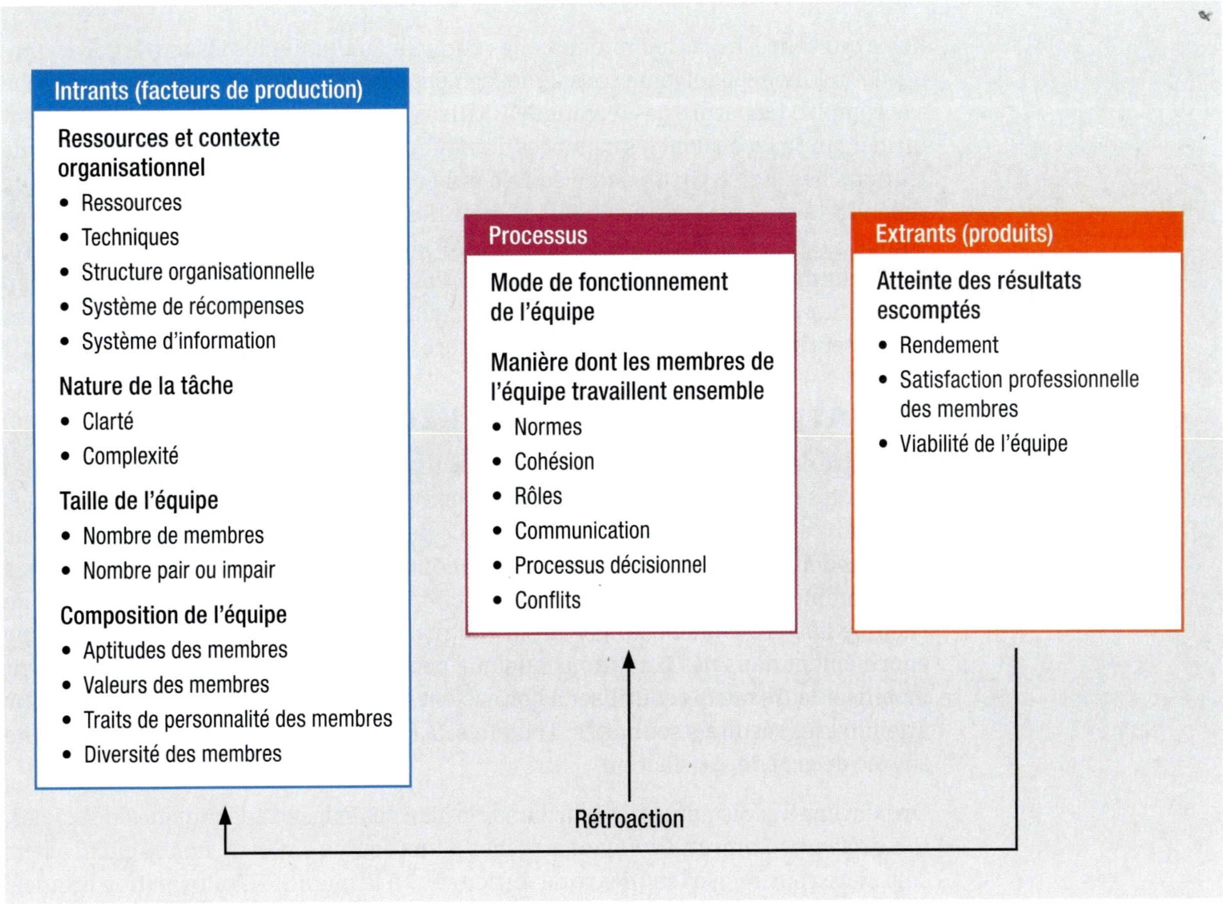

LES RESSOURCES DE L'ÉQUIPE ET LE CONTEXTE ORGANISATIONNEL

Des intrants de qualité, consistant en des objectifs réalistes, en un système de récompenses bien conçu, en des ressources adéquates et en des techniques de pointe, sont essentiels pour un fonctionnement d'équipe efficace. Le rendement d'une équipe a ceci en commun avec celui d'un individu qu'il peut pâtir d'objectifs confus, trop timides ou imposés arbitrairement. Les objectifs et les récompenses trop axés sur les résultats individuels, au détriment des résultats de l'équipe, peuvent également avoir un effet négatif. Par contre, des ressources financières suffisantes, des locaux agréables, des méthodes de travail et des procédures adéquates ainsi que des techniques de pointe favoriseront l'atteinte d'un rendement élevé. Des objectifs appropriés, un système de récompenses cohérent et l'accès aux ressources nécessaires sont donc des éléments clés de la réussite d'une équipe.

L'attention actuellement accordée à l'architecture des bureaux et au rôle qu'elle joue dans le travail d'une équipe montre clairement l'importance du milieu dans lequel l'équipe évolue. Chez SEI Investments, par exemple, les employés travaillent dans de grandes aires ouvertes, sans parois ni séparations modulaires. Chacun a ses propres meubles et appareils d'éclairage, qui sont fixés sur des roues. On peut facilement brancher et débrancher les ordinateurs et autres appareils électroniques grâce à des faisceaux électriques courant le long des poutres du plafond. Ainsi, les équipes de projet peuvent aisément se rassembler ou se dissoudre, les employés peuvent se réunir au gré des fluctuations du travail de la journée[35].

En ce qui concerne les techniques, elles donnent aux individus les moyens d'accomplir leur travail et doivent être soigneusement sélectionnées en fonction de la tâche à accomplir. La nature des techniques utilisées dans les circuits de production peut influer sur la façon dont les membres d'une équipe interagissent dans l'exécution de leurs tâches. Faire partie d'une équipe qui fabrique des produits sur mesure pour répondre aux demandes de clients particuliers est une chose ; être membre d'une équipe chargée d'une section d'une chaîne de montage automatisée en est une autre. Les techniques employées dans le premier cas entraîneront évidemment beaucoup plus d'interactions ; il s'ensuivra probablement une plus grande cohésion et un plus grand sentiment d'appartenance des membres de l'équipe.

LA NATURE DE LA TÂCHE DE L'ÉQUIPE

La nature de la tâche est une autre variable importante dans la mesure où des tâches différentes signifient pour les équipes des exigences différentes. Lorsque les tâches sont claires et bien définies, il est plus facile pour les membres de l'équipe de savoir ce qu'ils doivent chercher à accomplir et de collaborer dans ce but. Lorsque les tâches sont complexes, l'efficacité est plus difficilement atteignable[35]. Les membres de l'équipe doivent alors échanger un grand nombre de renseignements et interagir énormément dans des conditions quelque peu incertaines. Ils doivent pleinement mobiliser leurs talents et utiliser à bon escient les ressources dont ils disposent pour atteindre les résultats souhaités. Toutefois, la réussite d'une tâche complexe est une source de grande satisfaction.

On peut analyser la nature de la tâche sur le plan des exigences techniques et sociales. Les *exigences d'ordre technique* des tâches d'une équipe ont trait, notamment, à leur caractère routinier, à leur degré de difficulté et à la quantité d'information requise.

Les *exigences d'ordre social*, elles, concernent les relations interpersonnelles, l'investissement personnel, les désaccords concernant les buts et les moyens à employer, ainsi que d'autres questions du même type. Les tâches les plus exigeantes sur le plan technique nécessitent des solutions à la pièce et un important traitement de l'information. Les tâches les plus exigeantes sur le plan social entraînent pour les membres de l'équipe des difficultés à s'entendre sur les objectifs et sur les méthodes.

LA TAILLE DE L'ÉQUIPE

La taille d'une équipe, c'est-à-dire le nombre de membres qui la constituent, influe également sur son efficacité. Plus l'équipe est grande, plus il y a de monde pour se répartir le travail et accomplir les tâches requises, ce qui peut accroître le rendement et la satisfaction des membres. Certaines limites s'imposent cependant. En effet, si la taille d'une équipe s'accroît trop, des difficultés de communication et de coordination apparaissent. Or, ces difficultés vont souvent de pair avec une baisse de la satisfaction professionnelle, une plus grande rotation du personnel ainsi qu'une augmentation de l'absentéisme et de la paresse sociale. De simples questions d'organisation, comme le choix du lieu et de l'heure d'une réunion, peuvent prendre des proportions démesurées et nuire au rendement dans le cas d'équipes de trop grande taille[36].

Le fondateur et PDG d'Amazon.com, Jeff Bezos, croit beaucoup au travail d'équipe. Au moment de déterminer la taille d'une équipe chargée de la mise au point d'un produit, il applique une règle simple : aucune équipe ne doit comporter plus de membres que deux pizzas peuvent en rassasier[37]. Cela revient à dire qu'une équipe ne devrait pas être formée de plus de cinq à sept membres. Dans une équipe plus petite, les membres risquent d'avoir du mal à se répartir adéquatement les responsabilités ; à plus de sept, ils peuvent trouver difficile d'apporter leur contribution ou de nouvelles idées. On constate aussi souvent, dans les grandes équipes, une tendance des membres à tomber sous l'emprise des plus dominateurs, ainsi qu'une tendance à se morceler en clans et en sous-équipes[38].

Des tricheurs parmi les futurs MBA[39]

L'ÉTHIQUE EN CO

Inquiétante et difficile à avaler, la nouvelle s'est malheureusement révélée exacte. Selon une étude rendue publique par le professeur Donald McCabe, de la Rutgers University, 56 % des étudiants inscrits à un programme de MBA et ayant participé à l'enquête ont déclaré avoir déjà triché, en copiant, en téléchargeant des dissertations sur le web ou d'autres façons. Le professeur estime que ce pourcentage est peut-être même plus élevé en réalité, car certains étudiants ont pu taire la vérité, de peur que leur identité ne soit découverte.

Dans une autre étude, le professeur Tim West et ses collègues de la University of Arkansas ont interrogé des étudiants qui avaient triché en obtenant en ligne les réponses à un examen de comptabilité. À une question portant sur les motifs de leur acte, les jeunes gens ont donné des réponses variées. Certains ont dit ne pas être certains que ce qu'ils avaient fait était une forme de tricherie. D'autres ont reproché au professeur d'avoir imposé un examen dont les réponses étaient sur le web. D'autres, enfin, ont rationalisé leur geste en affirmant que « tout le monde triche » et que « c'est ainsi que ça fonctionne dans le milieu des affaires ».

QUESTIONS Pensez-vous que c'est vraiment de cette façon que les choses se passent dans le milieu des affaires ? Est-il acceptable d'adopter un comportement simplement parce que « tout le monde agit ainsi » ? Avez-vous souvent ce genre de raisonnement ?

Par ailleurs, les équipes qui comptent un nombre impair de membres peuvent plus facilement recourir à la règle de la majorité pour venir à bout des désaccords. S'il faut agir rapidement, cette forme de gestion des conflits est des plus utiles. Le gestionnaire peut donc avoir avantage à constituer une équipe comptant un nombre impair de membres. Par contre, si les décisions à prendre exigent une réflexion approfondie et si on vise le consensus – comme c'est le cas dans les équipes devant résoudre des problèmes complexes (les jurys, par exemple) –, une équipe comptant un nombre pair de membres peut se révéler plus efficace, sauf dans le cas d'objectifs incompatibles menant à une impasse[40].

LA COMPOSITION DE L'ÉQUIPE

«Si vous voulez qu'une équipe fonctionne bien, vous devez tout d'abord bien choisir ses membres.» C'est un conseil qu'on vous donnera souvent. Il ne fait aucun doute que l'une des variables d'entrée les plus importantes est la **composition de l'équipe**. C'est, dans les faits, l'ensemble des compétences, des traits de personnalité et des expériences que les membres apportent à l'équipe. La règle d'or qui préside à la composition d'une équipe, c'est de choisir des individus dont les talents et les champs d'intérêt sont parfaitement en phase avec la tâche à accomplir et qui, par leurs caractéristiques personnelles, pourront vraisemblablement bien fonctionner les uns avec les autres.

Composition de l'équipe
Ensemble des compétences, des traits de personnalité et des expériences que les membres apportent à l'équipe

Mentionnons d'emblée que, pour obtenir du succès, une équipe doit regrouper des membres qui possèdent les talents et les compétences requises pour résoudre les problèmes auxquels elle doit faire face. Les talents et les compétences sont une condition nécessaire de l'atteinte d'un rendement élevé. Bien qu'ils ne suffisent pas à eux seuls, leur déficience ou leur carence est difficile à surmonter et peut compromettre l'obtention des résultats escomptés.

N'oublions pas, toutefois, que le talent naturel ne garantit pas à lui seul le succès de l'équipe. Vous avez sûrement vu des équipes dont les membres possédaient beaucoup de compétences, mais accomplissaient très peu de travail de concert. L'une des causes probables de cette difficulté à travailler en équipe réside dans les problèmes relationnels que peuvent créer les caractéristiques des membres, notamment sur les plans des besoins, des traits de personnalité, de l'expérience, de l'âge.

Plus précisément, la **théorie des besoins relationnels (FIRO-B)**, de William Schutz, met en lumière les différences dans la façon dont les gens entrent en rapport les uns avec les autres selon leurs besoins, d'une part d'exprimer des sentiments liés à l'appartenance, au pouvoir et à l'affection, et d'autre part de se voir témoigner de tels sentiments[41]. La théorie de Schutz prédit que les équipes dont les membres sont compatibles sur ces aspects ont plus de chances d'être efficaces que celles dont ce n'est pas le cas. Les symptômes d'incompatibilité comprennent, notamment, le repli sur soi, les manifestations d'hostilité, les conflits de pouvoir et l'emprise exercée par quelques individus sur l'ensemble de l'équipe. Le chercheur résume ainsi les répercussions de sa théorie des besoins relationnels sur la gestion[42]:

Théorie des besoins relationnels (FIRO-B)
Théorie qui met en lumière les différences dans la façon dont les gens entrent en rapport les uns avec les autres selon leurs besoins, d'une part d'exprimer des sentiments liés à l'appartenance, au pouvoir et à l'affection, et d'autre part de se voir témoigner de tels sentiments

> Si nous pouvons, dès le départ, constituer une équipe de personnes capables de travailler ensemble harmonieusement, nous aurons de fortes chances d'éviter les situations qui déclenchent un gaspillage d'énergie dans des conflits interpersonnels.

Le *statut*, c'est-à-dire le rang, le prestige ou la position relative d'un individu donné au sein d'une équipe, constitue une autre dimension de la composition de l'équipe.

Il dépend de plusieurs facteurs: l'âge, l'ancienneté, la fonction, le degré de scolarité, le rendement, la position acquise dans d'autres équipes, etc. Si la position d'une personne dans une équipe correspond à celle qu'elle occupe à l'extérieur de l'équipe, on dit qu'il y a **concordance de statut**. Dans le cas contraire, c'est-à-dire s'il y a *discordance* entre le statut d'un individu dans l'équipe et celui qu'il a à l'extérieur, on peut s'attendre à des problèmes. Dans les cultures à *distance hiérarchique élevée*, comme en Malaisie, on nomme traditionnellement à la présidence d'un comité le membre qui a la position hiérarchique la plus élevée. Il y a alors concordance de statut, et les membres du groupe n'hésitent pas à se mettre au travail. Si celui qui préside le comité n'est pas le membre au statut le plus élevé, un malaise apparaît et nuit au rendement collectif. On peut rencontrer des problèmes de cet ordre si un tout jeune diplômé dirige une équipe de projet constituée de travailleurs plus âgés et plus expérimentés que lui.

Concordance de statut
Situation dans laquelle la position d'une personne au sein d'une équipe correspond à celle qu'elle occupe à l'extérieur de l'équipe

LA DIVERSITÉ ET LE RENDEMENT DE L'ÉQUIPE

La diversité dans la composition des équipes, sur le plan des valeurs, des traits de personnalité, des expériences, des caractéristiques sociodémographiques et culturelles des membres, est une variable importante. Elle peut autant poser problème qu'ouvrir des possibilités[43].

Dans les **équipes homogènes**, où tous les membres ont sensiblement le même profil (âge, sexe, antécédents ethnoculturels, formation, expérience professionnelle, etc.), la collaboration peut sembler plus facile. Toutefois, une telle équipe peut manquer d'efficacité si elle doit accomplir certaines tâches complexes exigeant une grande diversité de talents, de compétences, d'expériences et d'approches[44].

Équipe homogène
Équipe dont les membres ont sensiblement le même profil

En revanche, les **équipes hétérogènes** peuvent compter sur leur diversité de profil pour maîtriser des tâches complexes. Cette diversité peut par ailleurs devenir une source de difficultés, notamment lorsqu'il s'agit de s'entendre sur la nature d'un problème et les moyens de le régler, de partager l'information et de gérer les désaccords. À court terme, les obstacles de cet ordre peuvent être assez importants mais, une fois que les gens ont appris à travailler ensemble, leur diversité peut devenir un facteur de succès[45].

Équipe hétérogène
Équipe dont les membres ont des profils divers

Problématique diversité-consensus
Phénomène selon lequel une grande diversité au sein d'une équipe tend à rendre la collaboration plus difficile, bien qu'elle augmente la somme d'aptitudes et de compétences disponibles pour la résolution des problèmes

Les enjeux rattachés à la diversité de l'équipe et à ses effets sur le fonctionnement et sur les résultats se manifestent plus particulièrement aux premières étapes de l'évolution de l'équipe. On appelle **problématique diversité-consensus** le phénomène par lequel, dans une équipe, une grande diversité tend à rendre la collaboration plus difficile, bien qu'elle augmente la somme d'aptitudes et de compétences disponibles pour la résolution des problèmes[46]. Cette problématique peut peser davantage durant les étapes critiques du tumulte et de la cohésion comme l'illustre la **figure 7.6**. L'hétérogénéité peut être à l'origine de tiraillements interpersonnels et de conflits et engendrer des problèmes. Pour être efficace, l'équipe doit tabler sur la diversité sans se laisser envahir par les inconvénients que celle-ci représente sur le plan des processus[47].

Pendant que l'équipe essaie de se sortir de la problématique diversité-consensus, sa croissance peut ralentir. De plus, la consolidation des relations, la mise en commun de l'information et la résolution de problèmes peuvent accuser un certain retard[48]. Il arrive que certaines équipes en soient à tel point paralysées qu'elles ne parviennent plus à surmonter les problèmes qui surviennent dans leurs modes de fonctionnement ou processus. Cependant, une fois qu'elles sont venues à bout de ces difficultés, les équipes diverses sortent de la période critique illustrée dans la figure 7.6, se révèlent efficaces et peuvent même souvent devenir plus performantes que des équipes moins diverses. Les recherches montrent également que les équipes les plus créatives sont formées de membres anciens et nouveaux[49]. Les anciens ont de l'expérience et des relations, alors que les nouveaux apportent leur talent et des idées nouvelles.

FIGURE 7.6 LA RELATION ENTRE LA DIVERSITÉ DES MEMBRES ET LE RENDEMENT, SELON LES ÉTAPES DE L'ÉVOLUTION DE L'ÉQUIPE

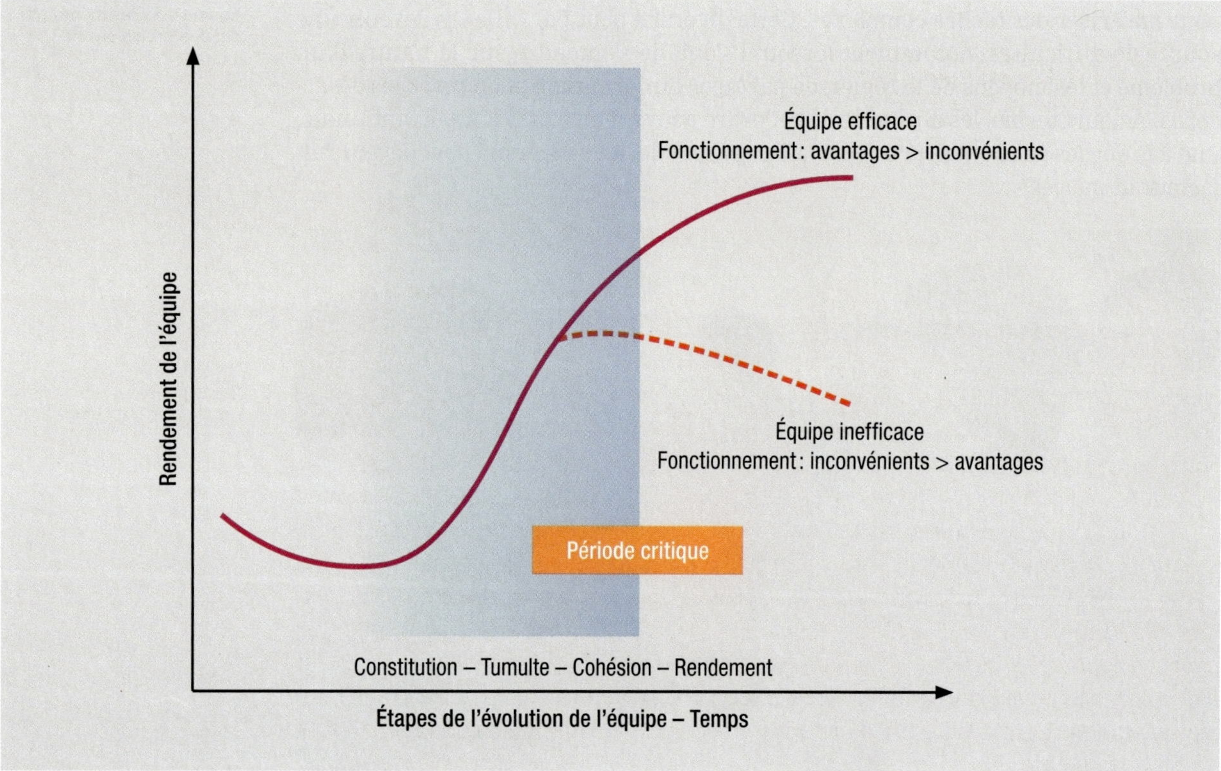

Le travail d'équipe pousse les voitures de la NASCAR dans la voie rapide[50]

Des leaders parlent de leadership

En quoi un groupe d'individus se distingue-t-il d'une équipe très eficace? Tout d'abord, par la façon dont les membres travaillent les uns avec les autres pour atteindre des objectifs communs.

Une équipe de ravitaillement travaillant sur un circuit de course de la NASCAR en constitue un bon exemple. Lorsqu'une voiture doit s'arrêter à un poste de ravitaillement, les membres de l'équipe doivent accomplir à toute vitesse une multitude de tâches, sans accrocs et à l'unisson. Une seconde perdue ou gagnée peut être déterminante pour la victoire du pilote. Les membres de l'équipe doivent être bien formés et bien entraînés pour être efficaces le jour de la course. «Vous ne pouvez pas gagner une course avec un arrêt de 12 secondes, mais vous pouvez la perdre avec un arrêt de 18 secondes», déclare Trent Cherry, chef d'une équipe de ravitaillement.

Les membres de l'équipe de ravitaillement sont formés à l'exécution de manœuvres compliquées pendant les changements de pneus, le réglage du moteur, le ravitaillement en carburant et les divers ajustements à faire dans une voie de ravitaillement encombrée. Chacun d'eux est expert dans une tâche, mais sait exactement comment celle-ci s'intègre à toutes les autres tâches qu'il faut exécuter dans les quelques secondes que dure un arrêt au poste de ravitaillement.

Les rôles sont définis dans le détail et se combinent dans une chorégraphie bien réglée qui doit permettre à l'équipe de faire son travail sans anicroche. Les diverses tâches sont hautement spécialisées et interdépendantes. Si celui qui pose le cric est en retard, par exemple, celui qui doit changer le pneu ne peut l'enlever.

Les membres des équipes de ravitaillement planifient et s'entraînent sans fin, dans le but d'être prêts pour la grande épreuve, le jour de la course. Les chefs d'équipe doivent s'assurer que tout le monde est en forme et prêt à apporter sa contribution à l'équipe. «Je ne veux pas avoir sept étoiles, dit Trent Cherry, je veux sept gars qui travaillent en équipe.»

Les équipes de ravitaillement de la NASCAR ne se contentent pas de se réunir le jour de la course et d'improviser. Leurs membres sont soigneusement choisis selon leurs compétences et leur attitude et s'entraînent avec acharnement. Les chefs d'équipe n'hésitent pas à apporter des changements lorsque les choses ne fonctionnent pas bien.

QUESTIONS Encouragez-vous le travail en équipe ou adoptez-vous, en tant que leader, des pratiques qui pourraient entraver la dynamique de groupe? Trouvez-vous des moyens d'apporter des changements positifs, même lorsque tout fonctionne bien? Restez-vous ouvert aux suggestions de changements des membres de l'équipe?

Le lien entre la diversité et le rendement est clairement démontré par les recherches sur l'**intelligence collective**, c'est-à-dire sur la capacité d'un groupe ou d'une équipe à bien fonctionner dans l'accomplissement d'un large éventail de tâches[51]. Selon les recherches, il n'existerait qu'un très faible lien entre l'intelligence collective d'une équipe et l'intelligence des membres qui la forment, que cette intelligence soit moyenne ou supérieure. Cependant, il y aurait un lien étroit entre l'intelligence collective et deux variables rattachées aux processus: les sensibilités sociales au sein de l'équipe et l'absence de communication entre quelques membres de l'équipe voulant établir leur domination sur les autres. Par ailleurs, les chercheurs ont pu associer l'intelligence collective à la diversité des membres sur le plan du sexe, plus particulièrement à la proportion de femmes au sein de l'équipe. Ils ont également relié cette découverte aux processus en mettant en évidence, dans leurs études, les meilleurs résultats des femmes par rapport à ceux des hommes sur le plan de la sensibilité sociale.

Intelligence collective
Capacité d'une équipe à bien fonctionner dans l'accomplissement d'un large éventail de tâches

LES PROCESSUS DE L'ÉQUIPE

Le regretté Casey Stengel, gérant bien connu de l'équipe de baseball des Yankees de New York, a déclaré un jour: «Il est facile de trouver de bons joueurs. Ce qui est difficile, c'est de les faire bien jouer ensemble.» Ce commentaire vous semblera certainement très juste si vous le reliez à notre exposé sur la diversité et le rendement d'une équipe. Il ne fait aucun doute que l'efficacité d'une équipe, quelle qu'elle soit, ne dépend pas seulement de la qualité des intrants ou des facteurs de production, mais aussi de la manière dont les membres travaillent ensemble à la transformation de ces derniers afin de produire les résultats attendus. Pour que l'équipe soit efficace, ses membres doivent bâtir des processus positifs solides. Dès qu'on parle de gens qui «travaillent ensemble», on aborde des questions relatives à la **dynamique de groupe ou d'équipe**, c'est-à-dire aux phénomènes psychosociaux qui influent sur les relations personnelles et professionnelles des membres d'une équipe. Dans l'optique des systèmes ouverts, cette dynamique correspond aux processus qui transforment les intrants en produits ou en résultats. Cet aspect du rendement de l'équipe est si important que nous en poursuivrons l'analyse dans le prochain chapitre, qui porte sur le travail d'équipe et le rendement des équipes.

Dynamique de groupe ou d'équipe
Ensemble des phénomènes psychosociaux qui influent sur les relations personnelles et professionnelles des membres d'une équipe

GUIDE de révision

RÉSUMÉ

QUELLES SONT LES PRINCIPALES CARACTÉRISTIQUES DES ÉQUIPES EN MILIEU ORGANISATIONNEL?

- Une équipe est un groupe de personnes qui collaborent en mettant leurs habiletés au service de la poursuite d'un but commun dont elles sont collectivement responsables.
- Les équipes travaillant au sein des organisations remplissent des fonctions différentes: certaines dirigent, d'autres font des recommandations, d'autres exécutent les tâches.
- Les organisations sont constituées d'équipes formelles, officiellement désignées pour y assumer un rôle précis, ainsi que de groupes informels qui se créent spontanément à partir de relations particulières, mais ne font pas partie de la structure formelle.
- On peut considérer qu'une organisation est un réseau d'équipes permanentes interconnectées, comme les équipes de projet ou les équipes interfonctionnelles, ainsi que d'équipes provisoires, comme les comités et les équipes de réflexion.
- Habituellement, les membres des équipes semi-autonomes planifient, exécutent et évaluent leur propre travail. Ils se forment et s'évaluent les uns les autres et se partagent les tâches et les responsabilités.
- Les équipes virtuelles, dont les membres se réunissent et travaillent ensemble à distance grâce aux systèmes informatiques, sont de plus en plus répandues et soulèvent des questions de gestion particulières.

QUELS SONT LES EFFETS BÉNÉFIQUES ET LES EFFETS NÉFASTES DES ÉQUIPES SUR LES ORGANISATIONS ?

- Une équipe efficace se caractérise par son rendement élevé, la satisfaction professionnelle de ses membres et une certaine viabilité, c'est-à-dire une capacité à produire des résultats probants à long terme.
- Une équipe parvient à la synergie lorsque ses réalisations collectives dépassent la somme des réalisations qu'auraient pu accomplir ses membres individuellement.
- L'équipe aide ses membres à satisfaire des besoins importants en les soutenant dans leur travail et en favorisant les interactions sociales.
- Le rendement d'une équipe peut pâtir du phénomène de la paresse sociale, qui se manifeste lorsque l'un des membres relâche ses efforts et laisse les autres faire le travail.
- Lorsque les individus voient leur comportement positivement ou négativement influencé par la présence d'autres personnes, notamment les membres de leur équipe, on assiste au phénomène appelé facilitation sociale.

QUELLES SONT LES ÉTAPES DE L'ÉVOLUTION D'UNE ÉQUIPE ?

- Toute équipe traverse, au cours de son existence, une série d'étapes dont chacune comporte des défis particuliers pour le leader et les autres membres.
- À l'étape de la constitution, chacun des membres commence à s'identifier à certains autres et à l'équipe elle-même et se pose des questions sur son intégration à l'équipe.
- À l'étape du tumulte, l'équipe vit des difficultés liées à la gestion des attentes individuelles et aux questions de statut. Des conflits peuvent émerger relativement aux tâches à accomplir et au mode de fonctionnement de l'équipe.
- À l'étape de la cohésion (ou étape de l'intégration initiale), les membres de l'équipe commencent à réellement se souder et à coordonner leurs efforts.
- À l'étape du rendement (ou étape de l'intégration totale), l'équipe est bien organisée et opérationnelle. Ayant atteint la maturité, elle peut accomplir des tâches complexes.
- À l'étape de la dissolution, l'équipe, ayant rempli son rôle ou accompli ses tâches, doit gérer le processus de démantèlement.

QUELS SONT LES FONDEMENTS DE L'EFFICACITÉ D'UNE ÉQUIPE ?

- En tant que systèmes ouverts, les équipes doivent interagir avec leur environnement pour obtenir les intrants (facteurs de production) qu'elles transformeront en extrants (produits).
- L'équation qui résume l'efficacité d'une équipe selon le modèle du système ouvert est la suivante : Efficacité = Qualité des intrants × (Avantages associés aux processus – Inconvénients associés aux processus).

- Les intrants, tels les ressources et le contexte organisationnel, la nature de la tâche, la taille et la composition de l'équipe, sont déterminants dans le fonctionnement de l'équipe, dans son efficacité à produire les résultats attendus.
- Les processus d'équipe sont les modes de fonctionnement par lesquels l'équipe transforme les intrants en produits ou en résultats.

MOTS CLÉS

MonLab
Évaluation des connaissances
questions interactives

ÉVALUATION DES CONNAISSANCES

QUESTIONS À CHOIX MULTIPLE

1. La théorie des besoins relationnels (FIRO-B) se penche sur ________ au sein d'une équipe. **a)** la compatibilité des membres **b)** la paresse sociale **c)** la prédominance de certains membres **d)** le conformisme
2. Dans l'évolution d'une équipe, c'est à l'étape ________ que ses membres commencent véritablement à constituer une entité organisée. **a)** du tumulte **b)** de la cohésion **c)** du rendement **d)** de l'intégration totale
3. Une équipe efficace se caractérise par un rendement élevé, la satisfaction professionnelle de ses membres et ________ **a)** la coordination. **b)** l'harmonie. **c)** la créativité. **d)** la viabilité.
4. La nature des tâches, le système de récompenses et la taille de l'équipe sont des ________ qui jouent un rôle majeur dans l'efficacité de l'équipe. **a)** processus **b)** éléments de la dynamique de l'équipe **c)** intrants **d)** renforçateurs

5. Pour l'équipe de résolution de problèmes, la taille idéale est de ________ **a)** 3 ou 4 personnes, au maximum. **b)** 5 à 7 personnes. **c)** 8 à 10 personnes. **d)** 12 ou 13 personnes.

6. La période critique qui détermine souvent le rendement d'une équipe, son succès ou son échec, survient généralement au cours des étapes du tumulte et ________ **a)** de la constitution. **b)** de la cohésion. **c)** du rendement. **d)** de la conformité aux normes.

7. L'équipe semi-autonome ________ **a)** exige moins de polyvalence de la part de chacun de ses membres. **b)** assume en grande partie les fonctions du cadre de premier échelon. **c)** dépend largement de la formation extérieure pour maintenir les compétences requises par ses tâches. **d)** fait augmenter les frais généraux de l'organisation en ajoutant un niveau d'encadrement.

8. Laquelle de ces affirmations sur l'équipe semi-autonome est exacte? **a)** L'équipe semi-autonome peut améliorer le rendement, mais pas la satisfaction professionnelle. **b)** L'équipe semi-autonome devrait avoir un pouvoir décisionnel restreint. **c)** L'équipe semi-autonome devrait fonctionner sans responsable. **d)** L'équipe semi-autonome devrait laisser ses membres planifier et évaluer leur propre travail.

9. Lorsqu'une équipe peut réaliser collectivement plus que la somme de ce que chacun de ses membres est capable de réaliser individuellement, on parle de ________ **a)** leadership partagé. **b)** consensus. **c)** viabilité de l'équipe. **d)** synergie.

10. La motivation des membres d'une équipe tend à s'accroître et les conflits tendent à se résoudre plus facilement au cours de l'étape ________, qui marque la croissance de l'équipe. **a)** de la constitution **b)** du tumulte **c)** de la cohésion **d)** de la dissolution

11. Pour ce qui est du comportement humain au sein d'un groupe, à quoi correspond l'effet Ringelmann? **a)** À la tendance des équipes à prendre des décisions risquées. **b)** À la paresse sociale. **c)** À la facilitation sociale. **d)** À la satisfaction des besoins sociaux des membres.

12. Les membres d'un groupe de projet multiculturel doivent être conscients que ________ pourrait ralentir l'avancement des objectifs de l'équipe. **a)** la synergie **b)** la pensée de groupe **c)** la problématique diversité-consensus **d)** la dynamique intergroupe

13. L'une des stratégies recommandées pour faire face au phénomène de paresse sociale se manifestant au sein d'un groupe consiste à ________ **a)** mettre le problème de côté. **b)** demander à un membre du groupe d'exercer des pressions sur la personne qui pose problème pour qu'elle travaille plus. **c)** offrir à la personne qui pose problème des récompenses supplémentaires afin qu'elle se sente coupable. **d)** renforcer la responsabilité individuelle en rendant significative la contribution de chacun au travail collectif.

14. On dit qu'il y a ________ lorsqu'une personne occupant un poste prestigieux dans l'organisation, tel que celui de vice-président, a une position ordinaire au sein d'un groupe d'étude dont on a confié la présidence à un superviseur occupant une position hiérarchique inférieure dans l'organisation. **a)** une insuffisance de rôle **b)** une surcharge de rôle **c)** une discordance de statut **d)** une problématique diversité-consensus

15. L'équation de l'efficacité d'une équipe se lit comme suit: ________ × (Avantages associés aux processus – Inconvénients associés aux processus). **a)** Nature du milieu du travail **b)** Nature du travail **c)** Qualité des intrants **d)** Récompenses offertes

QUESTIONS À RÉPONSE BRÈVE

16. Que peuvent apporter les équipes à l'organisation?

17. Quels types d'équipes formelles rencontre-t-on dans les organisations contemporaines?

18. En général, qu'attend-on des membres d'une équipe semi-autonome?

19. Expliquez ce qu'est la problématique diversité-consensus.

QUESTION À DÉVELOPPEMENT

20. En naviguant dans internet, vous trouvez ce message posté dans votre forum de discussion favori:

J'ai besoin d'aide! Mon entreprise vient de m'affecter à la direction d'une équipe de conception de produits. La directrice de mon service attend beaucoup de cette équipe… et de moi. Mais depuis l'obtention de mon diplôme, il y a quatre ans, j'ai toujours travaillé à titre d'ingénieur concepteur. Je n'ai jamais encadré ni géré qui que ce soit, encore moins toute une équipe. Et la pression est forte! La directrice me répète sans cesse qu'elle est convaincue que je vais mettre sur pied une équipe hautement efficace. Y a-t-il un internaute qui pourrait me donner des conseils et m'aider à relever ce défi? J'ai besoin de vous! Signé: Galahad

En bon citoyen du cyberespace, vous décidez de répondre à cet internaute en détresse. Qu'allez-vous lui suggérer?

LE CO DANS LE FEU DE L'ACTION

Pour ce chapitre, nous vous suggérons les activités suivantes du *Cahier d'apprentissage en CO* (voir p. C1).

Études de cas	Exercices	Autoévaluations
13. Un membre oublié 14. Marc Perrot	18. Double appartenance 19. Travœufs pratiques 34. Incursion dans l'inconnu	9. L'efficacité d'une équipe 17. L'influence des heuristiques sur le processus décisionnel

Le travail d'équipe et le rendement des équipes

Chapitre 8

Pour qu'une équipe, virtuelle ou traditionnelle, fasse du bon travail et réalise des exploits, ses membres ne doivent jamais perdre de vue l'esprit d'équipe et les processus collectifs. Le rendement collectif ne doit pas être laissé au hasard. Il est vrai que la constitution d'une équipe peut demander beaucoup d'efforts, mais cela en vaut la peine. Les occasions qu'offrent les équipes et le travail en équipe sont trop belles pour qu'on les laisse filer. Ce chapitre traite ainsi d'aspects essentiels de la réussite des organisations aujourd'hui : la présence en leur sein d'équipes motivées et le travail d'équipe qui assure le succès.

OBJECTIFS D'APPRENTISSAGE

Après l'étude de ce chapitre, vous devriez pouvoir :

- Expliquer ce qui caractérise les équipes hautement performantes et en quoi consiste le processus de consolidation d'équipe.
- Décrire les modes de fonctionnement d'une équipe efficace.
- Discuter de la communication au sein des équipes.
- Distinguer les différents modes de prise de décision au sein d'une équipe.

Les équipes, ça vaut la peine qu'on y travaille.

PLAN DU CHAPITRE

LES ÉQUIPES HAUTEMENT PERFORMANTES

Les caractéristiques des équipes hautement performantes • Le processus de consolidation d'équipe • Les diverses approches en matière de consolidation d'équipe

LES MODES DE FONCTIONNEMENT D'UNE ÉQUIPE EFFICACE

L'intégration des recrues • Le leadership lié aux tâches et le leadership lié aux relations • Les rôles au sein de l'équipe et leur dynamique • Les normes de l'équipe • La cohésion de l'équipe • La dynamique interéquipes

LA COMMUNICATION AU SEIN DES ÉQUIPES

Les réseaux de communication • La proxémie et l'usage de l'espace • Les technologies de la communication

LE PROCESSUS DÉCISIONNEL AU SEIN DES ÉQUIPES

Les différents modes de prise de décision • Les avantages et les inconvénients de la prise de décision collective • La pensée de groupe • Les techniques d'aide à la prise de décision collective

GUIDE DE RÉVISION

Les équipes virtuelles : ici, là, partout

Pendant une journée de travail habituelle, Sarah élabore des stratégies avec les autres membres de son équipe, consulte les vendeurs et conseille les clients, tout ce beau monde se trouvant dans des fuseaux horaires différents. Et la plupart du temps, elle reste en pyjama.

C'est l'un des avantages du travail au sein d'une équipe virtuelle, c'est-à-dire d'un groupe dont les membres travaillent en collaboration, malgré les différences d'heure ou les frontières géographiques ou organisationnelles[1]. Jadis surtout présentes au sein des agences de publicité, des centres d'appels et des multinationales, les équipes virtuelles font maintenant partie d'un grand nombre d'entreprises, qui les préfèrent aux équipes traditionnelles travaillant dans leurs locaux. La direction s'attend à ce que leurs membres soient plus performants et plus satisfaits de leurs conditions de travail. Ajoutons que, grâce à elles, les entreprises disposent d'un plus vaste bassin de collaborateurs potentiels.

Cependant, avec une équipe virtuelle, les risques sont tout aussi réels que les gains éventuels. Tout déficit sur le plan du rendement ou de la gestion sera magnifié à cause des distances qui séparent les individus. Par ailleurs, étant donné l'effort supplémentaire qu'il faut investir dans chaque communication, les membres d'une équipe virtuelle peuvent souffrir de la solitude ou avoir un sentiment d'isolement social. Et le travail de l'équipe peut s'en ressentir si tous les membres ne se font pas confiance ou ne se respectent pas[2].

> ***Ce n'est plus à une voix inconnue sur Skype ou à un correspondant par courriel que mes délais serrés peuvent porter préjudice, mais plutôt à mes amis et à mes collègues[4].***

Les entreprises n'accepteraient pas de courir le risque de former des équipes virtuelles si elles n'en tiraient pas des avantages. Lorsque les équipes comprennent des membres situés dans plusieurs fuseaux horaires, les entreprises bénéficient d'heures de travail plus longues, d'un temps de disponibilité prolongé et d'un accès plus facile tant pour les membres de l'équipe que pour les clients. Et comment un employé pourrait-il être mécontent d'avoir un horaire flexible et de ne perdre aucune minute en déplacements[3] ?

De nos jours, les membres des équipes virtuelles disposent d'une gamme impressionnante d'outils qui les relient les uns aux autres. Les caméras web et les services de clavardage ou de transmission de la voix par internet, comme Skype, font partie des outils des bureaux séparés par de grandes distances. Comme l'illustre la citation ci-contre, grâce à la technologie, des personnes étrangères et éloignées les unes des autres deviennent des collègues et même des amis. Les hauts dirigeants qui déclarent avoir l'impression que les membres des équipes virtuelles sont sur place et qui ont le budget nécessaire investissent sans hésiter dans des services de visioconférence de grande qualité.

Les équipes hautement performantes

Utilisez-vous un iPod, un iPhone, un iPad, un MacBook ou un iMac ? Ne vous êtes-vous jamais demandé pourquoi Apple nous propose sans cesse des produits novateurs et très tendance ?

À l'origine de cette célèbre lignée d'appareils se trouve l'équipe de créateurs mise sur pied par Steve Jobs, cofondateur d'Apple. Les membres de cette équipe talentueuse partageaient la même exaltation pour un projet ambitieux. Réunis dans un bâtiment indépendant qui arborait le pavillon noir des pirates et des flibustiers, ils ont travaillé jour et nuit avec acharnement. Ils alliaient l'enthousiasme de la jeunesse avec une expertise poussée et un engagement total dans la poursuite d'un but extrêmement motivant. Le résultat, on le connaît: la fabrication, en un temps record, d'un ordinateur qui allait devenir une référence de la technologie informatique. Cette capacité d'innovation est demeurée un trait distinctif d'Apple, dont l'exemple nous fournit, pour ainsi dire, une excellente synthèse de ce qui constitue une équipe hautement performante[5].

Apple est encore aujourd'hui le foyer d'équipes très efficaces, mobilisant de grands talents auxquels on confie la mise au point de produits novateurs. Toutefois, n'oublions pas que de nombreuses équipes traditionnelles, à l'ancienne, apportent de solides contributions aux entreprises. Ce sont les équipes interfonctionnelles, les équipes de résolution de problèmes, les équipes virtuelles et les équipes semi-autonomes dont il a été question au chapitre précédent. Cependant, nous devons également nous rappeler, comme le chercheur J. Richard Hackman le souligne, que de nombreuses équipes tournent au ralenti et ne réalisent jamais leur plein potentiel. Comme le dit Hackman, «elles ne fonctionnent pas[6]», tout simplement. La question qui se pose est donc: qu'est-ce qui distingue une équipe hautement performante de celle qui ne l'est pas?

LES CARACTÉRISTIQUES DES ÉQUIPES HAUTEMENT PERFORMANTES

L'encadré ci-contre énumère les compétences en leadership d'équipe qui sont absolument nécessaires. Et il est tout à fait approprié de mettre en tête de liste une orientation de travail claire et ambitieuse[7]. L'examen rétrospectif des débuts de Macintosh nous en fournit un bon exemple. En novembre 1983, Steven Levy, correspondant du magazine *Wired*, a eu l'occasion de jeter un regard rapide sur ce qu'était, d'après ce qu'on lui avait dit, «cette machine susceptible de changer le monde». Il écrit: «J'ai également rencontré les gens qui avaient créé cette machine. Les trois années qu'ils avaient passées à la mettre au point les avaient sonnés et presque étourdis. Leurs yeux noyés de Visine étincelaient. Ils m'ont déclaré que leur Macintosh allait laisser une empreinte dans l'univers. C'était leur chef, Steven P. Jobs, qui l'avait affirmé. Jobs disait que ce nouvel ordinateur était "follement extraordinaire"[8].»

Quel que soit le but ou la tâche, à la base de toute équipe hautement performante, on trouve un groupe de membres qui croient en l'objectif commun et qui sont prêts à travailler sans relâche pour l'atteindre. En effet, le critère essentiel pour former une équipe très performante est que les membres se sentent «collectivement responsables» de leur cheminement vers l'objectif, grâce à ce que Hackman appelle «une orientation convaincante[9]».

Alors qu'un but commun bien précis apporte à une équipe une orientation générale, l'engagement envers des résultats de rendement ciblés donne à ce but une réelle signification. Les équipes hautement performantes

Les équipes ont tout à gagner de bons leaders et de membres talentueux qui travaillent correctement

Voici comment faire:

- Établir une orientation de travail claire et ambitieuse.
- Fixer des objectifs et des attentes explicites.
- Définir des normes élevées.
- Créer un sentiment d'urgence.
- S'assurer que les membres de l'équipe ont les compétences nécessaires.
- Se poser en modèles de comportements positifs.
- Faire en sorte que l'équipe connaisse rapidement des succès.
- Diffuser tous les renseignements utiles.
- Aider les membres à mettre en commun les renseignements utiles.
- Faire des commentaires constructifs.

savent transformer un but précis en objectifs de rendement spécifiques. Elles recherchent l'excellence en établissant des plans d'action, en mesurant les résultats et en recueillant des données sur leur rendement. Elles se concentrent sur la résolution des problèmes et des conflits.

En outre, une équipe hautement performante possède la bonne combinaison de compétences techniques, conceptuelles (liées à la résolution de problèmes et à la prise de décision) et humaines. Elle s'appuie également sur des valeurs fondamentales partagées, qui orientent les attitudes et les comportements de ses membres. Ces valeurs servent de système de contrôle interne et peuvent remplacer la plupart des directives qui, autrement, viendraient d'un supérieur.

Vous vous souvenez probablement qu'au chapitre précédent nous avons parlé d'*intelligence collective*, c'est-à-dire de la capacité d'une équipe à bien s'acquitter d'un vaste éventail de tâches. Cette notion traduit tout à fait ce que nous entendons par «équipe hautement performante». Ce n'est pas une équipe qui fait ses preuves une seule fois, mais plutôt qui démontre ses capacités encore et encore, par les différentes tâches qu'elle accomplit au fil du temps. Les chercheurs affirment que l'intelligence collective est plus élevée dans les équipes dont les processus ne sont pas dirigés par un seul membre ou par un petit nombre de personnes. Ils déclarent qu'elle est également associée aux équipes comptant plus de femmes dans leurs rangs, fait qu'ils relient à une sensibilité sociale accrue se manifestant au cours du processus collectif[10].

LE PROCESSUS DE CONSOLIDATION D'ÉQUIPE

Il ne suffit pas de regrouper des travailleurs pour que ceux-ci effectuent un véritable travail d'équipe; parvenir au travail d'équipe exige beaucoup d'efforts, tant des membres du groupe que de leur leader. Dans le domaine sportif, par exemple, les entraîneurs et les gérants qui forment une nouvelle équipe travaillent très fort, en début de saison, à y instaurer une collaboration harmonieuse et efficace. Pourtant, cela n'empêche pas les équipes même les plus expérimentées de connaître des problèmes au fur et à mesure que la saison avance: certains joueurs relâchent leurs efforts et causent le mécontentement des autres; certains connaissent des baisses de rendement et sont critiqués par les autres; il y a des échanges de joueurs, voulus ou non, avec d'autres équipes.

Même les équipes de classe mondiale traversent de mauvaises passes. Les athlètes les plus talentueux peuvent perdre leur motivation, se quereller avec leurs coéquipiers et ne plus guère contribuer au succès de leur équipe. Lorsque cela arrive, il est primordial que propriétaires, gérants, entraîneurs et joueurs fassent le point, cernent les problèmes et prennent les mesures qui s'imposent pour restaurer l'esprit d'équipe générateur de bons résultats[11].

Les équipes de travail connaissent des difficultés semblables. Celles qui sont nouvellement constituées doivent relever les défis qui attendent tout groupe aux premières étapes de son évolution. Même celles qui sont parvenues à maturité vivent, à un moment ou à un autre, des problèmes liés au manque de collaboration. Quand cela se produit ou, mieux, pour éviter que cela se produise, il peut être judicieux d'entamer un processus systématique de **consolidation d'équipe** (*team building*, parfois traduit par «harmonisation fonctionnelle d'une équipe» ou «constitution d'une équipe»). Cela consiste en une série d'actions planifiées visant à recueillir et à analyser des données sur le fonctionnement d'une équipe, puis à amorcer des changements pour faciliter la collaboration entre les membres et améliorer l'efficacité opérationnelle de l'équipe[12].

Consolidation d'équipe
Série d'actions planifiées visant à recueillir et à analyser des données sur le fonctionnement d'une équipe, puis à amorcer des changements pour faciliter la collaboration entre les membres et améliorer l'efficacité opérationnelle de l'équipe

La **figure 8.1** illustre les étapes du renforcement de l'esprit d'équipe, de la consolidation d'équipe. Bien qu'il soit tentant de décréter que ce processus devrait être élaboré par des consultants ou des experts extérieurs, il faut le considérer, dans les faits, comme une composante incontournable des compétences de tout gestionnaire ou chef d'équipe.

Le processus de consolidation d'équipe commence lorsque quelqu'un note l'existence d'un problème d'efficacité collective, réel ou potentiel. Alertés, tous les membres travaillent alors ensemble à la collecte des données relatives au problème. Quelle que soit la méthode utilisée – sondage par questionnaire, entrevues, *groupe nominal* ou toute autre méthode appropriée –, l'objectif est de répondre à des questions cruciales comme: «Quel est notre degré d'efficacité dans l'exécution de nos tâches?» «Dans quelle mesure sommes-nous individuellement satisfaits de notre équipe et de nos méthodes de travail?» Une fois qu'ils ont analysé les réponses à ces questions, les membres de l'équipe doivent planifier et mettre en œuvre des mesures d'amélioration de la situation. Il est nécessaire que tous participent pleinement et activement à l'évaluation des activités du groupe et aux décisions concernant les mesures à adopter pour améliorer le fonctionnement de l'équipe.

FIGURE 8.1 LE PROCESSUS DE CONSOLIDATION D'ÉQUIPE

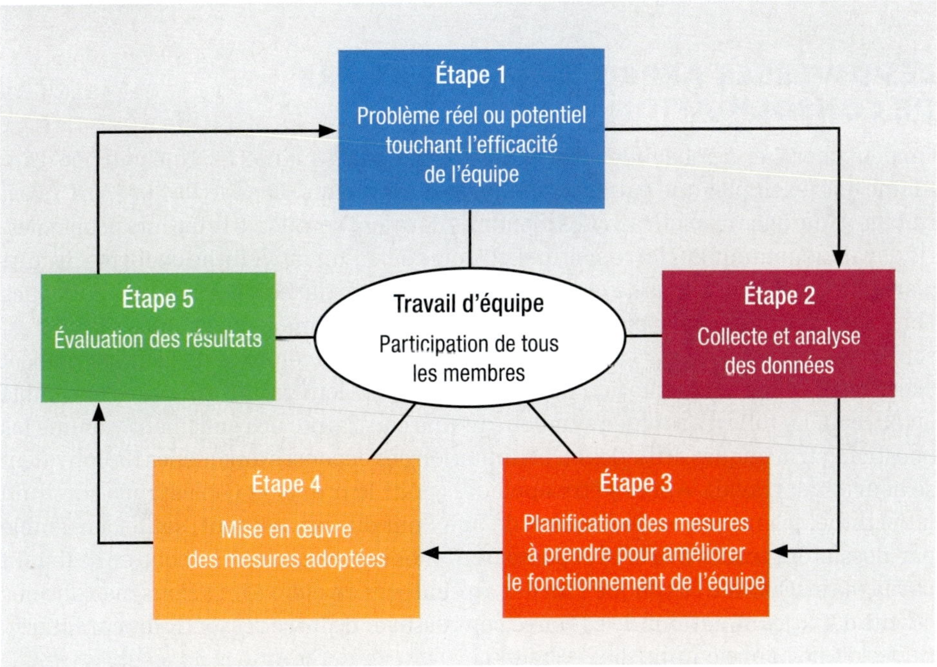

Prendre sa place dans la collectivité

L'ÉTHIQUE EN CO

En 2008, quand Marc-Olivier Lespérance s'est joint à l'équipe de Physio Extra en tant que thérapeute en réadaptation physique, il s'est engagé dans un drôle de projet. Son patron s'intéressait à un gadget qui venait de faire son entrée sur le marché : la Wii Fit.

Un comité de six personnes a été mis sur pied pour évaluer ce jeu vidéo d'activité physique. « Nous avons testé les exercices. Nous nous sommes demandé si cela pouvait être utile à notre clientèle », dit le jeune homme, qui faisait partie de ce comité. La suite ? C'est Marc-Olivier Lespérance qui a développé pour les cliniques Physio Extra des programmes d'exercices fondés sur la console de jeux Wii.

Au moyen de ce genre de projet, Alain Racine, le patron du réseau de huit cliniques, veut aider son personnel à se réaliser au sein de l'entreprise et à se développer sur le plan professionnel. Pour la même raison, Physio Extra offre de la formation continue à ses employés. Tous les mois, des intervenants de l'externe viennent partager leur savoir.

Si ce dernier fait en sorte que ses employés se développent dans son entreprise, il demande en retour que ceux-ci fassent grandir les collectivités dans lesquelles les cliniques sont implantées. Pour chacune d'entre elles, un employé est responsable de choisir une cause pour laquelle ses collègues amasseront des fonds. De cette manière, le président de Physio Extra fait d'une pierre deux coups. « On redonne à la collectivité et on consolide l'esprit d'équipe », explique-t-il.

Bien sûr, Physio Extra offre aussi un milieu stimulant et concurrentiel. « Si un physiothérapeute compare deux cliniques aux conditions similaires, le fait de lui donner des outils pour l'aider à se réaliser peut faire la différence », explique M. Racine. C'est aussi ce qui permet à son entreprise de se distinguer pour la deuxième année consécutive au Défi Meilleurs Employeurs.

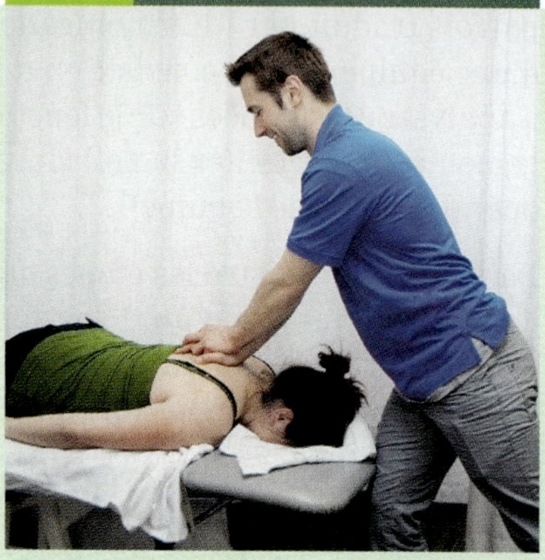

Source : Annabelle Blais, « Prendre sa place dans la collectivité », *Les Affaires*, 19 juin 2010, p. 20. Cet article a été reproduit aux termes d'une licence accordée par Copibec.

QUESTIONS Comment la dynamique d'équipe permet-elle d'expliquer le succès du programme de Physio Extra ? Comment l'entreprise y trouve-t-elle son compte ?

LES DIVERSES APPROCHES EN MATIÈRE DE CONSOLIDATION D'ÉQUIPE

On peut chercher à consolider une équipe de plusieurs manières. Une journée d'automne, par exemple, une équipe d'employés d'American Electric Power (AEP) s'est rendue à une base de plein air. Les membres devaient résoudre différents problèmes. Ils devaient notamment faire sortir six d'entre eux d'un labyrinthe en forme de toile d'araignée fait de cordons de caoutchouc tendus à 1 m du sol. Lorsque ses collègues l'ont soulevée dans leurs bras pour l'aider à franchir un obstacle, Judy Gallo s'est sentie embarrassée, mais l'animateur a expliqué aux membres de l'équipe que cet exercice était la représentation d'un problème qu'il leur fallait résoudre ensemble au bureau. La toile d'araignée symbolisait une contrainte de rendement, comme les questions stratégiques difficiles ou la limitation des dépenses auxquelles ils pouvaient se heurter au travail. Après s'être applaudis pour leur exploit consistant à sortir du labyrinthe, les membres de l'équipe de Judy ont dû, notamment, sauter ensemble par-dessus des troncs d'arbres et passer dans des cerceaux de hula-hoop en se tenant par la main. Comme l'explique l'un des animateurs de plein air : « Nous mettons nos clients dans des situations de ce genre pour essayer de faire ressortir les caractéristiques d'une bonne équipe[13]. »

L'exemple de la page précédente illustre l'*approche par l'expérience en plein air*, qui est de plus en plus utilisée, seule ou en association avec d'autres, pour la consolidation d'équipe. Elle consiste à mettre les membres du groupe dans diverses situations physiquement difficiles dont ils ne peuvent venir à bout que grâce à un travail d'équipe. On suppose que, en coopérant pour surmonter les obstacles, les membres de l'équipe acquièrent de la confiance en eux-mêmes, apprennent à reconnaître leurs compétences respectives et à s'investir davantage dans le travail d'équipe.

Avec l'*approche de la retraite*, le processus de consolidation d'équipe se déroule en une ou plusieurs journées de réflexion organisées par la direction à l'extérieur des locaux de l'entreprise. Durant la retraite, les coéquipiers se consacrent intensivement à des tâches d'évaluation et de planification de leurs activités, en

La consolidation d'équipe suivant le modèle des émissions de téléréalité gagne de plus en plus d'adeptes[14]

Certaines entreprises pensent qu'emprunter des idées à des émissions de téléréalité permet de trouver de nouvelles façons de renforcer l'esprit d'équipe et de stimuler l'innovation. Bien que cela puisse sembler un peu radical, Best Buy a envoyé de petites équipes à Los Angeles pour qu'elles vivent ensemble dans un appartement pendant 10 semaines. Le but était de mettre à l'essai de nouvelles idées et de jeter les bases de nouveaux volets d'activités ou de modèles possibles d'entreprises indépendantes. L'un des participants a déclaré: « Vivre ensemble en sachant que nous ne disposions que de 10 semaines a accéléré le processus de consolidation d'équipe. »

Chez L-Ipse, tous les moyens sont bons pour souder l'équipe

DES AS DE LA GESTION

C'est les pieds dans le sable des plages de Cuba qu'Édith Hébert entend faire de la consolidation d'équipe avec ses collègues de L-Ipse.

Le voyage est la dernière trouvaille de la firme de conseillers en technologies de l'information de Québec, constamment à la recherche de projets mobilisateurs.

Si elle remporte aussi souvent la première place du Défi Meilleurs Employeurs (1er en 2010, 2009 et 2007, et 2e en 2006), c'est que les idées ne manquent pas: quatre semaines de vacances dès l'embauche, horaires souples, équipe de volley-ball, soirée à la cabane à sucre... « Notre défi est de maintenir nos valeurs pendant la croissance », dit Steven Garneau, directeur général.

L'entreprise de Québec ne comptait qu'une dizaine d'employés lorsque Mme Hébert s'y est jointe, en 2003. « L'ambiance était familiale », dit-elle. L'entreprise n'a rien perdu de son atmosphère bon enfant, bien qu'elle compte maintenant 116 employés.

L-Ipse est une firme-conseil, et la plupart des employés travaillent à l'extérieur des bureaux, chez des clients. C'est pourquoi l'entreprise multiplie les occasions de les rassembler afin de transmettre sa vision et ses valeurs et pour créer un sentiment d'appartenance. Elle organise une réunion toutes les six semaines, favorise la communication sur son réseau intranet, met sur pied de nombreuses activités sociales et sollicite les propositions des employés.

Selon Marcel Dallaire, président de L-Ipse, un sentiment d'appartenance fort diminue la perception des degrés hiérarchiques chez les employés. Résultat? « S'ils ont besoin de nous parler ou qu'ils veulent partager une idée, ils n'hésitent pas à le faire », dit M. Dallaire.

C'est dans ce contexte que l'un de ses employés a proposé un projet qui paraîtrait insensé dans la plupart des organisations: une virée dans le Sud aux frais du patron. Deux groupes partiront sous les tropiques cet été et deux autres l'an prochain.

« L'objectif est de remercier nos employés et de consolider les liens entre eux », dit Steven Garneau. Est-ce qu'un barbecue au chalet d'un collègue n'aurait pas produit le même effet? Pour le président Marcel Dallaire, la question n'est pas pertinente. « C'est un projet original, et si on croit que cela peut avoir un effet positif sur notre équipe, alors on y va. »

Source: Annabelle Blais, « Chez L-Ipse, tous les moyens sont bons pour souder l'équipe », *Les Affaires*, 19 juin 2010, p. 18. Cet article a été reproduit aux termes d'une licence accordée par Copibec.

commençant par une analyse du fonctionnement de l'équipe reposant sur des données recueillies par sondages, par entrevues ou autrement. Les retraites consacrées à la consolidation d'équipe se déroulent souvent avec l'aide d'un consultant recruté parmi le personnel de l'organisation ou à l'extérieur. Assez courantes, elles offrent des occasions uniques de réfléchir intensivement sur les activités et les réalisations du groupe, ainsi que sur ses orientations futures.

Finalement, l'*approche de l'amélioration continue* exige qu'un individu (gestionnaire, chef d'équipe ou leader du groupe) ou plusieurs – l'ensemble du groupe, par exemple – prennent la responsabilité de veiller régulièrement au renforcement de l'esprit et du travail d'équipe, à la consolidation d'équipe. Pour ce faire, ils peuvent organiser des réunions périodiques ou des retraites *autogérées* (sans consultant), plus intensives. Dans les deux cas, ils s'engagent à suivre constamment et de près le cheminement et les réalisations du groupe, et à apporter les changements quotidiens qui garantiront son efficacité.

Les modes de fonctionnement d'une équipe efficace

Comme les équipes se voient confier davantage de responsabilités et que de plus en plus de cadres inférieurs doivent renoncer à leur rôle traditionnel de superviseur pour endosser celui de chef d'équipe, certains problèmes de fonctionnement peuvent prendre de l'importance. Les chefs d'équipe et les coéquipiers doivent ainsi apprendre, notamment, à aplanir les difficultés d'intégration des recrues, à régler les désaccords concernant les objectifs et les responsabilités, à gérer les disputes et les retards liés au processus décisionnel et à résoudre les tensions et les conflits interpersonnels. La dynamique de groupe étant de nature complexe, on peut dire que la consolidation d'équipe est un travail sans fin. Il survient toujours quelque chose de nouveau qui exige des efforts supplémentaires de leadership pour améliorer le fonctionnement de l'équipe.

L'INTÉGRATION DES RECRUES

Qu'il s'agisse de créer une équipe ou d'ajouter une ou plusieurs personnes à une équipe déjà constituée, l'intégration des nouveaux membres va rarement sans problème. Les difficultés émergent souvent quand la recrue, en proie à la nervosité et à l'embarras inhérents à l'arrivée dans un nouveau milieu social et professionnel, tente de comprendre ce qu'on attend d'elle. Généralement, ses préoccupations concernent un ou plusieurs des aspects suivants.

- *La participation :* « Est-ce qu'on me laissera participer aux décisions et aux activités du groupe ? »
- *Les objectifs :* « Est-ce que j'adhère aux mêmes objectifs que mes coéquipiers ? »
- *L'influence :* « Est-ce que j'arriverai à influer sur le cours des événements ? »

- *Les relations:* « Arriverons-nous à nous rapprocher? Jusqu'à quel point? »
- *Le fonctionnement:* « Serons-nous perturbés par des conflits? »

Edgar Schein note que certaines recrues peuvent tenter de résoudre les problèmes liés à leur intégration en adoptant des comportements égoïstes qui risquent d'entraver le fonctionnement de l'équipe[15]. Il dresse trois profils comportementaux typiques dans de telles situations.

1. *Le batailleur* Souffrant d'un manque d'identité dans son nouveau groupe, le batailleur peut se montrer agressif ou rejeter toute autorité. Ce type de personne cherche des réponses à la question suivante: « Qui suis-je dans ce groupe? » La meilleure réaction de l'équipe est de lui permettre de présenter ses compétences et ses centres d'intérêt, puis de discuter de la façon dont ces qualités peuvent profiter à l'équipe.

2. *Le gentil collaborateur* Manquant d'assurance, redoutant les aléas des relations intimes et du pouvoir, le gentil collaborateur se montre des plus attentionnés à l'égard de ses collègues, se comporte de façon très dépendante et cherche à s'intégrer à des clans. Ce type de personne a besoin d'être rassuré et de se savoir apprécié. Il doit savoir si l'équipe est prête à l'accepter. La meilleure réaction de cette dernière est de le soutenir et de l'encourager, tout en l'incitant à participer avec plus de confiance aux activités et aux discussions communes.

3. *Le calculateur* Le calculateur s'inquiète de la satisfaction de ses besoins personnels au sein du groupe. Il peut se montrer passif, réfléchi ou même obstiné tout le temps qu'il s'échine à résoudre la dichotomie entre ses objectifs individuels et les orientations collectives. La meilleure réaction de l'équipe est de s'engager dans une discussion afin de clarifier les objectifs et les attentes du groupe, ainsi que le rôle que doit jouer chaque membre à cet égard.

LE LEADERSHIP LIÉ AUX TÂCHES ET LE LEADERSHIP LIÉ AUX RELATIONS

Selon les recherches en psychologie sociale, pour parvenir à un rendement élevé et soutenu en équipe, il faut satisfaire deux types de besoins: (1) les besoins relatifs aux tâches à accomplir; (2) les besoins relatifs à l'entretien de bonnes relations[16]. Si la personne officiellement responsable de l'équipe doit veiller à la satisfaction de ces deux types de besoins, l'ensemble des membres doit également y contribuer. Le partage des responsabilités visant la contribution de tous les membres à la satisfaction des besoins du groupe en matière de tâches et de relations harmonieuses, appelé **leadership partagé**, est une condition de la viabilité de toute équipe hautement performante.

Leadership partagé
Responsabilité collective, partagée entre tous les membres, quant à la satisfaction des besoins du groupe en matière de tâches et de relations harmonieuses

La figure 8.2 énumère les diverses activités par lesquelles s'exerce le leadership. Les **activités de leadership liées aux tâches** contribuent directement à l'accomplissement de tâches importantes incombant au groupe. Elles consistent, par exemple, à susciter des discussions et des réflexions, à fournir de l'information, à en recueillir, à clarifier ce qui est dit et à résumer le contenu des discussions[17]. L'équipe qui néglige ou qui bâcle ces activités aura du mal à atteindre ses objectifs. En revanche, l'équipe efficace les considère comme la clé de voûte de son succès et veille à ce que ses membres y contribuent autant que cela est nécessaire.

Activité de leadership liée aux tâches
Activité qui contribue directement à l'accomplissement des tâches importantes incombant à un groupe

FIGURE 8.2 LE LEADERSHIP DANS LA DYNAMIQUE D'ÉQUIPE

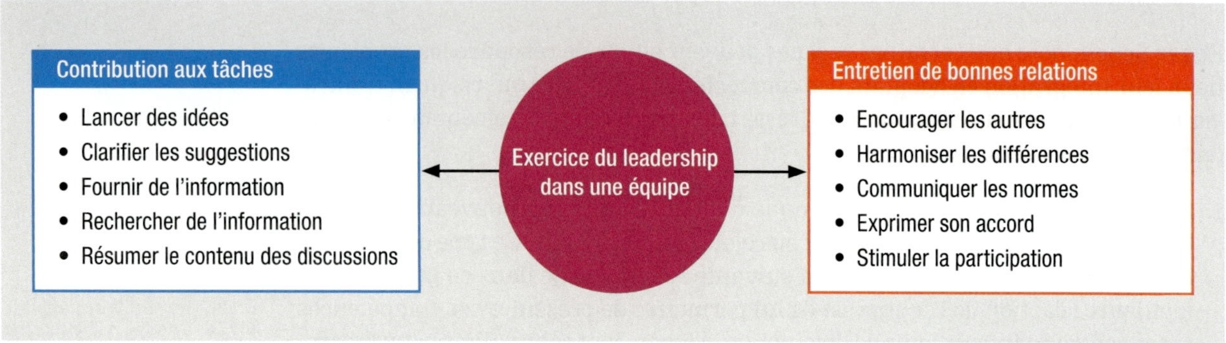

Activité de leadership liée aux relations
Activité qui consiste à entretenir les relations collectives et interpersonnelles dans une équipe et qui permet à celle-ci de maintenir sa cohésion et sa vitalité en tant qu'entité sociale en évolution

Les **activités de leadership liées aux relations**, quant à elles, servent à entretenir les relations collectives et interpersonnelles. Elles permettent à l'équipe de maintenir sa cohésion et sa vitalité en tant qu'entité sociale en évolution. Ainsi, un membre du groupe participe au leadership lié aux relations lorsqu'il stimule la participation des autres, souligne leur contribution, s'efforce d'harmoniser les différences individuelles ou donne son accord à la ligne de conduite collective. Si l'équipe néglige ou bâcle ces activités, ses membres ne tarderont pas à se montrer insatisfaits les uns des autres et déçus de leur participation au groupe ; il pourra en résulter des conflits qui risquent de drainer l'énergie requise par les tâches. Dans une équipe efficace, en revanche, les membres participent aux activités liées aux relations, renforcent ainsi leurs liens et arrivent à bien collaborer sur le long terme.

Comportement perturbateur
Comportement qui nuit au fonctionnement de l'équipe

En plus d'aider le groupe à satisfaire ses besoins liés à l'accomplissement des tâches et à l'entretien de relations harmonieuses, les membres partagent la responsabilité d'éviter les **comportements perturbateurs**, c'est-à-dire les comportements qui nuisent au fonctionnement collectif. Se montrer ouvertement agressif envers les autres membres, se mettre en retrait et refuser de coopérer, flâner quand il y a du travail à faire, se servir du groupe comme d'une tribune ou d'un confessionnal, trop parler de sujets sans importance et s'acharner à attirer l'attention ou la reconnaissance sont quelques exemples de comportements perturbateurs au sein d'une équipe. L'*incivilité* ou le *comportement antisocial* des membres peuvent grandement entraver la dynamique de l'équipe et faire baisser son rendement. Les recherches montrent que les personnes qui subissent un leadership dur, l'exclusion sociale et les rumeurs préjudiciables finissent souvent par moins travailler, avoir un rendement plus faible, être en retard ou absentes plus souvent et se désengager graduellement[18].

LES RÔLES AU SEIN DE L'ÉQUIPE ET LEUR DYNAMIQUE

Rôle
Ensemble d'attentes associées à un poste ou à une fonction au sein d'une équipe

Dans une équipe, les membres, nouveaux ou anciens, ont besoin de savoir ce qu'on attend d'eux et ce qu'ils peuvent attendre des autres. Un **rôle** est un ensemble d'attentes associées à un poste ou à une fonction au sein d'une équipe. Les équipes tendent à mieux performer lorsque les attentes relatives aux tâches et aux responsabilités de chacun des membres sont claires et réalistes. Si les rôles respectifs ne sont pas clairement établis ou s'ils sont conflictuels, il peut en résulter des problèmes de rendement. Les équipes de travail font parfois face à des difficultés liées à des carences dans la détermination ou la gestion des rôles de leurs membres.

Si un travailleur n'est pas certain du rôle qui lui revient, il y a **ambiguïté de rôle**. Pour être efficaces, les gens ont besoin de savoir ce qu'on attend d'eux. Dans les équipes nouvellement constituées, les ambiguïtés de rôles peuvent donner à certains l'impression que leurs efforts sont gaspillés ou que leurs coéquipiers ne les apprécient pas à leur juste valeur. Les équipes bien établies ne sont pas à l'abri de ce genre de malentendus, principalement à cause de l'incapacité de leurs membres à exprimer clairement leurs attentes et à s'écouter les uns les autres.

Ambiguïté de rôle
Situation dans laquelle une personne a des incertitudes quant à ce qu'on attend d'elle

Le fait de demander trop ou trop peu aux gens peut aussi créer des problèmes. Si les attentes à l'égard d'une personne sont trop élevées et qu'elle se sent submergée par la charge de travail, on dit qu'il y a une **surcharge de rôle**. Si, au contraire, les attentes sont trop faibles et que la personne se sent sous-utilisée, on parle d'une **insuffisance de rôle**. Dans tout groupe, il est primordial d'établir des attentes réalistes et explicites quant à la contribution de chacun.

Surcharge de rôle
Situation dans laquelle les attentes à l'égard d'une personne sont trop élevées, si bien que celle-ci se sent submergée par la charge de travail

Insuffisance de rôle
Situation dans laquelle les attentes à l'égard d'une personne sont trop faibles, si bien que celle-ci se sent sous-utilisée

Un **conflit de rôle** peut survenir lorsqu'une personne ne parvient pas à répondre aux attentes du reste de l'équipe. Elle comprend ce qu'elle doit faire, mais pour l'une ou l'autre des raisons que nous allons examiner, elle n'y arrive pas. Les tensions qui résultent de cette situation peuvent altérer sa satisfaction professionnelle, son rendement et ses relations avec les autres membres du groupe. Les quatre formes les plus courantes de conflits de rôles sont les suivantes.

Conflit de rôle
Situation dans laquelle une personne ne parvient pas à répondre aux attentes liées à son rôle parce qu'elles sont contradictoires ou incompatibles

1. *Le conflit de rôle créé par un seul émetteur* Dans cette situation, une personne est aux prises avec des attentes contradictoires exprimées par une autre personne. C'est le cas, par exemple, si votre chef d'équipe vous dit : « Vous devez rédiger ce rapport immédiatement, mais j'ai besoin de vous tout de suite pour m'aider à préparer cette présentation en PowerPoint. »
2. *Le conflit de rôle créé par plusieurs émetteurs* Dans cette situation, une personne est aux prises avec des attentes contradictoires et incompatibles exprimées par

différentes personnes. C'est le cas, par exemple, si votre chef d'équipe déclare: « Votre travail est de critiquer nos décisions afin de nous aider à faire moins d'erreurs » et que votre coéquipier s'exclame: « Vous vous montrez toujours si négatif. Si vous nous gratifiiez d'une remarque plus positive, pour une fois ? »

3. *Le conflit entre la personne et le rôle qu'elle doit tenir* Dans cette situation, une personne vit un conflit entre, d'une part, ses valeurs et ses besoins et, d'autre part, les attentes liées à son rôle. C'est le cas, par exemple, si les membres de votre équipe s'entendent pour affirmer: « On ne nous a pas retourné suffisamment de questionnaires. Chacun d'entre nous devrait en remplir cinq de plus et les ajouter à l'ensemble des données. » Or vous vous dites en votre for intérieur: « Je ne pense pas que ce soit correct. »

4. *Le conflit entre les divers rôles d'une même personne* Dans cette situation, une personne vit un conflit parce que les attentes attachées à ses divers rôles sont incompatibles. Il peut ainsi y avoir conflit entre les exigences de sa vie professionnelle et celles de sa vie familiale. C'est ainsi le cas, par exemple, si votre chef d'équipe vous dit: « N'oubliez pas la mégaréunion prévue pour jeudi soir. » Or vous vous rappelez intérieurement: « Mais ma fille a son premier match de soccer en ligue cadet au même moment… »

Négociation des rôles
Méthode qui consiste à réunir des individus afin qu'ils expriment et clarifient leurs attentes respectives et mutuelles dans le cadre de leurs relations professionnelles et qu'ils se mettent tous d'accord à leur sujet

La technique appelée **négociation des rôles** peut aider à améliorer la gestion de la dynamique des rôles. C'est un processus qui consiste à réunir les membres de l'équipe afin qu'ils discutent des attentes que chacun entretient vis-à-vis des autres, qu'ils clarifient ces attentes et qu'ils se mettent tous d'accord à leur sujet. Ce type de négociation peut commencer, par exemple, par cette demande écrite de l'un des membres du groupe: « Si vous étiez prêts à faire ce qui suit, vous pourriez m'aider à améliorer mon rendement au sein de l'équipe. » Dans la liste annoncée pourrait se trouver la requête suivante, indiquant un conflit entre ses rôles professionnel et familial: « Respectez ma décision quand je dis que je ne peux pas participer à des réunions certains soirs de la semaine à cause de mes obligations familiales. » Ou encore cette autre, évoquant une surcharge de rôle: « Arrêtez d'exiger tant de détails alors que nous travaillons dur avec des délais très serrés. » Enfin, pourrait s'y trouver cette dernière demande exprimant une ambiguïté de rôle: « Essayez de vous libérer lorsque j'ai besoin de vous parler pour clarifier les objectifs et les attentes. »

LES NORMES DE L'ÉQUIPE

Norme
Règle de conduite ou critère de comportement que se donnent les membres d'une équipe

Les dynamiques de rôles dont nous venons tout juste de discuter sont étroitement liées à ce que les membres d'une équipe attendent les uns des autres et d'eux-mêmes, ce qui nous amène au concept de norme. Les **normes** d'une équipe expriment ses idées ou ses opinions sur la façon dont ses membres devraient se conduire. On peut les considérer comme des *règles de conduite* et des *critères de comportement* que se donnent les membres d'une équipe[19]. Les normes sont utiles à plusieurs égards. Elles contribuent à clarifier les attentes inhérentes à l'appartenance à un groupe donné. Elles permettent aux membres de structurer leur comportement et de prévoir celui des autres. Enfin, elles aident les coéquipiers à acquérir une orientation commune. Si l'un d'eux enfreint l'une des normes du groupe, les autres auront généralement des réactions visant à le « ramener à l'ordre »: critiques ouvertes, réprimandes, ostracisme ou même expulsion.

LES TYPES DE NORMES D'ÉQUIPE

Une norme fondamentale, quel que soit le contexte, est évidemment la **norme de rendement**, qui décrit l'attente du groupe quant à l'intensité des efforts que ses membres doivent déployer, quant à la quantité et à la qualité du travail à accomplir. Dans certaines équipes, la norme de rendement est élevée et positive. Les membres savent bien qu'ils doivent travailler très fort et qu'ils doivent atteindre un objectif de rendement élevé. Si l'un d'eux relâche son ardeur au travail, il sera ramené à l'ordre par ses coéquipiers, et peut-être expulsé au bout d'un certain temps. En revanche, au sein d'autres équipes, la norme de rendement est faible et négative. Les membres sont livrés à eux-mêmes, qu'ils travaillent fort ou non ; les coéquipiers ne s'en préoccupent guère.

Norme de rendement
Attente du groupe quant à l'intensité des efforts que ses membres doivent déployer, quant à la quantité et à la qualité du travail à accomplir

Cependant, d'autres normes ont leur importance dans le fonctionnement quotidien d'une équipe. Ainsi, pour assurer l'efficacité du travail d'un comité ou d'un groupe de projet, on adoptera, notamment, des normes touchant la présence aux réunions, la ponctualité, la préparation, l'expression des critiques et la façon de se comporter entre membres. En outre, les équipes peuvent adopter des normes sur la façon de se comporter avec les supérieurs, les collègues et les clients, ainsi que des normes relatives à la probité et à l'éthique. Voici quelques exemples de normes collectives qui montrent bien les effets favorables ou néfastes qu'elles peuvent avoir sur le fonctionnement et le rendement d'un groupe ou d'une organisation, selon qu'elles sont positives ou négatives[20].

- *Les normes en matière d'éthique :* « Nous nous efforçons de prendre des décisions éthiques et nous nous attendons à ce que les autres en fassent autant » (norme positive) ; « N'ayez pas peur de gonfler votre compte de frais, car tout le monde le fait ici » (norme négative).
- *Les normes en matière de fierté personnelle et organisationnelle :* « Ici, nous avons l'habitude de défendre l'organisation contre les accusations injustes » (norme positive) ; « Ici, ils essaient toujours de profiter de nous » (norme négative).
- *Les normes en matière de réalisations :* « Dans notre équipe, personne ne ménage ses efforts » (norme positive) ; « Dans notre équipe, inutile de se défoncer, personne ne le fait » (norme négative).
- *Les normes en matière de soutien et d'assistance mutuelle :* « Dans notre comité, les gens prêtent une oreille attentive aux idées et aux opinions des autres » (norme positive) ; « Dans notre comité, c'est chacun pour soi et sauve-qui-peut » (norme négative).
- *Les normes en matière d'amélioration et de changement :* « Dans notre service, les gens cherchent continuellement des moyens d'améliorer nos façons de faire » (norme positive) ; « Inutile de se casser la tête : dans notre service, les gens tiennent à leurs bonnes vieilles méthodes, même si elles sont dépassées depuis des lustres » (norme négative).

COMMENT INFLUENCER LES NORMES D'UNE ÉQUIPE

Les chefs d'équipe, tout comme les membres, peuvent prendre plusieurs mesures pour aider leur équipe à se fixer et à suivre des normes positives qui contribuent à l'atteinte d'un rendement élevé tout en apportant une satisfaction à tous. D'abord, il faut toujours *jouer un rôle de modèle positif.* En d'autres mots, il faut se poser en

Prenez garde aux erreurs qui rendent les réunions mortelles[21]

Les erreurs qui rendent les réunions mortelles sont faciles à repérer, mais plus difficiles à éviter: rencontre se tenant au mauvais endroit, au mauvais moment, participants arrivant en retard, réunion trop longue, discussions hors sujet ou manquant de franchise, manque de renseignements importants, absence de suivi après la réunion.

exemple quant au suivi de la norme en question, par les comportements de tous les jours. Il est ensuite utile d'organiser des réunions dont l'ordre du jour prévoit un moment pour *discuter des objectifs de l'équipe* et *des normes à adopter* collectivement afin de pouvoir les atteindre plus facilement. Les normes sont trop importantes pour qu'on les laisse au hasard. On a même tout intérêt à en discuter directement, dès l'étape initiale de la constitution de l'équipe.

Il importe également de choisir des membres qui voudront et pourront toujours *être à la hauteur des attentes.* On doit en outre s'assurer qu'on sera capable *de les former et de les soutenir*, puis *de les récompenser et de renforcer positivement les comportements souhaitables.* Il s'agit d'une approche globale permettant d'élaborer des normes d'équipe positives: choisir les membres appropriés, les soutenir puis leur offrir des renforcements positifs lorsqu'ils ont réussi. Enfin, il faut se rappeler le pouvoir du renforcement de l'esprit d'équipe et *tenir régulièrement des réunions pour discuter du rendement collectif et planifier des améliorations.*

La paresse sociale est plus courante que vous ne le pensez[22]

L'ÉTHIQUE EN CO

1. *Étude en psychologie sociale* Un agronome français, Maximilien Ringelmann, a demandé à un groupe de personnes de tirer sur une corde aussi fortement qu'elles en étaient capables, d'abord seules, puis ensemble. Les résultats ont montré qu'elles avaient tendance à tirer avec plus de force lorsqu'elles tiraient seules. Cette «paresse sociale» témoigne d'une tendance au relâchement lorsqu'on travaille en équipe.
2. *Bureau du professeur* Un étudiant vient parler à son professeur du rendement de son équipe pour le dernier travail effectué. Celle-ci se composait de quatre personnes, dont deux seulement avaient en fait accompli presque tout le travail. Les deux autres étaient souvent absentes, ne se montrant qu'à la toute dernière minute, à la présentation en bonne et due forme. L'étudiant veut prouver que son équipe était désavantagée, car les deux «passagers gratuits» avaient réduit sa capacité de rendement.
3. *Appel du chef de service* «Jean, j'ai vraiment besoin de vous pour participer à ce comité. Acceptez-vous? Faites-le-moi savoir demain.» Jean se dit: «Je suis surchargé de travail, mais je ne veux pas dire non au patron. Je vais lui répondre que j'accepte, mais je préviendrai les membres du comité de mes limites. Je veux bien participer activement aux discussions et faire part aux autres de mes idées et points de vue qui pourraient les aider. Toutefois, d'entrée de jeu, j'annoncerai que je ne veux pas être le chef de ce comité ni me porter volontaire pour un quelconque travail supplémentaire.» Si certains pensent que c'est une bonne excuse pour ne pas trop en faire tout en faisant plaisir au patron, Jean, quant à lui, estime qu'il est honnête.

QUESTIONS Que vous appeliez cela «paresse sociale», «passager gratuit» ou tout simplement «loi du moindre effort», le problème reste le même. De quel droit certaines personnes décident-elles de ne rien faire alors que d'autres accomplissent tout le travail? Est-ce éthique? Chaque membre d'une équipe a-t-il l'obligation morale de contribuer comme les autres? Quant à Jean, le fait de dire honnêtement aux autres membres du comité quelles sont ses limites pourrait-il l'absoudre? Ferait-il preuve de paresse sociale, tout en se mettant en valeur devant son chef de service? Serait-il plus éthique de sa part de refuser de participer au comité?

LA COHÉSION DE L'ÉQUIPE

La **cohésion** d'une équipe correspond à l'intensité du désir de ses membres d'y appartenir et à la puissance de leur motivation à y maintenir une participation active[23]. On pourrait qualifier la cohésion de «facteur de bien-être» car, grâce à elle, les membres acquièrent un sentiment d'appartenance, s'identifient volontiers au groupe et s'efforcent de garder de bonnes relations entre eux. Le sentiment de cohésion peut permettre de satisfaire certains besoins individuels en favorisant la loyauté, la sécurité et l'estime de soi. Et comme les équipes soudées deviennent une source de satisfaction personnelle, leurs membres ont tendance à adopter des comportements assez prévisibles, qui les distinguent des membres d'équipes moins unies. Ainsi, ils s'engagent plus énergiquement dans les activités du groupe, s'absentent moins souvent et risquent moins de quitter le groupe. Ils sont plus susceptibles d'être contents lorsque l'équipe enregistre un succès et d'être tristes si elle connaît des échecs.

Cohésion
Intensité du désir des membres d'une équipe d'y appartenir et puissance de leur motivation à y maintenir une participation active

LA COHÉSION DE L'ÉQUIPE ET LE RESPECT DES NORMES

Si les équipes dont la cohésion est très forte présentent de nombreux avantages pour leurs membres, ces atouts ne s'étendent pas nécessairement à l'ensemble de l'organisation. Tout dépend des normes de rendement auxquelles est associée cette cohésion. La figure 8.3 illustre l'incidence qu'a sur le rendement une règle fondamentale de la dynamique d'équipe: la **règle de la conformité aux normes**. Suivant cette dernière, plus la cohésion de l'équipe est forte, plus ses membres en respectent les normes.

Règle de la conformité aux normes
Règle selon laquelle plus la cohésion d'une équipe est forte, plus les membres en respectent les normes

Selon la règle de la conformité aux normes, les situations suivantes peuvent se présenter dans une équipe dont la cohésion est forte.

- *Si les normes de rendement sont positives,* le fait que les membres s'y conforment aura un effet favorable sur leur efficacité dans l'exécution de leurs tâches et sur leur satisfaction professionnelle. C'est une situation idéale pour tous.
- *Si les normes de rendement sont négatives,* le fait que les membres s'y conforment aura un effet néfaste sur l'organisation. En effet, on peut s'attendre à un rendement

FIGURE 8.3 L'INCIDENCE DE LA COHÉSION ET DU RESPECT DES NORMES SUR LE RENDEMENT D'UNE ÉQUIPE

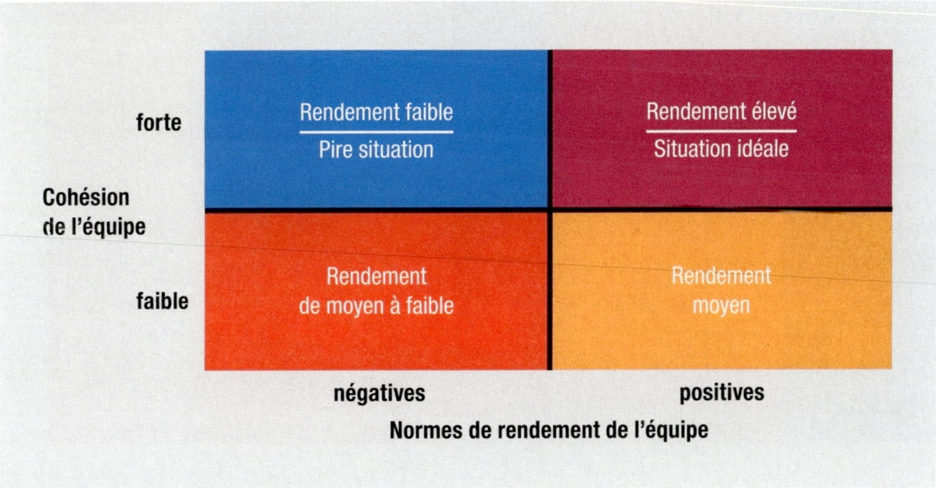

faible de la part d'une équipe très motivée à respecter des normes qui vont à l'encontre des objectifs et des intérêts de l'organisation. Comme le montre la figure 8.3, il s'agit de la pire des situations pour l'organisation.

Entre ces deux extrêmes, le gestionnaire peut rencontrer des situations intermédiaires où un manque de cohésion fera en sorte que les membres de l'équipe n'auront pas tellement tendance à se conformer aux normes collectives. Dans la mesure où la norme collective en matière de rendement perd alors une partie de son influence, on peut généralement s'attendre à ce que le rendement de l'équipe soit moyen ou faible.

COMMENT INFLUENCER LA COHÉSION D'UNE ÉQUIPE

Comment peut-on s'attaquer au scénario le plus défavorable ou aux scénarios conduisant à un rendement moyen parmi les situations que nous venons de décrire ? Pour répondre à cette question, analysons les facteurs qui influent sur la cohésion d'une équipe. La cohésion tend à être élevée lorsque les équipes sont homogènes, c'est-à-dire lorsque les membres ont à peu près le même âge, la même origine, les mêmes besoins et la même attitude. Elle tend aussi à être élevée dans les équipes de petite taille, où les membres respectent la compétence de leurs collègues, s'entendent sur des objectifs communs et préfèrent travailler ensemble plutôt que seuls pour s'acquitter de leurs tâches. Enfin, elle tend à s'accroître lorsque les groupes sont physiquement isolés des autres employés de l'organisation et lorsqu'ils partagent ensemble l'expérience d'une réussite ou d'une crise.

La **figure 8.4** contient quelques éléments de stratégies qui permettent de renforcer ou d'affaiblir la cohésion d'une équipe en agissant sur diverses cibles : les objectifs de l'équipe, sa composition, les interactions entre les membres, la taille de l'équipe, la dimension compétitive des activités, le système de récompenses, l'emplacement

FIGURE 8.4 DES STRATÉGIES POUR AFFAIBLIR OU RENFORCER LA COHÉSION D'UNE ÉQUIPE

Pour affaiblir la cohésion	CIBLES	Pour renforcer la cohésion
Susciter des désaccords	Objectifs de l'équipe	Renforcer l'adhésion
La rendre plus hétérogène	Composition de l'équipe	La rendre plus homogène
Les restreindre	Interactions au sein de l'équipe	Les accroître
L'augmenter	Taille de l'équipe	La réduire
La stimuler au sein de l'équipe	Compétition	L'orienter vers d'autres équipes
La lier aux résultats individuels	Attribution des récompenses	La lier aux résultats de l'équipe
Rapprocher l'équipe des autres équipes de l'organisation	Emplacement	Isoler l'équipe des autres équipes de l'organisation
L'abréger: démanteler l'équipe	Durée de vie de l'équipe	L'allonger: maintenir l'équipe en fonction

Les répercussions des clivages démographiques sur la gestion des équipes dans les organisations[24]

Du côté de la RECHERCHE

Alors que leurs membres ont un profil de plus en plus diversifié, les organisations comptent de plus en plus sur le travail d'équipe. Selon Dora Lau et Keith Murnighan, ces tendances soulèvent d'importantes questions de recherche. Les deux chercheurs affirment que de profonds clivages surviennent au sein d'un groupe lorsque sa diversité démographique favorise la formation de sous-groupes dont les membres se ressemblent ou s'identifient fortement les uns aux autres. Par exemple, des sous-groupes peuvent se constituer sur la base de différences d'âge, de sexe, de race, d'origine ethnoculturelle ou de statut professionnel. Quand les clivages sont importants, les membres ont tendance à s'identifier plus à leur sous-groupe qu'au groupe dans son ensemble. Lau et Murnighan soutiennent que ce phénomène a des incidences sur les conflits et les relations de pouvoir au sein du groupe, ainsi que sur le rendement de celui-ci.

Parmi un ensemble d'étudiants provenant de 10 classes d'un cours universitaire en comportement organisationnel, les chercheurs ont désigné au hasard des gens pour former des groupes d'étude de cas sur la base du sexe et de l'origine ethnoculturelle, et ce, afin de créer différents degrés de clivage. Une fois le travail terminé, les participants devaient répondre à un questionnaire portant sur le processus décisionnel du groupe et sur les résultats obtenus. Comme les chercheurs s'y attendaient, il est apparu que les membres de groupes caractérisés par des clivages importants évaluaient plus favorablement les membres de leur sous-groupe, comparativement à l'évaluation faite par les membres de groupes dans lesquels les clivages étaient moindres. Toutefois, ces derniers ont connu moins de conflits, ont ressenti une plus grande sécurité psychologique et ont éprouvé plus de satisfaction. La recherche a aussi montré qu'une meilleure communication, au-delà des clivages, influait positivement sur les résultats dans les groupes caractérisés par des clivages peu marqués, mais pas dans les autres.

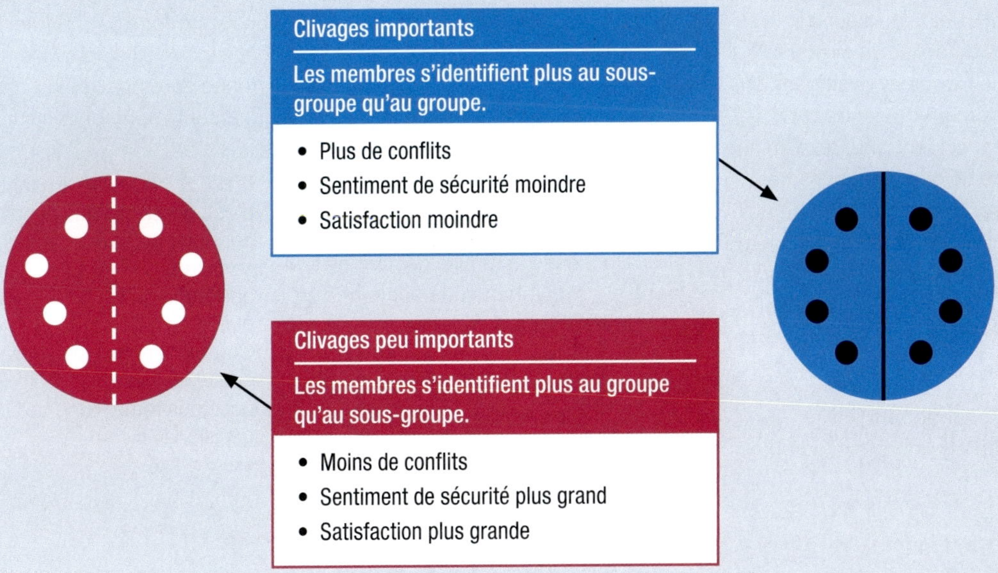

et la durée de vie de l'équipe. Lorsque les normes de l'équipe sont positives mais que sa cohésion est faible, on doit prendre des mesures pour raffermir la cohésion et la conformité aux normes. Lorsque les normes sont négatives et que la cohésion est forte, on devrait probablement faire exactement le contraire. Si les efforts visant le changement des normes échouent, il pourrait s'avérer nécessaire d'affaiblir la cohésion, pour réduire la conformité aux normes négatives.

Des **leaders** parlent de **leadership**

Jeff Bezos, chef de la direction d'Amazon, marque des points avec ses « équipes à deux pizzas »[25]

Jeff Bezos, fondateur et chef de la direction d'Amazon.com est considéré comme l'un des grands hommes d'affaires des États-Unis et un visionnaire en matière de technologie. C'est aussi un fervent partisan du travail en équipe. Lorsqu'il a dû décider de la taille des équipes chargées de la mise au point des produits, il a inventé une règle très simple: « Si deux pizzas ne sont pas suffisantes pour nourrir une équipe, c'est qu'elle est trop grande. »

Bezos a élaboré le plan d'affaires d'Amazon au volant de sa voiture. Il a fondé son entreprise dans son garage, et même lorsque les actions de cette dernière ont atteint la valeur de 500 millions de dollars, il conduisait toujours une Honda et vivait dans un petit appartement du centre de Seattle. Il est évident que Bezos a une personnalité unique et un sens des affaires hors du commun. Le but qu'il s'était fixé pour Amazon consistait à « créer l'entreprise la plus axée sur la clientèle du monde entier, celle dans laquelle on peut trouver et acheter en ligne tout ce qu'on veut ».

Si vous vous rendez sur le site d'Amazon.ca et cliquez sur le bouton « nos bonnes affaires » en haut de l'écran, vous saisissez clairement sa vision. Vous arrivez en effet sur une page comportant des offres spéciales très diverses, accessibles pendant une heure seulement, allant d'un outil électrique à une nouvelle paire de souliers. De telles innovations en ligne ne sont pas le fruit du hasard. Elles font partie intégrante de la philosophie de gestion que Bezos a instillée dans son entreprise. Le bouton « nos bonnes affaires » n'est que l'une des nombreuses innovations couronnées de succès des « équipes à deux pizzas ». Ces dernières, qualifiées de « moteurs d'innovation petits et rapides », sont en général formées de cinq à sept membres et ont pour mission de transformer les nouvelles idées en produits commercialisables.

Ne vous attendez pas à voir en Jeff Bezos le chef de direction type. Il vient encore travailler en jean et en polo bleu. Un ami de la famille déclare qu'il forme avec sa femme un couple très enjoué. Pour Bezos, les petites équipes d'Amazon sont un moyen de lutter contre la bureaucratie et de décentraliser une entreprise qui pourtant s'agrandit et devient de plus en plus complexe. Il est aussi partisan des décisions fondées sur des faits. Il affirme: « [Elles] aident à faire fi de la hiérarchie. Le plus jeune employé de l'entreprise peut réfuter les décisions de l'employé le plus chevronné et remporter la victoire si ses jugements sont fondés sur des faits. »

QUESTIONS En tant que chef d'équipe, avez-vous besoin de tout contrôler ou savez-vous déléguer sans trop de difficulté? Votre approche du leadership est-elle plutôt formelle ou informelle? Comment réagissez-vous si une personne ayant moins d'expérience que vous réfute l'une de vos décisions?

LA DYNAMIQUE INTERÉQUIPES

Dynamique interéquipes
Ensemble des phénomènes relationnels se produisant entre deux équipes ou plus

Lorsqu'il y a compétition avec d'autres groupes, la cohésion au sein d'une équipe tend à s'accroître, d'où la nécessité d'observer ce qui se passe non seulement au sein d'une équipe, mais aussi entre plusieurs équipes. On entend par **dynamique interéquipes** l'ensemble des phénomènes relationnels qui se produisent entre deux équipes ou plus. Idéalement, l'organisation fonctionne comme un système *coopératif* dont les divers éléments s'épaulent. En réalité, la rivalité et les problèmes intergroupes sont monnaie courante dans la plupart des organisations et ont des répercussions tant positives que négatives.

Ainsi, une dynamique de rivalité interéquipes peut se révéler bénéfique dans la mesure où l'esprit de compétition peut stimuler chaque équipe en cause et l'amener à fournir davantage d'efforts, à se concentrer sur des tâches clés et à resserrer les rangs. Il peut en découler davantage de loyauté envers l'équipe et de satisfaction à y appartenir, ainsi qu'une créativité accrue dans la résolution de problèmes. Les organisations recourent souvent à des stratégies misant sur la compétition entre leurs unités pour accroître la motivation de l'ensemble de leur personnel. Cependant, la rivalité entre deux équipes peut également se révéler néfaste. Par exemple, une équipe de production et une équipe de ventes en compétition peuvent en venir à être hostiles l'une à l'autre, à avoir de mauvaises relations et peu de communication. Elles vont consacrer plus d'énergie à leurs conflits qu'à leur travail[26].

Les organisations et leurs gestionnaires déploient des efforts considérables pour éviter les aspects négatifs de la dynamique interéquipes et pour favoriser ses aspects positifs. Ainsi, des équipes qui entretiennent une compétition néfaste peuvent être réorientées vers un *adversaire* ou un *objectif commun*. On peut également les amener à des *négociations directes* ou leur fournir de la *formation axée sur le travail en collaboration*. En outre, pour créer un climat de collaboration, les gestionnaires doivent éviter à tout prix le recours à un système de récompenses «tout ou rien», où une équipe ne gagne que si une autre perd, ou à un système de récompenses axé sur le rendement des équipes prises individuellement. Ils doivent plutôt attribuer les récompenses selon l'apport de chaque équipe à l'ensemble de l'organisation ou selon l'aide apportée aux autres équipes. Enfin, notons que l'augmentation des *interactions entre les équipes* tend à favoriser la coopération.

La communication au sein des équipes

Au chapitre 12, nous aborderons de nombreuses questions relatives à la communication et à la collaboration. Dans le présent chapitre, nous nous attachons surtout à l'efficacité de la communication, aux techniques qui aident à franchir les obstacles et à améliorer la communication, ainsi qu'aux technologies de la communication axées sur la collaboration. Il est entendu qu'au sein d'une équipe chaque membre devrait posséder de solides aptitudes de base en matière de collaboration et de communication. Toutefois, l'équipe doit aussi pouvoir répondre à des questions comme celles-ci: Quels réseaux de communication sont utilisés au sein de l'équipe, et pourquoi? Dans quelle mesure l'espace influe-t-il sur la communication entre les membres? L'équipe fait-elle bon usage des technologies de la communication dont elle dispose?

LES RÉSEAUX DE COMMUNICATION

Un modèle approprié d'interaction et de réseau de communication peut avoir une influence très positive sur le mode de fonctionnement et le rendement des équipes. La **figure 8.5** décrit trois modèles d'interaction et de réseau de communication courants dans les organisations contemporaines[27].

Pour être efficace et atteindre un rendement élevé, une équipe devrait adapter son modèle d'interaction à la tâche qui lui a été assignée. Idéalement, elle devrait changer

FIGURE 8.5 TROIS MODÈLES D'INTERACTION ET DE RÉSEAU DE COMMUNICATION AU SEIN DES ÉQUIPES

MODÈLE	DIAGRAMME	CARACTÉRISTIQUES
Équipe interactive Réseau de communication décentralisé		Forte interdépendance dans l'exécution d'une tâche commune Meilleure approche pour les tâches complexes
Équipe d'action parallèle Réseau de communication centralisé		Efforts individuels indépendants dans l'exécution d'une tâche commune Meilleure approche pour les tâches simples
Équipe de neutralisation Réseau de communication restreint		Sous-groupes en désaccord les uns avec les autres Exécution lente des tâches

de modèle d'interaction selon les exigences de la tâche et adopter un modèle puis l'autre au fil du temps. L'une des erreurs les plus courantes découvertes pendant des séances de consolidation d'équipe réside dans le fait que les membres n'utilisent pas le modèle d'interaction approprié. Parmi les exemples, on peut prendre celui d'une équipe d'étudiants travaillant à un projet, dont les membres pensent qu'ils doivent tous être toujours présents pour la moindre tâche rattachée au projet; en d'autres mots, personne n'y travaille jamais de façon autonome et tout doit se faire en collaboration.

▸ Réseau de communication décentralisé
Réseau de communication dans lequel la circulation et le partage de l'information s'effectuent par communication directe entre tous les membres de l'équipe

Les trois modèles d'interaction illustrés à la figure 8.5 correspondent aux trois réseaux de communication qu'on peut observer au sein d'une équipe. Lorsque la tâche exige une forte interaction, le **réseau de communication décentralisé** est celui qui est le plus approprié. Également appelé *réseau en étoile* ou *réseau de communication tous azimuts*, il favorise les communications entre tous les membres de l'équipe et la mise en commun des renseignements. L'information circule librement tout le temps, sans qu'il y ait de point de contrôle central[28]. Les réseaux de communication décentralisés sont les plus profitables lorsque les tâches sont complexes et que le travail est non routinier, comme dans le cas de tâches entourées d'incertitude et exigeant un degré élevé de créativité. Les membres des équipes interactives correspondant à ce type de réseau tirent habituellement une grande satisfaction de leur travail.

Lorsque les tâches permettent un travail plus autonome, le **réseau de communication centralisé** est le plus adapté. Également appelé *réseau radial* en raison des rayons du schéma, il fonctionne à l'aide d'un mécanisme central par lequel un coordonnateur, souvent le chef (officiel ou non) du groupe, recueille et distribue l'information. Les membres de ce type d'équipe travaillent en autonomie aux tâches qui leur sont assignées, alors que le coordonnateur distribue les tâches et tient tout le monde au courant de leur progression. Le travail est ainsi divisé entre les membres, et les résultats sont réunis pour créer le produit final. Le réseau de communication centralisé convient aux équipes dont la tâche est routinière et facile à répartir. Habituellement, dans les équipes d'action parallèle correspondant à ce type de réseau, c'est le coordonnateur qui retire le plus de satisfaction professionnelle lorsque le tout fonctionne efficacement.

Réseau de communication centralisé
Réseau de communication dans lequel le coordonnateur du groupe centralise l'information

Une équipe de neutralisation se forme lorsque des sous-groupes se constituent en son sein à cause de désaccords sur certaines questions, par exemple sur la façon d'atteindre certains objectifs, ou à cause de conflits affectifs, comme des conflits de personnalité. Se crée alors un **réseau de communication restreint**, dans lequel les sous-groupes campent sur leurs positions respectives, contestent mutuellement leurs points de vue et entretiennent des relations antagonistes. Le manque de communication qui en résulte pose souvent problème. Toutefois, il y a des situations où un tel réseau peut s'avérer utile. On peut ainsi former des équipes de neutralisation pour stimuler les conflits et les critiques, et par là même la créativité, ou pour vérifier le bien-fondé de décisions qu'on s'apprête à mettre en œuvre.

Réseau de communication restreint
Réseau de communication dans lequel les sous-groupes en présence sont en désaccord et campent sur leurs positions respectives, ce qui limite la circulation et le partage de l'information

LA PROXÉMIE ET L'USAGE DE L'ESPACE

Un aspect important mais souvent négligé de la communication est la **proxémie**, c'est-à-dire l'utilisation de l'espace dans lequel ont lieu les interactions entre les personnes[29]. Nous savons, par exemple, que l'architecture d'un bureau ou d'une aire de travail a une influence marquée sur les comportements de communication. Il va donc de soi que la communication au sein d'une équipe peut s'améliorer grâce à la disposition de l'espace physique dans lequel celle-ci évolue. Pour ce faire, on peut rapprocher les chaises et les bureaux ou choisir des espaces de réunion qui facilitent la communication. Une petite salle de travail à la bibliothèque, par exemple, peut s'avérer un meilleur choix qu'une cafétéria bruyante pour se retrouver.

Proxémie
Utilisation de l'espace dans lequel ont lieu les interactions entre les employés

Certains architectes et consultants se spécialisent dans la conception ergonomique des lieux pour promouvoir la communication et le travail d'équipe. Lorsqu'elle a fait construire ses installations de San Jose, en Californie, l'entreprise Sun Microsystems a fait aménager des espaces publics afin de favoriser la communication entre les employés de différents services. Un grand nombre d'aires de réunion n'avaient pas de parois et, lorsqu'il y en avait, elles étaient pour la plupart en verre[30]. Au siège social de Google, souvent appelé Googleplex, on a construit des bureaux sous forme de tentes en acrylique qui, tout en étant transparentes, donnent le sentiment de disposer d'un espace personnel[31]. Chez b&a advertising, à Dublin, dans l'Ohio, les espaces ouverts traduisent l'accent que cette petite agence de publicité met sur la créativité. Après tout, l'adresse de son site web est www.babrain.com. La communication directe est la règle chez b&a, à tel point que l'échange de courriels entre les employés est interdit. Il n'y a ni bureaux ni postes de travail modulaires, et tout le matériel est mobile. Grâce à leurs des bureaux montés sur roues, les employés peuvent se réunir spontanément en repositionnant leur mobilier. Même les réunions officielles se font debout dans la cuisine de l'agence[32].

LES TECHNOLOGIES DE LA COMMUNICATION

À l'ère de Facebook, de Twitter et de Skype, il ne semble plus nécessaire d'insister sur le fait que les équipes ont maintenant accès à de nombreuses technologies utiles qui facilitent la communication et réduisent le besoin de se trouver en face à face. Nous vivons et travaillons à l'ère des messages, des micromessages et des messages textes instantanés, des discussions en ligne, des clavardages vidéo, des visioconférences, etc. Nous pouvons être en réseautage social 24 heures sur 24, sept jours sur sept, tant que le cœur nous en dit. Il n'y a aucune raison pour que les membres d'une équipe ne tirent pas le même profit de ces technologies.

▸ **Réseau de communication virtuel**
Réseau de communication donnant aux membres d'une équipe la possibilité de communiquer par voie électronique tout le temps ou presque

La technologie permet aux équipes d'utiliser les **réseaux de communication virtuels**, qui donnent aux membres la possibilité de communiquer par voie électronique tout le temps ou presque. Dans le travail d'équipe virtuel, la technologie joue le rôle que remplit le coordonnateur dans un réseau de communication centralisé ou le rôle d'un répartiteur électronique omniprésent reliant les membres d'un réseau décentralisé chaque fois qu'ils en ont besoin. Les progrès enregistrés dans le domaine des médias sociaux font constamment évoluer les possibilités. General Electric, par exemple, a mis sur pied une escouade de micromessages « Tweet Squad » pour enseigner aux employés l'utilisation des réseaux sociaux en vue d'améliorer la collaboration interne. L'assureur MetLife a son propre réseau social, metconnect.metlife, inspiré de Facebook et visant à faciliter la collaboration[33].

Comme nous l'expliquions au chapitre précédent, il est évident qu'il faut prendre certaines mesures pour que les équipes virtuelles soient aussi efficaces que possible et que les technologies de la communication soient utilisées de façon optimale. Par exemple, on peut adopter des stratégies de consolidation d'équipe en ligne, afin que les membres fassent connaissance, apprennent quels sont leurs objectifs et arrivent à les circonscrire, afin qu'ils acquièrent également un sentiment de cohésion[34]. En outre, quand on utilise la technologie dans le travail d'équipe, on ne doit pas oublier les protocoles ni les bonnes manières. Par exemple, Richard Anderson, chef de la direction de Delta Airlines, déclare : « Je ne pense pas qu'il soit approprié d'utiliser un BlackBerry pendant une réunion. C'est comme si vous aviez un journal et que vous l'ouvriez au beau milieu de la réunion[35]. » Ne pourrait-on pas dire la même chose de l'envoi de textos, si courant dans nos salles de classe ?

Le processus décisionnel au sein des équipes

▸ **Prise de décision** (ou **processus décisionnel**)
Processus qui consiste à choisir, parmi plusieurs lignes de conduite, un plan d'action visant à régler un problème ou à saisir une occasion

L'une des activités les plus importantes dans un groupe est la **prise de décision** (ou **processus décisionnel**), qui conduit à choisir entre plusieurs lignes de conduite. Nous traiterons ce sujet plus en détail au chapitre 11. Cependant, dans la mesure où le bien-fondé et l'à-propos des décisions et des processus qui y mènent peuvent avoir un effet notable sur l'efficacité d'une équipe, il convient de l'aborder dès maintenant.

LES DIFFÉRENTS MODES DE PRISE DE DÉCISION

Repensez aux nombreuses équipes dont vous avez fait ou dont vous faites encore partie. Comment les principales décisions se prenaient-elles ou se prennent-elles? Souvent, le processus est plus complexe qu'il en a l'air. Edgar Schein, universitaire et conférencier de renommée internationale, a beaucoup travaillé à l'analyse et à l'amélioration des processus décisionnels dans les groupes[36]. Il a observé que ces derniers parviennent à leurs décisions en utilisant l'un ou l'autre des six modes présentés ci-dessous et illustrés dans la **figure 8.6**. Schein n'écarte aucune de ces méthodes, mais montre plutôt que chacune a ses avantages et ses inconvénients.

1. *La décision par absence de réaction* Avec ce mode de prise de décision, les idées se succèdent sans provoquer de véritable discussion. Lorsque l'équipe finit par en accepter une, toutes les autres sont par le fait même abandonnées ou rejetées, non pas au terme d'une analyse critique, mais par simple manque de réaction. C'est souvent à leurs débuts que les équipes recourent à cette méthode, lorsque les nouveaux membres cherchent leur identité et ne se font pas encore suffisamment confiance. Cette méthode est également courante dans les équipes dont les normes de rendement sont faibles et dont les membres ne s'engagent pas suffisamment pour s'intéresser à ce qui se passe. Lorsque les décisions se prennent par absence de réaction, il y a de fortes chances pour que l'équipe prenne une mauvaise direction ou, tout au moins, une direction qui n'est pas la meilleure.
2. *La décision selon la règle de l'autorité* Avec ce mode de prise de décision, le président du comité, le cadre supérieur ou le leader de l'équipe prend la décision au nom de tous les membres, avec ou sans discussion. Ce mode décisionnel a le mérite d'être expéditif. Quant au bien-fondé de la décision, il dépend de la qualité de

FIGURE 8.6 LES SIX MODES DE PRISE DE DÉCISION DES ÉQUIPES

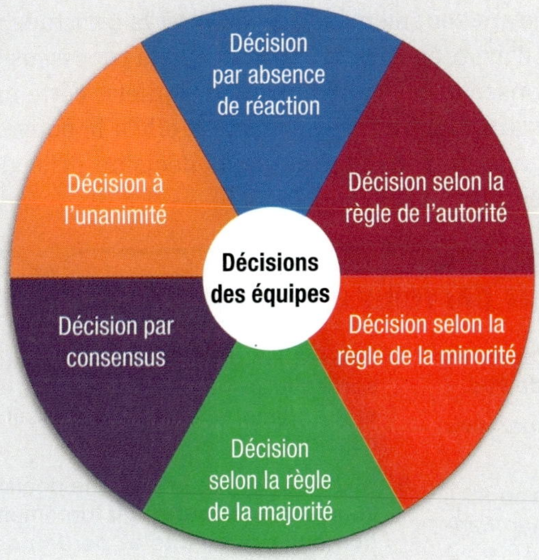

l'information dont dispose la personne qui décide et de l'acceptation de cette façon de faire par l'équipe. Lorsque les décisions sont prises selon cette méthode par une personne qui manque d'expérience ou qui n'a pas l'assentiment des autres membres, des problèmes sont à prévoir.

3. *La décision selon la règle de la minorité* Avec ce mode de prise de décision, une, deux ou trois personnes parviennent à dominer l'équipe et à l'amener à la décision qu'elles favorisent. Le plus souvent, il s'agit pour elles de lancer une suggestion, puis de forcer l'accord des autres membres par des déclarations du genre: «Personne n'a d'objections?... Alors on passe au point suivant!» Si une telle pression ou intimidation peut conduire l'équipe à prendre une certaine direction, les membres ne s'empressent pas de suivre cette dernière, de s'investir pour permettre le succès. Dans ces circonstances, lorsque les difficultés surviennent, l'inertie et la résistance sont courantes.
4. *La décision selon la règle de la majorité* Ce mode de décision est l'un des plus courants, surtout s'il y a des signes avant-coureurs de désaccords. On peut procéder par un vote en bonne et due forme ou par un sondage auprès des membres pour connaître l'opinion majoritaire. Les équipes recourent souvent à cette méthode, inspirée du système démocratique, sans avoir conscience des problèmes qu'elle peut engendrer. Un vote peut en effet faire naître des clans de perdants et de gagnants. La minorité des perdants, qui peut se sentir oubliée, négligée ou injustement traitée, risque de ne pas faire preuve de beaucoup d'enthousiasme dans l'application de la décision des gagnants. Leur frustration peut persister et nuire à l'efficacité du groupe.

Consensus
Décision de groupe appuyée par la plupart des membres et à laquelle les autres acceptent de se rallier

5. *La décision par consensus* Le **consensus** se définit comme une décision de groupe obtenue à la suite de discussions; la solution choisie reçoit l'appui de la plupart des membres, les autres acceptant de s'y rallier. Lorsqu'on parvient à une telle décision, même ceux qui s'opposaient à la position choisie savent qu'ils ont été écoutés et qu'ils ont eu l'occasion d'influer sur le cours des événements. Le consensus n'exige pas qu'on atteigne l'unanimité sur une question. En revanche, il exige que tout membre dissident ait la certitude raisonnable d'avoir pu s'exprimer et d'avoir été écouté[37]. En raison du processus complexe menant à l'atteinte d'un consensus et du temps qu'il requiert, cette méthode de prise de décision peut paraître inefficace. Cependant, elle a le pouvoir d'inciter tous les membres à s'engager fortement afin que la décision prise donne les meilleurs résultats pour l'équipe.

Quelques lignes directrices pour parvenir à un consensus

1. N'argumentez pas aveuglément. Tenez compte des réactions de vos collègues à vos points de vue.
2. Ne changez pas d'idée simplement pour parvenir plus vite à un accord.
3. Ne cherchez pas à masquer ou à éviter les conflits en soumettant la décision au vote, en la marchandant ou en tirant à pile ou face.
4. Essayez d'amener chacun à prendre part au processus décisionnel.
5. Laissez les désaccords se manifester. Faites en sorte que les nouvelles données, les idées neuves et les opinions dissidentes fassent l'objet de discussions.
6. N'envisagez pas la prise de décision comme une compétition aboutissant forcément à une opposition entre gagnants et perdants. Cherchez des solutions qui conviennent à tous.
7. Discutez toutes les hypothèses, écoutez avec attention et encouragez la participation de tous les membres du groupe au processus décisionnel.

6. *La décision à l'unanimité* L'unanimité est probablement la conclusion idéale d'un processus décisionnel, puisque tous les membres de l'équipe sont alors entièrement d'accord avec la décision prise. C'est un mode de décision collective *parfaitement logique* et *logiquement parfait*, mais qu'il n'est pas toujours facile de suivre dans la pratique, en milieu professionnel. La difficulté de gérer le fonctionnement du groupe jusqu'à ce qu'il parvienne au consensus ou à l'unanimité explique que les équipes prennent parfois leurs décisions selon les règles de l'autorité, de la majorité ou même de la minorité[38].

LES AVANTAGES ET LES INCONVÉNIENTS DE LA PRISE DE DÉCISION COLLECTIVE

Tout comme dans le cas des réseaux de communication, les équipes les plus efficaces ne se limitent pas, en tout temps et en toutes circonstances, à un seul des modes de prise de décision que nous avons décrits. Elles préfèrent plutôt s'adapter aux circonstances, changer de méthode selon le contexte et la nature du problème, choisir chaque fois celle qui convient le mieux. Dans notre cas, par exemple, nous ne nous plaignons jamais lorsque la directrice du département prend la décision, selon la règle d'autorité, d'organiser une réception pour accueillir les nouveaux étudiants, en début d'année scolaire, ou demande aux membres du corps professoral de voter une nouvelle politique sur les voyages. Cependant, nous serons prêts à critiquer sa décision si elle concerne l'engagement d'un nouvel enseignant, car nous croyons que cette décision doit se prendre par consensus.

La directrice du département de notre exemple, comme tout chef d'équipe, doit utiliser la méthode de prise de décision qui convient le mieux au problème ou à la situation du moment, ce qui ne va pas sans une bonne compréhension des avantages et des inconvénients de la décision collective[39].

Voici les principaux avantages de la prise de décision collective, par consensus ou à l'unanimité.

- *La quantité d'information* L'équipe dispose d'une plus grande somme de connaissances et d'expertise pour résoudre le problème.
- *La diversité des options* L'équipe explore un plus grand nombre de voies, ce qui évite l'étroitesse de vues.
- *La compréhension et le consentement* Les membres de l'équipe comprennent et acceptent mieux la décision retenue.
- *L'engagement* Les membres de l'équipe se sentent plus engagés relativement à la décision et sont donc plus motivés à contribuer à sa mise en œuvre.

Cela dit, la prise de décision collective comporte également des inconvénients, notamment les suivants.

- *La pression des pairs* Les membres peuvent se sentir obligés d'acquiescer à ce que l'équipe semble souhaiter.
- *La prédominance d'une minorité* Un individu ou un clan peut imposer ses vues à l'équipe ou la manipuler pour l'amener à la décision qu'il favorise.
- *Le temps requis* La participation d'un grand nombre de personnes aux discussions ralentit le processus décisionnel; les décisions collectives exigent généralement plus de temps que les décisions individuelles.

LA PENSÉE DE GROUPE

▶ **Pensée de groupe**
Tendance, chez les membres de groupes à la cohésion très forte, à perdre tout sens critique

Le psychologue social Irving Janis a constaté un problème potentiel majeur dans la prise de décision collective: la **pensée de groupe**, c'est-à-dire la tendance, chez les membres de groupes à la cohésion très forte, à perdre tout sens critique[40]. Selon lui, la cohésion d'une équipe exige un degré élevé de conformisme, de sorte que ses membres finissent par être peu disposés à critiquer les idées et les suggestions des autres. Le désir de préserver leur cohésion et d'éviter les différends les pousse à privilégier l'obtention d'accords au détriment de l'analyse critique, ce qui peut donner lieu à des décisions peu judicieuses.

Janis estime que la pensée de groupe n'est pas étrangère au désastre qu'a entraîné le manque de préparation des forces armées américaines à Pearl Harbor, en 1941. On a également relié ce phénomène à certaines décisions du gouvernement américain durant la guerre du Viêtnam, aux événements qui ont conduit à l'explosion des navettes spatiales Challenger et Columbia, ainsi qu'aux erreurs commises par les services de renseignements américains concernant la présence d'armes de destruction massive en Irak. En vous remémorant vos propres expériences, vous trouverez probablement d'autres exemples d'équipes bien intentionnées qui ont fini par faire de mauvais choix.

Tout chef ou membre d'une équipe devrait rester à l'affût des symptômes suivants, courants dans les équipes sujettes à la pensée de groupe[41].

- *L'illusion d'invulnérabilité* Les membres pensent être à l'abri de toute critique et de toute attaque.
- *La rationalisation des données désagréables ou contradictoires* Les membres refusent d'accepter les données contradictoires ou d'examiner attentivement les diverses possibilités.
- *La croyance en la moralité inhérente au groupe* Les membres pensent que la décision qui a été prise est la bonne et qu'elle ne peut faire l'objet d'aucune critique venant de l'extérieur.
- *La perception des adversaires comme étant faibles, méchants et stupides* Les membres refusent d'avoir une vision réaliste des autres groupes.
- *Les pressions directes sur les déviants, afin de les obliger à se conformer aux désirs du groupe* Les membres refusent de tolérer quiconque laisse entendre que l'équipe pourrait avoir tort.
- *L'autocensure* Les membres refusent de communiquer leurs préoccupations à l'ensemble de l'équipe.
- *L'illusion d'unanimité* Les membres acceptent prématurément un consensus, sans en vérifier le bien-fondé.
- *La protection* Les membres protègent l'équipe des idées dérangeantes ou des points de vue de personnes extérieures.

La pensée de groupe constitue indéniablement une menace sérieuse pour la qualité de la prise de décision collective. Les leaders et les membres des groupes doivent en guetter les signes précurseurs et, surtout, prendre des mesures préventives pour s'en prémunir[42]. L'encadré ci-contre présente un certain nombre de mesures qui permettent d'éviter la pensée de groupe, ou tout au moins d'en réduire la fréquence. Conscient de cette nécessité, le président Kennedy préférait s'absenter de certaines discussions stratégiques de son cabinet à l'époque de l'épisode des missiles cubains. Il voulait ainsi que les membres de son cabinet donnent libre cours à leurs critiques, sans se demander ce que le président souhaiterait entendre et sans être tentés de lui donner implicitement raison. Selon certaines sources, cette précaution aurait facilité les discussions et l'ensemble du processus décisionnel qui ont permis de résoudre cette crise.

Mesures à prendre pour éviter la pensée de groupe

- Confiez à chaque membre de l'équipe un rôle d'évaluateur critique.
- Demandez au leader de ne pas montrer de partialité en faveur d'une position.
- Créez des sous-groupes pour qu'ils travaillent à un même problème.
- Demandez aux membres de consulter des personnes extérieures et de faire part à l'équipe de l'avis de ces dernières.
- Invitez des experts à observer et à commenter le fonctionnement de l'équipe.
- À chaque séance de travail, demandez à l'un des membres de l'équipe de jouer l'avocat du diable.
- Rédigez divers scénarios sur les intentions possibles des équipes concurrentes.
- Quand un consensus semble se dégager, tenez une «réunion de la dernière chance».

LES TECHNIQUES D'AIDE À LA PRISE DE DÉCISION COLLECTIVE

Pour tirer profit de tout ce que peut apporter l'équipe dans la prise de décision, il faut éviter la pensée de groupe et gérer la dynamique de groupe de façon à en réduire les inconvénients et à en maximiser les avantages[43]. Le dirigeant doit, tout particulièrement, se méfier des problèmes de fonctionnement qu'entraînent souvent les séances de discussions libres sur un problème donné, au cours des délibérations d'un comité ou des réunions d'une équipe. Dans de tels contextes, la pression des pairs vers la conformité, la prédominance d'un membre ou d'un clan et même l'atmosphère tendue des débats peuvent détourner l'équipe de son objectif premier. Dans certains cas, il peut s'avérer judicieux de recourir à des techniques d'aide à la prise de décision collective[44].

LE REMUE-MÉNINGES

Au cours d'une séance de **remue-méninges**, on invite tous les membres de l'équipe à émettre le plus d'idées et de suggestions possible, rapidement et sans se censurer. Cette approche repose sur quatre règles essentielles.

> **Remue-méninges**
> Technique d'aide à la prise de décision collective fondée sur la libre expression du plus grand nombre possible d'idées, sans critiques immédiates

1. *L'absence de critiques* Les membres doivent s'abstenir de commenter ou de critiquer les idées émises tant que le processus n'est pas terminé.
2. *L'absence de censure* Comme le remue-méninges repose sur l'imagination et la créativité, chaque membre de l'équipe doit se sentir libre d'émettre les idées les plus radicales ou les plus étranges.
3. *La multiplicité des idées* On cherche à obtenir le plus grand nombre possible d'idées en tablant sur le fait que l'une d'entre elles se démarquera.
4. *La réflexion en escalade* On encourage chacun à reprendre les idées des autres et à les améliorer en les poussant plus loin ou en les combinant.

Cette technique de mise en commun des facultés créatrices des membres d'une équipe favorise l'enthousiasme et l'engagement de tous, ainsi qu'une circulation des idées fort utile à la résolution des problèmes.

LA TECHNIQUE DU GROUPE NOMINAL

Technique du groupe nominal
Technique d'aide à la prise de décision collective qui, s'appuyant sur des règles précises, permet à tous les membres de l'équipe d'émettre leurs idées indépendamment les uns des autres, pour les faire émerger et les hiérarchiser

Toute équipe traverse des périodes durant lesquelles les opinions des membres divergent à tel point que les discussions libres débouchent sur des désaccords et des conflits. En outre, la taille de l'équipe peut rendre difficile la gestion des séances de remue-méninges et de discussions libres. Dans de tels cas, le gestionnaire peut judicieusement avoir recours à la **technique du groupe nominal**[45]. Cette technique d'aide à la prise de décision collective permet à tous les membres de l'équipe d'émettre leurs idées en face à face ou virtuellement, indépendamment les uns des autres. Ainsi, chaque individu répond individuellement et par écrit à une *question nominale*, par exemple : « Que devrait-on faire pour améliorer la productivité de notre équipe ? » Il s'agit de noter le plus grand nombre possible d'idées et de suggestions. Puis, on fait un tour de table pour que chaque membre de l'équipe fasse connaître ses réponses, qu'on consigne au fur et à mesure sur de grandes feuilles de papier ou, électroniquement, dans une base de données.

Aucune critique n'est permise, mais l'animateur autorise les questions de clarification. Un nouveau tour de table permet également aux participants de préciser leurs idées, s'il y a lieu. Là encore, les critiques ne sont pas permises, l'objectif n'étant que de s'assurer que tous comprennent les tenants et les aboutissants de ce qui est suggéré. Enfin, à la suite d'un vote, on dresse une liste hiérarchisée des meilleures réponses à la question nominale. Cette technique permet d'évaluer les idées sans que les problèmes d'inhibition, de conflits et de distorsion pouvant surgir au cours de discussions libres interfèrent.

LA TECHNIQUE DELPHI

Technique Delphi
Technique d'aide à la prise de décision collective qui repose sur une série de questionnaires distribués à de nombreux décideurs et qui vise à faire émerger un consensus

Cette troisième approche de la prise de décision collective a été conçue par Olaf Helmer et utilisée par la Rand Corporation lorsque les membres de ses équipes éprouvaient de la difficulté à se réunir. La **technique Delphi** repose sur une série de questionnaires distribués à un groupe de décideurs. Ainsi, on envoie aux participants un premier questionnaire énonçant le problème. Un coordonnateur synthétise les réponses reçues, puis transmet son résumé analytique accompagné d'un questionnaire de suivi aux participants. Ces derniers répondent. Et le processus se répète jusqu'à ce qu'un consensus émerge et qu'on parvienne à une décision claire.

La technique Delphi a le mérite d'aider à la prise de décision collective dans des situations où les membres de l'équipe ne peuvent pas se rencontrer. Cependant, certains de ses détracteurs lui reprochent de ne pas permettre aux participants d'expliquer ni de justifier leurs positions.

GUIDE de révision

RÉSUMÉ

QU'EST-CE QUI CARACTÉRISE LES ÉQUIPES HAUTEMENT PERFORMANTES ET COMMENT PEUVENT-ELLES ÊTRE MISES EN PLACE ?

- La consolidation d'équipe est une démarche faite en collaboration, qui vise l'amélioration des processus de l'équipe et de son rendement.
- L'équipe hautement performante se caractérise par des valeurs fondamentales solides, des objectifs de rendement précis et une bonne combinaison de compétences ; de plus, elle fait preuve de créativité.
- Le processus de consolidation d'équipe consiste en une série d'actions planifiées visant à recueillir et à analyser des données sur le fonctionnement d'une équipe, puis à amorcer des changements pour faciliter la collaboration entre les membres et améliorer l'efficacité opérationnelle de l'équipe.
- La consolidation d'équipe est un processus participatif, qui repose sur l'engagement de tous les coéquipiers dans la recherche de solutions aux problèmes et dans l'application des mesures adoptées.

COMMENT AMÉLIORER LES MODES DE FONCTIONNEMENT D'UNE ÉQUIPE ?

- Qu'il s'agisse de former une équipe ou d'ajouter une ou plusieurs personnes à une équipe déjà constituée, l'intégration des nouveaux membres pose souvent problème.
- Les activités de leadership liées aux tâches consistent, notamment, à susciter des discussions, à résumer leur contenu et à participer à l'élaboration du plan de travail de l'équipe. Quant aux activités de leadership liées aux relations, elles consistent, notamment, à stimuler la participation, à souligner la contribution de tel ou tel coéquipier et à entretenir les liens sociaux qui forment le tissu de l'équipe.
- Le leadership partagé se définit comme la responsabilité collective, partagée entre tous les membres, quant à la satisfaction des besoins de leur équipe en matière de tâches et de relations harmonieuses. Les membres partagent également la responsabilité d'éviter les comportements perturbateurs, c'est-à-dire les comportements qui nuisent au fonctionnement collectif.
- Un coéquipier peut connaître des problèmes de rôle s'il doit faire face à des attentes ambiguës, contradictoires, trop exigeantes ou trop peu exigeantes.
- Les normes d'une équipe, c'est-à-dire les règles de conduite ou les critères de comportement que se fixent ses membres, peuvent avoir un effet considérable sur le fonctionnement et sur les résultats communs.
- Les membres d'une équipe dont la cohésion est très forte apprécient le fait d'appartenir au groupe et se montrent très loyaux à son égard ; en outre, ils ont tendance à se conformer à ses normes.

- La situation idéale, pour un gestionnaire, est d'avoir une équipe dont la cohésion est très forte et qui a adopté des normes positives. La pire situation est d'être aux prises avec une équipe dont la cohésion est très forte, mais qui a adopté des normes négatives.
- La dynamique interéquipes correspond à l'ensemble des phénomènes relationnels qui se produisent entre deux équipes ou plus.

COMMENT AMÉLIORER LA COMMUNICATION AU SEIN D'UNE ÉQUIPE ?

- Selon les exigences des tâches à accomplir, les contraintes et les circonstances, les équipes en milieu organisationnel travaillent selon différents modèles d'interaction et de réseau de communication et recourent à différents modes de prise de décision.
- Les équipes interactives utilisent un réseau de communication décentralisé. C'est le modèle qui convient le mieux aux tâches complexes et non routinières.
- Les équipes d'action parallèle utilisent un réseau de communication centralisé. C'est le modèle qui convient le mieux aux tâches simples, qu'on peut aisément uniformiser ou diviser.
- Les équipes de neutralisation passent par un réseau de communication restreint. C'est le modèle qui apparaît en cas de désaccord entre des sous-groupes.
- Un choix éclairé en matière de proxémie, c'est-à-dire d'utilisation de l'espace, peut aider une équipe à améliorer la communication entre ses membres.
- Les technologies de l'information et de la communication, allant des messages instantanés aux groupes de discussion sur vidéo et aux visioconférences, contribuent à l'amélioration de la communication entre les membres d'une équipe, lorsqu'elles sont bien utilisées.

COMMENT LES DÉCISIONS SE PRENNENT-ELLES DANS UNE ÉQUIPE ?

- Une équipe peut prendre une décision par absence de réaction, selon la règle de l'autorité, selon la règle de la majorité, selon la règle de la minorité, par consensus ou à l'unanimité.
- Les principaux avantages de la prise de décision collective sont la quantité d'information réunie, la diversité des options, une meilleure compréhension de la décision et un engagement plus marqué des membres à l'égard de la décision.
- Les principaux inconvénients de la prise de décision collective sont la pression des pairs pour que tous adhèrent à l'opinion générale, la prédominance d'une minorité et le temps requis.
- La pensée de groupe est la tendance, chez les membres de groupes dont la cohésion est très forte, à perdre tout sens critique.
- Il existe plusieurs techniques d'aide à la prise de décision collective, notamment le remue-méninges, la technique du groupe nominal et la technique Delphi.

MOTS CLÉS

Activité de leadership liée aux relations	p. 252
Activité de leadership liée aux tâches	p. 251
Ambiguïté de rôle	p. 253
Cohésion	p. 257
Comportement perturbateur	p. 252
Conflit de rôle	p. 253
Consensus	p. 266
Consolidation d'équipe	p. 247
Dynamique interéquipes	p. 260
Insuffisance de rôle	p. 253
Leadership partagé	p. 251
Négociation des rôles	p. 254
Norme	p. 254
Norme de rendement	p. 255
Pensée de groupe	p. 268
Prise de décision (ou processus décisionnel)	p. 264
Proxémie	p. 263
Règle de la conformité aux normes	p. 257
Remue-méninges	p. 269
Réseau de communication centralisé	p. 263
Réseau de communication décentralisé	p. 262
Réseau de communication restreint	p. 263
Réseau de communication virtuel	p. 264
Rôle	p. 252
Surcharge de rôle	p. 253
Technique Delphi	p. 270
Technique du groupe nominal	p. 270

ÉVALUATION DES CONNAISSANCES

MonLab
Évaluation des connaissances
questions interactives

QUESTIONS À CHOIX MULTIPLE

1. L'une des principales caractéristiques d'une véritable équipe est ________ **a)** sa grande taille. **b)** sa composition homogène. **c)** sa protection contre toute influence externe. **d)** le sentiment de responsabilité collective éprouvé par ses membres.
2. Fondamentalement, le processus de consolidation d'équipe peut se définir comme un processus participatif, axé sur la collecte de données et ________ **a)** sur les solutions à apporter aux problèmes cernés. **b)** sur le leader. **c)** sur les processus cernés. **d)** dysfonctionnel.
3. Le coéquipier qui fait face à un dilemme éthique lié à un conflit entre ses propres valeurs et les attentes de son équipe vit ce qu'on appelle ________ **a)** le conflit entre la personne et le rôle qu'elle doit tenir. **b)** le conflit de rôle créé par un seul émetteur. **c)** le conflit de rôle créé par plusieurs émetteurs. **d)** le conflit entre les divers rôles d'une même personne.
4. Le commentaire «Dans notre équipe, personne ne ménage ses efforts» est un exemple de norme ________ **a)** en matière de soutien et d'assistance mutuelle. **b)** en matière de réalisations. **c)** en matière de fierté organisationnelle. **d)** en matière d'amélioration personnelle.
5. Les équipes dont la cohésion est très forte sont généralement portées à ________ **a)** être néfastes pour l'organisation. **b)** être bénéfiques pour leurs membres. **c)** accroître la paresse sociale de leurs membres. **d)** présenter un fort taux de rotation de leurs membres.

6. Un bon moyen pour renforcer la cohésion d'une équipe consiste à ________ **a)** augmenter sa taille. **b)** accroître la diversité de ses membres. **c)** l'isoler des autres équipes de l'organisation. **d)** diminuer les exigences en matière de rendement.
7. Un coéquipier qui résume bien le contenu des discussions, suggère de nouvelles solutions et clarifie les propositions des autres assume ce qu'on appelle des activités ________ **a)** prescrites. **b)** perturbatrices. **c)** de leadership liées aux tâches. **d)** de leadership liées aux relations.
8. Se montrer agressif, faire des blagues déplacées, trop parler de sujets sans importance au cours d'une réunion, voilà autant d'exemples ________ **a)** de comportements perturbateurs. **b)** d'activités de leadership liées aux relations. **c)** d'activités de leadership liées aux tâches. **d)** de dynamique des rôles.
9. Si vous entendiez un employé d'une banque locale affirmer «ici, nous avons l'habitude de défendre la banque contre les accusations injustes», vous pourriez présumer que les employés de cet établissement ont adopté de solides normes en matière ________ **a)** de soutien et d'assistance mutuelle. **b)** de fierté personnelle et organisationnelle. **c)** d'éthique. **d)** d'amélioration et de changement.
10. Lorsqu'on sait que la cohésion d'une équipe de travail est très forte, on peut s'attendre à ________ **a)** un rendement très élevé. **b)** un degré élevé de satisfaction parmi ses membres. **c)** des normes positives en matière de réalisations. **d)** une concordance de statut.
11. Lorsque deux équipes entrent en compétition, on peut s'attendre à ________ au sein de chacune d'elles. **a)** une plus grande cohésion **b)** une plus forte contestation des directives du leader **c)** une diminution de l'attention et de l'énergie consacrées aux tâches **d)** une augmentation des conflits
12. Une équipe d'action parallèle utilise un réseau de communication ________ **a)** interactif. **b)** décentralisé. **c)** centralisé. **d)** restreint.
13. Un problème complexe sera traité plus efficacement par une équipe utilisant un réseau de communication ________ **a)** tous azimuts. **b)** radial. **c)** électronique. **d)** linéaire.
14. Laquelle des stratégies suivantes est recommandée pour éviter la pensée de groupe? **a)** S'assurer que le leader exprime clairement ses opinions. **b)** Placer le groupe à l'abri de toute influence extérieure. **c)** À chaque séance de travail, demander à l'un des membres du groupe de jouer l'avocat du diable. **d)** Éviter que des sous-groupes travaillent à un même problème.
15. Lorsque l'application d'une décision requiert un engagement élevé de la part des membres, il vaut mieux que cette décision se prenne ________ **a)** selon la règle de l'autorité. **b)** selon la règle de la majorité. **c)** par consensus. **d)** selon la règle de la minorité.

QUESTIONS À RÉPONSE BRÈVE

16. En quoi consiste le processus de consolidation d'équipe?
17. Comment le responsable d'une équipe peut-il contribuer à l'adoption de normes collectives positives?

18. Comment la cohésion d'une équipe et le respect de ses normes influent-ils sur son rendement ?

19. En quoi la compétition entre deux ou plusieurs équipes peut-elle nuire à l'organisation ?

QUESTION À DÉVELOPPEMENT

20. Depuis quelque temps, Alejandro Puron, leader actuel d'un groupe de travail de son organisation sur la diversité, est placé devant un dilemme. L'un des membres soutient que l'équipe devrait toujours parvenir à des recommandations unanimes, « sinon, dit-il, nous n'aurons pas de véritable consensus ». Alejandro, lui, estime que l'unanimité, bien que souhaitable, n'est pas toujours nécessaire pour obtenir un consensus. Pour trancher la question, il fait appel à vous, qui êtes consultant en gestion et spécialiste des équipes en milieu organisationnel. Qu'allez-vous lui dire ? Justifiez votre réponse.

LE CO DANS LE FEU DE L'ACTION

Pour ce chapitre, nous vous suggérons les activités suivantes du *Cahier d'apprentissage en CO* (voir p. C1).

Études de cas	Exercices	Autoévaluation
15. Les écuries de la NASCAR 16. Le cas de la nouvelle cage	11. Travail d'équipe et motivation 20. Consolidation d'équipe : la chasse aux trésors 21. Dynamique d'une équipe de travail 22. Détermination des normes d'équipe 23. La culture d'une équipe de travail 24. La chaise vide	9. L'efficacité d'une équipe

Partie 4

Les processus interpersonnels et la dynamique d'équipe

Le pouvoir et le jeu politique

Quand les gens décident de travailler pour une organisation donnée, ils le font pour des raisons et en fonction d'objectifs qui leur sont propres. Il en découle que chaque travailleur défend ses intérêts personnels dans la structure hiérarchique où il évolue. Nous verrons dans ce chapitre que l'analyse du pouvoir et du jeu politique qui s'exercent au sein des organisations peut apporter un éclairage crucial sur le comportement humain dans un contexte organisationnel

Chapitre

9

OBJECTIFS D'APPRENTISSAGE

Après l'étude de ce chapitre, vous devriez pouvoir :

- Discuter du pouvoir et de l'influence en milieu organisationnel.
- Distinguer les diverses sources de pouvoir et d'influence au sein d'une organisation.
- Expliquer ce qu'est le processus d'habilitation du personnel.
- Définir ce qu'est le « jeu politique » en milieu organisationnel.

Influer sur le cours des choses, tout en poursuivant ses propres objectifs.

PLAN DU CHAPITRE

« Je veux avoir un impact sur la société »

Lucie Dumas est la preuve que l'on peut concilier admirablement compassion, innovation et saine gestion. Depuis 12 ans directrice générale du Centre de réadaptation Estrie (CRE), elle a su mobiliser les ressources humaines de son établissement pour faire de ce dernier le chef de file québécois de l'humanisation des soins et du management, une vision d'envergure qui guide également son rôle de PDG du Réseau Planetree Québec. Elle jette un regard lucide sur son engagement, à même d'inspirer les gestionnaires souvent tiraillés entre gestion humaine et profitabilité. [...]

Les avantages de ce modèle de soins [Planetree] sont nombreux. On a par exemple constaté que les médecins qui faisaient le moins souvent l'objet de poursuites étaient ceux qui prenaient le temps d'écouter leurs patients et de faire preuve d'empathie à leur égard. Toute organisation affiliée à Planetree privilégie l'*empowerment* de l'individu, c'est-à-dire sa responsabilisation. Par exemple, le fait que toute personne ait l'accès à l'information contenue dans son dossier médical lui permet de faire des choix et de prendre des décisions éclairées. Fidèle à l'approche de l'association, nous travaillons également sur les attitudes et sur les comportements de nos employés en nous assurant que leur contribution quotidienne est en phase avec les valeurs de l'établissement. Nous déployons beaucoup d'énergie, notamment au chapitre des communications stratégiques, afin d'avoir une vision et un idéal clairs. Jusque-là, au CRE, nous avions une foule de bonnes idées ; l'ouverture et l'innovation faisaient partie de nos valeurs, mais cela ne formait pas un tout. Avec le modèle Planetree, nous avons trouvé le fil conducteur que nous cherchions. Avoir un projet d'organisation, un but, est important. [...]

... le fait que toute personne ait l'accès à l'information... lui permet de faire des choix et de prendre des décisions éclairées.

Résultat : nous avons implanté des mesures d'impact concernant l'expérience client, les ressources humaines, le transfert de connaissances et le travail clinique. Et nous avons adopté cinq principes de décision : la qualité des relations interpersonnelles, l'empowerment, l'organisation citoyenne, la personne dans sa globalité et les environnements propices au bien-être. [...]

Au CRE, nous nous y prenons différemment des autres employeurs quand nous rencontrons des candidats en entrevue. Nous informons ceux-ci des attitudes et comportements que nous recherchons aussi bien que des tâches et des fonctions reliées au poste. Il est facile d'évaluer la formation des candidats, c'est pourquoi nous nous intéressons davantage à leurs choix de carrière et à leurs valeurs personnelles.

Une fois qu'ils sont embauchés, nous laissons de la latitude aux employés et nous encourageons leur contribution à l'innovation. À cette fin, j'ai mis à leur disposition un budget consacré à l'innovation. Je leur ai demandé de proposer des projets novateurs, qui vont de l'amélioration de l'accès à l'information pour la clientèle à des stratégies d'attraction et de rétention du personnel. Dans une organisation saine, l'information et l'échange d'idées doivent se faire dans les deux sens. Si nous n'écoutons pas le personnel lorsqu'il a quelque chose à dire, il le dira ailleurs et nous n'aurons pas accès à cette information. [...]

Source : Lucie Dumas, « Je veux avoir un impact sur la société », *Premium*, novembre-décembre 2010, p. 40-46. Propos recueillis par Michel Coulombe.

Le pouvoir et l'influence en milieu organisationnel

Sans influence, ni les organisations ni les individus ne peuvent accomplir grand-chose. Pourtant, on nous a tous mis en garde contre les excès de pouvoir. Pendant votre carrière au sein d'une organisation, il vous faudra perfectionner et utiliser de plus en plus largement votre aptitude à faire avancer les choses. Il vous faudra aussi acquérir de plus en plus de pouvoir et exercer votre influence. Dans le domaine du comportement organisationnel, on reconnaît que le pouvoir et le jeu politique sont déterminés par le degré d'interdépendance entre les individus[1]. Si les travailleurs poursuivent leurs propres objectifs au sein des organisations, ils doivent aussi tenir compte des intérêts et des attentes des autres[2]. Il n'y a jamais assez de ressources – argent, personnel, temps ou autorité – pour répondre aux besoins de chacun. Il faut donc faire des choix. L'analyse des choix concernant ceux qui « gagneront » ces ressources ou ces récompenses et concernant les moyens à employer pour gagner celles-ci est au cœur du pouvoir et du jeu politique dans la vie d'une organisation.

Tout au long de ce chapitre, nous examinerons le double visage du pouvoir et du jeu politique. D'une part, ces derniers constituent des outils organisationnels importants que tout gestionnaire doit utiliser à bon escient pour que le travail soit fait. Le nombre de « gagnants » sera d'autant plus élevé que le gestionnaire parviendra à mettre au jour les situations dans lesquelles les intérêts de l'organisation et les intérêts personnels de ses membres sont compatibles. D'autre part, le pouvoir et le jeu politique constituent parfois le côté sombre de la gestion, du fait que les organisations ne sont pas, à l'instar des démocraties, fondées sur le partage égal du pouvoir entre les personnes. Certaines d'entre elles ont, en effet, beaucoup plus de poids que d'autres. Les batailles pour l'obtention de ressources ou de récompenses font des gagnants et des perdants. Les gestionnaires peuvent souvent percevoir un « écart de pouvoir » lorsqu'ils doivent répondre à des demandes antagonistes, trop nombreuses pour qu'ils puissent toutes les satisfaire. Ils doivent alors privilégier certains intérêts au détriment des autres[3]. Cependant, les plus avisés savent aussi reconnaître les occasions qui leur permettront d'accroître leur pouvoir et leur réussite.

En comportement organisationnel, le **pouvoir** se définit, selon la perspective, soit comme la capacité d'amener autrui à faire ce qu'on lui demande ou ce qu'on veut, soit comme la capacité d'influer sur le cours des événements. Son essence réside dans la capacité de maîtrise du comportement d'autrui qu'a celui ou celle qui le détient[4]. Le pouvoir ne peut s'exercer qu'au sein d'une relation directe ou indirecte entre deux personnes.

> **Pouvoir**
> Selon la perspective :
> (1) capacité d'amener autrui à faire ce qu'on lui demande ou ce qu'on veut ;
> (2) capacité d'influer sur le cours des événements

Tandis que le pouvoir est la force à laquelle un individu recourt pour faire en sorte que les choses se passent comme il le désire, l'**influence** est l'effet qu'a sur autrui l'exercice de cette force, de ce pouvoir par un individu, ou la réaction comportementale à l'exercice du pouvoir. Ce chapitre s'intéresse aux aspects sous-jacents de l'exercice des diverses sources de pouvoir. Le suivant traitera du leadership en montrant comment cette forme particulière d'influence interpersonnelle est toute désignée pour influer sur le cours des choses.

> **Influence**
> Effet qu'a sur autrui l'exercice du pouvoir par un individu, ou réaction comportementale à l'exercice du pouvoir

L'INTERDÉPENDANCE, LA LÉGITIMITÉ ET LE POUVOIR

Le pouvoir repose essentiellement sur l'interdépendance. Le sort de chacun des membres d'une organisation est déterminé par les agissements des autres, du moins en partie. Tous sont, dans une certaine mesure, interdépendants. Bien entendu, les personnes entretiennent des liens particulièrement étroits avec les membres de leur équipe de travail, avec les membres d'équipes connexes et avec leurs supérieurs immédiats. Dans les organisations modernes, cette interdépendance, et dès lors le pouvoir et le jeu politique, s'appuient sur un système d'autorité et de contrôle[5]. Par ailleurs, les organisations bénéficient d'un appui social qui les incite à vouloir atteindre des objectifs légitimes par des moyens légitimes.

Dans la plupart des organisations, la légitimité du pouvoir repose sur des coutumes et des conventions sociales implicites, qui servent à maintenir l'ordre social. Depuis l'enfance jusqu'à la retraite, les individus apprennent à obéir à une « autorité supérieure ». Dans les diverses sociétés, celle-ci ne s'appuie pas toujours sur des fondements bureaucratiques ou organisationnels, mais plutôt sur la personne qui a une autorité morale, comme le chef de la tribu ou un chef religieux. Par ailleurs, dans la plupart des organisations occidentales, l'autorité supérieure correspond aux personnes situées au sommet ou près du sommet de la structure pyramidale. La légitimité de ces dernières découle de leur position de représentants des divers groupes d'employés. Quant à l'importance des actionnaires, elle s'explique par le fait qu'ils représentent les assises de notre système économique capitaliste.

Certains cadres supérieurs invoquent des raisons éthiques et sociales pour justifier le rôle qu'ils jouent en tant que figures d'autorité, figures qui constituent le fondement du pouvoir dans leur établissement. Prenons l'exemple de Northwestern Mutual, le plus important fournisseur direct d'assurance vie individuelle des États-Unis. Les clients sont les réels propriétaires de cette société. Dans cette mutuelle, les options d'achat d'actions ne sont jamais octroyées aux cadres supérieurs, et les dividendes sont plutôt distribués aux clients. L'ancien chef de la direction, Edward J. Zore, a déclaré, en tant que représentant des clients : « Chez nous, la mutualité témoigne de l'équité et du respect de principes solides. » Sur la base de ces principes, Northwestern Mutual avait décidé de se priver des profits à court terme que d'autres établissements cherchaient à tirer des produits dérivés des hypothèques, juste avant que la récente crise financière ne frappe l'industrie de l'assurance. Au lieu de suivre docilement le troupeau et de viser des profits élevés à court terme pour assurer son essor et sa prospérité, Northwestern Mutual a opté pour une autre voie, plus sûre quoique moins spectaculaire.

Toutefois, les fondements éthiques et sociaux du pouvoir ne suffisent pas à faire en sorte que les individus appliquent les ordres de leurs supérieurs hiérarchiques, s'ils ne sont pas disposés à obéir.

L'OBÉISSANCE

Comme nous l'avons souligné, le pouvoir est la capacité d'influer sur le comportement d'autrui. L'autorité, elle, est la capacité d'exercer le pouvoir issue de la légitimité donnée par la position hiérarchique. Mais pourquoi les subordonnés devraient-ils se plier d'emblée à l'autorité ou au *droit de commander* d'un supérieur hiérarchique ? À supposer que les subordonnés consentent à obéir, qu'est-ce qui détermine les limites de leur obéissance ?

Le mythe de l'indépendance et de l'individualisme effréné des Nord-Américains est si fermement enraciné que nous devons nous arrêter à la question suivante : comment se fait-il que la plupart d'entre nous soient manifestement disposés à obéir aux ordres ? Une analyse des fameuses études de Stanley Milgram nous aidera à mieux comprendre le phénomène de l'obéissance[6]. Au début des années 1960, Milgram a conçu une expérience visant à établir dans quelle mesure les gens sont prêts à obéir aux ordres émis par une figure d'autorité tout en sachant que, ce faisant, ils mettent en danger la vie d'une autre personne. Les sujets, des hommes de 20 à 50 ans, exerçaient des métiers divers (ingénieur, vendeur, enseignant, ouvrier, etc.). Ils recevaient un dédommagement symbolique en contrepartie de leur participation à cette recherche.

Les responsables de l'expérience ont fait croire aux sujets que l'étude consistait à évaluer les effets de la punition sur l'apprentissage, ce qui n'était évidemment pas le cas. Les sujets jouaient le rôle de *professeur*. Un *élève*, un compère de Milgram, était attaché à une chaise dans une pièce voisine, avec une électrode fixée au poignet. Un *chercheur*, autre compère de Milgram, portait la blouse blanche du scientifique. D'une mine impassible, et même sévère, il ordonnait au professeur de lire à l'élève une liste de paires de mots. Le professeur devait ensuite relire le premier mot d'une paire ainsi que quatre autres termes, afin que l'élève lui désigne lequel des quatre derniers termes était apparié au premier dans la liste initiale. Pour répondre, l'élève devait appuyer sur un bouton qui faisait clignoter un voyant sur le tableau de commandes devant lequel le professeur était assis.

Le professeur avait reçu comme instruction d'administrer une décharge électrique à l'élève en cas de réponse erronée et d'augmenter l'intensité des décharges à chaque mauvaise réponse. Il manipulait des interrupteurs censés envoyer des décharges de 15 à 450 volts; ces chiffres étaient clairement indiqués sur le tableau de commandes. En réalité, l'élève ne recevait pas de décharge électrique; il jouait la comédie, commettant volontairement de nombreuses erreurs et réagissant de plus en plus vivement aux décharges reçues, en fonction de leur intensité supposée.

Si le professeur (en fait, le véritable sujet de l'expérience) refusait d'administrer une décharge, le chercheur recourait successivement à quatre exhortations pour le convaincre de se conformer aux consignes: (1) «Continuez, je vous prie»; (2) «Pour les besoins de l'expérience, vous devez continuer»; (3) «Il est absolument indispensable que vous continuiez»; (4) «Vous n'avez pas le choix, vous devez continuer». Si le professeur refusait encore après la quatrième exhortation, l'expérience prenait fin. À votre avis, à quel stade les professeurs, c'est-à-dire les sujets de l'expérience, se sont-ils rebellés?

C'est la question que Milgram a posée à certains de ses étudiants et de ses collègues. La plupart ont répondu que personne ou presque ne dépasserait le stade de la *très forte décharge*. En fait, 26 sujets, soit 65 % de l'échantillon, ont poursuivi l'expérience jusqu'à son terme, administrant ainsi des décharges maximales à l'élève. Les 14 autres sujets ont cessé d'obéir au chercheur à des stades intermédiaires divers, mais aucun n'a arrêté avant 300 volts de décharge, stade auquel l'élève cognait contre les murs en signe de souffrance…

Ces résultats ont beaucoup surpris les observateurs, y compris Milgram lui-même. Pourquoi, se demandaient-ils, les gens acceptent-ils d'obéir aux ordres dans des conditions aussi extrêmes? Milgram a tenté de répondre à la question en menant d'autres expériences, qui lui ont permis de constater que les sujets avaient tendance à obéir un peu moins: (1) quand l'expérience avait lieu dans un bureau délabré (au lieu d'un laboratoire d'université); (2) quand la victime se trouvait physiquement plus près d'eux; (3) quand le chercheur se tenait plus loin d'eux; (4) quand ils pouvaient

Le criminel de guerre nazi Csatary « assigné à résidence »

Le criminel de guerre nazi le plus recherché au monde, le Hongrois Laszlo Csatary, âgé de 97 ans,

a été « assigné à résidence » par un juge d'instruction militaire sous l'accusation d'avoir participé à la déportation de 15 700 juifs vers le camp d'extermination nazi d'Auschwitz, en Pologne, de 1941 à 1944, a annoncé son avocat.

« Assigné à résidence pour 30 jours », selon son avocat, Gabor Horvath, Laszlo Csatary avait été arrêté mercredi à l'aube par la police et a « plaidé non coupable », arguant avoir « obéi aux ordres », avait auparavant indiqué le Procureur de Budapest, Tibor Ibolya.

« Il a nié être coupable des crimes qu'on lui reproche. L'un de ses arguments de défense est qu'il a obéi aux ordres », avait indiqué Me Ibolya.

Source : Agence France-Presse, « Le criminel de guerre nazi Csatary "assigné à résidence" », lapresse.ca, 18 juillet 2012.

observer d'autres sujets qui refusaient de se plier aux volontés du chercheur. Le degré d'obéissance restait toutefois très supérieur à celui auquel on se serait attendu a priori. En fait, ces études révèlent notre tendance à nous conformer aux ordres, à obéir, à suspendre notre jugement personnel pour faire ce que nous demande une figure d'autorité.

La tendance à obtempérer est puissante. Elle constitue un problème majeur dans les conseils d'administration, où l'absence de toute divergence due à une obéissance extrême à l'autorité a été associée à des décisions irrationnelles et à une éthique douteuse[7].

L'ACCEPTATION DE L'AUTORITÉ ET LA ZONE D'INDIFFÉRENCE

La tendance à se conformer aux ordres en milieu organisationnel ne s'explique pas uniquement par l'obéissance aux dirigeants, mais aussi, selon Chester Barnard, par le *consentement des subordonnés*[8]. À partir de cette notion, cet auteur réputé dans le domaine du management a énoncé celle de l'*acceptation de l'autorité*, selon laquelle certaines consignes sont naturellement suivies alors que d'autres ne le sont pas. L'idée qui sous-tend cette acceptation est qu'il existe une entente implicite entre l'individu et l'organisation, qu'on appelle aussi contrat psychologique. Tout cela a conduit Barnard à définir la notion de *zone d'indifférence* : tant qu'il se trouve dans cette zone, l'individu respecte le contrat sans trop se poser de questions.

L'ACCEPTATION DE L'AUTORITÉ

Barnard soutient que, dans le quotidien des organisations, quatre conditions bien précises doivent être remplies pour que les subordonnés acceptent les directives du patron et s'y conforment :

1. Le subordonné doit comprendre la directive.
2. Il doit se sentir physiquement et mentalement apte à se conformer à la directive.
3. Il doit estimer que la directive ne va pas à l'encontre de la mission de l'organisation.
4. Il doit estimer que la directive ne va pas à l'encontre de ses intérêts personnels.

La formulation de ces conditions a son importance. Par exemple, il n'est pas indispensable que le subordonné *comprenne* en quoi l'action demandée aide l'organisation pour accepter un ordre et s'y conformer ; il lui suffit d'être convaincu qu'elle n'est pas incompatible avec la mission de l'organisation. Le gestionnaire avisé ne tient jamais ces quatre conditions pour acquises ; quand il donne des directives à ses subordonnés, il n'oublie pas que l'adhésion de ces derniers n'est pas automatique. Afin de rendre compte de la complexité inhérente à la question des intérêts personnels, Barnard a introduit dans son analyse l'idée d'un contrat psychologique entre l'individu et l'organisation.

LA ZONE D'INDIFFÉRENCE

La plupart des gens cherchent à maintenir un équilibre satisfaisant entre ce qu'ils donnent à l'organisation (leurs contributions) et ce qu'ils en retirent en contrepartie (leurs récompenses). Dans les limites de leur **contrat psychologique**, les travailleurs acceptent de faire plusieurs choses pour l'organisation parce qu'ils considèrent que tel est leur devoir. En échange de certaines récompenses, ils reconnaissent l'autorité de l'organisation et de ses dirigeants et acceptent que ces derniers puissent les commander jusqu'à un certain point. Cependant, en dehors des limites du contrat psychologique, les choses sont moins claires.

Contrat psychologique
Ensemble d'attentes réciproques et non écrites entre une personne, en matière de récompenses, et l'organisation pour laquelle elle travaille, en matière de contributions

La notion de contrat psychologique est très puissante, particulièrement dans le cas où l'employé a l'impression que l'organisation n'a pas respecté ses promesses implicites. En plus de manifester de la désobéissance, il démontre alors une perte de loyauté, une plus forte intention de chercher du travail ailleurs et une moindre satisfaction professionnelle[9].

Se fondant sur le principe d'acceptation de l'autorité, Chester Barnard appelle **zone d'indifférence** la zone à l'intérieur de laquelle les subordonnés consentent à obéir aux directives[10]. Celle-ci correspond donc à l'éventail des demandes des supérieurs auxquelles un subordonné accepte de se conformer sans jugements ni critiques. À l'intérieur de cette zone, les directives sont suivies sans discussion. En dehors, elles ne sont pas considérées comme légitimes au regard des termes du contrat psychologique et, selon les cas, seront suivies ou non. La **figure 9.1** illustre la relation entre la zone d'indifférence et le contrat psychologique.

Zone d'indifférence
Éventail des demandes des supérieurs auxquelles un subordonné accepte de se conformer sans jugements ni critiques

FIGURE 9.1 UN EXEMPLE DE CONTRAT PSYCHOLOGIQUE POUR UN ADJOINT ADMINISTRATIF

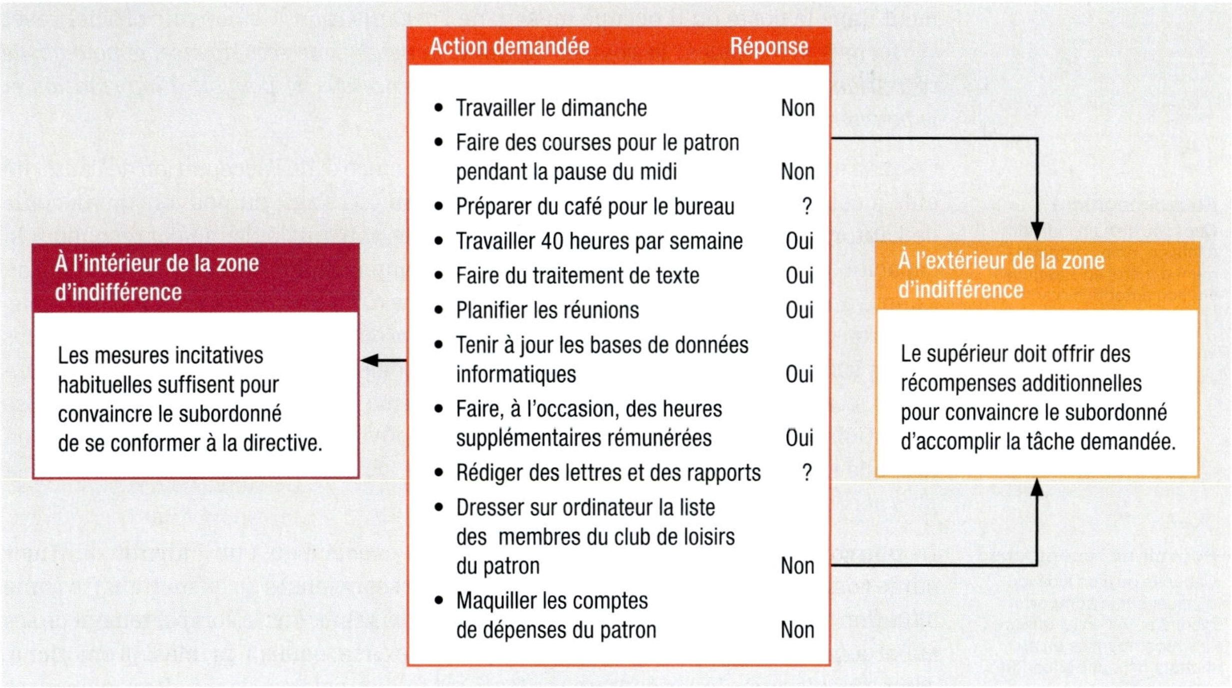

La zone d'indifférence n'est pas fixée une fois pour toutes. Si le patron souhaite que le subordonné accomplisse une tâche ou adopte un comportement qui se situe en dehors de sa zone d'indifférence, il doit élargir cette zone de manière à ce qu'elle englobe l'action en question. Pour ce faire, il doit généralement offrir au subordonné des récompenses supplémentaires, car son autorité ne suffit pas à le convaincre d'agir. Par ailleurs, un certain nombre de demandes se situant à la limite ou au-delà de la zone d'indifférence posent un problème éthique. Les recherches sur l'éthique et la gestion montrent que les cadres exercent parfois des pressions sur leurs subordonnés pour les inciter à défendre une position erronée, à signer de faux documents, à fermer les yeux sur leurs inconduites ou à faire affaire avec leurs amis[11]. Le subordonné peut acquiescer aux demandes d'un supérieur, mais pas à celles d'un autre. On reconnaît ainsi que les gestionnaires ne s'appuient pas seulement sur le pouvoir officiel découlant de leur poste, mais également sur un autre type de pouvoir, le pouvoir personnel[12].

Les sources de pouvoir et d'influence au sein d'une organisation

Le pouvoir dont jouit un individu au sein de toute organisation dépend à la fois de son poste et de son pouvoir personnel, de ses ressources personnelles, ainsi que de sa capacité à bien combiner les deux.

LE POUVOIR OFFICIEL

La première source importante de pouvoir pour un gestionnaire réside essentiellement dans le poste qu'il occupe au sein de l'organisation. Ce pouvoir officiel revêt six formes principales : le *pouvoir légitime*, le *pouvoir de récompense*, le *pouvoir de coercition*, le *pouvoir associé à la maîtrise des processus*, le *pouvoir d'information* et le *pouvoir de représentation*[13].

Pouvoir légitime
Capacité qu'a un individu d'influencer le comportement d'autrui en s'appuyant sur son autorité hiérarchique

Ce qui a été dit précédemment au sujet de l'obéissance et de l'acceptation de l'autorité aide à comprendre ce qu'est le **pouvoir légitime**. Il s'agit du pouvoir qui découle de l'autorité hiérarchique. Plus précisément, le pouvoir légitime correspond à la capacité qu'a le gestionnaire d'influencer le comportement de ses subordonnés en s'appuyant sur leur conviction que le patron a le *droit de commander*. Par exemple, le patron peut avoir l'autorité nécessaire pour approuver ou rejeter certaines requêtes de ses subordonnés : mutations, achat d'équipement, congés, heures supplémentaires, etc. Le pouvoir légitime est donc une forme unique de pouvoir dont dispose le gestionnaire du fait que ses subordonnés trouvent légitime qu'il commande en tant que titulaire d'un poste de gestion. Si cette légitimité disparaît, l'autorité n'est plus acceptée.

Pouvoir de récompense
Capacité qu'a un individu d'influer sur le comportement d'autrui en lui offrant des récompenses ou en mettant fin à une situation désagréable

Le **pouvoir de récompense**, quant à lui, est la capacité qu'a un individu d'influer sur le comportement d'autrui en lui offrant des récompenses ou en mettant fin à une situation désagréable. Ainsi, le gestionnaire peut influer sur le comportement de ses subordonnés en leur offrant des récompenses extrinsèques – primes, promotions, compliments, etc. –, en créant un contexte professionnel favorisant les récompenses

Les problèmes éthiques posés par les récompenses[14]

L'ÉTHIQUE EN CO

Les mesures incitatives influencent fortement les employés. Les principales questions d'éthique soulevées par les systèmes de primes liées au rendement tournent autour de la liberté d'action, de la légitimité et de la moralité. La liberté d'action renvoie au degré de détachement de l'individu quant à l'emprise qu'on pourrait vouloir exercer sur lui par un contrôle des conséquences associées à son comportement. En termes plus simples, choisissez-vous d'adopter un comportement pour obtenir la prime qui y est associée? Par exemple, on demande souvent aux préposés au télémarketing de lire un texte contenant des allégations malhonnêtes. S'ils lisent le texte tel quel, ils reçoivent une prime. S'ils y apportent des changements, ils n'en reçoivent pas. Cela encourage ces employés à agir d'une façon qu'on peut considérer comme contraire à l'éthique.

En outre, les primes sont considérées comme éthiques uniquement dans la mesure où elles se justifient par une raison légitime et où elles n'ont pas d'incidence sur la moralité de la personne qui les reçoit. Par exemple, la prime du chef de la direction d'une entreprise peut dépendre de la croissance à court terme du prix de l'action de cette entreprise. Dans ce cas, elle peut être considérée comme illégitime si c'est la seule raison pour laquelle elle est offerte, la croissance du prix de l'action n'étant pas le seul objectif à atteindre pour l'entreprise. Plus la prime proposée pour la croissance du prix de l'action est importante, plus il y a de probabilités que le chef de la direction manipule les chiffres. Par exemple, si la prime proposée atteint des dizaines de millions de dollars, le chef de la direction pourra être tenté de privilégier des gains à court terme (comme la réduction des investissements en recherche et développement), aux dépens de profits à long terme. La prime pourra alors être considérée comme contraire à l'éthique, car elle pourra inciter le chef de la direction à remettre en question sa moralité.

QUESTIONS Que feriez-vous si vous étiez un préposé au télémarketing auquel on donne à lire un texte comprenant des allégations qui, à votre connaissance, sont fausses? Et si votre patron vous offrait une prime pour chaque occasion où vous lisez ce texte et pour chaque vente que vous réalisez grâce aux renseignements qu'il renferme? Seriez-vous tenté de lire le texte et de réaliser la vente pour recevoir la prime?

intrinsèques – enrichissement des tâches, habilitation du personnel, etc. – ou en retirant des punitions – réprimandes, mesures disciplinaires, etc. Bien que tous les gestionnaires puissent offrir un certain nombre de récompenses, leur façon d'y accéder et d'en faire usage pour influer sur autrui est plus ou moins efficace selon leurs compétences personnelles. De plus, bien que l'octroi de récompenses puisse sembler éthique, tel n'est pas toujours le cas. Des gestionnaires sans scrupules peuvent recourir aux récompenses d'une manière contraire à l'éthique.

S'il peut passer par la récompense, le pouvoir peut aussi s'exercer par la sanction. Par exemple, le gestionnaire peut menacer un subordonné de suspendre son augmentation salariale, de le muter, de le rétrograder ou de recommander son renvoi s'il ne se conforme pas à ses ordres. Cette capacité qu'a un individu d'influer sur le comportement d'autrui en lui refusant les récompenses qu'il convoite ou en le punissant s'appelle le **pouvoir de coercition**. L'étendue et l'importance de ce pouvoir varient, notamment, selon les organisations et selon le statut des personnes. Entre autres, la présence de syndicats et la politique organisationnelle en matière de gestion des ressources humaines peuvent encadrer son usage de manière très stricte et en réduire grandement la portée.

▸ **Pouvoir de coercition**
Capacité qu'a un individu d'influer sur le comportement d'autrui en lui refusant les récompenses qu'il convoite ou en le punissant

Le **pouvoir associé à la maîtrise des processus** s'exerce par l'entremise des méthodes de production et d'analyse. Une personne dispose de ce type de pouvoir dans la mesure où elle est placée en position d'influer sur la façon dont les ressources de l'organisation, de l'un de ses services ou même d'une petite équipe sont

▸ **Pouvoir associé à la maîtrise des processus**
Capacité d'influer sur les méthodes de production et d'analyse

transformées en produits ou en résultats. Ainsi, de nos jours, les entreprises font souvent appel à des spécialistes des processus qui, en collaboration avec les gestionnaires, veillent à l'efficacité et au rendement de la production.

Cette forme de pouvoir peut également reposer sur la maîtrise des processus analytiques menant à la prise de décision. Ainsi, plusieurs organisations comptent dans leurs rangs des analystes financiers appelés à examiner les propositions d'investissements des diverses unités. Ces personnes acquièrent un pouvoir qui ne découle pas de leurs calculs financiers en tant que tels, mais plutôt de leur rôle d'élaboration des procédés analytiques qui seront utilisés pour évaluer les propositions.

Il arrive que le pouvoir associé à la maîtrise des processus et le pouvoir légitime soient séparés, ne soient pas exercés par la même personne, en raison de la complexité des opérations de l'entreprise. Un gestionnaire peut ainsi avoir l'autorité requise pour prendre des décisions, mais avoir besoin, pour ce faire, des méthodes d'un analyste ou des conseils d'un spécialiste des processus concernant l'efficacité de la mise en œuvre. On constate aisément que la question du pouvoir officiel, c'est-à-dire lié au poste occupé, peut très vite devenir assez complexe dans le cas d'opérations hautement spécialisées. Voilà qui nous conduit à une forme connexe de pouvoir officiel, liée à l'information.

Pouvoir d'information
Forme de pouvoir qui résulte de l'accès à l'information et de la mainmise qu'on a sur elle

Le **pouvoir d'information** résulte de l'accès à l'information et de la mainmise qu'un individu a sur elle. C'est l'un des aspects les plus importants de la légitimité. Le « droit de savoir » et d'utiliser l'information peut être accordé – et le sera souvent – en fonction du poste que la personne occupe dans la hiérarchie de l'organisation. Le pouvoir d'information vient alors renforcer le pouvoir légitime. Cependant, il peut aussi être attribué à des spécialistes et à des gestionnaires qui sont au cœur du système d'information de l'entreprise. Ainsi, il arrive que le chef du service de l'information ait non seulement le contrôle de tout le système informatique, mais aussi un accès pratiquement illimité à l'information.

Les gestionnaires défendent jalousement le droit de savoir qui leur est conféré, car ils se trouvent, grâce à lui, en position d'exercer une influence sur le cours des événements, au lieu d'être limités à y réagir. À cet égard, la plupart des chefs de la direction estiment être en droit de tout savoir, ou presque, au sujet de *leur* entreprise. Aux échelons inférieurs, les gestionnaires protègent souvent l'information à laquelle ils ont accès en invoquant le fait que des tiers ne seront pas en mesure de la comprendre. Rarement autorisera-t-on, par exemple, la circulation de plans et de devis à l'extérieur du service d'ingénierie. Dans d'autres cas, il s'agit de s'assurer que l'information demeure à l'abri du regard de la concurrence. Ainsi, les stratégies de commercialisation sont classées *Top secret*. Officiellement, cette mainmise sur l'information ne vise qu'à protéger les intérêts de l'organisation mais, en réalité, sa raison d'être est souvent de préserver et d'accroître le pouvoir des détenteurs de l'information.

Pouvoir de représentation
Droit, accordé officiellement par l'organisation, de prendre la parole au nom d'un groupe plus ou moins important ou de s'adresser à ce groupe à titre de représentant de l'organisation

Le **pouvoir de représentation** résulte du droit, accordé officiellement par l'organisation, de prendre la parole au nom d'un groupe plus ou moins important ou de s'adresser à ce groupe à titre de représentant de l'organisation. Le fonctionnement et la réussite de la plupart des organisations complexes sont susceptibles de subir l'influence non négligeable d'une diversité de parties intéressées, parmi lesquelles des regroupements d'actionnaires, de clients ou d'alliés stratégiques, ainsi que des syndicats, bien sûr.

Dans bien des cas, les gestionnaires astucieux confient à un de leurs employés la fonction d'agir comme représentant de ces parties ou auprès de ces parties, afin que l'influence de ces dernières ne se transforme pas en domination. Ainsi, on attendra d'un responsable des relations avec les investisseurs qu'il réponde aux demandes courantes des petits actionnaires, qu'il prévoie les questions des analystes financiers et, plus largement, qu'il transmette aux cadres supérieurs l'état d'esprit et les opinions des actionnaires. On lui demandera aussi parfois de prévoir les questions éventuelles des investisseurs et de conseiller la direction générale quant à la façon d'y réagir. L'influence de la personne qui occupe un poste de ce genre repose en partie sur son mandat consistant à représenter les intérêts d'un groupe important.

LE POUVOIR PERSONNEL

Le pouvoir personnel émane de l'individu lui-même; il n'est pas lié au poste que celui-ci occupe. Pourtant, son importance s'avère considérable dans de nombreuses organisations des mieux gérées, car les gestionnaires en ont besoin pour renforcer leur pouvoir officiel. Le pouvoir personnel repose essentiellement sur l'*expertise*, la *persuasion rationnelle*, la valeur de *référence* et les *coalitions*[15].

Par **pouvoir d'expertise**, on entend la capacité qu'a un individu d'influer sur le comportement d'autrui grâce aux connaissances, à l'expérience et au discernement qui lui sont propres et dont d'autres, qui ne les possèdent pas, ont besoin. Ainsi, un subordonné obéit au cadre ayant un pouvoir d'expertise parce qu'il considère que ce dernier en sait généralement plus long que lui sur ce qu'il faut faire et sur la manière de le faire. Le pouvoir d'expertise est un pouvoir relatif, et non absolu. Par exemple, si vous êtes le meilleur cuisinier d'une cuisine, vous aurez un pouvoir d'expertise jusqu'au moment où arrivera un véritable chef. Ensuite, ce dernier aura le pouvoir d'expertise.

▸ **Pouvoir d'expertise**
Capacité qu'a un individu d'influer sur le comportement d'autrui grâce aux connaissances, à l'expérience ou au discernement qui lui sont propres et dont d'autres, qui ne les possèdent pas, ont besoin

Le **pouvoir de persuasion rationnelle** se définit comme la capacité qu'a un individu d'influer sur le comportement d'autrui en l'amenant à admettre le bien-fondé d'un objectif donné et des moyens proposés pour l'atteindre. La plupart des tâches quotidiennes du cadre supposent le recours à la persuasion rationnelle, que ce soit auprès de ses supérieurs ou auprès de ses pairs et de ses subordonnés. En définitive, la persuasion rationnelle consiste à expliquer pourquoi il est souhaitable de produire les résultats voulus et à démontrer comment certaines mesures proposées permettront de les obtenir. Elle repose essentiellement sur la confiance. L'encadré de la page suivante présente les éléments essentiels à l'établissement du climat de confiance dans lequel s'inscrit ce type de pouvoir.

▸ **Pouvoir de persuasion rationnelle**
Capacité qu'a un individu d'influer sur le comportement d'autrui en l'amenant à admettre le bien-fondé d'un objectif donné et des moyens proposés pour l'atteindre

Le **pouvoir de référence** est la capacité qu'a un individu d'influer sur le comportement d'autrui parce que celui-ci veut s'identifier à lui, comme source de pouvoir. Ici, le subordonné obéit au supérieur en cherchant à adopter ses comportements, ses attitudes et ses convictions. Il s'efforce notamment de faire les choses comme son patron le désire parce qu'il l'apprécie sur le plan personnel. En un sens, il cherche ainsi à éviter tout comportement qui risquerait de détériorer la relation agréable et satisfaisante qu'il entretient avec son supérieur.

▸ **Pouvoir de référence**
Capacité qu'a un individu d'influer sur le comportement d'autrui parce que celui-ci désire s'identifier à lui, comme source de pouvoir

Conseils pour gagner la confiance d'autrui

L'une des façons d'accroître votre pouvoir tout en demeurant conforme à l'éthique consiste à établir des relations de confiance. Pour y parvenir, à tout le moins:

- Honorez tout contrat social, implicite ou explicite.
- Tentez de prévenir, d'empêcher et de corriger les préjudices que pourrait subir autrui.
- Respectez les besoins de chacun.

Le pouvoir de référence s'accroît quand on lui associe l'ordre moral ou l'indication claire d'une voie à long terme vers un but moral. Dans le langage courant, on dit des personnes qui exploitent ces aspects plus *ésotériques* de la vie organisationnelle qu'elles ont du *charisme* ou qu'elles ont une *vision*. Les personnes qui les suivent se plient à leurs consignes non pas pour obtenir une récompense en contrepartie de leurs actions ou de leur rendement, mais pour avoir accès à ce qu'elles incarnent, c'est-à-dire un modèle à suivre et une voie menant à un avenir moralement désirable. Par exemple, un individu peut accroître son pouvoir de référence en montrant aux gens comment améliorer la relation qu'ils entretiennent les uns avec les autres et comment servir une plus grande cause.

Pouvoir de coalition
Capacité qu'a un individu d'influer indirectement sur le comportement d'autrui parce que celui-ci se sent redevable en vertu d'un intérêt collectif supérieur

Le **pouvoir de coalition** correspond à la capacité qu'a un individu d'influer indirectement sur le comportement d'autrui parce que celui-ci se sent redevable en vertu d'un intérêt collectif supérieur. Fréquemment, en effet, des coalitions se forment autour d'intérêts communs[16]. Les personnes négocient alors des compromis pour en arriver à une position commune. Parfois, elles s'engagent dans des tractations informelles, en s'échangeant des promesses d'appui réciproque. Ces compromis et ces marchandages engendrent des obligations mutuelles tacites. Ainsi, un membre d'une coalition peut demander à un autre d'adhérer à une position donnée et d'agir selon ses souhaits. S'il obtient ce qu'il désire, il se retrouvera débiteur d'un appui équivalent à l'égard de celui qui a acquiescé à sa demande. C'est ainsi que se maintiennent les coalitions. Les obligations mutuelles peuvent s'étendre à tout un réseau. À cette échelle, elles constituent un puissant bouclier collectif qui protège les membres de la coalition et leurs intérêts communs.

L'ACQUISITION ET L'USAGE DU POUVOIR ET DE L'INFLUENCE

Les gestionnaires consacrent une grande partie de leur temps à des *comportements axés sur le pouvoir*, c'est-à-dire à des actions visant essentiellement à établir ou à utiliser des relations avec des gens qui sont disposés à se conformer, du moins jusqu'à un certain point, à leurs attentes et à leurs souhaits[17]. La **figure 9.2** illustre les trois formes d'influence – ascendante, descendante et horizontale – qu'ils doivent exercer pour réussir, ainsi que les types de pouvoirs qui leur correspondent. Le gestionnaire efficace réussit, au fil du temps, à acquérir et à conserver beaucoup de pouvoir officiel et de pouvoir personnel. S'il possède suffisamment de ces pouvoirs – et à cette condition seulement –, le gestionnaire peut exercer l'influence ascendante (c'est-à-dire sur ses supérieurs hiérarchiques), descendante (sur ses subordonnés) et horizontale (sur ses collègues de même niveau et sur ses partenaires externes) dont il a besoin pour agir.

ACCROÎTRE SON POUVOIR OFFICIEL

Pour accroître son pouvoir officiel, le gestionnaire doit prouver aux autres que son unité de travail contribue largement à la concrétisation des objectifs organisationnels, c'est-à-dire que son rôle est central, et qu'elle peut répondre aux besoins urgents

FIGURE 9.2 LES TROIS FORMES D'INFLUENCE DU GESTIONNAIRE ET LES TYPES DE POUVOIRS CORRESPONDANTS

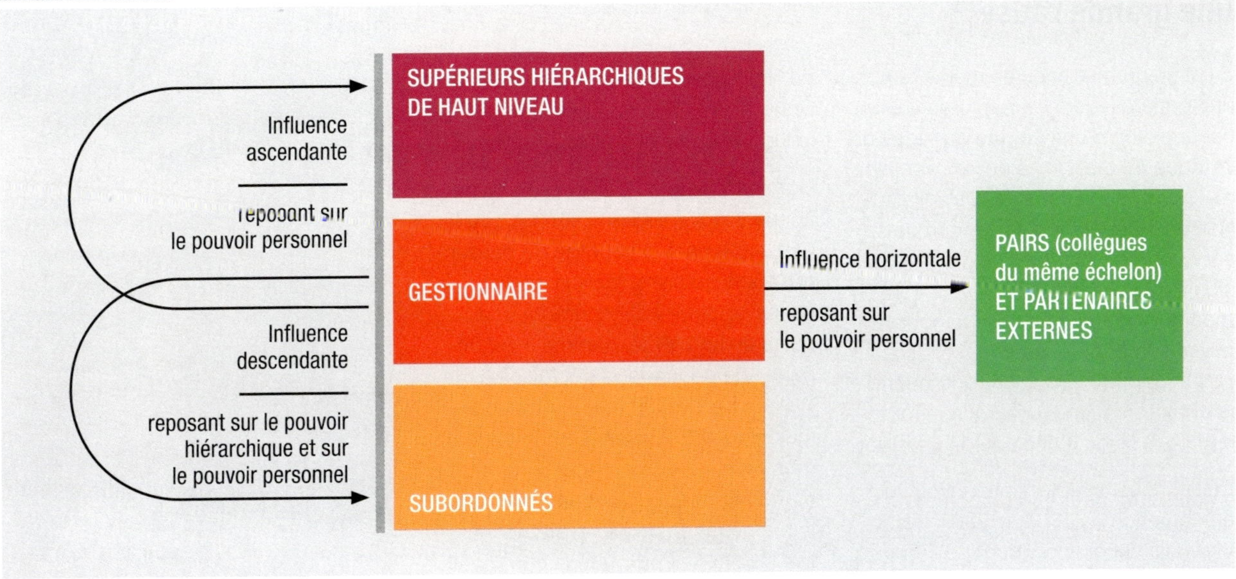

de l'organisation, c'est-à-dire que son rôle est d'une importance capitale. Supposons qu'un cadre souhaite jouer un rôle plus stratégique dans l'enchaînement global des tâches (le déroulement du travail) et occuper ainsi une place plus centrale et plus déterminante dans l'organisation. Il pourra, pour ce faire, s'imposer comme un point de passage obligé de l'information, s'organiser pour qu'une partie de ses responsabilités professionnelles n'incombent qu'à lui, élargir son réseau de communication et de relations, ou encore occuper un bureau qui lui permettra d'avoir l'œil sur les principales allées et venues.

Le gestionnaire peut également rendre ses tâches et celles de son unité de travail plus cruciales pour l'organisation en recourant à diverses stratégies. Par exemple, il peut s'approprier un rôle de coordonnateur interne ou de représentant externe de l'organisation. En outre, si l'organisation exerce ses activités dans un contexte technologique très dynamique, il peut se placer dans une situation où il sera à même de fournir aux autres unités certains services et renseignements que nul autre ne saurait leur procurer. Enfin, il peut changer ses priorités et celles de son unité de travail de façon que les activités de cette dernière contribuent directement à la concrétisation des grands objectifs organisationnels.

Pour favoriser l'émergence d'idées neuves et de nouveaux projets, le gestionnaire se doit de déléguer les tâches les plus routinières et d'attribuer des tâches diversifiées et stimulantes à ses subordonnés.

Les moyens qu'emploient les gestionnaires pour étendre leur influence n'ont pas tous un effet positif sur l'organisation. Ainsi, certains cadres peuvent chercher à accroître leur influence en rédigeant des descriptions de tâches ou de postes ambiguës et rendant l'évaluation difficile, ou en utilisant un jargon hermétique pour décrire le travail de leur groupe.

Des leaders parlent de leadership

Nelson Mandela utilisa le pouvoir pour servir une grande cause[18]

C'est un grand film et, en même temps, une grande leçon. À première vue, il est question d'une équipe de rugby de l'Afrique du Sud, juste après l'abolition de l'apartheid. En réalité, il s'agit de Nelson Mandela et de sa façon de se servir du pouvoir. *Invictus* (du mot latin signifiant « invaincu », « invincible ») raconte comment Nelson Mandela a utilisé son pouvoir personnel et son poste de président pour contribuer à la transformation d'une société tout entière, à l'aide d'une équipe de rugby.

L'histoire est simple. Après avoir vécu en détention de 1964 à 1990, Nelson Mandela est élu président de l'Afrique du Sud en 1994. La nation, partagée entre les Blancs et les Noirs, se trouve alors bel et bien au seuil d'une guerre raciale. Alors que les Noirs détestent l'équipe nationale de rugby, appelée les Springboks, parce qu'elle est pour eux le symbole du pouvoir et de la domination des Blancs, ces derniers l'adorent. S'élevant au-dessus des divisions, Mandela se pose en défenseur des Springboks lorsqu'en 1995, année où l'Afrique du Sud accueille la Coupe du monde de rugby, ils essaient de gagner le titre de champions du monde. Comme c'est un film de Hollywood, il est entendu que les Springboks gagnent, mais ce n'est pas la leçon que ce film nous propose.

Comment ce chef d'État, jadis emprisonné, trouve-t-il dans son for intérieur non seulement le courage de pardonner à ses geôliers, mais aussi la force de les soutenir ? Ce courage, il l'a puisé en lui-même, comme il est dit dans son poème préféré, *Invictus*, de William Earnest Henley : « Je suis le maître de mon destin. Le capitaine de mon âme. » Nelson Mandela aurait pu marginaliser la population blanche de la même façon qu'elle avait marginalisé les Noirs. Pourquoi ne pas l'avoir fait ? Les Noirs ont gagné aux élections et forment la vaste majorité de la population d'Afrique du Sud. Pourquoi donc ne pas suivre la volonté de cette majorité ?

Faisant fi des objections de ses conseillers, Mandela donne son appui total à une équipe qui, normalement, n'aurait même pas dû arriver en finale. Il assiste aux matchs, rencontre l'équipe et son capitaine. Il défend ces jeux qui témoignent d'une nouvelle Afrique du Sud. Cette nation n'est pas noire ou blanche, elle est noire *et* blanche. Ce n'est plus l'ancienne Afrique du Sud, mais une nouvelle nation. Les Springboks deviennent le symbole d'une nouvelle vision de l'Afrique du Sud.

QUESTIONS En tant que leader, savez-vous utiliser votre pouvoir pour rassembler les gens ? Pouvez-vous pardonner et aller de l'avant même lorsque vous trouvez cela difficile ?

ACCROÎTRE SON POUVOIR PERSONNEL

Comme nous l'avons dit, le pouvoir personnel découle des caractéristiques de l'individu, et non de la place que celui-ci occupe dans la hiérarchie ni des autres aspects de son poste. Parmi toutes les caractéristiques qui peuvent aider les gestionnaires à renforcer leur pouvoir personnel dans une organisation, quatre s'avèrent déterminantes : l'expertise, le sens politique, le charme et l'ardeur au travail.

La plus évidente est sans conteste l'*expertise*. La formation et le perfectionnement, la participation à des associations professionnelles et la collaboration à des projets dès leur conception ou leur mise en route sont d'excellents moyens de se constituer une expertise et de l'enrichir.

▸ **Sens politique**
Aptitude à négocier efficacement, à se montrer persuasif et à distinguer les objectifs et les moyens auxquels tel ou tel individu est le plus susceptible de souscrire

Bien qu'elle soit moins évidente, une autre façon de renforcer son pouvoir personnel consiste à aiguiser son **sens politique**, c'est-à-dire son aptitude à négocier efficacement, à se montrer persuasif et à distinguer les objectifs et les moyens auxquels tel ou tel individu est le plus susceptible de souscrire. En effet, si le néophyte pense que les individus sont tous plus ou moins les mêmes, tendent vers les mêmes objectifs et sont prêts à emprunter les mêmes voies pour les atteindre, le gestionnaire astucieux reconnaît les différences individuelles et sait en tirer parti, notamment en formant des coalitions et en constituant un réseau d'obligations mutuelles.

Pour accroître son pouvoir de référence, on peut aussi jouer de son *charme*, c'est-à-dire miser sur une personnalité agréable, des façons d'agir plaisantes et une allure attirante.

Enfin, montrer de l'*ardeur au travail* permet de renforcer le pouvoir d'expertise et le pouvoir de référence, et par conséquent le pouvoir personnel global. Quand une personne s'investit visiblement dans son travail, son entourage s'attend généralement à ce qu'elle sache beaucoup de choses et a tendance à lui demander conseil. Il éprouve aussi du respect à son égard et peut même finir par s'en remettre à elle, s'attendre à ce qu'elle continue à fournir les mêmes efforts.

ACCROÎTRE SA CAPACITÉ D'INFLUENCE

La personne qui veut étendre sa sphère d'influence au sein d'une organisation doit accroître sa visibilité. Pour ce faire, elle peut : (1) multiplier les contacts avec les cadres supérieurs ; (2) offrir des présentations orales de ses rapports écrits ; (3) participer à des groupes de travail chargés de résoudre des problèmes particuliers ; (4) diffuser des notes de service sur les succès de son unité ; (5) chercher sans cesse des occasions d'accroître sa notoriété personnelle[19].

Comme nous l'expliquions en introduction de ce chapitre, l'interdépendance est le fondement du pouvoir. On peut souvent changer le modèle d'interdépendance en créant et en utilisant des coalitions et des réseaux. En faisant cela, les hauts dirigeants élargissent également leur accès à l'information et trouvent de nouvelles occasions de participation à la vie de leur entreprise. Il suffit d'adhérer à une coalition dont les membres ont des connaissances pertinentes pour accroître ses pouvoirs d'expertise. Grâce à ce genre de réseau, on augmente ses sources d'information et ses occasions de contribution aux prises de décision. N'oubliez pas : de nombreuses décisions importantes se prennent en dehors des circuits officiels et sont fortement influencées par des intervenants clés ayant les connaissances nécessaires.

Les cadres peuvent aussi accroître leur capacité d'influence en tentant de déterminer les prémisses décisionnelles, c'est-à-dire les bases qui servent à définir le problème et à choisir parmi plusieurs possibilités. Si un cadre définit le problème de manière qu'il corresponde parfaitement à son champ de compétence, il se verra naturellement confier la mission de le résoudre. Par cette stratégie, il renforcera subtilement son pouvoir officiel. Pour accroître efficacement ce pouvoir, le cadre doit exposer très clairement ses objectifs et ses besoins, puis chercher à prouver que ceux-ci sont prioritaires pour l'organisation, non pas en affichant ses sources de pouvoir, mais plutôt en faisant œuvre de persuasion rationnelle, c'est-à-dire en convainquant son entourage du bien-fondé de ce qu'il défend.

En d'autres termes, les cadres avisés ne menacent pas et n'invoquent pas d'éventuelles sanctions pour augmenter leur pouvoir. Ils misent plutôt à la fois sur leur pouvoir personnel et sur la position stratégique de leur unité, de manière à accroître leur pouvoir global. Comme le contexte organisationnel change au fil du temps, telle ou telle source de pouvoir personnel pourra prendre plus d'importance, en elle-même ou combinée au pouvoir hiérarchique. La consolidation du pouvoir est un art dont l'un des éléments clés est l'utilisation efficace de diverses techniques ou stratégies d'influence.

LES STRATÉGIES D'INFLUENCE INTERPERSONNELLE

Diverses stratégies peuvent permettre d'exercer de l'influence sur d'autres personnes. Nous aurons presque tous recours, un jour ou l'autre, à l'une ou à l'autre des sept suivantes[20]:

1. *La raison*, qui consiste à étayer l'argumentation logique par des faits et des données.
2. *L'amabilité*, qui consiste à tabler sur la flatterie, la bonne volonté et les impressions favorables.
3. *La coalition*, qui consiste à se servir de ses relations pour obtenir du soutien.
4. *La négociation*, qui consiste à offrir des contreparties.
5. *L'affirmation de soi*, qui consiste à utiliser une approche personnelle, directe et musclée.
6. *L'autorité supérieure*, qui consiste à s'assurer l'appui d'un ou de plusieurs supérieurs hiérarchiques.
7. *Les récompenses et les punitions*, qui consiste à recourir aux récompenses et aux sanctions organisationnelles.

Les recherches montrent que: (1) la raison est la plus utilisée de toutes ces stratégies; (2) l'amabilité, l'affirmation de soi, la négociation et l'autorité supérieure servent plus souvent pour influencer des subordonnés que des supérieurs hiérarchiques[21]. Ces constats recoupent ce qui a été dit précédemment, à savoir que l'influence descendante (qui s'exerce sur les subordonnés) repose souvent sur des sources officielles et personnelles de pouvoir, alors que l'influence ascendante (qui s'exerce sur les supérieurs) fait plutôt appel au seul pouvoir personnel.

Les gestionnaires vraiment efficaces, comme l'illustre la figure 9.2, sont ceux qui savent exercer une influence sur leurs supérieurs aussi bien que sur leurs subordonnés. Selon une étude, les supérieurs et les subordonnés s'entendent pour dire que la raison, c'est-à-dire l'exposé logique des idées, est la stratégie d'influence ascendante la plus répandue[22]. Quand on les interroge sur les causes des échecs et des réussites dans ce domaine, les deux groupes ont des réponses qui présentent certaines similitudes, mais aussi des divergences. Ils s'accordent sur les raisons du succès d'une tentative d'influence ascendante: la proposition est pertinente et bien présentée; elle émane d'un subordonné compétent en la matière[23].

En revanche, les deux groupes ne s'entendent pas sur les causes de l'échec d'une stratégie d'influence ascendante. Les subordonnés l'attribuent à l'étroitesse d'esprit du supérieur, au manque de pertinence de la proposition et à la piètre qualité des relations personnelles avec le supérieur. Les supérieurs l'imputent plutôt au manque de pertinence de la proposition, à une présentation défavorable et au manque de compétences du subordonné en la matière.

L'habilitation du personnel

L'habilitation du personnel est l'un des changements majeurs qui bouleversent actuellement les organisations. Avec les compressions de personnel, la suppression de certains échelons d'encadrement et l'accroissement de la charge de travail (d'autant plus considérable que l'effectif est réduit), les cadres sont de moins en moins nombreux et doivent de plus en plus déléguer leurs pouvoirs pour mener à bien leurs tâches quotidiennes. En fait, l'habilitation s'impose comme l'un des fondements des équipes semi-autonomes ou autogérées et des équipes de résolution de problèmes, de plus en plus courantes dans les organisations (voir le chapitre 7).

L'**habilitation** est le processus par lequel le gestionnaire accorde un pouvoir décisionnel accru aux membres de son personnel, permettant ainsi à ces derniers de prendre les décisions qui les concernent directement et qui ont des répercussions sur leur travail. À noter que la notion d'habilitation, utilisée dans la perspective du gestionnaire qui octroie de plus grands pouvoirs aux membres de son personnel, se distingue du concept d'*autonomisation*, employé lorsqu'on se place du point de vue des travailleurs qui acquièrent la maîtrise des moyens leur permettant d'utiliser leurs talents et leur savoir-faire pour jouir d'une plus grande liberté d'action. Aujourd'hui plus que jamais, les organisations d'avant-garde s'attendent non seulement à ce que les cadres sachent déléguer du pouvoir à leurs subordonnés, mais aussi à ce qu'ils se sentent à l'aise lorsqu'ils le font. Au lieu de considérer le pouvoir comme une chasse gardée des échelons supérieurs de la pyramide hiérarchique traditionnelle, ils doivent le voir comme une ressource qui peut et doit être partagée entre des travailleurs évoluant dans des structures aplanies et plus collégiales[24].

Habilitation
Processus par lequel le gestionnaire accorde un pouvoir décisionnel accru aux membres de son personnel, permettant ainsi à ces derniers de prendre les décisions qui les concernent directement et qui ont des répercussions sur leur travail

Connaissant un grand succès en Amérique du Nord et en Europe depuis plus d'une décennie, l'habilitation du personnel permettrait également, d'après de nouvelles données, d'améliorer le rendement et d'accroître le dévouement des employés dans de nombreuses entreprises du monde entier[25].

LES ÉLÉMENTS CLÉS DU PROCESSUS D'HABILITATION DU PERSONNEL

La notion d'habilitation s'appuie sur une toute nouvelle conception du pouvoir. Jusqu'ici, notre réflexion a surtout porté sur le pouvoir que certaines personnes exercent sur d'autres ; selon cette conception traditionnelle, le pouvoir se définit comme une relation entre des personnes. En revanche, l'habilitation des travailleurs repose sur leur capacité d'influencer le cours des événements ; le pouvoir reste une relation, mais il s'exerce par rapport à des problèmes à résoudre et à des occasions à saisir, et non plus uniquement par rapport à des personnes. Il est bien difficile de s'y retrouver dans le maquis rhétorique que les organisations élaborent actuellement autour de la notion d'habilitation, tant ce terme est en vogue. Retenons surtout que tout projet d'habilitation des travailleurs doit être étudié à la lumière des effets qu'il risque d'avoir sur la dynamique du pouvoir dans l'organisation, tant sur le plan du pouvoir personnel que sur celui du pouvoir officiel (voir l'encadré ci-contre).

Quelques lignes directrices pour la mise en œuvre d'un programme d'habilitation du personnel

- L'autorité doit être déléguée aux échelons inférieurs d'une manière claire, sans ambiguïté aucune.
- La planification doit être participative et intégrée à tous les échelons.
- Les cadres de tous les échelons, mais surtout ceux des plus élevés, doivent manifester de solides habiletés de communication.

Des employés, pas des ressources

DES AS DE LA GESTION

LA SOCIÉTÉ CONSEIL

Lambda

[…] Dire que les employés sont du capital humain plutôt que des ressources humaines, c'est une vision d'entreprise chez la Société conseil Lambda, de Québec. « À nos yeux, on exploite des ressources, alors que le capital, on le protège comme la prunelle de nos yeux », dit Éric Ferland, président et chef de la direction de la PME spécialisée en transformation organisationnelle, gestion de projets et gestion des technologies.

Chez Lambda, on s'appuie sur trois « R » pour gérer le capital humain : responsabilisation, respect et rigueur. Un exemple de responsabilisation ? Il n'y a pas de banque de congés familiaux, parce qu'on ne fixe pas de limites ; chacun utilise ce dont il a besoin.

« On n'a pas besoin de materner nos employés, note M. Ferland. Ils savent que ce sont des mesures pour qu'ils soient bien, et s'ils sont bien au travail, ils sont contents de travailler. »

« Dans l'équipe de direction, seul Éric [le président] se consacre à temps plein à la gestion et à la destinée de l'organisation, dit Maryse Plourde, directrice exécutive du capital humain. Tous les autres directeurs travaillent aussi chez les clients. On a les pieds dans le marché, on est en symbiose avec ce que vivent nos conseillers. »

Il y a donc écoute, mais aussi compréhension. Cette structure de gestion en temps partagé s'est mise en place naturellement. Avec la croissance de l'entreprise, certains conseillers se sont investis dans la gestion, si bien

que la PME aligne aujourd'hui 15 directeurs, mais sans hiérarchie établie.

Source : Valérie Lesage, « Des employés, pas des ressources », *Les Affaires*, 22 octobre 2011, p. 18. Cet extrait a été reproduit aux termes d'une licence accordée par Copibec.

L'ÉVOLUTION DU POUVOIR OFFICIEL

Quand une organisation veut déplacer le pouvoir vers les échelons inférieurs de sa hiérarchie, elle doit aussi modifier sa structure de pouvoir officiel. Or, ce changement soulève des questions cruciales : Les travailleurs *habilités* peuvent-ils distribuer des récompenses et des sanctions en fonction des résultats obtenus ? Leur nouvelle marge de manœuvre est-elle légitimée par un surcroît d'autorité ? Trop souvent, les tentatives de délégation de pouvoir désorganisent des modèles hiérarchiques bien rodés et menacent les cadres des échelons intermédiaires et inférieurs. Comme le disait un cadre inférieur : « Toute cette histoire de délégation, ça a l'air formidable pour les cadres supérieurs, mais ce ne sont pas eux qui doivent courir un peu partout pour obtenir les autorisations préalables à l'application des suggestions de mon équipe. Ils ne m'ont jamais donné l'autorité pour procéder aux changements. Tout ce que je peux faire, c'est demander des permissions ! »

Quand elle se lance dans un processus d'habilitation des travailleurs, la direction de l'organisation doit d'abord bien circonscrire la zone d'indifférence des travailleurs, puis prendre des mesures concrètes et systématiques pour l'étendre. Trop souvent, sans doute parce qu'ils voient dans la délégation une meilleure méthode de gestion, les dirigeants tiennent pour acquis que leurs directives concernant l'habilitation des travailleurs seront suivies. Soulignons combien il est important d'expliquer aux personnes visées les avantages que leur apporte ce transfert de responsabilités, mais aussi d'adopter les mesures incitatives nécessaires à l'élargissement de leur zone d'indifférence.

LA CONSOLIDATION DU POUVOIR PERSONNEL

L'habilitation a aussi un aspect très particulier qui va bien au-delà de la redistribution du pouvoir officiel, puisqu'il concerne le pouvoir personnel. Pour se sentir pleinement habilité, l'individu doit estimer que son travail: (1) a un sens pour lui et est en harmonie avec ses valeurs; (2) lui permet d'utiliser ses compétences; (3) lui laisse une certaine latitude; (4) a un certain impact. Si l'un de ces éléments manque, il ne se sentira pas habilité[26]. Ainsi, même si son travail lui semble important et conforme à ses valeurs, il a aussi besoin de sentir qu'il a une certaine latitude dans la manière de l'exécuter. Sans égard à l'importance, au choix ou à l'influence d'un travail, la personne doit en outre, pour se sentir habilitée, estimer qu'elle a les compétences nécessaires.

LE POUVOIR EN TANT QUE RESSOURCE EXPANSIBLE

Les travailleurs doivent être formés à exercer le pouvoir et l'influence que leur confère l'habilitation. Comme elle modifie la dynamique entre supérieurs et subordonnés, cette formation s'avère des plus délicates à donner pour les gestionnaires à qui elle incombe et représente un défi de taille pour les travailleurs qu'elle vise. Le secret de la réussite consiste à modifier la conception du pouvoir dans l'organisation. Celui-ci doit être vu comme un outil, une ressource qui permet d'influer sur le cours des événements, plutôt que comme une force exercée par une personne sur d'autres. Selon cette nouvelle définition, tous les travailleurs peuvent acquérir du pouvoir, quel que soit leur niveau hiérarchique. Comme nous l'expliquons dans ce chapitre, pour ce faire, il faut apporter des modifications tant sur le plan du pouvoir officiel que sur celui du pouvoir personnel.

Préciser les rôles et les responsabilités de chacun peut aider les gestionnaires à habiliter leurs subordonnés. Ainsi, les cadres supérieurs peuvent choisir de se concentrer sur la planification à long terme et sur les rajustements d'envergure, tâche que rend nécessaire le jeu des forces stratégiques s'exerçant dans l'environnement externe. S'ils entendent ainsi consacrer l'essentiel de leur énergie aux enjeux à long terme et ne fournir que des balises trimestrielles à leurs subordonnés, il est indispensable qu'à tous les échelons hiérarchiques des membres de l'organisation soient aptes et disposés à prendre d'importantes décisions opérationnelles pour maintenir la rentabilité. En outre, ceux à qui est délégué ce pouvoir décisionnel doivent avoir la conviction qu'ils ont les compétences requises et qu'ils peuvent faire des choix conformes à leurs valeurs. Lorsqu'on offre aux membres du personnel la possibilité de résoudre eux-mêmes les problèmes quotidiens et qu'on leur accorde en même temps la latitude dont ils ont besoin pour agir, on parvient à l'habilitation véritable, qui accroît le pouvoir global dans l'organisation.

Ces principes s'appliquent à toutes les relations cadre-subordonné. L'habilitation suppose que tous les cadres trouvent de nouvelles manières d'exercer leur influence, qu'ils recourent à la raison plutôt qu'aux spectres de l'autorité supérieure et des sanctions, à la complicité plutôt qu'à la coercition, à la négociation plutôt qu'aux ordres. On ne le sait que trop: historiquement, les organisations ont toujours

Affûtez votre habileté politique

Selon Gerald Ferris, Sherry Davidson et Pamela Perrewe, l'habileté politique peut s'acquérir. Ces auteurs proposent un apprentissage en quatre points[32] :

1. Aiguisez votre intelligence sociale et votre compréhension des agissements d'autrui en prenant conscience des préoccupations qui les animent.
2. Travaillez à améliorer votre capacité d'influence interpersonnelle, notamment votre façon de communiquer et d'entretenir des relations amicales.
3. Renforcez votre capacité de réseautage en entrant en contact avec des personnes qui, tant à l'intérieur qu'à l'extérieur de votre entreprise, partagent vos intérêts.
4. Perfectionnez votre sincérité apparente, de sorte que les autres vous perçoivent comme une personne qui se soucie vraiment du bien-être d'autrui.

membres. Le jeu politique au sein des organisations peut donc aussi être envisagé comme une manière d'exercer le pouvoir en vue de déterminer, selon des critères socialement acceptables, tant les fins qu'elles poursuivent que les moyens à prendre pour concilier les intérêts personnels et ceux de la collectivité.

Quel que soit l'angle sous lequel vous considérez le jeu politique, vous pouvez améliorer votre habileté en la matière en suivant les pistes d'apprentissage proposées dans l'encadré ci-contre.

L'INTERPRÉTATION POLITIQUE

On retrouve ces deux conceptions du jeu politique en milieu organisationnel dans ce que disent les gestionnaires à propos des effets de ce jeu sur eux et sur leur organisation. Selon une étude consacrée à ce sujet, 53 % des gestionnaires interrogés estiment que le jeu politique aide l'organisation à atteindre ses objectifs et à survivre, tandis que 44 % considèrent au contraire qu'il détourne les travailleurs des objectifs organisationnels[33]. Dans cette même enquête, 60 % des répondants indiquent que le jeu politique stimule l'avancement professionnel, alors que 39 % pensent qu'il entraîne une perte de pouvoir, de prestige et de crédibilité.

En soi, le jeu politique qui s'exerce dans l'organisation n'est ni bon ni mauvais. Il y aurait même un lien entre l'habileté politique et le faible degré de stress observé chez certains cadres supérieurs. En outre, il peut remplir certaines fonctions importantes, notamment en aidant le gestionnaire à surmonter ses lacunes personnelles, à faire face aux changements et à remédier à certains problèmes d'autorité.

- *Surmonter des lacunes personnelles* Dans toute organisation, on constate parfois des décalages entre les caractéristiques des individus et les exigences de leur poste. Même dans les organisations dont la gestion est irréprochable, il peut arriver que, pour une raison ou pour une autre – période d'apprentissage, surmenage, insuffisance de formation ou de compétences, surqualification ou insuffisance de ressources, etc. –, ces décalages concernent les gestionnaires. Le jeu politique s'avère alors un outil précieux pour instaurer des mécanismes qui comblent ces lacunes et permettent d'atteindre les résultats visés.
- *Faire face aux changements* Le jeu politique dans l'organisation peut aussi favoriser l'adaptation aux changements que connaissent l'environnement de l'organisation ou la technologie que celle-ci utilise. En effet, il aide les gestionnaires à diagnostiquer les nouveaux problèmes et peut propulser au premier plan les plus désireux de s'y attaquer et les plus aptes à les résoudre. Comme son action est plus rapide que la restructuration, le jeu politique permet à l'organisation de régler avant qu'ils ne deviennent insolubles des problèmes imprévus concernant les gens ou les ressources.
- *Remédier à des problèmes d'autorité* Il peut arriver que l'autorité d'un cadre s'effrite ou se révèle inopérante dans certaines circonstances. Le jeu politique peut alors empêcher que le gestionnaire perde trop d'influence. En y recourant, ce dernier pourra maintenir le bon fonctionnement des activités et assurer l'exé-

cution des tâches dans des cas où la perte d'autorité risquerait, autrement, de poser problème.

LA PRÉVISION POLITIQUE

Le gestionnaire pourra mieux comprendre les rouages du jeu politique s'il essaie de se mettre à la place des autres acteurs qui interviennent dans les décisions critiques ou les événements majeurs concernant l'organisation. Toute décision et toute action peuvent être envisagées sous l'angle des avantages et des inconvénients qu'elles présentent pour chacune des parties en présence. Quand le prix à payer est supérieur aux bénéfices, le gestionnaire peut adopter une conduite politique susceptible de protéger sa position et ses intérêts.

La **figure 9.3** présente une matrice des gains et des pertes pour Lucille et Louis, deux gestionnaires se trouvant devant le problème suivant : affecter ou non des ressources à un projet donné. Or la situation est épineuse. Si tous deux débloquent des ressources, le projet sera mené à terme dans les délais, et l'organisation gardera un gros client. Cependant, cette décision les obligera à dépasser leurs limites budgétaires, ce qui risque d'entacher leur dossier professionnel respectif. Nous estimons néanmoins que l'organisation accepterait sans problème les écarts budgétaires, à condition qu'ils lui permettent de garder son client. Alors, si Louis et Lucille acceptent tous deux d'affecter les ressources nécessaires au projet, ils sortiront gagnants de cette situation, de même que l'organisation. Ce scénario correspond au quadrant supérieur gauche de la figure ; il s'agit, évidemment, de l'issue la plus favorable pour toutes les parties.

Supposons maintenant que seule Lucille débloque les ressources requises. L'entreprise perd alors le client, et Lucille a dépassé son budget pour rien. Quant à Louis, il reste dans les limites des dépenses autorisées. Ici, l'entreprise et Lucille sont perdantes,

FIGURE 9.3 UNE MATRICE DES GAINS ET DES PERTES DANS LE CAS DE L'AFFECTATION DE RESSOURCES À UN PROJET FICTIF

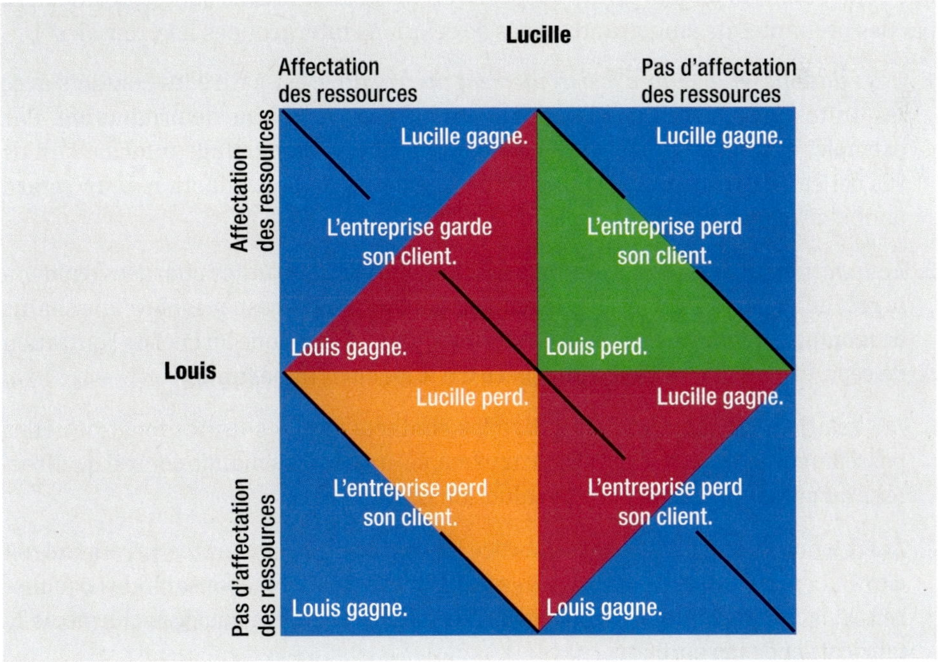

mais Louis sort vainqueur. Ce scénario est décrit dans le quadrant inférieur gauche de la figure. Le quadrant supérieur droit présente le scénario inverse : Louis débloque les ressources, mais pas Lucille. Elle remporte la victoire, mais Louis et l'entreprise sortent perdants. Enfin, si les deux gestionnaires décident de ne pas affecter les ressources au projet, tous deux restent dans les limites de leur budget et sortent ainsi gagnants de l'exercice, mais l'entreprise perd son client.

De toute évidence, l'entreprise aurait avantage à ce que Louis et Lucille décident d'affecter les ressources au projet. Le feront-ils ? Prendriez-vous le risque de dépasser votre budget, sachant que votre collègue pourra se montrer plus prudent ? En définitive, le dilemme se ramène à une question de confiance. Or, l'instauration d'une relation de confiance entre collègues, qu'ils soient gestionnaires ou salariés, est une démarche délicate qui prend du temps. Dans certains cas, des cadres d'échelons supérieurs devront impérativement intervenir pour régler la situation.

En pratique, dans bon nombre d'organisations, il est fort probable que ni Louis ni Lucille n'affecteraient les ressources nécessaires. Pourquoi ? Parce que, trop souvent, la culture de l'organisation et le climat qui y règne incitent les cadres et les salariés à protéger autant que possible leurs intérêts personnels en prenant un minimum de risques.

LES RELATIONS DE POUVOIR ENTRE LES UNITÉS

Le gestionnaire désireux d'intervenir efficacement dans le jeu politique gagnera à comprendre les relations de pouvoir qui s'établissent entre les unités au sein de l'organisation[34]. Les unités opérationnelles ont souvent plus de pouvoir que les unités fonctionnelles, et les unités du sommet de la hiérarchie en ont généralement plus que celles de la base. Les relations de pouvoir entre les unités situées à des niveaux égaux ou rapprochés vont se révéler plus nuancées, plus subtiles.

Le jeu politique donne un cadre officiel aux relations entre les gestionnaires en tant que représentants de leur unité respective. Les gestionnaires sont généralement parties prenantes de cinq grands types de relations intergroupes horizontales[35].

1. *Les relations en lien avec le déroulement du travail*, c'est-à-dire les contacts avec les unités se trouvant en aval ou en amont dans la chaîne de production. Par exemple, le contremaître responsable d'une chaîne de montage informe l'un de ses collègues, responsable d'une étape ultérieure de la production, d'un retard dont il devra tenir compte.

2. *Les relations de service*, c'est-à-dire les contacts avec les unités chargées d'aider à la résolution de problèmes. Par exemple, le contremaître responsable d'une chaîne de montage établit une relation de service quand il demande au chef de l'entretien de réparer de toute urgence une pièce d'équipement importante.

3. *Les relations de conseil*, c'est-à-dire les contacts avec les unités fonctionnelles possédant une expertise précise. Par exemple, un cadre demande conseil au directeur du personnel au sujet de l'évaluation du personnel.

4. *Les relations de vérification*, c'est-à-dire les contacts avec les unités qui ont le droit d'évaluer le travail des autres après coup. Par exemple, le responsable de la qualité refuse la livraison de certains produits et demande à son collègue chargé de la fabrication de la reprendre.

5. *Les relations d'approbation*, c'est-à-dire les contacts avec les unités dont l'approbation est indispensable pour prendre une décision ou mettre en œuvre un projet. Par exemple, le directeur du marketing soumet une description de poste au responsable de l'équité en matière d'emploi pour obtenir son aval avant d'entamer le processus d'embauche d'un représentant.

En général, plus une unité approuve ou vérifie le travail des autres, plus elle a de pouvoir. Une relation fondée sur le déroulement du travail confère plus de pouvoir qu'une simple relation de conseil. Cependant, toutes deux donnent davantage de pouvoir que les relations de service.

LE JEU POLITIQUE ET LA DÉFENSE DES INTÉRÊTS PERSONNELS

Si le jeu politique peut aider l'organisation dans son ensemble, c'est dans la défense des intérêts personnels qu'il est le plus évident et le mieux compris[36]. Quelle que soit l'organisation, et que ses dirigeants le veuillent ou non, tous les travailleurs font passer leurs intérêts personnels en priorité. D'ailleurs, la plupart du temps, si les travailleurs ne se protègent pas eux-mêmes, personne ne le fera à leur place. Pour se protéger, ils disposent notamment de trois stratégies : (1) éviter d'agir et de prendre des risques ; (2) reporter sur d'autres leur responsabilité ou leur imputabilité ; (3) défendre leur territoire, voire l'étendre.

L'ÉVITEMENT

La stratégie de l'évitement est assez courante dans les situations délicates où le travailleur risquerait de se tromper ou de recevoir une sanction s'il agissait. Dans de tels cas, la réaction d'autodéfense la plus courante consiste à *s'en tenir aux règlements*, c'est-à-dire à appliquer strictement les règles et les procédures en vigueur, sans en dévier d'un iota. L'une des techniques d'évitement les plus efficaces, quoique frustrante, consiste par ailleurs à *faire l'imbécile*. Nous y recourons tous de temps à autre : « La vitesse est limitée à 40 km/h dans le quartier ? J'le savais pas, m'sieur l'agent ! Sinon, vous pensez bien que je n'aurais pas roulé à 60... »

Si l'application stricte des règles et la comédie de l'imbécillité sont monnaie courante, les travailleurs d'expérience se tournent habituellement vers des stratagèmes plus subtils pour se protéger, notamment les suivants.

- *La dépersonnalisation des rapports* Elle consiste à traiter les partenaires professionnels – les clients ou les subordonnés, par exemple – comme des numéros ou des objets. Ainsi, les cadres supérieurs ne « congédient » jamais un travailleur de longue date ; c'est l'organisation qui « rationalise ses opérations », « allège son effectif » ou « aplanit sa structure ».
- *Le ralentissement du travail* Il s'agit simplement de diminuer la cadence pour faire traîner la tâche en longueur, tout en donnant l'illusion de travailler dur. Utilisée avec doigté, cette tactique permet de se poser en farouche défenseur des objectifs et des projets de l'organisation... tout en retardant autant que possible leur implantation.

LE TRANSFERT DE RESPONSABILITÉS

Les individus à la fibre politique bien développée maîtrisent l'art de se prémunir contre les conséquences fâcheuses de leurs actes. Ils recourent à plusieurs techniques éprouvées de transfert de responsabilités. La plus répandue d'entre elles consiste à *refiler l'addition* à quelqu'un d'autre, c'est-à-dire à définir la tâche de telle sorte que la responsabilité en incombe à autrui, du moins officiellement. L'étendue et la diversité des moyens utilisés dans les organisations pour redéfinir un problème de manière à ne pas agir ou à reporter sa responsabilité sur un collègue sont tout à fait stupéfiantes.

Réécrire l'histoire est une façon très commode pour les gestionnaires d'éviter d'assumer leurs responsabilités. Si un programme fonctionne, le cadre clame sur tous les toits qu'il l'a appuyé dès le début; en cas d'échec, il assure qu'il a toujours émis de sérieuses réserves à son égard. Si le recours à la note de service classée dans les dossiers est souvent bien pratique pour établir a posteriori un statut de défenseur enthousiaste ou d'adversaire éclairé de la première heure, certains cadres ne s'encombrent pas de tels raffinements. Ils se contentent de se présenter à une réunion ou d'en convoquer une, pour récapituler d'entrée de jeu ce qui a été fait de façon à se donner le beau rôle.

Les esprits vraiment retors emploient trois autres tactiques pour se délester de leurs responsabilités. La première d'entre elles consiste à *accuser un individu ou un groupe mal placé pour se défendre*: les travailleurs licenciés, les partenaires externes de même que les détracteurs et autres opposants font d'excellents boucs émissaires. La deuxième consiste à *évoquer des événements imprévus*[37]. Attention: les cadres vraiment habiles ne s'en tiennent pas aux bonnes vieilles excuses, du genre: «Le chien a mangé mon devoir...» Ils misent plutôt sur une rhétorique plus subtile: «Étant donné le ralentissement imprévu et malheureusement très marqué que nous avons observé récemment dans l'économie, la rentabilité de l'entreprise est légèrement inférieure aux prévisions, pourtant raisonnables, que nous avions établies.» Traduction: l'entreprise a perdu une fortune, mais ce n'est pas ma faute!

Enfin, si les deux tactiques précédentes ne suffisent pas, il reste un dernier espoir. Devant l'échec d'un programme, le gestionnaire peut *réaffirmer fermement sa confiance totale en la stratégie mise en œuvre*. Alors même que tout semble perdu, il répète inlassablement que sa foi en ce projet est entière et que tous les problèmes viennent de l'insuffisance des ressources affectées à sa mise en œuvre. Tandis qu'il exhorte ses troupes à redoubler d'efforts pour remporter la victoire, il espère secrètement être promu ou avoir pris sa retraite avant la débâcle. C'est ce qu'on appelle marcher, voire courir, sur des œufs[38].

LA DÉFENSE ET L'EXPANSION DE SON TERRITOIRE

Cette tradition très ancienne est toujours à l'honneur dans la plupart des grandes organisations. Comme nous l'avons vu dans ce chapitre, les cadres qui veulent consolider leur pouvoir s'efforcent souvent d'étendre les tâches et les responsabilités de leur équipe. La stratégie de défense et d'expansion du territoire tient à la nature même de l'organisation. En effet, par définition, l'organisation est une coalition, c'est-à-dire un regroupement de services, de groupes et d'individus qui, malgré des intérêts rivaux, s'allient en vue d'une action commune. Mais chacun, en tentant d'accroître son influence, en vient à marcher sur les plates-bandes des autres. La stratégie de défense ou d'expansion du territoire est chose courante en milieu organisationnel, et ce, à tous les échelons de la hiérarchie.

LE JEU POLITIQUE ET LA GOUVERNANCE ORGANISATIONNELLE

De Jay Gould, requin de l'industrie des années 1890, à Bill Gates, président actuel de Microsoft, les *grands patrons* ont toujours fasciné. Les récents remous concernant des actes criminels allégués puis établis, mettant en cause des personnes haut placées chez WorldCom et Enron ainsi que l'homme d'affaires et escroc américain Bernard Madoff, ont attisé l'intérêt des médias et levé partiellement le voile sur le jeu politique aux échelons supérieurs des organisations[44]. Au Québec, l'affaire Norbourg, impliquant une entreprise de gestion de fonds de placement ainsi que son PDG, Vincent Lacroix, a fait la manchette. Vincent Lacroix a notamment plaidé coupable à 200 chefs d'accusation de fraude, de complot, de fabrication de faux et de blanchiment d'argent, et il s'est vu infliger une peine de 13 ans de pénitencier[45]. Une analyse des dynamiques à l'œuvre dans les cercles dirigeants nous permettra de dissiper certains mystères.

LA THÉORIE DE L'AGENCE

De nos jours, en matière de pouvoir, l'un des problèmes fondamentaux auxquels fait face l'entreprise découle de la séparation entre les actionnaires et les gestionnaires. Selon un ensemble de travaux regroupés sous le nom de **théorie de l'agence**, les sociétés ouvertes peuvent fonctionner efficacement même si leurs gestionnaires cherchent à défendre leurs intérêts personnels et n'assument pas systématiquement toutes les conséquences de leurs pratiques de gestion. Cette théorie s'articule autour des trois arguments suivants :

Théorie de l'agence
Théorie selon laquelle les sociétés ouvertes peuvent fonctionner efficacement même si leurs gestionnaires cherchent à défendre leurs intérêts personnels et n'assument pas systématiquement toutes les conséquences de leurs pratiques de gestion

1. La protection des intérêts des actionnaires sert l'ensemble des intérêts de la société.
2. Les actionnaires ont un intérêt évident dans l'augmentation du rendement de leurs investissements.
3. Comme les gestionnaires tiennent à protéger leurs intérêts personnels et ne sont pas prêts à les sacrifier (en particulier au profit des actionnaires), ils doivent faire l'objet d'un contrôle.

Le terme *théorie de l'agence* traduit l'idée que les gestionnaires sont les « agents » des actionnaires[46]. Comme cette théorie est très souvent utilisée en économie et en analyse financière des entreprises, nous allons nous y attarder un peu.

Quels types de contrôle devrait-on donc instituer ? Il existe plusieurs possibilités. La première consiste à s'assurer que ce qui est bon pour les actionnaires est bon pour les gestionnaires. Cette convergence d'intérêts peut être favorisée par un régime de rémunération assorti d'incitatifs appropriés pour les dirigeants. Par exemple, on peut convenir que le personnel de direction sera payé en proportion du cours des actions de l'entreprise, principalement sous la forme d'options d'achat de ces actions.

La deuxième possibilité consiste à former un conseil d'administration solide et indépendant, étant entendu que cette instance représente les actionnaires. Bien que cela puisse paraître inhabituel, il n'est pas si rare qu'un chef de la direction choisisse la majorité des membres du conseil et inclue parmi ceux-ci plusieurs cadres supérieurs. Ainsi, avant sa faillite, General Motors avait un conseil d'administration au rôle passif. La rémunération du chef de la direction augmentait même lorsque la part de marché de l'entreprise diminuait. La plupart des membres du conseil d'administration étaient nommés à la suite des suggestions de l'ancien chef de la direction. Enfin, un petit nombre de membres du conseil détenaient un grand nombre d'actions de GM.

Des options d'achat d'actions « hors du cours » accordées aux chefs de la direction[39]

Du côté de la RECHERCHE

Dans le but de favoriser la convergence d'intérêts entre les chefs de la direction et les actionnaires, de nombreux tenants de la théorie de l'agence préconisent qu'on offre aux cadres supérieurs des options d'achat d'actions. Voici comment fonctionne ce genre d'ententes. Par exemple, si le cours de l'action se situe à 100 $, le conseil d'administration pourrait accorder au chef de la direction 10 000 options pour l'achat d'actions à 110 $, tout en espérant que le gestionnaire sera suffisamment dynamique pour faire grimper le cours de l'action bien au-dessus de 110$. Comme il s'agit d'une option d'achat à 110$, personne ne voudra s'en prévaloir si le prix est de 100$. Quand le «prix de levée de l'option», aussi appelé «prix d'exercice», est inférieur au prix courant, on dit, dans le jargon, que l'option d'achat est «hors du cours».

Mais qu'arrive-t-il si le cours de l'action chute et ne vaut plus que 50$, par exemple? L'écart devient immense. Le conseil d'administration révisera-t-il alors le prix de l'option? Une recherche de Pollock, Fischer et Wade[40] a révélé que, dans de telles circonstances, le conseil d'administration pourrait proposer une meilleure entente au chef de la direction. Les chances que le cadre supérieur en sorte avantagé augmentent (1) quand l'écart entre le prix de l'option d'achat et le prix courant est plus grand et (2) quand le chef de la direction est aussi président du conseil d'administration. Ces résultats ne sont pas vraiment étonnants.

Cette autre observation l'est davantage: plus le nombre de membres du conseil d'administration nommés par le chef de la direction est élevé et plus leurs mandats sont échelonnés, moins il est probable que le gestionnaire en question bénéficie d'une réévaluation favorable. Pourquoi? Selon les trois chercheurs, le fait d'accorder au chef de la direction des options révisées serait un geste tellement manifeste qu'il attirerait l'attention des actionnaires et du public. Un conseil d'administration faible, sous la coupe du chef de la direction, craindrait de perdre ainsi sa légitimité. En refusant de réviser le prix des options d'achat, il enverrait un message visant à faire entendre qu'il est plus fort qu'il n'y paraît.

À l'instar de plusieurs autres études portant sur le pouvoir et le jeu politique, cette recherche bouleverse bien des idées reçues. Que penser, au bout du compte, des ententes qui consistent à offrir des options d'achat d'actions aux chefs de la direction des entreprises? Les auteurs en arrivent à la conclusion qu'il ne s'agit pas d'un bon moyen de rapprocher les intérêts respectifs du chef de la direction et des actionnaires.

La récente controverse au sujet de la rémunération des chefs de la direction et les études mentionnées ci-dessus illustrent ce à quoi peut mener une simple application de la théorie de l'agence pour exercer un contrôle sur les gestionnaires. Traditionnellement, aux États-Unis, un chef de la direction gagnait de 25 et 30 fois plus que le travailleur moyen, ce qui correspondait, à peu de chose près, aux échelles salariales en vigueur en Europe et au Japon[41]. Aujourd'hui, la rémunération des chefs de la direction est 400 fois plus élevée que le salaire moyen des travailleurs[42]. Au Canada, selon le Centre canadien de politiques alternatives, la rémunération des dirigeants des 100 plus grandes entreprises inscrites en Bourse atteignait, en 2011, 259 fois celle du travailleur moyen à temps plein. Ce rapport était de 115 fois l'année précédente et de 24 fois en 1996[43].

Pourquoi paie-t-on autant les chefs de la direction? Ce sont les spécialistes en matière de rémunération de la direction qui proposent ces montants au conseil d'admistration. À partir de la liste des salaires des cadres supérieurs aux rémunérations les plus élevées, soit les hauts dirigeants les plus talentueux, ils proposent à leurs clients un régime de rémunération pour le chef de la direction. Le conseil d'administration ou la commission de rémunération, dont les membres sont surtout d'autres grands patrons nommés par le chef de la direction en poste, doit décider si ce dernier est l'un des meilleurs. Si ce n'est pas le cas, pourquoi prolonger son mandat? Bien entendu, si le chef de la direction en question reçoit un gros montant, la base de comparaison pour les rémunérations futures s'élève. Et c'est le cercle vicieux.

Il n'est donc guère étonnant que la question de la gouvernance des entreprises nord-américaines soit remise à l'ordre du jour. Plutôt que de vous proposer une solution miracle fondée sur une théorie de l'entreprise dont la portée est limitée, nous vous suggérons de prendre en considération une diversité de points de vue sur le jeu politique ayant lieu dans le cercle du chef de la direction. En adoptant une perspective large, vous pourrez mieux comprendre les rapports de pouvoir tels qu'ils se présentent dans l'entreprise moderne.

Pas de hausse pour la moitié des PDG

L'ÉTHIQUE EN CO

Est-ce l'effet des indignés? D'actionnaires mécontents? Toujours est-il que la rémunération moyenne des pdg des 50 sociétés québécoises recensées par *Les Affaires* pour son classement annuel a diminué de 4 % en 2011, à 2,8 M$. L'an dernier, le baromètre indiquait plutôt +22 %.

Chaque année, des circulaires de la direction font écarquiller les yeux: augmentations faramineuses, primes octroyées malgré des objectifs non atteints, unités d'actions, options ou régime de retraite s'ajoutant à une rémunération déjà plus que décente... La cuvée 2011 ne fait pas exception, mais elle contient aussi une grande surprise.

En effet, la moitié des 50 plus importantes sociétés québécoises recensées ont diminué ou maintenu la rémunération de leur pdg en 2011. L'autre moitié y est allé de hausses, mais moindres que celles qu'on a observées l'an dernier. Pour l'ensemble de l'équipe de direction, composée de cinq personnes incluant le pdg, la rémunération totale moyenne a diminué de 2 % par rapport à 2010.

Tandis que le classement précédent affichait 16 hausses de plus de 50 % pour le pdg, il n'en compte plus que 4 en 2011. Trois de ces entreprises avaient diminué la rémunération de leur pdg en 2010.

Le géant BCE (+125 % en 2011, +12 % en 2010) a accordé à George Cope une rémunération totale de 9,6 millions de dollars (dont près de la moitié en unités d'actions), ce qui le hisse au sommet du palmarès. À 60 heures par semaine, cela équivaut à une rémunération horaire de 3 082 $.

De son côté, la biopharmaceutique Theratechnologies (+275 % en 2011, -5 % en 2010) a embauché un nouveau pdg, John-Michel Huss, en début d'exercice et lui a offert une prime à la signature de 250 000 $ et des options, entre autres avantages. Chez Garda, le pdg fondateur Stéphan Crétier est revenu à une rémunération comparable à celle de 2009, soit 2,4 M$, après avoir accusé un recul en 2010 (+93 % en 2011, -45 % en 2010). Quant à Louis Audet, pdg du câblodistributeur COGECO, sa rémunération a crû de 61 % (-31 % en 2010), une hausse attribuable en grande partie à une prime représentant 137 % de la cible, ce qui a du même coup accru les versements prévus au terme du régime de retraite.

« Il y a un progrès sur la structure de la rémunération, mais pas sur l'ampleur », commente Olivier Gamache, pdg du Groupe investissement responsable. « Les niveaux sont en général similaires à ceux qui ont été constatés avant la crise. »

Le vent n'a pas changé du tout au tout, mais on note certains retours du balancier. Les pdg qui avaient affiché les plus fortes hausses en 2010 ont vu leur rémunération totale revenir à un niveau plus habituel en 2011, des octrois particuliers ne s'étant pas répétés. C'est le cas de Glenn Chamandy chez Gildan (3,1 M$ en 2011, par rapport à 11,2 M$ en 2010), qui avait reçu en 2010 une attribution spéciale d'unités d'actions ou d'options; d'Alain Lemaire chez Cascades (1,5 M$ en 2011, comparativement à 8,1 M$ en 2010), dont la mise en place d'un régime de retraite représentait 6,4 M$ de la rémunération totale en 2010; de Richard Lord chez Quincaillerie Richelieu, à qui le CA avait octroyé une allocation de retraite de 1,7 M$ en 2010. [...]

Source: Marie-Claude Morin, « Pas de hausse pour la moitié des pdg », *Les Affaires*, 26 mai 2012, p. 12. Cet extrait a été reproduit aux termes d'une licence accordée par Copibec.

QUESTIONS Que pensez-vous de la rémunération et des primes qui sont accordées aux hauts dirigeants? Sont-elles justifiées?

La troisième possibilité consiste, pour les actionnaires importants, à jouer un rôle actif au sein du conseil d'administration. Dans cette optique, on confie parfois à des gestionnaires de fonds communs de placement le mandat d'exercer une surveillance sur la gestion. Il existe également le fameux marché de la prise de contrôle, qui peut, par exemple, conduire au remplacement d'un cadre de la direction dont le rendement laisse à désirer par une personne complètement extérieure à l'organisation[47].

Le problème que posent tous ces mécanismes de contrôle, ou du moins leur simple application, c'est que même les actionnaires ne semblent pas vraiment y trouver leur compte, et encore moins les autres parties, selon certains[48]. D'après des études récentes, dans le cas des chefs de la direction, l'influence qu'ils exercent à titre d'agents se retourne contre eux. La rubrique *Du côté de la recherche* qui apparaît à la page 306 présente une illustration de ce phénomène, tel qu'il est décrit par des spécialistes du comportement organisationnel. Une recherche a en effet montré que le fait de récompenser grassement les chefs de la direction par l'octroi d'options d'achat d'actions quand le prix des actions augmente à court terme incite ces derniers à se livrer à des paris risqués. Résultat: il y a ceux qui gagnent gros et ceux qui perdent gros. Une recherche connexe a montré que le recours fréquent à l'octroi d'options d'achat d'actions était associé à une manipulation des profits lorsque ce genre de récompense ne se traduisait pas par des primes substantielles pour le chef de la direction. Les chercheurs ont conclu que «des mesures incitatives consistant en l'octroi d'options d'achat à la direction entraînaient une distorsion dans le système de récompenses»[49].

LA DÉPENDANCE EN MATIÈRE DE RESSOURCES

La conduite politique du dirigeant d'une organisation peut parfois s'expliquer par une dépendance par rapport aux ressources, c'est-à-dire par le fait que son organisation ait besoin de ressources appartenant à d'autres[50]. D'une manière générale, la dépendance par rapport aux ressources augmente dans les trois circonstances suivantes:

1. Les ressources dont l'organisation a besoin se raréfient.
2. Les acteurs externes resserrent leur mainmise sur les ressources.
3. Les ressources sont concentrées entre les mains d'agents externes peu nombreux, et les produits de remplacement sont difficiles à trouver.

Ainsi, l'un des rôles politiques du chef de la direction consiste à établir des compromis viables avec les propriétaires des ressources dont il a besoin, compromis qui raffermiront son pouvoir. Pour cela, il doit faire le point sur le pouvoir relatif des différents acteurs externes et élaborer des stratégies en fonction des types de fournisseurs de ressources.

Dans les grandes organisations, la stratégie retenue consiste souvent à réduire le degré de dépendance à l'égard des acteurs externes. Ainsi, l'organisation peut prendre le contrôle des ressources dont elle a besoin par des fusions ou des acquisitions. Certaines entreprises tentent aussi de modifier les règles du jeu pour se mettre à l'abri des attaques ou des revirements des fournisseurs les plus puissants. C'est ce qu'a fait Netscape en se tournant vers le gouvernement des États-Unis pour se prémunir contre les offensives de Microsoft. Les marchés peuvent aussi être défendus au moyen de barrières douanières. En outre, aux États-Unis, les lois sur le *droit au travail* permettent de limiter l'influence des syndicats. Toutefois, même les plus grandes et les plus puissantes organisations ne peuvent exercer un contrôle absolu sur toutes les contingences externes majeures.

La concurrence internationale a considérablement réduit les possibilités d'action s'offrant aux dirigeants; ceux-ci ne peuvent plus ignorer l'étranger, le vaste monde qui commence à leurs frontières. Nombre d'entre eux devront, si ce n'est déjà fait, repenser complètement leurs manières de travailler. Ainsi, des organisations qui pouvaient autrefois très bien fonctionner sans aide étrangère voient aujourd'hui leurs dirigeants favoriser la création d'entreprises conjointes et la conclusion

Tous les moyens sont bons pour réussir à Wall Street

Du côté de la RECHERCHE

Les banquiers de Wall Street et de la City continuent d'avoir mal à leur éthique. Le quart des répondants à une enquête réalisée auprès de cadres des secteurs financiers de New York et de Londres ont estimé qu'il pouvait être nécessaire de recourir à « des activités illégales ou contraires à l'éthique pour réussir ». Ils ont été tout aussi nombreux (26 %) à affirmer avoir « été les témoins directs ou avoir eu connaissance de première main de méfaits commis sur leur lieu de travail ».

« Il est pour le moins troublant de constater que, quatre ans après le début de la crise économique mondiale, il continue d'y avoir un manque fondamental d'intégrité dans l'industrie financière », a déclaré Chris Keller, associé au cabinet d'avocats new-yorkais Labaton Sucharow, commanditaire de l'enquête internet réalisée auprès de 500 hauts responsables américains et britanniques issus des différentes branches d'activité de l'industrie financière.

Le resserrement des règles et l'augmentation des moyens de surveillance décidés dans la foulée de la faillite de la banque d'affaires Lehman Brothers seraient loin d'avoir l'effet dissuasif escompté. Seulement le tiers des répondants britanniques (34 %) et à peine le quart de leurs homologues américains (26 %) estiment, en effet, que les agences publiques chargées de faire la police dans leur secteur (Security of Exchange Commission [SEC] aux États-Unis, et Serious Fraud Office [SFO] au Royaume-Uni) parviennent à décourager, investiguer et poursuivre les auteurs d'éventuels délits.

Ça tombe mal, parce qu'un répondant sur six avoue qu'il irait jusqu'à commettre un délit d'initié si cela pouvait lui rapporter 10 millions et qu'il avait de bonnes raisons de croire qu'il parviendrait à s'en tirer sans se faire arrêter. « Fait peut-être encore plus troublant, seulement 55 % de tous les répondants ont rejeté catégoriquement l'idée de poser un tel acte criminel », déplore le rapport d'enquête.

Cette étude survient en plein scandale sur la manipulation des taux interbancaires (Libor) en Angleterre et aux États-Unis. Elle suit de peu la révélation de pertes exceptionnelles par la banque américaine JP Morgan Chase et la démission fracassante d'un vice-président de Goldman Sachs qui dénonçait le manque de loyauté de sa banque à l'égard de ses propres clients.

À l'origine de la Grande Récession, le secteur financier a fait l'objet de multiples critiques, été le théâtre de quelques actes de contrition et mené à de nombreux appels de réforme. On lui a reproché notamment ses salaires faramineux et juteuses primes calculées en fonction de résultats à court terme n'ayant souvent rien à voir avec l'intérêt économique général, ni même celui des clients.

À en croire l'enquête, la situation n'a pas autant changé qu'on l'aurait espéré. Près du tiers (30 %) des cadres interrogés ont rapporté toujours sentir s'exercer sur eux « une pression découlant de leur mode de rémunération ou de leur système de primes et les poussant à prendre des libertés avec les normes éthiques ou de violer la loi ». Le quart (26 %) des banquiers britanniques et le cinquième (19 %) de leurs homologues américains se sont aussi dits soumis à d'autres formes de pressions les poussant à commettre le même genre de fautes.

Bien que généralement similaires, les tendances observées à Wall Street et à la City présentent quelques autres petits écarts, parfois favorables aux uns et parfois favorables aux autres. Certaines différences s'observent aussi entre les hommes et les femmes, 19 % des répondants masculins s'étant, par exemple, montrés très ouverts au fameux scénario sur le délit d'initié de 10 millions, contre seulement 10 % chez les femmes. [...]

Source : Éric Desrosiers, « Tous les moyens sont bons pour réussir à Wall Street », ledevoir.com, 11 juillet 2012.

d'alliances stratégiques avec des partenaires du monde entier. Ces associations permettent aux divers partenaires d'accéder aux ressources et aux technologies dont ils ont besoin, mais aussi de bénéficier d'un accroissement de leurs marchés et d'une baisse de leurs coûts de production[51].

▸ **Gouvernance organisationnelle**
Système mis en place par la direction d'une organisation en matière d'autorité, d'influence et de normes de comportement des gestionnaires

LA GOUVERNANCE ORGANISATIONNELLE

Quand on connaît la théorie de l'agence et qu'on saisit le rôle de la dépendance de l'organisation par rapport aux ressources, on comprend beaucoup plus facilement ce qu'est la gouvernance organisationnelle. On appelle **gouvernance organisationnelle** le système que la direction d'une organisation met en place en matière d'autorité, d'influence et de normes de comportement des gestionnaires. Ce système détermine ce qui est important, comment se posent les problèmes, qui doit ou ne doit pas participer aux prises de décisions les plus cruciales et quelles sont les limites acceptables de leur application.

Les chercheurs soulignent que la gouvernance organisationnelle est en grande partie le fait d'une *coalition dominante* composée des principaux acteurs de l'organisation[52]. Comme on peut s'y attendre, plusieurs des cadres supérieurs de l'organisation en font partie, mais aussi parfois certains acteurs externes ayant accès aux ressources clés. Par conséquent, toute analyse de la gouvernance organisationnelle prend en compte la dépendance par rapport aux ressources, qui révèle le contrôle réel qu'exercent les membres de la coalition dominante sur les ressources clés. Elle reconnaît aussi le pouvoir relatif des principales parties intéressées, notamment celui des actionnaires tel qu'il est mis en relief par la théorie de l'agence.

Dans cette optique des cercles dirigeants, la gouvernance organisationnelle quotidienne consiste à cerner et à résoudre les problèmes au fur et à mesure. Grâce à elle, les membres de la coalition dominante tentent de modeler la réalité. En acceptant ou en rejetant les propositions des subordonnés, en orientant les objectifs et les stratégies en fonction des intérêts des acteurs externes les plus puissants et en sélectionnant des personnes apparemment porteuses de telles ou telles valeurs et qualités, ils établissent progressivement leur système de gouvernance organisationnelle. Ce dernier repose en outre sur des bases éminemment politiques, du moins en partie.

Autrefois, la gouvernance organisationnelle se définissait et s'exerçait à l'intérieur des limites de l'organisation, et incombait même très souvent à un nombre restreint de personnes. Aujourd'hui, les débats et les controverses la transportent de plus en plus souvent sur la place publique. Si certains observateurs estiment que les dirigeants des entreprises ne défendent pas suffisamment les intérêts des actionnaires, d'autres considèrent au contraire qu'ils négligent, voire trahissent, les intérêts des autres groupes et du public en général. Tout dirigeant devrait être en mesure de discerner les fondements de son pouvoir et de sa légitimité.

LE JEU POLITIQUE, LA GOUVERNANCE ORGANISATIONNELLE ET L'ÉTHIQUE

Le grand public s'inquiète de plus en plus des pratiques de certaines organisations, plus particulièrement des lacunes sur le plan de la gouvernance organisationnelle. En fait, cette dernière est trop souvent étroitement liée aux intérêts immédiats des actionnaires et à la rémunération du PDG, alors qu'elle devrait s'étendre aux intérêts des travailleurs et des collectivités.

Les études sur les questions d'éthique liée au pouvoir et au jeu politique ont permis l'élaboration du modèle intégré d'analyse du comportement politique apparaissant à la **figure 9.4**. D'après ce modèle conçu par Cavanagh, Moberg et Velasquez, la gouvernance organisationnelle doit reposer sur un code d'éthique, et tous les membres d'une organisation, depuis le salarié le plus modeste jusqu'au PDG, devraient avoir un comportement conforme à l'éthique et satisfaisant donc aux critères suivants[53] :

- Il engendre «le plus grand bien pour le plus grand nombre»; autrement dit, il optimise la satisfaction des personnes tant à l'intérieur qu'à l'extérieur de l'organisation (*point de vue utilitariste*).

FIGURE 9.4 UN MODÈLE INTÉGRÉ D'ANALYSE DU COMPORTEMENT POLITIQUE AU SEIN DES ORGANISATIONS

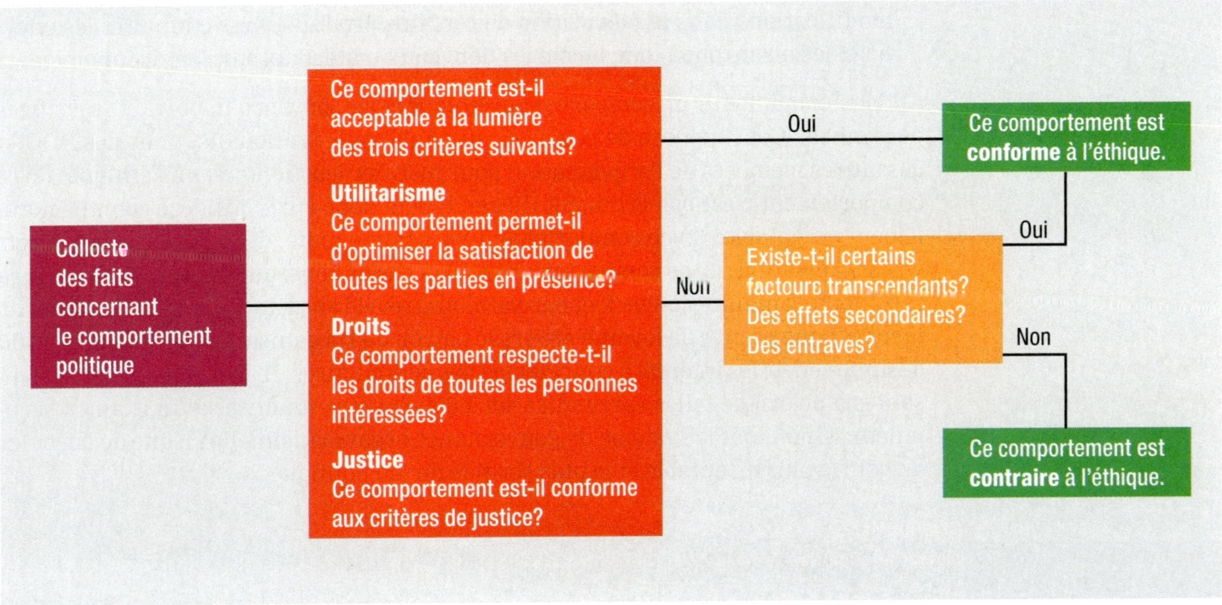

- Il respecte les droits de toutes les parties, notamment les droits de la personne suivants : droit à la liberté de consentement, de parole et de conscience ; droit au respect de la vie privée et à un procès équitable (*point de vue moraliste*).
- Il respecte les règles et les procédures organisationnelles dans tous les cas où elles s'appliquent, selon les principes de la justice procédurale, et garantit à toutes les personnes un traitement juste et équitable, selon les principes de la justice distributive (*point de vue de la justice sociale*).

Toutefois, un comportement qui ne respecte pas tous ces critères n'est pas nécessairement contraire à l'éthique. Il peut en effet se justifier d'un point de vue éthique dans des situations particulières où interviennent des *facteurs transcendants* pouvant se résumer ainsi :

- *Il y a conflit entre les divers critères.* Le comportement adopté présente à la fois des conséquences positives et des conséquences négatives. Par exemple, un gestionnaire met l'un des membres de son personnel sur table d'écoute, brimant ainsi ses droits, parce que c'est la seule façon qu'il a de prouver que ce dernier se livre à des pratiques frauduleuses préjudiciables à l'organisation et, le cas échéant, à des tiers.
- *Le respect d'un critère est conflictuel.* Des moyens discutables sont utilisés pour parvenir à une fin positive. Par exemple, un gestionnaire met en place un programme de rationalisation qui, parce qu'il améliore la rentabilité financière et le rendement des investissements des actionnaires, assure la survie de l'entreprise. Cependant, ce programme suppose d'importantes compressions de personnel, ainsi qu'une détérioration des conditions d'emploi et une surcharge de travail pour les *survivants*.

- *Le respect d'un ou des critères est impossible.* Le comportement s'appuie sur des données erronées ou incomplètes. Par exemple, un gestionnaire approuve des modifications dans la fabrication de certains produits, sans connaître les effets néfastes qu'auront à long terme les nouveaux matériaux sur l'environnement.

Adopter et maintenir un comportement éthique exige souvent d'importants sacrifices personnels. Cela suppose de renoncer aux habituelles rationalisations des PDG et des autres membres de l'organisation pour justifier leurs entorses à l'éthique : (1) ce comportement n'est pas vraiment illégal, il peut donc être considéré comme moralement acceptable ; (2) ce comportement va, somme toute, dans le sens des intérêts de l'organisation ; (3) ce comportement n'aura pas de conséquences puisqu'il ne sera sans doute jamais découvert, et encore moins révélé au grand jour ; (4) ce comportement est une preuve de loyauté envers le patron ou l'organisation, ou une preuve du désir de servir les intérêts à court terme des actionnaires. Bien qu'elles soient séduisantes a priori, de telles rationalisations doivent être soumises à un examen scrupuleux, sinon tout le système de gouvernance organisationnelle risque de basculer du côté le plus discutable et le plus sordide du jeu politique.

GUIDE de révision

RÉSUMÉ

QU'EST-CE QUE LE POUVOIR ET L'INFLUENCE EN MILIEU ORGANISATIONNEL ?

- Selon la perspective adoptée, le pouvoir est : (1) la capacité d'amener autrui à faire ce qu'on lui demande ou ce qu'on veut ; (2) la capacité d'influer sur le cours des événements.
- L'influence est l'effet qu'a sur autrui l'exercice du pouvoir par un individu, c'est-à-dire la réaction comportementale à l'exercice du pouvoir.
- Socialisés dans ce sens, les gens acceptent généralement le pouvoir, soit la capacité d'influer sur le comportement d'autrui, et l'autorité, soit la capacité d'exercer le pouvoir issue de la légitimité donnée par la position hiérarchique.
- Les expériences de Milgram révèlent que les gens ont tendance à obéir aux ordres provenant de personnes qu'ils associent au pouvoir et à l'autorité.
- En définitive, le pouvoir et l'autorité ne sont opérants que dans la mesure où les gens sur lesquels ils s'exercent les acceptent.
- La zone d'indifférence est l'éventail des demandes des supérieurs auxquelles un subordonné accepte de se conformer sans jugements ni critiques.

QUELLES SONT LES PRINCIPALES SOURCES DE POUVOIR ET D'INFLUENCE AU SEIN D'UNE ORGANISATION ?

- Au sein de son organisation, le gestionnaire puise son pouvoir à deux sources : le poste qu'il occupe dans l'organisation, qui lui confère un pouvoir officiel ; ses ressources personnelles, qui lui confèrent un pouvoir individuel.
- Le pouvoir officiel, qui est attribué au gestionnaire compte tenu du poste qu'il occupe dans l'organisation, revêt six formes principales : le pouvoir légitime, le

pouvoir de récompense, le pouvoir de coercition, le pouvoir associé à la maîtrise des processus, le pouvoir d'information et le pouvoir de représentation.

- Le pouvoir personnel émane de l'individu lui-même et n'est pas lié au poste occupé dans l'organisation. Il repose essentiellement sur l'expertise, la persuasion rationnelle, la valeur de référence et les coalitions.
- Les gestionnaires peuvent acquérir et accroître leur pouvoir officiel et leur pouvoir personnel par divers moyens.
- Pour exercer une influence ascendante, descendante et horizontale, les gestionnaires peuvent recourir à diverses stratégies, comme la raison, l'amabilité, la coalition, la négociation, l'affirmation de soi, l'autorité supérieure, les récompenses et les punitions.

QU'EST-CE QUE L'HABILITATION DU PERSONNEL ?

- L'habilitation est le processus par lequel le gestionnaire accorde un pouvoir décisionnel accru aux membres de son personnel, permettant ainsi à ces derniers de prendre les décisions qui les concernent directement et qui ont des répercussions sur leur travail.
- Pour que le processus d'habilitation du personnel soit une réussite, il est indispensable que l'autorité soit clairement déléguée, que la planification soit participative et intégrée à tous les échelons et que les cadres de tous les échelons, mais surtout les plus élevés, manifestent de solides habiletés de communication.
- L'habilitation repose sur la conception du pouvoir comme la capacité d'influer sur le cours des événements, plutôt que comme la capacité d'amener autrui à faire ce qu'on lui demande ou ce qu'on veut.

QU'ENTEND-ON PAR « JEU POLITIQUE » EN MILIEU ORGANISATIONNEL ?

- Selon la perspective adoptée, le jeu politique en milieu organisationnel peut être vu comme : (1) l'exercice du pouvoir pour parvenir à des fins que l'organisation désapprouve ou pour obtenir des résultats qu'elle approuve, mais par des moyens qu'elle réprouve ; (2) l'art d'élaborer des compromis originaux pour concilier des intérêts rivaux.
- Les gestionnaires recourent souvent au jeu politique dans le contexte du processus décisionnel, quand ils doivent concilier leurs intérêts personnels et les intérêts des autres, qu'ils soient gestionnaires ou non.
- Les gestionnaires recourent aussi au jeu politique quand leurs unités respectives manœuvrent pour accroître leur pouvoir et améliorer leur position relative au sein de l'organisation.
- Dans le jeu politique visant la défense des intérêts personnels, on observe trois stratégies : l'évitement, le transfert de responsabilités, ainsi que la défense et l'expansion de son territoire.

- La théorie de l'agence traduit l'idée que les gestionnaires sont des agents des actionnaires. Toutefois, on peut aussi considérer que les dirigeants des entreprises recourent au jeu politique pour aborder stratégiquement le problème de la dépendance de leur organisation à l'égard de son environnement extérieur pour l'approvisionnement en ressources.
- La gouvernance organisationnelle est le système que la direction d'une organisation met en place en matière d'autorité, d'influence et de normes de comportement des gestionnaires.
- Les PDG et les gestionnaires peuvent et doivent mettre sur pied un système de gouvernance organisationnelle conforme à l'éthique et exempt de toute justification douteuse.

MOTS CLÉS

MonLab
Évaluation des connaissances
questions interactives

ÉVALUATION DES CONNAISSANCES

QUESTIONS À CHOIX MULTIPLE

1. Trois des bases du pouvoir officiel sont ________ **a)** la récompense, l'expertise et la coercition. **b)** l'autorité, l'expérience et le discernement. **c)** le savoir, l'expérience et le discernement. **d)** la récompense, la coercition et l'autorité.
2. ________ est la capacité qu'a un individu d'influer sur le comportement d'autrui en l'amenant à admettre le bien-fondé d'un objectif donné et des moyens proposés pour l'atteindre. **a)** Le pouvoir de persuasion rationnelle **b)** Le pouvoir légitime **c)** Le pouvoir de récompense **d)** Le pouvoir de coercition
3. Quand le subordonné agit de manière à préserver sa relation avec son supérieur, c'est que ce dernier exerce sur lui un pouvoir ________ **a)** d'expertise. **b)** de récompense. **c)** d'approbation. **d)** de référence.
4. L'une des lignes directrices concernant l'habilitation du personnel indique que ________ **a)** la délégation de l'autorité ne doit pas être trop précise pour laisser la place aux interprétations personnelles. **b)** la planification doit être traitée à part et selon le degré de délégation. **c)** la direction doit être raisonna-

blement certaine que ses directives quant à la responsabilisation seront appliquées à la lettre. **d)** l'autorité doit être déléguée aux échelons inférieurs d'une manière claire et précise.

5. Nous avons tiré des expériences de Milgram un certain nombre d'enseignements majeurs, notamment le fait que ________ **a)** les Nord-Américains sont très indépendants et réfractaires à l'autorité. **b)** les gens sont disposés à obéir dans la mesure où leur comportement ne risque pas de blesser qui que ce soit. **c)** les gens ont tendance à obéir aux figures d'autorité, même s'il semble que cela puisse blesser quelqu'un. **d)** les gens obéissent toujours aux figures d'autorité.
6. L'éventail des demandes des supérieurs auxquelles un subordonné accepte de se conformer sans jugements ni critiques s'appelle ________ **a)** le contrat psychologique. **b)** la zone d'indifférence. **c)** les expériences de Milgram. **d)** l'aspect fonctionnel du jeu politique.
7. Les trois formes d'influence que le gestionnaire doit exercer pour réussir sont l'influence ________ **a)** ascendante, descendante et horizontale. **b)** ascendante, descendante et diagonale. **c)** descendante, horizontale et diagonale. **d)** descendante, horizontale et externe.
8. Le cadre peut recourir à la fois à son pouvoir officiel et à son pouvoir personnel lorsqu'il cherche à exercer une influence ________ **a)** ascendante. **b)** horizontale. **c)** descendante. **d)** sur le déroulement du travail.
9. Pour ________, le gestionaire peut recourir à diverses stratégies, comme la raison, la coalition, la négociation et l'autorité supérieure. **a)** renforcer son pouvoir personnel **b)** renforcer son pouvoir officiel **c)** exercer son pouvoir de référence **d)** exercer une influence sur autrui
10. Négocier l'interprétation d'une clause de la convention collective est une activité qui relève ________ **a)** du jeu politique en milieu organisationnel. **b)** des relations horizontales. **c)** d'une relation d'approbation. **d)** d'une relation de contrôle.
11. ________ est la capacité qu'a un individu d'influer sur le comportement d'autrui grâce aux connaissances, à l'expérience ou au discernement qui lui sont propres et dont d'autres ont besoin. **a)** Le pouvoir de coercition **b)** Le pouvoir d'expertise **c)** Le pouvoir d'information **d)** Le pouvoir de représentation
12. ________ peut être envisagé(e) comme l'art d'élaborer des compromis originaux pour concilier des intérêts rivaux. **a)** La zone d'indifférence **b)** L'autorité **c)** Le pouvoir **d)** Le jeu politique
13. On appelle ________ le processus par lequel le gestionnaire accorde un pouvoir décisionnel accru aux membres de son personnel, permettant ainsi à ces derniers de prendre les décisions qui les concernent directement et qui ont des répercussions sur leur travail. **a)** jeu politique **b)** philosophie de gestion **c)** autorité **d)** habilitation
14. On appelle ________ le système mis en place par la direction en matière d'autorité, d'influence et de normes de comportement des gestionnaires. **a)** gouvernance organisationnelle **b)** théorie de l'agence **c)** pouvoir **d)** jeu politique

15. Selon ________, les sociétés ouvertes peuvent fonctionner efficacement même si leurs gestionnaires cherchent à défendre leurs intérêts personnels et n'assument pas systématiquement toutes les conséquences de leurs pratiques de gestion. **a)** la théorie du pouvoir **b)** la philosophie de gestion **c)** la théorie virtuelle **d)** la théorie de l'agence

QUESTIONS À RÉPONSE BRÈVE

16. Expliquez en quoi les diverses formes du pouvoir officiel et du pouvoir personnel s'appliquent ou non aux relations entre le professeur et l'étudiant dans un contexte scolaire. Précisez quelles formes de pouvoir les étudiants peuvent exercer sur leurs professeurs.

17. Décrivez au moins trois des moyens que peuvent utiliser les gestionnaires pour accroître **a)** leur pouvoir officiel et **b)** leur pouvoir personnel.

18. Décrivez au moins quatre des stratégies d'influence qui s'offrent aux gestionnaires en milieu organisationnel. Illustrez par des exemples comment chacune d'elles s'applique ou non à l'exercice **a)** de l'influence descendante et **b)** de l'influence ascendante.

19. Définissez la notion de *jeu politique en milieu organisationnel* et illustrez-la par un exemple **a)** de son bon côté et **b)** de son côté plus sordide.

QUESTION À DÉVELOPPEMENT

20. Comment expliqueriez-vous les fusions et les acquisitions s'il était prouvé qu'elles ont rarement des retombées financières positives pour les actionnaires ?

LE CO DANS LE FEU DE L'ACTION

Pour ce chapitre, nous vous suggérons les activités suivantes du *Cahier d'apprentissage en CO* (voir p. C1).

Études de cas	Exercices	Autoévaluations
17. L'autonomisation du corps enseignant et l'évolution de l'environnement universitaire 18. Analyse du comportement politique	25. Entrevue avec un dirigeant 42. Les cercles du pouvoir	13. Votre propension à la délégation 14. Votre degré de machiavélisme 15. Votre profil de pouvoir

Le leadership

Tous les gestionnaires ne sont pas des leaders, et tous les leaders ne sont pas des gestionnaires. Ce chapitre traite plus particulièrement des rapports entre les différents aspects de la gestion et du leadership, ainsi que des principales approches en matière de leadership, depuis les théories traditionnelles jusqu'aux théories les plus récentes.

Chapitre 10

OBJECTIFS D'APPRENTISSAGE

Après l'étude de ce chapitre, vous devriez pouvoir :

- Expliquer les fondements du leadership.
- Expliquer ce qu'est l'approche situationnelle en matière de leadership.
- Décrire les modèles implicites du leadership et de la subordination.
- Expliquer ce que sont les approches du leadership inspirant et du leadership relationnel.
- Discuter du leadership moral et de ses diverses formes.
- Décrire les nouvelles perspectives en matière de leadership, notamment le leadership partagé et le leadership dans un contexte interculturel.

Les leaders font avancer les choses.

PLAN DU CHAPITRE

Miser sur la dignité

Les managers gagneraient à renouer avec certaines vertus passées de mode. C'est du moins ce que pense le philosophe finlandais Pekka Himanen, qui se réclame depuis quelques années du concept de « leadership basé sur la dignité ».

La dignité ? Oui, le fait de respecter autrui au plus haut point, comme un autre soi, sans quoi la vie en société devient vite infernale. Ce souci de l'autre qui, seul, peut nous rendre meilleur : « Le leadership peut s'exprimer de différentes façons, comme la peur, la sanction ou encore la récompense. Mais les grands leaders ont tous adopté une autre approche, celle de la dignité », dit-il dans une publication du cabinet-conseil Roland Berger, en songeant à « Gandhi, Luther King et autres Mandela ».

Avoir une attitude ouverte aux autres, quels qu'ils soient, est toujours enrichissant, même si cela n'est pas toujours facile. « Si vous voulez être perçu comme un grand leader, créez un environnement de travail où règne la dignité, c'est-à-dire où chacun peut exprimer tout son potentiel et être soutenu dans ses projets », conseille celui qui a figuré parmi les 200 Young Global Leaders de 2005.

Si vous voulez être perçu comme un grand leader, créez un environnement de travail où règne la dignité...

Le philosophe va plus loin. Il invite à lier cette nouvelle culture d'entreprise à une mission plus large axée elle-même sur la dignité. Cette mission permettrait à chaque employé de se sentir engagé dans une aventure magnifique, et donc de s'investir plus que jamais. Elle permettrait aussi à l'entreprise de se faire connaître de tous, voire de susciter la sympathie. Bien entendu, il ne s'agit pas simplement de s'associer à une cause humanitaire et de dégager des employés pour les laisser faire du bénévolat au nom de la boîte. Il faut viser plus grand et orienter les activités mêmes de l'entreprise vers la cause choisie.

Comment entreprendre une telle opération ? « Posez-vous des questions », dit-il. Par exemple, le produit que vous fabriquez ou le service que vous offrez est-il éthique et responsable ? En quoi contribue-t-il à faire avancer la société dans son ensemble ? Peut-il rendre certaines personnes heureuses ? Et d'autres, malheureuses ? Pouvez-vous lui donner une nouvelle dimension (culturelle, environnementale, sociale, etc.) ?

« N'ayez pas peur de mettre en œuvre les talents de votre entreprise au service d'une cause, poursuit le professeur invité d'Oxford. Cette dernière peut, en effet, vous ouvrir des marchés et vous aider à transformer un défi en occasion d'affaires. »

Source : Olivier Schmouker, « Embauchez un bouffon, et autre façons de gérer autrement », *Les Affaires*, 22 septembre 2012, p. 13. Cet article a été reproduit aux termes d'une licence accordée par Copibec.

Les fondements du leadership

On a tendance à tenir pour acquis que quiconque occupe un poste de gestionnaire est un leader. Pourtant, la question fait aujourd'hui l'objet d'un débat. Nous avons tous été témoins de situations dans lesquelles un gestionnaire ne démontrait que de faibles qualités de leadership et nous avons en tête des exemples de personnes qui excellent en tant que leaders sans pour autant assumer de rôle de gestion. Des auteurs ont alimenté la controverse en affirmant que le fait de ne pas reconnaître clairement la différence entre la gestion et le leadership menait parfois à de fausses représentations. Ils faisaient notamment référence à une série de recherches menées en principe sur le thème du leadership, mais portant en réalité sur la gestion[1].

LES GESTIONNAIRES ET LES LEADERS

On peut faire la distinction entre un gestionnaire et un leader en mettant de l'avant le fait que la gestion vise à favoriser la stabilité de l'organisation et à permettre à cette dernière de fonctionner sans heurts, tandis que le leadership vise à faciliter l'adaptation aux diverses situations et à instaurer les changements nécessaires[2]. Selon le cas, les titulaires d'un poste de direction peuvent se livrer à la fois à des activités de gestion et de leadership, ou privilégier les unes au détriment des autres. Cependant, comme les deux types de fonctions sont également indispensables, ceux qui n'assument pas les deux doivent impérativement s'entourer de personnes qui se chargent des tâches négligées. Avant tout, il est important de ne pas présumer que le leadership est semblable à la gestion.

Dans cet ouvrage, le **leadership** est défini comme le processus par lequel un individu exerce une influence sur d'autres personnes afin qu'elles comprennent et partagent sa vision de ce qui doit être fait et de la manière de le faire, mais aussi comme le processus permettant de soutenir les efforts individuels et collectifs en vue de l'atteinte d'objectifs communs[3].

Leadership
Processus par lequel un individu exerce une influence sur d'autres personnes afin qu'elles comprennent et partagent sa vision de ce qui doit être fait et de la manière de le faire; également, processus permettant de soutenir les efforts individuels et collectifs en vue de l'atteinte d'objectifs communs

Le leadership se manifeste sous deux formes:

1. Le *leadership formel* est exercé par des personnes nommées ou élues à un poste qui leur confère une autorité officielle au sein de l'organisation.
2. Le *leadership informel*, quant à lui, est exercé par des personnes dont l'ascendant tient à des compétences particulières leur permettant de répondre aux besoins de leurs collègues, ou à des traits de caractère bien particuliers qui font en sorte que leurs collègues veulent s'identifier à elles et les imiter.

Le leadership a donné lieu à une profusion de publications qui étudient cette notion sous divers angles[4]. Cet intérêt ne se dément pas et est toujours actuel. Ainsi, une revue de la littérature scientifique anglophone montre que plus de 3 000 textes, articles et monographies traitant du leadership ont été rédigés depuis les 40 dernières années[5]. La façon la plus simple d'aborder l'étude de ces recherches et de leurs applications consiste à procéder chronologiquement, en commençant par les théories traditionnelles pour s'intéresser ensuite aux nouvelles perspectives en la matière, qui revêtent une pertinence toute particulière dans les milieux professionnels d'aujourd'hui.

Les études sur le leadership ont évolué. Dès le début du 20e siècle, des chercheurs ont tenté d'expliquer le leadership en l'associant aux caractéristiques personnelles du meneur qui le distingueraient des autres. Puis, dans les années 1950-1960, d'autres se sont penchés sur ce que doivent faire les leaders, c'est-à-dire sur les comportements qu'ils doivent adopter pour être efficaces. Devant l'évidence qu'un seul type de comportements ne pouvait mener au succès à tous coups, à compter de 1970, l'approche de la contingence a prévalu. Par cette approche, on reconnaît qu'il n'existe pas de style de leadership idéal, mais on cherche à déterminer les situations dans lesquelles un style donné peut être approprié. Vers le début des années 1980, des recherches ont mené à l'élaboration d'une théorie de la catégorisation du leadership selon laquelle nous avons tendance à étiqueter naturellement les gens comme «leaders» ou comme «non-leaders» en nous appuyant sur des théories implicites. Celles-ci font référence à des idées préconçues que nous avons concernant les attributs des leaders (traits personnels et comportements). Enfin, les environnements dynamiques et instables

Le changement réveille le leader qui sommeille en chacun de nous[6]

Le chef de la direction d'Avon, Andrea Jung, pense qu'« il y a une différence notable entre l'aptitude au leadership et l'aptitude à la gestion ». C'est dans la capacité de se montrer souple et la volonté de changer que cette différence prend tout son sens. Selon Mme Jung, si vous n'aimez pas le changement, vous aurez du mal à réussir en tant que leader.

dans lesquels évoluent les organisations d'aujourd'hui exigent qu'elles soient menées par des personnes qui ont une vision, qui sont capables d'inspirer confiance et de susciter l'adhésion aux changements proposés. Cette perspective, qui a émergé au cours des années 1980, est celle du leadership transformateur. En outre, des études récentes ont porté sur les cas particuliers du leadership moral, du leadership partagé et du leadership s'inscrivant dans un contexte interculturel.

Ce chapitre présente donc, dans un premier temps, les théories des traits personnels et des comportements du leader, les théories du leadership situationnel, les modèles implicites du leadership et de la subordination, ainsi que les théories du leadership charismatique et du leadership transformateur. Puis, il sera question, dans un deuxième temps, du leadership moral (authentique, spirituel, au service des autres et éthique), du leadership partagé et du leadership interculturel. La plupart de ces approches recouvrent en réalité plusieurs modèles, dont vous pourrez certainement découvrir tour à tour l'utilité. Néanmoins, tout comme nous vous l'avions suggéré au chapitre 5 à propos des théories de la motivation, nous vous invitons à combiner les éléments de ces différentes approches de la façon qui vous paraîtra la plus appropriée à un cadre de travail donné. Cet exercice d'intégration, s'effectuant par « essais et erreurs », vous aidera à dégager et à agencer les apports des divers modèles selon vos besoins de gestionnaire ou de leader.

LES THÉORIES DES TRAITS PERSONNELS DU LEADER

Depuis plus d'un siècle, les chercheurs ont essayé de définir les principaux attributs qui distinguent les leaders des autres individus, leur hypothèse étant que tous les leaders présentent des caractéristiques identiques, chacune étant importante, quelle que soit la situation. Selon les **théories des traits personnels du leader**, ce sont principalement des attributs personnels qui permettent de distinguer les leaders des non-leaders, les leaders devant posséder les « dispositions nécessaires[7] », et de prédire leurs succès ou les résultats organisationnels. À mesure que les chercheurs se sont concentrés sur les traits personnels associés à un leadership couronné de succès et à un bon rendement organisationnel, leur liste n'a fait que s'allonger. Malheureusement, seul un petit nombre de ces traits ont été repérés par les diverses études, à cause de problèmes de théorisation, de méthodes de mesure des traits insatisfaisantes et de confusion entre les notions de leadership et de gestion.

▸ **Théories des traits personnels du leader**
Théories du leadership selon lesquelles ce sont en grande partie des attributs personnels qui permettent de distinguer les leaders des autres et de prédire les succès d'un leader ou les résultats de son organisation

Cependant, de récents travaux ont porté leurs fruits : ils ont permis de dégager plusieurs traits qui, en plus de correspondre aux points forts des leaders (voir la **figure 10.1**), permettent de prédire les résultats d'un leadership donné[8].

Les principaux traits personnels des leaders sont, notamment, l'ambition, la motivation, l'honnêteté, la confiance en soi et un grand besoin d'accomplissement. Les leaders aspirent au pouvoir non pas en tant que fin en soi, mais en tant que moyen de concrétiser une vision ou d'atteindre des objectifs. Ils se révèlent aussi très ambitieux et animés par un fort désir d'accomplissement. Ils manifestent une maturité

FIGURE 10.1 LES TRAITS PERSONNELS ASSOCIÉS AU SUCCÈS DU LEADER

Vitalité et résistance au stress Vigueur physique et résilience

Désir de pouvoir essentiellement altruiste Fort besoin d'exercer le pouvoir, mais essentiellement au bénéfice d'autrui

Désir d'accomplissement Volonté de mener des projets à bien, de réussir, d'exceller; acceptation des responsabilités; détermination à atteindre les objectifs associés aux tâches

Maturité émotionnelle Équilibre; absence de troubles psychologiques majeurs

Confiance en soi Confiance générale en soi-même et en sa capacité d'assumer les responsabilités du leader

Intégrité Adéquation entre les comportements et les valeurs personnelles; honnêteté, sens éthique, fiabilité

Persévérance ou ténacité Capacité de surmonter les obstacles; force de caractère; volonté

Aptitudes cognitives, intelligence, compétences sociales Capacité de recueillir, d'assimiler, d'organiser et d'interpréter l'information; intelligence supérieure à la moyenne, discernement; compréhension approfondie du contexte social

Connaissance approfondie de la tâche Connaissance de l'organisation, du domaine d'activité et des aspects techniques du travail

Flexibilité Capacité de réagir adéquatement aux changements qui surviennent dans l'environnement

émotionnelle qui leur permet de reconnaître leurs forces et leurs faiblesses et ils travaillent constamment à s'améliorer. Ils doivent être intègres pour avoir la confiance des autres, sinon ils perdraient leur appui. Ce sont des individus qui ne se découragent pas facilement; ils s'en tiennent à la voie qu'ils se sont tracée et mettent tout en œuvre pour atteindre leurs buts. S'ils doivent posséder des aptitudes cognitives suffisantes pour traiter efficacement l'immense quantité d'information à laquelle ils sont exposés, ils n'ont pas à être exceptionnellement brillants ou doués: une intelligence supérieure à la moyenne suffit. Les leaders doivent avoir une bonne compréhension de leur environnement social. Enfin, ils doivent posséder des connaissances vastes et précises de leur domaine d'activité, de leur organisation et de leur travail.

Même s'ils possèdent tous ces traits personnels, les leaders doivent continuer de s'investir dans leur tâche. Diriger, c'est exercer une influence sur autrui. Voyons donc maintenant comment un leader doit se conduire.

LES THÉORIES DES COMPORTEMENTS DU LEADER

Comment les leaders occupant un poste de gestion doivent-ils se conduire avec leurs subordonnés? Comme les théories des traits personnels que nous venons d'étudier, les **théories des comportements du leader** partent du postulat que le leader a un effet déterminant sur le rendement et les autres résultats de son organisation. Toutefois, au lieu de s'intéresser aux traits personnels du leader, elles mettent l'accent sur ses comportements. Deux programmes de recherche bien connus, ceux de la University of Michigan et de la Ohio State University, ouvrent des pistes de réflexion très intéressantes sur les comportements associés au leadership.

Théories des comportements du leader
Théories du leadership selon lesquelles ce sont principalement les comportements du leader qui permettent de prédire le rendement et les autres résultats organisationnels

LES ÉTUDES DE LA UNIVERSITY OF MICHIGAN

À la fin des années 1940, des chercheurs de la University of Michigan ont lancé un programme de recherche sur les comportements associés au leadership, leur

Michelin veut plus de leaders, moins de gestionnaires

DES AS DE LA GESTION

Fondée en 1889 par les frères Michelin, l'entreprise de pneus Michelin en a vu passer, des modèles de gestion au fil des époques et des besoins du marché. Et la dernière petite révolution qu'elle vient d'amorcer transformera en profondeur la culture de l'organisation à travers le monde.

« Nous voulons changer le rôle du gestionnaire pour en faire un leader, un coach, qui s'occupera moins de la supervision quotidienne des employés », dit Lise Sabourin, responsable du développement organisationnel au siège social de Michelin Canada, à Laval.

La multinationale française, qui compte 69 usines réparties dans 19 pays, sur 4 continents, a lancé ce programme de leadership au début de 2008. De concert avec la direction, le groupe de formation de Michelin, en France, a élaboré la vision et les objectifs, mais ce sont les divisions régionales du groupe qui ont la responsabilité de mettre en œuvre ce plan stratégique.

Au Canada, les gestionnaires (une vingtaine au Québec seulement) ont tous reçu une formation de quatre jours consacrée aux méthodes et aux stratégies pour devenir des leaders. Si le programme est standardisé, son application est assez flexible pour tenir compte de la réalité socioculturelle de chacune des divisions dans le monde.

Concrètement, Michelin veut que les gestionnaires délaissent les fonctions de supervision et de travail sur le terrain – plusieurs d'entre eux sont en fait des techniciens – pour consacrer la majeure partie de leur temps à coacher leur personnel.

Au hockey, par exemple, l'entraîneur ne compte pas de buts, mais il encadre et stimule les joueurs et élabore la stratégie que ces derniers doivent exécuter pour tenter de vaincre l'adversaire. C'est un peu ce que veut faire Michelin avec ses responsables : ils doivent guider les employés, mais sans faire le travail à leur place ou leur prendre la main. À terme, ceux-ci seront plus autonomes dans leur champ d'activité.

« On veut que les employés deviennent des experts et les gestionnaires, des chefs d'orchestre », mentionne Lise Sabourin. Mais cette approche est tout un défi, surtout au siège social de Michelin Canada, spécialisé en vente et en marketing. Beaucoup d'employés travaillent sur la route pour rencontrer des clients, ce qui rend plus difficile le coaching par les nouveaux leaders.

Le programme de leadership ne vise pas qu'à développer le coaching ; il cherche aussi à simplifier les structures hiérarchiques de la multinationale. « La direction a décidé qu'il ne devait pas y avoir plus de sept niveaux entre l'employé et le président de Michelin », souligne Mme Sabourin, qui précise qu'il s'agit d'une réduction de plusieurs échelons.

Comme plusieurs grandes entreprises, Michelin a créé au fil des ans de nombreux postes de superviseur, mettant ainsi en place une structure lourde et verticale de moins en moins efficace. « Plus il y a de niveaux, plus les directives de la haute direction sont longues et difficiles à transmettre », affirme-t-elle. [...]

Source : « Michelin veut plus de leaders, moins de gestionnaires », *Les Affaires*, 20 juin 2009, p. 17. Cet article a été reproduit aux termes d'une licence accordée par Copibec.

objectif étant de dégager les comportements les plus susceptibles d'être à l'origine d'un rendement efficace. Après avoir interrogé des groupes hautement performants et d'autres peu performants dans diverses organisations, ils ont conclu que les comportements des leaders se répartissent en deux grandes catégories : les *comportements axés sur les travailleurs* et les *comportements axés sur la production*.

Les dirigeants axés sur les travailleurs accordent une grande importance au bien-être de leurs subordonnés, tandis que les dirigeants axés sur la production se préoccupent davantage de l'exécution du travail. Les recherches ont permis d'établir que les groupes de travail des dirigeants axés sur les travailleurs obtiennent généralement de meilleurs résultats que ceux des dirigeants axés sur la production[9].

On peut considérer que les deux types de comportements appartiennent à une même échelle et se situent à chacune de ses extrémités. Notons qu'on les désigne parfois sous les termes plus généraux de *comportements axés sur les relations* et de *comportements axés sur la tâche*.

LES ÉTUDES DE LA OHIO STATE UNIVERSITY

Presque à la même époque que celle des études menées à la University of Michigan, un important programme de recherche sur le leadership voyait le jour à la Ohio State University. Les chercheurs ont distribué, dans des établissements industriels et militaires, un questionnaire visant à mesurer les perceptions des subordonnés concernant les comportements de leadership de leurs supérieurs. Ils ont ainsi pu dégager deux dimensions similaires à celles qui ont été mises en évidence par le programme de recherche de la University of Michigan: le **leadership axé sur la considération pour autrui** et le **leadership axé sur la structuration des activités**[10].

Leadership axé sur la considération pour autrui
Type de leadership où le dirigeant, axé sur les travailleurs, est très sensible à ce que ressentent ses subordonnés et s'efforce de les satisfaire

Leadership axé sur la structuration des activités
Type de leadership où le dirigeant, axé sur la tâche, cherche surtout à en préciser les exigences et à clarifier les divers aspects du travail

Comme le dirigeant axé sur les travailleurs, le leader qui a beaucoup de considération pour autrui est très sensible à ce que ressentent ses subordonnés et s'efforce de les satisfaire. Par contre, le leader qui privilégie la structuration des activités veille plutôt à préciser les exigences liées à la tâche et à clarifier les divers aspects du travail, s'apparentant en cela au leader axé sur la production. On parle parfois de ces deux types de leadership comme du *leadership socioémotif* et du *leadership axé sur la tâche*.

Les chercheurs de la Ohio State University ont d'abord pensé que les subordonnés des leaders axés sur la considération pour autrui et privilégiant la dimension socioémotive se distingueraient par une satisfaction professionnelle plus élevée et un meilleur rendement. Cependant, des études ultérieures ont établi que les leaders doivent à la fois avoir de la considération pour autrui et se soucier de la structuration de la tâche. La grille du leadership présentée ci-dessous rend compte de l'importance de ces deux dimensions.

LA GRILLE DU LEADERSHIP DE BLAKE ET MOUTON

Conçue par Robert Blake et Jane Mouton[11], la **grille du leadership** (voir la **figure 10.2**) est l'une des applications les plus connues des modèles comportementaux. Pour l'utiliser, on commence par déterminer l'intérêt que le gestionnaire porte à l'élément humain, d'une part, et à la tâche, d'autre part. Puis, on inscrit les résultats obtenus dans la grille, dont l'axe des abscisses (intérêt envers la tâche) et l'axe des ordonnées (intérêt envers autrui) comportent chacun neuf graduations. La grille permet de voir, par exemple, que le gestionnaire qui obtient 1.9 (1 pour l'intérêt envers la tâche et 9 pour l'intérêt envers autrui) se caractérise par un style «social». Un résultat de 1.1 dénote un style relâché ou «laisser-faire». Une note de 9.1 correspond à un style «autocrate» strictement axé sur la tâche, alors qu'une note de 5.5 témoigne d'un style «compromis». Enfin, le gestionnaire qui obtient 9.9 accorde beaucoup d'importance aux deux dimensions et adopte un style «intégrateur»; dans la perspective du modèle de Blake et Mouton, il s'agit du style idéal.

Grille du leadership de Blake et Mouton
Modèle comportemental du leadership conçu par Robert Blake et Jane Mouton, qui permet d'évaluer le leader par rapport à son orientation envers les personnes ou envers les tâches et de le situer dans une grille dont l'axe des abscisses (intérêt envers la tâche) et l'axe des ordonnées (intérêt envers autrui) comportent chacun neuf graduations

LES DIMENSIONS INTERCULTURELLES

Il est important de savoir si les aspects comportementaux que nous venons d'analyser se manifestent de la même manière d'un pays à un autre. Certaines études menées aux États-Unis, en Grande-Bretagne, à Hong Kong et au Japon indiquent que les

FIGURE 10.2 LA GRILLE DU LEADERSHIP DE BLAKE ET MOUTON

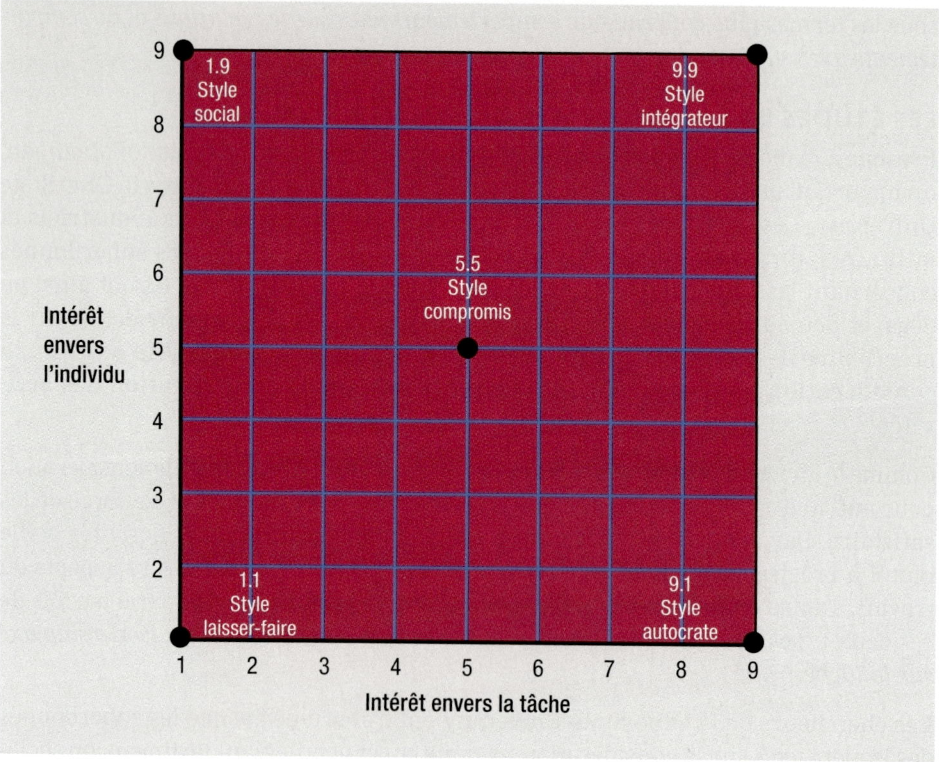

Source: Robert R. Blake et Jane S. Mouton, *The New Managerial Grid*, Houston, Gulf, 1991, p. 29.

comportements semblent s'exprimer différemment selon le contexte culturel. Par exemple, en Grande-Bretagne, on dira qu'un dirigeant a de la considération pour ses subordonnés s'il leur explique comment utiliser l'équipement; pour jouir de la même réputation, le dirigeant japonais devra les aider à résoudre leurs problèmes personnels[12]. Nous retrouverons les mêmes nuances lorsque nous examinerons les autres théories. La notion semble s'appliquer dans tous les pays, mais le comportement effectif est différent. Si parfois les différences sont minces, dans d'autres cas, elles peuvent être notables. De plus, des différences subtiles dans la situation du leader peuvent entraîner des différences importantes dans le type de comportement nécessaire pour réussir. Les leaders accomplis adaptent leurs tentatives d'influence aux circonstances.

Théories du leadership situationnel
Théories du leadership selon lesquelles ce sont les caractéristiques situationnelles qui, associées aux traits et aux comportements du leader, permettent de prédire les résultats d'un leadership donné

Les théories du leadership situationnel

Selon les théories des traits personnels et les théories des comportements du leader, le leadership, en tant que tel, permet d'exercer une influence majeure sur les résultats. Mais, selon une autre approche, celle des **théories du leadership situationnel**, l'analyse des traits personnels et des comportements du dirigeant ne suffit pas pour pouvoir prédire les résultats d'un leadership donné ; les *caractéristiques de la situation* doivent également être prises en compte.

Selon House et Aditya, l'influence des traits personnels du leader dépend en partie de la situation dans laquelle celui-ci se trouve, ou plus précisément de l'adéquation entre les traits personnels et les exigences de la situation[13]. Ainsi, un grand besoin d'accomplissement chez le dirigeant aura d'autant plus d'importance que la tâche est difficile à mener à bien et qu'elle exige qu'il fasse preuve d'initiative et se sente pleinement responsable des résultats. Une certaine souplesse produira des effets plus marqués si le dirigeant travaille dans un environnement instable ou s'il est amené à superviser diverses personnes au fil du temps. Un **besoin de pouvoir essentiellement altruiste**, c'est-à-dire un besoin d'exercer le pouvoir au bénéfice d'autrui, sera plus important pour un dirigeant travaillant dans une organisation complexe, où la mise en œuvre des décisions exige beaucoup de persuasion et un fort ascendant sur les gens.

▶ **Besoin de pouvoir essentiellement altruiste**
Besoin d'exercer le pouvoir, mais essentiellement au bénéfice d'autrui

De plus, les traits personnels du dirigeant n'auront pas le même effet selon que le milieu de travail est plus ou moins rigide. Ainsi, dans une organisation très hiérarchisée où on trouve de nombreux règlements, procédures et contraintes, l'influence des traits personnels du dirigeant sera plus faible que dans une organisation peu structurée et souple. Encadré et restreint par la rigidité de la structure, le dirigeant pourra difficilement exprimer son dynamisme. En revanche, dans d'autres contextes, les traits personnels sont plus directement liés aux résultats et peuvent déterminer si une personne donnée est ou non un leader.

Les traits personnels sont également notables lorsqu'ils exercent une influence sur le comportement du leader. Par exemple, un leader très énergique adoptera des comportements directifs et sera prêt à prendre en main la situation[14]. Dans une tentative pour définir les cas où certains traits personnels et certaines combinaisons de comportements sont exigés, les chercheurs ont élaboré des théories des contingences situationnelles. Les unes mettent en évidence les traits personnels, alors que les autres portent exclusivement sur les comportements du leader et sur le milieu au sein duquel celui-ci évolue.

LA THÉORIE DE LA CONTINGENCE DE FIEDLER

Au milieu des années 1960, les travaux de Fred Fiedler ont marqué l'avènement de « l'ère situationnelle »[15]. Selon ce spécialiste, l'efficacité d'un groupe repose sur l'adéquation entre le style du leader, associé à un trait personnel, et les exigences de la situation. Fiedler s'intéresse particulièrement à la **maîtrise situationnelle**, c'est-à-dire à la marge de manœuvre dont jouit le leader pour influer sur les comportements des membres de son groupe. Selon lui, les résultats des actions et des décisions de ces membres sont fonction de l'adéquation entre le style du leader et la maîtrise situationnelle dont il dispose.

▶ **Maîtrise situationnelle**
Marge de manœuvre dont jouit le leader pour influer sur les comportements des membres de son groupe et déterminer les résultats des actions et des décisions de ces membres

Pour évaluer le style de leadership d'une personne donnée, Fiedler utilise le **questionnaire du collègue le moins apprécié (CMA)** (reproduit dans le *Cahier d'apprentissage en CO*, à la page C140). Les répondants doivent décrire la personne avec laquelle leurs relations professionnelles ont été les plus difficiles – le collègue qu'ils ont le moins apprécié – en la situant sur divers axes dont les extrémités correspondent à des adjectifs contraires.

▶ **Questionnaire du collègue le moins apprécié (CMA)**
Instrument de mesure qui permet de déterminer, à partir d'une description du collègue le moins apprécié, si le répondant a un style de leadership axé sur les relations ou sur la tâche

On a ainsi, parmi les divers axes de qualificatifs :

Inamical	1	2	3	4	5	6	7	8	Amical
Déplaisant	1	2	3	4	5	6	7	8	Plaisant

Selon Fiedler, les leaders dont l'indice CMA est le plus élevé, c'est-à-dire ceux qui décrivent en des termes très positifs le collègue qu'ils apprécient pourtant le moins, pratiquent un style de leadership axé sur les relations, tandis que ceux dont l'indice CMA est faible pratiquent un style de leadership axé sur la tâche. Fiedler estime que cette propension à privilégier l'une ou l'autre de ces dimensions (la tâche ou les relations) est un trait personnel qui, selon le degré de maîtrise situationnelle dont jouit le leader, s'avérera bénéfique ou non.

Comme l'illustre la **figure 10.3**, selon cette théorie, les leaders axés sur la tâche obtiennent de meilleurs résultats lorsque leur maîtrise situationnelle est forte ou faible, et les leaders axés sur les relations, lorsque leur maîtrise situationnelle est moyenne. Comme on le voit également dans cette figure, Fiedler détermine trois degrés de maîtrise situationnelle – faible, moyen, élevé – selon la combinaison des trois variables suivantes :

- les *relations entre le leader et les membres du groupe* (bonnes ou médiocres), c'est-à-dire le soutien que les membres du groupe apportent au leader ;

FIGURE 10.3 LES PRÉDICTIONS DU MODÈLE DE LA CONTINGENCE DE FIEDLER

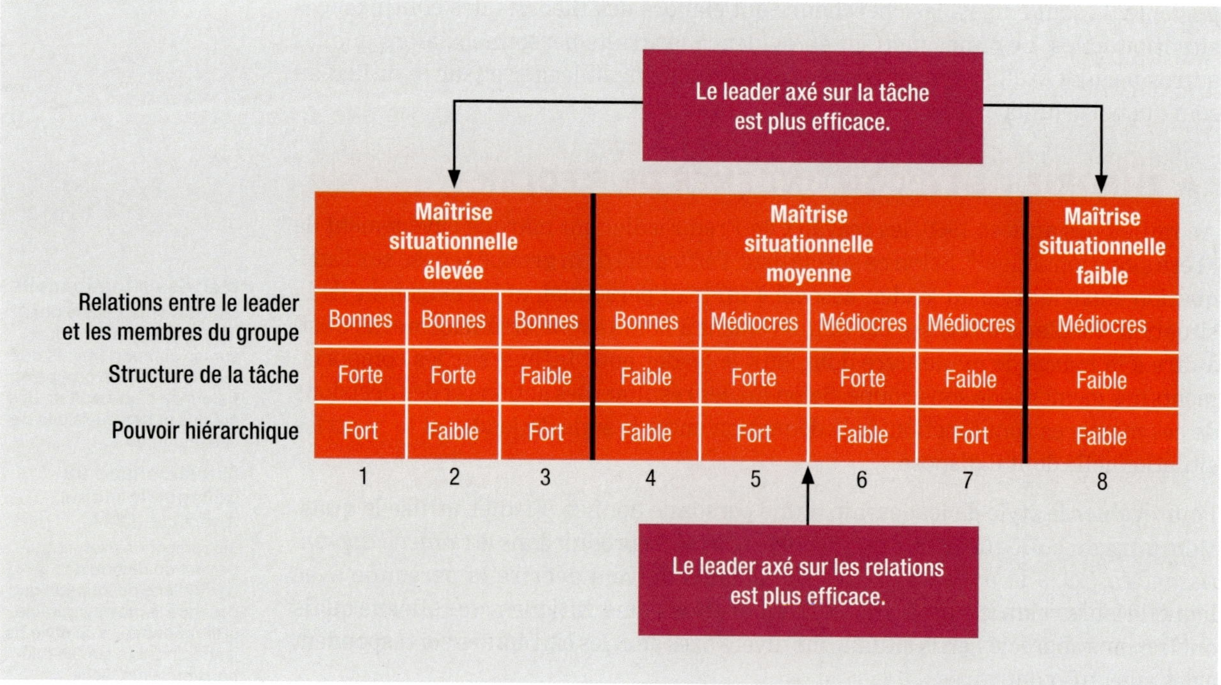

- la *structure de la tâche* (forte ou faible), soit la rigueur et la précision des objectifs, des procédures et des directives associés à la tâche du groupe que dirige le leader ;
- le *pouvoir hiérarchique* (fort ou faible), autrement dit l'autorité que possède le leader étant donné la position qu'il occupe dans la structure hiérarchique, ainsi que le pouvoir d'attribuer des récompenses et des punitions que lui confère son poste.

Prenons d'abord l'exemple du cadre qui supervise une équipe chargée de fabriquer des pièces pour des ordinateurs personnels. Il est à la tête d'un groupe dont la tâche est très structurée et il jouit du plein appui de ses subordonnés, ainsi que du pouvoir de les engager ou de les licencier et de leur accorder des augmentations. Ce cadre bénéficie donc d'une maîtrise situationnelle élevée et se trouve dans la situation 1 de la figure 10.3. S'il se trouvait dans les situations 2 ou 3, son degré de maîtrise situationnelle serait moindre, mais resterait élevé. Dans les situations où le degré de maîtrise situationnelle est élevé, le leader axé sur la tâche maximiserait l'efficacité de son groupe en adoptant un comportement directif.

Considérons maintenant le cas du directeur d'un département universitaire : la plupart des membres du département bénéficient de la permanence d'emploi et apprécient grandement leur leader. Nous sommes ici dans la situation 4 de la figure 10.3, qui correspond à une maîtrise situationnelle moyenne : relations harmonieuses entre le leader et les membres du groupe, tâche peu structurée et pouvoir hiérarchique faible. Pour être pleinement efficace dans cette situation, le leader devrait accorder la priorité aux relations, éviter les comportements directifs et manifester beaucoup de considération à l'égard des membres du département.

Enfin, prenons l'exemple du président d'un conseil étudiant constitué de bénévoles, au pouvoir hiérarchique très faible. Supposons que les membres du conseil soient insatisfaits de son travail et que leur tâche soit peu structurée. Par exemple, ils doivent organiser un « Carrefour de l'emploi » pour faciliter les relations entre les futurs diplômés et les employeurs éventuels. Le dirigeant du groupe se trouve dans la situation 8 de la figure 10.3 : sa maîtrise situationnelle est très faible. Ici, le leader le plus efficace serait donc celui qui accorde la priorité à la tâche et qui adopte un comportement directif pour maintenir la cohésion du groupe et concentrer les efforts sur cette tâche floue. En fait, une telle situation exige ce type de leadership.

LA THÉORIE DES RESSOURCES COGNITIVES DE FIEDLER

Par la suite, Fiedler a fait évoluer sa théorie de la contingence en élaborant la théorie des ressources cognitives, celles-ci étant des aptitudes et des compétences[16]. Selon cette théorie, les variables situationnelles ou contingences qui déterminent si le leader doit adopter un comportement directif ou non directif sont les suivantes :

- les aptitudes ou les compétences du leader et des membres de son groupe ;
- le degré de stress du leader ;
- l'expérience du leader ;
- le soutien que les subordonnés apportent au leader.

La théorie des ressources cognitives est particulièrement intéressante parce que, contrairement à la plupart des autres modèles de leadership, elle tient compte des aptitudes du leader et des subordonnés.

Selon cette théorie, quand le leader est compétent, détendu et soutenu par les membres de son équipe, il obtient de meilleurs résultats s'il adopte un comportement directif. En effet, dans ces conditions, le groupe est disposé à accepter un style de leadership directif, qui devient le moyen de communication le plus efficace. Par contre, si le leader est sous pression, il ne peut consacrer toute son énergie à la tâche ; l'expérience prime alors les aptitudes. Si le leader ne jouit pas de l'appui des membres de son équipe, ces derniers seront alors peu réceptifs à ses ordres, et son influence sera moindre. Les aptitudes des membres du groupe s'avèrent d'autant plus importantes que le leader n'est pas directif et qu'il jouit du soutien de ses subordonnés. Par contre, si les subordonnés ne font pas confiance à leur leader, des variables comme la difficulté inhérente à la tâche ont une plus grande influence que le leader ou ses subordonnés.

L'ÉVALUATION ET LES APPLICATIONS

Remontant aux années 1960, le modèle de la contingence de Fiedler a suscité depuis des réactions tantôt favorables, tantôt défavorables. Ses détracteurs s'interrogent surtout sur ce que l'indice CMA mesure véritablement. Certains observateurs doutent aussi de la validité de l'interprétation avancée par Fiedler selon laquelle les comportements des leaders varient selon le degré de maîtrise qu'ils peuvent exercer dans une situation donnée. Enfin, selon quelques études, les prédictions les plus exactes de cette théorie sont celles qui correspondent aux situations 1, 8, 4 et 5 (voir la figure 10.3), les résultats étant moins probants dans les autres situations[17]. Quant à la théorie des ressources cognitives, les chercheurs qui s'y sont intéressés sont parvenus à son sujet à des conclusions mitigées[18].

Programme de formation « adéquation leader-situation »
Programme de formation visant à apprendre aux leaders à analyser la situation dans laquelle ils se trouvent afin d'harmoniser leur indice CMA et leur maîtrise situationnelle

Pour ce qui est des applications de sa théorie, Fiedler a mis au point le **programme de formation « adéquation leader-situation »**, auquel ont eu recours certaines organisations, notamment Sears. Les leaders y apprennent à analyser la situation dans laquelle ils se trouvent afin d'harmoniser leur indice CMA et leur maîtrise situationnelle. Comme nous l'avons vu dans la figure 10.3, le degré de maîtrise situationnelle se mesure selon trois variables : les relations entre le leader et les membres de son groupe, la structure de la tâche et le pouvoir hiérarchique du leader. Dans ce programme de formation, les leaders apprennent comment, lorsque la situation où ils se trouvent et leur indice CMA ne concordent pas, ils peuvent arranger les choses en modifiant les variables de la maîtrise situationnelle. Notons que l'adéquation entre la situation et l'indice CMA des leaders peut également s'obtenir par le processus de sélection ou d'affectation : par exemple, on affectera les leaders dont l'indice CMA est élevé à des postes présentant un degré de maîtrise situationnelle moyen[19].

Comme sa théorie de la contingence, le programme de formation « adéquation leader-situation » de Fiedler a fait l'objet de nombreuses études destinées à vérifier son efficacité. Bien qu'elles ne soient pas unanimes, plus d'une douzaine d'entre elles révèlent une amélioration des résultats du groupe après que le leader a suivi le programme de formation[20].

En conclusion, bien que plusieurs questions sur la théorie de la contingence de Fiedler restent à élucider, notamment la véritable signification de l'indice CMA, ce modèle et le programme de formation « adéquation leader-situation » qui en est issu semblent assez solides[21]. Ils se révèlent particulièrement intéressants par la réflexion qu'ils suscitent à propos des variables situationnelles et de leur influence sur l'efficacité de tel ou tel style de leadership.

LA THÉORIE DU CHEMINEMENT CRITIQUE DE HOUSE

En s'appuyant sur les travaux de plusieurs de ses prédécesseurs, Robert House a élaboré une autre théorie bien connue du leadership situationnel[22]. Ainsi, sa **théorie du cheminement critique** se fonde sur la théorie des attentes que nous avons étudiée au chapitre 5, intitulé « Les théories de la motivation ». Le terme « cheminement critique » fait référence à l'influence du leader sur les perceptions qu'ont ses subordonnés de leurs objectifs professionnels et personnels, ainsi que des liens ou chemins entre ces deux catégories d'objectifs.

Théorie du cheminement critique
Théorie du leadership selon laquelle la fonction clé du leader consiste à adapter ses comportements aux caractéristiques d'une situation donnée de manière à en combler les manques

Selon la théorie du cheminement critique de House, la fonction clé du leader consiste à adapter ses comportements aux caractéristiques d'une situation donnée, notamment celles qu'on trouve dans le milieu de travail, de manière à en combler les manques. House croit que les subordonnés apprécient d'autant plus leur leader qu'il est en mesure de remédier aux carences du milieu professionnel. Par exemple, le dirigeant peut dissiper l'ambiguïté des descriptions de poste ou montrer qu'un bon rendement se traduira par une augmentation salariale. Le rendement devrait ainsi s'améliorer à mesure que les *chemins* qui mènent des efforts aux résultats (attentes) et des résultats à des récompenses (instrumentalité) qui sont valorisées (valence) deviennent plus clairs.

La **figure 10.4** résume la théorie de House. Elle présente quatre types de leadership : le *leadership directif*, le *leadership de soutien*, le *leadership orienté vers les objectifs* et le *leadership participatif*. Elle montre aussi deux catégories de variables situationnelles : les *caractéristiques des subordonnés* et les *caractéristiques du milieu de travail*. Le dirigeant doit adapter ses comportements de manière à compenser les facteurs situationnels déficients afin d'accroître la satisfaction de ses subordonnés, d'être mieux accepté par eux et de les inciter à fournir un meilleur rendement. Avant de plonger dans les dynamiques du modèle de House, il faut en comprendre chacune des composantes. D'emblée, définissons les quatre styles de leadership sur lesquels s'appuie cette théorie.

Leadership directif
Type de leadership qui consiste à expliquer de manière très détaillée aux subordonnés les tâches qu'ils doivent accomplir ainsi que la manière dont ils doivent procéder

Leadership de soutien
Type de leadership qui accorde la priorité aux besoins et au bien-être des subordonnés et qui favorise l'instauration et le maintien d'un climat de travail amical

Leadership orienté vers les objectifs
Type de leadership qui met l'accent sur la fixation d'objectifs stimulants et sur l'obtention d'un rendement élevé, et qui repose sur une confiance inébranlable en la capacité des membres du groupe à atteindre les résultats visés, si ambitieux soient-ils

Leadership participatif
Type de leadership axé sur la consultation, où le dirigeant invite les subordonnés à lui faire part de leurs suggestions et en tient compte dans ses prises de décisions

1. Le **leadership directif** consiste à expliquer de façon très détaillée aux subordonnés les tâches qu'ils doivent accomplir ainsi que la manière dont ils doivent procéder, ce qui revient sensiblement à la structuration des activités.
2. Le **leadership de soutien** accorde la priorité aux besoins et au bien-être des subordonnés et favorise l'instauration et le maintien d'un climat de travail amical, ce qui revient sensiblement à adopter des comportements empreints de considération pour autrui.
3. Le **leadership orienté vers les objectifs** met l'accent sur la fixation d'objectifs stimulants et sur l'obtention d'un rendement élevé. Il repose sur une confiance inébranlable en la capacité des membres du groupe à atteindre les résultats visés, si ambitieux soient-ils.
4. Le **leadership participatif** est axé sur la consultation. Le dirigeant invite les subordonnés à lui faire part de leurs suggestions et en tient compte dans ses prises de décisions.

En ce qui a trait aux caractéristiques des subordonnés, le modèle de House accorde de l'importance à la tendance à l'*autoritarisme* (étroitesse d'esprit, rigidité), à l'*orientation interne ou externe* (lieu de contrôle) et aux *aptitudes*. Concernant le milieu de travail, la théorie étudie les variables suivantes : la *nature des tâches des subordonnés* (structure des tâches), le *système hiérarchique officiel* et le *groupe de travail*.

FIGURE 10.4 UN RÉSUMÉ DES PRINCIPALES RELATIONS ÉTABLIES PAR HOUSE DANS SA THÉORIE DU CHEMINEMENT CRITIQUE

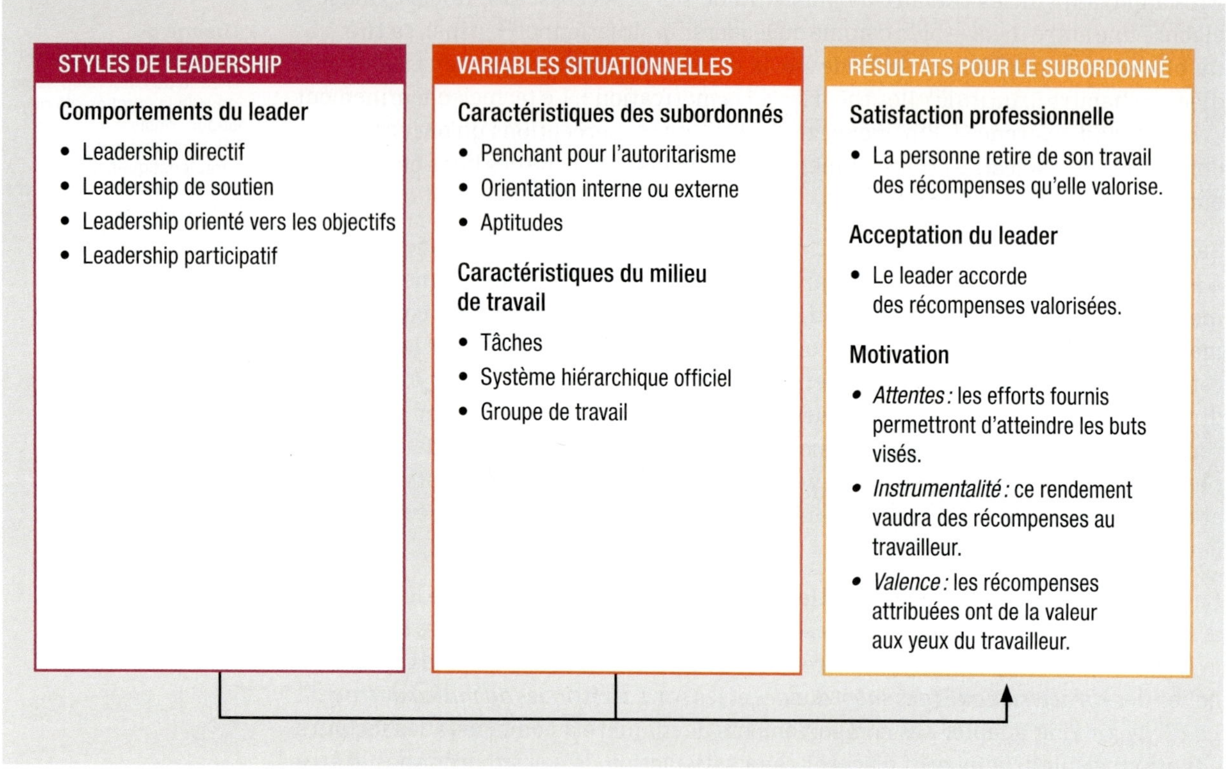

LES PRÉDICTIONS DE LA THÉORIE DU CHEMINEMENT CRITIQUE

Selon le modèle de House, le *leadership directif* devrait avoir un effet positif sur les subordonnés si les tâches sont floues et un effet négatif si, au contraire, elles sont extrêmement précises. Dans le premier cas, le comportement directif du leader pallie le peu de structuration des tâches, tandis que, dans le deuxième cas, les subordonnés perçoivent le comportement directif comme une entrave. La théorie du cheminement critique prédit également que, si les tâches ne sont pas clairement structurées, le leader aura avantage à se montrer encore plus directif à l'égard de subordonnés étroits d'esprit et ayant un fort penchant pour l'autoritarisme.

Le *leadership de soutien* augmenterait la satisfaction des travailleurs auxquels incombent des tâches très répétitives et perçues comme désagréables, stressantes ou peu gratifiantes. En manifestant de la considération à ses subordonnés, le leader compense la difficulté de leurs conditions de travail. Par exemple, le travail sur une chaîne de montage automobile traditionnelle passe souvent pour être très répétitif, voire désagréable et frustrant ; en manifestant son soutien aux membres de son groupe, le superviseur peut rendre leur travail plus agréable.

Le *leadership axé sur les objectifs* devrait inciter les subordonnés à fournir un meilleur rendement et leur donner confiance en leur capacité d'atteindre des objectifs ambitieux. En ce qui concerne les subordonnés chargés de tâches mal définies (floues) mais variées (non répétitives), ce type de leadership devrait raffermir leur conviction que des efforts soutenus les mèneront aux résultats souhaités.

Le *leadership participatif* accroîtrait la satisfaction des subordonnés dont les tâches sont variées et qui disposent d'assez de latitude pour y mettre une touche personnelle. Par exemple, dans un projet de recherche complexe et difficile, ce type de leadership inciterait les membres disposant d'une certaine marge de manœuvre à trouver leurs propres solutions aux divers problèmes. Il entraînerait aussi une satisfaction élevée chez les subordonnés affectés à des tâches répétitives, mais qui se montrent conciliants et ouverts d'esprit. Dans un groupe de travailleurs qui serrent des boulons du matin au soir, par exemple, ceux qui n'ont pas de penchant pour l'autoritarisme apprécieront un leader qui les laisse apporter une touche personnelle à leur travail pour rompre la monotonie.

L'ÉVALUATION ET LES APPLICATIONS

La théorie du cheminement critique de House remonte à plus de 30 ans. En général, les premières recherches confirmaient sa validité ainsi que les prédictions que nous venons d'évoquer[23]. Cependant, dernièrement, des spécialistes renommés ont conclu de leurs évaluations que plusieurs de ses dimensions n'avaient pas fait l'objet de vérifications adéquates ; par ailleurs, cette théorie a peu été étudiée récemment[24]. House a lui-même revu sa théorie du cheminement critique et l'a élargie pour en faire la « théorie du leadership de l'unité de travail ». L'analyse détaillée de cette dernière nous ferait sortir de notre propos. Mentionnons simplement que cette nouvelle théorie repose sur une liste de comportements du leader plus étoffée que celle de la théorie du cheminement critique et qu'elle prend en considération à la fois certaines dimensions des théories traditionnelles du leadership et certaines dimensions des nouvelles perspectives en matière de leadership[25]. Reste à voir l'intérêt qu'elle suscitera parmi les chercheurs.

En ce qui concerne les applications, les résultats des recherches portant sur la théorie initiale du cheminement critique sont assez probants pour nous permettre d'avancer deux conclusions. Premièrement, une formation appropriée peut effectivement permettre au leader d'adapter ses comportements en fonction des caractéristiques de la situation dans laquelle il se trouve. Deuxièmement, comme nous l'avons vu dans le programme de formation « adéquation leader-situation », le leader peut apprendre à évaluer la situation et à en modifier certaines variables.

LA THÉORIE DU LEADERSHIP SITUATIONNEL DE HERSEY ET BLANCHARD

À l'instar des autres théories situationnelles, celle de Paul Hersey et Kenneth Blanchard repose sur l'hypothèse selon laquelle il n'existe pas de recette miracle en matière de leadership[26]. La variable clé étudiée par ces auteurs est l'empressement des subordonnés, c'est-à-dire leur capacité et leur volonté d'exécuter les tâches qui leur sont assignées. Pour Hersey et Blanchard, le leadership situationnel exige du leader qu'il adapte ses comportements, qu'ils soient axés sur la tâche (par exemple, orienter et guider les subordonnés dans leur travail) ou sur les relations (par exemple, leur offrir du soutien socioémotif), selon le degré d'empressement des subordonnés.

Comme le montre la **figure 10.5**, la théorie de Hersey et Blanchard dégage quatre styles de leadership reposant chacun sur une combinaison particulière de comportements de leadership axés sur la tâche et de comportements de leadership axés sur les relations : le leadership de délégation, le leadership de participation, le leadership

FIGURE 10.5 LA THÉORIE DU LEADERSHIP SITUATIONNEL

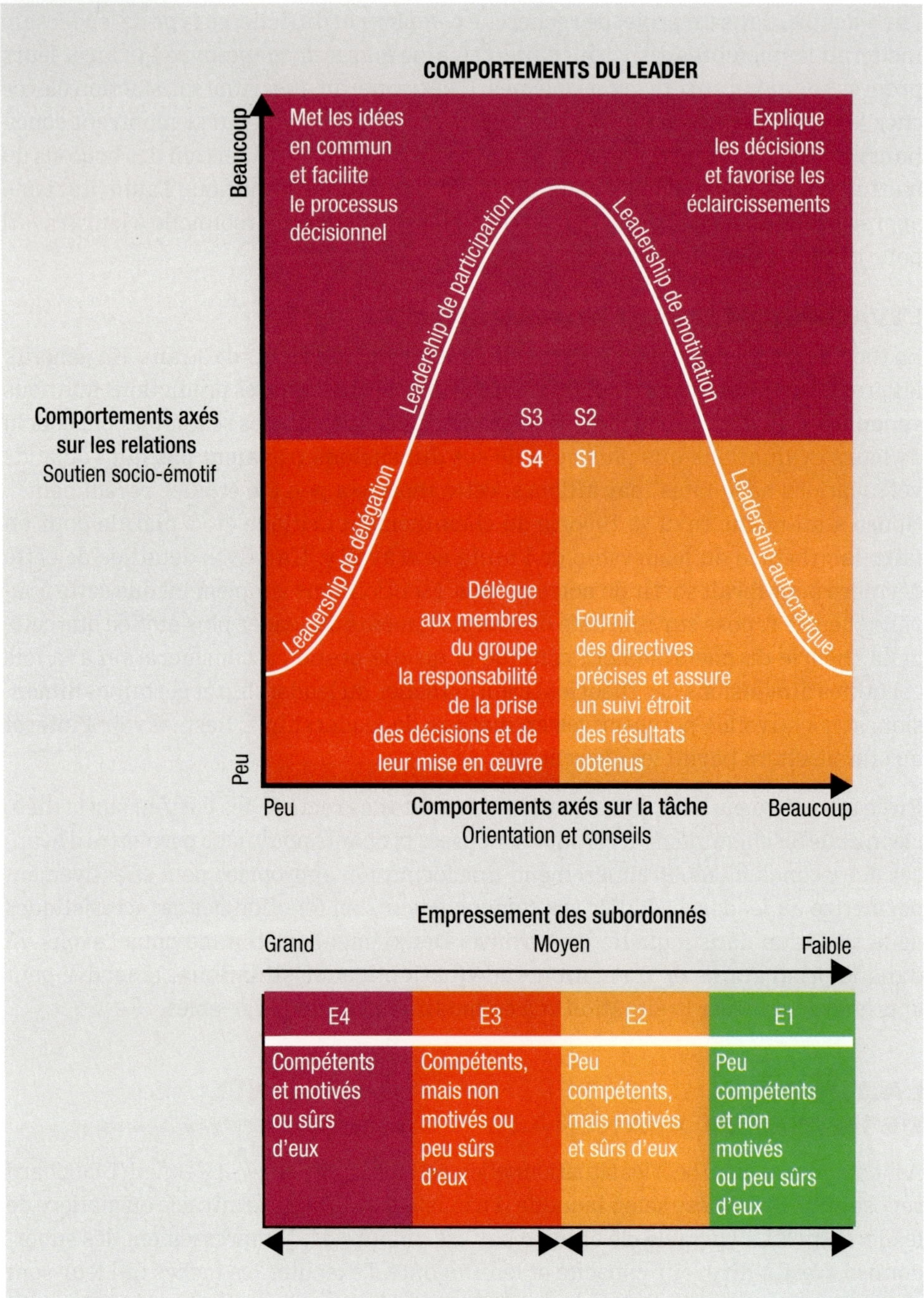

Source : © 2006. Reproduit avec l'autorisation du Center for Leadership Studies. Escondido (Californie 92025). www.situational.com. Tous droits réservés.

de persuasion et le leadership autocratique. De plus, la figure 10.5 indique le style de leadership le plus approprié pour chacun des degrés d'empressement des subordonnés.

- *Le leadership autocratique convient mieux aux subordonnés dont le degré d'empressement est faible.* Il consiste à préciser les rôles des travailleurs qui ne peuvent ni ne veulent prendre de responsabilités. En éliminant toute ambiguïté quant à la tâche à effectuer, on fait disparaître tout sentiment d'insécurité.
- *Le leadership de persuasion convient mieux aux subordonnés dont le degré d'empressement est de faible à moyen.* Il permet à la fois d'orienter dans leur tâche les travailleurs qui souhaitent assumer des responsabilités sans avoir toutes les aptitudes nécessaires pour le faire, et de leur offrir le soutien nécessaire. Afin de maintenir l'enthousiasme, il faut ajouter aux directives des explications et des renforcements.
- *Le leadership de participation convient mieux aux subordonnés dont le degré d'empressement est de moyen à élevé.* Il donne de bons résultats avec des subordonnés qui ont toutes les aptitudes requises pour prendre des responsabilités, mais qui ne souhaitent pas le faire. Ceux-ci ont besoin de soutien et de considération pour être vraiment motivés. En les invitant à prendre part aux décisions, le leader stimule leur volonté de s'investir dans leur travail.
- *Le leadership de délégation convient bien aux subordonnés dont le degré d'empressement est élevé.* Il consiste à procurer un minimum d'encadrement et de soutien concernant la tâche à effectuer. Il permet donc aux subordonnés compétents et déterminés d'assumer la responsabilité du travail à accomplir.

Cette théorie du leadership situationnel exige du leader qu'il acquière la capacité d'évaluer avec justesse les exigences de la situation, puis de choisir et d'adopter le style de leadership approprié. Elle accorde une place importante aux subordonnés et à ce qu'ils éprouvent à l'égard des tâches à accomplir. Elle postule que, pour être efficace, le leader doit rester attentif à l'évolution de l'empressement de ses subordonnés et modifier son comportement en conséquence.

Bien qu'elle soit connue de longue date et fasse partie intégrante de programmes de formation implantés dans de nombreuses organisations, l'approche du leadership situationnel de Hersey et Blanchard a fait l'objet de peu d'études scientifiques[27].

LA THÉORIE DES SUBSTITUTS DU LEADERSHIP

Dernière théorie du leadership situationnel que nous examinons dans ce chapitre, la théorie des substituts du leadership postule que, dans certains cas, l'effet du leadership hiérarchique est pratiquement nul[28]. Steven Kerr et John Jermier, notamment, affirment que certaines caractéristiques des subordonnés, de la tâche ou de l'organisation peuvent soit tenir lieu de leadership, soit neutraliser l'influence du leader sur ses subordonnés. La **figure 10.6** présente quelques-uns de ces facteurs.

Les **substituts du leadership** remplacent l'influence exercée par le leader et la rendent ainsi moins nécessaire, voire superflue. Comme vous pouvez le voir à la figure 10.6, il serait inutile, peut-être même impossible, que le leader fournisse à ses subordonnés des directives précises concernant leur travail si leurs aptitudes, leur expérience et leur formation leur permettent tout à fait de s'en tirer seuls. Par ailleurs, les **neutralisants du leadership** empêchent le leader d'adopter certains comportements ou annulent les effets de ses actions. Par exemple, le fait que le dirigeant ait

Substituts du leadership
Caractéristiques des subordonnés, de la tâche ou de l'organisation qui remplacent l'influence exercée par le leader et qui la rendent ainsi moins nécessaire, voire superflue

Neutralisants du leadership
Caractéristiques des subordonnés, de la tâche ou de l'organisation qui empêchent le leader d'adopter certains comportements ou annulent les effets de ses actions

FIGURE 10.6 QUELQUES SUBSTITUTS ET NEUTRALISANTS DU LEADERSHIP

CARACTÉRISTIQUES DES SUBORDONNÉS	EFFET SUR LE LEADERSHIP
Expérience, aptitudes, formation	Remplacent le leadership axé sur la tâche.
Professionnalisme	Remplace le leadership axé sur la tâche et le leadership de soutien.
Indifférence à l'égard des récompenses offertes par l'organisation	Neutralise le leadership axé sur la tâche et le leadership de soutien.
CARACTÉRISTIQUES DE LA TÂCHE	
Travail très structuré ou routinier	Remplace le leadership axé sur la tâche.
Travail intrinsèquement satisfaisant	Remplace le leadership de soutien.
CARACTÉRISTIQUES DE L'ORGANISATION	
Forte cohésion du groupe	Remplace le leadership axé sur la tâche et le leadership de soutien.
Faible pouvoir hiérarchique du leader	Neutralise le leadership axé sur la tâche et le leadership de soutien.
Éloignement physique du leader	Neutralise le leadership axé sur la tâche et le leadership de soutien.

peu d'autorité ou soit séparé physiquement de son équipe risque de réduire son influence à néant, même si ses subordonnés ont besoin d'encadrement.

La recherche apporte quelques éléments de soutien à la notion générale de substituts du leadership[29]. Premièrement, certaines études menées sur le sujet auprès de travailleurs du Mexique, des États-Unis et du Japon concluent à la fois à des similitudes et à des différences entre les substituts d'un pays à un autre. Deuxièmement, une analyse systématique de 17 recherches menées aux États-Unis et dans d'autres pays aboutit à des conclusions partagées quant à la théorie des substituts du leadership. Les chercheurs soulignent notamment qu'il faudrait allonger la liste de caractéristiques et de comportements du leader. Ils ajoutent que cette approche semble particulièrement importante pour l'examen du cas des équipes semi-autonomes. En effet, de telles équipes peuvent fixer elles-mêmes leurs propres normes de rendement, lesquelles se substitueront aux normes et aux moyens édictés par un leader hiérarchique adoptant des comportements axés sur la tâche.

Lorsqu'on analyse la théorie des substituts du leadership, il faut surtout se demander si le leadership change vraiment l'ordre des choses à tous les échelons de l'organisation. Un chercheur au moins estime qu'au sommet de la hiérarchie des grandes entreprises complexes d'aujourd'hui, le leadership du chef de la direction a peu de poids par rapport aux influences industrielles et environnementales[30]. En règle générale, on pense que les hauts dirigeants sont responsables de la gestion des ressources utilisées par un si grand nombre de groupes d'employés que leur leadership est fortement restreint. Au lieu du pouvoir spectaculaire qu'on pourrait imaginer, leur influence est un peu plus symbolique. Par ailleurs, tout ce qu'on peut dire à propos du leadership des hauts dirigeants n'est en réalité qu'une façon de justifier leur position.

L'exagération de l'effet réel du leader ou l'attribution de résultats collectifs au seul leader se produit surtout lorsque les résultats sont très faibles ou très élevés, ou encore lorsqu'ils peuvent être attribuables à plusieurs personnes. James Meindl et ses collègues appellent **mirage du leadership** le phénomène qui consiste à attribuer au leader des qualités et des vertus mystérieuses ou envoûtantes, presque surnaturelles[31]. Prenons le cas d'une équipe de hockey qui perd tous ses matchs et dont le directeur général congédie l'entraîneur. En fait, personne ne sait vraiment comment expliquer les piètres résultats obtenus. Mais comme il ne peut pas congédier tous les joueurs en bloc, le directeur général remplace l'entraîneur pour symboliser le changement de cap, la mise en œuvre d'un nouveau leadership qui, à coup sûr, relancera l'équipe…

Mirage du leadership
Phénomène qui consiste à attribuer au leader des qualités et des vertus mystérieuses ou envoûtantes, presque surnaturelles

Les modèles implicites du leadership et de la subordination

Après avoir traité des substituts du leadership et de la dimension symbolique du leadership, nous en venons tout naturellement à parler des modèles implicites du leadership et de la subordination.

LES THÉORIES IMPLICITES DU LEADERSHIP

Vers le milieu des années 1970, Dov Eden et Uri Leviatan[32] ont écrit un article dans lequel ils arrivent à la conclusion que « les facteurs se trouvant à la base du leadership n'existent que dans l'esprit de ceux sur qui s'exerce l'influence ». Cette idée radicale a été à l'origine d'un courant de pensée connu sous le nom de révolution cognitive. En effet, les chercheurs ont dû reconnaître que, si le leadership réside dans l'esprit des subordonnés, il est absolument nécessaire de découvrir ce que ceux-ci pensent sur le sujet[33].

Les chercheurs ont commencé par utiliser la théorie cognitive de la catégorisation pour savoir comment les subordonnés traitent l'information concernant les leaders[34]. Comme nous l'expliquions au chapitre 4 quand nous parlions de la perception et de l'attribution, la catégorisation cognitive est une forme de raccourci mental qui nous aide à simplifier notre compréhension du monde en attribuant des étiquettes à des stimuli que nous recevons. Souvenez-vous, par exemple, de votre première journée dans la salle de classe. Avez-vous regardé autour de vous et vous êtes-vous aperçu que vous étiez en train d'évaluer mentalement votre enseignant et même vos camarades ? Vos évaluations se sont-elles révélées justes ? C'est le processus de catégorisation cognitive. Nous y recourons automatiquement et spontanément chaque fois que nous classons les personnes que nous rencontrons par catégories, d'après des indices visuels évidents (comme l'âge, la race, le sexe, l'apparence) ou d'après des rôles sociaux (par exemple, leader, subordonné). Agir de la sorte nous aide à traiter l'information et à l'utiliser rapidement et facilement.

LA THÉORIE DE LA CATÉGORISATION DU LEADERSHIP

Dans la recherche sur le leadership, les idées sur la catégorisation cognitive ont mené à l'élaboration d'une théorie de la catégorisation du leadership. Selon cette dernière, nous avons tous tendance à étiqueter les gens comme «leaders» ou comme «non-leaders» en nous appuyant sur des théories implicites. Les **théories implicites du leadership** font référence aux idées préconçues que nous avons concernant les attributs des leaders (traits personnels et comportements)[35]. Elles traduisent la structure et le contenu des «catégories cognitives» que nous utilisons pour distinguer les leaders des autres.

Théories implicites du leadership
Ensemble d'idées préconçues qu'a un individu concernant les attributs des leaders (traits personnels et comportements) et qui traduisent la structure et le contenu des «catégories cognitives» qu'il utilise pour distinguer les leaders des autres

Prototype du leader
Représentation mentale du leader idéal

La représentation mentale que chacun se fait du leader idéal est ce qu'on appelle un **prototype du leader**. Chaque individu a tendance à s'engager dans un processus de catégorisation en deux étapes[36]. Tout d'abord, il se réfère aux prototypes pertinents, comme ceux de la **figure 10.7**, et compare la personne cible au prototype choisi. Ensuite, il classe la personne cible dans la catégorie des «leaders» ou dans celle des «non-leaders», selon les traits qui correspondent à son prototype.

Pensez, par exemple, à une personne qui, à votre avis, est un leader formidable. Faites la liste des attributs qui, selon vous, font d'elle un leader. Les images qui vous viennent à l'esprit constituent votre théorie implicite du leadership. Vos caractéristiques énumérées représentent vos «prototypes» d'un leader efficace. Regardez maintenant la figure 10.7. Les attributs de votre liste s'y trouvent-ils? Il y a de grandes chances pour que ce soit le cas. La liste de la figure 10.7 constitue un instrument de mesure des théories implicites du leadership, issu des recherches menées par Lynn Offermann et ses collègues[37].

FIGURE 10.7 LES PROTOTYPES ISSUS DES THÉORIES IMPLICITES DU LEADERSHIP

Prototype	Description
Sensibilité	Personne sympathique, sensible, empathique, compréhensive
Dévouement	Personne dévouée, disciplinée, bien préparée, acharnée au travail
Tyrannie	Personne autoritaire, assoiffée de pouvoir, arriviste, manipulatrice
Charisme	Personne charismatique, stimulante, engagée, dynamique
Charme	Personne séduisante, ayant de la classe, bien habillée, élancée
Virilité	Homme viril, vrai mâle
Intelligence	Personne intelligente, perspicace, bien renseignée, avisée
Force	Personne forte, bien bâtie, courageuse, vigoureuse

Source: L.R. Offermann, John K. Jr. Kennedy et P.W. Wirtz, «Implicit Leadership Theories: Content, Structure and Generalizability», *The Leadership Quarterly*, vol. 5, 1994, p. 43-58. Reproduction autorisée par Elsevier.

En échantillonnant des individus d'après les théories implicites les concernant, les chercheurs ont relevé huit facteurs prédominants, positifs et négatifs, dans les images que les gens se forgent des leaders : sensibilité, dévouement, tyrannie, charisme, charme, virilité, intelligence, force. D'après les prototypes positifs recueillis, on constate que les gens se forment une image positive des leaders et qu'ils leur attribuent de grandes qualités. Cependant, d'après les prototypes négatifs recueillis, on observe que les gens admettent également que les leaders occupant une position de pouvoir puissent faire un mauvais usage de leur pouvoir et se révéler autoritaires, dominateurs et manipulateurs.

Ces facteurs ayant été dégagés à partir d'un échantillon d'individus américains, nous pouvons nous attendre à trouver des différences dans les prototypes d'autres pays ou d'autres cultures. Par exemple, le prototype d'un chef d'entreprise du Japon sera celui d'une personne responsable, instruite, digne de confiance, intelligente et disciplinée, alors qu'aux États-Unis le chef d'entreprise idéal sera décrit comme une personne déterminée, persévérante, zélée, visant un but précis et sachant bien parler[38]. Vous trouverez plus de détails sur les prototypes de leaders et leur dimension culturelle plus loin dans ce chapitre, lorsque nous traiterons d'une importante étude empirique intitulée GLOBE.

LES THÉORIES IMPLICITES DE LA SUBORDINATION

Bien que les recherches sur les théories implicites aient commencé au début des années 1980, ce n'est qu'en 2010 qu'on s'est mis à appliquer ces modèles aux subordonnés. Depuis, les travaux portant sur le sujet sont de plus en plus nombreux et se concentrent sur l'étude des comportements de subordination. Le **comportement de subordination** est une conduite adoptée par les subalternes durant leurs interactions avec un leader[39]. Pour comprendre ce type de comportement, les chercheurs essaient de déterminer s'il existe un lien entre les théories implicites de la subordination et la nature des interactions des subordonnés avec les leaders.

Comportement de subordination
Comportement adopté par les subordonnés dans leurs rapports avec un leader

LA THÉORIE DE LA CATÉGORISATION DE LA SUBORDINATION

À l'instar de l'approche décrite plus haut concernant la théorie de la catégorisation du leadership, Thomas Sy a élaboré un instrument de mesure des **théories implicites de la subordination**, qui font partie de la théorie de la catégorisation de la subordination[40]. Une fois de plus, s'appuyant sur les idées issues des théories implicites, il a recensé les comportements prototypiques des subordonnés, tels que les leaders les perçoivent.

Théories implicites de la subordination
Ensemble d'idées préconçues que les leaders ont concernant les comportements et les caractéristiques prototypiques et contreprototypiques des subordonnés

À partir d'un échantillon de gestionnaires, le chercheur a demandé à des leaders de recenser les caractéristiques des subordonnés efficaces et inefficaces. Il a ensuite analysé les réponses pour déterminer si des catégories de prototypes s'en dégageaient. Comme le montre la **figure 10.8**, il a construit une échelle comportant 18 éléments divisés en deux groupes : les prototypes de subordination et les contreprototypes de subordination. Les premiers englobent les éléments, tels que l'application, l'enthousiasme et le civisme, associés aux subordonnés qui jouent adéquatement leur rôle. Les seconds englobent des comportements, tels que la soumission, l'insubordination et l'incompétence, associés aux subordonnés inefficaces.

Bien qu'il soit très récent, ce travail a des conséquences pratiques importantes. Par exemple, si les leaders ont leurs propres théories implicites de la subordination et établissent des prototypes de leurs subalternes, ils doivent être influencés par ces

FIGURE 10.8 LES PROTOTYPES ET LES CONTREPROTOTYPES ISSUS DES THÉORIES IMPLICITES DE LA SUBORDINATION

Prototype et contreprototype	Catégorie	Description
Prototype	Application	Personne laborieuse, productive, d'un dévouement exceptionnel
Prototype	Enthousiasme	Personne enthousiaste, sociable, heureuse
Prototype	Civisme	Personne loyale, digne de confiance, membre d'équipe efficace
Contreprototype	Soumission	Personne influençable, qui suit les tendances et qui est réservée
Contreprototype	Insubordination	Personne arrogante, impolie, colérique
Contreprototype	Incompétence	Personne ignorante, lente, inexpérimentée

Source : T. Sy, « What Do You Think of Followers ? Examining the Content, Structure and Consequences of Implicit Followership Theories », *Organizational Behavior and Human Decision Processes*, vol. 113, nº 2, 2010, p. 73-84.

prototypes quand ils jugent leurs subalternes et interagissent avec eux. N'oubliez pas que le processus de catégorisation est spontané et automatique, c'est-à-dire que les leaders évaluent très rapidement leurs subordonnés. Ils jugeront alors positivement ceux qui entrent dans leurs catégories de prototypes et négativement ceux qui entrent dans leurs catégories de contreprototypes. Il se peut également que leurs théories implicites de la subordination les prédisposent à vivre certaines expériences socioémotionnelles. Par exemple, les leaders ayant une perception plutôt prototypique des subordonnés pourraient adopter une attitude affective plus positive envers les membres de leurs équipes, tandis que les leaders ayant une perception plutôt contreprototypique pourraient avoir une attitude plus négative.

LA CONSTRUCTION SOCIALE DE LA SUBORDINATION

Adoptant une démarche quelque peu différente, Melissa Carsten et ses collègues explorent la subordination sous l'angle de la « construction sociale[41] ». Dans l'approche de la **construction sociale**, le comportement se « construit » au fil des situations vécues, selon les contextes, les actions et les interactions avec autrui. Ce processus subit deux influences, celle des théories implicites des individus concernant la façon dont ils devraient agir et celle de la nature de la situation dans laquelle ils se trouvent. Par exemple, avez-vous déjà vécu une situation dans laquelle vous pensiez qu'il vous fallait agir d'une certaine façon tout en vous apercevant que vous agissiez autrement ? C'était tout simplement parce que votre croyance implicite était venue influencer votre comportement.

Grâce à cette approche de la construction sociale, Carsten et ses collègues ont constaté que les subordonnés ont tendance à se comporter de différentes manières selon leurs croyances, mais aussi selon les contextes. Certains individus, ayant une **attitude de subordination passive**, voient leur rôle dans une optique classique de subordination : ils sont passifs et respectueux ; ils se soumettent à l'autorité du leader (esprit de subordination passif). D'autres, ayant une **attitude de subordination proactive**, estiment que leur rôle est d'exprimer leurs opinions, de prendre des initiatives et de remettre en question le leader de façon constructive (esprit de subordination proactif). Cette croyance en une subordination proactive les rend plus proches des leaders

Construction sociale
Processus par lequel le comportement des individus se « construit » au fil des situations qu'ils vivent, selon les contextes, les actions et les interactions avec autrui

Attitude de subordination passive
Attitude d'une personne qui, dans un contexte de subordination, croit qu'elle doit être passive et respectueuse et qu'elle doit obéir à l'autorité du leader

Attitude de subordination proactive
Attitude d'une personne qui, dans un contexte de subordination, croit qu'elle doit exprimer ses opinions, prendre des initiatives et remettre en question le leader de façon constructive

que des subordonnés. Ce sont, par exemple, des collaborateurs ayant un comportement de leader. Il n'est pas surprenant de constater que l'esprit de subordination proactif est le propre de personnes au «fort potentiel», c'est-à-dire d'employés qui, grâce à leurs aptitudes, ont toutes les chances d'être promus à des postes de leadership des plus élevés au sein de leur organisation. Cela semble logique. En effet, pour bénéficier d'une promotion au sein d'une organisation, il faut avoir des compétences pour exercer une influence ascendante et pas seulement descendante.

Comme la construction sociale dépend du contexte, d'après les conclusions des recherches, tous les individus ne peuvent pas agir conformément à leur esprit de subordination. Ils ne peuvent ainsi le faire lorsqu'ils évoluent dans un milieu de travail qui n'est pas favorable à leur esprit de subordination. Des personnes à l'esprit de subordination proactif ont signalé qu'elles ne pouvaient pas se montrer proactives dans un milieu de travail bureaucratique ou autoritaire car, dans ce genre de milieu, on les empêchait de prendre des initiatives ou d'exprimer leurs opinions. Elles s'y sentaient muselées et étaient incapables de réaliser leur plein potentiel. En revanche, des personnes à l'esprit de subordination passif ont dit ne pas s'être senties à l'aise dans des milieux où on les encourageait à exprimer leurs idées et à donner leur avis, car elles avaient naturellement plus tendance à suivre des directives qu'à exercer un quelconque pouvoir. Lorsque, à la demande du leader, elles devaient adopter un comportement proactif, elles n'étaient pas du tout à l'aise. Cette dissonance entre ce qu'elles étaient et ce qu'on leur demandait de faire engendrait chez elles beaucoup de stress et de mécontentement.

Bien que la recherche sur la subordination n'en soit qu'à ses débuts, on peut d'ores et déjà affirmer que, de même que la personne doit avoir un travail adapté à ce qu'elle est, elle doit avoir un esprit de subordination adapté au contexte. Si ce n'est pas le cas et si la situation perdure, l'employé éprouvera un profond sentiment de décalage par rapport à son travail. Ce sentiment finira par nuire au fonctionnement du service, car l'employé ne sera pas satisfait ou sera très stressé, ce qui pourra le conduire à un grave épuisement professionnel.

Les approches du leadership inspirant et du leadership relationnel

Le rôle du subordonné est également pris en considération dans les perspectives du leadership inspirant et du leadership relationnel. Tout comme dans le cas des approches orientées vers la subordination, ces approches tiennent compte de la façon dont les subordonnés voient leurs leaders et interagissent avec eux.

LE LEADERSHIP CHARISMATIQUE

L'une des raisons pour lesquelles on accorde une telle importance au leadership est que, tout simplement, la plupart d'entre nous considèrent que les leaders sont des individus très inspirants, des héros ou des héroïnes. Nous pensons tout d'abord à des personnages très en vue qui ont apporté des changements notables en incitant leurs suiveurs à accomplir des exploits. Dans les études menées sur le leadership, on a analysé ce rôle inspirant en profondeur lorsqu'on a examiné la notion de leadership charismatique.

Leadership charismatique
Type de leadership par lequel le dirigeant parvient, grâce à sa seule personnalité, à exercer une influence forte et profonde sur ses subordonnés

Les études sur le **leadership charismatique** ont apporté un grand nombre de preuves selon lesquelles le leader charismatique parvient, grâce à sa seule personnalité, à exercer une influence forte et profonde sur ses subordonnés. Ce genre de leader se distingue par un grand besoin de pouvoir, ainsi que par sa confiance en ses capacités et en la justesse morale de ses convictions. En d'autres termes, son besoin de pouvoir, renforcé par sa foi absolue en la rectitude morale de ses points de vue, le pousse à devenir un leader, et son sentiment de compétence lui donne confiance en sa capacité à l'être. Ces traits personnels lui font également adopter des comportements charismatiques : projection d'un modèle à suivre, construction d'une image, formulation d'objectifs (surtout des objectifs simples et clairement circonscrits), détermination d'attentes élevées, manifestation d'une solide confiance en soi, et mobilisation des subordonnés.

L'une des études les plus intéressantes et les plus importantes sur certains aspects de la théorie du leadership charismatique porte sur plusieurs présidents des États-Unis[42]. Cette recherche révèle une forte corrélation positive entre le leadership charismatique d'un président donné et son succès. Elle montre aussi que les types de traits personnels décrits par House ainsi que la manière de réagir aux situations de crise, entre autres facteurs, permettent de distinguer les leaders charismatiques des autres, parmi l'échantillon de présidents étudiés.

House et ses collègues résument d'autres travaux qui appuient en partie leur théorie. Certaines études particulièrement intéressantes indiquent que les leaders charismatiques négatifs ou « nuisibles » ont tendance à utiliser leur pouvoir personnel dans le seul but de satisfaire leurs propres intérêts, alors que les leaders charismatiques positifs ou « bénéfiques » privilégient un pouvoir essentiellement altruiste, qui favorise l'autonomisation des subordonnés et les responsabilise. Cette constatation expliquerait la différence entre des leaders « nuisibles » comme Adolf Hitler et des leaders « bénéfiques » comme Martin Luther King[43].

Jay Conger et Rabindra Kanungo ont élaboré un modèle du leadership charismatique qui met en évidence trois étapes[44].

1. Le leader évalue d'un œil critique l'état actuel des choses, fait le point sur les lacunes de la situation et fixe les grandes lignes des objectifs à atteindre. Il établit le bilan des ressources disponibles ainsi que des contraintes et des obstacles qui risquent d'entraver la concrétisation de ces objectifs. Il prend également la mesure des capacités et des aptitudes de ses subordonnés, de leurs besoins et de leur degré de satisfaction professionnelle.
2. Le leader exprime avec précision les objectifs à atteindre, la vision à adopter et l'idéal vers lequel tendre. Ici, ce sont surtout ses compétences à communiquer une vision claire et à gérer des impressions qui sont mises à contribution.
3. Le leader explique comment concrétiser les objectifs et la vision définis, en proposant des moyens inhabituels et novateurs.

Telles sont les trois étapes que Martin Luther King a suivies dans sa démarche non violente de défense des droits civiques, par laquelle il a modifié en profondeur la dynamique raciale aux États-Unis. Selon Conger et Kanungo, si le leader, plutôt que de s'en tenir au statu quo, apporte une vision, manifeste une sensibilité à son environnement et adopte des comportements non traditionnels, ses subordonnés le considéreront comme un leader charismatique. Les dirigeants de ce type semblent agir très différemment de leurs homologues «non charismatiques»[45].

LE LEADERSHIP TRANSACTIONNEL ET LE LEADERSHIP TRANSFORMATEUR

En s'appuyant sur des notions définies par James MacGregor Burns et sur certains éléments de la théorie du leadership charismatique, Bernard Bass a conçu une théorie portant sur le *leadership transactionnel* et le *leadership transformateur*[46].

LE LEADERSHIP TRANSACTIONNEL

Le **leadership transactionnel** repose sur les échanges nécessaires entre le leader et ses subordonnés pour atteindre au jour le jour le rendement convenu. Ces échanges se caractérisent, de la part du leader, par l'un ou l'autre des quatre comportements suivants:

1. *L'attribution de récompenses en fonction du rendement* Quand les travailleurs atteignent les objectifs fixés, le leader leur accorde les récompenses correspondantes.
2. *La gestion par exceptions active* Le leader cherche à détecter les écarts par rapport aux règles et aux normes et il adopte les mesures correctives qui s'imposent.
3. *La gestion par exceptions passive* Le leader intervient uniquement si les normes ne sont pas atteintes.
4. *Le laisser-faire* Le leader n'assume pas ses responsabilités et évite de prendre des décisions.

▸ **Leadership transactionnel**
Type de leadership qui repose sur les échanges nécessaires entre le dirigeant et ses subordonnés pour atteindre au jour le jour le rendement convenu

LE LEADERSHIP TRANSFORMATEUR

En revanche, le **leadership transformateur** va au-delà du rendement habituel ou quotidien. Pour Bass, il se manifeste lorsque le leader: (1) amène ses subordonnés à élargir leurs horizons, à mieux comprendre les objectifs et la mission du groupe et à se les approprier; (2) incite ses subordonnés à voir au-delà de leur propre intérêt pour considérer celui d'autrui.

▸ **Leadership transformateur**
Type de leadership par lequel le dirigeant: (1) amène ses subordonnés à élargir leurs horizons, à mieux comprendre les objectifs et la mission du groupe et à se les approprier; (2) incite ses subordonnés à voir au-delà de leur propre intérêt pour considérer celui d'autrui

Le leadership transformateur se fonde sur quatre dimensions: le charisme, l'inspiration, la stimulation intellectuelle et la reconnaissance individuelle.

1. Grâce à son *charisme*, le leader rallie les autres autour d'une vision et leur transmet de la fierté, du respect, de la confiance et la conviction d'accomplir une mission importante.
2. En tant que source d'*inspiration*, le leader insuffle du courage, recourt aux symboles pour renforcer et focaliser les efforts de tous, et exprime des objectifs importants en termes simples.
3. En misant sur la *stimulation intellectuelle*, le leader fait appel à l'intelligence, à la rationalité et à la rigueur dans la résolution des problèmes.
4. Par la *reconnaissance individuelle*, le leader accorde à chacun une attention particulière et traite chaque individu comme un être unique.

Bass conclut que, si le leadership transformateur est probablement plus commun dans les hautes sphères de la direction, où les leaders ont plus tendance à proposer et à transmettre une vision, il n'y est pas confiné ; on le trouve à tous les échelons de l'organisation. En outre, le leadership transformateur peut aller de pair avec le leadership transactionnel, lequel s'apparente à la plupart des approches traditionnelles du leadership mentionnées précédemment. Pour réussir, les dirigeants doivent exercer à la fois un leadership transformateur et un leadership transactionnel, tout comme ils doivent miser à la fois sur le leadership et sur la gestion[47].

Les quelques analyses de grande envergure qui ont visé à synthétiser les nombreuses études suscitées par la théorie de Bass rapportent l'existence de liens positifs et significatifs entre, d'une part, les dimensions du leadership transformateur définies par Bass et, d'autre part, différents aspects du rendement et de la satisfaction professionnelle des travailleurs, par exemple des efforts accrus, une réduction de l'épuisement professionnel et du stress, une plus grande manifestation de créativité et d'innovation chez les subordonnés. Si les liens les plus forts concernent le charisme et l'inspiration, les autres dimensions du leadership transformateur sont également importantes. Ces conclusions confirment celles d'autres études et montrent que le leadership transformateur peut avoir des retombées plus étendues que celles d'autres styles de leadership présentés précédemment[48].

QUELQUES CONSIDÉRATIONS SUR LE LEADERSHIP CHARISMATIQUE ET LE LEADERSHIP TRANSFORMATEUR

Concernant les approches charismatique et transformatrice du leadership, il convient de se poser la question suivante : *le leadership charismatique et le leadership transformateur peuvent-ils s'apprendre au moyen de programmes de formation ?* Oui, répondent les chercheurs qui se sont penchés sur le sujet. Bass et ses collègues, par exemple, ont élaboré plusieurs programmes de formation. Dans l'un des ateliers qu'ils proposent, les responsables évaluent les compétences initiales des participants à la lumière des critères de Bass, puis leur fournissent une rétroaction. Par la suite, les participants conçoivent un programme de perfectionnement pour améliorer leurs points faibles et travaillent en collaboration avec les formateurs pour développer leurs aptitudes de leadership. Bass et Avolio ont mené des études qui mettent en évidence les effets bénéfiques de tels programmes. Ils font également état de formations dispensées à des équipes entières et de programmes conçus sur mesure pour certaines organisations[49]. Conger et Kanungo proposent aussi des programmes visant à favoriser l'acquisition des comportements décrits dans leur modèle (voir encadré ci-contre)[50].

Cinq compétences du leader charismatique

- *Sensibilité aux contextes les plus propices à l'exercice du charisme* Capacité de procéder à un bilan critique de la situation et de détecter les problèmes
- *Vision* Recours à la pensée créatrice pour apprendre et pour concevoir d'importants projets de changement
- *Communication* Maîtrise de la langue parlée et écrite
- *Gestion des impressions* Adoption de comportements pouvant servir de modèles, apparence générale soignée, maîtrise du langage corporel et verbal
- *Autonomisation* Communication d'attentes élevées en matière de rendement, accroissement de la place donnée aux subordonnés dans le processus décisionnel, assouplissement des contraintes bureaucratiques, établissement d'objectifs significatifs, et instauration de systèmes de récompenses appropriés

Les modèles de leadership qui accordent une place centrale à la vision donnent souvent beaucoup d'importance à la formation. Kouzes et Posner décrivent les résultats d'un programme d'une semaine implanté chez AT&T. Il s'agissait, notamment, de sensibiliser les leaders à des dimensions qui permettent d'élaborer, de communiquer et de renforcer une vision commune. Selon les chercheurs, 10 mois après l'instauration du programme, on a observé chez les participants une augmentation moyenne de 15 % des comportements visionnaires[51]. Dans le même ordre d'idées, Sashkin et Sashkin ont établi un modèle de leadership qui met l'accent sur divers aspects de la vision et du changement culturel en milieu organisationnel. Ils ont étudié plusieurs formations permettant aux dirigeants de perfectionner leurs aptitudes visionnaires, d'apprendre à stimuler le changement culturel dans l'organisation et de mieux le gérer[52]. Tous ces programmes de formation exploitent largement les exercices pratiques. Les dirigeants ne se contentent pas de lire des textes sur la vision; ils doivent aussi appliquer les principes étudiés.

On peut se poser une autre question importante concernant les approches charismatique et transformatrice du leadership: *le leadership charismatique et le leadership transformateur sont-ils toujours utiles et bénéfiques?* Comme nous l'avons souligné, certains dirigeants charismatiques «nuisibles», par exemple Adolf Hitler, peuvent exercer un effet négatif sur leurs subordonnés ou leurs partisans. De même, le leadership charismatique et le leadership transformateur ne sont pas toujours nécessaires ni souhaitables. Dans certains cas, le temps et les efforts consacrés à la vision font perdre de vue des activités quotidiennes cruciales. Notons aussi que le leadership charismatique et le leadership transformateur ne sont pas suffisants en eux-mêmes: ils doivent être exercés conjointement avec les styles de leadership décrits précédemment. Enfin, le leadership charismatique et le leadership transformateur ne sont pas utiles ou bénéfiques uniquement aux échelons supérieurs. De nombreux experts s'accordent sur le fait qu'ils peuvent s'appliquer à tous les échelons de l'organisation.

LA THÉORIE DES ÉCHANGES LEADER-MEMBRES

Si les théories du leadership inspirant et charismatique portent sur la personnalité ou les attitudes des leaders, les théories du leadership relationnel adoptent un autre point de vue. Elles expliquent que le leadership découle de la relation entre le leader et ses subordonnés. À cet égard, la théorie la plus importante est la **théorie des échanges leader-membres** (ou **théorie LMX**, de l'anglais *leader-member exchange*).

Théorie des échanges leader-membres (ou **théorie LMX**)
Théorie du leadership qui se concentre sur la qualité des relations entre le leader et les membres de son groupe

Selon cette théorie, les leaders ne nouent pas les mêmes relations avec leurs subordonnés des différents groupes de travail[53]. Certaines de ces relations sont des «partenariats» de haute qualité (LMX élevés), caractérisés par une influence, une confiance, un respect et une loyauté mutuels. Elles sont associées à des tâches plus stimulantes, à une attention particulière du leader, à un soutien accru de sa part et à une communication plus ouverte et plus honnête. D'autres relations sont d'une qualité moindre (LMX faibles) et s'apparentent plus aux relations traditionnelles entre superviseur et subordonné. Elles sont caractérisées par des rapports formels et une observance stricte des règles indiquées dans le contrat de travail. Dans ce type de relations, les interactions, la confiance et le soutien sont faibles.

D'après la théorie des échanges leader-membres, le leadership se manifeste lorsque les leaders et leurs subordonnés sont capables d'avoir les uns sur les autres une «influence accrue» qui génère des comportements allant bien au-delà de ceux qu'exige le contrat de travail. Pour reprendre notre exposé de début de chapitre sur les gestionnaires et les leaders, nous pouvons affirmer que, selon cette théorie, les gestionnaires sont des leaders lorsque, grâce à leur capacité de nouer des relations

Le genre du leader a-t-il un impact[54] ?

Du côté de la RECHERCHE

Sarah Saint-Michel et Nouchka Wielhorski ont mené une étude sur les représentations des subordonnés quant au style de leadership transactionnel et transformateur de leur dirigeant, la qualité de leurs échanges d'information avec lui et leur engagement organisationnel. Y ont participé 111 salariés, hommes et femmes, issus de deux grandes entreprises françaises, l'une spécialisée dans le secteur de la grande distribution d'articles de sport, l'autre spécialisée dans la vente de produits cosmétiques. Les répondants devaient évaluer à la fois le style de leadership de leur supérieur et leur perception des échanges leader-membres (LMX).

Les auteurs ont émis les hypothèses suivantes :

1. Les dimensions du *charisme*, de la *stimulation intellectuelle* et de la *reconnaissance individuelle* du leadership transformateur sont positivement corrélées au leadership déployé par les femmes leaders.
2. La dimension de l'*attribution de récompenses en fonction du rendement* du leadership transactionnel est positivement corrélée au leadership déployé par les femmes leaders.
3. La dimension de *gestion par exceptions* du leadership transactionnel est positivement corrélée au leadership mis en œuvre par les hommes leaders.
4. Les femmes leaders ont des échanges leader-membres de meilleure qualité que les hommes leaders.

5a. Le genre du leader modère le lien entre le style de leadership et l'engagement affectif des salariés. Le lien est plus fort lorsque les leaders sont des femmes.

5b. Le genre du leader modère le lien entre le style de leadership et l'engagement normatif des salariés. Le lien est plus fort lorsque les leaders sont des femmes.

6. Le genre du leader modère la relation entre le style de leadership et l'engagement calculé des salariés. Le lien est plus fort lorsque les leaders sont des hommes.

Les hypothèses de recherche 1 à 4 ont été rejetées, ce qui signifie que le genre du leader n'a pas d'impact notable sur le style de leadership ni sur la relation leader-membres.

Les hypothèses 5a et 5b n'ont pas été validées, ce qui signifie que le genre du leader n'a pas d'effet modérateur sur le lien entre le style de leadership et l'engagement affectif et normatif des salariés.

Enfin, l'hypothèse 6 a été validée, ce qui signifie que le lien entre le style de leadership et l'engagement calculé des salariés est plus fort lorsque les leaders sont des hommes.

Ainsi, les résultats ont mis en lumière l'absence d'effet notable du genre du dirigeant sur la perception du style de leadership et sur la qualité des échanges leader-membres. Les dimensions affective et normative de l'engagement des salariés sont déterminées par le *charisme* et la *stimulation intellectuelle*, et ce, quel que soit le genre du leader. Les résultats de l'étude remettent donc en cause l'idée d'un « avantage féminin » en matière de leadership, puisque quel que soit le sexe du leader, les attitudes perçues comme exemplaires et stimulantes intellectuellement influencent positivement l'engagement affectif et normatif des salariés.

En revanche, le style de leadership transactionnel, et plus particulièrement sa dimension de *gestion par exceptions*, suscite auprès des subordonnés un engagement calculé différencié quant à l'intensité, selon le genre du leader. Lorsque les dirigeants hommes déploient ce type de leadership, leurs subordonnés manifestent tout de même un engagement calculé vis-à-vis de leur organisation. Toutefois, lorsqu'une femme dirigeante adopte ce comportement de désengagement, ses subordonnés se désinvestissent eux aussi de leur organisation. Cette conduite serait associée au rôle masculin, traditionnellement considéré comme directif. Ainsi, une femme leader qui adopte des conduites de leadership passif suscite de la part de ses subordonnés un désengagement beaucoup plus fort qu'un homme leader qui fait la même chose. Les résultats tendent à souligner une sexualisation des attentes des subordonnés à l'égard de leurs dirigeants. Les subordonnés espèrent trouver des comportements de leadership transformateur chez les femmes leaders. Lorsque celles-ci ne se conforment pas à leurs attentes, ils se désengagent de l'organisation. En revanche, lorsque des hommes se désengagent, leurs subordonnés s'investissent tout de même dans l'organisation.

En conclusion, selon cette étude, si le sexe du leader n'a pas d'impact sur le style de leadership, il influe sur le type d'engagement des salariés. Ainsi, il apparaît que, si le type de leadership ne dépend pas du genre, celui-ci a toutefois une incidence différente sur les attentes et les perceptions des salariés.

de qualité, ils peuvent faire naître chez leurs collaborateurs un «esprit de subordination volontaire».

Ces différences sur le plan des relations avec le leader sont importantes du point de vue des subordonnés, car elles influent fortement sur les résultats de leur travail[55]. La recherche montre que des relations de grande qualité entre le leader et les membres sont associées à une plus grande satisfaction des subordonnés, à une meilleure productivité, à un plus faible roulement de la main-d'œuvre, à des salaires plus élevés et à des promotions plus rapides. Par contre, des relations leader-membres de moindre qualité sont associées à des résultats négatifs en matière de travail, notamment à un faible dévouement et à une insatisfaction accrue, à un sentiment intense d'injustice, à un rendement médiocre et à un stress élevé. Il ressort des recherches récentes sur la théorie des échanges leader-membres qu'un leadership fort ne va pas sans l'établissement de relations de qualité entre les dirigeants et tous leurs subordonnés.

La théorie des échanges leader-membres intéresse de plus en plus les chercheurs du monde entier qui étudient le comportement organisationnel. Les preuves qui la soutiennent sont solides et ses répercussions, tant pour les gestionnaires que pour les employés, sont claires. Que vous soyez un leader ou un subordonné, les relations leader-subordonnés valent la peine que vous les cultiviez, à la fois pour votre organisation et pour votre cheminement professionnel.

Le leadership moral

En rapport avec le leadership transformateur, abordons maintenant la question du leadership moral. Comme nous le savons tous, des scandales financiers ainsi que des activités de corruption ou de collusion impliquant des dirigeants d'entreprises ou même des fonctionnaires ont récemment avivé les préoccupations à ce sujet. On s'aperçoit soudainement que des leaders de diverses organisations ont pris des décisions qui leur ont permis de s'enrichir rapidement aux dépens de la prospérité à long terme de leur collectivité. Le problème devenant d'intérêt public, un nombre croissant de travaux de recherche ont porté sur des thèmes tels que le leadership authentique, le leadership spirituel, le leadership au service des autres et le leadership éthique, dont nous traitons tour à tour dans cette partie consacrée au leadership moral. Fondamentalement, le leader moral s'appuie sur des valeurs transcendantes pour inciter les autres à s'investir dans une action considérée comme bénéfique pour la collectivité. Son défi consiste tout d'abord à se connaître lui-même et à réfléchir au rôle qu'il devrait jouer en tant que leader.

LE LEADERSHIP AUTHENTIQUE

Le leadership authentique est essentiellement conforme à la prescription de Socrate: «Connais-toi toi-même[56].» En effet, le leader possède une somme d'éléments formant son expérience personnelle (valeurs, pensées, émotions, croyances) et il agit en accord avec sa vraie personnalité et ses convictions profondes, en exprimant ce qu'il pense et croit vraiment. Personne en ce monde n'est parfaitement authentique, mais l'authenticité demeure un idéal vers lequel tendre. Cette qualité traduit le libre arbitre de l'être authentique ou profond qui s'exprime au quotidien. En outre, l'authenticité

Le leadership selon Rémi Tremblay
Règle numéro un : être conscient !

Des **leaders** parlent de **leadership**

Les premières années que j'ai passées à titre de patron, je ne me connaissais pas bien. J'étais peu conscient du fait que mes gestes ne coïncidaient pas avec mes valeurs. Je consacrais peu de temps à évaluer l'impact de mes décisions sur mon environnement et j'en reconnaissais rarement les conséquences.

Avec la réussite, j'obtenais la preuve de nos bons choix… Pourtant, j'étais inconscient des impacts collatéraux de mes décisions. J'étais obnubilé par la croissance et par notre objectif de devenir numéro UN. Le jour où nous avons atteint ce but, j'ai eu une réaction tout à fait inattendue. J'ai eu l'impression de frapper un mur. J'aurais dû avoir envie de fêter, de célébrer l'atteinte de cet objectif si cher à mes yeux. Comme une prise de conscience, ce choc m'a permis de voir les conséquences de nos choix : l'insécurité et le choc des valeurs engendrés par les fusions, le stress résultant de la pression sur les ventes et la rentabilité, ma présence trop rare auprès de ma famille, les coûts environnementaux du non-recyclage (nous avions d'autres enjeux plus importants), etc. Je devenais enfin conscient et totalement responsable des retombées de mes décisions. Ce réveil a été douloureux.

Pourtant, pendant toutes ces années « d'inconscience », j'étais passionné, et je me croyais heureux. Je comprends aujourd'hui ce que mon père voulait dire lorsqu'il affirmait : « Heureux les creux. » Aujourd'hui, j'ai adapté cette expression : « Heureux les inconscients, car ils ne comprennent pas ce qu'ils font. »

J'ai donc pu plaider l'inconscience… et me pardonner. Cependant, on ne peut se permettre d'être inconscient qu'une seule fois. La conscience éveillée, on ne peut plus reculer. Nous héritons donc d'une responsabilité accrue. Ainsi, pour poursuivre ma carrière de leader, je devais être conscient et continuer d'éveiller encore et encore cette conscience.

Je comprends aujourd'hui que la conscience est un choix que je n'avais pas fait avant, car je n'étais pas prêt à troquer des gains à court terme ni à freiner l'atteinte de mon projet. Cela m'aurait pourtant évité de souffrir et de tomber dans la culpabilité au réveil, cela m'aurait permis de rester cohérent face à moi-même et d'éviter bien des dégâts. À ma grande surprise, grâce à cette nouvelle lucidité, la croissance s'est avérée encore plus grande et plus durable.

J'ai également compris que je devais m'entourer de personnes plus conscientes que moi, car la fougue et le rythme qui me caractérisent me pousseraient encore à agir trop vite sans mesurer les impacts de mes choix. Aujourd'hui, la conscience est devenue un critère de sélection pour nos employés et une exigence pour la délégation du pouvoir.

J'ai longtemps pensé qu'il fallait des leaders visionnaires, compétents, brillants, de grands guerriers pour développer nos marchés… Mais je sais maintenant que nous avons avant tout besoin de leaders conscients, qui visent le bien commun et qui sont capables de prévoir les conséquences de leurs choix en termes de bonheur et de souffrance pour le plus grand nombre. C'est le type de leaders qu'on doit élire et soutenir. […]

Source : Rémi Tremblay, « Règle numéro un : être conscient ! », *Premium*, nº 17, novembre 2012, p. 82.

QUESTIONS Selon vous, votre degré de conscience est-il élevé ? À l'instar de Rémi Tremblay, croyez-vous que la conscience soit une caractéristique essentielle pour tout dirigeant qui évolue dans les organisations d'aujourd'hui ?

est à la base de toutes les autres dimensions susceptibles d'être utilisées pour définir le leadership, quelle que soit la théorie proposée.

Les personnes très authentiques, soutient-on, jouissent d'une estime de soi très élevée, ou du moins d'une estime vraie, stable et cohérente, par opposition à une estime fragile et largement dépendante du regard d'autrui. Le leader authentique entretient des rapports sincères avec ceux qu'il dirige, tout comme avec ses collaborateurs, et il fait preuve de transparence, d'ouverture et de confiance[57]. Tous ces traits font appel au bien-être psychologique en tant que valeur fondamentale au sein de la psychologie positive[58]. Par exemple, on considère que Nelson Mandela était un leader authentique.

En psychologie positive, l'accent est mis sur les dispositions suivantes :

- le *sentiment de compétence*, soit la confiance que l'individu place dans sa capacité à accomplir une tâche déterminée, comme nous l'avons défini au chapitre 2 ;
- l'**optimisme**, soit l'attente d'un résultat positif ;
- l'**espoir**, c'est-à-dire la tendance à envisager diverses voies pour atteindre ce qu'on désire ;
- la **résilience**, cette capacité à retomber sur ses pieds et à continuer d'aller de l'avant après un échec.

Optimisme
Attente d'un résultat positif

Espoir
Tendance à envisager diverses voies pour atteindre ce qu'on désire

Résilience
Capacité à retomber sur ses pieds et à continuer d'aller de l'avant après un échec

Quand l'un de ces facteurs est en hausse, les autres tendent à augmenter aussi. Dès lors, il devient très important pour un leader de manifester ces attitudes, susceptibles d'influencer positivement ses subordonnés.

L'aspect le plus important du leadership authentique est peut-être l'idée qu'être un leader commence par soi et par l'opinion qu'on se fait de ce que c'est que diriger d'autres personnes. Toutefois, l'authenticité n'est que l'un des aspects du leadership moral. Un deuxième aspect à considérer est l'idée qu'on se fait du rôle d'un leader.

LE LEADERSHIP SPIRITUEL

Comparativement au leadership authentique, on peut considérer que le leadership spirituel est un champ de recherche à l'intérieur du domaine de la spiritualité en milieu de travail[59]. Pour l'essentiel, les approches sur le sujet se fondent sur la théologie et la pratique des religions, ainsi que sur l'éthique et les valeurs du leadership. Il n'y a toutefois pas de consensus, dans les écrits, concernant la similitude ou la différence à faire entre la spiritualité et la religion. Pour certains, les religions organisées se distinguent de la spiritualité par leurs rituels, leurs usages et leurs cérémonies pouvant servir de véhicules au déploiement de la spiritualité. Bien sûr, une personne peut adopter des rituels religieux sans pour autant avoir une vie spirituelle. À l'inverse, une personne peut posséder une spiritualité sans être religieuse.

Bien que le leadership spirituel n'ait pas de solides fondements scientifiques en comportement organisationnel, de récents travaux commencent à étayer une théorie du leadership spirituel, ou *spiritual leadership theory* (SLT). Il s'agit d'une approche causale du leadership qui vise la transformation organisationnelle, la création d'une organisation apprenante et intrinsèquement motivée. Le leadership spirituel comporte des valeurs, des attitudes et des comportements jugés nécessaires pour l'engagement en faveur d'une évolution spirituelle. Autrement dit, le leader qui « lance l'appel » et les personnes qui adhèrent à sa vision estiment avoir trouvé un sens à leur vie et être en mesure de changer le cours des choses, en se sentant compris et appréciés. Ce sens donné à leur vie qu'on trouve chez le leader et ses subordonnés tend à assurer la cohérence des valeurs tant à l'échelle individuelle qu'au sein de l'équipe stratégique. Il en résulte une augmentation de l'engagement organisationnel, de la productivité et du bien-être des employés. La **figure 10.9** résume ce modèle causal.

La méthode ReGain[MC] : pour mieux se connaître et se voir à travers les personnages d'Hergé[60]

Des **leaders** parlent de **leadership**

S'inspirant des célèbres personnages de la bande dessinée *Tintin*, Renée Rivest, diplômée en relations industrielles ainsi qu'en psychoéducation et consultante en management depuis 1993, a conçu une typologie originale des personnalités. Selon elle, tout un chacun intègre en lui-même les différents personnages d'Hergé, mais évidemment dans des proportions variables.

Les personnes à dominance Tintin sont des êtres de vision qui cherchent à rester intègres, fidèles à leurs valeurs et à leurs idéaux ; elles adoptent un *leadership de sens*. Les « grands » Milou, quant à eux, cherchent à jouer le mieux possible leur rôle, prennent le temps d'analyser une situation et fondent leur réflexion sur des faits ; un *leadership stratégique* les caractérise. Énergiques et dynamiques, s'affirmant de façon authentique et spontanée, exigeantes envers elles-mêmes et les autres et fidèles à ceux qu'elles estiment, les personnes à dominance Haddock privilégient un *leadership d'action*. Quant aux dominants Tournesol, leurs principales caractéristiques, soit l'innovation, la solitude, l'autonomie et le caractère passionné, les poussent vers un *leadership d'expertise et de créativité*. Enfin, les « forts » Dupond-t, empathiques et animés par le désir d'établir des relations harmonieuses et dépourvues de conflits, favorisent un *leadership relationnel*.

La méthode ReGain[MC], issue de cette typologie, s'avère un outil non menaçant et amusant qui permet aux personnes de se voir et de voir les autres à travers les personnages d'Hergé et d'accéder ainsi à une meilleure connaissance d'elles-mêmes. Sur le plan collectif, cette méthode permet aux dirigeants de mobiliser chaque membre de leur équipe et d'utiliser au mieux ses aptitudes ; en outre, elle permet d'équilibrer les forces au sein d'une équipe de travail, dans le respect des différences.

Au-delà des personnages, l'important, selon Mme Rivest, c'est d'accepter de devenir son Hergé (maître de soi) et de demeurer « observateur » de ce qui se passe en nous et autour de nous. C'est devenir conscient de ses réactions et de ses attitudes, afin de proposer des choix de dialogue et de collaboration au service d'un projet commun. De plus, les interventions menées auprès de clientèles canadienne, allemande, belge, française, italienne, espagnole, africaine et suisse ont clairement montré le caractère universel de l'approche ReGain[MC].

Note : Attention, c'est du sérieux ! Recevoir l'autorisation de Moulinsart SA d'utiliser l'œuvre d'Hergé est déjà un tour de force, et n'enseigne pas la méthode ReGain[MC] qui veut. Par-delà le côté ludique, cette dernière met en scène des dynamiques humaines, donc de la complexité. C'est pourquoi seules les personnes accréditées par ReGain[MC] groupe-conseil peuvent diffuser la méthode.

QUESTION Quels sont les avantages, pour un dirigeant, de savoir à quels personnages d'Hergé les membres de son équipe peuvent l'associer ou à quels personnages il associe lui-même ses coéquipiers ?

Parmi les éléments clés du schéma de la figure 10.9 apparaissent les qualités associées au leadership spirituel : la vision, qui définit une quête et un parcours, traduit des idéaux élevés et favorise l'espoir ou la foi ; l'amour altruiste, fait de confiance ou de loyauté, de pardon, d'acceptation ou de gratitude, d'honnêteté, de courage et d'humilité de la part de l'organisation et des subordonnés ; l'espoir et la foi, qui sont source d'endurance et de persévérance, et qui permettent de faire les gestes requis et de se fixer des objectifs élevés.

FIGURE 10.9 UN MODÈLE CAUSAL DE LA THÉORIE DU LEADERSHIP SPIRITUEL

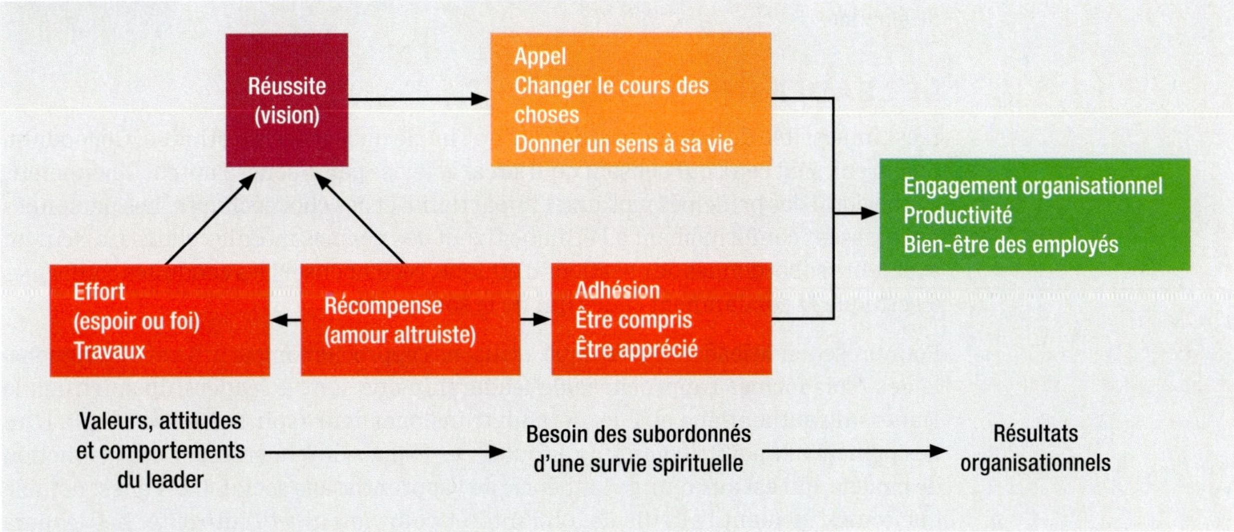

Source : Lewis W. Fry, Steve Vitucci et Marie Cedillo, « Spiritual Leadership and Army Transformation : Theory, Measurement, and Establishing a Baseline », *The Leadership Quarterly*, vol. 16, nº 5, octobre 2005, p. 838.

LE LEADERSHIP AU SERVICE DES AUTRES

La notion de leadership au service des autres, élaborée par Robert K. Greenleaf, se fonde sur l'idée que le but premier de toute entreprise devrait être d'exercer une influence positive sur ses salariés ainsi que sur sa collectivité. Dans un essai qu'il a écrit en 1970 sur le leadership au service des autres, Greenleaf déclarait : « Le leader qui se met au service des autres est *d'abord* un serviteur… Cela commence par le désir inné que la personne a de servir, de servir *d'abord et avant tout*. Par la suite, la personne fait des choix conscients qui la mènent à aspirer à diriger[61]. »

Le leader au service des autres demeure attentif à des valeurs spirituelles fondamentales. En respectant ces dernières, il sert les autres, que ce soit ses collègues, son organisation ou la société. De ce point de vue, le leadership au service des autres n'est pas tant une forme particulière de leadership qu'une forme particulière de service. Le leader au service des autres aide ceux-ci à découvrir leur vie intérieure, gagne et conserve leur confiance, se met véritablement à l'écoute d'autrui et est capable d'agir en reléguant ses propres intérêts au second plan. On trouve le plus souvent ces qualités chez les personnes qui ont d'abord une vision et un désir de servir, plutôt que la simple ambition d'être leader. Appuyé par le Greenleaf Center for Servant Development, organisme international à but non lucratif créé en 1964 par Robert K. Greenleaf et situé dans l'Indiana, le leadership au service des autres est souvent considéré comme un mouvement philosophique. Le Centre fait la promotion du leadership au service des autres, en explique les procédés, organise des conférences, assure la publication de manuels et de documentation, subventionne des colloques et des séminaires partout dans le monde.

Ce type de leadership n'a pas fait l'objet d'études empiriques et systématiques en comportement organisationnel, mais ses orientations philosophiques n'en demeurent pas moins conformes à celles des autres approches de leadership moral discutées dans cette section du chapitre. Dans ce cas-ci, l'influence exercée sur autrui repose sur la force du modèle de service. Servir et demander aux autres de servir constituent les fondements du leadership. La subordination devient ainsi une forme spéciale de service.

LE LEADERSHIP ÉTHIQUE

Il est impossible de donner une définition simple du leadership éthique. Cependant, nombreux sont ceux qui pensent qu'il se caractérise par le souci d'autrui, l'honnêteté, l'adhésion à des principes moraux, l'impartialité et des choix éclairés. Les personnes qui agissent conformément à l'éthique fixent des normes morales claires, discutent avec leurs subordonnés de questions d'éthique, récompensent les conduites conformes à l'éthique et condamnent celles qui ne le sont pas[62].

Pour présenter le leadership éthique, utilisons l'approche comparative et distinguons-le des trois formes rapprochées de leadership que sont le leadership spirituel, le leadership authentique et le leadership transformateur (voir la **figure 10.10**). L'un des principaux points communs à toutes ces formes de leadership, c'est la fonction de modèle, qui est au cœur de la théorie de l'apprentissage social. Il est aussi notable que toutes incluent l'altruisme, ou l'intérêt pour autrui, et l'intégrité. Les leaders exercent une influence sur les autres en faisant appel à des valeurs transcendantes.

Concernant les différences, le leader authentique se distingue par l'accent qu'il met sur l'authenticité et la conscience de soi. Le leader éthique a comme particularité sa préoccupation morale. Le leader spirituel, lui, se différencie par la projection d'une vision, l'espoir et la foi, tout comme par l'idée d'une vocation qui transcende celle du

FIGURE 10.10 UNE COMPARAISON ENTRE LE LEADERSHIP ÉTHIQUE ET TROIS AUTRES TYPES DE LEADERSHIP, SOIT LE SPIRITUEL, L'AUTHENTIQUE ET LE TRANSFORMATEUR

	Principales similitudes avec le leadership éthique	Principales différences par rapport au leadership éthique
Leadership authentique	• Intérêt pour autrui (altruisme) • Prise de décision éthique • Intégrité • Rôle de modèle	• Leader éthique : accent mis sur la gestion morale (plus transactionnelle) et la conscience de l'autre • Leader authentique : accent mis sur l'authenticité et la conscience de soi
Leadership spirituel	• Intérêt pour autrui (altruisme) • Intégrité • Rôle de modèle	• Leader éthique : accent mis sur la gestion morale • Leader spirituel : accent mis sur la projection d'une vision, l'espoir ou la foi, le travail comme vocation
Leadership transformateur	• Intérêt pour autrui (altruisme) • Prise de décision éthique • Intégrité • Rôle de modèle	• Leader éthique : accent mis sur les normes éthiques et la gestion morale (plus transactionnelle) • Leader transformateur : accent mis sur la vision, les valeurs et la stimulation intellectuelle

Source : Michael E. Brown et Linda K. Trevino, « Ethical Leadership : A Review and Future Directions », *The Leadership Quarterly*, vol. 17, n° 6, décembre 2006, p. 598. Reproduit avec l'autorisation de Elsevier.

L'ÉTHIQUE EN CO

Marie-Pierre-la-marieuse mélange expertise et bénévolat

En créant Bénévoles d'affaires, Marie-Pierre Dufort a suscité des centaines de jumelages entre des organismes à la recherche d'une expertise et des gens d'affaires désireux de s'engager.

Bénévoles d'affaires a vu le jour en décembre 2005, quelques mois à peine avant la naissance de Synetik Conseil, l'entreprise de Marie-Pierre Dufort. « C'était beaucoup en même temps... » souffle la jeune mère de famille. Il lui a fallu une bonne dose de motivation – mais aussi une certaine naïveté – pour se lancer dans le projet, avoue-t-elle.

En effet, pourquoi se donner la peine de dépenser son énergie pour créer un organisme à but non lucratif, alors qu'on est déjà en pleine création de sa propre entreprise ? Dans les deux cas, elle a vu un besoin à combler. « Ce qui me motive, c'est d'être allumée par des projets. J'ai fondé mon entreprise pour me façonner un emploi qui répondrait à mes aspirations. Je voulais offrir des services de consultation en ergonomie dans les PME. Cela n'existait pas, je l'ai créé. J'ai mis sur pied Bénévoles d'affaires pour les mêmes raisons. »

[...] Œuvrant depuis plusieurs années au sein des Magasins-Partage, [...] l'ergothérapeute croisait chaque jour des professionnels qui souhaitaient s'investir socialement, mais qui ne savaient pas à quelle porte frapper.

Sa rencontre avec Ugo Dionne, ex-président de la JCCM et fondateur de Synesis-Versalys, une firme de formation, sera déterminante. « Nos chemins se sont croisés un peu par hasard. Il m'a présenté son idée. Cela correspondait tout à fait à ce que j'entendais sur le terrain. Nous avons décidé de conjuguer nos efforts pour arrimer l'expertise d'affaires au développement des organismes sans but lucratif », raconte l'entrepreneure.

Marie-Pierre Dufort a mis son sens de l'organisation dans la corbeille. « C'est une organisatrice hors pair. Elle a la capacité de segmenter les problèmes et de trouver une solution pour chacun. Cela lui permet de mettre le cap sur l'objectif et de faire en sorte que la bonne idée réussisse », dit Ugo Dionne.

Avant de se lancer, les deux entrepreneurs ont pris le temps de rencontrer tous les partenaires que leur idée pouvait intéresser. « Nous avons fait le tour des grands acteurs du domaine, comme Centraide et le Centre d'action bénévole du Grand Montréal, afin de nous assurer de bien répondre aux besoins et de ne pas marcher sur leurs platebandes. »

Car le besoin est grand. Depuis un an, une dizaine de nouveaux bénévoles adhèrent chaque semaine. Des professionnels dans tous les domaines et à tous les niveaux hiérarchiques, des ressources humaines à l'informatique en passant par la comptabilité et le droit, font bénéficier de leur expertise des organismes qui ne seraient pas en mesure de se l'offrir.

Marie-Pierre Dufort ne regrette pas un instant le temps consacré à son implication bénévole même si, entre-temps, elle a dû jongler avec la naissance de deux bébés... et le déménagement de son entreprise dans de nouveaux locaux, à Joliette. « Mon engagement social crée un équilibre dans ma vie. [...] J'on tire avant tout une satisfaction personnelle. »

Les jumelages réussis contribuent à alimenter chez elle le feu sacré. Au tout début, une professionnelle en communication qui aidait Bénévoles d'affaires a décidé de se joindre à une association de sensibilisation aux troubles alimentaires, une cause qui touchait personnellement un membre de sa famille. Quelques mois plus tard, elle organisait un défilé de mode au profit de cette association. Un autre bénévole jumelé avec une entreprise d'économie sociale de la région est devenu président de son conseil d'administration et a amené plusieurs de ses relations à s'y investir, illustre-t-elle avec enthousiasme.

« L'implication sociale, il faut le faire pour soi, poursuit-elle. Toutes les raisons sont bonnes pour s'engager. Les rares réfractaires peuvent dire que les gens d'affaires y trouvent leur compte et s'en servent pour entrer en contact avec d'autres. Mais justement, c'est le but ! Que ce soit des relations personnelles, d'affaires ou amicales : on élargit son réseau, c'est la beauté de la chose. Et tout le monde en bénéficie ! »

Source : Carole Le Hirez, « Marie-Pierre-la-marieuse mélange expertise et bénévolat », *Les Affaires*, 19 mars 2011, p. 22. Cet article a été reproduit aux termes d'une licence accordée par Copibec.

QUESTIONS À la lumière des éléments présentés dans ce chapitre, quels défis Marie-Pierre Dufort doit-elle relever en tant que leader ? Quelles approches du leadership mettriez-vous à contribution pour faire face à ces défis et comment les conjugueriez-vous ?

travail. Enfin, comme nous l'avons mentionné précédemment, le leader transformateur se caractérise par l'importance qu'il accorde aux valeurs, à la vision et à la stimulation intellectuelle.

Toutes ces approches revêtent un intérêt certain et mériteraient davantage de recherches empiriques et des élaborations théoriques plus poussées. Le leadership au service des autres, qui ne figure pas dans le tableau comparatif, pourrait aussi faire l'objet d'un approfondissement si les chercheurs intéressés avaient envie de pousser plus loin leurs observations[63]. Malgré le manqué de recherches, le leadership éthique peut et doit constituer le fondement de la formation des leaders d'aujourd'hui et de demain.

De nouvelles perspectives en matière de leadership

Jusqu'à présent, nous avons envisagé le leadership comme une influence qui s'exerce selon un axe vertical. Force est de reconnaître qu'il ne se limite pas à cela. Bien au contraire, d'autres personnes y prennent part. C'est cette façon de voir que traduit la notion de leadership partagé.

LE LEADERSHIP PARTAGÉ

▸ **Leadership partagé**
Processus dynamique et interactif d'influence entre les membres d'un groupe se guidant mutuellement vers l'atteinte de leurs objectifs communs ou de ceux de l'organisation

Le **leadership partagé** désigne un processus dynamique et interactif d'influence entre les membres d'un groupe se guidant mutuellement vers l'atteinte de leurs objectifs communs ou de ceux de l'organisation. Il implique souvent une influence horizontale entre pairs, mais aussi parfois une influence verticale ou hiérarchique ascendante ou descendante. Ce qui distingue essentiellement le leadership partagé des modèles traditionnels de leadership, c'est que l'influence va au-delà de la simple autorité d'un supérieur désigné ou élu sur des subalternes. Non pas centralisé entre les mains de la personne qui joue le rôle du supérieur, le leadership est plutôt largement distribué parmi un ensemble d'individus[64].

Nous pouvons discuter de la distinction entre le leadership partagé et le leadership vertical ou hiérarchique en prenant l'exemple des équipes semi-autonomes.

LE LEADERSHIP DANS LES ÉQUIPES SEMI-AUTONOMES

Dans cet ouvrage, il a été question à plusieurs reprises des équipes semi-autonomes, qui comptent parmi les voies d'avenir prometteuses, il est vrai. Cependant, nous nous sommes peu attardés sur la dimension du leadership, lequel peut dans ce cas s'exercer soit de l'extérieur, soit de l'intérieur de l'équipe. Dans la situation où il s'exerce de l'intérieur, le leadership peut être attribué à une seule personne, assumé à tour de rôle par les membres de l'équipe ou encore partagé avec souplesse, selon les besoins et l'évolution de l'équipe[65].

En revanche, lorsqu'il s'exerce de l'extérieur de l'équipe, le leadership peut être confié soit à une personne officiellement désignée, tel un superviseur de premier échelon ou un contremaître, soit à un individu qui n'est pas membre de l'équipe et qui agit plutôt à titre de *coordonnateur* ou de *facilitateur*. Les tâches de ce dernier diffèrent passablement de celles du superviseur traditionnel : elles consistent principalement à fournir à l'équipe les ressources dont elle a besoin et à faire le lien avec les autres composantes de l'organisation, mais sans les prérogatives associées à l'autorité hiérarchique. Les fonctions traditionnelles de gestion et de leadership tendent alors à être assumées à l'intérieur de l'équipe, les membres les prenant en charge parallèlement à leurs activités de production.

Les activités et les fonctions sont des éléments qui varient d'un cadre de travail à un autre. Certaines équipes vont attribuer des rôles précis à leurs membres. D'autres vont se doter de paramètres plus généraux et simplement mettre en place un processus visant à soutenir le rendement (« quels que soient les moyens requis »). C'est dans ce genre d'équipe qu'on recourt le plus souvent à la rotation des postes, ainsi qu'à la rémunération fondée sur les compétences, système par lequel les travailleurs sont rémunérés selon la diversité et l'étendue de leurs compétences plutôt que selon leur affectation, comme nous l'avons vu au chapitre 6.

Au-delà de la contribution de chacun, le rendement d'une équipe dépend en grande partie des conditions propices qu'on parvient à mettre en place et à maintenir. Dans cette optique, il est important de tenir compte des enjeux présentés ci-dessous[66].

LES CONDITIONS PROPICES À UN BON RENDEMENT D'ÉQUIPE

La clé d'un bon rendement d'équipe réside dans la mise en place et le maintien de conditions propices. Bien qu'un large éventail de caractéristiques puissent être nécessaires pour la réussite d'un travail donné, cinq d'entre elles semblent incontournables : des efforts efficacement déployés vers un but ; des ressources adéquates ; les compétences et la motivation ; un climat de collaboration ; l'amélioration continue et l'adaptation au changement.

1. *Des efforts efficacement déployés vers un but* Il s'agit avant tout de coordonner les efforts tant à l'intérieur qu'à l'extérieur de l'équipe. C'est aux leaders, qu'ils fassent ou non partie de l'équipe, que revient souvent ce rôle crucial. La chose est plus difficile qu'il n'y paraît, car il faut tour à tour coordonner les efforts individuels avec ceux de l'équipe, puis ceux de l'équipe avec ceux de l'organisation, et parfois même avec ceux d'une entité plus large. Dans ce contexte, la présence d'éléments rassembleurs tels qu'une vision et des buts communs constitue un appui important.
2. *Des ressources adéquates* Les équipes comptent sur leurs leaders pour leur procurer l'équipement et les fournitures nécessaires à l'atteinte des buts visés. Comme nous l'avons mentionné précédemment, cette responsabilité échoit souvent à un facilitateur externe. L'allocation des ressources suppose presque toujours des négociations à l'intérieur comme à l'extérieur de l'équipe, et c'est au facilitateur que revient la tâche de négocier avec les instances externes concernées.
3. *Les compétences et la motivation* Les membres d'une équipe doivent aussi s'appuyer sur des connaissances, des compétences et des capacités concrètes, de même que sur une solide dose de motivation pour accomplir collectivement leurs tâches. L'une des façons, pour un leader, d'accroître l'efficacité et le rendement collectif consiste à intervenir sur le plan de la composition de l'équipe. Cette stratégie est fréquemment employée au moment de la création d'équipes ponctuelles, telles que des groupes d'étude, et parfois également pour la formation d'équipes d'étudiants.
4. *Un climat de collaboration* On cherchera généralement à renforcer le plus possible la cohésion, la confiance entre individus et la coopération au sein d'une équipe.

Il arrive que ces atouts fassent partie intégrante de la dynamique interpersonnelle existant entre les membres, mais le leader, qu'il fasse ou non partie de l'équipe, peut aussi contribuer à l'instauration d'un tel climat en donnant l'exemple et en encourageant les interactions qui vont dans le bon sens. Il peut, en outre, chercher à raffermir la confiance de l'équipe en sa propre efficacité et en ses capacités collectives.

5. *L'amélioration continue et l'adaptation au changement* Une équipe qui réussit doit être capable de s'adapter aux changements. Les leaders sont appelés à jouer un rôle important à cet égard, qu'ils fassent ou non partie de l'équipe. Le perfectionnement continu peut passer par des mécanismes traditionnels. Quoi qu'il en soit, les équipes s'aperçoivent souvent que l'absence d'amélioration continue conduit à une détérioration de leur rendement.

Dans les conditions que nous venons de décrire, les équipes vont souvent prendre en charge jusqu'aux activités de leadership les plus essentielles, avec ou sans l'intervention minimale d'un leader externe, voire en l'absence d'un leader interne. Les activités de leadership que les coéquipiers assument eux-mêmes peuvent être considérées comme des substituts partiels du leadership hiérarchique, même si elles sont encouragées par un coordonnateur. Bien qu'ils ne relèvent pas obligatoirement d'un leadership charismatique ou d'un leadership transformateur, ces comportements rayonneront davantage s'ils sont empreints de la touche particulière que peut apporter, de l'intérieur ou de l'extérieur de l'équipe, un leader possédant du charisme et la capacité d'amener les gens à ouvrir leurs horizons.

Terminons cette discussion sur le leadership partagé en soulignant que, même si on ne souhaite plus aujourd'hui s'en remettre uniquement au leadership hiérarchique s'incarnant dans la figure du sauveur, on ne doit pas non plus se tourner uniquement vers le leadership partagé. D'une part, comme nous l'avons vu, le leadership partagé se présente sous plusieurs formes. D'autre part, il se combine souvent, dans la pratique, avec le leadership hiérarchique. Comme pour les autres formes de leadership présentées précédemment, l'importance à accorder respectivement au leadership partagé et au leadership hiérarchique, en tenant compte de leur complémentarité, dépend de divers facteurs situationnels.

LE LEADERSHIP INTERCULTUREL : LE PROJET GLOBE

Dans votre carrière, il arrivera sans doute un moment où vous serez exposé au leadership interculturel. Vous deviendrez peut-être le chef d'une équipe dont les membres viennent de cultures différentes, vous accepterez un poste à l'étranger ou vous vous joindrez à une initiative de collaboration avec un fournisseur ou un distributeur d'un autre pays. Il existe de nombreux moyens de relever le défi que représente le leadership interculturel. Un important travail de recherche, réalisé par une équipe internationale de chercheurs, donne un excellent aperçu des facteurs que vous devrez alors prendre en compte. Appelé « projet GLOBE », il met en lumière les dimensions universelles du leadership, valables dans tous les contextes culturels, et les différences majeures entre les styles de leadership efficaces des diverses cultures. En matière de leadership, on peut donc parler à la fois d'universalisme culturel et de relativisme culturel.

LE PROJET GLOBE

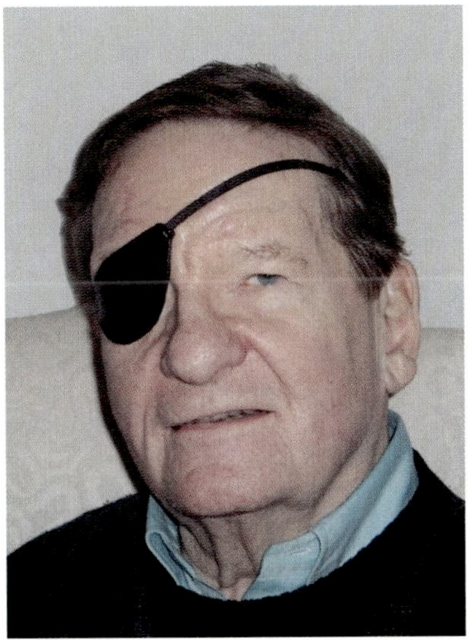

Le projet GLOBE (*Global leadership and organizational behavior effectiveness research project*, ou «Projet de recherche sur le leadership mondial et l'efficacité du comportement organisationnel») est un ambitieux programme auquel participent environ 17 000 gestionnaires de 951 organisations en activité dans 62 pays. Dirigé par Robert House, il a eu l'appui de 140 cochercheurs, d'une équipe de coordination et de 4 associés de recherche[67].

Ce projet de recherche repose sur le postulat que des variables en rapport avec le leadership et des variables culturelles peuvent s'appliquer significativement à l'échelle sociétale et à l'échelle organisationnelle. Une adéquation entre le leadership et les attentes culturelles devrait conduire à une efficacité accrue. L'hypothèse fondamentale de ce modèle, dont la **figure 10.11** présente une version simplifiée, c'est que les normes et usages qui distinguent une culture donnée laissent présager les usages organisationnels ainsi que les attributs et les comportements de leadership qui se manifesteront le plus fréquemment et se révéleront les plus efficaces dans cette culture.

Les hypothèses qui constituent le modèle du projet GLOBE sont numérotées selon une séquence de 1 à 13 et mises en relief dans la figure 10.11.

1. Les valeurs, les normes et les usages des cultures sociétales influent sur le comportement des leaders. Les fondateurs et les leaders des organisations sont aussi plongés dans leur propre culture sociétale. En outre, ils reflètent les usages organisationnels de leur secteur d'activité.
2. Le leadership influe sur la structure, la culture et les usages des organisations, car les fondateurs et les dirigeants influencent ou entretiennent la culture organisationnelle.
3. Les valeurs, les normes et les usages des cultures sociétales ont aussi une incidence sur la culture et les usages des organisations. La culture sociétale a un effet direct sur la culture organisationnelle et, au fil du temps, les cultures organisationnelles influent à leur tour sur la culture sociétale.
4. La culture et les usages organisationnels influencent aussi le comportement des leaders. Au fil du temps, les fondateurs des organisations et leurs leaders subséquents réagissent à la culture organisationnelle et modifient leurs comportements ou leur style de leadership.

5\. et 6. Les usages au sein des cultures sociétales et des cultures organisationnelles influent sur le processus par lequel les gens en viennent à accepter un modèle de leadership qui devient commun. Au fil du temps, des prototypes du leadership se développent dans chaque culture, sous l'effet de la culture et des usages des sociétés et des organisations.

7. Les caractéristiques organisationnelles fondamentales que sont notamment la taille, la technologie et l'environnement influencent la structure, la culture et les usages des organisations.
8. Les caractéristiques organisationnelles fondamentales que sont notamment la taille, la technologie et l'environnement influent sur le comportement des leaders.

FIGURE 10.11 UNE VERSION SIMPLIFIÉE DU MODÈLE THÉORIQUE DU PROJET GLOBE

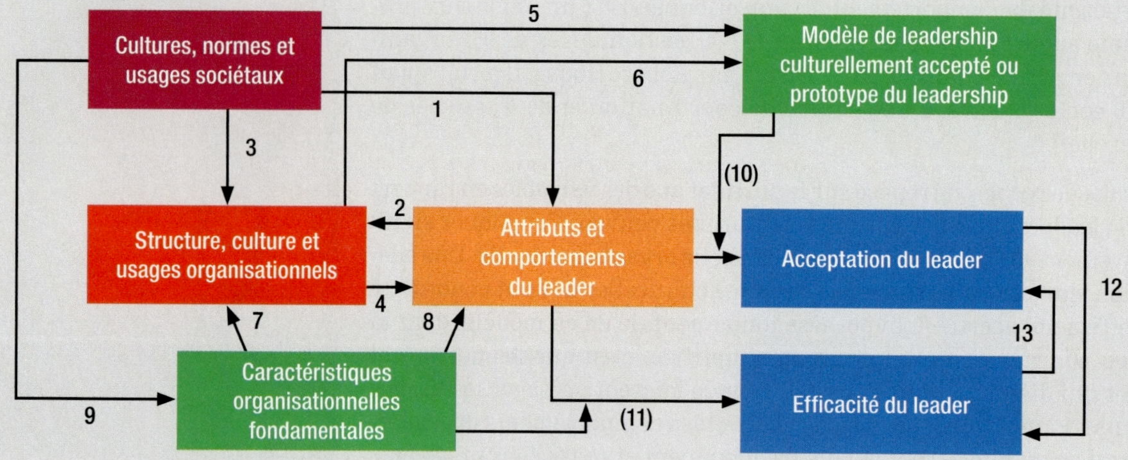

Les chiffres entre parenthèses indiquent une interaction entre deux flèches qui se rejoignent.

Source : Robert House et autres, « Understanding Cultures and Implicit Leadership Theories Across the Globe : An Introduction to Project GLOBE », *Journal of World Business*, vol. 37, nº 1, printemps 2002, p. 8. Reproduit avec l'autorisation de Elsevier.

9. Les valeurs et les usages des cultures sociétales font office de variables modératrices dans la relation entre les caractéristiques organisationnelles fondamentales et la culture et les usages organisationnels.

10. L'acceptation du leader est fonction de l'interaction entre, d'une part, le modèle de leadership culturellement accepté et, d'autre part, les attributs et les comportements du leader. Les attributs et les comportements qui correspondent aux modèles de leadership culturellement acceptés bénéficient d'une meilleure acceptation que ceux qui ne leur correspondent pas.

11. L'efficacité du leader est fonction de l'interaction entre, d'une part, les caractéristiques organisationnelles fondamentales et, d'autre part, les attributs et les comportements du leader. Les attributs et les comportements qui répondent aux exigences stratégiques de l'organisation donnent lieu à une augmentation de l'efficacité du leader.

12. L'acceptation du leader par les subordonnés favorise l'efficacité de celui-ci. Les leaders qui ne sont pas acceptés par les membres d'une organisation trouvent plus difficile que les autres d'exercer une influence.

13. Progressivement, l'efficacité d'un leader accroît l'acceptation dont il jouit. La démonstration de son efficacité par le leader modifie les comportements de certains membres de l'organisation à son égard, ce qui augmente encore son efficacité. Peu à peu, les subalternes qui n'acceptent pas le leader vont quitter l'organisation de leur plein gré ou contre leur volonté.

LA CULTURE ET LES DIMENSIONS DU LEADERSHIP

Jusqu'à présent, les chercheurs du projet GLOBE ont recensé et étudié six grandes dimensions du leadership qui peuvent s'avérer plus ou moins efficaces dans les différentes cultures :

1. Le *caractère charismatique* du leadership ou le fait qu'il *repose sur des valeurs*, ce qui peut en faire une source d'inspiration, de motivation et d'ambition à atteindre un rendement supérieur.
2. L'*importance accordée au travail d'équipe*, d'abord par la mise sur pied d'équipes, puis par l'adoption d'objectifs communs auxquels adhèrent les membres de ces équipes.
3. La *participation* plus ou moins grande des subordonnés à la mise en œuvre des objectifs.
4. L'*orientation vers l'humain*, soit la capacité d'apporter un soutien, de tenir compte de l'autre, de faire preuve de compassion et de générosité.
5. L'*autonomie*, qui est le fait d'un leadership indépendant et individualiste.
6. L'*autoprotection*, qui comprend l'engagement à assurer sa sécurité, l'égocentrisme et la volonté de ne pas perdre la face.

Outre ces dimensions du leadership, les chercheurs du projet GLOBE ont recensé et étudié des variations entre les cultures nationales. Ils ont choisi de s'attacher à des aspects culturels ayant un lien avec le leadership efficace. Leur hypothèse de départ est que les leaders issus de diverses cultures doivent adapter le plus possible leur démarche aux particularités culturelles. En d'autres mots, un leadership efficace doit être parfaitement adapté à la culture. Les neuf dimensions sociétales ou culturelles des chercheurs du projet GLOBE, dont certaines proviennent de travaux antérieurs de Hofstede (voir chapitre 2) et sont identifiées par l'initiale « H », sont les suivantes :

1. L'*assertivité*, qui comprend l'affirmation de soi, l'attitude conflictuelle et l'agressivité dans les relations.
2. L'*orientation à long terme*, qui se traduit par des comportements tels que la gratification différée ou l'investissement dans l'avenir (H).
3. L'*égalité entre les hommes et les femmes*, correspondant à une diminution des inégalités entre les sexes à l'échelle de la collectivité (H).
4. La *maîtrise de l'incertitude*, soit le fait de s'appuyer sur les normes et les règles sociales pour atténuer le caractère imprévisible de l'avenir (H).
5. La *distance hiérarchique*, qui renvoie au degré d'acceptation des inégalités de statut ou de pouvoir (H).
6. L'*orientation collectiviste ou individualiste des entreprises*, selon que l'organisation ou la société privilégie ou non les ressources et les actions collectives (H).
7. Le *collectivisme intragroupe*, par lequel les individus expriment de la fierté, de la loyauté ou d'autres attitudes similaires à l'égard de leur organisation ou de leur famille (H).
8. L'*orientation vers le rendement*, selon que la collectivité encourage ou récompense l'amélioration du rendement.
9. L'*orientation vers l'humain*, selon que la collectivité encourage ou récompense les individus pour des qualités telles que le sens de la justice, la générosité, la bonté, etc.

Bien que chaque culture corresponde à une combinaison unique de ces neuf dimensions, certains pays ont suffisamment de caractéristiques similaires pour qu'on puisse les rassembler en groupes sociétaux. Ces derniers se concentrent souvent dans des régions géographiques possédant une langue et des modèles d'interactions communs. Par exemple, l'Argentine fait partie du groupe sociétal de l'Amérique latine, alors que l'Inde appartient au groupe sociétal de l'Asie du Sud. La **figure 10.12** énumère un certain nombre des grands groupes sociétaux ou culturels définis par les chercheurs du projet GLOBE, ainsi que les pays représentatifs de chacun d'eux.

LES DIMENSIONS DU LEADERSHIP CULTURELLEMENT ACCEPTÉES

Jusqu'à présent, les chercheurs du projet GLOBE ont associé les dimensions du leadership et celles de la culture pour plus de 62 pays, qu'ils ont répartis en 10 groupes géographiques. La figure 10.12 montre dans quelle mesure les dimensions particulières du leadership sont acceptées par les divers groupes sociétaux. Dans le tableau, «H» représente une haute acceptation, «M» une acceptation moyenne et «F» une acceptation faible ou nulle. Une dimension particulière du leadership correspondant à un «H» est une **dimension du leadership culturellement acceptée**. Elle représente une dimension que les personnes issues d'une culture donnée s'attendent à trouver chez un leader efficace.

Dimension du leadership culturellement acceptée
Dimension du leadership que les personnes issues d'une culture donnée s'attendent à trouver chez un leader efficace

FIGURE 10.12 L'ACCEPTATION DES PROTOTYPES DU LEADERSHIP DANS DIFFÉRENTS GROUPES CULTURELS

		Dimensions du modèle de leadership culturellement acceptées					
Pays représentés dans le groupe culturel	Groupes culturels	Charisme et valeurs sous-jacentes	Importance accordée à l'équipe	Participation	Orientation vers l'humain	Autonomie	Auto-protection
Russie	Europe de l'Est	M	M	F	M	H	H
Argentine	Amérique latine	H	H	M	M	F	H
France	Europe latine	H	M	M	F	F	M
Chine	Asie confucéenne	M	H	F	H	M	H
Suède	Europe du Nord	H	M	H	F	M	F
Canada	Anglo-saxon	H	M	H	H	M	F
Nigéria	Afrique	M	M	M	H	F	F
Inde	Asie du Sud	H	H	F	H	M	H
Allemagne	Europe	H	F	H	M	H	F
Égypte	Moyen-Orient	F	F	F	M	M	H

Note : H = haute ; M = moyenne ; F = faible, selon le degré d'acceptation des différentes dimensions du modèle de leadership.

Source : Mansour Javidan, Peter W. Dorfman, Mary Sully de Luque et Robert J. House, «In the Eye of the Beholder : Cross Cultural Lessons in Leadership from Project GLOBE», *Academy of Management Perspectives*, février 2006, vol. 20, nº 1, p. 74.

La meilleure façon de comprendre cette notion compliquée est probablement d'examiner les tendances qui se dégagent des dimensions du modèle de leadership culturellement acceptées, illustrées à la figure 10.12. Par exemple, au Canada et dans le groupe anglo-saxon, la dimension charismatique est hautement acceptée, alors que l'autoprotection ne l'est pas. Quant à l'importance accordée à l'équipe, elle est moyennement acceptée. En Russie et dans le groupe d'Europe de l'Est, l'autoprotection est une dimension du leadership culturellement acceptée. Examinez les différences dans les degrés d'acceptation des diverses dimensions du leadership selon les groupes culturels. Par exemple, on note des différences très marquées entre le groupe anglo-saxon (dont le Canada fait partie) et le Moyen-Orient.

LES DIMENSIONS DU LEADERSHIP UNIVERSELLEMENT ACCEPTÉES

Enfin, le projet GLOBE a cherché à déterminer quels attributs du leadership étaient universellement acceptés parmi les pays de l'échantillon. Ainsi, l'intégrité, le charisme visionnaire, le charisme comme source d'inspiration et l'importance accordée au travail d'équipe sont reconnus par presque toutes les cultures comme des traits d'un leadership exceptionnel. Au contraire, l'irritabilité, l'égocentrisme, l'absence d'esprit de collaboration, la malveillance, le caractère solitaire, le tempérament dictatorial et impitoyable sont jugés comme des signes d'un leadership inefficace. Par ailleurs, l'individualisme, la sensibilité au statut, l'audace et l'autosacrifice sont apparus comme des caractéristiques dont l'acceptation varie largement d'une culture à une autre.

Ce qu'il faut retenir de tout cela, c'est que, selon la culture, on note des différences spectaculaires dans les attentes à l'égard des leaders. Le leadership interculturel est loin d'être simple, et ce tour d'horizon du projet GLOBE nous le confirme. Tout au long de ce manuel, nous mettons l'accent sur l'intégrité. Dans notre exposé sur le leadership partagé, nous avons insisté sur l'importance accordée à l'équipe. Ces deux dimensions du leadership semblent importantes dans la plupart des cultures. À de nombreux égards, selon l'optique de GLOBE, il est difficile de prédire comment un leader doit agir dans notre économie de plus en plus mondialisée. À mesure que vous avancerez dans votre carrière et que vous vous engagerez dans le leadership interculturel, il vous appartiendra d'aller au-delà du point de vue universaliste pour mieux comprendre les attentes culturelles particulières. Chaque culture est unique, et le modèle des attentes culturelles à l'égard du leader l'est aussi.

GUIDE de révision

RÉSUMÉ

QUELS SONT LES FONDEMENTS DU LEADERSHIP ?

- Le leadership est le processus par lequel un individu exerce une influence sur d'autres personnes afin qu'elles comprennent et partagent sa vision de ce qui doit être fait et de la manière de le faire, ainsi que le processus permettant de soutenir les efforts individuels et collectifs en vue de l'atteinte d'objectifs communs.
- On considère généralement que la gestion vise à favoriser la stabilité de l'organisation et à lui permettre de fonctionner sans heurts, tandis que le leadership vise à faciliter l'adaptation aux diverses situations et à instaurer les changements nécessaires.
- Selon les théories des traits personnels du leader, ce sont principalement des attributs personnels qui permettent de distinguer les leaders des autres et de prédire le succès d'un leader ou les résultats de son organisation.
- Comme les théories des traits personnels, les théories des comportements du leader reposent sur l'hypothèse que le leader a une influence déterminante sur les résultats de son organisation. Cependant, leurs tenants considèrent que ce sont principalement les comportements du leader qui permettent de prédire ses succès ou les résultats de son organisation.
- Les comportements des leaders sont au cœur des études de la University of Michigan et de la Ohio State University, ainsi que de la grille du leadership de Blake et Mouton.
- Les théories des comportements du leader se prêtent bien à l'élaboration de programmes de formation en leadership.

QUE SONT LES THÉORIES DU LEADERSHIP SITUATIONNEL ?

- Selon les théories du leadership situationnel, ce sont les caractéristiques situationnelles qui, associées aux traits et aux comportements du leader, permettent de prédire les résultats d'un leadership donné.
- Les traits personnels ont un effet d'autant plus marqué qu'ils correspondent aux exigences de la situation dans laquelle se trouve le leader.
- Selon le modèle de la contingence de Fiedler, les traits personnels n'ont pas la même importance selon la maîtrise situationnelle dont jouit le leader.
- Les principales théories du leadership situationnel sont la théorie de la contingence de Fiedler, la théorie du cheminement critique de House, la théorie du leadership situationnel de Hersey et Blanchard et la théorie des substituts du leadership.
- Selon l'approche des substituts du leadership, certaines caractéristiques des subordonnés, de la tâche ou de l'organisation peuvent soit tenir lieu de leadership, soit neutraliser l'influence du leader sur ses subordonnés.

QUE SONT LES MODÈLES IMPLICITES DU LEADERSHIP ET DE LA SUBORDINATION ?

- Les théories implicites du leadership et les théories implicites de la subordination font référence, respectivement, à l'ensemble des idées préconçues que chaque individu a concernant les attributs des leaders (traits personnels et comportements) et à l'ensemble des idées préconçues que les leaders ont concernant les comportements et les caractéristiques prototypiques et contreprototypiques des subordonnés.
- Les théories implicites du leadership font partie de la théorie de la catégorisation du leadership. Elles décrivent les processus de catégorisation cognitive qui servent à repérer les caractéristiques, ou prototypes, les traits personnels et les comportements que les individus associent aux leaders et à ceux qui ne le sont pas.
- Les principaux prototypes des leaders regroupent les caractéristiques que sont la sensibilité, le dévouement, la tyrannie, le charisme, le charme, la virilité, l'intelligence et la force. Ce sont les attributs positifs et négatifs des leaders.
- La subordination définit les comportements que les subalternes adoptent dans leurs relations avec un leader. La théorie de la catégorisation de la subordination englobe les théories implicites de la subordination qu'utilisent les leaders pour étiqueter ou classer leurs subordonnés.
- Les principaux prototypes des subordonnés regroupent l'application (acharnement au travail), l'enthousiasme et le civisme. Les principaux contreprototypes regroupent la soumission, l'insubordination et l'incompétence.
- Des chercheurs ont également étudié les théories implicites de la subordination sous l'angle de la construction sociale des rôles de subordination. La construction sociale du comportement est influencée par les croyances des individus concernant la façon dont ils devraient agir et par les contextes dans lesquels ils évoluent.
- Selon les théories de la construction sociale de la subordination, il existe un esprit de subordination passif et un esprit de subordination proactif. Le premier incite les individus à adopter un rôle classique de subordination : ils sont soumis, passifs et respectueux. Le second incite les individus à exprimer leurs opinions, à prendre des initiatives et à remettre en question leur leader de façon constructive.

QUE SONT LES APPROCHES DU LEADERSHIP INSPIRANT ET DU LEADERSHIP RELATIONNEL ?

- Les approches du leadership inspirant et du leadership relationnel étudient la manière dont les leaders motivent leurs subalternes et établissent avec eux des relations les incitant à atteindre un rendement qui dépasse les attentes.
- Les théories les plus importantes en matière de leadership inspirant sont celles du leadership charismatique élaborées respectivement par House et par Conger et Kanungo, ainsi que la théorie concernant le leadership transactionnel et le leadership transformateur conçue par Bass.

- Les principales dimensions sur lesquelles se fonde le leadership transformateur sont le charisme, l'inspiration, la stimulation intellectuelle et la reconnaissance individuelle. Le leadership transactionnel, lui, se caractérise par l'un ou l'autre des comportements suivants : l'attribution de récompenses en fonction du rendement, la gestion par exceptions active, la gestion par exceptions passive et le laisser-faire. Le leadership transformateur a une portée plus grande que le leadership charismatique ; il intègre le charisme comme une dimension du leadership parmi d'autres.
- D'une manière générale, le leadership charismatique et le leadership transformateur sont importants parce qu'ils vont au-delà du leadership traditionnel. Ils favorisent en effet le changement, ce qui est crucial dans un contexte où tout évolue rapidement.
- Comme l'illustre l'exemple négatif d'Adolf Hitler, le leadership charismatique et le leadership transformateur ne servent pas toujours de bonnes fins.
- La théorie des échanges leader-membres (ou théorie LMX) constitue la principale théorie du leadership relationnel.
- La théorie des échanges leader-membres nous aide à comprendre que les leaders établissent des relations de qualité avec certains subordonnés et des relations médiocres avec d'autres. Les subordonnés entretenant une relation de qualité avec leur leader bénéficient de plus grands avantages et obtiennent de meilleurs résultats que les autres.
- Les leaders les plus efficaces nouent des relations de qualité avec tous leurs subordonnés.

QU'EST-CE QUE LE LEADERSHIP MORAL ?

- Le leadership moral regroupe le leadership authentique, le leadership spirituel, le leadership au service des autres et le leadership éthique.
- Le leadership authentique se rapporte au leader qui possède une somme d'éléments formant son expérience personnelle et qui agit en accord avec sa vraie personnalité et ses convictions profondes, en exprimant ce qu'il pense et croit vraiment. L'authenticité est à la base de toutes les autres dimensions susceptibles d'être utilisées pour définir le leadership.
- Le leadership spirituel est un champ de recherche à l'intérieur du domaine de la spiritualité en milieu de travail. Il comprend des valeurs, des attitudes et des comportements jugés nécessaires pour se motiver et motiver les autres, de façon intrinsèque, à s'engager en faveur d'une évolution spirituelle, par l'appel et l'adhésion.
- Le leadership au service des autres fait référence au leader qui est attentif à des valeurs spirituelles fondamentales et qui, en respectant ces dernières, sert les autres, que ce soit ses collègues, son organisation ou la société.
- Le leadership éthique a comme particularité sa préoccupation morale.

QUELLES SONT LES NOUVELLES PERSPECTIVES EN MATIÈRE DE LEADERSHIP ET POURQUOI REVÊTENT-ELLES UNE IMPORTANCE PARTICULIÈRE DANS LES ORGANISATIONS CONTEMPORAINES ?

- Le leadership partagé désigne l'influence dynamique et interactive qui s'exerce entre les membres d'un groupe se guidant mutuellement vers l'atteinte de leurs objectifs communs ou de ceux de l'organisation. Ce processus d'influence implique souvent une influence horizontale entre pairs, mais aussi parfois une influence verticale ascendante ou descendante. Bien que distribué plus largement entres les individus que le leadership vertical traditionnel, le leadership partagé peut se combiner à celui-ci.
- Dans le cas des équipes semi-autonomes, nombreuses dans les organisations actuelles, un coordonnateur externe peut avoir pour rôle d'encourager l'équipe et de l'aider à s'autogérer. Il semble généralement plus efficace lorsqu'il est un dirigeant possédant du charisme, parvenant à amener les gens à ouvrir leurs horizons et favorisant l'autonomisation.
- Le leadership interculturel est au cœur du projet de recherche GLOBE (*Global leadership and organizational behavior effectiveness research project*, ou « Projet de recherche sur le leadership mondial et l'efficacité du comportement organisationnel »), programme auquel participent 951 organisations réparties dans 62 pays et près de 140 cochercheurs de différentes nationalités.
- Le modèle théorique du projet GLOBE suppose que les normes et les usages d'une culture donnée laissent présager les usages organisationnels ainsi que les attributs et les comportements de leadership qui se manifesteront le plus fréquemment et se révéleront les plus efficaces dans cette culture.
- Le projet GLOBE détermine les aspects importants de la culture qui forment la base des prototypes de leaders culturellement acceptés.
- Il associe les dimensions du leadership à des dimensions sociétales ou culturelles importantes pour définir les dimensions du leadership qui sont acceptées.
- Il propose des dimensions du leadership universellement acceptées et des dimensions du leadership culturellement acceptées, propres à une culture et à un groupe de pays.

MOTS CLÉS

Attitude de subordination passive	p. 338
Attitude de subordination proactive	p. 338
Besoin de pouvoir essentiellement altruiste	p. 325
Comportement de subordination	p. 337
Construction sociale	p. 338
Dimension du leadership culturellement acceptée	p. 358
Espoir	p. 347
Grille du leadership de Blake et Mouton	p. 323
Leadership	p. 319
Leadership axé sur la considération pour autrui	p. 323
Leadership axé sur la structuration des activités	p. 323
Leadership charismatique	p. 340
Leadership de soutien	p. 329
Leadership directif	p. 329
Leadership orienté vers les objectifs	p. 329
Leadership partagé	p. 352
Leadership participatif	p. 329
Leadership transactionnel	p. 341
Leadership transformateur	p. 341
Maîtrise situationnelle	p. 325
Mirage du leadership	p. 335
Neutralisants du leadership	p. 333
Optimisme	p. 347
Programme de formation « adéquation leader-situation »	p. 328
Prototype du leader	p. 336
Questionnaire du collègue le moins apprécié (CMA)	p. 325
Résilience	p. 347
Substituts du leadership	p. 333
Théories des comportements du leader	p. 321
Théorie des échanges leader-membres (ou théorie LMX)	p. 343
Théories des traits personnels du leader	p. 320
Théorie du cheminement critique	p. 329
Théories du leadership situationnel	p. 324
Théories implicites de la subordination	p. 337
Théories implicites du leadership	p. 336

MonLab
Évaluation des connaissances
questions interactives

ÉVALUATION DES CONNAISSANCES

QUESTIONS À CHOIX MULTIPLE

1. Le leadership ________ **a)** est synonyme de gestion. **b)** signifie être responsable des résultats obtenus. **c)** est le processus par lequel un individu exerce une influence sur d'autres personnes afin qu'elles comprennent et partagent sa vision de ce qui doit être fait et de la manière de le faire. **d)** est le fait d'occuper un poste officiel.
2. Comment le leadership se distingue-t-il de la gestion ? **a)** Le leadership favorise la stabilité alors que la gestion favorise le changement. **b)** Le leadership favorise le changement alors que la gestion favorise la stabilité. **c)** Le leadership est une compétence innée, alors que la gestion s'apprend. **d)** Il n'y a pas de différence entre le leadership et la gestion.

3. Selon ________, le leader a un effet déterminant sur les résultats de son organisation. **a)** les théories des traits personnels et des comportements du leader **b)** la théorie de l'attribution **c)** les théories du leadership situationnel **d)** la théorie des substituts du leadership
4. Les théories des comportements du leader montrent que les types de comportements de leadership les plus courants sont ________ **a)** l'habilitation et la motivation. **b)** la direction et le contrôle. **c)** ceux qui sont liés à la capacité de guider et de motiver. **d)** ceux qui sont axés sur les relations et ceux qui sont axés sur les tâches.
5. D'après la grille du leadership de Blake et Mouton, les leaders les plus efficaces sont ceux qui sont ________ **a)** fortement orientés vers la tâche et fortement orientés vers autrui. **b)** fortement orientés vers la tâche et faiblement orientés vers autrui. **c)** faiblement orientés vers la tâche et fortement orientés vers autrui. **d)** à mi-chemin entre les deux orientations.
6. La soumission, l'insubordination et l'incompétence représentent ________ de la subordination. **a)** des prototypes **b)** des contreprototypes **c)** des constructions sociales **d)** une dissonance
7. La théorie selon laquelle les leaders établissent des relations différentes avec leurs subordonnés porte le nom de ________ **a)** théorie des échanges leader-membres. **b)** théorie du leadership charismatique. **c)** théorie du leadership transactionnel. **d)** théorie centrée sur les subordonnés.
8. Le prototype du leadership ________ **a)** sert avant tout à sélectionner et à former les leaders. **b)** repose en grande partie sur l'indice CMA. **c)** est une représentation mentale du leader idéal. **d)** est une liste des aptitudes requises pour devenir un leader.
9. Le leadership transformateur ________ **a)** est semblable au leadership transactionnel. **b)** est particulièrement utile lorsqu'il est associé au leadership transactionnel. **c)** n'est aucunement lié au leadership charismatique. **d)** est étudié depuis plus d'un siècle.
10. Le leadership charismatique et le leadership transformateur ________ **a)** peuvent s'apprendre au moyen d'un programme de formation. **b)** correspondent essentiellement à des capacités innées. **c)** ne sont ni l'un ni l'autre aussi importants que le leadership transactionnel. **d)** tendent tous les deux à s'orienter vers la gestion.
11. Le leadership authentique ________ **a)** est un mode de leadership facile à exercer. **b)** est la forme la plus courante de leadership. **c)** signifie que le leader agit selon sa vraie nature. **d)** choisit comme point de mire la connaissance d'autrui.
12. Les chercheurs du projet GLOBE ont constaté que ________ **a)** certaines dimensions du leadership sont universellement acceptées. **b)** il n'existe pas de points communs entre les leaderships des différentes cultures. **c)** les attentes des individus à l'égard des leaders sont assez similaires dans toutes les cultures. **d)** la prise de risque et le sacrifice de soi sont les aspects les plus importants du leadership.

13. Le leader ________ aide les autres à découvrir leur vie intérieure, gagne et conserve leur confiance, sait écouter vraiment et peut reléguer ses propres intérêts au second plan. **a)** éthique **b)** adepte du leadership partagé **c)** au service des autres **d)** spirituel

14. Le ________ est une approche causale du leadership dont le but est la transformation de l'organisation, la création d'une entreprise apprenante et intrinsèquement motivée. **a)** leadership au service des autres **b)** leadership spirituel **c)** leadership partagé **d)** leadership moral

15. Le leadership partagé ________ **a)** met l'accent sur les relations hiérarchiques. **b)** est l'un des volets du leadership participatif. **c)** remplace le leadership vertical. **d)** est un processus dynamique et interactif d'influence.

QUESTIONS À RÉPONSE BRÈVE

16. Définissez le leadership et dites en quoi il se distingue de la gestion.

17. Quel lien peut-on établir entre les théories du leadership situationnel et les théories des comportements du leader ?

18. Quelle est la différence entre le leadership transactionnel et le leadership transformateur ?

19. Expliquez comment s'exerce le leadership dans le cas des équipes semi-autonomes.

QUESTION À DÉVELOPPEMENT

20. Votre chef de service vous appelle dans son bureau pour vous informer que vous venez d'être promu au poste de superviseur. Vous êtes à la fois heureux et inquiet. Vous voulez prouver vos capacités pour ce poste, mais ne savez pas comment vous y prendre. Comme un ami suit un cours de CO, vous décidez de lui demander de l'aide. Que vous dira-t-il ?

LE CO DANS LE FEU DE L'ACTION

Pour ce chapitre, nous vous suggérons les activités suivantes du *Cahier d'apprentissage en CO* (voir p. C1).

Études de cas	Exercices	Autoévaluations
19. Un nouveau vice-recteur pour Mid-West U 20. L'innovateur en chef de Motorola	1. Mon meilleur patron 25. Entrevue avec un dirigeant 26. Inventaire des compétences en leadership 27. Leadership et participation au processus décisionnel 28. Mon meilleur patron II	2. Le gestionnaire du 21e siècle 4. Votre indice de préparation à la mondialisation 10. Le questionnaire du collègue le moins apprécié 11. Votre style de leadership 12. Leadership transactionnel et leadership transformateur 13. Votre propension à la délégation

Le processus décisionnel et la créativité

Chapitre 11

Jour après jour, nous sommes obligés de prendre des décisions qui ont, pour un grand nombre d'entre elles, des répercussions sur notre vie et le bien-être des autres. Toutefois, nous ne prenons pas toujours de bonnes décisions et nous avons parfois du mal à choisir la méthode de prise de décision à adopter. Ce chapitre porte sur les multiples aspects du processus décisionnel en milieu organisationnel.

OBJECTIFS D'APPRENTISSAGE

Après l'étude de ce chapitre, vous devriez pouvoir :

- Expliquer les fondements du processus décisionnel en milieu organisationnel.
- Décrire et distinguer les divers modèles décisionnels.
- Expliquer l'influence des heuristiques et de certaines erreurs fréquentes dans le processus décisionnel.
- Expliquer le rôle de la créativité dans le processus décisionnel et en préciser les déterminants.

Prendre les bonnes décisions, telle est la clé de la réussite.

PLAN DU CHAPITRE

LE PROCESSUS DÉCISIONNEL EN MILIEU ORGANISATIONNEL
Le processus décisionnel étape par étape • Les fondements éthiques du processus décisionnel • Les fondements culturels du processus décisionnel • Les types de décisions • Les contextes décisionnels • La gestion des risques et la prise de décision

LES DIVERSES APPROCHES EN MATIÈRE DE PRISE DE DÉCISION
Le modèle décisionnel classique • Le modèle décisionnel comportemental • Le modèle décisionnel de la poubelle • La pensée analytique et la pensée intuitive

LE PROCESSUS DÉCISIONNEL : ERREURS À ÉVITER ET ENJEUX
L'influence des heuristiques sur le jugement • Des erreurs fréquentes dans le processus décisionnel • Le choix des problèmes à régler • Le choix et le rôle des participants au processus décisionnel • L'abandon d'un plan d'action décidé antérieurement

LA CRÉATIVITÉ ET LE PROCESSUS DÉCISIONNEL
Les étapes de la pensée créatrice • Les catalyseurs de la créativité individuelle • Les catalyseurs de la créativité collective

GUIDE DE RÉVISION

Un moteur nommé empathie

En 1986, le directeur d'usine Jack Stack et 12 de ses collègues ont réussi à racheter Springfield Remanufacturing Center (SRC) de sa société mère, International Harvester. L'entreprise de réusinage de moteurs perdait deux milliards de dollars par an, et Jack Stack et son équipe croyaient qu'ils pouvaient redonner vie à ses installations moribondes. Conscients du besoin de procéder à d'énormes changements d'ordre opérationnel, ils ont repensé la structure de prise de décision et d'information financière. Dans la foulée, ils ont contribué à créer une révolution dans le secteur de la gestion : la gestion à livre ouvert.

Jack Stack et ses collègues ont constaté que la seule façon d'apporter de multiples changements consistait à faire appel à toutes les personnes de l'entreprise. Chaque employé devait penser et agir comme s'il en était le propriétaire. Tous devaient comprendre les conséquences financières de leurs actions et prendre de meilleures décisions. À cette fin, chaque employé a dû apprendre à lire les états financiers de la société, y compris les chiffres essentiels pour en suivre la performance.

... la seule façon d'apporter de multiples changements consistait à faire appel à toutes les personnes de l'entreprise.

Puis, les dirigeants ont ouvert les livres à tous : Jack Stack a affiché les données financières de la société sur les murs de la salle de repos, sur des documents qui ont été distribués et sur le réseau intranet. Des cours de formation et des réunions périodiques ont été organisés pour que tous comprennent les chiffres. Du coup, un machiniste de l'usine pouvait voir les conséquences qu'entraînaient la finition plus rapide d'une pièce, la réduction des matières premières ou la diminution du temps consacré à une tâche. Les résultats ont été stupéfiants : le chiffre d'affaires de SRC a connu une augmentation annuelle de 40 % au cours des trois premières années, et le bénéfice d'exploitation a progressé de 11 %. Lorsque d'autres fabricants ont entendu parler du rétablissement de SRC, ils ont également remanié leurs structures décisionnelles. Dès 1995, le magazine *Inc.* consacrait un numéro complet au phénomène appelé « gestion à livre ouvert ». [...]

Source : Dev Patnaik et Peter Mortensen, « Un moteur nommé empathie », *Premium*, vol. 14, juin-juillet 2012, p. 74-76 ; version anglaise originale publiée dans *Rotman Magazine*, publication de la Rotman School of Management, University of Toronto.

Le processus décisionnel en milieu organisationnel

Il est tout à fait possible de passer de la résidence universitaire au monde de l'entrepreneuriat. Michael Dell l'a fait. Il a commencé par monter et vendre des ordinateurs dans sa chambre d'étudiant de la University of Texas pour ensuite devenir le dirigeant de cette multinationale gigantesque qu'est Dell Computer. De même, Frederick Smith a rédigé un travail de session sur une idée intéressante en matière de logistique pendant ses études à la Yale University, puis l'a mise en œuvre en fondant Federal Express. Vous pouvez donc vous aussi faire ce pas. La question qui se pose est de savoir non seulement si vous pouvez avoir de bonnes idées, mais aussi si vous avez la capacité et la volonté de prendre de bonnes décisions. Dans les faits, les résultats d'un sondage réalisé par le Graduate Management Admissions Council montrent que 25 % des diplômés d'une école de commerce auraient aimé avoir plus de cours sur la gestion du processus de prise de décision[1].

Dans notre vie personnelle, au travail, au sein d'une équipe et dans le domaine de la gestion en général, nous faisons face à un flot ininterrompu, de données, de problèmes et de situations à partir desquels nous devons prendre des décisions. Nous avons beaucoup de choses à trier et à traiter, et nous n'obtenons pas toujours de bons résultats. Au chapitre 8, nous avons vu que les équipes prennent des décisions en recourant à différentes méthodes ayant chacune ses avantages et ses inconvénients. Nous avons également étudié des techniques telles que le remue-méninges et la technique du groupe nominal, qui peuvent aider à améliorer la prise de décision collective. Il est maintenant temps d'examiner plus à fond le processus décisionnel, afin que vous soyez mieux préparé, en tant que chef ou membre d'une équipe, à participer à des prises de décisions qui favoriseront un rendement élevé.

LE PROCESSUS DÉCISIONNEL ÉTAPE PAR ÉTAPE

Comme nous l'avons vu au chapitre 8, on peut définir la *prise de décision* (ou le *processus décisionnel*) comme le processus qui consiste à choisir, parmi plusieurs lignes de conduite possibles, un plan d'action visant à régler un problème ou à saisir une occasion[2]. Fondamentalement, le processus décisionnel rationnel comporte cinq étapes.

1. **La reconnaissance et la définition du problème ou de l'occasion qui se présente** C'est l'étape de la collecte d'information et des délibérations, qui permet de préciser pour quelle raison une décision doit être prise et ce qu'il faut accomplir. On commet souvent trois erreurs à cette première étape critique. Premièrement, on peut filtrer l'information en fonction de notre propre réalité, de nos besoins, de nos intérêts ou de nos préjugés. Deuxièmement, on se concentre parfois sur les symptômes du problème au lieu d'en considérer les causes. Troisièmement, on s'attaque parfois à ce qui n'est pas le véritable problème, suivant notre perception du problème, qui peut être erronée (voir la partie du chapitre 4 portant sur les erreurs de perception).
2. **La détermination et l'analyse des solutions possibles** On évalue les coûts et les avantages de tous les plans d'action possibles et de leurs conséquences prévisibles. À cette étape, les décideurs doivent être parfaitement conscients de ce qu'ils savent et de ce qu'ils doivent savoir. Ils doivent repérer les principales parties intéressées et prendre en considération les conséquences que chaque plan d'action pourrait avoir sur eux.
3. **Le choix d'un plan d'action** À cette étape, on choisit un plan d'action plutôt qu'un autre, en se fondant habituellement sur les critères des coûts et des avantages, de l'échéancier, des conséquences pour les intervenants et de la rigueur éthique. Il s'agit aussi de déterminer qui prendra la décision : le chef de l'équipe ou les membres de l'équipe dans leur ensemble ?
4. **La mise en œuvre du plan d'action choisi** On entreprend les démarches nécessaires pour concrétiser le plan d'action choisi. Certaines équipes subissent alors les conséquences d'une **erreur d'exclusion** : elles ont exclu du processus décisionnel des membres dont l'appui s'avère nécessaire au moment de la mise en œuvre de la décision prise. Les équipes qui s'appuient sur la participation et l'engagement tirent parti des renseignements et des points de vue divers pour prendre des décisions éclairées. Elles peuvent également compter sur l'engagement de tous leurs membres pour concrétiser les choix qui ont été faits.

Erreur d'exclusion
Erreur par laquelle une équipe exclut du processus décisionnel certains de ses membres dont l'appui s'avère nécessaire au moment de la mise en œuvre de la décision prise

5. **L'évaluation des résultats et le suivi** Enfin, on mesure les résultats en matière de rendement par rapport aux objectifs de départ, et on analyse les conséquences prévues et imprévues de la décision. C'est alors que les décideurs ont une emprise sur leur démarche. Ils veillent à ce que les résultats escomptés soient atteints et à ce que les conséquences indésirables soient évitées. La plupart des équipes et des personnes négligent cette étape, ce qui peut avoir des effets négatifs sur le rendement.

LES FONDEMENTS ÉTHIQUES DU PROCESSUS DÉCISIONNEL

Pour prendre une décision, il faut faire des choix à chacune des étapes du processus décisionnel. Chacun de ces choix comporte une dimension morale qu'il est facile de laisser de côté. Examinez les décisions suivantes et réfléchissez à la dimension morale qu'elles peuvent comporter : accepter qu'un membre de l'équipe s'abandonne à la paresse sociale au lieu de lui en parler ouvertement ; choisir un plan d'action en sachant qu'il pourrait causer quelques difficultés d'ordre personnel à un membre de l'équipe ; accepter de faire des compromis sur le plan de la qualité pour accélérer le travail de l'équipe et respecter les délais ; décider de ne pas poser de questions pertinentes et dérangeantes sur le plan d'action de l'équipe.

La **figure 11.1** indique les divers problèmes éthiques auxquels il faut réfléchir à toutes les étapes du processus décisionnel[3]. Comme elle le montre, il est fortement recommandé de suivre un raisonnement éthique chaque fois qu'on prend une décision et à chacune des étapes du processus. En d'autres mots, toute prise de décision qui ne comporte pas d'analyse éthique est incomplète.

FIGURE 11.1 LE PROCESSUS DE PRISE DE DÉCISION INTÉGRANT UN MODÈLE DE RAISONNEMENT ÉTHIQUE

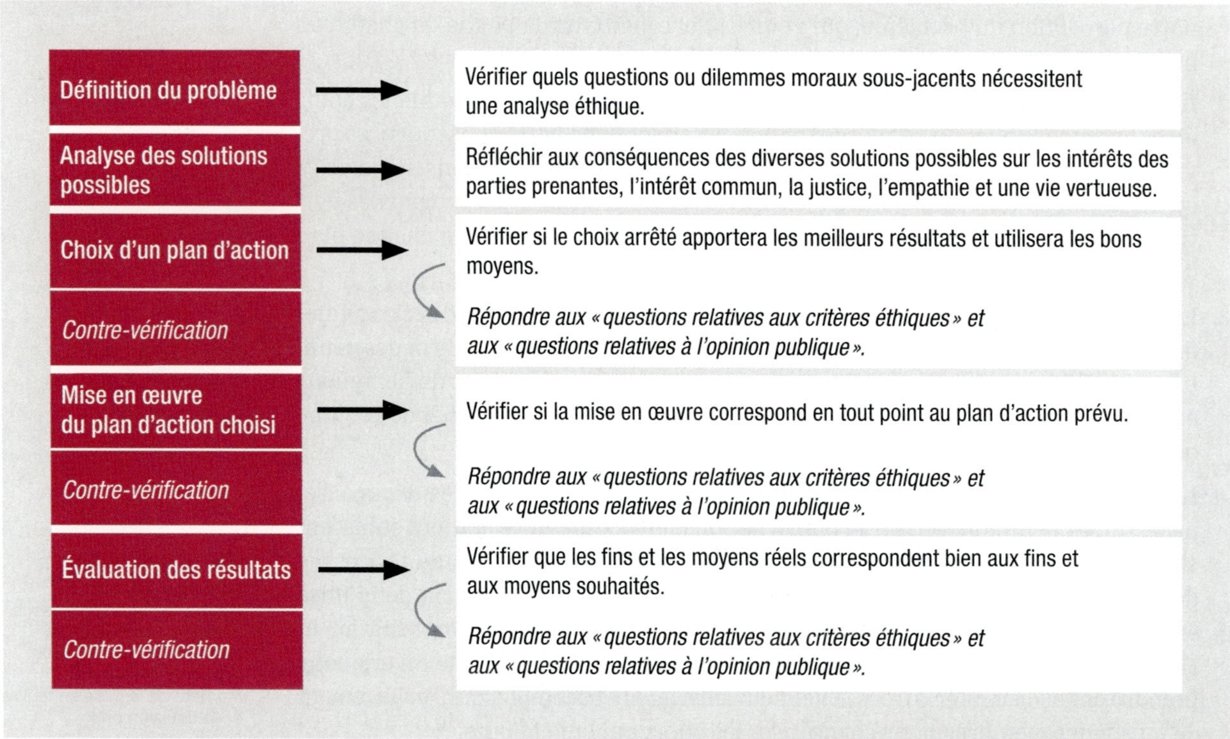

LES PROBLÈMES ET LES DILEMMES MORAUX

L'**éthique** est l'étude philosophique de la moralité ou des normes qui régissent une haute moralité et une bonne conduite[4]. Lorsque nous appliquons le raisonnement éthique aux décisions prises par des personnes ou des équipes au sein d'une organisation, nous devons nous concentrer sur les problèmes et les dilemmes moraux associés au processus décisionnel. Un **problème moral** est un problème qui a des conséquences éthiques importantes pour le décideur ou d'autres personnes. Il est possible, et même facile, d'essayer de résoudre un problème personnel ou un problème relatif à la gestion ou aux opérations sans vraiment prendre en considération le problème moral qui le sous-tend. L'approche à adopter consiste au contraire à examiner attentivement les retombées éthiques des diverses solutions possibles pour les parties intéressées et à choisir la solution qui a le moins de retombées et qui permet le mieux de respecter les droits de chacun.

▸ **Éthique**
Étude philosophique de la moralité ou des normes qui régissent une haute moralité et une bonne conduite

▸ **Problème moral**
Problème qui a des conséquences éthiques importantes pour le décideur ou d'autres personnes

Dans le contexte d'une crise économique, on entend presque chaque jour l'annonce de mises à pied. Pour le directeur ou l'équipe de la direction, les mises à pied peuvent sembler une solution simple et nécessaire à un problème opérationnel : les ventes sont insuffisantes pour justifier la masse salariale et il faut licencier des employés. Cependant, la situation comporte aussi un problème moral. Les personnes qui perdent leur emploi ont en effet des familles, des dettes et peut-être des possibilités d'emploi limitées. Elles souffriront de ce qui leur arrive, même si la restructuration décidée a des avantages économiques. La prise en compte du problème moral ne changerait pas nécessairement la décision de licencier ces employés, mais elle pourrait changer la façon dont la décision est arrêtée et mise en pratique. Il s'agit notamment de rechercher une éventuelle solution qui serait meilleure que les licenciements et de prévoir le type de soutien qu'on peut offrir aux employés licenciés.

Parfois, les problèmes génèrent des **dilemmes moraux**, qui placent les décideurs devant plusieurs solutions pénibles ou comportant des inconvénients sur le plan éthique. C'est le cas, par exemple, de l'externalisation du travail dans un pays pauvre où se pratique la discrimination en matière d'emploi, mais où la création d'emplois est importante pour le développement économique national. Les décideurs se trouvent dans une position inconfortable, car ils doivent choisir entre plusieurs possibilités ayant chacune des avantages, mais aussi des effets nuisibles. Bien que de tels dilemmes soient difficiles à résoudre, le raisonnement éthique permet de veiller à ce que la décision soit prise avec rigueur, au terme d'une longue réflexion. La volonté de consacrer du temps à l'examen de l'aspect éthique d'une décision qu'on envisage peut conduire à la prise d'une meilleure décision, permettre de sauvegarder sa dignité et sa réputation, et éviter des procédures coûteuses et même l'emprisonnement.

▸ **Dilemme moral**
Dilemme qui oblige à faire un choix entre plusieurs solutions pénibles ou comportant des inconvénients sur le plan éthique

LES CONTRE-VÉRIFICATIONS DE L'ASPECT ÉTHIQUE DES CHOIX

Reprenons l'exemple ci-dessus concernant les licenciements. La haute direction, qui a été critiquée par les médias locaux à la suite de la restructuration, pourrait décider d'offrir aux employés licenciés des services de consultation et d'aide à la recherche d'emploi. Il s'agirait d'une décision a posteriori, prise à la suite de critiques de l'opinion publique et ne reflétant donc pas une conduite morale. Selon l'éthicien Stephen Fineman, « si les gens sont incapables de prévoir la honte et la culpabilité que certaines de leurs actions peuvent générer, les codes moraux sont sans effet…[5] » En tant que décideur, vous ne devez pas seulement choisir la meilleure solution pour le bien de l'entreprise, mais aussi tenir compte de vos valeurs et de votre code moral. Vous

La vie et la mort dans un atelier de sous-traitance[6]

L'ÉTHIQUE EN CO

Achèteriez-vous un produit si vous saviez qu'il a été fabriqué dans un atelier où un certain nombre d'ouvriers se sont suicidés ? Une telle situation vous semble poussée à l'extrême, n'est-ce pas ? Pourtant, Foxconn, grand atelier de sous-traitance de Chine, a connu des problèmes à cause du suicide de plusieurs ouvriers. Or on fabrique là, entre autres, les produits d'Apple, de Dell et d'Hewlett-P ackard. À cet endroit, dans la ville chinoise de Shenzhen, plus de 250 000 personnes travaillent dans un immense complexe bâti sur plus de 2,5 km^2. Ce dernier comporte, en plus des ateliers, de nombreux dortoirs, des restaurants et un hôpital. En regardant de près, on s'aperçoit que des filets antisuicide ont été installés sous les fenêtres des dortoirs, pour prévenir le suicide d'ouvriers se jetant dans le vide.

L'un des ouvriers de Foxconn raconte que le travail est assommant, que les conversations sur les chaînes de production sont interdites et que les pauses pour aller aux toilettes sont rares. Un autre déclare : « Je fais tous les jours la même chose. Je n'ai aucun avenir. » Un surveillant explique que la société propose des services de consultation, car la plupart des ouvriers sont jeunes et pour la première fois loin de leur foyer. « Sans leur famille, dit-il, ils ne savent plus quelle direction prendre. Nous sommes là pour les orienter et les aider. »

QUESTIONS Les gens travaillent parfois dans des conditions qui nuisent à leur santé et à leur bien-être. Ils sont victimes de mauvais traitements prenant la forme de harcèlement sexuel, d'abus de pouvoir de la part des surveillants, d'incivisme des collègues de travail, de conditions de travail non sécuritaires, de très longues journées, etc. Quelles sont les responsabilités éthiques de l'entreprise qui sous-traite à l'étranger, sur le plan des conditions de travail des ouvriers de ces usines ? Qui a la responsabilité de veiller à ce que les ouvriers soient bien traités ? Quant aux consommateurs, doivent-ils soutenir les mauvaises pratiques en continuant d'acheter les produits commercialisés par les entreprises dont les sous-traitants traitent mal leurs employés ?

devez également prévoir les conséquences négatives qu'une décision risque de vous faire subir[7].

Si vous vous reportez à la figure 11.1, vous constaterez que les « contre-vérifications » de l'aspect éthique des choix sont intégrées au raisonnement éthique général. C'est une façon de veiller à ce que nos décisions respectent nos normes morales personnelles. Une contre-vérification de l'aspect éthique consiste à répondre à deux types de questions : les questions relatives aux critères éthiques et les questions relatives à l'opinion publique. Comme nous l'avons vu au chapitre 9, l'éthicien Gerald Cavanagh et ses collaborateurs définissent différents critères qui permettent d'analyser la dimension éthique d'une décision[8].

- *L'utilitarisme* Est-ce que la décision satisfait tous les intervenants ou les parties intéressés ?
- *Les droits* Est-ce que la décision respecte les droits et les devoirs de toutes les personnes intéressées ?

- *La justice* Est-ce que la décision est en accord avec les critères de justice ?
- *La compassion* Est-ce que la décision est en accord avec mon devoir de me soucier d'autrui ?

En outre, les questions relatives à l'opinion publique nous obligent à prendre en compte, dans nos décisions, l'idée que se ferait d'elles le public si elles étaient sous les feux de la rampe[9]. Ces questions prennent tout leur sens lorsqu'une humiliation possible aurait des conséquences très fâcheuses :

- « Comment me sentirais-je si ma famille connaissait ma décision ? »
- « Comment me sentirais-je si ma décision était publiée dans les journaux locaux ou circulait dans internet ? »
- « Comment agirait dans cette situation la personne qui, d'après moi, a la plus haute moralité et le meilleur jugement éthique ? »

LES FONDEMENTS CULTURELS DU PROCESSUS DÉCISIONNEL

S'il est indéniable que l'éthique joue un rôle important dans le processus décisionnel, les choix que nous faisons reposent également sur des assises culturelles. « La culture est la façon dont un groupe d'individus règle les problèmes », affirme Fons Trompenaars[10]. Dès lors, on peut s'attendre à ce que les différences culturelles se traduisent par des différences dans le choix des problèmes à régler et dans la façon de faire ce choix. Dans ce chapitre, nous mettons surtout en évidence l'approche nord-américaine : axée sur la rapidité, l'esprit de décision et la sélection individuelle d'une action parmi diverses possibilités, elle insiste plus sur le choix d'une solution que sur son application. Comme nous le verrons, l'application d'une décision peut en effet être vue comme une étape de la prise de décision presque indépendante des autres.

Dans certaines cultures, on accorde moins d'importance au choix individuel d'une solution qu'à l'élaboration d'une solution apportant des résultats. Au lieu de comparer la situation du moment avec une quelconque situation optimale, comme le prône le modèle classique, on part de ce qui est praticable et de ce qui fonctionne[11]. Si un changement peut améliorer une situation donnée, les cadres subalternes pourront l'implanter, et ce, même si la situation ne préoccupe nullement les cadres supérieurs. Ces derniers informeront ensuite leurs propres supérieurs de l'amélioration apportée.

Les organisations qui, sous-estimant l'importance des changements implantés en douceur, se lancent tête baissée dans des transformations d'envergure auraient intérêt à adopter des systèmes s'inspirant du *ringi* japonais. Dans ce processus de décision collective, de nouvelles idées ou de nouveaux projets font l'objet de consultations entre gestionnaires de divers paliers hiérarchiques. Ainsi, un nouveau projet est généralement lancé par un gestionnaire de rang inférieur ayant des responsabilités opérationnelles. Il est d'abord examiné par des responsables de même rang hiérarchique que l'initiateur. Puis, s'il y a consensus entre pairs, il fait l'objet de consultations à l'échelon hiérarchique supérieur, pour approbation. Après ces consultations horizontales et verticales, il est soumis à la haute direction pour approbation finale. Tout le monde ayant eu l'occasion d'influencer ou de commenter la proposition de projet, la mise en œuvre se fait avec la pleine coopération de tous et rapidement. Ce processus décisionnel témoigne de l'importance accordée par les Japonais aux décisions du groupe.

Toutefois, sur le plan du processus décisionnel, la différence culturelle ne se reflète pas uniquement dans la façon de résoudre les problèmes, mais aussi dans le choix des problèmes à résoudre dans une organisation. Ainsi, le simple fait qu'une procédure soit ancienne rend celle-ci plus suspecte aux yeux des Nord-Américains qu'aux yeux des Français[12]. Par ailleurs, les façons nord-américaines d'envisager les choses sont encore très imprégnées de la pensée bureaucratique occidentale[13].

Les cultures ne sont pas toutes aussi pluralistes, brutalement compétitives ou impersonnelles que la culture nord-américaine. Dans d'autres parties du monde, la loyauté peut intervenir dans le processus décisionnel et la préservation de l'harmonie peut sembler plus importante que l'augmentation de la productivité. Bref, l'analyse et la résolution des problèmes peuvent être plus orientées vers des dimensions humaines et sociales que vers des dimensions purement bureaucratiques, telles que les règles, les politiques et les procédures.

Décision programmée Décision qui vise à résoudre un problème par une solution normalisée ayant fait ses preuves

Décision non programmée Décision qui vise à résoudre un problème par une solution originale, conçue sur mesure

Décision de crise Décision qui vise à résoudre un problème imprévu dont les conséquences peuvent être dangereuses, voire désastreuses, en l'absence de solution rapide et adéquate

LES TYPES DE DÉCISIONS

Les décisions prises par des individus ou des équipes portent généralement sur une tâche à exécuter, sur un déficit de rendement à corriger ou sur une occasion d'amélioration du rendement à saisir. Les deux types de décisions les plus importantes dans les organisations sont les décisions programmées et les décisions non programmées.

On prend des **décisions programmées** lorsqu'on peut maîtriser des situations récurrentes ou résoudre des problèmes ordinaires par des mesures normalisées. Il s'agit de situations ou de problèmes qu'un décideur ou une équipe a l'habitude de prendre en charge. On peut alors mettre en œuvre des mesures qui se sont révélées souvent appropriées par le passé, dans des circonstances semblables. C'est le cas, par exemple, des décisions à prendre en cas d'absences d'employés, ainsi que des décisions relatives aux salaires ou à des questions de ressources humaines habituelles.

Les **décisions non programmées**, quant à elles, visent à maîtriser des situations uniques en leur genre par des solutions originales conçues sur mesure. Elles doivent aider à résoudre des problèmes inédits ou imprévus, exigeant des mesures spéciales pour lesquelles il n'existe pas de décision standard. C'est le genre de décision que doit prendre une équipe de marketing lorsqu'un nouveau produit est lancé sur le marché par un concurrent étranger. Bien qu'on puisse se servir d'expériences antérieures pour lutter contre la concurrence, il faut décider dans l'immédiat d'une mesure créative, adaptée aux caractéristiques de la nouvelle situation du marché. L'encadré ci-contre fournit quelques conseils, prodigués par un expert, quant aux erreurs qu'il faut savoir éviter dans de telles situations.

Le type extrême de décision non programmée est la **décision de crise**, qui s'impose lorsqu'un problème

Quelques erreurs courantes à éviter dans les prises de décision[14]

Pour Paul Nutt, expert en processus décisionnel, plusieurs décisions qui tournent mal résultent de façons de procéder erronées, d'engagements prématurés et d'une mauvaise affectation des ressources. Il formule les conseils suivants permettant d'éviter ces écueils:

1. Prenez le temps de considérer les problèmes éthiques qui n'apparaissent pas au premier regard.
2. Veillez à prendre en considération les forces sociales et politiques susceptibles d'opposer une résistance à votre décision.
3. Gardez le cap sur des objectifs clairs.
4. Explorez un large éventail de solutions possibles.
5. Évaluez les risques.
6. Écartez les mesures incitatives risquant d'avoir des effets pervers.

imprévu risque d'avoir des conséquences dangereuses, voire désastreuses, s'il n'est pas résolu rapidement et adéquatement[15]. Le problème en question peut être un acte de terrorisme, un geste violent en milieu de travail, une panne des systèmes informatiques, une atteinte à la sécurité, une catastrophe environnementale ou un scandale éthique. La capacité de surmonter une crise pourrait bien être l'épreuve ultime en matière de prise de décision. Malheureusement, la recherche nous apprend que, dans une telle situation, on a tendance à prendre exactement la décision qu'il faudrait éviter[16]. En situation de crise, les dirigeants commettent souvent l'erreur de s'isoler pour résoudre le problème, seuls ou avec un petit groupe fermé. Les équipes commettent la même erreur lorsqu'elles s'isolent et adhèrent à la pensée de groupe. Dans les deux cas, en procédant ainsi, les décideurs n'ont plus accès aux renseignements vitaux au moment même où ils en auraient le plus besoin.

Si une crise est toujours violente, l'application des six règles suivantes de gestion de crise peut aider à la traverser

1. *Comprendre ce qui se passe.* Prendre le temps d'interpréter les faits et de saisir les conditions de résolution de la crise.
2. *Garder à l'esprit que la vitesse de réaction est un facteur clé.* Prendre en charge la crise le plus rapidement possible et essayer de la maîtriser avant qu'elle ne s'étende.
3. *Garder à l'esprit que la lenteur est tout aussi importante.* Savoir quand prendre du recul et attendre une meilleure occasion pour régler la crise.
4. *Reconnaître le danger d'un terrain inconnu.* Comprendre le danger que représente un territoire où on n'a jamais mis les pieds.
5. *Écouter les sceptiques.* Ne pas chercher un accord à tout prix et ne pas se sentir rassuré si on l'obtient. Apprécier les conseils des sceptiques; ils peuvent aider à envisager la situation sous un autre angle.
6. *Se tenir prêt à combattre le feu par le feu.* Lorsque la situation se dégrade et que personne ne semble s'en soucier, il peut être utile de déclencher une autre crise pour attirer l'attention de tout le monde.

À l'heure actuelle, dans un contexte d'incertitude économique, de crises nombreuses sévissant dans différentes régions du globe et d'atteintes multiples à la sécurité des systèmes informatiques, de nombreuses organisations, parmi les plus importantes, élaborent des programmes de gestion des crises. Les directeurs y reçoivent une formation en gestion de crise, et des équipes de gestion de crise sont créées à l'avance. On y met également au point divers plans de gestion des crises visant à faire face à toutes sortes d'événements impondérables. Comme les services de police et d'incendie, la Croix-Rouge et des collectivités locales conçoivent des plans et forment des gens pour mieux prendre en charge les éventuelles catastrophes naturelles et civiles. Les sociétés aériennes, quant à elles, forment leurs équipages aux situations d'urgence en vol. Dans les entreprises, on aurait également intérêt à former les dirigeants et les équipes et à mettre au point des plans pour mieux gérer les crises organisationnelles.

LES CONTEXTES DÉCISIONNELS

Comme l'illustre la figure 11.2, dans les organisations, les décisions visant à résoudre des problèmes ou à saisir des occasions peuvent se prendre dans trois types de contextes: la certitude, le risque et l'incertitude[17]. Le degré de risque et d'incertitude tend à s'élever à mesure qu'on monte dans la hiérarchie d'une organisation. Pensez-y lorsque vous entendrez, par exemple, que Coca-Cola ou Pepsi lance un nouveau produit. Est-ce que la haute direction a pris cette décision avec la *certitude* d'obtenir de bons résultats? Prend-elle des *risques* dans une conjoncture *incertaine*, ne sachant pas vraiment si le nouveau produit ou la nouvelle saveur seront appréciés par les clients?

FIGURE 11.2 LA CERTITUDE, LE RISQUE ET L'INCERTITUDE DANS LES CONTEXTES DÉCISIONNELS DES ORGANISATIONS

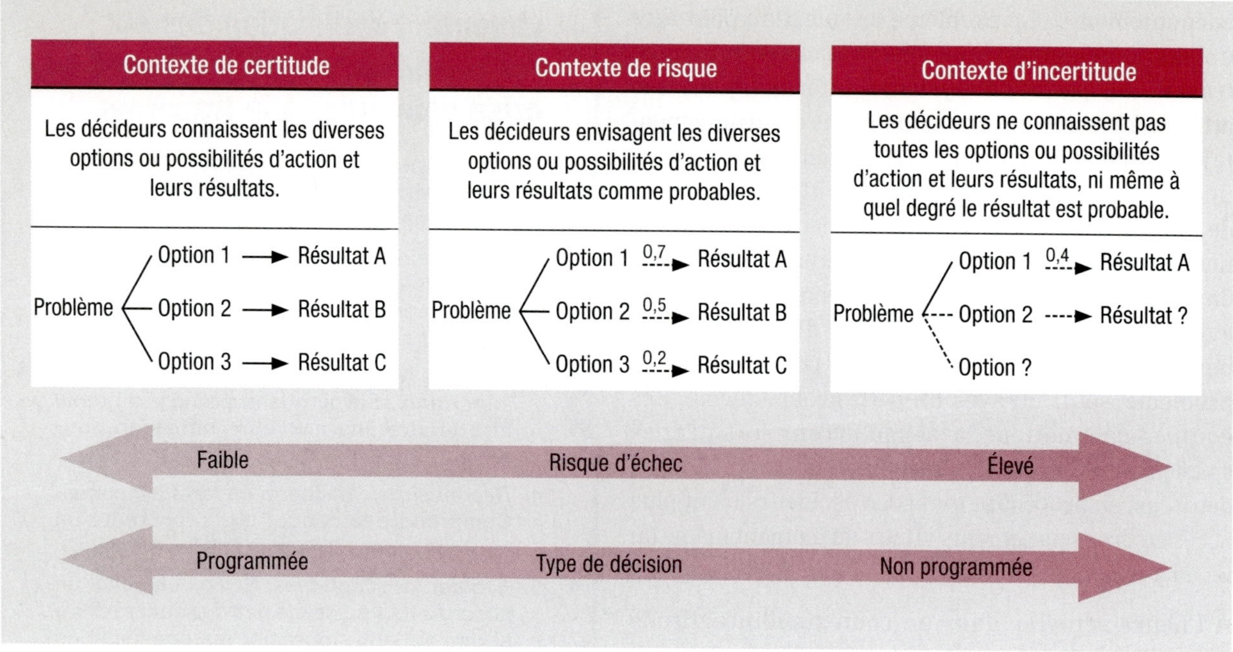

Source : John R. Shermerhorn, Jr., *Management*, 10e édition, Hoboken (New Jersey), Wiley, 2010.

Contexte décisionnel de certitude
Contexte dans lequel les décideurs disposent de suffisamment d'information pour prévoir les résultats de chacune des actions qu'ils envisagent

Dans un **contexte décisionnel de certitude**, les décideurs disposent de suffisamment d'information pour prévoir les résultats de chacune des actions qu'ils envisagent. C'est le cas, par exemple, des gens qui placent de l'argent dans un compte d'épargne en étant certains du montant des intérêts qu'ils en retireront pour une période donnée. Le contexte de certitude est évidemment idéal pour prendre des décisions de gestion et résoudre des problèmes organisationnels, puisqu'il s'agit simplement de choisir la solution parfaite ou la meilleure des solutions possibles. Malheureusement, loin d'être la règle, la certitude est l'exception dans l'univers décisionnel des gestionnaires.

Contexte décisionnel de risque
Contexte dans lequel les décideurs n'ont pas de certitude absolue quant aux résultats des diverses actions qu'ils envisagent, mais connaissent les probabilités qui y sont associées

Contexte décisionnel d'incertitude
Contexte dans lequel les décideurs disposent de si peu d'information qu'il leur est impossible d'évaluer les probabilités associées aux résultats des diverses actions qu'ils envisagent

Dans un **contexte décisionnel de risque**, les décideurs n'ont pas de certitude absolue quant aux résultats des diverses actions qu'ils envisagent, mais ils connaissent les probabilités qui y sont associées. La *probabilité* d'un phénomène est une estimation des chances qu'il se produise. Elle peut s'évaluer par une méthode statistique objective ou par l'intuition. Ainsi, un gestionnaire pourra estimer statistiquement combien de produits d'un lot de fabrication seront rejetés pour non-conformité aux normes de qualité, alors qu'un dirigeant chevronné pourra parvenir au même résultat en se fondant sur son expérience. Le contexte décisionnel de risque est le plus fréquent dans les organisations contemporaines.

Dans un **contexte décisionnel d'incertitude**, les décideurs disposent de si peu d'information qu'il leur est impossible d'évaluer les probabilités associées aux résultats des diverses actions qu'ils envisagent. C'est évidemment le contexte décisionnel le plus délicat des trois. L'incertitude oblige les décideurs à s'en remettre essentiellement à la créativité individuelle ou collective pour résoudre les problèmes. Elle exige qu'ils trouvent des solutions inédites et novatrices par rapport aux comportements habituels. En situation d'incertitude, il faut souvent miser sur l'intuition, la perspicacité et le flair.

LA GESTION DES RISQUES ET LA PRISE DE DÉCISION

Un grand nombre de décisions étant prises dans un contexte de risque ou d'incertitude, on s'intéresse de plus en plus à la **gestion des risques**. Cette notion, souvent associée au monde de l'assurance et de la finance, est également utile dans le domaine de la gestion en général. La gestion des risques aide à cerner les divers risques associés à chaque option ou possibilité d'action, et à les intégrer dans le processus de prise de décision[18]. Elle permet de déterminer les risques importants, puis de mettre au point des stratégies et de désigner des responsables pour les gérer.

Gestion des risques
Activité de gestion qui consiste à cerner les divers risques associés à chaque option ou possibilité d'action, puis à les intégrer dans le processus de prise de décision

Par exemple, KPMG, l'une des plus grandes et des plus prestigieuses sociétés d'experts-conseils du monde, possède une vaste expérience en matière de gestion des risques de l'entreprise ; elle aide ses clients à cerner les risques, puis à les gérer[19]. Quels que soient le milieu organisationnel dans lequel ils interviennent et la culture que privilégient ses gestionnaires, les consultants de KPMG savent qu'ils doivent aller bien au-delà des stratégies traditionnelles d'atténuation du risque, qui se limitent aux mesures visant à réduire l'exposition au risque. Ils demandent systématiquement aux gestionnaires de différencier :

- les risques stratégiques, c'est-à-dire tout ce qui menace le succès global de l'entreprise ;
- les risques opérationnels, soit les menaces inhérentes à l'utilisation des technologies nécessaires au succès de l'entreprise ;
- les risques relatifs à la réputation, c'est-à-dire tout ce qui menace la renommée d'un produit ou de l'entreprise elle-même.

Ces experts évaluent également la menace que peut constituer la réglementation et accordent une attention toute particulière aux menaces d'ordre financier, aux risques touchant les systèmes d'information, aux initiatives de la concurrence ainsi qu'aux nouveaux éléments susceptibles d'avoir une incidence sur le cadre concurrentiel (récession, catastrophes, etc.). Ils incitent leurs clients à se concentrer sur les risques critiques, à élaborer des stratégies pour les dissiper et à préciser les responsabilités de chacun dans la mise en œuvre de celles-ci. Ils accompagnent les cadres supérieurs dans une démarche visant à mesurer leur degré de tolérance au risque et à envisager progressivement les risques dans le cadre de la gestion stratégique de l'entreprise. Les dirigeants en viennent ainsi à reconnaître le contexte de risque dans lequel ils travaillent et à intégrer cette perspective dans le processus décisionnel. En outre, du fait qu'elles s'engagent dans un processus systématique, les organisations discernent mieux les éléments de leur environnement et de leurs activités qui constituent un risque important et ceux qui sont vraiment incertains.

Les diverses approches en matière de prise de décision

Historiquement, le CO a mis l'accent sur deux types d'approches concernant la prise de décision : l'une classique, l'autre comportementale (ou *behavioriste*)[20]. Selon le *modèle décisionnel classique*, le décideur évolue dans un univers de certitude absolue. Selon le *modèle décisionnel comportemental*, fondé sur la notion de *rationalité limitée*, le décideur agit seulement en fonction de la perception qu'il a d'une situation donnée. La **figure 11.3** résume ces deux approches.

FIGURE 11.3 LE PROCESSUS DÉCISIONNEL SELON LES MODÈLES CLASSIQUE ET COMPORTEMENTAL

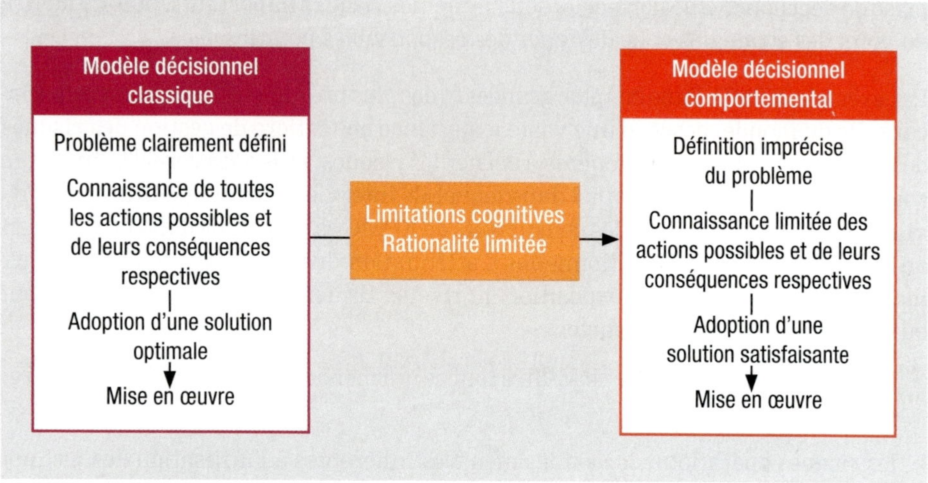

LE MODÈLE DÉCISIONNEL CLASSIQUE

Modèle décisionnel classique
Modèle selon lequel le décideur évolue dans un univers de certitude absolue

Approche décisionnelle optimale
Approche selon laquelle le décideur choisit la meilleure solution possible

Selon le **modèle décisionnel classique**, un décideur ou une équipe agissent de manière rationnelle et réfléchie. Dans un certain contexte, le problème est précisément défini, les diverses options ou possibilités d'action permettant de le résoudre sont connues, et leurs conséquences sont claires. On considère ici que le décideur choisit la meilleure solution possible et adopte ainsi l'**approche décisionnelle optimale**. Ce modèle correspond parfaitement au processus de prise de décision en cinq étapes que nous avons décrit plus haut. Il s'inscrit dans la situation idéale où le décideur est pleinement informé et peut passer logiquement d'une étape à une autre. Ce modèle se prête également aux diverses formes d'analyse quantitative des décisions ainsi qu'à de nombreuses applications informatiques[21].

LE MODÈLE DÉCISIONNEL COMPORTEMENTAL

Si attrayants que puissent être le modèle classique et la démarche rationnelle, ils ne correspondent pas à la réalité de nombreux contextes décisionnels, sinon de la plupart d'entre eux, dans lesquels se trouvent les individus ou les équipes d'une organisation.

De ce fait, l'autre modèle décisionnel, soit le **modèle décisionnel comportemental**, repose sur la prémisse que le décideur agit en fonction de la perception qu'il a d'une situation donnée, perception qui, par définition, est souvent imparfaite[22].

Modèle décisionnel comportemental
Modèle selon lequel le décideur agit seulement en fonction de ce qu'il perçoit d'une situation donnée

Les spécialistes du comportement reconnaissent que l'esprit humain est un formidable outil, capable des plus grandes réalisations, mais ils savent aussi que les êtres humains ont des *limites cognitives*, ce qui veut dire que leurs connaissances à un moment donné sont limitées. Leur capacité à traiter l'information est elle aussi limitée. Ce déficit ou cette surcharge d'informations empêche les décideurs d'adopter le modèle classique. Ils doivent plutôt agir dans le cadre d'une *rationalité limitée*, interpréter et comprendre les faits dans les limites de leurs perceptions et dans le contexte de la situation où ils se trouvent. Ils s'engagent dans le processus de prise de décision avec une vision simplifiée d'une réalité complexe.

Ne possédant qu'une connaissance partielle des diverses possibilités qui s'offrent à eux et de leurs conséquences, les décideurs, selon le modèle comportemental, sont susceptibles de choisir la première option qui leur semble satisfaisante. Herbert Simon, précurseur de l'analyse des processus décisionnels, a appelé cette approche l'**approche décisionnelle satisfaisante**. Il déclare ceci[23]:

Approche décisionnelle satisfaisante
Approche selon laquelle le décideur choisit la première possibilité qui lui semble apporter une solution satisfaisante ou acceptable à un problème donné

> Pour l'individu comme pour l'organisation, prendre des décisions consiste presque toujours à rechercher et à adopter des solutions satisfaisantes. Ce n'est qu'exceptionnellement que la prise de décision consiste à découvrir et à adopter des solutions optimales.

LE MODÈLE DÉCISIONNEL DE LA POUBELLE

Il existe une troisième approche de la prise de décision, issue du **modèle décisionnel de la poubelle**[24]. Selon ce dernier, les principales composantes du processus décisionnel, soit les problèmes, les solutions, les intervenants et le contexte décisionnel, se trouvent pêle-mêle dans la «poubelle» de l'organisation. Dans la plupart des organisations où le contexte est stable et où on utilise depuis un certain temps une technologie qu'on connaît bien, la tradition, la stratégie et la structure administrative permettent de faire de l'ordre dans le contenu de la «poubelle». Des problèmes donnés trouvent ainsi leur solution propre; on peut suivre le processus logique et appliquer l'approche comportementale de la prise de décision.

Modèle décisionnel de la poubelle
Modèle selon lequel les principales composantes du processus décisionnel que sont les problèmes, les solutions, les intervenants et le contexte décisionnel se trouvent pêle-mêle dans la «poubelle» de l'organisation

Cependant, si le contexte est dynamique, si la technologie change, si les besoins sont conflictuels ou si les objectifs sont obscurs, la situation peut se compliquer. On privilégie alors l'action plutôt que la réflexion. Les solutions apparaissent comme des *possibilités*, des moyens indépendants des problèmes ou des occasions, qui émergent non pour résoudre des problèmes particuliers, mais pour apporter des leçons tirées de l'expérience d'autres organisations. Ces nouvelles solutions ou possibilités peuvent se concrétiser par l'embauche de travailleurs, par le recours à des experts ou à des consultants ou encore par la rédaction de rapports sur les meilleures interventions à faire. On peut ainsi mettre en œuvre des solutions qui ne sont pas directement associées à des problèmes précis, surtout si aucune autre solution n'a permis de résoudre un problème chronique et persistant. Bien que les solutions adoptées apportent des changements au sein de l'organisation, il est peu probable qu'elles puissent vraiment résoudre des problèmes précis.

Le modèle de la poubelle met en évidence une caractéristique importante du processus décisionnel dans beaucoup de grandes organisations: souvent, les gens qui choisissent les solutions ne sont pas ceux qui les appliquent. En effet, la tâche consistant à concrétiser les décisions des supérieurs incombe généralement aux subordonnés. Comme ceux-ci doivent à la fois interpréter les intentions de leurs supérieurs et régler les problèmes pratiques au fur et à mesure qu'ils se présentent, ils ont l'occasion de modifier les solutions privilégiées par les paliers supérieurs de la hiérarchie. Autrement dit, la solution initiale et la solution implantée peuvent être assez différentes, et la relation entre les deux risque d'être encore plus ténue si les cadres supérieurs se montrent imprécis ou ne suivent pas de près la mise en œuvre de la décision. Il peut s'ensuivre des écarts importants entre les résultats prévus par les décideurs et les résultats obtenus par les responsables de l'implantation des décisions.

Le modèle de la poubelle met en lumière un autre aspect du processus décisionnel : de nombreux problèmes organisationnels restent non résolus. Autrement dit, toute organisation souffre de déficiences chroniques qui ne semblent jamais s'arranger. Selon le modèle de la poubelle, la persistance de tels problèmes s'explique par le fait que les décideurs n'arrivent pas à s'entendre sur les actions possibles, à choisir une solution et à l'appliquer au moment opportun et avec cohérence, ou encore par le fait que les décideurs ne savent pas comment régler leurs problèmes chroniques. Comme dans le cas des autres modèles, l'adéquation entre problème, solution et décision se réalise seulement lorsque le problème « trouve » sa solution et qu'un décideur est vraiment déterminé à appliquer cette dernière. Pour le gestionnaire avisé, le défi consiste donc à établir les liens appropriés entre les problèmes et les solutions.

Si le processus décisionnel au sein des organisations n'est probablement pas aussi chaotique que le présente le modèle de la poubelle, il est rarement aussi rationnel que le décrit le modèle comportemental. Autrement dit, en milieu organisationnel, les décisions portant sur des problèmes inhabituels ou exceptionnels sont souvent prises dans un contexte de risque ou d'incertitude, où les décideurs manquent à la fois de temps et d'information. Nous espérons que leurs décisions auront, malgré tout, un fondement éthique.

LA PENSÉE ANALYTIQUE ET LA PENSÉE INTUITIVE

Lorsqu'ils prennent des décisions et essaient de résoudre des problèmes, les individus et les équipes ont recours autant à la pensée analytique qu'à la pensée intuitive. La **pensée analytique** correspond au modèle rationnel, selon lequel une décision est prise de façon réfléchie, étape par étape. Vous pouvez observer ce modèle de pensée chez le membre d'une équipe qui essaie de découper un problème complexe en éléments plus simples qu'il s'efforcera de traiter un par un. Les équipes qui adoptent la pensée analytique s'attachent à élaborer un plan avant d'agir, à rechercher de l'information et à s'attaquer à la résolution du problème logiquement, en s'appuyant sur des faits.

▸ **Pensée analytique**
Approche méthodique et réfléchie de résolution de problèmes

L'**intuition** est la faculté de connaître ou de déceler rapidement et sans hésiter les possibilités qu'offre une situation donnée[25]. La **pensée intuitive** aide les individus et les équipes à prendre des décisions de manière plus souple et plus spontanée[26]. On peut observer ce mode de pensée chez une personne qui semble toujours trouver une solution originale à un problème, se fondant souvent sur une évaluation rapide et globale de la situation. Les décideurs qui privilégient la pensée intuitive tendent à traiter simultanément plusieurs aspects d'un problème, cherchent à analyser la situation dans son ensemble, passent rapidement d'une question à une autre et

▸ **Intuition**
Faculté de connaître ou de déceler rapidement et sans hésiter les possibilités qu'offre une situation donnée

▸ **Pensée intuitive**
Approche souple et spontanée de résolution de problèmes

Les femmes prendraient de meilleures décisions

Du côté de la RECHERCHE

Les femmes qui siègent aux conseils d'administration sont plus susceptibles de «faire bouger les choses» et sont davantage ouvertes aux idées nouvelles que leurs confrères masculins, conclut une nouvelle étude.

Ce genre d'attitude, par ailleurs, se traduit bien souvent par la prise de meilleures décisions et [par] un plus grand succès financier pour une entreprise, avance-t-on dans cette étude publiée dans une revue mondiale de gouvernance des affaires, l'*International Journal of Business Governance and Ethics*[27].

Le sondage démontre que sur les 624 conseils d'administration interrogés au Canada, les femmes se révélaient davantage susceptibles de se servir de la «coopération, de la collaboration et de l'élaboration d'un consensus» en période de prises de décisions complexes.

Les cadres masculins, eux, avaient plutôt tendance à prendre leurs décisions en utilisant les «règles, réglementations et façons traditionnelles de faire des affaires».

Le coauteur de cette étude, Chris Bart, a soutenu que cette recherche prouvait que lorsque des femmes dirigeaient une entreprise, elles contribuaient au succès de celle-ci. Il a, du même coup, soulevé la question de savoir pourquoi les femmes étaient encore minoritaires dans les salles de direction des entreprises canadiennes.

Celui qui est aussi professeur en stratégie d'entreprise à l'Université McMaster a poursuivi en affirmant qu'il ne fallait plus se demander si le fait d'avoir des femmes aux commandes était la bonne chose à faire, mais que c'était bel et bien le geste à poser.

M. Bart, qui a mené l'étude de concert avec le professeur Gregory McQueen de l'A.T. Still University dans l'Arizona, a expliqué que les femmes interrogées avaient offert des réponses «moins contraignantes» aux problèmes à résoudre qui leur avaient été soumis.

Ces trouvailles font partie d'une étude plus large menée entre 2004 et 2012, alors que les membres de conseils d'administration, dont 75 % d'hommes et 25 % de femmes, avaient été questionnés sur des résolutions de problèmes.

Les femmes ont également été plus disposées à prendre en considération les intérêts de nombreux investisseurs et considéraient l'équité comme un facteur plus important dans leur prise de décision.

Source : Linda Nguyen, La Presse Canadienne, «Les femmes prendraient de meilleures décisions», *La Presse Affaires* (affaires.lapresse.ca), 25 mars 2013.

agissent en fonction de leur inspiration, tirée de l'expérience ou d'une idée qui leur vient spontanément. Cette approche est courante dans un contexte de risque ou d'incertitude. Comme elles abordent la prise de décision spontanément et avec souplesse, les personnes intuitives apportent à une équipe une façon créative et novatrice de résoudre les problèmes.

Dans son ouvrage intitulé *Intuition*, Malcolm Gladwell soutient qu'une «décision prise instantanément peut être aussi judicieuse qu'une décision mûrement réfléchie. Cependant, nos instincts peuvent aussi nous induire en erreur. D'où l'importance de savoir quand on peut s'y fier et quand on doit s'en méfier[28].»

Sa thèse, c'est que la première impression est souvent la meilleure et qu'on peut très bien faire fausse route à partir d'une analyse qu'on pense soignée. En effet, la première impression permet souvent de saisir des détails significatifs, qui autrement se noient dans la multitude de données qu'on évalue pour faire le choix le plus éclairé possible. L'expérience – et l'expertise qui l'accompagne – est à la base de bonnes décisions éclair, tandis que les préjugés s'avèrent de mauvais guides. Tous les problèmes ne se règlent pas en un clin d'œil, même si on peut trouver la faille en un instant[29].

Devrions-nous donc toujours préférer la démarche intuitive à la démarche analytique? Sûrement pas! Les individus, tout comme les équipes, doivent plutôt privilégier une démarche qui combine les deux modes de pensée pour résoudre les problèmes complexes. Selon Jeff Bezos, chef de la direction d'Amazon.com, lorsque la haute direction d'une entreprise ne peut pas prendre de décisions éclairées reposant sur l'analyse, «vous devez vous fier aux cadres chevronnés qui ont développé leurs instincts» et qui sont capables d'agir avec discernement[30]. En d'autres mots, dans le processus de prise de décision, les cadres supérieurs doivent s'appuyer autant sur la pensée analytique que sur la pensée intuitive.

Le processus décisionnel: erreurs à éviter et enjeux

La voie menant à la prise d'une décision judicieuse peut paraître minée de difficultés et pleine d'embûches. Qu'on travaille seul ou en équipe, il est essentiel de comprendre l'influence des heuristiques et de divers pièges sur le jugement. En outre, des choix cruciaux s'imposent. Il faut évaluer s'il convient de prendre une décision et, le cas échéant, déterminer le moment où il convient de la prendre et la façon dont il faut la prendre.

L'INFLUENCE DES HEURISTIQUES SUR LE JUGEMENT

Le jugement, autrement dit le recours à l'intellect, revêt une très grande importance dans tous les aspects du processus décisionnel. Ainsi, lorsque nous remettons en question la dimension éthique d'une décision, ce que nous mettons en doute, c'est le *jugement* de la personne qui l'a prise. Les recherches montrent que les gens sont portés à commettre des erreurs à cause d'idées préconçues qui altèrent souvent la qualité du processus décisionnel[31]. Ces idées préconçues résultent des **heuristiques**, c'est-à-dire des stratégies ou des procédés simplificateurs qu'on utilise dans la prise de décision.

Heuristique
Stratégie ou procédé simplificateur utilisé dans la prise de décision

Les heuristiques peuvent être utiles pour affronter l'incertitude et l'insuffisance d'information inhérentes à certains problèmes, mais elles risquent d'entraîner des erreurs de jugement récurrentes qui nuisent à la qualité des décisions ou à leur justesse sur le plan éthique. Il est donc important de connaître les heuristiques les plus courantes qui peuvent fausser le jugement: l'heuristique de l'accessibilité mentale, l'heuristique de la représentativité et l'heuristique des données de référence[32].

Heuristique de l'accessibilité mentale
Procédé consistant à juger un événement à la lumière des situations qui reviennent le plus facilement à la mémoire

Heuristique de la représentativité
Procédé consistant à évaluer la probabilité d'un événement sur la base des similitudes qu'il présente avec d'autres situations à propos desquelles on entretient des idées préconçues

On appelle **heuristique de l'accessibilité mentale** le procédé consistant à juger un événement à la lumière des situations qui reviennent le plus facilement à la mémoire. On peut penser, par exemple, au spécialiste en R et D qui déciderait de ne pas lancer de nouveau produit parce qu'il se souvient de l'échec du dernier produit lancé. Ici, l'échec passé influe négativement, peut-être à tort, sur le jugement de l'individu et sur sa décision de commercialiser ou non un nouveau produit.

L'**heuristique de la représentativité** est le procédé consistant à évaluer la probabilité d'un événement sur la base des similitudes qu'il présente avec d'autres situations à propos desquelles on entretient des idées préconçues. Ainsi, un chef d'équipe pourrait recruter un nouveau membre non pas en fonction de ses compétences particulières, mais parce qu'il est diplômé d'une université qui a la réputation de former des «supercadres». Ici, au lieu de se fonder sur les compétences réelles de la personne, le chef d'équipe se laisserait influencer par la réputation d'une université et de certains de ses diplômés.

L'**heuristique des données de référence** est un procédé qui consiste à évaluer un événement sur la base de données provenant d'un précédent historique ou d'une source extérieure et adaptées aux nouvelles circonstances. Prenons l'exemple d'un cadre qui ferait des recommandations sur les augmentations de salaire de ses subordonnés en appliquant simplement un pourcentage fixe. Ici, le salaire de base sert de *donnée de référence* pour les augmentations ultérieures. Or, dans certains cas, ce critère peut s'avérer inadéquat. Il se pourrait, par exemple, que la valeur d'un des subordonnés de ce cadre soit devenue de beaucoup supérieure au nouveau salaire envisagé.

▸ **Heuristique des données de référence**
Procédé qui consiste à évaluer un événement sur la base de données provenant d'un précédent historique ou d'une source extérieure et adaptées aux nouvelles circonstances

DES ERREURS FRÉQUENTES DANS LE PROCESSUS DÉCISIONNEL

En plus de recourir à ces heuristiques, le décideur est enclin à des erreurs de jugement d'ordre plus général. Ainsi, il peut tomber dans le **piège de la confirmation**, rechercher l'information qui confirme ce qu'il croit être vrai et ignorer ou négliger celle qui pourrait infirmer ses convictions. Forme de *perception sélective*, cette tendance amène le décideur à ne voir dans une situation donnée que les éléments qui corroborent une opinion toute faite.

▸ **Piège de la confirmation**
Tendance poussant l'individu à rechercher l'information qui confirme ce qu'il croit être vrai et à ignorer ou à négliger celle qui pourrait infirmer ses convictions

Autre erreur qui guette le décideur, le **piège du jugement a posteriori** consiste à surestimer rétrospectivement ce qu'on aurait pu ou dû prévoir concernant un événement. C'est un piège, car cela peut engendrer de l'insécurité et un sentiment d'incompétence au moment de prendre d'autres décisions.

▸ **Piège du jugement a posteriori**
Tendance à surestimer rétrospectivement ce qu'on aurait pu ou dû prévoir concernant un événement

Le troisième type d'erreur ou de piège est l'**erreur de cadrage**. Les gestionnaires et les équipes tombent dans ce genre de piège lorsqu'ils essaient de résoudre un problème dans le contexte où ils le perçoivent, qu'il soit positif ou négatif. Supposons que les données issues de la recherche montrent qu'un nouveau produit occupe 40 % des parts du marché. Que signifie réellement cette information pour l'équipe de marketing? D'un point de vue négatif, le produit est déficitaire, car il lui manque 60 % des parts. Les discussions et la résolution des problèmes dans ce cas se concentreront sur la question: «Quelle est notre erreur?» D'un point de vue positif, l'équipe de marketing peut considérer que détenir 40 % des parts est une réussite. Elle aura alors des discussions qui suivront un tout autre cours et tourneront autour de la question: «Comment pourrait-on faire encore mieux?»

▸ **Erreur de cadrage**
Erreur qui consiste à résoudre un problème dans le seul cadre où on le perçoit

LE CHOIX DES PROBLÈMES À RÉGLER

Non seulement les décideurs doivent se tenir sur leurs gardes pour éviter de commettre les erreurs auxquelles peuvent les pousser les heuristiques et les pièges, mais ils doivent aussi gérer le processus même de la prise de décision en prenant les bonnes décisions, de la bonne façon et au bon moment[33]. La première question consiste à se demander s'il convient ou non de prendre réellement une décision. La plupart des gens sont trop occupés et ont trop de tâches importantes à accomplir dans un laps de temps donné pour pouvoir prendre personnellement des décisions à propos de chaque problème ou de chaque occasion qui se présente. Un bon chef d'équipe sait ainsi quand déléguer la prise d'une décision, comment établir ses priorités et quand s'abstenir d'agir lui-même. Lorsque nous ne savons pas s'il est ou non approprié de traiter un problème particulier, nous pouvons nous poser les quatre questions suivantes pour y voir plus clair.

1. *Le problème est-il vraiment important?* Les problèmes mineurs ne devraient pas réclamer autant d'attention et de temps que les problèmes majeurs. Si le problème est mineur, une décision erronée sera peu coûteuse.
2. *Le problème peut-il se résoudre de lui-même?* Lorsqu'on établit des priorités, on place en dernier les problèmes mineurs. Or, étonnamment, lorsqu'on y arrive enfin, on constate souvent qu'ils se sont réglés d'eux-mêmes ou que quelqu'un d'autre s'en est occupé. Moins il y a de problèmes à régler, plus on a de temps et d'énergie à consacrer à autre chose.
3. *Est-ce à moi de prendre une décision?* Nombre de problèmes peuvent être résolus par d'autres personnes que nous-mêmes. Il faut cependant veiller à déléguer la prise de décision aux personnes les mieux préparées, et idéalement à celles qui sont le plus directement concernées dans leur travail.
4. *Le temps consacré à la résolution du problème fera-t-il une différence?* Le décideur avisé distingue les problèmes qu'on peut envisager de régler avec réalisme de ceux qui sont pratiquement insolubles.

LE CHOIX ET LE RÔLE DES PARTICIPANTS AU PROCESSUS DÉCISIONNEL

De nombreux nouveaux gestionnaires et chefs d'équipe commettent l'erreur de présumer qu'ils doivent prendre toutes les décisions eux-mêmes ou qu'ils doivent toutes les déléguer à leur équipe[34]. Dans la pratique, les bonnes décisions organisationnelles sont prises par des personnes seules, par des personnes qui demandent conseil aux autres et par des personnes qui travaillent en équipe. Selon l'approche de la contingence, aucune option n'est toujours meilleure que les autres. Il faut décider quelles personnes participeront à la prise de décision et quelle méthode sera utilisée en fonction du problème à régler[35].

▶ **Décision par voie d'autorité**
Décision que prend un responsable en s'appuyant sur l'information dont il dispose et sans y faire participer les membres de son groupe

La **décision par voie d'autorité** est la décision que prend un responsable en s'appuyant sur les données dont il dispose sans que les membres de son groupe y participent. Cette méthode reflète souvent les prérogatives liées à la position hiérarchique du décideur au sein de l'organisation. Elle repose sur le principe que le décideur est un expert capable de résoudre le problème en question. Par exemple, un directeur de magasin peut décider de la nécessité de la rotation des salariés pour la pause du midi et établir un horaire en conséquence.

▶ **Décision par consultation**
Décision que prend un responsable après avoir demandé leur avis aux membres de son groupe

La **décision par consultation**, quant à elle, est celle que prend un responsable après avoir demandé leur avis aux membres de son groupe. Pour reprendre l'exemple précédent, le directeur de magasin peut informer les salariés de la nécessité d'établir une rotation pour la pause du midi et leur demander d'exprimer leurs préférences et leurs raisons avant de prendre une décision concernant l'horaire.

▶ **Décision collective** (ou **décision consensuelle**)
Décision prise par l'ensemble des membres d'un groupe

Enfin, en plus de consulter les membres de son groupe, le gestionnaire peut les inviter à participer au choix de la solution. La véritable **décision collective** (ou **décision consensuelle**) est ainsi celle à laquelle participent tous les membres d'un groupe donné. Par exemple, notre directeur de magasin pourrait organiser une réunion afin d'obtenir l'accord de tous les salariés sur un horaire donné ou sur une façon d'établir un horaire.

Victor Vroom, Philip Yetton et Arthur Jago ont conçu une grille d'analyse pour aider les gestionnaires à choisir la méthode décisionnelle qui est la plus appropriée dans telle ou telle situation et qui permet d'aboutir à la fois au meilleur choix et à une implantation réussie[36]. Ils ont défini des variantes pour les décisions par voie d'autorité, par consultation et collectives que nous venons de décrire. Plus précisément, ils distinguent les cinq méthodes décisionnelles suivantes[37].

1. AI (*première variante de la décision par voie d'autorité*) Le gestionnaire règle le problème ou prend la décision individuellement, en s'appuyant sur l'information dont il dispose sur le moment.
2. AII (*deuxième variante de la décision par voie d'autorité*) Avant de décider d'une solution, le gestionnaire obtient l'information nécessaire des membres de son groupe. Il peut ou non informer ces derniers de la nature du problème sur lequel il se penche. Les subordonnés fournissent l'information requise, mais ne génèrent ni n'évaluent de possibilités d'action.
3. CI (*première variante de la décision par consultation*) La consultation est individuelle. Le gestionnaire consulte individuellement les membres de son groupe, afin de les informer du problème sur lequel il se penche et de recueillir leurs idées et leurs suggestions. Puis il prend une décision en tenant compte ou non de ces dernières.
4. CII (*seconde variante de la décision par consultation*) La consultation est collective. Le gestionnaire rassemble les membres de son groupe pour les informer du problème sur lequel il se penche et recueillir les idées et les suggestions, qui découlent d'une réflexion collective. Il prend ensuite une décision en tenant compte ou non de ces idées.
5. G (*décision collective ou décision par consensus*) Le gestionnaire informe collectivement les subordonnés du problème, puis les invite à en discuter afin de parvenir à une décision consensuelle.

La **figure 11.4** illustre l'arbre décisionnel issu de la recherche effectuée par Vroom et ses collègues. Bien que complexe, il aide à comprendre comment les décideurs peuvent choisir parmi les divers types de prise de décision, à savoir par une seule personne (par voie d'autorité), par consultation ou par consensus, en tenant compte des huit facteurs suivants :

1. L'impératif de qualité de la décision.
2. L'impératif d'adhésion des subordonnés pour la mise en œuvre de la décision.
3. La somme d'information que possède le leader.
4. La définition du problème.
5. La probabilité d'adhésion des subordonnés, soit les chances que ceux-ci adhèrent à la décision si elle est prise individuellement par le leader.
6. L'accord des subordonnés concernant les objectifs, soit le degré d'adhésion des subordonnés aux objectifs organisationnels visés par la prise de décision.
7. Les conflits éventuels entre subordonnés à propos des actions envisagées.
8. L'information dont disposent les subordonnés pour prendre une décision éclairée.

FIGURE 11.4 LE CHOIX D'UNE MÉTHODE DÉCISIONNELLE : LA GRILLE D'ANALYSE DE VROOM, YETTON ET JAGO

Paramètres du problème		Questions que le gestionnaire doit se poser
IQ	Impératif de qualité	Jusqu'à quel point la qualité technique de cette décision est-elle importante ?
IA	Impératif d'adhésion	Jusqu'à quel point est-il essentiel que les subordonnés adhèrent à la décision ?
IL	Information du leader	Ai-je suffisamment d'information pour prendre une bonne décision ?
DP	Définition du problème	Le problème est-il bien posé ?
PA	Probabilité d'adhésion	Si je prends la décision seul, est-ce que je peux m'attendre à ce que mes subordonnés y adhèrent ?
AO	Accord sur les objectifs	Mes subordonnés adhèrent-ils aux objectifs organisationnels visés par la résolution de ce problème ?
CS	Conflit entre subordonnés	Y a-t-il un risque de conflit entre mes subordonnés à propos des actions envisagées ?
IS	Information des subordonnés	Mes subordonnés ont-ils toute l'information nécessaire pour prendre une décision éclairée ?

Méthodes décisionnelles

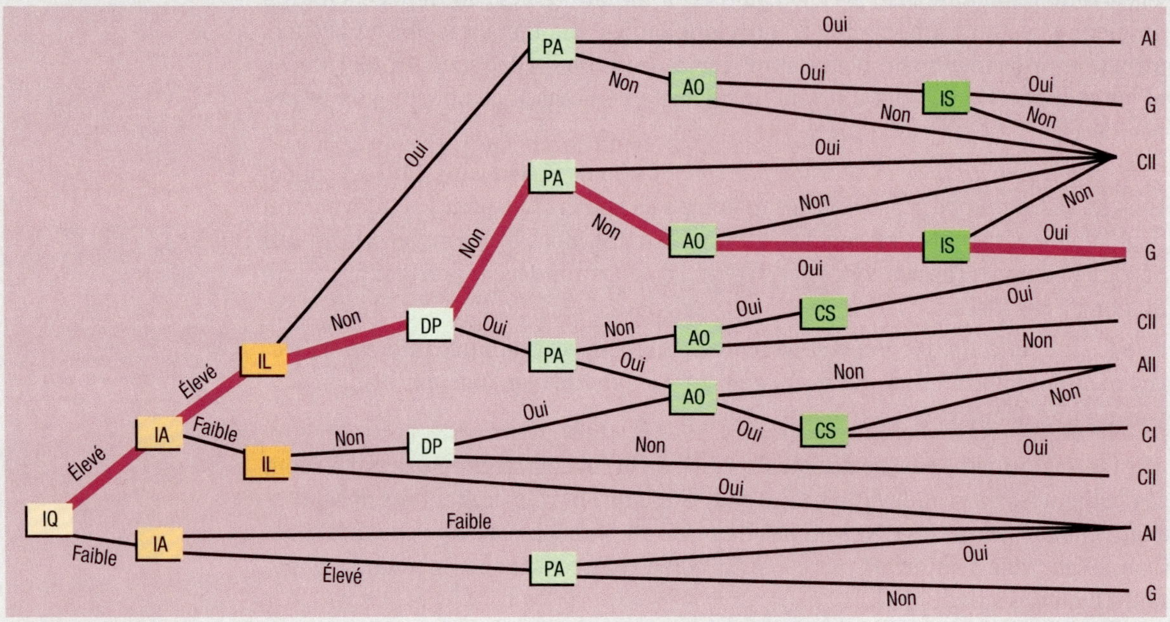

Énoncé du problème

D'après ce modèle, on recommande une prise de décision par consultation ou par consensus si, par exemple, le chef de l'équipe n'a pas suffisamment d'expérience et ne dispose pas de suffisamment d'information pour résoudre le problème tout seul, si le problème n'est pas bien défini, si l'adhésion des autres est essentielle pour la mise en œuvre de la décision ou si on dispose de suffisamment de temps pour une véritable participation des membres du groupe. Par ailleurs, une prise de décision par voie d'autorité est indiquée lorsque, par exemple, le chef d'équipe a l'expérience nécessaire pour résoudre le problème et a confiance en sa capacité d'agir seul, lorsque

Le processus décisionnel chez Alaska Airlines

DES AS DE LA GESTION

[…] Les employés de tous les niveaux sont motivés par le pouvoir décisionnel lié à leur travail. En leur accordant ce pouvoir, l'entreprise leur donne un plus fort sentiment de contrôle, un droit de regard sur les façons de faire et plus d'occasions d'apprentissage.

S'il y a une industrie où l'on ne penserait pas trouver cette liberté de prendre des décisions, c'est bien celle du transport aérien. Et pourtant, voici un exemple éloquent : Alaska Airlines a créé une culture de responsabilisation qui a contribué à un redressement majeur au cours de la dernière décennie. Au début des années 2000, les résultats de la société étant en baisse, la direction a lancé le Plan 2010, qui invitait explicitement les employés à participer aux décisions visant à améliorer le service tout en maintenant la réputation de ponctualité de l'entreprise. Les employés ont été invités à mettre de côté leur perception du « bon service » et à envisager de nouvelles façons de collaborer, en proposant des idées qui permettraient de passer de « bon service » à « service exceptionnel ».

Les agents ont adopté le programme, ce qui leur a notamment donné le pouvoir de trouver des solutions pour des clients qui avaient manqué leur vol ou qui n'avaient pas pu embarquer pour quelque raison que ce soit. Ron Calvin, directeur de la région Est, nous a parlé d'un appel qu'il avait reçu sur son cellulaire d'un client qu'il n'avait plus revu ou à qui il n'avait plus parlé depuis qu'il avait cessé de travailler à l'aéroport de Seattle, cinq ans auparavant. Ce client avait un petit-fils de trois mois qui venait de faire un arrêt cardiaque. Les grands-parents, qui se trouvaient à Honolulu, tentaient de rentrer à Seattle. Aucun siège n'était disponible. Ron a fait quelques appels et leur a immédiatement trouvé un vol. Ce jour-là, le grand-père a envoyé un message texte à Ron, lui disant simplement : « Nous sommes arrivés à temps. »

Grâce à de tels efforts déployés par les employés pour répondre à des besoins personnels sans retarder les vols, la société de transport aérien a pu se hisser au premier rang au chapitre de la ponctualité et remporter bon nombre de prix. Elle a aussi considérablement étendu ses activités dans de nouveaux marchés, dont ceux de Hawaii, du Midwest et de la côte Est. […]

Source : Gretchen Spreitzer et Christine Porath, « Le bonheur, c'est rentable », *Premium*, vol. 14, juin-juillet 2012, p. 22-23 ; version anglaise originale publiée dans *Harvard Business Review*.

les membres de l'équipe sont susceptibles d'accepter la décision du leader et de la mettre en œuvre ou lorsque le temps nécessaire aux discussions manque. Dans le cas des problèmes à résoudre immédiatement, la prise de décision par voie d'autorité est en général le seul choix possible[38].

L'ABANDON D'UN PLAN D'ACTION DÉCIDÉ ANTÉRIEUREMENT

Lorsqu'une décision est enfin prise et qu'on commence à la mettre en œuvre, les décideurs trouvent difficile de changer d'avis et d'admettre qu'ils ont commis une erreur, même s'ils se rendent compte que les choses ne vont pas comme elles devraient. Au lieu de faire marche arrière et de revenir sur leur décision, ils ont plutôt tendance à s'acharner. C'est ce qu'on appelle la **surenchère irrationnelle** : il s'agit précisément de l'investissement d'efforts supplémentaires dans un plan d'action dont tout indique qu'il ne fonctionne pas. Cette tendance se traduit par le vieux précepte « Vingt fois sur le métier remettez votre ouvrage ».

Surenchère irrationnelle
Investissement d'efforts supplémentaires dans un plan d'action dont tout indique qu'il ne fonctionne pas

Le désir bien légitime de l'organisation de poursuivre un plan d'action retenu après mûre réflexion renforce certaines tendances, naturelles elles aussi, qu'on observe

chez les décideurs[39]. Lorsque le douloureux processus décisionnel semble enfin avoir abouti, les dirigeants s'engagent publiquement à appliquer un plan d'action donné, et sa mise en œuvre commence ; dès lors, les gestionnaires seront réticents à admettre qu'ils se sont trompés. Plutôt que de revenir sur une décision dont les résultats sont manifestement mauvais, ils auront tendance à redoubler d'efforts.

La surenchère irrationnelle est un piège qui pousse certains décideurs à s'engager dans un plan d'action que ne justifie pas la situation. C'est l'un des aspects du processus de prise de décision que les décideurs ont le plus de mal à appréhender, car la plupart d'entre eux sont parvenus aux postes qu'ils occupent après avoir transformé en succès des plans d'action voués à l'échec[40]. Nous devons redoubler de vigilance pour déceler les « échecs » et être prêts à casser des décisions ou à abandonner des plans qui ne fonctionnent pas. Mais c'est plus facile à dire qu'à faire.

La tendance à la surenchère irrationnelle l'emporte souvent sur la volonté d'interrompre le processus. Les décideurs préfèrent penser que tout commentaire défavorable est une réaction passagère. Par orgueil, ils refusent d'admettre que la décision d'origine n'était pas bonne ou qualifient les résultats négatifs d'« expérience d'apprentissage » en s'entêtant à affirmer que des efforts renouvelés permettront de surmonter les difficultés.

Peut-être avez-vous, vous-même, été incapable de faire marche arrière dans une certaine situation ou avez-vous été membre d'équipes qui hésitaient à le faire. Il est difficile d'admettre qu'on s'est trompé, surtout lorsque la décision qu'on a prise a exigé beaucoup d'énergie et de temps de réflexion. Il est d'autant plus difficile de renoncer à une décision lorsque l'orgueil et la réputation sont en jeu. Heureusement, les chercheurs proposent les conseils suivants visant à ne pas tomber dans le piège de la surenchère irrationnelle :

- Établir des limites quant au degré d'engagement dans un plan d'action et ne pas y déroger.
- Prendre ses propres décisions et ne pas se laisser influencer par les autres, qui ont aussi une tendance à la surenchère irrationnelle.
- Déterminer attentivement les raisons qu'il y a de poursuivre l'application d'un plan d'action, si elles ne sont pas suffisamment nombreuses, abandonner le plan d'action.
- Se souvenir du coût du plan d'action ; l'économie qu'on peut réaliser en interrompant ce dernier est une bonne raison de l'abandonner.

Les responsables du crédit des établissements bancaires et les étudiants frappés par la surenchère irrationnelle

Du côté de la RECHERCHE

ÉTUDE Nº 1 : LES RESPONSABLES DU CRÉDIT D'UN ÉTABLISSEMENT BANCAIRE[41]

La surenchère irrationnelle se manifeste quand une personne continue de suivre une voie même si tout indique qu'il s'agit d'une impasse et même s'il est clair, aux yeux des autres, qu'elle devrait changer de cap. McNamara, Moon et Bromiley se sont demandé, dans le cadre d'une étude menée auprès de responsables des prêts dans un établissement bancaire, si un suivi de la part de supérieurs chevronnés pouvait contribuer à réduire le phénomène.

À première vue, les données recueillies semblaient indiquer qu'un suivi des supérieurs donnait des résultats positifs. En effet, dans le cas de clients présentant une faible crédibilité financière et préalablement regroupés dans la catégorie « à risque élevé », il est apparu que la surenchère diminuait lorsqu'on effectuait un suivi plus étroit des offres de prêts. Cependant, un examen plus approfondi a révélé que les responsables des prêts étaient réticents à classer dans la catégorie « à risque élevé » les clients dont la crédibilité financière s'était détériorée, sachant qu'ils feraient alors eux-mêmes l'objet d'un suivi plus serré. Il y avait donc une surenchère pour ce type de clients.

Les auteurs de la recherche utilisent l'expression « évitement de l'intervention » pour désigner la réticence des responsables à changer de catégorie les clients jugés insolvables. La problématique de la surenchère irrationnelle, soutiennent-ils, est plus complexe que ce qu'on a longtemps cru. Elle pourrait mettre en cause une multitude de facteurs d'ordre organisationnel qui influeraient indirectement sur la tendance des individus à persister dans des décisions non souhaitables.

ÉTUDE Nº 2 : LES ÉTUDIANTS D'UN ÉTABLISSEMENT UNIVERSITAIRE[42]

La surenchère irrationnelle génère des comportements contraires à l'éthique. C'est la conclusion à laquelle sont arrivés Marc et Vera L. Street, grâce à l'étude empirique qu'ils ont menée auprès d'un groupe de 155 étudiants de premier cycle travaillant à un projet d'investissement informatisé. Les résultats ont en effet montré que, dans des situations de surenchère, les étudiants avaient tendance à frauder et que cette tendance s'accentuait lorsque la surenchère augmentait. D'après les chercheurs, le lien entre la surenchère et les comportements contraires à l'éthique s'expliquerait par le désir de se sortir d'une situation pénible et très stressante.

Cette étude a par ailleurs montré que les étudiants dont le lieu de contrôle est externe sont plus susceptibles de prendre une décision contraire à l'éthique que ceux dont le lieu de contrôle est interne.

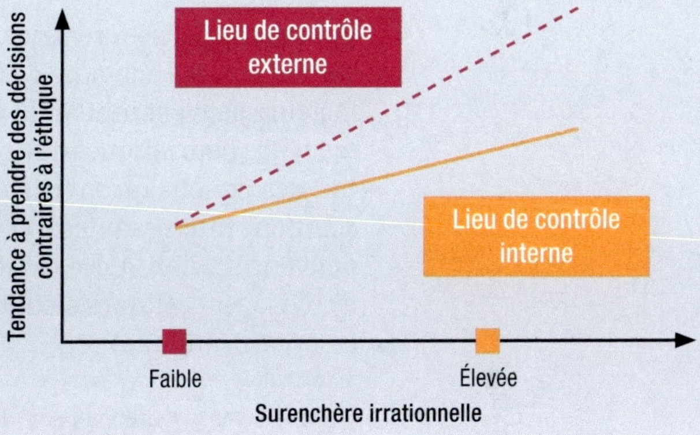

La créativité et le processus décisionnel

À la fin du chapitre 8, nous avons parlé des techniques du remue-méninges et du groupe nominal comme outils d'amélioration du processus de prise de décision au sein des équipes. L'une des questions à se poser pour savoir s'il est opportun d'utiliser ces techniques concerne la **créativité**, c'est-à-dire la capacité de trouver des réponses originales et ingénieuses pour résoudre les problèmes ou saisir les occasions qui se présentent[43]. Dans un environnement dynamique où fourmillent les problèmes inhabituels et les enjeux complexes, la capacité d'élaborer des solutions sur mesure et inédites détermine souvent la réussite des individus et des organisations[44].

Créativité
Capacité de trouver des réponses originales et ingénieuses pour résoudre les problèmes ou saisir les occasions qui se présentent

Imaginez ce que pourrait accomplir une équipe ou une organisation si elle utilisait tout son potentiel de créativité. Mais comment transformer ce potentiel en réalité? Pour trouver la réponse à cette question, après avoir étudié les étapes de la pensée créatrice, nous examinerons quels rôles peuvent y jouer chacun des membres d'une équipe, ainsi que l'équipe dans son ensemble et le contexte organisationnel.

LES ÉTAPES DE LA PENSÉE CRÉATRICE

On peut voir la pensée créatrice comme un processus en cinq étapes:

1. *La préparation* C'est l'engagement dans un processus d'apprentissage actif et d'observation continue qui est essentiel pour affronter un environnement complexe[45].
2. *La réflexion* Elle consiste en la définition et en la clarification des problèmes dans le but de dégager diverses façons d'y faire face.
3. *L'incubation* Il s'agit d'étudier les problèmes sous divers angles afin de découvrir des solutions inédites auxquelles on ne pourrait parvenir avec une approche strictement méthodique et linéaire.
4. *L'illumination ou les éclairs de génie* C'est le moment où se révèle la faculté de voir soudainement comment tous les morceaux d'un casse-tête jusque-là insoluble peuvent s'emboîter.
5. *La vérification* Elle consiste en l'analyse rationnelle des actions envisagées pour s'assurer de leur bien-fondé[46].

Pour que la pensée créatrice se manifeste, l'organisation doit la favoriser en soutenant ses membres à chacune de ces étapes. Cependant, il faut se souvenir que plusieurs facteurs peuvent inhiber la pensée créatrice durant le processus décisionnel. Notamment, les heuristiques que nous avons décrites plus haut peuvent restreindre l'éventail des actions qu'envisagent les décideurs et amener ces derniers à négliger des solutions intéressantes. De même, des blocages liés à la culture et à l'environnement peuvent limiter la créativité. C'est ainsi le cas lorsque les décideurs s'empêchent d'envisager certaines solutions parce qu'elles vont à l'encontre de normes culturelles ou organisationnelles.

LES CATALYSEURS DE LA CRÉATIVITÉ INDIVIDUELLE

Bien qu'elle reste souvent inexploitée, la créativité est l'un de nos principaux atouts personnels. Pour inventorier les catalyseurs de la créativité individuelle, explorons le modèle à trois composantes, comprenant la maîtrise de la tâche, la motivation à l'exécuter et les aptitudes à la créativité, qu'illustre la **figure 11.5**[47].

Une personne est plus apte à prendre des décisions créatives lorsqu'elle possède l'expérience nécessaire pour *maîtriser la tâche*. En effet, la créativité permet habituellement de donner une nouvelle orientation à une aptitude qu'on possède déjà. En outre, les individus ont la propension à prendre des décisions créatives lorsqu'ils possèdent une *motivation à exécuter la tâche*. Ce sont en général les personnes qui cherchent assidûment à résoudre un problème ou à saisir une occasion qui sont les plus susceptibles de prendre des décisions créatives. Enfin, ces dernières sont surtout le fait de personnes qui possèdent des *aptitudes à la créativité*, telles que les suivantes[48]:

- Travaillent avec énergie.
- Ne se laissent pas démonter par la critique.

D'où viennent les idées de Dominique Brown, [ex-]pdg de Beenox ?

Des **leaders** parlent de **leadership**

«La recette pour avoir des idées c'est de penser en fonction de l'objectif à atteindre et de ne jamais le faire en fonction des obstacles. Trop de gens regardent leurs moyens et ce qu'ils font déjà dans le but de trouver des idées, mais ces idées restent souvent à l'intérieur de ce que l'on connaît déjà! Avec cette philosophie, les gens se créent des limites qu'ils n'ont pas en réalité. Si on se donne des objectifs, que l'on réfléchit sans se mettre de limites, on se surprend et on accomplit de grandes choses. Je pense toujours sans contrainte! Quelle est la direction à prendre, la prochaine étape à franchir… Si j'avais une baguette magique quel serait mon objectif? C'est à ce moment-là que l'on trouve des idées nouvelles qui font tomber les obstacles. C'est aussi à ce moment que l'on prend conscience de ce qu'on peut réellement accomplir comme personne ou comme entreprise! C'est ma méthode! Quand on pense de cette manière, on sort de notre zone de confort et c'est là que les idées auxquelles personne n'a jamais pensé peuvent naître et prendre vie.»

«Une bonne idée est une idée qui répond à son objectif! Dans le cadre d'une entreprise comme Beenox, c'est une idée nouvelle et innovante. L'idée qui va nous amener plus loin en termes d'entreprise et qui va nous pousser à nous dépasser pour créer quelque chose que l'on croyait à la base impossible! C'est ça une bonne idée et c'est de cette manière que l'on garde une longueur d'avance sur la concurrence!»

Source : Valérie Lesage, «Gardez le cap», lesaffaires.com, 1er mai 2012. Cet article a été reproduit aux termes d'une licence accordée par Copibec.

QUESTION En quoi l'esprit créatif peut-il favoriser le succès d'un leader?

FIGURE 11.5 LES CATALYSEURS DE LA CRÉATIVITÉ INDIVIDUELLE ET COLLECTIVE

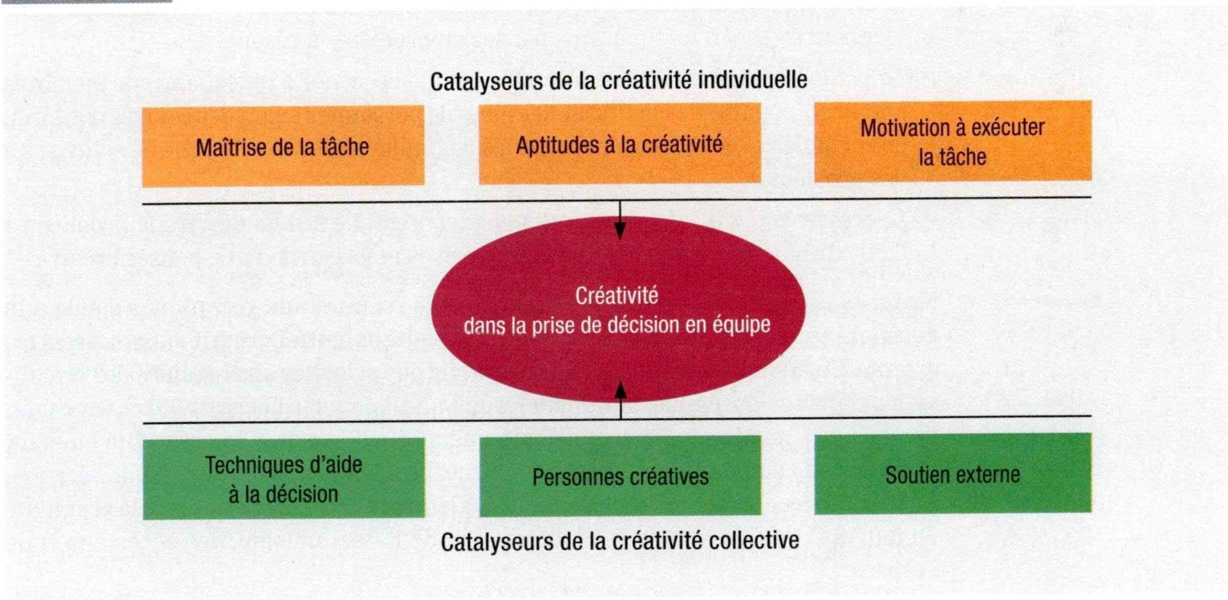

- Assument la responsabilité des résultats obtenus.
- Trouvent des solutions ingénieuses même dans des circonstances difficiles.
- Tablent à la fois sur la méthode et sur l'intuition.
- Restent objectives, prennent du recul et vérifient les hypothèses.
- Recourent à la pensée divergente en envisageant de nombreuses solutions possibles dans un cadre spontané ou non dirigé et savent s'aventurer hors des sentiers battus.
- Font appel à la pensée convergente en respectant un ensemble particulier d'étapes logiques et savent synthétiser les choses et trouver des réponses correctes.
- Font appel à la pensée latérale en considérant que l'imagination d'une solution impossible ou irréaliste peut servir d'étape à la découverte d'une solution possible éventuellement innovante et recherchent divers moyens pour résoudre un problème.
- Utilisent ce qu'elles ont appris dans d'autres situations.

LES CATALYSEURS DE LA CRÉATIVITÉ COLLECTIVE

Si vous réunissez des personnes créatives au sein d'une équipe, êtes-vous sûr d'obtenir des résultats inédits? Pas nécessairement[49]. Ce qui importe pour obtenir des résultats originaux, c'est de mettre à contribution tous les catalyseurs de la créativité collective présentés à la figure 11.5.

Le principal ingrédient de la créativité collective, ce sont les membres dont l'équipe est constituée. En effet, pour former une équipe créative, on doit réunir des *personnes créatives*. Ensuite, on a tout intérêt à recourir à des *techniques d'aide à la décision*, telles que le remue-méninges et la technique du groupe nominal dont il a été question au chapitre 8. Ces dernières sont particulièrement utiles lorsque l'équipe rencontre des difficultés pendant le processus décisionnel. D'autres techniques peuvent aider les équipes à devenir plus créatives pendant le processus de prise de décision, notamment[50]:

- *Le jeu associatif* Il consiste à imaginer et à raconter des histoires, à participer à la création d'une œuvre d'art ou à construire des modèles de jouets qui vous viennent à l'esprit lorsque vous pensez au problème à résoudre.
- *La pollinisation croisée des idées* Il s'agit de procéder à un échange de membres entre équipes afin de bénéficier des idées de personnes ayant des centres d'intérêt, des origines et des expériences variés, au moment de la recherche de solutions à des problèmes.
- *Le recours à des analogies et à des métaphores* Le fait de décrire le problème à l'aide d'analogies et de métaphores favorise l'émergence d'une pensée créatrice.

Malgré la présence de membres créatifs et le recours aux techniques d'aide à la décision, une équipe ne peut réaliser son plein potentiel créatif sans un *soutien externe*. En effet, la créativité doit faire partie des priorités stratégiques de l'organisation dans son ensemble, mais celle-ci doit aussi nourrir la créativité chaque jour, de plusieurs manières. Le chef d'équipe peut ainsi favoriser la créativité en étant patient et en la laissant émerger d'elle-même dans les processus de prise de décision. La haute direction des entreprises peut également contribuer à nourrir la créativité en fournissant des ressources, notamment de la technologie, des occasions et de l'espace.

L'optimiste créateur

Des leaders parlent de leadership

Pour Vincent Aubert, le prochain Google pourrait venir de Québec, sa ville natale. « Pourquoi pas ? Les entreprises en démarrage n'ont pas de frontières. Une bonne idée peut conquérir le monde, peu importe d'où elle vient », affirme cet homme d'affaires de 29 ans, qui se dit un moulin à idées. Malgré son jeune âge, Vincent Aubert n'a rien d'un néophyte en affaires. À 22 ans, il fonde Golf Évolution, le plus important centre d'entraînement pour le golf de la région de Québec. Il est aussi copropriétaire, depuis 2009, de Laboratoire Nature, une entreprise qui fabrique des produits contre la perte de cheveux.

Aujourd'hui, Vincent Aubert place toute son énergie dans le développement de Memostars, une start-up sur laquelle il œuvre depuis un an.

Ce site internet propose une façon innovatrice de faire de la publicité sur internet. Le concept : l'internaute s'inscrit sur Memostars, choisit une catégorie, par exemple, automobile, puis visite le site web d'un fabricant. La tâche de l'internaute : mémoriser en quelques minutes l'information qui s'y trouve. Un petit quiz suivra, qui porte sur le contenu du site en question.

« Si vous avez les bonnes réponses, ka-ching, vous gagnez 99 cents de crédits Apple », explique Vincent Aubert.

Memostars suscite beaucoup d'intérêt dans les agences de pub, car sur internet, il est difficile pour les annonceurs de rejoindre les internautes, qui ont tendance à esquiver les pubs dont on les mitraille. L'objectif de son créateur : recevoir un million de visiteurs par jour d'ici un an.

De la conviction, il faut en avoir à revendre pour embarquer des investisseurs dans une entreprise en démarrage. « C'est là que vous devez être optimiste. Si vous n'y croyez pas, les gens ne vous suivront pas », dit Vincent Aubert. La confiance en soi est alors primordiale. Selon le psychologue Alain Forget, cette aptitude favorise l'expression de l'optimiste.

Des revers, les optimistes en connaissent tous, mais rien qui puisse les abattre. « Quand j'essuie un refus, j'en conclus que je n'ai pas été assez convaincant ce jour-là. Ce n'est que partie remise », soutient Vincent Aubert, un passionné de pêche. Une pensée qui correspond exactement à l'image qu'on se fait d'un optimiste, qui ne considère pas l'échec de manière personnelle, affirme Lucie Mandeville. « Les échecs, les optimistes les attribuent à des facteurs extérieurs, circonstanciels. Le pessimiste croira au contraire qu'il est nul, qu'il ne percera jamais », dit-elle. C'est mal parti pour réussir.

Source : Simon Diotte, « Le club des optimistes », *A+*, été 2011, p. 31.

QUESTION Quelles sont les principales caractéristiques du leader créatif ?

Pensez au développement de la créativité la prochaine fois que vous verrez un jeune enfant s'amuser avec un jouet vraiment ingénieux, peut-être fabriqué par Fisher-Price, filiale de Mattel. Au siège social de cette entreprise, il existe un lieu particulier appelé la « caverne », qui n'a rien à voir avec un bureau traditionnel. Baignant dans une lumière tamisée, il est meublé de fauteuils poires, de sofas et de chaises confortables. S'y déroulent les séances de remue-méninges, auxquelles participent, de leur plein gré, les créateurs, les ingénieurs et les spécialistes du marketing dans le but de concevoir des jouets astucieux pour les enfants d'âge préscolaire. Les consultants recommandent que ce type d'aires destinées à la créativité soient éloignées des lieux de travail habituels et puissent accueillir de 15 à 20 personnes au maximum[51].

Selon plusieurs spécialistes de la question, les décideurs peuvent nourrir la créativité :

- en diversifiant la composition des équipes de travail par l'inclusion de membres dont les antécédents, la formation et les points de vue diffèrent ;
- en encourageant le recours au raisonnement analogique, mode de pensée consistant à transférer un concept ou une idée d'un domaine à un autre ;
- en préconisant des temps de réflexion silencieuse ;
- en consignant toutes les idées proposées, ce qui évite de « réinventer la roue » ;
- en fixant des attentes élevées en matière de créativité ;
- en créant un environnement propice à l'expression d'idées amusantes et variées[52].

Force est de reconnaître que, dans les processus décisionnels axés sur la pensée créatrice, la qualité des idées résulte souvent de leur quantité[53].

Selon une recherche, la créativité apparaît d'abord et avant tout comme un processus mettant en jeu une interaction entre individus à l'intérieur d'un cadre organisationnel donné[54]. Le décideur peut souligner l'importance qu'il y a à s'engager dans un processus créatif et inciter les personnes à partager leurs idées en veillant à ce que cela reste constructif. Dans cette optique, la créativité fonctionne comme un mouvement de flux et de reflux qui mobilise tour à tour les représentants des diverses parties de l'organisation[55].

Les décideurs devraient encourager leurs subordonnés à accepter l'ambiguïté, à interagir avec des personnes ayant des points de vue différents des leurs et à s'ouvrir aux changements importants que risque de provoquer en eux la quête de nouvelles façons d'appréhender les problèmes, leurs causes et leurs solutions. Souvent, les subordonnés devront faire appel à des personnes qui n'ont qu'un lien indirect avec leur propre service au sein de l'organisation[56]. À long terme, le développement de la créativité suppose l'élargissement des réseaux créatifs permettant une évolution des idées à l'échelle individuelle[57].

GUIDE de révision

RÉSUMÉ

QU'EST-CE QUE LE PROCESSUS DÉCISIONNEL EN MILIEU ORGANISATIONNEL?

- La prise de décision (ou le processus décisionnel) consiste à choisir, parmi plusieurs lignes de conduite possibles, un plan d'action visant à régler un problème ou à saisir une occasion.
- Le processus de prise de décision rationnel comporte les cinq étapes suivantes: (1) la reconnaissance et la définition du problème; (2) la détermination et l'analyse des solutions possibles; (3) le choix d'un plan d'action approprié; (4) la mise en œuvre du plan d'action choisi; (5) l'évaluation des résultats et le suivi.
- Il faut intégrer le raisonnement éthique au processus de prise de décision, afin de veiller à régler adéquatement tous les dilemmes et problèmes moraux.
- En matière de processus décisionnel, les différences culturelles influent, notamment, sur la façon de résoudre les problèmes ainsi que sur le choix des problèmes à résoudre dans une organisation.
- Les problèmes routiniers et récurrents peuvent être résolus par des décisions programmées. Les problèmes exceptionnels ou inédits exigent des décisions non programmées, conçues sur mesure. Le type extrême de décision non programmée est la décision de crise face à des problèmes imprévus dont les conséquences peuvent être dangereuses s'ils ne sont pas résolus adéquatement.
- Dans toute organisation, les décisions se prennent dans des contextes de certitude, de risque ou d'incertitude. Les contextes décisionnels de risque ou d'incertitude sont plus exigeants pour le décideur.
- Comme les décisions se prennent souvent dans un contexte de risque ou d'incertitude, les décideurs doivent intégrer la gestion des risques au processus décisionnel.

QUELS SONT LES DIVERS MODÈLES DÉCISIONNELS?

- Selon le modèle décisionnel classique, le décideur fait face à des problèmes précisément définis, connaît les diverses options ou possibilités d'action avec leurs conséquences, et est donc en mesure de choisir la solution optimale.
- Selon le modèle décisionnel comportemental, le décideur fait face à des problèmes mal définis, ne dispose que d'une information limitée et adopte une solution satisfaisante, c'est-à-dire la première qui lui semble acceptable ou opportune dans les circonstances.
- Selon le modèle décisionnel de la poubelle, les principales composantes du processus décisionnel, soit les problèmes, les solutions, les intervenants et le contexte décisionnel, se trouvent pêle-mêle dans la «poubelle» de l'organisation.
- Lorsqu'ils prennent des décisions et essaient de résoudre des problèmes, les décideurs recourent autant à la pensée analytique, méthodique et réfléchie, qu'à la pensée intuitive, plus souple et plus spontanée.

- Les décideurs qui privilégient la pensée intuitive tendent à traiter simultanément plusieurs aspects d'un problème, cherchent à analyser la situation dans son ensemble, passent rapidement d'une question à une autre et agissent en fonction de leur inspiration, tirée de l'expérience ou d'une idée qui leur vient spontanément.

QUELS SONT LES PRINCIPALES ERREURS À ÉVITER ET LES PRINCIPAUX ENJEUX EN LIEN AVEC LE PROCESSUS DÉCISIONNEL ?

- Stratégies ou procédés simplificateurs utilisés dans la prise de décision, les heuristiques peuvent être utiles pour affronter l'incertitude et l'insuffisance d'information inhérentes à certains problèmes. Par ailleurs, elles risquent d'entraîner des erreurs de jugement récurrentes qui nuisent à la qualité et au caractère éthique des décisions.
- L'heuristique de l'accessibilité mentale consiste à juger un événement à la lumière des situations qui reviennent le plus facilement à la mémoire. L'heuristique de la représentativité consiste à évaluer la probabilité d'un événement en se fondant sur les similitudes qu'il présente avec d'autres situations à propos desquelles on entretient des idées préconçues. L'heuristique des données de référence consiste à évaluer un événement en se fondant sur des données provenant d'un précédent historique ou d'une source extérieure et adaptées aux nouvelles circonstances.
- Lorsqu'ils doivent prendre des décisions, les individus peuvent tomber dans le piège de la confirmation, c'est-à-dire rechercher l'information qui confirme ce qu'ils croient être vrai et ignorer ou négliger celle qui pourrait infirmer leurs convictions, et dans le piège du jugement a posteriori, c'est-à-dire surestimer rétrospectivement ce qu'ils auraient pu ou dû prévoir. Ils peuvent en outre commettre l'erreur de cadrage et aborder un problème dans le contexte restreint qu'ils perçoivent.
- Les individus et les équipes doivent savoir quand il convient de prendre une décision, avoir à l'esprit le fait que chaque problème n'exige pas une décision immédiate.
- Les individus et les équipes doivent choisir les personnes qui participeront à la prise de décision et être prêts à accepter ou à utiliser les décisions par voie d'autorité, les décisions individuelles ou collectives et les décisions par consultation, selon les problèmes ou les occasions du moment.
- Lorsque le plan d'action choisi ne fonctionne pas, les individus et les équipes doivent savoir lutter contre la surenchère irrationnelle, faire marche arrière et abandonner le plan.

COMMENT PEUT-ON STIMULER LA CRÉATIVITÉ DANS LE PROCESSUS DÉCISIONNEL ?

- La créativité est la capacité d'élaborer des idées originales ou de suivre une démarche ingénieuse pour résoudre les problèmes ou saisir les occasions qui se présentent.

- La pensée créatrice peut être envisagée comme un processus en cinq étapes : la préparation, la réflexion, l'incubation, l'illumination et la vérification.
- Pour favoriser la pensée créatrice et prendre des décisions plus créatives, on peut s'appuyer sur les catalyseurs de la créativité individuelle se rapportant, notamment, à la maîtrise de la tâche, à la motivation et aux aptitudes à la créativité.
- Pour favoriser la pensée créatrice et prendre des décisions plus créatives, on peut s'appuyer sur les catalyseurs de la créativité collective, notamment utiliser les techniques d'aide à la prise de décision, mettre à contribution les personnes créatives et s'appuyer sur un soutien externe.

MOTS CLÉS

Approche décisionnelle optimale	p. 378
Approche décisionnelle satisfaisante	p. 379
Contexte décisionnel de certitude	p. 376
Contexte décisionnel de risque	p. 376
Contexte décisionnel d'incertitude	p. 376
Créativité	p. 389
Décision collective (ou décision consensuelle)	p. 384
Décision de crise	p. 374
Décision non programmée	p. 374
Décision par consultation	p. 384
Décision par voie d'autorité	p. 384
Décision programmée	p. 374
Dilemme moral	p. 371
Erreur de cadrage	p. 383
Erreur d'exclusion	p. 369
Éthique	p. 371
Gestion des risques	p. 377
Heuristique	p. 382
Heuristique de l'accessibilité mentale	p. 382
Heuristique de la représentativité	p. 382
Heuristique des données de référence	p. 383
Intuition	p. 380
Modèle décisionnel classique	p. 378
Modèle décisionnel comportemental	p. 379
Modèle décisionnel de la poubelle	p. 379
Pensée analytique	p. 380
Pensée intuitive	p. 380
Piège de la confirmation	p. 383
Piège du jugement a posteriori	p. 383
Problème moral	p. 371
Surenchère irrationnelle	p. 387

ÉVALUATION DES CONNAISSANCES

MonLab
Évaluation des connaissances
questions interactives

QUESTIONS À CHOIX MULTIPLE

1. Une fois qu'un plan d'action a été choisi et mis en œuvre, l'étape suivante du processus décisionnel consiste à ________ **a)** répéter le processus. **b)** rechercher d'autres problèmes ou possibilités. **c)** évaluer les résultats. **d)** fournir les documents étayant la décision.
2. Dans quel contexte décisionnel le décideur doit-il composer avec les probabilités concernant les actions possibles et leurs conséquences ? **a)** Le contexte de certitude. **b)** Le contexte de risque. **c)** Le contexte de stabilité. **d)** Le contexte d'incertitude.

3. Lorsqu'une équipe s'attaque à la résolution d'un problème, étape par étape, rationnellement et méthodiquement, elle recourt ________ **a)** à la pensée analytique. **b)** à la pensée intuitive. **c)** à la surenchère de réflexion. **d)** à la pensée associative.
4. Un individu ou une équipe qui dispose d'une information limitée sur un problème donné et qui agit dans un contexte relativement risqué adoptera probablement ________ **a)** une solution optimale. **b)** le modèle décisionnel classique. **c)** une solution satisfaisante. **d)** une solution irrationnelle.
5. Le responsable du marketing qui décide de ne pas lancer un produit sur le marché parce que le précédent produit lancé a été un échec est influencé par l'heuristique ________ **a)** des données de référence. **b)** de l'accessibilité mentale. **c)** de l'ajustement. **d)** de la représentativité.
6. Pour évaluer l'aspect éthique d'une décision, on doit se poser des questions sur les critères, notamment sur ________ pour s'assurer du respect des intérêts de tous les intervenants. **a)** l'utilitarisme **b)** la justice **c)** les droits **d)** la compassion.
7. Selon le modèle de Vroom, Yetton et Jago, pour choisir entre une méthode de décision individuelle et une méthode collective, on doit se fonder notamment sur des critères comme l'impératif de qualité, l'accès à l'information et ________ **a)** l'impératif d'adhésion. **b)** la taille de l'organisation. **c)** le nombre d'intervenants. **d)** la position hiérarchique du leader.
8. La maxime « Vingt fois sur le métier remettez votre ouvrage » illustre la tendance des décideurs ________ **a)** à la pensée de groupe. **b)** au piège de la confirmation. **c)** à la surenchère irrationnelle. **d)** à la décision par association.
9. Selon le modèle décisionnel ________, les individus prennent des décisions optimales, alors que selon le modèle décisionnel ________, ils prennent les décisions qui leur paraissent satisfaisantes. **a)** heuristique-comportemental **b)** classique-comportemental **c)** heuristique-éthique **d)** de crise-programmé
10. Une erreur courante que les décideurs commettent en situation de crise est ________ **a)** de chercher à obtenir un trop grand nombre de données avant de réagir. **b)** de trop s'appuyer sur la décision collective. **c)** de s'isoler pour prendre la décision seuls. **d)** d'oublier de recourir à leur plan de gestion des crises.
11. Un chef de service qui informe ses subordonnés de la nécessité d'établir une rotation pour la pause de midi et qui leur demande auparavant leurs préférences et leurs raisons recourt à une ________ **a)** décision par voie d'autorité. **b)** décision par consultation. **c)** décision collective. **d)** décision consensuelle.
12. ________ est un procédé qui consiste à évaluer la probabilité d'un événement en se fondant sur les similitudes qu'il présente avec d'autres situations à propos desquelles on entretient des idées préconçues. **a)** L'heuristique de la représentativité **b)** L'heuristique des données de référence **c)** Le piège de la confirmation **d)** Le piège du jugement a posteriori

13. ________ est un procédé qui consiste à évaluer un événement en se fondant sur des données provenant d'expériences passées ou d'une source extérieure et adaptées aux nouvelles circonstances. **a)** L'heuristique de la représentativité **b)** L'heuristique des données de référence **c)** Le piège de la confirmation **d)** Le piège du jugement a posteriori

14. ________ est la tendance poussant l'individu à rechercher l'information qui confirme ce qu'il croit être vrai et à ignorer ou à négliger celle qui pourrait infirmer ses convictions. **a)** L'heuristique de la représentativité **b)** L'heuristique des données de référence **c)** Le piège de la confirmation **d)** Le piège du jugement a posteriori

15. Les catalyseurs de la créativité collective sont la présence de personnes créatives dans l'équipe, les techniques d'aide à la décision et ________. **a)** la motivation à exécuter la tâche. **b)** la maîtrise de la tâche. **c)** des objectifs à long terme. **d)** le soutien externe.

QUESTIONS À RÉPONSE BRÈVE

16. Expliquez ce que sont les heuristiques et décrivez leurs effets potentiels sur le processus décisionnel.

17. Qu'est-ce qui différencie la décision collective, la décision par consultation et la décision par voie d'autorité ?

18. Qu'est-ce que la surenchère irrationnelle ? Pourquoi est-il important d'en tenir compte au cours du processus décisionnel ?

19. Quelles questions un gestionnaire ou un chef d'équipe devrait-il se poser pour choisir les problèmes à résoudre et établir les priorités ?

QUESTION À DÉVELOPPEMENT

20. Dans le cadre d'un nouveau programme de mentorat auquel participent votre université et une école secondaire de votre localité, vous vous êtes porté volontaire pour faire une présentation devant une classe d'élèves de deuxième année du secondaire sur les difficultés qu'on rencontre lorsqu'on cherche à améliorer la créativité au sein d'une équipe. Votre but est de motiver ces jeunes à avoir individuellement une pensée créatrice et à recourir collectivement à ce mode de pensée lorsqu'ils travaillent par équipe et que la tâche l'exige. Que leur diriez-vous ?

LE CO DANS LE FEU DE L'ACTION

Pour ce chapitre, nous vous suggérons les activités suivantes du *Cahier d'apprentissage en CO* (voir p. C1).

Étude de cas	Exercices	Autoévaluations
21. Jean Durant	32. Analyse et négociation de rôle 33. Les naufragés 34. Incursion dans l'inconnu	16. Êtes-vous intuitif ? 17. L'influence des heuristiques sur le processus décisionnel

La communication et la collaboration

Une communication efficace permet de travailler de façon organisée et dans un climat propice à la collaboration. Une bonne compréhension de la nature du processus de communication peut aider à bien gérer la communication au sein des organisations. Ainsi, ce chapitre traite de la communication interpersonnelle et de la communication organisationnelle comme voies menant à des interactions efficaces et à la collaboration en milieu organisationnel.

Chapitre 12

OBJECTIFS D'APPRENTISSAGE

Après l'étude de ce chapitre, vous devriez pouvoir :

- Définir les éléments clés du processus de communication interpersonnelle.
- Expliquer les principaux obstacles à la communication.
- Décrire les caractéristiques de la communication en milieu organisationnel.
- Expliquer comment créer des milieux de travail axés sur la collaboration.

Interagissez avant d'agir.

PLAN DU CHAPITRE

Absolunet mise sur la communication avec ses troupes

Tous les premiers mardis du mois, Martin Thibault s'entretient avec sa cinquantaine d'employés. Le président et cofondateur d'Absolunet, une PME de Boisbriand qui met au point des stratégies internet et mobile, en profite pour les informer des dernières nouvelles.

Lors de la rencontre, au début de novembre, il a même fait son mea-culpa ! « La décision de retarder certaines embauches avait mis sur les employés une pression additionnelle. C'était une erreur de ma part », explique-t-il. Il s'en est donc excusé en leur disant aussi son appréciation d'avoir relevé le défi et que la situation allait être corrigée.

Ce mode de gestion transparent contribue à faire de l'agence un lieu de travail prisé de ses employés, dont la moyenne d'âge est d'environ 30 ans. Les commentaires diffusés sur les réseaux sociaux ou le site web de l'entreprise en témoignent, comme celui du technicien réseau Stéphane Thibault. « Absolunet se démarque par l'ambiance de travail et le respect de ses employés. Le sentiment d'appartenance est palpable dès le premier jour de travail », dit-il.

Résultat : l'agence interactive a été reconnue comme Employeur remarquable par le Bureau de normalisation du Québec. Cette certification, obtenue à la suite d'un sondage confidentiel auprès des employés, évalue notamment les conditions de travail, l'ambiance et la qualité de vie au travail de même que les communications.

Il faut consulter et faire participer les employés, parce qu'ils sont parties prenantes de l'entreprise et contribuent à son succès.

La disponibilité des dirigeants à transmettre des informations figure d'ailleurs parmi les pratiques les plus appréciées par le personnel d'Absolunet. Tout comme la possibilité de prendre des décisions et de faire preuve d'initiatives, un horaire de travail flexible favorisant un équilibre entre leur vie personnelle et professionnelle.

« Il faut consulter et faire participer les employés, parce qu'ils sont parties prenantes de l'entreprise et contribuent à son succès », affirme Martin Thibault.

Le personnel a aussi accès à une salle de type « bar-salon » et à un jeu de soccer sur table. Tous les vendredis en fin d'après-midi, c'est l'apéro au bureau. « Je ne tiens pas à ce que les employés travaillent 50 heures par semaine. Mais je veux que leurs 37 heures et demie soient productives. Une bonne ambiance au travail y contribue », dit le président.

Chaque trimestre, les dirigeants organisent une journée thématique pour célébrer les bons coups. Le cinéma était récemment à l'honneur : la direction a installé une machine à maïs éclaté au bureau et offert des billets à ses employés.

La direction, qui offre aussi un régime de participation différée aux bénéfices, n'entend pas pour autant s'asseoir sur ses lauriers. « Le titre d'employeur remarquable nous permet aussi de mieux repérer les situations à améliorer », dit M. Thibault. L'entreprise travaille aussi à obtenir la norme conciliation travail-famille du BNQ. […]

Source : Pierre Théroux, « Absolunet mise sur la communication avec ses troupes », *Les Affaires*, 24 novembre 2012, p. 19-20. Cet extrait a été reproduit aux termes d'une licence accordée par Copibec.

La communication interpersonnelle

Dans nos milieux de travail de plus en plus axés sur la collaboration, la communication est plus importante que jamais. Des outils sociaux comme les wikis et les blogues renforcent le pouvoir de communication des employés et des clients. Les nouvelles technologies, la tendance à un travail en temps réel à l'échelle mondiale et les nouvelles générations d'individus constamment connectées aux réseaux sociaux ont changé de façon spectaculaire la façon de travailler. Les entreprises craignent-elles que cette situation mène à la confusion et à une perte de contrôle? Pas Google, IBM et Xerox, où la collaboration est devenue le nouveau principe organisationnel qui régit le milieu du travail.

La communication est le ciment assurant la cohésion de toute organisation. Elle permet de partager l'information, les idées, les objectifs, les orientations, les attentes, les impressions et les émotions dans le contexte d'une action coordonnée. Comme nous l'expliquerons plus loin, les organisations prospères valorisent et favorisent la communication efficace tant à l'échelle interpersonnelle qu'à l'échelle de toute l'organisation et même au-delà.

Mais jusqu'à quel point sommes-nous, dans les faits, de bons communicateurs? Les répondants à un sondage de l'American Management Association, par exemple, n'ont accordé aux gestionnaires de leur organisation qu'une note de 63 % en matière de communication de l'information et des directives, tandis que les travailleurs interrogés pour un autre sondage touchant cette fois la capacité d'écoute et la capacité de poser des questions n'ont donné aux gestionnaires qu'une moyenne de 3,36 points sur une échelle de 5[1]. De toute évidence, il reste beaucoup à faire au chapitre de la communication dans les milieux de travail et de gestion!

LE PROCESSUS DE COMMUNICATION

La **communication** se définit comme un processus d'émission et de réception de messages porteurs de sens. La **figure 12.1** en schématise les éléments fondamentaux. Vous y noterez la présence d'une *source*, l'*émetteur*, qui encode un message pour transmettre le sens voulu, et celle d'un *récepteur*, qui *décode* le message reçu pour en saisir le sens. Selon les cas, il peut y avoir ou non une *rétroaction* du récepteur. Bien que ce processus semble des plus élémentaires, ce qui se produit au cours d'un tel échange d'information est plus complexe qu'il n'y paraît. Notamment, le message

▶ **Communication**
Processus d'émission et de réception de messages porteurs de sens

FIGURE 12.1 LE PROCESSUS DE COMMUNICATION ET SEPT CAUSES POTENTIELLES DE BRUITS PARASITES

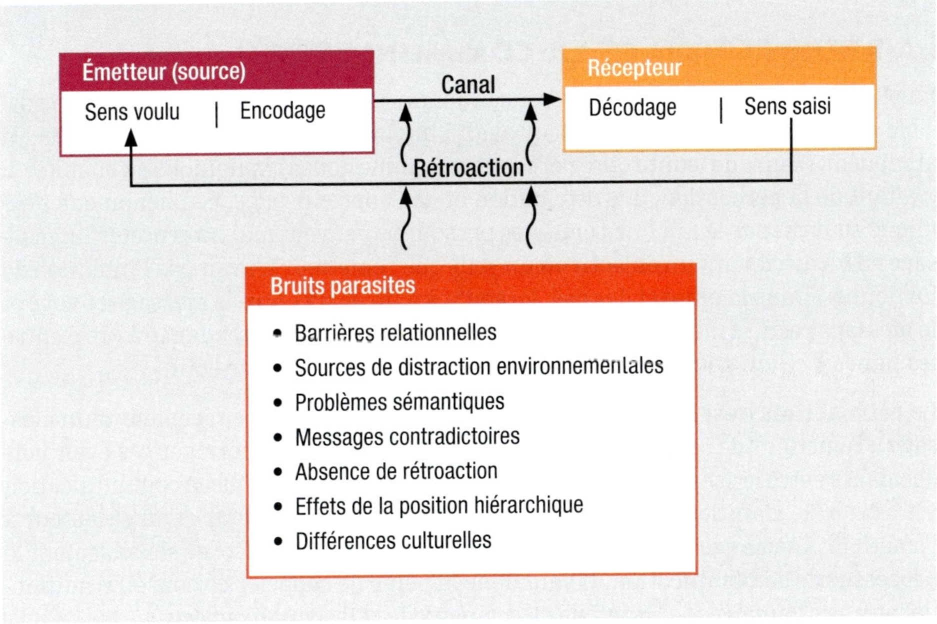

Bruit parasite
Toute perturbation qui interfère dans la transmission du message et gêne le processus de communication

peut être brouillé par un **bruit parasite**, terme désignant toute perturbation qui interfère dans la transmission du message et gêne le processus de communication. Par exemple, si votre ventre gargouille parce que votre cours a lieu juste avant l'heure du dîner ou si vous vous inquiétez à propos d'un examen que vous devez passer plus tard dans la journée, il y a fort à parier que vous serez incapable d'écouter attentivement ce que votre enseignant ou vos collègues sont en train de dire. Dans les faits, il s'agit de bruits parasites qui brouillent le processus de communication.

Émetteur
Individu ou groupe qui tente de communiquer avec quelqu'un d'autre

Encodage
Traduction d'une idée ou d'une pensée en un message constitué de symboles verbaux, oraux ou écrits, ou non verbaux (comme les gestes)

Canal de communication
Voie utilisée pour la transmission d'un message (rencontre en personne, téléphone, lettre, note de service, courriel, messagerie vocale, etc.)

La source de l'information, ou l'**émetteur**, est la personne ou le groupe qui essaie de communiquer avec quelqu'un d'autre, notamment pour changer son attitude ou son comportement, ou pour modifier ses connaissances. Le chef d'une équipe, par exemple, peut souhaiter communiquer avec son directeur de division pour lui expliquer que son équipe a besoin de plus de temps ou de ressources pour finir le travail qui lui a été confié. L'émetteur doit procéder à un **encodage**, c'est-à-dire traduire son idée ou sa pensée en un message comportant des symboles verbaux, oraux ou écrits, ou non verbaux (comme des gestes). Le message est ensuite transmis par un **canal de communication** : rencontre en personne, téléphone, courriel, lettre, note de service, messagerie vocale, etc. Le choix de ce dernier peut influer beaucoup sur le processus de communication. Certaines personnes privilégient certains canaux plutôt que d'autres. Certains canaux sont mieux adaptés à certains types de messages. Dans le cas du chef d'équipe qui communique avec son directeur de division, par exemple, l'effet du message ne sera pas le même s'il est transmis en tête à tête, par note de service ou par courriel. Le chef d'équipe a donc tout intérêt à bien choisir.

Récepteur
Individu ou groupe à qui s'adresse un message

Décodage
Processus par lequel le récepteur attribue un sens au message reçu

Le processus de communication ne s'arrête évidemment pas dès que le message est envoyé. Pour qu'un sens soit attribué à celui-ci, il faut que le **récepteur**, l'individu ou le groupe à qui il s'adresse, le reçoive et l'interprète, grâce au **décodage**. Or de nombreux facteurs, notamment les connaissances et l'expérience du récepteur ainsi que sa relation avec l'émetteur, peuvent compliquer les choses. Les points de vue d'amis, de collègues ou de supérieurs peuvent également avoir une incidence sur l'interprétation que fera le récepteur du message. Pour finir, le sens attribué au message par le récepteur peut être bien différent de celui que lui avait donné l'émetteur.

LA RÉTROACTION ET LA COMMUNICATION

La plupart des récepteurs d'un message sont tout à fait conscients du décalage possible entre le message que l'émetteur avait l'intention d'envoyer et le sens qu'ils lui attribuent à cause de leur propre perception. Comme nous l'expliquions au chapitre 4, traitant de la perception, de l'attribution et de l'apprentissage, ce phénomène s'explique souvent par le fait que certaines personnes peuvent mal interpréter un message en lui attribuant un objectif ou un sens que l'émetteur n'avait pas l'intention de lui donner. Dans la plupart des cas, lorsqu'il y a un écart entre le message envoyé et le message reçu, et même lorsqu'il n'y en a pas, le récepteur a tendance à « lire entre les lignes », ce qui peut souvent fausser la communication au travail.

Rétroaction
Dans le processus de communication, message de retour qu'adresse le récepteur d'un message à son émetteur, généralement pour l'informer de sa compréhension ou de son interprétation de ce que ce dernier a dit ou fait

La **rétroaction**, c'est-à-dire le message de retour adressé par le récepteur d'un message à l'émetteur de ce dernier, est une façon de déceler et de corriger ces éventuels décalages entre le « sens voulu » et le « sens saisi ». Elle signifie que la communication est bilatérale, dans les deux sens, soit de l'émetteur au récepteur et du récepteur à l'émetteur. L'échange d'information qui en découle peut améliorer sensiblement le processus de communication. Il vaut donc la peine de rappeler ce conseil traditionnel aux gestionnaires : « Maintenez les canaux de rétroaction *ouverts.* »

Dans la pratique, on associe souvent la rétroaction au fait de communiquer à quelqu'un d'autre sa compréhension ou son interprétation de ce qu'il a dit ou fait. Au chapitre 6, nous avons présenté l'approche dite de « la rétroaction à 360 degrés » en matière d'évaluation du rendement, par laquelle non seulement le supérieur immédiat, mais aussi les collègues de travail et les subordonnés, notamment, contribuent à l'appréciation du rendement. Un nombre croissant d'organisations découvrent les avantages de cette méthode, qui place la barre un peu plus haut, mais qui peut enrichir le processus de rétroaction. Comme toute approche faisant appel à des appréciations, la rétroaction à 360 degrés exige de chacune des parties qu'elle prenne la démarche au sérieux et manifeste des compétences interpersonnelles[2].

Dans la plupart des organisations, la rétroaction est plutôt insuffisante que surabondante, en particulier lorsque le message est négatif, car les gens appréhendent la façon dont ce dernier sera reçu ou craignent de provoquer des émotions qu'ils ne sont pas préparés à affronter. Des paroles qui se veulent polies et prévenantes peuvent être perçues comme désagréables et même hostiles. Ce risque est particulièrement présent pendant le processus d'évaluation du rendement. Un gestionnaire ou un chef d'équipe ne doit pas se contenter de rédiger une évaluation du rendement et de la verser au dossier de l'employé. Pour contribuer au perfectionnement de celui-ci, il doit procéder à une rétroaction pertinente sur les résultats de son évaluation, faite autant de louanges que de critiques. Transmettre un message de rétroaction en faisant en sorte que le récepteur l'accepte et s'en serve de manière constructive constitue tout un art. Plus spécifiquement, pour que la rétroaction soit constructive :

- instaurez une atmosphère de confiance mutuelle avec votre interlocuteur et soyez direct ;
- ne restez pas dans le vague, soyez précis et fournissez des exemples clairs ;
- choisissez le moment le plus propice pour la personne à qui vous vous adressez ;
- soyez certain de ce que vous affirmez et vérifiez vos perceptions auprès d'autres personnes avant de les formuler ;
- concentrez-vous sur ce qui est vraiment du ressort de la personne à qui vous vous adressez ;
- limitez la quantité d'information transmise à chaque intervention.

LA COMMUNICATION NON VERBALE

Tout le monde le sait, les gens communiquent par d'autres moyens que la parole et l'écrit. Par conséquent, il faut aussi comprendre et maîtriser la **communication non verbale**, qui passe notamment par l'expression du visage, le regard, la position du corps et les gestes. La communication non verbale sert souvent à clarifier ou à renforcer ce qui est dit, mais elle peut aussi avoir lieu sans qu'aucun mot soit prononcé ; elle n'accompagne donc pas toujours la communication verbale. Les bons communicateurs connaissent l'importance du non-verbal. Par ailleurs, les recherches menées sur la **kinésie**, qui est l'étude des gestes et des mouvements du corps, ont montré la forte influence du langage non verbal sur la façon dont les individus communiquent entre eux.

▸ **Communication non verbale**
Communication qui passe notamment par l'expression du visage, le regard, la position du corps et les gestes

▸ **Kinésie**
Étude des gestes et des mouvements du corps

Un chez-soi au bureau

DES AS DE LA GESTION

Des cartes postales de Cuba, une collection de cactus, ou encore une figurine de P.K. Subban... Si vous regardez autour de vous au bureau, il y a de fortes chances que vous trouviez l'un de ces objets.

Vouloir personnaliser son espace de travail est tout à fait naturel selon Jacqueline Vischer, directrice du Groupe de recherche en environnement du travail de l'Université de Montréal. «Certains chercheurs pensent même que c'est un véritable besoin», explique Dr Vischer.

Plus des trois quarts des employés décorent leur espace de travail à différents degrés. Le comportement varie selon le type d'emploi, mais surtout en fonction de la longévité des employés et du sentiment d'appartenance à une organisation. «Si le personnel reste longtemps, la tendance à décorer l'espace est plus importante», poursuit Dr Vischer.

Pour certains employés, le confort fonctionnel est suffisant à leur bien-être au travail: éclairage et température adéquats, siège ergonomique... Mais le plus souvent, ils éprouvent le besoin d'exercer un contrôle sur leur territoire, exprimer leur personnalité ou se sentir comme chez soi.

«Ce confort psychologique aurait une incidence positive sur le moral», estime Jacqueline Vischer.

Travailler entouré de sa tasse préférée et de la photo de son chien doperait même notre productivité. Selon une étude britannique réalisée par l'Université d'Exeter en 2010, les employés autorisés à personnaliser leur bureau seraient 32 % plus productifs que ceux qui n'en ont pas la possibilité. [...]

Si la tendance est à l'encadrement de personnalisation, certaines entreprises vont, à l'inverse, jusqu'à encourager leurs employés à s'approprier les espaces de travail.

Chez Google Montréal, les employés sont libres d'agencer leur bureau à leur guise et un budget est même alloué à la personnalisation des bureaux. «On a acheté des meubles pour que des employés puissent exposer leur collection de Transformers et de figurines Android», raconte Shibl Mourad, directeur recherche et développement.

Le géant informatique californien est réputé pour le design créatif, décontracté et moderne de ses locaux. Aucun bureau Google n'est identique à un autre dans le monde.

«Les locaux sont conçus en fonction des souhaits des employés et reflètent la culture locale, poursuit M. Mourad. Lors des rénovations en 2011, il y a eu des rencontres avec les employés pour écouter leurs idées. On a alors installé un mur d'escalade et un studio de musique insonorisé où ils peuvent jouer de la guitare.

«La philosophie générale de Google est qu'une entreprise est la somme des individus dans l'entreprise. On participe tous à la création des produits, on participe tous à l'aménagement de notre espace de travail.»

Source: Marielle Rougerie, «Un chez-soi au bureau», *La Presse*, 22 septembre 2012, Carrières et professions, p. 5. Cet article a été reproduit aux termes d'une licence accordée par Copibec.

La dimension non verbale de la communication révèle souvent ce qu'un individu veut dire ou ce qu'il pense réellement. D'après les recherches, lorsque le langage verbal et le langage non verbal ne sont pas en harmonie, le récepteur accorde plus d'attention au second, au paralangage. Ce dernier peut aussi avoir une influence sur l'impression que les autres se font de nous. Ainsi, les personnes qui mènent des entrevues sont généralement mieux disposées à l'égard de leurs interlocuteurs qui émettent des signaux non verbaux positifs (regard franc, posture droite, etc.) qu'à l'égard de ceux qui émettent des signaux négatifs (yeux baissés, posture avachie, etc.). Pour faire bonne impression en entrevue et dans d'autres situations, il faut soigner à la fois les aspects verbaux et non verbaux de la communication, y compris la ponctualité, la tenue vestimentaire et le maintien.

L'agencement physique de l'espace (des bureaux, par exemple) est une autre dimension de la communication non verbale. La **proxémie**, l'étude de l'utilisation que les êtres humains font de l'espace, nous en apprend beaucoup sur la communication[3]. La **figure 12.2** illustre trois agencements du bureau d'un cadre en indiquant les messages non verbaux qu'ils peuvent transmettre aux visiteurs. Comparez ces schémas avec l'agencement de votre propre bureau, de celui d'un supérieur ou de quelqu'un de votre entourage, en vous demandant quel est le message transmis aux visiteurs[4].

Proxémie
Étude de l'utilisation que les êtres humains font de l'espace

FIGURE 12.2 L'AGENCEMENT D'UN BUREAU ET LA COMMUNICATION NON VERBALE

L'ÉCOUTE ACTIVE

«Nous avons deux oreilles et une seule bouche pour écouter deux fois plus que nous parlons.» Cette citation, qui paraphrase les paroles du philosophe grec Épictète, évoque un autre des pièges courants de la communication, soit l'incapacité d'écouter attentivement. La capacité de bien écouter est un atout primordial pour ceux et celles dont la fonction repose sur des activités de communication. Rappelons en effet que le processus de communication comporte deux phases: (1) envoyer un message ou *dire*; (2) recevoir un message ou *écouter*. Malheureusement, un trop grand nombre de personnes se préoccupent plus de dire quelque chose que d'écouter[5].

Dans les milieux de travail contemporains, tout le monde devrait acquérir des compétences en **écoute active**, c'est-à-dire apprendre à écouter de manière à aider l'émetteur d'un message à exprimer ce qu'il veut vraiment dire. Le concept est né des travaux de conseillers et de thérapeutes formés à aider les gens à manifester leurs pensées ou leurs sentiments et à parler de ce qui leur tient à cœur[6]. L'écoute active peut se résumer par les cinq conseils de base suivants:

Écoute active
Façon d'écouter qui aide l'émetteur d'un message à exprimer ce qu'il veut vraiment dire

1. Cherchez à déceler le contenu essentiel du message. Essayez d'entendre exactement ce qu'on vous dit.
2. Soyez à l'écoute des émotions de votre interlocuteur. Essayez de saisir ce qu'il ressent.

3. Réagissez aux émotions de votre interlocuteur. Faites-lui savoir que vous comprenez ses sentiments.
4. Prêtez attention à tous les signaux verbaux et non verbaux.
5. Transmettez à votre interlocuteur ce que vous avez compris. Reformulez ce que vous croyez avoir entendu et saisi.

Lisez attentivement les deux exemples de conversations ci-dessous. Prêtez attention à la différence d'attitude de la directrice de succursale selon qu'elle pratique ou non l'écoute active. Comment vous sentiriez-vous si vous étiez le chef d'équipe dans l'une et l'autre de ces situations[7] ?

Exemple 1

Le chef d'équipe – Hé ! Johanne ! Qu'est-ce que c'est que cette commande ? On ne peut pas s'en occuper aujourd'hui, on est débordés. Pour qui nous prennent-ils ?

La directrice de succursale – Mais c'est une commande ! Alors, occupez-vous-en le plus rapidement possible. Nous subissons tous d'énormes pressions cette semaine.

Le chef d'équipe – Mais ils devraient savoir que nous sommes déjà en retard à cause de ce problème de logiciel dont je t'ai parlé…

La directrice de succursale – Écoute, ce n'est pas moi qui décide de ce qui se passe en haut. Mon travail est de faire en sorte qu'ils aient ce qu'ils veulent, et c'est ce que je suis en train de faire.

Le chef d'équipe – Attends de voir la réaction de mes gars ! Ils ne vont pas aimer ça…

La directrice de succursale – Tu vas devoir régler ça avec eux, pas avec moi.

Exemple 2

Le chef d'équipe – Hé ! Marcelle ! Qu'est-ce que c'est que cette commande ? On ne peut pas s'en charger aujourd'hui, on est débordés. Pour qui nous prennent-ils ?

La directrice de succursale – Tu sembles être furieux contre eux. Cette situation te met en colère, n'est-ce pas ?

Le chef d'équipe – Évidemment ! Juste quand on allait rattraper notre retard causé par ce problème de logiciel, ils nous arrivent avec cette commande supplémentaire !

La directrice de succursale – Comme si vous n'en aviez pas assez sur les bras, hein ?

Le chef d'équipe – Exactement ! Je n'ai aucune idée de ce que je vais dire aux membres de l'équipe. Ils sont déjà tellement tendus aujourd'hui ! On dirait que tout ce qu'on fait ici est urgent, très urgent et encore plus urgent.

La directrice de succursale – Je suppose que tu trouves injuste de leur en demander plus.

Le chef d'équipe – Eh bien… oui. Je sais que c'est la même chose dans les autres services… Enfin, si on n'a pas le choix, je vais me débrouiller pour leur en parler.

La directrice de succursale – J'apprécie beaucoup. Faites tous votre possible. De mon côté, je vais voir ce que je peux faire pour qu'à l'avenir on s'en tienne à ce qui est prévu.

La directrice de succursale du deuxième exemple manifeste de réelles habiletés d'écoute active. Elle répond aux doléances de son subordonné de manière à le faire parler, ce qui lui permet d'en apprendre davantage sur la situation. Quant au chef d'équipe, il se sent mieux à la fin de la conversation parce qu'il a pu s'exprimer et qu'il a le sentiment d'avoir été écouté.

La recette gagnante d'Alimentation Couche-Tard

DES AS DE LA GESTION

[…] Les gérants et les assistants-gérants de Couche-Tard rageaient contre le site Intranet de l'entreprise qu'ils ne trouvaient pas convivial. La direction de la chaîne de dépanneurs en a réuni certains dans un comité pour repenser le site de A à Z. Le « Wik'Hibou » amélioré vient d'être mis en ligne, pour le plus grand bonheur de ses utilisateurs. Cette anecdote illustre bien la détermination de Couche-Tard à rester à l'écoute des besoins de ses employés.

« Tâter le pouls des employés, nous faisons cela tout le temps », dit Judith Boisjoli, directrice des ressources humaines, Division Est-du-Canada. Nous l'avons rencontrée dans le décor enchanteur du nouveau siège social lavallois de Couche-Tard, tout au bout du boulevard Industriel, à l'orée d'une petite forêt.

Cette culture de l'écoute explique sans doute pourquoi l'entreprise améliore constamment son score au Défi Meilleurs employeurs. Cela lui a valu le prix spécial de l'amélioration en 2008. Cette année, elle se hisse dans la catégorie des grandes entreprises. Ce n'est pas un mince exploit, compte tenu d'un taux de roulement élevé, propre au secteur du commerce de détail, et de la maigre rémunération des commis de dépanneurs.

Chez Couche-Tard, les occasions de s'exprimer sont nombreuses. Directeurs et coordonnateurs visitent régulièrement les dépanneurs pour écouter ce que les gérants et les commis ont à dire. Les réunions d'équipe de chaque magasin font une place aux suggestions et aux commentaires. De plus, le personnel est invité à envoyer ses idées par courriel à l'équipe des ressources humaines.

Et les 8 862 employés de la Division Est-du-Canada sont entendus. Parce qu'ils se plaignaient du piètre accueil reçu lorsqu'ils faisaient appel au Programme d'aide aux employés, Couche-Tard vient de changer de fournisseur. Parce que les assistants-gérants trouvaient injuste d'être exclus du régime d'assurances collectives, l'entreprise les a intégrés. Même chose pour les cuisiniers, qui y ont droit depuis peu.

Une employée a pour sa part proposé de tenir une collecte de sang, chose que Couche-Tard n'avait jamais faite. Depuis, l'entreprise en organise une tous les six mois.

Par l'entremise du concours « Meilleurs coups, bonnes idées », elle récompense les employés dont les suggestions permettent de réduire les coûts ou d'améliorer l'efficacité.

Même si Couche-Tard écoute ses employés, elle a un message à leur transmettre. « Plusieurs de nos employés travaillent à titre de commis de dépanneur pendant leurs études, explique Judith Boisjoli. Nous voulons qu'ils sachent qu'ils peuvent aussi faire carrière chez nous. »

Dans l'espoir de les fidéliser, l'entreprise envoie à chaque magasin la liste des postes à combler deux fois par mois. « Si un jeune voit qu'il y a une ouverture en comptabilité et qu'il étudie dans ce domaine, cela l'incitera peut-être à rester », estime la directrice des ressources humaines. […]

Source : Nathalie Vallerand, « La recette gagnante d'Alimentation Couche-Tard », *Les Affaires*, 19 juin 2010, p. 12.

Les principaux obstacles à la communication

Les organisations contemporaines sont des milieux qui débordent d'information et utilisent de plus en plus de technologies. Cependant, n'oublions jamais que ce sont les êtres humains qui font « tourner la machine ». Pour mettre en commun leurs énergies et leurs talents et collaborer efficacement à l'édification d'organisations hautement performantes, ces derniers doivent exceller dans leurs communications interpersonnelles sans se laisser démonter par les obstacles qui peuvent les entraver.

Il existe sept grands types de bruits parasites qui interfèrent couramment dans les échanges de vues et dont il faut connaître la nature et les effets. Comme l'indique la figure 12.1, ces obstacles potentiels au processus de communication en milieu de travail sont : (1) les barrières relationnelles ; (2) les sources de distraction environnementales ; (3) les problèmes sémantiques ; (4) les messages contradictoires ; (5) l'absence de rétroaction ; (6) les effets de la position hiérarchique ; (7) les différences culturelles.

LES BARRIÈRES RELATIONNELLES

Barrière relationnelle
Obstacle à la communication qui survient lorsque le récepteur du message est incapable d'écouter objectivement ce que l'émetteur lui dit, à cause d'un manque de confiance, de conflits interpersonnels, d'une mauvaise réputation de l'émetteur, de stéréotypes ou de préjugés, notamment

Ralph Waldo Emerson définit ainsi les **barrières relationnelles** : « Ce que vous êtes parle si fort qu'on n'entend plus ce que vous dites[8]. » On rencontre des barrières relationnelles en communication lorsque le récepteur du message est incapable d'écouter objectivement ce que l'émetteur lui dit à cause d'un manque de confiance, de conflits interpersonnels, d'une mauvaise réputation de l'émetteur, de stéréotypes ou de préjugés, notamment. Dans de telles situations, le récepteur et l'émetteur peuvent déformer la communication en jugeant ou en évaluant le contenu du message ou en ne parvenant pas à le transmettre efficacement. Pensez à une personne que vous n'aimez pas ou à un collègue de travail ou d'université qui vous irrite. Puis réfléchissez à la façon dont vous communiquez avec cette personne. L'écoutez-vous attentivement ou pensez-vous à autre chose pendant qu'elle vous parle ? Échangez-vous de l'information avec elle ou lui coupez-vous brusquement la parole ? Lui répondez-vous évasivement ?

Écoute sélective
Tendance du récepteur à bloquer l'information qu'on lui transmet ou à n'entendre que celle qui correspond à des idées reçues

Filtrage de l'information
Tendance de l'émetteur à ne pas transmettre l'information dans sa totalité

Ce type de problème reflète une écoute sélective et un filtrage de l'information. La personne qui pratique l'**écoute sélective** a tendance à bloquer l'information qu'on lui transmet ou à n'entendre que celle qui correspond à des idées reçues. Si elle ne fait pas confiance à son interlocuteur, elle présumera que celui-ci ne lui dit pas la vérité ou croira entendre des mots que son interlocuteur n'a absolument pas prononcés. Un employé qui pense qu'un collègue n'est pas compétent pourra ignorer des renseignements importants que ce dernier lui transmet. Certaines personnes procèdent par ailleurs à un **filtrage de l'information** ou ne communiquent pas l'information dans sa totalité, c'est-à-dire qu'elles ne disent pas toute la vérité. Si nous n'aimons pas un collègue de travail, nous pouvons négliger de lui fournir des détails ou des tuyaux essentiels qui pourraient l'aider à mieux exécuter sa tâche.

Les barrières relationnelles peuvent aussi résulter de problèmes d'ego ou d'un manque d'aptitudes en communication. La personne à l'ego surdimensionné peut déformer les messages qu'elle reçoit pour qu'ils servent ses propres intérêts ou pour se mettre en valeur au détriment des autres. La personne qui manque d'aptitudes en communication peut ne pas écouter attentivement ce que les autres ont à dire. Pendant une réunion, elle peut se mettre à discourir interminablement au lieu de présenter un message concis et cohérent. Elle n'arrive pas non plus à adapter son message à son auditoire.

LES SOURCES DE DISTRACTION ENVIRONNEMENTALES

Les **sources de distraction environnementales** constituent un autre type d'obstacles pouvant compromettre l'efficacité d'une tentative de communication. La scène qui suit, où nous surprenons les bribes d'un entretien entre Georges et son patron Louis, en fournit quelques exemples[9].

Source de distraction environnementale
Source de distraction liée à l'environnement, telle qu'un bruit ou un visiteur impromptu, qui interfère avec la transmission d'un message et interrompt le processus de communication

> « Très bien, Georges, parlez-moi de votre problème. » Le téléphone sonne, le patron décroche, promet un rapport quelconque à son interlocuteur, « dès que je l'aurai moi-même obtenu », et raccroche. « Bon, alors, où en étions-nous, Georges ? Ah oui, vous avez un problème avec les gens du marketing. Vous avez l'impression que… » La secrétaire apporte à Louis des documents à signer. Il s'exécute et elle repart. « Euh, vous dites qu'ils ne sont pas très coopératifs ? Eh bien ! Je vais vous donner mon point de vue… » Nouvel appel téléphonique, suivi de la visite d'un collègue avec qui Louis a rendez-vous. « Bon, écoutez, Georges, essayez donc de régler ça directement avec eux. Désolé, mais là, il faut que j'y aille. »

Dès le départ, Louis n'était manifestement pas intéressé par les problèmes de son subordonné. Mais il y a plus : il a laissé des sources environnementales le submerger d'information et le distraire à plusieurs reprises. Sa discussion avec Georges en a grandement souffert. Ce dernier est reparti totalement insatisfait. Louis pourrait éviter ce genre d'erreur en établissant des priorités et en réservant des moments précis pour avoir de vraies conversations. Si Georges avait quelque chose à dire à son patron, celui-ci aurait dû choisir un moment propice au dialogue, durant lequel il ne se serait pas laissé distraire par le téléphone ou par l'arrivée d'un visiteur. À tout le moins, il aurait pu fermer la porte de son bureau et prévenir sa secrétaire qu'il ne voulait pas être dérangé.

LES PROBLÈMES SÉMANTIQUES

Dans la mesure où ils brouillent le sens du message et peuvent même le rendre complètement indéchiffrable, un mauvais choix de mots ou l'utilisation de termes hermétiques et complexes constituent d'importants obstacles à la communication. Voici deux exemples de la langue de bois, qui a failli s'imposer, à une époque, comme le modèle de la communication officielle[10] :

A. « Nous vous invitons à nous faire parvenir toute recommandation que vous jugeriez pertinente et nous vous assurons que lesdites recommandations seront examinées avec la plus grande attention. »

B. « Des éléments représentatifs de la clientèle continuent à insister sur la nécessité fondamentale d'une stabilisation de la structure des prix à un niveau inférieur à celui qui a cours actuellement. »

Ne serait-il pas plus simple de dire : a) « Envoyez-nous vos recommandations ; elles seront prises en considération » ; b) « Les consommateurs réclament une baisse des prix » ? Il existe en anglais le *KISS principle*, pour *Keep it short and simple*, signifiant qu'il faut viser la simplicité et éviter les complications inutiles. C'est un principe à retenir en gestion. Après tout, pourquoi embrouiller ce qui peut être clair et net ?

LES MESSAGES CONTRADICTOIRES

Message contradictoire
Décalage entre les mots que prononce un individu et ce que révèlent ses gestes et son langage corporel

On observe souvent un décalage entre les mots que prononce un individu et ce que révèlent ses gestes et son langage corporel. On parle alors d'un **message contradictoire**. Il est important de détecter toute divergence de ce type et d'accorder alors de l'importance aux signaux non verbaux, car ils révèlent souvent les véritables intentions et sentiments de la personne[11].

Au cours d'une réunion d'affaires, par exemple, un interlocuteur peut très bien prononcer un « oui » prudent, alors que son visage révèle l'inquiétude et qu'il recule dans son siège. Son langage corporel exprime ainsi des réserves et dément l'accord verbal.

L'ABSENCE DE RÉTROACTION

La communication unidirectionnelle va de l'émetteur au récepteur, sans qu'il y ait de réponse ou de rétroaction immédiate du récepteur. C'est le cas, par exemple, quand une note de service est affichée ou distribuée, ou qu'un message vocal est enregistré. La communication bidirectionnelle, elle, va dans les deux sens. C'est normalement le cas d'une conversation. Les recherches indiquent que la communication bidirectionnelle est plus coûteuse en temps et en argent, mais qu'elle est plus précise et plus efficace que la communication à sens unique. Cependant, à cause de leur efficience, les canaux de communication unidirectionnels – notes de service, lettres, courriels, rapports, etc. – sont très utilisés en milieu de travail. Malheureusement, s'ils facilitent les choses pour l'émetteur, les messages unilatéraux peuvent être frustrants pour le récepteur, qui n'est pas certain d'en comprendre l'intention ou le sens exacts.

LES EFFETS DE LA POSITION HIÉRARCHIQUE

Effet de la position hiérarchique
Obstacle à la communication entre personnes de paliers hiérarchiques différents

Dans les organisations, les **effets de la position hiérarchique** peuvent devenir des obstacles à la communication entre personnes de paliers hiérarchiques différents. D'une part, à cause de l'autorité que leur confère leur position, les cadres peuvent être portés à *dire* beaucoup plus qu'à *écouter*. D'autre part, nous savons que les messages en provenance des échelons inférieurs parviennent souvent déformés aux échelons supérieurs de la hiérarchie, si toutefois ils y parviennent[12].

Effet « motus »
Phénomène par lequel le subordonné reste bouche cousue en face de son supérieur par politesse ou par réticence à transmettre une mauvaise nouvelle

Il arrive que des subordonnés *filtrent* l'information pour ne transmettre que ce qu'ils pensent que leurs supérieurs veulent entendre. En outre, on parle parfois d'**effet « motus »** pour désigner le phénomène par lequel le subordonné reste *bouche cousue* devant son supérieur par politesse ou par réticence à transmettre une mauvaise nouvelle[13]. Que l'effet « motus » s'explique par la crainte de représailles en cas de mauvaise nouvelle, par le refus d'admettre une erreur ou par le désir de plaire, le résultat est le même : le supérieur, induit en erreur par les données incomplètes, inexactes ou tendancieuses qu'on lui fournit, risque de prendre des décisions inadéquates

Gestion par déambulation
Stratégie de gestion qui consiste, pour le gestionnaire, à sortir régulièrement de son bureau pour aller parler à ses subordonnés à leur poste de travail

Pour éviter ce genre de problèmes, les gestionnaires et les chefs d'équipe doivent veiller à nouer et à entretenir avec leurs subordonnés et les membres de leur équipe des relations de travail fondées sur la confiance. Ils doivent saisir toutes les occasions pour les rencontrer et leur parler en personne. La **gestion par déambulation** est ainsi une méthode simple, mais à l'efficacité désormais reconnue, pour instaurer un climat de confiance. Elle consiste, pour le gestionnaire, à sortir régulièrement

Se faire dire ses quatre vérités

DES AS DE LA GESTION

Bien souvent, plus on avance en âge, plus on a de certitudes. Ce qui représente un piège, car nous préférons parfois aller droit dans le mur plutôt que de remettre en question notre conviction d'être dans le vrai. Comment y remédier ? En embauchant… un bouffon.

Cette idée – loin d'être farfelue – provient d'une étude de deux professeures de management, Guje Sevon, de l'École d'économie de Stockholm (Suède), et Liisa Välikangas, de l'Université Aalto d'Helsinki. Elles considèrent en effet que les dirigeants d'entreprise et autres managers feraient bien d'avoir un bouffon dans leur entourage, ne serait-ce que pour se faire dire leurs quatre vérités sans pour autant blesser leur ego. Comme les rois d'antan.

Ainsi, Paul Birch a été recruté en 1994 par la compagnie aérienne British Airways en tant que « bouffon officiel ». Sa mission a consisté, pendant un an et demi, à intervenir auprès du conseil d'administration comme un bouffon le faisait au Moyen Âge auprès de la cour royale. Il devait faire des remarques dérangeantes aux administrateurs et leur poser les questions que plus personne n'osait leur soumettre. « Ce n'est pas parce que vous êtes le *boss* que vous êtes omniscient. Au contraire, on vous masque alors certains faits gênants, ce qui est contre-productif », dit Mme Välikangas, en soulignant que l'opération avait remporté un franc succès chez British Airways. Les avantages d'avoir un bouffon à ses côtés sont multiples :

- Il sert d'antidote aux certitudes, plus paralysantes qu'autre chose quand survient un événement inattendu.
- Il représente une mine d'idées fraîches ; en fait, d'idées qu'on avait déjà en soi, mais qu'on refusait de prendre en considération.
- Il peut se faire le porte-parole du peuple (les employés, les managers, etc.), quand les messages de celui-ci ont du mal à atteindre la haute direction.
- Il fait prendre conscience aux dirigeants de la fragilité du pouvoir.
- Enfin, il permet de détendre l'atmosphère quand celle-ci est trop tendue.

« Aujourd'hui, il est tout à fait envisageable de recruter un consultant externe comme bouffon, pourvu que celui-ci accepte de jouer un tel rôle », dit Mme Välikangas. Car ce rôle est périlleux : « Quand quelqu'un agit en bouffon, il est étiqueté comme tel à vie », souligne-t-elle.

Source : Olivier Schmouker, « Embauchez un bouffon, et autres façons de gérer autrement », *Les Affaires*, 22 septembre 2012, p. 13.

de son bureau pour aller parler à ses subordonnés à leur poste de travail[14]. En se livrant à ces *promenades*, les cadres peuvent réduire la distance hiérarchique qui les sépare de leurs subordonnés et favoriser la libre circulation de l'information entre les divers paliers de l'organisation. Ils peuvent ainsi contribuer à augmenter la quantité et à améliorer la qualité de l'information dont ils disposent en tant que décideurs. À terme, ils prendront ainsi des décisions qui refléteront mieux les besoins des travailleurs sur le terrain.

LES DIFFÉRENCES CULTURELLES

La mondialisation, c'est bien connu, est de nos jours une réalité incontournable. Toutefois, on tend à oublier que la réussite à l'échelle internationale dépend souvent de la qualité de la communication interculturelle. Et, sur ce plan, il y a matière à amélioration. Parmi les participants d'une étude menée récemment par Accenture auprès de grandes entreprises, une proportion de 92 % ont affirmé que la communication est le plus gros défi à relever lorsqu'on fait appel à des fournisseurs d'autres pays[15]. Les personnes devraient toujours se montrer prudentes lorsqu'elles s'engagent dans une communication interculturelle, qu'elle se passe entre habitants d'un même pays ayant des origines ethnoculturelles différentes ou entre habitants de différents pays.

Ethnocentrisme
Tendance à penser que les façons de faire de sa propre culture sont les meilleures ou les seules valables

Esprit de clocher
Tendance à présumer que les façons de faire de sa propre culture sont universelles

Au chapitre de la communication interculturelle, le problème le plus courant est l'**ethnocentrisme**, soit la tendance à penser que les façons de faire de sa propre culture sont les meilleures ou les seules valables. L'ethnocentrisme s'accompagne souvent d'un refus d'essayer de comprendre d'autres points de vue et de prendre au sérieux les valeurs qu'ils sous-tendent. Or, cet état d'esprit peut aisément engendrer des problèmes de communication entre individus d'origines diverses. L'**esprit de clocher**, c'est-à-dire la tendance à présumer que les façons de faire de sa propre culture sont universelles, peut également nuire aux communications interculturelles. Ainsi, il pourrait amener une femme d'affaires américaine à insister pour que tous ses interlocuteurs parlent anglais, et son ethnocentrisme pourrait lui faire estimer que quiconque mange autrement qu'avec une fourchette et un couteau ne sait pas se conduire à table.

Les difficultés de communication interculturelle les plus évidentes tiennent évidemment aux différences linguistiques. Ainsi, les messages publicitaires qui connaissent beaucoup de succès dans un pays n'ont pas nécessairement la même portée ni le même sens dans un pays de langue différente. L'introduction par Ford de son modèle européen Ka a posé quelques problèmes au Japon, où le terme *ka* désigne un moustique ; les analystes se demandaient si une voiture qui a le nom d'un insecte porteur de maladies pouvait inspirer confiance. Les gestes peuvent également avoir un sens différent selon les cultures : se tenir assis avec les jambes croisées est tout à fait acceptable en Angleterre, mais offensant en Arabie saoudite, surtout si la plante du pied est tournée vers une autre personne. Faire un signe de la main pour attirer l'attention de quelqu'un est correct au Canada, mais impoli en Asie[16].

Culture à contexte pauvre
Culture dans laquelle les locuteurs ont tendance à être très explicites dans leur utilisation du discours ou de l'écrit ; le message est en grande partie transmis par les mots utilisés plutôt que par le contexte

Culture à contexte riche
Culture dans laquelle les locuteurs ont tendance à ne transmettre par les mots qu'une partie du message, le reste devant être interprété selon la situation, le langage corporel ou d'autres indices contextuels

La dimension linguistique de la communication interculturelle renvoie à d'autres éléments parfois très subtils. L'anthropologue Edward T. Hall estime que plusieurs malentendus résultent des différences importantes qui existent dans la manière même dont la langue est utilisée d'une culture à une autre[17]. Dans les **cultures à contexte pauvre**, les locuteurs sont très explicites dans leur utilisation du discours ou de l'écrit. En Australie, au Canada ou aux États-Unis, par exemple, le message est *en grande partie* transmis par les mots employés plutôt que par le contexte. Par contre, dans les **cultures à contexte riche**, les mots ne transmettent qu'*une partie* du message, le reste devant souvent être déduit ou interprété selon la situation, le langage corporel, le lieu, les liens entretenus avec l'interlocuteur ou d'autres facteurs proprement culturels qui complètent le sens de la communication. En Asie, au Moyen-Orient et en Afrique, on trouve de nombreuses cultures *à contexte riche*, alors que la plupart des cultures occidentales sont *à contexte pauvre*.

Des experts en commerce international recommandent d'apprendre au moins les rudiments de la langue du pays avec lequel on fait affaire, car c'est l'une des meilleures façons d'en venir à comprendre les différences culturelles. « Le fait de parler et de comprendre la langue locale procure une certaine vision de l'intérieur, ce qui permet d'éviter les malentendus », explique un gestionnaire travaillant pour une organisation mondiale.

Évoquant son expérience au sein du conseil d'administration d'une multinationale allemande, un Américain témoigne dans le même sens : « La maîtrise de la langue permet au membre [non allemand] du conseil de mieux saisir ce qui se passe… pas seulement les faits et les chiffres, mais la texture et les nuances[18]. » Certes, la perspective de faire l'apprentissage d'une nouvelle langue peut en rebuter certains. L'encadré ci-contre montre pourtant que le jeu en vaut la chandelle[19].

Pourquoi apprendre une nouvelle langue ?

Parler et comprendre la langue du pays d'accueil :

- donne de l'assurance lorsqu'on voyage ;
- est une marque de respect envers les hôtes locaux ;
- facilite le contact avec les gens du pays ;
- aide à gagner la confiance et le respect des gens du pays ;
- permet de mieux saisir la culture locale ;
- peut être utile en cas d'urgence ;
- rend les relations interpersonnelles plus agréables ;
- réduit la frustration causée par le choc culturel.

La communication organisationnelle

Au cours des dernières années, parmi les changements qui ont eu lieu dans les organisations et la vie de tous les jours, l'un des plus marquants a été l'explosion des nouvelles technologies de la communication. Nous sommes passés du monde du téléphone, du courrier électronique, des photocopies et des réunions en tête à tête à celui de Skype, des messages textes, du gazouillage, des blogues, des wikis, des vidéoconférences, des réunions sur internet, etc. Ces changements ont favorisé la création de milieux propices à la collaboration et remettent en question les notions traditionnelles de hiérarchie et de structure organisationnelle.

LES CANAUX DE COMMUNICATION

Les entreprises sont bâties sur des principes d'organisation bureaucratique, c'est-à-dire que leur structure est hiérarchique : à chacun des postes correspondent une description détaillée des tâches et une position bien établie dans la hiérarchie. Cependant, en dehors des canaux respectueux des rapports de subordination, un grand nombre de données sont aussi acheminées au sein de l'organisation de façon moins protocolaire, plus informelle. L'information en milieu organisationnel emprunte donc à la fois des canaux formels et informels. Les **canaux de communication formels** suivent les voies hiérarchiques déterminées par la structure officielle de l'organisation. Ainsi, l'organigramme indique le chemin que les messages officiels doivent emprunter d'un palier à un autre. Comme une certaine autorité est rattachée aux canaux formels, il est d'usage d'utiliser ces derniers pour transmettre des annonces officielles, surtout si elles visent des politiques et des procédures qu'on tient à faire respecter.

Canal de communication formel
Canal de communication qui suit la voie hiérarchique déterminée par la structure officielle de l'organisation

Cela dit, une grande partie du « réseautage » utilise les **canaux de communication informels**, qui, eux, ne sont pas associés aux voies hiérarchiques déterminées par la structure officielle de l'organisation[20]. Tout en coexistant fort bien avec les canaux officiels, formels, les canaux informels permettent de sauter certains paliers et de transmettre l'information plus rapidement le long de la structure hiérarchique. Ils contribuent également à créer une atmosphère de communication ouverte et garantissent, dans une certaine mesure, les contacts entre les bonnes personnes[21].

Canal de communication informel
Canal de communication qui emprunte d'autres voies que les voies hiérarchiques déterminées par la structure officielle de l'organisation

Le leadership selon Ève-Lyne Biron : l'exigence d'une mission claire

Des **leaders** parlent de **leadership**

[...] On m'a souvent dit que j'avais un très grand sens du leadership. Je crois que cela tient à ma capacité d'élaborer une vision, de la communiquer et d'être très claire quant aux orientations stratégiques. Le processus est très exigeant, et rares sont les entreprises qui s'y astreignent sérieusement. Or, j'y crois fermement, et l'équipe s'y adonne rigoureusement depuis cinq ans. Grâce à ces réflexions en continu, j'en suis convaincue, nous sommes passés de simple fournisseur de tests en laboratoire au statut de plus grande entreprise de services de tests diagnostiques et thérapeutiques au Québec. Lorsque mes collaborateurs se plaignent du manque de temps pour ces réunions, je leur répète qu'elles sont essentielles si nous voulons poursuivre notre développement et soutenir notre croissance. Je leur conseille également de se rendre disponibles en déléguant encore plus, car la planification fait partie de leurs rôles et responsabilités.

Comme leader, je dois aussi transmettre ma vision, afin que chaque décision prise au quotidien s'aligne sur celle-ci. Chacun a la responsabilité de l'expliquer à ses employés. Communiquer efficacement n'est pas facile, mais nous utilisons entre autres l'intranet. De plus, notre mission est sans cesse rappelée dans toutes les réunions.

La vision de notre entreprise est claire : nous souhaitons que nos clients puissent un jour compter sur nous à toutes les étapes de leur vie, quels que soient leurs problèmes de santé. Sachant cela, il devient plus facile de saisir les bonnes occasions. L'une d'entre elles fut de mettre en place, en 2000, des services de diagnostics de l'apnée du sommeil, dont souffre près de 10 % de la population. Puis, un peu plus tard, est née l'idée de regrouper en réseau les services existants d'imagerie médicale et de réaliser ainsi d'importantes économies d'échelle. Cet autre volet complétait avantageusement nos services. Les médecins ont en effet deux plateaux techniques pour poser un diagnostic : les prélèvements et la radiologie. [...]

Source : Ève-Lyne Biron, « Un leader doit faire preuve d'humilité », *Premium*, vol. 9, juillet-août 2011, p. 32-34.

QUESTION Quels seraient, selon vous, les meilleurs moyens pour favoriser la communication en milieu organisationnel ?

Téléphone arabe
Transmission de rumeurs et d'information officieuse par l'intermédiaire des réseaux d'amis et de connaissances

L'un des canaux informels les plus courants est le **téléphone arabe**, soit les réseaux d'amis et de connaissances par lesquels circulent les rumeurs et l'information officieuse. Ce bouche à oreille a l'avantage de transmettre l'information rapidement. De plus, il remplit certains besoins chez ceux qui y prennent part : il peut donner un sentiment de sécurité, l'impression de faire partie d'un réseau et d'être dans le coup lorsque des événements importants surviennent. Comme il s'agit d'une communication interpersonnelle, il peut également combler des besoins d'ordre social. Cependant, le téléphone arabe a des inconvénients, le premier étant que les renseignements transmis ne sont pas nécessairement exacts ni à jour. En outre, les rumeurs peuvent faire du tort aux individus comme à l'organisation. Pour éviter une telle dérive, le gestionnaire doit s'assurer, dès le départ, que l'information juste parvient aux personnes clés dans les réseaux informels.

Aujourd'hui, dans les milieux de travail, le téléphone arabe traditionnel s'appuie souvent sur les TIC. Sa forme la plus courante est alors probablement le courriel mais, dans ce domaine, tout évolue sans cesse. Dans un nombre croissant d'organisations, les personnes communiquent formellement et informellement par l'entremise d'un **blogue**, site web dans lequel une personne publie son point de vue sur des événements et des situations, ou raconte une histoire, ou d'un **wiki**, site web collaboratif au contenu duquel chaque personne contribue en rédigeant et en publiant du texte ou en révisant ce que les autres ont publié. Preuve du pouvoir de ce type d'utilisation des TIC, l'armée des États-Unis a établi des règles strictes concernant les blogues après avoir pris conscience de la multiplication du nombre de blogueurs parmi le personnel en service en Irak et de la quantité de messages diffusés par ceux-ci. Par ailleurs, selon des études, en 2009, au moins 50 % des organisations du monde avaient recours à des wikis comme outils pour améliorer les communications[22].

Blogue
Site web dans lequel une personne communique son point de vue sur des événements et des situations, ou raconte une histoire

Wiki
Site web collaboratif au contenu duquel chaque personne contribue en rédigeant et en publiant du texte, ou en révisant ce que les autres ont publié

Aujourd'hui plus que jamais, la technologie informatique joue un rôle déterminant dans la façon dont l'information est partagée et utilisée en milieu organisationnel. Des recherches sur la **valeur des canaux de communication**, c'est-à-dire sur leur capacité à transmettre efficacement l'information, ont montré l'importance du choix du canal selon le type de message à communiquer[23]. Comme l'illustre la **figure 12.3**, il est généralement admis que le canal à la valeur la plus élevée est l'échange de propos direct, en personne. Viennent ensuite le téléphone, le courrier électronique, la note de service et la lettre. Le canal à la valeur la moins élevée est le tableau d'affichage, bien qu'il puisse convenir pour des messages routiniers ou peu compliqués, comme l'annonce du lieu d'une réunion. Lorsqu'il s'agit de messages complexes exigeant des réponses, la communication doit emprunter des canaux de grande qualité pour être efficace.

Valeur du canal de communication
Capacité du canal de communication à transmettre efficacement l'information

LA CIRCULATION DE L'INFORMATION

Au sein des organisations, l'information circule et s'échange par l'intermédiaire des structures formelles et informelles que nous venons de décrire, et ce, de façon descendante, ascendante et horizontale.

FIGURE 12.3 LA VALEUR DES CANAUX DE COMMUNICATION

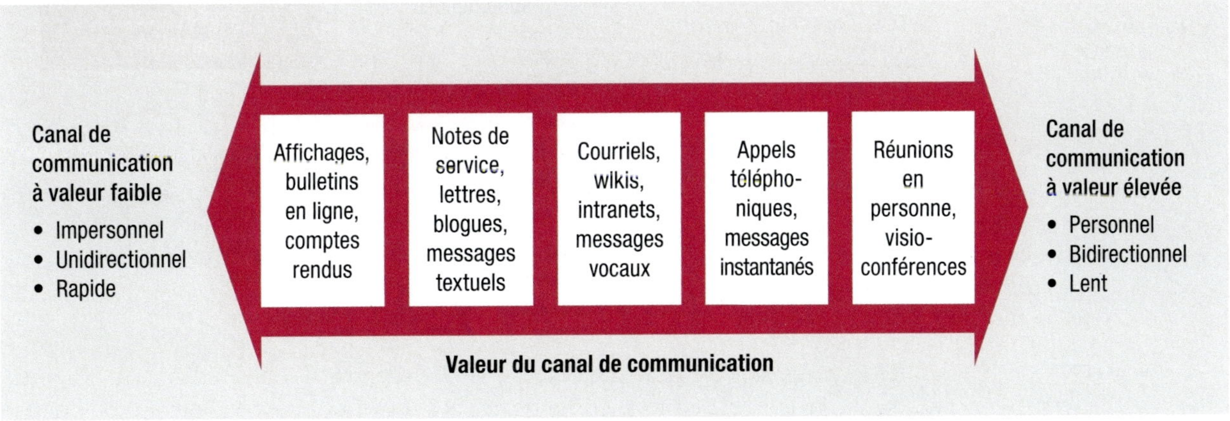

Communication descendante
Communication qui circule des paliers supérieurs vers les paliers inférieurs de la hiérarchie d'une organisation

La **communication descendante** circule des paliers supérieurs vers les paliers inférieurs de la hiérarchie. Comme le montre la **figure 12.4**, ses principales fonctions sont d'informer les subordonnés des stratégies organisationnelles élaborées par leurs supérieurs et des objectifs fixés, de leur rappeler régulièrement les politiques, les procédures et les directives clés, ou de leur annoncer les changements technologiques. En outre, dans ce type de communication, la rétroaction sur le rendement est particulièrement importante. Le partage de tous ces renseignements contribue à limiter la propagation de rumeurs et d'inexactitudes quant aux intentions des dirigeants ; il crée un sentiment de sécurité et favorise l'engagement des subordonnés, qui n'ont pas l'impression d'être tenus à l'écart[24]. Selon les spécialistes, la déficience de la communication descendante est une erreur de gestion malheureusement fréquente. À propos des questions de restructuration, par exemple, un sondage a révélé que 64 % des salariés interrogés ne croyaient pas ce que leur disaient les gestionnaires, que 61 % se considéraient comme mal informés sur les projets de l'organisation et que 54 % se plaignaient du manque d'explications quant aux décisions prises par les dirigeants.

Communication ascendante
Communication qui circule des paliers inférieurs vers les paliers supérieurs de la hiérarchie d'une organisation

La **communication ascendante**, quant à elle, circule des paliers inférieurs vers les paliers supérieurs de la hiérarchie de l'organisation. Comme le montre la figure 12.4, elle vise à informer les paliers supérieurs de ce que font les subordonnés, des problèmes qu'ils rencontrent, des améliorations qu'ils suggèrent. Plus générale-

FIGURE 12.4 LA CIRCULATION DE L'INFORMATION EN MILIEU ORGANISATIONNEL

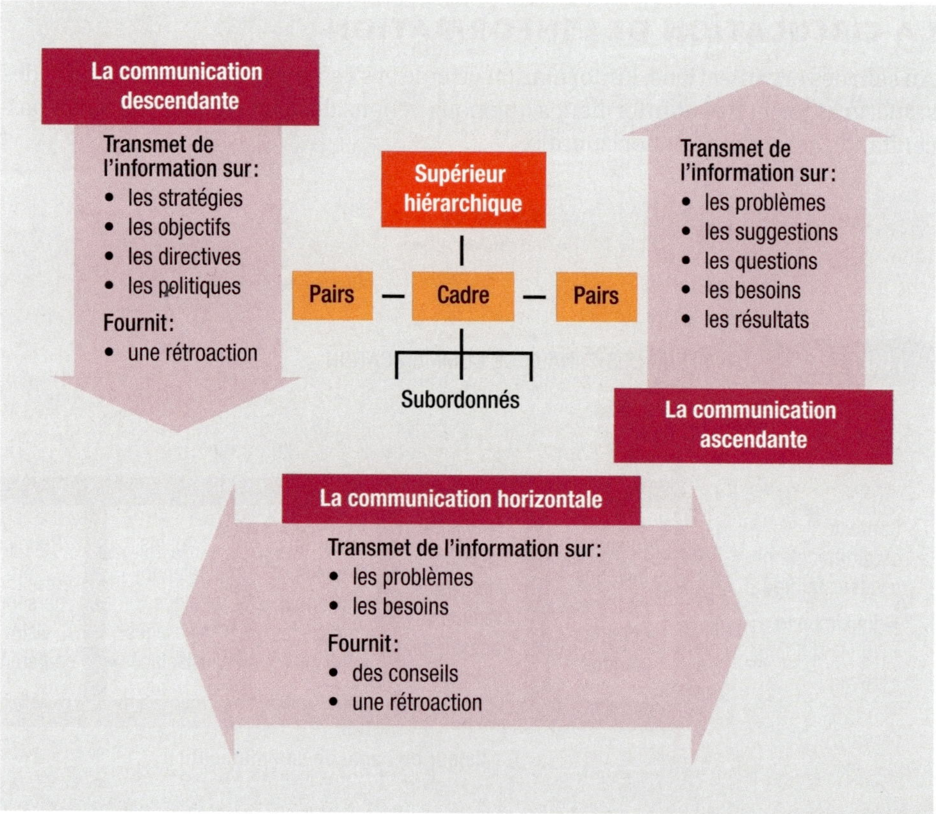

ment, elle permet aux paliers supérieurs de savoir ce que les subordonnés pensent de leur emploi et de leur organisation. On ne doit cependant jamais perdre de vue les effets de la position hiérarchique sur l'efficacité de la communication ascendante.

Nous avons souligné à plusieurs reprises l'importance de la **communication horizontale** pour la collaboration, dans les milieux de travail contemporains. De nos jours, les organisations, particulièrement sensibles aux impressions et aux opinions de leurs clients, ont besoin d'une rétroaction précise et à jour, ainsi que de renseignements détaillés sur leurs produits. Pour répondre aux besoins des clients, elles doivent obtenir rapidement la bonne information et pouvoir la transmettre dans les meilleurs délais aux membres de leur personnel. Ces derniers doivent être capables de communiquer efficacement d'un service ou d'une division à un autre et être disposés à le faire. Ils doivent se traiter mutuellement comme des *clients internes* et être à l'écoute de leurs besoins respectifs. À l'agence IDEO, la communication horizontale est le fondement d'un avantage concurrentiel, le *design thinking*, ou l'utilisation de la pensée créatrice, une démarche collaborative qui consiste à rassembler des personnes d'horizons différents et à les engager dans un dialogue dynamique afin de faire émerger des idées novatrices et des solutions inédites.

Communication horizontale
Communication qui circule entre employés du même échelon hiérarchique d'une organisation

Dans les organisations axées sur la collaboration, on donne la priorité à la communication horizontale sous la forme de comités, d'équipes et de groupes de travail interservices, ainsi que d'une structure matricielle. En outre, on s'intéresse de plus en plus à l'*écologie organisationnelle*, c'est-à-dire à la façon dont l'architecture et l'aménagement des lieux favorisent la communication et la productivité, notamment en améliorant les échanges de propos horizontaux. Grâce aux technologies de l'information, les organisations peuvent maintenant: (1) diffuser l'information presque instantanément; (2) communiquer plus d'information que jamais auparavant; (3) permettre un accès plus large et plus immédiat à cette information; (4) élargir la participation au partage et à l'utilisation de l'information; (5) intégrer des systèmes et des fonctions et utiliser l'information pour tisser des liens avec d'autres milieux d'une façon jamais vue auparavant.

Les nouvelles formes de communication peuvent cependant présenter certains inconvénients. Lorsque la communication est très impersonnelle ou en grande partie unidirectionnelle, comme dans le cas des courriels, la communication non verbale est inexistante. On perd ainsi certains des aspects qui enrichiraient la communication en y ajoutant des éléments contextuels. Les études montrent que les destinataires d'un courriel n'en saisissent pas correctement le but ou le ton dans plus de 50 % des cas[25]. L'un des autres problèmes de la communication électronique réside dans la difficulté à en saisir les aspects émotionnels. Malgré la présence de binettes, la dimension affective du message n'est pas toujours saisie adéquatement. En outre, le média électronique ne favorise pas la maîtrise des émotions, aptitude jugée essentielle en matière de communication interpersonnelle[26]. Certains disent, par exemple, qu'il est bien plus facile d'avoir des attitudes brusques, exagérément critiques et insensibles dans la communication électronique que dans la communication directe. On va jusqu'à parler de **fusillade** pour désigner certains propos enflammés qui s'échangent dans le cyberespace. Bref, la médiation de l'ordinateur peut désinhiber les gens et les inciter à laisser libre cours à leur impatience[27].

Fusillade
Échange de propos enflammés dans le cyberespace

L'*infobésité*, ou la surabondance d'information, et les milieux de travail ouverts jour et nuit, sept jours sur sept, constituent d'autres problèmes brûlants qui se posent

Espionner ses employés est légal, mais...

L'ÉTHIQUE EN CO

[...] Que ce soit pour éviter les scandales, prévenir les fuites ou déceler les employés qui procrastinent, les raisons qui poussent les employeurs à épier les activités de leurs employés sur internet sont nombreuses. Les outils permettant de le faire, quant à eux, sont de plus en plus puissants. Sur le plan juridique, toutefois, des zones grises subsistent.

Les logiciels de cybersurveillance modernes ne se limitent plus à intercepter les courriels des employés. Dans les faits, ils peuvent générer automatiquement des alertes en fonction des mots clés tapés ou des pages web consultées, faire des captures d'écrans et enregistrer les mots écrits: «Imaginez qu'une caméra située derrière vous soit braquée sur votre poste de travail et enregistre tout que vous faites. Voilà ce que fait Spector 360», illustre Nick Cavalancia, vice-président du marketing de SpectorSoft, l'un des principaux fournisseurs de logiciels de surveillance.

Comme les logiciels de surveillance sont installés sur des appareils appartenant à l'employeur, leur légalité ne fait pas de doute: «Les employeurs n'ont pas besoin de l'autorisation des employés, mais on leur conseille d'établir une politique d'utilisation des ressources informatiques qui mentionne la présence d'un programme de surveillance», explique Antoine Aylwin, avocat chez Fasken Martineau.

Les outils qui servent à surveiller les employés sont souvent les mêmes que ceux que les entreprises emploient pour scruter le web et les médias sociaux à des fins de marketing. Les employeurs peuvent créer des alertes, outre celles qui sont liées à [leurs] marques de commerce, associées au nom de [leurs] employés ou de certains d'entre eux. Selon une étude mondiale de Gartner, 10 % des entreprises auraient mis en place un programme de surveillance de leurs employés sur les médias sociaux.

La division des cyberenquêtes de l'AMF utilise de tels outils pour surveiller ceux qui se sont rendus coupables d'infractions financières dans le passé: «Dès qu'un individu refait surface sur le web et qu'il propose quelque chose qui s'apparente à un produit financier, on effectue les vérifications nécessaires», a révélé Éric Jacob, directeur des pré-enquêtes et de la cybersurveillance à l'AMF, dans le cadre d'une présentation qui a eu lieu à Montréal le 26 septembre.

Au Québec, la pratique semble toutefois peu répandue au sein des entreprises: «Ce que nous voyons, ce sont des employeurs qui surveillent ce qui se dit au sujet de leur marque sur internet... Et si un employé est l'auteur d'un commentaire négatif, l'employeur est susceptible de le sanctionner», explique l'avocat Antoine Aylwin.

Toutefois, l'établissement d'un programme de surveillance visant nommément chaque employé pourrait poser problème sur le plan légal, tout comme l'utilisation de [ses] renseignements personnels pour ce faire. «Tout dépend du contexte et de la manière dont la surveillance est faite, explique Antoine Aylwin. Ça ressemble beaucoup aux débats sur les caméras de surveillance qui visent sans arrêt les employés. À moins de circonstances qui le justifient, ce type de surveillance est considéré comme une atteinte à la vie privée par les tribunaux.»

De plus en plus d'entreprises permettent à leurs employés de venir travailler avec leurs appareils personnels. Pour des raisons de sécurité, certaines entreprises exigent de gérer ces appareils, de manière à pouvoir les verrouiller à distance en cas de perte, par exemple. L'installation de logiciels de surveillance sur ces appareils n'est pourtant pas répandue. «À ma connaissance, aucun de nos clients n'a installé nos logiciels sur des téléphones personnels. Si la sécurité l'impose, c'est l'employeur qui fournira le téléphone», dit Nick Cavalancia de SpectorSoft, qui propose des logiciels de surveillance compatibles avec les téléphones Android et BlackBerry. Une entreprise pourrait installer de tels logiciels sur les appareils de ses employés, mais devrait au préalable obtenir leur consentement écrit.

Source: Julien Brault, «Espionner ses employés est légal, mais...», *Les Affaires*, 6 octobre 2012, p. 20. Cet extrait a été reproduit aux termes d'une licence accordée par Copibec.

QUESTIONS Comment concilier le droit de gérance d'un employeur et le droit à la vie privée des travailleurs? Est-ce qu'un employeur a un droit de regard sur ce qu'un employé fait en dehors des heures de travail, si ce dernier n'enfreint pas les lois? Faudrait-il tracer une frontière étanche entre la vie professionnelle et la vie privée?

dans les milieux de travail d'aujourd'hui. La profusion des données peut engendrer un grand stress chez les personnes qui ont du mal à départager celles qui sont utiles de celles qui ne le sont pas. Même un géant des technologies de l'information comme Intel peut rencontrer des problèmes à cause des messages électroniques. Comme le disait un employé: «Nous sommes noyés sous un tel flot de courriels internes que nous n'avons plus le temps de nous occuper des rapports avec l'extérieur[28]. » En outre, la tendance accrue à utiliser les outils informatiques permettant de voir en temps réel le statut et la disponibilité des personnes pour le dialogue peut poser des problèmes aux employés qui essaient de déterminer à quel moment ils peuvent quitter leur travail. Comme l'expliquait Kevin Angley, de SAS: « De nombreux employés ressentent ce procédé comme une ingérence dans leur vie privée. S'ils quittent leur bureau cinq minutes, l'avertisseur indique qu'ils ne sont pas disponibles. S'ils lisent un document sur papier, tout d'un coup, l'ordinateur peut signaler qu'ils ne travaillent pas. » Chez Procter & Gamble, la directrice des services de l'informatique et des communications, Laurie Heltsley, déclare qu'on a autorisé les employés à masquer leur statut ou à annoncer qu'ils ne sont pas disponibles[29].

Accros au 2.0 même en vacances

Selon un sondage publié par Ipass en juillet 2012, 91 % des Américains affirment se servir de leur appareil mobile en vacances et 30 % d'entre eux l'utilisent de trois à cinq fois par heure. L'appareil mobile a une fonction ludique en vacances, mais 45 % des voyageurs québécois l'utilisent aussi pour consulter les courriels du bureau au moins une fois par semaine, selon une étude réalisée en 2012 pour le compte de l'Ordre professionnel des conseillers en ressources humaines agréés.

Source: Isabelle Maher, « Accros au 2.0 même en vacances », journaldemontreal.com, 28 juillet 2012.

Les milieux de travail axés sur la collaboration

À mesure que nous avançons dans l'ère d'internet, la communication collaborative est de moins en moins un choix et de plus en plus une réalité. Qui plus est, elle a transformé les milieux de travail. Ceux qui sont axés sur la collaboration sont caractérisés par une libre circulation de l'information, une communication ouverte et transparente et une dynamique de la communication positive.

LES TECHNOLOGIES COLLABORATIVES

Dans une structure hiérarchique, l'information peut souvent devenir une source de pouvoir que les employés détiennent et utilisent à leur avantage. Avec l'avènement des outils de réseautage social, comme Facebook, Twitter et YouTube, et des technologies vidéo, comme les téléphones avec appareil photo et la vidéographie, la rétention de l'information devient de plus en plus difficile. Avec l'émergence des technologies collaboratives, les clients ont maintenant un pouvoir lié à l'information plus grand que jamais.

Plutôt que de lutter contre les tendances actuelles, les organisations cherchent des moyens de tirer profit des dernières technologies. Chez Xerox, au lieu de confier l'élaboration de stratégies de haut niveau à une poignée de cadres situés au sommet de la hiérarchie, on a mis au point un wiki qui permet aux chercheurs du groupe Recherche et développement de travailler ensemble à une stratégie en matière de technologie. La gestionnaire en chef de la technologie, Sophie VanDebroek, déclare que, grâce au wiki, « nous obtenons plus de

La collaboration est la règle de travail chez Google

Chez Google, les interactions visant la collaboration favorisent une nouvelle approche de la prise de décision. Le chef de la direction, Eric Schmidt, explique: « Vous exposez une stratégie, vous suscitez l'enthousiasme du personnel, vous expliquez les priorités de l'entreprise, et ça marche, on ne sait trop comment. »

IDEO mise sur le leadership participatif[35]

Des **leaders** parlent de **leadership**

L'agence IDEO s'est spécialisée dans le *design thinking*, ou l'utilisation de la pensée créatrice. Cette démarche consiste à rassembler des personnes d'horizons différents et à les engager dans un dialogue passionné dans l'espoir de faire émerger des idées novatrices et des solutions inédites. La pensée créatrice n'est pas à la portée de tout le monde, mais est l'apanage de leaders particuliers. C'est la raison pour laquelle IDEO choisit très soigneusement ses collaborateurs. L'agence recherche des personnes intelligentes et prêtes à s'engager dans un travail de collaboration. « Nous nous percevons comme une mosaïque d'individus, un très beau tableau général constitué d'éléments hétérogènes. »

« Nous nous demandons : comment est-ce que cette personne se conduirait dans un souper, pendant une séance de remue-méninges ou au milieu d'un conflit. Nous sommes tous éclectiques et différents les uns des autres, donc conscients qu'on peut toujours voir une chose sous un autre angle. » La technique du remue-méninges est un élément fondamental du *design thinking*. Chez IDEO, on sait en outre que l'échec fait partie de la culture. Pour réussir dans cette agence, vous devez être capable de faire face « à la confusion, à l'information incomplète, au paradoxe, à l'ironie » et de « vous amuser pour le plaisir de vous amuser ».

Une fois qu'une idée surgit, il faut la mettre en mots. Pour qu'elle soit acceptée, adoptée et développée plus vite et plus efficacement, on a recours à des vidéos, à des saynètes, à des environnements d'immersion, à des exposés, à des animations et même à des bandes dessinées. Chez IDEO, on favorise la « démocratie des idées ». On n'utilise pas de titre officiel et on n'observe pas de code vestimentaire. On encourage les employés à bouger, surtout lorsqu'ils ont un blocage mental. « Cela nous semble suspect qu'un employé reste assis à son bureau toute la journée, dit le directeur général, Tom Kelley, car on se demande alors s'il ne fait pas juste semblant de travailler. »

On veut favoriser les interactions stimulantes en proposant aux employés de se déplacer en vélo d'un immeuble à un autre. Les halls d'entrée sont conçus pour inciter les personnes à se rendre dans les différents immeubles. On invite aussi les concepteurs à discuter dans diverses situations, et les experts, à se réunir dans des bureaux ressemblant à « des classes de maternelle bruyantes ». Tom Peters, auteur et consultant de renommée en management, déclare ainsi : « Si vous entrez dans les bureaux d'IDEO de Palo Alto, en Californie, vous êtes immédiatement frappé par l'énergie, le brouhaha, le bourdonnement créatif et la pure folie qui y règnent. » Pure folie ou non, chez IDEO, les interactions créatives et la communication collaborative sont les clés du succès.

QUESTIONS Pourriez-vous réussir chez IDEO ? Comment vous accommoderiez-vous de la confusion et de l'ambiguïté de ce milieu créatif ? Craignez-vous l'échec ? Pouvez-vous continuer à fonctionner après avoir essuyé un échec ?

vanter pour essayer de se mettre en valeur. Dans l'une et l'autre de ces situations, il vous faut interrompre la conversation et essayer d'atténuer l'attitude défensive ou l'attitude de démenti en réorientant la discussion et en rassurant votre interlocuteur, avant de poursuivre.

Plusieurs techniques peuvent aider à faire face à ce genre de situations. Premièrement, vous devez vous concentrer sur le problème et non sur la personne à laquelle vous vous adressez. Ainsi, vous axez la communication sur le problème plutôt que sur la personne en cause. Par exemple, au lieu de dire à quelqu'un « tu es mauvais », vous direz plutôt « ta conduite est mauvaise ». En mettant l'accent sur la conduite de la personne, vous parlez de quelque chose qu'elle peut changer. En effet, on peut changer sa conduite, mais pas ce qu'on est en tant qu'individu.

Deuxièmement, précisez et décrivez les choses. Ne vous cantonnez pas aux grandes lignes ou à une vague estimation. Une fois que vous avez ciblé la conduite, il vous faut préciser ce qui pose problème exactement. En outre, évitez de vous attaquer à plusieurs comportements à la fois. Donnez plutôt quelques exemples illustrant la conduite qui pose problème et décrivez bien cette dernière. Essayez de trouver les exemples les plus récents. Au lieu de dire «tu ne m'écoutes jamais», dites plutôt «l'autre jour, à la réunion, tu m'as interrompu trois fois, ce qui m'a empêché d'expliquer mon point de vue».

Troisièmement, vous devez vous approprier la communication. En tant que gestionnaire, au lieu de déclarer «le siège social exige qu'on rende mieux compte de nos heures de travail», vous devriez plutôt expliquer «je pense qu'en rendant mieux compte de nos heures de travail, nous pourrions gérer plus efficacement nos activités».

Les principes de la communication collaborative

1. Se concentrer sur le problème et non sur la personne. Ne pas dire «tu es mauvais», mais plutôt «ta conduite est mauvaise».
2. Préciser et décrire, au lieu de rester général et vague. Éviter de dire «jamais» ou «toujours». Par exemple, «tu ne m'écoutes jamais...»
3. S'approprier la communication au lieu de rapporter les propos de quelqu'un d'autre. Dire «je pense que nous devons changer» plutôt que «la direction nous demande de changer».
4. Rester cohérent. Faire correspondre les paroles et le langage corporel. Ne pas affirmer «je ne suis pas fâché» si le langage corporel exprime la colère.

Enfin, veillez à ce que votre message et votre langage corporel soient cohérents, c'est-à-dire adaptés l'un à l'autre. Si vous dites «non, je ne suis pas fâché» et que votre langage corporel exprime la colère, vous n'êtes pas honnête, et votre communication sera moins ouverte et moins collaborative.

En apprenant à appliquer les principes de la communication collaborative, autant dans votre vie professionnelle que dans votre vie personnelle, vous aurez une discussion plus ouverte et prouverez que vous désirez travailler dans un esprit de collaboration.

GUIDE de révision

RÉSUMÉ

QUELS SONT LES ÉLÉMENTS CLÉS DU PROCESSUS DE COMMUNICATION INTERPERSONNELLE ?

- La communication collaborative prend de plus en plus d'importance à mesure que la technologie change notre façon de travailler.
- La communication est un processus d'émission et de réception de messages porteurs de sens.
- Le processus de communication comporte plusieurs étapes : l'encodage du message (traduction d'une idée ou d'une pensée en un ou plusieurs symboles) ; la transmission du message par un canal de communication ; la réception du message et son décodage par le récepteur, qui lui attribue un sens.
- On appelle bruit parasite toute perturbation qui interfère dans la transmission du message et gêne le processus de communication.
- La rétroaction est, dans le processus de communication, le message de retour qu'adresse le récepteur d'un message à l'émetteur de ce dernier, généralement pour l'informer de sa compréhension ou de son interprétation.
- Pour être constructive, la rétroaction doit être directe, précise et fournie au moment opportun.
- La communication non verbale est la communication qui se fait par des moyens autres que la parole, notamment par l'expression du visage, le regard, la position du corps et les gestes.
- Lorsque la communication verbale et la communication non verbale ne sont pas en accord, le récepteur accorde plus d'attention à la communication non verbale, d'après les résultats de recherches.
- L'écoute active est une écoute qui favorise la libre circulation d'une information complète entre l'émetteur et le récepteur. Celui qui la pratique doit s'abstenir de tout jugement et inciter l'émetteur à s'exprimer.

QUELS SONT LES PRINCIPAUX OBSTACLES À LA COMMUNICATION ?

- Pour communiquer et collaborer efficacement, on ne doit pas se laisser arrêter par les obstacles qui peuvent se dresser.
- Les barrières relationnelles, les sources de distraction environnementales, les problèmes sémantiques, les messages contradictoires, l'absence de rétroaction, les effets de la position hiérarchique et les différences culturelles sont sept grands types de bruits parasites qui peuvent faire obstacle à la communication.
- Les barrières relationnelles entravent la communication parce qu'elles empêchent le récepteur d'écouter en toute objectivité le message de l'émetteur, à cause de préjugés personnels ou d'un manque de confiance qui entraînent une écoute sélective et un filtrage de l'information.

- Les sources de distraction environnementales sont des obstacles à la communication qui viennent de l'environnement et qui causent des interruptions, comme les bruits, les visiteurs inattendus, etc.
- Les mauvais choix de mots ou les termes hermétiques et complexes constituent des obstacles sémantiques.
- Le message contradictoire, c'est-à-dire le décalage entre les mots que prononce un individu et ce que révèlent ses gestes et son langage corporel, brouille le processus de communication.
- En l'absence de rétroaction, il peut être difficile de savoir si le sens du message a été reçu sans erreur d'interprétation.
- Les effets de la position hiérarchique peuvent entraîner un filtrage de l'information et une limitation des communications entre les subordonnés et leurs supérieurs.
- L'esprit de clocher et l'ethnocentrisme constituent deux problèmes courants qui nuisent à une véritable communication entre les individus d'origines diverses.

QU'EST-CE QUI CARACTÉRISE LA COMMUNICATION EN MILIEU ORGANISATIONNEL ?

- La communication organisationnelle est le processus par lequel l'information circule et s'échange au sein de l'organisation.
- Les technologies ne cessent d'évoluer dans les milieux de travail et remettent en question les notions traditionnelles de hiérarchie et de structure organisationnelle.
- La communication au sein des entreprises passe par une variété de canaux formels et informels. La valeur du canal, c'est-à-dire sa capacité à transmettre efficacement l'information, doit être adaptée au message à envoyer.
- Dans les organisations, la communication de l'information peut être ascendante, descendante ou horizontale.

COMMENT CRÉER DES MILIEUX DE TRAVAIL AXÉS SUR LA COLLABORATION ?

- Avec l'essor des outils de réseautage, la rétention de l'information devient de plus en plus difficile.
- Au lieu de combattre les tendances actuelles en matière de communication, les organisations cherchent des moyens de tirer profit des dernières technologies, qui abolissent les différences de statuts et brisent les cloisonnements organisationnels.
- De plus en plus d'entreprises misent sur la transparence dans la communication.
- Pour accroître la transparence, on doit s'appuyer sur les principes de la communication collaborative.

MOTS CLÉS

MonLab
Évaluation des connaissances
questions interactives

ÉVALUATION DES CONNAISSANCES

QUESTIONS À CHOIX MULTIPLE

1. Dans le processus de communication, ________ est un facteur qui interfère dans la transmission du message. **a)** un canal **b)** un émetteur **c)** un récepteur **d)** un bruit parasite
2. Toute critique adressée à un salarié devrait ________ **a)** être générale et non particulière. **b)** être communiquée au moment le plus propice pour l'émetteur. **c)** viser des éléments qui sont du ressort de ce dernier. **d)** couvrir tous les aspects de la question de manière à en finir une fois pour toutes.
3. Quel est le canal le plus approprié pour la transmission d'un message complexe exigeant une réponse ? **a)** La conversation face à face. **b)** La note de service. **c)** Le courriel. **d)** L'appel téléphonique.
4. Si les mots que prononce une personne sont contredits par les signaux non verbaux de son langage corporel, on est en présence ________ **a)** d'un message ethnocentrique. **b)** d'un message contradictoire. **c)** d'un problème sémantique. **d)** de l'effet de la position hiérarchique.

5. Les préjugés personnels sont un exemple ________ dans le processus de communication. **a)** de barrière relationnelle **b)** d'obstacle sémantique **c)** de distraction environnementale **d)** de proxémie

6. Parmi les méthodes de communication suivantes, laquelle possède le plus de caractéristiques de la communication bidirectionnelle ? **a)** Le courriel. **b)** Le blogue. **c)** La messagerie vocale. **d)** La messagerie instantanée.

7. ________ est un exemple de canal informel qui fait circuler de l'information au sein d'une entreprise. **a)** Le téléphone arabe **b)** La communication de haut en bas **c)** L'effet « motus » **d)** La transparence

8. Les nouvelles technologies de communication électronique permettent de traiter une grande quantité de données, mais elles peuvent aussi rendre la communication entre les membres d'une organisation ________ **a)** moins accessible. **b)** moins instantanée. **c)** plus informelle. **d)** moins confidentielle.

9. L'étude des gestes et des postures du corps en tant que dimensions de la communication relève ________ **a)** de la kinésie. **b)** de la proxémie. **c)** de la sémantique. **d)** des canaux de communication informels.

10. Dans une communication ________, l'émetteur sera sans doute plus à l'aise ; dans une communication ________, le récepteur sera probablement mieux informé. **a)** unidirectionnelle ; bidirectionnelle **b)** descendante ; ascendante **c)** ascendante ; descendante **d)** bidirectionnelle ; unidirectionnelle

11. On peut dire du gestionnaire qui sort régulièrement de son bureau pour aller parler à ses subordonnés à leur poste de travail qu'il met en pratique ________ **a)** le *KISS principle*. **b)** la gestion par déambulation. **c)** la gestion par objectifs. **d)** le téléphone arabe.

12. ________ nuit à la communication ouverte dans la plupart des milieux de travail. **a)** L'effet de la position hiérarchique **b)** La technologie **c)** L'écologie organisationnelle **d)** La communication non verbale

13. La personne qui s'intéresse à la proxémie afin d'améliorer sa communication avec autrui accordera une grande attention à ________ **a)** l'agencement physique de son bureau. **b)** sa position hiérarchique. **c)** ses compétences en matière d'écoute active. **d)** sa rétroaction à 360 degrés.

14. Parmi les règles de base de l'écoute active figure celle consistant à ________ **a)** prêter attention uniquement aux signaux verbaux envoyés par son interlocuteur. **b)** ne pas réagir aux émotions de son interlocuteur. **c)** prêter attention uniquement aux signaux non verbaux envoyés par son interlocuteur. **d)** reformuler, à l'intention de son interlocuteur, ce qu'on croit avoir entendu et saisi.

15. Le recours aux principes de la communication collaborative permet de ________ **a)** limiter les attitudes défensives et le démenti. **b)** tirer parti des technologies de l'informatique. **c)** veiller au respect de la vie privée et au rendement des appareils électroniques. **d)** trouver le mot juste avec plus de facilité.

QUESTIONS À RÉPONSE BRÈVE

16. Pourquoi le concept de *valeur* du canal de communication peut-il être utile aux gestionnaires ?

17. Quelle est la place des canaux de communication informels dans les organisations d'aujourd'hui ?

18. Pourquoi y a-t-il souvent un filtrage de la communication et de l'information entre les paliers inférieurs et supérieurs de l'organisation ?

19. Quels sont les principes clés de l'écoute active ?

QUESTION À DÉVELOPPEMENT

20. « Dans notre organisation, les gens ne se parlent plus. Tout le monde ne jure que par le courrier électronique. Si quelqu'un nous met en colère, nous lui expédions un courriel, bien à l'abri derrière notre ordinateur ! » C'est en ces mots que Richard exprime sa frustration devant ce qui se passe chez Delta General. Sa collègue, Xiaomei, réagit à ses doléances : « Je suis d'accord avec toi. Mais le directeur général devrait pouvoir trouver le moyen d'améliorer la communication organisationnelle sans que nous renoncions pour autant aux avantages du courriel ! » À titre de consultant, que conseilleriez-vous au directeur général pour l'aider à relever le défi que lui lance Xiaomei ?

LE CO DANS LE FEU DE L'ACTION

Pour ce chapitre, nous vous suggérons les activités suivantes du *Cahier d'apprentissage en CO* (voir p. C1).

Étude de cas	Exercices	Autoévaluations
22. L'histoire du morse qui n'en savait pas assez	7. Signaux culturels 24. La chaise vide 29. Écoute active 30. Évaluation d'un supérieur 31. Rétroaction à 360 degrés 34. Incursion dans l'inconnu	12. Leadership transactionnel et leadership transformateur 13. Votre propension à la délégation

Les conflits et la négociation

Chapitre 13

Les conflits et la négociation jouent souvent un rôle prépondérant dans la dynamique d'une entreprise ou d'une organisation. Chacun doit être capable de les gérer de manière positive. Dans les équipes et dans les diverses relations interpersonnelles, un simple « oui » peut généralement débloquer une situation susceptible de mener à un conflit ou ne pouvant être démêlée que par la négociation. Ce chapitre porte donc sur le conflit et la négociation, deux processus cruciaux en milieu organisationnel.

OBJECTIFS D'APPRENTISSAGE

Après l'étude de ce chapitre, vous devriez pouvoir :

- Expliquer les caractéristiques du conflit en milieu organisationnel.
- Distinguer les principales stratégies de gestion des conflits.
- Définir le processus de négociation en milieu organisationnel.
- Décrire les principales stratégies en matière de négociation.

Un « oui » permet d'ouvrir bien des portes.

PLAN DU CHAPITRE

Eduardo Saverin : « Tu es viré ! »

Toute séparation est difficile à vivre, en particulier lorsque des millions de dollars de capital de risque sont en jeu. Un conflit entre cofondateurs est une raison très courante de démantèlement d'une jeune entreprise ou de remaniement profond de l'équipe de direction. Eduardo Saverin, cofondateur avec Mark Zuckerberg de thefacebook, le site de réseautage social de Harvard qui est devenu Facebook, vous le confirmera.

Dès le départ, les investisseurs en capital de risque, anciens étudiants de Harvard et amis Larry Cheng, Mark Zuckerberg et Eduardo Saverin avaient une vision totalement différente de la façon de diriger leur jeune entreprise. Celle-ci prenait de l'essor, mais n'était, à l'époque, accessible qu'aux étudiants et aux diplômés de Harvard. Zuckerberg, le programmeur, « suait un instinct de tueur » et « se vantait sans réserve à qui voulait l'entendre qu'il avait l'ambition de dominer le marché universitaire ». Saverin, qui avait constitué en société et géré thefacebook à partir de leur dortoir, était « un gars jovial et aimable et un suiveur inconditionnel[1] ». Des cofondateurs aux styles si différents se complètent très bien, mais seulement s'ils restent solidaires.

S'ils ne le sont pas, des conflits surviennent nécessairement. Dans le cas de Facebook, comme il arrive toujours lorsqu'il y a des conflits entre cofondateurs, les détails exacts sont obscurs et noyés dans des allégations vaseuses. Selon le magazine *Rolling Stone*, Zuckerberg aurait entamé des poursuites contre Saverin, prétendant que celui-ci avait mis en péril la jeune entreprise en gelant ses avoirs. Saverin a répliqué en alléguant qu'il n'avait jamais obtenu de Zuckerberg la contrepartie de la mise de fonds qu'il avait versée pour démarrer l'entreprise, et que ce dernier s'en servait plutôt pour ses dépenses personnelles[2].

Faisant cavalier seul, Zuckerberg a rapidement constitué une nouvelle version de Facebook, a déménagé à Palo Alto, en Californie, et s'est mis à gagner des centaines de millions de dollars. Pendant de nombreuses années, Facebook a nié publiquement le rôle que Saverin avait joué dans le démarrage du géant du réseautage social.

> ***On aurait dit que, dans toutes ses démarches, ce qui lui importait vraiment était de devenir le chef de la direction, au moment du financement de démarrage, et de conserver la mainmise sur l'entreprise.***
>
> – Steven Haggerty, ancien étudiant de Harvard et stagiaire chez Facebook

Bien qu'il n'ait pas profité de la notoriété de son célèbre cofondateur, Eduardo Saverin ne va pas trop mal. Personne ne l'a confirmé publiquement, mais d'après les rumeurs, il détiendrait 5 % des avoirs de Facebook. En outre, dernièrement, son rôle de cofondateur a été reconnu sur le site de Facebook.

Le conflit en milieu organisationnel

Le travail quotidien des individus au sein des organisations repose incontestablement sur la communication et les relations interpersonnelles. Dans les milieux où on a établi une communication franche et où l'information circule librement, les conflits interpersonnels sont beaucoup moins nombreux qu'ailleurs. L'implicite et le non-dit peuvent entretenir les différends. Pour être en mesure de faire face à des situations professionnelles souvent difficiles et contraignantes, gestionnaires et salariés doivent posséder les compétences interpersonnelles essentielles à la collaboration[3].

Il y a **conflit** entre des individus ou entre des groupes lorsque surviennent des désaccords sur des questions de fond ou des frictions créées par des problèmes relationnels[4]. Les chefs d'équipe et leurs coéquipiers consacrent un temps considérable à gérer des conflits. Tantôt ils y sont directement mêlés et y prennent part en tant que protagonistes ; tantôt ils interviennent à titre d'arbitres ou de médiateurs pour aider à résoudre des conflits[5]. Dans les deux cas, ils doivent être solidement préparés. Pour que le conflit ne les prenne pas au dépourvu, ils doivent être capables de reconnaître les situations potentiellement conflictuelles et d'y réagir en répondant tant aux besoins de l'organisation qu'à ceux des différentes parties en cause[6].

Conflit
Désaccord entre des individus ou des groupes concernant des questions de fond ou des frictions résultant de problèmes relationnels

LE CONFLIT DE FOND ET LE CONFLIT ÉMOTIONNEL

Au quotidien, tant en milieu organisationnel que dans la vie privée, le conflit peut se présenter sous la forme d'un conflit de fond ou d'un conflit émotionnel.

Le **conflit de fond** est un désaccord fondamental sur les objectifs à poursuivre ou sur les moyens de les atteindre[7]. Une dispute avec un patron au sujet d'un plan d'action, comme la stratégie de commercialisation d'un nouveau produit, en est un exemple. Lorsque des gens travaillent ensemble jour après jour, il est tout à fait normal qu'ils aient des divergences de vues sur diverses questions d'ordre professionnel : les objectifs du groupe ou de l'organisation, la répartition des ressources, l'attribution des récompenses, les orientations et les procédures, la répartition des tâches, etc. La plupart des gestionnaires doivent surmonter quotidiennement des conflits de ce genre.

Conflit de fond
Désaccord fondamental sur les objectifs à poursuivre ou sur les moyens de les atteindre

Le **conflit émotionnel**, lui, tient à des problèmes relationnels qui se manifestent, notamment, par des sentiments de colère, de méfiance, d'animosité, de crainte et de rancune[8]. Combien de fois, par exemple, avez-vous entendu ce type de commentaires : « Je ne suis plus capable de travailler avec lui », « Je ne sais pas comment m'y prendre avec elle », « Même si tu me suppliais, jamais je ne me joindrai à lui pour un projet » ? Le *conflit de personnalité* comme on l'appelle communément, peut drainer l'énergie des gens concernés et les détourner de leurs priorités professionnelles. Les conflits émotionnels peuvent survenir dans toutes sortes de situations, tant entre collègues qu'entre supérieurs et subordonnés.

Conflit émotionnel
Problème relationnel qui se manifeste, notamment, par des sentiments de colère, de méfiance, d'animosité, de crainte et de rancune

LES DIVERS NIVEAUX DE CONFLITS

Lorsqu'on doit affronter soi-même des conflits en milieu de travail, la première question à se poser est la suivante : « Est-ce que je suis bien préparé à affronter différents types de conflits et à les résoudre ? » Les conflits en milieu de travail peuvent se situer sur le plan de l'individu (conflit intérieur qui ne touche que lui), des relations interpersonnelles (conflit entre deux ou plusieurs personnes), des relations entre des groupes au sein d'une organisation ou des relations entre des organisations.

Conflit intrapersonnel
Déchirement intérieur découlant d'un choix qu'une personne doit faire ou déchirement intérieur dû à l'incompatibilité, réelle ou perçue, entre les attentes ou les objectifs d'une personne, d'une part, et les attentes qu'on entretient à son égard ou les objectifs qu'on lui fixe, d'autre part

Certains conflits ne concernent que la personne elle-même. On parle ainsi de **conflit intrapersonnel** lorsqu'une personne vit un déchirement intérieur découlant d'un choix qu'elle doit faire ou lorsqu'elle vit un déchirement intérieur dû à l'incompatibilité, réelle ou perçue, entre ses attentes ou ses objectifs, d'une part, et les attentes qu'on entretient à son égard ou les objectifs qu'on lui fixe, d'autre part. Il s'agit, par exemple, du conflit entre la personne et le rôle qu'elle doit jouer.

Plus précisément, on distingue généralement les trois formes suivantes de conflits intrapersonnels.

1. Le *conflit approche-approche*, où l'individu doit choisir entre deux possibilités tout aussi positives et alléchantes l'une que l'autre. Par exemple, il a le choix entre une promotion très intéressanteet un poste des plus séduisants dans une autre organisation.
2. Le *conflit évitement-évitement*, où l'individu doit choisir entre deux possibilités tout aussi négatives et rebutantes l'une que l'autre. Par exemple, il a le «choix» entre une mutation dans une ville qui lui déplaît et le licenciement pur et simple.
3. Le *conflit approche-évitement*, où l'individu est ambivalent quant à une possibilité qui comporte à la fois des aspects positifs et négatifs. Par exemple, il reçoit une offre pour un poste mieux rémunéré, mais dont l'acceptation entraînera des répercussions déplaisantes sur sa vie personnelle.

Conflit interpersonnel
Conflit qui oppose deux individus ou plus

Le **conflit interpersonnel** oppose deux individus ou plus. Il peut s'agir d'un conflit de fond (par exemple, entre deux cadres qui ne s'entendent pas sur l'embauche d'un candidat à un poste donné), d'un conflit émotionnel (par exemple, entre deux travailleurs qui critiquent constamment leurs attitudes et leurs modes de vie respectifs et n'arrivent pas à travailler ensemble) ou d'une combinaison des deux. Le processus traditionnel d'évaluation du rendement par lequel le supérieur transmet son appréciation au subordonné, sans que ce dernier ait l'occasion de lui faire part de son propre examen, est aussi souvent propice à l'émergence d'un conflit interpersonnel. En outre, sans rétroaction, ce processus unidirectionnel ne favorise pas la motivation du subordonné ni l'amélioration de son rendement.

Conflit intergroupes
Conflit qui oppose deux groupes ou plus

Le **conflit intergroupes** oppose deux groupes ou plus. Là encore, il peut s'agir d'un conflit de fond, d'un conflit émotionnel ou d'une combinaison des deux. L'exemple classique de conflit intergroupes est celui qui oppose deux unités opérationnelles, comme le marketing et la production. Parfois, ces conflits émergent à cause d'une véritable divergence de vues, le marketing se concentrant sur les objectifs de vente et la production, sur les objectifs de rentabilité. D'autres fois, ces conflits tiennent à des problèmes relationnels. Ce sont alors des conflits de personnalité opposant des individus de divers services qui veulent paraître à leur avantage dans certaines circonstances. Relativement fréquents dans les organisations, les conflits intergroupes peuvent rendre difficiles la coordination et l'intégration des tâches[9]. Le recours de plus en plus courant aux équipes interfonctionnelles et aux groupes de projet est l'un des moyens dont disposent les gestionnaires pour mettre fin à ce type de conflits et pour favoriser la créativité et l'efficacité dans les activités.

Combattre l'intimidation

L'ÉTHIQUE EN CO

On parle beaucoup d'intimidation à l'école depuis quelques années. Mais ceux qui ont intimidé leurs camarades, une fois dans le monde adulte, ne laissent pas tous tomber leur vilain comportement. Selon un sondage CROP réalisé pour l'Ordre des conseillers en ressources humaines agréés (CRHA), 29 % des travailleurs ont été témoins d'intimidation dans leur milieu de travail au cours de la dernière année.

Lorsqu'on demande aux répondants s'ils ont eux-mêmes été victimes d'intimidation, 42 % indiquent qu'ils en ont vécu au moins une fois au cours de leur carrière. Fait étonnant : ce chiffre grimpe à 50 % chez les travailleurs dont le revenu annuel du ménage dépasse 100 000 $.

« Dans un environnement de travail hautement compétitif, on encourage cette compétition entre les employés. Les gens expriment leur stress de différentes façons. On observe aussi que les intimidateurs au travail et leurs victimes sont les mêmes qu'à l'école », dit Florent Francoeur, président de l'Ordre des CRHA.

Nadia G. Michaud en sait quelque chose, elle qui a été intimidée pendant sept mois par son ancien directeur de succursale. « Il avait un comportement non éthique envers l'entreprise et me disait régulièrement : "Si tu me dénonces, je vais m'arranger pour que tu sois congédiée. Que je ne te voie jamais parler de cela au patron, sinon tu vas voir à qui tu as affaire." »

Heureusement pour elle, l'histoire s'est bien terminée. Le grand patron, à l'occasion d'une conversation téléphonique, lui a ouvert une porte afin qu'elle dise enfin la vérité. Elle a conservé son emploi et le directeur a été congédié. Mais le patron était mécontent.

« De telles menaces sont inacceptables, mais j'aurais souhaité que tu m'en parles avant, car l'entreprise a perdu de l'argent à cause de ça », lui a-t-il dit. Mais Nadia n'avait pas osé.

« J'avais peur de ne pas être crue et d'être ridiculisée. Avec du recul, je pense que si je n'osais pas parler, c'est parce que je me sentais en quelque sorte inférieure à ces deux hommes, et je me sentais honteuse parce que je ne pouvais pas m'affirmer. Je vivais dans la peur de perdre mon emploi au lieu de penser à mon intégrité et à mon estime de soi, alors que j'aurais dû davantage me respecter », dit-elle. [...]

Toutefois, il existe encore des histoires qui se terminent mal quand le personnel en place connaît mal la loi, ou fait mal son travail, comme dans le cas de Carole M.

« Mon supérieur immédiat est venu trois fois piquer des colères dans mon bureau pour des raisons qui ne relevaient pas du tout de mes responsabilités, raconte-t-elle. Après la troisième fois, j'en ai parlé à la responsable des relations humaines, qui m'a répondu : "Ce que tu me dis n'est pas possible, c'est un bon gars ! Je pense que c'est lui qui a raison et que tu n'es pas la bonne personne pour ce poste." »

Carole a fini par perdre son emploi. Seule consolation : la responsable des ressources humaines a elle aussi été congédiée quelque temps plus tard… pour incompétence !

Selon le sondage CROP-CRHA, 30 % des répondants qui ont fait l'objet d'intimidation au cours de leur carrière se sont déjà absentés du travail pour cette raison. Mais l'intimidation peut aussi engendrer du présentéisme, c'est-à-dire le fait d'être présent au travail sans y être disposé.

« Je vivais beaucoup d'émotions négatives à cause de ma situation, et cela a eu un impact certain sur la qualité de mon travail, dit Nadia. Les employeurs devraient créer des liens de confiance avec les employés pour qu'ils sentent qu'ils ont le droit de s'exprimer et sachent qu'en cas de problème, ils seront écoutés. » [...]

Source : Caroline Rodgers, « Combattre l'intimidation », *Progrès-dimanche*, 9 septembre 2012, p. 58.

QUESTIONS L'intimidation est-elle inévitable en milieu de travail ? Comment faire face à ce fléau au Québec ? Quels sont les rôles et les responsabilités de l'organisation et des travailleurs ?

Le **conflit interorganisationnel** oppose deux organisations ou plus. Il s'agit souvent de concurrence et de rivalité entre des organisations dont les activités concernent les mêmes marchés. On n'a qu'à penser à la lutte constante que se livrent les entreprises canadiennes et leurs rivales étrangères. Cependant, loin de se réduire à cette concurrence interentreprises, le concept de conflit interorganisationnel s'étend, par exemple, aux litiges opposant les syndicats et les organisations qui emploient leurs

Conflit interorganisationnel
Conflit qui oppose deux organisations ou plus

Quand vous « gazouillez » sur Twitter, n'oubliez pas que souvent le silence est d'or

Au moment de poster des messages sur Twitter, les employés devraient se souvenir que souvent le silence est d'or. En effet, lorsque les « gazouillis » ne respectent pas les normes de conduite exigées au travail et portent sur des clients, des recrues ou même des collègues, ils sont source de problèmes et de conflits. Le code de conduite de Twitter comporte maintenant deux règles tacites :

1. Réfléchissez avant de poster un message sur Twitter.
2. N'écrivez rien que votre mère ne devrait pas lire.

membres, les organismes de réglementation et les organisations qui leur sont assujetties, les organisations et leurs fournisseurs, ou certains groupes de pression et les organisations sur lesquelles ils cherchent à exercer de l'influence.

LE CONFLIT CONSTRUCTIF ET LE CONFLIT DESTRUCTEUR

Les conflits en milieu organisationnel peuvent être déstabilisants, tant pour les protagonistes que pour leur entourage. Travailler dans un climat d'hostilité constante peut devenir très pénible. Cependant, comme le montre la **figure 13.1**, les spécialistes en CO considèrent que le conflit peut être tantôt constructif, tantôt destructeur.

▸ **Conflit constructif**
Conflit qui a des retombées positives pour les individus, les groupes ou l'organisation

Le **conflit constructif** est celui qui a des retombées positives pour les individus, les groupes ou l'organisation. Un conflit peut être constructif dans les cas suivants : il permet de mettre au jour des problèmes qui, autrement, resteraient latents ; il pousse les parties à étudier de plus près une décision, voire à la reconsidérer, pour vérifier que la bonne ligne de conduite soit adoptée ; il augmente la quantité d'information dont disposent les décideurs ; il stimule la créativité et favorise l'amélioration du rendement individuel, du rendement de groupe ou du rendement organisationnel. Le gestionnaire efficace sait comment provoquer un conflit constructif dans les situations où l'acceptation du statu quo empêche les changements ou l'évolution qui s'imposent.

FIGURE 13.1 LES DEUX DIMENSIONS DU CONFLIT : LE CONFLIT CONSTRUCTIF ET LE CONFLIT DESTRUCTEUR

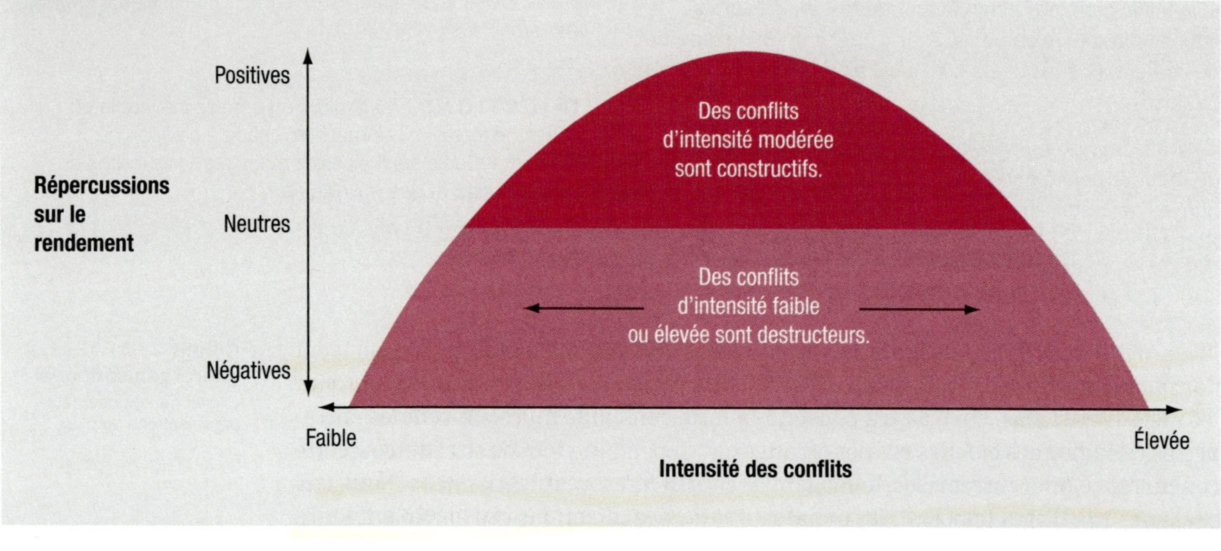

Bloguer peut être amusant, mais les blogueurs devraient se méfier[10]

L'ÉTHIQUE EN CO

Il est facile et tentant de créer son propre blogue sur la Toile, de narrer ses expériences et ses impressions et de les diffuser en ligne. Alors, pourquoi s'en empêcher?

Catherine Sanderson, citoyenne britannique qui vit et travaille à Paris, aurait dû se méfier avant de lancer son blogue, *La petite Anglaise*. Elle a connu un grand succès, atteignant à un certain moment 3 000 lecteurs. Mais, dans sa chronique sur internet, elle relatait aussi son expérience de travail. Or son employeur, le bureau d'experts comptables Dixon Wilson, n'a pas prisé cette publicité non sollicitée.

Bien que Mme Sanderson n'ait pas signé son blogue, elle avait affiché sa photo. Le lien n'était donc pas difficile à faire. Son employeur a mal pris ses commentaires réitérés sur ses patrons et ses collègues, ainsi que sur la vie au bureau. Elle a ainsi écrit que l'un des chefs de service «appelle les secrétaires, des dactylos». Elle a raconté dans le détail la soirée de Noël, n'oubliant pas de mentionner que l'un des cadres supérieurs avait fait «un inoubliable faux pas». Sous le titre «Titillations», elle a décrit par le menu le décolleté plongeant qu'elle avait arboré pendant une visioconférence au bureau.

Les faits sont maintenant de notoriété publique. Dans un article de presse, on dit que l'un des associés était «fou de rage» lorsqu'il a appris ce que Mme Sanderson avait écrit à son propos. Quant à notre blogueuse, elle est très fâchée. Elle affirme qu'elle a été «doocée», terme utilisé pour dire qu'on a été viré à cause de ce qu'on a écrit dans un blogue. Elle demande des réparations financières et le respect de ses droits, arguant que son blogue fait partie du domaine privé.

QUESTIONS Un premier observateur se demande: «Supposons que vous travailliez pour une grosse entreprise et que vous rédigiez anonymement une "Chronique d'un initié" pour le *Financial Times* dans vos moments de loisir. Vous attendriez-vous à autre chose qu'à votre congédiement, si le pot aux roses était découvert?»

Un deuxième observateur s'interroge: «À quel moment l'influence que votre employeur a sur votre vie au quotidien cesse-t-elle?»

Partageriez-vous le point de vue de l'un de ces deux individus? Lequel? Quelles sont les questions d'éthique que ce blogue soulève du point de vue du blogueur et de son employeur? Quels sont exactement les droits des diverses personnes concernées quand un blogueur rend publiques ses impressions et son expérience relatives à son travail?

Au contraire, le **conflit destructeur** a des retombées négatives pour les individus, les groupes ou l'organisation. Il détourne les énergies, nuit à la cohésion du groupe, favorise les manifestations d'hostilité et, en général, crée un environnement néfaste pour les travailleurs. On en a l'exemple lorsque deux collègues n'arrivent pas à travailler ensemble à cause de divergences d'ordre personnel (conflit émotionnel destructeur) ou lorsque les membres d'un comité piétinent dans leur travail parce qu'ils ne parviennent pas à s'entendre sur les objectifs du groupe (conflit de fond destructeur). Des conflits de ces types-là risquent d'entraîner une diminution à la fois de la productivité et de la satisfaction professionnelle et peuvent même devenir des causes d'absentéisme et de roulement accru du personnel. Les gestionnaires doivent être à l'affût des conflits destructeurs et y réagir promptement afin de les enrayer ou, du moins, d'en atténuer les conséquences.

▶ **Conflit destructeur**
Conflit qui a des retombées négatives pour les individus, les groupes ou l'organisation

LA CULTURE ET LES CONFLITS

La société contemporaine présente de nombreux signes de détérioration des relations sociales: tensions entre les races, entre les générations, entre les hommes et les femmes, entre les hétérosexuels et les homosexuels, et ainsi de suite. D'une façon ou d'une autre, ces tensions découlent toutes de différences entre les gens. Voilà qui nous rappelle le potentiel conflictuel important des différences culturelles.

Au chapitre 12, nous avons décrit les diverses dimensions d'une culture ; nous avons mentionné, notamment, les différences ayant trait à l'orientation temporelle, à la dimension individualisme-collectivisme ainsi qu'à la distance hiérarchique. Lorsqu'une personne issue d'une culture misant sur le court terme, comme celle des États-Unis, veut travailler avec une autre issue d'une culture misant sur le long terme, comme celle du Japon, le risque que surgissent des conflits est élevé. Il en va de même lorsque des « individualistes » travaillent avec des « collectivistes » ou lorsque des travailleurs issus d'une culture à distance hiérarchique élevée sont en relation professionnelle avec des travailleurs provenant d'une culture à distance hiérarchique faible[11].

Les personnes qui sont incapables d'accepter et de respecter l'influence de la culture sur le comportement peuvent contribuer à l'apparition de situations dysfonctionnelles et destructrices. Par contre, celles qui font preuve de sensibilité et de respect dans les relations professionnelles interculturelles trouvent des façons de travailler avec d'autres cultures sans trop de difficultés et savent même mettre à profit les avantages du conflit constructif.

Prêtez attention à ces commentaires de deux membres d'un groupe de projet conjoint France–États-Unis, chez Corning. « Un genre de magie s'opère », explique John Thomas, ingénieur de projet, pour décrire la collaboration à la résolution de problèmes entre les scientifiques européens et américains des centres de recherche de Corning. « Les Européens ont une pensée très créative, affirme-t-il, et ils prennent le temps de réfléchir au problème afin de proposer la meilleure solution théorique possible. Nous, Américains, avons davantage l'esprit pratique. Nous voulons passer sans tarder à la mise au point d'une solution fonctionnelle. » Son partenaire du centre de Fontainebleau, en France, ajoute : « Nous, Français, sommes plutôt axés sur les idées et les concepts. Quand survient un blocage dans l'exécution de ce que notre esprit a conçu, nous sommes portés à abdiquer. Les Américains n'ont pas cette réaction. Ils accordent plus d'attention aux détails, aux processus et aux calendriers de travail. Ils veillent à être bien préparés et s'assurent que tous leurs collaborateurs participent au processus de planification afin de ne pas subir de retard. L'idéal demeure la combinaison des deux approches. C'est ainsi qu'on parvient finalement aux meilleurs résultats[12]. »

La gestion des conflits

Résolution de conflit
Situation dans laquelle les causes sous-jacentes d'un conflit ont été éliminées

Il existe bien des façons de réagir à un conflit, mais l'objectif primordial devrait toujours être de jeter les bases d'une véritable **résolution de conflit**, c'est-à-dire d'éliminer les causes sous-jacentes du problème. Les conflits non résolus ouvrent la voie à d'autres conflits de même nature. Ainsi, au lieu de nier leur existence ou de se contenter d'en supprimer temporairement les manifestations, il vaut souvent mieux s'attaquer de front aux conflits importants et les résoudre une fois pour toutes. Pour ce faire, il importe de bien connaître les phases du conflit, ses causes possibles et les stratégies directes et indirectes de gestion des conflits.

FIGURE 13.2 LES PHASES D'UN CONFLIT

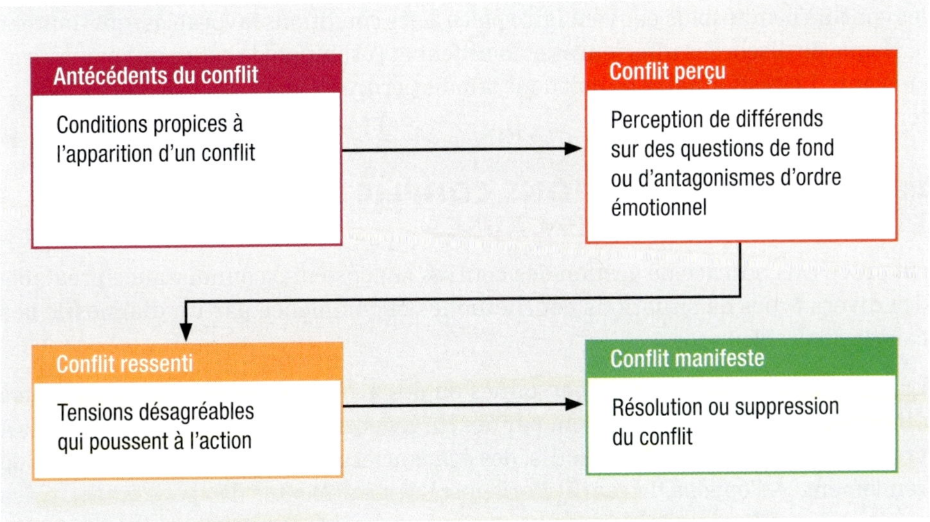

LES PHASES D'UN CONFLIT

La plupart des conflits comportent les quatre phases qu'illustre la **figure 13.2**[13]. Tout d'abord, les *antécédents* du conflit sont les conditions propices à son apparition. Puis, lorsque celles-ci finissent par entraîner des différends sur des questions de fond ou des antagonismes d'ordre émotionnel, on entre dans la phase du *conflit perçu*. Notons que la perception d'un conflit peut n'être le fait que d'une des personnes concernées. Il est essentiel de distinguer la phase du conflit perçu de celle du *conflit ressenti*. Durant cette dernière, le conflit est ressenti comme une tension désagréable qui pousse à agir afin d'obtenir un certain soulagement. Pour qu'un conflit puisse être résolu, il faut que toutes les parties perçoivent son existence et ressentent le besoin d'agir.

Lorsque le différend s'exprime ouvertement, se traduit par des comportements, le conflit devient *manifeste*. À cette phase, on peut le résoudre en éliminant ses antécédents ou en y remédiant. On peut également le *supprimer* : il s'agit de faire disparaître ses manifestations, mais pas les conditions de son apparition, qui, elles, restent inchangées ; c'est donc uniquement un traitement de surface. Ainsi, il y a suppression du conflit lorsque l'une des deux parties décide d'oublier momentanément le désaccord qui l'oppose à l'autre. Ce n'est qu'une façon superficielle et souvent temporaire de « régler » le conflit.

En fait, le conflit supprimé et le conflit non résolu appartiennent à la même catégorie. Tous deux risquent de s'envenimer et d'engendrer d'autres problèmes du même ordre. Cependant, supprimer le conflit est parfois la meilleure solution à court terme pour le gestionnaire, du moins jusqu'à ce qu'il parvienne à modifier les antécédents en cause.

Par ailleurs, les conflits de fond non résolus peuvent entraîner des problèmes émotionnels d'envergure et dégénérer en conflits émotionnels destructeurs. À l'opposé, les conflits bien résolus peuvent faire place à des conditions favorables, qui limitent le risque de discordes ultérieures et facilitent la résolution de celles qui pourraient survenir. Le gestionnaire ne doit donc jamais perdre de vue les conséquences à long terme d'un conflit.

LES TYPES DE SITUATIONS CONFLICTUELLES ET LEURS PRINCIPALES CAUSES

Un processus efficace de gestion des conflits suppose une connaissance préalable des divers types de situations conflictuelles et commence par un diagnostic des causes du problème.

Le *conflit vertical* oppose des personnes ou des groupes de paliers hiérarchiques différents. Il se manifeste souvent par des litiges entre subordonnés et supérieurs à propos des ressources, des objectifs, des échéanciers ou des résultats en matière de rendement. À l'opposé, le *conflit horizontal* voit s'affronter des personnes ou des groupes d'un même palier hiérarchique. Leurs mésententes peuvent découler d'objectifs incompatibles, d'un manque de ressources ou de facteurs purement interpersonnels. Le conflit horizontal se manifeste souvent sous la forme d'un *conflit entre une unité opérationnelle et une unité fonctionnelle*, qui apparaît notamment lorsque les deux parties veulent s'approprier le pouvoir de trancher telle ou telle question concernant les budgets, les embauches, les congédiements, etc.

Également fréquent en milieu de travail, le *conflit de rôle* survient souvent lorsque les attentes en matière de tâches sont exprimées de manière inadéquate ou déstabilisante. Comme nous l'avons vu au chapitre 8 à propos du travail d'équipe, les problèmes de cet ordre viennent souvent de ce qu'un ou plusieurs émetteurs expriment des attentes contradictoires ou incompatibles. Il arrive aussi que les valeurs et les besoins d'une personne entrent en conflit avec les attentes liées à son rôle, ou que les attentes attachées aux divers rôles d'une même personne soient incompatibles. De plus, des conflits peuvent apparaître lorsqu'il y a *ambiguïté des rôles*, c'est-à-dire lorsque les tâches et les objectifs de chacun sont mal définis, faisant en sorte qu'il est difficile de savoir qui est responsable de quoi, et pourquoi.

Les situations d'*interdépendance dans le circuit de production* peuvent être une source importante de différends. Des mésententes ou des disputes ouvertes peuvent surgir entre des individus ou des unités qui doivent coopérer pour atteindre des objectifs ambitieux[14]. Les frictions sont plus fréquentes lorsque l'interdépendance est très étroite, c'est-à-dire lorsqu'une personne ou un groupe dépend d'une autre personne ou d'un autre groupe pour atteindre ses objectifs. Ainsi, dans les restaurants, les rapports entre le personnel de la cuisine et le personnel du service tournent souvent au vinaigre lorsque les plats tardent à sortir de la cuisine.

En outre, les conflits peuvent dégénérer lorsqu'il y a une *différenciation structurelle*, c'est-à-dire lorsque des équipes ou des unités de travail poursuivent des objectifs différents et ont des orientations temporelles dissemblables (voir la **figure 13.3**). Des *ambiguïtés en matière de responsabilités*, apparaissant lorsque les champs de responsabilités et l'étendue de l'autorité ne sont pas clairement délimités, peuvent aussi être sources de conflits. Ainsi, des différends peuvent apparaître lorsque les individus ou les équipes ne reçoivent pas de directives claires concernant leurs tâches ou

FIGURE 13.3 LA DIFFÉRENCIATION STRUCTURELLE COMME SOURCE POTENTIELLE DE CONFLIT ENTRE ÉQUIPES DE TRAVAIL

Équipe de recherche et développement	Équipe de production	Équipe de commercialisation
• Met l'accent sur la qualité des produits. • Adopte une orientation à long terme.	• Met l'accent sur le rapport coûts-qualité. • Adopte une orientation à court terme.	• Met l'accent sur les besoins des clients. • Adopte une orientation à court terme.

Guettez ces causes courantes de conflit au sein des organisations

- *Les conflits antérieurs non résolus* Lorsqu'on ne règle pas les conflits au fur et à mesure qu'ils surviennent, ils restent latents et peuvent réémerger dès que des conditions similaires se présentent à nouveau.
- *L'ambiguïté des rôles* Lorsqu'une personne ne sait pas avec certitude ce qu'elle doit faire, elle peut entrer en conflit avec d'autres personnes. Les incertitudes relatives aux tâches accroissent le risque d'affrontements et de travail à contre-courant.
- *L'insuffisance des ressources* Lorsqu'on doit partager des ressources avec d'autres personnes ou lorsqu'on est en compétition avec d'autres pour obtenir des ressources, on travaille dans des conditions propices aux conflits.
- *L'interdépendance des tâches* Lorsqu'on ne peut pas commencer son travail avant que quelqu'un d'autre n'ait terminé le sien, des conflits risquent de surgir. Une situation de dépendance à l'égard d'autrui est génératrice d'anxiété et de stress.
- *Les ambiguïtés en matière de responsabilités* Lorsqu'on ne reçoit pas de directives précises à propos de la façon dont les objectifs personnels ou ceux de l'équipe s'ajustent aux objectifs d'autres personnes, ou lorsque ces objectifs donnent lieu à des situations faisant un gagnant et un perdant, des conflits surgissent fréquemment.
- *La différenciation structurelle* Lorsqu'on travaille au sein d'une organisation où les structures, les objectifs, les échéances, les orientations temporelles et même la composition des équipes sont très différents, des conflits entre les services ou les unités opérationnelles sont très probables.

leurs objectifs et qu'ils ne comprennent pas les notions telles que les responsabilités relatives aux territoires de vente ou à l'étendue des pouvoirs.

Qu'elle soit réelle ou perçue comme telle, l'*insuffisance des ressources* peut également susciter une concurrence destructrice entre diverses composantes d'une même organisation. Lorsque les ressources se raréfient, les relations de travail risquent de se détériorer. C'est particulièrement vrai quand l'organisation connaît des difficultés financières ou qu'elle procède à des compressions de personnel ou de budget. De tels contextes poussent certains individus ou certains groupes à rivaliser pour obtenir ou conserver le plus de ressources possible. Ces derniers vont s'opposer à une nouvelle répartition des ressources ou mettre en place des contre-mesures visant à empêcher qu'une partie de leurs ressources ne soit attribuée à d'autres.

Enfin, les relations de travail peuvent engendrer des conflits quand il y a une *asymétrie de pouvoir* ou une *asymétrie de valeurs*, c'est-à-dire quand il y a un trop grand écart entre la position hiérarchique et l'influence, ou entre les valeurs, de personnes ou de groupes interdépendants. Ce type de différend peut apparaître, notamment, lorsqu'une personne qui a peu de pouvoir a besoin de l'aide d'un collègue à la fois mieux placé et peu coopératif, lorsque des individus aux valeurs radicalement divergentes sont forcés de travailler à une tâche commune, ou lorsqu'une personne haut placée doit interagir avec un collègue qui occupe une position inférieure et dont elle dépend à certains égards.

LES STRATÉGIES DE GESTION INDIRECTE DES CONFLITS

La plupart des gestionnaires vous diront qu'on ne peut pas régler tous les conflits au sein des équipes ou dans une organisation en incitant les personnes concernées à adopter de nouveaux comportements, de nouvelles attitudes ou de nouvelles positions les unes à l'égard des autres. Pensez-y ! N'existe-t-il pas de circonstances dans lesquelles les personnalités et les émotions sont inconciliables ? Dans de tels cas, une démarche de gestion indirecte du conflit peut s'avérer utile. Les diverses stratégies de gestion indirecte des conflits ont ceci en commun qu'elles ne s'attaquent pas de front aux problèmes, qu'elles ne tentent pas de résoudre ces derniers en réunissant les personnes concernées. Les principales stratégies de ce type sont : la diminution de l'interdépendance, l'appel aux objectifs communs, le recours aux supérieurs hiérarchiques et la modification des scénarios et des mythes organisationnels.

LA DIMINUTION DE L'INTERDÉPENDANCE

Si les conflits sont liés aux circuits de production, le gestionnaire peut revoir le degré d'interdépendance des unités ou des individus[15]. Il dispose pour cela d'une solution très simple, la *dissociation*, qui consiste à éliminer ou à restreindre les contacts entre les parties qui s'opposent. Dans certains cas, on peut réorganiser les tâches des unités en réduisant le nombre de points de coordination qu'elles requièrent. Les unités en conflit peuvent ensuite être séparées de sorte que chacune dispose d'un accès direct aux ressources dont elle a besoin. La dissociation peut apaiser les relations, mais elle peut aussi déboucher sur un dédoublement des tâches ou une mauvaise répartition des ressources.

Lorsque les intrants d'un groupe sont constitués des extrants d'un autre, le *recours à des stocks tampons* peut être une autre façon de diminuer l'interdépendance. Il s'agit notamment de constituer des stocks de sécurité entre les groupes en conflit, afin de faire disparaître les répercussions que d'éventuelles variations de la production d'intrants peuvent avoir sur le groupe cible. Bien que cette méthode puisse effectivement atténuer les manifestations conflictuelles, elle est de moins en moins utilisée à cause des coûts élevés de stockage. En fait, elle va à l'encontre de la *livraison juste-à-temps*, qui est maintenant la tendance privilégiée en gestion des opérations.

Désigner une personne afin qu'elle joue le rôle de *courroie de transmission* entre les groupes antagonistes peut faciliter la gestion d'un conflit lié à l'interdépendance des tâches[16]. Cette personne appelée à améliorer la coopération et l'exécution des tâches communes (une coordonnatrice de projet, par exemple) doit évidemment avoir une bonne connaissance des groupes en cause, de leurs activités, de leurs membres, de leurs besoins et de leurs normes respectives.

L'APPEL AUX OBJECTIFS COMMUNS

L'appel à des objectifs communs permet de recentrer l'attention des parties potentiellement antagonistes sur une conclusion souhaitable pour tous. Le fait de resituer les

S.O.S... Mon collègue m'envahit

DES AS DE LA GESTION

Une musique trop forte, des appels téléphoniques bruyants ou même le parfum lourd d'une collègue finissent par déranger les autres. Comment retrouver l'harmonie? Deux conseillers en ressources humaines proposent leurs solutions.

Ghislaine Labelle, du Groupe Conseil SCO, psychologue organisationnelle et spécialiste en conflits, a souvent l'occasion de constater comment l'étroitesse d'un bureau peut devenir le catalyseur d'un mauvais climat de travail. Une situation parfois explosive.

Mme Labelle a dû intervenir dans une entreprise où quatre collègues devaient travailler dans un espace restreint. « Une se plaignait de la musique de sa voisine et l'autre, du parfum de sa collègue. L'ajout d'une plante sur un bureau a fait l'objet d'une contestation sous prétexte qu'elle voilait la vue. »

Au même endroit, on dénonçait une collègue fumeuse qui s'absentait pour de longues pauses. Les autres allaient jusqu'à l'épier et à noter ses allées et venues.

La plupart du temps, il n'est pas possible d'agrandir l'espace où on passe toutes ses journées. Doit-on demander à son patron un bureau privé? « Cette demande est rarement acceptée. J'ai vu des gens qui ne pouvaient plus se blairer parce que l'autre se sentait épié. Il est préférable de trouver un autre endroit pour faire nos appels en toute tranquillité », conseille Mme Labelle.

Comment a-t-on amélioré le climat dans l'entreprise évoquée plus haut? La psychologue organisationnelle a recommandé d'établir de nouvelles règles entre le gestionnaire et ses employées afin de diminuer les frictions.

« Le patron a rappelé à une employée que la pause dure 15 minutes et que l'heure du lunch ne dépasse pas une heure. La fille qui portait un parfum lourd est partie dans un autre service. Quant à la musique, tous ont déterminé qu'il est préférable de ne pas en mettre. Sinon, les écouteurs existent », explique Mme Labelle.

La spécialiste en gestion de conflits estime que chacun doit exprimer ses besoins. « On trouve une entente afin de ne pas brimer la liberté de l'autre. »

De son côté, Catherine Privé, présidente et chef de la direction d'Alia Conseil, une firme spécialisée en développement organisationnel, estime que chacun contribue à assurer un bon climat.

« Si chaque employé se préoccupe des cinq pieds autour de lui, le climat de travail sera plus sain. Sur le plan personnel, chaque individu doit faire connaître ses besoins, ses limites et ses attentes. Plus les gens se connaissent dans une équipe, plus ils vont respecter les besoins des autres. »

Mme Privé estime que le gestionnaire doit définir les règles de fonctionnement en collaboration avec son équipe. « Nous pouvons même associer ces règles à notre mission, soit d'être accueillant pour les clients. »

La présidente d'Alia Conseil ajoute que des éléments visuels, comme une affiche portant l'inscription « Attention au bruit », peuvent être accrochés dans l'entreprise. [...]

Source: Annie Bourque, « S.O.S... Mon collègue m'envahit », lapresse.ca, 9 juillet 2012.

désaccords potentiels dans un cadre où les parties doivent reconnaître leur interdépendance dans la poursuite et l'atteinte d'objectifs communs peut aider celles-ci à modifier leurs points de vue et les convaincre de renoncer aux querelles mesquines. Par exemple, si les étudiants d'une équipe de travail se disputent à propos du contenu d'une présentation PowerPoint, il peut être utile de leur rappeler que le but est de faire bonne impression sur l'enseignant et d'obtenir un « A », ce qui n'est possible que si chacun contribue au travail commun au meilleur de ses possibilités.

LE RECOURS AUX SUPÉRIEURS HIÉRARCHIQUES

Le recours aux supérieurs est une stratégie de résolution des conflits qui utilise la voie hiérarchique. Il s'agit simplement de transmettre le ou les problèmes aux supérieurs afin qu'ils trouvent des solutions[17]. Bien que cette approche donne des résultats probants dans certains cas, elle a aussi ses limites. Si le conflit est sérieux et récurrent, le recours continuel aux supérieurs ne permettra peut-être jamais d'aboutir à une véritable résolution du problème. Distraits de leurs responsabilités quotidiennes, les cadres à qui on demande d'intervenir risquent de ne pas diagnostiquer correctement les causes réelles du conflit et de ne lui apporter qu'une solution superficielle. Signalons que les gestionnaires débordés peuvent être enclins à voir dans la plupart des conflits qu'on leur soumet la seule dimension émotionnelle. Ils risquent alors de blâmer les personnes concernées et de réagir de manière expéditive en remplaçant ces dernières.

LA MODIFICATION DES SCÉNARIOS ET DES MYTHES ORGANISATIONNELS

Dans certaines situations, le gestionnaire gère le conflit superficiellement en recourant à des *scénarios*, c'est-à-dire à des comportements routiniers qui finissent par faire partie de la culture organisationnelle[18]. Ces derniers deviennent des rituels qui permettent aux parties en litige d'évacuer leurs frustrations et d'admettre leur interdépendance au sein de cette vaste entité qu'est l'organisation.

À titre d'exemple, citons la réunion mensuelle des responsables de service qui est censée viser des objectifs de coordination et de résolution de problèmes, mais qui, en fait, n'est souvent qu'un forum courtois où on entérine des accords superficiels[19]. Dans ce type de situation, les gestionnaires connaissent leur scénario et acceptent la difficulté que représente la véritable résolution d'un conflit majeur. En suivant pas à pas le scénario, en exprimant à peine leur désaccord ou en s'empressant de faire comme si tout se réglait, ils peuvent quitter la réunion en ayant tous un vague sentiment du devoir accompli.

FIGURE 13.4 UNE GRILLE D'ANALYSE DES CINQ STRATÉGIES DE GESTION DIRECTE DES CONFLITS

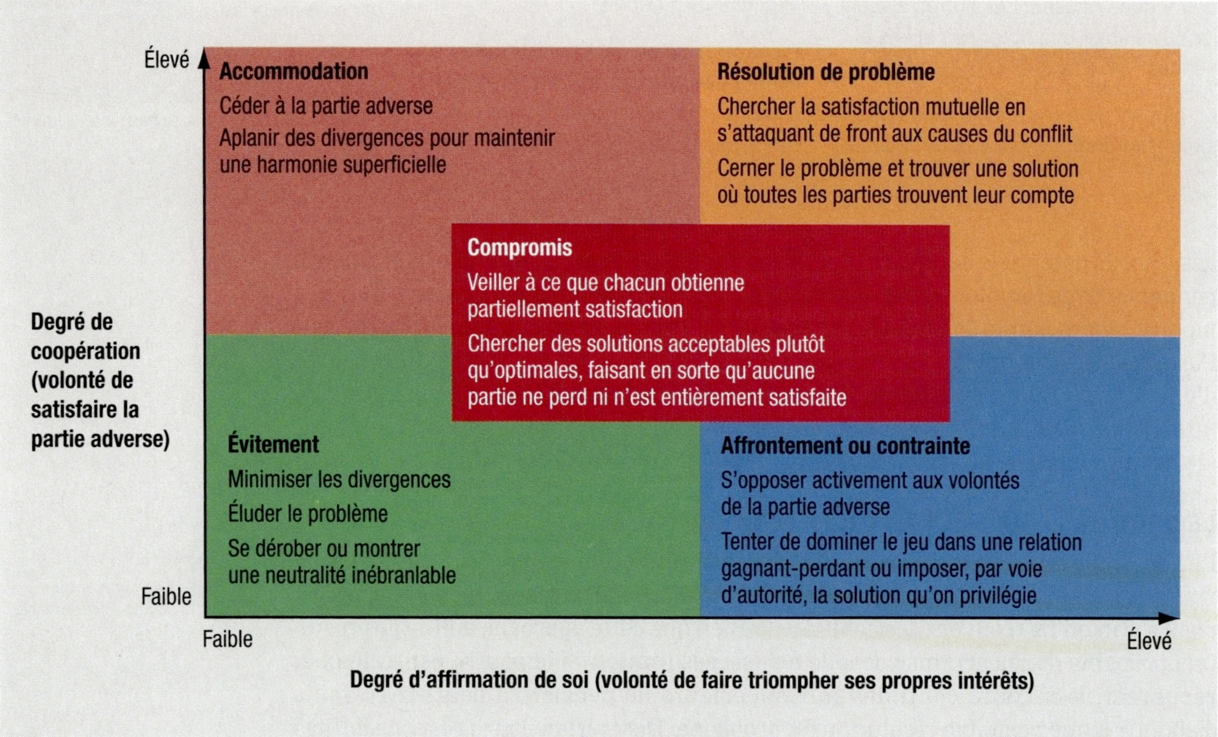

La gestion directe des conflits : quand recourir à telle ou telle stratégie ?

- La *stratégie de résolution de problème* est à privilégier lorsque les ressources nécessaires, notamment le temps et l'argent, sont disponibles et que chaque partie souhaite parvenir à une véritable résolution du conflit, c'est-à-dire en éliminer les causes sous-jacentes.
- L'*évitement* peut être une stratégie appropriée si le problème est banal, si des questions plus urgentes mobilisent l'attention ou s'il est nécessaire de calmer le jeu et de donner aux parties concernées le temps d'envisager la situation sous un angle différent.
- La *contrainte* peut être nécessaire si la situation exige une intervention rapide et décisive ou si une mesure impopulaire s'impose.
- L'*accommodation* peut être une stratégie appropriée si l'enjeu revêt plus d'importance pour l'autre partie que pour soi ou si l'obtention d'un « crédit » peut être utile ultérieurement.
- Le *compromis* peut être une stratégie appropriée si on veut obtenir un accord temporaire sur des questions complexes ou si une solution rapide s'impose.

LES STRATÉGIES DE GESTION DIRECTE DES CONFLITS

En plus de connaître les stratégies de gestion indirecte des conflits que nous venons d'exposer, il importe de comprendre comment gérer les conflits en tête à tête. La **figure 13.4** présente une grille d'analyse qui décrit les cinq stratégies de gestion directe des conflits, selon le degré de coopération et d'affirmation de soi qu'elles supposent. Bien qu'une véritable résolution du conflit ne soit possible que si les causes sous-jacentes sont mises au jour (raisons de fond ou d'ordre émotionnel) et si une solution où toutes les parties sont *gagnantes* est trouvée, en réalité, la gestion directe des conflits peut également avoir comme issue une situation qui ne fait que des perdants ou un gagnant et un perdant[20]. Comme l'explique l'encadré ci-dessus, le choix de la stratégie à appliquer dépend des circonstances.

LA SITUATION QUI NE FAIT QUE DES PERDANTS

Dans cette situation, caractérisée par l'absence ou une faiblesse d'affirmation de soi, aucune des parties n'obtient entière satisfaction. Cela constitue généralement l'aboutissement du recours à l'une ou à l'autre des trois stratégies suivantes :

1. L'**évitement (ou fuite)**, lorsque chacune des parties concernées élude le problème en se comportant comme s'il n'existait pas, parfois dans l'espoir qu'il se dissipe de lui-même.
2. L'**accommodation**, lorsqu'on aplanit les divergences et qu'on se concentre sur les ressemblances et les points d'entente pour préserver la *coexistence pacifique* ; mais le problème reste entier et risque d'engendrer frustrations et rancœur.
3. Le **compromis**, lorsque chaque partie cède à l'autre sur un point important.

Dans les trois cas, comme personne n'obtient entière satisfaction et que les antécédents du conflit restent inchangés, toutes les conditions sont réunies pour que des conflits ultérieurs de même nature éclatent.

▸ **Évitement (ou fuite)**
Stratégie de gestion des conflits par laquelle chacune des parties concernées élude le problème en se comportant comme s'il n'existait pas

▸ **Accommodation**
Stratégie de gestion des conflits par laquelle on aplanit les divergences pour se concentrer sur les ressemblances et les points d'entente

▸ **Compromis**
Stratégie de gestion des conflits par laquelle chaque partie cède à l'autre sur un point important

LA SITUATION QUI FAIT UN GAGNANT ET UN PERDANT

Dans cette situation, caractérisée par un degré élevé d'affirmation de soi et un faible degré de collaboration, l'une des parties l'emporte sur l'autre. C'est généralement l'issue du recours à l'une ou à l'autre des deux stratégies suivantes :

Affrontement
Stratégie de gestion des conflits par laquelle la victoire revient à celle des parties qui réussit à s'imposer par sa force, par la supériorité de ses compétences ou par son influence

Contrainte
Stratégie de gestion des conflits par laquelle l'une des parties, s'appuyant sur son autorité hiérarchique, impose sa solution et spécifie les gains et les pertes de chacune

Résolution de problème
Stratégie de gestion des conflits qui s'appuie sur la collecte et l'évaluation de l'information pertinente et sur des discussions franches entre les parties pour éliminer les antécédents du conflit

1. L'**affrontement**, lorsque la victoire revient à celle des parties qui a réussi à s'imposer par sa force, par la supériorité de ses compétences ou par son influence.
2. La **contrainte**, lorsque l'une des parties impose sa solution en s'appuyant sur son autorité et spécifie les gains et les pertes de chacune.

Dans les deux cas, on ne s'attaque pas aux racines du conflit et on tend à étouffer les désirs de l'une des parties en présence. On peut donc s'attendre à de nouveaux conflits autour des mêmes questions.

LA SITUATION QUI NE FAIT QUE DES GAGNANTS

Ce n'est qu'à condition de pouvoir miser sur des degrés élevés de coopération et d'affirmation de soi qu'on parvient à la situation optimale qui ne fait que des gagnants[21]. La stratégie de **résolution de problème** suppose, en effet, que toutes les parties reconnaissent l'existence d'un problème et la nécessité d'y prêter attention. Elle s'appuie sur la collecte et l'évaluation de l'information pertinente pour la recherche de solutions et la prise de décisions. En adoptant une telle stratégie, on élimine les antécédents du conflit, c'est-à-dire les raisons qui justifient le maintien ou la réémergence de ce dernier. On doit donc veiller à ne négliger et à n'étouffer aucun de ses aspects. Toutes les questions appropriées doivent être soulevées et discutées ouvertement.

On peut affirmer qu'on est bel et bien parvenu à une situation qui ne fait que des gagnants si toutes les parties :

- estiment avoir atteint leurs objectifs respectifs ;
- jugent la solution acceptable pour chacune d'elles ;
- s'engagent à se montrer honnêtes et ouvertes tant en ce qui concerne les faits que leurs sentiments.

Si c'est le cas, il y a de fortes chances pour que le conflit soit vraiment réglé.

Bien que la stratégie de la résolution de problème soit généralement celle qu'on favorise, elle présente un désavantage majeur : elle est coûteuse en temps et en énergie. Les parties doivent donc accepter de s'y investir et réellement vouloir qu'elle aboutisse. De plus, elle n'est envisageable que si toutes les parties manifestent un haut degré d'affirmation de soi et de coopération. Enfin, elle est difficilement applicable si la coopération n'est pas l'une des valeurs dominantes de la culture organisationnelle[22]. Par ailleurs, comme le montre l'encadré de la page précédente, chacune des stratégies de gestion des conflits peut avoir des avantages dans certaines conditions.

La négociation en milieu organisationnel

Mettez-vous maintenant dans la peau d'un cadre. Vous êtes sur le point de commander un ordinateur bloc-notes à la fine pointe de la technologie et vous vous apercevez qu'un collègue d'un autre service en veut un aussi, mais il préfère un modèle différent. Votre patron vient vous informer qu'un seul modèle sera commandé. Bien entendu, vous estimez que vous avez choisi ce qui se fait de mieux. Voilà une belle situation conflictuelle en puissance…

Imaginez cette fois qu'on vous a offert un poste alléchant dans une autre ville. Vous êtes fortement tenté d'accepter, mais le salaire proposé est inférieur à vos attentes. Vous vous rappelez avoir appris, sur les bancs d'école, que les employeurs acceptent parfois de réviser leur première offre concernant la rémunération et les avantages sociaux… dans la mesure, évidemment, où le candidat sait comment présenter les choses[23]. Comme vous estimez que votre réinstallation entraînera des coûts, vous souhaitez obtenir une prime à la signature, ainsi que l'assurance que votre salaire sera rapidement revu. Comment dénouerez-vous cette situation délicate dont l'enjeu vous concerne directement?

Ces exemples ne sont que deux illustrations des multiples situations qui amènent les gestionnaires et d'autres protagonistes à s'engager dans une **négociation**, processus par lequel des parties privilégiant des positions divergentes tentent de parvenir à une entente, à une décision commune[24]. En milieu organisationnel, où les sujets de désaccord potentiels sont innombrables (échelle salariale, objectifs de productivité, évaluation du rendement, attribution des tâches, horaires de travail, aménagement de l'espace, etc.), la négociation est cruciale.

▸ **Négociation**
Processus par lequel des parties privilégiant des positions divergentes tentent de parvenir à une entente, à une décision commune

LES OBJECTIFS ET LES RÉSULTATS DE LA NÉGOCIATION

Dans toute négociation, deux types d'objectifs doivent être pris en considération.

1. Les *objectifs liés au contenu* concernent la teneur des questions sur lesquelles porte la négociation. Il peut s'agir, par exemple, des montants chiffrés d'une entente salariale, dans le cadre d'une négociation collective.
2. Les *objectifs liés aux relations* concernent la façon dont les personnes engagées dans la négociation et, éventuellement, les groupes qu'elles représentent arriveront à travailler ensemble une fois le processus mené à terme. Il peut s'agir, par exemple, de la capacité des représentants syndicaux et patronaux à établir une collaboration efficace après le règlement d'un désaccord contractuel.

Malheureusement, bien des négociations se soldent par une dégradation des relations, essentiellement parce que les parties en présence ont accordé trop d'importance aux objectifs liés au contenu ainsi qu'à leurs propres intérêts et qu'elles ont négligé les objectifs liés aux relations. La *négociation efficace* règle des questions de contenu en préservant, voire en améliorant, les relations de travail. Elle favorise la conciliation des intérêts respectifs et débouche sur des décisions communes «pour le bien de tous». Voici les trois critères déterminants d'une négociation fructueuse:

1. *La qualité de l'accord* Les résultats de la négociation correspondent à un accord de qualité, qui est judicieux et satisfaisant pour toutes les parties.
2. *L'harmonie* La négociation se déroule dans l'harmonie et favorise de bonnes relations interpersonnelles au lieu de les inhiber.
3. *L'efficience* La négociation est efficiente; elle ne requiert pas plus de temps et d'argent qu'il n'est nécessaire.

Tôt ou tard, vous devrez savoir négocier une augmentation

Qui n'a pas déjà regretté d'avoir omis de demander un salaire de départ plus élevé ou une meilleure augmentation salariale ? Pourquoi ne l'avons-nous donc pas fait ? Si nous avions osé, aurions-nous obtenu le résultat escompté ? Très souvent, les individus négocient leur salaire sans être bien préparés. Cette lacune se révèle coûteuse dans bien des cas. Les conseils en matière de négociation salariale ne manquent pourtant pas. En voici quelques-uns[25].

- *Préparez-vous adéquatement.* Faites des recherches pour savoir combien gagnent les personnes qui occupent des postes semblables à l'intérieur et à l'extérieur de votre organisation. N'oubliez pas de prendre en considération non seulement le salaire, mais aussi les avantages sociaux, les suppléments de rémunération, les primes de productivité et tous les autres à-côtés.
- *Montez votre dossier et mettez-le en valeur.* Déterminez et soulignez votre valeur. Faites valoir vos réalisations en mettant en relief les économies et les bénéfices que votre employeur peut vous attribuer. Montrez les avantages que pourra retirer un futur employeur de vos qualités et de vos compétences.
- *Défendez votre cause et osez présenter vos demandes.* Soyez votre meilleur avocat. En matière de négociation salariale, « si vous ne demandez rien, vous n'obtiendrez rien ». Toutefois, n'agissez pas avec précipitation. La question du salaire doit d'abord être abordée par votre patron ou par la personne qui mène l'entrevue.
- *Gardez le cap sur votre objectif.* Votre but est de satisfaire vos intérêts dans la plus large mesure possible. Il peut donc s'agir d'obtenir des gratifications à court terme, mais aussi un meilleur positionnement en vue d'avantages à long terme.
- *Comprenez le point de vue de l'autre partie.* Mettez vos demandes à l'épreuve en adoptant le point de vue de votre employeur. Sont-elles raisonnables, convaincantes et justes ? Comment votre patron pourra-t-il justifier leur acceptation auprès de ses supérieurs et de vos pairs ?
- *Ne réagissez pas exagérément aux contrariétés.* Évitez les gestes impulsifs si vous n'obtenez pas ce que vous désirez. Soyez prêt à rechercher et à envisager d'autres possibilités d'emploi.

LES TYPES DE NÉGOCIATIONS EN MILIEU ORGANISATIONNEL

En milieu organisationnel, les gestionnaires et les chefs d'équipe doivent se préparer à prendre part à au moins quatre types de négociations :

1. La *négociation bilatérale*, où le gestionnaire négocie directement avec un autre protagoniste.
2. La *négociation de groupe*, où le gestionnaire négocie avec les autres membres de son groupe ou de son équipe pour parvenir à une décision collective.
3. La *négociation intergroupes*, où le groupe auquel appartient le gestionnaire négocie avec un autre groupe pour régler un problème ou une situation qui les concerne tous.
4. La *négociation sectorielle*, où le gestionnaire négocie, à titre de représentant d'une composante de l'organisation, avec les représentants d'autres composantes ; la négociation dans laquelle s'engagent les représentants de la direction et des syndicats pour arriver à un accord qui prendra la forme d'une convention collective en est un exemple.

Alan Mulally négocie un nouvel avenir pour Ford[26]

Des leaders parlent de leadership

Lorsque Alan Mulally, ancien cadre supérieur de Boeing, a été nommé chef de la direction de Ford, nombreux étaient ceux qui se demandaient si un « gars de l'aviation » pouvait diriger une entreprise automobile. William Ford fils a déclaré : « Alan a été le bon choix, qui se confirme de jour en jour. »

Ford a réalisé des profits record et, en 2010, le magazine *Fortune* a nommé Mulally « dirigeant de l'année ». Pourtant, il n'y pas si longtemps, les perspectives étaient bien sombres. Alors que Chrysler et General Motors faisaient faillite, Ford luttait pour sa survie. Mais Mulally était déterminé à transformer l'entreprise.

Outre les nombreux changements qu'il a apportés pour moderniser les usines et restructurer les opérations, il s'est attaqué aux problèmes des cloisonnements fonctionnels, du manque de communication et des conflits latents entre les différentes unités. William Ford dit que l'entreprise avait une culture de « messes basses ». Les gestionnaires se réunissaient pour discuter du message qu'ils voulaient communiquer à la haute direction : tous tombaient d'accord, sans conflits, mais suivaient en vérité leur petit bonhomme de chemin, chacun de leur côté.

Mulally a tout changé, en s'attachant à la transparence, à la prise de décision fondée sur des données probantes et à la coopération entre les divisions de l'entreprise. Lorsque certains cadres supérieurs se sont montrés récalcitrants et ont essayé de se plaindre à l'entreprise, celle-ci a refusé de les écouter et a renforcé les pouvoirs de Mulally pour lui permettre de diriger Ford à sa façon.

Lorsque certains dirigeants ont rechigné à résoudre les conflits qui les opposaient, Mulally s'est montré ferme : « Soit ils réussissent à s'arranger entre eux, soit ils viennent me voir. » Il ne s'est pas non plus laissé intimider par le syndicat des Travailleurs unis de l'automobile. Il a négocié de nouvelles ententes qui ont permis de diminuer le coût de la main-d'œuvre afin que les voitures de Ford soient plus concurrentielles que celles des fabricants étrangers.

Comme le disait l'un des consultants : « La vitesse avec laquelle Mulally a transformé Ford en une entreprise plus saine et plus prompte à agir a été l'un des plus grands exploits qu'il m'ait été donné de voir... Sans Mulally, Ford aurait très bien pu faire faillite. »

QUESTIONS Êtes-vous à l'aise dans une situation conflictuelle ? Tolérez-vous les discussions interminables et faites-vous la différence entre un conflit productif et un conflit improductif ? Sauriez-vous rester ferme sur vos positions en face de personnes qui ne sont pas d'accord avec vous (et qui veulent, par exemple, préserver le statu quo) ou remettriez-vous en question votre jugement ?

LES ASPECTS ÉTHIQUES DE LA NÉGOCIATION

S'ils tiennent à garder de bonnes relations professionnelles, les gestionnaires et leurs interlocuteurs doivent respecter des normes éthiques rigoureuses tout au long de leurs négociations. Cependant, même si les parties sont résolues à se conduire de manière irréprochable, au fil des pourparlers, elles risquent de laisser leurs intérêts respectifs entamer leur détermination. Dans le feu de l'action, leur envie d'obtenir plus que l'autre ou leur conviction qu'il n'y a pas suffisamment de ressources pour satisfaire tout le monde prend souvent le pas sur les bonnes intentions[27].

Lorsque la tension retombe, les participants tentent souvent de justifier des comportements très discutables sur le plan de l'éthique, alléguant qu'ils étaient anodins, inévitables ou légitimes. Pourtant, à long terme, les inconvénients de ces rationalisations a posteriori l'emportent souvent sur leurs avantages. Ainsi, la partie qui a eu des comportements contraires à l'éthique une première fois ne parviendra pas nécessairement à satisfaire ses desiderata à la négociation suivante. De plus, elle s'expose aux représailles des protagonistes lésés. Enfin, notons qu'une fois qu'ils ont enfreint les règles de l'éthique, les individus ont tendance à récidiver[28].

LA CULTURE ET LA NÉGOCIATION

Les différences culturelles liées à l'orientation temporelle, à la dimension individualiste ou collectiviste ainsi qu'à la distance hiérarchique peuvent avoir une incidence notable sur une négociation. Ainsi, lorsque des gens d'affaires nord-américains tentent d'accélérer des négociations avec leurs homologues chinois, c'est souvent dans l'intention de conclure, dès que possible, un accord définitif qui liera les deux parties et régira leurs relations ultérieures. Mais la culture chinoise ne joue pas en faveur des Nord-Américains sur ce plan. En effet, l'homme d'affaires chinois typique envisage la négociation comme un processus beaucoup plus lent, où l'établissement de bonnes relations interpersonnelles est un préalable essentiel à tout accord. De plus, en cas d'entente, il sera réticent à tout mettre par écrit et s'attendra même à ce qu'un accord puisse être modifié ultérieurement, au gré des circonstances[29]. Bref, son approche de la négociation est aux antipodes de celle du négociateur nord-américain, dont la culture est axée sur le court terme et l'individualisme.

Les stratégies de négociation

Lorsque nous pensons aux négociations, les premières choses qui nous viennent à l'esprit sont probablement les discussions sur le salaire ou le prix d'une voiture. Mais au sein des entreprises, les individus négocient sans cesse, non seulement leur salaire ou une augmentation, mais aussi leurs objectifs, leurs préférences ou l'accès à diverses ressources insuffisantes : argent, temps, ressources humaines, équipement, matériel, etc. La façon dont on aborde une négociation et les stratégies qu'on utilise peuvent avoir une influence majeure sur l'issue.

En CO, nous parlons en général de deux grandes stratégies de négociation très différentes l'une de l'autre quant à l'approche et aux issues possibles. La **négociation distributive** est centrée sur les *positions* respectives des parties en conflit, chacune luttant pour obtenir sa part du gâteau. Par contre, la **négociation raisonnée** (ou **négociation à gains mutuels**) est centrée sur l'évaluation des questions à régler et des intérêts en jeu, toutes les parties recherchant conjointement une solution qui maximise leurs gains mutuels[30].

▸ **Négociation distributive**
Négociation centrée sur les positions respectives des parties, luttant chacune pour maximiser ses propres gains

▸ **Négociation raisonnée** (ou **négociation à gains mutuels**)
Négociation centrée sur l'évaluation des questions à régler et des intérêts en jeu, toutes les parties recherchant conjointement une solution qui maximise leurs gains mutuels

LA NÉGOCIATION DISTRIBUTIVE

Les participants d'une négociation distributive abordent habituellement les discussions avec l'idée qu'il y aura un gagnant et un perdant. Les discussions ont tendance à prendre deux directions distinctes, qui ne donnent ni l'une ni l'autre de résultats optimaux.

- *La version dure* Dans ce type de négociation distributive, les parties adoptent une ligne de conduite dure, ferme. Elles tiennent absolument à satisfaire leurs intérêts personnels. Ce type d'attitude mène à un affrontement où chacune cherche à dominer l'autre et à maximiser ses propres gains. Cette stratégie, fondée sur l'affirmation de soi, débouche soit sur une situation gagnant-perdant, l'une des parties s'imposant et remportant la victoire, soit sur une impasse.

- *La version douce* Dans ce type de négociation distributive, en revanche, l'une des parties au moins se montre prête à faire des concessions pour permettre l'obtention d'une solution. Cette situation débouche soit sur l'accommodation, où l'une des parties cède à l'autre, soit sur le compromis, où toutes les parties acceptent de céder du terrain pour parvenir à un accord. Dans les deux cas, on peut s'attendre à un certain degré d'insatisfaction. Même s'il y a eu compromis, c'est-à-dire si les parties ont coupé la poire en deux, ni l'une ni l'autre n'est entièrement satisfaite, puisque ni l'une ni l'autre n'a obtenu tout ce qu'elle souhaitait initialement.

La **figure 13.5** illustre les principaux éléments d'une *négociation distributive bilatérale* typique, en prenant pour exemple le cas d'une jeune diplômée qui négocie une offre d'emploi avec le recruteur d'une grande société[31]. Du point de vue de cette diplômée, la situation est la suivante : elle présente au recruteur une demande initiale de salaire de 60 000 $, mais elle est prête à diminuer ses exigences jusqu'à un *minimum* de 50 000 $, soit le salaire le plus bas qu'elle accepterait pour ce poste. Du point de vue du recruteur, la situation se présente tout autrement : il propose à la jeune diplômée une offre initiale de salaire de 45 000 $, mais il se réserve la possibilité de monter jusqu'à un *maximum* de 55 000 $, soit le salaire le plus élevé qu'il serait prêt à accorder au nom de l'entreprise.

L'écart entre les montants acceptables respectifs des protagonistes d'une négociation, c'est-à-dire entre le minimum de l'un et le maximum de l'autre, s'appelle la **marge de négociation**. La figure 13.5 illustre cette marge, qui se situe, dans l'exemple présenté, entre 50 000 $ et 55 000 $. Comme les montants acceptables des deux parties se chevauchent, il s'agit d'une marge de négociation positive, ce qui signifie que les protagonistes peuvent formuler des propositions et des contre-propositions. En revanche, si le salaire minimal que notre jeune diplômée était prête à accepter pour ce poste était de 57 000 $, et donc supérieur à l'offre maximale du recruteur, il leur serait pratiquement impossible de négocier.

Marge de négociation
Écart entre les montants acceptables respectifs des protagonistes d'une négociation, c'est-à-dire entre le minimum de l'un et le maximum de l'autre

FIGURE 13.5 UN EXEMPLE DE NÉGOCIATION DISTRIBUTIVE BILATÉRALE TYPIQUE

OI Offre initiale de l'employeur
DM Demande minimale de la diplômée
OM Offre maximale de l'employeur
DI Demande initiale de la diplômée

Le choix des mots conditionne la résolution de conflits en ligne[36]

Du côté de la RECHERCHE

Des chercheurs qui se sont penchés sur la résolution de conflits entre des vendeurs et des acheteurs sur eBay ont découvert que l'utilisation de termes marquant le respect conduisait plus souvent à une entente entre les parties que l'emploi de termes désobligeants. Jeanne Brett, Marla Olekans, Ray Friedman, Nathan Goates, Cameron Anderson et Cara Cherry ont examiné des litiges réels portés à l'attention de Square Trade, service de résolution de conflits en ligne vers lequel eBay dirige les clients insatisfaits. Selon la National Consumer League, ont-ils noté, 41 % des personnes qui prennent part à des échanges commerciaux en ligne font face à des problèmes, concernant souvent des retards de livraison. Aux fins de leur recherche, ils ont défini un « litige » comme étant une forme de conflit où l'une des parties d'une transaction formule une plainte que l'autre rejette.

Les chercheurs soulignent que la plupart des recherches menées à ce jour sur la résolution de conflits ont mis l'accent sur les caractéristiques de la situation et des participants. Eux-mêmes ont plutôt adopté une approche axée sur le langage et fondée sur une théorie de l'image de soi. Essentiellement, ils soutiennent que les mots employés par une partie pour atteindre et attaquer l'image de l'autre ont une incidence majeure sur le dénouement du conflit. Parmi les termes négatifs relevés, on trouve des qualificatifs tels que « nerveux », « en colère », « inquiet », « méprisant », « frustré », « furieux » et « détestable ».

L'étude a porté sur 386 litiges traités par Square Trade. L'analyse des mots utilisés dans la première discussion entre les parties montre que l'expression d'émotions négatives et le fait de donner des ordres réduisaient la possibilité de résolution du conflit. En revanche, une entente se révèle probable lorsque la personne, selon le cas, explique les causes du problème, formule des suggestions et s'exprime avec fermeté. Les chercheurs avaient avancé l'hypothèse que l'expression d'émotions positives augmentait les probabilités de résolution du conflit, mais celle-ci n'a pas été confirmée. L'étude a également démontré que plus le temps passe, plus les chances d'arriver à une entente s'amenuisent.

Les chercheurs soulignent les implications pratiques de leurs observations : « Faites attention à ce que vous dites. Évitez d'attaquer l'image de l'autre, que ce soit en dirigeant votre colère contre lui ou en lui exprimant votre mépris. Par ailleurs, évitez de montrer de la faiblesse, soyez ferme dans vos demandes. Fournissez des explications en assumant vos responsabilités et faites preuve de respect à l'égard de l'autre. » Selon eux, ces principes de base ne s'appliquent pas uniquement à la résolution de litiges commerciaux en ligne, mais aussi à plusieurs types de situations où on souhaite parvenir à une entente.

La résolution du conflit est moins probable si les parties concernées :

- expriment des émotions négatives ;
- donnent des ordres.

La résolution du conflit est plus probable si les parties concernées :

- fournissent des explications ;
- formulent des suggestions ;
- communiquent avec fermeté.

questions qui permettent de clarifier les positions. De temps à autre, chaque partie doit *se mettre à la place de l'autre* pour essayer de comprendre la situation selon le point de vue de l'autre[37].

LE RÔLE D'UN TIERS DANS LA NÉGOCIATION

Lorsque la négociation piétine, que les parties sont dans une impasse et qu'il semble impossible de trouver une solution, l'intervention d'un tiers peut devenir nécessaire pour faire avancer les pourparlers et, finalement, parvenir à un accord. Les parties en négociation peuvent alors recourir à un *mode substitutif de règlement des conflits*, soit un processus par lequel un tiers neutre les aide à se sortir de l'impasse et à régler leur différend.

Ce mode de résolution peut prendre principalement deux formes. L'**arbitrage** est le règlement d'un différend effectué par un tiers neutre qui agit à titre d'arbitre et qui, après avoir entendu les arguments respectifs des parties, prend une décision par laquelle celles-ci sont liées. Chez les sportifs professionnels, les questions salariales se règlent souvent par arbitrage. La **médiation** est, quant à elle, un processus où un tiers neutre tente, par la persuasion et des arguments rationnels, d'amener les parties à une solution négociée. Notons que, contrairement à l'arbitre, le médiateur ne peut imposer de solution. La médiation est un procédé courant dans les négociations salariés-employeurs : les parties en présence acceptent l'intervention de médiateurs professionnels pour dénouer des situations qui semblent sans issue.

Arbitrage
Processus de règlement des différends par lequel un tiers neutre agit comme arbitre et, après avoir entendu les arguments respectifs des parties, prend une décision par laquelle celles-ci sont liées

Médiation
Processus de règlement des différends par lequel un tiers neutre tente, par la persuasion et des arguments rationnels, d'amener les parties à une solution négociée

GUIDE de révision

RÉSUMÉ

QU'EST-CE QUI CARACTÉRISE LE CONFLIT EN MILIEU ORGANISATIONNEL ?

- On peut dire qu'il y a conflit entre des individus ou des groupes lorsque surviennent des désaccords sur des questions de fond ou des frictions créées par des problèmes relationnels.
- Les conflits en milieu de travail peuvent se situer sur le plan de l'individu (conflit intérieur qui ne touche que lui), des relations interpersonnelles (conflit entre deux ou plusieurs personnes), des relations entre des groupes au sein d'une organisation ou des relations entre des organisations.
- Les conflits d'intensité faible, qui risquent de favoriser la complaisance, ou d'intensité élevée, qui submergent, sont destructeurs.
- Les conflits d'intensité modérée sont constructifs. Ils peuvent favoriser le rendement, car ils incitent à l'effort et stimulent la créativité.

COMMENT PEUT-ON GÉRER ADÉQUATEMENT LES CONFLITS ?

- La plupart des conflits progressent en quatre phases : la phase des antécédents du conflit ; la phase du conflit perçu ; la phase du conflit ressenti ; la phase du conflit manifeste.
- Des conflits non résolus ouvrent la voie à d'autres conflits de même nature.
- Les principales causes de conflit en milieu organisationnel sont les conflits antérieurs non résolus, l'ambiguïté des rôles, l'insuffisance des ressources, l'interdépendance des tâches, les ambiguïtés en matière de responsabilités et la différenciation structurelle.

- Les approches de gestion indirecte des conflits privilégient des stratégies comme la diminution de l'interdépendance, l'appel aux objectifs communs, le recours aux supérieurs hiérarchiques et la modification des scénarios et des mythes organisationnels.
- Les approches de gestion directe des conflits reposent sur des stratégies comme l'évitement, l'accommodation, le compromis, l'affrontement ou la contrainte et la résolution de problème. Ces dernières correspondent à diverses combinaisons d'affirmation de soi et de coopération des parties en conflit.
- L'affrontement comme la contrainte débouchent sur une situation qui fait un gagnant et un perdant. Dans les deux cas, on ne s'attaque pas aux racines du conflit et on tend à étouffer les désirs de l'une des parties en présence. On peut donc s'attendre à d'autres conflits autour des mêmes questions.
- L'évitement (ou la fuite), l'accommodation et le compromis débouchent sur une situation qui ne fait que des perdants. Dans les trois cas, personne n'obtient entière satisfaction et les antécédents des conflits restent inchangés. Toutes les conditions sont réunies pour que des conflits ultérieurs de même nature éclatent.
- La stratégie de résolution de problème, à favoriser, débouche sur une situation qui ne fait que des gagnants. Elle s'appuie sur la collecte de l'information pertinente et sur des discussions franches entre les parties pour éliminer les antécédents du conflit.

QU'EST-CE QUI CARACTÉRISE LA NÉGOCIATION EN MILIEU ORGANISATIONNEL ?

- La négociation est le processus par lequel des parties privilégiant des positions divergentes tentent de parvenir à une entente, à une décision commune.
- Une négociation efficace répond à la fois aux objectifs liés au contenu, concernant les questions de fond, et aux objectifs liés aux relations, concernant la façon dont les parties arriveront à travailler ensemble une fois le processus mené à terme.
- Les gestionnaires peuvent s'engager dans divers types de négociations : bilatérales, de groupe, intergroupes et sectorielles.
- Une conduite conforme à l'éthique est essentielle pour réussir une négociation. Des problèmes d'éthique peuvent survenir pendant une négociation si les interlocuteurs en viennent à se montrer manipulateurs et malhonnêtes pour défendre à tout prix leurs propres intérêts.

QUELLES SONT LES PRINCIPALES STRATÉGIES EN MATIÈRE DE NÉGOCIATION ?

- La négociation distributive débouche sur une situation comportant un gagnant et un perdant, alors que la négociation raisonnée (ou négociation à gains mutuels) débouche sur une situation où tout le monde est gagnant.
- La négociation distributive est centrée sur les positions respectives des parties, chacune luttant pour maximiser ses propres gains.

- La négociation raisonnée est centrée sur l'évaluation des questions à régler et des intérêts en jeu, toutes les parties recherchant conjointement une solution qui maximise leurs gains mutuels.
- La réussite d'une négociation repose sur la capacité des parties à éviter ou à surmonter les écueils les plus fréquents, notamment le mythe du jeu à somme nulle, la surenchère irrationnelle, l'assurance excessive, ainsi que les problèmes de discours et d'écoute.
- En faisant appel à un tiers dans la négociation, les parties peuvent recourir à un mode substitutif de règlement du conflit, tel que l'arbitrage ou la médiation.

MOTS CLÉS

Accommodation	p. 445	Conflit intrapersonnel	p. 434
Affrontement	p. 446	Contrainte	p. 446
Arbitrage	p. 455	Évitement (ou fuite)	p. 445
Compromis	p. 445	Marge de négociation	p. 451
Conflit	p. 433	Médiation	p. 455
Conflit constructif	p. 436	Négociation	p. 447
Conflit de fond	p. 433	Négociation distributive	p. 450
Conflit destructeur	p. 437	Négociation raisonnée (ou négociation à gains mutuels)	p. 450
Conflit émotionnel	p. 433	Résolution de conflit	p. 438
Conflit intergroupes	p. 434	Résolution de problème	p. 446
Conflit interorganisationnel	p. 435		
Conflit interpersonnel	p. 434		

ÉVALUATION DES CONNAISSANCES

MonLab
Évaluation des connaissances
questions interactives

QUESTIONS À CHOIX MULTIPLE

1. Le ________ se manifeste sous la forme d'un désaccord fondamental sur les objectifs à atteindre ou sur les moyens d'y parvenir. **a)** conflit relationnel **b)** conflit émotionnel **c)** conflit de fond **d)** conflit de procédures
2. En gestion de conflit, ________ est une approche indirecte qui s'appuie sur la voie hiérarchique. **a)** le recours aux supérieurs hiérarchiques **b)** la fuite **c)** la restructuration organisationnelle **d)** l'appel à des objectifs communs
3. En règle générale, les conflits qui s'avèrent finalement «constructifs» pour les individus et l'organisation sont ________ **a)** d'intensité élevée. **b)** d'intensité modérée. **c)** de faible intensité. **d)** inexistants.
4. L'un des problèmes associés à la suppression des conflits, c'est qu'elle ________ **a)** fait des gagnants et des perdants. **b)** ne constitue qu'une solution temporaire et ouvre la voie à des conflits ultérieurs de même nature. **c)** permet uniquement de régler les conflits émotionnels. **d)** permet uniquement de régler les conflits de fond.

5. Le gestionnaire qui recentre l'attention des parties antagonistes sur la mission et le but de l'organisation, en tentant de resituer les désaccords dans ce cadre, emploie une stratégie de gestion des conflits axée sur ________ **a)** la diminution de l'interdépendance. **b)** la constitution de stocks tampons. **c)** l'accroissement des ressources. **d)** l'appel aux objectifs communs.
6. Parmi les conflits intrapersonnels, le conflit de type ________ se manifeste lorsque la personne doit choisir entre deux lignes de conduite également attrayantes. **a)** approche-évitement **b)** évitement-évitement **c)** approche-approche **d)** évitement-approche
7. Si deux unités ou équipes d'une organisation sont engagées dans un conflit presque perpétuel, dans un contexte d'interdépendance, quelle méthode devrait appliquer le chef de service qui décide qu'il est temps d'intervenir et de régler le problème ? **a)** Le compromis. **b)** Le recours à des stocks tampons. **c)** L'appel à des objectifs communs. **d)** Le recours aux supérieurs hiérarchiques.
8. Parmi les approches suivantes, laquelle aboutit généralement à une situation dans laquelle tout le monde est perdant ? **a)** La désignation d'une personne appelée à servir de courroie de transmission entre les parties antagonistes. **b)** La modification des scénarios et des mythes organisationnels. **c)** L'accommodation. **d)** La résolution de problème.
9. Selon la grille d'analyse des diverses stratégies de gestion directe des conflits, ________ se caractérise par des degrés élevés d'affirmation de soi et de coopération. **a)** l'affrontement **b)** le compromis **c)** l'accommodation **d)** la résolution de problème
10. ________ sont deux dimensions à considérer au moment d'une négociation. **a)** Le rendement et l'évaluation **b)** La tâche et les questions de fond **c)** Les questions de fond et les relations entre les personnes engagées dans la négociation **d)** La tâche et le rendement
11. Les critères d'une négociation efficace ou fructueuse sont ________ **a)** la qualité de l'accord, l'harmonie et l'efficience. **b)** l'efficience et l'efficacité. **c)** le respect de l'éthique, l'aspect pratique et l'efficience. **d)** la qualité, l'aspect pratique et la productivité.
12. Lequel des énoncés suivants est vrai ? **a)** La négociation raisonnée débouche sur l'accommodation. **b)** La négociation distributive en version dure débouche sur la résolution de problème. **c)** La négociation distributive en version douce débouche sur l'accommodation ou le compromis. **d)** La négociation distributive en version dure débouche sur une situation où tout le monde est gagnant.
13. La négociation raisonnée est aussi appelée ________ **a)** arbitrage. **b)** médiation. **c)** négociation à gains mutuels. **d)** accommodation.
14. Quel obstacle à la négociation survient quand les participants partent de l'hypothèse erronée qu'un gain ne peut s'obtenir qu'en retirant quelque chose à l'autre ? **a)** Le mythe du jeu à somme nulle. **b)** La surenchère irrationnelle. **c)** L'assurance excessive. **d)** Un problème d'écoute.
15. ________ est un mode de règlement des différends par lequel un tiers neutre agit comme « juge » et décide d'un règlement du différend. **a)** La médiation **b)** L'arbitrage **c)** La conciliation **d)** La collaboration

QUESTIONS À RÉPONSE BRÈVE

16. Énumérez et expliquez les principales causes de conflits en milieu organisationnel.

17. Énumérez et expliquez les principales stratégies de gestion indirecte des conflits.

18. Dans quelles circonstances un gestionnaire devrait-il avoir recours (1) à l'évitement ? (2) à l'accommodation ?

19. Comparez la négociation distributive et la négociation raisonnée. En quoi les deux diffèrent-elles ? Laquelle est la plus souhaitable ? Pourquoi ?

QUESTION À DÉVELOPPEMENT

20. Décrivez les obstacles que vous pourriez rencontrer si vous aviez à négocier le salaire d'un nouvel emploi et expliquez comment vous y feriez face.

LE CO DANS LE FEU DE L'ACTION

Pour ce chapitre, nous vous suggérons les activités suivantes du *Cahier d'apprentissage en CO* (voir p. C1).

Études de cas	Exercices	Autoévaluation
23. Le cas de l'augmentation manquée 24. Conflit chez Burger Mart 25. L'assistante technique compétente et motivée	32. Analyse et négociation de rôle 34. Incursion dans l'inconnu 35. Le casse-tête des congés 36. Les oranges Ugli 37. Conflits et dialogues	18. Les styles de gestion des conflits

CHAPITRE 14
Les caractéristiques fondamentales des organisations

CHAPITRE 15
La stratégie, les technologies et la conception organisationnelle

CHAPITRE 16
La culture organisationnelle et l'innovation

CHAPITRE 17
Le changement et le stress en milieu organisationnel

Partie 5

La structure et la culture organisationnelles dans un environnement en changement

Les caractéristiques fondamentales des organisations

Chapitre 14

Une organisation est un regroupement d'individus qui travaillent ensemble dans la poursuite d'objectifs communs. Alors que les employés prisent l'autonomie, les cadres supérieurs doivent expliquer clairement quels sont les objectifs de l'entreprise et mettre en place une structure de manière à réussir à les atteindre. Pour devenir un gestionnaire efficace, vous devez apprendre à organiser et à gérer une hiérarchie, ainsi qu'à préparer et à coordonner les activités requises. Dans ce chapitre, nous examinons les différents objectifs que se donnent les organisations et nous nous penchons sur les façons dont elles peuvent, en pratique, adapter les divers éléments de leur structure en vue de les atteindre[1].

OBJECTIFS D'APPRENTISSAGE

Après l'étude de ce chapitre, vous devriez pouvoir :

- Décrire les différents types d'objectifs organisationnels.
- Décrire la structure formelle d'une organisation et sa représentation graphique.
- Expliquer comment la spécialisation verticale répartit l'autorité formelle au sein de l'organisation.
- Décrire les principales activités de contrôle en milieu organisationnel.
- Distinguer les trois principaux types de départementalisation que sont la structure fonctionnelle, la structure divisionnaire et la structure matricielle et discuter de leurs avantages et de leurs inconvénients respectifs.
- Déterminer les modes interpersonnels et les modes formels de coordination.
- Comparer les différents modèles de bureaucratie.

Se structurer en fonction des objectifs, voilà la clé.

PLAN DU CHAPITRE

Le leadership selon Michel Bundock, premier vice-président et directeur général, Groupement des chefs d'entreprise du Québec

Des **leaders** parlent de **leadership**

[...] «Dans chaque menace, il y a une occasion à saisir.» C'est ce que répétait sans arrêt Jean-Yves Sarrazin, un ex-président du Groupement, qui m'a beaucoup influencé. Si bien que, devant chaque difficulté ou chaque défi, je m'interroge: «Que peut-on en faire?»

Être un leader, c'est proposer une vision du monde ou d'une entreprise, à partir d'un rêve. Renouveler sa vision est un défi constant. Je tente de rester ouvert et de repérer tous les indices qui peuvent nourrir, changer, enrichir la vision de départ. Je reste à l'écoute des idées de mes collègues, de leurs inquiétudes, de leurs suggestions, et je réajuste les activités ou les orientations au besoin. Mon sentiment le plus satisfaisant survient quand des idées nouvelles émergent d'une rencontre, d'une réflexion. La créativité est un indice fondamental, pour moi, du bien-être d'une personne.

Un bon leader doit aussi faire surgir le meilleur des gens qui l'entourent. Mon prédécesseur, Pierre Beaulieu, a été marquant pour moi à cet égard. Il m'a fait confiance, a été très stimulant quand il fallait créer des projets et il a été un bâtisseur inspirant.

Autre grand défi: rester fidèle à moi-même. Pour cela, je tente de connaître mes forces, sans trop m'occuper de mes points faibles, parce que si ceux-ci peuvent s'atténuer, un point fort peut devenir un levier extraordinaire. Ma responsabilité comme dirigeant est d'amener mon équipe à changer l'eau en vin, une image que je trouve très puissante. Le rayonnement international du Groupement des chefs d'entreprise est un résultat très concret dans ce sens. J'ai participé à ce déploiement et j'en suis très heureux.

Au fil de nos activités d'animation, nous avons défini les quatre grandes responsabilités des leaders: développer leur entreprise, la structurer, en assurer la continuité et réussir leur développement personnel dans les cinq secteurs de leur vie — engagement professionnel, engagement social, santé, finance et ressourcement. Au cours des quelque 1 500 réunions que nous organisons chaque année, des propriétaires d'entreprise viennent s'enrichir sur tous ces plans. Au cœur de ces activités, je me considère comme un créateur d'harmonie, un artiste pédagogue.

Personne n'est une île. Seul, on va parfois plus vite, mais avec d'autres, on va beaucoup plus loin. La raison principale pour laquelle les chefs d'entreprise se joignent à nous, ça reste, depuis nos débuts en 1974, le besoin de sortir de l'isolement.

Un chef d'entreprise qui raconte son histoire peut être très stimulant, comme nous l'ont confirmé des centaines de dirigeants. Nelson Mandela m'a inspiré à ce sujet: «C'est en laissant briller notre propre lumière, disait-il, qu'on incite les autres à laisser briller la leur.» Je crois que ce n'est pas en se cachant qu'on aide. Et quand j'allume la bougie de quelqu'un d'autre, ma bougie reste allumée elle aussi.

Chacun, à mon avis, est responsable de trouver les activités qui l'inspirent et le font avancer. Pour moi, mon développement personnel est le moteur de mon développement comme leader.

En 23 ans, le nombre de groupes d'entraide est passé de 50 à 200 au Groupement. Nous avons développé l'art de permettre aux gens d'exprimer leurs préoccupations. Nous nous concentrons sur la progression personnelle des chefs d'entreprise. Pour cela, il faut créer un climat, un milieu. Ma mission, dans la vie, se trouve là aussi.

En somme, ma mission personnelle se marie bien avec celle du Groupement: faire progresser les personnes et les groupes avec confiance, au gré des rencontres et des projets inspirants, par mon leadership de pédagogue, pour créer une société plus prospère sur les plans économique et humain. [...]

Source: Michel Bundock, «Nous sommes meilleurs avec d'autres que seuls», *Premium*, vol. 8, mai-juin 2011, p. 27-28. Propos recueillis par Danielle Ouellet.

QUESTION Quels sont les éléments clés du leadership sur lesquels mise M. Michel Bundock dans ses activités de dirigeant?

parviennent le mieux à mettre en valeur leur raison d'être et leur contribution sociétale ont une longueur d'avance sur leurs concurrentes.

Les dirigeants assez adroits pour associer leur organisation à une mission honorable peuvent susciter une motivation d'autant plus forte qu'elle s'appuie sur le sentiment commun de travailler à une noble cause. Des dirigeants d'entreprise et des consultants utilisent l'expression « vision stratégique » pour désigner un projet de contribution sociétale associé à des objectifs hautement prioritaires aux yeux de la collectivité[9]. Une étude menée auprès de dirigeants d'entreprise a révélé que 99 % d'entre eux estimaient posséder une « vision stratégique » et être capables de l'exposer clairement en une seule phrase. Ces répondants ont généralement formulé des visions positives, orientées vers l'avenir et décrivant le type de contribution que leur entreprise entendait apporter à la société.

LES OBJECTIFS DE PRODUCTION DE L'ORGANISATION

Afin que leurs efforts ciblent le plus précisément possible un groupe particulier, les organisations affinent leurs objectifs sociétaux[10]. Au Canada et aux États-Unis, on s'attend généralement à ce que les premiers bénéficiaires des entreprises soient les détenteurs de parts de capital, c'est-à-dire les actionnaires. Il est intéressant de noter qu'au Japon on accorde beaucoup plus d'importance aux travailleurs et on met sur un pied d'égalité les actionnaires et les banques et autres institutions financières. Bien que toute organisation puisse avoir un premier bénéficiaire, elle peut également reconnaître dans son énoncé de mission les intérêts de plusieurs autres parties. Ainsi, les entreprises précisent souvent dans leur énoncé de mission leur intention de servir les consommateurs, de remplir leurs obligations envers les travailleurs et de soutenir la collectivité.

Nombre de grandes organisations ont compris l'importance de délimiter avec soin leur champ d'activité et de définir clairement ce dernier[11]. Elles obtiennent ainsi une base pour le processus de planification à long terme et, surtout lorsqu'elles sont très grandes, des balises pour éviter de consacrer trop de ressources à des activités accessoires. Cette délimitation du champ d'activité permet à certaines entreprises de clarifier la nature des biens ou des services qu'elles veulent offrir, de définir leurs objectifs relatifs aux biens ou aux services, qui constituent un critère important dans l'appréciation qu'on fait d'elles. Les **objectifs de production** de l'organisation délimitent son champ d'activité et précisent son énoncé de mission, plus général.

▸ **Objectif de production**
Objectif de l'organisation qui délimite son champ d'activité et précise son énoncé de mission, plus général

LES OBJECTIFS STRATÉGIQUES DE L'ORGANISATION

Moins de 10 % des entreprises créées chaque année atteindront leur 20e année d'exploitation[12]. Même si la survie ne représente pas un problème immédiat pour leur organisation, les gestionnaires cherchent constamment à réunir les conditions particulières qui peuvent réduire les risques de déclin et assurer la pérennité. Leur vision de ces conditions se traduit par des objectifs stratégiques.

Les **objectifs stratégiques** concernent les conditions susceptibles d'accroître les chances de survie de l'organisation. La liste des objectifs stratégiques possibles est pratiquement infinie, chaque gestionnaire et chaque chercheur établissant des liens différents entre les conditions vécues à un moment donné et la situation future. Cependant, un grand nombre d'organisations ont en commun des objectifs tels que la croissance, la productivité, la stabilité, l'harmonie, la flexibilité, le prestige et la

▸ **Objectif stratégique**
Objectif de l'organisation qui énonce une condition susceptible d'accroître ses chances de survie

Sport Dinaco fait le choix du haut de gamme

DES AS DE LA GESTION

Convaincre un détaillant de vendre ses produits est une chose. Veiller à ce que les produits sortent des tablettes en est une autre. Tel est le défi quotidien de la PME montréalaise Sport Dinaco, qui se spécialise dans la distribution d'équipements de plein air haut de gamme depuis sa création en 1974.

La réussite de Sport Dinaco repose sur la diversification de son réseau de détaillants, qui compte plus de 700 magasins au pays. Outre les détaillants d'articles de sport et de plein air, le distributeur travaille en collaboration avec les boutiques de vélo, de chaussures orthopédiques et d'articles de chasse et pêche. Le marché militaire, les corps policiers ainsi que les opticiens figurent également parmi les clients du distributeur.

« Quand on décide de se spécialiser dans la distribution de produits haut de gamme, on ne peut pas se limiter. Les ventes des détaillants de sport et plein air sont très sensibles aux conditions météorologiques et aux soubresauts de l'économie. Il faut cibler plusieurs créneaux où la qualité demeure en tout temps le premier critère d'achat des consommateurs », explique Larry Nardone, président fondateur de Sport Dinaco.

SPORT DINACO
PASSION FOR QUALITY

[…] La qualité et les particularités du produit sont justement les éléments qui ont permis à cet homme d'affaires de bien traverser la crise économique. Sur ce point, le distributeur de 63 ans n'a pas la réputation de se laisser facilement convaincre. L'entreprise, qui distribue une dizaine de marques (chaussures Lowa, sous-vêtements X-Bionic, bas Rohner, sacs à dos Vaude, supports de voiture Inno, gants et bonnets Seirus), refuse chaque année une quinzaine de propositions.

« Mes parents, qui ont œuvré dans l'industrie du vêtement, m'ont appris à privilégier les produits haut de gamme. Des produits qui réussissent toujours à se tailler une place à condition qu'on sache comment en expliquer les particularités au consommateur », insiste Larry Nardone.

Sport Dinaco est constitué d'une solide équipe de vente et marketing comptant 22 employés à temps plein dont 75 % comptent plus de 15 ans d'expérience – et 13 représentants indépendants pour diffuser l'information sur chaque produit.

Le distributeur investit plus d'un demi-million de dollars par année en formation et en voyage. Chaque nouvelle saison, l'équipe de représentants se réunit dans les locaux de Sport Dinaco pour bien maîtriser les nouvelles collections. « Quelques détaillants peuvent également être invités », indique Larry Nardone. Il précise que son équipe effectue également des visites auprès des détaillants aux quatre coins du pays.

[…] Le prochain défi ? Introduire et vendre les lunettes solaires du manufacturier autrichien Glorify en sol canadien. À l'instar des autres marques qu'elle distribue, l'entreprise veut atteindre le cap des 500 000 $ de ventes annuelles d'ici trois ans.

Il s'agit pour Sport Dinaco d'une toute première incursion dans le monde ultra concurrentiel de l'optique, déjà inondé par des marques prestigieuses comme Adidas, Oakley, Maui Jim, Bolle… « La qualité et l'efficacité de ce nouveau produit complètement avant-gardiste m'ont séduit », soutient Larry Nardone.

Ces lunettes ont en effet la particularité d'être incassables. Toutes les composantes des montures, y compris les lentilles, sont fabriquées de matériaux flexibles munis d'un effet mémoire. « Faites-les tomber ou asseyez-vous dessus, elles reprendront leur forme initiale », souligne Larry Nardone en posant le pied sur une paire de lunettes pour en faire la démonstration.

Il faut cependant davantage qu'un côté gadget pour convaincre ce distributeur d'expérience. Pendant deux ans, Sport Dinaco a consulté différents opticiens pour tester la qualité de la marchandise. Protection contre les rayons UV ou contre la lumière bleue, distorsion, optimisation des contrastes, etc.

Sans l'approbation totale des opticiens sur l'ensemble de ces points, Sport Dinaco aurait refusé de s'associer à la marque de lunettes autrichienne.

Source : Claudine Hébert, « Sport Dinaco fait le choix du haut de gamme », *Les Affaires*, 6 octobre 2012, p. A12.

fidélisation des ressources humaines. Dans certains secteurs, les analystes estiment que la part de marché et la rentabilité à court terme constituent d'importants objectifs stratégiques. Des études récentes en désignent également deux autres : l'innovation et la qualité[13].

D'un point de vue très pragmatique, les objectifs stratégiques reflètent les caractéristiques organisationnelles à court terme que les dirigeants de l'entreprise cherchent à promouvoir. Souvent, on doit faire en sorte que ces objectifs s'équilibrent les uns les autres pour éviter, par exemple, qu'une volonté exagérée de productivité et d'efficience ne vienne diminuer la flexibilité et la capacité d'adaptation de l'organisation.

On demande fréquemment aux diverses composantes de l'organisation de poursuivre des objectifs stratégiques différents. Ainsi, les dirigeants d'une entreprise pourraient demander aux unités de production de viser l'efficience, au service de recherche et développement d'apporter des innovations et au service des finances de veiller à l'équilibre budgétaire.

L'importance relative des divers objectifs stratégiques peut varier considérablement selon la nature de l'organisation. S'il est normal que l'Université Laval et l'Université de Montréal privilégient le prestige et l'innovation, il serait étonnant de voir Pepsi ou Coke subordonner leur croissance et leur rentabilité au prestige organisationnel.

Les objectifs stratégiques sont essentiels à l'organisation car, à l'image d'une carte routière indiquant l'itinéraire à suivre pour parvenir à une destination donnée, ils orientent ses diverses unités, tout en leur désignant le but commun qui les rallie et qui garantit la survie. Les objectifs stratégiques établis avec rigueur sont pragmatiques et faciles à comprendre ; ils attirent l'attention des gestionnaires sur ce qui doit être fait, tout en leur laissant une certaine latitude dans le choix des moyens pour atteindre les cibles importantes. Ils peuvent aussi servir à équilibrer les exigences, les contraintes qui s'imposent à l'organisation et les occasions qui s'offrent à elle. Les auteurs d'études récentes suggèrent que l'intégrité et l'éthique fassent partie des objectifs stratégiques à privilégier.

Enfin, les choix que les gestionnaires font en matière d'objectifs stratégiques devraient naturellement fournir les assises de la répartition du travail au sein de l'organisation, c'est-à-dire les assises de sa structure formelle. En d'autres mots, pour s'assurer le succès, la direction doit faire correspondre à ses décisions relatives aux résultats escomptés des choix en matière de répartition des tâches permettant d'atteindre ces objectifs. Étant donné l'importance que revêt donc la structure formelle de l'entreprise, nous allons examiner les types de choix que les gestionnaires peuvent faire concernant l'organisation, le contrôle et la coordination des tâches.

La structure formelle et la division du travail

-> Organigramme (squelette de l'org)

La structure formelle renvoie à la configuration générale et planifiée des postes, des tâches associées à ces postes ainsi que des lignes hiérarchiques qui unissent les diverses composantes de l'organisation. Bref, la structure formelle est le squelette de l'organisation[14]. En optant pour une configuration particulière, l'entreprise précise les forces qu'elle entend développer en vue d'atteindre certains objectifs.

Traditionnellement, la structure formelle de l'organisation était aussi désignée par le terme «division du travail». Certaines personnes utilisent encore cette terminologie pour faire la distinction entre ce qui touche directement la structure formelle de l'organisation et des questions telles que la répartition des marchés ou l'adoption d'une technologie donnée.

Dans ce chapitre, nous expliquons en quoi la structure est le fondement de l'action des gestionnaires; nous examinerons, dans le chapitre suivant, l'influence de facteurs tels que l'âge et la taille, les technologies et l'environnement de l'organisation. Pour l'instant, voyons comment la structure formelle indique ce qui doit être fait, désigne (par la fonction) la ou les personnes qui effectueront telle ou telle activité et montre les façons dont l'organisation accomplira l'ensemble de ses tâches.

L'ORGANIGRAMME

▶ **Organigramme**
Représentation graphique de la structure formelle d'une organisation

L'**organigramme** est la représentation graphique de la structure formelle de l'organisation. Ordinairement, il donne des indications sur les divers postes et sur les personnes qui les occupent ainsi que sur les lignes hiérarchiques qui les unissent. Comme vous pouvez le voir à la **figure 14.1**, l'organigramme de l'Université Laval à Québec permet aux membres de cet établissement de savoir où ils se situent dans la structure formelle et de connaître les lignes hiérarchiques qui les rattachent à d'autres membres du personnel. Par exemple, il montre que le vice-recteur exécutif et au développement dépend du recteur, mais a notamment autorité sur la personne responsable de la Direction des technologies de l'information ainsi que sur la personne responsable du Bureau de planification et d'études institutionnelles.

Lorsque vous étudiez un organigramme comme celui-ci, ne perdez pas de vue qu'il s'agit de la représentation graphique de la structure formelle d'une organisation à un moment précis de l'existence de cette dernière. En effet, la structure d'une organisation se modifie sans cesse. Elle évolue en fonction, notamment, des stratégies et des objectifs de l'organisation, des changements qui se produisent dans son environnement, de sa taille et de sa maturité. L'organigramme et la structure qu'il représente ne sont donc pas statiques et figés, mais dynamiques et changeants.

La spécialisation verticale

▶ **Spécialisation verticale**
Division hiérarchique du travail qui répartit l'autorité et détermine les échelons auxquels se prennent les décisions importantes

Dans les grandes organisations, on observe une répartition très précise et très explicite de l'autorité et des responsabilités par paliers hiérarchiques. Cette distinction correspond à la **spécialisation verticale**, division hiérarchique du travail qui répartit l'autorité et détermine les échelons auxquels se prennent les décisions importantes. Cette forme de division du travail crée une *hiérarchie de l'autorité*, c'est-à-dire une ordonnance des postes de travail en fonction du pouvoir décisionnel qui y est associé.

En Amérique du Nord, la répartition hiérarchique de l'autorité se manifeste généralement de manière évidente par les responsabilités dévolues aux cadres. Les dirigeants ou les cadres supérieurs planifient la stratégie globale de l'organisation et préparent son avenir à long terme[15]. De plus, ils arbitrent les conflits internes et décident des promotions, des projets de restructuration et des autres activités de même

FIGURE 14.1 ORGANIGRAMME DE L'UNIVERSITÉ LAVAL

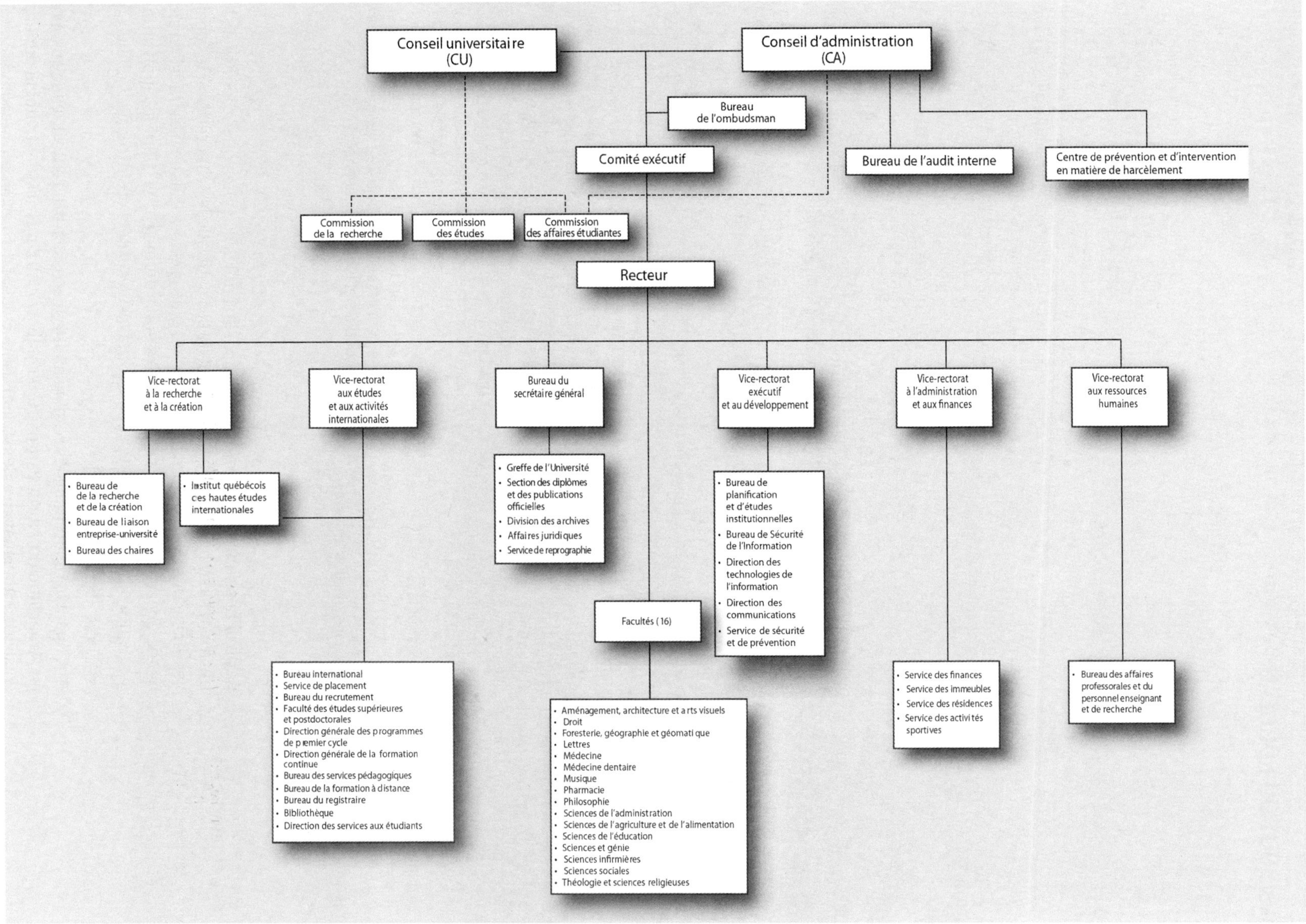

AU BOUT DU ROULEAU

L'ÉTHIQUE EN CO

Docteur,

Ma patronne a eu l'excellente idée de supprimer quelques postes de supervision et de me placer, moi ainsi que les superviseurs qui restaient, à la tête d'équipes plus grandes qu'auparavant. De plus, on ne nous appelle plus « superviseurs », mais « *coachs* ». Elle prétend que cette démarche fait partie d'une nouvelle approche de gestion visant à alléger la structure et à nous donner plus de responsabilités.

En ce qui me concerne, ces changements ont alourdi ma charge de travail, car je dois maintenant coordonner les activités de 17 employés, alors que je supervisais 6 personnes auparavant. Comme, la plupart du temps, je n'arrive pas à examiner tous les dossiers qui s'amoncellent sur mon bureau, je finis par emporter du travail à la maison.

Pendant que notre organisation « restructure » et licencie des employés, mes collègues et moi, qui restons, sommes submergés de travail. Nous sommes tous au bout du rouleau. Nos familles se sentent trahies et nous en veulent. J'en suis arrivé à me sentir coupable de prendre du temps, le samedi matin, pour aller regarder ma fille jouer au soccer. Bien qu'il soit satisfaisant, mon salaire ne compense pas le prix lourd que je dois payer en matière de temps non consacré à ma famille.

Et savez-vous quel est le comble ? Ma patronne semble ne rien comprendre. Elle ne vient jamais me dire : « Henri, vous travaillez trop. Ne pensez-vous pas que vous devriez reprendre un emploi du temps plus raisonnable ? » Non, jamais ! Je l'entends plutôt dire souvent : « Regardez André. Il se débrouille vraiment bien avec notre nouveau modèle de gestion. Il fait preuve de zèle. Je ne pense pas qu'il ait quitté le bureau une fois avant 20 h, cette semaine. »

Que dois-je faire, Docteur ? Continuer comme ça jusqu'au jour où tout va s'écrouler ? Est-ce qu'une hiérarchie allégée, comportant moins de gestionnaires, est toujours la bonne solution ? Est-ce qu'il y a quelque chose que je n'ai pas compris au sujet de cette « nouvelle approche de gestion » ?

Sincères salutations,
Un employé épuisé de Montréal

QUESTIONS Est-il éthique de restructurer, de supprimer des échelons de direction et d'obliger ainsi les gestionnaires restants à faire plus de travail ? Ou alors, le problème est-il plutôt qu'il faudrait former les gestionnaires habitués aux « anciennes façons de faire », mieux les préparer à intégrer les « nouvelles » approches de gestion ? Et que dire de la supérieure hiérarchique de cet employé ? A-t-elle les compétences nécessaires à un bon gestionnaire ? En tant que gestionnaire, n'est-elle pas censée aider les membres de son équipe à comprendre leurs tâches, à se fixer des objectifs prioritaires et à les atteindre, tout en trouvant un juste équilibre entre leur vie professionnelle et leur vie personnelle ?

nature. Les cadres intermédiaires supervisent les activités quotidiennes de l'organisation, participent à l'établissement de ses politiques et concrétisent les décisions des dirigeants en élaborant des directives plus précises. Les cadres inférieurs, quant à eux, encadrent les activités de leurs subordonnés et veillent à l'application des stratégies établies par la direction, ainsi qu'au respect des directives élaborées par les cadres intermédiaires.

Au Japon, la répartition des responsabilités est assez différente de celle qu'on trouve en Amérique du Nord. Plutôt que d'élaborer eux-mêmes la stratégie générale de l'organisation, les cadres supérieurs supervisent un processus de discussions approfondies sur le sujet auquel participent les cadres intermédiaires. Les cadres inférieurs y prennent également part en défendant les idées et les suggestions de leurs subordonnés. La stratégie de l'organisation japonaise est donc le résultat de consultations et de discussions, et son application se fait selon les suggestions des cadres inférieurs et des salariés.

En Europe, un grand nombre de cadres supérieurs ont une formation très poussée dans le champ d'activité de leur organisation, et il est fréquent que les dirigeants d'une entreprise manufacturière aient un doctorat en ingénierie, par exemple. Cela explique que de nombreux cadres supérieurs européens participent directement à la planification des aspects techniques de l'avenir de leur organisation, alors que très peu de cadres supérieurs nord-américains ou japonais possèdent la formation technique qu'exigent des responsabilités de cet ordre.

Malgré ces différences – et bien d'autres – observées entre le Japon, l'Europe et l'Amérique du Nord, toutes les organisations présentent une spécialisation verticale. De plus, de récentes recherches ont montré que, dans tous les pays, les subordonnés souhaitent retrouver chez leurs supérieurs une cohérence entre les paroles et les actes.

LA LIGNE HIÉRARCHIQUE ET L'ÉVENTAIL DE SUBORDINATION

La ligne hiérarchique relie les cadres supérieurs, les cadres intermédiaires, les cadres inférieurs et les salariés en spécifiant, à l'échelle de l'organisation, qui est sous la responsabilité de qui. Selon un principe classique de gestion, chaque individu devrait dépendre d'un seul supérieur et chaque unité de travail ne devrait avoir qu'un responsable. On considère alors qu'il y a une *unité de commandement*. Celle-ci serait nécessaire pour parer à toute éventualité sans aucune confusion possible, et pour faire en sorte que toute responsabilité soit nettement dévolue à un individu particulier et que les canaux de communication au sein de l'organisation soient clairement établis. En outre, selon un autre principe classique de gestion, un supérieur hiérarchique ne peut être directement responsable que d'un nombre limité d'individus.

À ce nombre d'individus dépendant d'un même supérieur hiérarchique correspond une notion appelée **éventail de subordination** (ou **effectif sous responsabilité directe**). Normalement, si les tâches sont complexes, si les subordonnés manquent d'expérience ou de formation, ou encore si les tâches exigent un travail d'équipe, l'éventail de subordination doit être restreint.

▸ **Éventail de subordination** (ou **effectif sous responsabilité directe**)
Nombre d'individus qui dépendent d'un même supérieur hiérarchique

Malheureusement, les éventails de subordination étroits impliquent une multiplication des paliers hiérarchiques, et donc une structure coûteuse, mais aussi trop rigide pour permettre à l'organisation de réagir rapidement aux changements. En outre, dans ce type d'organisation, la communication perd de son efficacité parce qu'elle est filtrée et déformée à plusieurs reprises, de sorte que des améliorations subtiles, mais nécessaires, ne se font pas. Qui plus est, la multiplication des échelons hiérarchiques éloigne les cadres de l'action et les isole du reste des membres de l'organisation.

Les technologies de l'information et des communications (TIC) permettent maintenant aux organisations – nous verrons comment au prochain chapitre – d'élargir leur éventail de subordination et d'aplanir leur structure formelle, tout en conservant le contrôle de leurs activités d'exploitation les plus complexes. À titre d'exemple, les cadres supérieurs de Nucor ont mis en pratique le concept de *miniateliers* dans l'industrie métallurgique et instauré ce qu'ils appellent une *gestion allégée* (notamment par la réduction des paliers hiérarchiques). Parallèlement, la direction élargissait l'éventail de subordination en s'appuyant sur une formation intensive des travailleurs, soutenue par des systèmes de gestion de l'information très avancés. Les résultats sont éloquents : la structure hiérarchique de Nucor ne comporte plus que quatre paliers de gestion[16].

LES UNITÉS OPÉRATIONNELLES ET LES UNITÉS FONCTIONNELLES

▸ **Unité opérationnelle**
Groupe de travail qui assume les activités premières de l'organisation

▸ **Unité fonctionnelle**
Groupe de travail qui seconde les unités opérationnelles de l'organisation en leur fournissant de l'expertise et des services spécialisés

Une bonne façon d'étudier la division verticale du travail consiste à distinguer deux types d'unités organisationnelles : les unités opérationnelles et les unités fonctionnelles. Les **unités opérationnelles** assument les activités premières de l'organisation, notamment la production et le marketing. Elles sont secondées par les **unités fonctionnelles**, qui leur fournissent de l'expertise et des services spécialisés, comme la comptabilité ou les relations publiques.

Ainsi, les facultés de l'Université Laval (voir l'organigramme de la figure 14.1) sont des unités opérationnelles, puisqu'elles assument les activités premières de l'université, soit l'enseignement et la recherche. Par contre, le Vice-rectorat à l'administration et aux finances représente une unité fonctionnelle, tout comme le Vice-rectorat aux ressources humaines.

Lorsqu'on parle d'unités opérationnelles et fonctionnelles, deux précisions s'imposent. La première concerne la nature des liens hiérarchiques qui relient une unité à d'autres unités de l'organisation. Comme vous pouvez le voir dans l'organigramme de l'Université Laval, un service fonctionnel comme le Vice-rectorat à l'administration et aux finances peut être subdivisé en unités subordonnées : Service des finances, Service des résidences, Service des immeubles, etc. D'un point de vue organisationnel, toute unité subordonnée à une unité fonctionnelle est elle-même considérée comme une unité fonctionnelle. Il n'en demeure pas moins que certaines de ces unités assument les activités premières de l'unité à laquelle elles sont subordonnées ; leur lien avec l'échelon supérieur de la hiérarchie est donc un lien opérationnel. Ainsi, dans la figure 14.1, le Service des finances, le Service des résidences et le Service des immeubles sont des unités fonctionnelles, mais ils ont un lien opérationnel avec l'unité qui les supervise, soit le Vice-rectorat à l'administration et aux finances. Pourquoi cet imbroglio apparent ? Il est d'origine historique : les notions d'opérationnel et de fonctionnel nous viennent de l'organisation militaire, laquelle a toujours accordé la primauté au concept de *commandement*. Au sens que lui donne l'armée, la vice-rectrice à l'administration et aux finances est d'abord et avant tout une *chef*; elle supervise les activités de nature fonctionnelle des unités qui lui sont subordonnées et elle en est l'unique responsable.

La seconde précision à apporter sur les unités opérationnelles et fonctionnelles concerne le type et l'ampleur des relations qu'elles entretiennent avec des personnes et des entités extérieures à l'organisation. Certaines unités sont plutôt tournées vers l'organisation elle-même, tandis que d'autres sont davantage orientées vers l'extérieur. Généralement, les unités opérationnelles internes (la production, par exemple) sont axées sur la transformation de matières premières ou de données en biens et en services, tandis que les unités opérationnelles externes (le marketing, par exemple) sont axées sur les relations avec les fournisseurs, les distributeurs et la clientèle. Les unités fonctionnelles internes (la comptabilité, par exemple) secondent les unités opérationnelles dans leurs fonctions ; habituellement, elles se spécialisent dans des activités d'ordre technique ou financier. Les unités fonctionnelles externes (les relations publiques, par exemple) secondent également les unités opérationnelles, mais elles sont plutôt axées, du fait de leurs activités, sur les relations de l'organisation avec son environnement.

Pour résumer par un exemple les deux précisions que nous venons de faire, nous dirons que, dans l'organigramme de la figure 14.1, la Direction des technologies de l'information est une unité fonctionnelle interne, qui a un lien opérationnel avec le Vice-rectorat exécutif et au développement.

Le personnel des unités fonctionnelles, et particulièrement le personnel fonctionnel interne, contribue indirectement à l'atteinte des objectifs de l'organisation en lui fournissant des connaissances et des compétences spécialisées. Traditionnellement, il se consacre aux tâches administratives, à l'embauche et à la formation des travailleurs, ainsi qu'à des activités de recherche et développement.

L'organisation peut choisir de placer le personnel fonctionnel à différents paliers de la pyramide hiérarchique, en le rattachant plus particulièrement aux cadres supérieurs, aux cadres intermédiaires ou aux cadres inférieurs. Lorsque le personnel fonctionnel est rattaché principalement aux gestionnaires qui sont au sommet de la pyramide hiérarchique, la capacité des cadres supérieurs de résoudre des problèmes et de prendre des décisions s'en trouve considérablement accrue. La direction a alors la mainmise sur l'information, sur les orientations et sur l'application de ses décisions. Le degré de spécialisation verticale est alors très élevé, puisque ce sont les cadres supérieurs qui planifient, décident et contrôlent, avec l'aide d'un personnel fonctionnel centralisé.

Depuis l'avènement des technologies de l'information et des communications, de moins en moins d'organisations optent pour une structure organisationnelle qui concentre au sommet la majeure partie du personnel fonctionnel. Elles préfèrent remplacer le personnel fonctionnel interne par des systèmes de gestion de l'information et affecter les individus talentueux à des échelons inférieurs de la structure hiérarchique. Par exemple, les dirigeants d'O-I, fabricant mondial d'emballages en verre, ont déplacé le personnel fonctionnel du sommet de la hiérarchie à un palier intermédiaire de gestion. Cette façon de procéder permet de déléguer plus de responsabilités aux cadres intermédiaires, tout en leur fournissant le soutien nécessaire (expertise et compétences du personnel fonctionnel) pour accroître leur rôle.

Et ce n'est pas tout : un grand nombre d'organisations ne sont plus du tout convaincues de l'utilité de conserver en permanence, en leur sein, certains membres du personnel fonctionnel, ni même certaines unités fonctionnelles dans leur intégralité. Il en résulte de la *sous-traitance*, phénomène qui vise à confier les tâches d'ordre fonctionnel à des personnes extérieures à l'organisation. Ainsi, de nombreuses entreprises manufacturières allègent considérablement leurs unités fonctionnelles en confiant à de petites agences spécialisées une partie – souvent la majeure partie – de secteurs comme la comptabilité, les ressources humaines et les relations publiques[17]. De plus en plus répandue dans les grandes entreprises, la sous-traitance de certains services devient une véritable manne pour d'innombrables petites et moyennes entreprises (PME).

Enfin, soulignons que l'une des tendances prédominantes en gestion est le recours aux technologies de l'information et des communications (TIC) pour rationaliser les activités et réduire le personnel. Il s'agit évidemment de diminuer les coûts d'exploitation et d'accroître la productivité[18]. L'une des voies qui s'offrent au gestionnaire consiste à fournir au personnel opérationnel l'information et les outils nécessaires, en particulier des techniques de gestion conçues pour améliorer les capacités d'analyse et de décision, afin qu'il puisse remplacer le personnel fonctionnel interne[19]. Nous approfondirons ce sujet dans le prochain chapitre, portant notamment sur les TIC et leur rôle dans l'évolution actuelle des organisations. Toutefois, comme il est essentiel de ne pas séparer les notions de contrôle et de division du travail, nous nous penchons maintenant sur les questions relatives au contrôle au sein de l'organisation.

Le contrôle

Exécuter par le dep de Finance + le conseil d'admin -

Contrôle
Ensemble de mécanismes qui servent à maintenir les activités et la production d'une organisation dans des limites prédéterminées

Complément de la spécialisation verticale, le **contrôle** est un ensemble de mécanismes qui servent à maintenir les activités et la production d'une organisation dans des limites prédéterminées. Les tâches de contrôle comprennent donc la fixation des objectifs, l'évaluation des résultats en fonction des objectifs et l'instauration de mesures correctives. Il importe de souligner que, pour être efficace, le contrôle doit s'amorcer avant l'application proprement dite de telles mesures. Ainsi, la fixation des objectifs par le gestionnaire doit s'accompagner de la définition des critères qui serviront à l'évaluation de leur atteinte et à la détermination de la réussite.

Il existe un large éventail de contrôles organisationnels qui, pour l'essentiel, se répartissent en trois grandes catégories : le contrôle des résultats, le contrôle des processus et le contrôle social. Nous allons traiter de ce dernier type de contrôle dans le chapitre consacré à la culture organisationnelle, expliquant que cette dernière amoindrit la nécessité des contrôles formels et bureaucratiques. Dans ce chapitre, nous allons donc étudier les deux autres, contrôles formels mis en place par les gestionnaires.

LE CONTRÔLE DES RÉSULTATS

Contrôle des résultats
Ensemble de mécanismes de contrôle organisationnel consistant à fixer des objectifs et à définir des critères d'évaluation des résultats, à évaluer les résultats par rapport aux objectifs et à instaurer des mesures correctives

En début de chapitre, nous avons dit que les objectifs stratégiques sont essentiels à l'organisation car, à l'image d'une carte routière indiquant l'itinéraire à suivre pour parvenir à une destination donnée, ils orientent ses diverses unités, tout en leur désignant le but commun qui les rallie et qui garantit la survie. Le **contrôle des résultats** consiste en la fixation d'objectifs et en la définition de critères d'évaluation des résultats, en l'évaluation des résultats par rapport aux objectifs et en l'instauration de mesures correctives[20]. Il porte sur des objectifs précis et permet aux gestionnaires d'utiliser leurs propres méthodes pour les atteindre. La plupart des organisations modernes ont recours à des mécanismes de contrôle des résultats dans le cadre plus général de la *gestion par exception*, mode de gestion qui consiste à surveiller les écarts importants entre les résultats et les prévisions, et à en analyser les causes.

Les mécanismes de contrôle des résultats sont très populaires parce qu'ils favorisent la souplesse et la créativité, tout en facilitant les discussions sur les mesures correctives à prendre. En effet, adopter le contrôle des résultats permet de séparer le *quoi* du *comment*: les discussions concernant la fixation des objectifs (ce qu'il y a à faire) sont bien distinctes de celles qui portent sur les méthodes à utiliser (le comment). Cette distinction peut aussi favoriser une décentralisation du pouvoir: les cadres supérieurs ont l'assurance que le personnel de tous les paliers hiérarchiques travaillera à la poursuite des objectifs que la direction juge importants, et ce, même si les cadres des échelons inférieurs innovent et implantent de nouvelles méthodes pour y arriver.

LE CONTRÔLE DES PROCESSUS

→ finances : contrôler les dép.
→ R.H : processus d'embauche.

Très peu d'organisations s'en tiennent aux mécanismes de contrôle des résultats. Après avoir trouvé la solution à un problème et l'avoir appliquée avec succès, les gestionnaires mettent souvent en place des mécanismes de contrôle des processus pour éviter que la situation ne se reproduise. Le **contrôle des processus** vise à spécifier la façon dont les tâches doivent être accomplies. Parmi les divers types de mécanismes de contrôle des processus, les trois principaux sont les suivants: (1) les politiques, les procédures et les directives de l'organisation; (2) la formalisation et la standardisation; (3) la gestion intégrale de la qualité.

Contrôle des processus
Ensemble de mécanismes de contrôle organisationnel qui consistent à spécifier la façon dont les tâches doivent être accomplies

LES POLITIQUES, LES PROCÉDURES ET LES DIRECTIVES

La plupart des organisations mettent en place toute une panoplie de politiques, de procédures et de directives pour définir les façons d'atteindre les objectifs qu'elles se sont fixés.

Une *politique* est un ensemble de principes directeurs qui indiquent la ligne de conduite à adopter, dans le but de guider les membres de l'organisation dans la gestion de leurs tâches. Elle laisse donc une certaine latitude aux travailleurs et leur permet de faire de petits changements, sans qu'ils doivent expressément obtenir l'autorisation d'un cadre d'un échelon supérieur.

Une *procédure*, quant à elle, décrit la meilleure méthode à suivre pour exécuter une tâche, souligne les aspects les plus importants de cette méthode et prévoit un mécanisme d'attribution de récompenses.

Si de nombreuses organisations ne font pas de distinction entre une procédure et une directive, il faut savoir que la seconde est beaucoup plus précise, stricte et officielle que la première. Généralement, une *directive* décrit en détail la façon d'accomplir une tâche ou une série de tâches et indique ce qu'il ne faut pas faire. Elle est conçue pour s'appliquer à tous les travailleurs qui peuvent se retrouver dans une situation donnée. Ainsi, de nombreux concessionnaires d'automobiles reçoivent des instructions détaillées sur la marche à suivre pour faire réparer un véhicule neuf sous garantie et doivent respecter des directives très strictes pour obtenir le remboursement auprès du fabricant.

Les politiques, les procédures et les directives servent souvent de substituts à la supervision directe. L'organisation peut diriger très précisément les activités d'un grand nombre de travailleurs à l'aide de procédures et de directives écrites. Celles-ci permettent d'assurer un traitement presque identique dans plusieurs installations, même lorsqu'elles se trouvent éloignées les unes des autres. Si le hamburger et les frites de McDonald's ont un goût sensiblement identique de Hong Kong à Chicoutimi ou de Genève à Longueuil, c'est simplement parce que des procédures et des directives écrites spécifient les ingrédients à utiliser et les méthodes de cuisson à appliquer.

LA FORMALISATION ET LA STANDARDISATION

Formalisation
Mécanisme de contrôle des processus qui consiste à présenter par écrit les politiques, les procédures et les directives de l'organisation

En plus d'être un processus de substitution à la supervision directe des dirigeants, la **formalisation**, c'est-à-dire la présentation écrite des politiques, des procédures et des directives, sert souvent à simplifier les tâches. En outre, elle permet au travailleur dont la formation est incomplète de s'acquitter de tâches relativement complexes, malgré ses lacunes. Enfin, la description écrite d'une procédure constitue une référence permettant au travailleur de s'assurer qu'il exécute correctement une séquence donnée de tâches, en particulier lorsqu'elle ne lui est pas familière.

Standardisation
Mécanisme de contrôle des processus qui consiste à imposer des limites aux actions permises dans l'accomplissement d'une tâche ou d'une série de tâches, à définir des lignes de conduite très précises afin que des activités similaires soient toujours accomplies de la même manière

La plupart des organisations se sont, par ailleurs, dotées de méthodes complémentaires pour gérer des situations ou des problèmes récurrents en standardisant les façons d'y faire face. On entend par **standardisation** le fait d'imposer des limites aux actions permises dans l'accomplissement d'une tâche ou d'une série de tâches. Toutes les méthodes de standardisation consistent en la détermination de lignes de conduite très précises visant à faire en sorte que des activités similaires soient toujours accomplies de la même manière. Par exemple, si vous ne réglez pas à temps le montant minimal exigé sur le solde de votre carte de crédit, l'établissement financier appliquera la procédure standardisée correspondant à cette situation : il vous fera parvenir un avis et entamera un processus interne de surveillance de votre compte. De telles méthodes peuvent être le fruit de nombreuses expériences de gestion de situations récurrentes ou avoir été acquises au cours d'une formation.

LA GESTION INTÉGRALE DE LA QUALITÉ

Les mécanismes de contrôle des processus que nous venons de présenter, soit les politiques, les procédures et les directives, mais aussi la formalisation et la standardisation, reposent essentiellement sur l'expérience accumulée au sein d'une organisation. Les gestionnaires les mettent en place au fil du temps, un par un, habituellement sans réfléchir à une philosophie globale portant sur le rôle des mécanismes de contrôle dans l'amélioration de l'ensemble des activités de l'organisation. Il existe cependant une autre approche de l'instauration de contrôles des processus : la gestion intégrale de la qualité.

W. Edwards Deming, maintenant disparu, est le fondateur du mouvement qui a prôné la gestion intégrale de la qualité[21]. Accueillies plutôt froidement en Amérique du Nord, ses idées ont eu un immense écho au Japon, où leur application a donné naissance à ce que certains estiment être les meilleures approches japonaises en matière de gestion.

Essentiellement, l'approche de Deming consiste en un processus d'amélioration continue fondé sur l'analyse statistique de chacune des activités de l'organisation. Autour de cette idée, Deming a formulé 14 recommandations à l'intention des gestionnaires

Les 14 recommandations de W.E. Deming

1. Établissez vos objectifs organisationnels en pensant à:
   a) innover;
   b) investir dans la recherche et la formation;
   c) investir dans l'équipement et les nouveaux outils d'aide à la production.
2. Familiarisez-vous avec une nouvelle philosophie de la qualité visant à améliorer chaque système.
3. Exigez des données statistiques fiables du contrôle des processus et éliminez les contrôles de la production strictement financiers.
4. Exigez des données statistiques fiables du contrôle des achats des matières premières, ce qui se traduira par une réduction du nombre de vos fournisseurs.
5. Instaurez des méthodes statistiques qui permettent de cerner l'origine d'un problème.
6. Instaurez des programmes de formation pratique qui sont à jour.
7. Améliorez l'encadrement afin que des leaders inspirés se manifestent.
8. Éliminez la crainte de l'autorité et stimulez l'envie d'apprendre.
9. Supprimez les barrières entre les services.
10. Éliminez les objectifs de nature quantitative et les slogans «creux» appelant à l'augmentation de la productivité.
11. Améliorez constamment vos méthodes de travail.
12. Instaurez de vastes programmes de formation sur les méthodes statistiques à l'intention du personnel.
13. Formez vos ressources humaines; faites en sorte qu'elles acquièrent de nouvelles compétences.
14. Mettez sur pied une structure interne qui favorise l'application des 13 points précédents.

désireux de l'appliquer (voir l'encadré). Vous remarquerez l'importance qu'il accorde à la collaboration entre les cadres et les salariés dans l'utilisation des contrôles statistiques visant l'amélioration.

Un programme de gestion intégrale de la qualité repose sur l'engagement de tous les paliers de gestion. Les cadres doivent améliorer la supervision, former les travailleurs, leur faire acquérir de nouvelles compétences et créer une structure adaptée au programme. Lorsque les éléments clés des objectifs de l'organisation sont clairement définis (comme c'est le cas pour la plupart des activités de transformation industrielle) et qu'ils sont soutenus par une gestion participative axée sur l'habilitation du personnel, l'approche de Deming consistant à accorder la primauté à la qualité semble très bien fonctionner.

L'ILLUSION DE CONTRÔLE

L'un des mythes de la gestion est l'illusion de contrôle. Il existe plusieurs versions de ce mythe; l'une d'elles se centre plus particulièrement sur les mécanismes de contrôle formels proprement dits. De nombreux gestionnaires veulent croire qu'ils peuvent fixer tous leurs objectifs à leurs subordonnés et leur dicter également la façon de les atteindre. Avec un trop grand nombre d'objectifs de production et de rendement, les subordonnés semblent avoir très peu de latitude. Toutefois, à mesure que le nombre de mécanismes de contrôle des processus et des résultats s'accroît, un conflit entre les deux types de mécanismes apparaît et prend de l'importance. De ce fait, les subordonnés ne peuvent faire autrement que de choisir quels mécanismes ils arrivent à respecter, et les gestionnaires vivent dans l'illusion que leurs employés poursuivent tous les objectifs établis[22].

Centralisé
- Contrôle du haut vers bas
- prise de décision autoritaire
- directif
- changement (autorité.

Décentralisé

LE POUVOIR DÉCISIONNEL : LA CENTRALISATION ET LA DÉCENTRALISATION

Selon les organisations, les combinaisons de spécialisation verticale, de contrôle des résultats, de contrôle des processus et de techniques de gestion destinées à répartir l'autorité ou le pouvoir décisionnel peuvent varier grandement[23]. Plus le pouvoir de dépenser des fonds, d'embaucher du personnel et de prendre des décisions de cet ordre est concentré au sommet de la pyramide hiérarchique, plus grande est la **centralisation**. À l'inverse, plus ce pouvoir est délégué à des échelons inférieurs, plus la **décentralisation** est importante.

▸ **Centralisation**
Concentration du pouvoir décisionnel aux échelons supérieurs de la hiérarchie organisationnelle

▸ **Décentralisation**
Délégation du pouvoir décisionnel aux échelons inférieurs de la hiérarchie organisationnelle

En période de crise, lorsque sa survie est en jeu, l'organisation a tendance à centraliser son fonctionnement. Il n'est donc pas très étonnant que la structure des forces armées soit très centralisée, ni que les entreprises au bord de la faillite soient enclines à la centralisation. Une recherche récente suggère même que les organismes d'État peuvent améliorer leur rendement au moyen de la centralisation lorsqu'ils doivent se mettre sur la défensive[24].

En général, la décentralisation augmente la satisfaction professionnelle des subordonnés et permet une résolution plus rapide de divers types de problèmes. En outre, elle favorise la formation sur le tas des subordonnés et les prépare à occuper des postes plus élevés. Un nombre croissant d'organisations optent pour une certaine décentralisation. De grandes sociétés comme Union Carbide et Hewlett-Packard ont résolument pris cette voie et délèguent de plus en plus de responsabilités aux échelons inférieurs de leur hiérarchie. Dans chacun de ces cas, les dirigeants espèrent améliorer ainsi la qualité de la production et la capacité d'adaptation de l'entreprise.

La décentralisation des structures est étroitement associée à la notion de *participation des travailleurs*. Il y a participation dès qu'un gestionnaire délègue une partie de son pouvoir décisionnel à des subordonnés afin d'intégrer ces derniers au processus décisionnel. Nombreux sont les travailleurs qui veulent participer aux décisions relatives à leur travail et avoir voix au chapitre en ce qui concerne les objectifs de leur unité et les moyens de les atteindre[25].

Les organismes gouvernementaux ainsi que les sociétés phares estiment qu'une plus grande décentralisation les aide à explorer efficacement les innovations[26]. Par exemple, Macy's a réussi à déplacer le processus décisionnel du sommet vers la base de la chaîne de commandement et à accroître la participation.

La spécialisation horizontale

Si elles sont deux dimensions importantes de la structure organisationnelle, la spécialisation verticale et le contrôle, dont nous venons de discuter, ne constituent que la moitié du portrait de l'organisation. En effet, les gestionnaires doivent également diviser l'ensemble du travail à accomplir en tâches précises, puis regrouper les ressources et les travailleurs affectés à des activités similaires[27]. La **spécialisation horizontale**, appelée également *départementalisation*, est une division du travail basée sur le regroupement de compétences ou de ressources de même type, qui mène à la création d'unités ou de groupes de travail au sein de l'organisation. Il en existe plusieurs formes, que nous allons maintenant étudier.

▸ **Spécialisation horizontale**
Division du travail basée sur le regroupement de compétences ou de ressources de même type, qui mène à la création d'unités ou de groupes de travail au sein de l'organisation

Lorsqu'ils répartissent les tâches en fonction des compétences ou des ressources de même type, les gestionnaires doivent impérativement se soucier de la façon dont les efforts des différents groupes de travail ainsi créés se combineront, s'intégreront les uns aux autres. L'intégration des diverses composantes de l'organisation relève de la coordination. Nous verrons un peu plus loin comment les cadres conjuguent, à cette fin, des modes de coordination interpersonnels et formels.

LA STRUCTURE FONCTIONNELLE

Le regroupement des individus par compétences, connaissances ou activités conduit à créer une **structure fonctionnelle**. Dans l'organigramme présenté à la figure 14.1, on voit que chaque service de l'Université Laval a une spécialité ou une fonction administrative particulière. De même, le marketing, les finances, la production et la gestion des ressources humaines constituent des fonctions importantes dans une entreprise. Cette forme de départementalisation est celle qui prédomine dans les PME. Les grandes sociétés l'utilisent aussi, principalement dans leurs champs d'activité hautement techniques.

▸ **Structure fonctionnelle**
Structure organisationnelle qui regroupe les individus par compétences, connaissances ou activités

La **figure 14.2** souligne les avantages et les inconvénients de la structure fonctionnelle. L'importance des avantages explique que ce type de structure soit si répandu ; il se rencontre dans la plupart des organisations, particulièrement aux échelons inférieurs de la pyramide hiérarchique. La structure fonctionnelle comporte cependant des inconvénients, et l'organisation qui l'étend à tous les échelons de sa hiérarchie peut s'attendre à voir apparaître, avec le temps, les tendances suivantes : recherche de la qualité surtout axée sur l'aspect technique, résistance aux changements et difficulté à coordonner les activités de services fonctionnels distincts.

FIGURE 14.2 LES PRINCIPAUX AVANTAGES ET INCONVÉNIENTS DE LA STRUCTURE FONCTIONNELLE

Avantages

1. Elle conduit à une détermination des tâches très précise, correspondant à la formation du travailleur.
2. Les travailleurs d'un même service peuvent s'appuyer sur leurs compétences, leur formation et leur expérience respectives.
3. Elle fournit un lieu de formation privilégié pour les jeunes cadres.
4. Elle est facile à expliquer.
5. Elle met à profit les compétences techniques de l'employé.

Inconvénients

1. Elle peut entraîner une spécialisation excessive.
2. Elle peut conduire à la création de postes étroits, routiniers et monotones.
3. Elle rend difficile la circulation de l'information d'un service à un autre.
4. La direction risque d'être débordée par des problèmes interfonctionnels.
5. Les travailleurs peuvent être portés à attendre l'orientation et le renforcement de leurs supérieurs hiérarchiques plutôt que de se concentrer sur les produits, les services ou la clientèle.

LA STRUCTURE DIVISIONNAIRE

→ divise par spécialisat° ou région géographiq.

▸ **Structure divisionnaire**
Structure organisationnelle qui regroupe les individus et les ressources par produits, secteurs géographiques, types de services, clients ou entités juridiques

Le regroupement des individus et des ressources par produits, secteurs géographiques, types de services, clients ou entités juridiques conduit à créer une **structure divisionnaire**[28]. La **figure 14.3** illustre la départementalisation en divisions par produits, secteurs géographiques et clientèles d'un fabricant de pièces automobiles. On adopte souvent cette structure organisationnelle pour réagir à des menaces ou pour saisir des occasions se présentant dans l'environnement. Énumérés à la figure 14.3 avec ses inconvénients, les principaux avantages de la structure divisionnaire sont sa souplesse devant les exigences de l'environnement, sa rapidité de réaction aux changements, sa capacité d'intégration des travailleurs spécialisés aux sous-structures profondes de l'organisation et la primauté accordée à la spécificité des produits en fonction de clients particuliers.

En revanche, la structure divisionnaire peut entraîner la répétition superflue des mêmes efforts d'une division à une autre, la tendance des divisions à privilégier leurs propres intérêts au détriment de ceux de l'organisation dans son ensemble, ainsi que des querelles intestines entre les divisions. En outre, cette structure n'étant pas la plus propice à la formation des travailleurs dans des domaines techniques, l'organisation qui l'adopte risque de se faire devancer par ceux de ses concurrents qui ont opté pour une structure fonctionnelle.

FIGURE 14.3 LA STRUCTURE DIVISIONNAIRE : DÉPARTEMENTALISATION PAR PRODUITS, SECTEURS GÉOGRAPHIQUES ET CLIENTÈLES D'UN FABRICANT DE PIÈCES AUTOMOBILES

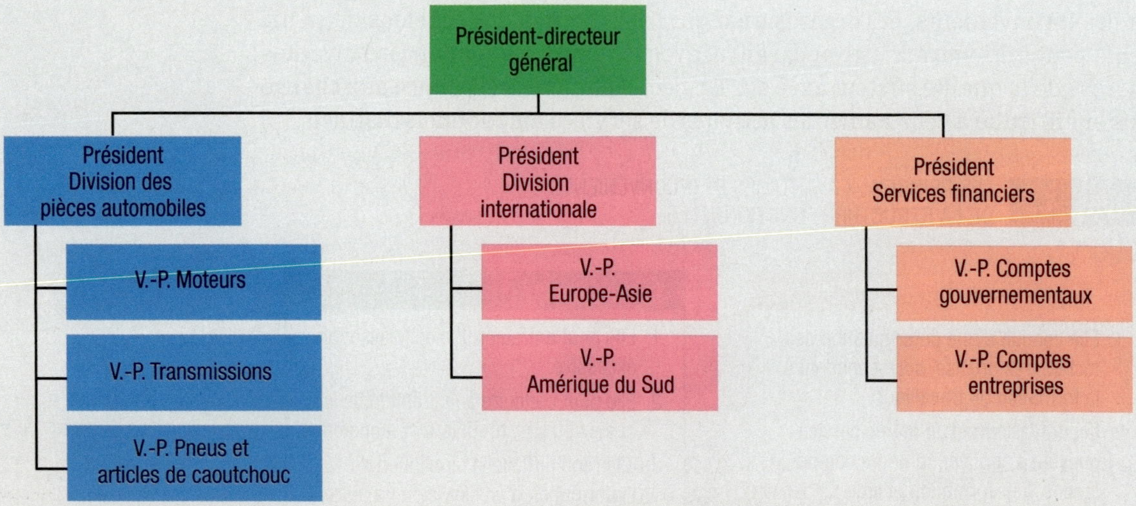

Principaux avantages et inconvénients de la structure divisionnaire

Avantages	Inconvénients
1. Elle favorise l'adaptation et offre suffisamment de souplesse pour répondre aux exigences particulières des clients importants. 2. Elle permet de déceler les changements de l'environnement dès qu'ils apparaissent. 3. Elle assure l'intégration des travailleurs spécialisés. 4. Elle permet d'analyser les raisons des succès ou des échecs en matière de clientèle, de produits, de services ou de zones de distribution.	1. Elle ne crée pas un bassin de travailleurs hautement qualifiés et ayant une expertise similaire pour s'attaquer à la résolution des problèmes et pour former d'autres travailleurs. 2. Elle entraîne la répétition inutile des efforts mis à résoudre des problèmes qui se retrouvent d'une division à une autre. 3. Les intérêts de la division peuvent faire oublier ceux de l'ensemble de l'organisation. 4. Elle peut provoquer des conflits entre les divisions à propos de la répartition des ressources.

Les très grandes sociétés servant des marchés à l'échelle nationale ou internationale choisissent souvent une départementalisation par *secteurs géographiques*. Ce type de structure leur permet de faire de substantielles économies de temps, d'efforts et de déplacements. De plus, chaque division territoriale peut s'adapter aux particularités régionales.

L'organisation qui ne compte que quelques gros clients peut structurer ses ressources et son personnel en fonction de ces derniers, en se concentrant sur la satisfaction de leurs besoins uniques[29]. Dans la mesure où les demandes sont distinctes d'un client à un autre, la départementalisation par clients en simplifie le traitement et augmente la synergie.

L'organisation qui étend ses activités aux marchés internationaux peut donc décider de mettre sur pied des divisions distinctes pour répondre aux exigences parfois complexes des pays d'accueil à l'égard de la propriété étrangère. Ainsi, NEC, Sony, Nissan et un grand nombre d'entreprises japonaises ont créé des filiales nord-américaines pour servir leurs clients dans ce secteur géographique ; des multinationales européennes comme Philips ou Nestlé ont adopté une structure semblable lorsqu'elles se sont implantées aux États-Unis. Des multinationales américaines comme IBM, GE et DuPont ont également recouru à la structure divisionnaire pour leurs activités internationales.

LA STRUCTURE MATRICIELLE

Il existe une autre forme de départementalisation, très particulière et de plus en plus répandue : la structure matricielle, qui est née dans l'industrie aérospatiale[30]. Dans ce secteur industriel, les projets sont d'une extrême complexité technique et font intervenir des centaines de sous-traitants situés aux quatre coins du globe. Il est donc essentiel de mettre en place des mesures rigoureuses d'intégration et de contrôle s'appliquant à une grande variété de fonctions et d'organisations. Sur ce plan, les structures fonctionnelle et divisionnaire sont rarement suffisantes, car de nombreuses sociétés se montrent très réticentes à l'idée de sacrifier la souplesse et le dynamisme de la structure divisionnaire aux avantages qu'offre la structure fonctionnelle sur le plan technique. La **structure matricielle** allie ces deux formes d'organisation. La **figure 14.4** présente la structure matricielle d'une division aérospatiale. Notez que les services fonctionnels sont situés d'un côté de l'organigramme, et les projets spéciaux, de l'autre. Les travailleurs et les cadres des services intermédiaires, au centre de la matrice, dépendent de deux autorités, l'une fonctionnelle et l'autre attachée à un projet.

Structure matricielle
Structure organisationnelle qui combine des éléments des structures fonctionnelle et divisionnaire, et où le travailleur est assigné à plus d'un type d'unité

La figure 14.4 résume aussi les principaux avantages et inconvénients d'une telle forme de départementalisation. L'inconvénient majeur est la disparition de l'unité de commandement, dont il peut résulter une certaine incertitude des travailleurs à propos de leurs tâches, de la personne qui les supervise dans telle ou telle activité et de la façon dont les divers cadres se partageant la responsabilité d'un projet vont gérer le travail. La structure matricielle peut également se révéler très onéreuse, dans la mesure où il revient à différents cadres de coordonner les efforts de tous les intervenants, jusqu'aux échelons les plus bas de l'organisation. D'ailleurs, vous remarquerez, à la figure 14.4, que le nombre de gestionnaires est presque le double de celui qu'on trouve dans une structure fonctionnelle ou divisionnaire.

FIGURE 14.4 LA STRUCTURE MATRICIELLE D'UNE DIVISION AÉROSPATIALE

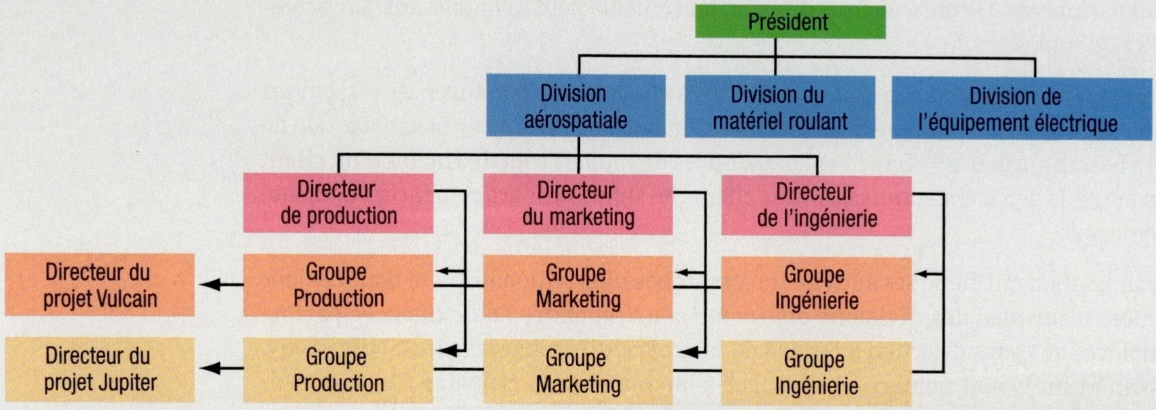

Les principaux avantages et inconvénients de la structure matricielle

Avantages	Inconvénients
1. Elle associe les points forts des structures fonctionnelle et divisionnaire. 2. Dans un environnement de plus en plus complexe, elle permet à l'organisation d'associer les compétences techniques et la connaissance du marché. 3. Elle permet à de nombreux cadres de communiquer efficacement tant avec le personnel technique qu'avec celui du marketing.	1. Elle est très onéreuse. 2. Elle élimine l'unité de commandement (les travailleurs relèvent de plus d'un supérieur). 3. Parce que l'autorité et les responsabilités des cadres se chevauchent parfois, elle peut générer des conflits et des divergences entre les unités, ainsi que des incohérences dans l'établissement des priorités. 4. Elle est difficile à expliquer aux travailleurs.

Structure mécaniste
Bureaucratie.
le gouvernement
Banque
Bureaucratie organique:
décentralisée
-- formalisat°
université, firme d'expert

En dépit de ses limites, la structure matricielle permet d'équilibrer les priorités des deux autres formes de structures. Dans la pratique, bien des problèmes se règlent sur le plan opérationnel, là où il est possible de concilier au mieux les aspects techniques, les coûts, les préoccupations du client et celles de l'organisation.

Le troisième cabinet d'architectes du monde, NBBJ, se fonde sur une structure matricielle pour réunir les spécialistes de ses bureaux des quatre coins du globe autour de projets majeurs. Ses cadres supérieurs s'appuient sur le personnel dirigeant des divers bureaux locaux pour découvrir et cerner les besoins particuliers des clients. Ils doivent ensuite repérer dans les divers bureaux du monde entier les architectes qui pourraient le mieux collaborer avec le personnel local[31].

Bien des organisations choisissent parfois de mettre en application des éléments de la structure matricielle sans utiliser expressément le terme. Ainsi, la création d'équipes de projet, de comités de coordination et de groupes d'étude peut préfigurer l'avènement d'une structure matricielle. Ces entités provisoires peuvent exister dans une structure à prédominance fonctionnelle ou divisionnaire, et ce, sans bouleverser l'unité de commandement ni nécessiter l'embauche de nouveaux cadres.

Quelle structure choisir ? Comme nous venons de le voir avec le modèle matriciel, il est possible de procéder à la départementalisation en utilisant simultanément deux méthodes. En fait, il est courant de voir les organisations combiner des structures, ce qui est une décision judicieuse, car en divisant les activités des groupes et les ressources selon deux méthodes, on peut équilibrer les avantages et les inconvénients de chacune. Dans le prochain chapitre, nous examinerons de plus près plusieurs structures mixtes grâce auxquelles les organisations utilisent la division du travail pour profiter des avantages associés à leur taille et à leur maturité, saisir les occasions qui se présentent dans leur environnement et exploiter le potentiel des nouvelles technologies à des fins stratégiques.

La coordination

À toute démarche de différenciation ou de division horizontale du travail doivent correspondre des mécanismes d'intégration[32]. La **coordination** est un ensemble de mécanismes que l'organisation utilise pour établir un lien cohérent entre les activités de ses diverses unités. La majeure partie des tâches de coordination au sein d'une unité incombent à son gestionnaire. Les PME peuvent s'en remettre à la hiérarchie pour assurer la cohérence et l'intégration nécessaires. Cependant, plus l'organisation prend de l'expansion, plus les cadres risquent d'être débordés. Ainsi, lorsque Johnson & Johnson a procédé à une décentralisation, le chef de la direction, William Weldon, a rapidement constaté les problèmes de coordination. Il est alors crucial de mettre en place des mécanismes de coordination efficaces.

Coordination
Ensemble des mécanismes qu'utilise l'organisation pour établir un agencement cohérent des activités de ses diverses unités

LES MODES DE COORDINATION INTERPERSONNELS

Les modes de coordination interpersonnels créent la synergie indispensable à une organisation en favorisant le dialogue, la discussion, l'innovation, la créativité et l'apprentissage, à la fois à l'intérieur de ses diverses unités et entre elles. Ils permettent à l'organisation de s'occuper simultanément des besoins particuliers des différentes unités et de ceux des individus. Les modes de coordination interpersonnels sont multiples[33], le plus répandu étant sans doute le contact direct entre les membres du personnel. L'utilisation des TIC permet maintenant d'instaurer et d'entretenir des réseaux de contacts encore plus efficients. Ainsi, nombre de gestionnaires, en plus de se parler en face à face, communiquent au moyen d'outils tels que le courrier électronique ou le téléphone cellulaire, ou de certains logiciels.

Toutefois, la communication directe et personnelle est aussi associée au *téléphone arabe* et à ses effets néfastes. Le fait est notoire : le téléphone arabe n'est pas nécessairement fiable lorsqu'il colporte les potins et les rumeurs au sein de l'organisation. Il reste que c'est un moyen de communication qui peut se révéler assez juste et rapide pour que les gestionnaires ne puissent l'ignorer purement et simplement. Mieux vaudrait donc en tirer profit et s'en servir pour alimenter la *machine à rumeurs* en renseignements exacts.

Les défis de la décentralisation[34]

Chef de la direction de Johnson & Johnson (fabricant de médicaments, de matériel médical et de produits de grande consommation), William Weldon affirme : « Je pense que le problème avec la décentralisation [...] est en réalité la coordination. Ce n'est pas facile de rassembler des individus [...] ils ont souvent déjà fort à faire dans leurs propres unités et nous leur demandons maintenant d'abolir les frontières et de travailler ensemble. [...] Le défi, c'est vraiment la coordination. »

Les cadres participent souvent à un grand nombre de comités destinés à améliorer la coordination entre les services. Bien que les comités aient mauvaise réputation et soient généralement onéreux, il est possible d'en faire des mécanismes interpersonnels fort efficaces pour assurer la coordination entre les directeurs de service et permettre à ces derniers de prendre les mesures qui s'imposent. Ils peuvent servir à communiquer des données qualitatives et de l'information complexe, mais aussi à aider les cadres dont les unités doivent régler ensemble les questions d'horaires, de tâches et d'affectations, afin d'améliorer leur productivité.

À une époque où elles tendent à aplanir leur structure et à favoriser la délégation d'autorité, les organisations découvrent l'utilité des groupes de projet. Contrairement aux comités, qui se distinguent par leur longévité, les groupes de travail ont généralement un mandat ponctuel et une durée de vie limitée. Ils rassemblent des individus provenant des diverses unités de l'organisation et visent, notamment, à diagnostiquer et à résoudre des problèmes *interfonctionnels*, qui concernent simultanément plusieurs services, mais ne relèvent souvent d'aucun en particulier.

Il n'existe aucune combinaison miracle des modes de coordination interpersonnels pouvant s'adapter universellement aux compétences, aux aptitudes et aux expériences individuelles de tous les subordonnés. Le gestionnaire doit connaître les personnes avec qui il travaille et leurs préférences, ainsi que les approches que privilégient les diverses unités au sein de l'organisation. Puis il peut, en fonction des individus et de la situation, recourir à toute une variété de modes de coordination interpersonnels (voir l'encadré ci-contre). Ces derniers ne constituent par ailleurs qu'un volet des outils de coordination dont il dispose, puisqu'il peut également instaurer des mécanismes de coordination formels.

Comment individualiser ses efforts de coordination

Le gestionnaire avisé sait tenir compte des particularités des individus ou des groupes de travail dans ses efforts de coordination. Il n'oublie jamais les réalités suivantes à leur sujet :

- Certains ont leurs propres idées sur la meilleure façon d'atteindre les objectifs de l'organisation.
- Certains voient les problèmes immédiats et des solutions rapides, tandis que d'autres débusquent les problèmes sous-jacents et proposent des solutions à long terme.
- Certains ont leur propre jargon professionnel et leurs habitudes de communication.
- Certains ont une préférence marquée soit pour les modes de coordination interpersonnels, soit pour les modes de coordination formels.

LES MODES DE COORDINATION FORMELS

De nature plus impersonnelle, les modes de coordination formels suscitent la synergie en privilégiant la cohérence et la standardisation pour assurer un agencement logique des activités des diverses unités. Bien souvent, ils prolongent et complètent les contrôles des processus en mettant l'accent sur la formalisation et la standardisation. La plupart des grandes organisations se servent de politiques et de procédures écrites – prévisions, budgets, programmes, etc. – pour faire en sorte que les activités de diverses unités aboutissent à un résultat d'ensemble cohérent et prévisible.

Historiquement, les organisations avaient recours à des unités fonctionnelles spécialisées pour assurer la coordination entre leurs unités. Cependant, cette méthode se révèle très coûteuse et aboutit souvent à une trop grande rigidité. Le mode de coordination formel le plus élaboré est celui qui découle de l'adoption d'une structure matricielle. Comme nous l'avons vu, cette forme de départementalisation est expressément conçue pour coordonner les efforts de diverses unités fonctionnelles.

En revanche, plusieurs organisations choisissent de faire appel à des groupes de travail interfonctionnels, plutôt que de maintenir une unité fonctionnelle spécialisée ou de mettre en place une structure matricielle. Ces groupes de travail sont constitués,

La coordination dans les organisations provisoires[35]

Du côté de la RECHERCHE

Nombreux sont ceux que leur travail oblige à faire régulièrement partie d'entités provisoires, comme des comités de réflexion, des alliances d'intervenants ou des équipes de projet. La coordination des activités de ces personnes est souvent difficile dans un tel contexte. Par la recherche qu'elle a effectuée, Betty Bechky nous aide à mieux comprendre cette problématique. Elle s'est en effet intéressée aux membres d'une équipe travaillant sur un plateau de tournage, non pas les acteurs ni les producteurs, mais les techniciens ayant monté le plateau, les machinistes, les cadreurs et les perchistes. En général, ces derniers sont des contractuels «indépendants» qui doivent rapidement se mettre en phase les uns avec les autres même si l'équipe n'a été formée que quelques heures auparavant.

Comment ces techniciens peuvent-ils fonctionner ensemble pendant la courte période que dure le tournage d'un film? Selon Bechky, ils négocient leurs rôles les uns avec les autres. Chacun a sa propre spécialisation et sa propre responsabilité, mais il doit coordonner son travail avec celui du reste de l'équipe. Bien que tous connaissent le cheminement des uns et des autres (certains ont plus d'expérience et peuvent aider ceux qui en ont moins), ils savent aussi que le contrat du moment en précède de nombreux autres qu'ils souhaitent obtenir à l'avenir. Ils sont donc tous prêts à faire de leur mieux dans l'espoir qu'on les embauchera pour le tournage du prochain film.

Bechky s'est aperçue que, pour assurer une coordination efficace, les membres de l'équipe qui ont le plus d'expérience peuvent, par exemple, remercier avec enthousiasme ou reprendre poliment ceux qui en ont moins. Pour établir un nouvel ordre et assurer la coordination, ils ont recours à l'humour, aux taquineries polies, aux commentaires sarcastiques et au persiflage léger. Les accès de colère sont rares et mal vus. Une fois les mécanismes mis en place, en l'espace de quelques heures, l'équipe est prête à fonctionner comme une unité intégrée.

Pour appliquer ces observations à un groupe d'étudiants, essayez de bâtir un modèle simplifié reprenant les divers facteurs que nous avons évoqués. Ce modèle pourrait prendre la forme du schéma ci-dessous.

Formez un groupe en rassemblant des étudiants spécialisés chacun dans un domaine différent (par exemple, comptabilité, finances, management) afin qu'ils réalisent en équipe une étude de cas. Observez s'ils s'attribuent des tâches adaptées à leur domaine de spécialisation. Notez s'il y a une diversité sur le plan de l'expérience et s'il y a un désir commun d'atteindre un haut rendement. Lorsque le groupe commence à travailler au projet, voyez si les étudiants cherchent à négocier des rôles bien distincts. Pour fusionner, ont-ils recours à l'humour, à la taquinerie et aux commentaires sarcastiques? Forment-ils un groupe intégré dont chaque membre a des responsabilités et des activités coordonnées avec celles des autres? Ou sont-ils seulement quelques-uns à prendre les choses en main?

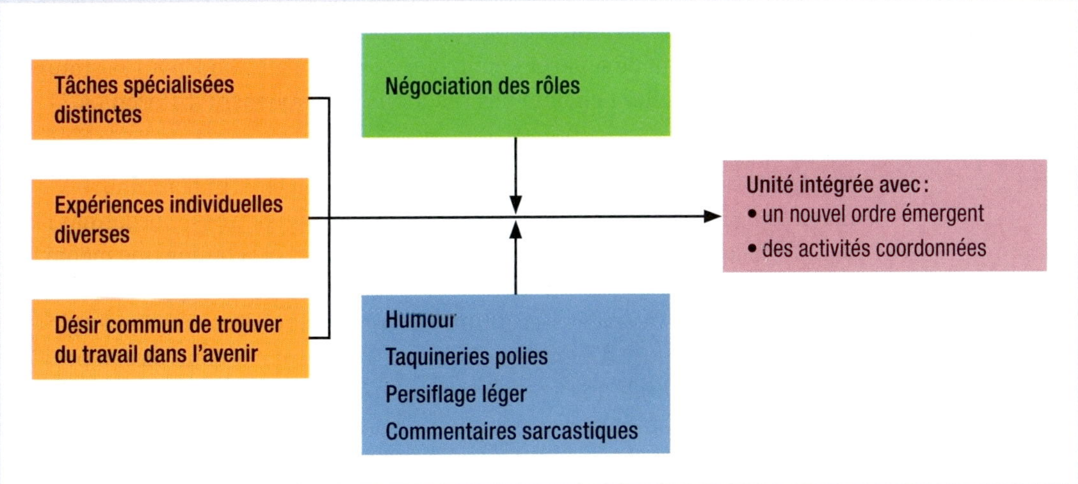

en général, dans le but de résoudre un problème de coordination particulier, puis sont dissous une fois leur mandat accompli. Ils peuvent réclamer l'adoption de nouvelles procédures, la redistribution des tâches ou l'instauration de méthodes plus personnelles pour s'assurer que les efforts des diverses unités se combinent efficacement et sans heurts.

Le dernier exemple de mode de coordination formel que nous présentons est en train de se transformer radicalement dans un grand nombre d'organisations. Il fut un temps où les systèmes de gestion de l'information étaient conçus pour permettre aux gestionnaires de coordonner et de contrôler les activités des diverses unités dont ils avaient la responsabilité. Ces systèmes constituaient des versions informatisées des prévisions, des budgets et des autres données de même ordre. Dans certaines organisations, le système de gestion de l'information continue de fonctionner comme un mécanisme combinant un mode de coordination formel et un contrôle des processus. Toutefois, utilisé judicieusement, il peut constituer un réseau de liens électroniques entre tous les membres du personnel. Grâce à des systèmes de communication décentralisés, soutenus par le bon vieux téléphone, le télécopieur et le courriel, un système auparavant centralisé peut devenir, pour le gestionnaire, un atout qui s'ajoute aux modes de coordination interpersonnels.

Aux États-Unis, pays où l'individualité, la démocratie et le libre arbitre sont culturellement valorisés, on a une aversion pour le contrôle. Les gestionnaires mettent donc souvent en place des mécanismes de contrôle en les faisant passer pour de la coordination. Ils soutiennent que, certaines des techniques utilisées pouvant servir au contrôle comme à la coordination, tous les efforts déployés visent finalement la coordination. Il est extrêmement important de séparer « contrôle » et « coordination », pour la simple et bonne raison qu'ils suscitent chacun des réactions passablement différentes.

La logique sous-jacente du contrôle implique l'établissement d'objectifs, la mesure de résultats et l'instauration de mesures correctives afin d'atteindre les buts normalement fixés par la direction. Par conséquent, plusieurs subordonnés risquent de percevoir le renforcement des mécanismes de contrôle comme une menace associée à la présomption qu'ils ont fait quelque chose de répréhensible. En revanche, la coordination vise à amener les unités qui composent l'organisation à agir en concertation, comme autant d'éléments d'un tout. Tandis que le contrôle suppose l'exercice de l'autorité hiérarchique à des fins de mesure et de correction, la coordination met l'accent sur la coopération et la résolution de problèmes. La plupart des travailleurs chevronnés savent faire la différence entre les deux, quel que soit le vocabulaire employé par leurs supérieurs. Il est très rare qu'on règle un problème de coordination en accentuant le contrôle, tout comme on a peu de chances de régler une question de contrôle en se concentrant sur la coordination.

La bureaucratie et ses modèles les plus courants

Dans les pays industrialisés, la plupart des organisations sont des « bureaucraties », terme qui, dans le domaine du comportement organisationnel, n'a pas la connotation négative qu'on lui attribue habituellement. Selon le célèbre sociologue allemand Max Weber, c'est en devenant une **bureaucratie**, c'est-à-dire en s'appuyant sur l'autorité, la logique et l'ordre, que l'organisation peut prospérer[36]. La division du travail, le contrôle hiérarchique, l'avancement au mérite, les possibilités de carrière à long terme et la gestion fondée sur des directives constituent les fondements de cette forme d'organisation.

Bureaucratie
Forme d'organisation, idéale selon le sociologue allemand Max Weber, qui s'appuie sur l'autorité, la logique et l'ordre, et qui a pour fondements la division du travail, le contrôle hiérarchique, l'avancement au mérite, les possibilités de carrière à long terme et la gestion fondée sur les directives

Max Weber estimait que, par sa nature rationnelle et logique, la bureaucratie était de loin supérieure aux structures fondées sur le charisme du dirigeant ou sur les traditions culturelles. L'organisation de type *charismatique*, ayant à sa tête une personnalité exceptionnelle, dépend trop des talents du seul leader et risque de s'effondrer dès que celui-ci disparaît. Quant à l'organisation qui s'appuie sur les traditions culturelles, elle n'est pas ouverte à l'innovation, étouffe l'initiative, nuit à l'efficacité et est souvent loin d'être équitable. Weber souhaitait au contraire que la bureaucratie, qui privilégie l'efficacité, l'ordre et le rationnel, soit juste pour les travailleurs et accorde davantage de place à l'expression individuelle. Il prédisait que cette forme d'organisation qu'il considérait comme *idéale*, ou l'une de ses variantes, dominerait le monde moderne[37]. Il ne s'est guère trompé. Dans les entreprises de grande taille, notamment, la bureaucratie prédomine.

Cependant, poussées à l'extrême, certaines caractéristiques d'une bureaucratie peuvent nuire à l'efficacité fonctionnelle :

- La spécialisation à outrance favorise une divergence d'intérêts entre les unités et une incapacité à gérer les problèmes qui en résultent.
- Le recours exagéré à la hiérarchie conduit à insister sur le respect des voies officielles plutôt que sur la résolution des problèmes de la base au sommet.
- L'apparition d'une élite de cadres supérieurs incite l'ensemble du personnel à considérer les dirigeants de l'organisation comme infaillibles en tout et à les assimiler à des chefs politiques plutôt qu'à des individus ayant pour rôle d'aider l'ensemble de l'organisation à atteindre ses objectifs.
- L'insistance démesurée sur l'obligation de la conformité, même dans les choses insignifiantes, peut se faire au détriment de l'épanouissement personnel.
- Les directives et les règlements peuvent devenir des fins en soi, au lieu de n'être que de simples mécanismes de contrôle et de coordination.

La notion de bureaucratie a évolué avec le temps[38]. Nous présentons ci-dessous les modèles les plus courants : le modèle mécaniste, le modèle organique et les configurations hybrides, plus particulièrement la bureaucratie divisionnaire et le conglomérat. Chacune de ces formes d'organisation est une combinaison particulière des caractéristiques fondamentales décrites dans ce chapitre, et chaque combinaison donne naissance à des organisations possédant leur éventail particulier de compétences et leurs tendances propres. Autrement dit, chaque type de bureaucratie accroît l'efficacité de l'organisation dans la poursuite de certains objectifs plutôt que d'autres.

Bien que les traditions culturelles et le leadership fondé sur le charisme y jouent encore un rôle important, ce sont l'efficacité, la rationalité et l'autorité qui dominent au sein des organisations contemporaines.

LE MODÈLE MÉCANISTE

Modèle mécaniste (ou **bureaucratie mécaniste**)
Type de bureaucratie qui privilégie la spécialisation verticale et le contrôle, qui recourt à des modes de coordination formels et qui s'appuie fortement sur la standardisation, la formalisation, les directives, les politiques et les procédures

Le **modèle mécaniste** (ou **bureaucratie mécaniste**) privilégie la spécialisation verticale et le contrôle[39]. L'organisation qui adopte ce modèle met l'accent sur les directives, les politiques et les procédures ; elle détermine les méthodes de prise de décision et recourt surtout à des mécanismes de contrôle très documentés, renforcés par un important personnel d'encadrement intermédiaire et un personnel fonctionnel centralisé. Parallèlement, on constate souvent une utilisation poussée de la structure fonctionnelle à tous les échelons. Henry Mintzberg parlait de *bureaucratie mécaniste* pour décrire l'organisation entièrement structurée selon ce modèle[40].

Le modèle mécaniste, qui est souvent adopté par les entreprises misant sur une stratégie de leadership des coûts, résulte d'une gestion privilégiant la routine pour atteindre l'efficacité. Jusqu'à l'apparition des TIC, la plupart des grandes organisations, dans les principaux secteurs économiques, étaient des bureaucraties mécanistes : constructeurs d'automobiles, banques, sociétés d'assurances, aciéries, grands magasins, fonction publique, etc. Elles parvenaient à l'efficacité en combinant une très forte spécialisation verticale et une très forte spécialisation horizontale, liées par des mécanismes poussés de contrôle et de coordination formelle.

Toutefois, il y a des limites aux bienfaits de la spécialisation soutenue par des contrôles stricts. La plupart des travailleurs n'aimant pas les structures rigides, leur motivation faiblit dans un tel cadre de travail. De plus, pour protéger les salariés de contrôles hiérarchiques de plus en plus nombreux, les syndicats s'attachent à des descriptions de tâches toujours plus restreintes et exigent des directives et des règles précises concernant la manière d'accomplir les activités. Des travailleurs clés peuvent même quitter l'organisation. En outre, une bureaucratie mécaniste peut contrecarrer les efforts d'adaptation d'une organisation aux nouvelles technologies ou à l'évolution de son environnement. Vous avez probablement déjà fait face à l'immobilisme d'un tel système : votre école secondaire, sous la houlette d'un directeur, était probablement organisée selon le modèle mécaniste.

LE MODÈLE ORGANIQUE

Modèle organique (ou **bureaucratie professionnelle**)
Type de bureaucratie qui privilégie la spécialisation horizontale, recourt à des modes de coordination interpersonnels et réduit au minimum les directives, les politiques et les procédures

Dans le **modèle organique** (ou **bureaucratie professionnelle**), la spécialisation verticale est beaucoup moins importante que dans le modèle mécaniste et la spécialisation horizontale est privilégiée. Les procédures se réduisent au minimum, et celles qui restent ne sont pas particulièrement strictes. L'organisation s'en remet au jugement des spécialistes et a recours à des modes de coordination interpersonnels. Si elle met en place des mécanismes de contrôle, ils se fondent généralement sur la socialisation, la formation et le renforcement individuel. La plupart du temps, le personnel fonctionnel est placé à un palier intermédiaire de la pyramide hiérarchique. Comme c'est là une configuration courante dans les organisations qui regroupent des professionnels, Mintzberg l'a appelée *bureaucratie professionnelle*[41].

Votre université est sans doute une bureaucratie professionnelle : sa structure ressemble à une pyramide à large base, avec un renflement au palier intermédiaire correspondant à l'ensemble des fonctions de soutien logistique exercées par le personnel fonctionnel. Dans cette configuration, le pouvoir repose sur le savoir. De plus, traditionnellement, le personnel fonctionnel assistant les cadres opérationnels sans posséder de véritable pouvoir officiel, sinon la capacité de bloquer l'action, était nombreux. Dans ce type de bureaucratie, le contrôle est assuré par la standardisation des compétences professionnelles et l'adoption de procédures routinières. La plupart des hôpitaux et des agences de santé et de services sociaux ont également adopté une structure de type bureaucratie professionnelle.

Bien que moins efficiente que la bureaucratie mécaniste, la bureaucratie professionnelle donne de meilleurs résultats pour ce qui est de la résolution de problèmes et répond mieux aux besoins particuliers des clients. L'accent qui est mis sur les relations entre les travailleurs de même palier et sur la coordination de leurs activités diminue la nécessité d'un contrôle centralisé au niveau de la direction. Cette configuration permet donc à l'organisation de déceler les changements qui se produisent dans l'environnement et de s'adapter aux nouvelles technologies, mais en renonçant aux avantages d'une direction centralisée[42]. Ainsi, plusieurs doyens et recteurs vous diront, à ce propos, que la gestion du corps professoral et des clientèles étudiantes est chose pratiquement impossible. Enfin, les organisations qui optent pour ce modèle parviennent plus facilement à mettre en œuvre des stratégies axées sur la qualité du produit, la satisfaction rapide du client et l'innovation.

LES CONFIGURATIONS HYBRIDES

Nombreuses sont les très grandes organisations qui considèrent que ni le modèle mécaniste ni le modèle organique ne conviennent parfaitement à l'ensemble de leurs activités. D'un côté, l'adoption d'une bureaucratie mécaniste surchargerait les cadres supérieurs de travail et créerait un nombre trop élevé d'échelons hiérarchiques. De l'autre, le modèle organique entraînerait une perte de contrôle et d'efficience. Les dirigeants de ces organisations optent donc souvent pour une configuration hybride.

Nous avons déjà cité les deux configurations hybrides les plus courantes. La première, parfois appelée *bureaucratie divisionnaire*, est un prolongement de la structure divisionnaire. Différentes divisions, pouvant être plus ou moins organiques ou mécanistes, sont traitées comme des entités séparées, même si elles partagent le même énoncé de mission et poursuivent les mêmes objectifs stratégiques et les mêmes objectifs de production[43].

La deuxième configuration hybride est le **conglomérat** : il s'agit d'une société formée par la concentration de plusieurs organisations exerçant des activités diversifiées sans rapport entre elles. Cette société s'apparente à la bureaucratie divisionnaire, mais le terme « conglomérat » est utilisé lorsqu'il n'y a aucun lien réel entre les divisions[44]. C'est le cas de General Electric, qui regroupe des divisions travaillant dans des domaines et des secteurs industriels très éloignés, allant de la fabrication d'ampoules électriques ou de moteurs d'avion à la conception et à l'entretien de réacteurs nucléaires. Au Canada, les gouvernements fédéral et provinciaux sont en quelque sorte des conglomérats regroupant des divisions aux activités disparates : un premier ministre serait ainsi un PDG à la tête d'unités chargées d'offrir des services aussi éloignés que l'éducation, la santé, la sécurité publique et les transports.

Conglomérat
Société formée par la concentration de plusieurs organisations exerçant des activités diversifiées sans rapport entre elles

La configuration en conglomérat illustre également trois idées essentielles qui seront au centre du chapitre suivant :

1. Toute structure est une combinaison d'éléments fondamentaux.
2. Il n'existe pas de structure idéale ; tout dépend de facteurs tels que la taille et la maturité de l'organisation, son environnement, sa technologie et sa stratégie.
3. L'organisation ne fonctionne pas en vase clos, mais fait partie d'un réseau plus large d'organisations qui entrent en concurrence avec d'autres réseaux.

GUIDE de révision

RÉSUMÉ

QUELS SONT LES DIFFÉRENTS TYPES D'OBJECTIFS ORGANISATIONNELS ?

- Les objectifs sociétaux de l'organisation décrivent la contribution que l'entreprise entend apporter à l'ensemble de la société, et cette contribution peut être une source de légitimité.
- L'organisation peut préciser, dans un énoncé de mission, qui elle vise à servir en premier lieu et comment elle compte le faire, c'est-à-dire comment elle compte atteindre ses objectifs sociétaux.
- Nombre d'organisations ont compris l'importance de délimiter avec soin leur champ d'activité et de le définir clairement.
- Les objectifs de production de l'organisation délimitent son champ d'activité et précisent les produits ou les services qu'elle veut offrir.
- Les objectifs stratégiques énoncent les conditions qui, selon la direction, peuvent accroître les chances de survie et de croissance de l'organisation.
- Croissance, productivité, stabilité, harmonie, flexibilité, prestige et fidélisation des ressources humaines constituent des exemples d'objectifs stratégiques.

QU'EST-CE QUE LA STRUCTURE FORMELLE D'UNE ORGANISATION ? QU'ENTEND-ON PAR DIVISION DU TRAVAIL ?

- La structure formelle de l'organisation est la configuration générale et planifiée des postes, des tâches associées à ces postes et des lignes hiérarchiques qui unissent les diverses composantes de l'organisation.
- Traditionnellement, la structure formelle de l'organisation était aussi désignée par le vocable « division du travail ».
- L'organigramme est la représentation graphique de la structure formelle de l'organisation.

COMMENT LA SPÉCIALISATION VERTICALE RÉPARTIT-ELLE L'AUTORITÉ FORMELLE AU SEIN DE L'ORGANISATION ?

- La spécialisation verticale est une division hiérarchique du travail qui répartit l'autorité et détermine les échelons auxquels se prennent les décisions importantes.

- Généralement, il existe une ligne hiérarchique qui relie les cadres supérieurs, les cadres intermédiaires, les cadres inférieurs et les travailleurs de la base.
- Selon un principe classique de gestion, au sein d'une organisation, chaque individu devrait dépendre d'un seul supérieur et chaque unité de travail ne devrait avoir qu'un responsable ; on considère alors qu'il y a une unité de commandement.
- La distinction entre unités opérationnelles et unités fonctionnelles indique également comment se répartit l'autorité au sein de l'organisation : les unités opérationnelles assument les activités premières de l'organisation, tandis que les unités fonctionnelles leur fournissent un soutien logistique.
- En mettant à la disposition de ses cadres opérationnels des outils de gestion et des logiciels spécialisés conçus pour améliorer leurs capacités d'analyse et de prise de décision, l'organisation diminue ses besoins en personnel fonctionnel.

COMMENT L'ORGANISATION CONTRÔLE-T-ELLE LES ACTIVITÉS DE SON PERSONNEL ?

- Le contrôle est un ensemble de mécanismes servant à maintenir les activités et la production d'une organisation dans des limites prédéterminées.
- Le contrôle des résultats consiste à fixer des objectifs et à définir des critères d'évaluation des résultats, à évaluer les résultats par rapport aux objectifs et à instaurer des mesures correctives.
- Le contrôle des processus consiste à spécifier les détails de l'exécution des tâches par : (1) les politiques, les directives et les procédures ; (2) la formalisation et la standardisation ; (3) la gestion intégrale de la qualité.
- Les organisations contemporaines sont en train de découvrir que la décentralisation comporte des avantages substantiels.
- Dans une organisation dont la structure est centralisée, le pouvoir décisionnel est concentré aux échelons supérieurs de la hiérarchie.
- Dans une organisation dont la structure est décentralisée, le pouvoir décisionnel est délégué aux échelons inférieurs de la hiérarchie.

QUELS SONT LES DIVERS MODÈLES DE SPÉCIALISATION HORIZONTALE ?

- La spécialisation horizontale – ou départementalisation – est une division du travail basée sur le regroupement de compétences ou de ressources de même type, qui mène à la création d'unités ou de groupes de travail au sein de l'organisation.
- Il existe trois types principaux de départementalisation qui créent trois formes particulières de structures : la structure fonctionnelle, la structure divisionnaire et la structure matricielle. Chacune comporte des avantages et des inconvénients.
- L'organisation peut décider d'adopter l'une ou l'autre de ces structures, ou encore de les combiner pour obtenir une structure mixte, l'essentiel étant que la structure choisie corresponde à ses besoins.

À QUELS MODES DE COORDINATION INTERPERSONNELS OU FORMELS L'ORGANISATION DEVRAIT-ELLE RECOURIR ?

- La coordination est l'ensemble des mécanismes qu'utilise l'organisation pour établir un agencement cohérent des activités de ses diverses unités.
- Les modes de coordination interpersonnels créent une synergie dans l'organisation en favorisant la communication, la discussion, l'innovation, la créativité et l'apprentissage, à la fois à l'intérieur de ses diverses unités et entre elles.
- Les modes de coordination formels créent de la synergie en mettant l'accent sur la cohérence et la standardisation pour assurer un agencement logique des activités des diverses unités.

QU'EST-CE QUE LA BUREAUCRATIE ET QUELS SONT SES MODÈLES LES PLUS COURANTS ?

- La bureaucratie est une forme d'organisation fondée sur l'autorité, la logique et l'ordre.
- Le modèle mécaniste met l'accent sur la spécialisation verticale et le contrôle.
- Le modèle organique met l'accent sur la spécialisation horizontale et la coordination.
- Les configurations hybrides, notamment la bureaucratie divisionnaire et le conglomérat, combinent des éléments des modèles mécaniste et organique.

MOTS CLÉS

Bureaucratie	p. 489
Centralisation	p. 480
Conglomérat	p. 491
Contrôle	p. 476
Contrôle des processus	p. 477
Contrôle des résultats	p. 476
Coordination	p. 485
Décentralisation	p. 480
Énoncé de mission	p. 465
Éventail de subordination (ou effectif sous responsabilité directe)	p. 473
Formalisation	p. 478
Modèle mécaniste (ou bureaucratie mécaniste)	p. 490
Modèle organique (ou bureaucratie professionnelle)	p. 490
Objectif de production	p. 467
Objectif sociétal	p. 465
Objectif stratégique	p. 467
Organigramme	p. 470
Spécialisation horizontale	p. 480
Spécialisation verticale	p. 470
Standardisation	p. 478
Structure divisionnaire	p. 481
Structure fonctionnelle	p. 481
Structure matricielle	p. 483
Unité fonctionnelle	p. 474
Unité opérationnelle	p. 474

ÉVALUATION DES CONNAISSANCES

MonLab
Évaluation des connaissances
questions interactives

QUESTIONS À CHOIX MULTIPLE

1. Les types d'objectifs les plus importants, pour la plupart des organisations, sont les objectifs ________ **a)** sociétaux, personnels et de production. **b)** sociétaux, de production et stratégiques. **c)** personnels et impersonnels. **d)** de rentabilité, de responsabilité organisationnelle et personnels.
2. La représentation graphique de la structure formelle d'une organisation est ________ **a)** un diagramme environnemental. **b)** un organigramme. **c)** un diagramme horizontal. **d)** une description matricielle.
3. Ce qui distingue l'unité opérationnelle de l'unité fonctionnelle a trait ________ **a)** à la quantité de ressources dont l'une et l'autre disposent. **b)** aux liens entre leurs tâches et les objectifs de l'organisation. **c)** à la scolarité et à la formation de leurs membres. **d)** à leur utilisation des systèmes de communication informatisés.
4. La division du travail qui est basée sur le regroupement de compétences ou de ressources de même type et qui mène à la création d'unités ou de groupes de travail se nomme ________ **a)** la spécialisation. **b)** la coordination. **c)** la départementalisation. **d)** la spécialisation verticale.
5. Lequel des éléments suivants ne fait pas partie des activités de contrôle? **a)** L'évaluation des résultats. **b)** La fixation d'objectifs. **c)** L'instauration de mesures correctives. **d)** La sélection de la main-d'œuvre.
6. Le regroupement des individus et des ressources en fonction des produits, des services, des clients, des secteurs géographiques ou des entités juridiques correspond à la structure ________ **a)** divisionnaire. **b)** fonctionnelle. **c)** matricielle. **d)** hybride.
7. Le regroupement des ressources en fonction, à la fois, des services fonctionnels et des projets spéciaux est un exemple de la structure ________ **a)** fonctionnelle. **b)** divisionnaire. **c)** verticale. **d)** matricielle.
8. La structure matricielle ________ **a)** renforce l'unité de commandement. **b)** n'est pas onéreuse. **c)** est facile à expliquer aux travailleurs. **d)** est telle que certains travailleurs ont deux patrons.
9. ________ est un ensemble de mécanismes qu'utilise l'organisation pour établir un agencement cohérent des activités de ses diverses unités. **a)** Le contrôle **b)** La coordination **c)** La spécialisation **d)** La départementalisation
10. Comparée à la bureaucratie mécaniste, la bureaucratie professionnelle (ou modèle organique) ________ **a)** est plus efficace pour les activités de routine. **b)** privilégie la spécialisation verticale et les mécanismes de contrôle. **c)** est de plus grande taille. **d)** privilégie la spécialisation horizontale et les mécanismes de coordination.
11. On appelle ________ la déclaration écrite qui fait état de la raison d'être d'une organisation. **a)** contribution sociétale **b)** objectif de production **c)** énoncé de mission **d)** politique organisationnelle

12. Le regroupement des individus par compétences, connaissances et activités constitue ________ **a)** une structure divisionnaire. **b)** une structure fonctionnelle. **c)** une structure matricielle. **d)** un conglomérat.

13. L'un des avantages ________ est qu'il (elle) permet à l'organisation qui évolue dans un environnement excessivement complexe de combiner les compétences techniques et les connaissances du marché. **a)** d'une structure fonctionnelle **b)** d'une structure divisionnaire **c)** d'une structure matricielle **d)** d'un conglomérat

14. ________ est un ensemble de mécanismes qu'utilise l'organisation pour établir un agencement cohérent des activités de ses diverses unités. **a)** La coordination **b)** Le contrôle **c)** L'autorité **d)** L'énoncé de mission

15. Les objectifs ________ sont les objectifs qui délimitent le champ d'activité d'une organisation et précisent son énoncé de mission, plus général. **a)** de production **b)** stratégiques **c)** sociétaux **d)** divisionnaires

QUESTIONS À RÉPONSE BRÈVE

16. Comparez les objectifs de production et les objectifs stratégiques en dégageant ce en quoi ils diffèrent.

17. Décrivez les divers mécanismes de contrôle auxquels une organisation a généralement recours.

18. Quels sont les principaux avantages et inconvénients de la structure fonctionnelle ?

19. Quels sont les principaux avantages et inconvénients de la structure matricielle ?

QUESTION À DÉVELOPPEMENT

20. Selon vous, quelles peuvent être les conséquences néfastes des mécanismes de contrôle dans une grande organisation structurée selon le modèle mécaniste, comme la Société canadienne des postes ?

LE CO DANS LE FEU DE L'ACTION

Pour ce chapitre, nous vous suggérons les activités suivantes du *Cahier d'apprentissage en CO* (voir p. C1).

Études de cas	Exercices	Autoévaluations
26. CSI 27. Fabrication Laurentides	13. Le jeu de construction 39. Les coulisses des organisations 40. D'un hamburger à l'autre… 41. Une invasion extraterrestre	2. Le gestionnaire du 21e siècle 21. Votre préférence en matière de structure organisationnelle

La stratégie, les technologies et la conception organisationnelle

Chapitre 15

Dans ce chapitre, nous allons montrer comment les organisations peuvent recourir à un éventail de possibilités en matière de configuration structurelle afin de satisfaire aux exigences liées à leur stratégie, à leur âge, à leur taille, à leur environnement et aux technologies qu'elles utilisent. Ces différentes possibilités les aideront également à façonner l'environnement concurrentiel dans lequel elles doivent trouver leur place et à mettre en œuvre leur stratégie.

OBJECTIFS D'APPRENTISSAGE

Après l'étude de ce chapitre, vous devriez pouvoir :

- Définir le concept de stratégie organisationnelle.
- Décrire le processus d'apprentissage organisationnel.
- Expliquer ce qu'est la conception organisationnelle et quel est son lien avec la stratégie.
- Expliquer comment l'âge et la taille de l'organisation influent sur sa conception.
- Expliquer comment les technologies influent sur la conception organisationnelle.
- Expliquer comment la conception organisationnelle coévolue avec l'environnement.
- Discuter du leadership stratégique au sein de l'organisation.

Se doter d'un avantage concurrentiel dans le contexte dynamique actuel.

PLAN DU CHAPITRE

LA STRATÉGIE ORGANISATIONNELLE

L'APPRENTISSAGE ORGANISATIONNEL

L'acquisition des connaissances • La diffusion de l'information • L'interprétation de l'information • La conservation de l'information • La relation entre la stratégie et l'apprentissage organisationnel

LA CONCEPTION ORGANISATIONNELLE ET LA STRATÉGIE

LA CONCEPTION ORGANISATIONNELLE, L'ÂGE ET LA TAILLE DE L'ORGANISATION

Les risques de la croissance et du vieillissement : les scénarios de gestion • Les façons de surmonter l'inertie • L'organisation de petite taille et la structure simple

LA CONCEPTION ORGANISATIONNELLE ET LES TECHNOLOGIES

La conception organisationnelle et les technologies liées aux activités d'exploitation • Le recours à l'adhocratie pour stimuler l'innovation et l'apprentissage organisationnel • La conception organisationnelle et les technologies de l'information et des communications (TIC) • Les TIC et les affaires électroniques

LA CONCEPTION ORGANISATIONNELLE ET L'ENVIRONNEMENT

La complexité de l'environnement • Les organisations en réseaux et les alliances interentreprises

LE LEADERSHIP STRATÉGIQUE AU SEIN DE L'ORGANISATION

Le leadership stratégique et les défis selon les échelons administratifs • La formation d'une équipe de direction • La mise en œuvre des compétences de leadership de l'équipe de direction

GUIDE DE RÉVISION

Rotobec est sorti du bois

Pour traverser la crise forestière, Rotobec n'a pas eu le choix : elle ne pouvait que diversifier ses activités. Il en allait de sa survie. L'entreprise de Sainte-Justine s'est alors lancée à l'assaut du… recyclage de l'acier ! « Eh oui, recyclage de l'acier comme dans "cour à scrap" », précise d'un trait Robert Bouchard, président de l'entreprise qui conçoit et fabrique des équipements de manutention en s'appuyant sur la technologie des systèmes hydrauliques rotatifs.

Il y a cinq ans, la crise forestière a poussé Rotobec à entreprendre un virage à 180 degrés. L'entreprise a choisi d'adapter ses technologies au secteur du recyclage de l'acier ainsi qu'à la maintenance de réseaux ferroviaires. Cela n'a pas été facile, admet Robert Bouchard : « À l'époque, nous ne savions pas vraiment ce qui allait se passer dans l'industrie forestière. C'était risqué. »

Aujourd'hui, avec le recul, Robert Bouchard sait que l'entreprise a pris la bonne décision : « Dans le secteur de la manutention de la ferraille, nous sommes partis de zéro, et aujourd'hui, le secteur se hisse peu à peu au niveau de l'industrie forestière. » Bref, Rotobec a profité de la crise forestière pour défricher de nouveaux marchés.

Ce virage a été possible grâce à la structure de l'entreprise…

Ce virage a été possible grâce à la structure de l'entreprise, selon Robert Bouchard. « Nous nous occupons de l'ensemble des volets. Nous assurons la conception, la fabrication et la mise en marché de nos produits. » Ce modèle a pour avantage de laisser les coudées franches à l'entreprise lorsqu'elle doit revoir une partie importante de sa stratégie d'affaires.

« Il faut aussi mentionner que, par chance, il a été assez facile d'adapter nos technologies à de nouvelles activités », signale le président. En effet, le dispositif mis au point par l'entreprise – une première en Amérique du Nord – est devenu la norme dans l'industrie.

En près de quatre décennies, l'entreprise dont le nom est le diminutif de « rotateur du Québec » a gagné en importance. Elle distribue désormais ses grappins et son système rotatif 100 % québécois dans une vingtaine de pays, dont le Mexique, l'Indonésie, la Nouvelle-Zélande et la Russie.

La moitié de ses ventes sont réalisées aux États-Unis, « 20 % ailleurs à l'étranger et 30 % au Canada », précise Robert Bouchard. Une expansion qui, au fil des décennies, a mené Rotobec à créer deux filiales : l'une aux États-Unis pour desservir l'Est américain, l'autre en Colombie-Britannique pour desservir la côte Ouest.

Source : Ulysse Bergeron, « Rotobec est sorti du bois », *Les Affaires*, 25 février 2012, p. A2.

Les membres de la direction des entreprises phares ont des idées très évoluées sur ce que leur entreprise peut faire, sur la façon dont elle doit s'attaquer à la concurrence et sur les partenaires dont elle a besoin pour réussir. Les cadres dirigeants d'aujourd'hui réfléchissent aux choix qui s'offrent à eux en se posant des questions essentielles. Quelles contributions leur entreprise devrait-elle apporter à la société ? Comment devrait-elle se positionner dans l'environnement ? Peut-elle modifier son environnement seule ou ne peut-elle le faire qu'avec l'aide de partenaires ? Et comment devrait-on la diriger dans son ensemble ? La clé du succès réside dans l'intégration de tous ces choix dans une orientation générale, dans une stratégie de la réussite.

La stratégie organisationnelle

La **stratégie organisationnelle** est le plan d'ensemble de l'organisation résultant d'un processus de positionnement dans l'environnement concurrentiel et de détermination des mesures à implanter pour soutenir efficacement la concurrence. Il s'agit de l'agencement particulier d'une série de décisions[1]. Les organisations commencent habituellement à se doter d'une stratégie par l'ensemble des choix et des mesures qu'elles mettent de l'avant concernant la contribution qu'elles souhaitent apporter à la société, les clientèles qu'elles entendent desservir et ce qu'elles désirent exactement leur offrir.

Stratégie organisationnelle
Plan d'ensemble de l'organisation résultant d'un processus de positionnement dans l'environnement concurrentiel et de détermination des activités et des mesures à implanter pour soutenir efficacement la concurrence

Le processus d'élaboration de la stratégie organisationnelle est un processus continu qui devrait mobiliser tous les membres de l'entreprise, à tous ses échelons et dans ses divers secteurs d'activité, de manière à dégager un profil cohérent et reconnaissable, projetant l'image de compétences supérieures à celles de la concurrence. Ce profil reconnaissable de compétences dynamiques, éventuellement propre à l'organisation, est multidimensionnel.

De toute évidence, loin de s'élaborer et d'évoluer isolément, une stratégie réussie se définit en fonction des objectifs sur lesquels on entend mettre l'accent, de la maturité, de la taille, des capacités technologiques et du milieu environnant de l'organisation, ainsi que de la structure appropriée à sa mise en œuvre. Dans ce chapitre, nous nous intéressons à l'apprentissage organisationnel qui, lorsqu'il vient renforcer les compétences dynamiques, est généralement associé à une stratégie fructueuse.

Avec des dirigeants habiles à sa tête, l'organisation parvient à coévoluer avec l'environnement, c'est-à-dire qu'elle réussit à s'adapter aux changements se produisant dans son environnement interne ou externe, tout en étant à l'origine de certains d'entre eux, qui constituent des défis à relever. La coévolution est un processus consistant notamment, pour elle, à se repositionner dans un environnement qui se transforme lui-même[2]. L'organisation peut devoir modifier l'échelle de ses activités en réaction à un changement des conditions environnementales. Ses dirigeants peuvent aussi tenir véritablement les rênes du processus de positionnement et de repositionnement.

La coévolution appelle aussi parfois des changements technologiques. C'est ce qui se produit, par exemple, lorsqu'une entreprise lance une technologie nouvelle ou un produit inédit sur de nouveaux marchés. L'organisation qui entend ainsi modeler son environnement peut rechercher des alliances pour être plus concurrentielle. Cependant, la direction doit avoir réuni les compétences internes appropriées. Elle ne lancera pas de nouveaux produits si elle ne dispose pas de compétences poussées en développement de produits, pas plus qu'elle ne se précipitera sur un nouveau marché sans en avoir une connaissance et une compréhension approfondies. L'acquisition des compétences requises passant par la conception organisationnelle traduit un aspect dynamique de la coévolution.

Comme nous l'avons souligné plus haut, la stratégie organisationnelle est aussi l'agencement particulier d'une série de décisions. Dans une enquête menée auprès de 750 chefs de direction et leaders de gouvernement, les deux tiers des répondants ont rapporté qu'ils étaient submergés par le changement et la concurrence. Ils reconnaissaient que leur priorité devait être l'adaptation des processus ainsi que de la gestion et de la culture organisationnelles aux nouveaux apprentissages à faire. Finalement, ils insistaient sur l'importance qu'ils devaient accorder à la collaboration interentreprises et sur l'accent qu'ils devaient mettre sur l'apprentissage en matière d'innovation[3].

Les transformations de l'environnement de même que les changements stratégiques et technologiques se traduisent par une évolution correspondante de l'ensemble des décisions qui sont prises au sein de l'organisation. Ainsi, on a longtemps donné à IBM le surnom de Big Blue en raison du traditionnel costume-cravate de ses employés, mais aussi, il faut l'admettre, en raison de son statut d'imitateur ayant pour principal produit l'ordinateur central et étant devancé depuis le premier tour par un concurrent plus dynamique. Or, IBM emprunte aujourd'hui une voie totalement différente. Grâce à l'innovation, cette société est devenue un acteur incontournable du domaine du commerce électronique et se trouve à la fine pointe des plus récents progrès en tant qu'intégrateur de systèmes, d'équipements et de services. Pour s'assurer une réussite durable, IBM continuera de miser sur l'audace de ses employés et leur volonté de parfaire leurs habiletés.

Au chapitre 14, nous avons montré comment les éléments clés de la structure organisationnelle permettent de mettre l'accent, selon la configuration adoptée, sur diverses compétences. Par exemple, la structure divisionnaire, qui regroupe les individus et les ressources par produits, mise sur la connaissance du marché, tandis que la structure fonctionnelle met à profit les compétences techniques des employés. Dans ce chapitre, nous voyons comment, grâce à la conception organisationnelle, l'interaction de différentes forces contribue à façonner le comportement et à orienter le perfectionnement des aptitudes au sein de l'organisation. Même si la conception organisationnelle relève d'un processus de coévolution, les gestionnaires doivent reconnaître qu'une stratégie gagnante s'appuie sur les habiletés des travailleurs. En effet, lorsqu'elles sont mises en valeur par une gestion avisée et soutenues par une structure favorisant la participation des individus, ces dernières deviennent un élément clé de la réussite d'une organisation.

L'apprentissage organisationnel

Apprentissage organisationnel
Processus d'acquisition de connaissances et d'utilisation, de diffusion, d'interprétation et de conservation de l'information qui permet à l'organisation et à ses membres de s'adapter aux circonstances

L'**apprentissage organisationnel** est le processus d'acquisition de connaissances et d'utilisation, de diffusion, d'interprétation et de conservation de l'information qui permet à l'organisation et à ses membres de s'adapter aux circonstances[4]. Plus simplement, ce type d'apprentissage suppose que l'organisation et ses membres modifient leurs façons de faire en s'appuyant sur leur expérience et sur celle d'autres intervenants. L'objectif consiste à *faire pour apprendre* et à *apprendre à faire*.

L'ACQUISITION DES CONNAISSANCES

Au cours de leur existence, toutes les organisations apprennent en acquérant de l'information de diverses façons et à des rythmes variables. L'information la plus importante est peut-être celle qui provient de sources extérieures au moment de la création de l'organisation. Durant les premières années d'exploitation, les dirigeants *imitent* les pratiques qu'ils considèrent comme fructueuses ou s'inspirent de ce genre de pratiques[5]. Avec le temps, cependant, l'organisation peut également apprendre par l'expérience et par la recherche systématique.

L'IMITATION

L'**imitation**, procédé qui consiste à reproduire des pratiques ayant montré ailleurs leur efficacité, est importante pour une organisation nouvellement créée pour les trois raisons suivantes: (1) elle fournit des solutions qui, sans être toujours idéales, ont le mérite d'être applicables; (2) elle réduit le nombre de décisions exigeant une analyse en profondeur, ce qui permet aux gestionnaires de se concentrer sur les questions cruciales; (3) elle légitime les décisions des dirigeants et favorise l'acceptation de leurs choix par le personnel, les fournisseurs et la clientèle, tout en réduisant le nombre d'orientations nécessitant des explications et des justifications.

Imitation
Procédé qui consiste, pour une organisation, à reproduire des pratiques ayant montré leur efficacité dans d'autres organisations

Lorsqu'on réfléchit sur l'imitation, on doit se poser, entre autres, la question clé suivante: jusqu'à quel point les gestionnaires tentent-ils de saisir les relations de cause à effet? Se contenter de copier ce que font les autres sans essayer d'en saisir toutes les facettes mène souvent tout droit à l'échec. Les exemples d'organisations ayant misé sur les cercles de qualité, l'habilitation du personnel et la décentralisation sous prétexte que d'autres en avaient fait la clé de leur réussite abondent. Trop d'entre elles ont ensuite délaissé ces pratiques, leurs gestionnaires n'ayant pas compris pourquoi et dans quelles conditions elles avaient réussi ailleurs. Lorsqu'il a recours à l'imitation, le gestionnaire doit adapter ce qu'il imite au contexte particulier de son organisation. L'encadré ci-contre vous indique comment soumettre à une évaluation comparative les processus susceptibles d'être imités.

Les étapes à suivre pour améliorer un processus par l'imitation

Pour réussir à améliorer un processus administratif en vous inspirant de ce qui se fait ailleurs, vous avez tout intérêt à suivre les cinq étapes suivantes:

1. Établissez avec soin quel processus doit être étudié, en comparant les activités courantes de votre organisation avec les meilleures pratiques observables à l'intérieur comme à l'extérieur de celle-ci.
2. Planifiez les efforts à mettre en œuvre en déterminant les étapes à suivre, le sujet précis de l'étude, la personne qui sera chargée d'effectuer celle-ci, de même que l'endroit où elle sera réalisée et la méthode qui sera utilisée.
3. Après avoir comparé les pratiques de votre organisation aux meilleures pratiques observables, donnez la priorité à certaines mesures en fonction de leur facilité d'application et des bénéfices projetés, en étant sensible aux différences entre les caractéristiques de votre unité et celles de l'unité qui vous sert de modèle.
4. Interrogez-vous précisément sur l'applicabilité des changements proposés, en vous demandant s'ils conviennent au profil de votre organisation.
5. Discutez des mesures envisagées avec toutes les parties concernées et faites un suivi de leur application, dans une optique d'apprentissage.

L'EXPÉRIENCE

L'une des premières sources de savoir est l'expérience. Toutes les organisations et tous les gestionnaires peuvent apprendre de cette façon. Outre l'apprentissage par l'action, les gestionnaires peuvent mettre en place des programmes structurés afin de tirer des leçons de leurs actions, qu'elles aient réussi ou non. Ainsi, tout programme de recherche et développement bien conçu doit permettre aux gestionnaires d'apprendre aussi bien de leurs réussites que de leurs échecs[6].

Apprendre en agissant intelligemment est un concept fondamental dans de nombreuses entreprises japonaises qui privilégient le contrôle statistique de la qualité, les cercles de qualité et d'autres pratiques de même nature. Dans bien des cas, ces organisations ont découvert que la somme des petits ajustements peut se traduire par une amélioration notable de la qualité et de l'efficacité. L'inconvénient majeur de l'apprentissage par l'action réside dans le fait qu'on ne peut prévoir ni la nature exacte des changements ni leurs effets.

Constamment repenser le transport

Des leaders parlent de leadership

Transporteur et distributeur partout en Amérique du Nord, Groupe Robert emploie plus de 2 800 personnes, dont 2 200 au Québec. Récemment, le transporteur a amorcé un virage vers le gaz naturel pour une partie de son parc, qui comporte au total plus de 1 000 camions et 3 000 remorques. Une étape importante pour l'entreprise sur les plans de l'investissement et de la logistique.

« L'entreprise peut bien se fixer des résultats et des cibles à atteindre, elle n'y parviendra pas si le personnel ne maîtrise pas les nouvelles technologies et ne connaît pas bien les réglementations. Prenons notre initiative de la Route bleue. Nous sommes en train de constituer un parc de 185 camions alimentés au gaz naturel liquéfié. Les deux seuls points de ravitaillement sont situés à Boucherville et Mississauga, en Ontario. Cette nouvelle technologie, qui permet de réduire de 30 % les coûts de carburant, n'est pas sans exiger une logistique de ravitaillement minutieuse et de bonnes connaissances en la matière.

ROBERT

« Pour trouver des solutions rapides et efficaces à ces problèmes, nous misons sur des équipes multidisciplinaires qui se rencontrent régulièrement. Elles sont intimement liées aux divers programmes de formation mis en place. Elles nous permettent d'être à l'avant-garde de l'industrie, de développer de nouveaux équipements et d'exploiter de nouveaux créneaux. Nos concurrents ont souvent douté de l'efficacité de nos méthodes. Les jupes aérodynamiques installées sur les remorques, par exemple, les ont d'abord surpris. Aujourd'hui, plusieurs les ont adoptées.

« Notre réussite repose essentiellement sur la formation continue et le suivi auprès de nos chauffeurs et mécaniciens, qui représentent 60 % du personnel. »
– Claude Robert, président, Groupe Robert

Source : Claudine Hébert, « Groupe Robert – Économiser grâce au gaz naturel », *Les Affaires*, 25 février 2012, p. A17.

QUESTIONS Dans l'élaboration d'une stratégie pour votre organisation, l'apprentissage serait-il un fondement important ? En tant que leader, sur quel type d'apprentissage miseriez-vous ? Comment l'intégreriez-vous aux activités d'exploitation ?

Les gestionnaires doivent donc avoir la conviction que des améliorations sont possibles, se montrer ouverts aux suggestions et procéder aux changements qui s'imposent. C'est cependant plus facile à dire qu'à faire[7]…

L'APPRENTISSAGE VICARIANT

L'apprentissage vicariant, ou apprentissage par modèle, se fait en tirant profit des expériences des autres. En matière de stratégies d'apprentissage vicariant, les gestionnaires ont souvent recours à l'*étalonnage concurrentiel*, au *greffage* ou à la *sous-traitance*[8].

Étalonnage concurrentiel
Procédé qui s'inscrit dans une démarche d'amélioration continue et qui consiste, pour une organisation, à étudier les produits, les services ou les méthodes de ses concurrents les plus sérieux, chefs de file du champ d'activité concerné, et à les comparer aux siens

L'étalonnage concurrentiel L'**étalonnage concurrentiel** consiste, pour une organisation, à étudier les produits, les services ou les méthodes de ses concurrents les plus sérieux, chefs de file du champ d'activité concerné, et à les comparer aux siens dans une démarche d'amélioration continue[9]. Les gestionnaires avisés peuvent contribuer à l'apprentissage organisationnel en étudiant les solutions des entreprises faisant partie de leur environnement et en évaluant, par un processus de comparaison et dans une volonté d'amélioration par imitation, leurs méthodes de production et leurs systèmes de gestion. Ainsi, une organisation peut étudier le produit fini d'un concurrent (composition et caractéristiques techniques) et en reproduire rapidement toutes les caractéristiques normalisées ; c'est ce qu'on appelle la *rétroconception*. En outre, l'entreprise qui se prête à une exploration systématique des solutions offertes par les fournisseurs se donne la chance de faire partie des précurseurs qui bénéficieront les premiers des progrès ainsi réalisés par ces derniers.

Le greffage Le **greffage** est un processus d'acquisition d'individus, d'unités ou d'organisations visant à accroître le savoir de l'organisation qui s'en porte acquéreur. Presque toutes les organisations cherchent à «débaucher» des travailleurs expérimentés qui sont au service d'autres organisations, en espérant tirer parti de leur expérience et des solutions nouvelles qu'ils apporteront.

Greffage
Processus d'acquisition d'individus, d'unités ou d'organisations visant à accroître le savoir de l'organisation qui s'en porte acquéreur

La sous-traitance À l'inverse du greffage, la **sous-traitance** (ou **impartition**) consiste à confier l'exécution de certaines activités à des fournisseurs extérieurs à l'organisation. Dans une certaine mesure, toutes les organisations recourent à l'impartition. Néanmoins, le choix des activités qui seront maintenues dans une organisation reste une décision cruciale pour ses gestionnaires.

Sous-traitance (ou impartition)
Opération qui consiste à confier l'exécution de certaines activités à des fournisseurs extérieurs à l'organisation

LA DIFFUSION DE L'INFORMATION

Une fois l'information obtenue, les gestionnaires doivent mettre en place des mécanismes pour assurer la diffusion de celle qui est pertinente aux personnes qui en ont besoin. Pour les organisations de grande taille, l'un des enjeux consiste à déterminer rapidement qui possède de l'information et à qui elle pourrait être utile. Souvent, l'implantation d'un ou de plusieurs réseaux informatisés de type intranet reliant diverses unités peut résoudre une partie du problème.

Bien qu'elle soit indispensable, la collecte de données ne suffit pas. Pour se transformer en information utile, les données doivent être interprétées.

L'INTERPRÉTATION DE L'INFORMATION

Dans une organisation, l'information repose sur la connaissance et la compréhension qu'ont ses membres des objectifs organisationnels – énoncés ou non –, ainsi que sur leur appréciation de la pertinence des données au regard de ces objectifs et des circonstances du moment. Malheureusement, le processus d'interprétation de l'information, qui permet d'établir de multiples liens entre des données, des objectifs et un contexte, est trop souvent entravé ou enrayé par un certain nombre de problèmes courants, notamment l'interprétation intéressée, c'est-à-dire la tendance du gestionnaire à interpréter les événements, les circonstances et l'histoire à son avantage[10]. Gestionnaires ou non, les travailleurs voient généralement ce qu'ils veulent voir ou ce qu'ils ont déjà vu, et rarement ce qui est ou ce qui pourrait être.

LA CONSERVATION DE L'INFORMATION

En milieu organisationnel, la conservation de l'information utile repose essentiellement sur sept éléments clés: les gens, la culture organisationnelle, les mécanismes de transformation, les structures formelles, les structures matérielles (l'écologie), les archives externes ainsi que les technologies de l'information et des communications (TIC)[11].

1. Les *gens* sont les principaux dépositaires de l'information dont disposent les organisations. Les organisations qui maintiennent un groupe assez nombreux et

relativement stable de personnes qualifiées ont généralement une plus grande capacité à acquérir de l'information, à la conserver et à la retrouver en temps utile.

2. La *culture organisationnelle* est une importante réserve d'information sur les expériences partagées par les membres d'une organisation. Souvent, elle garde la mémoire de l'organisation bien vivante en véhiculant des histoires et des anecdotes qui sont riches en information, saisissantes, pleines de sens, et qui survivent aux protagonistes des événements qu'elles relatent.
3. Les documents, les recueils de politiques, les manuels de procédures, les directives écrites et même les méthodes courantes non écrites sont autant de *mécanismes de transformation* servant à conserver l'information accumulée. Pour des opérations très complexes et rarement effectuées, les sources d'information écrites se révèlent précieuses. Ainsi, une centrale nucléaire possède un centre de documentation : on peut y trouver les plans complets de la centrale, les plans qui attestent les modifications faites depuis son ouverture, ainsi que des plans d'intervention étape par étape pour la quasi-totalité des scénarios d'accident envisageables.
4. La *structure formelle* de l'organisation ainsi que les divers postes qu'elle comporte constituent également des mécanismes – moins évidents, mais tout aussi importants – de conservation de l'information. Par exemple, lorsqu'un appareil atterrit sur un porte-avions des Forces armées canadiennes, des dizaines de personnes sont généralement présentes sur le pont, apparemment pour assister à son atterrissage, mais en réalité pour accomplir une tâche précise. Chacune pourrait décrire l'*historique* de la place qu'elle occupe et relier celle-ci, pour la justifier, à quelque accident antérieur qui aurait pu être évité si, comme aujourd'hui, quelqu'un avait été affecté à cet endroit précis.
5. Les *structures matérielles* (ou l'*écologie*, dans le langage des théoriciens de l'apprentissage) offrent un potentiel de conservation de l'information important, quoique sous-utilisé. Ainsi, il existe un système traditionnel de gestion des stocks de pièces et de composantes appelé *système à double casier* : l'un des deux casiers sert de réserve et son ouverture déclenche automatiquement une procédure de commande pour le renouvellement du stock afin que l'usine, l'atelier ou le magasin ne manque pas de pièces.
6. Les *archives externes* peuvent fournir de l'information très utile à la plupart des grandes organisations. Les anciens travailleurs de l'organisation, les analystes boursiers, les fournisseurs, les distributeurs et les médias peuvent être d'importantes sources d'information. Ces archives externes ont une valeur indéniable, car elles peuvent donner de certains événements une interprétation assez différente de celle qui domine à l'intérieur de l'organisation.
7. Enfin, les *TIC* de l'organisation sont un mécanisme puissant et taillé sur mesure pour conserver de l'information. Trop souvent, cependant, les gestionnaires ne les utilisent pas de manière stratégique, ou s'en servent pour traiter et transmettre de l'information, mais négligent leur potentiel de conservation.

LA RELATION ENTRE LA STRATÉGIE ET L'APPRENTISSAGE ORGANISATIONNEL

Il ressort de ce bref survol des principales questions relatives à la stratégie et à l'apprentissage organisationnel qu'il existe une variété de stratégies et plusieurs sources d'apprentissage. Historiquement, ces deux concepts ont été traités séparé-

Un entrepreneur social s'attaque à l'analphabétisme : un rêve simple mène à des progrès tangibles

L'ÉTHIQUE EN CO

Il fut un temps où John Wood n'était qu'un des cadres pleins d'avenir de Microsoft parmi d'autres. Aujourd'hui, c'est un entrepreneur social qui s'est engagé dans la lutte contre l'analphabétisme, à la tête d'un organisme à but non lucratif appelé Room to Read. Ce qui n'était au début que le simple rêve de contribuer à la lutte contre l'analphabétisme s'est transformé en une réalité qui prend corps jour après jour.

Alors qu'il poursuivait une carrière prometteuse chez Microsoft, John Wood a décidé de changer de vie au cours de vacances passées dans l'Himalaya, au Népal. Frappé par le manque criant d'écoles, il s'est en effet découvert une passion qui est à l'origine de ce qu'il appelle « le second chapitre » de sa vie : la volonté d'offrir à des enfants pauvres les avantages à vie de l'éducation. Il a quitté son poste chez Microsoft et a mis sur pied Room to Read. Jusqu'à présent, l'organisme a fait construire plus de 100 écoles et 1 000 bibliothèques au Cambodge, en Inde, au Népal, au Viêtnam et au Laos.

Constatant qu'un septième de la population mondiale ne sait ni lire ni écrire, Wood déclare : « Je ne sais pas comment nous allons résoudre les problèmes du monde sans l'alphabétisation. » Le modèle de Room to Read est si efficace qu'il permet de construire une école pour moins de 6 000 $. Le magazine *Time* a nommé Wood et son équipe « les héros de l'Asie » et le magazine *Fast Company* a octroyé à l'organisme le Social Capitalist Award.

QUESTIONS Quels problèmes sociaux observez-vous dans votre collectivité ? Parmi eux, lequel vous semble le plus pressant, à cause de ses conséquences négatives ? Qui prend des dispositions pour essayer de le régler d'une façon inédite ? Où et comment pourriez-vous vous engager dans un entrepreneuriat social et contribuer personnellement à l'amélioration de la situation ? Est-ce que quelque chose vous retient d'agir ?

ment. Toutefois, plusieurs spécialistes du CO reconnaissent aujourd'hui que, pour survivre dans l'économie mondialisée du 21e siècle, les individus, les services et les organisations doivent faire preuve d'une certaine volonté d'apprendre.

Une société établie dans un pays développé ne peut parvenir à concurrencer les entreprises des pays émergents en misant simplement sur une plus grande efficience, tout comme les travailleurs de l'Europe de l'Ouest et de l'Amérique du Nord ne peuvent déclasser ceux des pays émergents sur ce plan. En effet, les écarts dans les coûts de la main-d'œuvre sont trop considérables : aujourd'hui, la technologie de production est disponible à l'échelle mondiale, le transport des produits est peu coûteux et la livraison de plusieurs services fait fi des frontières. Pour autant, il n'y a pas lieu d'affirmer que les sociétés établies dans les pays développés sont vouées à la ruine. Elles sont en position de mieux connaître leurs marchés locaux. Elles peuvent choisir de façon éclairée ce que seront leurs produits ou leurs services, sélectionner avec soin leurs fournisseurs et les moyens d'accroître leurs compétences. En revanche, elles sont tenues d'innover et doivent rechercher un équilibre stratégique entre l'exploration et l'exploitation des idées novatrices[12]. Enfin, elles doivent instaurer l'apprentissage continu à l'échelle de toute l'organisation afin que leur démarche d'exploration des nouvelles technologies et d'exploitation des marchés existants soit une source d'enseignements[13].

Il importe de souligner que le maintien d'une stratégie concurrentielle s'accompagnant d'un apprentissage constant ne peut pas reposer uniquement sur l'engagement individuel : il faut une adaptation systématique de la structure et des processus de l'organisation aux changements touchant l'ampleur et la portée des activités, les technologies choisies et le milieu environnant. On appelle « conception organisationnelle » le processus par lequel s'effectue cette adaptation dynamique.

La conception organisationnelle et la stratégie

Conception organisationnelle
Processus qui consiste à déterminer la structure d'organisation appropriée et à la mettre en œuvre

La **conception organisationnelle** est le processus qui consiste à déterminer la structure d'organisation la plus appropriée et à la mettre en œuvre[14]. Cette démarche ne consiste pas uniquement à préciser la relation entre les paliers hiérarchiques et la configuration des postes dans chaque unité. En effet, la conception organisationnelle s'appuie sur les éléments structurels fondamentaux présentés au chapitre 14, mais les façonne selon les désirs, les exigences, les contraintes et les décisions de l'organisation. Le choix de la structure adéquate est tributaire de plusieurs facteurs, notamment :

- l'âge et la taille de l'organisation ;
- les technologies qu'elle utilise dans ses activités d'exploitation et dans le traitement de l'information ;
- son environnement ;
- la stratégie qu'elle privilégie pour assurer sa croissance et sa pérennité.

Le gestionnaire doit donc orienter la conception organisationnelle de manière à tirer profit, notamment, de l'âge, de la taille, du profil technologique et de l'environnement de l'organisation, même si l'exercice consiste à modifier chacun de ces éléments dans l'optique d'un renforcement des compétences et de la mise en œuvre de sa stratégie. Les organisations ont besoin de croître, mais elles doivent reconnaître les limites inhérentes à leur taille de départ. En même temps qu'elles doivent chercher à exercer une influence positive sur leur environnement, elles ont à s'adapter à la présence de forces puissantes dans ce dernier. Quand on examine de plus près chacun des facteurs – la stratégie de l'organisation, son âge, sa taille, son utilisation des technologies et son environnement –, on constate qu'un éventail de possibilités s'offrent au gestionnaire qui souhaite renforcer les compétences de son organisation dans une perspective à long terme.

Ainsi, les dirigeants d'IBM ont attribué à chacune des composantes de l'entreprise une structure particulière qui reflète sa contribution à l'ensemble. Globalement, la structure organisationnelle choisie correspond aux défis techniques que doit relever IBM, ce qui permet à celle-ci d'évoluer constamment et de se positionner activement par rapport à la concurrence. De manière générale, cette conception favorise le perfectionnement professionnel des employés, mais chacune des sous-structures composant l'ensemble privilégie certaines aptitudes et habiletés. Dans les pages qui suivent, nous allons examiner les principaux facteurs dont est tributaire le choix d'une structure organisationnelle appropriée et les mettre en relation avec certains aspects de l'apprentissage.

Solmax exporte sa géomembrane

DES AS DE LA GESTION

Solmax International porte bien son nom. Cette entreprise spécialisée dans la fabrication et la distribution de géomembranes environnementales vend ses produits aux quatre coins de la planète. Mais pour arriver à ce rayonnement, ses dirigeants ont dû prendre plusieurs décisions stratégiques.

À la fin des années 1990, l'entreprise éprouve des difficultés et doit prendre un virage. « Notre première décision fut de nous retirer du domaine de l'installation », explique le président, Marc-André Gervais. En effet, à cette époque, de nombreux installateurs locaux sont apparus sur le marché. Plutôt que de les considérer comme des adversaires, Solmax a préféré en faire des partenaires. Une sage décision. Aujourd'hui, l'entreprise peut compter sur un vaste réseau international d'installateurs locaux.

La seconde décision stratégique concerne la fabrication. « Pour nous distinguer des autres fabricants du secteur, nous avons choisi de nous concentrer principalement sur la production de géomembranes en polyéthylène. » Ce choix a permis à l'entreprise de mettre en place un équipement de pointe ainsi que des procédés de fabrication permettant un contrôle rigoureux de la qualité et des prix concurrentiels.

Aujourd'hui, Solmax International réalise 80 % de ses ventes à l'extérieur de l'Amérique du Nord. Cette internationalisation pose de nombreux défis. « Il a fallu développer une expertise dans des domaines comme le financement international, les droits d'entrée, les règlements des différents pays et la gestion des taux de change. »

Toutefois, cette internationalisation a aussi des avantages. L'approvisionnement en matières premières représente 70 % des coûts de l'entreprise. La présence de celle-ci sur la scène internationale lui donne accès à plusieurs sources d'approvisionnement, un atout qui la place à l'abri des soubresauts du marché. « Par exemple, lorsque l'ouragan Katrina a mis à mal l'industrie pétrochimique américaine, nous avons pu éviter les dégâts grâce à nos autres sources d'approvisionnement justement », précise M. Gervais.

Depuis 2009, Solmax a choisi de diversifier géographiquement sa production. Après s'être intéressée à la Chine, elle a jeté son dévolu sur la Malaisie, où elle exploite depuis trois ans une usine de fabrication. L'an dernier, l'entreprise a acheté une usine au Chili. Elle possède en outre un bureau de liaison en Europe et un autre en Chine.

Source: Pierre Vallée, « Solmax exporte sa géomembrane », *Les Affaires*, 25 février 2012, p. A2. Cet extrait a été reproduit aux termes d'une licence accordée par Copibec.

Afin de montrer la relation complexe qui se tisse entre stratégie et conception organisationnelles, il est utile de revenir à la notion dualiste de stratégie, dont nous pouvons maintenant élargir la portée[15]. Nous avons vu que la stratégie consiste, pour l'organisation, à se positionner dans son environnement de manière à pouvoir soutenir efficacement la concurrence. Cette notion, avons-nous ajouté, désigne aussi l'agencement particulier d'une série de décisions. Dans cette double perspective, nous avons souligné l'importance des objectifs ainsi que des éléments clés de la structure de l'organisation. Nous mettons maintenant en relief la nécessité, pour l'organisation, d'appuyer ses intentions sur une certaine capacité de mise en œuvre dans un cadre favorable à sa réussite.

À une certaine époque, on répétait aux cadres supérieurs que les organisations n'avaient à leur disposition qu'un éventail limité de stratégies génériques fondées sur des facteurs tels que l'efficience et l'innovation[16]. L'organisation en quête d'efficience devait adopter le modèle de la bureaucratie mécaniste, c'est-à-dire un type de bureaucratie qui, comme nous l'avons mentionné au chapitre précédent, privilégie la spécialisation verticale et le contrôle, recourt à des modes de coordination formels et s'appuie fortement sur la standardisation, la formalisation, les directives, les politiques et les procédures. L'organisation orientée vers l'innovation devait, quant à elle, opter pour un modèle plus organique, en limitant les procédures et en mettant l'accent sur la coordination. De nos jours, le monde des affaires et des organisations se révèle autrement plus complexe, et les dirigeants ont découvert des moyens beaucoup plus subtils de se faire concurrence.

Bon nombre de dirigeants actuels attachent une grande importance aux aptitudes et aux habiletés sur lesquelles leur organisation doit pouvoir compter non seulement pour soutenir la concurrence, mais aussi pour demeurer dynamique dans un monde qui évolue très vite[17]. En plus de faciliter les réalisations expressément souhaitées par la direction, la configuration structurelle de l'organisation – en d'autres termes, la conception organisationnelle – devrait permettre à ses membres d'explorer la portée de leurs compétences, de consolider celles-ci et d'en acquérir de nouvelles. C'est là une des conditions pour que la stratégie puisse évoluer[18].

Au fil du temps, avec les légers correctifs que les cadres intermédiaires et inférieurs sont susceptibles d'apporter pour résoudre divers problèmes, l'organisation peut acquérir des compétences techniques et administratives particulières. Tandis que ses cadres intermédiaires et inférieurs apprennent, elle fait de même, dans la mesure, cependant, où les acquis se transmettent à la fois horizontalement et verticalement, d'un échelon à un autre jusqu'au sommet de la hiérarchie. Si elle sait reconnaître ces derniers, la direction pourra réviser la stratégie globale de l'organisation en tirant parti des habiletés nouvelles ou renforcées des gestionnaires et des travailleurs subalternes.

La conception organisationnelle, l'âge et la taille de l'organisation

La plupart des organisations veulent croître et vivre longtemps, ce qui implique de connaître des résultats remarquables, de savoir élaborer une stratégie efficace et de savoir apprendre. Toutefois, il faut aussi beaucoup d'ajustements, d'adaptations.

À mesure qu'elles croissent, les entreprises doivent adapter leur conception organisationnelle, leur structure[19]. Les grandes organisations ne peuvent se contenter d'être des versions géantes des petites. Avec la croissance, il faut gérer les contacts interpersonnels directs entre tous les membres. Ainsi, lorsque le nombre de travailleurs suit une progression arithmétique dans une organisation, le nombre de relations potentielles entre eux progresse, lui, de façon exponentielle.

LES RISQUES DE LA CROISSANCE ET DU VIEILLISSEMENT : LES SCÉNARIOS DE GESTION

À mesure qu'elle accumule les années d'existence, croît et acquiert une structure plus complexe, l'organisation tend à se rigidifier, à devenir inflexible et réfractaire au changement[20]. Autant ses dirigeants que leurs subalternes en viennent à croire que les réussites passées se répéteront dans l'avenir sans qu'il soit nécessaire d'investir dans l'innovation et l'apprentissage. L'organisation offre ainsi un terreau fertile à des scénarios de gestion qui se figent en habitudes.

On parle de **scénarios de gestion** pour décrire les habitudes qu'acquièrent à la longue les gestionnaires d'une même organisation, tant dans leur façon de diagnostiquer et d'analyser les problèmes que dans celle d'envisager les solutions possibles[21]. Ces scénarios, qui varient selon les organisations, reposent souvent sur ce qui a déjà fait ses preuves dans le passé. Jusqu'à un certain point, on peut y voir une série de rituels reflétant le contenu de la *mémoire collective* de l'organisation. Mais, en s'attachant à ce qu'ils ont déjà vu et appris, les gestionnaires risquent de ne pas voir ce qui se passe et d'être incapables de désapprendre.

Scénario de gestion
Habitude qu'acquièrent à la longue les gestionnaires d'une même organisation, tant dans leur façon de diagnostiquer et d'analyser les problèmes que dans celle d'envisager les solutions possibles

Un scénario peut être assez complexe pour fournir un ensemble de solutions apparemment éprouvées, puisqu'elles se fondent sur l'expérience. La structure des organisations les plus grandes et les plus anciennes est généralement axée sur l'efficience plutôt que sur l'apprentissage. Autrement dit, leur configuration structurelle privilégie la répétition, le volume et la routine. Pour apprendre, l'organisation doit être capable de désapprendre, de changer ses habitudes afin d'obtenir rapidement des données brutes ainsi que diverses interprétations des événements du moment, plutôt que de se rabattre sur des archives internes.

Très peu de gestionnaires remettent en question un scénario qui a fait ses preuves. La plupart tentent de résoudre les problèmes d'aujourd'hui avec les solutions d'hier. Autrement dit, ils privilégient des améliorations pondérées et progressives au lieu d'inventer de nouvelles façons d'aborder le diagnostic et la résolution de problèmes.

LES FAÇONS DE SURMONTER L'INERTIE

Dans les grandes organisations, pour surmonter l'inertie, l'une des plus grandes difficultés est de réduire les barrières verticales, horizontales, externes et géographiques qui font obstacle à toute action, à tout apprentissage ou à toute innovation souhaitable[22]. Les barrières qui se dressent sont notamment les suivantes:

- l'importance trop grande accordée aux relations hiérarchiques, qui peut empêcher la communication de bas en haut et de haut en bas au sein de l'organisation;
- l'accent exagéré mis sur les fonctions, les produits et les unités organisationnelles, qui nuit à une coordination efficace;
- le maintien d'une ligne de démarcation rigide entre l'organisation et ses partenaires, qui risque de conduire à l'isolement;
- le renforcement des frontières naturelles, culturelles, nationales et géographiques, qui peut entraver la coordination des activités à l'échelle mondiale.

Réduire ces barrières ne vise pas nécessairement à les éliminer toutes, mais plutôt à les rendre plus perméables[23]. Plusieurs facteurs importants sont associés à la difficulté des organisations à coévoluer dynamiquement avec leur environnement et à enclencher un cycle d'améliorations profitables[24]. Outre l'*inertie organisationnelle*, mentionnons l'*orgueil*. Trop peu de cadres supérieurs se montrent prêts à remettre en question leurs actions ou celles de leur organisation, parce qu'ils se réfèrent toujours aux réussites passées. Ils se refusent à admettre que des pratiques qui étaient novatrices hier puissent être dépassées aujourd'hui. En lien avec l'inertie organisationnelle et l'orgueil se trouve également en cause le *détachement excessif*. Les dirigeants sont souvent convaincus d'être capables de gérer une multitude d'activités grâce à la simple analyse de rapports et de dossiers financiers. Ils perdent ainsi contact avec la réalité et négligent de procéder aux ajustements uniques et particuliers qu'exige toute organisation.

Cycle positif
Série d'améliorations s'enchaînant les unes aux autres, grâce à une adaptation réussie de l'organisation

L'inertie, l'orgueil et le détachement sont des maux répandus, mais certainement pas une fatalité à laquelle l'organisation ne peut échapper. Celle-ci peut coévoluer de manière constructive avec son environnement. Comme nous l'avons montré à plusieurs reprises, certains gestionnaires essaient de réinventer leur organisation au quotidien. Ils espèrent ainsi enclencher un **cycle positif**, lancer par une adaptation réussie de l'organisation une série d'améliorations s'enchaînant les unes aux autres[25]. Cisco et Microsoft sont de bons exemples d'entreprises se trouvant dans un cycle positif. En effet, elles ne connaissent pas les mêmes problèmes à répétition et elles réussissent à instaurer des mécanismes d'apprentissage adéquats. Elles rencontrent peu de difficultés notables dans le processus d'apprentissage, et leurs gestionnaires tentent continuellement de favoriser l'acquisition de connaissances et d'améliorer la diffusion, l'interprétation et la conservation de l'information à l'échelle organisationnelle.

L'ORGANISATION DE PETITE TAILLE ET LA STRUCTURE SIMPLE

Les grandes organisations sont des entités plus complexes que les petites et moyennes entreprises (PME). Ces dernières ont une configuration structurelle qui dépend directement de la technologie sur laquelle repose leur principale activité d'exploitation, alors que les grandes entreprises ont plusieurs activités d'exploitation et recourent à plusieurs technologies réparties dans de nombreuses unités opérationnelles spécialisées. En outre, pour les entreprises de très grande taille, la clé de la réussite réside souvent dans l'efficience que permettent les économies d'échelle, c'est-à-dire la réduction du coût de production unitaire des biens ou des services grâce aux quantités produites. La spécialisation de la main-d'œuvre, de l'équipement et des services est une façon de réaliser des économies d'échelle. Cependant, accroître la spécialisation exige un contrôle et une coordination accrus, car il faut s'assurer que les diverses activités de l'organisation visent des objectifs communs et se lient rationnellement les unes aux autres. Ainsi, la complexité des grandes entreprises exige une structure organisationnelle élaborée et bureaucratique. La taille des PME, quant à elle, requiert souvent une structure simple.

Structure simple
Configuration structurelle caractérisée par des mécanismes de coordination formels peu nombreux et peu élaborés, une forte centralisation, un contrôle exercé par le dirigeant, une spécialisation horizontale peu poussée et un personnel fonctionnel peu nombreux

La **structure simple** est une configuration structurelle caractérisée par des mécanismes de coordination formels – recueils de politiques, manuels de procédures, directives écrites, etc. – peu nombreux et peu élaborés, une forte centralisation, un contrôle exercé par le dirigeant, une spécialisation horizontale peu poussée et un personnel fonctionnel peu nombreux. Elle tend donc à réduire le plus possible les dimensions bureaucratiques et repose surtout sur le leadership du dirigeant.

Ce type de structure est adapté à de nombreuses PME, particulièrement aux entreprises familiales, aux magasins de vente au détail ou aux petites entreprises manufacturières[26]. Ses avantages résident dans sa simplicité, sa flexibilité et sa capacité à se plier aux volontés du principal gestionnaire, qui est généralement le propriétaire. Comme elle s'appuie largement sur le leadership d'un seul individu, son efficacité dépend cependant du savoir-faire de cette personne.

L'agence de voyages B&A est un bon exemple de structure simple. Relativement petite, elle appartient à Hélène Drouin, qui a comme subordonnée Johanne Blouin, une employée à temps partiel s'occupant de la comptabilité et des finances et veillant au bon fonctionnement du système informatique spécialisé. Les activités d'exploitation sont dirigées par Jean Savard, qui supervise huit agents de voyages. Bien que chacun des principaux agents soit un spécialiste d'une destination géographique, tous, sauf Suzanne Cormier et Bruno Matte, répondent aux demandes relatives à tous les types de voyages. Suzanne Cormier s'occupe de trois clients importants, tandis que Bruno Matte est responsable des circuits touristiques. Tous ces agents relèvent directement de Jean Savard. La coordination du travail s'effectue par le réseau intranet dédié et par internet. Jean Savard organise en outre des réunions de coordination hebdomadaires, auxquelles s'ajoutent de nombreux entretiens avec la propriétaire de l'agence. Le contrôle est facilité par le système de réservation informatisé, que tous utilisent. Hélène Drouin s'assure que chaque agent ait des cibles de ventes mensuelles. Elle s'enquiert régulièrement, auprès des clients importants, de leur degré de satisfaction. La propriétaire dit avoir compris qu'il valait la peine d'encourager la participation de tous les membres de l'agence, y compris des nouveaux associés, pour que le plaisir soit aussi au rendez-vous dans l'environnement de travail.

La conception organisationnelle et les technologies

La structure d'une organisation doit refléter sa taille, mais doit aussi être adaptée aux occasions et aux exigences liées à son environnement technologique[27]. Dans les entreprises prospères, on constate que les structures internes sont organisées en fonction des principales technologies liées aux activités d'exploitation et, plus récemment, en fonction des possibilités qu'offrent les technologies de l'information et des communications (TIC)[28]. Par **technologies liées aux activités d'exploitation**, on entend la combinaison des ressources, des connaissances et des techniques qui crée un extrant – bien ou service – pour l'organisation[29]. Quant au terme **technologies de l'information et des communications (TIC)**, il désigne la combinaison de l'équipement, du matériel, des procédures et des systèmes qui est utilisée pour recueillir, emmagasiner, analyser et diffuser l'information afin qu'elle puisse se traduire en connaissances, en savoir[30].

Technologies liées aux activités d'exploitation
Combinaison des ressources, des connaissances et des techniques qui crée un extrant (bien ou service) pour l'organisation

Technologies de l'information et des communications (TIC)
Combinaison de l'équipement, du matériel, des procédures et des systèmes qui est utilisée pour recueillir, emmagasiner, analyser et diffuser l'information afin qu'elle puisse se traduire en connaissances

LA CONCEPTION ORGANISATIONNELLE ET LES TECHNOLOGIES LIÉES AUX ACTIVITÉS D'EXPLOITATION

Depuis de nombreuses années, les chercheurs en management mettent en lumière les liens entre les technologies liées aux activités d'exploitation et la structure organisationnelle. Deux classifications de ces technologies, celles de Thompson et de Woodward, suscitent en particulier un intérêt considérable.

LES TECHNOLOGIES SELON THOMPSON

James D. Thompson a classé les technologies selon leur degré de spécification et le degré d'interdépendance des diverses activités d'exploitation. Il a ainsi créé les trois catégories suivantes : les technologies intensives, les technologies médiatrices et les chaînes technologiques[31].

Avec les *technologies intensives*, ou *technologies interactives*, il y a toujours une part d'incertitude quant à la façon de procéder pour atteindre les résultats souhaités. L'organisation doit réunir un groupe de spécialistes qui, en *interaction*, appliqueront diverses techniques pour résoudre les problèmes complexes qui se posent, par exemple, dans le service des urgences d'un hôpital ou dans un laboratoire de recherche. Lorsqu'on recourt à ce type de technologies, la coordination et l'échange des connaissances sont des facteurs cruciaux.

Les *technologies médiatrices*, ou *technologies d'appariement*, associent des entités distinctes qui cherchent à établir des liens d'interdépendance. Ainsi, une banque met en contact des prêteurs et des emprunteurs et gère les fonds et l'information afin de faciliter les transactions entre les deux. Prêteurs et emprunteurs sont en interdépendance indirecte, la fiabilité de leurs échanges d'information étant garantie par la banque, qui fait office de *médiateur*. Les technologies médiatrices réduisent substantiellement la nécessité de la coordination des tâches individuelles et sont telles que la gestion de l'information prend plus d'importance que l'application coordonnée des connaissances.

Avec les *chaînes technologiques*, ou *productions de masse*, la façon de procéder pour obtenir les résultats souhaités est connue. Les tâches sont décomposées en une succession d'étapes. Un exemple des plus évidents est la chaîne de montage d'automobiles. Ici, le contrôle est crucial, et la coordination se limite à l'harmonisation des liens entre les étapes.

LES TECHNOLOGIES SELON WOODWARD

Joan Woodward classe également les technologies en trois catégories selon le type de production qu'elles permettent : la production en petite série, la production de masse et la production en continu[32].

Dans les unités de *production en petite série*, l'éventail de produits est varié, car ceux-ci sont fabriqués pour répondre spécifiquement aux demandes de clients particuliers ; c'est le cas des complets faits sur mesure, par exemple. Généralement, l'équipement et les machines utilisés ne sont pas très complexes, mais ce type de production exige souvent une connaissance approfondie du métier.

La *production de masse* correspond à la fabrication d'un éventail restreint de produits sur des chaînes de montage. Le travail d'un groupe donné dépend largement du travail du groupe précédent, l'équipement est généralement très complexe, et les travailleurs reçoivent des consignes très détaillées. C'est ainsi qu'on fabrique les réfrigérateurs et les automobiles, par exemple.

Enfin, la *production en continu* est le fait d'entités qui ne fabriquent que quelques produits en recourant largement à l'automatisation, comme les usines de produits chimiques et les raffineries de pétrole.

Les recherches de Joan Woodward l'ont conduite à la conclusion suivante : l'adéquation entre la structure organisationnelle et la technologie est un facteur de réussite crucial. En d'autres mots, lorsque les technologies et la configuration structurelle s'harmonisent, l'entreprise réussit mieux. Plus précisément, Woodward a observé que, lorsque la production se fait en petite série ou en continu, les organisations qui réussissent bien ont une structure souple et s'appuient sur de petites équipes de travail, tandis que celles qui réussissent moins bien ont une structure plus rigide. Par contre, dans le cas des activités de production de masse, les organisations qui sont couronnées de succès présentent une structure rigide et s'appuient sur des équipes de travail de grande taille.

Depuis les recherches de Woodward, diverses études ont confirmé cet impératif technologique, dont nous savons aujourd'hui qu'il n'est cependant que l'un des facteurs de réussite d'une organisation[33].

LE RECOURS À L'ADHOCRATIE POUR STIMULER L'INNOVATION ET L'APPRENTISSAGE ORGANISATIONNEL

L'influence des technologies liées aux activités d'exploitation est particulièrement évidente dans les PME et dans certains services des entreprises de grande taille. Il arrive que des gestionnaires et d'autres salariés ignorent tout simplement quelle est la meilleure manière de fournir un service à un client ou de fabriquer un produit donné. Ce type d'exemple extrême de la technologie intensive dont parlait Thompson peut s'observer dans les productions en petite série où une équipe de travailleurs doit fabriquer un produit précis pour un client particulier.

Selon Mintzberg, le recours à l'adhocratie peut être la solution structurelle aux situations technologiques extrêmes[34]. L'**adhocratie** est une structure organisationnelle caractérisée par : la rareté des politiques, des procédures et des directives ; une décentralisation marquée ; un processus décisionnel participatif ; une spécialisation horizontale poussée (chaque membre d'une unité pouvant avoir sa spécialité propre) ; un petit nombre de paliers hiérarchiques ; l'absence quasi totale de mécanismes de contrôle formels. Ce type de structure favorise l'innovation et l'apprentissage.

Adhocratie
Structure organisationnelle caractérisée par : la rareté des politiques, des procédures et des directives ; une décentralisation marquée ; un processus décisionnel participatif ; une spécialisation horizontale poussée ; un petit nombre de paliers hiérarchiques ; l'absence quasi totale de mécanismes de contrôle formels

L'adhocratie est particulièrement utile lorsque les technologies liées aux activités d'exploitation de l'organisation posent les problèmes suivants : (1) les tâches varient considérablement et comportent de nombreuses exceptions possibles, comme dans une firme d'ingénieurs-conseils ; (2) les problèmes sont difficiles à cerner et à résoudre[35]. Cette structure place le professionnalisme et la coordination au premier plan afin de favoriser la résolution des problèmes[36].

Pour parvenir à définir et à régler les problèmes avec toute la créativité que permet l'adhocratie, les grandes organisations peuvent mettre sur pied des groupes de projet temporaires, créer des comités spéciaux et même engager des experts-conseils. C'est la démarche adoptée par Microsoft, qui forme des services autonomes pour encourager la création de logiciels par ses travailleurs talentueux. De même, Allied Chemicals et 3M ont mis en place des équipes semi-autonomes pour les faire travailler à de nouvelles idées de produits.

Il faut cependant noter que l'adhocratie peut s'avérer inefficiente. Un grand nombre de gestionnaires hésitent à adopter cette forme de structure, car ils ont l'impression de ne pas avoir d'emprise sur le fonctionnement et les activités quotidiennes. La stratégie qui sous-tend l'adhocratie consiste à accorder la priorité à la qualité et au service individuel au détriment de l'efficience. Avec les progrès des TIC, les entreprises commencent à combiner l'adhocratie avec des éléments de bureaucratie en s'appuyant sur des systèmes informatiques de pointe.

LA CONCEPTION ORGANISATIONNELLE ET LES TECHNOLOGIES DE L'INFORMATION ET DES COMMUNICATIONS (TIC)

Comme nous l'avons mentionné précédemment, les *technologies de l'information et des communications* désignent la combinaison de l'équipement, du matériel, des procédures et des systèmes qui est utilisée pour recueillir, emmagasiner, analyser et diffuser l'information afin qu'elle puisse se traduire en connaissances, en savoir[37]. Les technologies de l'information et des communications, le web et l'ordinateur sont trois éléments quasi indissociables qui ont profondément transformé la conception organisationnelle en permettant aux entreprises d'acquérir de nouvelles compétences[38]. Si certaines personnes voient en l'abréviation TIC la seule désignation de l'ensemble des systèmes informatisés servant à la gestion de l'organisation, nous adoptons, quant à nous, un point de vue plus large[39]. Les progrès accomplis dans le domaine des télécommunications sont certes extraordinaires, mais les perfectionnements qui ont été apportés à l'ordinateur en tant que machine sont peu profonds si on les compare aux changements que l'ensemble des TIC a amenés à la gestion des organisations.

Les TIC offrent des capacités stratégiques ainsi que la possibilité de transformer l'information en connaissances. La plupart des établissements financiers ne pourraient exister sans elles, car leur secteur d'activité repose sur elles. Grâce aux TIC, ils ont créé des volets tout à fait inédits de leur secteur, comme les instruments dérivés exotiques. Il est d'ailleurs maintenant douloureusement évident que ces nouveaux volets ont pris des proportions démesurées : les gestionnaires ne peuvent plus les contrôler. Les TIC, tout comme les technologies liées aux activités d'exploitation, peuvent donner autant de bons résultats que de mauvais.

Il est important de comprendre la portée exacte des TIC du point de vue organisationnel, et non du seul point de vue de l'utilisateur de l'ordinateur. Ainsi, dans le cadre de l'organisation, les TIC peuvent jouer plusieurs rôles :

- Elles peuvent servir de substituts à certaines activités d'exploitation ainsi qu'à certains mécanismes de contrôle des processus et modes de coordination formels.
- Elles peuvent représenter un potentiel stratégique.
- Elles peuvent constituer des outils d'apprentissage transformant l'information en savoir.

LES TIC, SUBSTITUTS D'ACTIVITÉS D'EXPLOITATION AINSI QUE DE MÉCANISMES DE CONTRÔLE DES PROCESSUS ET DE COORDINATION

Si les bureaucraties traditionnelles ont prospéré et prédominé sur les autres formes de structures organisationnelles, c'est notamment parce qu'elles permettaient une production plus efficiente grâce à leur haut degré de spécialisation et à leur façon de traiter l'information. Lorsqu'on recourait à la technologie médiatrice ou à la chaîne technologique, le modèle de la bureaucratie mécaniste s'imposait presque toujours, car il permettait à l'organisation d'appliquer rigoureusement ses politiques, ses procédures et ses directives et d'utiliser ses multiples mécanismes de contrôle des processus avec un traitement minimal de l'information[40]. À titre d'exemple, la Société canadienne des postes émettait même des directives sur la façon dont les postiers devaient tenir le courrier pendant le tri.

Dans un grand nombre d'organisations, l'apparition des technologies de l'information (TI), qui n'étaient pas encore intégrées aux technologies des communications (TC), a modifié les postes de travail les plus routiniers, les plus spécialisés et les plus répétitifs[41]. Pour ce qui est des tâches administratives, la comptabilité générale, la préparation des chèques de paie et le suivi des ventes ont été les premières activités à bénéficier de l'arrivée de l'informatique. À la Société canadienne des postes, la première application de l'informatisation visait essentiellement le tri du courrier : des dispositifs de lecture automatisés ont remplacé le traitement manuel, ce qui a exigé l'implantation du code postal. Les TI se sont ainsi substituées à certaines activités d'exploitation.

Ensuite, les TIC ont commencé à se substituer à certains mécanismes de contrôle des processus et à certains modes de coordination formels. Des systèmes d'aide à la décision ont ainsi pu remplacer des manuels de politiques, de procédures et de directives. Des choix routiniers et répétitifs ont pu être programmés, associés à des banques de données et traités par des logiciels. Dès lors, lorsque vous remplissez un formulaire de demande de carte de crédit, un programme informatique peut vérifier votre solvabilité et vos caractéristiques financières. Si votre demande répond à divers critères préétablis, vous obtenez votre carte ; sinon, votre demande est rejetée ou transmise à un être humain pour une analyse plus poussée.

LES TIC, POTENTIEL STRATÉGIQUE

Il est vite devenu évident que les TIC pouvaient être source de compétences diverses[42]. Pendant plusieurs années, les spécialistes ont suggéré le recours à ces technologies pour améliorer l'efficacité, la rapidité d'adaptation et le rendement des activités d'exploitation. Associées aux machines, les TIC sont devenues des technologies de production avancées lorsque la conception assistée par ordinateur (CAO) a été combinée avec la fabrication assistée par ordinateur (FAO) pour former de nouveaux îlots de production automatisés. Des systèmes d'aide à la décision toujours plus performants ont fourni aux cadres intermédiaires et subalternes des logiciels d'analyse leur permettant d'étudier des problèmes complexes plutôt que de ratifier des choix routiniers.

Aujourd'hui, au lieu de se substituer aux activités d'exploitation de l'organisation ou à ses mécanismes de contrôle des processus, les TIC donnent aux travailleurs de tous les paliers hiérarchiques l'information dont ils ont besoin pour dresser des plans, faire des choix, coordonner leurs actions avec celles des autres et contrôler leurs propres activités.

LES TIC, OUTILS D'APPRENTISSAGE ORGANISATIONNEL

La connectivité est aujourd'hui le mot d'ordre. Le domaine des télécommunications évoluant à la vitesse d'un modem de pointe, il en a émergé tout un monde de commerce électronique, de téléconférences – avec transfert de données, d'images et de sons – et de transmissions sans fil. Les TIC sont devenues des outils d'apprentissage à part entière, qui nous permettent, par exemple, de vous suggérer à la fin de chaque chapitre d'aller vérifier sur notre site internet les connaissances que vous venez d'acquérir.

En outre, les systèmes informatisés peuvent favoriser l'autonomisation des salariés et donner plus de portée à leur poste, le rendant plus intéressant et plus motivant. Au lieu de mettre l'accent, comme autrefois, sur des postes étroitement décrits et encadrés par des mécanismes de contrôle relevant des cadres intermédiaires, on

Comment gérer un projet virtuel[44]

Voici ce que vous devriez faire pour bien gérer un projet virtuel:

1. Établissez des motifs de participation convergents pour les divers membres de l'équipe, notamment l'accès aux avantages découlant de la réussite du projet.
2. Mettez l'accent sur l'autonomie de l'équipe et assurez-vous que celle-ci comporte un nombre raisonnable de participants hautement compétents.
3. Dégagez un ensemble de règles générales que les membres de l'équipe pourront adapter à leurs besoins particuliers.
4. Favorisez l'évaluation conjointe et l'application de sanctions au sein de l'équipe.
5. Mettez l'accent sur les valeurs, les normes et les comportements communs.
6. Mettez en place des structures de travail et des processus efficaces à l'aide de logiciels de gestion de projet.
7. Encouragez le recours aux technologies de communication et définissez des normes quant à leur utilisation.

peut maintenant privilégier les tâches stimulantes associées à des processus informatisés possédant leurs propres mécanismes de contrôle des résultats.

Il est plus que probable que vous aurez affaire, un jour ou l'autre, en matière de définition et de résolution de problèmes, à des groupes de travail et à des équipes temporaires prenant la forme de réseaux *virtuels* dont les membres ne sont reliés que par une connexion électronique. Une étude récente menée auprès de membres d'équipes virtuelles indique qu'il vous faudra repenser la signification même du terme « gérer ». Plutôt que de dire aux autres ce qu'ils doivent faire, vous serez plus avisé de traiter vos collègues comme des bénévoles qui s'attendent à prendre part à la direction des réunions et qui ne seront motivés que s'ils se sentent engagés dans une démarche de reconnaissance et de résolution de problèmes[43]. L'encadré ci-contre fournit quelques conseils concernant la gestion dans un environnement virtuel.

Pour ce qui est du volet production des entreprises utilisant la chaîne technologique (les usines de montage d'automobiles ou les conserveries, par exemple), les TIC peuvent être associées à la gestion intégrale de la qualité (GIQ) et s'intégrer à un équipement de plus en plus élaboré et raffiné. Dans ce domaine, les données sur les activités peuvent servir à améliorer le savoir-faire et, donc, la qualité et l'efficacité. Plus généralement, l'introduction des TIC a remis en question la vision de robots sans cervelle que les organisations avaient souvent de leurs travailleurs, car la GIQ au moyen des TIC confère à tout un chacun des rôles de planification, d'action et de contrôle. Comme nous l'avons souligné au chapitre 6 lorsque nous avons traité de la conception de poste et de l'enrichissement des tâches, l'association des TIC et de la GIQ à l'autonomisation et à la participation des travailleurs est devenue un facteur de réussite crucial pour les organisations contemporaines[45].

LES TIC ET LES AFFAIRES ÉLECTRONIQUES

Au tournant du siècle, les affaires électroniques sont apparues dans le paysage[46]. Progressivement, nous avons vu les entreprises faisant des affaires électroniques se transformer en organisations virtuelles, tout comme les équipes de projet sur place se sont muées en équipes de projet virtuelles.

Qu'il s'agisse du commerce électronique interentreprises (B2B) ou du commerce électronique de détail (B2C), toute une nouvelle génération de sociétés point-com reposant sur les TIC est apparue. L'une des entreprises dont l'entrée dans le monde du commerce électronique grand public a été particulièrement remarquée est sans contredit Amazon.com[47].

Sa structure organisationnelle a connu des transformations qui illustrent de façon fort intéressante la notion de coévolution. À sa création, alors qu'elle se limitait à la vente de livres, Amazon.com avait une structure simple. Puis, tandis qu'elle croissait et qu'elle créait de nouvelles divisions correspondant aux domaines de produits, l'entreprise s'est complexifiée. Par ailleurs, ses dirigeants ont choisi d'éviter la lourdeur bureaucratique afin de préserver la souplesse de l'organisation et de favoriser son développement sur les plans du volume d'activité et des compétences des employés. Amazon.com compte encore très peu d'échelons de gestion. Elle comporte plutôt des composantes organisationnelles distinctes, fondées sur des catégories de produits (selon le modèle divisionnaire décrit au chapitre 14), avec des règles, des politiques et des procédures réduites au minimum. Bref, la structure organisationnelle adoptée par Amazon.com s'avérait plutôt traditionnelle. Ce qui l'était moins, en revanche, c'était la façon dont l'entreprise utilisait les TIC pour recueillir des renseignements sur sa clientèle, de même que pour assurer la coordination et le suivi de ses opérations.

Par comparaison avec Amazon.com, un grand nombre de sociétés point-com ont adopté comme structure organisationnelle une variante de l'adhocratie. L'idée sous-jacente de ce choix, c'est que les affaires électroniques diffèrent fondamentalement des activités de l'entreprise traditionnelle et que la mise au point de nouveaux produits et services en ligne requiert une structure organisationnelle entièrement repensée. Au fur et à mesure que ces entreprises ont connu une certaine croissance, leurs gestionnaires ont malheureusement oublié de prendre en considération deux écueils importants de l'adhocratie. D'abord, ce type de structure cesse d'être efficace quand l'organisation dépasse une certaine taille. Ensuite, la prestation effective des produits ou des services n'exige pas tant un processus constant d'innovation qu'une réceptivité aux besoins du client et la capacité de demeurer efficient.

La conception organisationnelle et l'environnement

Pour être efficace, une configuration structurelle doit non seulement s'harmoniser avec certains facteurs internes tels que la stratégie, la maturité, la taille et les technologies de l'organisation, mais aussi s'adapter à de puissantes forces extérieures. En tant que *système ouvert*, l'organisation doit recevoir des intrants de son environnement afin de les transformer en extrants qu'elle vendra à ce même environnement. Comprendre ce dernier dans toute sa complexité est devenu primordial[48].

L'*environnement global* d'une organisation correspond à l'ensemble des conditions culturelles, économiques, politicojuridiques et éducationnelles qui caractérisent les milieux où cette dernière est implantée. Les sociétés qui connaissent une expansion à l'échelle mondiale doivent composer avec plusieurs environnements globaux.

Les actionnaires, les fournisseurs, les distributeurs, les organismes publics et les concurrents avec lesquels l'organisation doit interagir pour croître et survivre constituent, en revanche, son *environnement immédiat*. Généralement, ce dernier offre beaucoup plus de possibilités de choix que l'environnement global. L'organisation peut ainsi adopter des politiques et des stratégies qui vont modifier la combinaison des fournisseurs, des distributeurs, des concurrents, etc., avec lesquels elle entretient des relations.

Pour des raisons de commodité, on distingue souvent les influences qu'exerce l'environnement global sur une organisation de celles qu'exerce l'environnement immédiat, mais les gestionnaires doivent tenir compte des effets conjugués des deux. Pour l'organisation, décider de pénétrer un champ d'activité donné peut, en effet, signifier qu'elle aura à affronter une concurrence mondiale dotée des TIC les plus avancées.

LA COMPLEXITÉ DE L'ENVIRONNEMENT

Complexité de l'environnement
Ampleur des problèmes et des occasions que présente l'environnement organisationnel immédiat et global, telle que la révèlent ses trois variables majeures: sa richesse, l'étroitesse de ses liens d'interdépendance avec l'organisation et le degré d'incertitude qu'il génère

Lorsqu'on analyse l'environnement d'une organisation, l'une des questions fondamentales est celle de sa complexité. Plus un environnement est complexe, plus il apporte d'occasions à saisir et de problèmes à résoudre. Par **complexité de l'environnement**, on entend l'ampleur des problèmes et des occasions que présente l'environnement organisationnel immédiat et global, telle que la révèlent ses trois variables majeures: sa *richesse*, l'étroitesse de ses liens d'*interdépendance* avec l'organisation et le degré d'*incertitude* qu'il génère.

LA RICHESSE DE L'ENVIRONNEMENT

En général, l'environnement est plus riche lorsque l'économie est en croissance, lorsque le degré de scolarité des gens s'améliore et lorsque ceux dont l'organisation dépend prospèrent. Pour une entreprise, un environnement riche signifie de bonnes conditions économiques, des consommateurs qui dépensent et une volonté affirmée des fournisseurs (notamment les banques) d'investir dans son avenir. Dans un tel environnement, les organisations sont plus nombreuses à survivre, et ce, même si leur configuration structurelle n'est pas la plus appropriée. La richesse de l'environnement influe aussi sur les occasions qui s'offrent à elles et sur leur dynamisme, leur potentiel d'adaptation aux changements. Leur configuration structurelle doit leur permettre de déceler ces occasions et d'en tirer profit.

Au contraire, un environnement en déclin est beaucoup moins fertile pour les organisations. Ainsi, une récession généralisée offre aux entreprises un environnement appauvri. Bien que toutes ne réagissent pas de la même manière aux difficultés qu'elles éprouvent dans un tel environnement, elles manifestent certaines réactions courantes qui méritent notre attention. Par exemple, en Amérique du Nord, la tradition veut que, dans ce genre de circonstances, les entreprises commencent par mettre à pied les travailleurs qui n'ont pas de tâches d'encadrement, quitte à poursuivre en montant dans la pyramide hiérarchique si l'environnement continue à s'appauvrir. En Europe, pour de nombreuses entreprises, il est légalement difficile de licencier des travailleurs permanents lorsque l'économie se détériore. Si le déclin se prolonge, nombre d'entre elles doivent donc demander l'aide du gouvernement. En dernier recours, les dirigeants européens se tournent vers des allègements structurels comme ceux auxquels procèdent leurs homologues nord-américains, solution de plus en plus inévitable pour résister à la concurrence mondiale.

L'INTERDÉPENDANCE DE L'ORGANISATION ET DE L'ENVIRONNEMENT

La relation entre la conception organisationnelle et les liens d'interdépendance que l'organisation entretient avec son environnement est souvent subtile et indirecte. Ainsi, l'organisation peut coopter de puissants éléments extérieurs en les intégrant à sa structure, comme le font les grandes sociétés dont les conseils d'administration comptent des représentants d'institutions financières ou de sociétés d'assurances.

L'organisation peut aussi revoir sa conception organisationnelle, adapter sa structure de manière à amortir ou à neutraliser les exigences d'un élément extérieur très influent. Ce type de stratégie se concrétise le plus souvent par la mise sur pied d'un service voué aux questions relatives à cet élément. Ainsi, dans la quasi-totalité des grandes sociétés nord-américaines, on trouve près du sommet de la pyramide une unité chargée des relations avec les pouvoirs publics. Si le service à fournir à quelques gros clients se révèle crucial pour elle, l'organisation passera souvent d'une structure fonctionnelle à une structure divisionnaire[49].

L'INCERTITUDE ET L'INSTABILITÉ DE L'ENVIRONNEMENT

L'instabilité de l'environnement et l'incertitude qu'il génère peuvent être particulièrement néfastes aux bureaucraties de grande taille. En période de changement, les biens d'investissement deviennent rapidement obsolètes, et les modes de fonctionnement habituels, infructueux. Sur le plan de la conception organisationnelle, la réaction la plus évidente aux facteurs environnementaux déstabilisateurs consiste à adopter une structure organisationnelle plus *organique*; dans des conditions extrêmes, le passage à l'*adhocratie* peut s'imposer.

Cependant, les pressions externes en faveur d'une structure flexible peuvent être incompatibles avec la taille et les technologies de l'organisation. Dans de tels cas, le passage à une structure plus souple peut être trop difficile ou trop long. L'organisation doit alors lutter tant bien que mal pour survivre, tout en modifiant peu à peu sa configuration structurelle. Certaines entreprises peuvent faire face à des demandes contradictoires de l'environnement externe et de l'environnement interne – le premier privilégiant le changement et le second, la stabilité – en développant des réseaux ou en participant à des alliances.

LES ORGANISATIONS EN RÉSEAUX ET LES ALLIANCES INTERENTREPRISES

De nos jours, étant donné la complexité accrue de l'économie mondiale, la conception organisationnelle doit dépasser les frontières traditionnelles de l'entreprise[50]. Les organisations doivent apprendre à coévoluer avec leur environnement en le modifiant. Deux approches sont de plus en plus courantes: la gestion de réseaux et le recours à des alliances.

LES ORGANISATIONS EN RÉSEAUX

Plusieurs sociétés nord-américaines apprennent de leurs équivalents européens et japonais à tisser des réseaux susceptibles de les relier aux entreprises clés dont elles dépendent. En Europe, on parle d'*associations informelles* ou de *cartels*: il s'agit d'ententes de coopération entre concurrents qui établissent les parts de marché respectives de ces derniers afin de limiter pour eux l'incertitude et d'améliorer leurs conditions commerciales. Au Canada et aux États-Unis, de telles ententes sont très souvent jugées illégales.

Au Japon, dans de nombreux secteurs, le réseautage d'entreprises bien établies prend la forme du *keiretsu*, dont il existe deux modèles courants. Le premier est le *keiretsu* organisé autour d'une banque, où les liens interentreprises découlent d'une participation croisée ou de liens historiques avec l'établissement financier. Le groupe Mitsubishi en est un exemple éloquent. Le second type est le *keiretsu* vertical, où un fabricant d'envergure est à la tête d'un réseau de fournisseurs et de distributeurs et jouit de contrats d'approvisionnement à long terme, souvent dans le cadre de participations croisées. Dans une certaine mesure, ce type de *keiretsu* isole l'entreprise japonaise des actionnaires et lui fournit un mécanisme de partage de technologies et de recherche et développement. Toyota, par exemple, est au cœur d'un *keiretsu* vertical.

Une forme bien particulière d'organisation en réseau a également commencé à faire des adeptes en Amérique du Nord. Elle comporte une entreprise centrale, ou un donneur d'ordres, qui se spécialise dans une activité particulière, comme la conception ou l'assemblage, et qui travaille à long terme avec quelques fournisseurs à la création des composants et à l'amélioration de l'efficacité de la production. Les membres du réseau comptent sur cette entreprise centrale plus qu'elle-même ne dépend d'eux. À titre d'exemple, Bombardier est le chef de file de ce type de relations interentreprises.

▶ **Organisation en réseau**
Regroupement d'entreprises en perpétuelle mutation, qui a une société à sa tête et dont les membres mettent en commun leurs compétences, leurs ressources et leur expérience afin de prospérer ensemble

Plus spécifiquement, l'**organisation en réseau** est un regroupement d'entreprises en perpétuelle mutation, qui a une société à sa tête et dont les membres mettent en commun leurs compétences, leurs ressources et leur expérience afin de prospérer ensemble.

Ce regroupement, qui ne cesse d'évoluer, est le plus souvent constitué d'un noyau relativement stable (habituellement des sociétés indépendantes), composé en général de clients, de centres de recherche, de fournisseurs et de distributeurs. L'organisation à laquelle est confié un rôle de direction possède des compétences cruciales dont les autres ont besoin. Il peut s'agir d'une technologie clé ou d'un accès à la clientèle. Au fil du temps, les membres peuvent aller et venir, au gré des changements technologiques ou des transformations de l'environnement. Soulignons, en outre, que la présence de clients clés est un élément essentiel de l'organisation en réseau. Non seulement ceux-ci sont des acheteurs, mais ils participent aussi à la mise au point de nouveaux produits ou de nouvelles technologies. En résumé, l'organisation en réseau coévolue avec l'environnement en intégrant divers types d'entreprises.

Les organisations en réseaux ne fonctionnent que si elles adoptent des règles qui leur sont propres et un mode de direction original.

En premier lieu, le système de production permettant de fournir les produits ou les services que désirent les clients doit prendre la forme d'un réseau de partenaires composé d'entreprises indépendantes, mais entretenant des liens de confiance mutuelle et partageant un sens de la survie collective. Selon l'évolution des attentes de la clientèle ou à la suite de l'introduction d'une nouvelle technologie, le partage du travail entre les entreprises membres peut varier, tout comme la composition de l'organisation en réseau peut se modifier.

En deuxième lieu, le réseau de partenaires ainsi constitué doit établir et maintenir :

- une technologie de l'information évoluée, susceptible de remplacer avantageusement les rencontres en personne ;
- des rapports de confiance et de réciprocité en ce qui a trait aux problèmes et aux solutions ;
- une culture commune (voir le chapitre 16).

Si l'acquisition de ces caractéristiques n'est pas une mince affaire, l'organisation en réseau peut se révéler hautement résiliente et posséder des qualités remarquables

– compétences, capacité d'innovation, efficacité – qui compensent généralement certaines lacunes. En fait, elle est tout à fait outillée pour soutenir la concurrence à l'échelle mondiale, dans des cadres complexes où on fait appel à des technologies de pointe.

La société se trouvant à la tête du regroupement a un rôle plutôt inhabituel, mais c'est en fait grâce à elle qu'un simple réseau d'entreprises devient une organisation en réseau. Elle assume une responsabilité d'ensemble et coordonne les actions ainsi que les initiatives de changement des entreprises membres, qui demeurent autonomes. Ses cadres doivent avoir une compréhension élargie des enjeux, afin d'amener le réseau de participants à s'appuyer sur un schéma d'action suffisamment cohérent pour soutenir la concurrence, tout en étant en mesure de réagir rapidement aux évolutions technologiques et aux nouvelles conditions de l'environnement. Les dirigeants de cette société doivent aussi savoir communiquer une vision et inspirer les personnes travaillant au sein des entreprises indépendantes rattachées à celle-ci. Mieux encore, ils devraient accepter de les traiter avec les mêmes égards que s'il s'agissait de bénévoles. Enfin, s'ils souhaitent atteindre et rassembler de la sorte diverses entreprises indépendantes, la société dirigeante doit être prête à réévaluer, avec le concours de son personnel, sa propre structure organisationnelle et sa gestion interne.

Aujourd'hui, rares sont les grandes entreprises nord-américaines qui n'ont pas amplement recours à la sous-traitance. Leurs dirigeants justifient cette décision par la nécessité de la quête d'une main-d'œuvre bon marché. Cependant, il y aurait lieu d'examiner la pertinence de ce choix en matière de conception organisationnelle, au regard de la stratégie et des technologies sur lesquelles ces entreprises s'appuient. Par exemple, la sous-traitance ne satisferait vraisemblablement pas aux exigences opérationnelles d'une société qui commercialise des produits haut de gamme, généralement accompagnés d'un service de qualité correspondant. D'ailleurs, les clients potentiels d'une entreprise de ce style qui confierait la responsabilité du service à un fournisseur se tourneraient fort probablement vers un concurrent qui ne le ferait pas.

On voit apparaître des versions encore plus poussées de la configuration en réseau, qui visent à répondre simultanément aux exigences contradictoires de la stratégie, de la taille, des technologies et de l'environnement en matière de structure organisationnelle. Des entreprises abandonnent leurs unités fonctionnelles pour réduire leur taille et profiter de toutes les possibilités qu'offrent les TIC. Par exemple, plusieurs centres d'appels assurant un service de soutien informatique ont été externalisés en Inde. La sous-traitance à outrance risque cependant de rendre les organisations trop dépendantes des autres et de leur faire perdre la souplesse nécessaire pour saisir les occasions qui se présentent à elles. En ce sens, le recours à des centres d'appels situés à l'étranger empêche l'information de bien circuler entre la clientèle et la société principale. Pour faire face aux changements environnementaux et tirer avantage des TIC, il importe avant tout de faire des choix éclairés et de ne pas réagir aveuglément.

LES ALLIANCES INTERENTREPRISES

Alliance interentreprises
Accord de coopération ou de coparticipation visant le rapprochement stratégique d'entreprises indépendantes, qui forment alors une coentreprise

Les organisations peuvent aussi conclure des **alliances interentreprises**, c'est-à-dire des accords de coopération ou de coparticipation visant le rapprochement stratégique d'entreprises indépendantes, et former ainsi des *coentreprises* (*joint* *ventures*)[51]. Ces alliances interviennent souvent entre des sociétés situées dans plusieurs pays. Dans les domaines de haute technologie et les secteurs dominés par les TIC, comme la robotique, l'industrie des semi-conducteurs, l'industrie des matériaux de pointe (céramiques et fibres de carbone) ou l'industrie des systèmes de traitement de l'information, il est fréquent qu'une entreprise ne puisse posséder à elle seule tout le savoir nécessaire à la commercialisation de nouveaux produits. Aussi, les rapprochements stratégiques y sont-ils très courants. Grâce aux alliances internationales, les entreprises de haute technologie visent deux objectifs : la mise au point de nouveaux produits et une certaine garantie que les solutions élaborées deviendront des normes en vigueur dans le reste du monde.

Selon plusieurs spécialistes, contrairement à l'organisation en réseau, qui se bâtit autour d'un donneur d'ordres et vise l'établissement de liens à long terme avec les partenaires, l'alliance interentreprises est un rapprochement ponctuel de partenaires relativement égaux qui n'est pas conçu pour durer au-delà de la satisfaction d'un besoin précis.

L'établissement et la gestion efficace d'une alliance constituent un objectif de taille pour les gestionnaires. Les entreprises doivent coopérer au lieu de s'affronter dans un esprit de concurrence. Or elles ont généralement chacune leur propre stratégie, leur culture bien à elles et des attentes particulières concernant l'alliance qu'elles concluent. Les gestionnaires de l'alliance – tout comme la direction des sociétés participantes – doivent faire preuve de patience, de souplesse et de créativité dans la poursuite des objectifs de l'alliance et de ses membres. En réalité, il n'est guère étonnant qu'un si grand nombre d'ententes se terminent prématurément[52].

Bien entendu, l'alliance interentreprises n'est qu'une façon de modifier l'environnement. L'entreprise peut aussi investir dans les projets d'autres sociétés en passant par des filiales spécialisées dans le capital-risque. Elle peut aussi faire l'acquisition de sociétés pour intégrer directement leur expertise. Toutes ces initiatives présentent des avantages[53]. Cependant, elles doivent toutes être reliées à la stratégie de la firme et à sa technologie. Il faut bien garder à l'esprit que, en plus de la conception organisationnelle, la stratégie et l'apprentissage requièrent un leadership s'exerçant à l'échelle de toute l'organisation.

Le leadership stratégique au sein de l'organisation

Même avec une conception organisationnelle parfaitement adaptée à son âge, à sa taille, à sa technologie et à son environnement, l'entreprise doit être dirigée. Elle a besoin de ce qu'on appelle un « leadership stratégique » pour la direction de ses efforts[54]. Le **leadership stratégique** est la capacité d'assumer la direction d'une unité ou d'un service quasi indépendant, ou d'une organisation. Bien qu'à ce sujet on ait l'habitude de penser à la personne située tout en haut de la pyramide hiérarchique, comme le chef de la direction d'une entreprise ou le président d'un État, les recherches montrent que ce ne sont pas uniquement les hauts dirigeants ou le chef de la direction qui exercent un leadership stratégique[55].

Leadership stratégique
Capacité d'assumer la direction d'une unité ou d'un service quasi indépendant, ou d'une organisation

Toute l'équipe de direction, en tant que groupe, est importante. Par exemple, si l'environnement présente une grande diversité de difficultés à surmonter et d'occasions à saisir, l'équipe de direction doit également être très diversifiée[56]. Ainsi, diriger l'ensemble de l'organisation implique de comprendre les enjeux uniques qui occupent tant la personne qui se trouve aux commandes que l'équipe de direction. Alors que le chef de la direction doit bien saisir les enjeux liés à ses fonctions, l'équipe doit élaborer un processus collectif efficace pour surmonter les difficultés et saisir les occasions qui se présentent.

LE LEADERSHIP STRATÉGIQUE ET LES DÉFIS SELON LES ÉCHELONS ADMINISTRATIFS

En partant de ses fondations, on peut diviser une organisation en trois secteurs majeurs : (1) le secteur de la production ; (2) le secteur de l'administration ; (3) le secteur des systèmes. Il est évident que les défis à relever varient d'un secteur à un autre, ce qui revient à dire que les exigences en matière de leadership et de gestion sont différentes selon les échelons administratifs[57]. Chaque fois qu'on monte d'un échelon, ces exigences sont un peu plus complexes. Les leaders qui se trouvent au sommet de la hiérarchie assument des responsabilités particulières, car leur influence se répercute en cascade sur toute l'organisation.

Cette complexité qui s'accroît en montant dans la hiérarchie peut se mesurer par le temps nécessaire pour qu'une décision prise à un échelon donné aboutisse à des résultats concrets. Si ce délai est d'environ 3 mois au palier le plus bas, où il faut rendre compte du rendement immédiat et avoir le jugement pratique nécessaire pour résoudre les problèmes courants, il peut atteindre 20 ans et même plus tout en haut de la hiérarchie.

Comme les problèmes gagnent en complexité à mesure qu'on gravit les échelons de l'organisation, on doit s'attendre à ce que les gestionnaires de chaque palier aient des compétences qui reflètent le degré de complexité cognitive et comportementale de leur échelon afin d'être capables de faire face à une complexité organisationnelle croissante. La **complexité cognitive** indique dans quelle mesure une personne arrive à percevoir des nuances et des variations subtiles. La **complexité comportementale** illustre l'éventail plus ou moins large de rôles qu'une personne est capable de jouer pour s'adapter aux situations. En d'autres mots, la première est l'apanage des gens qui perçoivent des variations subtiles, alors que la seconde est l'apanage de ceux qui peuvent jouer une grande variété de rôles.

> **Complexité cognitive**
> Capacité plus ou moins grande d'une personne à percevoir des nuances et des variations subtiles
>
> **Complexité comportementale**
> Éventail de rôles qu'une personne est capable de jouer pour s'adapter aux situations

On peut mesurer la complexité cognitive d'un gestionnaire en estimant la portée de sa vision de l'avenir. Plus cette portée est longue, plus les comportements de leadership sont variés et complexes, en général.

Les recherches montrent souvent que lorsque, en haut de la hiérarchie, on donne la priorité à la complexité, le leadership stratégique se répercute en cascade jusqu'aux paliers les plus bas de l'organisation. Le leadership à distance est un exemple de ce type de leadership indirect qui se transmet. Ainsi, même les cadres situés plusieurs échelons au-dessus d'une unité donnée peuvent influencer le style de travail et l'ambiance de cette unité. Les leaders du secteur des systèmes, en haut de la hiérarchie, sont normalement responsables de l'élaboration de systèmes complexes, de l'organisation des acquisitions de ressources majeures, de la création d'une vision, de la mise au point d'une stratégie et de politiques et de la détermination de la conception organisationnelle. Ils doivent donc avoir une conception très large du leadership. À de nombreux égards, le leadership qu'ils exercent est en fait un mélange de leadership et de gestion, car les choix qu'ils font au sommet de l'organisation se répercutent en descendant jusqu'aux échelons inférieurs.

On trouve un exemple subtil de ce phénomène du leadership produisant des effets en cascade dans ce qu'on appelle «l'intention du dirigeant». Il s'agit d'un type de leadership qui incite les leaders des échelons intermédiaires à reproduire ce que, à leur avis, le leader du palier supérieur ferait dans leur situation[58]. Les chercheurs ont établi un lien entre les valeurs du chef de la direction et la culture, d'une part, et les résultats de l'organisation, d'autre part, lorsque ces valeurs se diffusent jusqu'aux échelons les plus bas de la hiérarchie[59].

Les leaders d'une organisation doivent également exercer une influence directe en face à face. Sans égard à l'échelon où ils se trouvent, ils doivent être capables de maintenir une surveillance directe sur leur équipe, mais aussi se révéler des subordonnés efficaces. N'oublions pas l'adage: «À chacun son patron.» En outre, la plupart des chefs de la direction s'accorderont pour dire que les cadres supérieurs doivent travailler en équipe et que la notion de leadership partagé en haut de la hiérarchie est sans aucun doute pertinente[60]. Bref, l'équipe de direction est particulièrement importante.

LA FORMATION D'UNE ÉQUIPE DE DIRECTION

L'équipe de direction est un groupe relativement restreint de cadres supérieurs qui se trouvent tout en haut de la hiérarchie d'une organisation et qui sont les dirigeants de cette dernière. Elle comporte souvent de trois à dix membres[61]. Sa composition est importante, car sa nature collective, le tempérament et la perspective de ses membres ainsi que les interactions que ces derniers ont entre eux influent sur les choix effectués en matière de leadership de l'organisation.

La composition de l'équipe de direction peut avoir une influence marquante sur divers aspects du fonctionnement de l'organisation, qu'il s'agisse de sa culture, de la prise de décision ou du style de gestion, mais aussi des fondements éthiques des comportements adoptés dans le travail quotidien.

Dans un grand nombre de recherches menées sur les équipes de direction, on utilise, à la place des variables psychologiques, plus difficiles à obtenir, des caractéristiques démographiques comme l'âge, l'éducation, mais aussi le type et la durée du mandat ainsi que l'expérience. En général, ces études permettent de faire le lien entre ces variables et divers résultats de l'organisation, notamment la croissance des ventes, l'innovation et le roulement des cadres supérieurs[62].

En raison des résultats contradictoires obtenus, les chercheurs ont essayé d'enrichir leur méthode. Selon une analyse importante, en général, une équipe de direction fait face à une gamme étendue de situations au fil du temps. Si la composition démographique peut être relativement stable, les tâches sont dynamiques et variées. Les centres d'intérêt des membres de l'équipe et les renseignements dont ils disposent sont parfois similaires ou symétriques, parfois asymétriques. Lorsque leurs renseignements sont asymétriques, mais leurs champs d'intérêt, symétriques, ils ont une bonne occasion d'élaborer des solutions novatrices. Par exemple, lorsqu'une fusion est envisagée, certains dirigeants peuvent apporter les renseignements qu'ils pos-

Les valeurs du chef de la direction changent la donne[63]

Du côté de la RECHERCHE

Bien qu'elle ait été le sujet de nombreuses discussions, l'influence des valeurs du chef de la direction sur le rendement a, par comparaison, fait l'objet de peu de recherches. Récemment, Y. Berson, S. Oreg et T. Dvir ont essayé de combler cette lacune en menant une étude sur les valeurs des chefs de la direction, la culture organisationnelle et le rendement. D'après ces chercheurs, les individus seraient attirés par les entreprises dont les valeurs prioritaires correspondent à leurs propres valeurs, et tendraient à rester dans ces entreprises. Le chef de la direction ne fait pas exception. De plus, celui-ci renforcerait certaines valeurs plutôt que d'autres et influencerait, de ce fait, la culture organisationnelle. Enfin, cette dernière mettrait l'accent sur certains aspects du rendement plutôt que sur d'autres.

Y. Berson, S. Oreg et T. Dvir ont avancé quelques hypothèses et fait quelques constats en analysant 22 chefs de la direction d'Israël et leur entreprise. D'abord, les chefs de la direction tendent à donner la priorité à l'autodétermination, à la sécurité ou à l'altruisme. Plus précisément, lorsqu'ils prisent l'autodétermination, la culture organisationnelle est plutôt axée sur l'innovation. Lorsqu'ils valorisent la sécurité, la culture organisationnelle est plus bureaucratique et lorsqu'ils estiment l'altruisme, la culture organisationnelle est plutôt axée sur le soutien envers les employés. Par la suite, les chercheurs ont relié certains aspects de la culture organisationnelle à des éléments précis du rendement, des résultats obtenus par l'organisation. L'accent mis sur l'innovation conduit à une plus grande croissance des ventes. La culture bureaucratique est associée à une plus grande efficience. La culture axée sur le soutien est liée à une plus grande satisfaction des employés. En somme, les valeurs du chef de la direction influent sur la culture de l'entreprise, qui, à son tour, influence les résultats. Le schéma ci-dessous illustre ces conclusions.

Source : Yair Berson, Shaul Oreg et Taly Dvir, « CEO Values, Organizational Cultures and Firm Outcomes », *Journal of Organizational Behavior*, vol. 29, nº 5, 2008, p. 616.

sèdent sur la situation financière du partenaire potentiel, sur son style de gestion et sur sa stratégie, ou encore sur ses liens avec d'autres établissements. En fonction de ces données, l'équipe peut décider de faire l'acquisition du nouveau partenaire, mais de vendre certaines parties de l'entreprise ainsi créée.

Dans l'environnement dynamique d'aujourd'hui, il est souhaitable que l'équipe de direction possède une variété de compétences, d'expériences et de connaissances quant aux nouvelles théories visant à expliquer ce qui pourrait arriver et pour quelles raisons. Cette diversité de compétences et d'aptitudes favorise les discussions et les débats, et conduit ainsi à des initiatives d'amélioration plus complètes, plus équilibrées et plus efficaces[64]. Une équipe de direction homogène est moins apte à déceler des variations subtiles mais importantes dans l'environnement et à y répondre. Elle risque ainsi d'appliquer des stratégies stagnantes, de ne pas réagir et de rester dans l'inertie. Bien entendu, il existe des limites pratiques au degré de diversité et à la gamme de théories naissantes dont l'équipe de direction peut discuter en restant efficace. Les extrêmes en la matière peuvent provoquer des débats interminables et la paralysie, à cause d'un excès d'analyse[65].

Les chercheurs qui se sont intéressés aux équipes de direction font valoir que le processus de groupe doit se dérouler de manière particulière et avec une certaine efficacité dans un milieu dynamique, par rapport à un milieu qui l'est moins. Non seulement la composition de l'équipe de direction doit s'ajuster à l'importance des changements auxquels l'entreprise doit faire face, mais le processus de groupe aussi doit être adapté. En cas de changements, il faut mettre l'accent sur le traitement de l'information, sur une large représentation des intérêts, sur la reconnaissance des asymétries de pouvoir et surtout sur l'élaboration de nouvelles théories quant aux actions à envisager[66].

LA MISE EN ŒUVRE DES COMPÉTENCES DE LEADERSHIP DE L'ÉQUIPE DE DIRECTION

Jusqu'à maintenant, nous avons montré que les défis à relever en haut de la hiérarchie organisationnelle sont uniques en leur genre, que les leaders doivent faire preuve d'un degré de complexité cognitive élevé et avoir une vision de l'avenir à longue portée, enfin qu'ils doivent posséder un haut degré de complexité comportementale. Nous avons également décrit les effets en cascade du leadership exercé en haut de la hiérarchie organisationnelle ainsi que le rôle essentiel de l'équipe de direction. Il est maintenant temps de réunir tous ces éléments en un modèle, élaboré par Boal et Hooijberg et illustré à la **figure 15.1**[67].

Selon Boal et Hooijberg, les leaders situés au haut de la hiérarchie organisationnelle doivent composer avec différents enjeux qui prennent la forme de tensions entre diverses conditions souhaitables. D'après eux, ces tensions sont provoquées par des

FIGURE 15.1 LA PERSPECTIVE DU LEADERSHIP STRATÉGIQUE SELON BOAL ET HOOIJBERG

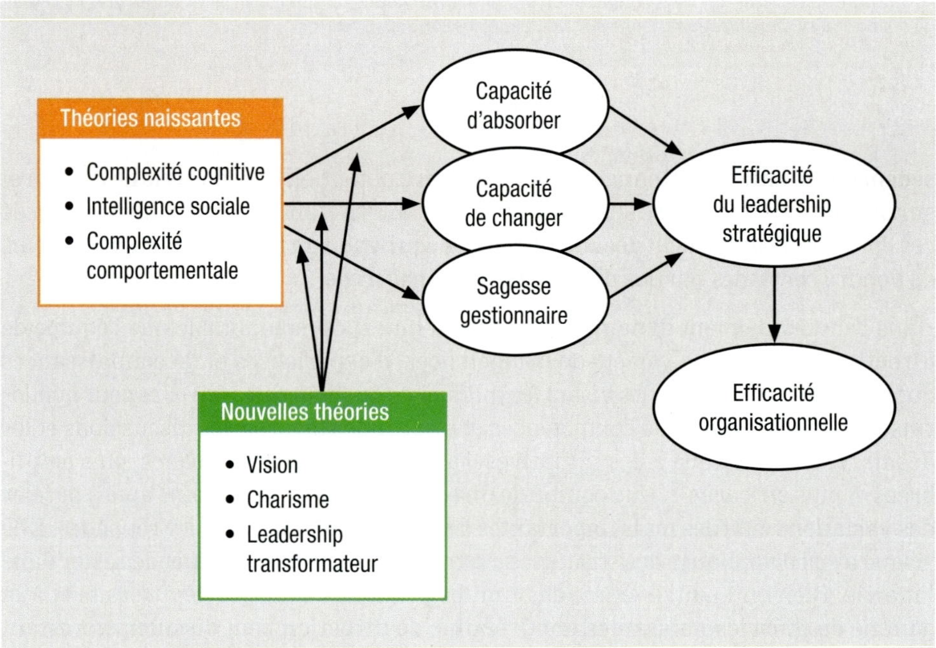

Source: Kimberly L. Boal et Robert Hooijberg, «Strategic Leadership Research : Moving On», *The Leadership Quarterly*, vol. 11, nº 4, p. 534. © 2001 Elsevier Science Inc.

théories naissantes et par le cadre de valeurs contraires[68]. Plus précisément, elles s'observent entre: (1) la flexibilité et le contrôle; (2) l'accent mis sur l'intérieur et l'accent mis sur l'extérieur. La dimension «flexibilité ou contrôle» met en opposition les actions visant la clarté des objectifs et l'efficacité, d'une part, et les actions nécessaires à l'adaptation aux autres et au milieu externe, d'autre part. La dimension «accent mis sur l'intérieur ou accent mis sur l'extérieur» fait une distinction entre les mesures sociales d'efficacité interne, comme celles qui sont liées à la satisfaction des employés, et les mesures d'efficacité externe, comme celles qui sont liées à la part de marché et aux profits.

Pour faire face à la combinaison de ces tensions, il existe toute une variété de rôles possibles. Selon Boal et Hooijberg, un rôle de leadership revient à une série de tentatives d'influence nécessaires pour surmonter une combinaison particulière de difficultés[69]. Par exemple, on pourrait demander au leader de prendre en charge la combinaison suivante: (1) un besoin accru de flexibilité couplé à l'exigence d'un contrôle serré; (2) la nécessité de se concentrer sur le rendement externe, avec peu d'exigences concernant l'efficacité interne. Celle-ci exige du leader qu'il joue un type de rôle précis, alors qu'une autre combinaison l'obligerait à assumer un rôle légèrement différent. Bien qu'il soit possible de définir le rôle que requiert chaque combinaison possible, ce qui nous intéresse ici, c'est de faire ressortir la grande variété de rôles que le leader pourrait être appelé à jouer. Notez également que le leader doit voir les tensions à l'œuvre comme des combinaisons (besoin de complexité cognitive) et savoir agir en conséquence (complexité comportementale).

En règle générale, les cadres supérieurs disposant d'un vaste répertoire de rôles et connaissant le moment opportun pour assumer chacun d'eux sont plus efficaces que ceux dont le répertoire de rôles est restreint et qui les adoptent à tort et à travers. Comme les enjeux changent souvent, les cadres supérieurs doivent faire preuve d'un degré élevé de complexité cognitive et comportementale, ainsi que de souplesse. Bien sûr, ils peuvent être capables de déceler les différences entre leurs subordonnés et leurs supérieurs hiérarchiques, mais incapables de modifier leur comportement de manière à répondre aux besoins de chacun de ces groupes. Il n'est pas toujours possible d'influencer adéquatement les autres.

La figure 15.1 montre que la complexité cognitive, l'intelligence sociale et la complexité comportementale ont un lien direct avec la capacité d'absorber, la capacité de changer et la sagesse gestionnaire. Elle illustre aussi le rôle de variables modératrices que jouent la vision, le charisme et le leadership transformateur dans cette relation. En d'autres mots, les encadrés de gauche s'appliquent aux occasions et aux difficultés qui peuvent se présenter aux cadres situés en haut de la hiérarchie organisationnelle. Le leadership de ces personnes prises séparément ou en groupe influence le degré d'adaptation dont peut faire preuve l'entreprise dans sa gestion quotidienne. À mesure que la complexité des occasions et des difficultés s'accroît, l'organisation subit une tension croissante. La façon dont elle est dirigée devient alors d'autant plus importante.

LES COMPÉTENCES ORGANISATIONNELLES ET LE LEADERSHIP STRATÉGIQUE

Enfin, à la lumière des recherches de Boal et Hooijberg, il est important de reconnaître les principales compétences organisationnelles et de les relier à l'efficacité du leadership stratégique puis à l'efficacité organisationnelle[70]. La première compétence

Capacité d'absorber
Capacité d'apprendre, notamment de repérer les nouvelles données, de les assimiler et de les appliquer à de nouveaux buts

clé est la **capacité d'absorber**, c'est-à-dire la capacité d'apprendre, notamment de repérer les nouvelles données, de les assimiler et de les appliquer à de nouveaux buts. Cette compétence se rapporte aux processus nécessaires à l'amélioration de l'harmonie entre l'organisation et l'environnement. La capacité d'absorber dont disposent les leaders stratégiques de l'équipe de direction est d'une importance particulière, car ces personnes ont l'unique capacité de transformer ou de renforcer les modèles d'action de l'organisation.

Capacité de changer
Capacité de s'adapter

Sagesse gestionnaire
Capacité de percevoir les variations de l'environnement et de comprendre qui sont les acteurs sociaux et quelles relations ils entretiennent

La deuxième compétence clé est la **capacité de changer**, de s'adapter. Boal et Hooijberg affirment que, dans le nouveau paysage concurrentiel en constante évolution, le succès de l'organisation ne va pas sans une certaine capacité à réagir rapidement aux nouvelles conditions que la concurrence impose. Enfin, la troisième compétence clé est la **sagesse gestionnaire**, c'est-à-dire la capacité de percevoir les variations de l'environnement et de comprendre qui sont les acteurs sociaux et quelles relations ils entretiennent. Elle requiert une certaine *intelligence émotionnelle*. En outre, le leader doit être capable de décider de l'action appropriée au moment opportun.

UN EXEMPLE DU MODÈLE

Examinons l'exemple intégratif d'une société d'ingénieurs-conseils qui, à un certain moment, dépendait à 100 % de ses contrats avec le gouvernement. Alice Samson quittait une réunion avec l'équipe de direction armée d'un mandat clair : la société devait se réorienter en raison du programme d'austérité du gouvernement et de la diminution de ses dépenses. Il fallait donc revoir le système organisationnel afin d'assurer la rentabilité et de maintenir la masse salariale. Les procédés d'appels d'offres changeaient. La société n'avait plus l'obligation de se conformer à de nombreux règlements gouvernementaux dans le cadre de ses contrats, et les cadres supérieurs devaient trouver de nouveaux clients. L'évolution de la situation exigeait la capacité de changer, la capacité d'absorber de nouvelles compétences et la sagesse nécessaire pour découvrir une nouvelle voie viable.

Les leaders ont formulé des visions d'avenir et discuté de la nécessité de transformer l'organisation. Ils ont embauché de nouveaux employés pour les aider à se remettre à jour et pour former leurs effectifs. Ils se sont même révélés charismatiques, sinon visionnaires, dans leur décision de changer rapidement. À titre de leaders stratégiques ayant un degré élevé de complexité comportementale et d'intelligence émotionnelle, ils ont cerné les tendances du marché afin de pouvoir modifier les produits existants et ont rapidement conquis de nouveaux marchés tout en liquidant progressivement les anciens contrats[71]. Deux ans après la fameuse réunion, la société se trouvait au milieu d'une transition fondamentale. Son avenir s'annonçait prometteur, et il lui faudrait planifier d'autres changements.

GUIDE de révision

RÉSUMÉ

QU'EST-CE QUE LA STRATÉGIE ORGANISATIONNELLE ?

- La stratégie organisationnelle est le plan d'ensemble de l'organisation résultant d'un processus de positionnement dans l'environnement concurrentiel et de détermination des activités et des mesures à implanter pour soutenir efficacement la concurrence. C'est l'agencement particulier d'une série de décisions.
- Le processus d'élaboration de la stratégie organisationnelle est un processus continu.
- Avec des dirigeants habiles à sa tête, l'organisation parvient à coévoluer avec l'environnement, c'est-à-dire qu'elle réussit à se repositionner dans un environnement qui se transforme lui-même.

COMMENT SE FAIT L'APPRENTISSAGE ORGANISATIONNEL CONTINU ?

- L'apprentissage organisationnel est le processus d'acquisition de connaissances et d'utilisation, de diffusion, d'interprétation et de conservation de l'information qui permet à l'organisation et à ses membres de s'adapter aux circonstances et à l'environnement.
- L'imitation, l'expérience et l'apprentissage vicariant constituent d'importantes sources de connaissances.
- L'étalonnage concurrentiel, le greffage et la sous-traitance constituent trois stratégies d'apprentissage vicariant auxquelles les gestionnaires peuvent avoir recours.
- Une fois l'information obtenue, les gestionnaires doivent mettre en place des mécanismes pour assurer la diffusion de celle qui est pertinente aux personnes qui en ont besoin.
- Le processus d'interprétation de l'information, qui permet d'établir de multiples liens entre des données, des objectifs et un contexte, peut être entravé ou enrayé par un certain nombre de problèmes courants, notamment l'interprétation intéressée.
- En milieu organisationnel, la conservation de l'information repose essentiellement sur sept éléments clés : les gens, la culture organisationnelle, les mécanismes de transformation, les structures formelles, les structures matérielles, les archives externes et les technologies de l'information et des communications (TIC).
- Pour se mesurer avec succès à la concurrence au sein d'une économie mondialisée, les individus, les services et les organisations doivent s'engager dans la voie de l'apprentissage continu, en raison de l'étendue nouvelle des activités d'exploitation, des moyens technologiques et de l'environnement.

QU'EST-CE QUE LA CONCEPTION ORGANISATIONNELLE, ET QUEL EST SON LIEN AVEC LA STRATÉGIE ?

- La conception organisationnelle est le processus qui consiste à déterminer la structure d'organisation la plus appropriée et à la mettre en œuvre.
- Le choix de la structure adéquate devrait se faire en fonction de : l'âge et la taille de l'organisation ; la stratégie privilégiée pour assurer la croissance et la pérennité ; les technologies utilisées dans les activités d'exploitation et dans le traitement de l'information ; l'environnement.
- Pour être un gage de réussite, la configuration structurelle d'une organisation doit soutenir la stratégie.

COMMENT L'ÂGE ET LA TAILLE DE L'ORGANISATION INFLUENT-ILS SUR LA CONCEPTION ORGANISATIONNELLE ?

- La structure d'une organisation devrait être adaptée à son âge et à sa taille.
- Les grandes entreprises sont souvent des entités plus complexes que les PME et requièrent pour cette raison une structure organisationnelle élaborée et bureaucratique.
- À mesure que les organisations croissent et accumulent les années d'expérience, elles tendent à adopter des scénarios de gestion qui se figent en habitudes.
- Dans les grandes organisations, pour surmonter l'inertie, l'une des plus grandes difficultés consiste à éliminer ou à réduire les barrières qui font obstacle, notamment, à l'apprentissage.
- Les organisations de petite taille se caractérisent souvent par une structure simple, dont les avantages résident dans la simplicité, la flexibilité et la capacité de se plier aux volontés du gestionnaire principal.

COMMENT LES TECHNOLOGIES INFLUENT-ELLES SUR LA CONCEPTION ORGANISATIONNELLE ?

- La structure organisationnelle devrait être définie en fonction des technologies liées aux activités d'exploitation, pour que l'entreprise soit en mesure de produire les biens ou les services attendus.
- En présence d'une technologie intensive et d'une production en petite série, on a souvent recours à l'adhocratie, structure organisationnelle très décentralisée.
- La structure organisationnelle devrait aussi être définie en fonction des technologies de l'information et des communications (TIC). Les TIC peuvent servir de substituts à diverses activités d'exploitation ainsi qu'à certains mécanismes de contrôle et modes de coordination formels. Elles peuvent également représenter un potentiel stratégique et constituer des outils d'apprentissage organisationnel transformant l'information en savoir.
- Le terme *technologies de l'information et des communications* (TIC) désigne la combinaison de l'équipement, du matériel, des procédures et des systèmes qui est utilisée pour recueillir, emmagasiner, analyser et diffuser l'information afin qu'elle puisse se traduire en connaissances, en savoir.

- Les TIC ont tellement évolué et se sont tellement développées qu'elles ont permis à des entreprises faisant du commerce électronique de se transformer en organisations virtuelles, et à des équipes de projet sur place de se muer en équipes de projet virtuelles.

COMMENT L'ENVIRONNEMENT INFLUE-T-IL SUR LA CONCEPTION ORGANISATIONNELLE ?

- Les organisations les plus efficaces s'adaptent aux changements externes, mais façonnent également leur environnement.
- L'analyse de l'environnement doit tenir compte de l'environnement global (les conditions générales du milieu d'implantation) et de l'environnement immédiat (les principaux intervenants, la concurrence).
- Un environnement organisationnel est complexe lorsqu'il est riche, lorsqu'il présente des liens d'interdépendance étroits avec l'organisation et lorsqu'il génère un haut degré d'incertitude.
- Plus l'environnement d'une organisation est complexe – et plus grandes sont les demandes auxquelles celle-ci doit répondre –, plus la structure de l'organisation doit, elle aussi, être complexe.
- Aucune organisation ne se suffit à elle-même. Les entreprises ne doivent pas se replier sur elles-mêmes, mais plutôt prendre part à des réseaux et conclure des alliances pour faire face à la complexité de l'environnement.
- Une organisation en réseau est un regroupement d'entreprises en perpétuelle mutation, qui a une société à sa tête et dont les membres mettent en commun leurs compétences, leurs ressources et leur expérience afin de prospérer ensemble.
- L'organisation en réseau est en mesure de réagir rapidement à d'importants changements technologiques et aux nouvelles conditions de l'environnement.
- Les organisations peuvent aussi conclure des alliances interentreprises, c'est-à-dire des accords de coopération ou de coparticipation visant le rapprochement stratégique d'entreprises indépendantes, et former ainsi des *coentreprises*.

COMMENT LE LEADERSHIP STRATÉGIQUE S'EXERCE-T-IL AU SEIN DE L'ORGANISATION ?

- Le leadership stratégique est la capacité d'assumer la direction d'une unité ou d'un service quasi indépendant, ou d'une organisation.
- Au fur et à mesure qu'on monte dans la hiérarchie de l'organisation, les attentes à l'égard des gestionnaires augmentent, les tâches deviennent plus complexes et le temps nécessaire pour qu'une décision donne des résultats s'allonge.
- La notion de leadership stratégique telle qu'elle est présentée dans ce chapitre correspond au leadership déployé tant par le chef de la direction que par l'équipe de direction.

- Selon Boal et Hooijberg, le leadership stratégique part des théories naissantes, soit la complexité cognitive, l'intelligence sociale et la complexité comportementale, ainsi que de la vision, du charisme et du leadership transformateur, pour améliorer la capacité d'absorber, la capacité de changer et la sagesse gestionnaire, lesquelles influent ensuite sur l'efficacité organisationnelle.

MOTS CLÉS

Adhocratie	p. 513	Imitation	p. 501
Alliance interentreprises	p. 521	Leadership stratégique	p. 522
Apprentissage organisationnel	p. 500	Organisation en réseau	p. 520
Capacité d'absorber	p. 528	Sagesse gestionnaire	p. 528
Capacité de changer	p. 528	Scénario de gestion	p. 509
Complexité cognitive	p. 523	Sous-traitance ou impartition	p. 503
Complexité comportementale	p. 523	Stratégie organisationnelle	p. 499
Complexité de l'environnement	p. 518	Structure simple	p. 510
Conception organisationnelle	p. 506	Technologies de l'information et des communications (TIC)	p. 511
Cycle positif	p. 510	Technologies liées aux activités d'exploitation	p. 511
Étalonnage concurrentiel	p. 502		
Greffage	p. 503		

MonLab
Évaluation des connaissances
questions interactives

ÉVALUATION DES CONNAISSANCES

QUESTIONS À CHOIX MULTIPLE

1. La structure d'une organisation doit s'adapter à tous ces facteurs, sauf un. Lequel ? **a)** Son environnement. **b)** Sa stratégie organisationnelle. **c)** Son âge et sa taille. **d)** Les travailleurs qu'elle embauchera.
2. ________ consiste(nt) en une combinaison des ressources, des connaissances et des techniques qui permettent à l'organisation de créer un bien ou un service. **a)** Les TIC **b)** La stratégie **c)** L'apprentissage organisationnel **d)** Les technologies liées aux activités d'exploitation **e)** L'environnement global
3. ________ consiste(nt) en la combinaison de l'équipement, du matériel, des procédures et des systèmes qui est utilisée pour recueillir, emmagasiner, analyser et diffuser l'information, afin que celle-ci puisse se traduire en connaissances. **a)** L'environnement immédiat **b)** La stratégie **c)** Les technologies liées aux activités d'exploitation **d)** Les TIC
4. Laquelle des affirmations suivantes s'applique le mieux à l'adhocratie ? **a)** Cette structure facilite l'échange d'information et l'apprentissage organisationnel. **b)** Elle se caractérise par un très grand nombre de directives et de politiques. **c)** Elle n'a que très peu recours aux TIC. **d)** Elle traite les problèmes courants avec une grande efficacité.

5. L'ensemble des conditions culturelles, économiques, politicojuridiques et éducationnelles qui caractérisent les milieux où l'organisation est implantée s'appelle ________ **a)** l'environnement des tâches. **b)** l'environnement immédiat. **c)** le champ d'activité. **d)** l'environnement global.
6. Le segment de l'environnement qui concerne les sociétés avec lesquelles l'organisation doit entrer en interaction à la fois pour obtenir des intrants et pour écouler ses produits s'appelle ________ **a)** l'environnement global. **b)** l'environnement stratégique. **c)** le milieu d'apprentissage organisationnel. **d)** l'environnement immédiat.
7. Les ________ sont des accords de coopération ou de coparticipation entre deux entreprises indépendantes. **a)** fusions **b)** acquisitions **c)** alliances interentreprises **d)** adhocraties
8. Le processus d'acquisition de connaissances ainsi que de diffusion, d'interprétation et de conservation de l'information à l'échelle de l'organisation s'appelle ________ **a)** l'apprentissage vicariant. **b)** l'expérience. **c)** l'apprentissage organisationnel. **d)** l'interprétation intéressée.
9. ________ sont trois méthodes d'apprentissage vicariant. **a)** L'étalonnage concurrentiel, le greffage et la sous-traitance **b)** Le greffage, la sous-traitance et l'expérience **c)** L'étalonnage concurrentiel, le greffage et l'imitation **d)** L'expérience, l'imitation et l'étalonnage concurrentiel
10. Le processus d'acquisition d'individus, d'unités ou d'organisations visant à accroître le savoir de l'organisation qui s'en porte acquéreur porte le nom ________ **a)** de greffage. **b)** de stratégie. **c)** d'étalonnage concurrentiel. **d)** d'imitation.
11. La complexité de l'environnement ________ **a)** fait référence aux jeux d'alliances entre les cadres supérieurs. **b)** fait référence à l'ampleur des problèmes et des occasions qui se présentent dans l'environnement organisationnel global et immédiat. **c)** ne fait référence qu'à l'environnement général de l'organisation. **d)** ne fait référence qu'aux organisations avec lesquelles une entreprise doit interagir pour obtenir des intrants et écouler ses extrants.
12. La stratégie organisationnelle est ________ **a)** le plan d'ensemble de l'organisation résultant d'un processus de positionnement dans un milieu concurrentiel et de détermination des mesures à implanter pour soutenir efficacement la concurrence ; il s'agit de l'agencement particulier d'une série de décisions. **b)** uniquement le plan d'ensemble de l'organisation résultant du seul processus de positionnement visant à s'assurer de maintenir une certaine compétitivité. **c)** uniquement l'agencement particulier d'une série de décisions. **d)** le résultat d'un processus d'acquisition de connaissances, de rétention du personnel et de distribution et d'interprétation de l'information.
13. Le fait, pour une organisation, de reproduire des pratiques qui ont démontré leur efficacité dans d'autres organisations porte le nom ________ **a)** d'imitation. **b)** d'étalonnage concurrentiel. **c)** de greffage. **d)** de stratégie.
14. ________ est le processus qui consiste à déterminer la structure d'organisation la plus appropriée et à la mettre en œuvre. **a)** La stratégie **b)** La conception organisationnelle **c)** Le greffage **d)** L'étalonnage concurrentiel

15. Boal et Hooijberg ________ **a)** ont avancé des arguments contre la théorie du leadership stratégique. **b)** ont élaboré une théorie qui s'appuie sur de nombreuses recherches. **c)** ont élaboré une théorie qui met en lumière les tensions et la complexité auxquelles doit faire face le leader stratégique. **d)** ont élaboré une théorie qui est aujourd'hui désuète.

QUESTIONS À RÉPONSE BRÈVE

16. Énumérez les raisons pour lesquelles une grande organisation ne peut se contenter d'une structure simple.

17. Décrivez l'historique de l'implantation des TIC en milieu organisationnel ainsi que les rôles des TIC.

18. Décrivez, selon les points de vue respectifs de Thompson et de Woodward, l'effet qu'ont sur l'organisation les technologies auxquelles elle recourt pour ses activités d'exploitation.

19. Quels sont les trois principaux facteurs qui déterminent le degré de complexité d'un environnement organisationnel ?

QUESTION À DÉVELOPPEMENT

20. Pourquoi un constructeur d'automobiles choisirait-il d'adopter une structure matricielle pour le volet conception et mise au point de ses véhicules et s'abstiendrait-il d'étendre cette configuration à ses activités de fabrication et de montage ?

LE CO DANS LE FEU DE L'ACTION

Pour ce chapitre, nous vous suggérons les activités suivantes du *Cahier d'apprentissage en CO* (voir p. C1).

Étude de cas	Exercices	Autoévaluations
28. La financière First Community	13. Le jeu de construction 39. Les coulisses des organisations 41. Une invasion extraterrestre	2. Le gestionnaire du 21e siècle 21. Votre préférence en matière de structure organisationnelle

Chapitre 16

La culture organisationnelle et l'innovation

Comme ils passent le plus clair de leur vie d'adultes dans des organisations ou qu'ils gravitent autour d'elles, les individus sont souvent imprégnés par la culture de ces dernières. Cette culture leur apporte signification et stabilité, mais aussi se décline souvent en sous-cultures et s'accompagne de contre-cultures. Pour devenir un gestionnaire efficace, vous devez comprendre les différentes dimensions de la culture organisationnelle et le rôle important que jouent les récits, les rites et les rituels. Si la culture apporte une certaine stabilité, les organisations ont également besoin d'innovation pour survivre. Trouver un équilibre entre le besoin d'innovation et la stabilité peut constituer un défi de taille. Dans ce chapitre, nous allons ainsi nous pencher sur les principales dimensions de la culture organisationnelle, puis examiner comment le gestionnaire avisé peut gérer cette dernière ou recourir à l'innovation pour la transformer.

OBJECTIFS D'APPRENTISSAGE

Après l'étude de ce chapitre, vous devriez pouvoir :

- Définir la culture organisationnelle et expliquer ses principales fonctions.
- Décrire les trois dimensions d'une culture organisationnelle et leur rôle respectif.
- Expliquer ce qu'est l'innovation et pourquoi elle est si importante pour l'organisation.
- Expliquer comment on peut gérer la culture organisationnelle et l'innovation.

Travailler, vivre et réaliser des choses ensemble.

PLAN DU CHAPITRE

McKesson Canada : des valeurs d'engagement au cœur de la stratégie d'affaires

Dès l'entrée, les valeurs de McKesson Canada sont affichées haut et fort : intégrité, client d'abord, responsabilité, respect et excellence. Et pas seulement à la réception. Sur tous les murs ou presque.

Même l'énergie qui passe entre les employés ou entre ceux-ci et les visiteurs exprime ces valeurs. En fait, les valeurs d'engagement semblent imprégner la culture de l'entreprise, chef de file en matière de logistique et de distribution dans le secteur des soins de santé. Plus intéressant encore, ces valeurs s'inscrivent au cœur même de la stratégie d'affaires ! [...]

Une culture d'entreprise se bâtit au jour le jour. Pour trouver l'équilibre, il faut jongler constamment et faire évoluer les pratiques. Ainsi, si les programmes sont trop structurés, ils peuvent être trop rigides. On doit donc adopter la stratégie des petits pas, afin d'évaluer et d'anticiper les répercussions possibles, indique [le président] Domenic Pilla : « Par exemple, la gestion de la performance. Devrait-on saluer les talents individuels ou plutôt reconnaître l'esprit d'équipe ? Quels messages nos programmes de gestion des ressources humaines communiquent-ils à cet effet ? Et comment incarner tout cela dans la chaîne de gestion ? » [La vice-présidente] Geneviève Fortier ajoute son grain de sel : « Peu importe qu'ils soient identifiés comme des hauts potentiels ou non, tous les employés devraient avoir un plan de développement individualisé. Ce qu'on veut, c'est que leur environnement de travail leur permette de donner le meilleur d'eux-mêmes, de maximiser LEUR potentiel. »

Une culture d'entreprise se bâtit au jour le jour.

Pour soutenir l'épanouissement de ses employés, McKesson Canada mise sur une variété de pratiques intéressantes : primes pour la recommandation d'employés, programme d'achat d'actions, compensation complémentaire lors de congé de maternité, participation financière à l'accréditation professionnelle, etc. On encourage également l'éducation continue, autant celle des employés que de leurs enfants, grâce notamment à des bourses pouvant aller jusqu'à 1 000 $. Car si McKesson Canada valorise l'engagement de ses employés, elle tient à montrer l'exemple, comme l'affirme Domenic Pilla : « Nous sommes engagés à aider les gens à changer leur vie de façon positive par l'entremise de nos activités de responsabilité sociale. C'est pourquoi nous encourageons nos employés à faire des dons et à donner de leur temps à leur collectivité ou à des organismes caritatifs, et nous les appuyons dans leur démarche. Nous sommes très fiers du rôle actif que nous jouons à titre de partenaire au sein des collectivités où nous menons nos activités et où vivent et travaillent nos fournisseurs, nos clients et nos employés, et nous jouons ce rôle de façon responsable. »

Cette cohérence entre les valeurs et le quotidien s'inscrit dans le discours que tient le duo en ce jour d'entrevue. Ce n'est d'ailleurs pas anodin que l'amélioration continue des processus opérationnels (Six Sigma) soit en partie sous la responsabilité de Geneviève Fortier, en coleadership avec le vice-président, approvisionnement. Selon le président, Six Sigma est l'un des catalyseurs au cœur des plans stratégiques et tactiques de McKesson Canada : « Cette démarche fait partie de notre ADN et elle nous a aidés à créer la meilleure proposition de valeur et à établir le meilleur processus d'exécution dans le secteur des soins de santé au Canada. »

Cette philosophie de gestion, qui vise l'atteinte de l'excellence opérationnelle par l'engagement de l'entreprise tout entière envers des initiatives d'amélioration continue, repose en effet sur des troupes bien motivées à atteindre les objectifs et à évaluer constamment les opportunités d'optimiser la chaîne d'approvisionnement. [...]

Source : Chantal Dauray, « McKesson Canada : des valeurs d'engagement au cœur de la stratégie d'affaires », *Effectif*, vol. 14, nº 2, avril-mai 2011. Reproduit avec l'autorisation de l'Ordre des conseillers en ressources humaines agréés. Tous droits réservés.

Vous imaginez-vous en train de supprimer tous vos amis de votre liste Facebook ou de vous retenir de raconter les dernières nouvelles sur Twitter? Ce serait comme vous déconnecter du monde. Si les cadres des grandes organisations aimeraient avoir une emprise sur l'utilisation des médias sociaux, ils comprennent très bien que l'interconnexion fait partie de la culture générale de nos pays et qu'elle devient rapidement la norme à l'échelle mondiale. Elle n'est que l'une des nouvelles questions auxquelles ils doivent réfléchir pour gérer la culture de leur organisation, la culture organisationnelle.

La culture organisationnelle

La **culture organisationnelle** (ou **culture d'entreprise**, dans les milieux d'affaires) se définit comme l'ensemble des attitudes, des valeurs et des croyances communes qu'acquièrent les membres d'une organisation et qui guident leur comportement[1]. Comme la personnalité d'un individu, la culture d'une organisation est unique: il n'en existe pas deux qui soient identiques. De plus en plus, les spécialistes et les consultants en gestion s'entendent pour dire que la culture distinctive d'une organisation peut avoir un effet déterminant sur ses résultats globaux et sur la qualité de vie professionnelle de ses membres. Dans ce chapitre, nous examinons les fonctions de la culture organisationnelle et les diverses facettes de l'analyse culturelle, afin de comprendre l'immense pouvoir de la culture organisationnelle.

▸ **Culture organisationnelle** (ou **culture d'entreprise**)
Ensemble des attitudes, des valeurs et des croyances communes qu'acquièrent les membres d'une organisation et qui guident leur comportement

LES FONCTIONS DE LA CULTURE ORGANISATIONNELLE

C'est par leur expérience collective que les membres d'une organisation parviennent à résoudre deux questions capitales liées à la pérennité de cette dernière:

1. Celle de l'*adaptation externe*. Que faut-il accomplir précisément et comment y arriver?
2. Celle de l'*intégration interne*. Comment régler les problèmes quotidiens liés au fait de travailler ensemble et de se côtoyer[2]?

L'ADAPTATION EXTERNE

Par **adaptation externe**, on entend le processus qui permet à l'organisation d'atteindre ses objectifs et de composer avec les forces de l'environnement. Plus précisément, l'adaptation externe concerne les tâches à accomplir ainsi que les méthodes à employer pour atteindre les objectifs organisationnels et, le cas échéant, pour assumer les succès et les échecs.

▸ **Adaptation externe**
Processus qui permet à l'organisation d'atteindre ses objectifs et de composer avec les forces de l'environnement; plus précisément, ensemble des tâches à accomplir et des méthodes à employer pour atteindre les objectifs organisationnels et, le cas échéant, pour assumer les succès et les échecs

Grâce aux expériences qu'ils partagent, les membres d'une organisation peuvent acquérir des perspectives communes qui les guident dans leurs activités de tous les jours. Cependant, il est essentiel qu'ils connaissent la véritable mission de l'organisation, et pas seulement les énoncés relatifs à certains de ses éléments constitutifs, comme les actionnaires. Au fil de leurs interactions, les travailleurs en viendront naturellement à comprendre leur rôle dans l'accomplissement de cette mission. Selon les cas, ils pourront se voir comme des ressources humaines de première importance, comme des rouages de la machine ou comme un simple coût à réduire.

La mission de l'organisation et la perception qu'ont ses membres de sa contribution sociétale sont étroitement liées aux questions de responsabilité, d'objectifs et de méthodes. Chez 3M, par exemple, les travailleurs estiment qu'il leur incombe d'innover et de se montrer créatifs. Pour eux, cette responsabilité découle des objectifs organisationnels d'innovation et d'amélioration continue des produits et des procédés.

Dans une organisation, chaque groupe de travailleurs a également tendance à:

- départager les forces externes les plus importantes et les moins importantes;
- trouver des façons d'évaluer ses réalisations;
- élaborer des explications pour justifier le fait que les objectifs ne sont pas toujours atteints.

Par exemple, chez le fabricant d'ordinateurs Dell, les cadres n'évaluent plus leur progrès en fonction de cibles précises, mais plutôt en fonction de l'avancement d'un processus global de croissance. Au lieu d'expliquer un échec en invoquant la situation économique ou en blâmant la direction, ils se sont donné des objectifs extrêmement exigeants et ils ont redoublé d'efforts pour accroître la participation et l'engagement de leurs subordonnés.

L'adaptation externe vise également deux aspects – souvent négligés et pourtant cruciaux – liés à la façon de composer avec les forces de l'environnement.Premièrement, les travailleurs doivent trouver des manières d'informer les gens de l'extérieur de leurs réussites réelles. Par exemple, chez 3M, on parle de la quantité et de la qualité des produits utiles que l'entreprise a apportés au marché. Deuxièmement, les travailleurs doivent savoir quand le moment est venu d'admettre collectivement un échec. Toujours chez 3M, on a trouvé une solution simple pour les produits qu'on conçoit: au tout début du processus d'élaboration, on se fixe des critères d'abandon de projet; quand on constate qu'on fait fausse route, on suspend les efforts et on les réoriente[3].

En résumé, l'adaptation externe repose sur une compréhension commune des membres de l'organisation concernant d'importantes questions de survie et d'adaptation à l'environnement:

- Quelle est notre mission? Comment pouvons-nous contribuer à l'accomplir?
- Quels sont nos objectifs? Comment pouvons-nous les atteindre?
- Quelles sont les principales forces externes auxquelles nous devons faire face?
- Comment allons-nous évaluer nos résultats?
- Que ferons-nous si nous n'atteignons pas certains objectifs?
- Comment ferons-nous savoir aux autres à quel point nous sommes excellents?
- Quand devrons-nous abandonner un projet?

L'INTÉGRATION INTERNE

La culture organisationnelle apporte également des solutions aux problèmes d'intégration interne de l'organisation. Par **intégration interne**, on entend le processus par lequel les membres de l'organisation se donnent une identité collective et harmonisent leurs façons de travailler ensemble et de se côtoyer.

▶ **Intégration interne**
Processus par lequel les membres de l'organisation se donnent une identité collective et harmonisent leurs façons de travailler ensemble et de se côtoyer

Le processus d'intégration interne commence souvent par l'émergence d'un sentiment d'unité ou d'identité propre: chaque groupe ou chaque «sous-culture» parvient à définir son unicité au sein de l'organisation. Par le dialogue et l'interaction, les individus commencent à se faire une idée de l'environnement dans lequel ils travaillent. Selon le cas, ils pourront y voir un univers en évolution ou figé, un univers riche en possibilités ou menaçant. Lorsque les divers groupes ou sous-cultures prennent collectivement conscience qu'ils peuvent changer des aspects importants de cet univers et voient dans ce qui leur apparaissait comme une menace une occasion d'évoluer, ils ont déjà fait un grand pas dans le sens de l'innovation.

Essentiellement, travailler en groupe suppose trois choses :

1. Décider qui est ou n'est pas membre du groupe.
2. Déterminer informellement les comportements acceptables et inacceptables.
3. Distinguer les alliés des adversaires.

Ces questions sont importantes tant pour les membres du groupe que pour les gestionnaires. Les tenants de la gestion intégrale de la qualité affirment que les membres des sous-ensembles d'une organisation ont besoin de considérer leur supérieur immédiat comme l'un des leurs et s'attendent à ce que celui-ci les représente auprès de cadres supérieurs compréhensifs. Le processus d'amélioration de la qualité peut rapidement échouer si les cadres supérieurs ne manifestent pas la compréhension requise.

Pour travailler ensemble efficacement, les individus doivent régler collectivement des questions relatives au pouvoir, à l'autorité et au statut de chacun, et s'entendre sur l'attribution des récompenses et des punitions liées à tel ou tel comportement. Un trop grand nombre de gestionnaires négligent ces dimensions de l'intégration interne. À titre d'exemple, un gestionnaire peut se montrer incapable d'expliquer clairement les raisons d'une promotion et de démontrer que cette récompense ainsi que le statut et le pouvoir qui s'y rattachent vont dans le sens des convictions de l'ensemble des travailleurs.

Les divers groupes doivent aussi se donner les moyens de communiquer et d'établir des liens d'amitié au sein de l'organisation. Ces dimensions de l'intégration interne peuvent sembler bizarres à certains, mais elles sont indispensables. Pour agir efficacement en équipe, les personnes doivent accepter l'idée que les rapprochements et les liens d'amitié unissant certaines d'entre elles sont inévitables[4].

Le fait de régler ces points d'intégration interne favorise, chez les membres, un sentiment d'appartenance et un engagement envers l'organisation, ce qui contribue à la stabilité à long terme et au sentiment de participer à un projet collectif. En somme, l'intégration interne passe par la résolution de problèmes importants concernant le fait de travailler ensemble et de se côtoyer, par la recherche de réponses aux grandes questions suivantes :

- Quelle est notre identité collective distinctive ?
- Comment envisageons-nous notre univers de travail ? Qui en fait pleinement partie ?
- Comment réglons-nous collectivement les problèmes relatifs au pouvoir, à l'autorité et au statut de chacun ?
- Comment communiquons-nous entre nous et avec les autres ?
- Sur quoi nos liens d'amitié se fondent-ils ?

Il est crucial que les membres du personnel répondent à ces questions, car une organisation n'est pas seulement un milieu de travail[5].

LA CULTURE DOMINANTE, LES SOUS-CULTURES ET LES CONTRE-CULTURES

Généralement, les organisations de petite taille possèdent une seule culture organisationnelle, cimentée par un ensemble d'attitudes, de valeurs et de croyances communes. Les organisations de plus grande taille, en revanche, comportent souvent plusieurs *sous-cultures* ainsi qu'une ou plusieurs *contre-cultures*[6].

LES SOUS-CULTURES

▸ **Sous-culture**
Philosophie et valeurs qui sont propres à un groupe, mais qui ne se définissent pas par opposition à la culture dominante de l'organisation

On entend par **sous-culture** une philosophie et des valeurs qui sont propres à un groupe, mais qui ne se définissent pas par opposition à la culture dominante de l'organisation[7]. Notons que, dans une organisation, les sous-cultures fortes sont souvent le fait d'équipes ou de groupes hautement performants, leur émergence renforçant les liens entre des individus qui doivent collaborer pour accomplir une tâche particulière. Ainsi, à l'usine Boeing de Renton (près de Seattle), on trouve des sous-cultures très fortes chez les ingénieurs-vérificateurs de matériaux et chez les ingénieurs de liaison, deux groupes très spécialisés chargés de résoudre des problèmes techniques extrêmement complexes touchant la sécurité des appareils. Cependant, l'existence de ces sous-cultures n'empêche nullement les deux groupes d'ingénieurs d'adhérer aux valeurs fondamentales de Boeing.

LES CONTRE-CULTURES

▸ **Contre-culture**
Philosophie et valeurs propres à un groupe, qui se définissent par opposition à la culture dominante de l'organisation

En revanche, le terme **contre-culture** désigne une philosophie et des valeurs qui sont propres à un groupe et qui se définissent par opposition à la culture dominante de l'organisation[8]. Dès qu'il a réintégré Apple pour en prendre la direction générale, Stephen Jobs a créé une contre-culture au sein même de la société. Les 18 mois qui ont suivi ont été riches en conflits, car les partisans de l'ancien directeur (Gil Amelio) se sont battus pour conserver leur place. C'est finalement le nouveau directeur qui l'a emporté, et Apple par la même occasion. La contre-culture de Jobs est devenue la culture dominante de l'entreprise[9].

Toute organisation de grande taille qui recrute sa main-d'œuvre dans l'environnement où elle est implantée est susceptible d'importer, du même coup, des sous-groupes sociaux ou ethnoculturels parfois importants. Dans les entreprises nord-américaines, les sous-cultures et les contre-cultures se créent naturellement en fonction de caractéristiques telles que l'origine ethnoculturelle, le sexe, l'âge ou même le quartier de résidence. Au Japon, la date d'obtention du diplôme, le sexe et l'origine régionale sont des éléments clés de la création de sous-cultures en milieu organisationnel. Dans les entreprises européennes, ce sont l'origine ethnoculturelle, la langue et le sexe qui jouent un rôle majeur dans l'apparition de sous-cultures et de contre-cultures. Finalement, dans la plupart des pays émergents, les sous-cultures et les contre-cultures organisationnelles se forment à partir de caractéristiques telles que la langue, l'éducation, la religion ou le statut social de la famille.

En outre, les acquisitions et les fusions peuvent faire émerger une ou plusieurs contre-cultures, les organisations nouvellement acquises ou fusionnées pouvant fort bien entretenir des valeurs et des croyances contraires à la culture de l'acquéreur ou de l'organisation principale. On appelle ce phénomène *choc des cultures organisationnelles*[10]. De plus en plus d'entreprises se mondialisent et misent sur les fusions ou sur l'acquisition d'autres entreprises pour assurer leur croissance. Dès lors, elles doivent souvent composer à la fois avec l'importation de sous-cultures et avec le choc des cultures organisationnelles.

LA CULTURE NATIONALE ET LA CULTURE ORGANISATIONNELLE

Les valeurs très largement partagées par les membres d'une organisation proviennent souvent de la culture du pays où cette dernière est implantée. Ainsi, la culture de Sony, axée sur les réalisations collectives, et celle de Zenith, axée sur l'excellence individuelle, reflètent toutes deux la culture de leur société d'appartenance: la culture collectiviste des Japonais et la culture individualiste des Nord-Américains. Les valeurs liées à une culture nationale peuvent influer sur les attentes des éléments constitutifs de l'organisation, de même que sur les solutions préconisées, et largement acceptées pour résoudre certains problèmes.

Lorsqu'ils passent d'un pays à un autre, les gestionnaires doivent donc être conscients des différences culturelles pour ne pas agir en contradiction avec des valeurs issues de la culture nationale. Toute organisation qui a des activités à l'échelle internationale doit savoir que les actions qui s'opposent aux valeurs nationales risquent de choquer les travailleurs et d'avoir un effet désastreux sur le rendement, et ce, même si les gestionnaires sont bien intentionnés. Par exemple, afin de remonter le moral des cadres de la Compagnie Générale de Radiologie, la filiale française que leur entreprise venait d'acquérir, les dirigeants américains de General Electric ont invité tous les cadres européens à un séminaire de bienvenue près de Paris. Ils leur ont distribué à cette occasion des t-shirts portant le slogan de GE, « Go for One », comme le veut la pratique courante au cours des séminaires de formation en Amérique du Nord. Or, les Français n'ont pas du tout apprécié le cadeau, l'un d'entre eux allant jusqu'à assimiler ce geste à un comportement nazi: « On se serait cru sous Hitler. Vouloir nous forcer à porter ces *uniformes*... C'était humiliant. » Comme vous pouvez le constater, instaurer une culture commune fondée sur de solides valeurs éthiques ne va pas sans difficulté, particulièrement lorsqu'il y a importation de sous-groupes sociaux.

L'IMPORTATION DE SOUS-GROUPES SOCIAUX OU ETHNOCULTURELS

Au-delà des problèmes relatifs aux différences entre les cultures nationales, qui nécessitent une adaptation, des difficultés peuvent surgir à cause de l'importation de sous-groupes issus de la société environnante. Les sous-cultures qui sont associées à ces derniers peuvent tantôt représenter un apport pour l'organisation, tantôt se révéler nuisibles. Au pire, il se peut que les cadres supérieurs, acceptant mal les différences, privilégient l'uniformité et le respect des valeurs de la culture dominante. Par cette approche, ils favorisent l'apparition de trois grands types de problèmes.

Premièrement, les sous-groupes minoritaires unis par une même religion ou une même origine ethnoculturelle, par exemple, seront enclins à créer une contre-culture et à consacrer plus d'énergie à améliorer leur statut collectif qu'à assurer la pérennité de l'organisation.

Deuxièmement, l'organisation risque d'avoir beaucoup de mal à s'adapter à des changements culturels plus profonds. Par exemple, on sait qu'en Amérique du Nord les attitudes envers les femmes, les personnes handicapées et les minorités ont beaucoup évolué depuis 30 ans. Les organisations qui restent attachées à leurs vieux préjugés et à leurs attitudes traditionnelles ont perdu plus de personnel qualifié et connu plus de problèmes de communication et de conflits interpersonnels que celles qui manifestent de l'ouverture et du respect à l'égard de la diversité de la main-d'œuvre.

Troisièmement, les organisations qui adhèrent aux préjugés et aux divisions sociales et qui les reproduisent en leur sein risquent d'éprouver de grandes difficultés à mener des activités internationales importantes. Ainsi, plusieurs sociétés japonaises ont eu beaucoup de mal à s'adapter aux politiques nord-américaines de non-discrimination à l'égard des femmes[11].

LES FAÇONS DE BÂTIR EN S'APPUYANT SUR LA DIVERSITÉ CULTURELLE NATIONALE

Les gestionnaires peuvent intervenir pour éradiquer toute sous-culture ou contre-culture qui émerge au sein de leur organisation. De nombreuses entreprises tentent actuellement d'appliquer un modèle préconisé par le chercheur Taylor Cox : celui de l'*organisation multiculturelle*. Il s'agit d'une organisation qui valorise la diversité culturelle, mais qui fait en sorte d'empêcher les sous-cultures issues de l'environnement de pénétrer le tissu social qui lui est propre[12]. Comme Cox travaille sur des problèmes propres aux États-Unis, ses recommandations pourraient ne pas s'appliquer aux organisations établies dans des pays à population plus homogène. Voici, néanmoins, son programme en cinq étapes pour créer une organisation multiculturelle.

1. L'organisation doit soutenir le pluralisme, tout en visant une socialisation fondée sur la diversité. À cette fin, les membres des divers groupes *naturels* doivent apprendre les uns des autres, afin d'être mieux informés, de mieux se connaître et de ne pas entretenir de stéréotypes.
2. L'organisation doit veiller à ce que sa structure intègre la diversité à tous les échelons, de sorte qu'il soit impossible d'associer tel ou tel groupe à tel ou tel type de poste ou de tâches. Par exemple, elle doit éviter la sexualisation des tâches.
3. L'organisation doit essayer d'intégrer les réseaux informels en éliminant les barrières et en accentuant la participation du personnel. Elle devrait ainsi pouvoir démanteler les groupes informels fondés sur des divisions qu'on trouve dans la société.
4. L'organisation doit faire disparaître les liens qui l'associent à un groupe particulier. Autrement dit, elle doit veiller à ne pas donner l'impression d'être réservée aux jeunes, aux aînés, aux hommes, aux femmes, etc.
5. L'organisation doit travailler activement à éliminer les conflits interpersonnels fondés sur l'appartenance à un groupe donné ou sur une réaction brutale du groupe dominant à l'égard d'une minorité particulière.

Les dirigeants avisés savent faire preuve de souplesse et de pragmatisme dans la mise en application du programme de Cox. Ils reconnaissent que certains regroupements naturels peuvent les aider à atteindre leurs objectifs. À titre d'exemple, pour suivre à la lettre le programme de Cox, on devrait faire en sorte que les travailleurs de chaque groupe d'âge, y compris ceux qui sont dans la vingtaine, soient représentés au sein de la direction proportionnellement à leur nombre dans l'organisation. Or, dans la plupart des entreprises, on exige des cadres supérieurs un jugement aiguisé par un degré d'expérience que peu de jeunes gens possèdent. Cela, soulignons-le au passage, n'empêche pas les dirigeants de trouver d'autres moyens de se rapprocher des individus de cette tranche d'âge.

L'âge commence à poser problème au moment des mises à pied[13]

L'ÉTHIQUE EN CO

Lorsque la situation économique est défavorable, les mises à pied deviennent incontournables. Mais par qui commencer? Sarah est jeune et célibataire. Elle a abandonné ses études depuis longtemps. C'est une travailleuse acharnée, comme l'a montré son évaluation de cette année: son rendement a atteint des sommets. Elle se porte toujours volontaire lorsqu'il faut travailler le soir ou faire des déplacements. Mary est au milieu de la quarantaine. Elle a deux enfants et un mari pédiatre. Son rendement est bon, toujours égal ou supérieur à la moyenne, comme en témoignent ses évaluations. Cependant, elle a peu de temps pour travailler le soir ou faire des voyages d'affaires.

Va-t-on d'abord mettre à pied Sarah ou Mary? Selon toute vraisemblance, ce sera Sarah. D'après le *Wall Street Journal*, les salariés les plus jeunes sont exposés à un plus grand risque de mise à pied. Au moment des compressions de personnel, en effet, de nombreux employeurs suivent la règle du «dernier arrivé, premier sorti», même si les salaires des employés les plus jeunes tendent à être plus bas que ceux des anciens et même si leur rendement est souvent plus élevé. Cela s'explique notamment par la volonté des gestionnaires d'éviter des conflits. Personne ne souhaite devoir faire face à un procès pour discrimination fondée sur l'âge. Il y a aussi la forte charge émotionnelle associée aux décisions de mise à pied. Ainsi, il semble plus facile de renvoyer un employé jeune, qui a probablement moins d'obligations familiales et une situation personnelle moins compliquée que d'autres.

David Schauer, directeur d'une école de Phœnix, raconte qu'il a envoyé des préavis de licenciement à 68 enseignants se trouvant tous dans leur première année d'emploi. Il déclare: «Ma plus grande crainte est que des individus vraiment talentueux quittent définitivement l'enseignement.» Nicole Ryan, enseignante new-yorkaise venant de recevoir un préavis de licenciement, avoue: «Je me doutais bien que ça arriverait, à cause de mon peu d'ancienneté. J'étais au bas de l'échelle.» Elle ajoute: «Je n'ai pas trouvé ça facile pour autant.»

QUESTIONS Les gestionnaires ont-ils raison de mettre à pied d'abord les jeunes salariés, même si leur rendement est élevé? Est-il juste de tenir compte de facteurs personnels et familiaux lorsqu'il faut décider quels employés garder et lesquels licencier? Est-il juste que des employés jeunes craignent le licenciement du fait que certains gestionnaires redoutent un procès pour discrimination fondée sur l'âge?

Les trois dimensions de la culture organisationnelle

Le défis est de rendre la culture org + forte, il est important que les avantages de travailler sur les valeurs communes existent.
– Leadership => avoir 1 discours cohérent, faire de la mobilisation.

- expliquer + communiquer les valeurs
- taux de roulement ↓
- prise de décision + rapide –

L'analyse de la culture d'une organisation permet d'en dégager trois dimensions qui se révèlent l'une après l'autre, un peu comme des couches superposées: d'abord la *culture apparente*, puis les *valeurs communes*, enfin les *hypothèses communes*[14]. Plus une dimension est profondément enfouie, plus elle est difficile à découvrir, mais plus les éléments qui la composent sont fondamentaux. C'est ce que montre la **figure 16.1**, représentant ces trois dimensions dans une forme pyramidale.

Première dimension de la culture d'une organisation, la *culture apparente* correspond à «la manière dont on fait les choses ici», c'est-à-dire les méthodes établies par le groupe et enseignées aux nouveaux venus. La culture apparente englobe aussi les récits, les cérémonies et les rituels qui constituent l'histoire de l'organisation ou de l'un de ses groupes.

Constituant la deuxième dimension de la culture d'une organisation, les *valeurs communes* jouent un rôle crucial, car elles relient les individus et peuvent agir comme un puissant mécanisme de mobilisation des membres de l'organisation. De nombreux

FIGURE 16.1 LES TROIS DIMENSIONS DE LA CULTURE ORGANISATIONNELLE

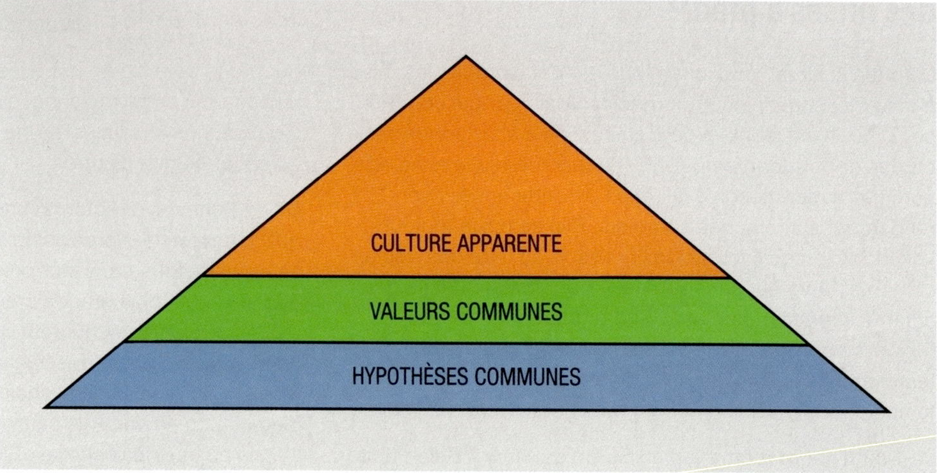

consultants conseillent d'ailleurs aux organisations d'instaurer un « ensemble cohérent et dominant de valeurs communes[15] ». Sur le plan de l'analyse culturelle, la notion de communauté de valeurs implique que le groupe forme un tout : certains membres peuvent ne pas adhérer entièrement à ces valeurs, mais tous ont conscience de leur existence et savent, pour l'avoir souvent entendu répéter, à quel point elles sont primordiales. Ainsi, chez Hewlett-Packard, le terme « qualité » est sur toutes les lèvres ; l'entreprise s'est édifiée sur la conviction que chacun a un rôle à jouer dans la création de produits de qualité. Chez Microsoft, la passion pour la technologie représente une valeur culturelle commune.

Enfin, la dimension la plus profonde de la culture organisationnelle est celle des *hypothèses communes* – les vérités allant de soi – que les divers groupes de l'organisation ont élaborées et acquises au fil de leur expérience collective. Ces hypothèses communes sont souvent très difficiles à cerner. Toutefois, lorsqu'on y parvient, on comprend mieux l'omniprésence de la culture dans tous les aspects de la vie organisationnelle.

Prenons maintenant le temps d'approfondir ces trois dimensions de la culture organisationnelle, telles qu'elles se révèlent l'une après l'autre.

LA CULTURE APPARENTE

D'importants aspects de la culture d'une organisation naissent de l'expérience collective de ses membres, lui conférant son originalité et, souvent, un avantage concurrentiel. Certains s'observent dans les pratiques quotidiennes. D'autres doivent être découverts, à l'occasion, par exemple, de récits que peuvent faire les travailleurs des événements marquants de l'histoire de leur organisation, si on le leur demande. C'est souvent ainsi que se révèlent certains aspects uniques d'une culture organisationnelle donnée. On peut donc commencer à comprendre la culture d'une organisation en observant les travailleurs qui vaquent à leurs activités, en écoutant leurs histoires et en les interrogeant sur leur interprétation de ce qui se passe au jour le jour. La culture apparente englobe, entre autres, les récits, les rites et les rituels qui créent l'histoire de l'organisation ou de l'un de ses groupes.

LES RÉCITS, LES RITES, LES RITUELS ET LES SYMBOLES CULTURELS

Les organisations regorgent d'histoires de gagnants et de perdants, de succès et d'échecs. De tous ces récits, le plus important est sans doute celui de la fondation de l'organisation, qui transmet les leçons de quelque valeureux entrepreneur luttant pour concrétiser un rêve, mais aussi la vision qui l'animait et qui guide peut-être encore l'organisation[16].

Lorsque l'histoire de la fondation est embellie au fil du temps, elle prend l'allure d'une **épopée**, d'un récit légendaire de tout ce que le *héros* a accompli[17]. Cette légende est importante pour l'organisation, car elle sert à enseigner aux recrues sa mission réelle, son mode de fonctionnement et sa manière d'intégrer les gens. Cela dit, elle est rarement tout à fait exacte et passe souvent sous silence les aspects les moins reluisants. Tel est le cas de celle de l'entreprise Monterey Pasta.

Épopée
Récit légendaire qui raconte les exploits d'un héros

Sur son site web, Monterey Pasta retrace ainsi son histoire[18]:

> Monterey Pasta a vu le jour en 1989, dans un établissement de 37 m² ayant pignon sur Lighthouse Avenue, à Monterey, en Californie. [...] Les fondateurs ont mis sur pied cette petite entreprise de pâtes fraîches afin de satisfaire l'intérêt croissant du public pour les produits fins et les aliments santé. La clientèle a manifesté un enthousiasme de plus en plus grand à l'endroit des pâtes fraîches, en raison de leur qualité supérieure, de leur valeur nutritive et de leur facilité de préparation. [...] Peu après, l'entreprise acceptait un premier contrat important en tant que fournisseur auprès d'un détaillant. [...] En 1993, elle émettait ses premières actions.

L'entreprise passe toutefois sous silence les erreurs qu'elle a pu commettre en début de parcours. Ainsi, elle n'explique pas qu'elle s'est aventurée dans le secteur de la restauration au milieu des années 1990. Elle n'avoue pas que cette tentative a créé un éparpillement néfaste et entraîné des pertes importantes, jusqu'à ce qu'elle se recentre avec succès sur le commerce de détail. Pourquoi ruiner un bon récit de fondation, dira-t-on?

Si vous avez quelque expérience du monde du travail, vous avez sans doute déjà prêté l'oreille à des anecdotes tournant autour de ces questions: Comment le patron réagit-il en cas d'erreur? Le salarié qui commence au bas de l'échelle a-t-il des chances d'évoluer jusqu'aux plus hauts échelons? Qu'est-ce qui pourrait entraîner mon licenciement? Ce sont là des sujets d'histoires très populaires dans la plupart des organisations[19]. Ces récits qui circulent au sein d'une entreprise recèlent souvent des renseignements intéressants et autrement inaccessibles: Qui est «plus égal que les autres»? Jusqu'où va vraiment la sécurité de l'emploi? Comment s'exercent véritablement la supervision et le contrôle? Ces récits permettent essentiellement d'entrevoir la vision du monde et la vie collective des membres de l'organisation.

Les rites et les rituels, quant à eux, sont sans doute les manifestations les plus apparentes d'une culture organisationnelle[20]. Les **rites** sont des activités planifiées, standardisées et récurrentes auxquelles on recourt à un moment précis afin d'influer sur la perception et sur le comportement des membres de l'organisation. Les **rituels** sont des ensembles de rites.

Rite
Activité planifiée, standardisée et récurrente à laquelle on recourt à un moment précis afin d'influer sur la perception et sur le comportement des membres de l'organisation

Rituel
Ensemble de rites

Dans les entreprises japonaises, par exemple, les travailleurs de tous les échelons commencent souvent leur journée de travail en effectuant des exercices de gymnastique et en chantant en chœur l'*hymne de l'entreprise*. Isolément, la séance de gymnastique et le chant sont des rites; ensemble, ils constituent un rituel. Pour prendre un autre exemple, chez Mary Kay Cosmetics, on organise à dates fixes des cérémonies inspirées du concours Miss America (un rituel), à la fois pour encourager la fixation d'objectifs de rendement ambitieux et pour souligner les réussites exceptionnelles au moyen de *trophées* (broches d'or ou de diamants, étoles de fourrure, etc.).

Certains rites et rituels sont propres à tel ou tel groupe de l'organisation. La technologie utilisée dans une unité, la spécificité des activités de cette dernière et le regroupement de spécialistes dont elle est issue peuvent favoriser l'émergence de sous-cultures. Un langage commun peut suffire à établir les frontières d'une sous-culture. Souvent, le langage particulier d'une sous-culture ainsi que ses rites et ses rituels apparaissent aux autres comme une sorte de jargon. Ce dernier déborde parfois les frontières de l'organisation et se répand dans la société. Il en est ainsi de certaines expressions spécialisées, telles que « liens hypertextes » et « mise en forme automatique », forgées par les concepteurs Word de Microsoft. Heureusement que les logiciels destinés au grand public comprennent une fontion d'aide !

Symbole culturel
Objet, action ou événement qui transmet un message d'ordre culturel

Enfin, les **symboles culturels** d'une organisation sont des objets, des actions ou des événements qui transmettent un message d'ordre culturel. Les uniformes des facteurs de Postes Canada et des livreurs de UPS en sont des exemples. Bien que les symboles culturels soient souvent très faciles à voir, leur signification et leur portée ne sont pas toujours évidentes.

LES NORMES ET LES RÔLES

La culture organisationnelle précise souvent quand certains comportements sont appropriés et quelles sont les positions des individus dans le système social de l'organisation. Ces normes et ces rôles culturels font partie des mécanismes de contrôle de l'organisation et transparaissent dans ses activités courantes[21]. Par exemple, chaque entreprise a sa façon propre de présenter et de diffuser, à tel ou tel moment, les consignes de la direction.

Dans une organisation donnée, les réunions peuvent être des moments propices à la négociation et au dialogue dans un climat participatif : les gestionnaires établissent l'ordre du jour, mais laissent ensuite fuser les idées, les critiques et les suggestions. Dans une autre organisation, au contraire, le patron se rendra à la réunion avec des attentes précises : les idées et les critiques ayant été émises en privé avant la rencontre, celle-ci servira essentiellement à annoncer les décisions aux participants et à leur transmettre des directives sur ce qu'ils devront faire à l'avenir.

LES VALEURS COMMUNES

Pour vraiment décrire la culture d'une organisation, il faut aller au-delà de ses aspects apparents. Selon de nombreux chercheurs et gestionnaires, les valeurs communes sont au cœur de la culture organisationnelle. Elles contribuent à transformer des activités routinières en activités importantes et appréciables. Elles relient l'organisation à des valeurs centrales de la société où elle est implantée. Elles peuvent même lui procurer un avantage concurrentiel notable.

Dans toute organisation, ce qui fonctionne pour quelqu'un est souvent présenté et enseigné aux recrues comme étant la bonne manière de penser et d'agir. Des valeurs fondamentales sont ainsi associées aux solutions qui permettent de résoudre les problèmes quotidiens. En établissant une telle relation entre des valeurs et des actions, l'organisation fait appel à l'une des dimensions les plus puissantes et les plus

Cisco arrive au premier rang des employeurs de choix au Canada

DES AS DE LA GESTION

L'entreprise de télécommunications Cisco Canada décroche à nouveau le titre de meilleur employeur au pays, selon la plus récente étude réalisée par la firme Aon Hewitt. L'année dernière, l'entreprise s'est classée deuxième au Québec et au Canada. En 2011, Cisco a reçu la mention d'un des 30 meilleurs employeurs écologiques. En quatre ans de participation, elle s'est toujours classée parmi les trois meilleures entreprises. Le secret de son succès : l'autonomisation de ses employés (*empowerment*), affirment ses porte-parole.

Selon Willa Black, vice-présidente des affaires corporatives chez Cisco Canada, c'est la culture d'entreprise de la société qui lui permet de rester au sommet. Le chef de file mondial en télécommunications favorise l'autonomisation (*empowerment*) auprès de ses employés. « Notre hiérarchie n'est pas très lourde, ni compliquée. Nos équipes ne répondent donc pas à plusieurs directeurs. Et nos employés peuvent travailler du bureau, de la maison ou de l'extérieur du pays. Notre culture n'est pas très bureaucratique », souligne-t-elle.

Cette mobilité accrue permet à l'entreprise d'offrir plusieurs mesures afin que les employés poursuivent leurs études. Ces programmes ont pour but de faire avancer leur carrière, mais aussi d'améliorer leur rendement dans l'entreprise. « Nous avons amélioré ces programmes au cours des deux dernières années, à la demande de nos employés », ajoute Willa Black, qui travaille au siège social de l'entreprise, à Toronto.

Selon la vice-présidente, cet ensemble de valeurs permet à l'entreprise de ravir la première position du palmarès. « Aujourd'hui, les employés veulent bien plus qu'un menu santé à la cafétéria. Ils désirent gérer leur temps, faire partie du succès de l'entreprise et s'impliquer dans une organisation qui a des valeurs similaires aux leurs », conclut-elle. [...]

Source : Martin Beauséjour, « Cisco arrive au premier rang des employeurs de choix au Canada », *La Presse*, 21 novembre 2012, La Presse Affaires, p. 10.

profondes de l'être humain. Elle attribue ainsi aux tâches quotidiennes qu'accomplit l'individu non seulement une signification, mais aussi une valeur : ce qu'il fait n'est plus simplement utilitaire, mais également bon et important.

Certaines organisations florissantes ont en commun des caractéristiques d'ordre culturel[22]. Les entreprises dotées d'une culture forte se distinguent par un ensemble de valeurs largement partagées et profondément enracinées qui renforcent l'identité organisationnelle, améliorent l'engagement collectif, créent un système social interne stable et réduisent la nécessité des contrôles formels et bureaucratiques. Plusieurs consultants suggèrent aux organisations établies dans un environnement interne stable de se constituer une culture organisationnelle forte[23], se caractérisant par les éléments suivants :

- une compréhension commune réelle de la raison d'être de l'organisation, largement acceptée et souvent résumée dans des slogans ;
- la primauté de la personne, laquelle doit passer avant les directives, les orientations, les procédures et la conformité aux exigences d'un poste ;
- la mise en valeur de héros dont les actions reflètent la philosophie et les préoccupations de l'organisation ;
- le recours aux rituels et aux cérémonies pour rapprocher les membres de l'organisation et construire une identité collective ;
- une compréhension commune des règles informelles et des attentes tacites, faisant en sorte que tous les membres de l'organisation sachent ce qu'on attend d'eux ;

- la conviction que ce que fait chaque membre de l'organisation est important, quel que soit son rang hiérarchique, et que le partage de l'information et des idées est primordial.

Cependant, une culture solidement établie peut devenir une arme à double tranchant. Elle peut en effet engendrer une vision monolithique de l'organisation et de son environnement qui risque de freiner et de rendre difficiles l'évolution et les changements qu'imposent certaines circonstances. Pendant des années, General Motors s'est distinguée par sa culture forte. Or, pendant que l'industrie mondiale de l'automobile se transformait, l'entreprise a été incapable de suivre le mouvement. Il a fallu que la faillite la secoue jusque dans ses fondations pour qu'elle trouve l'impulsion nécessaire à un changement radical.

LES HYPOTHÈSES COMMUNES

Dans la plupart des cultures organisationnelles, on trouve un certain nombre d'hypothèses communes, connues et largement acceptées par tout le personnel: «nous sommes différents»; «notre force, c'est...»; «nous possédons des compétences insoupçonnées». Ainsi, chez Cisco Systems, les cadres de direction partagent des postulats du type: «nous sommes de bons gardiens des biens qui nous ont été confiés»; «nous sommes des gestionnaires compétents»; «nous sommes des innovateurs dotés d'un sens pratique». Tout comme les valeurs, ces postulats finissent par se refléter dans la culture organisationnelle.

LES SIGNIFICATIONS COMMUNES

Lorsqu'on observe ce qui se passe au sein d'une organisation, on doit garder à l'esprit les trois dimensions de la culture organisationnelle précédemment décrites. Ce que perçoit l'observateur extérieur ne correspond pas toujours à ce que les membres de l'organisation perçoivent de l'intérieur, car ces derniers sont susceptibles d'établir une relation entre les actions et des valeurs ou des hypothèses tacites[24].

Ainsi, au lendemain des événements du 11 septembre 2001, on a pu voir à l'œuvre plusieurs opérateurs de grue dont la tâche consistait à extirper les débris d'un tas de blocaille de plus de sept hectares et à les charger dans des camions rangés en file. Un peu plus loin sur le chantier, on pouvait observer des métallurgistes en train de tailler des poutres, tandis que des policiers discutaient à proximité avec quelques pompiers. Si on envisage cette situation sous l'angle des valeurs et des hypothèses, ces personnes effectuaient un travail d'une tout autre dimension que la dimension apparente. Elles ne faisaient pas que dégager les restes des tours jumelles du World Trade Center, mais étaient engagées dans la reconstruction de l'Amérique. Ces travailleurs investissaient leur tâche d'une signification commune plus large, d'un sens plus vaste.

Dans ce sens plus profond, la culture organisationnelle est un ensemble de significations et de perceptions communes. Les circonstances sont rarement aussi dramatiques qu'elles l'ont été à Ground Zero, mais il reste que, dans la plupart des organisations, les employés créent et acquièrent des éléments partagés qui constituent la strate la plus profonde de leur culture.

Comme dans le cas d'une culture forte, les significations et les perceptions communes peuvent devenir une arme à double tranchant. Une perception commune peut donner aux gestionnaires une base pour la prise de décisions qui leur permettront de créer une organisation efficace, mais les entreprises peuvent commencer à s'effondrer si les gestionnaires partagent une perception positive irréaliste de leur établissement. C'est du moins ce qu'affirme Jim Collins dans son livre, *How the Mighty Fall*[25].

> **Comment s'effondrent les géants**
>
> Dans son nouveau livre, *How the Mighty Fall*[26], l'auteur et consultant Jim Collins s'interroge sur les leçons qu'on peut tirer des échecs des grandes entreprises d'autrefois. Il compare l'effondrement de ces dernières à une maladie. De l'extérieur, l'entreprise semble prospère, mais à l'intérieur, elle est rongée par la maladie. L'effondrement commence lorsque « l'orgueil démesuré généré par la réussite » conduit la direction à faire preuve d'insouciance stratégique.

LES MYTHES ORGANISATIONNELS

Dans la plupart des organisations, la philosophie de gestion est renforcée par un ensemble de mythes organisationnels, de croyances non fondées qui circulent et que la plupart des individus acceptent tacitement sans les remettre en cause. Souvent, la mythologie de l'entreprise se concentre sur des liens de cause à effet et sur des postulats qui sont énoncés par la haute direction et qui ne sont pas confirmés, prouvés par l'expérience. Au cours d'une étude sur la sécurité menée dans plusieurs centrales nucléaires, on a demandé aux cadres supérieurs s'ils estimaient que la sécurité y était en partie sacrifiée au profit de l'efficience. La réponse a été sans équivoque : « Une centrale sécuritaire est une centrale efficiente. » Pourtant, la plupart de ces cadres avaient eu sous les yeux des données démontrant qu'il n'y a pas de corrélation entre les mesures de sécurité adoptées et l'efficience. Mais admettre l'existence d'un compromis soulevait la question d'un choix à faire entre les deux dimensions. Tous voulaient se convaincre que respecter l'une revenait à promouvoir l'autre[27].

Bien que certaines personnes se moquent de ce genre d'attitude et souhaitent qu'une réflexion sérieuse et rationnelle remplace la *mythologie organisationnelle*, il reste que toute organisation a besoin d'un certain nombre de mythes[28]. Ceux-ci permettent aux dirigeants d'aborder les problèmes insolubles selon une perspective différente, en les décomposant en éléments plus faciles à gérer. Ils peuvent favoriser l'expérimentation et la créativité, et ils aident les gestionnaires à diriger. Bien entendu, les mythes peuvent également présenter des inconvénients.

Trois mythes courants peuvent se combiner pour engendrer des problèmes majeurs[29]. Le premier est la présomption que *la haute direction ne porte pas de jugement tendancieux*. Il s'exprime souvent en ces termes : « Bien que d'autres puissent avoir une vision tendancieuse de la situation, je suis seul capable de cerner objectivement les problèmes et de trouver des solutions. » Nous sommes tous enclins aux erreurs à divers degrés et de diverses manières. Plus un problème est complexe, plus les interprétations valables sont nombreuses.

Le deuxième mythe courant est la *présomption de compétence administrative*. À tous les échelons de la hiérarchie, les gestionnaires sont portés à croire que la partie de l'administration dont ils sont responsables fonctionne bien et ne nécessite que des changements mineurs. Or comme nous l'avons montré tout au long de cet ouvrage, c'est rarement le cas. Dans presque toutes les entreprises, il est possible d'apporter des améliorations importantes. L'une des manifestations particulièrement nuisibles de ce mythe est l'idée que les nouveaux procédés et les innovations en matière de produits se gèrent de la même manière que les anciens.

Le troisième mythe courant est le *refus des compromis*. La plupart des gestionnaires estiment que leur équipe, leur unité ou leur entreprise a la possibilité de refuser les compromis, tout en satisfaisant chaque intervenant. Lorsqu'il devient courant, ce mythe peut avoir des conséquences désastreuses. En effet, lorsqu'on ne s'attache qu'à un objectif, on néglige souvent les autres. Ainsi, tout au long de cet ouvrage, nous avons beaucoup parlé d'éthique pour rappeler au lecteur qu'elle ne découle pas de la recherche de la satisfaction des intérêts d'une seule des parties prenantes, mais du plus grand bien pour le plus grand nombre.

Comme l'illustre la **figure 16.2**, ces mythes peuvent se combiner et entraîner des conséquences non voulues. Des conséquences non voulues, bien que délibérément occasionnées, découlent de l'application collective de ces trois mythes. Elles peuvent prendre la forme de coûts spectaculaires ou de bénéfices imprévus faisant suite à une certaine façon de diriger les affaires. Elles sont souvent très graves. On dit que ces conséquences sont délibérément occasionnées, car elles découlent de mythes non vérifiés, de mythes dont les gestionnaires pensent qu'ils s'appliquent aux autres et jamais à eux-mêmes.

La chute récente de la valeur des titres hypothécaires en est un exemple[30]. Au cours de la dernière décennie, les banques et les institutions financières ont acheté et vendu des produits dérivés adossés à des crédits immobiliers (des instruments financiers complexes) en vertu du mythe qu'elles pourraient: (1) évaluer les risques sans se tromper (puisqu'elles avaient la certitude que *leur jugement n'était pas tendancieux*); (2) gérer ces instruments financiers complexes de la même manière qu'elles géraient les créances hypothécaires traditionnelles (*présomption de compétence administrative*); (3) obtenir des gains importants à court terme sans mettre en péril leurs profits à long terme (*refus des compromis*). Adhérant à ces trois mythes combinés, les gestionnaires en sont arrivés à faire collectivement peu de cas du risque d'un effondrement général du système financier (*lourdes conséquences non voulues*).

Cependant, vers la fin de 2008 et le début de 2009, le système financier mondial a failli s'effondrer à cause de ces mythes et des problèmes qui en ont découlé. Est-ce que ces

FIGURE 16.2 LES CONSÉQUENCES NON VOULUES QUE PEUVENT PROVOQUER LES MYTHES ORGANISATIONNELS

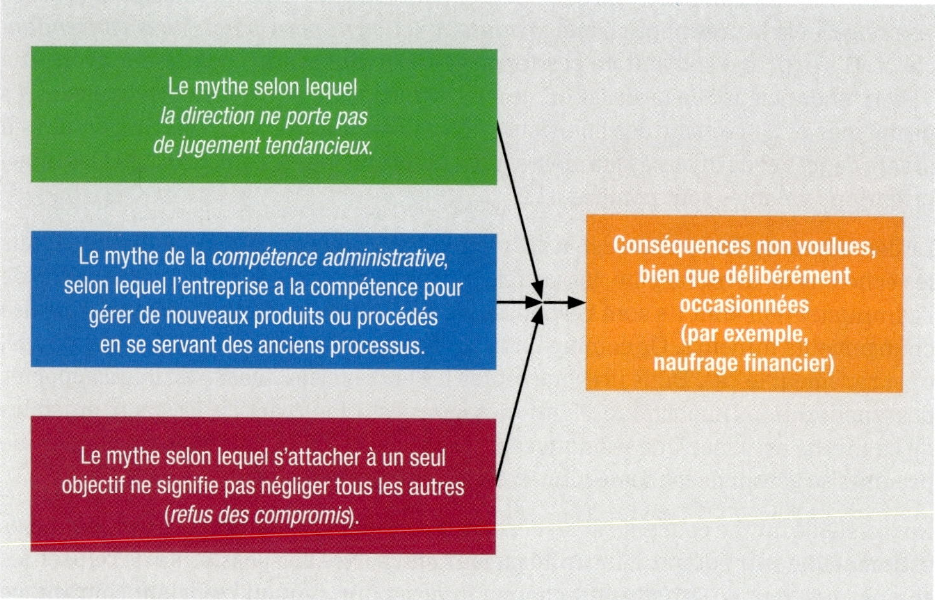

conséquences ont été occasionnées délibérément? Oui et non. Aucun des gestionnaires, à lui seul, n'a prévu l'effondrement. Toutefois, collectivement, on a accordé des millions de prêts immobiliers à des personnes ayant des possibilités de remboursement incertaines et on a utilisé l'argent pour monter de nouveaux types d'instruments financiers. Pour empêcher l'effondrement, de nombreux gouvernements et banques centrales ont dû prendre des mesures sans précédent.

D'un autre côté, les titres hypothécaires et les produits dérivés adossés à des crédits immobiliers ont été l'une des principales innovations du tournant du siècle. Ils ont constitué un moyen important d'élargir le soutien financier en matière de logement. Au départ, ils semblaient très prometteurs et ont fourni aux institutions financières un moyen de croître et de prospérer. Nous abordons donc maintenant le sujet de l'innovation pour examiner plus en profondeur ce facteur important de croissance et de prospérité.

Climat propice à l'innovat°
1. Implicat° + engagement
2. Liberté : autonomie
3. confiance + ouverture
4. Temps pr les idées
5. Humour + plaisir
6. Conflit
7. Soutien aux idées
8. Débat.
9. Prise de risque

L'innovation en milieu organisationnel

Lorsque, par l'analyse, on met en lumière les actions, les valeurs et les hypothèses communes des membres d'une organisation, on peut avoir l'impression que cette dernière est une entité statique, qui reste toujours la même. Il est certain que la culture et la structure de l'organisation favorisent largement la stabilité. Cependant, nous savons tous que le monde change et que les entreprises doivent changer avec lui. Les organisations phares ne stagnent pas. Elles innovent constamment et vont jusqu'à intégrer l'innovation à leurs activités d'exploitation quotidiennes.

L'**innovation** est le processus de génération et de mise en pratique de nouvelles idées[31]. C'est le moyen par lequel les idées créatives trouvent leur place dans les activités quotidiennes, idéalement dans celles qui contribuent à améliorer le service à la clientèle ou la productivité de l'organisation. On peut aborder le sujet de l'innovation de diverses façons. Ici, nous l'analysons en tant que processus, en séparant l'innovation en matière de produits de l'innovation en matière de procédés et en insistant sur le parcours difficile entre les premières étapes de la génération des idées et la mise en application de celles-ci.

▸ **Innovation**
Processus de génération et de mise en pratique de nouvelles idées

LE PROCESSUS D'INNOVATION

Pour mieux comprendre le processus complexe qu'est l'innovation, on peut le diviser en quatre étapes (voir la **figure 16.3**):

1. *L'imagination* Découverte d'une idée grâce à la créativité spontanée, à l'ingéniosité et au traitement de l'information.
2. *L'expérimentation* Détermination de la valeur et des applications potentielles de l'idée.
3. *L'étude de faisabilité* Détermination des coûts et des bénéfices prévus.
4. *L'application* Production et commercialisation du nouveau bien ou service, ou mise en place du nouveau procédé.

Il faut un grand nombre d'idées créatives pour pouvoir établir une base initiale d'expérimentation. De plus, beaucoup d'expériences initiales couronnées de succès

FIGURE 16.3 LE PROCESSUS D'INNOVATION : EXEMPLE DE LA CONCEPTION D'UN NOUVEAU PRODUIT

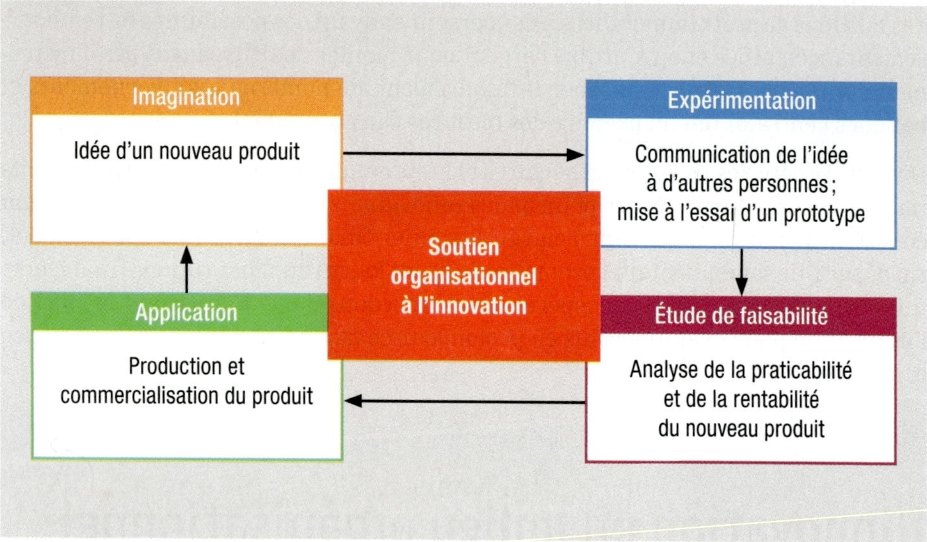

sont impossibles à mettre en œuvre par la suite. Même parmi les quelques idées faisables, seule l'idée rare sera celle qu'on mettra en application. Finalement, les entités innovantes doivent bénéficier de l'appui de la haute direction ; en fait, elles ne peuvent s'en passer.

Bien qu'il soit commode de décrire l'innovation comme un processus séquentiel en quatre étapes, vous devez savoir que, dans la réalité, les choses se passent de manière plutôt désordonnée. Regardez la figure 16.3. Au stade de l'expérimentation, par exemple, le simple fait de communiquer une idée aux autres peut générer et génère souvent des idées complètement nouvelles. Même à la toute dernière étape, l'application, le processus ne s'arrête pas vraiment, car les novateurs avisés écoutent les clients et, sur leurs recommandations, apportent encore des améliorations au produit. Notez également que le soutien de l'organisation est nécessaire à chacune des étapes de ce processus continu d'innovation.

Si la volonté d'améliorer le rendement financier est souvent un facteur important dans l'innovation, cette dernière peut aussi découler du désir de l'entreprise de gagner en légitimité aux yeux des principaux intervenants, comme les autorités gouvernementales de réglementation. Ainsi, d'après une étude réalisée récemment, en raison de pressions exercées par les autorités gouvernementales et de médiocres résultats en matière de protection de l'environnement, un grand nombre d'entreprises ont pris des initiatives novatrices sur le plan environnemental. Un certain nombre ont fait exception cependant : celles qui avaient le plus de ressources excédentaires n'ont pas répondu aussi positivement aux pressions des autorités réglementaires, malgré leurs mauvais résultats en matière de protection de l'environnement[32].

Les recherches montrent également que certaines caractéristiques des équipes favorisent l'innovation. L'étude de Hulsher, Anderson et Salgado, dont il est question dans l'encadré de la page suivante, montre clairement qu'un certain nombre de processus collectifs encouragent l'innovation tout autant que les facteurs organisationnels dont nous discuterons dans la prochaine section de ce chapitre.

L'innovation et les facteurs relatifs à l'équipe[33]

Du côté de la RECHERCHE

Quelles caractéristiques d'une équipe novatrice sont associées à la réussite ? Comme l'innovation dépend beaucoup des équipes, un grand nombre de recherches ont été consacrées au lien entre les caractéristiques des équipes et l'innovation. U. Hulsher, N. Anderson et J. Salgado, les auteurs de l'article « Team-Level Predictors of Innovation at Work : A Comprehensive Meta-Analysis Spanning Three Decades of Research », paru dans le *Journal of Applied Psychology* en 2009, ont procédé à un examen systématique dees études statistiques publiées au cours des 30 dernières années. Ils ont réalisé une analyse statistique d'environ 100 études à l'aide d'une méthode appelée « métaanalyse ».

Comme on pouvait le prévoir, Hulsher, Anderson et Salgado ont commencé avec une liste de facteurs très longue pour ensuite s'apercevoir qu'un certain nombre d'entre eux étaient particulièrement importants. Tout d'abord, ils ont cerné une série de variables initiales ou d'intrants, comme la taille de l'équipe et la durée de son existence, et ont découvert que l'interdépendance des membres à l'égard des objectifs était un facteur majeur. L'interdépendance à l'égard des objectifs traduit essentiellement le fait que les individus ne peuvent atteindre leurs propres objectifs que si les autres membres de leur équipe atteignent les leurs. Plus cette interdépendance est forte, plus l'innovation est importante. Ensuite, les auteurs ont recensé certains processus collectifs dont le degré de qualité était en lien avec le degré d'innovation

Les auteurs de l'étude présentée ont constaté que six processus d'équipe étaient vraiment importants pour garantir la réussite en matière d'innovation. Ils correspondent aux six facteurs suivants : (1) la vision, qui renvoie à l'élaboration d'objectifs collectifs clairs et au degré d'engagement des membres envers ces objectifs ; (2) le soutien à l'innovation, qui doit venir tant de l'intérieur de l'équipe que de l'extérieur ; (3) l'orientation vers la tâche, climat qui favorise l'excellence ; (4) la cohésion, soit l'engagement envers l'équipe et le maintien de l'adhésion des membres ; (5) les communications internes, soit les interactions de qualité au sein du groupe ; (6) les communications externes, soit les interactions de qualité entre le groupe et l'extérieur. Par exemple, là où on soutenait davantage l'innovation, le succès était plus grand. Le schéma ci-contre résume ces six facteurs.

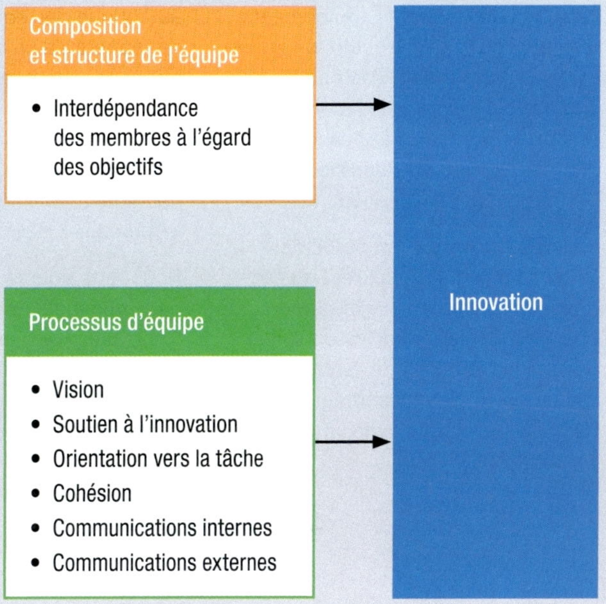

LES CARACTÉRISTIQUES DES ORGANISATIONS NOVATRICES

Le contexte actuel impose aux organisations et à leurs membres d'innover sans cesse. La volonté d'innover, tout particulièrement en matière de procédés, peut être essentielle au maintien de l'efficacité à long terme. Les organisations doivent ainsi s'engager dans l'exploration et l'exploitation d'idées novatrices pour demeurer concurrentielles[34].

Lorsqu'on examine les caractéristiques des organisations novatrices, on voit ressortir certains traits communs, dont voici les principaux.

Premier Tech : innover pour se démarquer

DES AS DE LA GESTION

L'innovation fait partie de la culture organisationnelle de Premier Tech. Près de 200 personnes composent d'ailleurs l'équipe d'Innovation, Recherche et Développement de l'entreprise, structurée depuis près de 30 ans.

Au cours des 5 dernières années, 120 nouveaux produits ont été lancés par cette entreprise manufacturière internationale offrant des produits destinés à l'horticulture et à l'agriculture, des systèmes d'assainissement des eaux usées et des équipements d'emballage et de manutention industrielle. L'approche utilisée par ces équipes est inspirée des meilleures pratiques mondiales et des modèles utilisés par les entreprises les plus performantes en la matière.

Mais si l'innovation fait partie des valeurs de l'entreprise, c'est qu'elle dépasse le simple développement des produits. Ce sont tous les équipiers de tous les services de l'entreprise, incluant celui des ressources humaines, qui sont invités à proposer de nouvelles approches, des méthodes différentes permettant de s'améliorer de manière continue et, ainsi, de mieux répondre aux besoins des clients.

Un des défis majeurs de l'équipe des ressources humaines de Premier Tech est donc d'innover dans ses processus au même rythme que l'équipe technique le fait avec ses produits. Les processus de gestion des ressources humaines doivent évoluer au rythme des tendances externes autant que des équipes internes, afin de répondre à un objectif central : attirer et conserver, tant au siège social de l'entreprise que dans ses multiples autres sites canadiens et internationaux, une main-d'œuvre hautement qualifiée et convoitée sur le marché.

Pour cette équipe, c'est au quotidien, dans une multitude d'initiatives, que l'innovation se définit. Si l'innovation en entreprise évoque souvent l'utilisation de processus favorisant l'émergence d'idées nouvelles et le déploiement de changements radicaux, c'est d'abord dans l'attitude des individus qui la composent qu'elle est vécue. Sa source principale se trouve à l'interne : par l'écoute des attentes, des besoins et des idées des équipiers qui y évoluent jour après jour. Le sondage de satisfaction mené sur une base triennale constitue d'ailleurs une source d'information riche en ce sens. […]

Source : François Deschênes et Geneviève Boissonneault, « Premier Tech : innover pour se démarquer », *Effectif*, vol. 14, n° 4, septembre-octobre 2011. Reproduit avec l'autorisation de l'Ordre des conseillers en ressources humaines agréés.

- Leur *stratégie* et leur *culture* sont axées sur l'innovation, ce qui suppose, notamment, une certaine tolérance à l'égard des erreurs et des idées nées de bonnes intentions, mais n'aboutissant pas.
- Elles adoptent des *structures* qui soutiennent l'innovation, favorisent la créativité en privilégiant le travail d'équipe et l'intégration interfonctionnelle, et compensent l'incidence négative de leur grande taille par la décentralisation et la délégation de pouvoir.
- Elles ont une politique de *dotation en personnel* axée sur l'innovation, elles accordent une attention particulière au rôle déterminant que peuvent avoir les générateurs d'idées, les détenteurs de l'information, les créateurs de produits et les meneurs de projets.
- Elles bénéficient du *soutien de la direction* ; en effet, les cadres supérieurs donnent l'exemple à leurs collaborateurs, éliminent ce qui fait obstacle à l'innovation et tentent de favoriser l'apparition d'idées nouvelles.
- Elles cherchent à créer des *environnements* stimulants ; en outre, elles sollicitent et récompensent les personnes qui font preuve d'innovation.

L'INNOVATION EN MATIÈRE DE PRODUITS ET EN MATIÈRE DE PROCÉDÉS

L'**innovation en matière de produits** consiste en la commercialisation de produits (biens ou services) nouveaux ou améliorés visant à mieux répondre aux besoins de la clientèle. D'après un grand nombre d'études, la plus grande difficulté associée à la mise au point de produits réside dans l'intégration des diverses unités, qui permet d'avancer de l'étape initiale de la présentation de l'idée jusqu'à l'étape finale de sa mise en application[35]. Sur le plan de la culture, la création d'un nouveau produit vient souvent bouleverser les pratiques, les systèmes de valeurs et les points de vue communs. Ainsi, par sa définition même, l'innovation en matière de produits suppose que l'essence de l'entreprise et de ses activités changera. Nombreuses sont les organisations qui ont du mal à cannibaliser leur gamme de produits actuelle dans l'espoir que de nouveaux produits connaîtront un succès encore plus grand. C'est pourtant ce qu'il faudrait souvent faire[36].

Innovation en matière de produits
Commercialisation de produits (biens ou services) nouveaux ou améliorés visant à mieux répondre aux besoins de la clientèle

L'innovation en matière de produits est tellement importante que certains gouvernements ont lancé des programmes visant à la soutenir. Les personnes qui proposent des initiatives évoquent la révolution que constitue le développement d'internet, l'espoir qu'apportent les nouvelles écotechnologies et les percées médicales prometteuses qui changeront la condition humaine. Selon une grande étude récente, c'est la culture organisationnelle plutôt que les politiques nationales qui favorisent l'innovation radicale en matière de produits[37].

Un certain nombre d'organisations apparentées peuvent se partager le processus d'innovation en matière de produits[38]. En général, les produits volumineux et complexes sont des assemblages de composantes fabriquées par plusieurs entreprises. À l'extrême, l'innovation peut être ouverte, chaque entreprise étant au courant de ce que font les autres. Elle est sous le contrôle d'un design commun, d'un design dominant souvent maintenu par un agent intégrateur, comme c'est le cas pour la mise au point de logiciels, par exemple. Il importe de noter que la conception du design dominant et son maintien peuvent être associés à une rentabilité extrêmement élevée[39]. Par ailleurs, le design dominant ne représente pas la meilleure solution du point de vue technique, mais constitue plutôt la solution le plus souvent adoptée par un grand nombre d'utilisateurs.

Lorsque le processus d'innovation en matière de produits est moins ouvert, les entreprises se rendent souvent compte que la coordination avec les utilisateurs les plus influents permet d'obtenir de l'information[40]. Cependant, elles doivent souvent faire face à un déclin de l'engagement envers l'innovation en matière de produits. Bien qu'aucune solution ne soit parfaite, selon un certain nombre d'études, la formation d'équipes multidisciplinaires peut aider à maintenir cet engagement. Il est évident que le rassemblement de personnes ayant des compétences, des perspectives et des intérêts divers requiert une gestion avisée. Comme nous le disions plus haut, le processus d'innovation est loin d'être facile.

L'**innovation en matière de procédés**, quant à elle, permet la mise au point de méthodes de travail et d'activités d'exploitation nouvelles et améliorées. Les procédés les plus difficiles et les plus intéressants à améliorer sont probablement ceux qui se rapportent à la gestion[41]. Évidemment, la plupart des innovations dans ce domaine sont générées par la vaste industrie de la consultation en gestion. Malheureusement, un grand nombre des nouvelles méthodes élaborées sont des modes plutôt que de

Innovation en matière de procédés
Mise au point de méthodes de travail et d'activités d'exploitation nouvelles ou améliorées

véritables solutions aux problèmes que rencontre chaque entreprise. La clé du succès de l'innovation en matière de gestion est l'interaction poussée entre les collègues, les subordonnés et les supérieurs hiérarchiques. Lorsqu'ils mettent à l'essai une nouvelle méthode, les gestionnaires avisés tiennent compte des réactions des collègues et des subordonnés pour affiner, modifier et améliorer cette dernière. Ils doivent souvent employer ce processus d'essais et d'erreurs à plusieurs reprises pour que la méthode soit bien acceptée et apporte les avantages souhaités.

L'ÉQUILIBRE ENTRE L'EXPLORATION ET L'EXPLOITATION

Comme le montre la figure 16.3, le processus d'innovation va de l'exploration des idées et des possibilités à leur exploitation[42]. Les premières étapes requièrent beaucoup de temps, d'énergie et d'efforts pour l'exploration de toutes les possibilités. Elles se déroulent au sein du service de la recherche et du développement, qui existe dans de nombreuses entreprises. Cependant, si on s'attarde trop à l'exploration, on peut obtenir une longue liste d'idées de produits et de procédés destinés à de nouveaux clients et à de nouveaux marchés, mais peu rentables. Il importe donc de s'attacher également à l'**exploitation** pour définir la rentabilité des idées explorées[43]. L'*exploitation* se concentre souvent sur l'amélioration et la réutilisation de produits et de procédés existants. L'amélioration d'un produit existant visant à en faciliter la vente sur un nouveau marché en est un exemple. Évidemment, si elle met trop l'accent sur l'exploitation, l'entreprise finit par perdre son avantage concurrentiel, car ses produits vieillissent et ses procédés deviennent moins efficaces et moins rentables que ceux de ses concurrents.

Exploitation
Étapes du processus d'innovation au cours desquelles l'accent est mis sur l'amélioration et la réutilisation de produits et de procédés existants

Bien qu'il semble très simple à réaliser, l'équilibre entre l'exploration et l'exploitation s'accompagne d'un problème majeur. L'**exploration** exige de l'organisation et de ses cadres qu'ils mettent l'accent sur la liberté et sur une réflexion approfondie, qu'ils soumettent donc l'entreprise à de grands changements ou à ce que certains appellent des «innovations radicales»[44]. Si certains changements radicaux sont le fruit du savoir-faire existant, l'adoption d'un produit ou d'un procédé tout à fait nouveau signifie souvent que les connaissances accumulées par l'entreprise sont périmées[45]. Au contraire, l'exploitation requiert avant tout le contrôle et le développement progressif. Il s'agit de planifier avec des budgets serrés, des prévisions consciencieuses et une mise en œuvre régulière des nouveautés. Il est souvent plus facile pour les entreprises de privilégier l'exploitation, car la plupart d'entre elles ont une structure et une culture favorisant la stabilité et le contrôle[46].

Exploration
Étapes du processus d'innovation au cours desquelles l'organisation et ses cadres mettent l'accent sur la liberté et sur une réflexion approfondie; ils soumettent donc l'entreprise à de grands changements ou à ce que certains appellent des «innovations radicales»

Les gestionnaires peuvent essayer de diminuer de différentes façons les tensions qui se créent entre l'exploration et l'exploitation. Pour résoudre en partie le problème, ils peuvent séparer les unités qui s'occupent de ces deux types d'activités. Par exemple, certains établissements vont s'appuyer, pour l'exploration, sur des partenariats avec d'autres firmes en matière de recherche et développement et garder à l'interne l'emprise sur l'exploitation[47]. D'autres délèguent à des cadres intermédiaires la tâche d'alléger les tensions qui découlent des tentatives de coordination entre les groupes chargés de l'exploration et ceux chargés de l'exploitation. Par ailleurs, la combinaison souhaitée d'activités d'exploration et d'exploitation dépend souvent du secteur d'activité.

De récentes recherches indiquent que la solution serait plutôt culturelle et résiderait dans la notion d'organisation ambidextre. Il existerait quatre facteurs essentiels à la création d'une organisation de ce type:

1. La reconnaissance, par les gestionnaires, de l'existence de tensions entre l'exploration et l'exploitation.
2. L'acceptation, par les gestionnaires, du fait qu'il n'est pas approprié de recourir à une seule forme de réflexion, s'appuyant sur un seul point de vue.
3. La discussion et la communication entre les gestionnaires et leurs subordonnés à propos des paradoxes engendrés par la simultanéité des grandes idées et des améliorations graduelles et réfléchies.
4. L'incitation des gestionnaires, auprès des subordonnés, à accepter ces paradoxes et à les utiliser comme des stimulants pour découvrir et mettre en place des solutions créatives[48].

La gestion de la culture organisationnelle et de l'innovation

Les gestionnaires avisés sont capables de renforcer et de soutenir une culture organisationnelle forte, déjà bien enracinée. En outre, ils peuvent contribuer à créer des cultures résilientes là où elles font défaut. Ils reconnaissent aussi qu'une gestion efficace de la culture organisationnelle passe par l'intégration du processus d'innovation.

LA PHILOSOPHIE DE GESTION ET LA STRATÉGIE

La gestion de la culture organisationnelle requiert une bonne compréhension de la sous-culture propre à l'équipe de direction et la capacité de bien faire la distinction entre ce qui peut être changé et ce qui doit demeurer intact. La première étape du processus consiste donc, pour les dirigeants d'une organisation, à reconnaître leur propre sous-culture. Celle-ci est souvent désignée par le terme «philosophie de gestion» dans le domaine du CO.

La **philosophie de gestion** fait le lien entre les questions clés relatives aux objectifs de l'organisation et celles relatives à la collaboration entre ses membres, pour déterminer les méthodes générales que l'organisation devrait adopter dans la conduite de ses affaires[49]. Une philosophie de gestion bien élaborée:

- fixe des limites qui s'appliquent à tous ses membres et que la plupart comprennent bien;
- fournit à ses membres un modèle cohérent pour aborder les situations nouvelles et originales;
- contribue à souder ses membres en leur garantissant une voie connue vers la réussite.

▸ **Philosophie de gestion**
Philosophie organisationnelle qui fait le lien entre les questions clés relatives aux objectifs de l'organisation et celles relatives à la collaboration entre ses membres, pour déterminer les méthodes générales que l'organisation devrait adopter dans la conduite de ses affaires

Lorsqu'elle fonde sa philosophie de gestion sur la stabilité et la sécurité, la direction renforce des valeurs comme la mansuétude. L'entreprise à la tête de laquelle elle se trouve tend alors à être moins novatrice que celle qui s'appuie sur une philosophie de gestion plus autodirigée et qui favorise la prise de risques. Lorsque, en vertu de sa philosophie, la direction préconise de prêter main-forte à autrui, de s'adapter aux nouvelles situations et de créer collectivement une voie menant à de nouvelles visions du succès, l'innovation est plus notable[50].

Par exemple, Cisco Systems applique une philosophie de gestion qui associe les enjeux stratégiques que sont la croissance, la rentabilité et le service à la clientèle à des aspects apparents de la culture et à certaines valeurs sous-jacentes qu'elle estime souhaitables. Dans une perspective de croissance et de rentabilité, Cisco Systems a établi que le service à la clientèle reposait sur les trois éléments suivants:

1. L'habilitation du personnel, processus par lequel on donne au personnel la latitude nécessaire pour trouver rapidement les meilleures solutions et les appliquer avec succès.
2. L'embauche des meilleurs candidats, la réussite découlant avant tout des idées et des ressources intellectuelles des personnes employées par l'entreprise.
3. La collecte et la diffusion d'information permettant de s'illustrer dans le monde des idées[51].

Les principaux éléments de la philosophie de gestion peuvent figurer officiellement dans le plan d'entreprise ou dans l'énoncé de mission de l'organisation, mais le cœur d'une philosophie de gestion d'envergure réside surtout dans l'essence qui se dégage de ces documents écrits et que tous finissent par retenir.

LA CRÉATION, LA CONSOLIDATION ET LA TRANSFORMATION DE LA CULTURE ORGANISATIONNELLE

Les gestionnaires peuvent modifier les aspects les plus apparents de la culture organisationnelle: langage, récits, épopées, rites et rituels. Ils peuvent réorienter les leçons à tirer des histoires qui circulent, et même encourager les gens à adopter leur point de vue sur la réalité de l'organisation. En raison de leur statut, les cadres supérieurs peuvent réinterpréter certaines situations et modifier la signification des événements marquants de l'organisation. Ils peuvent aussi instituer de nouveaux rites et rituels, ce qui exige du temps et de l'énergie, mais peut être avantageux à long terme.

Parmi les principaux moyens dont disposent les gestionnaires pour influer sur la culture organisationnelle, il faut compter les systèmes de récompenses. Dans plusieurs grandes entreprises nord-américaines, ces systèmes sont intégrés à une stratégie d'ensemble et renforcent la culture, qui s'enracine ainsi dans le quotidien. Deux modèles, chacun englobant le système de récompenses, les stratégies et la culture organisationnelle, sont particulièrement courants.

Le premier modèle consiste en une stratégie axée sur la stabilité, avec des récompenses hiérarchiques et qui cadre avec ce qu'on pourrait appeler une «culture de clan». Plus précisément, le système de récompenses souligne et renforce une culture qui se caractérise par l'engagement à long terme, l'aide mutuelle, les intérêts communs et la collégialité. Les pairs exercent une forte pression dans le sens de la conformité, et les supérieurs jouent le rôle de mentors. Les entreprises qui adoptent ce modèle se trouvent notamment dans les secteurs de la production d'énergie électrique, des produits chimiques, des mines et de l'industrie pharmaceutique.

Par contraste, le second modèle met l'accent sur l'évolution et le changement. Le système de récompenses souligne et renforce davantage la culture de marché. Concrètement, les récompenses mettent en évidence le lien contractuel entre l'employé et l'employeur, sont axées sur les résultats à court terme et valorisent les initiatives individuelles. Les pressions dans le sens de la conformité se font peu sentir

Le « gène vert » d'Alain Lemaire

Des **leaders** parlent de **leadership**

Impossible de parler de virage vert sans penser à Alain Lemaire. Le pdg de Cascades est incontournable dans le paysage du développement durable au Québec. Son intérêt pour l'environnement, Alain Lemaire le tient de son père, [Antonio]. « Quand il a perdu son emploi, dans les années 1950, mon père a commencé à trier les déchets pour vendre ce qu'il était possible d'utiliser. » Quelques années plus tard, cette activité de survie donnait naissance au fabricant de papier Cascades.

Ce fleuron québécois au chiffre d'affaires de 3,9 milliards de dollars est devenu synonyme d'un développement économique respectueux de l'environnement, même s'il est issu d'un secteur pour le moins polluant.

Cascades occupe le premier rang du Canada en matière de récupération de carton et de papier. Au cours des trois dernières années, le pourcentage de fibres recyclées est passé de 71 à 75 % de l'ensemble de sa production. L'entreprise consomme cinq fois moins d'eau par tonne de papier produit par rapport à la moyenne de son industrie. Elle a réduit ses émissions de gaz à effet de serre de 5 %, de 2009 à 2010, alors que sa production bondissait de 7 % !

[...] Une réussite qui n'est pas étrangère à la vision de son patron. Alain Lemaire est de ceux qui ne tiennent rien pour acquis. Pour lui, la quête d'un plus grand respect de l'environnement est sans fin… et n'a pas de prix. Il pousse son entreprise à investir annuellement de 35 à 40 millions en R-D.

« Mais il faut aussi savoir se remettre en question, être ouvert à la critique et sortir de sa zone de confort », souligne le principal intéressé. Ce qu'il fait sans hésiter. « Nous avons demandé à une vingtaine d'organisations du secteur de l'environnement ce que nous pourrions faire de plus pour améliorer notre bilan environnemental. » Les résultats ont abouti à l'établissement de nouveaux objectifs.

Andrée-Lise Méthot, fondatrice et associée principale de Cycle Capital Management, une firme de capital de risque spécialisée dans les technologies propres, lui attribue deux qualités importantes : « Il est capable de porter la vision et il a l'immense capacité de

la rendre opérationnelle. Ça, peu de personnes y arrivent. » [...]

Source : Ulysse Bergeron, « Le "gène vert" d'Alain Lemaire », *Les Affaires*, 25 février 2012, p. 85.

QUESTIONS Comment s'est créée la culture de Cascades ? Quelles en sont les principales caractéristiques ? De quels divers moyens dispose la direction générale pour tenter de renforcer la culture organisationnelle de Cascades ?

de la part des pairs, et le rôle des superviseurs est d'attribuer des ressources. Les entreprises qui adoptent ce modèle se concentrent dans les secteurs de la restauration, des produits de grande consommation et des services aux entreprises[52].

Au-delà des systèmes de récompenses, les dirigeants peuvent donner le ton à la culture organisationnelle et aux changements culturels. Ainsi, les gestionnaires se trouvant à la tête de la société d'assurances Aetna ont misé sur la tradition humaniste de cette dernière pour favoriser l'acquisition de compétences essentielles par un personnel très motivé, mais sous-qualifié. Même dans une industrie sidérurgique où sévit une concurrence impitoyable, le président de Nucor, F. Kenneth Iverson, s'est appuyé sur les valeurs fondamentales de l'entrepreneuriat nord-américain pour réduire de moitié le nombre de paliers hiérarchiques.

Ces exemples montrent que les gestionnaires peuvent intervenir directement pour favoriser une culture organisationnelle capable de répondre aux importantes questions d'adaptation externe et d'intégration interne. Les recherches récentes sur les liens entre la culture d'une organisation et ses résultats financiers confirment la nécessité d'aider les travailleurs à s'adapter à l'environnement. Toutefois, ces travaux indiquent aussi que cela ne suffit pas, tout comme il ne suffit pas de se consacrer aux actionnaires ou aux clients pour garantir la réussite économique d'une entreprise à long terme. Les gestionnaires doivent travailler dans les trois dimensions simultanément.

La nécessité de maintenir un équilibre entre les intérêts des diverses parties intéressées saute aux yeux quand des cadres supérieurs transgressent les normes éthiques et les lois, en faisant par exemple de fausses déclarations. Une étude majeure a révélé que, si les amendes encourues pour avoir «truqué les comptes» pouvaient sembler peu élevées, les autres coûts étaient beaucoup plus conséquents. Le véritable prix à payer pour les entreprises concernées découle de la perte de leur réputation dans le monde des affaires. Les clients ne leur font plus confiance, les fournisseurs leur demandent des garanties plus solides et, bien entendu, les milieux financiers les dévaluent. En conséquence, elles doivent payer plus d'intérêts pour emprunter, le cours de leurs actions baisse et elles font l'objet d'une surveillance plus étroite. À combien se chiffre donc la sanction au bout du compte ? L'amende imposée à une entreprise est en moyenne de 23 millions de dollars étatsuniens. Le coût financier associé à la perte de réputation est estimé, quant à lui, à 7,5 fois l'amende moyenne. La perte totale atteint ainsi environ 196 millions de dollars[53].

Les premières études consacrées à la culture organisationnelle et au changement culturel privilégiaient souvent les interventions directes des dirigeants pour modifier les valeurs et les hypothèses des individus en resocialisant ces derniers[54]. Or, ces interventions revenaient en fait à essayer de modifier les sentiments des individus en espérant que leurs pensées et leurs actions suivraient, l'objectif étant d'établir un vaste consensus à l'échelle de l'organisation. Des travaux plus récents donnent à penser que cette approche unificatrice axée sur les valeurs n'est peut-être ni souhaitable ni réalisable[55].

Les dirigeants qui tentent de modifier les valeurs des individus par une approche autoritaire, sans changer le fonctionnement de l'organisation ni reconnaître l'importance des individus, font fausse route. L'exemple de Cisco Systems est encore une fois éclairant à cet égard. Les gestionnaires de cette société ont, en effet, pris conscience qu'une culture dynamique, axée sur le changement et la satisfaction professionnelle, ne peut naître que de la combinaison d'interventions de gestion, de choix technologiques et d'initiatives venant de tous les membres de l'organisation. Les valeurs ne s'imposent pas d'en haut. Elles émergent de l'ensemble des membres de l'organisation et peuvent même varier, de façon subtile, mais importante, d'une installation à une autre, selon qu'on se trouve à Ottawa, en Caroline du Nord ou en Australie.

Les dirigeants qui tentent de relancer une organisation en décidant de changements majeurs au mépris des valeurs communes commettent également une erreur. Si les choses peuvent changer en surface, un examen approfondi de la situation révèle souvent la résistance de services entiers et le refus de personnes clés de s'engager dans la voie qu'on leur indique. De telles réactions montrent en général que les gestionnaires n'ont pas pris la mesure des effets des changements décidés sur les valeurs communes. Ils ne se sont pas demandé si ces changements heurtaient les valeurs des membres de l'organisation, ni s'ils allaient à l'encontre de vieilles hypothèses communes profondément enracinées dans la culture organisationnelle ou, pire, dans la culture nationale du pays où l'organisation est implantée.

À titre d'exemple, le regretté Stephen Jobs, dont il a été question précédemment dans ce chapitre, a agi de façon à faire valoir ses idées au sein d'Apple. Au lieu de procéder unilatéralement aux changements qu'il souhaitait apporter, il a collaboré avec d'autres à des transformations touchant la stratégie organisationnelle, la structure de l'entreprise, ses produits et ses activités de commercialisation, en prenant appui sur des hypothèses communes profondément enracinées parmi les employés de longue date.

LES TENSIONS ENTRE LA STABILITÉ CULTURELLE ET L'INNOVATION

Bien que la culture organisationnelle aide les individus à résoudre les questions d'adaptation externe et d'intégration interne, les trois dimensions de la culture organisationnelle que sont la culture apparente, les valeurs communes et les hypothèses communes n'évoluent pas aussi rapidement que les innovations l'exigent. Le **décalage culturel organisationnel** définit l'écart qui se crée entre les schémas de la culture dominante et les innovations émergentes inédites[56]. Comme nous l'expliquions auparavant, les éléments de la culture apparente, c'est-à-dire les rites, les rituels et les symboles culturels, ont souvent une signification sous-jacente puissante pour les membres de l'organisation. D'une certaine façon, ils symbolisent les anciens moyens utilisés avec succès pour procéder aux adaptations externes et à l'intégration interne. Les individus hésitent souvent à abandonner une approche qui a fait ses preuves au profit d'une autre qui n'a pas encore montré son efficacité. Un chercheur dit qu'il pourrait y avoir une forte «résistance culturelle à l'innovation à cause de l'héritage culturel[57]». L'influence de cet héritage découle de la confiance excessive des membres de l'organisation dans les règles qui régissent les anciens modes d'action et qui les renforcent.

Décalage culturel organisationnel
Décalage qui se crée entre les schémas de la culture dominante et les innovations émergentes

Ainsi, l'un des principaux défis que la direction d'une organisation doit relever lorsqu'elle mise sur l'innovation et que les membres sont très attachés à des valeurs et à des hypothèses communes est de montrer comment celles-ci s'appliquent aux innovations. Lorsqu'ils voient une occasion de créer de nouvelles visions, d'élaborer de nouvelles stratégies et de donner à l'organisation de nouvelles orientations, les gestionnaires doivent équilibrer le changement de règles avec le respect des règles[58]. S'il n'est pas maîtrisé, le changement de règles risque d'entraîner un changement organisationnel incontrôlable pouvant rapidement mener au chaos. Le respect des règles, lui, favorise une structure organisationnelle stable ou des changements organisationnels planifiés, mais peut aussi augmenter le décalage culturel.

GUIDE de révision

RÉSUMÉ

QU'EST-CE QUE LA CULTURE ORGANISATIONNELLE ET QUELLES SONT SES PRINCIPALES FONCTIONS ?

- On appelle culture organisationnelle, ou culture d'entreprise, l'ensemble des attitudes, des valeurs et des croyances communes qu'acquièrent les membres d'une organisation et qui guident leur comportement.
- La culture d'une organisation peut contribuer à la résolution des problèmes d'adaptation externe et d'intégration interne.
- On trouve, dans la plupart des organisations, de multiples sous-cultures et, dans certains cas, une ou plusieurs contre-cultures susceptibles d'engendrer des conflits destructeurs.
- La culture organisationnelle reflète aussi les valeurs et les hypothèses implicites de la culture du pays où l'organisation est implantée.

QUELLES SONT LES TROIS DIMENSIONS DE LA CULTURE ORGANISATIONNELLE ET QUEL EST LEUR RÔLE RESPECTIF ?

- On peut analyser une culture organisationnelle en étudiant ses trois dimensions : la culture apparente, les valeurs communes et les hypothèses communes.
- La culture apparente est constituée, entre autres, des récits, des rites et des rituels ainsi que des symboles communs aux membres de l'organisation.
- Les normes et les rôles véhiculés par la culture organisationnelle précisent quand certains comportements sont appropriés et quelles sont les positions des individus dans le système social de l'organisation.
- Les valeurs communes sont au cœur de la culture organisationnelle. Elles contribuent à transformer des activités routinières en activités importantes et appréciables. Elles relient l'organisation à des valeurs importantes de la société où elle est implantée. Elles peuvent même lui procurer un avantage concurrentiel notable.
- Des valeurs communes distinctives profondément enracinées peuvent renforcer l'identité organisationnelle, améliorer l'engagement collectif, créer un système social interne stable et amoindrir la nécessité des contrôles formels et bureaucratiques.
- Toutefois, une culture forte peut engendrer une vision monolithique de l'organisation et de son environnement qui risque de freiner et de rendre difficiles les changements qu'imposent certaines circonstances.
- Les hypothèses communes, ou vérités allant de soi, que les divers groupes de l'organisation ont formulées et adoptées au fil du temps en acquérant une expérience collective constituent la dimension la plus profonde de la culture organisationnelle.

- Les significations communes que les travailleurs construisent avec le temps leur donnent le sentiment de contribuer à un objectif plus vaste, auquel ils associent leurs activités quotidiennes.
- Les mythes organisationnels sont des croyances non fondées qui circulent dans l'organisation et que la plupart des membres acceptent tacitement sans les remettre en cause.

QU'EST-CE QUE L'INNOVATION ET POURQUOI EST-ELLE SI IMPORTANTE POUR L'ORGANISATION ?

- L'innovation est le processus de génération et de mise en pratique de nouvelles idées, lesquelles finissent par s'intégrer aux activités quotidiennes de l'organisation, idéalement à celles qui contribuent à améliorer sa productivité ou son service à la clientèle.
- L'innovation est un processus comportant quatre grandes étapes : l'imagination, l'expérimentation, l'étude de faisabilité et l'application.
- Les organisations les plus novatrices ont ceci en commun que leur stratégie, leur culture, leur structure, leur politique de dotation en personnel et le leadership des dirigeants soutiennent explicitement et activement l'innovation.
- L'innovation en matière de produits consiste en la commercialisation de produits (biens ou services) nouveaux ou améliorés visant à mieux répondre aux besoins de la clientèle. L'innovation en matière de procédés est la mise au point de méthodes de travail ou d'activités d'exploitation nouvelles ou améliorées.
- Bien qu'il soit nécessaire de trouver un équilibre entre l'exploration et l'exploitation, cette tâche n'est pas aisée.

COMMENT PEUT-ON GÉRER LA CULTURE ORGANISATIONNELLE ET L'INNOVATION ?

- Les dirigeants peuvent gérer directement plusieurs aspects de la culture organisationnelle apparente.
- Le renforcement de valeurs communes au sein d'une organisation constitue un enjeu de taille pour ses dirigeants.
- Même lorsqu'elles émanent des échelons supérieurs, les décisions ont une portée limitée parce qu'elles doivent tenir compte des perceptions et des valeurs largement partagées par les membres de l'organisation.
- Dans la plupart des entreprises, on note des tensions entre la tendance à la stabilité culturelle et la nécessité d'innover.

MOTS CLÉS

Adaptation externe	p. 537	Innovation en matière de procédés	p. 555
Contre-culture	p. 540	Innovation en matière de produits	p. 555
Culture organisationnelle (ou culture d'entreprise)	p. 537	Intégration interne	p. 538
Décalage culturel organisationnel	p. 561	Philosophie de gestion	p. 557
Épopée	p. 545	Rite	p. 545
Exploitation	p. 556	Rituel	p. 545
Exploration	p. 556	Sous-culture	p. 540
Innovation	p. 551	Symbole culturel	p. 546

MonLab
Évaluation des connaissances
questions interactives

ÉVALUATION DES CONNAISSANCES

QUESTIONS À CHOIX MULTIPLE

1. La culture organisationnelle concerne tous ces éléments, sauf un. Lequel? **a)** Les hypothèses communes des membres de l'organisation. **b)** Les capacités acquises des membres de l'organisation. **c)** La personnalité du dirigeant. **d)** Les croyances communes des membres de l'organisation.
2. Les trois dimensions de la culture organisationnelle décrites dans ce chapitre sont ________ **a)** la culture apparente, les valeurs communes et les hypothèses communes. **b)** les récits, les rites et les rituels. **c)** les symboles, les mythes et les récits. **d)** la culture manifeste, la culture latente et les objets tangibles.
3. Le terme «adaptation externe» désigne ________ **a)** les croyances non fondées des cadres supérieurs. **b)** le processus qui permet à l'organisation de composer avec les forces de l'environnement. **c)** la vision du fondateur. **d)** le processus de collaboration au sein de l'organisation.
4. Le terme «intégration interne» désigne ________ **a)** le processus par lequel les membres de l'organisation se donnent une identité collective et harmonisent leurs façons de travailler ensemble. **b)** un ensemble de croyances non fondées et acceptées inconditionnellement, justifiant les procédés utilisés dans l'organisation. **c)** des sous-groupes qui possèdent leurs propres valeurs et rejettent celles de la collectivité. **d)** le processus qui permet à l'organisation de composer avec les forces de l'environnement.
5. La coutume voulant que les ouvriers japonais commencent leur journée en faisant de la gymnastique et en chantant en chœur l'hymne de l'organisation est un exemple ________ **a)** de symbole. **b)** de mythe organisationnel. **c)** d'hypothèse commune. **d)** de rituel.
6. Le terme ________ désigne le sentiment qu'ont les travailleurs de contribuer à un objectif plus vaste, qu'ils associent à leurs activités quotidiennes et qu'ils acquièrent au fur et à mesure de leurs interactions. **a)** «rite» **b)** «symbole culturel» **c)** «mythe de la fondation» **d)** «signification commune»

7. L'histoire d'un redressement miraculeux d'entreprise attribuable aux efforts d'un gestionnaire visionnaire est un exemple ________ **a)** d'épopée. **b)** de mythe fondateur. **c)** d'intégration interne. **d)** de concrétisation d'une culture latente.
8. Le processus de génération et de mise en pratique de nouvelles idées porte le nom ________ **a)** d'innovation. **b)** de destruction créative. **c)** d'innovation en matière de produits. **d)** d'innovation en matière de procédés.
9. Un objet, une action ou un événement qui sert à perpétuer une signification culturelle porte le nom de ________ **a)** récit. **b)** symbole culturel. **c)** décalage culturel. **d)** mythe culturel.
10. Les groupes ayant des valeurs en opposition à celles de l'organisation dans son ensemble ________ **a)** prônent le refus de l'adaptation externe. **b)** acceptent le décalage culturel. **c)** forment des contre-cultures. **d)** créent des mythes organisationnels.
11. Les groupes ayant des valeurs et une philosophie propres restant en harmonie avec la culture dominante de l'organisation ________ **a)** forment des contre-cultures. **b)** forment des sous-cultures. **c)** créent les récits. **d)** créent des rituels.
12. ________ fait le lien entre les questions clés relatives aux objectifs de l'organisation et celles relatives à la collaboration entre ses membres, pour déterminer les méthodes générales que l'organisation devrait adopter dans la conduite de ses affaires. **a)** La philosophie de gestion **b)** Le symbole culturel **c)** Le rite **d)** L'épopée
13. Les relations de cause à effet qu'on accepte couramment, mais qui ne sont pas confirmées par l'expérience, forment ________ **a)** le décalage culturel. **b)** les rituels. **c)** la philosophie de gestion. **d)** les mythes organisationnels.
14. Les quatre grandes étapes du processus d'innovation sont ________ **a)** l'imagination, l'expérimentation, l'étude de faisabilité et l'application. **b)** l'imagination, l'expérimentation, l'évaluation et le renforcement. **c)** la collecte des données, le diagnostic, l'application et le suivi. **d)** la collecte des données, le diagnostic, l'étude de faisabilité et l'application.
15. On parle ________ lorsque les schémas de la culture dominante ne s'accordent pas avec les innovations émergentes. **a)** de décalage culturel **b)** de philosophie de gestion **c)** d'intégration interne **d)** d'adaptation externe

QUESTIONS À RÉPONSE BRÈVE

16. Décrivez les cinq étapes que recommande Taylor Cox pour la création d'une organisation multiculturelle.
17. Quelles sont les trois questions essentielles que soulève le fait de travailler en groupe ? Illustrez-les par des exemples.
18. Expliquez la façon dont les normes et les rôles culturels influent sur l'atmosphère d'une salle de classe. Donnez des exemples tirés de votre expérience personnelle.
19. Comment soutenir et consolider une culture organisationnelle forte ?

QUESTION À DÉVELOPPEMENT

20. Expliquez pourquoi les gestionnaires doivent équilibrer l'exploration avec l'exploitation lorsqu'ils recherchent des innovations marquantes.

LE CO DANS LE FEU DE L'ACTION

Pour ce chapitre, nous vous suggérons les activités suivantes du *Cahier d'apprentissage en CO* (voir p. C1).

Études de cas	Exercices	Autoévaluations
29. Mission Management and Trust 30. Jamais le dimanche… 31. Novo Nordisk	6. Un poste à l'étranger 9. Comment percevons-nous les différences ? 23. La culture d'une équipe de travail 40. D'un hamburger à l'autre… 41. Une invasion extraterrestre	8. Êtes-vous *universel* ? 9. L'efficacité d'une équipe 21. Votre préférence en matière de structure organisationnelle 22. Quelle est la culture qui vous convient ?

Le changement et le stress en milieu organisationnel

Les organisations contemporaines doivent évoluer au rythme de leur environnement. Ce chapitre traite du sujet crucial qu'est le changement, puis examine les effets du stress dans les milieux organisationnels d'aujourd'hui, qui ne cessent de se transformer et auxquels chacun doit s'adapter.

Chapitre 17

OBJECTIFS D'APPRENTISSAGE

Après l'étude de ce chapitre, vous devriez pouvoir :

- Expliquer la dynamique du changement en milieu organisationnel.
- Décrire les principales stratégies de changement planifié.
- Expliquer les principales causes de la résistance au changement et déterminer les meilleures façons d'y faire face.
- Définir le stress, ses causes et ses conséquences.
- Décrire les principales stratégies de gestion du stress.

Les turbulences des milieux organisationnels actuels nous poussent à faire du changement une façon de vivre.

PLAN DU CHAPITRE

Ça va, patron ?

« Où êtes-vous, monsieur Trudel ? On vous attend... »

C'était un matin du printemps 2011. Un tout petit courriel pour lui rappeler que 150 personnes l'attendaient pour écouter sa conférence sur le développement durable. Il avait oublié.

Puis vinrent les difficultés de concentration, les troubles du sommeil, la grande fatigue. Il s'est imposé deux mois d'arrêt de travail. « Le cerveau est comme un disque dur et vous avez dépassé sa capacité ! Vous avez besoin de repos », lui avait dit son médecin.

Les mois précédents avaient été chargés : 60 heures par semaine à faire croître son entreprise, à donner des conférences, des formations, à assister à des comités, à siéger à des jurys, à fonder une association, à achever l'écriture d'un deuxième livre...

Il ne voyait pas qu'il travaillait trop. Moi, oui. Car cet entrepreneur qui a connu l'épuisement professionnel est mon conjoint.

On sait déjà que le phénomène est un fléau parmi les cadres et les employés salariés. [...]

Si la pression et la quantité de travail sont souvent des facteurs de risque, on peut imaginer ce qui guette les entrepreneurs ! Les études sont pourtant peu nombreuses sur le sujet.

En France, une chaire de recherche sur la santé des dirigeants de PME a été créée en 2012 à l'Université de Montpellier pour remédier à la situation. Sa première enquête, effectuée auprès de 400 chefs d'entreprise français, révèle que 94 % d'entre eux souffrent d'insomnie ! Le fondateur de la chaire, Olivier Torrès, travaille à mettre sur pied un observatoire du genre au Québec. « Les médias ont raison d'alerter la population sur la souffrance des salariés au travail, dit-il, mais ils devraient aussi nous alerter sur celle des patrons. »

Quand le patron se préoccupe davantage de l'équilibre entre boulot et vie personnelle, on peut penser que ce sera plus facile pour les employés d'arriver à le faire aussi.

Encore faut-il que ces derniers acceptent d'en parler. Ce fut le cas récemment de Jason Tryfon, président de Vital Insights, qui a fait la une du magazine *Profit*. L'article ne parlait pas de la croissance importante de cette entreprise de logiciels (232 % en cinq ans), mais de la dépression de son fondateur, qui a ramé jour et nuit en 2007 pour la refinancer dans un moment critique.

La plupart des entrepreneurs éprouvent de grandes satisfactions dans la voie qu'ils ont choisie. Leur énergie hors du commun leur permet d'abattre une quantité de travail plus grande que la majorité des gens. Dans le cadre des « Leaders de la croissance » de *L'Actualité*, j'ai rencontré une douzaine de ces super-athlètes. Ils travaillent en moyenne l'équivalent de huit heures par jour sept jours sur sept, mais ils essaient de mieux concilier travail et vie personnelle.

« Ce n'est pas tout le monde qui veut une grande entreprise. Je travaille fort, mais je veux dormir la nuit et passer du temps avec ma fille », m'a dit Caroline Néron, dont l'entreprise arrive en tête du palmarès.

Mon conjoint ? Lui aussi dort bien. Depuis cet épisode, il s'est concentré sur son entreprise et a diminué le « parascolaire », sauf le sport ! Il y a moins de cinq à sept de réseautage et plus de séances de « lutte » sur le canapé avec notre fils de cinq ans. La croissance de son entreprise en souffre-t-elle ? Elle est peut-être moins rapide, mais c'est un choix, qui semble refléter celui d'un nombre grandissant d'entrepreneurs.

L'autre bonne nouvelle ? Quand le patron se préoccupe davantage de l'équilibre entre boulot et vie personnelle, on peut penser que ce sera plus facile pour les employés d'arriver à le faire aussi.

Source : Kathy Noël, « Ça va, patron ? », *L'Actualité*, vol. 38, nº 17, 1er novembre 2013, p. 58. Cet extrait a été reproduit aux termes d'une licence accordée par Copibec.

Tout au long de cet ouvrage, nous soulignons l'importance qu'il y a à respecter et à valoriser les personnes dans toute leur diversité et au regard de l'éventail des talents dont elles font profiter les organisations[1]. Les meilleurs gestionnaires contribuent à créer des cadres de travail propices au rendement professionnel et à la satisfaction personnelle des membres de leur organisation. Bien que les entreprises soient soumises à une concurrence accrue et qu'elles soient forcées d'évoluer et d'innover sans répit pour survivre, elles ne peuvent faire fi des personnes qui travaillent pour elles et des besoins de celles-ci. Vous-même aurez, comme chacun de nous, à prendre les bonnes décisions concernant votre avenir professionnel. À quel endroit travailler? Pour quel employeur? À quelles conditions? L'organisation idéale demeure sans doute celle qui sait tenir les rênes du changement tout en préservant, pour son personnel, un milieu de travail sain et gratifiant.

Un article paru dans la *Harvard Business Review* affirmait d'entrée de jeu: «La nouvelle économie a ouvert la voie à d'extraordinaires occasions d'affaires… et à de grands bouleversements. Les enjeux associés au changement et à notre façon d'y faire face n'ont jamais été aussi élevés depuis la révolution industrielle[2].» On peut, sans exagérer, qualifier d'agité, de turbulent et même de houleux l'environnement actuel des affaires et de la gestion. La mondialisation de l'économie, avec son lot de problèmes et de possibilités, réserve sans cesse de nouvelles surprises, même aux gens d'affaires les plus chevronnés. Il n'est possible de relever avec brio les défis du changement que si on reconnaît le rôle absolument crucial que jouent les individus dans le fonctionnement des organisations. C'est ce qui rend la compréhension du comportement organisationnel si essentielle lorsqu'on tente de provoquer et de diriger une dynamique de transformation.

Trois mots d'ordre orientent les nouveaux milieux de travail: flexibilité, compétence et engagement. Les individus doivent être capables de s'adapter, de changer continuellement. On leur demande d'augmenter la productivité, d'apprendre des succès d'autrui, de viser la qualité totale et l'amélioration continue. En outre, on s'attend à ce qu'ils puissent générer et intégrer le changement et l'innovation, tout en gérant adéquatement le stress qui en résulte inévitablement. Le consultant, auteur et conférencier Tom Peters, qui est connu mondialement comme le père du management moderne, affirme[3]:

> Les turbulences du marché nous poussent à faire de l'innovation une façon de vivre. Nous devons tous apprendre, en tant qu'individus et en tant qu'organisations, à accueillir l'innovation et le changement aussi résolument que nous nous y sommes opposés dans le passé.

Le changement en milieu organisationnel

«Changement»: ce simple mot, qui a pris une valeur de slogan pour d'innombrables organisations, voire pour la plupart, décrit une transformation plus ou moins profonde, selon les cas. Le changement en profondeur, ou *changement radical*, est celui qui donne lieu à une révision majeure de l'organisation ou de certaines de ses composantes[4]. Dès lors, on parlera d'un **changement transformateur**, car il résulte d'une modification de caractéristiques fondamentales de l'organisation, telles que sa raison d'être et sa mission, les valeurs et les croyances qui l'animent, ainsi que les structures et les stratégies sur lesquelles elle s'appuie[5].

Changement transformateur
Révision majeure des caractéristiques fondamentales d'une organisation

Dans le monde des affaires actuel, ce type de changement est souvent la conséquence d'un événement déterminant, comme l'arrivée d'un nouveau directeur général ou d'un nouveau propriétaire à la suite d'une fusion ou d'une acquisition, ou une chute spectaculaire des résultats d'exploitation. Lorsqu'un tel événement survient dans l'existence d'une organisation, il peut déclencher un changement radical intense qui englobera toutes les dimensions de la réalité organisationnelle.

Cependant, le changement organisationnel n'est pas toujours aussi radical. Très fréquent et moins traumatisant, le *changement graduel*, ou *changement superficiel*, fait partie de l'évolution normale d'une organisation. Il se caractérise notamment par l'introduction de nouveaux produits, de nouvelles technologies, de nouveaux systèmes ou de nouveaux procédés. Il ne modifie pas fondamentalement la nature de l'organisation, mais il vise ses modes d'exploitation, dans le but de les améliorer ou de leur donner de nouvelles extensions. Dans le contexte actuel, savoir mettre en place une amélioration continue grâce à une stratégie de changement graduel est un atout de taille pour une organisation.

▸ **Agent de changement**
Individu ou groupe qui prend en charge la modification des schèmes de comportement d'une personne ou d'un système social

La réussite d'un changement organisationnel, qu'il soit radical ou graduel, dépend en grande partie de l'**agent de changement** qui le suscite et le soutient, c'est-à-dire de l'individu ou du groupe qui prend en charge la modification des schèmes de comportement d'une personne ou d'un système social. Bien que des consultants externes puissent tenir ce rôle, le contexte dynamique des organisations contemporaines exige de tout dirigeant qu'il joue également le rôle de promoteur de changement ; cette responsabilité est maintenant considérée comme inhérente au leadership. Bref, aujourd'hui, le véritable leader se définit comme un « catalyseur de changement ».

LE CHANGEMENT PLANIFIÉ ET LE CHANGEMENT NON PLANIFIÉ

▸ **Changement non planifié**
Changement qui survient spontanément ou par hasard, sans l'intervention d'un agent de changement

Le changement organisationnel n'est pas toujours inspiré par un agent de changement. Ainsi, le **changement non planifié** survient spontanément ou par hasard. S'il est susceptible de causer de graves perturbations – une grève sauvage risque d'entraîner la fermeture d'une usine, par exemple –, il peut aussi présenter des avantages. En effet, un conflit intergroupes peut donner lieu à de nouvelles procédures qui facilitent le déroulement des opérations entre deux services. Dès que se manifestent des forces provoquant un changement non planifié, le gestionnaire doit réagir rapidement pour atténuer les effets néfastes du phénomène et en maximiser les bienfaits potentiels. Il est souvent possible de tirer parti de ce type de changement.

▸ **Changement planifié**
Changement qui résulte des efforts délibérés d'un agent de changement en réaction à un écart de rendement perçu

▸ **Écart de rendement**
Écart entre le rendement constaté et le rendement désiré

Le **changement planifié**, lui, résulte des efforts délibérés d'un agent de changement en réaction à un **écart de rendement** perçu entre le rendement constaté et le rendement désiré. Ce type d'écart peut se présenter comme un problème à surmonter, mais aussi comme une occasion à saisir. La plupart des changements organisationnels planifiés peuvent être envisagés comme un déploiement d'efforts visant à répondre à des écarts de rendement d'une manière avantageuse pour l'organisation et pour ses membres. Dans un processus d'amélioration continue, le gestionnaire doit faire preuve d'une vigilance constante afin de déceler rapidement tout écart de rendement et d'y réagir adéquatement.

LE CHANGEMENT PLANIFIÉ : LES FORCES MOTRICES ET LES CIBLES ORGANISATIONNELLES

Indépendamment de leur nature et de leur taille, les organisations contemporaines sont soumises à des forces de changement qui viennent à la fois de l'intérieur et de la périphérie :

- *Dans les relations entre l'organisation et son environnement* Fusions, alliances stratégiques et cessions d'actifs ne sont que quelques-unes des solutions possibles aux problèmes d'un environnement économicopolitique de plus en plus dynamique et complexe.
- *Dans le cycle de vie de l'organisation* Les modifications structurelles et culturelles que connaît toute organisation au fil du temps et au cours de sa croissance, notamment, sont des mesures d'adaptation à son évolution.
- *Dans les relations de pouvoir au sein de l'organisation* Les changements apportés aux mécanismes de contrôle interne, y compris aux systèmes de récompenses et d'avantages, sont des tentatives d'adaptation aux jeux politiques qui apparaissent.

Comme le montre la **figure 17.1**, le changement planifié qu'entraîne l'une ou l'autre de ces forces peut cibler plus particulièrement une ou plusieurs des composantes

FIGURE 17.1 LES CIBLES ORGANISATIONNELLES D'UN CHANGEMENT PLANIFIÉ

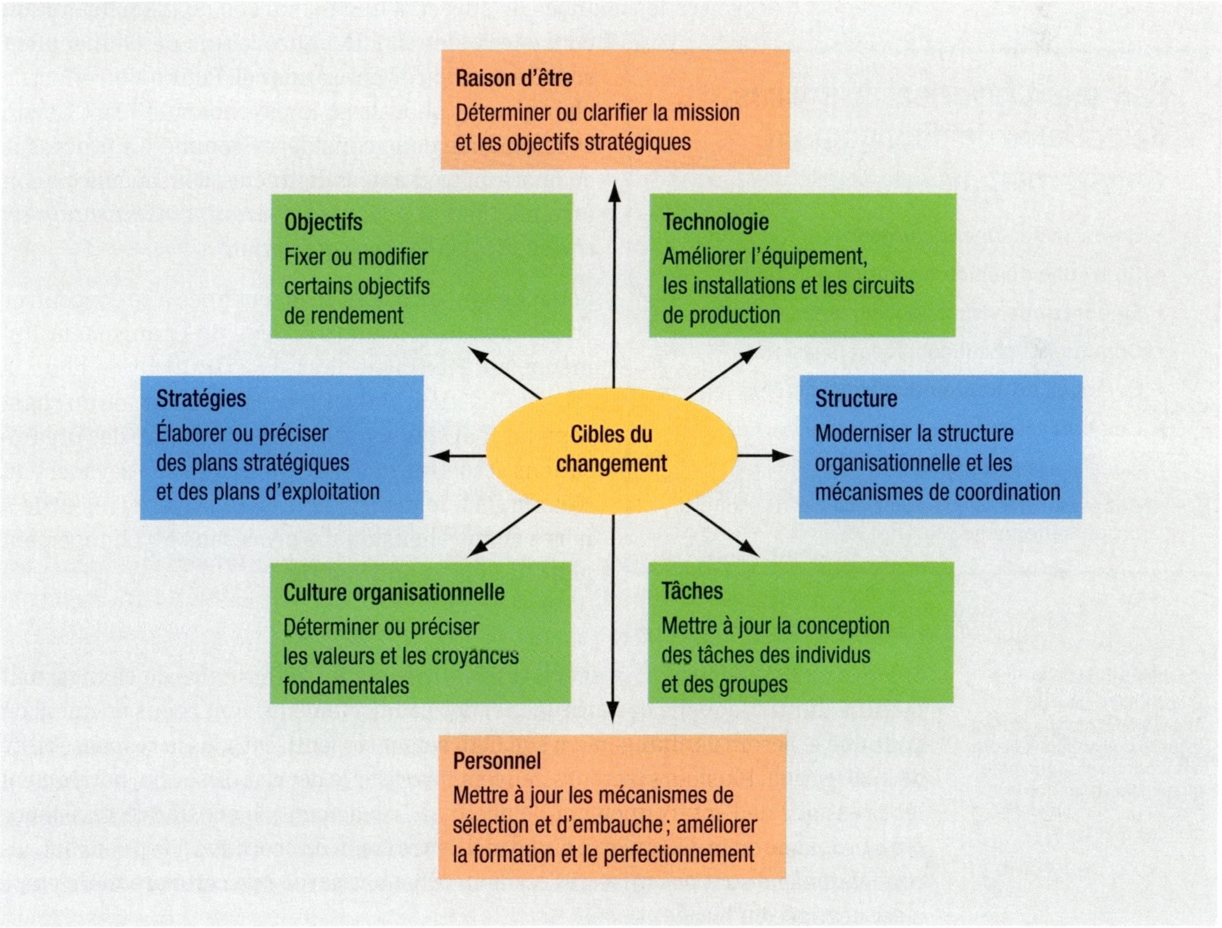

organisationnelles, notamment la raison d'être de l'organisation, ses stratégies, sa structure et son personnel, de même que ses objectifs, sa culture, ses tâches et sa technologie. Cependant, toutes ces composantes sont intimement liées, de sorte que tout changement de l'une d'elles risque fort de se répercuter sur d'autres. Ainsi, un changement dans les tâches fondamentales entraîne presque inévitablement un changement dans la technologie, c'est-à-dire dans la façon d'exécuter les tâches. En outre, modifier les tâches et la technologie suppose généralement de changer quelque peu la structure organisationnelle, c'est-à-dire la hiérarchie de l'autorité, les réseaux de communication ainsi que les rôles des travailleurs. À leur tour, les changements technologiques et structurels peuvent exiger des transformations sur le plan des connaissances, des compétences et des comportements des travailleurs, des modifications qui touchent donc le personnel de l'organisation[6].

Évidemment, quelle que soit la cible du changement, il faut lutter contre la tendance à se rabattre sur des solutions toutes faites, faciles à implanter, mais dont les résultats sont douteux.

LES ÉTAPES DU CHANGEMENT PLANIFIÉ

Selon certaines recherches, les tentatives de changement organisationnel atteindraient un taux d'échec aussi élevé que 70 %[7]. Comme le montre l'encadré ci-contre, la réalisation d'un changement transformateur constitue un enjeu de taille[8]. L'une des façons d'accroître les chances de succès d'une démarche de transformation consiste à bien saisir le processus de changement social en milieu organisationnel. Pour qu'un effort de changement aboutisse, le psychologue Kurt Lewin recommande de le considérer comme un processus comportant trois étapes distinctes, dont aucune ne doit être négligée: la *décristallisation*, l'*instauration du changement* et la *recristallisation*[9].

Comment favoriser le succès des efforts de changement transformateur

- Créez un sentiment d'urgence.
- Créez une coalition directrice puissante.
- Élaborez une vision convaincante.
- Communiquez efficacement la vision.
- Déléguez du pouvoir aux subordonnés.
- Célébrez les gains à court terme.
- Consolidez les acquis.
- Ancrez les nouvelles pratiques dans la culture organisationnelle.

Selon Lewin, on aurait trop tendance à se concentrer sur l'étape intermédiaire, celle du changement lui-même, au détriment de la décristallisation et de la recristallisation. Malgré le caractère continu du changement, il arrive souvent, dans la réalité des organisations actuelles, que les trois étapes se chevauchent. Néanmoins, le modèle de Lewin s'avère très utile à notre compréhension du processus de changement planifié et de ses difficultés.

LA DÉCRISTALLISATION

▶ **Décristallisation**
Étape préliminaire du changement planifié, durant laquelle des attitudes et des comportements sont remis en question pour que le besoin de changement soit clairement ressenti

Selon le modèle de Lewin, la **décristallisation**, étape préliminaire du changement planifié durant laquelle des attitudes et des comportements sont remis en question pour que le besoin de changement soit clairement ressenti, est sous la responsabilité de la direction. Plusieurs facteurs peuvent favoriser la décristallisation, notamment les pressions de l'environnement, le déclin du rendement, le constat de l'existence d'un problème ou la découverte d'une meilleure façon de procéder. Trop souvent, les innovations ne sont pas mises à l'essai ou échouent parce que cette première étape a été négligée ou bâclée.

Les grandes organisations semblent particulièrement enclines à ce qu'on appelle le «syndrome de la grenouille ébouillantée», terme qui fait référence à un curieux phénomène : si on plonge une grenouille dans une casserole d'eau bouillante, elle saute immédiatement à l'extérieur ; par contre, si on l'immerge dans une casserole d'eau froide qu'on amène lentement à ébullition, elle y reste jusqu'à ce que la chaleur de l'eau la tue[10]. De même, les gestionnaires, plongés dans l'action, ne sont pas toujours attentifs à ce qui se passe dans leur environnement, ne perçoivent pas toujours les tendances déterminantes et le besoin de changement. Leur organisation risque alors de décliner et de perdre peu à peu ses avantages concurrentiels. Souvent, les indices d'un besoin de changement sont là, mais passent inaperçus ou sont négligés… jusqu'à ce qu'il soit trop tard. Les meilleures organisations sont dirigées par des gens vigilants qui ont compris l'importance de l'étape de la décristallisation dans le processus de changement.

L'INSTAURATION DU CHANGEMENT

L'étape de l'**instauration du changement** est celle durant laquelle l'agent de changement prend des mesures pour transformer la situation en modifiant des paramètres comme les tâches, la structure, la technologie ou l'effectif de l'organisation. Selon Lewin, les agents de changement sont portés à aller trop vite : ils sautent l'étape de la décristallisation et commencent tout de suite à modifier les choses. Même s'ils sont bien intentionnés, ils courent souvent à l'échec parce qu'ils ne préparent pas adéquatement le processus. Apporter des changements est une opération assez difficile en soi pour qu'on ne s'y lance pas tête baissée.

▸ **Instauration du changement**
Étape intermédiaire du changement planifié, durant laquelle l'agent de changement prend des mesures pour transformer la situation en modifiant des paramètres comme les tâches, la structure, la technologie ou l'effectif de l'organisation

LA RECRISTALLISATION

La dernière étape du processus de changement planifié est celle de la **recristallisation**, durant laquelle les acquis du changement sont consolidés et assimilés à long terme. Il est alors essentiel :

- de maintenir l'élan qui a présidé au changement ;
- d'encourager les succès ;
- d'intensifier le soutien en cas de difficulté ;
- de faire en sorte qu'à long terme le changement soit intégré au mode de fonctionnement habituel.

▸ **Recristallisation**
Étape finale du changement planifié, durant laquelle les acquis du changement sont consolidés et assimilés à long terme

Cette dernière étape repose donc sur une évaluation des progrès et des résultats du changement, de même que de son coefficient coûts-bénéfices. Au besoin, l'agent de changement pourra corriger le tir pour assurer la réussite à long terme du changement instauré. Si tout ce suivi est négligé ou si la recristallisation est bâclée, le changement risque de ne pas être instauré complètement ou d'être abandonné à courte échéance.

Les diverses stratégies de changement planifié

Les gestionnaires et les autres agents de changement recourent à diverses stratégies pour exercer leur pouvoir, avoir de l'influence sur les autres et obtenir d'eux qu'ils soutiennent le changement planifié. Comme le montre la **figure 17.2**, ces stratégies

FIGURE 17.2 LES TYPES DE POUVOIR, LES STRATÉGIES DE CHANGEMENT ET LES RÉSULTATS ESCOMPTÉS

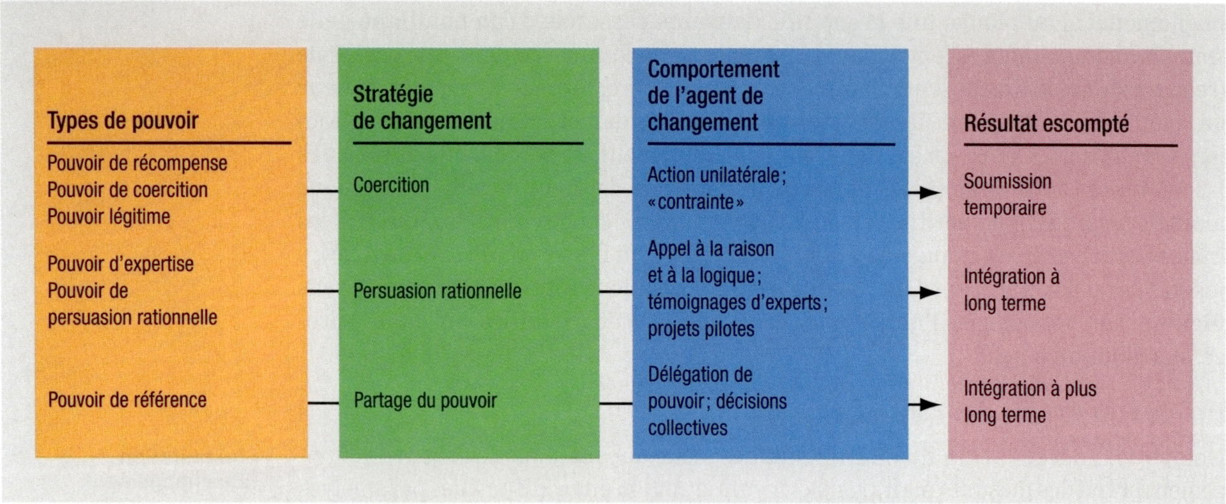

s'appuient sur les divers types de pouvoir que nous avons étudiés au chapitre 9. Notons que chacun de ces derniers a des répercussions assez différentes sur le processus de changement planifié[11].

LA COERCITION

▸ **Stratégie de coercition** Stratégie par laquelle l'agent de changement s'appuie sur son pouvoir légitime (l'autorité), sur son pouvoir de récompense ou sur son pouvoir de coercition pour amener les personnes à se soumettre à sa volonté de changement

Lorsqu'il recourt à la **stratégie de coercition**, l'agent de changement s'appuie sur son pouvoir légitime (l'autorité), sur son pouvoir de récompense ou sur son pouvoir de coercition pour amener certaines personnes à se soumettre à sa volonté de changement. Ce faisant, il agit unilatéralement et utilise l'autorité que lui confère sa position pour dicter le changement, il suscite ce dernier par la promesse de récompenses alléchantes ou il l'impose par la menace de punitions. Les personnes concernées se plient à la décision essentiellement parce qu'elles ont peur d'être punies si elles s'y opposent ou parce qu'elles convoitent les récompenses promises si elles se soumettent. Mais leur soumission est généralement temporaire: elle dure tant que l'agent de changement maintient la pression et exerce visiblement son autorité ou que la possibilité de recevoir des sanctions ou des récompenses reste évidente.

L'agent de changement qui recourt à une stratégie de coercition se reconnaîtra dans la description suivante[12]:

> Vous estimez que les individus agissent essentiellement par intérêt personnel, c'est-à-dire en fonction des gains et des pertes que peut leur réserver une situation donnée. Comme vous croyez que seuls ces mobiles peuvent les amener à changer, vous tentez de découvrir leurs intérêts et vous faites pression sur eux. Si vous avez de l'autorité, vous vous en servez; sinon, vous faites miroiter des récompenses ou vous brandissez des menaces. Dès que vous découvrez un point faible, vous l'exploitez et vous *manœuvrez* pour vous faire des alliés chaque fois que l'occasion se présente.

▸ **Stratégie de persuasion rationnelle** Stratégie par laquelle l'agent de changement s'appuie sur son pouvoir d'expertise ou sur son pouvoir de persuasion rationnelle pour convaincre les personnes qu'elles ont avantage à adhérer au changement qu'il propose

LA PERSUASION RATIONNELLE

Lorsqu'il recourt à la **stratégie de persuasion rationnelle**, l'agent de changement s'appuie sur son pouvoir d'expertise ou sur son pouvoir de persuasion rationnelle pour convaincre les personnes qu'elles ont avantage à adhérer au changement qu'il

Le leadership et les subtilités du changement radical[13]

Du côté de la RECHERCHE

Leaders et chercheurs tentent depuis longtemps de comprendre tous les rouages du changement organisationnel. Le rythme, les phases et la nature même du changement radical revêtent un intérêt particulier à cet égard. D'après Amis, Slack et Hinings (qui ont effectué une recension des écrits sur la question du changement), ces dimensions devraient être explorées davantage. Les trois auteurs rapportent les résultats d'une vaste étude menée au Canada auprès de 36 fédérations nationales de sport reconnues par le Comité olympique canadien. Leur recherche s'est étendue sur 12 années qui correspondent, au dire des chercheurs, à la période probablement la plus agitée de l'histoire du sport amateur canadien. Elle a permis de constater certaines tendances dans les organisations qui réussissaient le mieux à se transformer.

Il est apparu, notamment, que les fédérations sportives qui réussissaient le mieux faisaient alterner les périodes de changement avec des périodes de consolidation, au cours desquelles elles s'attachaient à instaurer la confiance et à favoriser les relations de travail pouvant soutenir le processus. En outre, ces fédérations suivaient une certaine approche dans l'amorce du changement, axée d'abord sur les éléments organisationnels fondamentaux ; elles signalaient ainsi à tous les membres l'importance du changement mis en œuvre.

Les chercheurs relèvent quelques-unes des difficultés associées à la réalisation d'une étude échelonnée sur une si longue période et menée auprès d'un ensemble d'organisations. Ils estiment que d'autres recherches permettraient de mieux expliquer pourquoi et comment le rythme, les phases et la linéarité influent sur la réussite des changements organisationnels.

QUELQUES CONSEILS EN MATIÈRE DE CHANGEMENT RADICAL

- Prenez garde aux changements précipités.
- Prenez le temps de rallier les principales parties intéressées.
- Visez en priorité à changer les éléments organisationnels fondamentaux.
- Préparez-vous à rencontrer une résistance élevée chez les personnes les plus touchées par le changement.

propose. On qualifie parfois d'*approche rationnelle-empirique* cette stratégie partant de l'idée selon laquelle ce sont la raison et la logique qui guident les individus lorsqu'ils décident de soutenir un changement ou de s'y opposer. L'agent de changement utilise ici ses connaissances, son expérience et son discernement pour convaincre les indécis que le changement qu'il promeut leur sera bénéfique. Lorsqu'elle réussit, cette approche donne généralement lieu à un changement mieux intégré et plus durable que celui qu'on obtient par la coercition.

L'agent de changement qui recourt à la stratégie de persuasion rationnelle se reconnaîtra dans la description suivante[14] :

> Vous estimez que les individus sont fondamentalement rationnels, que c'est la raison qui guide leurs actes et leurs décisions. Vous présumez que, pour peu qu'on leur démontre les avantages qu'ils retireront du changement proposé, la logique et la raison les amèneront à y adhérer. Votre approche du changement consiste donc à transmettre de l'information et des faits, en insistant sur l'intérêt que présente votre proposition de changement pour les personnes que vous cherchez à persuader. Vous êtes certain qu'elles s'y rallieront si vous parvenez à les convaincre de sa logique.

LE PARTAGE DU POUVOIR

L'agent de changement qui recourt à la **stratégie de partage du pouvoir** s'appuie sur son pouvoir de référence pour favoriser sincèrement et activement la participation des personnes concernées à la planification et à l'implantation du changement

Stratégie de partage du pouvoir
Stratégie par laquelle l'agent de changement s'appuie sur son pouvoir de référence pour favoriser sincèrement et activement la participation des personnes concernées à la planification et à l'implantation du changement qu'il propose

qu'il propose. Cette stratégie vise à orienter et à soutenir le changement au moyen de l'engagement et de la délégation de pouvoir. Parfois appelée *approche normative-rééducatrice*, elle se fonde notamment sur des valeurs personnelles, des normes collectives et des objectifs communs, de sorte que l'adhésion au changement suggéré se fait naturellement. Les gestionnaires qui utilisent cette stratégie misent sur leur réputation et leur charisme et délèguent une partie de leur pouvoir aux personnes concernées pour leur permettre de participer à la planification et à la mise en œuvre du changement. Comme cette approche exige un engagement important des participants, elle produit généralement un changement mieux intégré et plus durable que celui qu'on obtient par la persuasion rationnelle.

L'agent de changement qui recourt à la stratégie de partage du pouvoir se reconnaîtra dans la description suivante[15] :

> Vous estimez que les mobiles des individus sont complexes. Vous pensez que les normes socioculturelles auxquelles ils souscrivent et qu'ils s'efforcent de respecter guident leurs comportements. Vous savez que transmettre de l'information et des connaissances sur le changement proposé et en démontrer logiquement le bien-fondé ne suffit pas à modifier les tendances ; il faut aussi des changements sur le plan des attitudes, des valeurs, des compétences et des relations. Ainsi, lorsque vous cherchez à faire changer les autres, vous prenez en considération les effets incitatifs ou inhibiteurs des normes et des pressions du groupe. Lorsque vous travaillez avec les personnes, vous essayez de connaître leurs points de vue et de découvrir leurs sentiments et leurs attentes.

La résistance au changement

Résistance au changement
Tout comportement ou toute attitude indiquant le refus de soutenir ou d'apporter une modification proposée

Le terme **résistance au changement** désigne tout comportement ou toute attitude indiquant le refus de soutenir ou d'apporter une modification proposée. Généralement, en milieu organisationnel, les agents de changement considèrent à tort cette résistance comme un obstacle à la réussite du changement. Or ils pourraient l'envisager comme une forme de rétroaction dont ils peuvent tirer parti pour faciliter l'atteinte des objectifs du changement[16]. Cette approche constructive part de l'idée que, lorsque les gens résistent à un changement, ils le font pour préserver quelque chose qu'ils jugent important et qui leur semble menacé.

POURQUOI LES GENS RÉSISTENT-ILS AU CHANGEMENT ?

LA RÉSISTANCE LIÉE À DES FACTEURS INDIVIDUELS

Certaines caractéristiques propres aux personnes soumises au changement peuvent expliquer leur opposition. La peur de l'inconnu, l'anxiété, la préférence pour la stabilité, l'attachement aux bonnes vieilles habitudes ou la remise en cause des compétences comptent parmi les principales sources de résistance liée à des facteurs individuels. Ainsi, les membres d'une équipe peuvent s'opposer à l'installation d'ordinateurs ultraperfectionnés à leur poste de travail parce qu'ils éprouvent de l'appréhension devant un système d'exploitation qu'ils n'ont jamais utilisé, parce qu'ils redoutent que l'efficacité de ces machines serve de prétexte aux gestionnaires pour « se débarrasser » de certains d'entre eux, ou encore parce qu'ils estiment qu'ils s'acquittent bien de leurs tâches et qu'ils n'ont pas besoin de ce matériel. Des raisons de cet ordre peuvent engendrer une résistance aux plus judicieux et aux mieux fondés des changements.

LA RÉSISTANCE LIÉE À LA NATURE MÊME DU CHANGEMENT

Il arrive que l'agent de changement constate une résistance à la nature même du changement qu'il propose. Les individus s'y opposent parce que, selon eux, il ne vaut pas le temps, les efforts et l'attention qu'ils devront y consacrer. Pour diminuer ce type de résistance, l'agent de changement doit d'abord s'assurer que sa proposition respecte les quatre conditions suivantes et veiller à ce que toutes les personnes concernées la perçoivent ainsi[17]:

1. *Le changement est bénéfique.* Il comporte un ou plusieurs avantages notables pour les personnes touchées et représente une amélioration par rapport à ce qui se faisait jusque-là.
2. *Le changement est conciliable avec les caractéristiques des individus concernés.* Il est aussi compatible que possible avec leurs valeurs et leur expérience.
3. *Le changement est relativement simple.* Il n'est pas trop complexe ; les personnes sont en mesure de le comprendre et de le mettre en œuvre.
4. *Le changement s'accompagne d'une période d'essai.* Les personnes peuvent l'essayer graduellement et y apporter des modifications au fur et à mesure de son implantation.

LA RÉSISTANCE LIÉE À LA STRATÉGIE DE CHANGEMENT

Les agents de changement doivent aussi se préparer à affronter une résistance liée à la stratégie de changement qu'ils adoptent. Il leur faut tenir compte, notamment, des considérations suivantes :

- Une *stratégie de coercition* peut susciter de la résistance chez les individus qui n'aiment pas la gestion autoritaire ni le recours aux menaces.
- Une *stratégie de persuasion rationnelle* peut engendrer de la résistance si les données sur lesquelles s'appuie le changement ou l'expertise de ses promoteurs sont douteuses.
- Une *stratégie de partage du pouvoir* peut engendrer une résistance si les individus la jugent hypocrite et ont l'impression d'être manipulés.

LA RÉSISTANCE LIÉE À L'AGENT DE CHANGEMENT

Cette résistance est dirigée vers la personne qui met en œuvre le changement. Elle découle souvent de conflits de personnalité ou d'autres différences entre le promoteur du changement et les gens concernés. Les agents de changement qui risquent plus particulièrement de déclencher des réactions de résistance sont ceux qui n'ont pas de contact étroit avec les personnes touchées, ceux qui semblent avoir un intérêt personnel dans le changement qu'ils proposent ou encore ceux qui s'investissent beaucoup sur le plan émotif. Les études indiquent également que ceux dont les caractéristiques individuelles (âge, formation, caractéristiques socioéconomiques) sont très différentes de celles des personnes touchées par le changement déclenchent une résistance accrue[18].

LA RÉSISTANCE LIÉE À DES FACTEURS ORGANISATIONNELS ET À DES FACTEURS DE GROUPE

Certaines caractéristiques organisationnelles et de groupe peuvent aussi favoriser la résistance au changement. Ainsi, une structure organisationnelle bureaucratique génère davantage de résistance qu'une structure plus souple. En outre, une culture organisationnelle forte favorise souvent la ritualisation des conduites ou le conformisme et entraîne une opposition à tout changement allant à l'encontre des valeurs qui la caractérisent. Cette résistance se manifeste aussi au sein de groupes très cohésifs et solidaires qui privilégient le maintien des liens interpersonnels déjà créés. Finalement, des accords intergroupes peuvent aussi freiner l'introduction de certains changements.

COMMENT RÉAGIR À LA RÉSISTANCE AU CHANGEMENT ?

L'agent de changement avisé connaît plusieurs façons de réagir positivement à toute forme de résistance au changement[19]. La **figure 17.3** présente les six principales en précisant le moment opportun pour les mettre en application, ainsi que leurs avantages et leurs inconvénients.

1. *L'information et la communication* Avant d'implanter un changement, l'agent de changement informe les personnes concernées afin qu'elles en comprennent bien les motifs. Cette approche semble donner les meilleurs résultats lorsque la résistance résulte d'une information inexacte ou incomplète.
2. *La participation et l'engagement* L'agent de changement permet aux personnes concernées de contribuer à la conception et à l'implantation du changement, soit en leur demandant leurs points de vue et leurs suggestions, soit en les intégrant au comité ou au groupe qui pilote le projet. Cette approche lui est particulièrement utile lorsqu'il ne possède pas toute l'information nécessaire pour traiter la situation problématique.
3. *La facilitation et le soutien* L'agent de changement fournit de l'aide matérielle et psychologique aux personnes qui éprouvent des difficultés liées au changement. Le gestionnaire qui s'appuie sur cette méthode pour faire face à la résistance de ses subordonnés prête une oreille attentive à leurs problèmes et à leurs doléances, leur propose une formation adéquate et les aide à faire face aux exigences de rendement. Cette approche est particulièrement utile lorsque les contraintes et les difficultés liées à l'implantation du changement engendrent des frustrations.
4. *La négociation et l'entente* L'agent de changement offre des incitatifs à ceux qui manifestent ou pourraient manifester de la résistance ; autrement dit, il leur accorde certains avantages en échange de leur promesse de ne pas bloquer le changement institué. Cette approche est particulièrement utile avec des individus ou des groupes pour qui le changement planifié représente une perte importante.
5. *La manipulation* L'agent de changement manœuvre pour influencer les personnes touchées par le changement en sélectionnant l'information qui leur est transmise et en organisant le déroulement des événements de telle sorte que le changement souhaité ait lieu. Parfois, il est possible « d'acheter » le soutien des meneurs de la résistance en négociant des ententes particulières avec eux. La manipulation est une pratique courante lorsque les autres tactiques ne fonctionnent pas ou sont jugées trop coûteuses.
6. *La coercition explicite ou implicite* L'agent de changement recourt à son autorité pour amener les récalcitrants à se plier aux directives. Il peut ainsi les menacer de diverses sanctions s'ils n'acceptent pas de se soumettre. Cette approche peut être utile lorsque le changement doit être instauré de toute urgence.

Quelle que soit l'approche choisie, il faut se souvenir qu'une résistance au changement dénote généralement la nécessité de prendre des mesures pour obtenir une meilleure

FIGURE 17.3 LES MÉTHODES POUR FAIRE FACE À LA RÉSISTANCE AU CHANGEMENT

Méthode	À utiliser lorsque…	Avantages	Inconvénients
Information et communication	… l'information est insuffisante ou inexacte.	Elle suscite chez les personnes touchées le désir de contribuer au changement.	Elle peut exiger beaucoup de temps.
Participation et engagement	… les personnes touchées détiennent de l'information importante ou ont le pouvoir de résister au changement.	Elle améliore la planification du changement par l'augmentation de la quantité d'information disponible et favorise l'engagement des personnes touchées.	Elle peut exiger beaucoup de temps.
Facilitation et soutien	… la résistance au changement est liée à des problèmes de ressources ou d'adaptation.	Elle répond directement à des besoins précis sur le plan des ressources ou de l'adaptation.	Elle peut exiger beaucoup de temps et entraîner des coûts importants.
Négociation et entente	… le changement peut occasionner des pertes importantes pour certains individus ou certains groupes.	Elle permet d'éviter que la résistance prenne trop d'ampleur.	Elle peut être coûteuse et elle comporte le risque que d'autres personnes exigent des ententes similaires.
Manipulation	… les autres stratégies s'avèrent inefficaces ou sont jugées trop coûteuses.	Elle peut donner des résultats rapides et est peu coûteuse.	Elle peut causer d'autres problèmes si les personnes touchées se sentent manipulées.
Coercition explicite ou implicite	… l'agent de changement est en position d'autorité et qu'il faut agir vite.	Elle est rapide et permet de venir à bout de toute forme de résistance.	Elle peut causer d'autres problèmes si les personnes touchées se mettent en colère.

adéquation entre le changement planifié, la situation et les personnes qui sont concernées. Un bon agent de changement saura y faire face en se montrant ouvert à la rétroaction et en agissant en conséquence.

Pour finir, il est important de tenir compte de l'histoire de l'entreprise, de la culture organisationnelle et du type de changement pendant l'implantation d'un changement planifié. Souvent, des modifications imprévues peuvent se produire dans la culture de l'entreprise.

La dynamique du stress

Les impératifs de changement en milieu organisationnel s'accompagnent souvent d'un surcroît de stress pour les personnes visées. Il est grand temps de considérer le stress comme un phénomène que le gestionnaire doit gérer. À ce titre, nous vous présentons l'expérience de trois cadres qui doivent faire face à un grand stress professionnel[20].

Marie Jeune titulaire d'une maîtrise en administration des affaires, Marie a passé une nuit blanche à préparer le premier exposé qu'elle doit faire devant le conseil de direction de son nouvel employeur. Elle travaille depuis six mois au rapport qu'on lui a demandé, et sa présentation orale lui permettra de tester, pour la première fois, son potentiel de cadre. Marie parle pendant 5 minutes, puis répond aux questions des membres du comité pendant 10 minutes. Le président la remercie pour la qualité de son travail et lui demande de quitter la réunion. Elle se précipite alors dans la salle la plus proche pour relâcher sa tension nerveuse et se met à trembler de la tête aux pieds.

Robert Jeanne est de plus en plus inquiète au sujet de son mari, Robert. Il y a plusieurs mois, ce dernier a failli être promu au rang de directeur d'usine, promotion qu'il était convaincu de mériter après 15 ans de bons et loyaux services. Auparavant, il rentrait généralement fourbu de son travail, mais de très bonne humeur, et il passait une heure à jouer avec ses fils. Aujourd'hui, il a un comportement complètement différent. Dès qu'il rentre du travail, il se sert une bière et s'affale sur le divan, devant la télévision, qu'il délaisse uniquement pour le souper. Il passe la soirée ainsi et ne parle presque plus, ni à Jeanne ni aux enfants. Jeanne n'en peut plus. Elle supplie son mari d'aller consulter un médecin. « Je vais très bien, rétorque-t-il. Qu'est-ce que tu vas imaginer ! »

Raymond Chef de publicité et cadre auquel la réussite sourit, Raymond vient, comme d'habitude, de terminer un repas d'affaires copieusement arrosé avec un client potentiel. Mais il est soucieux. Ses brûlures d'estomac et le diagnostic médical reçu la veille accaparent toute son attention : il souffre de colites spasmodiques liées à son mode de vie. Raymond, qui vient de divorcer, sait pertinemment que sa consommation d'alcool et de tabac ainsi que ses journées de travail de 12 heures nuisent à sa santé, mais, pour le moment, toute sa vie tourne autour de son travail, d'autant plus que ses affaires commencent à connaître une réussite qui dépasse toutes ses espérances. Il décide donc de ne plus prêter attention à sa santé et concentre tous ses efforts sur la signature d'un contrat important avec son client.

QU'EST-CE QUE LE STRESS ?

Stress
Tension qu'une personne ressent lorsqu'elle est soumise à des exigences, à des contraintes ou à des demandes inhabituelles

Le **stress** peut se définir comme la tension qu'une personne ressent lorsqu'elle est soumise à des exigences, à des contraintes ou à des demandes inhabituelles[21]. Dans le cas de Marie, le stress est lié au fait de devoir faire un exposé décisif pour sa carrière. En ce qui concerne Robert, il est le résultat d'une contrainte, c'est-à-dire de l'impossibilité d'obtenir une promotion. Enfin, chez Raymond, il est dû au tiraillement vécu entre les recommandations du médecin et les exigences d'un emploi particulièrement stressant.

Le stress est donc la *résultante* d'événements auxquels les personnes doivent s'adapter, et plus particulièrement de la perception que celles-ci en ont. Il se traduit par diverses réactions :

- Des réactions physiologiques, telles qu'une augmentation de la tension artérielle et du rythme cardiaque, de l'insomnie, des tensions musculaires, des troubles gastro-intestinaux, des affections dermatologiques, etc.
- Des réactions psychologiques, telles que de l'anxiété, de l'apathie, de la frustration, une perte d'estime de soi, une humeur dépressive, etc.

- Des réactions comportementales, telles que l'abus de drogues, d'alcool, de tabac et de nourriture, l'absentéisme, des comportements impulsifs, etc.
- Des réactions sur le plan cognitif, telles que des difficultés à prendre de bonnes décisions, des problèmes de concentration, des difficultés de jugement.

Il serait parfaitement irréaliste de votre part d'imaginer votre avenir de gestionnaire sans tenir compte du stress et des réactions qui y sont associées, car il sera présent tout au long de votre vie professionnelle[22]. Penchons-nous, à ce sujet, sur la déclaration d'un psychologue qui travaille auprès de cadres supérieurs présentant de graves problèmes d'alcoolisme: «Tous les dirigeants doivent faire face au stress, faute de quoi ils ne se seraient jamais hissés à la position qu'ils occupent. Certains le gèrent bien. D'autres pas.» Si vous comprenez le stress et la façon dont il agit en milieu professionnel, vous serez certainement plus à même d'y répondre, qu'il s'agisse du stress que vous vivez ou de celui que vivent vos subordonnés.

LES SOURCES DE STRESS

À une époque aussi mouvementée que la nôtre, quiconque réfléchit à sa carrière doit prendre en considération le stress, auquel personne n'échappe[23]. Les **facteurs de stress** représentent les éléments ou les stimuli qui génèrent du stress chez les individus. La **figure 17.4** indique quatre catégories de facteurs ayant une incidence sur le degré de stress vécu en milieu de travail, à savoir les facteurs professionnels, individuels, socioéconomiques et relatifs à la vie privée. Le cadre doit savoir reconnaître et comprendre les éléments professionnels ainsi que les autres éléments qui peuvent provoquer du stress professionnel et qui se répercutent sur les attitudes et les comportements au travail.

Facteur de stress
Stimulus qui génère du stress chez les individus

FIGURE 17.4 QUATRE CATÉGORIES DE FACTEURS DE STRESS EN MILIEU DE TRAVAIL

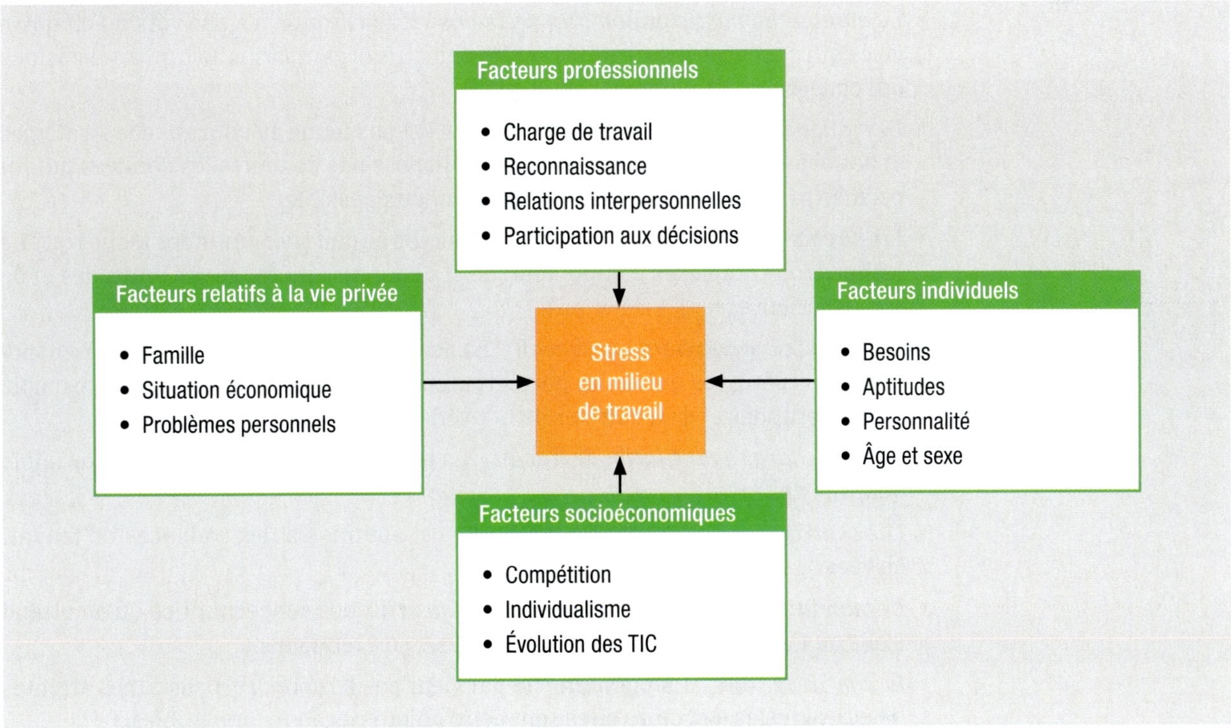

LES FACTEURS DE STRESS LIÉS À LA VIE PROFESSIONNELLE

Personne n'en doute : le travail peut être stressant. Les exigences d'un emploi peuvent rompre l'équilibre entre notre vie professionnelle et notre vie personnelle, et affecter notre santé. À l'échelle canadienne, la situation apparaît comme préoccupante. D'après l'*Enquête sociale générale : Emploi du temps*, réalisée par Statistique Canada[24], 27 % des travailleurs canadiens considèrent la plupart de leurs journées comme « assez » ou « extrêmement » stressantes. Entre autres choses, il a été démontré que travailler dans un contexte de forte demande psychologique et de faible latitude ou qu'être dans une situation exigeant beaucoup d'efforts sans recevoir de reconnaissance en retour est étroitement associé à la détresse psychologique. De même, les travailleurs vivant des situations d'insécurité d'emploi ou de précarité contractuelle, n'ayant pas les moyens de faire un travail de qualité ou étant victimes de harcèlement psychologique connaissent du stress[25].

Plus spécifiquement, voici les principales causes de stress professionnel[26] :

- *La surcharge quantitative de travail* La personne doit accomplir une trop grande quantité de travail par rapport au temps dont elle dispose.
- *Le manque de reconnaissance* La personne ne se sent pas reconnue et estimée à sa juste valeur.
- *Les problèmes de relations interpersonnelles* La personne vit des relations tendues avec ses supérieurs, ses collègues ou ses clients.
- *Le manque de participation aux décisions* La personne n'a pas voix au chapitre en ce qui concerne les stratégies et les objectifs organisationnels ou les décisions qui concernent directement son travail.
- *Le manque d'information* La personne n'est pas tenue au courant des stratégies et des objectifs organisationnels, ou ne dispose pas de toutes les données qui lui permettraient d'accomplir ses tâches le mieux possible.
- *La surcharge qualitative de travail* La personne doit accomplir des tâches qu'elle estime trop complexes compte tenu de ses connaissances, de ses aptitudes et de son expérience.
- *La sous-charge qualitative de travail* La personne doit accomplir des tâches monotones et répétitives qui ne lui permettent pas d'utiliser au maximum l'ensemble de ses aptitudes et d'en cultiver de nouvelles.
- *La sous-charge quantitative de travail* La personne doit accomplir une trop faible quantité de travail.
- *Les contraintes de temps* La personne est soumise à des cadences de travail élevées.
- *L'ambiguïté de rôle* La personne a des incertitudes concernant ce qu'on attend d'elle ou les critères qui serviront à évaluer son rendement.
- *Le conflit de rôles* La personne ne parvient pas à répondre à certaines attentes liées à ses rôles, parce qu'elles sont contradictoires ou incompatibles.

- *Le pouvoir décisionnel* La personne n'a pas la latitude qu'il lui faut pour planifier et organiser son travail comme bon lui semble.
- *Les horaires de travail* La personne doit travailler de longues heures ou des heures irrégulières.
- *Le rythme de la progression professionnelle* La personne a un cheminement de carrière trop rapide (les promotions viennent trop vite) ou trop lent (les promotions tardent à venir), ou encore elle fait face à un *plafonnement professionnel* (elle a cessé de gravir les échelons de la hiérarchie organisationnelle et elle ne pourra probablement pas assumer de responsabilités professionnelles plus importantes).
- *La structure organisationnelle* Centralisée et bureaucratique, la structure organisationnelle ne favorise ni la participation de la personne aux prises de décisions, ni l'autonomie, ni le partage d'information.
- *Le dilemme éthique* La personne doit choisir d'agir ou non d'une façon qui présente des avantages potentiels tout en étant contraire à l'éthique.
- *Le harcèlement psychologique au travail* Un supérieur, un collègue ou un client adopte une conduite vexatoire envers la personne, c'est-à-dire qu'il a un comportement ou des propos hostiles à son égard, qui portent atteinte à son intégrité physique ou psychologique et qui nuisent au climat de travail.
- *Des conditions physiquement éprouvantes* La personne travaille dans de mauvaises conditions, telles que le bruit, le manque d'intimité, la pollution ou d'autres conditions de travail déplaisantes.

LES FACTEURS DE STRESS LIÉS À LA VIE PERSONNELLE

Des problèmes extérieurs à la vie professionnelle des travailleurs deviennent souvent une source importante, bien que moins évidente, de stress en milieu organisationnel. Des événements familiaux (naissance, séparation, divorce, etc.), des difficultés financières (perte considérable liée à un mauvais investissement, etc.) et d'autres problèmes personnels se révèlent parfois extrêmement stressants. Comme il est difficile, voire impossible, d'établir une frontière entre la vie professionnelle et la vie personnelle, les facteurs de stress liés à la vie personnelle peuvent influer sur les attitudes et les comportements au travail comme à l'extérieur du travail.

En outre, en matière de conciliation travail-vie personnelle, une nouvelle réalité émerge, celle de la «génération sandwich», qui doit s'occuper à la fois de jeunes enfants et de parents âgés. Selon Statistique Canada, 3 parents sur 10, ayant entre 45 et 64 ans, prennent soin à la fois de leurs enfants et d'un parent âgé. La très grande majorité de ces personnes (80 %) occupe également un emploi. Ce phénomène résulte essentiellement

La surcharge de travail, première source de stress pour les Français

La surcharge de travail est le premier facteur de stress cité par les salariés français, devant la pression hiérarchique, la peur de perdre leur travail ou encore le flou sur les responsabilités, selon un sondage rendu public lundi.

Interrogés sur les situations qui contribuent à les stresser, 43 % des sondés citent la surcharge de travail, devant la pression de la hiérarchie (41 %), selon cette enquête réalisée en France par OpinionWay pour les Éditions Tissot spécialisées en droit du travail.

Les salariés citent ensuite la situation économique de l'entreprise ou de la France, assimilée par les auteurs à la peur de perdre leur emploi (32 %), et l'ambiguïté des rôles et responsabilités de chacun (30 %).

Viennent ensuite la pression des résultats (29 %), les contraintes organisationnelles (27 %), la pression des clients (20 %), les relations avec les collègues (18 %) et le confort de travail (16 %).

Le sondage montre également que la moitié des salariés indiquent que les événements qui surviennent dans leur vie privée contribuent à les stresser dans leur vie professionnelle (39 % plutôt, 11 % tout à fait). [...]

Source: AFP, «La surcharge de travail, première source de stress pour les Français», lesaffaires.com, 26 novembre 2012.

La Chaire en gestion de la santé et de la sécurité du travail (CGSST) de l'Université Laval

La Chaire en gestion de la santé et de la sécurité du travail de l'Université Laval, à Québec, a pour mission de contribuer au développement des connaissances et des pratiques en gestion de la santé et de la sécurité du travail et de favoriser la prévention dans la gestion des organisations. Dans son site internet (www.cgsst.com/fra/accueil-chaire-gestion-sante-securite-travail.asp) figurent, notamment, cinq sections traitant respectivement de la gestion de la santé et de la sécurité du travail, de la santé psychologique au travail, de la reconnaissance au travail, de l'harmonisation travail-vie personnelle et de la violence au travail. La section sur la santé psychologique au travail fournit de l'information sur le stress et ses conséquences, les facteurs de risque individuels et organisationnels et les stratégies de prévention. Vous y trouverez également une liste d'organismes-ressources du domaine de la santé mentale.

de changements sociodémographiques: grossesses tardives et vieillissement de la population. Évidemment, plus la vie personnelle est exigeante, plus la vie professionnelle en est affectée. Ainsi, 15 % des individus de la «génération sandwich» ont dû réduire leurs heures de travail, 20 % ont dû modifier leur horaire et 10 % ont subi une perte de revenus[27].

L'échelle d'évaluation de la réadaptation sociale de Holmes et Rahe présentée à la **figure 17.5** est un moyen qui sert couramment pour mesurer le stress ressenti par une personne. Remarquez que cet outil intègre les facteurs de stress liés à la vie professionnelle et à la vie personnelle.

Vous souhaitez peut-être remplir cette grille pour vous-même ou pour un proche. Il vous suffit alors d'encercler la valeur moyenne de chaque événement que vous avez vécu au cours des derniers mois. Faites le total pour déterminer votre degré de stress. Selon les études, on interprète les notes obtenues de la façon suivante:

- Un résultat de 150 points ou moins est signe de bonne santé.
- Un résultat situé entre 150 et 300 points indique qu'il existe de 35 à 50 % de risques de souffrir de maladies liées au stress.
- Un résultat supérieur à 300 points signale que les probabilités de tomber malade en raison du stress s'élèvent à 80 %.

Si vous comprenez bien l'incidence potentielle de ces événements personnels sur le bien-être général de la personne, vous maîtriserez mieux leurs conséquences néfastes.

LE STRESS ET LES CARACTÉRISTIQUES INDIVIDUELLES

Qu'ils soient liés à la vie professionnelle ou à la vie personnelle, les divers facteurs de stress que nous venons d'énumérer n'ont pas le même effet sur tous les individus. En fait, deux personnes soumises à un même facteur de stress le percevront différemment et y réagiront en fonction de leurs caractéristiques propres: traits de personnalité, valeurs, attitudes, besoins, antécédents, compétences, âge, sexe, etc. Les caractéristiques individuelles ont donc une incidence déterminante sur l'intensité du stress éprouvé. Par exemple, le stress se révèle plus rapidement destructeur chez les personnes très émotives ou ayant une faible estime de soi. Les individus qui perçoivent une adéquation entre les exigences de leur emploi et leurs compétences semblent mieux tolérer le stress que ceux pour qui ce n'est pas le cas[28].

Certaines dimensions fondamentales de la personnalité entrent également en jeu. Par exemple, l'impatience, le désir de réussite et le perfectionnisme, caractéristiques des gens qui ont une *personnalité de type A* (décrite au chapitre 2), peuvent occasionner

FIGURE 17.5 L'ÉCHELLE D'ÉVALUATION DE LA RÉADAPTATION SOCIALE DE HOLMES ET RAHE

Événement		Valeur moyenne
1.	Décès du conjoint	100
2.	Divorce	73
3.	Séparation d'avec le conjoint	65
4.	Détention en prison ou dans un autre établissement	63
5.	Décès d'un parent proche	63
6.	Blessure ou maladie grave	53
7.	Mariage	50
8.	Licenciement	47
9.	Réconciliation avec le conjoint	45
10.	Départ à la retraite	45
11.	Changement important dans la santé ou le comportement d'un des membres de la famille	44
12.	Grossesse	40
13.	Problèmes d'ordre sexuel	39
14.	Naissance	39
15.	Changement important au travail	39
16.	Changement important dans la situation financière	38
17.	Décès d'un ami proche	37
18.	Changement de poste	36
19.	Augmentation importante des querelles avec le conjoint	35
20.	Hypothèque ou emprunt pour un gros achat	31
21.	Saisie de biens à la suite d'un défaut de paiement d'hypothèque ou d'emprunt	30
22.	Changement important dans les responsabilités professionnelles	29
23.	Départ du foyer d'un des enfants	29
24.	Difficulté avec les beaux-parents	29
25.	Exploit personnel marquant	28
26.	Début ou fin de l'emploi du conjoint en dehors du foyer	26
27.	Début ou fin d'un programme d'études	26
28.	Changement important dans les conditions de vie	25
29.	Modification des habitudes personnelles	24
30.	Problèmes avec le supérieur	23
31.	Changement important dans les horaires ou les conditions de travail	20
32.	Déménagement	20
33.	Changement d'école des enfants	20
34.	Changement important du type ou du temps de loisir	19
35.	Changement important dans les activités religieuses	19
36.	Changement important dans les activités sociales	18
37.	Hypothèque ou emprunt pour un achat de moindre importance	17
38.	Changement important dans les habitudes de sommeil	16
39.	Changement important dans la fréquence des réunions de famille	15
40.	Changement important dans les habitudes alimentaires	15
41.	Vacances	13
42.	Noël	12
43.	Infractions mineures à la loi	11

Source : T.H. Holmes et R.H. Rahe, « The Social Readjustment Rating Scale », *Journal of Psychosomatic Research*, vol. 11, Pergamon Press, 1967, p. 216. Reproduction autorisée par Elsevier par l'entremise de Copyright Clearance Center.

un stress élevé dans un milieu de travail que d'autres trouveront peu stressant[29]. En ce sens, l'individu ayant une personnalité de type A s'expose particulièrement au stress. Il se reconnaît aux comportements suivants[30] :

- Il ne cesse de bouger, de marcher et de manger sur le pouce.
- Les choses ne vont jamais assez vite pour lui ; il bouscule les autres et déteste attendre.
- Il fait plusieurs choses en même temps.
- Il se sent coupable lorsqu'il se détend.
- Il essaie d'en faire toujours plus en un laps de temps toujours plus court.
- Ses gestes sont nerveux ; il serre les poings et tapote sur les tables.
- Il n'a pas le temps de profiter de la vie.

Il est intéressant de s'attarder sur les avantages et les inconvénients de la personnalité de type A en milieu de travail. Les caractéristiques de cette personnalité risquent fort de servir le gestionnaire qui se trouve au début ou au milieu de sa carrière. En effet, avec l'efficacité professionnelle qui peut en découler, elles permettent souvent d'atteindre rapidement les échelons supérieurs de la hiérarchie. Cependant, pour ce qui est du travail de dirigeant au sommet de l'organisation, elles ne s'avèrent pas forcément des plus bénéfiques. Le cadre supérieur de type A risque de manquer de la patience nécessaire pour mener un raisonnement équilibré, satisfaire à des exigences multiples et contradictoires en matière de rendement et faire face aux immanquables retards. Sa réussite dépendra de son aptitude à modifier ou à moduler les caractéristiques de sa personnalité de type A de manière à remplir les différentes obligations de sa position. Soulignons que l'aptitude à gérer le stress est capitale pour parvenir à une certaine souplesse. Elle est également indispensable pour rester en santé et répondre aux normes de rendement exigées à toutes les étapes d'une carrière.

LE STRESS ET LA SOCIÉTÉ

L'environnement socioéconomique dans lequel évolue une personne peut aussi favoriser l'apparition des symptômes du stress[31]. À titre d'exemple, l'expansion des TIC et la mondialisation de l'économie ont accru les pressions qui s'exercent sur les travailleurs. L'obsession de la productivité ainsi que la compétitivité à outrance peuvent conduire à des situations intenables pour bon nombre de personnes. En outre, l'individualisme découlant de la précarité d'emploi entraîne souvent une diminution de l'engagement et de la motivation, puis un retrait du travail.

LES CONSÉQUENCES DU STRESS

LE STRESS ET LE RENDEMENT

Bon stress (ou **eustress**)
Stress se traduisant par une tension modérée et ayant des effets bénéfiques tant pour l'individu que pour l'organisation

Les propos que nous venons de tenir peuvent donner l'impression que le stress n'exerce qu'une influence néfaste sur nous. En fait, comme le montre la **figure 17.6**[32], le stress a deux facettes, une bonne et une mauvaise. Le **bon stress** (ou **eustress**), qui se traduit par une tension modérée, a des effets bénéfiques tant pour l'individu que pour l'organisation : augmentation des efforts et de l'application au travail, stimulation de la créativité et amélioration du rendement. Le bon stress se manifeste lorsqu'il y a adéquation entre les capacités d'une personne et les exigences de son milieu professionnel, ou entre ses besoins et ceux que son travail lui permet de combler. Vous avez probablement déjà éprouvé les effets de ce type de stress : dans un cours

FIGURE 17.6 L'INTENSITÉ DU STRESS ET LE RENDEMENT INDIVIDUEL : LE BON STRESS ET LE MAUVAIS STRESS

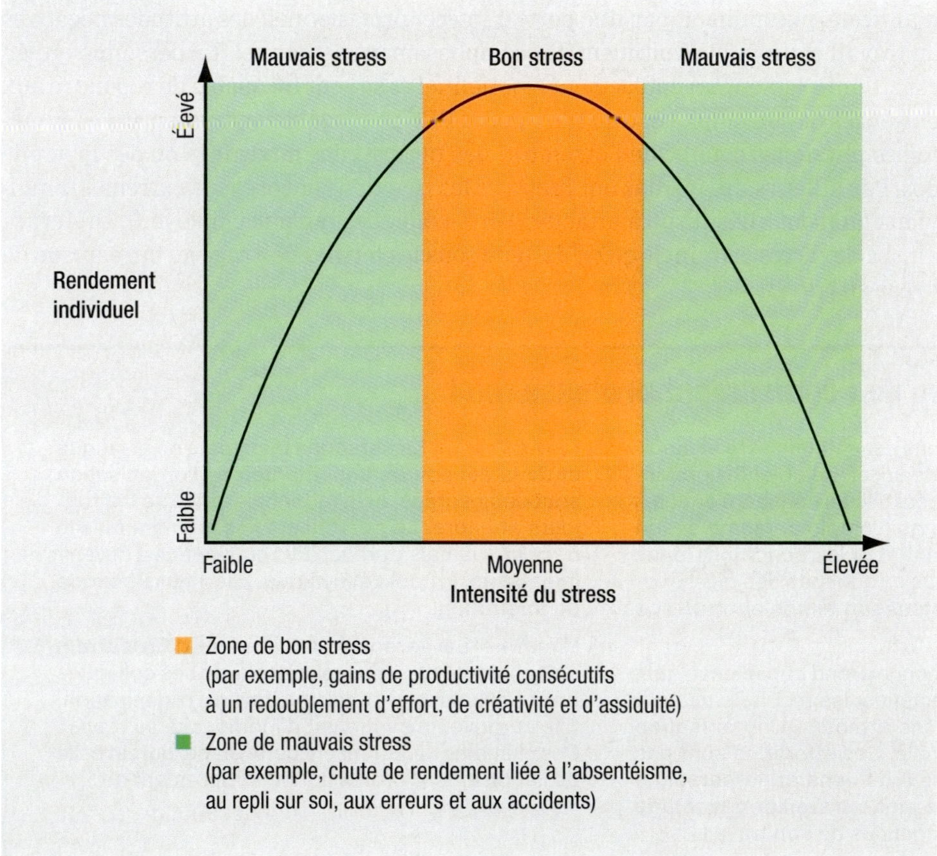

difficile que vous croyez pouvoir réussir, vous êtes plus attentif en classe, vous étudiez plus intensément avant l'examen et vous redoublez d'effort pour terminer à temps le travail de session.

En revanche, le **mauvais stress** (ou **détresse**) a des effets néfastes tant pour l'individu que pour l'organisation : insatisfaction, baisse de motivation et de rendement, absentéisme, erreurs, comportements contraires à l'éthique, maladies et roulement de personnel accru. Associé à une tension très faible ou à un excès de tension, le mauvais stress se manifeste lorsqu'il y a discordance entre les capacités d'une personne et les exigences de son milieu professionnel, ou entre ses besoins et ceux que son travail lui permet de combler.

Mauvais stress (ou **détresse**)
Stress se traduisant par une tension très faible ou excessive et ayant des effets néfastes tant pour l'individu que pour l'organisation

Ainsi, lorsque les demandes de l'environnement sont trop faibles et que les capacités d'une personne sont sous-utilisées, cette dernière n'effectuant que des tâches simples, répétitives et monotones, il est possible de voir apparaître un état d'apathie et les symptômes du mauvais stress. Une personne très compétente qui est réduite à effectuer des tâches simples, répétitives et monotones pourrait en faire l'expérience. De même, une personne soumise à des exigences qui excèdent ses capacités ne pourra répondre adéquatement aux attentes ; comme l'excès de stress affaiblit les défenses psychologiques et physiologiques, les symptômes du mauvais stress risquent d'apparaître.

Épuisement professionnel
Syndrome de détresse psychologique qui résulte de conditions de travail stressantes et qui se manifeste, notamment, par une perte d'intérêt pour le travail, des attitudes négatives au travail et un faible sentiment d'accomplissement personnel

Le mauvais stress prend parfois la forme d'un **épuisement professionnel**, syndrome de détresse psychologique qui résulte de conditions de travail stressantes et qui se manifeste, notamment, par une perte d'intérêt profesionnel, des attitudes négatives au travail et un faible sentiment d'accomplissement personnel. La personne qui en est atteinte ressent un épuisement émotionnel et se sent incapable de répondre aux exigences de son emploi et d'en tirer parti. Elle peut également ressentir des symptômes physiques comme de l'insomnie, des ulcères, des migraines ou des maux de dos. Par ailleurs, les médias ont rapporté les réactions encore plus extrêmes d'individus qui sont allés jusqu'à attaquer leurs collègues ou leur employeur, se livrant ainsi à des actes criminels qu'on désigne sous les termes de « rage au bureau » ou de « rage au travail ».

Les quatre étapes de l'épuisement professionnel

1. *L'idéalisme* La personne est enthousiaste et ambitieuse au travail. Ses idéaux et ses objectifs professionnels sont très élevés. Elle se consacre entièrement à l'organisation qui l'emploie. Même si son travail est très exigeant et si les conditions dans lesquelles elle l'effectue ne sont pas des plus favorables, elle y investit tout son temps et toute son énergie.
2. *La stagnation* La personne prend conscience que, malgré ses efforts soutenus, les résultats ne sont pas à la hauteur de ses attentes. L'organisation exige toujours plus d'elle. Ses efforts ne sont pas reconnus. En réponse à ce constat, la personne redouble d'ardeur, se met à travailler davantage pour répondre aux exigences de son travail.
3. *La désillusion* La personne manifeste de la fatigue et de la déception. Les attentes de l'organisation sont démesurées, et la reconnaissance se fait toujours attendre. La personne a le sentiment qu'elle ne pourra jamais y arriver. Elle commence à devenir impatiente, irritable et cynique. Elle vit une période de frustration.
4. *L'apathie* La personne fait preuve d'un certain détachement dans ses relations avec ses collègues ou ses clients, et de cynisme envers l'organisation. Elle éprouve un sentiment d'inefficacité au travail. Ces éléments caractérisent cette étape, qui est celle de l'épuisement professionnel proprement dit.

Jeffrey Pfeffer, professeur à Stanford et consultant de renommée internationale, critique sévèrement les organisations où sévissent des situations favorisant le mauvais stress, les accusant de créer des milieux de travail délétères[33]. Ce type d'organisations transmet implicitement à son personnel le message suivant : « Nous allons vous placer dans un environnement où vous devrez travailler à un rythme et dans des conditions insoutenables. Nous vous garderons ici jusqu'à ce que vous soyez épuisés. Ensuite, vous pourrez partir[34]. »

Reconnaître les signes du mauvais stress

- Changement dans les habitudes alimentaires
- Augmentation de la consommation d'alcool ou de tabac
- Sensation de ne pas être en santé, douleurs, maux d'estomac
- Impatience, incapacité à se concentrer, troubles du sommeil
- Tension, agitation, susceptibilité, nervosité
- Désorientation, accablement, humeur dépressive, irritabilité

LE STRESS ET LA SANTÉ

Comme on le sait, le stress peut être néfaste pour la santé. À long terme, l'anxiété et la frustration qu'il engendre quand il est excessif peuvent compromettre le bien-être physique et mental de l'individu[35]. Les ennuis de santé associés au mauvais stress comprennent les troubles cardiaques et les accidents cardiovasculaires, l'hypertension, la migraine, les ulcères gastriques, les abus de substances toxiques, la suralimentation, la dépression et les douleurs musculaires, pour n'en nommer que quelques-uns. Les cadres

Santé mentale : quels travailleurs sont le plus à risque[36] ?

Du côté de la RECHERCHE

Les personnes exerçant certaines fonctions ou appartenant à certains corps de métiers risquent-elles plus que les autres de souffrir de problèmes de santé mentale ? Gestionnaires, enseignants, infirmières ou policiers sont-ils les plus vulnérables ? À cette dernière question, une étude menée par Alain Marchand, de l'École des relations industrielles de l'Université de Montréal et publiée dans l'*International Journal of Law and Psychiatry*, répond « non »[37].

Cette recherche a été effectuée auprès d'un échantillon de 77 377 travailleurs canadiens occupant 139 emplois différents dans 95 secteurs d'activité. Les résultats s'appuient sur la banque de données constituée par Statistique Canada à la suite de son enquête de 2003 sur la santé dans les collectivités canadiennes, où les répondants évaluaient eux-mêmes leur santé mentale. Une moins bonne santé mentale peut ainsi être associée à des épisodes d'épuisement professionnel (*burn-out*), de dépression ou de détresse psychologique. Environ le quart des répondants ont dit avoir une « moins bonne » santé mentale, selon les termes utilisés dans l'enquête. Dans le cadre de son étude, le professeur Marchand a recoupé ces réponses avec le type d'emploi et le secteur d'activité, en utilisant les classifications faites elles aussi par Statistique Canada. En outre, il a contrôlé les variables généralement reconnues comme ayant un effet sur la santé mentale : sexe, âge, éducation, statut matrimonial, revenu familial.

Les résultats de la recherche montrent que les personnes occupant des fonctions de direction dans des bibliothèques, des musées, des galeries d'art, des maisons d'édition, des studios de production cinématographique et des organisations offrant des programmes de sports et de loisirs font état de la santé mentale la plus stable. Ainsi, seulement 9,3 % des directeurs travaillant dans les arts, la culture et les sports ont rapporté une moins bonne santé mentale. La proportion est de 9,8 % chez les pompiers et les policiers, et de 12,4 % chez les professeurs d'université.

En ce qui concerne les réponses fournies par les cadres supérieurs, elles confirment les résultats obtenus dans d'autres recherches menées ailleurs dans le monde, indiquant que les personnes qui occupent des postes de direction ont moins de problèmes de santé mentale : la possibilité de prendre des décisions atténue la pression subie par les dirigeants.

En plus des emplois cités ci-dessus, les risques de souffrir de problèmes de santé mentale sont particulièrement bas chez les secrétaires, les vendeurs, les athlètes, les enseignants et les infirmières.

À l'inverse, 32,7 % des journaliers en construction et 43,1 % des personnes utilisant des machines à coudre ont rapporté une moins bonne santé mentale. Ainsi, selon les réponses fournies, les personnes les plus sujettes aux problèmes de santé mentale sont celles qui actionnent des machines à coudre ou des machines de fabrication, le personnel de montage, le personnel des chemins de fer, les grutiers-foreurs-dynamiteurs, les manœuvres, les travailleurs d'ateliers de meubles, les travailleurs du secteur forestier ainsi que les nettoyeurs. Suivent les caissiers et les caissières, le personnel de soutien dans la santé, les mécaniciens, les machinistes et les employés de restaurant. Ce sont, dans l'ensemble, des salariés qui ont peu ou pas de contrôle sur leur travail. Le fait de simplement obéir aux ordres et d'accomplir un travail routinier, excluant toute possibilité de prendre des initiatives, semblent compromettre l'équilibre des exécutants et nuire à leur bien-être mental.

et les chefs d'équipe devraient être à l'affût des signes qui se manifestent chez eux comme chez leurs collègues. Le principal symptôme du mauvais stress est un changement de comportement : l'assiduité se transforme en absentéisme, la ponctualité en retards fréquents, le travail soigné en travail bâclé, l'attitude positive en attitude négative, l'ouverture au changement en résistance, l'esprit d'équipe en hostilité, etc. Près de 50 % de l'absentéisme au travail est lié à des troubles de santé mentale, et cela représente de 70 % à 80 % du nombre de jours perdus[38].

Selon une étude publiée par la Global Business and Economic Roundtable on Addiction and Mental Health, table ronde de gens d'affaires et de scientifiques canadiens se consacrant à la recherche sur la santé mentale au travail, les coûts directs et indirects liés aux problèmes de santé mentale dont souffrent les salariés s'élèvent à 33 milliards de dollars annuellement. Ce chiffre inclut le montant des indemnités versées par les employeurs et les sociétés d'assurances aux employés qui sont en congé d'invalidité pour des raisons psychologiques. Il comprend aussi les coûts associés aux absences occasionnelles, à la baisse d'efficacité et de rendement de personnes souffrant d'un problème psychologique et se forçant à aller au travail (présentéisme), ainsi qu'à l'embauche et à la formation des remplaçants des salariés absents. De ce montant, 11 milliards de dollars sont attribuables à des troubles reconnus médicalement, comme la dépression et l'anxiété. Le reste relève notamment du stress et de l'épuisement professionnel, qui ne sont pas reconnus comme des maladies mentales, mais qui peuvent y conduire[39].

Selon l'*Enquête québécoise sur des conditions de travail, d'emploi et de santé et de sécurité du travail (EQCOTESST)*, un travailleur sur trois présente un degré élevé (14,8 %) ou modéré (18,1 %) de détresse psychologique. En outre, 7 % des travailleurs disent souffrir de symptômes dépressifs (humeur dépressive, perte d'intérêt ou de plaisir pour la plupart des activités quotidiennes) qu'ils associent à leur travail[40].

L'Organisation mondiale de la santé (OMS) prévoit qu'en 2020 la dépression sera la deuxième cause d'invalidité dans le monde, après les maladies cardiovasculaires. Au Canada, un congé d'invalidité sur trois est lié à des problèmes d'ordre psychologique, estime l'Association canadienne des compagnies d'assurances de personnes (ACCAP)[41].

Bell prend fait et cause pour la santé mentale

L'ÉTHIQUE EN CO

[…] Bell Canada a recruté Mary Deacon, ex-présidente de la fondation du Centre de toxicomanie et de santé mentale de Toronto, pour diriger son initiative en santé mentale. « Les entreprises trouvent toujours d'autres causes plus importantes à soutenir quand elles veulent jouer au bon citoyen corporatif : le cancer, les enfants malades, l'eau, le décrochage scolaire, etc. Le lien entre leur mission et la santé mentale n'est pas toujours facile à faire. Mais chez Bell, cela s'est imposé naturellement. La première façon de lutter contre la stigmatisation des maladies mentales, c'est d'en parler. Or, Bell Canada est une entreprise de communication », explique Mme Deacon.

Bell veut être la première à adopter les meilleures pratiques en santé mentale au travail et souhaite servir de modèle.

En plus d'une campagne contre la stigmatisation menée auprès de ses employés, elle a mis sur pied cet automne une formation obligatoire de trois heures qui sera donnée à 1 000 de ses gestionnaires. Objectif : apprendre à déceler les signes annonciateurs de problèmes de santé mentale chez les employés et fournir des outils pour les résoudre.

« Nous voulons encourager nos leaders et nos employés à avoir une conversation beaucoup plus franche et ouverte sur la santé mentale, indique George Cope [président de l'entreprise]. Notre programme a également comme objectif de mieux outiller nos cadres dans la gestion des incidents qui pourraient survenir. »

Bell prévoit étoffer l'équipe de répondants de son programme d'aide aux employés. Elle compte revoir et améliorer le programme de retour au travail à la suite d'un congé de maladie lié à un problème de santé mentale. […]

Source : Suzanne Dansereau, « Bell prend fait et cause pour la santé mentale », *Les Affaires*, 19 février 2011, p. 14. Cet extrait a été reproduit aux termes d'une licence accordée par Copibec.

QUESTION Pourquoi et comment les employeurs doivent-ils assumer une responsabilité accrue à l'égard de la santé mentale de leurs employés ?

Les diverses stratégies de gestion du stress

La gestion du stress vécu en milieu professionnel relève à la fois de l'organisation et de l'individu. Dans cette section du chapitre, nous examinons, dans un premier temps, les stratégies que peut adopter une organisation pour réduire ou éliminer les sources de stress en son sein, pour aider les travailleurs à mieux s'adapter à leur environnement de travail et pour aider ceux qui souffrent de problèmes de santé psychologique au travail. Puis, nous nous concentrons sur les stratégies auxquelles peut recourir l'individu lui-même.

LES STRATÉGIES ORGANISATIONNELLES

Le rôle du stress en milieu professionnel est pour le moins complexe. Nous savons déjà que le bon stress peut favoriser l'efficacité du travailleur. En revanche, le mauvais stress peut réduire son rendement et altérer sa santé. Ainsi, le gestionnaire efficace devra trouver un équilibre entre les caractéristiques de l'employé, le milieu de travail et le degré de stress professionnel acceptable. Un équilibre adéquat stimule la productivité sans avoir d'incidence néfaste sur la santé. Il s'agit de parvenir à une gestion efficace du stress, d'y faire face, le cas échéant, et de se maintenir dans un état de bien-être.

Sur le plan organisationnel, les stratégies de gestion du stress peuvent être classées ainsi[42]:

- *Premier groupe:* les stratégies visant à réduire ou à éliminer certains agents de stress au travail.
- *Deuxième groupe:* les stratégies visant à augmenter la résistance au stress des personnes.
- *Troisième groupe:* les stratégies visant à traiter les personnes qui souffrent notamment de problèmes de santé psychologique au travail.

LES STRATÉGIES VISANT À RÉDUIRE OU À ÉLIMINER CERTAINS AGENTS DE STRESS AU TRAVAIL

Les stratégies de gestion du stress du premier groupe s'attaquent directement aux causes et aux sources du stress présentes dans le milieu organisationnel pour les réduire ou les éliminer. Plusieurs types d'interventions permettent de diminuer les effets néfastes de ces agents de stress en milieu de travail. En voici quelques exemples:

- Clarifier les tâches et les responsabilités.
- Tenir régulièrement des réunions d'équipe favorisant la rétroaction et l'échange d'information sur les activités de l'entreprise.
- Offrir de la formation aux salariés, afin de leur permettre d'éviter la surcharge qualitative de travail, de progresser dans leur carrière et d'accepter plus de responsabilités et de pouvoir.
- Redistribuer la charge de travail selon les capacités et les champs d'intérêt personnels.
- Mettre en place des pratiques de reconnaissance de l'individu, de son travail.

- Procéder à des appréciations de la contribution des salariés.
- Augmenter la participation des salariés aux décisions.
- Augmenter l'autonomie des salariés et le contrôle qu'ils exercent sur leurs activités professionnelles.
- Implanter des pratiques de conciliation travail-famille.
- Mettre en place des horaires de travail flexibles.

LES STRATÉGIES VISANT À AUGMENTER LA RÉSISTANCE AU STRESS DES PERSONNES

Les stratégies de gestion du stress du deuxième groupe, en agissant sur les facteurs personnels, ont pour but d'aider les personnes à s'adapter à leur environnement de travail. Elles visent à leur faire acquérir des connaissances et des habiletés qui leur permettront de mieux reconnaître et gérer leurs réactions au stress. Si leur contenu et leur forme peuvent varier considérablement, ces interventions comprennent généralement des activités de sensibilisation et d'information ainsi que des programmes de développement des habiletés.

Plus particulièrement, les activités de sensibilisation et d'information passent par la publication de textes traitant du stress ou de l'épuisement professionnel, la tenue de conférences portant sur les causes du stress professionnel et ses conséquences, ainsi que la présentation de séminaires sur la prévention des problèmes de santé psychologique au travail.

Quant aux programmes de développement des habiletés, ils se traduisent par des formations sur la gestion du stress, des séances de conditionnement physique, de méditation, de yoga ou de relaxation, des cours d'alimentation saine ou des programmes pour cesser de fumer. L'élaboration d'un programme de bien-être personnel fait évidemment partie des stratégies visant à augmenter la résistance au stress des personnes.

LES STRATÉGIES VISANT À TRAITER LES PERSONNES QUI SOUFFRENT, NOTAMMENT, DE PROBLÈMES DE SANTÉ PSYCHOLOGIQUE AU TRAVAIL

Les stratégies de gestion du stress du troisième groupe visent à apaiser la souffrance des personnes qui éprouvent des problèmes de santé physique ou psychologique ou des problèmes de comportement au travail. Elles peuvent notamment consister en des rencontres avec un psychologue qui apporte soutien et écoute.

Ainsi, en milieu organisationnel, on préconise de plus en plus la mise en place de **programmes d'aide au personnel**, dont le but est d'apporter un soutien aux employés qui font face à des problèmes personnels ou professionnels générateurs de stress. Ces programmes permettent de diriger les individus vers les ressources appropriées, selon la nature de leurs difficultés – violence conjugale, toxicomanie, difficultés financières, problèmes juridiques, etc. L'employeur s'assure ainsi, à tout le moins, que la personne a accès à l'information pertinente et qu'elle est orientée vers les conseils professionnels et, dans certains cas, le traitement requis. Plus de 25 % des travailleurs canadiens du secteur privé ont accès à un programme d'aide aux employés[43].

Programme d'aide au personnel
Programme que met en place l'organisation dans le but d'apporter un soutien aux employés qui font face à des problèmes personnels ou professionnels générateurs de stress

Des **leaders** parlent de **leadership**

Mettre du bonheur à l'ouvrage

Le grand patron d'ÉlectroSolutions, Éric Nadeau, croit dur comme fer aux vertus de l'esprit d'équipe. Au sein de son entreprise granbyenne, il encourage les activités pour stimuler la communication et la motivation de ses employés. Au lieu de le voir comme une dépense, il considère cette approche comme un investissement. « C'est difficile à chiffrer, mais selon moi, ça vaut le coup », dit-il.

En plus d'offrir – comme bien des organisations – des horaires flexibles, des tarifs préférentiels pour s'entraîner et un programme de référence de nouveaux employés, ÉlectroSolutions organise des dîners de travail (*lunch and learn*) permettant notamment au personnel de ramer dans la même direction, en ne perdant pas de vue les objectifs et les enjeux de l'entreprise.

Amateur de hockey, Éric Nadeau se sert de ce thème pour encourager ses troupes – majoritairement masculines – à travers un tableau de bord interne où les employés inscrivent leurs bons coups (leurs buts) et leurs moins bons coups (leurs pénalités). Ceux-ci sont ensuite soulignés lors de la « remise annuelle des rondelles », assortie de bonus en conséquence. « Ça permet aux gens de partager leurs expériences et de réfléchir à leurs actions pour ne pas répéter les mêmes erreurs, notamment », note l'entrepreneur.

Pool de hockey, soirée de bowling de Noël et tournoi de golf sont des classiques qu'il ramène année après année, en plus d'autres activités sociales qui s'ajoutent de façon sporadique. « Ça entretient un bon esprit d'équipe et ça permet aussi de lâcher notre fou à l'extérieur du stress du travail. Le taux de participation aux activités est souvent de près de 100 %. »

Le président de Plastiques Nadco, Martin Nadeau, a profité du déménagement de son entreprise pour faire aménager, en 2012, un gymnase complet avec douche pour permettre à ses employés de s'entraîner. Lui-même profite régulièrement de ces installations.

« Je crois beaucoup à l'activité physique. En usine, il y a beaucoup de mouvements répétitifs et ça permet de renforcer les parties du corps les plus sollicitées, tout en gardant la forme. C'est déjà difficile de se motiver pour aller s'entraîner, si on peut le faire sur place sans avoir à ressortir de chez soi, tant mieux. »

La trentaine d'employés bénéficie même des services d'un kinésiologue pour obtenir un programme d'entraînement sur mesure, ajoute l'homme d'affaires.

Josée Papineau fait partie des employés qui utilisent ce gymnase. Elle le fréquente généralement quatre fois par semaine, toujours tôt le matin. « J'arrive ici, je m'entraîne, je prends ma douche et je commence à travailler. C'est quasiment le bonheur. On est beaucoup plus réveillés, plus alertes, pour entamer la journée. Je ne pourrais pas m'en passer », dit-elle, en soulignant que cela lui permet du coup d'économiser les centaines de dollars qu'elle devait auparavant débourser pour s'inscrire dans un centre d'entraînement.

Soucieux du bien-être de ses gens, Martin Nadeau a également tenu à leur offrir une usine entièrement climatisée, chose assez rare dans le domaine du plastique.

Gymnase et entraîneur sont aussi à la disposition du personnel de la compagnie Exxel Polymers à Bromont, qui tient à offrir ce service à même son usine, même si le nombre de bénéficiaires frôle tout juste la vingtaine.

Signe des temps, le Groupe Fabritec de Bromont propose lui aussi à son équipe – composée d'environ 250 personnes – la possibilité de se mettre en forme avec un entraîneur physique qui se rend directement à l'usine trois fois par semaine. L'employeur défraie une partie des coûts reliés à sa visite. « La dynamique qui se crée lors de ces cours est agréable. Les gens de tous les départements ont ainsi l'occasion de se côtoyer », explique la vice-présidente administration, Nadia Bourgeois. [...]

Source : Isabel Authier, « Ces entreprises qui chouchoutent leurs employés : Mettre du bonheur à l'ouvrage », *La Voix de l'Est*, samedi 30 novembre 2013, p. 2.

QUESTION Pourquoi les dirigeants devraient-ils élaborer des programmes visant l'amélioration de la santé et du bien-être de leur personnel ?

Entreprise en santé

L'ÉTHIQUE EN CO

La norme BNQ 9700-800, *Prévention, promotion et pratiques organisationnelles favorables à la santé en milieu de travail*, communément appelée « Entreprise en santé », vise le maintien et l'amélioration durable de l'état de santé des personnes en milieu de travail par :

- l'intégration de la valeur de la santé des personnes dans le processus de gestion des entreprises ;
- la création de conditions favorables à la responsabilisation du personnel en regard de leur santé ;
- l'acquisition de saines habitudes de vie et le maintien d'un milieu de travail favorable à la santé. [...]

Concrètement, cette norme amène les entreprises à agir dans leur gestion dans quatre sphères d'activité reconnues pour avoir un impact significatif sur la santé du personnel :

1. *Les habitudes de vie du personnel*, par exemple : services-conseils en nutrition, programmes de sensibilisation à l'activité physique, formation sur la gestion du stress, activités d'éducation sur différentes maladies [...], etc.
2. *L'équilibre travail-vie personnelle*, par exemple : politique de conciliation travail-vie personnelle, horaires flexibles, garderie en milieu de travail, congés pour des raisons familiales, retour progressif à la suite d'absence pour raisons de santé, etc.
3. *L'environnement de travail*, par exemple : distributrices d'aliments santé, aires de stationnement sécuritaires pour les vélos, programmes de soutien aux travailleurs ayant des malaises physiques, aménagement d'aires de relaxation, etc.
4. *Les pratiques de gestion*, par exemple : intervention pour favoriser l'esprit d'équipe, plan de développement professionnel individualisé, mécanisme de consultation des travailleurs, formation des gestionnaires sur la reconnaissance et sur les communications efficaces, etc. [...]

Source : Bureau de normalisation du Québec et Groupe de promotion pour la prévention en santé (GP2S), *La norme « Entreprise en santé » BNQ 9700—800*, http://www.bnq.qc.ca/documents/9700-800_description_norme.pdf.

QUESTION En quoi l'intégration de la norme « Entreprise en santé » dans les pratiques de gestion des entreprises québécoises est-elle une action concrète et probante en faveur du développement durable au sein de notre société ?

LES STRATÉGIES INDIVIDUELLES

La gestion du stress est aussi une question individuelle. Vous pouvez maîtriser votre stress par la prévention ou en tentant d'atténuer l'incidence des facteurs de stress liés au travail et à la vie personnelle. Vous pouvez aussi le gérer par la recherche active du bien-être, en adoptant des mesures ou des habitudes de vie favorables à votre santé physique et mentale, de manière à mieux résister au stress.

Nous vous présentons cinq lignes directrices très utiles pour maîtriser un stress excessif[44].

1. *Maîtrisez la situation.* Évitez les échéances irréalistes. Faites de votre mieux sans jamais dépasser vos limites. Il est impossible de répondre aux attentes de tout le monde ; acceptez ce fait. Apprenez à déterminer les facteurs de stress qui vous font réagir très fortement et évitez d'avoir à y faire face.
2. *Utilisez des techniques de gestion du temps.* Ne faites pas trop de choses en même temps. C'est le meilleur moyen de ne rien accomplir du tout, ou du moins pas grand-chose. Fixez-vous des objectifs réalistes et planifiez votre journée en fonction du temps dont vous disposez. Le gestionnaire efficace doit écarter ou du moins réduire ces sources de stress. De plus, il manifestera une attitude positive en créant un climat de confiance et de respect ; il doit également clarifier les objectifs et définir les tâches afin de parer à l'incertitude et à la confusion en matière d'attentes liées au rendement.

Ubisoft l'avait déjà compris

DES AS DE LA GESTION

Le concepteur de jeux vidéo de Montréal avait la santé de ses employés à cœur longtemps avant l'implantation de la norme «Entreprise en santé», en 2008. «Nous avions déjà un centre d'entraînement, des ligues sportives et un service d'ergonomie, explique Geneviève Bédard, chargée de projet pour le programme de certification chez Ubisoft. La certification nous a confirmé que nous étions sur la bonne voie et nous a encouragés à aller plus loin.»

Ubisoft fait partie de la trentaine d'entreprises et de municipalités certifiées qui ont vu diminuer le taux d'invalidité d'absentéisme de leurs employés et leurs primes d'assurance collective. Le caractère unique de la norme «Entreprise en santé» les aide également à se démarquer en période d'embauche. [...]

«La certification est un sceau de qualité affiché par une organisation qui prend plusieurs mesures afin d'améliorer la santé de son personnel, explique Claudine Ducharme, associée services-conseils en santé et en assurance collective chez Morneau Sheppell et membre du comité de création de la norme. Si quelqu'un hésite entre deux entreprises qui lui proposent un salaire et des avantages sociaux équivalents, il risque de choisir celle qui lui offre la meilleure qualité de vie.» [...]

Puisque les adultes passent plus de la moitié de leur vie éveillée au travail, de nombreuses entreprises prennent la responsabilité de parler de santé et posent des gestes afin de les rendre plus heureux et plus productifs.

Ainsi, après avoir fait un sondage pour évaluer les besoins de ses employés, la direction d'Ubisoft a formé un comité de dix personnes qui se sont réunies quatre fois en un an afin de concevoir un plan d'action. «Nous avons mis en place des mesures pour améliorer la qualité de l'eau et de l'air, maximiser la luminosité de nos bureaux et informer les employés des menus santé mis à leur disposition dans les restaurants avec qui on fait affaire.»

Afin d'obtenir la certification de base, Ubisoft devait poser un geste dans le domaine des habitudes de vie du personnel et agir dans l'une des trois autres sphères du programme (pratiques de gestion, environnement de travail, équilibre entre le travail et la vie personnelle).

Les entreprises intéressées par la certification de niveau Élite doivent mettre en place des mesures dans les quatre sphères. «On parle ici de gestionnaires qui considèrent le bien-être de leurs employés dans chacune de leurs décisions. Il faut que ça devienne un réflexe pour eux», précise Mme Ducharme. [...]

Source: Samuel Larochelle, «Certification Entreprise en santé: forts gains de productivité», lapresse.ca, 23 janvier 2013. Cet extrait a été reproduit aux termes d'une licence accordée par Copibec.

3. *Trouvez votre rythme.* Planifiez votre journée avec souplesse. N'essayez pas de faire deux ou plusieurs choses en même temps. Évitez de mettre la charrue avant les bœufs, ce qui s'avère toujours très peu productif, et forcez-vous à ralentir votre rythme. Réfléchissez avant de réagir à des situations défavorables ou aux comportements de personnes négatives.
4. *N'hésitez pas à vous confier.* Parlez de vos problèmes, de vos inquiétudes, de vos frustrations et des sources de tension avec vos proches. Lorsque vous doutez, souriez! Un sourire sincère désamorce l'émotion et établit un pont avec autrui.
5. *Faites de l'exercice et détendez-vous.* Pratiquez régulièrement une activité physique comme le jogging ou la natation; faites de la bicyclette, jouez au tennis, marchez ou patinez. (Consultez votre médecin si vous n'êtes pas en excellent état

physique.) Lorsque vous êtes tendu, reposez-vous pendant quelques minutes. Pour ce faire, rien de plus simple :

- Asseyez-vous confortablement dans un endroit calme et fermez les yeux.
- Mentalement, répétez lentement un mot ou une phrase qui vous détend.
- Respirez profondément sans pour autant forcer votre respiration ; inspirez par le nez et expirez par la bouche.
- Ne laissez pas vos pensées vagabonder ou vous distraire ; maintenez un état mental neutre.

LE BIEN-ÊTRE PERSONNEL ET LA GESTION DU STRESS

▶ **Bien-être**
État de satisfaction du corps et de l'esprit qui passe par une bonne santé physique et mentale et qui permet de mieux résister au stress

Le **bien-être** est un état de satisfaction du corps et de l'esprit qui passe par une bonne santé physique et mentale et qui permet de mieux résister au stress. En vertu de ce concept, la personne assume la responsabilité de son bien-être en adoptant un mode de vie qui favorise sa santé physique et mentale. Ainsi, elle surveille son poids, son régime alimentaire, sa consommation d'alcool et de tabac et suit un programme de mise en forme. Un mode de vie qui traduit un engagement réel envers la santé est l'essence même du bien-être.

Comme le stress peut être préjudiciable à la santé, le bien-être fait partie de la catégorie des stratégies permettant de mieux résister au stress organisationnel. Le gestionnaire qui emploie tous les moyens nécessaires au maintien de sa santé sera certainement mieux armé pour faire face aux inévitables facteurs de stress propres à sa fonction. Il pourra même tirer profit du stress qui, autrement, deviendrait destructeur.

Le gestionnaire est également responsable du bien-être de ses subordonnés, qu'il peut influencer en donnant le bon exemple, en prodiguant des encouragements, en se montrant sensible ou en appliquant les principaux concepts et techniques d'une gestion adéquate du personnel que nous vous présentons dans ce manuel. Lorsque le cadre parvient à créer un climat de travail sain, il améliore la capacité des travailleurs à faire face au changement et au stress qui sont indissociables de leur vie professionnelle, ce qui ne peut qu'être profitable pour tout le monde. Les chiffres démontrent que chaque dollar qu'une organisation investit dans la mise en place et le maintien de programmes de santé visant l'amélioration des habitudes de vie et de l'environnement de travail génère de 2,75 $ à 4 $ de gains de productivité dans les cinq années qui suivent. En outre, les recherches montrent que l'élimination d'un seul facteur de risque pour la santé des travailleurs augmente la productivité au travail de 9 % et réduit l'absentéisme de 2 %. Enfin, précisons qu'un employé actif physiquement est 12 % plus productif qu'un employé sédentaire[45].

La recette de gagnants

DES AS DE LA GESTION

Medial, société de conseil en santé et sécurité au travail de 42 employés, à Québec et à Laval, a été la première à recevoir la certification « Entreprise en santé de niveau Élite ». Et le Centre jeunesse de Chaudière-Appalaches, qui compte 650 employés, a été le premier organisme public à la recevoir. Parmi leurs mesures « gagnantes » :

- La publication d'une description détaillée des tâches de chaque employé – et de celles du patron ! – dans l'intranet (les aberrations ou les débordements deviennent plus évidents).
- Une formation supplémentaire pour les gestionnaires, notamment sur la gestion du stress psychologique.
- L'élaboration de quatre nouvelles formules de conciliation, y compris des horaires flexibles.
- Ne pas fournir de BlackBerry aux employés ! Une bonne idée, selon le psychologue de Montréal Nicolas Chevrier, qui rappelle qu'aucune entreprise ne devrait mettre ce genre d'outil entre les mains de ses employés sans une politique très claire sur le temps de réponse exigé – raisonnable – auquel peut s'attendre un supérieur.
- Le remboursement des coûts des activités sportives offertes par les municipalités (plus seulement les abonnements aux centres d'entraînement physique).
- L'installation d'une console de jeux Wii dans la salle de repos.
- La remise en question de certaines activités de reconnaissance. « On investissait beaucoup dans des soirées où l'on remettait des prix, alors qu'une partie importante de nos employés y participaient peu », raconte Patrick Simard, directeur des services professionnels et des ressources humaines du Centre jeunesse.

Source : Valérie Borde, « Votre travail vous rend-il malade ? », *L'Actualité*, 15 septembre 2010, p. 29.

Les organisations qui créent des milieux de travail sains et investissent dans leur personnel sont les mieux placées pour bénéficier pleinement des talents et des compétences des travailleurs. Comme le disait Jeffrey Pfeffer[46] :

> Ce qui vous distingue de vos concurrents, c'est le savoir, les talents, les compétences et l'engagement des gens qui travaillent pour vous. Les entreprises qui traitent bien leur personnel recevront beaucoup en retour.

Une petite phrase qui résume l'essence même du comportement organisationnel.

GUIDE de révision

RÉSUMÉ

QU'EST-CE QUE LE CHANGEMENT EN MILIEU ORGANISATIONNEL ?

- Le changement organisationnel peut être radical, transformateur ou au contraire graduel, superficiel. Il peut être planifié ou non planifié.
- Le changement transformateur correspond à un changement radical, à une révision majeure des caractéristiques fondamentales de l'organisation : raison d'être et mission, valeurs et croyances, structures et stratégies.
- On parle de changement planifié lorsqu'un agent de changement, individu ou groupe, déploie des efforts délibérés en réaction à un écart de rendement perçu.
- Les principales cibles organisationnelles du changement planifié sont : la raison d'être de l'organisation, les stratégies, les objectifs, la culture, la structure, les tâches, la technologie et le personnel.
- Le processus de changement planifié comporte trois étapes, toutes essentielles à sa réussite : la décristallisation, l'instauration du changement et la recristallisation.

QUELLES SONT LES DIVERSES STRATÉGIES DE CHANGEMENT PLANIFIÉ ?

- Selon les situations, l'agent de changement peut recourir à diverses stratégies pour modifier les comportements des individus et des systèmes sociaux.
- Lorsqu'il recourt à une stratégie de coercition, l'agent de changement s'appuie sur son autorité, son pouvoir de récompense ou son pouvoir de coercition pour contraindre les personnes à se soumettre à sa proposition de changement.
- Lorsqu'il recourt à une stratégie de persuasion rationnelle, l'agent de changement s'appuie sur son pouvoir d'expertise ou son pouvoir de persuasion rationnelle pour convaincre les personnes qu'elles ont avantage à adhérer à sa proposition de changement.
- Lorsqu'il recourt à une stratégie de partage du pouvoir, l'agent de changement s'appuie sur son pouvoir de référence pour favoriser la participation des personnes concernées à la planification et à l'implantation du changement qu'il propose.

QUELLES SONT LES PRINCIPALES CAUSES DE LA RÉSISTANCE AU CHANGEMENT ET QUELLES SONT LES MEILLEURES FAÇONS DE FAIRE FACE À CE PHÉNOMÈNE ?

- Le gestionnaire doit s'attendre à une certaine résistance au changement de la part des employés. Au lieu de la craindre, il doit y voir une forme de rétroaction dont il peut se servir pour faciliter l'atteinte des objectifs de changement, pour améliorer le changement planifié.
- Généralement, les gens s'opposent au changement pour défendre quelque chose qu'ils estiment important et qu'ils croient menacé. Leur résistance peut être liée à des facteurs individuels, à la nature même du changement, à la stratégie de changement employée, à l'agent de changement lui-même ou à des facteurs organisationnels et de groupe.

- Le gestionnaire dispose de plusieurs moyens pour faire face à la résistance au changement, notamment : l'information et la communication ; la participation et l'engagement ; la facilitation et le soutien ; la négociation et l'entente ; la manipulation ; la coercition explicite ou implicite.

QU'EST-CE QUI CARACTÉRISE LA DYNAMIQUE DU STRESS ET QUELS SONT SES CAUSES ET SES EFFETS EN MILIEU ORGANISATIONNEL ?

- Le stress est la tension qu'une personne ressent lorsqu'elle est soumise à des exigences, à des contraintes ou à des demandes inhabituelles.
- Les principaux facteurs de stress liés à la vie professionnelle sont, notamment : la surcharge ou la sous-charge de travail, qualitative ou quantitative ; le manque de reconnaissance ; les problèmes de relations interpersonnelles ; le manque de participation aux décisions ; le manque d'information ; l'ambiguïté de rôle ; le conflit de rôles ; le dilemme éthique ; le rythme de la progression professionnelle ; les conditions de travail physiquement éprouvantes.
- Des événements familiaux, des difficultés financières ou d'autres problèmes personnels peuvent être très stressants pour le travailleur. Or le stress lié à la vie personnelle peut déborder sur la vie professionnelle.
- Chaque individu perçoit les facteurs de stress et y réagit en fonction de ses caractéristiques propres. Les caractéristiques individuelles, comme les traits de personnalité, les valeurs, les attitudes, les besoins, les antécédents, les compétences, l'âge, le sexe, etc., ont une incidence déterminante sur l'intensité du stress qu'éprouve une personne.
- Certaines caractéristiques de l'environnement socioéconomique dans lequel évolue et travaille une personne peuvent aussi favoriser l'apparition des symptômes du stress : l'expansion des TIC, la mondialisation de l'économie, la forte concurrence.
- Le bon stress se traduit par une tension modérée et a des effets bénéfiques tant pour l'individu que pour l'organisation.
- Le mauvais stress se traduit par une tension très faible ou excessive et a des effets néfastes tant pour l'individu que pour l'organisation.

COMMENT GÉRER EFFICACEMENT LE STRESS ?

- Sur le plan organisationnel, il existe trois types de stratégies de gestion du stress : les stratégies visant à réduire ou à éliminer certains agents de stress au travail ; les stratégies visant à augmenter la résistance au stress des personnes ; les stratégies visant à traiter les personnes qui souffrent, notamment, de problèmes de santé psychologique au travail.
- Sur le plan individuel, on peut gérer le stress en faisant de la prévention, en atténuant l'incidence des facteurs de stress liés au travail et à la vie personnelle. On peut aussi le gérer en recherchant activement le bien-être, en adoptant des mesures ou des habitudes de vie favorables à la santé physique et mentale, de manière à mieux lui résister.
- La personne doit veiller à son bien-être en adoptant une bonne hygiène de vie afin de mieux supporter les situations stressantes. Les organisations ont intérêt

à contribuer au bien-être de leur personnel. Celles qui créent des milieux de travail sains et qui investissent dans leurs ressources humaines sont les mieux placées pour bénéficier pleinement des talents et des compétences de ces dernières.

MOTS CLÉS

Agent de changement	p. 570	Instauration du changement	p. 573
Bien-être	p. 596	Mauvais stress (ou détresse)	p. 587
Bon stress (ou eustress)	p. 596	Programme d'aide au personnel	p. 592
Changement non planifié	p. 570	Recristallisation	p. 573
Changement planifié	p. 570	Résistance au changement	p. 576
Changement transformateur	p. 569	Stratégie de coercition	p. 574
Décristallisation	p. 572	Stratégie de partage du pouvoir	p. 575
Écart de rendement	p. 570	Stratégie de persuasion rationnelle	p. 574
Épuisement professionnel	p. 588	Stress	p. 580
Facteur de stress	p. 581		

MonLab
Évaluation des connaissances
questions interactives

ÉVALUATION DES CONNAISSANCES

QUESTIONS À CHOIX MULTIPLE

1. Quel type de changement modifie en profondeur les caractéristiques fondamentales de l'organisation ? **a)** Le changement transformateur. **b)** Le changement graduel. **c)** Le changement transactionnel. **d)** Le changement hiérarchique.

2. La forme la plus courante de changement est le changement ________ **a)** transformateur. **b)** graduel. **c)** transactionnel. **d)** hiérarchique.

3. La stratégie de ________ est une stratégie de changement planifié où l'agent de changement a recours à l'autorité, aux récompenses et aux punitions pour amener les personnes à se soumettre à sa proposition de changement. **a)** persuasion rationnelle **b)** partage du pouvoir **c)** compatibilité des bénéfices **d)** coercition

4. ________ est une méthode pour faire face à la résistance au changement par laquelle l'agent de changement peut offrir des primes aux personnes qui résistent ou pourraient résister au changement. **a)** La manipulation **b)** La coercition explicite ou implicite **c)** La négociation **d)** L'information

5. Dans un processus de changement planifié, la prise de conscience de la nécessité d'un changement se fait à l'étape ________ **a)** du diagnostic. **b)** de l'évaluation. **c)** de la décristallisation. **d)** de l'instauration du changement.

6. La stratégie ________ est une stratégie de changement planifié où l'agent de changement s'appuie essentiellement sur son pouvoir d'expertise ainsi que sur une argumentation logique. **a)** de coercition **b)** de persuasion rationnelle **c)** de partage du pouvoir **d)** de l'autorité

7. La stratégie ________ débouche souvent sur une soumission temporaire au changement planifié. **a)** de coercition **b)** de persuasion rationnelle **c)** de partage du pouvoir **d)** normative-rééducatrice
8. L'une des conditions d'un changement planifié réussi suppose la perception d'une amélioration par rapport à ce qui se faisait auparavant. De quelle condition s'agit-il ? **a)** Le changement doit être bénéfique. **b)** Le changement doit s'accompagner d'une période d'essai. **c)** Le changement doit être relativement simple. **d)** Le changement doit être conciliable avec les caractéristiques des individus concernés.
9. La stratégie ________ est une stratégie de changement planifié où l'agent de changement s'appuie essentiellement sur son pouvoir de référence. **a)** de coercition **b)** de persuasion rationnelle **c)** de partage du pouvoir **d)** de l'autorité
10. La surcharge qualitative et quantitative de travail ainsi que le manque de participation aux décisions sont des facteurs de stress ________; en revanche, les difficultés financières et le divorce sont des facteurs de stress ________ **a)** liés à la vie professionnelle ; liés à la vie personnelle. **b)** liés à la vie professionnelle ; liés à la personnalité. **c)** collectifs ; personnels. **d)** réels ; imaginaires.
11. Le stress éprouvé par une personne qui ne sait pas ou qui ne comprend pas ce qu'on attend d'elle est attribuable à ________ **a)** un conflit de rôles. **b)** une surcharge quantitative de travail. **c)** des problèmes de relations interpersonnelles. **d)** une ambiguïté de rôle.
12. ________ est un exemple typique de facteur de stress lié à la vie personnelle. **a)** Un cheminement de carrière trop rapide **b)** L'absence d'espace de travail individuel **c)** Un problème matrimonial ou amoureux **d)** L'obligation de faire de nombreuses heures de travail
13. Phénomènes associés à un stress excessif, la perte d'intérêt pour le travail, le cynisme et le faible sentiment d'accomplissement personnel peuvent être des signes que la personne ________ **a)** fait face à un dilemme éthique. **b)** souffre d'épuisement professionnel. **c)** possède une personnalité de type A. **d)** possède une personnalité de type B.
14. Le terme ________ désigne le facteur de stress auquel fait face une personne qui doit accomplir des tâches qu'elle estime monotones et répétitives. **a)** ambiguïté de rôle **b)** surcharge quantitative de travail **c)** sous-charge qualitative de travail **d)** surcharge qualitative de travail
15. Lequel des éléments suivants ne constitue pas une stratégie de gestion du stress du premier groupe, visant à réduire ou à éliminer un agent de stress ? **a)** La clarification de rôle. **b)** L'augmentation de l'autonomie. **c)** La pratique régulière d'exercices physiques. **d)** La mise en place d'horaires de travail flexibles.

QUESTIONS À RÉPONSE BRÈVE

16. Que devrait faire le gestionnaire qui décèle l'apparition de forces provoquant un changement non planifié ?
17. Quelles forces internes et externes provoquent un changement organisationnel planifié ?

18. Que nous apprend le syndrome de la grenouille ébouillantée sur les réactions au changement en milieu organisationnel ?

19. Quelle incidence le stress a-t-il sur le rendement des travailleurs ?

QUESTION À DÉVELOPPEMENT

20. Votre patron a constaté une augmentation du taux de stress chez les membres de votre unité de travail. Il vous demande donc d'évaluer l'ampleur du problème et de proposer un plan d'action pour y remédier. Quelle démarche décidez-vous d'entreprendre en réponse à cette demande ? Qu'allez-vous faire en premier lieu ? Quels facteurs allez-vous prendre en considération dans l'évaluation de la situation ? Selon vous, quel plan d'action a le plus de chances de succès ?

LE CO DANS LE FEU DE L'ACTION

Pour ce chapitre, nous vous suggérons les activités suivantes du *Cahier d'apprentissage en CO* (voir p. C1).

Études de cas	Exercices	Autoévaluations
32. Le bouleversement des fusions départementales 33. L'arrivée de Mme Roy	32. Analyse et négociation de rôle 38. Analyse du champ des forces	3. Votre tolérance à l'agitation 6. Votre degré de tolérance à l'ambiguïté 19. Votre type de personnalité 20. Comment gérez-vous votre temps ?

CAHIER D'APPRENTISSAGE EN CO

I. Recueil de Jossey-Bass et Pfeiffer

A. INVENTAIRE DES PRATIQUES DE LEADERSHIP DE L'ÉTUDIANT, DE KOUZES ET POSNER

Activités	Aperçu
1. Inventaire des pratiques de leadership de l'étudiant – Cahier de l'étudiant	Ce cahier comprend : une fiche récapitulative qui facilite l'examen de la rétroaction et l'établissement d'un plan d'action pour chacune des pratiques de leadership évaluées ; des sections portant sur la comparaison des résultats par rapport à un échantillon normatif et sur la mise en commun de la rétroaction ; plusieurs étapes concrètes à l'intention de l'étudiant désireux de s'améliorer.
2. Inventaire des pratiques de leadership de l'étudiant – Autoévaluation	Cet inventaire de 30 éléments aidera l'étudiant à déterminer dans quelle mesure il se comporte comme un leader efficace. Grâce à un processus d'autoévaluation simple, il pourra se doter d'un plan d'action pour améliorer ses propres compétences de leadership.
3. Inventaire des pratiques de leadership de l'étudiant – Observateur	Cette version de l'inventaire permet de comparer les perceptions qu'a l'étudiant de ses pratiques de leadership avec les tendances observées par d'autres personnes.

B. EXERCICES EXPÉRIENTIELS EXTRAITS DES MANUELS DE FORMATION QUE PUBLIE ANNUELLEMENT PFEIFFER

Exercices	Chapitres suggérés	Autres sujets de référence
1. Séance de questions : définir les problèmes et les besoins par des interrogations	1. Introduction au comportement organisationnel	Dynamique de groupe ; communication.
2. Gestion efficace des conflits : savoir choisir la stratégie appropriée	13. Les conflits et la négociation	Communication ; processus décisionnel ; dynamique de groupe et travail d'équipe.
3. Favoriser la créativité : les facteurs de motivation intrinsèques et extrinsèques	5. Les théories de la motivation 11. Le processus décisionnel et la créativité	Conception de poste ; gestion du rendement et récompenses.

II. Études de cas

Cas	Chapitres suggérés	Autres sujets de référence
1. Panera Bread : on ne vit pas que de pain	1. Introduction au comportement organisationnel	Gestion du rendement et récompenses ; culture organisationnelle ; innovation ; technologies de l'information et des communications ; leadership.
2. Trader Joe's	1. Introduction au comportement organisationnel	Culture organisationnelle ; innovation ; leadership.

Cas	Chapitres suggérés	Autres sujets de référence
3. Des frontières à franchir	2. Les différences individuelles et la diversité en milieu organisationnel	Perception et attribution ; gestion du rendement et récompenses ; conception de poste ; communication ; processus décisionnel et conflits.
4. Les enfants terribles	2. Les différences individuelles et la diversité en milieu organisationnel	Motivation ; conception de poste ; culture organisationnelle ; processus décisionnel.
5. Xerox	2. Les différences individuelles et la diversité en milieu organisationnel	Motivation ; conception de poste ; culture organisationnelle ; processus décisionnel.
6. SAS	3. Les émotions, les attitudes et la satisfaction professionnelle	Culture organisationnelle ; mondialisation ; innovation ; motivation.
7. Lois Quam	3. Les émotions, les attitudes et la satisfaction professionnelle	Culture organisationnelle ; innovation ; motivation.
8. La société MagRec	4. La perception, l'attribution et l'apprentissage	Éthique et diversité ; conflits et négociation ; conception et structure organisationnelles ; culture organisationnelle ; processus décisionnel ; changement organisationnel.
9. C'est trop injuste !	5. Les théories de la motivation	Perception et attribution ; gestion du rendement et récompenses ; communication ; éthique et processus décisionnel.
10. La société Hovey & Beard	6. La motivation, la conception de poste et les récompenses	Changement organisationnel ; dynamique d'équipe et travail d'équipe ; culture organisationnelle ; gestion du rendement et récompenses ; communication ; processus décisionnel.
11. La société aérienne Maritime	6. La motivation, la conception de poste et les récompenses	Changement organisationnel ; culture et développement organisationnels ; dynamique d'équipe et travail d'équipe.
12. Pizzeria Idéale	6. La motivation, la conception de poste et les récompenses	Motivation, conception de poste et rendement ; structure organisationnelle ; dynamique d'équipe et travail d'équipe.
13. Un membre oublié	7. Les équipes en milieu organisationnel	Travail d'équipe ; motivation ; personnalité et différences individuelles ; perception et attribution ; gestion du rendement et récompenses ; communication ; conflit ; leadership.
14. Marc Perrot	7. Les équipes en milieu organisationnel	Travail d'équipe ; conflit ; motivation ; conception de poste.
15. Les écuries de la NASCAR	8. Le travail d'équipe et le rendement des équipes	Culture organisationnelle ; leadership ; motivation ; communication.
16. Le cas de la nouvelle cage	8. Le travail d'équipe et le rendement des équipes	Changement organisationnel ; leadership ; processus décisionnel ; conflit ; communication.
17. L'autonomisation du corps enseignant et l'évolution de l'environnement universitaire	9. Le pouvoir et le jeu politique	Changement, innovation et stress ; conception de poste ; communication ; conflits et négociation.

Cas	Chapitres suggérés	Autres sujets de référence
18. Analyse du comportement politique	9. Le pouvoir et le jeu politique	Valeurs, personnalité et différences individuelles ; conflit ; culture organisationnelle.
19. Un nouveau vice-recteur pour Mid-West U	10. Le leadership	Changement et stress ; gestion du rendement et récompenses ; personnalité et différences individuelles ; communication ; conflits et négociation ; pouvoir et influence.
20. L'innovateur en chef de Motorola	10. Le leadership	Innovation ; conflits et négociation ; changement et stress en milieu organisationnel.
21. Jean Durant	11. Le processus décisionnel et la créativité	Conflits et négociation ; leadership ; communication ; changement organisationnel ; culture organisationnelle ; pouvoir et jeu politique ; dynamique d'équipe.
22. L'histoire du morse qui n'en savait pas assez	12. La communication et la collaboration	Leadership ; conflit ; perception et attribution.
23. Le cas de l'augmentation manquée	13. Les conflits et la négociation	Gestion du rendement et récompenses ; motivation ; conception de poste ; changement organisationnel ; innovation et stress ; pouvoir et jeu politique.
24. Conflit chez Burger Mart	13. Les conflits et la négociation	Communication ; émotions et attitudes ; personnalité et différences individuelles.
25. L'assistante technique compétente et motivée	13. Les conflits et la négociation	Motivation ; conception de poste ; pouvoir et jeu politique ; communication.
26. CSI	14. Les caractéristiques fondamentales des organisations	Conception et structure organisationnelles ; culture organisationnelle ; conflit ; communication.
27. Fabrication Laurentides	14. Les caractéristiques fondamentales des organisations	Conception et structure organisationnelles ; conflit ; communication ; culture organisationnelle.
28. La financière First Community	15. La stratégie, les technologies et la conception organisationnelle	Caractéristiques organisationnelles ; conflit ; gestion du rendement et récompenses ; culture organisationnelle.
29. Mission Management and Trust	16. La culture organisationnelle et l'innovation	Conception et structure organisationnelles ; éthique ; gestion du rendement et récompenses.
30. Jamais le dimanche...	16. La culture organisationnelle et l'innovation	Éthique et diversité ; conception et structure organisationnelles ; processus décisionnel ; changement organisationnel.
31. Novo Nordisk	16. La culture organisationnelle et l'innovation	Éthique et gouvernance organisationnelle ; pouvoir et jeu politique ; leadership ; gestion du rendement et récompenses ; conflits et négociation ; conception et structure organisationnelles.
32. Le bouleversement des fusions départementales	17. Le changement et le stress en milieu organisationnel	Personnalité et différences individuelles ; motivation.
33. L'arrivée de Mme Roy	17. Le changement et le stress en milieu organisationnel	Personnalité et différences individuelles ; communication ; pouvoir et jeu politique ; motivation.

III. Exercices

Exercices	Chapitres suggérés	Autres sujets de référence
1. Mon meilleur patron	1. Introduction au comportement organisationnel 2. Les différences individuelles et la diversité en milieu organisationnel 10. Le leadership	Pouvoir et jeu politique ; émotions, attitudes et satisfaction professionnelle ; leadership.
2. Les mots de la fin : remue-méninges et idées en vrac	1. Introduction au comportement organisationnel	Personnalité et différences individuelles ; perception et attribution ; communication.
3. Mon meilleur emploi	1. Introduction au comportement organisationnel 2. Les différences individuelles et la diversité en milieu organisationnel 6. La motivation, la conception de poste et les récompenses	Théories de la motivation ; culture organisationnelle.
4. Que valorisez-vous particulièrement dans un travail ?	2. Les différences individuelles et la diversité en milieu organisationnel 3. Les émotions, les attitudes et la satisfaction professionnelle 5. Les théories de la motivation	Conception de poste ; gestion du rendement et récompenses.
5. Votre actif	2. Les différences individuelles et la diversité en milieu organisationnel 3. Les émotions, les attitudes et la satisfaction professionnelle	Perception et attribution ; gestion du rendement et récompenses.
6. Un poste à l'étranger	2. Les différences individuelles et la diversité en milieu organisationnel 16. La culture organisationnelle et l'innovation	Perception et attribution ; processus décisionnel ; gestion du rendement et récompenses.
7. Signaux culturels	12. La communication et la collaboration	Mondialisation ; leadership ; perception et attribution ; diversité et différences individuelles ; processus décisionnel ; conflit ; dynamique d'équipe et travail d'équipe.
8. Les préjugés au quotidien	2. Les différences individuelles et la diversité en milieu organisationnel 3. Les émotions, les attitudes et la satisfaction professionnelle 4. La perception, l'attribution et l'apprentissage	Dynamique d'équipe et travail d'équipe ; conflit ; processus décisionnel ; communication.

Exercices	Chapitres suggérés	Autres sujets de référence
9. Comment percevons-nous les différences ?	4. La perception, l'attribution et l'apprentissage 16. La culture organisationnelle et l'innovation	Mondialisation ; diversité et différences individuelles ; processus décisionnel ; communication ; conflit ; dynamique d'équipe et travail d'équipe.
10. La rivière aux alligators	2. Les différences individuelles et la diversité en milieu organisationnel 4. La perception, l'attribution et l'apprentissage	Processus décisionnel ; communication ; conflit ; dynamique d'équipe et travail d'équipe.
11. Travail d'équipe et motivation	5. Les théories de la motivation 8. Le travail d'équipe et le rendement des équipes	Gestion du rendement et récompenses ; conception de poste ; fonctionnement des équipes.
12. Les inconvénients des mesures disciplinaires	4. La perception, l'attribution et l'apprentissage	Théories de la motivation ; gestion du rendement et récompenses.
13. Le jeu de construction	6. La motivation, la conception de poste et les récompenses 14. Les caractéristiques fondamentales des organisations 15. La stratégie, les technologies et la conception organisationnelle	Culture organisationnelle ; dynamique de groupe et travail d'équipe ; leadership.
14. Préférences en matière de conception de poste	6. La motivation, la conception de poste et les récompenses	Théories de la motivation ; personnalité et différences individuelles ; émotions, attitudes et satisfaction professionnelle.
15. Un emploi de rêve	6. La motivation, la conception de poste et les récompenses	Théories de la motivation ; personnalité et différences individuelles ; émotions, attitudes et satisfaction professionnelle.
16. La motivation par l'enrichissement des tâches	6. La motivation, la conception de poste et les récompenses	Théories de la motivation ; perception et attribution ; personnalité et différences individuelles ; changement.
17. Augmentations de salaire annuelles	5. Les théories de la motivation 6. La motivation, la conception de poste et les récompenses	Structure organisationnelle ; changement ; processus décisionnel.
18. Double appartenance	7. Les équipes en milieu organisationnel	Dynamique interéquipes ; travail d'équipe ; rôles ; communication ; conflit ; stress.
19. Travœufs pratiques	7. Les équipes en milieu organisationnel	Travail d'équipe ; diversité et différences individuelles ; communication ; leadership.
20. Consolidation d'équipe : la chasse aux trésors	8. Le travail d'équipe et le rendement des équipes	Équipe ; leadership ; diversité et différences individuelles ; communication.
21. Dynamique d'une équipe de travail	8. Le travail d'équipe et le rendement des équipes	Équipe ; motivation ; processus décisionnel ; conflit ; communication.
22. Détermination des normes d'équipe	8. Le travail d'équipe et le rendement des équipes	Équipe ; communication ; perception et attribution.

Exercices	Chapitres suggérés	Autres sujets de référence
23. La culture d'une équipe de travail	8. Le travail d'équipe et le rendement des équipes 16. La culture organisationnelle et l'innovation	Équipe ; communication ; perception et attribution ; conception de poste.
24. La chaise vide	8. Le travail d'équipe et le rendement des équipes 12. La communication et la collaboration	Équipe ; conflits et négociation ; pouvoir et jeu politique ; leadership ; culture organisationnelle.
25. Entrevue avec un dirigeant	9. Le pouvoir et le jeu politique 10. Le leadership	Gestion du rendement et récompenses ; motivation ; conception de poste ; nouveaux milieux de travail ; changement organisationnel et stress.
26. Inventaire des compétences en leadership	10. Le leadership	Personnalité et différences individuelles ; perception et attribution ; processus décisionnel.
27. Leadership et participation au processus décisionnel	10. Le leadership	Processus décisionnel ; communication ; théories de la motivation ; dynamique d'équipe et travail d'équipe.
28. Mon meilleur patron II	2. Les différences individuelles et la diversité en milieu organisationnel 10. Le leadership	Pouvoir et jeu politique ; perception et attribution.
29. Écoute active	12. La communication et la collaboration	Dynamique d'équipe et travail d'équipe ; perception et attribution.
30. Évaluation d'un supérieur	6. La motivation, la conception de poste et les récompenses 12. La communication et la collaboration	Processus décisionnel ; perception et attribution ; théories de la motivation.
31. Rétroaction à 360 degrés	6. La motivation, la conception de poste et les récompenses 12. La communication et la collaboration	Processus décisionnel ; perception et attribution ; théories de la motivation.
32. Analyse et négociation de rôle	11. Le processus décisionnel et la créativité 13. Les conflits et la négociation 17. Le changement et le stress en milieu organisationnel	Communication ; dynamique d'équipe et travail d'équipe ; perception et attribution.
33. Les naufragés	11. Le processus décisionnel et la créativité	Communication ; dynamique d'équipe et travail d'équipe ; conflits et négociation ; leadership.
34. Incursion dans l'inconnu	7. Les équipes en milieu organisationnel 11. Le processus décisionnel et la créativité 12. La communication et la collaboration 13. Les conflits et la négociation	Travail d'équipe ; perception et attribution ; leadership.
35. Le casse-tête des congés	13. Les conflits et la négociation	Communication ; processus décisionnel.
36. Les oranges Ugli	13. Les conflits et la négociation	Communication ; processus décisionnel.

Exercices	Chapitres suggérés	Autres sujets de référence
37. Conflits et dialogues	13. Les conflits et la négociation	Communication ; perception ; stress.
38. Analyse du champ des forces	17. Le changement et le stress en milieu organisationnel	Processus décisionnel ; conception et structure organisationnelles ; culture organisationnelle.
39. Les coulisses des organisations	14. Les caractéristiques fondamentales des organisations 15. La stratégie, les technologies et la conception organisationnelle	Culture organisationnelle ; conception de poste ; gestion du rendement et récompenses.
40. D'un hamburger à l'autre…	14. Les caractéristiques fondamentales des organisations 16. La culture organisationnelle et l'innovation	Conception organisationnelle ; conception de poste.
41. Une invasion extraterrestre	14. Les caractéristiques fondamentales des organisations 15. La stratégie, les technologies et la conception organisationnelle 16. La culture organisationnelle et l'innovation	Mondialisation ; diversité et différences individuelles ; perception et attribution.
42. Les cercles du pouvoir	9. Le pouvoir et le jeu politique	Leadership ; conception et structure organisationnelles ; gestion du changement.

IV. AUTOÉVALUATIONS

Tests	Chapitres suggérés	Autres sujets de référence
1. Les postulats d'un gestionnaire	1. Introduction au comportement organisationnel 2. Les différences individuelles et la diversité en milieu organisationnel 4. La perception, l'attribution et l'apprentissage	Leadership.
2. Le gestionnaire du 21e siècle	1. Introduction au comportement organisationnel 10. Le leadership 14. Les caractéristiques fondamentales des organisations 15. La stratégie, les technologies et la conception organisationnelle	Valeurs, personnalité et différences individuelles ; émotions, attitudes et satisfaction professionnelle ; processus décisionnel ; mondialisation.

Tests	Chapitres suggérés	Autres sujets de référence
3. Votre tolérance à l'agitation	1. Introduction au comportement organisationnel 2. Les différences individuelles et la diversité en milieu organisationnel 17. Le changement et le stress en milieu organisationnel	Leadership ; émotions, attitudes et satisfaction professionnelle ; perception.
4. Votre indice de préparation à la mondialisation	3. Les émotions, les attitudes et la satisfaction professionnelle 10. Le leadership	Diversité et différences individuelles ; culture ; perception ; compétences en gestion ; préparation à une carrière.
5. Vos valeurs personnelles	2. Les différences individuelles et la diversité en milieu organisationnel 3. Les émotions, les attitudes et la satisfaction professionnelle 6. La motivation, la conception de poste et les récompenses	Théories de la motivation ; conception de poste ; perception.
6. Votre degré de tolérance à l'ambiguïté	4. La perception, l'attribution et l'apprentissage 17. Le changement et le stress en milieu organisationnel	Leadership ; personnalité et différences individuelles ; théories de la motivation.
7. Profil bifactoriel	5. Les théories de la motivation 6. La motivation, la conception de poste et les récompenses	Personnalité et différences individuelles.
8. Êtes-vous *universel* ?	6. La motivation, la conception de poste et les récompenses 16. La culture organisationnelle et l'innovation	Personnalité et différences individuelles.
9. L'efficacité d'une équipe	7. Les équipes en milieu organisationnel 8. Le travail d'équipe et le rendement des équipes 16. La culture organisationnelle et l'innovation	Conception et structure organisationnelles ; leadership.
10. Le questionnaire du collègue le moins apprécié	10. Le leadership	Personnalité et différences individuelles ; dynamique d'équipe et travail d'équipe ; perception.
11. Votre style de leadership	10. Le leadership	Personnalité et différences individuelles ; dynamique d'équipe et travail d'équipe ; perception.
12. Leadership transactionnel et leadership transformateur	10. Le leadership 12. La communication et la collaboration	Personnalité et différences individuelles ; dynamique d'équipe et travail d'équipe ; perception.

Tests	Chapitres suggérés	Autres sujets de référence
13. Votre propension à la délégation	2. Les différences individuelles et la diversité en milieu organisationnel 9. Le pouvoir et le jeu politique 10. Le leadership 12. La communication et la collaboration	Dynamique d'équipe et travail d'équipe ; perception et attribution.
14. Votre degré de machiavélisme	2. Les différences individuelles et la diversité en milieu organisationnel 9. Le pouvoir et le jeu politique	Leadership ; théories de la motivation.
15. Votre profil de pouvoir	9. Le pouvoir et le jeu politique	Leadership ; personnalité et différences individuelles ; théories de la motivation.
16. Êtes-vous intuitif ?	11. Le processus décisionnel et la créativité	Personnalité et différences individuelles.
17. L'influence des heuristiques sur le processus décisionnel	4. La perception, l'attribution et l'apprentissage 7. Les équipes en milieu organisationnel 11. Le processus décisionnel et la créativité	Travail d'équipe ; communication ; évaluation du rendement.
18. Les styles de gestion des conflits	13. Les conflits et la négociation	Personnalité et différences individuelles ; communication ; leadership.
19. Votre type de personnalité	2. Les différences individuelles et la diversité en milieu organisationnel 17. Le changement et le stress en milieu organisationnel	Conception de poste ; motivation.
20. Comment gérez-vous votre temps ?	17. Le changement et le stress en milieu organisationnel	Personnalité et différences individuelles.
21. Votre préférence en matière de structure organisationnelle	14. Les caractéristiques fondamentales des organisations 15. La stratégie, les technologies et la conception organisationnelle 16. La culture organisationnelle et l'innovation	Conception de poste ; personnalité et différences individuelles.
22. Quelle est la culture qui vous convient ?	16. La culture organisationnelle et l'innovation	Perception ; personnalité et différences individuelles.

I

Recueil de Jossey-Bass et Pfeiffer

A. INVENTAIRE DES PRATIQUES DE LEADERSHIP DE L'ÉTUDIANT, DE KOUZES ET POSNER

1. INVENTAIRE DES PRATIQUES DE LEADERSHIP DE L'ÉTUDIANT – CAHIER DE L'ÉTUDIANT

Les comportements des leaders

Foire aux questions sur l'*IPL de l'étudiant*

La compilation de vos résultats

L'interprétation de vos résultats

Fiche récapitulative et plan d'action

2. INVENTAIRE DES PRATIQUES DE LEADERSHIP DE L'ÉTUDIANT – AUTOÉVALUATION

3. INVENTAIRE DES PRATIQUES DE LEADERSHIP DE L'ÉTUDIANT – OBSERVATEUR

B. EXERCICES EXPÉRIENTIELS EXTRAITS DES MANUELS DE FORMATION QUE PUBLIE ANNUELLEMENT PFEIFFER

1. SÉANCE DE QUESTIONS : DÉFINIR LES PROBLÈMES ET LES BESOINS PAR DES INTERROGATIONS

2. GESTION EFFICACE DES CONFLITS : SAVOIR CHOISIR LA STRATÉGIE APPROPRIÉE

3. FAVORISER LA CRÉATIVITÉ : LES FACTEURS DE MOTIVATION INTRINSÈQUES ET EXTRINSÈQUES

A. Inventaire des pratiques de leadership de l'étudiant, de Kouzes et Posner[1]

Ceux et celles qui deviennent des leaders ne vont pas toujours au-devant des défis. Parfois, ce sont les défis qui viennent à eux.

1. INVENTAIRE DES PRATIQUES DE LEADERSHIP DE L'ÉTUDIANT – CAHIER DE L'ÉTUDIANT

Les comportements des leaders

«Le leadership est à la portée de tous.» Telle est la conclusion à laquelle nous en sommes venus après quelque deux décennies de recherche sur les comportements des personnes qui exercent une influence déterminante dans leur milieu, que ce soit au sein d'une grande organisation, d'un club social, d'une équipe sportive, d'une classe, d'un regroupement communautaire ou, tout simplement, d'une famille. En effet, nous avons constaté que le leadership correspond à un ensemble de pratiques observables, dont il est possible de faire l'apprentissage.

Selon certaines idées reçues, il faudrait voir dans le leadership un processus mystérieux et presque surnaturel qui échappe à la compréhension du commun des mortels. Mais il en est autrement: dans la mesure où elle a la possibilité de s'y exercer en bénéficiant d'une rétroaction, toute personne déterminée à jouer un rôle de leader, c'est-à-dire à faire évoluer les choses autour d'elle, peut considérablement accroître ses compétences en matière de leadership.

L'*Inventaire des pratiques de leadership* (IPL) fait partie d'un vaste projet de recherche portant sur les comportements quotidiens de personnes qui, à tous les échelons et dans divers cadres organisationnels, assument un rôle de leader. Notre démarche nous a d'abord permis de dégager cinq pratiques communes à tous ces exemples de leadership. Par la suite, en collaboration avec d'autres chercheurs, nous avons élargi nos observations afin qu'elles incluent les leaders étudiants et rendent compte du contexte scolaire ou universitaire.

C'est ainsi que nous avons élaboré cette version de l'IPL destinée aux étudiants[2]. L'IPL est un outil d'évaluation, et non un examen. Conçu pour vous aider à évaluer vos compétences actuelles en matière de leadership, il vous servira à reconnaître vos forces, ainsi que les aspects que vous devriez perfectionner. Il vous aidera à découvrir dans quelle mesure vous avez adopté, en tant que leader d'un groupe ou d'une organisation d'étudiants, les cinq pratiques de leadership suivantes.

Remettre en question les processus

Les leaders sont des pionniers. À l'affût de nouvelles possibilités, ils ne craignent pas d'ébranler le statu quo. Ils innovent, expérimentent des façons inédites de faire les choses et explorent divers moyens d'améliorer l'organisation. Ils considèrent les erreurs comme autant d'occasions d'apprentissage et se tiennent prêts à affronter toutes les difficultés qui se présenteront sur leur route. Remettre en question les processus signifie, notamment:

- rechercher de nouvelles possibilités;
- expérimenter et prendre des risques.

À titre d'exemple, un étudiant raconte comment ses idées novatrices l'ont aidé à gagner une élection au sein de sa classe: «J'ai remis les processus en question de plusieurs façons. Premièrement, comme je voulais faire comprendre aux gens que les élections ne sont pas nécessairement des concours de popularité, j'ai fait porter ma campagne sur de vrais enjeux et je n'ai fait aucune promesse irréalisable. Deuxièmement, j'ai contesté les prétentions des représentants sortants, qui croyaient en une victoire facile du seul fait qu'ils avaient occupé un poste, et je leur ai montré que personne n'avait, en cette matière, de droits acquis.»

Une autre étudiante, trésorière de son association, a remis en question la façon dont elle concevait le leadership: «Auparavant, j'adhérais à la fameuse maxime "On n'est jamais mieux servi que par soi-même", mais j'ai appris, à mes dépens, qu'il est impossible de tout faire… Un jour, alors que j'étais sur le point de démissionner parce que la charge me paraissait trop lourde, ma conseillère a remarqué que j'étais débordée et a prononcé ces mots magiques: "Fais appel à ton comité." Le meilleur conseil que je donnerais aujourd'hui à mon tour, c'est que, pour être un leader efficace, il ne faut pas hésiter à confier des tâches à d'autres personnes.»

Inspirer une vision commune

Les leaders ont le regard tourné vers l'horizon et voient même au-delà. Ils ont un esprit positif et envisagent l'avenir avec confiance. Ils sont expressifs et, que ce soit au sein d'une équipe ou dans une grande organisation, ils font preuve d'une authenticité qui exerce une certaine force d'attraction. Les leaders savent communiquer et montrer aux autres que l'adhésion à un but commun permet de servir les intérêts de chacun. Inspirer une vision commune signifie, notamment:

- envisager l'avenir avec optimisme;
- rallier les autres autour d'objectifs communs.

Un étudiant décrit ainsi son expérience de président de classe au secondaire: «Notre vision, c'était de rallier toute la classe autour d'un projet de coopération internationale en Amérique du Sud [...]. J'ai dit à mon équipe que nous pourrions réaliser tout ce que nous avions en tête. Nous devons avoir confiance en nous et croire en notre capacité d'accomplir des choses.»

Susciter l'engagement des autres

Les leaders insufflent dynamisme et assurance aux personnes qu'ils côtoient, en établissant avec elles des relations fondées sur la confiance mutuelle. Ils mettent l'accent sur la collaboration et les objectifs communs. Ils incitent activement les autres à participer à la planification des activités, en leur donnant de la latitude pour prendre leurs propres décisions. Les leaders font en sorte que les personnes qui les entourent se sentent solides et compétentes. Susciter l'engagement des autres signifie, notamment:

- favoriser la collaboration;
- renforcer les aptitudes des autres personnes.

Il n'est pas nécessaire d'occuper une fonction officielle de direction pour mettre ces principes en pratique. Voici comment un étudiant décrit le rôle déterminant qu'il a joué comme simple membre d'une équipe sportive: «J'ai aidé mes coéquipiers à se sentir forts et capables d'affronter l'adversaire en encourageant chacun d'eux à s'entraîner avec l'intensité qu'il mettrait à jouer dans un match. Il y a eu des progrès dans ce sens tout au long de l'année et, comme je le souhaitais, tous les membres de l'équipe ont fini par s'engager à fond, en se motivant mutuellement à se dépasser, même à l'entraînement.»

Montrer la voie

Les leaders expriment clairement leurs valeurs personnelles et leurs points de vue. Ils font en sorte que les personnes maintiennent le cap sur les projets, en agissant eux-mêmes conformément à leurs valeurs et en montrant par l'exemple ce qu'ils attendent des autres. Les leaders planifient également des projets et les décomposent en étapes réalisables qui sont autant d'occasions de remporter de petites victoires. Du fait qu'ils orientent les efforts vers les priorités, ils aident chacun à atteindre des objectifs. Montrer la voie signifie, notamment:

- donner l'exemple;
- obtenir de petites victoires.

C'est en occupant un emploi en entreprise qu'une étudiante a compris l'importance, pour un leader, de montrer la voie: «J'étais la première à arriver au bureau et la dernière à partir, et cela a prouvé mon sérieux. Je me présentais toujours bien préparée et je veillais à ce que mon équipe ait à sa disposition les outils nécessaires. Je travaillais en collaboration avec elle, sans jamais avoir une attitude de supériorité. L'idée, c'était que nous étions tous dans le même bateau.»

Nourrir la passion

Les leaders encouragent les personnes à persévérer dans leurs efforts. Ils associent aux réalisations de chacun une forme de reconnaissance et soulignent les diverses contributions à la vision commune. Ils manifestent leur fierté devant les réalisations de l'équipe ou de l'organisation, en faisant sentir aux autres qu'ils reconnaissent leurs efforts. Les leaders trouvent aussi des façons de célébrer les étapes marquantes. Ils alimentent l'esprit d'équipe, ce qui motive chacun à continuer. Nourrir la passion signifie, notamment:

- reconnaître les contributions individuelles;
- célébrer les réalisations collectives.

Une étudiante explique ainsi comment, en tant qu'organisatrice et directrice d'un camp de jour, elle a reconnu l'apport des bénévoles et souligné concrètement leurs réalisations: «Le dernier jour du camp, nous avons fait une fête et servi de la pizza aux enfants. Nous avons, par la suite, envoyé des cartes de remerciements aux bénévoles, qui ont reçu les titres de "précieux bénévoles" accordés par les participants du camp de jour. Toutes ces attentions visaient à renforcer la fierté et l'enthousiasme de ces personnes, afin que nous puissions de nouveau compter sur elles l'année suivante.»

> *Un jour ou l'autre, le leader qui sommeille en chacun de nous peut être sollicité et répondre à l'appel.*

Foire aux questions sur l'*IPL de l'étudiant*

Question 1 : *Quelles sont les bonnes réponses ?*

Réponse : Il n'y a pas de *bonnes* réponses, de réponses universelles en matière de leadership. Toutefois, des recherches ont montré que plus vous donnerez l'impression d'avoir adopté les comportements présentés dans l'*IPL de l'étudiant*, plus on aura tendance à vous percevoir comme un leader efficace. Plus vous obtiendrez de résultats élevés au questionnaire *IPL de l'étudiant – Observateur*, plus il paraîtra aux yeux des autres que :

- vous possédez une crédibilité personnelle ;
- vous dirigez efficacement les réunions ;
- vous représentez avec succès votre équipe ou votre organisation auprès des non-membres ;
- vous suscitez l'enthousiasme et la collaboration ;
- vous avez une équipe hautement performante.

Des études ont également mis en évidence une corrélation étroite et positive entre, d'une part, l'opinion des personnes quant à l'adoption des cinq pratiques de leadership par leur leader et, d'autre part, les degrés de rendement, de motivation et d'engagement ressentis.

Question 2 : *Jusqu'à quel point l'*IPL de l'étudiant *est-il fiable et valide ?*

Réponse : La fiabilité de l'*IPL de l'étudiant* peut être considérée à partir de deux points de vue. Premièrement, il s'agit d'un instrument psychométrique solide et éprouvé. L'échelle relative à chaque pratique de leadership présente une fiabilité interne, en ce sens qu'il existe une corrélation étroite entre tous les énoncés correspondant à une même pratique. Deuxièmement, une analyse multivariée a montré que les énoncés correspondant à une même pratique étaient plus étroitement corrélés (ou associés) que les énoncés répartis dans l'ensemble des cinq pratiques.

Pour ce qui est de la valeur des résultats auxquels il donne lieu, l'*IPL de l'étudiant* présente une bonne validité à la fois apparente et prédictive. D'une part, les personnes concernées peuvent comprendre ce que signifie la notation. D'autre part, les résultats permettent de différencier clairement les leaders hautement performants de ceux qui réussissent moins bien. Que l'évaluation soit effectuée par le leader lui-même, par ses pairs ou par le personnel des services pour étudiants, on observe que les leaders étudiants qui adoptent le plus souvent les cinq pratiques de leadership s'avèrent plus efficaces que ceux qui y ont moins recours.

Question 3 : ***Mes propres perceptions concernant mes pratiques de leadership doivent-elles correspondre à l'évaluation qu'en font les autres personnes ?***

Réponse : Les recherches indiquent qu'il est essentiel que les membres d'une équipe, d'un groupe ou d'une grande organisation aient confiance dans le leader pour en arriver à le suivre au fil du temps. Ce dernier doit leur paraître sensé, crédible et digne de confiance. La confiance en un leader ou en tout autre individu se fonde sur la constance du comportement de cette personne. En outre, pour qu'elle se renforce, il faut qu'il y ait une certaine correspondance entre les paroles et les actes.

Cela ne veut pas dire pour autant que tous, en toutes circonstances, vous percevront de la même façon. Selon qu'ils sont plus ou moins en contact avec vous, ceux qui vous évaluent pourraient vous accorder une cote différente pour un même comportement. Certains vous connaissent tout simplement mieux que d'autres. Il se pourrait aussi qu'occasionnellement, par exemple en situation de crise, vous ayez de bonnes raisons pour modifier votre comportement habituel. Les attentes à votre égard peuvent aussi varier d'une personne à une autre. Enfin, on peut supposer que tous n'interpréteront pas de la même manière des fréquences telles que « rarement » ou « fréquemment ».

Par conséquent, le plus important n'est pas tant que les résultats de votre autoévaluation coïncident exactement avec les cotes qui vous seront attribuées par d'autres, mais plutôt que ces derniers perçoivent une cohérence entre le comportement que vous prétendez avoir et la façon dont vous agissez dans les faits. Et la seule manière pour vous de savoir ce qu'il en est, c'est de solliciter le point de vue des autres. Le questionnaire de l'*IPL de l'étudiant* destiné à l'observateur a été conçu à cette fin.

Des recherches ont mis en évidence le fait que les gens sont enclins à se voir eux-mêmes sous un jour plus favorable que les autres le font. En règle générale, l'utilisation des questionnaires de l'*IPL de l'étudiant* confirme cette tendance : l'autoévaluation tend à donner des résultats plus élevés que l'évaluation faite par des observateurs. On remarque, en outre, que les outils destinés à évaluer les compétences en leadership des étudiants mènent le plus souvent à l'établissement de cotes supérieures à celles qui sont attribuées à des gestionnaires et à des cadres dirigeants chevronnés, dans les secteurs tant privé que public.

Question 4 : *Puis-je modifier mes pratiques de leadership ?*

Réponse : Il est assurément possible, même pour un gestionnaire chevronné, d'acquérir de nouvelles compétences. Voici comment cheminer en ce sens : sollicitez une rétroaction quant à votre rendement relatif à une habileté donnée, observez des modèles, fixez-vous des objectifs d'amélioration, exercez-vous à mettre en pratique l'habileté en question, refaites appel à la rétroaction, puis établissez vos prochains objectifs. Les pratiques réunies dans l'*IPL de l'étudiant* peuvent toutes s'acquérir par un apprentissage.

Cependant, on ne peut changer certaines choses que si cela répond à un désir intérieur fort et authentique. Ainsi, il est peu probable qu'une formation ou l'attribution de nouvelles tâches puissent, à elles seules, générer l'enthousiasme d'une personne en faveur d'une cause : ce genre d'engagement doit venir du fond de soi.

Utilisez le contenu de l'*IPL de l'étudiant* pour mieux comprendre comment vous vous comportez en tant que leader, à la fois d'après votre propre opinion et d'après l'opinion d'autres personnes. Remarquez les points de convergence et de divergence. Tentez de discerner les pratiques de leadership avec lesquelles vous vous sentez à l'aise et celles qui suscitent en vous une certaine gêne. Déterminez les comportements que vous pouvez améliorer et allez concrètement de l'avant pour renforcer vos capacités et votre confiance lorsqu'il s'agit de diriger des personnes et des groupes. Les outils présentés dans les pages qui suivent vous aideront à accroître votre efficacité en tant que leader.

On ne connaît probablement ses vraies forces que lorsqu'on est poussé à les mettre en œuvre.

La compilation de vos résultats

Les pages qui suivent contiennent différentes grilles qui vous permettront de compiler les résultats que vous obtiendrez aux évaluations de l'*IPL de l'étudiant*. La première grille, intitulée « Remettre en question les processus », sert à réunir les résultats correspondant aux propositions 1, 6, 11, 16, 21 et 26 des questionnaires *IPL de l'étudiant – Autoévaluation* et *IPL de l'étudiant – Observateur*. Ces énoncés portent sur les comportements associés plus particulièrement à cette pratique de leadership, en l'occurrence : rechercher de nouvelles possibilités, expérimenter et prendre des risques. Chacune des propositions est reprise en abrégé devant la grille pour faciliter l'utilisation de cette dernière.

Dans la première colonne, sous le titre « Autoévaluation », inscrivez la cote que vous vous êtes vous-même attribuée. Si d'autres personnes ont accepté de vous évaluer et de vous transmettre les résultats, ajoutez ceux-ci sous le titre « Cotes des observateurs ». Utilisez une colonne distincte pour chaque évaluateur (A, B, C, D, E...) et transcrivez simplement les nombres que chacun a entourés dans le questionnaire *IPL de l'étudiant – Observateur*. La grille permet de rassembler les cotes attribuées par un maximum de 10 observateurs.

Après avoir entré tous les résultats correspondant à une pratique de leadership – dans cet exemple, « Remettre en question les processus » –, faites la somme des nombres de chaque colonne et inscrivez les résultats dans la ligne des totaux. Additionnez ensuite tous les totaux qui rendent compte des cotes des observateurs, sans inclure le total de la colonne « Autoévaluation », puis inscrivez ce total général dans la case « Cote totale des observateurs ». Par la suite, faites la moyenne en divisant ce total par le nombre de personnes qui ont rempli le questionnaire de l'observateur, puis reportez ce nombre à l'endroit désigné à cette fin. Voici à quoi ressemblerait une grille qui présenterait les résultats d'une autoévaluation et d'évaluations effectuées par cinq observateurs.

Exemple de grille présentant les résultats d'une autoévaluation et d'évaluations faites par cinq observateurs

Remettre en question les processus

	AUTO-ÉVALUATION	COTES DES OBSERVATEURS										
		A	B	C	D	E	F	G	H	I	J	TOTAL DES COTES DES OBSERVATEURS
1. Recherche les défis.	5	4	2	4	4	2						
6. Se tient à jour.	4	4	3	4	4	3						
11. Prend l'initiative d'expérimenter.	3	3	2	2	2	1						
16. Cherche à apporter des améliorations.	4	3	2	3	5	3						
21. Pose la question : « Qu'est-ce que cela nous apprend ? »	2	3	2	3	3	2						
26. Laisse les autres prendre des risques.	5	3	3	2	3	2						
TOTAUX	23	20	14	18	21	13						86
TOTAL DE L'AUTOÉVALUATION	23										COTE MOYENNE DES OBSERVATEURS	17,2

Les quatre autres grilles doivent être remplies de la même manière.

Intitulée « Inspirer une vision commune », la deuxième grille sert à compiler les résultats correspondant aux énoncés 2, 7, 12, 17, 22 et 27, qui concernent la capacité d'envisager l'avenir avec optimisme et de rallier les autres autour d'objectifs communs.

La troisième grille, « Susciter l'engagement des autres », correspond aux énoncés 3, 8, 13, 18, 23 et 28, associés à la capacité de favoriser la collaboration et de renforcer les aptitudes des autres.

La quatrième grille, « Montrer la voie », permet d'inscrire les cotes relatives aux énoncés 4, 9, 14, 19, 24 et 29, qui se rapportent au fait de donner l'exemple et d'obtenir de petites victoires.

Enfin, sous le titre « Nourrir la passion », la cinquième grille résume les cotes relatives aux énoncés 5, 10, 15, 20, 25 et 30, sur la reconnaissance des contributions individuelles et la célébration des réalisations collectives.

Grilles de compilation des résultats de l'*IPL de l'étudiant*

Les résultats devraient être compilés dans les grilles qui suivent selon les indications données à la page C15. Gardez en tête le système de cotation utilisé :

« 1 » signifie que vous n'adoptez *jamais* ou que *très rarement* le comportement en question.

« 2 » signifie que vous adoptez *rarement* ce comportement.

« 3 » signifie que vous adoptez *parfois* ce comportement.

« 4 » signifie que vous adoptez *fréquemment* ce comportement.

« 5 » signifie que vous adoptez *très fréquemment* ou *toujours* ce comportement.

Après avoir compilé toutes vos cotes puis calculé les totaux et les moyennes, reportez-vous à la page C19 et prenez connaissance des indications qui sont données au sujet de l'interprétation des résultats.

Remettre en question les processus

	AUTO-ÉVALUATION	COTES DES OBSERVATEURS										
		A	B	C	D	E	F	G	H	I	J	TOTAL DES COTES DES OBSERVATEURS
1. Recherche les défis.												
6. Se tient à jour.												
11. Prend l'initiative d'expérimenter.												
16. Cherche à apporter des améliorations.												
21. Pose la question : « Qu'est-ce que cela nous apprend ? »												
26. Laisse les autres prendre des risques.												
TOTAUX												
TOTAL DE L'AUTOÉVALUATION		COTE MOYENNE DES OBSERVATEURS										

Inspirer une vision commune

	AUTO-ÉVALUATION	COTES DES OBSERVATEURS										
		A	B	C	D	E	F	G	H	I	J	TOTAL DES COTES DES OBSERVATEURS
2. Décrit les compétences idéales de l'organisation.												
7. Regarde vers l'avenir et communique ses vues sur l'organisation.												
12. Est un communicateur positif et optimiste.												
17. Suscite l'adhésion à un but commun.												
22. Communique le but et le sens des actions.												
27. S'enthousiasme pour les nouvelles activités.												
TOTAUX												
TOTAL DE L'AUTOÉVALUATION		COTE MOYENNE DES OBSERVATEURS										

Susciter l'engagement des autres

	AUTO-ÉVALUATION	COTES DES OBSERVATEURS										
		A	B	C	D	E	F	G	H	I	J	
3. Inclut les autres dans la planification.												
8. Traite les autres avec respect.												
13. Appuie les décisions des autres.												
18. Entretient avec les autres des rapports de coopération.												TOTAL DES COTES DES OBSERVATEURS
23. Accorde aux autres une grande liberté d'action et de décision.												
28. Laisse les autres diriger.												
TOTAUX												
TOTAL DE L'AUTOÉVALUATION		COTE MOYENNE DES OBSERVATEURS										

Montrer la voie

	AUTO-ÉVALUATION	COTES DES OBSERVATEURS										
		A	B	C	D	E	F	G	H	I	J	
4. Fait part de sa vision concernant le fonctionnement de l'organisation.												
9. Décompose les projets en étapes.												
14. Donne l'exemple.												
19. Met de l'avant des valeurs phares.												TOTAL DES COTES DES OBSERVATEURS
24. Tient ses promesses.												
29. Établit des plans et des objectifs clairs.												
TOTAUX												
TOTAL DE L'AUTOÉVALUATION		COTE MOYENNE DES OBSERVATEURS										

Nourrir la passion

	AUTO-ÉVALUATION	COTES DES OBSERVATEURS										
		A	B	C	D	E	F	G	H	I	J	
5. Encourage les autres.												
10. Reconnaît les contributions des autres.												
15. Félicite les personnes pour la qualité de leur travail.												
20. Apporte son soutien et exprime sa reconnaissance.												TOTAL DES COTES DES OBSERVATEURS
25. Célèbre publiquement les réussites.												
30. Fait connaître les réalisations de l'organisation.												
TOTAUX												
TOTAL DE L'AUTOÉVALUATION		COTE MOYENNE DES OBSERVATEURS										

Les leaders jouent un rôle unique, celui de nous conduire là où nous ne sommes encore jamais allés.

L'interprétation de vos résultats

Cette section vous aidera à interpréter vos résultats, en vous incitant à les examiner sous divers angles et à prendre note des éléments que vous pouvez améliorer en vue de devenir un leader plus efficace.

Le classement de vos cotes

En vous référant aux explications données aux pages C15 à C19 sur la compilation des résultats, attardez-vous d'abord à la ligne portant l'indication « Total de l'autoévaluation », au bas de chaque grille. Ce total représente, dans chacun des cas, vos réponses aux six énoncés concernant la pratique de leadership en question. Il peut se situer entre 6, le résultat le plus faible, et 30, le résultat le plus élevé.

Dans le tableau de classement ci-contre, inscrivez le nombre 1 à gauche de la pratique de leadership pour laquelle le total de l'autoévaluation est le plus élevé, puis le nombre 2 près de celle qui arrive au deuxième rang par le résultat obtenu, et ainsi de suite. Ce classement met en lumière les pratiques par rapport auxquelles vous vous sentez le plus à l'aise, dans les premiers rangs, et celles par rapport auxquelles vous vous sentez le moins à l'aise, dans les derniers rangs.

En vous reportant toujours aux pages précédentes, relevez le résultat que vous avez obtenu, pour chaque pratique de leadership, à la ligne « Cote moyenne des observateurs ». Ce nombre indique la moyenne des résultats des évaluations effectuées par toutes les personnes qui ont rempli le questionnaire *IPL de l'étudiant – Observateur*. Comme pour le total de l'autoévaluation, il peut se situer entre 6 et 30.

Dans le même tableau de classement que celui de l'autoévaluation, inscrivez le nombre 1 à droite de la

Autoévaluation		Observateurs
________	Remettre en question les processus	________
________	Inspirer une vision commune	________
________	Susciter l'engagement des autres	________
________	Montrer la voie	________
________	Nourrir la passion	________

pratique de leadership pour laquelle la cote moyenne des évaluateurs est la plus élevée, puis le nombre 2 près de celle qui arrive au deuxième rang par le résultat obtenu, et ainsi de suite. Ce classement suit un ordre décroissant quant à la fréquence selon laquelle, aux yeux d'autres personnes, vous adoptez les cinq pratiques de leadership.

La comparaison des résultats de l'autoévaluation et des évaluations des observateurs

Afin de comparer les cotes attribuées à l'aide des questionnaires *IPL de l'étudiant – Autoévaluation* et *IPL de l'étudiant – Observateur*, utilisez le « Diagramme de mes résultats » fourni à la page suivante. Vous y indiquerez les cotes que vous vous êtes données pour les cinq pratiques de leadership – remettre en question les processus, inspirer une vision commune, susciter l'engagement des autres, montrer la voie et nourrir la passion – en inscrivant un *A* majuscule aux endroits appropriés, puis en reliant ces lettres par un *trait plein* au bout duquel vous noterez « Autoévaluation ».

Si d'autres personnes ont accepté de vous évaluer, ajoutez dans le diagramme la cote moyenne des observateurs qui paraît au bas de chaque grille de compilation des résultats en inscrivant un *O* majuscule aux endroits appropriés et en reliant ces lettres par un *pointillé* au bout duquel vous noterez « Observateurs » (voir l'exemple).

Ces étapes vous permettront d'obtenir, sous la forme d'un trait plein et d'un trait discontinu, une représentation graphique des résultats de votre autoévaluation et des observations d'autres personnes, afin de comparer les deux.

Exemple d'un diagramme de résultats

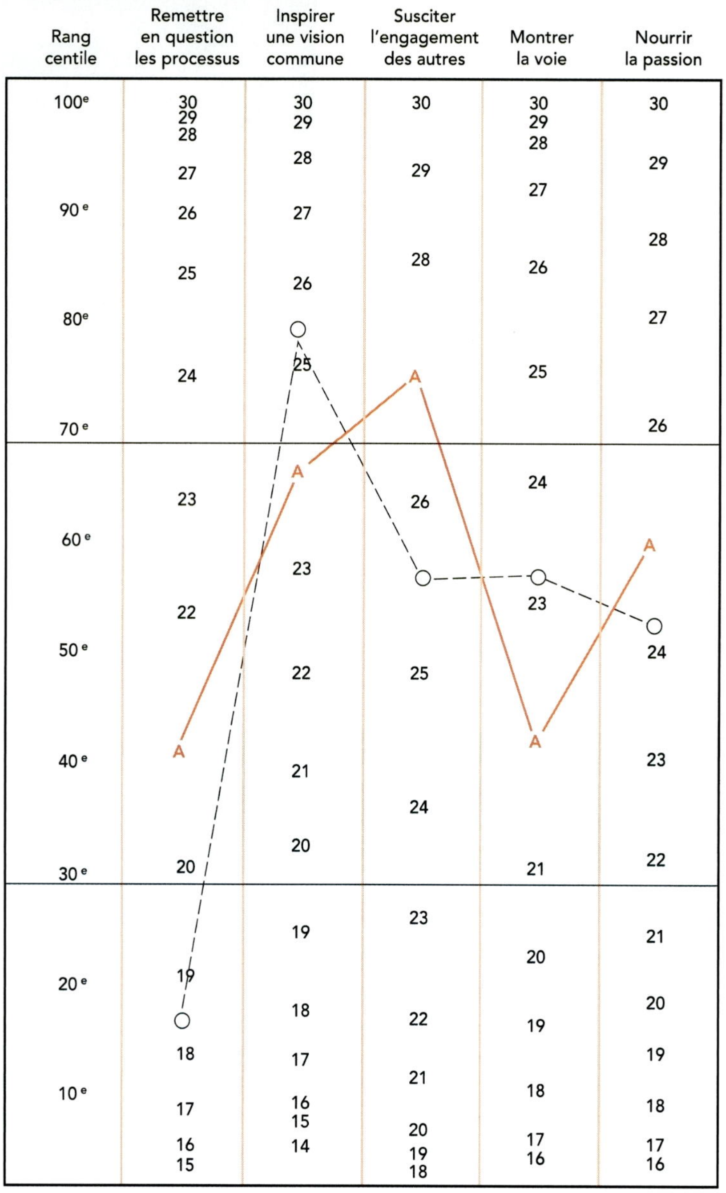

Diagramme de mes résultats

Rang centile	Remettre en question les processus	Inspirer une vision commune	Susciter l'engagement des autres	Montrer la voie	Nourrir la passion
100ᵉ	30 29 28	30 29	30	30 29 28	30
90ᵉ	27 26	28 27	29 28	27	29 28
80ᵉ	25	26 25	27	26 25	27
70ᵉ	24	24		24	26
60ᵉ	23	23	26		25
50ᵉ	22	22	25	23	24
40ᵉ	21	21	24	22	23
30ᵉ	20	20	23	21	22
20ᵉ	19	19 18	22	20 19	21 20
10ᵉ	18 17 16 15	17 16 15 14	21 20 19 18	18 17 16	19 18 17 16

Le rang centile

Dans le « Diagramme de mes résultats », examinez la colonne d'extrême gauche, qui représente le rang centile de plus de 1 200 leaders étudiants ayant rempli le questionnaire *IPL de l'étudiant – Autoévaluation*. Le rang centile est établi en fonction du pourcentage de personnes qui ont obtenu un résultat égal ou inférieur à une cote donnée. Par exemple, un total de votre autoévaluation pour « Remettre en question les processus » se trouvant à la hauteur du 60e rang centile dans le diagramme signifie que vous vous êtes attribué une cote supérieure à celle que se sont donnée 60 % des personnes ayant rempli l'*IPL de l'étudiant*, ce qui vous classerait parmi les 40 % des personnes s'étant attribué la meilleure cote pour cette pratique de leadership.

Selon les études, un rang égal ou supérieur au 70e centile est considéré comme « élevé » et un rang égal ou inférieur au 30e centile est considéré comme « faible », tandis que les résultats situés entre ces deux pôles traduisent un rang « moyen ».

Sur la base de ces critères, encerclez les lettres É (élevé), M (moyen) et F (faible) pour chacune des pratiques dans le tableau « Fourchette de résultats » fourni ci-dessous. Où vous situez-vous comparativement aux autres leaders étudiants dont les pratiques de leadership ont déjà été évaluées ? (Selon une distribution normale, la plupart des personnes devraient se classer « moyen ».)

Fourchette de résultats

Pratique	Cote					
	De mon point de vue			Du point de vue des autres		
Remettre en question les processus	É	M	F	É	M	F
Inspirer une vision commune	É	M	F	É	M	F
Susciter l'engagement des autres	É	M	F	É	M	F
Montrer la voie	É	M	F	É	M	F
Nourrir la passion	É	M	F	É	M	F

L'examen des comportements de leadership

Examinez vos grilles de compilation des résultats et passez en revue les 30 énoncés de l'*IPL de l'étudiant* regroupés selon les pratiques. Il est probable que, dans chaque grille, un ou deux des comportements aient une cote supérieure ou inférieure aux autres. Si tel est le cas, regardez quels comportements en particulier concernent les écarts. Que suggèrent ces différences ? Sur quels énoncés y a-t-il consensus ? Écrivez ci-dessous vos réflexions et commentaires.

Remettre en question les processus

____

____

____

____

Inspirer une vision commune

____

____

____

____

Susciter l'engagement des autres

____

____

____

____

Montrer la voie

____

____

____

____

Nourrir la passion

____

____

____

____

La comparaison des réponses des observateurs

Pour chacune des cinq pratiques de leadership, comparez les cotes que vous ont attribuées les observateurs en réponse au questionnaire de l'*IPL de l'étudiant*. Y a-t-il des écarts importants entre les cotes des répondants ? Si tel est le cas, cet écart se limite-t-il aux points de vue divergents de un ou deux observateurs ? Au sujet de quelles pratiques de leadership y a-t-il consensus parmi les répondants ? Sur quelles pratiques leurs avis ne concordent-ils pas ? Dans la mesure où vous essayez de vous comporter à peu près de la même façon avec toutes les personnes qui vous ont évalué, comment expliquez-vous les différences dans les cotes que celles-ci vous ont accordées ? Écrivez ci-dessous vos réflexions et commentaires.

____

____

____

____

____

____

____

____

____

____

____

____

> ***La volonté de diriger et la confiance en ses capacités constituent le point de départ pour s'engager dans la voie du leadership. Le leadership est un art, un art de la scène dans lequel on est soi-même l'instrument.***

Fiche récapitulative et plan d'action

Prenez un moment pour résumer la rétroaction que vous avez obtenue grâce à l'*IPL de l'étudiant* en remplissant la « Fiche récapitulative des points forts et des possibilités d'amélioration » fournie ci-contre. Utilisez, pour ce faire, le « Diagramme de mes résultats », la « Fourchette des résultats » et les autres notes que vous avez prises.

À la suite de la fiche récapitulative, vous trouverez quelques suggestions qui devraient vous aider à progresser et à relever le défi du leadership. Tout en gardant ces conseils à l'esprit, examinez la rétroaction que vous avez reçue grâce à l'*IPL de l'étudiant* et décidez ce que vous allez faire concrètement pour devenir un leader encore plus efficace. Remplissez ensuite la fiche « Plan d'action » fournie à la page C24 pour déterminer les étapes que vous entendez franchir. (Comme vous voudrez probablement établir un plan d'action pour chacune des pratiques et chacun des comportements que vous comptez améliorer, nous vous conseillons de faire des copies de cette fiche avant de la remplir. Vous pouvez aussi utiliser des feuilles vierges.)

Fiche récapitulative des points forts et des possibilités d'amélioration

Points forts

Avec quelles pratiques ou quels comportements de leadership êtes-vous le plus à l'aise ? Pourquoi ? Pouvez-vous faire mieux ?

____

____

____

____

____

____

____

Possibilités d'amélioration

Comment pouvez-vous en arriver à adopter plus fréquemment une pratique de leadership ? Qu'est-ce qui contribuerait à vous rendre plus à l'aise ?

____

____

____

____

____

____

____

____

Voici 10 suggestions qui devraient vous aider à progresser dans la voie du leadership.

Conseils pour relever le défi du leadership

Remettre en question les processus

- Réglez un problème.
- Adoptez les « bonnes idées » des autres.

Inspirer une vision commune

- Exprimez ce que vous ressentez.
- Relatez vos plus grandes réussites.

Susciter l'engagement des autres

- Utilisez toujours le « nous ».
- Manifestez votre admiration pour d'autres personnes.

Montrer la voie

- Donnez d'abord l'exemple.
- Créez des occasions de remporter de petites victoires.

Nourrir la passion

- Écrivez des mots de remerciement.
- Célébrez des réussites, en soulignant les valeurs de votre organisation.

Plan d'action

1. Quelles pratiques ou quels comportements aimeriez-vous améliorer ?

____
____
____
____
____
____

2. Quelles mesures précises comptez-vous prendre ?

____
____
____
____

3. Quelles mesures prendrez-vous en priorité ? Qui sont les personnes concernées ? Quand prévoyez-vous commencer ?

Mesures

____
____
____
____

Personnes concernées

____
____
____
____

Date de commencement prévue

____

4. Complétez la phrase suivante : « Je saurai que j'ai amélioré cette compétence de leadership quand… »

____
____
____
____
____
____
____

5. Quand évaluerez-vous vos progrès ?

____
____
____
____
____
____
____

2. INVENTAIRE DES PRATIQUES DE LEADERSHIP DE L'ÉTUDIANT – AUTOÉVALUATION

Nom : ____

Marche à suivre

Cet outil d'autoévaluation comprend 30 énoncés qui décrivent divers comportements de leadership. Lisez attentivement chacun de ces énoncés, puis évaluez *vous-même* la *fréquence* à laquelle vous adoptez le comportement en question. *Il ne s'agit pas d'un examen* (il n'y a ni bonne ni mauvaise réponse).

Transposez chaque énoncé dans le contexte du groupe scolaire ou universitaire dans lequel vous êtes le plus engagé (par exemple, à l'échelle d'un club, d'une équipe, d'une association, d'une classe, d'un département universitaire, d'une résidence universitaire, d'un programme ou d'un projet). L'échelle d'évaluation offre cinq possibilités de réponse :

1. Si vous n'adoptez ***jamais*** ou que ***très rarement*** le comportement décrit dans l'énoncé, encerclez le chiffre 1.
2. Si vous adoptez ***rarement*** le comportement décrit, encerclez le chiffre 2.
3. Si vous adoptez ***parfois*** le comportement décrit, encerclez le chiffre 3.
4. Si vous adoptez ***fréquemment*** le comportement décrit, encerclez le chiffre 4.
5. Si vous adoptez ***très fréquemment*** ou ***toujours*** le comportement décrit, encerclez le chiffre 5.

Veuillez fournir une réponse pour tous les énoncés.

Essayez d'évaluer avec *réalisme* la fréquence à laquelle vous adoptez le comportement en question. Indiquez comment vous vous comportez *habituellement*, et non comment vous souhaiteriez ou devriez agir. La rétroaction issue de cet inventaire ne vous sera utile que dans la mesure où vous serez honnête avec vous-même à propos de chacun des comportements.

Le premier énoncé se lit comme suit : « Je suis à l'affût des défis, des occasions de mettre à l'épreuve mes compétences et mes capacités. » Si, par exemple, vous croyez adopter *rarement* ce comportement, vous devriez encercler le chiffre 2. Si vous estimez être *fréquemment* à la recherche de défis, vous devriez encercler le chiffre 4.

Après avoir donné une réponse pour les 30 énoncés, transcrivez vos résultats dans le tableau prévu à cette fin, à la page C27, en suivant les indications qui l'accompagnent.

Inventaire des pratiques de leadership de l'étudiant – Autoévaluation

Habituellement, à quelle fréquence adoptez-vous les comportements suivants ?

1 *jamais* ou *très rarement* 2 *rarement* 3 *parfois* 4 *fréquemment* 5 *très fréquemment* ou *toujours*

1. Je suis à l'affût des défis, des occasions de mettre à l'épreuve mes compétences et mes capacités.	1	2	3	4	5
2. J'explique clairement aux membres de notre groupe ce que nous devrions être capables d'accomplir.	1	2	3	4	5
3. Je fais participer les autres à la planification des activités et des projets du groupe.	1	2	3	4	5
4. J'exprime mon point de vue sur le fonctionnement du groupe et la manière de le rendre plus efficace.	1	2	3	4	5
5. J'encourage les membres du groupe tandis qu'ils travaillent à la réalisation d'activités ou de projets.	1	2	3	4	5
6. Je me tiens à jour en ce qui a trait aux événements et aux activités susceptibles d'avoir une incidence sur le groupe.	1	2	3	4	5
7. Je regarde vers l'avenir et exprime mes vues sur le futur du groupe.	1	2	3	4	5
8. Je traite les autres avec respect et dignité.	1	2	3	4	5
9. Je décompose les projets du groupe en étapes gérables.	1	2	3	4	5
10. Je veille à reconnaître et à faire reconnaître la contribution des membres du groupe.	1	2	3	4	5
11. Je fais preuve d'initiative dans l'expérimentation de nouvelles façons de faire au sein du groupe.	1	2	3	4	5
12. Je suis optimiste et positif lorsqu'il est question des activités du groupe.	1	2	3	4	5
13. J'appuie les décisions que des membres du groupe prennent de leur propre initiative.	1	2	3	4	5
14. Je montre par l'exemple ce que j'attends des autres.	1	2	3	4	5
15. Je félicite les personnes pour la qualité de leur travail.	1	2	3	4	5
16. Je cherche toujours des façons d'améliorer les projets ou les tâches dans lesquels je suis engagé.	1	2	3	4	5
17. Je discute avec les autres et leur montre que l'adhésion à un but commun permet de servir les intérêts de chacun.	1	2	3	4	5
18. Je favorise la coopération plutôt que la compétition dans mes rapports avec mes collègues.	1	2	3	4	5
19. Je parle des valeurs et des principes qui guident mes actions.	1	2	3	4	5
20. J'apporte mon soutien aux membres du groupe et je les remercie pour leur contribution.	1	2	3	4	5
21. Je pose la question : « Quelle leçon pouvons-nous tirer de cette expérience ? » lorsque les choses ne se déroulent pas comme prévu.	1	2	3	4	5
22. Je parle avec conviction du sens de ce que nous faisons et des objectifs supérieurs que nous devrions viser.	1	2	3	4	5
23. J'accorde aux autres une grande liberté d'action et je les laisse décider de la manière de faire leur travail.	1	2	3	4	5
24. Je tiens mes promesses et les engagements que je prends dans le groupe.	1	2	3	4	5
25. Je trouve des façons de célébrer publiquement les réussites.	1	2	3	4	5
26. Je laisse les autres expérimenter et prendre des risques, en sachant que le résultat est incertain.	1	2	3	4	5
27. Je manifeste mon enthousiasme concernant les activités du groupe.	1	2	3	4	5
28. Je fournis aux autres l'occasion d'assumer des responsabilités de leadership.	1	2	3	4	5
29. Je veille à ce que nous fixions des objectifs et établissions des plans précis pour tous les projets que nous entreprenons.	1	2	3	4	5
30. Je me fais un devoir de faire connaître le groupe et tout ce qu'il réalise.	1	2	3	4	5

Transcription des résultats

Après avoir fourni une évaluation pour les 30 énoncés de l'*IPL de l'étudiant – Autoévaluation*, transcrivez vos réponses dans le tableau ci-dessous pour vous faciliter le calcul des résultats par pratique de leadership et du résultat total. Notez que la numérotation est *horizontale*. Assurez-vous de transcrire chaque cote à côté du numéro de l'énoncé correspondant et de n'en oublier aucune.

1. ______	2. ______	3. ______	4. ______	5. ______
6. ______	7. ______	8. ______	9. ______	10. ______
11. ______	12. ______	13. ______	14. ______	15. ______
16. ______	17. ______	18. ______	19. ______	20. ______
21. ______	22. ______	23. ______	24. ______	25. ______
26. ______	27. ______	28. ______	29. ______	30. ______
Nom : ______________________________				

Après avoir indiqué votre nom, apportez ce formulaire à l'atelier de formation auquel vous participez.
S'il y a lieu, veuillez le faire parvenir au destinataire suivant :

____

____

____

Si vous désirez que d'autres personnes vous fournissent une rétroaction sur vos pratiques de leadership, demandez-leur de remplir le questionnaire *IPL de l'étudiant – Observateur*. Leurs réponses devraient vous apporter un nouvel éclairage, en vous indiquant comment vos comportements de leadership sont perçus par les gens qui vous entourent.

3. INVENTAIRE DES PRATIQUES DE LEADERSHIP DE L'ÉTUDIANT – OBSERVATEUR

Nom du leader: ______________________________

Marche à suivre

Cet outil d'évaluation comprend 30 énoncés qui décrivent divers comportements de leadership. Lisez attentivement chacun de ces énoncés, puis évaluez la *fréquence* à laquelle *la personne qui vous a demandé de remplir ce questionnaire* adopte habituellement le comportement en question. *Il ne s'agit pas d'un examen de contrôle* (il n'y a ni bonne ni mauvaise réponse).

Transposez chaque énoncé dans le contexte du groupe scolaire ou universitaire dans lequel cette personne est le plus engagée et dans lequel vous avez eu le plus souvent l'occasion de l'observer (par exemple, à l'échelle d'un club, d'une équipe, d'une association, d'une classe, d'un département universitaire, d'une résidence universitaire, d'un programme ou d'un projet). L'échelle d'évaluation offre cinq possibilités de réponse:

1. Si cette personne n'adopte ***jamais*** ou que ***très rarement*** le comportement décrit dans l'énoncé, encerclez le chiffre 1.
2. Si cette personne adopte ***rarement*** le comportement décrit, encerclez le chiffre 2.
3. Si cette personne adopte ***parfois*** le comportement décrit, encerclez le chiffre 3.
4. Si cette personne adopte ***fréquemment*** le comportement décrit, encerclez le chiffre 4.
5. Si cette personne adopte ***très fréquemment*** ou ***toujours*** le comportement décrit, encerclez le chiffre 5.

Veuillez fournir une réponse pour tous les énoncés.

Essayez d'évaluer avec *réalisme* la fréquence à laquelle cette personne adopte le comportement en question. Indiquez comment elle se comporte *habituellement*, et non comment vous souhaiteriez qu'elle agisse ou comment vous estimez qu'elle devrait agir. La rétroaction issue de cet inventaire ne sera utile à la personne qui vous l'a demandée que dans la mesure où vous serez honnête à propos de ce que vous avez observé.

Le premier énoncé se lit comme suit: «Est à l'affût des défis, des occasions de mettre à l'épreuve ses compétences et ses capacités.» Si, par exemple, vous croyez que la personne adopte *rarement* ce comportement, vous devriez encercler le chiffre 2. Si vous estimez qu'elle est *fréquemment* à la recherche de défis, vous devriez encercler le chiffre 4.

Après avoir donné une réponse pour les 30 énoncés, transcrivez vos résultats dans le tableau prévu à cette fin, à la page C30, en suivant les indications qui l'accompagnent.

Inventaire des pratiques de leadership de l'étudiant – Observateur

Habituellement, à quelle fréquence la personne qui vous a demandé de remplir le questionnaire adopte-t-elle les comportements suivants ?

1 *jamais* ou *très rarement* 2 *rarement* 3 *parfois* 4 *fréquemment* 5 *très fréquemment* ou *toujours*

1. Est à l'affût des défis, des occasions de mettre à l'épreuve ses compétences et ses capacités.	1	2	3	4	5
2. Explique clairement aux membres de son groupe ce qu'ils devraient être capables d'accomplir.	1	2	3	4	5
3. Inclut les autres dans la planification des activités et des projets du groupe.	1	2	3	4	5
4. Exprime son point de vue sur le fonctionnement du groupe et la manière de le rendre plus efficace.	1	2	3	4	5
5. Encourage les membres du groupe tandis qu'ils travaillent à la réalisation d'activités ou de projets.	1	2	3	4	5
6. Se tient à jour en ce qui a trait aux événements et aux activités susceptibles d'avoir une incidence sur le groupe.	1	2	3	4	5
7. Regarde vers l'avenir et exprime son point de vue sur le futur du groupe.	1	2	3	4	5
8. Traite les autres avec respect et dignité.	1	2	3	4	5
9. Décompose les projets du groupe en étapes gérables.	1	2	3	4	5
10. Veille à reconnaître et à faire reconnaître la contribution des membres du groupe.	1	2	3	4	5
11. Fait preuve d'initiative dans l'expérimentation de nouvelles façons de faire au sein du groupe.	1	2	3	4	5
12. Est optimiste et positive lorsqu'il est question des activités du groupe.	1	2	3	4	5
13. Appuie les décisions que des membres du groupe prennent de leur propre initiative.	1	2	3	4	5
14. Montre par l'exemple ce qu'elle attend des autres.	1	2	3	4	5
15. Félicite les personnes pour la qualité de leur travail.	1	2	3	4	5
16. Cherche toujours des façons d'améliorer les projets ou les tâches dans lesquels elle est engagée.	1	2	3	4	5
17. Discute avec les autres et leur montre que l'adhésion à un but commun permet de servir les intérêts de chacun.	1	2	3	4	5
18. Favorise la coopération plutôt que la compétition dans ses rapports avec ses collègues.	1	2	3	4	5
19. Parle des valeurs et des principes qui guident ses actions.	1	2	3	4	5
20. Apporte son soutien aux membres du groupe et les remercie pour leur contribution.	1	2	3	4	5
21. Pose la question : « Quelle leçon pouvons-nous tirer de cette expérience ? » lorsque les choses ne se déroulent pas comme prévu.	1	2	3	4	5
22. Parle avec conviction du sens de ce qu'on fait et des objectifs supérieurs qu'on devrait viser.	1	2	3	4	5
23. Accorde aux autres une grande liberté d'action et les laisse décider de la manière de faire leur travail.	1	2	3	4	5
24. Tient ses promesses et les engagements qu'elle prend dans le groupe.	1	2	3	4	5
25. Trouve des façons de célébrer publiquement les réussites.	1	2	3	4	5
26. Laisse les autres expérimenter et prendre des risques, en sachant que le résultat est incertain.	1	2	3	4	5
27. Manifeste son enthousiasme concernant les activités du groupe.	1	2	3	4	5
28. Fournit aux autres l'occasion d'assumer des responsabilités de leadership.	1	2	3	4	5
29. Veille à ce qu'on fixe des objectifs et établisse des plans précis pour tous les projets qu'on entreprend.	1	2	3	4	5
30. Se fait un devoir de faire connaître le groupe et tout ce que celui-ci réalise.	1	2	3	4	5

Transcription des résultats

Après avoir fourni une évaluation pour les 30 énoncés de l'*IPL de l'étudiant – Observateur*, transcrivez vos réponses dans le tableau ci-dessous pour vous faciliter le calcul des résultats par pratique de leadership et du résultat total. Notez que la numérotation est *horizontale*. Assurez-vous de transcrire chaque cote à côté du numéro de l'énoncé correspondant et de n'en oublier aucune.

1. ______	2. ______	3. ______	4. ______	5. ______
6. ______	7. ______	8. ______	9. ______	10. ______
11. ______	12. ______	13. ______	14. ______	15. ______
16. ______	17. ______	18. ______	19. ______	20. ______
21. ______	22. ______	23. ______	24. ______	25. ______
26. ______	27. ______	28. ______	29. ______	30. ______
Nom : ______				

Veuillez apporter ce formulaire à l'atelier de formation ou le faire parvenir au destinataire suivant :

______

______

______

B. Exercices expérientiels extraits des manuels de formation que publie annuellement Pfeiffer

1. SÉANCE DE QUESTIONS : DÉFINIR LES PROBLÈMES ET LES BESOINS PAR DES INTERROGATIONS[3]

Marche à suivre

Cette activité donne l'occasion de découvrir les questions et les problèmes que les étudiants veulent soumettre à la classe. Le professeur ou l'instructeur choisit un sujet dans la liste ci-dessous et invite les participants à poser toutes les questions qui leur viennent à l'esprit concernant ce sujet. Personne ne répond aux questions au cours de cet exercice. Le but est de formuler le plus grand nombre de questions possible dans le temps alloué. Chacun est libre de poursuivre sur la lancée de questions déjà posées ou de formuler une question entièrement différente.

Liste de sujets pour lancer la séance de questions

La clientèle
La communication
La formation
La gestion
La messagerie instantanée
La mission
La personnalité
La qualité
La réussite
L'encadrement
Les activités sociales
Le service
Les exigences du cours
Les exigences professionnelles
Les priorités
Les projets prioritaires
Les règlements
Les réunions
Les styles de travail
Les valeurs
Le temps
Le travail en équipe
L'évaluation du rendement
L'incertitude de la tâche

Questions à débattre

- Quelles sont vos impressions à propos de cet exercice ?
- Est-ce que des thèmes communs ressortent des questions posées ?
- À quelles questions auriez-vous le plus aimé répondre ?

2. GESTION EFFICACE DES CONFLITS : SAVOIR CHOISIR LA STRATÉGIE APPROPRIÉE[4]

Marche à suivre

Formez des équipes de trois personnes.

Supposez que vous êtes un groupe de cadres supérieurs responsables d'une organisation comportant 7 services. En équipe, choisissez la stratégie appropriée pour intervenir dans les 10 situations décrites un peu plus loin, au moment où il est impératif de trouver une manière de gérer le conflit. Vous avez le choix entre les 5 stratégies suivantes, dont certaines caractéristiques sont présentées ci-dessous : *l'évitement*, *l'accommodation*, *la résolution de problème*, *le compromis* et *la contrainte*. Indiquez la stratégie choisie par votre équipe à côté du titre de chaque situation, après le numéro. Engagez ensuite un débat avec toute la classe, sous la direction du professeur ou de l'instructeur.

Gestion des conflits : les diverses stratégies et leurs applications

L'évitement

Quand l'utiliser ? (avantages)

- Quand vous devez éviter de prendre parti.
- Quand il vous manque des renseignements importants.
- Quand le problème ne concerne pas le groupe.
- Quand d'autres ont la compétence requise et qu'il est préférable de déléguer.
- Quand votre pouvoir d'action est limité.

Que faut-il considérer ? (désavantages)

- La stratégie d'évitement entraîne l'arrêt de l'application de mesures légitimes.
- La circulation directe d'information est interrompue.
- Le résultat peut être considéré comme un échec.
- Cette stratégie ne peut pas servir en situation de crise.

L'accommodation

Quand l'utiliser ? (avantages)

- Quand il est souhaitable de laisser retomber la poussière.
- Quand le problème n'est pas important.
- Quand les relations interpersonnelles sont importantes.

Que faut-il considérer ? (désavantages)

- Le problème peut s'aggraver.
- Vous pourriez paraître faible et inefficace.

La résolution de problème

Quand l'utiliser ? (avantages)

- Quand une résolution collective du problème est requise.
- Quand l'exploration de nouvelles solutions est prometteuse.
- Quand l'engagement de tout un chacun est nécessaire.
- Quand vous voulez miser sur l'ouverture et la confiance.

Que faut-il considérer ? (désavantages)

- Les objectifs du groupe doivent primer les objectifs individuels.
- Le dialogue exige du temps.
- La résolution de problème ne fonctionne pas avec des personnes rigides ou blasées.

Le compromis

Quand l'utiliser ? (avantages)

- Quand le pouvoir est également réparti entre les parties.
- Quand les ressources sont limitées.
- Quand on cherche un règlement rapide et acceptable pour toutes les parties.

Que faut-il considérer ? (désavantages)

- L'engagement des parties dans cette « troisième voie » peut être faible.
- Il y a un risque d'inflation des demandes.
- La négociation peut exiger la présence d'une tierce partie.

La contrainte

Quand l'utiliser ? (avantages)

- Quand la situation est bloquée depuis quelque temps.
- Quand d'autres personnes n'ont pas la compétence requise.
- Quand le temps disponible est limité (situation de crise).
- Quand la décision appropriée fait peu d'adeptes.
- Quand la survie de l'organisation est en jeu.

Que faut-il considérer ? (désavantages)

- Les émotions peuvent rapidement s'intensifier.
- La contrainte favorise la dépendance.
- Il y aura des gagnants et des perdants.

Situation 1

Deux employés de soutien veulent bénéficier de leur congé annuel de deux semaines au même moment. Eux seuls ont reçu la formation requise pour utiliser un programme informatique complexe et long à maîtriser. Vous avez incité d'autres employés à en faire l'apprentissage afin qu'ils puissent les remplacer au besoin à ce poste, mais en raison de leur charge de travail, aucun n'a finalement pu suivre la formation.

Situation 2

Un chef des ventes a demandé une augmentation salariale parce que deux vendeurs à commission bénéficient d'un salaire supérieur au sien. Cependant, son rendement actuel ne justifie pas le montant qu'il demande. Il a notamment remis en retard des rapports importants et manqué plusieurs jours de travail. L'équipe de vente qu'il dirige est l'une des mieux cotées de l'organisation, mais ce succès semble attribuable aux membres de l'équipe plutôt qu'à l'efficacité de son chef.

Situation 3

Il est devenu évident que le photocopieur situé près du comptoir de service à la clientèle est utilisé à diverses fins personnelles, y compris pour photocopier des blagues obscènes, puisqu'on en a retrouvé des copies sur le plancher, à proximité de la machine, à l'heure de la fermeture. Bien que vous ayez mentionné le problème dans le bulletin destiné aux employés, vous avez récemment remarqué que les choses continuent de plus belle. La plupart des employés semblent concernés.

Situation 4

Vous avez reçu trois plaintes d'employés ayant de longs états de service au sujet d'une personne récemment embauchée. Celle-ci a le nez orné d'un perçage et porte un tatouage. Son rendement est satisfaisant et son travail ne la met pas en contact direct avec la clientèle. Malgré tout, les plaignants estiment que son apparence nuit à l'image professionnelle de l'aire de bureau.

Situation 5

L'organisation a adopté un horaire variable qui prévoit une période de présence obligatoire entre 10 h et 15 h, du lundi au vendredi. Deux chefs de service se sont plaints du fait qu'un autre service n'applique pas toujours cette politique. Le chef du service en question invoque de récentes mises à pied ainsi que l'attribution de responsabilités supplémentaires dans son service pour justifier des exceptions à cette politique.

Situation 6

À la suite d'une réduction de l'effectif, un bureau situé à un endroit convoité est vacant. Trois employés ont demandé au chef de service qu'il leur soit attribué. Parmi eux, le chef de service a choisi de recommander l'employé dont le rendement est le plus élevé, mais dont on sait qu'il a obtenu son poste grâce à l'appui du même chef de service, qui est un bon ami de sa famille. Les collègues de cet employé préfèrent ne pas travailler avec lui, car il manifeste un faible esprit d'équipe.

Situation 7

Deux chefs de service ont demandé une augmentation des budgets alloués à leur service pour les déplacements et pour l'équipement informatique. Chacun d'eux sollicite l'appui du conseil de direction auquel vous appartenez. Toutefois, la décision sans appel revient non pas au conseil, mais uniquement au chef de la direction. Vous savez que tous les fonds supplémentaires accordés à un service se traduiront par une diminution des fonds de l'autre service, car le budget total pour les postes en question est déjà établi.

Situation 8

Peu de membres du personnel de direction ont participé au pique-nique de la fête nationale qui a eu lieu l'été dernier à la maison de campagne d'un chef de service. Ce cadre, qui manifeste depuis 21 ans sa loyauté, son enthousiasme et son esprit d'équipe au sein de l'organisation, compte inviter de nouveau ses collègues cette année. Plusieurs d'entre vous ont trouvé le pique-nique précédent fort ennuyeux, les convives n'ayant pas d'autre chose à faire que de manger et de converser. Quelques chefs de service suggèrent déjà d'organiser l'événement à un autre endroit, en modifiant la formule, ou de l'annuler.

Situation 9

Vous avez appris qu'un cadre et une employée du même service entretiennent ouvertement une relation amoureuse. Tous les deux sont par ailleurs mariés. Ils ont pris l'habitude de prolonger leur pause de midi, puis de quitter le bureau après tous les autres pour terminer leur travail. Leurs collègues ont commencé à se plaindre du fait que ni l'un ni l'autre ne sont disponibles au milieu de la journée et qu'ils tardent à répondre aux messages qu'on leur laisse.

Situation 10

Deux chefs de service dont la loyauté est reconnue ont émis des réserves concernant le fait qu'un cadre récemment embauché, se déplaçant en fauteuil roulant, bénéficie de conditions nettement supérieures aux prescriptions de la loi sur les droits des personnes handicapées. Ils ont demandé qu'on leur accorde des avantages semblables, qui leur faciliteraient également la vie. Ils voudraient notamment avoir un bureau plus grand et mieux situé.

3. FAVORISER LA CRÉATIVITÉ : LES FACTEURS DE MOTIVATION INTRINSÈQUES ET EXTRINSÈQUES[5]

Marche à suivre

Cette activité interactive et fondée sur l'expérience vise à éveiller l'esprit créateur des participants et à engager ces derniers dans un processus créatif.

1. En ayant en tête un emploi actuel ou passé, répondez aux questions 1 et 2 sur les facteurs de motivation intrinsèques et extrinsèques (*voir le questionnaire de la page suivante*).
2. Formez des équipes, mettez vos résultats en commun et dressez une liste des réponses à la question 1.
3. Discutez des résultats en comparant les cotes attribuées aux principales activités professionnelles mentionnées en réponse à la question 2.

Faites une liste de ces activités en incluant au moins deux des réponses de chaque participant.

4. Répondez individuellement aux questions 3 et 4. Reformez des équipes, mettez vos résultats en commun et constituez une liste à partir des réponses de chacun.
5. Comparez individuellement vos réponses aux questions 1 et 2 avec vos réponses aux questions 3 et 4, puis répondez à la question 5. En équipe, mettez de nouveau vos résultats en commun, constituez une liste des réponses à la question 5 et transcrivez-la sur un tableau de conférence.

Questions à débattre

- Quelle partie de cette activité a été, pour vous, la plus importante ?
- Qu'avez-vous appris au sujet de la motivation ?
- Quelle incidence votre participation à cette activité aura-t-elle sur votre engagement dans votre travail ?
- Comment ce que vous avez appris modifiera-t-il votre style de leadership ou votre façon de prendre part aux activités du groupe ?
- Que comptez-vous faire différemment après avoir participé à cette activité ?

Questionnaire sur les facteurs de motivation intrinsèques et extrinsèques

1. De quelles façons plus créatives pourriez-vous faire votre travail ? Énumérez ci-dessous quelques possibilités.

2. Dans la colonne de gauche du tableau ci-dessous, énumérez quatre ou cinq tâches ou activités professionnelles d'importance que vous effectuez régulièrement. En utilisant une échelle de 1 (faible) à 7 (élevé), évaluez chaque élément de votre liste par rapport à trois aspects : (1) son degré de difficulté ; (2) son aspect motivant ; (3) son potentiel de valeur ajoutée pour l'organisation.

Activité professionnelle importante	Degré de difficulté	Aspect motivant	Potentiel de valeur ajoutée
1.			
2.			
3.			
4.			
5.			

3. Énumérez cinq facteurs de motivation ou types de récompenses qui vous inciteraient à faire votre travail de façon plus créative.

4. Inscrivez, dans la colonne de gauche du tableau ci-dessous, les trois facteurs de motivation ou types de récompenses qui, selon vous, *augmenteraient certainement votre créativité*. Indiquez s'il est réaliste ou irréaliste d'envisager l'application de ces éléments dans votre cadre de travail actuel. Précisez s'il s'agit de facteurs intrinsèques ou extrinsèques.

Facteur de motivation	Réaliste ou irréaliste	Intrinsèque	Extrinsèque
1.			
2.			
3.			

5. Énumérez trois types d'activités professionnelles que vous aimeriez exercer, ainsi que les facteurs de motivation ou les récompenses qui stimuleraient ou renforceraient votre créativité.

Activité professionnelle	Récompense qui stimulerait ou renforcerait votre créativité
1.	
2.	
3.	

II Études de cas

CAS N° 1

PANERA BREAD : ON NE VIT PAS QUE DE PAIN[6]

Panera Bread vise à satisfaire sa clientèle en lui offrant du pain tout juste sorti du four, des soupes maison et un service efficace. Relativement nouvelle, cette chaîne de boulangeries-cafés connaît un succès qui dépasse toutes les attentes. Comment une jeune entreprise innovante a-t-elle pu croître à ce point et aussi rapidement ? Réponse : grâce à une observation des tendances du marché et à une synchronisation soigneuse avec celles-ci.

L'historique de l'entreprise

Bien que comptant un très grand nombre de restaurants, Panera Bread est une chaîne relativement récente. Si elle est connue sous ce nom depuis 1997, ses débuts remontent à 1981. Cette année-là, Louis Kane et Ron Shaich ont fondé Au Bon Pain en fusionnant les trois boulangeries Au Bon Pain, de M. Kane, et la boutique Cookie Jar, de M. Shaich. La chaîne de boulangeries à la française offrait du pain baguette, du café et des sandwichs faits avec du pain ou des croissants. Les affaires allaient très bien sur la côte Est ; Au Bon Pain dominait le marché dans la catégorie « boulangeries-cafés » et faisait même une percée internationale.

En 1993, Au Bon Pain a élargi ses activités en acquérant la St. Louis Bread et en dotant cette division d'un nouveau nom, Panera. De toute évidence, les choses ont bien fonctionné : entre 1993 et 1997, le volume d'affaires des restaurants s'est accru en moyenne de 75 %.

Saisissant le potentiel de leur nouveau concept de restaurant, les dirigeants d'Au Bon Pain se sont investis dans la construction de leur marque, y consacrant toutes les ressources financières de leur société. En 1999, ils ont vendu toutes les entités commerciales de la société pour ne conserver que les Panera. Au terme de cette réorganisation, ils ont tout naturellement rebaptisé leur entreprise Panera Bread.

Depuis ce jour, Louis et Ron ont cherché à se distinguer avec cette nouvelle marque dans la catégorie « boulangeries-cafés ». Le menu s'est étoffé pour inclure, outre les soupes et les sandwichs, des soufflés, des salades, des paninis ainsi qu'un choix de pâtisseries et de desserts. La plupart des éléments du menu rendent hommage, en quelque sorte, au nom et à l'héritage de l'entreprise : le pain. L'entreprise Panera Bread est très fière de préciser que ses pains sont fabriqués sur place et sont frais du jour. Afin de tirer le meilleur parti possible de l'espace de ses points de vente au détail, mais aussi pour rationaliser la formation de ses employés, elle a cependant organisé la fabrication de plusieurs de ses pâtes à pain non pas sur place, mais à l'une de ses 17 usines. La pâte est livrée quotidiennement par camion – les véhicules parcourant en moyenne 15,6 millions de kilomètres chaque année – jusqu'aux restaurants, où elle est façonnée et enfournée.

Des goûts et des tendances modernes

Panera Bread doit son succès, notamment, à sa capacité de prédire les tendances du marché à long terme et d'aller dans le sens de l'innovation pour satisfaire sa clientèle. Cette entreprise se percevait comme un fournisseur de pain bien avant l'engouement actuel pour le pain frais et la multiplication des boulangeries artisanales dans les grandes villes américaines. Proactivement, à l'écoute des réticences nouvelles à l'égard des gras trans, elle a pris l'initiative d'éliminer ceux-ci de ses menus. Tom Gumper, directeur de la mise au point des produits, explique : « Panera a perçu que ses clients, de même que la communauté médicale, manifestaient de l'inquiétude concernant les gras trans. Dès lors, nous avons considéré qu'il devenait prioritaire de retirer ces derniers de notre menu. »

Ron Shaich, PDG de Panera Bread, exprime l'avis suivant : « On ne connaît pas de vraies réussites si on se contente de réagir aux multiples pressions quotidiennes. La clé pour être un chef de file, c'est la compréhension des tendances à long terme et la volonté de se préparer à y faire face. »

La création de valeur et la satisfaction de la clientèle

Comme chaîne de boulangeries-cafés, Panera Bread a fait progresser le concept de restauration rapide haut de gamme au-delà de ce que propose la concurrence. Chacun de ses établissements offre un décor aux tons de terre, avec un foyer et de confortables canapés, et même les journaux du jour. Les clients commandent et paient au comptoir, puis sont appelés lorsque leur nourriture est prête. Ils trouvent au menu un large éventail de sandwichs à la carte, faits de pain artisanal tout juste sorti du four, des desserts, des salades fraîches, des soupes maison et des boissons de qualité.

À la différence des autres endroits, où on doit se contenter de couverts en carton et en plastique, ces restaurants servent la nourriture dans des paniers ou dans de la vaisselle en porcelaine, accompagnée de couverts en métal. On encourage les clients à s'attarder, voire à s'installer pour lire, et on accueille à bras ouverts les réunions d'affaires et les clubs de lecture. Il y a, en outre, un comptoir distinct de pains et pâtisseries à emporter. Selon les termes de Ron Shaich, chef de la direction, les boulangeries-cafés Panera Bread « ne se limitent pas à l'ambiance ni au menu offert. Il faut voir en chacun un ensemble d'éléments. Ce sont des endroits où on se rend tous les jours pour reprendre son souffle et se rafraîchir. »

Panera Bread a vite saisi qu'il y avait une demande de points d'accès sans fil à l'internet. Plus de 700 de ses restaurants proposent maintenant ce service. Selon Julie Somers, sa porte-parole, l'entreprise a pris la décision d'aller dans ce sens dans l'optique de se démarquer de la concurrence par cet avantage et de créer une atmosphère encore plus accueillante dans ses restaurants. « Nous offrons à nos clients un environnement où ils se sentent à l'aise, souligne Julie Somers. Que ce soit pour prendre une bouchée ou un café, pour lire le journal ou utiliser l'ordinateur, ils sont libres de s'attarder aussi longtemps qu'ils le souhaitent. » La porte-parole ajoute : « Nous avons constaté que le principal avantage, pour nous, tient au fait que les clients qui utilisent le service d'accès sans fil remplissent les périodes creuses, entre les heures habituelles de repas. »

Le vice-président directeur, Neal Yanofsky, abonde dans ce sens : « C'est une raison de plus pour fréquenter nos cafés. » Et la tendance des internautes à rester de longues heures dans les restaurants n'est pas du tout un problème à ses yeux. « Ils finissent par acheter de la nourriture », conclut-il.

La dotation en personnel et le capital humain

Bien que la stratégie de croissance dynamique adoptée par Panera Bread suppose l'ouverture de plusieurs établissements chaque année, l'obtention d'une franchise requiert un investissement financier considérable ainsi qu'une solide expérience des affaires. En plus de présenter une valeur nette de 7,5 millions de dollars et de disposer de 3 millions de dollars en liquidités, les candidats doivent avoir déjà exploité des restaurants à plusieurs succursales. Contrairement à la plupart des chaînes, Panera Bread exige de ses franchisés qu'ils s'engagent à ouvrir non pas une seule, mais au moins 15 boulangeries-cafés sur une période de 6 ans, dans les limites d'un territoire donné.

Les gérants et les gérants adjoints reçoivent un salaire et des avantages sociaux concurrentiels ; ils peuvent en outre bénéficier d'une prime trimestrielle. Si les exigences de l'emploi varient selon l'endroit, elles ne sauraient exclure des compétences en relations humaines, une formation dans un cadre reconnu et une expérience professionnelle dans le secteur de la restauration. Ces cadres à temps plein supervisent le travail de plusieurs associés qui effectuent le service au comptoir et préparent les aliments. Ceux-ci, par l'intermédiaire desquels s'établit principalement la relation entre Panera Bread et sa clientèle, sont généralement payés un peu au-dessus du salaire minimum, ne reçoivent pas de pourboires et ont, de préférence, une certaine expérience dans la restauration, plus particulièrement dans la restauration rapide. À moins d'être employés à temps plein, ils ne bénéficient pas d'avantages sociaux.

Conclusion

Panera Bread est une entreprise américaine qui connaît une croissance rapide. Dès sa mise sur pied, elle s'est révélée très rentable. Sa percée dans le créneau de la restauration rapide haut de gamme est considérée comme une réussite enviable. Depuis sa création, Panera Bread est reconnue par le magazine *Business Week* comme l'une des 100 entreprises ayant la plus forte croissance (« 100 Hot Growth Companies »). L'avenir de cette organisation dépendra de sa capacité à répondre aux attentes de ses parties intéressées. Pour y parvenir, il lui faudra continuer à satisfaire sa clientèle, demeurer attentive à l'évolution des environnements d'affaires et s'adapter aux profils de plus en plus diversifiés de la main-d'œuvre.

Questions

1. Comment décririez-vous le but, la mission et la stratégie de Panera Bread ? Visitez le site www.panerabread.com et étayez votre réponse à l'aide de ce que vous y trouverez.
2. Dans quelle mesure Ron Shaich est-il parvenu à tirer parti du modèle de l'organisation comme système ouvert pour faire progresser Panera Bread dans son environnement concurrentiel ?
3. Quels défis la croissance rapide de Panera Bread entraîne-t-elle sur le plan des processus de gestion ? Quels problèmes Ron Shaich doit-il, à votre avis, résoudre pour permettre à l'entreprise de poursuivre sa trajectoire de réussite ?
4. Rendez-vous dans un restaurant Panera Bread ou chez un concurrent et, en vous fondant sur votre expérience comme client, décrivez les forces et les faiblesses de l'établissement.

CAS Nº 2

TRADER JOE'S

Pendant ses vacances aux Antilles, Joe Coulombe, fondateur de la chaîne d'épiceries fines Trader Joe's, du style 7-Eleven, a découvert une façon de distinguer ses « dépanneurs du coin » des magasins de ses concurrents. Il a observé que les clients avaient tendance à essayer de nouvelles choses pendant les vacances et a donc transformé ses épiceries en oasis de produits exotiques et originaux. Offerts à des prix défiant toute concurrence, ces nouveaux produits sont venus remplacer les denrées ordinaires vendues auparavant. Par ailleurs, Joe a apporté une touche marine au décor et habillé ses vendeurs souriants de joyeuses chemises hawaïennes[7].

Depuis plus de 50 ans, Trader Joe's est un concurrent redoutable des géants de l'alimentation Whole Foods et Dean & DeLuca. Quelle est donc la recette de sa réussite ? La chaîne poursuit sa recherche de valeur dans tous les domaines. Ses acheteurs voyagent partout dans le monde en quête d'aliments et de boissons au goût exquis. En optant pour des ingrédients naturels et des essences prisées et en achetant directement au producteur chaque fois que c'est possible, l'entreprise peut maintenir ses prix bas. Elle se vante de sa gestion économe et de ses mesures qui permettent aux clients de faire de véritables économies : « Nous sommes à la barre d'un petit navire » ; « Chaque sou que vous pouvez épargner est un sou de plus dans vos poches » ; « Notre patron n'a même pas de secrétaire »[8].

« Parmi les détaillants en alimentation, on a le bas de gamme, une bonne proportion de milieu de gamme et le fin du fin avec Trader Joe's », déclare Richard George, professeur de commercialisation de produits alimentaires à la St. Joseph University [9]. Mais comment Trader Joe's se compare-t-il avec d'autres détaillants qui se démarquent, comme Whole Foods ? Les deux entreprises achètent leurs produits aussi bien localement que partout dans le monde. Les deux sont attachées à leurs employés et visent à offrir des produits de qualité. Toutefois, ne vous y trompez pas ! Les magasins Trader Joe's offrent une ambiance conviviale et intime, alors que les magasins Whole Foods sont spacieux et proposent un très vaste choix de marchandises. En limitant ses stocks et en offrant des produits de qualité à bas prix, Trader Joe's vend deux fois plus de marchandises au mètre carré que tout autre supermarché[10]. La plupart des hypermarchés, comme Whole Foods, ont de 25 000 à 40 000 produits référencés, alors que Trader Joe's n'en a que 4 000 environ[11]. Cette limite présente des avantages tant pour Trader Joe's que pour ses clients. Selon Barry Schwartz, professeur à Swarthmore College et auteur de *The Paradox of Choice: Why Less Is More*, « offrir trop de choix peut paralyser les gens… [La] recherche montre que plus le choix est grand, moins les gens vont choisir[12]. »

Malgré le ton apparemment léger de ses publicités et de ses annonces dans les magasins, Trader Joe's recherche activement des employés chaleureux, soucieux de la clientèle. Dans les descriptions de postes, elle insiste autant sur les compétences non techniques («personne ambitieuse, ayant un esprit d'aventure, aimant sourire et ayant un solide sens des valeurs») que sur l'expérience de la vente au détail[13].

Trader Joe's est en phase avec ses clients grâce à la culture que sa direction cultive chez les employés de ses magasins, à savoir une excellente connaissance des produits et un fort investissement auprès de la clientèle. Pour l'entreprise, un «équipage» responsable, bien renseigné et chaleureux est essentiel à la réussite. C'est pourquoi les employés sont choyés et gravissent les échelons en vertu d'une philosophie de promotion à l'interne.

On invite chaque employé à goûter aux produits et à se renseigner à leur sujet afin de pouvoir ensuite informer les clients. La plupart des gens se souviennent des moments où un membre du personnel serviable a pris le temps de les aider à trouver un article dans les rayons ou de les conseiller. Voici ce que dit une employée: «Nos clients ne viennent pas chez nous pour acheter du pain. Ils peuvent en trouver ailleurs. Ils viennent pour essayer quelque chose de nouveau et pour voir un visage aimable. Ils viennent parce qu'ils connaissent nos noms et parce que nous connaissons les leurs. Mais ils viennent surtout parce que nous pouvons leur expliquer pourquoi tous les saumons sauvages de l'Alaska ne viennent pas forcément de l'Alaska et quelle est la différence entre les vins shiraz et syrah. La quantité d'idées et d'information qu'on peut obtenir dans nos magasins est toujours revigorante[14].»

Pour montrer à ses employés qu'elle les estime, l'entreprise Trader Joe's joint le geste à la parole, puisqu'elle les paye bien plus que ne le font les autres chaînes d'épiceries. Les avantages sociaux qu'elle offre dès le départ comprennent une assurance médicale, dentaire et ophtalmique, une retraite, des congés payés et des rabais de 10 % sur la marchandise[15]. En tant qu'entreprise privée, très discrète dans ses rapports avec les médias, Trader Joe's garde ses données financières confidentielles. Cependant, d'après des estimations externes, ses gérants gagnent au moins 120 000 dollars par an[16].

Les gérants des épiceries sont très bien rémunérés, bien plus que ceux des autres détaillants, en partie parce qu'ils connaissent le système de Trader Joe's dans les moindres détails (ils viennent tous des rangs de l'entreprise). Les futurs leaders doivent s'inscrire à des programmes de formation comme ceux qui sont dispensés par l'université Trader Joe's, où on leur insuffle la loyauté nécessaire pour gérer les magasins selon les attentes de l'entreprise et des clients et où on leur apprend comment enseigner, à leur tour, aux employés à mi-temps l'attitude orientée vers le service à la clientèle que les consommateurs en sont venus à exiger[17].

C'est donc avec horreur que les clients de la chaîne d'épiceries ont appris que Trader Joe's portait désormais le sobriquet de «Traître Joe's» (*Traitor Joe's*). En effet, selon une feuille de pointage publiée récemment par Greenpeace, cette entreprise traditionnellement respectueuse de l'environnement était celle qui s'en sortait le moins bien parmi toutes les chaînes d'alimentation nationales sur le plan de la préservation des ressources de la mer. Dans son étude intitulée *Carting Away the Oceans: How Grocery Stores Are Emptying the Seas*, Greenpeace a classé 20 supermarchés d'après leur politique de vente des produits de la mer et a cherché à découvrir s'ils proposaient des produits de la mer faisant partie de la liste rouge des animaux menacés, c'est-à-dire des animaux qui font l'objet d'une surpêche et qu'il faut conserver pour assurer leur survie. Or il en est ressorti que Trader Joe's vendait 10 des 22 produits figurant sur cette liste[18]. À la suite des pressions de ses clients et des commentaires du site internet *Traitor Joe's*, sans doute créé par Greenpeace, Trader Joe's a réagi rapidement. L'entreprise a promis de ne vendre que des produits de la mer durables, de retirer de ses rayons tous ceux qui font partie de la liste rouge et d'améliorer l'étiquetage pour mieux informer sa clientèle sur l'origine de ses produits de la mer[19].

La chaîne Trader Joe's tiendra-t-elle ses promesses? En fera-t-elle assumer le coût par ses clients? Les consommateurs prêtant de plus en plus attention à chaque dollar qu'ils dépensent, elle aura probablement des choix difficiles à faire.

Questions

1. Comment l'entreprise Trader Joe's conçoit-elle ses postes de manière à assurer une grande satisfaction professionnelle et un rendement élevé chez ses employés?

2. De quelle façon la chaîne Trader Joe's montre-t-elle l'importance qu'elle accorde à chaque responsabilité dans le processus de gestion (planification, organisation, direction et surveillance)?
3. Décrivez les méthodes qui prouvent que Trader Joe's reconnaît l'importance du capital humain.
4. Est-ce que la réponse de Trader Joe's à la campagne *Traitor Joe's* traduit une pensée contingente? Justifiez votre réponse.

CAS Nº 3

DES FRONTIÈRES À FRANCHIR[20]

Cette étude de cas s'appuie sur l'expérience vécue par Angelica Garza, une Américaine d'origine mexicaine qui a travaillé pendant 10 ans au service des ressources humaines (RH) d'une multinationale fabriquant des produits médicaux. Il est ici question d'une *maquiladora* se trouvant à Tijuana, grande ville mexicaine située en face de San Diego (Californie), juste de l'autre côté de la frontière. Les *maquiladoras* sont des usines mexicaines à capital étranger qu'on a installées dans les zones limitrophes des États-Unis pour profiter de lois favorables et d'une main-d'œuvre bon marché.

Cette usine de Tijuana appartenait à USMed, propriétaire de six autres installations situées dans divers États américains, dont la Floride. Outre son travail dans cette *maquiladora*, où elle passait le plus clair de son temps, Angelica Garza était responsable des ressources humaines d'une petite unité administrative située à Chula Vista, du côté américain de la frontière. Le personnel comptait au total 34 Américains (12 du côté mexicain et 22 du côté américain) et près de 1 100 Mexicains.

Les relations étaient pratiquement inexistantes entre Angelica Garza et les cadres des RH des autres installations d'USMed aux États-Unis ou au Mexique. Selon l'employée, USMed n'avait aucune politique générale en matière de gestion des ressources humaines, et encore moins en matière de gestion de la diversité.

Angelica Garza a eu des difficultés à s'adapter aux réalités mexicaines, car rien dans son expérience américaine ne l'avait préparée à ce qui l'attendait au sud de la frontière. Ses collègues d'origine anglo-saxonne ne savaient que très vaguement ce qui se passait à Tijuana et ne voyaient pas l'intérêt d'essayer de comprendre la main-d'œuvre mexicaine, ni de s'en rapprocher. Grâce à son éducation mâtinée de culture latino-américaine, Angelica pouvait en partie comprendre la culture et les valeurs des travailleurs mexicains. Sa maîtrise de l'espagnol lui permettait également de communiquer avec ces derniers. Cependant, ses connaissances et ses liens avec le Mexique étaient loin de correspondre à ce qu'imaginaient les dirigeants américains, inconscients des nombreuses différences sur le plan culturel entre Angelica Garza et le personnel mexicain.

« Rétrospectivement, je suis étonnée de la situation dans laquelle j'étais plongée à l'époque. En fait, je n'y comprenais pas grand-chose. Ainsi, je me suis aperçue que, d'après les gens, les Américains d'origine mexicaine sont les mieux préparés pour travailler avec des Mexicains. Tout le monde devait estimer que, venant d'une famille *chicano*, j'allais automatiquement savoir comment me fondre dans cette culture complètement différente de la mienne. »

Angelica Garza a donc connu bien des frustrations et s'est heurtée à un mur d'incompréhension. Ses tentatives de médiation entre les gestionnaires mexicains et américains suscitaient souvent de la méfiance chez ses collègues américains, qui ne prisaient pas ses idées ni ses suggestions. Étant donné son statut d'Américaine, les Mexicains éprouvaient à son égard des sentiments ambigus où se mêlaient incompréhension et ressentiment, alors que l'organisation américaine ne lui offrait guère de soutien.

« J'ai découvert que mes collègues mexicaines, deux femmes qui travaillaient à la comptabilité depuis cinq ans, m'en voulaient. Ce qui m'a sauvée, c'est le fait d'être une Américaine, parce que les femmes mexicaines considéraient les Américains comme supérieurs. Mais elles m'en voulaient de leur retirer une partie de leurs tâches. Pour elles, c'était comme si on avait estimé qu'elles ne travaillaient pas bien et qu'on m'avait envoyée là pour leur ôter des responsabilités. Alors, moi, en tant que femme parachutée là, j'étais très surveillée par ces deux collègues mexicaines. Je ne pouvais rien obtenir d'elles. Elles me donnaient le moins d'information possible, ne m'aidaient pas et critiquaient tout ce que je faisais dès que j'empiétais sur leur domaine.

« Vous savez, en y repensant, je comprends les craintes des travailleurs mexicains. Nous débarquions, sûrs et certains de ce que nous avions à faire. Et USMed ne s'embarrassait pas de subtilités: un échec sur tel ou tel point, et vous perdiez votre emploi. Au moindre faux pas, c'était la porte. Il était donc difficile de convaincre les Mexicains de suivre nos protocoles et nos procédures. Le changement n'est jamais facile, mais obtenir d'eux qu'ils suivent certaines règles tenait vraiment du défi.»

Angelica Garza a fini par comprendre que les attitudes des individus à l'égard du travail étaient avant tout d'origine culturelle et qu'elles prenaient racine dans les conditions locales. L'expansion rapide des *maquiladoras* avait provoqué un grand nombre de changements, notamment des attentes nouvelles et des styles de gestion différents chez les cadres. Dans les premiers temps, les travailleurs n'étant pas familiarisés avec les nouvelles attentes, les employeurs devaient les former. Or, cette adaptation se produisait dans un contexte d'affrontement entre deux cultures. Angelica, dans sa position, s'estimait plus américaine que mexicaine, tout en se sachant différente de ses collègues anglo-saxons. C'est à elle que revenait le rôle d'introduire les styles d'encadrement, les attentes et la formation à l'américaine.

«Bien entendu, je suis américaine, je suis une cadre américaine, et j'apportais tout ce bagage avec moi. En outre, j'étais poussée à imaginer des approches visant à faire disparaître les malentendus ou les problèmes. Étant une Mexicano-Américaine, je croyais qu'il me serait plus facile de travailler au Mexique, parce que j'avais, dans une certaine mesure, baigné dans cette culture. Mais le choc culturel a été des plus rudes. J'étais face à un groupe d'individus socio-économiquement différents de moi. Beaucoup d'entre eux étaient d'origine rurale, venaient de *ranchitos* sans toilettes ni douches. De plus, à Tijuana, il n'y avait aucune infrastructure.

«La situation s'est nettement améliorée en une vingtaine d'années. À l'époque, on allait travailler en empruntant des chemins de terre qui traversaient des arrière-cours et en se servant de cadavres de chiens comme repères pour se souvenir de l'itinéraire! Je crois que, si vous alliez à Tijuana aujourd'hui – ça fait plus de 20 ans que les *maquiladoras* y sont installées –, vous rencontreriez un plus grand nombre de gestionnaires, de contremaîtres ou d'administrateurs mexicains qualifiés. À l'époque, trouver des ingénieurs ou des secrétaires bilingues, c'était comme chercher une aiguille dans une botte de foin.

«D'autre part, ce n'était pas facile d'être la seule femme dans un environnement et des réseaux constitués uniquement d'hommes. À cela s'ajoutait le milieu mexicain. Les hommes à qui j'avais affaire me méprisaient à cause de mon sexe. C'est encore mon statut d'Américaine qui m'a sauvée. Si j'avais été une Mexicaine, je crois que ç'aurait été pire. Par exemple, je devais travailler en étroite collaboration avec le chef du service de la comptabilité, un Mexicain. Je l'entends encore… Il me répétait que je m'étais trompée dans mes chiffres, que je n'avais pas fait ceci ou cela comme il fallait et autres gentillesses. Je révisais mes données et j'en arrivais à la conclusion que la seule différence notable résidait dans la façon de calculer. Ainsi, lui estimait un salaire annuel sur la base de 365 jours, tandis que moi, je partais de 52 semaines. On arrivait exactement aux mêmes résultats, et c'est bien normal; mais moi, je suivais l'approche privilégiée par les Américains, celle à laquelle ils s'attendaient.»

Questions

1. Quelles compétences garantiraient une efficacité accrue des travailleurs américains dans les *maquiladoras* ou d'autres entreprises installées à l'étranger?
2. Quelles conséquences entraîne un manque de sensibilité à l'égard de la diversité? Quels avantages aurait pu retirer USMed d'une meilleure compréhension des différences culturelles?
3. Sur le plan des ressources humaines, à quels enjeux exceptionnels Angelica Garza a-t-elle dû faire face à diverses étapes de son travail chez USMed?
4. Angelica Garza travaillait dans une usine située à l'extérieur des États-Unis. Que peut-on retirer de ses expériences et de ses commentaires qui soit applicable aux activités locales de l'entreprise?

CAS Nº 4

LES ENFANTS TERRIBLES[21]

Lorsque Catherine Forgues quitte son poste de directrice de la publicité chez Dunston Vierra, une grande agence de relations publiques, pour prendre son congé de maternité, elle a la ferme intention de rester à la maison avec son bébé et de profiter du congé parental d'un an. Cette « bûcheuse » invétérée, extrêmement ambitieuse, compte les jours qui précèdent son accouchement. Cependant, après six semaines d'absence, son besoin de reprendre le collier commence à se faire sentir. La naissance de sa fille Caroline a été une expérience enrichissante, conforme à ses attentes, mais n'a nullement atténué ses ambitions professionnelles. En fait, c'est l'inverse qui s'est produit. Depuis la naissance du bébé, Catherine est encore plus avide de réussite qu'avant.

Frank Vierra, le président de Dunston Vierra, est ravi lorsque Catherine lui annonce qu'elle souhaite reprendre son poste beaucoup plus tôt que prévu. Celle-ci s'occupait de plusieurs clients importants qui sont sur le point de lancer des campagnes substantielles, et c'est avec réticence qu'il avait confié les dossiers à l'un de ses collègues, déjà débordé et loin de posséder les compétences et l'énergie qu'elle manifestait.

Toutefois, le soulagement de Frank est de courte durée. La condition que Catherine attache à son retour est quelque peu déconcertante. « Je sais que cette exigence peut paraître un peu étrange, mais je veux garder Caroline avec moi pendant la journée. Je veux l'allaiter et passer le plus de temps possible avec elle. Il va de soi qu'elle ne pourra pas rester dans mon bureau, mais j'ai pensé à une solution. Il y a une petite pièce vide au bout du couloir. J'aimerais y installer Caroline avec sa gardienne. Je pourrais l'allaiter là et rester avec elle pendant l'heure du repas ou chaque fois que j'aurais quelques minutes libres. Je décorerais la pièce et je vous paierais un loyer, s'il le faut. »

Frank ne sait que répondre. Il tient à ce que Catherine reprenne son travail rapidement. Il a besoin d'elle non seulement pour orchestrer les campagnes à venir, mais également parce qu'elle est son bras droit et qu'il a l'habitude de la consulter sur des sujets d'importance concernant l'ensemble de l'agence. Aussi est-il désorienté depuis son départ. Néanmoins, il s'inquiète des difficultés qui pourraient surgir s'il accédait d'emblée à sa demande. Il lui répond donc qu'il doit réfléchir avant de lui donner une réponse.

La requête de Catherine préoccupe Frank pour deux raisons. Tout d'abord, il se demande si elle pourra mener de front son travail et les soins du bébé. Il l'imagine quittant une réunion parce que Caroline a de la fièvre ou est malade. Il craint également qu'elle passe son temps avec sa fille, au détriment de son travail.

Ensuite, la deuxième raison et la principale source d'inquiétude de Frank, c'est que Dunston Vierra emploie 60 personnes, dont plus de la moitié sont des femmes dans la trentaine ou qui s'en approchent. Rares sont celles qui ont des enfants, mais la situation pourrait facilement changer, Frank le sait. En fait, il a même prévu que la décision de Catherine d'avoir un enfant risquerait de faire tache d'huile. Si l'avenir lui donne raison, il ne pourra que s'incliner, mais que se passera-t-il si toutes les employées veulent emmener leur bébé au travail ? S'il autorise Catherine à le faire, comment pourra-t-il refuser ce même droit aux autres ?

Aménager une garderie dans les locaux de l'agence serait une solution. Pourtant, l'aspect financier du projet tracasse Frank : bien qu'il n'ait pas entrepris d'étude de coûts, il pense que le projet doit être onéreux. Un coup de téléphone à David Moore, son avocat, provoque chez ce dernier une réaction similaire : « Je peux te garantir, sans hésiter, que tu vas te compliquer la vie. D'abord, il y a la question de l'assurance. Pourras-tu obtenir une police qui ne t'obligera pas à entreprendre des rénovations dans le but de respecter les normes gouvernementales, sûrement très strictes dans le cas des garderies ? Et même si tu y parvenais, as-tu pensé aux coûts ? Disposes-tu d'une salle de bains et d'une cuisine supplémentaires ? Veux-tu réellement que des membres de ton personnel consacrent une partie de leur temps à l'administration de ce projet ? Je te conseille vivement d'y réfléchir à deux fois avant de prendre une décision pareille. »

Frank en arrive donc à la conclusion que le plus simple serait de dire « non » à Catherine, en espérant que son intérêt pour sa carrière l'emportera sur son instinct maternel. Cependant, il est sensible aux besoins de sa collègue. Divorcé et père de deux enfants, il sait combien le lien entre la mère et l'enfant est capital. Il serait peut-être prêt à consentir à une période d'essai pour savoir si Catherine pourrait tout à la fois travailler et s'occuper de Caroline. Cependant, les éventuelles conséquences de cette expérience le font beaucoup hésiter.

Questions

1. De quelle façon la gestion de la diversité s'applique-t-elle à ce cas?
2. Compte tenu de votre réponse à la question 1, pensez-vous que Frank Vierra prend suffisamment en considération les principales variables inhérentes aux différences individuelles?
3. La solution proposée par Catherine est-elle viable?
4. Imaginez que vous soyez le président de Dunston Vierra; que décideriez-vous et pourquoi?
5. Compte tenu de vos connaissances du CO, évaluez l'importance des questions soulevées dans cette étude de cas, eu égard à l'efficacité organisationnelle.

CAS Nº 5

XEROX

Chez Xerox, diversité est synonyme de succès, d'un succès qui ne se dément pas! Selon le sondage annuel du magazine *Fortune* sur la réputation des entreprises, Xerox est la société la plus admirée du monde dans le secteur informatique. De l'avis d'Anne Mulcahy, présidente du conseil d'administration et ancienne chef de la direction: «La diversité ne concerne pas que le sexe ou le groupe ethnique. Elle n'est pas qu'une simple question de statistiques. Elle se rapporte à l'inclusion. La diversité exige la création d'un environnement où tous les employés peuvent atteindre leur plein potentiel.» Chez Xerox, on sait que des employés ayant différents modes de pensée et différentes perceptions du monde sont des gens qui trouveront des solutions innovantes. Dans une entreprise comme Xerox, qui tire sa sève des nouvelles idées, la diversité de perspectives est une ressource inestimable, ainsi que la clé pour obtenir de solides résultats commerciaux[22].

L'innovation permet à Xerox de se maintenir au sommet dans son secteur d'activités. Dans les faits, l'entreprise investit près de 5 % de ses revenus dans la recherche et le développement et dans les applications techniques. Mme Mulcahy explique: «Investir dans l'innovation a réellement été la meilleure décision que j'aie jamais prise. Malgré la réduction des dépenses en technologies, Xerox reste dans notre secteur un acteur de premier ordre, qui reçoit la plus grosse part des recettes. À l'époque où nous nous étions repliés sur nous-mêmes, cherchant des moyens de sauver notre entreprise, nous avions chargé une équipe petite, mais composée de membres au grand esprit d'initiative, de mettre sur pied nos services de soutien. C'était une excellente idée. L'offre de services n'a jamais été aussi pertinente pour nos clients, qui viennent frapper à notre porte dans leur quête d'économies. Nous sommes capables de saisir au vol les occasions qui se présentent à nous aujourd'hui parce qu'à une certaine époque nous avons décidé d'investir dans l'innovation.» Avec des revenus annuels de 21,6 milliards de dollars, Xerox est la plus grande entreprise de technologies et de services spécialisée dans la gestion des documents[23].

Xerox offre le plus large éventail de produits du secteur documentaire. Ses systèmes numériques comprennent: des dispositifs d'impression et de publication en couleur et en noir et blanc; des presses électroniques et des «fabriques de livres»; des systèmes multifonctionnels simples et avancés; des imprimantes réseaux laser et à jet d'encre; des photocopieurs; des télécopieurs. Aucun concurrent n'égale l'expertise de prestation de services que Xerox propose aux entreprises, notamment: la création d'archives documentaires en ligne; l'analyse de la façon la plus efficace de partager les documents et l'information entre les bureaux; la gestion d'imprimeries et de salles de courrier internes; la création de processus de publipostage, de facturation et de publicité personnalisés sur le web. Xerox offre aussi des logiciels, du soutien et même des fournitures telles que des *toners*, du papier et de l'encre[24].

En prisant et en respectant la diversité, en conférant du pouvoir aux employés, Xerox s'est dotée d'un personnel productif et est devenue une entreprise novatrice. Elle entretient une culture de l'intégration dont l'engagement envers la diversité remonte à son tout premier chef de la direction, Joseph K. Wilson. Ce dernier avait pris des mesures proactives pour diversifier son équipe après les émeutes raciales des années 1960. Avec le président de l'époque, C. Peter McCullough, il avait poussé à l'embauche d'Afro-Américains afin de favoriser l'égalité raciale dans les effectifs de l'entreprise. Au cours des années 1970, Xerox a créé un bureau de discrimination positive et a commencé à embaucher un grand nombre d'employés issus des minorités[25].

Au cours des années 1980, Xerox a mis l'accent sur la promotion des minorités et des femmes. C'est à cette époque que l'Afro-Américain Barry Rand est devenu le premier membre d'une minorité nommé chef d'une division. La stratégie de l'équilibre des effectifs de Xerox visait l'atteinte d'une représentation juste des femmes et des minorités dans toute l'entreprise et à tout moment, même pendant les périodes de restructuration. Avec l'arrivée massive des femmes dans l'entreprise, Xerox a reconnu le problème que constituait pour elles la recherche d'un équilibre entre leur rôle professionnel et leur rôle familial. Son service des ressources humaines a alors élaboré, notamment, une politique d'horaires flexibles visant le maintien d'un haut taux de productivité et d'une grande satisfaction des employés[26].

Durant les années 1990, Xerox a intégré l'orientation sexuelle dans sa politique d'égalité des chances, d'action positive et de non-discrimination. C'est à cette époque que l'entreprise a créé GALAXe Pride at Work, un groupe d'employés homosexuels, bisexuels et transgenres, et a commencé à offrir des avantages sociaux aux conjoints de ces derniers. Elle a également organisé des tables rondes annuelles sur la diversité avec des cadres supérieurs, donnant ainsi aux employés l'occasion de s'engager dans des discussions libres et directes avec la direction sur les meilleures pratiques ainsi que sur les forces et les faiblesses des initiatives de diversité de Xerox[27].

Anne M. Mulcahy, présidente du conseil d'administration, explique très clairement le point de vue de Xerox sur une main-d'œuvre diversifiée :

« Je suis persuadée que la diversité est la clé du succès. L'expérience nous enseigne que les entreprises les plus diversifiées, qui sont guidées par l'imagination et composées d'individus de tous les âges, de toutes les races et de toutes les origines, sont celles qui connaissent le plus de succès à long terme. D'une certaine façon, la diversité nourrit la créativité. Peut-être parce que les gens ayant des origines diverses remettent en question leurs suppositions et leurs certitudes respectives, libérant tout le monde des conventions et du conformisme. Nous sommes la preuve irréfutable du fait que la diversité sous toutes ses magnifiques formes est bonne pour les affaires, bonne pour notre pays et bonne pour les individus[28]. »

Xerox peut affirmer avec fierté que les femmes et les minorités représentent plus de 50 % de ses effectifs. Environ 48,2 % de ses cadres supérieurs sont des femmes, des gens de couleur ou les deux. Approximativement 30 % de ses effectifs sont formés d'Afro-Américains, de Latino-Américains, d'Asiatiques et d'autochtones. Dans les faits, Xerox se classe parmi les premières entreprises en ce qui concerne l'embauche de femmes, d'handicapés, d'homosexuels et de lesbiennes, selon les magazines *Fortune*, *Forbes*, *Working Mother*, *Latino Style* et *Enable*. En outre, l'entreprise fait partie des 100 principales sociétés profamille citées par *Working Mother* et se maintient dans cette liste depuis 15 ans[29].

En 2007, Ursula Burns est devenue la première Afro-Américaine nommée présidente de Xerox Corporation. En 2009, elle a remplacé Anne M. Mulcahy au poste de chef de la direction. C'était la première passation de pouvoir d'une femme à une autre dans l'histoire des entreprises de *Fortune 500*. La philosophie de Mme Burns fait écho à celle de Mme Mulcahy :

« La force du modèle de perfectionnement de nos employés est la reconnaissance de la diversité des plus bas échelons jusqu'au sommet de la hiérarchie. Quand on travaille depuis aussi longtemps que nous le faisons dans ce sens, on s'assure la relève de leaders de la génération suivante, lesquels reflètent le monde réel fait de Noirs, de Blancs, d'hommes, de femmes, d'hispanophones et d'Asiatiques de diverses religions et de toutes les croyances. Ce que tous ces gens ont en commun, ce sont de solides aptitudes, une éthique professionnelle à toute épreuve, un fort engagement et la volonté de gagner[30]. »

Avec Ursula Burns aux commandes et avec une note de 100 % attribuée par la Corporate Equality Index, à la fois dans le cadre du sondage « Human Rights Campaign Foundation » et de l'enquête « Best Places to Work », il est sûr que l'engagement de Xerox en matière de diversité ne fléchira pas[31].

Questions

1. Quelle est la définition de la diversité selon Xerox ? Quels changements cette définition a-t-elle connus au fil du temps ?
2. Quelles sont les principales raisons pour lesquelles Xerox devrait continuer à diversifier ses effectifs ? Montrez comment l'entreprise prouve qu'elle valorise la diversité sur les lieux de travail.

3. L'entreprise Xerox intègre-t-elle ou rejette-t-elle le modèle du «tuyau qui fuit»? Justifiez votre réponse.

CAS Nº 6

SAS

Fondée en 1976 par James Goodnight et John Sall, tous deux professeurs à la North Carolina State University, l'entreprise SAS, dont le nom est l'acronyme de Statistical Analysis Software, est un leader de l'informatique décisionnelle. Elle a son siège social à Cary, en Caroline du Nord. Avec plus de 100 succursales dans le monde entier et environ 10 000 employés, c'est la plus importante société fermée dans le domaine du logiciel. Elle fournit des solutions décisionnelles à plus de 40 000 entreprises dans le monde, notamment à 90 % des sociétés de la liste *Fortune 500*[32]. S'appuyant sur une plateforme décisionnelle intégrée et sur un ensemble de solutions adaptées, SAS permet à ses clients de tirer le meilleur parti des systèmes d'information en réponse à leurs besoins particuliers.

Fast Company décrit SAS à la fois comme une entreprise bien de son temps et comme un royaume dans un univers magique: «Cette entreprise est résolument moderne: elle est équipée des ordinateurs les plus récents, elle offre les meilleurs services de garderie, elle a des locaux aux murs couverts d'œuvres d'art et elle dispose d'installations sportives à faire saliver un entraîneur de la NBA. Pourtant, elle a quelque chose qui relève du conte de fées. Ses habitants sont heureux, productifs, équilibrés, comblés d'une manière qu'on voit rarement de nos jours. Ils sont loyaux envers le royaume et son roi, lequel est le modèle même du chef bienfaiteur. Et croyez-le ou non: le roi s'appelle Goodnight.»

SAS se consacre résolument au bien-être de ses employés. L'entreprise s'efforce d'embaucher des individus talentueux et déploie d'incommensurables efforts pour rendre ses employés heureux. James Goodnight, le chef de la direction, explique: «Nous nous efforçons d'embaucher et de garder à notre service des personnes compétentes, susceptibles de contribuer au développement maximal de nos produits et de servir le mieux possible notre clientèle. Pour ce faire, pour aller chercher ces personnes et les conserver dans nos rangs, nous devons absolument appliquer de hauts standards en matière de relations avec le personnel.»

L'entreprise SAS est réputée pour ses programmes favorisant l'équilibre travail-vie personnelle et pour l'importance qu'elle accorde à la satisfaction de ses employés. Elle a été récompensée de ses efforts de diverses façons: elle a été reconnue par le magazine *Working Mother* comme l'une des «100 meilleures entreprises pour les mères au travail» et par le magazine *Fortune* comme l'une des «100 meilleures entreprises où travailler aux États-Unis». SAS a fait partie de la liste de *Working Mother* 13 fois et a figuré dans la liste de *Fortune* durant 6 années consécutives.

L'entreprise rémunère ses employés de façon concurrentielle, visant la moyenne des salaires dans l'industrie du logiciel. Contrairement à plusieurs sociétés du même type, elle n'offre pas d'actions à ses employés. Au lieu de s'en remettre à ce genre de stratégies pour attirer et garder les travailleurs à son service, comme le font tant d'entreprises dans le domaine du logiciel, elle a opté pour un autre type d'approche: elle met tout en œuvre pour offrir à ses employés des conditions de travail stimulantes et enrichissantes et elle encourage le travail d'équipe. Elle offre aussi un éventail d'avantages sociaux qui séduisent ses employés et qui contribuent à leur satisfaction professionnelle. Comme le dit un employé qui a accepté une baisse de salaire de 10 % pour y travailler: «Mieux vaut être plus heureux et avoir un peu moins d'argent.»

Les employés bénéficient de la liberté, de la flexibilité, du pouvoir décisionnel et des ressources nécessaires pour bien faire leur travail. Ils ont aussi des comptes à rendre quant aux résultats obtenus. Les gestionnaires sont conscients de la contribution de chacun d'eux et travaillent main dans la main avec eux, jusque dans l'écriture du code machine. «L'entreprise embauche très peu d'employés contractuels et très peu de personnel à temps partiel, ce qui contribue à maintenir, dans toute la boîte, un bel esprit de groupe.» Les employés de SAS s'investissent manifestement dans leur travail. Kathy Passarella, qui en fait partie, souligne: «Ici, lorsque vous vous promenez dans les couloirs, il est très rare que vous entendiez les gens parler d'autre chose que de travail.»

Au nombre des différents avantages sociaux offerts, on trouve: l'adhésion à un centre de conditionnement physique et de loisirs, l'accès à un service de buanderie, une cafétéria où les frais de repas sont en grande partie assumés par l'entreprise, des concerts de piano proposés dans cette même cafétéria, une garderie subventionnée en milieu de travail et l'accès gratuit à un centre de santé. Tous ces avantages visent à permettre aux employés de vivre une expérience de travail plus enrichissante et de parvenir à un meilleur équilibre entre leur vie professionnelle et leur vie personnelle. L'engagement de SAS concernant l'équilibre travail-vie personnelle se concrétise notamment par la semaine de 35 heures, qui reflète clairement l'importance accordée à la vie des employés en dehors de l'entreprise.

À propos des généreux avantages sociaux de SAS, David Russo, directeur des ressources humaines, fait cette réflexion: «Aux yeux de certaines personnes, tout cela semble trop beau pour être vrai. Cependant, ce n'est pas le cas, la rémunération faisant partie d'une stratégie bien orchestrée.» Cette stratégie vise à «faire en sorte que les membres de l'entreprise ne puissent pas ne pas faire leur travail».

Déployant d'immenses efforts pour assurer la satisfaction de ses employés, l'entreprise s'attend, en retour, à ce que ceux-ci soient productifs et exige d'eux un rendement exemplaire. Les propriétaires de SAS veulent que leurs employés soient contents de leur sort, car ils sont convaincus que des employés heureux donnent le meilleur d'eux-mêmes et offrent un service exceptionnel à leurs clients. «Lorsqu'on fait sentir aux employés qu'ils jouent un rôle important dans le fonctionnement de l'entreprise, ils se comportent en conséquence [...]. La satisfaction des employés se traduit par la satisfaction de la clientèle.» Ce point de vue est celui d'une entreprise qui sait où réside son intérêt et qui fait montre de ce qu'on pourrait appeler un *réalisme éclairé*. Qui dit «employés satisfaits» dit «clients satisfaits». La satisfaction des clients se convertit ensuite en entrées d'argent et en profits pour l'entreprise.

Les dirigeants de SAS sont conscients à la fois des bénéfices et des coûts associés à la satisfaction de leurs employés. L'un des avantages cruciaux est un taux annuel de rotation du personnel inférieur à 4 %, ce qui est très bas en comparaison du taux d'environ 25 % que connaît l'industrie en général. Ce taux représente chaque année pour l'entreprise une économie d'environ 70 millions de dollars en coûts de remplacement. Les stratégies de SAS ont toutefois un prix: en l'occurrence, les coûts associés aux différents programmes. Cependant, David Russo affirme que l'économie faite sur les coûts de remplacement des employés compense largement les généreux avantages sociaux offerts par l'entreprise. «C'est là toute la beauté de la chose, dit-il. Je n'arrive même pas à dépenser tout l'argent que nous économisons.»

Du côté des coûts associés aux stratégies de l'entreprise, il y a quand même le risque que le rendement ne soit pas aussi élevé qu'il le faudrait. Commentant les attentes de l'entreprise quant au rendement de ses employés, Goodnight déclare: «J'aime m'entourer de personnes heureuses, mais quand elles ne remplissent pas leurs engagements, elles ne sont pas heureuses très longtemps.» Réfléchissant à la possibilité que les employés de SAS puissent profiter de l'ambiance de l'entreprise pour se la couler douce, John Sall, copropriétaire, fait observer: «J'ai du mal à imaginer qu'on puisse trouver plus intéressant de jouer au tennis de table que de travailler.» David Russo ajoute: «Si vous êtes absent durant six mois pour cause de maladie, on vous enverra des cartes et des fleurs, on vous mitonnera des petits plats. Si vous êtes absent six lundis de suite, on vous mettra à la porte. Nous attendons de nos employés qu'ils se comportent en adultes.»

De toute évidence, chez SAS, la gestion des ressources humaines repose sur la réciprocité. L'entreprise recourt à des stratégies de ressources humaines et à d'autres politiques apparentées qui attirent, motivent et retiennent les travailleurs hautement compétents. Ceux-ci, en contrepartie, contribuent notablement à la réussite sans cesse renouvelée de leur employeur. Goodnight et les autres dirigeants de SAS s'attendent à rien de moins qu'un rendement supérieur de la part de leurs employés, et jusqu'à maintenant ils l'ont toujours obtenu. Les employés de SAS sont loyaux et dévoués envers leur entreprise; ils sont également productifs. En fait, ils sont si loyaux, dévoués et productifs que seul un faible pourcentage d'entre eux démissionnent après avoir été embauchés.

Des employés de qualité désireux de demeurer à votre service: n'est-ce pas là l'objectif de tout service de gestion des ressources humaines, ainsi que le défi que devrait vouloir relever toute entreprise?

Questions

1. Quelle est la philosophie de gestion de base qui préside à la gestion des relations humaines chez SAS?
2. Comment la stratégie, les politiques et les pratiques de SAS en matière de gestion des ressources humaines influencent-elles les émotions, l'attitude et la satisfaction professionnelle des employés?
3. Quelles leçons les autres employeurs pourraient-ils tirer de l'expérience de SAS? Quels éléments seraient transférables à d'autres milieux de travail, à d'autres fonctions ou à des employés présentant d'autres caractéristiques?

CAS Nº 7

LOIS QUAM

C'est durant un voyage en Norvège et au cercle polaire avec Will Steger que Lois Quam a senti s'éveiller son intérêt pour les changements climatiques. Elle a alors pu constater de ses propres yeux les modifications étonnantes des glaces polaires et leurs répercussions sur la flore et la faune. Inspirée par l'appel à l'action de Steger visant à limiter les changements climatiques à l'échelle planétaire, elle a quitté en 2009 Piper Jaffray, grande banque internationale d'investissement, pour fonder et diriger Tysvar LLC, une société privée dont le siège social se trouve au Minnesota et qui est devenue un incubateur pour la nouvelle économie verte et la réforme des soins de santé[33]. En 2010, le président américain Barack Obama a nommé Mme Quam à la tête de Global Health Initiative (GHI). Nous présentons ici son expérience aux commandes de Tysvar.

«Je me concentre sur la recherche d'idées permettant de résoudre des problèmes réellement importants et sur leur développement jusqu'à leur plein potentiel, explique Mme Quam. Je veux faire de l'économie verte une réalité dépassant largement la question du financement. Je mets l'accent sur les domaines dans lesquels je peux notablement contribuer à faire avancer la cause de l'économie verte[34].»

Tysvar travaille avec des investisseurs qui peuvent susciter les changements qu'ils veulent voir se réaliser dans le monde au lieu de réagir simplement aux événements. L'entreprise est un conseiller stratégique; elle joue le rôle d'un incubateur pour les idées, les organisations et les individus visant la promotion et la construction d'une nouvelle économie verte à grande échelle. Son objectif est de contribuer à une industrie viable, profitable et socialement responsable dans les domaines du développement durable, des technologies propres et des énergies renouvelables[35].

Ne lésinant sur aucun effort pour offrir aux nouvelles générations un monde soucieux de développement durable, Tysvar joue un rôle de premier ordre dans la création de nouvelles industries, de nouvelles activités professionnelles et d'occasions d'investissement dans l'économie verte. Elle contribue à l'élaboration d'un cadre de politiques publiques d'économie verte et d'ententes d'importation et d'exportation de technologies propres, ainsi qu'au développement de sources d'énergies renouvelables un peu partout dans le monde[36].

«Nous sommes au seuil d'une époque formidable», déclare Mme Quam. En effet, nous observons partout dans le monde une volonté de développer des sources d'énergies renouvelables pour remplacer les stocks de combustibles fossiles qui sont en chute libre et pour réduire les émissions de gaz à effet de serre. «Actuellement, les marchés financiers vivent des moments difficiles, mais le vent tournera. Les entreprises valables trouveront les moyens nécessaires pour faire ce qu'il faut[37].»

«Je suis optimiste en ce qui concerne notre avenir, dit Mme Quam. C'est la raison pour laquelle j'ai fondé Tysvar. Les défis que représentent les changements climatiques sont immenses, mais nos capacités le sont tout autant, et les récompenses et bénéfices pour l'humanité sont encore plus importants dans la nouvelle économie verte[38].»

Lois Quam a nommé son entreprise d'après le village natal de son grand-père, Nels Quam. Tysvar est situé dans un paysage majestueux de l'ouest de la Norvège, une zone qui est en voie de devenir une plaque tournante des technologies propres dans le cadre du leadership accru de la Norvège dans le domaine de la nouvelle économie verte et qui est appelée à devenir bientôt le plus grand parc éolien marin du monde[39].

Lois Quam a toujours travaillé à un avenir meilleur. En 2005, elle a été nommée l'Américano-Norvégienne de l'année. Elle pense qu'il y a beaucoup à apprendre de la Norvège, tant sur la question de l'équilibre entre la vie professionnelle et la vie familiale, permettant la pleine participation des parents à la vie économique en même temps que le plein exercice de leur rôle parental, que sur la question de l'immersion du pays dans les nouvelles technologies énergétiques, comme le vent et la biomasse. En tant que nation septentrionale productrice de pétrole ayant institué une taxe sur le charbon depuis 1993, la Norvège réinvestit sa richesse pétrolière en énergies renouvelables[40,41].

Mondialement reconnue comme une visionnaire et une leader de la réforme des soins de santé universels et de la nouvelle économie verte, Lois Quam est dotée des compétences nécessaires pour réussir dans ce domaine. Nommée en 2006, par le magazine *Fortune*, comme l'une des 50 femmes les plus puissantes d'Amérique, elle a été chef du Service des investissements stratégiques, de l'économie verte et de la santé chez Piper Jaffray, l'une des grandes banques internationales d'investissement. Elle a également occupé les postes de présidente et chef de la direction du segment des marchés publics et du troisième âge de l'UnitedHealth Group, division de 30 milliards de dollars qu'elle a aidé à créer, ainsi que présidente de la Commission d'accès aux soins de santé du Minnesota, qui a été à l'origine de la législation donnant accès à une assurance maladie à des dizaines de millions de citoyens de cet État. Enfin, elle a été conseillère principale du groupe de travail d'Hillary Clinton sur la réforme du système de soins de santé. Diplômée, avec grande distinction, du Macalester College de St. Paul, elle a étudié à la University of Oxford en tant que boursière Rhodes et a obtenu une maîtrise en philosophie, sciences politiques et économie[42].

Lois Quam croit que la nouvelle économie verte générera des emplois de qualité, améliorera la sécurité nationale grâce à une moindre dépendance à l'égard du pétrole étranger et préviendra la conséquence la plus catastrophique qui soit: des changements climatiques irréversibles et débilitants. Elle s'investit, comme Tysvar, dans la mise en place d'une réforme du système des soins de santé aux États-Unis. Elle pense qu'un système universel de soins de santé est la solution qui permettra à tous les Américains de bénéficier de soins de santé abordables et fiables. Elle estime aussi qu'il faut reconstruire l'économie américaine et rétablir la compétitivité du pays à l'échelle internationale[43].

C'est dans ce contexte que le président Obama a nommé Lois Quam directrice générale de la Global Health Initiative, au Département d'État. Ce projet de 63 milliards de dollars vise à aider les pays émergents à améliorer leur système de soins, en accordant une attention particulière aux femmes, aux enfants et aux nouveau-nés[44]. Lorsqu'elle a accepté ce poste, Lois Quam a décidé de quitter ses fonctions de chef de la direction de l'entreprise qu'elle a fondée et de transmettre ses pouvoirs au Norvégien Terje Mikalsen, cofondateur et ancien président de Norsk Data.

«Bien que nous soyons tristes que Lois nous quitte, nous continuerons avec Tysvar de poursuivre sa vision consistant à contribuer à l'essor de la nouvelle économie verte et à rendre les soins de santé de qualité abordables et accessibles à tous, a écrit Mikalsen sur le site web de Tysvar. Nous souhaitons à Lois beaucoup de succès dans ses nouvelles fonctions au Département d'État. Sa vision et son leadership nous aideront à améliorer la prestation de soins et à permettre l'accès aux soins à des millions de personnes dans le monde entier[45].»

Pour la Journée de la Terre, Lois Quam a fait un discours à la University of St. Thomas sur les occasions émergentes en lien avec la nouvelle économie verte et a conclu en disant: «J'ai aimé partager l'idée que nous pouvons tous utiliser ces compétences clés comme point de départ pour faire ce que nous aimons. Imaginez: aider à bâtir la nouvelle économie verte avec passion. On ne peut pas demander mieux[46]!»

Dans un autre discours, elle a expliqué ainsi sa philosophie:

«Les modifications nécessaires pour combattre les changements climatiques et conserver la biodiversité généreront une transformation du monde des affaires et de la société similaire à la Révolution industrielle. Les réalités du 21e siècle dictent une véritable révolution énergétique, une refonte totale de notre économie énergétique. Celle-ci concernera tous les aspects de la vie quotidienne et du commerce et fera donc naître de belles occasions pour les investisseurs, les gens d'affaires et les individus. [...]

«Les investisseurs auront des occasions énormes et très diverses de créer et de développer de nouvelles sources d'énergie, d'adapter les méthodes de production actuelles et d'améliorer la vie quotidienne de façon à limiter le réchauffement de la planète. [...]

« Les gens d'affaires et les investisseurs auront devant eux des occasions infinies, comme ils n'en ont jamais eu auparavant. Les énergies propres feront l'objet d'une forte demande. Le monde aura toujours des besoins énormes en énergie qu'il faudra équilibrer avec les besoins environnementaux. L'industrie de l'énergie propre est alimentée par la nature et ses lois, qui sont plus puissantes et plus prometteuses que toute autre force. [...]

« Imaginez ce que nous pouvons accomplir ensemble à cette conférence, à l'échelle de la région. Projetez-vous dans l'avenir, au moment où notre travail atteindra son point culminant, où notre environnement sera moins menacé, où notre énergie sera plus propre, où nous pourrons crier « eurêka » parce que nous aurons découvert des façons de changer le monde et la vie[47]. »

Lorsque les individus, les organisations et les pays répondront à cet appel, nous espérons que la vision de l'avenir de Lois Quam se concrétisera.

Questions

1. Comment Lois Quam se sert-elle des émotions dans ses discours pour communiquer son point de vue ? Donnez des exemples pour justifier votre réponse. Gestion des relations
2. D'après ce que vous avez appris sur Lois Quam, formulez quelques hypothèses concernant l'attitude de ses collègues de Tysvar, en vous fondant sur les trois composantes de base des attitudes.
3. Faites une recherche sur la Global Health Initiative. Pourquoi pensez-vous que Lois Quam a été nommée à la tête de ce projet ?

CAS N° 8

LA SOCIÉTÉ MAGREC[48]

M. Leed, brillant ingénieur (dépositaire de plusieurs brevets) et directeur de groupe chez Fairchild Republic, fonde la société MagRec en 1960. L'entreprise produit des têtes d'enregistrement, composants essentiels servant à lire, à écrire et à effacer les données sur les bandes magnétiques et les disques utilisés à l'époque. La demande pour ce produit est forte et l'avenir semble assuré. L'industrie de l'informatique en est alors à ses balbutiements et MagRec n'a pas de véritables concurrents. En fait, presque tous les fabricants de têtes d'enregistrement recourent encore aujourd'hui à des méthodes, à des techniques et à des procédés mis au point et testés par MagRec.

Comme toute entreprise en démarrage, MagRec a connu des débuts modestes, marqués notamment par des problèmes techniques et un manque de liquidités. Ce départ plutôt lent a toutefois été suivi d'un essor rapide. Vers le milieu des années 1970, MagRec avait déjà acquis 35 % du marché des têtes d'enregistrement et en était le deuxième fournisseur en Amérique du Nord. L'entreprise a dû faire face à de graves problèmes financiers dans les années 1980, à cause de l'érosion des prix provoquée par la concurrence asiatique. Contrairement à bon nombre de ses concurrents occidentaux, elle a toutefois surmonté l'épreuve et n'a jamais transféré ses activités manufacturières à l'étranger, ce qui n'a cependant pas empêché les pertes de s'accumuler.

Vers le milieu des années 1980, MagRec était au bord de la faillite. Se trouvant dans une situation sans issue, la société s'est lancée dans une coexploitation internationale de grande envergure, avec la participation de gouvernements étrangers à titre de propriétaires minoritaires (20 % des actions). Elle a alors reçu des commandes garanties de grandes entreprises japonaises telles que Fujitsu. L'avenir semblait prometteur, mais un événement inattendu allait bouleverser son existence.

Le dilemme de Pat

Lorsque Fred Marsh m'a offert le poste de directeur des ventes, j'étais aux anges. Maintenant, six mois plus tard, j'ai le sentiment d'être en enfer. C'est véritablement la première fois de ma vie que je dois prendre seul certaines décisions. Jusqu'à maintenant, j'ai toujours travaillé en collaboration. Ce que je ne pouvais résoudre malgré mes efforts, je le transmettais aux échelons supérieurs. C'est bien différent aujourd'hui, parce que c'est moi le patron… mais le suis-je vraiment ? Je suis redevable à Fred de tout ce qu'il m'a enseigné. Il a été mon mentor et, lorsqu'il est devenu vice-président, il a pensé à moi pour le poste qu'il occupait alors. Je l'ai toujours respecté et je me suis maintes fois fié à son jugement. Pourtant, quand j'y repense, je me demande si j'ai bien fait de l'écouter au sujet de ce problème particulier.

Tout a commencé un vendredi après-midi. Je comptais appeler mon client de la côte Ouest, Partco, pour discuter de certaines clauses de notre contrat. Je voulais régler l'affaire rapidement. Partco, qui venait d'être acquis par la société Volks, était un client de longue date, fidèle même dans les périodes difficiles. En outre, c'était un client des plus importants. J'étais sur le point de faire mon appel téléphonique lorsque Dinah Coates est entrée dans mon bureau, un dossier à la main. Je travaillais depuis trois ans avec Dinah et je l'estimais. J'ai vite compris que mon appel devrait attendre. En classant de vieux dossiers, elle avait découvert un rapport qui faisait état d'anomalies dans la conception et la fabrication de têtes destinées à Partco. Ce document datait de neuf ans et commençait par la note suivante.

> *Destinataire :* Ken Smith,
> directeur du marketing
>
> *Expéditeur :* Rich Grillo,
> vice-président à l'exploitation
>
> *Objet :* Calendrier de production des têtes destinées à Partco
>
> Je dois vous informer qu'en raison de problèmes de conception, toutes les têtes Partco (514 unités) ont échoué aux tests de contrôle. Ces composants ne satisfont pas aux critères de fiabilité requis pour la lecture. Le problème s'explique par une erreur de calcul au moment de la conception. Il est possible de le résoudre, mais l'opération nécessite au moins six mois de travail. De plus, Ron Scott, de la production, vient de m'informer que le lot annuel de 5 000 têtes a déjà été fraisé et que celles-ci risquent également d'être défectueuses.
>
> Ken, je n'ai pas besoin d'insister sur la gravité de cette affaire. Comment pouvons-nous accepter ces pièces et les livrer à Partco tout en sachant qu'une fois installées elles provoqueront des erreurs de lecture ? Les équipes d'ingénierie et de production ont très bien compris qu'il s'agit d'une priorité exceptionnelle. En retardant les livraisons de Systems Tech, nous pouvons envisager de reprendre la production normale d'ici six mois. En attendant, je pourrais modifier les têtes de Global Widgets, afin que nous puissions livrer au moins un certain nombre d'articles à Partco. Il existe toutefois une solution de rechange : s'ils disposaient de six unités de commande de Partco, Michaels et son équipe estiment qu'après quelques modifications rapides et faciles apportées au chemin du ruban ils pourraient réussir à faire fonctionner les têtes. Si c'est le cas, nous pourrions revenir à la production normale d'ici six à huit semaines.

Le rapport comportait en outre l'annexe suivante.

> *Confidentiel*
> (Notes rédigées à la suite d'une rencontre avec Don Updyke et Rich Grillo)
>
> *Résolution du problème concernant les têtes destinées à Partco*
>
> Nous pouvons réusiner toutes les têtes de Partco (48 minutes par unité, à un coût minime). Pour résoudre le problème de lecture, nous pouvons polir le sommet de la tête de 0,763 mm de plus. Ainsi, aucune erreur de lecture ne se produira. Les têtes satisferont alors à toutes les normes de qualité sauf une, la durée. Selon Don, la réduction de l'épaisseur de la couche de chrome (employé pour contrer l'usure) fera passer la durée de vie des têtes de 6 000 à 2 500 heures d'utilisation.
>
> D'après notre expérience, nos clients ne font pas un suivi rigoureux de l'utilisation et de la durée de vie des têtes qu'ils emploient. En outre, les coûts ne nous concernent pas, puisque Partco vend ses unités de commande à MegaComputer, qui vend ses systèmes aux utilisateurs. Le client n'est pas vraiment conscient des coûts supplémentaires engendrés par le remplacement d'une tête au bout de 12 ou 18 mois, au lieu de 2 ans normalement. S'il l'est, il s'en plaint rarement. De plus, les techniciens d'entretien fournissent souvent des causes très plausibles et convaincantes, telles que la température excessive ou une grande utilisation de l'ordinateur.
>
> J'ai fait entreprendre le réusinage des têtes pour les expédier à Partco. J'ai également demandé à John d'informer Partco que, en raison du mauvais temps, nous allions expédier leur commande de cette semaine avec celle de la semaine prochaine.

Dinah était sidérée. Elle estimait que notre société avait délibérément planifié la vente de produits tout en sachant qu'ils ne répondraient pas aux normes de durabilité. « C'était prendre le risque de ruiner notre réputation de fournisseur exigeant. Partco et les autres clients achètent nos têtes en croyant qu'elles sont les meilleures. N'est-ce pas de l'escroquerie de présenter les choses de façon aussi trompeuse ? » a-t-elle ajouté. Elle a insisté pour que j'intervienne. Je lui ai répondu que j'allais étudier la question et lui donner ma réponse d'ici la fin de la semaine suivante.

Pendant le week-end, je n'ai guère pensé à autre chose qu'à cette histoire de pièces défectueuses. Nous n'avions reçu aucune plainte, et l'entreprise Partco s'était toujours montrée satisfaite de nos produits et de notre soutien technique. Nous étions même son seul fournisseur. En outre, nous faisions partie des distributeurs privilégiés de MegaComputer, depuis l'expédition jusqu'à l'entreposage. Cette entreprise utilisait même nos propres critères de qualité pour évaluer ses autres distributeurs. Son service du contrôle de la qualité n'examinait jamais nos produits et les évaluait encore moins.

Dès le lundi matin, j'ai montré le rapport à Fred. Il s'en est souvenu immédiatement et a commencé à m'expliquer ce qui s'était passé. MagRec subissait alors d'intenses pressions et était en croissance rapide. « Cette année-là, nous avons emménagé dans de nouveaux locaux de près de 15 000 m^2 et nous sommes passés d'une soixantaine de travailleurs à plus de 300. Les ventes ont grimpé de façon spectaculaire. » Fred dirigeait le service des achats à ce moment-là ; les critères concernant les matières premières changeaient chaque semaine.

« Nous avons commencé en nous servant des normes générales pour nos contrats annuels. Elles nous assuraient le droit d'augmenter la production de 100 % tous les 3 mois, rythme que nous avions pour objectif de maintenir. La perte de Partco aurait pu déclencher un effet domino : fini les inquiétudes, mais également les clients ! »

Fred m'a ensuite expliqué que le problème n'avait pas duré et qu'on l'avait corrigé dans le courant de l'année sans éveiller les soupçons de qui que ce soit. Il m'a conseillé d'oublier l'incident et de classer le dossier aux archives. J'ai acquiescé après avoir réfléchi aux contrecoups possibles. Il était vrai que c'était de l'histoire ancienne. Pourquoi aurais-je dû m'en préoccuper ? Je n'étais même pas là lorsque l'incident s'était produit.

Le vendredi suivant, Dinah m'a demandé ce que j'avais découvert. Je lui ai résumé l'opinion de Fred sur la question, ajoutant que ses arguments étaient assez convaincants. Elle s'est emportée, me disant que j'avais changé depuis ma promotion et que j'étais aussi coupable que les escrocs qui avaient roulé les clients en faisant passer des têtes de courte durée pour des produits de longue durée. Après l'avoir invitée à se calmer, je lui ai rappelé que la décision remontait à plusieurs années et qu'il n'y avait pas eu de conséquences graves. Ces têtes n'étaient pas *vraiment* défectueuses, puisqu'elles ne provoquaient aucune erreur de lecture.

Je n'étais pas très fier, mais je ne voyais pas ce que je pouvais faire. Pour moi, la question était réglée. Je suis donc retourné à mon travail. Je ne me doutais pas que ce dossier était loin d'être clos.

Ce soir-là, Fred m'a téléphoné vers 22 h. Il voulait que je le retrouve immédiatement au bureau. Je me suis habillé en me demandant quelle était l'urgence. Quand je suis arrivé, ça sentait le café. Charlie (le directeur du personnel) était déjà là, ainsi que Rich Grillo (le vice-président à l'exploitation), assis à l'autre bout de la table de conférence. Je me suis dirigé de ce côté instinctivement, parce que c'était le coin des buveurs de café.

Ken, le directeur du marketing, nous a rejoints un quart d'heure plus tard, et nous nous sommes installés. Fred a commencé la réunion en nous remerciant d'être venus. Puis il a informé toutes les personnes présentes de la découverte du dossier concernant Partco et leur a fait un résumé de la situation. Le problème, c'était que Dinah avait appelé Partco et parlé au vice-président, Tim Rand. Ce dernier avait téléphoné à Fred vers 20 h pour lui annoncer qu'il prenait un vol de nuit et qu'il avait l'intention de faire la lumière sur cette histoire dès le lendemain matin.

Nous avons passé une nuit exténuante, suivie de quelques semaines plutôt tendues. Partco a envoyé une équipe de techniciens pour revoir nos dossiers de tests, de contrôle de qualité et de fabrication. La production a alors diminué, et le moral de tous était au plus bas.

M. Leed s'est rendu en personne en Californie, où il a passé une semaine à faire tout ce qu'il pouvait pour convaincre Partco qu'un tel incident ne se reproduirait plus jamais. Nous avons surmonté la crise, mais n'en sommes pas sortis indemnes. Nous avons cessé d'être le fournisseur unique de Partco. Quoique nous ayons conservé 60 % de ses commandes, nous avons dû accepter de diminuer nos prix, ce qui a eu de graves conséquences. Bien que Partco n'ait jamais divulgué les raisons de ces changements (nous avions des accords de non-divulgation), le bruit a commencé à circuler que l'entreprise payait moins qu'auparavant. Or nous ne pouvions expliquer à nos autres clients ce qui avait motivé cette diminution de prix.

Selon moi, Joe Byrne était à l'origine de la rumeur. Cet ingénieur de Systems Tech avait été embauché par Partco et aurait raconté à ses anciens collègues que l'entreprise était douée pour négocier des prix à la baisse. Bien entendu, il ne savait rien des vraies raisons. Cependant, des ennuis sont venus du fait que nos clients avaient l'impression de ne pas être traités équitablement. Baisser nos prix signifiait enregistrer une perte de revenus, mais ne pas le faire risquait de nous faire perdre des clients. Au cours des six mois qui ont suivi, nos ventes ont décliné de près de 40 %. À titre de directeur des ventes, je me sentais mal chaque fois que je présentais les chiffres à Fred.

En ce qui concernait Dinah, j'étais face à un problème de taille. À l'interne, tout le monde l'évitait. La décroissance risquait d'entraîner des mises à pied et les employés l'estimaient responsable des congédiements effectués à la production. Les frictions ont empiré. Dinah avait de plus en plus de mal à communiquer avec ses collègues et avec les autres services, au point de ne plus pouvoir accomplir normalement ses tâches.

Deux mois après l'incident Partco, Fred m'a convoqué à son bureau et m'a suggéré de congédier Dinah. Il s'inquiétait pour notre rendement. Bien qu'il n'ait eu aucun ressentiment contre elle, il estimait qu'elle devait partir, car sa présence nuisait à la productivité générale de mon service. J'ai pris la défense de Dinah en affirmant que l'histoire Partco allait se calmer et qu'avec le temps je pourrais arranger les choses. Je lui ai rappelé ce qu'avait accompli Dinah et j'ai insisté pour la garder. Fred ne s'est pas obstiné, mais j'avais toujours le même problème sur les bras.

La situation s'est d'ailleurs envenimée. J'ai décidé d'essayer de la régler moi-même. Je connaissais Dinah depuis plusieurs années et j'avais avec elle de bonnes relations avant cet épisode malheureux. Je l'ai invitée à dîner pour que nous puissions discuter de la question. J'ai admis que l'incident des pièces Partco lui avait causé beaucoup de stress et je lui ai proposé d'aller sur la côte Ouest pour s'occuper de ce secteur de façon autonome.

Ulcérée par ma suggestion, Dinah m'a demandé pourquoi je ne la renvoyais pas tout simplement. J'ai réagi en lui rappelant qu'elle avait tout déclenché en prenant contact avec Partco. Elle a contre-attaqué en m'accusant de jouer les laquais, d'avoir abordé la question avec Fred et de lui apporter maintenant la réponse de la direction. Elle a affirmé que je n'avais même pas tenté de trouver une solution et que je n'avais pas le cran de défendre ce qui était juste. Selon elle, je protégeais mes arrières en ménageant Fred. À titre de directeur, j'aurais dû la soutenir et la soulager d'une partie de ce qu'elle subissait. Finalement, elle a refusé d'être mutée ou de démissionner. Elle m'a dit que je n'avais qu'à la congédier, puis elle s'est levée et a quitté le restaurant.

Je suis resté stupéfait. Je l'ai regardée partir en me demandant quelle erreur j'avais commise et en me posant une multitude de questions: Moralement, est-ce que Dinah avait pris la bonne décision? Avais-je eu raison de défendre la position de MagRec? Aurais-je dû m'opposer à Fred? Aurais-je dû passer par-dessus lui pour présenter directement le problème à M. Leed? Étais-je en train de mal agir? Aurais-je dû écouter Fred et congédier Dinah? Et si je ne le faisais pas, comment ramener la paix dans mon service? Et si Dinah avait raison, n'aurais-je pas dû prendre sa défense plutôt que celle de l'entreprise?

Questions

1. Mettez-vous à la place de ce cadre supérieur, surnommé Pat. Que devriez-vous faire maintenant? Connaissant tous les détails de cette affaire, agiriez-vous différemment à l'avenir?
2. Estimez-vous que Dinah avait raison? Pourquoi? À sa place, auriez-vous agi différemment? Si oui, sur quel plan et pour quelles raisons?
3. En vous fondant sur la théorie de la dissonance cognitive, expliquez les décisions prises par Pat, Dinah et Fred.

CAS Nº 9

C'EST TROP INJUSTE ![49]

Étudiante de dernière année à l'Université du Québec à Montréal (UQAM), Marie Lalonde avait passé plusieurs entrevues d'emploi. Elle faisait partie des meilleurs étudiants de sa classe, participait activement à nombre d'activités parascolaires et avait gagné le respect de ses professeurs. Chaque société qui l'avait reçue lui avait fait des propositions. Après mûre réflexion, elle avait finalement décidé d'accepter l'offre d'une multinationale, Produits universels. Le salaire proposé (50 000 $) et les avantages sociaux étaient excellents. De plus, il semblait y avoir des possibilités de promotion intéressantes.

Marie prit son poste quelques semaines après l'obtention de son diplôme et maîtrisa très rapidement ses tâches et responsabilités. À plusieurs occasions, on lui demanda de prolonger sa journée de travail, car les délais de remise de certains rapports étaient serrés. Elle accepta sans hésiter, bien qu'en tant qu'employée exemptée elle n'ait pas été rémunérée pour ses heures supplémentaires. De plus, elle rapportait assez souvent du travail chez elle pour approfondir certaines analyses. Elle venait même parfois au bureau les fins de semaine pour faire le point sur l'avancement de ses projets ou simplement pour se mettre à jour dans la montagne de courrier accumulé.

Un jour, son directeur lui confia une tâche relativement difficile. Apparemment, une usine située au Costa Rica connaissait des problèmes de production. La qualité de l'un des produits était très douteuse et les rapports fournis sur cette question étaient assez déroutants. On demanda à Marie de faire partie de l'équipe chargée d'examiner le problème de qualité et le sujet de l'élaboration des rapports. L'usine était située près de ses sources de matières premières, en plein cœur de la jungle. Aussi, pendant trois semaines, l'équipe envoyée sur place dut-elle s'accommoder de conditions de séjour difficiles. Elle parvint cependant, au cours de cette période, à trouver l'origine du problème de qualité, à corriger la situation et à améliorer les procédures d'élaboration des rapports.

Le chef d'équipe, un ingénieur qualité, fit parvenir la note suivante au directeur de Marie : « Je tenais à vous informer de l'excellent travail effectué par Marie Lalonde au cours de notre séjour au Costa Rica. Ses suggestions et ses idées concernant les procédures d'élaboration des rapports nous ont été précieuses. Sans son aide, nous aurions sans doute dû rester trois semaines de plus. Or, personnellement, j'en avais plus qu'assez des moustiques ! Merci de nous l'avoir envoyée. »

Comme la plupart des entreprises, Produits universels possède un système d'évaluation annuelle du rendement des employés. Comme Marie venait de passer un peu plus de 12 mois au sein de la société, le temps de son évaluation était venu. Lorsqu'elle entra dans le bureau de son directeur, elle était nerveuse, car c'était sa première évaluation et elle ne savait trop à quoi s'attendre. Une fois la porte refermée, il y eut un échange de plaisanteries visant à détendre l'atmosphère. Puis Robert entra dans le vif du sujet.

ROBERT — Comme je vous l'ai dit la semaine dernière, Marie, cette rencontre va me permettre de vous faire part de mon appréciation de votre travail. Vous n'êtes pas sans savoir que rendement et rémunération vont de pair. Comme la philosophie de notre société est de récompenser les éléments performants, nous abordons ces évaluations avec beaucoup de sérieux. J'ai consacré pas mal de temps à penser à votre rendement au cours de l'année écoulée. Avant de vous en parler, j'aimerais connaître vos impressions sur Produits universels, sur vos tâches, ainsi que sur moi, en tant que directeur.

MARIE — Sincèrement, Robert, je n'ai pas à me plaindre. Tout ce qui concerne Produits universels et mon poste correspond à ce qu'on m'avait présenté. J'aime beaucoup travailler ici. Le personnel est très obligeant et, dans mon équipe, l'atmosphère est agréable. Mon poste offre beaucoup de défis à relever. Je sens qu'on m'estime et j'ai l'impression d'avoir un rôle à jouer. Vous-même, vous vous êtes montré patient et prévenant à mon égard. Dès mon arrivée, vous m'avez permis de m'engager pleinement et vous avez bien accueilli mes opinions. J'ai beaucoup appris avec vous et je vous en remercie. En résumé, je suis heureuse d'être ici.

ROBERT — Parfait, Marie. C'est ce que j'espérais vous entendre dire parce que, de mon point de vue, la plupart des personnes avec qui vous travaillez ressentent la même chose. Avant d'aborder la dimension qualitative de cette évaluation, permettez-moi d'en examiner avec vous la dimension quantitative. Comme vous le savez, le classement va de la note 1, la plus basse, à la note 5, la plus élevée. Je vais passer en revue les diverses catégories et je vous donnerai les détails de mon raisonnement pour chacune d'elles.

Robert commença par la catégorie 1 (quantité de travail) et finit par la catégorie 10 (travail en équipe). Il accorda à Marie la note 4 ou 5, selon la catégorie. En fait, elle n'obtint que deux fois la note 4, et Robert lui expliqua que c'était normal puisqu'il s'agissait de domaines requérant une certaine amélioration de la part de la majorité des employés.

ROBERT — Comme vous pouvez le voir, je suis très satisfait de votre rendement. Vous avez reçu les notes les plus élevées jamais accordées à l'un de mes subordonnés. Votre attitude, votre motivation et votre contribution sont très bien vues. L'équipe en mission au Costa Rica n'a eu que des louanges à votre égard. De plus, la directrice de l'usine m'a confié que personne avant vous n'avait pu aussi bien lui expliquer les procédures d'élaboration des rapports. Devant une telle réussite de votre part, que je qualifierais d'épatante, je suis ravi de vous accorder dès aujourd'hui une augmentation de 10 % !

MARIE (bouche bée et les yeux brillants) — Robert, franchement, je n'en reviens pas ! Je ne sais pas quoi dire… Je vous remercie beaucoup. J'espère pouvoir mériter votre confiance et continuer de faire un aussi bon travail. Merci, vraiment, merci !

Marie prit congé de son directeur, le remercia encore vivement et sortit du bureau avec un large sourire. Elle était aux anges. Non seulement l'évaluation de son rendement lui avait paru des plus cordiales, mais ses notes étaient remarquables et l'augmentation de salaire la satisfaisait pleinement. Elle savait pertinemment, pour en avoir discuté avec des collègues, que Produits universels n'accordait en moyenne que des augmentations de 5 %. Elle s'était préparée à se contenter d'un tel pourcentage, ou peut-être à obtenir 6 ou 7 %. Alors 10 %… C'était super ! Incroyable !

En se rendant à son bureau, elle croisa Suzanne, une collègue.

SUZANNE — Eh ! Marie ? Perdue dans tes pensées ? T'as l'air en forme ! On dirait que tu as eu de bonnes nouvelles. Quoi de neuf ?

Récemment engagée, Suzanne Gauthier travaillait également avec Robert. Elle aussi était diplômée de l'UQAM, de la promotion qui avait suivi celle de Marie. Elle avait été une étudiante brillante, parmi les meilleurs, autant dans ses études que dans les activités parascolaires. Ses professeurs l'avaient chaudement recommandée.

MARIE — Oh ! excuse-moi, Suzanne. Je pensais à Produits universels et aux avantages qu'il y a à travailler ici.

SUZANNE — Oui, c'est vraiment magni…

MARIE — Et j'arrive de ma première évaluation de rendement. Il n'y a pas de quoi fouetter un chat ! En fait, ça m'a vraiment remonté le moral. J'ai trouvé ça stimulant. J'ai obtenu un très bon classement et je suis impatiente de recommencer l'an prochain ! On a de la chance de travailler ici.

SUZANNE — Tu peux le dire. J'ai été sidérée qu'ils m'engagent dès la fin de mes études, surtout à un tel salaire. Entre toi et moi, je commence à 58 000 $! Non, mais, t'imagines ! Je n'en croyais pas mes oreilles !… Marie ? Marie, où vas-tu ? Marie, pourquoi me dis-tu que c'est injuste ?… Marie…

Questions

1. Décrivez l'attitude de Marie avant et après sa conversation avec Suzanne. Y a-t-il eu un changement ? Si oui, pourquoi ?
2. À votre avis, que va faire Marie dans l'immédiat ? Et plus tard ?
3. Quelles théories de la motivation s'appliquent le mieux à ce scénario ? Justifiez votre réponse.

CAS Nº 10

LA SOCIÉTÉ HOVEY & BEARD[50]

La société Hovey & Beard fabriquait différents jouets en bois : animaux, jeux de construction, jouets à traction, etc. Une phase de la fabrication consistait à vaporiser de la peinture sur les jouets encore partiellement assemblés. Des jeunes femmes accomplissaient ce travail.

Les pièces étaient découpées, polies et à moitié assemblées, puis trempées dans la laque avant d'être définitivement peintes. La plupart des jouets étaient bicolores, à l'exception de quelques-uns, qui étaient multicolores.

Pendant des années, la peinture s'était faite à la main, chaque travailleuse se chargeant d'un jouet donné. Afin de répondre à une augmentation considérable des commandes, les ingénieurs de l'usine avaient entièrement réorganisé le processus, de telle sorte que les huit travailleuses qui peignaient les jouets étaient désormais assises l'une à côté de l'autre, le long d'une chaîne sans fin munie de crochets. Continuellement en mouvement, ces derniers passaient devant elles avant d'entrer dans un long four horizontal. Chaque jeune femme était assise dans une cabine construite de façon à éliminer les vapeurs et à faire écran aux éclaboussures de peinture. L'employée prenait un jouet sur le plateau, le maintenait avec une pince, vaporisait dessus les couleurs voulues en suivant le dessin, puis le suspendait au crochet qui passait. Les ingénieurs avaient déterminé le mouvement des crochets de façon que chaque travailleuse, une fois expérimentée, ait le temps de peindre un jouet puis de l'accrocher à la chaîne avant que le crochet ne soit hors d'atteinte.

On avait institué un système de récompenses pour les jeunes femmes préposées à la peinture. Comme elles n'étaient pas accoutumées à ce travail, elles recevaient une prime d'apprentissage qui diminuait régulièrement pour finir par disparaître au bout de six mois. Elles étaient alors censées avoir atteint les normes établies et pouvoir percevoir la prime de groupe accordée pour le dépassement d'un certain niveau de production.

Au cours du deuxième mois d'apprentissage, des difficultés surgirent. Les ouvrières progressaient plus lentement que prévu. Leur production allait manifestement se situer bien en deçà du seuil fixé. De nombreux crochets étaient inutilisés. Les jeunes femmes se plaignaient que ceux-ci défilaient trop vite et que l'expert qui avait déterminé le rythme de production avait mal calculé la vitesse du mécanisme. Certaines démissionnèrent et durent être remplacées, ce qui compliqua le problème de l'apprentissage. L'esprit d'équipe que la prime de groupe devait susciter automatiquement, au dire de la direction, n'émergeait pas ; ou, plutôt, il se manifestait dans ce que les ingénieurs appelaient un « mouvement de résistance ». La jeune travailleuse que le groupe considérait comme leader – et qui, aux yeux de la direction, passait pour être le chef de bande – exposa carrément à la contremaîtresse les divers griefs collectifs : c'était un travail sale ; les crochets avançaient trop rapidement ; la prime d'encouragement était mal calculée ; la chaleur intense que dégageait le four était très incommodante.

On fit appel à une consultante afin qu'elle travaille en collaboration avec la contremaîtresse. Après plusieurs entretiens, elle suggéra qu'on réunisse les ouvrières et qu'on procède à un examen général des conditions de travail. La contremaîtresse hésita quelque peu, puis finit par donner son accord.

Les huit jeunes femmes participèrent à la première réunion, qui eut lieu à 16 h, soit en dehors des heures de travail. Elles répétèrent leurs arguments : les crochets passaient trop rapidement ; le travail était très sale ; la pièce était surchauffée et fort mal aérée. Chose curieuse, elles se plaignaient surtout de l'aération défectueuse. La contremaîtresse promit de discuter avec les ingénieurs du problème de la ventilation et de la température, et convint d'une autre réunion où elle leur communiquerait le résultat de ses démarches. Au cours des jours qui suivirent, elle eut plusieurs entretiens avec les ingénieurs. Ces derniers ainsi que le directeur de l'usine croyaient qu'il s'agissait d'une fabulation et qu'un réaménagement efficace nécessiterait des frais énormes.

La contremaîtresse était assez inquiète en arrivant à la deuxième réunion. De leur côté, les travailleuses ne paraissaient pas trop pessimistes, peut-être parce qu'elles-mêmes avaient une proposition à faire. Elles pensaient que la situation s'améliorerait beaucoup si on installait plusieurs gros ventilateurs pour faire circuler l'air à leurs pieds. Après quelques discussions, la contremaîtresse convint qu'un essai était possible. Avec la consultante, elle soumit la proposition au directeur de l'usine, et trois gros ventilateurs furent achetés.

Les appareils furent livrés, à la grande joie des jeunes femmes. Pendant plusieurs jours, on les plaça dans différents endroits de la pièce, jusqu'au moment où on trouva les positions qui convenaient à tout le monde. Les résultats paraissaient satisfaire les ouvrières, dont les relations avec la contremaîtresse s'améliorèrent très sensiblement.

Après cette expérience encourageante, la contremaîtresse pensa que d'autres réunions pourraient se révéler utiles. Elle demanda donc aux jeunes femmes si elles aimeraient se retrouver à nouveau pour examiner leur travail. Celles-ci le désiraient vivement. Une nouvelle réunion eut lieu, au cours de laquelle la discussion se concentra bientôt sur le mouvement des crochets. Les travailleuses soutenaient qu'on en avait exagéré la vitesse et qu'elles ne pourraient jamais utiliser tous les crochets pour percevoir la prime.

Le débat atteignit son point culminant quand le leader du groupe expliqua que la difficulté ne résidait pas dans le fait que les ouvrières ne pouvaient suivre le mouvement des crochets, mais dans le fait qu'elles ne pouvaient maintenir ce rythme toute la journée. La contremaîtresse voulut approfondir la question. Les jeunes femmes reconnurent qu'elles pouvaient, si elles le voulaient, accorder leur cadence avec celle de la chaîne pendant de courtes périodes. Cependant, elles ne le voulaient pas car, pensaient-elles, on exigerait alors qu'elles maintiennent ce rythme toute la journée. La réunion se termina par la formulation d'une demande inusitée: «Laissez-nous régler nous-mêmes la vitesse de la chaîne.» Il fut convenu que la contremaîtresse soumettrait cette requête au directeur de l'usine et aux ingénieurs.

Les ingénieurs accueillirent défavorablement cette suggestion. Néanmoins, il fut admis, après plusieurs réunions, qu'on pouvait faire varier jusqu'à un certain point la vitesse des crochets sans nuire à la qualité des produits. Après maintes discussions avec les ingénieurs, on s'entendit pour mettre à l'essai le système proposé par les travailleuses.

Non sans appréhension, la contremaîtresse fit installer dans la cabine du leader du groupe un cadran de contrôle indiquant les degrés: lent, moyen, rapide. Il était désormais possible à la jeune femme d'ajuster la vitesse comme elle le désirait, à l'intérieur des limites fixées par les ingénieurs.

Enchantées, les ouvrières passèrent plusieurs de leurs pauses repas à essayer de déterminer à quelle vitesse elles devaient régler la chaîne selon les moments de la journée. Après une semaine d'essai, elles décidèrent que, pendant la première demi-heure, elles accompliraient le travail à une cadence qu'elles considéraient comme moyenne et qui se situait légèrement au-dessus du cran marqué «moyen». Pendant les deux heures et demie suivantes, elles travailleraient à la vitesse maximale. Pendant la demi-heure précédant et suivant l'heure du repas, leur rythme serait lent. Le reste de l'après-midi, leur vitesse de travail serait maximale, sauf pendant les 45 dernières minutes de la journée, où elles accompliraient leur tâche à une cadence moyenne.

Il est intéressant de remarquer que la vitesse constante fixée à l'origine par les ingénieurs était légèrement inférieure à celle du cran marqué «moyen». La cadence de travail moyenne des jeunes femmes se situait dans la moitié supérieure du cadran de contrôle. De plus, très peu de crochets vides pénétraient dans le four, voire aucun. À l'examen, on constata que le nombre de jouets rejetés provenant de la salle de peinture n'avait pas augmenté.

La production s'accrut et, en moins de trois semaines – deux mois avant la fin de la période fixée pour la prime d'apprentissage –, elle se situait entre 30 et 50 % au-dessus de l'objectif prévu dans le plan original. Bien entendu, les ouvrières recevaient aussi des salaires plus élevés qu'on ne s'y attendait. Elles avaient leur salaire de base, plus la prime de groupe liée au rendement atteint et la prime d'apprentissage, qui, on s'en souviendra, devait décroître avec le temps. Les jeunes femmes gagnaient maintenant plus que plusieurs ouvriers spécialisés d'autres services de l'usine.

Nombreuses furent les plaintes adressées à la direction: on n'acceptait pas pareille injustice. La tension monta entre le directeur de l'usine et la contremaîtresse, entre les ingénieurs et la contremaîtresse, entre le directeur de l'usine et les ingénieurs. La situation devint intenable lorsque le directeur de l'usine annula la prime d'apprentissage et rétablit les choses au point où elles étaient auparavant dans la salle de peinture.

La vitesse constante de la chaîne fut ramenée au rythme qu'elle avait au début. La production baissa de nouveau. En moins d'un mois, six des huit travailleuses avaient quitté leur emploi. Quant à la contremaîtresse, elle resta à son poste pendant quelques mois encore. Puis, s'estimant lésée, elle donna sa démission.

Questions

1. Selon les critères de la théorie des caractéristiques de l'emploi, comment se distingue le travail effectué par les peintres avant et après les

changements apportés ? Comment peut-on expliquer l'incidence positive de la nouvelle conception de leur poste ?

2. La prime d'apprentissage a-t-elle été utilisée adéquatement dans ce cas ? Comment peut-on expliquer son incidence sur la motivation ? Est-ce que d'autres approches susceptibles de conduire à des résultats semblables auraient pu être envisagées ?
3. Comment expliquez-vous la situation exposée dans le dernier paragraphe ? Quelles actions de gestion auraient permis d'éviter une telle conclusion ?

CAS N° 11

LA SOCIÉTÉ AÉRIENNE MARITIME[51]

Fondée en 1938, la société aérienne Maritime emploie un peu plus de 15000 personnes, exploite un parc de 107 avions et occupe le 19e rang mondial des transporteurs aériens. Malgré sa réussite, elle fait face actuellement à une vive concurrence : les itinéraires qui constituaient autrefois sa chasse gardée sont désormais desservis par plusieurs sociétés qui veulent s'emparer d'une part du marché. Toutefois, elle est convaincue qu'elle peut conserver la sienne et même l'agrandir. C'est pourquoi elle a lancé un ambitieux programme de 4 milliards de dollars, s'échelonnant sur une période de 10 ans, visant à améliorer le moral des employés de première ligne.

L'une des premières étapes de la réforme a été la mise en place d'un programme d'amélioration du travail (PAT) concernant les employés affectés au hangar d'entretien aéroportuaire. Son concepteur, Andreas Speer, est un psychologue industriel de renom qui a reçu de nombreux éloges pour un projet similaire réalisé pour le compte de la société de téléphone du Nouveau-Brunswick et dont les résultats avaient été excellents. Grâce au PAT, la productivité et la satisfaction professionnelle se sont grandement améliorées, tandis que la rotation du personnel et l'absentéisme ont baissé. Un an après l'entrée en vigueur du PAT chez Maritime, l'approche de M. Speer s'avérait de nouveau très efficace.

La même année, les autres services de Maritime ont commencé à s'intéresser au programme du psychologue. Se rendant très vite compte de ses effets sur le moral et la productivité des employés, ils ont demandé à en bénéficier également.

L'Association des employés des sociétés aériennes du Canada, en particulier, perçut immédiatement les avantages du système de M. Speer. Ce syndicat, qui représente quelque 3 000 agents de réservation et préposés à l'accueil des passagers, négociait à la même époque sa convention collective avec la société Maritime. Celle-ci lui fit une concession : son service des réservations serait le prochain à bénéficier du PAT. La nouvelle se répandit rapidement dans l'entreprise. Profitant de l'optimisme ambiant lié à la réussite du PAT dans le hangar d'entretien, Maritime proclama que le programme serait le plus bel exemple de sa philosophie de « qualité de vie au travail ». Le PAT éliminerait enfin les tâches ingrates : les agents allaient redevenir des êtres humains à part entière ; on ne pourrait plus les considérer comme de simples excroissances de l'ordinateur. L'enthousiasme des employés grandissait.

Pourtant, personne au sein du service des réservations n'avait pris le temps de se poser la question suivante : « Comment le PAT va-t-il concrètement changer mon travail quotidien ? »

Le service des réservations employait plus de 300 agents, dont 16 superviseurs, 3 chefs de service, un chef d'entretien pour le matériel informatique et un chef des réservations. Chaque superviseur était responsable d'une équipe composée d'une vingtaine d'agents de réservation. Ces derniers étaient chargés de répondre au téléphone, de communiquer les tarifs et d'effectuer les réservations. Ils devaient consacrer 80 % de leur temps de travail à ces tâches. Chacun d'eux répondait à près de 115 appels téléphoniques par jour. L'objectif du chef des réservations consistait à atteindre un indice de rapidité du service (RDS) de 80 % : les agents devaient répondre à 80 % des appels dans les 20 secondes suivant la première sonnerie. À cette époque, l'indice RDS avoisinait 65 %.

Selon une étude entreprise quelques mois auparavant, le moral des membres de l'Association des employés des sociétés aériennes du Canada était au plus bas, comme le confirmaient un taux d'absentéisme élevé et une faible productivité. D'après les résultats de l'étude, seuls les employés de la section « Vols nolisés et circuits touristiques » étaient satisfaits de leur travail. Dans cette unité du service des réservations, la surveillance était réduite au minimum et il n'y avait pas de pointeuse. En outre, les agents fixaient leurs priorités de travail. Toute personne souhaitant être mutée là devait faire preuve d'une très grande compétence. À la lumière de ces résultats, M. Speer décida qu'on implanterait le PAT dans les différentes sections du service des réservations, en faisant passer en dernier celle des « Vols nolisés et circuits touristiques ».

Au cours de la mise en œuvre du PAT au sein du service des réservations, le psychologue analysa et décomposa les tâches de chaque agent, puis regroupa les employés en fonction de leur savoir-faire. Ainsi, un agent type travaillait normalement avec un terminal à écran cathodique, répondait aux appels à l'aide d'un casque téléphonique, indiquait les tarifs et réservait les billets d'avion, les voitures et les chambres d'hôtel. Selon M. Speer, toutes les nouvelles équipes devaient être autonomes et se composer du personnel suivant :

- un spécialiste des questions relatives aux avions et au matériel ;
- un spécialiste des circuits touristiques ;
- un spécialiste des tarifs parfaitement au fait des barèmes souvent complexes et déroutants ;
- une personne chargée de diriger l'équipe en l'absence du superviseur attitré.

Chaque équipe aurait le droit d'élire un membre pour la représenter lorsque la direction étudierait les possibilités d'appliquer de nouvelles règles et pratiques.

Les problèmes surgirent dès la mise en place du PAT. Allant plus loin que les recommandations de M. Speer, les équipes désignèrent des remplaçants pour chacun des spécialistes. Ces derniers passaient de longues heures à aider leurs collègues au lieu d'exécuter leurs tâches courantes. Si l'un des spécialistes était occupé, l'agent qui avait besoin de lui consultait son remplaçant, le détournant ainsi de son travail habituel. De plus, chaque spécialiste appartenant à une équipe participait à un comité qui se réunissait au moins une fois par mois. Avant l'entrée en vigueur du PAT, il était exceptionnel que trois ou quatre agents discutent ou circulent dans un bureau, sauf pendant la pause. Après la mise en place du programme, il n'était pas rare de voir plus de trois ou quatre agents ailleurs qu'à leur poste de travail : tous se déplaçaient et discutaient. Les employés semblaient être en pause en permanence. Les superviseurs s'étaient vu assigner un rôle d'observateur qui leur accordait très peu de pouvoir pour mettre un terme aux abus des agents. L'indice RDS tomba bientôt sous le seuil de 50 %.

Huit mois plus tard, la direction adressa une directive au service des réservations, notifiant au syndicat la fin du PAT. En moins de temps qu'il n'en faut pour le dire, les spécialistes des équipes retrouvèrent leur poste de préposé au téléphone et les superviseurs eurent carte blanche pour rappeler à l'ordre quiconque enregistrait un indice RDS inférieur à 80 %. L'entreprise fit installer un système informatique plus perfectionné pour compiler les statistiques relatives au rendement des divers agents. Ce dernier enregistrait les données suivantes : le nombre d'appels auxquels les agents répondaient, la diligence des agents à atteindre l'objectif de RDS fixé, l'indice de fatigue et la durée moyenne des appels. Les renseignements étaient regroupés par agent, par équipe et pour le service dans son ensemble, et ce, suivant un rythme horaire, journalier, mensuel et annuel. La direction de Maritime voulait ainsi suivre de près le rendement des agents, des superviseurs et des cadres. Il semblait bien qu'il ne serait plus question avant longtemps de concepts aussi vagues que l'enrichissement et l'élargissement des tâches ou la qualité de la vie au travail.

Six mois après la fin du PAT au sein du service des réservations, l'indice RDS avait atteint un niveau tout à fait satisfaisant de 83 %.

Questions

1. Cernez et analysez les raisons principales de l'échec du PAT au sein du service des réservations.
2. D'après vous, cette version du PAT était-elle adaptée au service des réservations ? Justifiez votre réponse.
3. Si vous faisiez partie de la haute direction de Maritime, feriez-vous de nouveau appel aux services de M. Speer ? Comment voyez-vous le rôle du consultant en matière de conception et d'enrichissement des tâches, d'une part, et en matière de motivation, d'autre part ?
4. Quelles mesures suggéreriez-vous pour améliorer l'efficacité du service des réservations ?

CAS N° 12

PIZZERIA IDÉALE

Le restaurant Pizzeria Idéale de Charlesbourg, au nord de Québec, est la deuxième plus grande franchise de la chaîne au Canada. Son siège social est situé à Montréal. Malgré ses succès financiers, cette franchise de la région de Québec est aux prises avec des problèmes de gestion des ressources humaines.

Chacune des franchises est dirigée par un gérant de restaurant, un gérant adjoint ainsi que de deux à cinq gérants de nuit. Le gérant de restaurant est sous la responsabilité d'un directeur régional. Les critères pour être gérant de restaurant ou gérant adjoint ne sont pas clairement établis. L'entreprise n'offre pas de période de formation formelle aux gérants. On n'exige pas d'études universitaires pour occuper ces postes. Au cours des quatre années pendant lesquelles la personne qui a relaté ce cas a travaillé au restaurant Pizzeria Idéale, les gérants successifs étaient relativement jeunes (âgés de 24 à 27 ans) et un seul possédait un diplôme universitaire. Ils avaient tous été gérants de nuit ou gérants adjoints, ou les deux.

Les gérants de nuit des différentes franchises sont choisis pour leur habileté à exécuter le travail des employés réguliers. Les gérants adjoints, pour leur part, consacrent deux heures par jour, cinq jours par semaine, à se familiariser avec la comptabilité et la gestion de la franchise. Chez Pizzeria Idéale, les gérants de restaurant sont contraints de demeurer gérants, à moins qu'ils ne veuillent investir dans la société.

La plupart des employés de la franchise de Charlesbourg étudient au cégep ; les autres fréquentent l'école secondaire. Ces derniers sont confinés aux tâches les moins stimulantes. Étant donné le marché de l'emploi difficile dans la région québécoise, le restaurant n'a aucune difficulté à pourvoir ses postes vacants. Tout le personnel, à l'exception du gérant de restaurant, travaille à temps partiel. Les employés sont rémunérés au salaire minimum.

Le système de Pizzeria Idéale est conçu de telle sorte que les coûts et les profits de la nourriture et des boissons permettent de calculer un ratio. Si le ratio de nourriture non vendue – ou endommagée de quelque façon que ce soit – est très faible, le gérant obtient une prime. S'il est élevé, le gérant ne reçoit pas de prime et ne touche que son salaire de base.

Plusieurs raisons peuvent expliquer les fluctuations de ce ratio. Premièrement, en l'absence du gérant, qui ne peut évidemment pas être présent dans le restaurant 24 heures sur 24, certains employés compensent leur faible salaire en se servant de nourriture à leur guise. Deuxièmement, lorsqu'un ami commande une pizza, on la garnit généreusement d'ingrédients. Troisièmement, une vingtaine d'employés peuvent grignoter tout au long de la journée. Quatrièmement, un contenant de sauce peut être renversé et une pizza, brûlée.

Si l'une des situations décrites précédemment se présente, le règlement du restaurant stipule que le membre du personnel qui commet l'erreur doit rembourser les frais correspondants. Cependant, à cause de la pression du groupe, il est rare que le gérant de nuit fasse payer la facture à l'employé fautif. C'est le restaurant qui absorbe la perte, et l'erreur passe inaperçue jusqu'à la fin du mois, quand on dresse l'inventaire. Le gérant du restaurant découvre à ce moment-là seulement que le ratio est élevé et qu'il ne recevra pas de prime.

Dans la situation qui nous intéresse, le gérant prit des mesures de représailles. Auparavant, pour chaque période de travail de six heures, un employé avait droit à une pizza et à une salade gratuites, ainsi qu'aux boissons gazeuses à volonté. Le gérant changea cette pratique en faisant passer de six à neuf le nombre d'heures de travail requis pour avoir droit à ces privilèges. Cependant, ayant bénéficié pendant longtemps de la gratuité de la nourriture et des boissons pour une période de travail de six heures, les employés ont réagi à ces mesures de représailles en profitant de la situation chaque fois que le gérant et son adjoint étaient absents du restaurant. Si, en principe, le gérant de nuit exerçait un contrôle total sur les activités de la pizzeria pendant la soirée, dans la réalité, il n'était pas respecté de son personnel comme l'étaient le gérant et son adjoint. Cela peut s'expliquer par le fait qu'il recevait un salaire identique à celui des employés réguliers. Il lui était donc très difficile de réprimander ces derniers, d'autant plus qu'il avait à peu près le même âge qu'eux et qu'il était même parfois plus jeune.

L'apathie grandit au sein de la pizzeria et le fossé se creusa entre les employés et la direction, alors qu'auparavant les deux constituaient un groupe uni. Étant persuadé que ces problèmes disparaîtraient d'eux-mêmes, le gérant du restaurant ne déploya aucun effort pour y faire face. Il pensait que les employés insatisfaits quitteraient leur emploi ou s'accommoderaient des nouveaux règlements. Il y eut en effet plusieurs démissions et les postes vacants furent pourvus sans aucune difficulté. Toutefois, la perte de certains employés clés s'avéra fort coûteuse pour la franchise.

Étant donné la rotation élevée du personnel, le gérant estima qu'il devait passer plus de temps en cuisine, non seulement pour y exercer une surveillance étroite, mais aussi pour remplacer parfois les travailleurs inexpérimentés. Il contrevenait ainsi directement à un règlement de la chaîne selon lequel le gérant de restaurant dirige, mais ne doit à aucun moment participer à la préparation de la nourriture. Avec le gérant à leurs côtés, les employés étaient soumis à une surveillance de tous les instants. De plus, les divergences d'opinions entre le gérant et les travailleurs expérimentés concernant la façon d'exécuter certaines tâches nuisaient à la bonne marche de l'entreprise.

Après avoir agi de cette façon pendant deux mois, le gérant put retourner à son bureau et laisser les employés se charger de toutes les opérations. Effectivement, pendant cette période, le ratio des pertes redevint bas, et le gérant reçut sa prime mensuelle. Ce dernier considéra que son problème était réglé et que les conditions ne changeraient pas, puisque le nouveau personnel était formé adéquatement.

Cependant, les nouveaux employés ne tardèrent pas à subir l'influence des anciens. Dès que le gérant retourna se consacrer essentiellement à ses fonctions de gestionnaire, le ratio des pertes recommença à augmenter. Cette fois, le gérant prit des mesures draconiennes et retira tous les avantages dont les employés bénéficiaient : il n'y avait plus de pizza, de salade ou de boisson gratuites. Étant donné la situation du marché du travail qui se détériorait, la plupart des employés n'eurent d'autre choix que de rester.

À cette époque, un nouveau directeur régional entra en fonction et son bureau fut installé à Charlesbourg, ce qui empêcha le gérant de travailler derrière le comptoir avec ses employés. Il dut donc changer de méthode pour maîtriser le ratio de pertes de nourriture et pour obtenir sa prime. Ainsi, il fit savoir par un avis exposé sur le tableau d'affichage que, si le ratio des pertes demeurait élevé, il soumettrait tous les employés à un interrogatoire à l'aide d'un détecteur de mensonges. Tous ceux qui seraient déclarés coupables seraient congédiés sur-le-champ. Ces menaces n'eurent pas l'effet escompté. Les employés savaient pertinemment que, s'ils étaient tous soumis à ce type d'interrogatoire, ils seraient tous déclarés coupables et devraient tous être congédiés. Le gérant se trouverait alors dans une situation pire que la précédente ! À la suite de l'affichage de l'avis, le gérant s'attendait à ce que le ratio du mois soit élevé. Il avait été informé par l'un des gérants de nuit des sentiments et de la réaction des employés. Cependant, il n'avait pas envisagé que le ratio des pertes atteindrait un sommet inégalé.

Questions

1. Examinez la décision du gérant de porter de six à neuf heures la durée de travail requise pour bénéficier de nourriture et de boissons gazeuses gratuites. Essayez d'appliquer chacune des théories de la motivation pour expliquer ce qui s'est produit. Laquelle d'entre elles offre l'explication la plus appropriée ? Pourquoi ?
2. Reprenez la question précédente et répondez-y en vous penchant cette fois sur la décision du gérant de travailler pendant un certain temps aux côtés des employés, puis de regagner son bureau.
3. Reprenez la question 1 et répondez-y en vous penchant cette fois sur ce qui se produit à la fin du cas.
4. Mettez au point, en vous justifiant, un programme de motivation fondé sur une ou plusieurs des théories de la motivation et visant à résoudre le problème tel qu'il se présente à la fin du cas.

CAS N^O 13

UN MEMBRE OUBLIÉ[52]

Le cours intitulé « Comportement organisationnel » semble fournir aux étudiants de nombreuses occasions de mettre en application plusieurs des notions présentées dans le manuel de référence et traitées dans les discussions en classe, et ce, en y prenant plaisir. Christine Spencer, étudiante zélée et studieuse, a cumulé jusqu'à maintenant de nombreux A. Si les connaissances et les aptitudes acquises pendant ses études revêtent une grande importance pour elle, les notes sont loin de la laisser indifférente. Elle estime qu'elles lui donneront un avantage capital lorsqu'elle se mettra en quête d'un emploi, ce qui ne saurait tarder, puisqu'elle effectue sa dernière année d'études.

Un dimanche après-midi, à 14h, Christine est plongée dans un devoir de comptabilité, mais ne parvient pas à se concentrer. Elle s'en sort très bien dans tous ses cours, sauf en comportement organisationnel. Un pourcentage important de la note à ce cours dépend de la qualité du travail d'équipe ; elle a ainsi l'impression de ne pas être totalement maîtresse de sa destinée, plus particulièrement de la note qu'elle obtiendra. Christine se remémore les événements des cinq dernières semaines. L'enseignante, Sandra Thiel, a réparti tous les étudiants en équipes de cinq afin qu'ils effectuent un travail d'envergure comptant pour 30 % de la note finale. Il s'agit d'analyser un cas et de rédiger un rapport d'une douzaine de pages. Elle leur a en outre demandé de présenter leur analyse à toute la classe comme s'ils s'adressaient aux « membres du conseil d'administration de l'entreprise en question ». Serait ainsi évaluée la façon dont le chef d'équipe et ses collaborateurs ont traité le problème qui leur a été soumis.

Dès la première réunion, Diane, Janet, Steve et Mike ont élu Christine chef d'équipe. De nature réservée, Diane se risque très rarement à faire des suggestions mais, si on l'interroge, elle a toujours d'excellentes idées. Mike est le boute-en-train de l'équipe. Christine se souvient de sa réaction lorsqu'elle a proposé qu'ils se rencontrent avant chaque cours de CO pour discuter de l'étude de cas de la semaine : « Pas question ! Le cours commence à 8 h 30, et j'ai déjà du mal à arriver à l'heure ! En plus, je vais rater mon émission de télévision, *Salut, bonjour !* » Ils n'avaient pu s'empêcher d'éclater de rire en le voyant si indigné. Steve a déjà une allure et une attitude d'homme d'affaires, veillant à ce que chaque réunion ait son ordre du jour et notant à la fin les résultats, atteints ou non. Janet est la personne de confiance par excellence. Elle en fait toujours plus que ce qu'on lui demande. Quant à Christine, elle se considère comme méticuleuse, organisée et donnant le meilleur d'elle-même dans tout ce qu'elle entreprend.

Cinq semaines se sont donc écoulées depuis le début de la session, et Christine réfléchit sérieusement au travail de CO. Elle a appelé ses coéquipiers pour organiser une réunion à un moment qui conviendrait à tous, mais elle semble se heurter à un obstacle : Mike ne peut être présent, car il doit, paraît-il, travailler ce soir-là pour le service de sécurité du campus. En fait, il rate la plupart de leurs réunions, faisant parvenir de petites notes à Christine pour qu'elle en fasse part aux autres à sa place. Elle ne sait comment réagir. Elle se remémore également un incident survenu la semaine précédente. Avant le début du cours, elle se tenait dans le couloir avec Diane, Janet et Steve et échangeait avec eux des plaisanteries pour passer le temps, en attendant Mme Thiel. Aucun d'eux n'avait remarqué l'arrivée discrète de Mike, qui était allé s'asseoir sans dire un mot.

Elle se souvient d'un autre incident qui s'est produit deux semaines auparavant. Ce matin-là, elle n'avait pas eu le temps de déjeuner, car elle se dépêchait pour ne pas arriver en retard à son cours de comptabilité. Après ce dernier, elle s'était donc rendue à la cafétéria pour manger rapidement quelque chose. Après avoir pris le sandwich que lui tendait la préposée, elle allait s'asseoir lorsqu'elle avait aperçu les membres de son équipe. Elle s'était jointe à eux et avait eu avec eux une conversation détendue et agréable, comme c'était toujours le cas lorsqu'ils se rencontraient à l'improviste. Mike était alors entré dans la cafétéria, s'était approché de leur table et s'était exclamé : « Personne ne m'a prévenu que nous avions une réunion ! » Surprise, Christine lui avait répondu qu'ils venaient de se retrouver par hasard et l'avait invité à se joindre à eux. Les regardant d'un air sceptique, il avait simplement marmonné « Ouais, je vois… » et s'était éloigné.

Mme Thiel leur a dit à plusieurs reprises qu'en cas de problèmes au sein d'une équipe les membres doivent d'abord faire l'effort de les affronter et de tenter de les résoudre. S'ils ne trouvent pas de solution, ils doivent lui en parler. L'attitude distante de Mike contraste tellement avec l'exubérance qu'il a manifestée à la première réunion !

Une heure s'est écoulée. Il est maintenant 15 h. Christine se rend compte qu'elle mordille nerveusement son stylo. L'équipe doit remettre son analyse la semaine suivante. Chacun des membres s'est acquitté de la section qui lui revient, mais Mike n'a remis baseball et une équipe de hockey. Les nouveaux employés recevaient des livrets présentant l'entreprise et, avant de commencer leur travail, assistaient à une réunion au cours de laquelle on leur communiquait succinctement les règlements ayant cours et divers renseignements généraux.

Même si René et Thomas nous informaient de ce qui se passait dans l'entreprise, notamment de la date des réunions, la communication sur la plateforme d'expédition était surtout ascendante. Ainsi, lorsque j'ai demandé à René d'être muté à un poste administratif, il en a parlé à Gérard, le directeur. J'ai effectué des tests au service du personnel, mais les résultats ne m'ont jamais été communiqués et personne n'a plus évoqué ma demande de mutation.

J'ai pourtant remarqué certains efforts de communication, notamment la tenue de réunions officielles pour discuter de la participation aux bénéfices, de même que des plans et des suggestions visant l'amélioration de la sécurité. Finalement, des radiateurs furent installés sur la plateforme pour l'hiver, mais rien ne fut envisagé pour accroître l'intérêt du travail. J'imagine qu'on ne pouvait pas faire grand-chose à ce sujet. La direction pensait peut-être que l'amélioration des conditions de travail et de la sécurité ainsi que la participation aux bénéfices compenseraient ce problème.

Je vous ai présenté un résumé de ma première expérience de travail à temps complet, expérience que je ne suis pas près d'oublier.

Questions

1. Un gestionnaire doit être à même d'offrir à ses subordonnés un climat de travail qui les encourage à atteindre un rendement élevé. Quel est le rôle du superviseur ou du directeur en la matière? D'après vous, Thomas, René et Gérard se sont-ils montrés à la hauteur de leurs responsabilités?
2. Dans ce récit, quelles sont les causes des conflits au sein du groupe? Comment a-t-on géré les différends? Qu'auriez-vous fait dans une situation semblable?
3. Si vous étiez à la place de René, le superviseur, quelles mesures auriez-vous prises pour améliorer:
   a) l'efficacité de l'équipe?
   b) la motivation des employés affectés à la plateforme d'expédition?

CAS Nº 15

LES ÉCURIES DE LA NASCAR[54]

Si on demande aux Américains de citer le sport le plus populaire, la plupart d'entre eux nomment le basket-ball, le baseball ou le football (ballon ovale ou ballon rond). Cependant, si on se fonde sur le nombre total de spectateurs, le titre va aux courses de stock-cars. La plus importante organisation sportive dans ce domaine est la National Association for Stock Car Auto Racing (NASCAR). Le coup d'envoi de la série de courses est donné en février et la saison se termine en novembre.

La NASCAR est devenue une puissante locomotive commerciale. Aux 3,5 millions d'aficionados qu'elle attire dans les gradins par ses courses, il faut ajouter 218 millions de téléspectateurs. De plus, la participation régulière de pilotes à des émissions de télé diffusées sur les chaînes du câble ou à des émissions de radio transmises par les réseaux nationaux suscite beaucoup d'intérêt. Le site web de la NASCAR est parmi les plus fréquentés du cyberespace. Des entreprises telles que Coca-Cola profitent de sa popularité en s'associant à une diversité de produits ou d'articles promotionnels (objets de collection, vêtements, accessoires, jouets, etc.). Quant aux voitures elles-mêmes, on les a déjà décrites comme des panneaux d'affichage roulant à 320 km/h.

Jeff Gordon est l'un des meilleurs et des plus réputés pilotes de la NASCAR. À cinq ans déjà, il faisait sensation au volant des karts et il n'a cessé d'impressionner depuis. À titre de pilote d'une automobile gagnante, Gordon n'est que la face visible d'une organisation incroyablement complexe, d'un système hautement performant dont le rendement ultime se joue sur la piste, le jour de la course. Pendant plusieurs années, sa voiture était prise en charge par les Rainbow Warriors, une équipe de mécaniciens dirigée par Ray Evernham. Sur le mur de l'atelier de ce chef d'équipe, lui-même réputé pour être le meilleur dans son domaine, une affiche rappelait ce qui suit: «La réussite est un adversaire redoutable et trompeur qui nous flatte, entretient nos points faibles et nous pousse à une confiance excessive.»

Si Gordon était la vedette, ils étaient nombreux à estimer qu'Evernham était le véritable ciment de l'organisation. À la tête d'un groupe de plus de 120 techniciens et mécaniciens, au budget annuel d'environ 12 millions de dollars américains, il avait une idée bien précise de ce qu'il fallait pour toujours finir premier : une préparation minutieuse, un travail d'équipe où l'ego n'a pas de place, une stratégie originale et sans faille. Ces principes s'appliquent à toute organisation hautement performante.

Ray Evernham croyait que l'essai de nouvelles méthodes et procédures était indispensable à toute équipe. Lorsqu'il a mis sur pied les Rainbow Warriors, intervenant au puits, aucun des techniciens n'avait d'expérience ni dans la série de la coupe Nextel/Winston ni avec le véhicule utilisé. Dirigés par un chef d'équipe de puits, les Rainbow Warriors donnaient à Gordon un avantage de près d'une seconde à chaque arrêt. À 320 km/h, cette seconde équivalait à une centaine de mètres de piste.

« Quand tu entraînes et soutiens une supervedette comme Jeff Gordon, tu lui donnes le meilleur matériel possible, tu lui fournis l'information dont il a besoin, et ensuite… tu t'enlèves de son chemin ! Cela dit, la course automobile est un sport collectif. Les écuries ont des voitures et un équipement qui se valent. Ce qui nous différencie, ce sont nos gars. J'aime bien parler d'un *QI d'équipe*, parce qu'individuellement on n'est jamais aussi intelligent qu'ensemble.

« Je tiens énormément compte des gens, de la gestion et de la dimension psychologique. Plus précisément, je me demande toujours comment motiver et souder les gens pour qu'ils forment un tout. Je les nourris d'idées sur le travail d'équipe. Je lis tout ce qui se publie sur le leadership. Or il y a une chose que j'ai retenue : c'est l'idée du *cercle énergétique*. Pour les réunions des Rainbow Warriors, nous plaçons toujours nos chaises en cercle. C'est une façon d'affirmer que nous sommes plus forts en tant qu'équipe qu'individuellement. »

Evernham concrétisait ses convictions en mettant l'accent sur le rendement collectif plus que sur celui des individus. Lorsque la voiture gagnait une course, tout le monde avait droit à une part de la somme récoltée. En outre, s'il était payé pour une conférence ou une séance de signature d'autographes, Evernham partageait ce qu'il percevait avec le reste de l'écurie. « Je n'aurais pas l'occasion de gagner ces revenus si l'équipe n'existait pas. Tout le monde doit sentir que sa touche personnelle, sa signature, apparaît sur le produit fini. »

Lorsqu'il est devenu le chef de l'équipe de Jeff Gordon, Steve Letarte s'est trouvé devant un défi de taille à relever. Après une série de succès, il a récemment été muté à la tête de l'équipe de Dale Earnhardt, coéquipier de Gordon. L'objectif était d'en « faire un Earnhardt plus professionnel et, en fin de compte, plus performant[55] ».

Ne pleurez pas sur le sort de Jeff Gordon. Sous la direction du nouveau chef de puits, Alan Gustafson, l'équipe n° 24 est toujours aussi efficace. Durant la saison actuelle, Gordon a roulé 50 % de kilomètres en plus devant le peloton que le deuxième coureur[56].

Les amateurs de courses NASCAR ne sont pas les seuls à pouvoir observer le fonctionnement d'équipes de ravitaillement. La prochaine fois que vous voyagerez à bord d'un avion de la société United Airlines, remarquez le travail du personnel de piste. Vous noterez sans doute des ressemblances avec ce que font les équipes des puits de ravitaillement sur les circuits NASCAR. Il est d'ailleurs fort possible que les membres des équipes travaillant dans l'aire de trafic aient suivi les programmes du centre d'enseignement et de formation pratique Pit Crew U, situé à Mooresville, en Caroline du Nord[57]. Un grand nombre d'organisations y envoient leurs employés. Ceux de la société aérienne y apprennent à travailler sous pression, tout en satisfaisant aux exigences de rendement d'équipe, de sécurité et de préparation. L'objectif est qu'ils changent leurs façons de faire, qui entraînent parfois des retards et des lacunes dans le service. Les équipes NASCAR doivent également éviter ces écueils pour demeurer compétitives sur le circuit. « Il s'agit de détails importants, comme nettoyer votre aire de travail et être prêt à accueillir les avions, à l'instar des équipes des puits de ravitaillement, qui doivent être préparées à recevoir les voitures », dit Marc Abbatacola, de l'aéroport international O'Hare de Chicago[58].

Joe Konkel confirme : « La formation du centre Pit Crew U s'appuie sur les principes majeurs de Georgia-Pacific. Tous les membres de l'équipe doivent avoir les compétences nécessaires, la volonté de s'engager, de s'approprier la responsabilité de la tâche et de travailler ensemble pour réaliser une vision. Il en résulte la sécurité, l'adhésion et l'efficacité, ainsi que la fierté, le sentiment d'appartenance et la bonne compréhension de la contribution de chacun. »

S'il est possible d'hériter d'équipes hautement performantes, il faut savoir les maintenir à ce niveau. Le succès n'est pas le fruit du hasard. Une équipe atteint un rendement exceptionnel grâce à un bon recrutement et à l'apprentissage méticuleux de chacun des détails du travail.

Questions

1. En quoi les tactiques de leadership de Ray Evernham correspondent-elles aux principes exposés dans cet ouvrage concernant les équipes et le travail d'équipe?
2. Quelles sont les forces et les faiblesses potentielles d'un modèle tel que celui du centre Pit Crew U pour la formation d'équipes hautement performantes dans le secteur des affaires ou au sein de tout type d'organisation?
3. Que doit faire la personne qui prend la relève d'un leader ayant la stature de Ray Evernham pour maintenir l'équipe dont elle hérite à un degré élevé de succès et pour la conduire vers des réussites encore plus grandes?

CAS N° 16

LE CAS DE LA NOUVELLE CAGE

L'unité de classement des chèques et des récépissés de la société d'assurances Atlantic se trouvait au siège social. Sa raison d'être, à savoir retrouver sur demande tout chèque émis, reposait sur le classement. Elle devait répondre quotidiennement, en moyenne, à une centaine de demandes émises par une dizaine de services qui voulaient, la plupart du temps, vérifier si les chèques avaient été encaissés. Ainsi, son efficacité se répercutait directement sur la satisfaction du client. En effet, pour satisfaire un client qui déposait une plainte ou adressait une demande de renseignements, elle devait agir avec précision et rapidité.

Cette unité se composait de neuf personnes. Mme Dunn occupait le poste de chef (soit l'équivalent d'un poste de contremaître dans une usine). Cinq autres personnes travaillaient à temps complet et trois, à temps partiel.

L'espace de travail était extrêmement bien défini. Des murs délimitaient l'espace physique sur trois côtés. La façade nord, donnant sur l'extérieur, était percée de fenêtres laissant pénétrer la lumière du jour. La cloison intérieure du côté ouest était vierge et celle qui donnait sur le sud comportait une porte ouvrant sur un couloir. Enfin, la façade est était constituée d'un grillage métallique qui s'étendait d'une cloison à l'autre et du plancher au plafond. Cette barrière de métal était à l'origine du surnom de l'unité: «la cage aux chèques». Une porte coulissante percée dans la cloison métallique permettait d'accéder à la division de la vérification, dont l'unité des chèques et des récépissés faisait partie et qui se situait au même étage.

Le territoire de l'unité était protégé par des serrures apposées sur les deux portes et toujours verrouillées. Seuls les employés de la cage pouvaient y pénétrer, de même que les personnes dont le nom figurait sur une liste confiée à Mme Dunn. Pour communiquer avec leurs collègues de la division de la vérification, les membres de l'unité de classement utilisaient la porte coulissante percée dans la cloison métallique. Les messagers extérieurs et les employés des autres services passaient par la porte qui donnait sur le couloir et devaient sonner.

Devant le grillage se trouvait une rangée de classeurs en métal où étaient entreposés les chèques. Ils abritaient les employés du regard de ceux qui travaillaient à l'extérieur de leur territoire, notamment de M. Burke, le chef de la division.

L'un des employés de l'unité avait déposé sur les classeurs des boîtes en carton servant au transport des chèques. Ces dernières étaient ensuite utilisées pour l'envoi des chèques aux archives. L'objectif de cet employé consistait moins à ranger les boîtes qu'à augmenter la hauteur de l'écran qui le protégeait de la vue du chef de la division, et ce, même lorsqu'il se levait.

Lorsque les employés de la cage voulaient discuter avec les messagers, ils se tenaient sur le seuil de la porte qui débouchait sur le couloir. C'est également par là qu'ils passaient, discrètement, pour aller chercher quelque chose à grignoter dans l'après-midi. Il leur arrivait parfois aussi de s'amuser à se lancer des élastiques.

L'atmosphère de l'unité était sympathique et amicale. Les employés travaillaient bien ensemble et suscitaient, par la même occasion, l'envie de leurs collègues. Ils ne semblaient avoir aucune difficulté à s'acquitter de leur volume de travail.

Depuis un moment déjà, le service du contrôle de gestion n'était plus en mesure de respecter les normes d'efficacité en matière de service à la clientèle. La direction incriminait la répartition de l'espace : les différentes divisions du service du contrôle de gestion étaient éparpillées dans tout l'édifice de 22 étages. Pour communiquer entre eux, les employés devaient s'envoyer des courriels ou se téléphoner, dépêcher des messagers ou se déplacer personnellement, autant de démarches qui prenaient du temps. L'aménagement de l'espace ne semblait pas avoir beaucoup d'importance lorsque le volume des affaires de l'entreprise était plus faible. Toutefois, ce dernier ne cessant d'augmenter, la dispersion physique devenait une source de désagrément et d'inefficacité.

Finalement, en novembre, la direction commença à réaménager le service du contrôle de gestion et décida de réunir deux divisions au même étage. Il s'agissait, entre autres, de la division de la vérification, dont faisait partie l'unité de classement des chèques et des récépissés. Rapidement, les gestionnaires d'échelon inférieur furent convoqués à des réunions pour organiser le déménagement. Les employés subalternes ne furent pas consultés, mais furent régulièrement informés de l'évolution de la situation par les chefs d'unité. La direction se demandait comment transporter plusieurs tonnes de matériel et déplacer en un seul lieu 200 personnes installées dans deux endroits différents, sans interruption du travail. Il fut décidé que le déménagement se ferait au cours d'une seule fin de semaine, à l'aide des ressources disponibles les plus efficaces. Les chefs d'unité furent chargés de l'emplacement des classeurs et des tables de travail dans les nouveaux bureaux.

Avant le déménagement, les tables de travail, les classeurs, les chaises et même les corbeilles à papier furent numérotés. Le chef d'unité qui se trouvait dans les nouveaux bureaux devait vérifier sur un plan si tout le mobilier se trouvait bien à l'endroit indiqué. On indiqua aux employés quel serait leur nouveau lieu de travail et on leur montra l'ascenseur qu'ils devraient prendre pour s'y rendre. L'entreprise réussit à transporter tout le matériel de l'unité de classement des chèques et des récépissés d'un étage à l'autre en une fin de semaine. Les employés de la cage quittèrent donc leur ancien lieu de travail le vendredi soir pour prendre possession du nouveau le lundi matin.

Les frontières extérieures de la nouvelle cage étaient identiques, avec trois murs et un grillage, à un détail près : il n'y avait plus qu'une issue, la porte coulissante métallique qui donnait sur l'aire de travail du reste de la division de la vérification. De plus, le territoire de la cage était plus petit. La rangée de classeurs avait dû être laissée dans l'ancien bureau, où allait s'installer une autre unité. Il n'y avait plus aucun classeur de métal le long du grillage pour protéger les employés de la cage du regard de leurs collègues.

Lorsque les employés demandèrent pourquoi les classeurs ne se trouvaient plus le long du grillage, on leur expliqua que M. Burke avait insisté pour que l'espace de la cage soit réaménagé de sorte qu'il puisse voir ce qui se passait à l'intérieur. Mme Dunn avait vainement essayé de conserver les classeurs à leur place.

M. Burke ne voulait pas que les gens discutent pendant leur travail. Comme il voyait les employés de la nouvelle cage bavarder, il « pria » Mme Dunn de mettre un frein à toutes les conversations inutiles. Les bavardages clandestins des employés avec les messagers finirent par attirer son courroux sur Mme Dunn, qui fut forcée de réprimander son équipe.

M. Burke n'aimait pas non plus le désordre. Un papier ou une boîte qui traînait le dérangeait. Il n'exerçait pas de surveillance directe, mais « pria » Mme Dunn de « faire quelque chose pour les boîtes ». Dans l'ancienne cage, des piles de dossiers traînaient toujours sur les bureaux. Dans la nouvelle, il fallait nettoyer complètement les tables de travail en fin de journée. En outre, il était désormais impossible de ranger les boîtes sur les classeurs.

La tradition de la pause café de l'après-midi fut également remise en question. En l'absence de porte donnant sur le couloir, les pourvoyeurs devaient passer par les autres bureaux de la division et rapporter des plateaux chargés de friandises à la vue de leurs collègues, dévoilant ainsi une habitude jusqu'ici inconnue. Ces derniers se dirent que c'était une bonne idée et voulurent obtenir le même privilège, mais le chef de la division ne l'entendait pas de la sorte. Il interdit purement et simplement aux employés de la cage de se livrer à leur rituel quotidien.

Par la suite, M. Burke établit une règle autorisant un seul employé de la cage à sortir à un moment précis de la journée pour rapporter à manger aux autres. Cette rigidité déplut aux employés de l'unité, habitués à grignoter quand l'envie leur en prenait ou à se passer de leur en-cas d'autres fois. Ayant fait cette concession à l'équipe de la cage, M. Burke ne put empêcher les autres employés de faire la même chose. Ce qui, un temps, avait été l'apanage de l'unité de classement des chèques et des récépissés devint pratique courante.

Si Mme Dunn semblait se conformer aux directives de son supérieur et approuver celui-ci, elle manifestait des signes évidents de stress. Tous les employés de la cage réagissaient à la domination croissante de M. Burke. Lorsqu'il leur imposa ses décisions, ils le surnommèrent « Grand-maman ». Ils se moquaient de lui et le ridiculisaient dès qu'il avait le dos tourné. Alors qu'ils avaient toujours suivi les directives de l'entreprise sans rechigner, ils se mirent à fainéanter et à faire de l'obstruction. Ils modifièrent également leur jeu de tirs d'élastiques, qu'aurait clairement désapprouvé M. Burke s'il en avait eu connaissance. Ainsi, les tirs d'élastiques devinrent tout à fait clandestins et potentiellement dangereux. Néanmoins, ils ne firent que redoubler.

Il y avait plus grave. Les chèques nouvellement arrivés disparaissaient des tables de travail aussi rapidement que possible, qu'ils aient été triés ou non. Les employés cachaient les chèques non classés dans un tiroir de leur bureau ou dans un classeur inutilisé. Comme les boîtes étaient interdites, il y avait moins de place pour le classement que dans l'ancienne cage. Le travail quotidien n'était pas toujours terminé et les employés entassaient les récépissés et les chèques, qu'ils aient été classés ou non, dans le même tiroir à la fin de la journée.

Avant de classer les chèques qui venaient d'arriver, les employés mesuraient l'épaisseur de chaque lot à trier. À la fin de la journée, ils additionnaient les épaisseurs de chèques triés et indiquaient le total à Mme Dunn. Ainsi, cette dernière avait une idée approximative de ce qui était traité et de ce qui restait à faire. Théoriquement, elle pouvait dire, en tout temps, quelle quantité de chèques restait à classer et où en était le travail de l'unité. Malgré ces vérifications permanentes, on se rendit compte, au moment de l'inventaire annuel des chèques non classés, que l'arriéré était considérable. À la consternation de Mme Dunn, on constata que l'unité était très en retard sur son programme de travail et que le classement se faisait bien plus lentement qu'avant le déménagement de la cage.

Questions

1. Quelles décisions de la direction ont entraîné une détérioration du rendement de l'unité de classement des chèques et des récépissés ?
2. Expliquez dans quelle mesure les décisions de la direction se sont répercutées sur :
   a) les ressources de l'unité ;
   b) les processus de l'unité.

   De quelles façons ont-elles contribué à détériorer le rendement de l'équipe ? Soyez précis et expliquez vos réponses en détail.
3. Compte tenu de la situation dans laquelle se trouve l'unité de classement des chèques et des récépissés, que peut-on faire pour améliorer son efficacité ? Expliquez en détail et défendez votre stratégie en vous appuyant sur les concepts abordés dans cet ouvrage.

CAS N^O^ 17

L'AUTONOMISATION DU CORPS ENSEIGNANT ET L'ÉVOLUTION DE L'ENVIRONNEMENT UNIVERSITAIRE[59]

Au niveau universitaire, les enseignants jouissent habituellement d'une très grande autonomie, ce qui leur permet d'être innovateurs dans les moyens qu'ils emploient pour atteindre les objectifs d'un cours. À l'intérieur du cadre général correspondant à la description du cours, ils disposent d'une bonne marge de manœuvre pour établir un contenu précis, concevoir des activités didactiques et déterminer quels travaux les étudiants auront à réaliser. De cette manière, ils peuvent adapter leur cours en choisissant l'approche qui semble la plus appropriée selon la situation.

Ainsi, l'enseignant qui a la responsabilité de donner un même cours à plusieurs reprises modifiera légèrement sa présentation de la matière, en insistant davantage sur tel ou tel aspect, selon le profil et les champs d'intérêt particuliers du groupe auquel il s'adresse. Les étudiants n'apprennent pas tous de la même façon et on ne peut s'en tenir toujours au même modèle pour bien les évaluer. C'est pourquoi les enseignants ont généralement la possibilité d'introduire des variantes, notamment dans l'utilisation des manuels, dans la nature précise des activités, dans le choix des tests ou dans les moyens d'évaluer les connaissances acquises par les étudiants.

L'autonomisation des enseignants s'est révélée particulièrement utile dans le contexte de la formation continue, lorsque des travailleurs à temps plein étudient à temps partiel ou lorsque des personnes retournent étudier après une longue période sur le marché du travail. Les besoins des apprenants plus âgés diffèrent de ceux des étudiants qui suivent le parcours traditionnel. Il est souvent judicieux d'ajouter aux cours qui leur sont destinés des éléments d'apprentissage liés à leurs expériences professionnelles et de prévoir un horaire compatible avec leur travail. L'enseignant doit, en outre, faire preuve de souplesse et d'ouverture. Par exemple, il arrive qu'un événement d'actualité suscite un vif intérêt pour un sujet se rapportant au cours et qu'il y ait lieu, dès lors, de réviser le déroulement prévu d'une séance ou d'allonger la période de discussion. Les exigences du cours et le calendrier de remise des travaux peuvent avoir à subir des contraintes particulières avec des étudiants plus âgés. Les personnes qui travaillent ont souvent des semaines variablement chargées et certaines doivent s'absenter pour des durées assez longues à cause de leur emploi.

Les établissements universitaires qui accordent une grande autonomie à leurs enseignants assurent le maintien de la qualité de leurs programmes d'études par la sélection et le perfectionnement de leur personnel enseignant et par la supervision qu'effectue la direction des départements. En général, celle-ci examine toute modification apportée au plan de cours, aux activités d'apprentissage, aux examens, etc. à la lumière des commentaires des étudiants et de leur évaluation formelle de l'enseignement en fin de session.

Quelle que soit l'efficacité des mesures de gestion de la qualité, on constate que la concurrence interuniversitaire commence à avoir une influence sur l'autonomie d'action des enseignants. Dans le passé, les établissements avaient tendance à se concentrer sur un territoire donné, à se spécialiser dans certains champs d'études ou dans un type d'étudiants donné, ce qui limitait la pression de la concurrence. Aujourd'hui, le marché de l'éducation n'est plus simplement local ni même national. Il se déploie de plus en plus à l'échelle mondiale. L'offre de cours en ligne accessibles par l'internet à des étudiants de régions éloignées accentue cette tendance.

La nécessité de surclasser la concurrence pour accroître leurs recettes tout en maîtrisant leurs dépenses a poussé certaines universités à calquer leur fonctionnement sur celui des entreprises. L'opération a entraîné une standardisation accrue des cours et des méthodes didactiques et, donc, une réduction de l'autonomie du personnel enseignant. Pour illustrer ce phénomène, prenons l'exemple de deux universités, l'Université A et l'Université B. Ces établissements d'enseignement québécois ont deux points communs : (1) chacun vise principalement une clientèle étudiante constituée d'adultes qui travaillent ; (2) chacun favorise la standardisation des méthodes didactiques.

L'Université A est d'emblée orientée vers les adultes qui travaillent : 82 % de ses 8 200 étudiants occupent un emploi et la moyenne d'âge est de 32 ans. Elle offre encore des cours traditionnels en classe sur son campus principal et dans ses établissements périphériques, mais a ajouté des cours en ligne standardisés dans ses programmes de 1er et de 2e cycle (dont un programme destiné au personnel militaire). Elle a mis au point ce qu'elle appelle un « format d'apprentissage équilibré », assurant la qualité uniforme des cours, de leur contenu et de leur présentation, à la fois en ligne et en classe.

L'Université B, quant à elle, a été fondée pour permettre à des étudiants peu fortunés, mais qualifiés, de travailler pour payer leurs études. Elle offre des programmes de 1er et de 2e cycle. Environ 2 000 étudiants fréquentent le campus principal et plus de 19 000 étudiants québécois, canadiens ou étrangers – principalement des adultes ayant un emploi – suivent des cours en ligne ou fréquentent l'un des sept campus répartis dans l'ensemble du Québec.

L'Université A a standardisé ses cours en prévoyant précisément les activités et les thèmes de chaque séance en classe. Les travaux demandés (problèmes à résoudre, questions sur un texte, etc.) ne sont pas déterminés par l'enseignant. L'étudiant inscrit se rend plutôt sur un site en ligne où il peut prendre connaissance des exigences auxquelles l'enseignant et lui-même doivent satisfaire. Le temps alloué aux divers thèmes et activités doit correspondre au plan préétabli pour chaque séance d'enseignement, ou du moins se situer à l'intérieur de limites permettant une souplesse relative. Tous les enseignants responsables d'une séance donnée suivent ainsi le même scénario, disent et font à peu près les mêmes choses.

Avec cette approche, l'innovation pédagogique est essentiellement l'apanage du concepteur du cours, auquel il revient normalement d'approuver toute proposition de modification. De fait, les changements sont rares, sans doute parce que plusieurs enseignants sont réticents à entrer en contact avec le concepteur du cours et à prendre le temps de s'engager avec lui dans des discussions à ce sujet.

L'Université B a entrepris de modifier ses cours selon une approche qui s'apparente à celle de l'Université A sans lui être en tout point identique. Elle a recours à des banques de tests standardisés. Des questions objectives sont choisies au hasard et les réponses sont corrigées par ordinateur. L'objectif est de réduire le caractère subjectif d'une évaluation effectuée par les enseignants (et le favoritisme qui pourrait en résulter).

La formation en ligne occupe une place de plus en plus grande, à la fois à l'Université A et à l'Université B. Les deux établissements visent à ce que l'interaction qui s'établit en ligne entre les étudiants et les enseignants soit appropriée et reflète leurs politiques. Les cours en ligne fonctionnent de telle façon que toutes les communications se font par l'intermédiaire du site web officiel ou du système de courriel de l'université, laquelle est ainsi en mesure de surveiller non seulement ce qui se passe dans la *classe virtuelle* (le site web du cours), mais aussi ce qu'on pourrait comparer aux conversations en face à face qui avaient lieu traditionnellement dans les bureaux des enseignants.

Comme les cours en ligne et toutes les activités qui s'y rapportent s'appuient entièrement sur le site web ou le système de courriel de l'établissement, les étudiants et les enseignants bénéficient, les uns comme les autres, d'une protection. Il est toujours possible de prouver qu'un travail a été ou non remis à temps et il est beaucoup plus facile de vérifier si les plaintes ou les revendications des étudiants sont fondées.

Du point de vue de l'administration des deux universités, la standardisation accrue assure une qualité uniforme des cours pour tous les étudiants, quels que soient le cadre d'apprentissage et les responsables de l'enseignement. En outre, elle facilite le recours de plus en plus fréquent à des chargés de cours à temps partiel. Comme ces enseignants ne possèdent pas tous la même expérience pédagogique ni la même disponibilité, on suppose que le fait de pouvoir compter sur des cours standardisés et des scénarios pédagogiques communs contribue au maintien de la qualité de l'ensemble.

Plusieurs enseignants, en particulier ceux qui ont bénéficié par le passé d'une plus grande autonomie, éprouvent une certaine frustration à devoir se soumettre aux nouvelles façons de faire mises en place par les deux types d'universités. Ils estiment que leurs prérogatives et leurs compétences professionnelles ne sont pas entièrement respectées.

Questions

1. En tant qu'étudiant, préféreriez-vous suivre un cours standardisé ou un cours dans lequel l'enseignant dispose d'un degré élevé d'autonomie ? Pourquoi ?
2. Quels problèmes le passage d'un cadre favorisant l'autonomie des enseignants à un système axé sur la standardisation des cours risque-t-il de soulever sur le plan des relations de pouvoir ? Comment tenteriez-vous de les résoudre si vous faisiez partie d'une administration universitaire ?
3. Dans le cas particulier de la formation continue donnée à des étudiants plus âgés et du recours à plusieurs enseignants pour un même cours, serait-il possible de trouver un compromis entre les avantages de la standardisation et la souplesse associée à l'autonomisation ? Comment cela s'appliquerait-il à un cours en classe ? À un cours en ligne ?

CAS N° 18

ANALYSE DU COMPORTEMENT POLITIQUE[60]

Les deux situations ci-dessous illustrent l'exercice du pouvoir et du jeu politique en milieu organisationnel. Après une lecture attentive des deux cas, analysez les comportements adoptés par les principaux protagonistes, notamment Brigitte et Charles.

Situation nº 1 : mise au point d'un nouveau produit chez Caoutchouc général

Sophie et Brigitte sont deux scientifiques très motivées. Elles travaillent dans le laboratoire de mise au point de nouveaux produits chez Caoutchouc général. Sophie est de loin la plus compétente sur le plan technique. Elle est à l'origine de plusieurs brevets qui ont rapporté près de six millions de dollars à l'entreprise au cours de la dernière décennie. C'est une personne calme, sérieuse et réservée. Brigitte, elle, est entreprenante et extravertie. Elle n'a pas les compétences techniques de Sophie. Néanmoins, son travail est rigoureux, même s'il manque parfois d'imagination. Selon les bruits qui courent, Brigitte devrait être mutée à un poste administratif au sein du laboratoire au cours des prochaines années.

Conformément à la politique du laboratoire, les scientifiques du service peuvent participer à un concours annuel visant à récompenser le meilleur projet de recherche concernant un nouveau produit. Le prix est de 300 000 $. Sophie et Brigitte préparent chacune une proposition expliquant en détail les avantages de leur produit, aussi bien pour l'entreprise que pour la société dans son ensemble. Selon des évaluateurs indépendants, qui examinent les propositions sans en connaître l'auteur, toutes deux sont également méritoires. La mise en œuvre de l'un ou l'autre projet nécessite l'investissement des 300 000 $ pour des résultats valables. De plus, les recherches qu'implique chacun des deux projets supposent une très grande maîtrise des questions techniques et un minimum de supervision des chercheurs qui y seront affectés.

Après avoir soumis sa proposition, Sophie n'entreprend rien de particulier. Elle se contente de demander régulièrement où en est le processus d'adjudication. En revanche, Brigitte se lance dans ce qu'on pourrait appeler une campagne de soutien ouverte de son projet. Après avoir fait part de ses intentions à Sophie et à ses collègues, elle saisit toutes les occasions de faire connaître les avantages de sa proposition aux personnes qui peuvent influencer l'issue du concours. Brigitte se montre ainsi tellement efficace que les décideurs choisissent finalement de financer son projet.

Situation nº 2 : élimination de déchets chimiques chez Semi-conducteurs canadiens

Âgé de 61 ans, Louis est directeur des services de génie chez Semi-conducteurs canadiens depuis 14 ans. C'est un cadre très intelligent et sensible. Son seul défaut : ne pas s'être intéressé de près à l'évolution des techniques dans son domaine.

Les processus de fabrication de Semi-conducteurs canadiens produisent une grande quantité de déchets toxiques. L'attitude désinvolte de Louis quant à l'élimination de ces derniers s'est soldée par un certain nombre d'amendes pour pollution. L'entreprise est poursuivie devant les tribunaux pour deux dossiers et devra probablement verser des dommages et intérêts considérables. Pourtant, Louis ne se rend pas compte de l'urgence de la situation. Depuis trois ans déjà, Charles, le vice-président, essaie vainement de l'amener à résoudre en priorité ce problème d'élimination des déchets. Il a conclu à regret que Louis devait quitter son poste de directeur.

Charles est conscient qu'il ne peut démettre immédiatement Louis de ses fonctions sans démoraliser les autres cadres. Il décide donc de répandre la rumeur selon laquelle il est mécontent du travail du directeur. Lorsque quelques employés appuient Louis, Charles prend calmement le parti des détracteurs. Il fait savoir avec désinvolture aux collègues de Louis que celui-ci n'est plus très utile à l'entreprise. Il va même jusqu'à exagérer ses défauts et ses échecs. Découragé par le manque de soutien de ses collaborateurs, Louis décide de prendre une retraite anticipée.

Questions

1. Dans la première situation, le comportement de Brigitte est-il conforme à l'éthique ? Pourquoi ?
2. Dans la seconde situation, le comportement de Charles est-il conforme à l'éthique ? Pourquoi ?
3. D'après vous, qu'auraient dû faire Brigitte et Charles, compte tenu de la situation ? Justifiez votre réponse.

CAS N° 19

UN NOUVEAU VICE-RECTEUR POUR MID-WEST U[61]

Section A

Peu de temps après l'entrée en fonction du nouveau recteur de Mid-West U, le vice-recteur aux études annonça sa démission. Malheureusement, personne ne se pressait pour occuper son poste, et un gel de l'embauche empêcha qu'on entame des recherches à l'extérieur pour lui trouver un remplaçant.

Plusieurs doyens de faculté et d'anciens administrateurs suggérèrent au recteur de désigner Jennifer Tardif, la vice-rectrice adjointe aux études, comme vice-rectrice intérimaire. Elle jouissait d'une grande popularité sur tout le campus et avait 10 ans d'expérience à titre de vice-rectrice adjointe. Elle connaissait tout le monde et savait tout ce qu'il fallait savoir à propos de la Mid-West University. Selon eux, Jennifer était le choix évident et méritait vraiment le poste. Elle faisait preuve d'un dévouement hors pair à l'égard de l'établissement et possédait des réserves d'énergie illimitées. Le nouveau recteur suivit le conseil et nomma Jennifer vice-rectrice intérimaire pour une période pouvant aller jusqu'à trois ans. Il accepta également qu'elle soit candidate à la permanence lorsqu'on lèverait le gel de l'embauche.

Jennifer et ses amis étaient ravis. Il était plus que temps que des femmes occupent des postes supérieurs à l'université. Ils firent une petite fête pour célébrer l'événement et discuter de cette promotion.

À l'exception d'une brève période, Jennifer avait fait toute sa carrière à Mid-West U. Elle avait commencé comme chargée de cours pour un cours d'introduction à l'histoire. Puis, visant un poste de professeur permanent, elle avait repris ses études et décroché un doctorat à Metropolitan U, tout en continuant à enseigner à Mid-West. Dès l'obtention de son diplôme, on l'avait nommée professeure adjointe puis professeure agrégée, en raison de la qualité de son enseignement et de l'ensemble de son dossier, ainsi que de sa participation à l'interne. Non seulement on l'aimait, mais on reconnaissait son dévouement total à Mid-West : elle contribua à mettre sur pied le premier syndicat, obtint de nombreuses subventions de recherche et s'engagea activement dans le club social. Elle était toujours prête à venir en aide à autrui et jouissait d'une popularité indéniable.

Par la suite, Jennifer fut nommée directrice de son département. Au bout de deux ans, elle se vit offrir le poste de vice-rectrice adjointe. Pendant les 10 années où elle occupa cette fonction, elle se chargea de la plupart des problèmes touchant à la formation, dirigea plusieurs comités, prit en main la majeure partie de la correspondance et des rapports du vice-recteur et, à plusieurs occasions, fit des commissions personnelles pour le recteur. Tout le monde savait qu'on pouvait compter sur elle.

Questions

1. À cette étape, quelles sont vos prédictions pour Jennifer au poste de vice-rectrice intérimaire ?
2. Selon vous, quel sera son style de leadership ?
3. Quels sont ses points forts et ses points faibles ? Sur quoi fondez-vous votre opinion ?

Section B

La nomination de Jennifer comme vice-rectrice intérimaire souleva l'enthousiasme à Mid-West U. Enfin, l'université faisait appel à *l'un des siens*, à une personne sensible à sa culture, qui en connaissait le corps professoral et qui allait faire bouger les choses. Toutefois, l'ensemble de la communauté universitaire ne tarda pas à s'apercevoir que rien ne bougeait et que Jennifer, en dépit de sa popularité de longue date, avait du mal à prendre des décisions ardues. Son désir de plaire à tous et d'essayer de satisfaire tout le monde compliquait les choix. (Et ses difficultés à planifier, à organiser et à gérer son temps n'arrangeaient guère la situation.)

Le problème se résumait en fait à ceci : Jennifer ne comprenait pas le rôle qu'elle avait à jouer en tant que numéro deux de l'organisation. Le recteur s'attendait à ce qu'elle l'épaule et à ce qu'elle soutienne ses décisions, même les plus difficiles. Avec le temps, il souhaitait même qu'elle mette en œuvre certaines d'entre elles et fasse le « sale boulot ». La situation devint vraiment problématique lorsqu'il fallut congédier quelqu'un ou refuser quelque chose à de vieux copains professeurs. De plus, Jennifer n'était pas à l'aise avec plusieurs collègues de l'équipe de direction. Même si elle n'était pas la seule femme – la secrétaire générale, une femme brillante et rationnelle, faisait partie du groupe –, elle découvrit que le comportement des membres de la direction et le style de prise de décision étaient différents de ce dont elle avait l'habitude.

La plupart des hommes suivaient les ordres du recteur et ne discutaient pas grand-chose au cours des réunions, préférant agir en privé pour influer sur les décisions. Il arrivait souvent qu'une décision prévue à l'ordre du jour soit déjà un fait accompli. Jennifer se sentait exclue. Elle se demandait pourquoi, en tant que vice-rectrice, elle se sentait si impuissante.

Avec le temps, Jennifer et le recteur se rencontrèrent de moins en moins pour discuter des affaires de l'université. Tout en conservant des relations cordiales avec ses collègues masculins, Jennifer parlait surtout avec ses collègues féminines. Ses amis, particulièrement le groupe de femmes collègues de longue date, l'assurèrent que la situation s'expliquait par son statut d'intérimaire. «Contente-toi de ne pas faire de vagues», lui conseillèrent-ils. Bien entendu, ses hésitations en furent encore plus grandes lorsqu'elle avait un choix difficile à faire.

Comme l'image du recteur commençait à changer, après une première année de lune de miel, Jennifer décida d'écouter ses amis plutôt que de suivre son supérieur. Après tout, sa réputation sur le campus était en jeu.

Questions

1. Quel est le principal problème auquel doit faire face Jennifer?
2. Que feriez-vous si vous étiez à sa place?
3. Croyez-vous qu'un homme éprouverait les mêmes difficultés qu'elle?
4. Est-ce que certaines de vos prédictions concernant son style de leadership semblent se vérifier?

Section C

Lorsque le gel de l'embauche prit fin et qu'on envisagea de pourvoir le poste permanent de vice-rectrice, le recteur insista pour faire appel à des candidatures externes. Avec ses partisans, Jennifer considérait la mesure comme inutile, puisqu'elle entamait sa troisième année à ce poste. Elle posa néanmoins sa candidature.

Au bout d'un an, le comité de sélection rencontra le recteur pour lui annoncer qu'aucun candidat de l'extérieur ne lui semblait acceptable. Il lui recommanda d'accorder la permanence à Jennifer, à la condition qu'elle modifie son style de leadership.

Après un temps de réflexion, le recteur accepta de donner à Jennifer la chance de prouver ce qu'elle valait. Il lui offrit la permanence, mais un accord confidentiel fixait les trois conditions suivantes:

1. Jennifer devrait organiser son bureau et son personnel de manière à pouvoir déléguer davantage.
2. Elle devrait jouer son rôle de numéro deux comme il se doit et soutenir le recteur et ses positions concernant la vision et les objectifs stratégiques de l'université.
3. Elle devrait orienter davantage les doyens de faculté se trouvant sous sa responsabilité.

Jennifer accepta le poste et devint ainsi la première femme vice-rectrice. Elle présida le conseil composé de 11 doyens, dont 3 étaient ses meilleures amies. Son groupe ne manqua pas d'aller fêter l'événement dans son restaurant habituel.

Questions

1. À la place de Jennifer, auriez-vous accepté le poste?
2. À titre de nouveau titulaire du poste de vice-recteur, que feriez-vous?
3. Croyez-vous que Jennifer va modifier son style de leadership? Si oui, de quelle façon?
4. Quelles sont vos prédictions pour l'avenir?

Section D

Ils étaient nombreux à prédire que les choses s'arrangeraient lorsque Jennifer aurait sa permanence, mais ce fut tout le contraire qui se produisit. Alors que les gens s'attendaient désormais à ce qu'elle fasse preuve d'esprit de décision, elle n'avait toujours pas l'impression d'avoir les coudées franches. Chaque fois qu'un problème surgissait, elle passait des semaines, voire des mois, à tenter de prendre le pouls du campus. En fait, plus rien ne bougeait dès lors que son bureau s'en chargeait. Au bout d'un certain temps, on commença à appeler son service le «trou noir», parce que tout ce qui y entrait disparaissait à tout jamais!

Ses subordonnés directs s'inquiétaient et rongeaient leur frein. Non seulement Jennifer se montrait incapable de déléguer efficacement, mais son désir d'améliorer la situation la poussait à en faire toujours plus. Ses fonctions de vice-rectrice exigeaient également qu'elle réponde à certaines invitations et remplisse diverses obligations sociales. Là encore, elle essayait de plaire à tout le monde et courait d'un événement à un autre, essayant de manifester son intérêt et son soutien à tous les corps constitués de l'université. Elle s'épuisait, était débordée et, consciente de la situation, se préoccupait de l'évaluation que ferait le recteur de son travail.

Au sein du conseil des doyens, les choses allaient plutôt mal. Plusieurs hommes, fatigués de devoir attendre des orientations qui ne venaient pas concernant des projets proposés par le recteur, commencèrent à prendre des décisions sans passer par Jennifer.

« Des *francs-tireurs* ! disait-elle de quelques-uns d'entre eux. Ils n'écoutent rien et se lancent dans leurs propres projets. » Avec deux d'entre eux, la tension prenait des proportions inquiétantes. Ils n'acceptaient aucune réponse négative. En privé, ils reconnaissaient qu'un « non » de Jennifer ressemblait à un « peut-être » : avec elle, on pouvait négocier encore et encore.

Quel que fût le problème, et il commençait à y en avoir un certain nombre, on remettait toujours en question le leadership de Jennifer. Si la popularité de cette dernière restait inchangée, de plus en plus de personnes sur le campus exprimaient leur frustration à l'égard de ce qui ressemblait parfois à des messages contradictoires du recteur et de la vice-rectrice, et quelquefois à une absence totale d'orientation. Les gens voulaient qu'on s'attaque aux priorités, mais ils se retrouvaient plutôt en gestion de crise.

Questions

1. Si vous étiez le recteur, que feriez-vous ?
2. Si vous étiez Jennifer, que feriez-vous ?

Conclusion

Jennifer organisa plusieurs « retraites » ou journées de réflexion avec ses adjoints, à l'extérieur des locaux de l'université. Chaque fois, elle s'engageait à déléguer davantage, à établir des priorités, à s'attaquer aux questions de gestion du temps, mais une semaine après, les choses reprenaient leur cours habituel.

Le recteur décida d'engager une personne ayant de l'expérience en gestion et en redressement d'entreprise afin de pourvoir le poste vacant de vice-recteur aux finances et à l'administration. L'homme qu'il trouva avait une longue expérience du travail d'équipe, avait survécu à plusieurs fusions d'entreprises, avait été licencié, puis avait fait un retour en force et avait passé plusieurs années comme numéro deux de diverses sociétés. En quelques mois, il gagna le respect du recteur et de l'ensemble de la communauté universitaire. Il apparut en fait de plus en plus comme la vraie tête dirigeante. Le recteur put ainsi se concentrer sur les affaires extérieures et les collectes de fonds.

Jennifer se sentit soulagée. Son rôle lui semblait plus clair. Elle pouvait se consacrer aux questions touchant à la formation et aux professeurs et ne se sentait plus obligée de jouer les « hommes de main ». Tandis qu'approchait l'âge d'une retraite anticipée, elle se mit à parler de plus en plus de ce qu'elle entreprendrait alors.

CAS Nº 20

L'INNOVATEUR EN CHEF DE MOTOROLA

Quand il est arrivé au poste de chef de la direction chez Motorola, en 2004, Ed Zander a dû faire face à une situation particulière. Il s'est retrouvé à la tête d'une entreprise qui éprouvait de la difficulté à être concurrentielle. Berceau du programme de contrôle de la qualité Six Sigma, très réputé, Motorola avait néanmoins de la peine à proposer des produits nouveaux et attrayants sur un marché des télécommunications quotidiennement sollicité par la nouveauté.

Zander affrontait un problème de taille : l'entreprise avait une brillante histoire et était dotée d'une culture organisationnelle bien établie, mais elle était acculée à la nécessité d'une véritable transformation. Il déclara alors : « Il me paraît indispensable de provoquer des changements chez Motorola, puisque de toute évidence le statu quo ne produit pas les résultats escomptés. [...] J'espère faire de Motorola une entreprise qui soit davantage influencée par son environnement, c'est-à-dire par les consommateurs[62]. »

Les résultats ont été éloquents. Zander a remis Motorola sur la voie de l'innovation, comme en témoigne le succès du téléphone cellulaire RAZR. Un analyste a souligné ce qui suit à son sujet: «Zander a introduit de nouvelles pratiques commerciales, en redirigeant l'attention de l'entreprise vers les consommateurs. Il a secoué une culture d'entreprise un peu lourde, qui avait semé des doutes au sujet de l'avenir du vénérable conglomérat de Chicago[63].»

Interrogé en tant qu'«innovateur en chef» de Motorola sur son approche en matière de leadership, Zander s'est expliqué au cours d'une entrevue accordée à *BizEd Magazine*[64].

«Les entreprises qui n'innovent pas ne peuvent pas survivre, déclare-t-il. Et les leaders qui n'innovent pas sont remplacés par d'autres qui sont prêts à prendre des risques. La clé du succès, c'est de susciter l'innovation. Pour réussir, ajoute-t-il, les entreprises doivent se donner des objectifs clairs en matière d'innovation, sélectionner les idées qui représentent le meilleur potentiel de développement et créer une organisation agile, capable de soutenir l'innovation de manière constante. Ainsi, quand l'entreprise atteint un sommet, un bon leader n'hésitera pas à faire en sorte qu'elle ne s'installe pas dans une position confortable.

«L'une des façons d'encourager l'innovation, suggère Zander, c'est de déplacer les gens. Le fait de modifier la structure d'une organisation entraîne de nouvelles interactions entre les personnes et permet à des idées novatrices de prendre forme. Les dirigeants qui réussissent sont ceux qui sont prêts à miser gros. Parfois on vise juste, d'autres fois non, mais on ne gagne jamais sans une certaine audace.»

Questions

1. Les repères que fournit Zander en matière de leadership transformateur s'appliquent-ils à la majorité des types d'organisations? Pourquoi?
2. Comment un dirigeant peut-il suivre les conseils de Zander tout en répondant aux conditions d'un leadership authentique ou d'un leadership au service des autres?
3. Quel rôle sont susceptibles de jouer la coercition, la persuasion rationnelle et le partage du pouvoir, en tant que stratégies de changement, dans un leadership comme celui que Zander a mis en œuvre chez Motorola, c'est-à-dire un leadership orienté vers le changement et l'innovation?
4. À quels problèmes un leader comme Zander risque-t-il de se heurter après une réussite aussi remarquée que celle du RAZR?

CAS N° 21

JEAN DURANT

Âgé de 37 ans, Jean Durant, le nouveau directeur général de Célébrités, traverse la période la plus difficile de sa vie. L'important conglomérat Omega vient de le nommer à la tête de sa dernière acquisition et il est très content de lui. Issu d'un milieu défavorisé, Jean a terminé ses études de génie, obtenu une maîtrise en administration de l'Université McGill et travaillé pendant 10 ans comme expert-conseil en gestion. Puis, ayant dirigé une petite entreprise pendant les deux dernières années, il a vu ses efforts couronnés de succès. Avec cette nomination au sein d'Omega, il a vraiment le sentiment d'être arrivé. L'entreprise Célébrités dont il s'apprête à prendre les rênes est connue internationalement et jouit d'une bonne réputation. Ses nouvelles fonctions constituent également, pour lui, une excellente occasion de se faire remarquer par le siège social. En outre, c'est la première fois de sa carrière que son salaire est aussi élevé. Bien que les considérations pécuniaires ne soient pas sa principale préoccupation (ce salaire va quand même lui permettre d'assurer la sécurité financière de sa femme et de ses quatre enfants), Jean est fier de cette augmentation salariale, car elle est le signe de sa réussite. Il est impatient de se trouver à la tête d'une entreprise de plus de 1 000 personnes et d'exercer le pouvoir que ce poste va lui conférer.

Lorsqu'il a été choisi par Omega, Jean a été informé que Daniel Bénard, l'actuel directeur général de Célébrités, allait prendre sa retraite et être nommé président du conseil d'administration. M. Bénard a assumé la direction de Célébrités pendant 22 ans avec un certain succès: les ventes ont augmenté régulièrement et la qualité s'est maintenue à un degré satisfaisant. Les membres de la haute direction ont une longue expérience, sont très liés les uns aux autres et fidèles à l'entreprise depuis longtemps. On dit d'ailleurs qu'ils sont tous très amis avec Daniel Bénard. La plupart ont atteint la soixantaine et tous sont particulièrement fiers de la réussite de leur entreprise de taille moyenne. Toutefois, les profits de Célébrités ne se sont pas accrus aussi rapidement qu'Omega l'aurait souhaité. Le président du conglomérat a donc annoncé à Jean, au moment de sa nomination, qu'il voulait voir Célébrités prendre véritablement son envol.

Ayant bien compris cet appel à l'action, Jean s'envole vers Montréal pour sa première visite à Célébrités. Il s'est auparavant entretenu brièvement avec Daniel Bénard, par téléphone, pour lui annoncer qu'il arriverait le jeudi suivant, qu'il resterait une demi-journée dans l'entreprise et qu'il reviendrait définitivement après avoir passé 10 jours à Toronto chez Omega. M. Bénard s'est montré cordial, mais plutôt distant, et Jean se demande comment il prend sa nomination. « Je ne vais passer que quelques heures sur place, se dit-il. Je me demande quelle est la meilleure stratégie à adopter. »

Une fois sur place, Jean remarque tout de suite la propreté des parterres et les jardins impeccables. À sa grande surprise, Daniel Bénard l'attend à la porte. Il est vêtu de façon très classique : costume bleu, chemise blanche, cravate et chaussures noires. Il observe Jean à travers des lunettes au style démodé et à monture d'acier. « Bienvenue dans notre usine. Vous êtes juste à l'heure pour la réunion du jeudi de la direction. Voudriez-vous y assister et rencontrer l'équipe ? » Convaincu que cette rencontre lui donnera l'occasion de voir la direction à l'œuvre, Jean accepte l'invitation. Il pense se tenir un peu à l'écart et regarder comment cela se passe aussi longtemps que son horaire le lui permet.

On fait alors entrer Jean dans la salle de réunions la plus impressionnante qu'il ait jamais vue. Une immense table entourée de 12 chaises à dossier haut trône au centre d'une pièce dont les murs sont lambrissés d'une boiserie de chêne. Sept des sièges sont occupés par des dirigeants au visage austère et au costume sombre.

M. Bénard entraîne Jean au milieu de la pièce, lui indique une chaise à gauche de celle qui se trouve en bout de table et s'assoit à la place qui, de toute évidence, est la sienne. Se tournant vers le groupe, il prend la parole : « Messieurs, je vous présente M. Durant. Avant de le laisser présider cette réunion, je veux vous faire part de mon opinion. Je pense que sa présence est tout à fait déplacée. Il ne me semble pas qualifié pour le poste et je veux que vous sachiez que je ne le soutiendrai pas. Monsieur Durant… »

Questions

1. Mettez-vous à la place de Jean Durant au moment où il entend le discours de M. Bénard. Quelles décisions doit-il ou peut-il prendre immédiatement ?
2. Que recommanderiez-vous à Jean et pourquoi ? Devrait-il réagir rapidement et intuitivement, ou devrait-il prendre le temps d'analyser la situation ?
3. Supposez que Jean veuille arranger les choses avec Daniel Bénard. Décrivez une approche de négociation et une stratégie qui, selon vous, pourraient résoudre le problème afin que l'un et l'autre puissent travailler ensemble dans les mois à venir. Justifiez vos recommandations.

CAS N° 22

L'HISTOIRE DU MORSE QUI N'EN SAVAIT PAS ASSEZ[65]

À l'affût de bonnes nouvelles, le gros morse perché sur le rocher le plus élevé du rivage aboya : « Comment ça se présente en bas ? »

Sur la grève, au-dessous, les jeunes morses discutaient âprement. Les choses ne se passaient pas bien du tout, mais aucun d'eux ne tenait à révéler la vérité à l'Ancêtre. C'était le plus gros et le plus sage de tous et il connaissait le métier, mais il avait si mauvais caractère qu'ils étaient tous terrifiés par ses beuglements.

« Qu'allons-nous lui dire ? » murmura Basile, le deuxième dans la hiérarchie morse. Il se souvenait trop bien de la dernière colère de l'Ancêtre contre lui, lorsque le groupe n'avait pas capturé le quota fixé de harengs, et il n'était pas pressé de revivre l'expérience. Il devait cependant admettre que le niveau de l'eau dans cette baie de l'océan Arctique n'avait cessé de baisser depuis plusieurs semaines, ce qui obligeait les morses à s'éloigner toujours plus pour capturer des proies dont le nombre diminuait rapidement. Il fallait que quelqu'un en informe l'Ancêtre ; il saurait sans doute quoi faire. Mais qui s'en chargerait ? Et comment allait-on présenter la situation ?

Basile finit par se décider. « On peut dire qu'on s'en sort plutôt bien, chef ! » À la pensée des eaux qui reculaient, il se sentit terriblement abattu, mais il poursuivit: «D'ailleurs, il semble que notre plage soit en train de s'élargir.»

«Bien, très bien, grogna l'Ancêtre, nous aurons un peu plus d'espace pour nous retourner.» Puis, fermant les yeux, il reprit sa longue sieste au soleil.

Le jour suivant, la situation empira, car un autre groupe de morses vint s'installer un peu plus loin sur la plage. S'ajoutant à la diminution des prises de harengs, cette invasion pouvait avoir des conséquences catastrophiques. Personne ne voulait annoncer la nouvelle à l'Ancêtre, bien qu'il fût le seul à pouvoir prendre les mesures qui s'imposaient face à cette nouvelle concurrence.

À contrecœur, Basile s'approcha du vieux morse qui somnolait sur son rocher. Après avoir parlé de tout et de rien, il se risqua à dire: «Au fait, chef, un autre groupe de morses est arrivé sur notre territoire.» Le vieux ouvrit d'un seul coup ses lourdes paupières et emplit ses poumons, prêt à faire retentir un puissant mugissement, mais Basile s'empressa d'ajouter: «Nous ne prévoyons cependant aucun problème de ce côté. Ils n'ont pas l'air d'être des mangeurs de harengs. Ils sont sans doute plutôt attirés par les vairons, et vous savez que le menu fretin ne nous intéresse pas.» Soulagé, l'Ancêtre laissa échapper un profond soupir: «Bon, bon. Pas de raison de s'énerver pour quelques mangeurs de blanchaille, n'est-ce pas?»

Les choses ne s'arrangèrent pas au cours des semaines suivantes. Un matin, de son observatoire haut perché, l'Ancêtre remarqua que la taille de sa colonie semblait avoir diminué. Il fit venir Basile et lui demanda en grognant: «Qu'est-ce qui se passe, Basile? Où sont-ils tous?» Le pauvre Basile n'avait pas le courage d'annoncer au vieux morse que chaque jour les jeunes désertaient leur groupe en grand nombre pour aller rejoindre l'autre troupeau. Il se racla la gorge nerveusement et expliqua: «Vous savez ce que c'est, chef. On est un peu plus stricts en ce moment. On s'est débarrassés des bouches inutiles. Après tout, la valeur d'une colonie se mesure à l'aune de ceux qui la composent.»

«Il ne faut pas plaisanter avec la discipline, c'est ce que je dis toujours, grogna l'Ancêtre. Je suis content d'apprendre que tout va pour le mieux.»

Quelques jours plus tard, il ne restait plus que l'Ancêtre et Basile. Ce dernier comprit que le moment était venu de révéler la vérité à son vieux chef. Terrifié, mais bien décidé à aller jusqu'au bout, il se traîna jusqu'au rocher: «Chef, j'ai de mauvaises nouvelles. La colonie tout entière vous a laissé tomber.» Le vieux fut tellement étonné que ses moustaches imposantes retombèrent sur son mufle et qu'il n'eut même pas la force d'émettre un mugissement. «Ils m'ont abandonné, se lamenta-t-il. Tous? Mais pourquoi? Qu'est-ce qui a bien pu se produire?»

Basile n'eut pas le cœur de le lui expliquer. Il se contenta de hausser les épaules d'un air découragé. «Je n'y comprends rien, geignit l'Ancêtre. Et dire que tout allait si bien!»

Questions

1. Quels obstacles à la communication cette fable illustre-t-elle?
2. Quelles leçons en matière de communication devraient tirer de cette fable ceux qui se destinent à des carrières dans les milieux professionnels actuels?

CAS N° 23

LE CAS DE L'AUGMENTATION MANQUÉE[66]

C'était la fin du mois de février et Marthe Lehoux venait d'avoir une importante conversation téléphonique avec le professeur Fred Massie, directeur du Département de gestion de l'Université Pacifique. Elle avait confirmé qu'elle acceptait le poste de professeure adjointe qu'on lui offrait au sein de cette université de l'Ouest. Elle quitterait donc son poste actuel à l'Université Atlantique, dans l'est du pays. Elle discuta alors de la question avec Jean, son mari.

MARTHE — Voilà, c'est décidé.

JEAN — C'était une décision difficile, mais je sais que c'est pour le mieux.

MARTHE — Oui, mais nous allons abandonner plusieurs choses que nous aimons ici.

JEAN — J'en suis conscient, mais rappelle-toi à quel point tu respectes le professeur Massie. Il t'offre l'occasion de donner de nouveaux cours à l'Université Pacifique. Ce sera pour toi un excellent défi. Tu aimeras sûrement beaucoup travailler avec lui.

MARTHE — Jean, nous sommes jeunes, passionnés et un peu aventureux. Il n'y a aucune raison de refuser.

JEAN — Allons-y, ma chérie.

Marthe Lehoux entreprit donc la session d'automne avec enthousiasme. Les aspects discutés avec le professeur Massie devenaient des enjeux très concrets, alors qu'elle donnait de nouveaux cours au premier cycle, tout comme aux cycles supérieurs, à l'Université Pacifique. Finalement, la transition entre les deux établissements avait été agréable. Ses neuf nouveaux collègues l'avaient accueillie chaleureusement. Elle avait l'impression qu'elle se plairait parmi eux. Elle se sentait également à l'aise avec les critères d'évaluation qui semblaient être en vigueur dans le département. Certes, les exigences ne correspondaient pas à l'implacable « publier ou périr », mais le professeur Massie lui avait indiqué, au cours du processus d'embauche, que le département accorderait, dans ses décisions à venir, un poids croissant à la recherche et aux publications, sans négliger l'enseignement et le service à la communauté. Ces orientations correspondaient aux croyances personnelles de Marthe, pour qui un professeur doit être en mesure d'exceller dans chacun de ces volets. Si tous ses collègues ne s'entendaient pas sur l'importance respective des différentes activités d'un professeur ni sur les critères d'évaluation, un consensus semblait se dessiner autour du fait que chacun devait assumer ces multiples responsabilités.

Le mois de mars arriva et, avec lui, la semaine de lecture. Bien tranquille à la maison, Marthe faisait le bilan de son expérience depuis son arrivée à l'Université Pacifique. Elle était contente. Jean et elle s'étaient bien adaptés à l'Ouest. Plusieurs choses leur manquaient de leur ancien cadre de vie, mais l'environnement rural leur plaisait à bien des égards. Le nouveau travail de Marthe l'intéressait beaucoup. Elle avait reçu de bons commentaires des étudiants sur les cours donnés à la session d'automne. Elle avait présenté deux communications à l'occasion d'un récent colloque. Enfin, elle venait d'apprendre que deux articles qu'elle avait soumis à une revue allaient être publiés. Elle considérait tout cela comme de bons résultats et se sentait satisfaite. Elle avait travaillé fort et en récoltait maintenant les fruits.

À la fin de la session d'hiver, Marthe était toutefois soucieuse. Le moment était venu pour Fred Massie, pensait-elle, d'effectuer l'évaluation de son rendement de l'année. Elle attendait ce moment avec une certaine fébrilité, notamment en raison des propos du doyen à une récente rencontre facultaire. Ce dernier avait indiqué qu'une augmentation de la masse salariale de 7 % allait être répartie entre les professeurs, pour l'année suivante. Il avait encouragé les directeurs de département à attribuer cet argent au mérite, en fonction du rendement. Marthe l'avait écouté avec attention et contentement. Elle croyait comprendre que l'Université Pacifique essayait vraiment d'instaurer un système de récompenses lié au rendement. Un tel système correspondait à sa philosophie personnelle et elle en enseignait même les principes dans ses cours.

Durant le mois de mai, Marthe continua d'espérer une conversation avec Fred Massie sur le sujet. Un jour, elle reçut le message suivant par courrier électronique.

Destinataires: Professeurs du département de gestion

Expéditeur: Fred

Objet: Augmentations salariales pour l'an prochain

Le doyen a fait preuve de transparence au sujet des finances de l'université, notamment lorsqu'il a exposé les détails du budget à la dernière réunion facultaire. Conformément à cette philosophie, j'aimerais apporter quelques éclaircissements sur la question des augmentations salariales.

La somme disponible pour notre département, à l'exception du directeur, correspond à une augmentation totale de 7,03 %. En attribuant ces fonds, j'ai tenté de récompenser les collègues en fonction de leur contribution aux activités du département et de l'université, mais aussi en fonction de leur cheminement professionnel. Par ailleurs, il m'a paru essentiel de corriger certaines iniquités qui se sont accentuées au fil du temps. Les augmentations se répartissent donc comme suit:

- 5 % ou moins: 3 professeurs
- Plus de 5 % à 7 % : 2 professeurs
- Plus de 7 % à 9 % : 3 professeurs
- Plus de 9 % : 2 professeurs

À la lecture de ce message, Marthe éprouva des sentiments mitigés. Elle comprenait mal que Fred Massie ait décidé des augmentations sans même avoir discuté avec elle de son rendement. Malgré tout, elle se sentait à l'aise, parce qu'elle était convaincue d'être l'une des deux personnes qui recevraient une augmentation de plus de 9 %. « Maintenant, se dit-elle, je vais enfin pouvoir m'asseoir avec Fred pour discuter non seulement de mes efforts de l'année qui vient de s'écouler, mais aussi de mes projets pour l'année prochaine. »

Marthe ressentit une déception en constatant que Fred Massie ne cherchait pas à s'entretenir avec elle. En outre, il lui arrivait régulièrement de se retrouver au milieu d'une discussion entre collègues où chacun spéculait au sujet des augmentations salariales annoncées. Qui donc bénéficiait de tel ou tel taux ?

Un jour, Carla Black, une collègue, entra dans le bureau de Marthe en lui annonçant qu'elle avait demandé à Fred Massie ce qu'il en était. Il lui avait répondu que son salaire serait haussé de 7 %. Elle avait également appris que les augmentations de 9 % étaient accordées à deux professeurs plus anciens. Marthe était incrédule. « C'est impossible, pensa-t-elle. J'ai accompli un travail exceptionnel, cette année. En enseignement tout comme du côté des publications, mes résultats sont solides. De plus, j'ai l'impression d'avoir été une force positive dans le département. » Se disant que Carla s'était trompée, elle se sentait impatiente de pouvoir éclaircir les choses avec Fred Massie.

Quelques jours plus tard, une autre collègue rapporta à Marthe une conversation avec Fred tout à fait semblable à celle qu'avait eue Carla. Cette fois, Marthe explosa intérieurement. Elle était convaincue de mériter une récompense importante.

Fred Massie frappa à la porte du bureau de Marthe, qui l'invita à entrer. Après un échange de salutations cordiales, Marthe amorça la conversation : « Fred, nous avons toujours été francs l'un envers l'autre, et je t'avoue que je suis préoccupée au sujet de mon salaire. Je pensais avoir eu une année exceptionnelle. Et voilà que je vais seulement recevoir une augmentation moyenne, si j'ai bien compris. » Fred Massie était une personne qui s'exprimait sans détour ; Marthe pouvait lui faire confiance de ce côté. Il lui répondit par ces paroles :

« Oui, Marthe, je crois que ton rendement est supérieur et que ta contribution au département est précieuse. Les augmentations de 9 % que j'ai accordées visaient toutefois à corriger des iniquités qu'ont eu à subir, sur plusieurs années, deux professeurs. Comme des fonds étaient disponibles cette année, j'ai estimé qu'il était de mon devoir d'apporter des correctifs. Si on met de côté cette mesure, on peut dire que tu as reçu l'une des trois augmentations les plus élevées. N'oublions pas que les différences sont minimes. Je suppose que j'aurais pu faire une plus grande distinction entre les professeurs, par des augmentations plus variées, mais je me voyais mal m'abstenir complètement d'en augmenter certains. Il est vrai que tu as eu une excellente année, comme je l'espérais lorsque je t'ai embauchée : tu as répondu à mes attentes. Je sais que tu estimes avoir mérité un A, et je suis d'accord avec toi. Mais je te donne un B+, en espérant que tu comprends mes motifs. »

Marthe saisissait la logique de son directeur et se sentait bien d'avoir pu discuter avec lui. Si elle n'était pas ravie de la tournure des événements, elle comprenait. En terminant la conversation, elle expliqua : « Tu sais, ce n'est pas la valeur pécuniaire de l'augmentation qui me blesse. C'est plutôt le manque de reconnaissance. Récemment, par exemple, j'ai refusé un contrat important qui aurait été beaucoup plus payant que l'augmentation que je n'ai pas reçue. Je ne l'ai pas accepté parce je n'aurais pas été disponible pour mes tâches universitaires pendant plusieurs jours. Selon moi, mes collègues n'auraient sans doute pas fait le même choix. »

Pendant l'été, au cours d'une conversation, Carla raconta à Marthe que, d'après ce qu'elle avait entendu dire, deux professeurs ayant reçu une augmentation de 4 % s'étaient plaints auprès de Fred Massie et du doyen, qui leur avaient finalement accordé une nouvelle hausse salariale. « Eh bien, pensa Marthe, moi qui voulais passer à autre chose ! »

Environ trois semaines plus tard, Marthe, Fred, Carla et un autre collègue prenaient part à une réunion avec le doyen. Bien qu'il ne fût nullement question des augmentations, quelques propos échangés laissèrent entendre que Carla avait obtenu elle aussi une nouvelle hausse salariale. Marthe vérifia immédiatement auprès du doyen, qui le lui confirma. Carla avait contesté la décision antérieure auprès du directeur et du doyen, qui avaient alors augmenté son salaire en arguant qu'une iniquité historique n'avait pas été pleinement reconnue. Fred était visiblement mal à l'aise, tandis que la discussion se poursuivait au sujet des politiques salariales et du mécontentement que les choix récents suscitaient dans le département.

Fred finit par quitter les lieux en s'excusant, pour se rendre à une autre réunion. Marthe, ses collègues et le doyen continuèrent leur conversation, qui devint de plus en plus tendue. Finalement, la rencontre prit fin et tous se levèrent. Marthe ne put s'empêcher d'ajouter, à l'intention du doyen : « Ce n'est pas que je ne gagne pas assez d'argent, mais j'ai l'impression de ne pas avoir reçu ma juste part, compte tenu de votre politique affirmée de récompenser les professeurs au mérite, en fonction de leur réussite. »

Sur ces mots, elle s'en alla. Dans le couloir menant à son bureau, elle se dit : « L'an prochain, il n'est pas question que je refuse de contrat de consultante à cause de mon sens des responsabilités mal avisé à l'égard de mon département. »

Questions

1. Comment Marthe gère-t-elle les conflits ? Comment son style de gestion des conflits a-t-il pu influer sur la tournure des événements dans la situation décrite ? Quels étaient les objectifs de Marthe et quel style de gestion des conflits l'aurait mieux aidée à les atteindre ?
2. Comment Fred Massie gère-t-il les conflits ? Comment son style de gestion des conflits a-t-il pu influer sur la tournure des événements dans la situation décrite ?
3. Après avoir appris le montant de son augmentation, comment Marthe aurait-elle pu utiliser les principes et les éléments clés de la négociation distributive pour conduire Fred à lui offrir un salaire avantageux et motivant pour elle ?

CAS N° 24

CONFLIT CHEZ BURGER MART

Plus Line Bromont repensait aux derniers événements, plus il lui semblait que cette journée chez Burger Mart avait été inhabituelle. Devrait-elle licencier Marie, Jeanne ou les deux ? Que faire ? Une fois encore, elle se remémora les faits.

Marie, gérante adjointe de l'équipe de nuit, accomplissait un excellent travail chez Burger Mart depuis plus de trois ans. Elle travaillait 30 heures par semaine, tout en terminant sa deuxième année de cégep et en mettant de l'argent de côté pour s'acheter une nouvelle voiture. Line espérait qu'elle s'inscrirait au programme de formation destiné aux cadres de Burger Mart et qu'elle poursuivrait ses études dans le secteur professionnel du collège. Marie n'avait que 18 ans et gagnait à peine plus que le salaire minimum, mais on pouvait compter sur elle. Habituellement, elle était pétillante, épanouie et toujours prête à plaisanter. Cependant, depuis quelque temps, Line avait remarqué que Marie n'était plus la même. Son ami Bernard était peut-être la cause de ce changement d'attitude. Il venait d'être accepté à l'Université de Sherbrooke, alors que, pour que sa candidature soit retenue, Marie devait terminer deux cours de mathématiques au cégep, durant l'été. Line ne voulait pas voir Marie aller à l'université. Elle pensait que sa relation avec Bernard ne serait qu'une passade.

Quant à Jeanne, elle était calme, parfois maussade, mais se montrait certainement la plus brillante des étudiantes qui composaient le groupe. Elle travaillait depuis quatre ans chez Burger Mart et demandait toujours à faire des heures supplémentaires. Toutefois, elle n'était pas ponctuelle et ne s'intégrait pas au groupe. Le divorce récent de ses parents en était peut-être la cause. Ou peut-être était-ce sa volonté d'épater la galerie en affirmant à qui voulait l'entendre qu'elle s'apprêtait à entrer à l'Université Laval, grâce à une bourse qui lui permettrait de mener ses études à temps plein. De toute façon, il était clair qu'elle ne s'intégrait pas. Elle était désormais la seule à avoir connu Line avant que celle-ci soit nommée responsable du groupe.

D'une certaine façon, l'incident était presque drôle. Après avoir vérifié les stocks des congélateurs, Line s'aperçut que Marie était en train de parler à Jeanne. Elle l'entendit lui reprocher ses retards et le mauvais nettoyage des friteuses avant la préparation des frites fraîches. Puis Jeanne traita Marie d'« habitante », car elle avait perdu le premier bouton de son uniforme.

Les commandes tardaient à être servies et les clients commençaient à s'impatienter. Line comprit alors les raisons de ce retard. Elle vit Marie pointer son doigt sur Jeanne et la pousser légèrement. Jeanne se retourna lentement et se saisit d'un contenant de 10 litres d'huile qu'elle versa sur la tête de Marie. Comme Marie empoignait Jeanne, elles glissèrent toutes deux sur le sol plein d'huile. Il fallut 30 minutes à l'équipe pour réparer les dégâts après que Line eut renvoyé chez elles les deux jeunes femmes.

Questions

1. Quels sont les antécédents ou les conditions sous-jacentes au conflit opposant Jeanne et Marie?
2. Mis à part le conflit interpersonnel entre Jeanne et Marie, quels types de conflits peuvent entrer en ligne de compte dans ce cas?
3. Quel style de gestion des conflits proposeriez-vous à Line, et pourquoi?
4. Que recommanderiez-vous à Line pour réduire les probabilités de conflits entre les employés, à l'avenir?
5. Comment évalueriez-vous la communication entre Line et les deux étudiantes?

CAS Nº 25

L'ASSISTANTE TECHNIQUE COMPÉTENTE ET MOTIVÉE[67]

Claudette est depuis 20 ans assistante technique en pharmacie (ATP) au sein du département de pharmacie d'un hôpital. Très motivée, elle a obtenu son diplôme d'études professionnelles (DEP) il y a maintenant cinq ans, après avoir suivi une formation à temps partiel, le soir. Tout le personnel de l'hôpital la connaît bien, puisqu'elle est bénévole au sein de la fondation du centre hospitalier et que sa sœur est infirmière en cardiologie. Elle a vu évoluer la pratique pharmaceutique au fil des ans et, compte tenu des récents changements, elle entrevoit la possibilité d'accomplir des tâches enrichies, notamment par la délégation d'actes. Respectée par ses pairs et par les pharmaciens, cette femme sympathique et consciencieuse s'investit beaucoup dans son travail. Elle a parfaitement conscience du rôle de prestataire de services que doit assumer le département de pharmacie. Comme ses collègues, elle est heureuse d'accueillir Amélie, la nouvelle pharmacienne. Elle juge favorablement la nouvelle génération de pharmaciens, axés sur les soins directs aux patients. Elle y voit pour elle la possibilité d'assumer davantage de responsabilités.

Mercredi, en fin d'après-midi. Que d'appels et de prescriptions encore à saisir et à valider! Claudette s'occupe de la distribution et reçoit un appel concernant une compatibilité de médicaments. Comme il y a beaucoup à faire, que la pharmacienne est très occupée et qu'un tableau de compatibilité est affiché dans l'aire de travail, elle prend l'initiative de chercher elle-même la réponse demandée et la transmet à l'infirmière en ligne. Elle est certaine de l'information qu'elle donne, puisqu'elle a entendu la pharmacienne répondre à ce genre de demande à de nombreuses reprises. Si elle se rend compte que l'appel ne lui a pas été transmis comme il le fallait, Amélie s'abstient de réagir à cause du contexte de surcharge de travail. Elle soupire et se dit que «c'est ça de moins à faire».

Une semaine plus tard, Claudette et Amélie travaillent toutes deux en soirée à la distribution. Tout est tranquille; les deux collègues s'en font même la remarque. À un moment donné, Claudette reçoit un appel concernant la vitesse d'administration de la céfazoline. Elle vérifie l'information dans le guide intraveineux ainsi que dans la banque de données du système informatique. À nouveau, pour soulager Amélie de cette tâche, Claudette donne à l'infirmière la réponse adéquate. Cependant, Amélie réagit cette fois tout autrement. Elle manifeste en effet vivement son désaccord, lançant à Claudette qu'elle «joue au pharmacien» et que ce n'est pas à elle de répondre à ce genre de question, puisqu'elle n'a pas la compétence requise. Claudette lui rétorque qu'elle croyait bon de répondre à ce type de demande «de distribution» et qu'elle n'aurait pas osé se prononcer sur une question d'ordre clinique. Humiliée, elle ajoute: «En période de grande affluence, ça fait ton affaire.» L'atmosphère dans la pharmacie se fait soudain très lourde...

L'histoire ne se termine pas là. Amélie soulève la question dans une réunion départementale des pharmaciens afin de connaître l'avis de ses collègues sur la conduite de l'ATP. Ces derniers sont d'accord avec Amélie. Le chef rencontre donc tous les ATP pour leur rappeler les limites de leurs tâches. Quelques mois plus tard, Claudette n'est plus la même et n'a plus l'enthousiasme qu'on lui connaissait. Elle se contente désormais d'accomplir les tâches faisant partie de sa description de poste. Elle prend de moins en moins d'initiatives et semble démotivée. Son humeur déteint sur le reste du personnel, qui est tout aussi découragé et de plus en plus à cheval sur la convention collective. Maintenant, tout le monde fait le strict minimum. L'atmosphère n'est plus comme avant dans ce département de l'hôpital.

Qui a tort? Qui a raison? Quelle est la part de responsabilité de chacun? Amélie et Claudette ont-elles la même vision de la délégation de tâches? Y a-t-il choc des champs d'activité et des personnalités?

Questions

1. Quelles sont les principales caractéristiques du conflit opposant Claudette et Amélie?
2. Quelles sont les sources de ce conflit?
3. Comment la situation devrait-elle être gérée et pourquoi?

CAS N° 26

CSI

CSI est une entreprise spécialisée dans la mise au point, la fabrication, la commercialisation et l'installation de systèmes informatiques complets destinés à des marchés ciblés dans le monde entier, et ce, dans les domaines suivants: vente au détail, finances, commerce, industrie, santé, éducation et services gouvernementaux. Les multiples fonctions de ses systèmes – lecture, enregistrement, tri, traitement, classement et affichage des données – sont conçues sur mesure pour répondre aux besoins de toute entreprise qui cherche à rationaliser son exploitation et sa gestion. CSI se veut la championne du concept de système global qui s'appuie sur une vaste gamme de matériels et de logiciels, ainsi que sur des études techniques effectuées sur place, des services de stockage de données et des programmes de formation.

Le siège social, qui se trouve dans une grande ville canadienne, comporte huit divisions: systèmes de vente au détail; systèmes commerciaux, industriels et institutionnels; systèmes financiers; études techniques sur place; service après-vente; systemedia; centre de données; finances et administration. Un directeur est placé à la tête de chacune d'elles. L'entreprise a partagé le Canada en cinq régions, gérées chacune par trois directeurs qui sont respectivement responsables des systèmes de vente au détail, des systèmes commerciaux, industriels et institutionnels, et du service après-vente. Ces directeurs régionaux entretiennent chacun des relations hiérarchiques directes avec le directeur de leur division, mais consultent également les sept autres directeurs de division. Les cinq régions se subdivisent en zones placées chacune sous la responsabilité d'un directeur relevant directement du directeur régional. Chaque zone fonctionne comme une entreprise indépendante: le directeur fixe les objectifs et détermine les stratégies, en veillant, bien entendu, à respecter l'orientation de CSI.

Chaque zone se subdivise en un minimum de cinq services d'exploitation, le nombre de ces derniers dépendant de la demande pour une gamme de produits donnée. Les zones sont également dotées d'un service financier et administratif, ce qui tend à renforcer leur autonomie. Un chef dirige chacun des services qui composent la zone. Les vendeurs, les employés affectés à l'entretien et le reste du personnel d'exploitation de chacun des services relèvent de leur chef respectif. Celui-ci est chargé de résoudre tous les problèmes susceptibles de survenir. S'il ne trouve pas de solution, il en parle au directeur de zone. Si celui-ci n'y parvient pas non plus, il porte le problème à la connaissance du directeur régional intéressé, qui peut recourir au directeur de division au besoin. CSI part du principe que les employés d'une même division sont les mieux placés pour régler un problème particulier, car ils sont au fait de l'exploitation de leur division et éprouvent un sentiment d'appartenance. Enfin, si le directeur de division n'est pas non plus en mesure d'apporter une solution, il consulte ses pairs. Si la difficulté demeure, le vice-président chargé de la commercialisation est informé et en parle au président, le cas échéant. Cette gestion a un objectif précis: soumettre au président uniquement les problèmes de la plus haute importance, afin qu'il puisse consacrer le maximum de temps à son rôle de dirigeant.

Dans certaines zones, les services d'exploitation n'ont pas assez de travail pour employer des chefs de service à temps complet. Dans ce cas, le chef d'un service donné d'une zone peut également s'occuper du même type de service dans une autre zone. Il arrive que le chef d'un service d'exploitation porte aussi le titre de directeur de zone et qu'un directeur de zone assume les fonctions de directeur régional.

Dans un récent bulletin d'information, le président de CSI mettait l'accent sur les objectifs de croissance des ventes au cours des années à venir. La rapidité de la croissance des ventes se heurte souvent à la lenteur de l'évolution des services de gestion nécessaires, ce qui constitue un problème pour de nombreuses entreprises, car les services de gestion sont alors débordés. Toutefois, grâce à sa structure organisationnelle – combinant des relations hiérarchiques et fonctionnelles et une grande décentralisation –, CSI peut augmenter les effectifs d'un service donné, dans n'importe quelle zone ou région. Cette caractéristique lui confère une longueur d'avance sur la concurrence, aussi bien pour les ventes que pour le service.

Afin d'entretenir une communication transparente au sein de l'organisation, le siège social organise de nombreuses réunions tout au long de l'année, de sorte que chaque division, chaque région ou chaque zone soit parfaitement au fait des objectifs de l'entreprise. Après ces rencontres, les directeurs de division élaborent les plans qui permettront à CSI d'atteindre ses objectifs. Ce processus s'applique à tous les échelons, jusqu'aux directeurs de zone, qui informent leurs subordonnés des décisions qui ont été prises en réunion. Les données que transmettent les directeurs de zone sont d'une importance capitale et influent directement sur la motivation des vendeurs et des autres membres du personnel.

À la dernière réunion de l'année, le président de CSI a souligné la nécessité, pour l'entreprise, de poursuivre sa croissance, précisant que celle-ci n'avait jamais été aussi forte. Il a très clairement indiqué la direction à suivre et les possibilités de croissance, qu'il a divisées en trois catégories : la croissance des ventes et, par conséquent, de la part de marché ; la croissance des revenus ; la croissance de la rentabilité. Selon lui, il s'agissait avant tout d'insister sur les ventes, les deux autres catégories en découlant naturellement. Il a donc proposé de mettre en place un programme d'essor commercial. Il a également mis en avant le fait que CSI devait rester à la fine pointe de la technologie. Pour que l'entreprise conserve son avance, grâce à son programme de nouveaux produits, et élargisse son marché, il a proposé de décentraliser un peu plus la gestion locale : cette initiative visait à renforcer la créativité des zones, tout en accordant à leurs directeurs une plus grande marge de manœuvre en matière de prise de décision et de planification. Le président a affirmé que la créativité était tout aussi essentielle au sommet de la hiérarchie qu'à sa base.

Questions

1. Dressez l'organigramme de CSI.
2. Analysez la structure organisationnelle de CSI et indiquez ses forces et ses faiblesses.
3. Discutez du problème de la communication dans une grande entreprise à la structure complexe, comme CSI. Comment pourrait-on améliorer la communication au sein de CSI ?
4. Quels types de conflits sont susceptibles de survenir dans cette organisation ? Pourquoi ? Comment pourrait-on y faire face ou même les prévenir ?
5. Quelles recommandations feriez-vous pour améliorer la structure organisationnelle de CSI ?

CAS Nº 27

FABRICATION LAURENTIDES

Jean Wagner est président de la société Fabrication Laurentides. Cette dernière, malgré une efficacité des opérations qui laisse un peu à désirer, est très rentable. Elle encourage tout particulièrement l'innovation et la qualité technique, ce qui lui permet de s'aligner sur les normes de ses concurrents, voire de les dépasser. Affalé dans son fauteuil de cuir, Jean jette un coup d'œil par la fenêtre de son bureau qui surplombe la ville. Il ne se sent pas vraiment dans la peau d'un magnat de l'industrie. « Combien de temps va-t-il encore s'écouler avant que Suzanne Réhaume, vice-présidente aux finances, me communique le dossier de financement du projet Gamma ? » se demande-t-il. Les lumières de la ville scintillent uniformément, dans un agencement bien ordonné de droites verticales et horizontales planifié par les urbanistes quelques décennies auparavant. « Si seulement je pouvais concevoir une structure permanente aussi logique pour soutenir la croissance rapide de l'entreprise », se dit Jean.

Le président se met alors à repenser à sa trépidante journée de réunions. Chaque nouvelle possibilité devenait un problème. Chaque nouvel élément semblait vouloir assombrir un peu plus la répartition des rôles et des responsabilités entre les cadres de Fabrication Laurentides. Les commandes n'étaient pas traitées aussi rapidement qu'il aurait fallu. Deux clients importants avaient récemment reçu des commandes incomplètes qui, de surcroît, étaient arrivées en retard ! Les nouveaux postes avaient été pourvus par de nouveaux employés qui n'hésitaient pas à faire de longues heures supplémentaires pour compenser leur manque d'expérience, mais personne ne semblait capable de se mettre d'accord avec personne sur quoi que ce soit !

Ainsi, Jonathan Wong, vice-président à la production, avançait avec conviction qu'il fallait allonger les cycles de production afin de diminuer le temps consacré au réglage des machines, d'améliorer le contrôle de la qualité, de réduire l'usure prématurée d'un équipement onéreux et de simplifier le processus de traitement des commandes. Et cet allongement des cycles de production devait passer par une réduction du nombre de commandes spéciales. Henri Gignac, vice-président au marketing, n'était pas du tout du même avis. Selon lui, le service du marketing avait réussi à créer l'image d'une entreprise qui livre rapidement des produits de qualité conçus spécialement en fonction des besoins du client. Les recommandations de Jonathan l'obligeraient à vendre une gamme de produits normalisés. Henri prévoyait une chute immédiate des ventes et une diminution de la part de marché à moyen ou à long terme si les propositions de Jonathan étaient acceptées.

Il fallait également compter avec Hugues Timère, adjoint du vice-président aux finances, qui se préoccupait du financement des stocks. Il souhaitait un processus d'établissement du budget plus rigoureux, qui fonctionnerait selon un rythme hebdomadaire, pour les achats, les biens en cours de transformation et les stocks de produits finis. Les variations de plus de 10 % par rapport à ce qui avait été prévu seraient soumises à l'attention de l'adjoint du vice-président à la production.

La réunion du comité exécutif devenait de plus en plus monotone. Néanmoins, il semblait évident à Jean que les membres de la direction de Fabrication Laurentides avaient de nombreuses idées pour améliorer le rendement de l'entreprise. Tout le monde recommandait des changements, surtout si ceux-ci concernaient le service d'un collègue.

Jean observait les lumières de la ville et se disait qu'il devait bien y avoir un moyen de gérer la croissance d'une façon ordonnée. Il réfléchit encore à la situation de l'entreprise. Le volume d'affaires engendré par les trois principaux clients, à savoir Distribution Laval, Les Grossistes de la Beauce et B.L.A., représentait 50 % du chiffre d'affaires total et 75 % des bénéfices avant impôts. Il ne semblait pas particulièrement judicieux de viser une augmentation substantielle du chiffre d'affaires avec ces trois clients. C'était plutôt sur le produit Profab qu'il fallait se concentrer. D'ailleurs, les trois grands l'utilisaient déjà. Les méthodes de production étaient légèrement différentes de celles qui étaient utilisées pour les autres produits : Profab était fabriqué artisanalement par un petit nombre d'employés extrêmement spécialisés. Des cycles de production plus longs et une conception plus souple permettraient de réduire les coûts de 30 % et, donc, d'augmenter la rentabilité du marché existant. Ensuite, grâce à la mise sur pied d'une deuxième équipe de fabrication et à l'embauche de représentants payés à la commission pour vendre une gamme de produits Profab, le marché canadien et peut-être même le marché américain présenteraient de nouvelles possibilités.

C'était bien ça. L'avenir de l'entreprise, c'était Profab. Mais la direction était débordée. Jean avait délégué les affaires courantes des « trois grands » à Henri. De plus, les exigences de la nouvelle orientation en matière d'ingénierie risquaient d'entraîner de nouveaux problèmes de production, si on voulait continuer à approvisionner les trois grands. Comment Fabrication Laurentides pourrait-elle saisir cette occasion, sans pour autant perdre ses principaux clients ?

Avant que Jean ait eu le temps de trouver la réponse à sa question, le téléphone sonna. Une Suzanne Réhaume survoltée était au bout du fil. Elle annonça à Jean que, d'ici six mois, Fabrication Laurentides disposerait de deux millions de dollars pour commercialiser Profab et ses dérivés à l'échelle du pays. Pour elle, la raison sociale Fabrication Laurentides n'était plus appropriée. Elle suggéra Profab National à Jean, qui renchérit avec Profab International.

Une fois encore, Jean était hypnotisé par l'agencement des rangées et des colonnes de lumières qui s'étendaient à l'horizon. Il félicita Suzanne. Le temps du changement était arrivé : il permettrait de mettre sur pied la structure organisationnelle appropriée et de constituer l'équipe de direction de Profab International.

Questions

1. Quelle est la structure formelle actuelle de Fabrication Laurentides ?
2. Quels sont les avantages et les inconvénients d'une structure divisionnaire pour Fabrication Laurentides ?
3. Décrivez les objectifs de Fabrication Laurentides selon Jean Wagner.
4. Quels mécanismes de coordination et de contrôle semblent les plus appropriés dans le cas de Fabrication Laurentides ?

CAS N^O^ 28

LA FINANCIÈRE FIRST COMMUNITY[68]

La société financière First Community est un petit établissement de crédit spécialisé dans le prêt sur actif et l'affacturage à une clientèle constituée principalement de petites et moyennes entreprises (PME), des sociétés en expansion dans diverses industries, dont les besoins en capitaux ne sont pas toujours compris des institutions financières traditionnelles. Elle accorde des prêts ne dépassant pas 1 million de dollars américains, raison pour laquelle elle s'intéresse surtout aux PME.

Il est essentiel que le personnel des ventes et les responsables des dossiers de financement entretiennent d'excellentes relations, car ils travaillent sur un grand nombre de prêts que les banques considèrent comme à haut risque. À cause de ce risque sur les prêts ainsi que sur les contrats d'affacturage, la First Community fixe un taux d'intérêt supérieur de 6 % ou plus au taux de base.

La crédibilité de la First Community repose sur son histoire ainsi que sur sa politique en matière de ressources humaines (RH). Investissant dans ses employés et s'efforçant de maintenir une faible rotation du personnel, elle vise la constitution d'une équipe professionnelle harmonieuse ayant une expertise supérieure à celle de ses concurrents.

Jim Adamany, le directeur général, est bien connu dans le milieu en tant que spécialiste du prêt sur actif et de l'affacturage. Les salariés et les cadres sont, quant à eux, parmi les plus jeunes à évoluer dans le milieu financier. Dans le secteur bancaire, les promotions prennent du temps, parce que nombre d'établissements ont des programmes de gestion des RH résolument conservateurs. La First Community, elle, recrute de jeunes diplômés ambitieux souhaitant s'épanouir et évoluer avec leur entreprise. Si la société financière prend de l'expansion, les responsabilités et les salaires de ses jeunes cadres augmenteront. Ainsi, l'un des vice-présidents, Matt Vincent, est dans la jeune trentaine, tandis que le directeur du marketing, Brian Zcray, est âgé d'à peine 28 ans.

La diversité des produits financiers qu'offre la First Community se reflète dans la concurrence tout aussi diversifiée à laquelle elle doit faire face. D'autres petites sociétés se spécialisent, comme elle, dans l'affacturage. Cette technique de gestion financière consiste, pour les entreprises, à obtenir des liquidités en cédant leurs comptes clients à un établissement financier qui se charge de les recouvrer en échange d'une commission. Généralement, ces entreprises sont les plus petits clients des maisons de crédit. Pour réussir, il est essentiel de bien les informer sur les produits, car l'affacturage constitue souvent pour elles une nouvelle méthode de financement. La First Community a donc formé son équipe de vente de façon que chacun connaisse parfaitement ses produits et fasse office de représentant du client au cours du processus d'approbation.

Pour veiller à ce qu'un prêt ou un contrat d'affacturage corresponde à un profil de risque acceptable, la First Community pose de nombreuses questions pointilleuses et complexes à l'entreprise emprunteuse sur ses finances. Comme les patrons de PME sont souvent intimidés lorsqu'ils rencontrent les agents de crédit, elle préfère confier cette enquête à ses agents commerciaux. Ceux-ci doivent cependant tenir compte des exigences des agents de crédit, lesquels visent à réduire les risques encourus par la First Community tout en entretenant des rapports conviviaux avec les clients.

C'est en centralisant l'étude des contrats entre les mains d'une équipe de vente expérimentée que la First Community parvient à poser les questions qui s'imposent, tout en maintenant l'intérêt des clients. Un interrogatoire poussé sur leur situation financière peut aisément décourager certains demandeurs ; aussi, pour diminuer leurs craintes concernant le processus d'approbation, on recourt aux commerciaux à titre d'intermédiaires. Cette approche permet de mettre l'accent sur la vente, tant à l'étape du recrutement d'un client qu'à celle de la demande de prêt.

À l'interne, la tension est constante entre les commerciaux et la commission de crédit. L'intérêt des premiers va au recrutement de clients, puisque leur rémunération dépend en bonne partie du nombre de contrats conclus. Comme les membres des équipes de vente de la plupart des domaines, ces employés dynamiques sont toujours en quête de nouveaux marchés. En outre, étant donné que les produits qu'ils vendent relèvent aussi bien des finances que de l'affacturage, ils sont en contact avec les agents de crédit des deux services. Dans l'un et l'autre de ces derniers, des gestionnaires sont chargés de veiller à ce que les contrats satisfassent aux critères de prêt. Tandis que l'optique d'un agent commercial est d'obtenir toujours plus de contrats, l'objectif premier du gestionnaire de crédit est de limiter le plus possible les mauvaises créances.

La pression monte lorsque la commission de crédit rejette les demandes de prêt que lui soumettent les commerciaux. Ayant une certaine expérience des risques que représentent leurs clients en matière de crédit, les agents comprennent souvent fort bien les procédures d'analyse qui conduisent à refuser ou à accorder un prêt. Toutefois, ils souhaitent également que les prêts ayant un authentique potentiel de financement soient approuvés. En effet, la plupart des banques ne transmettent ces dossiers qu'aux établissements de crédit qui font preuve d'une certaine ouverture. Si la First Community refuse d'aider un trop grand nombre des entreprises clientes que lui envoie une banque, elle risque de perdre progressivement ce marché, car la banque en question peut se tourner vers d'autres entreprises de crédit.

Pour gérer les divergences structurelles existant entre les objectifs de ses divisions, la First Community concentre ses efforts sur l'amélioration de la communication. Comme nous l'avons fait remarquer précédemment, sa rotation de personnel peu élevée lui permet de développer une cohésion d'équipe. Ainsi, les occasions d'entretenir une communication ouverte et franche contribuent à remédier aux différences d'orientation entre les deux divisions. Cette harmonisation suppose une philosophie organisationnelle qui prône le respect des opinions de tous. Comme l'approbation d'un prêt représente souvent une décision stratégique, les commerciaux et les gestionnaires de crédit disposent d'un processus de discussion ouvert à ce sujet. C'est à Jim Adamany que revient la décision sans appel mais, comme il tient à l'opinion de tous ses subordonnés, il leur donne la possibilité de s'exprimer. Ainsi, chacun donne son point de vue sur des questions telles que les antécédents en matière de crédit dans un domaine d'activité ou les dernières tendances dans les politiques bancaires de prêt.

Questions

1. Quels mécanismes de coordination la financière First Community emploie-t-elle pour gérer les éventuels conflits entre sa division des ventes et sa commission de crédit?
2. Quelles qualités la First Community devrait-elle rechercher chez ses nouveaux employés pour éviter que sa structure fonctionnelle ne provoque trop de problèmes?
3. Sur quels éléments clés de la communication de l'information cette société doit-elle mettre l'accent? Comment cette approche peut-elle s'étendre à toute l'organisation?
4. Comment se fait-il qu'un petit établissement financier puisse se contenter d'une structure simple, alors qu'une grande entreprise pourrait juger cette dernière inadéquate?

CAS N° 29

MISSION MANAGEMENT AND TRUST[69]

C'est devant plus de 500 chefs d'entreprise et dirigeants politiques de tout l'Arizona que Carmen Bermúdez, directrice générale de Mission Management and Trust (MM&T), a reçu le prestigieux prix ATHENA. Cette distinction, offerte par la Chambre de commerce de l'Arizona, récompense chaque année les entreprises qui se sont démarquées par leur défense de la cause des femmes, tant au sein de leur organisation que dans la collectivité. La statue de bronze de 25 kg remise à MM&T avait une signification spéciale pour la directrice de l'entreprise, qui y voyait la reconnaissance de ses efforts dans ce domaine.

MM&T est une petite société de huit employés que sa constitution récente n'a pas empêchée de percer dans un secteur dominé par de grandes entreprises. Au bout de six ans, elle administrait déjà plus de 171 millions de dollars. Aux États-Unis, c'est la première société de fiducie dirigée par une femme issue d'une minorité ethnoculturelle, ce qui rend sa croissance encore plus impressionnante.

Les sociétés de fiducie fournissent des services aux particuliers, aux organismes et aux entreprises qui leur confient des biens à gérer et à protéger. MM&T offre des services dont le degré de personnalisation est relativement rare pour une entreprise de cette taille. Sachant que ce domaine est des plus concurrentiels, elle a mis au point une stratégie originale associant des pratiques socialement responsables à de bonnes relations commerciales.

L'énoncé de mission montre que, dès sa création, l'organisation visait plus que le simple profit. Sa fondatrice, Carmen Bermúdez, avait trois objectifs: «(1) créer une société de fiducie marquée par l'excellence; (2) montrer l'exemple et promouvoir, au sein de la société et à l'extérieur, les débouchés pour les femmes et les minorités; (3) redistribuer une partie des bénéfices à des projets caritatifs soutenus par les clients et le personnel». Ainsi, MM&T avait une raison d'être précise caractérisée non seulement par la gestion en fiducie, mais aussi par la ligne de conduite d'un citoyen corporatif responsable.

Même avec ces objectifs louables, MM&T a fait face à la difficulté de trouver des clients qui soient tout à la fois avides de services de qualité et prêts à accepter certains des sacrifices qu'une société de placement à conscience sociale peut décider de faire. Parmi les investisseurs souhaitant un taux de rendement élevé sur leurs placements, nombreux sont ceux que les questions sociales indiffèrent. Ils ne correspondaient donc pas au marché que MM&T voulait desservir. L'entreprise devait sélectionner sa clientèle de manière à trouver les gens qui adhéreraient à sa philosophie en matière d'investissements et de responsabilités institutionnelles. La clientèle idéale serait constituée de particuliers et d'organisations engagés sur le plan social et cherchant une stratégie d'investissement correspondant à leurs engagements.

Le créneau parfait pour MM&T s'est avéré être celui des institutions religieuses. Il est courant de voir des églises et des organisations à but non lucratif ouvrir des comptes en fiducie pour soutenir des projets spéciaux et exercer un contrôle sur leurs frais d'exploitation. Elles ont besoin de services efficaces, mais cherchent aussi très souvent à investir dans des entreprises pas trop éloignées de leurs idéaux. Une société de fiducie investissant dans les industries fort lucratives de l'alcool ou du tabac ne correspond pas à la philosophie d'un grand nombre d'organisations religieuses. MM&T exploite ce créneau en prenant des décisions financières à teneur sociale.

MM&T s'est rapidement attachée à poursuivre l'un de ses objectifs principaux en donnant une partie de ses bénéfices à des organismes caritatifs. Dès la fin de sa première année d'activité, elle avait offert 4 500$ à diverses causes, allant des Services communautaires catholiques à un programme de bourses mis sur pied par le Centre communautaire juif. Non seulement ces contributions correspondent à son engagement, mais elles lui permettent également de recruter d'autres clients aux orientations semblables. Grâce à ses programmes caritatifs, MM&T est plus attractive pour la clientèle qu'elle cible. Une organisation religieuse sera rassurée de savoir qu'une partie de l'argent versé à MM&T pour la gestion de ses actifs ira à des causes qu'elle-même défend. Si elles ont une portée sociale, les politiques de MM&T se justifient également sur le plan du marketing. Pour s'établir, une petite entreprise doit comprendre ses clients, principe qu'a très bien saisi et appliqué MM&T.

MM&T tire pleinement parti de ses engagements philanthropiques en tenant ses clients informés de ses activités financières et, ce qui est plus important encore, des activités qu'elle mène au sein de la collectivité. Son bulletin d'information, *The Mission Bell*, traite dans le détail des nouvelles et des questions concernant le domaine de la fiducie et les activités de la société, mais surtout des moyens employés pour concrétiser son engagement social. Le nom même de cette publication évoque davantage un périodique religieux qu'un bulletin de nature financière. *The Mission Bell* correspond bien aux exigences des clients et clarifie, par son contenu, le rôle et les objectifs de MM&T. Ainsi, l'un de ses numéros contenait des articles sur les derniers employés arrivés, sur les investissements et sur les mesures prises avec d'autres organismes pour soutenir l'investissement institutionnel orienté vers des causes sociales. On voit donc que la société définit clairement sa philosophie dans ses stratégies, qu'il s'agisse de marketing ou de communication.

Pour satisfaire pleinement ses entreprises clientes, Carmen Bermúdez s'est entourée d'une équipe restreinte de professionnels très expérimentés, dont la formation et les principes correspondent à ses idéaux. Elle répète souvent que la meilleure décision d'affaires qu'elle ait jamais prise a été d'« accorder la préférence à des personnes intelligentes, talentueuses et compatibles, dont la qualité principale est une solide expérience ». Les employés de MM&T ne sont pas seulement des spécialistes du domaine de la finance, ce sont également des leaders dans leur communauté.

Ce double champ de compétences correspond à trois exigences essentielles au succès de l'entreprise. Premièrement, l'engagement communautaire permet de mieux comprendre les orientations en matière d'investissements qu'exigent les organismes auxquels MM&T offre ses services. Deuxièmement, les personnes engagées dans la collectivité ont des contacts bien établis qui peuvent se révéler utiles pour recruter des clients. Troisièmement, un personnel socialement actif témoigne d'un soutien à la mission de l'organisation et contribue à consolider sa culture organisationnelle.

Claire B. Moore, vice-présidente de MM&T, offre un parfait exemple de la façon dont une philosophie organisationnelle peut se concrétiser par des décisions, en matière de personnel notamment. Son embauche a été motivée par sa vaste expérience dans le domaine bancaire, dont témoignait le poste de vice-présidente qu'elle occupait à la Bank of America, en Arizona. À ses compétences professionnelles s'ajoutait son engagement constant dans la collectivité, en particulier au sein du Conseil de la Fondation de la University of Arizona, de l'Orchestre symphonique de Tucson et de la ligue de baseball junior.

L'exemple de MM&T montre clairement que les affinités entre la philosophie d'une société et un secteur de marché peuvent donner des résultats concrets. L'engagement de cette entreprise à l'égard de ses idéaux est évident et se reflète dans toutes ses pratiques commerciales. Lorsque les décisions en matière de ressources humaines, d'investissements, de marketing et de planification stratégique visent des objectifs identiques, une culture organisationnelle forte et prometteuse a toutes les chances de s'épanouir.

Questions

1. En quoi la mission de MM&T ainsi que ses objectifs sociaux et systémiques la distinguent-ils de la plupart des entreprises ?
2. Comment s'est créée la culture de MM&T ? Quelles en sont les principales caractéristiques ?
3. Quels sont les divers moyens dont dispose la directrice générale pour renforcer la culture organisationnelle de MM&T ?
4. Quelle est la stratégie organisationnelle de MM&T ? Peut-elle lui conférer un avantage concurrentiel ?

CAS N° 30

JAMAIS LE DIMANCHE...[70]

Situation n° 1 : San Marcos, Texas

Les centres de matériaux de construction de la société McCoy's, à San Marcos (Texas), prospèrent depuis plus de 70 ans, et ce, dans un secteur du commerce de détail toujours plus concurrentiel. McCoy's est l'une des plus grandes entreprises familiales de matériaux de construction des États-Unis ; ses ventes dépassent 400 millions de dollars américains. Chaque année, la société attire une clientèle de plus de 10 millions de consommateurs dans une région couvrant les États du Nouveau-Mexique, du Texas, de l'Oklahoma, de l'Arkansas, du Mississippi et de la Louisiane. Avec ses 103 magasins et ses 1 600 travailleurs, elle a pour stratégie d'occuper le créneau des villes de petite et moyenne importance. Fondée par Frank McCoy en 1923, l'entreprise se spécialisait à l'origine dans les toitures, son premier secteur d'activité jusque dans les années 1960, puis a commencé à se diversifier sous la direction du fils, Emmett McCoy.

Le principe fondamental de McCoy's est l'achat et la distribution des meilleurs produits disponibles, associés à un service à la clientèle de la plus haute qualité. En tant qu'entreprise axée sur les opérations, McCoy's n'a jamais senti le besoin d'avoir un grand nombre d'échelons hiérarchiques. On demande aux cadres qui travaillent dans les magasins de se concentrer sur les questions liées au service : placer la marchandise sur les rayons, y marquer les prix, vendre les produits et aider les clients à charger leur véhicule. La majeure partie des tâches administratives s'effectue au siège social, afin que le personnel en magasin puisse se consacrer pleinement aux consommateurs. La haute direction (Emmett McCoy et ses deux fils, Brian et Mike, à titre de vice-présidents) a mis sur pied 11 équipes de gestionnaires provenant des régions couvertes par les établissements McCoy's. Ces groupes se réunissent régulièrement pour discuter des nouveaux produits, des façons d'améliorer la livraison et d'autres points concernant la satisfaction de la clientèle. Chaque équipe est dirigée, à tour de rôle, par les gestionnaires qui en sont membres.

La main-d'œuvre de McCoy's est constituée à 70 % de travailleurs à temps plein et à 30 % de travailleurs à temps partiel. Conformément à sa philosophie, l'entreprise fonde essentiellement sa réussite sur un personnel loyal, polyvalent et compétent. C'est pourquoi, voulant s'assurer en tout temps un tel personnel, elle offre une formation complète sur le terrain. Pour devenir cadre, il faut commencer en magasin par l'apprentissage de toutes les facettes des activités s'y déroulant, avant de poursuivre par un programme de formation en gestion. De plus, tous les apprentis cadres doivent accepter de faire leurs classes dans plusieurs magasins. La promotion se fait surtout à l'interne, et il est très rare que l'entreprise embauche des personnes de l'extérieur. Cette situation pourrait cependant changer, en raison de l'introduction accrue de technologies exigeant du personnel plus scolarisé.

Des convictions religieuses très profondes et un engagement important envers la collectivité imprègnent toutes les activités de McCoy's. La solide réputation d'honnêteté associée à l'entreprise est une source de fierté pour tous les membres du personnel.

De nombreux membres de la famille McCoy sont des chrétiens évangéliques qui manifestent leur foi par des actions concrètes, voulant montrer que, dans leur dévotion à Dieu, ils joignent le geste à la parole. Leurs convictions et leurs principes influent par bien des aspects sur la culture de l'entreprise, tel le principe que résume le titre de cette étude de cas: «Jamais le dimanche...» En effet, bien que le dimanche soit maintenant une journée très achalandée pour les détaillants, les 103 établissements McCoy's restent fermés ce jour-là.

Situation nº 2 : Atlanta, Géorgie

La courtoisie alimente la croissance chez Chick-fil-A, mais n'espérez pas y commander un sandwich un dimanche : les 1 250 restaurants de la chaîne sont fermés ce jour-là. Cette tradition a été instaurée par Truett Cathy, son fondateur maintenant âgé de 85 ans, qui estimait que les employés méritaient une journée de congé hebdomadaire. Tout en ayant la réputation de «placer les gens avant les profits» dans l'ordre de ses priorités, Truett a réussi à créer une entreprise à la croissance vigoureuse dans le domaine de la restauration rapide.

La chaîne Chick-fil-A appartient entièrement à la famille de Truett Cathy et est aujourd'hui dirigée par son fils. Son siège social est situé à Atlanta, la ville même où fut ouvert le premier restaurant. Elle a la réputation d'être un excellent employeur, ce qui explique sans doute les quelque 10 000 demandes qu'elle reçoit chaque année pour les 100 postes d'exploitant à pourvoir. Le taux de rotation du personnel à ces fonctions n'est que de 3 %, alors qu'il s'élève en moyenne à 50 % dans ce secteur. La franchise est relativement peu coûteuse (5 000 $), si on la compare aux 50 000 $ habituellement exigés par la concurrence.

Le président de la National Restaurant Association Educational Foundation déclare : «Je crois qu'aucune autre chaîne n'est parvenue à créer une culture d'entreprise aussi favorable aux personnes et aussi respectueuse des employés.»

Truett demande à ses employés de toujours répondre «tout le plaisir est pour moi» quand un client les remercie. «Il est important de s'assurer que tout le monde est heureux», ajoute-t-il. Les résultats parlent d'eux-mêmes. Chick-fil-A est la 25e chaîne de restauration rapide aux États-Unis. Ses ventes ont atteint 2 milliards de dollars en 2006[71].

Questions

1. Comment les croyances personnelles des familles McCoy et Cathy ont-elles influencé la culture organisationnelle de leur entreprise respective ?
2. Quelles leçons utiles peut-on tirer de ces deux situations en ce qui a trait à l'instauration d'une culture organisationnelle hautement performante ?

3. Quels défis doit relever un dirigeant souhaitant faire progresser son organisation vers le même type de culture que celui des entreprises des familles McCoy et Cathy?

CAS N° 31

NOVO NORDISK

La dernière décennie ne semble donner que des exemples ou des preuves d'une détérioration de l'éthique dans le monde des affaires, ainsi que d'une incapacité notoire à distinguer le bien du mal. Des entreprises et des personnes ayant passé des années à se bâtir une réputation d'intégrité semblent l'avoir perdue du jour au lendemain, probablement à jamais. Cependant, quelques-unes ont gardé un haut degré de moralité, car elles ont compris que leurs pratiques commerciales avaient des effets durables et des répercussions à l'échelle mondiale. En voici un exemple.

La société Novo Nordisk, dont le siège social est au Danemark, ne se préoccupe pas uniquement de ses résultats financiers. Spécialisée dans la fabrication et la commercialisation de produits pharmaceutiques, ainsi que dans l'offre de services pharmaceutiques, elle a bien compris que gérer ses activités de façon responsable est la bonne façon de mener des affaires.

Faisant partie des leaders mondiaux parmi les fabricants d'insuline, Novo Nordisk commercialise également des analogues, c'est-à-dire des formes d'insuline génétiquement manipulées, ainsi que des dispositifs d'injection et du matériel éducatif sur le diabète. Sa gamme de produits comprend les analogues Lévémir et NovoRaid et le révolutionnaire FlexPen, un injecteur d'insuline prérempli. À la gamme de produits destinés au traitement du diabète s'ajoutent des produits anticoagulants, des hormones de croissance humaines et des hormonothérapies de substitution[72].

Aujourd'hui, le diabète prend les dimensions d'une pandémie. En outre, le diabète de type 2 n'est diagnostiqué que chez la moitié des personnes atteintes. En collaboration avec les responsables des politiques publiques et les influenceurs sociaux, Novo Nordisk cherche à améliorer la qualité de vie des diabétiques, à découvrir un traitement qui guérisse le diabète de type 1 et à prévenir l'installation du diabète de type 2. L'entreprise a élaboré une stratégie d'accès universel au traitement de la maladie. Son objectif ultime et ambitieux, qui constitue le cœur de sa mission, est de vaincre le diabète. Cette vision met en perspective les buts de l'entreprise et inspire le travail des employés. Elle contribue à la concentration de tous sur les mêmes cibles: l'accroissement de l'avoir des actionnaires à long terme et le développement des qualités uniques de la société représentant son avantage concurrentiel.

Par ses décisions et sa gestion des opérations commerciales, la direction de Novo Nordisk poursuit trois objectifs entre lesquels elle cherche à trouver un juste équilibre: la viabilité économique, la responsabilité sociale et l'offre de produits ne mettant pas l'environnement en péril. Elle veille ainsi à trouver un équilibre entre la croissance financière et les responsabilités organisationnelles, entre les profits à court terme et à long terme, entre le retour sur investissement des actionnaires et les intérêts des autres parties intéressées. La structure de gouvernance, les outils de gestion, l'évaluation du rendement individuel et le système de récompenses tiennent compte des trois objectifs poursuivis.

Novo Nordisk vise à gérer ses activités commerciales d'une façon qui lui assure des profits et de la croissance, tout en laissant une empreinte économique positive dans la collectivité. Ses décisions saines sur le plan écologique montrent qu'elle se préoccupe de son impact sur la planète et des conséquences bioéthiques de ses activités. Parmi ses ambitieuses cibles non financières, citons la réduction de 10 % de ses émissions de gaz carbonique par rapport à ses émissions de 2004. En 2009, la société annonçait qu'elle avait déjà réduit ses émissions de gaz carbonique de 9 % et sa consommation d'eau de 17 %, alors que sa production et ses ventes avaient augmenté[73]!

Pour mesurer ses progrès, Novo Nordisk a adopté un tableau de bord comme outil de gestion général. Les employés sont récompensés pour un rendement qui atteint ou dépasse les objectifs financiers et non financiers inscrits dans ce tableau. Les objectifs financiers à long terme sont la croissance, la profitabilité, le rendement financier et la génération de liquidités. Les objectifs non financiers sont, notamment, la création d'emplois, la capacité de gérer les répercussions environnementales, l'optimisation des ressources et l'impact social sur les employés, les patients et les collectivités[74]. Novo Nordisk respecte les personnes qui font confiance à ses produits et à ses employés et attache une grande importance à l'incidence de ses activités commerciales sur la société.

La pérennité de l'entreprise, sa capacité à maintenir et à faire croître ses opérations à long terme, est un *ethos* auquel Nordisk est attachée et qui détermine, selon elle, son succès commercial. Les enquêtes indiquent que le comportement éthique dans le monde des affaires d'aujourd'hui est un facteur essentiel de la réputation des sociétés pharmaceutiques. Toute entreprise pharmaceutique que le public considère comme non respectueuse de l'éthique risque grandement de décliner. Or regagner une certaine confiance et une réputation demande beaucoup de temps.

Pour l'entreprise Novo Nordisk, qui fonde ses activités sur l'intégrité et l'innovation, la pérennité passe par le respect des valeurs. Dans son cas, il est évident qu'agir correctement permet d'obtenir de bons résultats financiers.

Questions

1. En quoi la mission et la vision de Novo Nordisk ainsi que ses objectifs sociaux et systémiques la distinguent-ils de la plupart des entreprises?
2. Comment s'est créée la culture de Novo Nordisk? Quelles en sont les principales caractéristiques?
3. Quels sont les divers moyens dont dispose la direction pour renforcer la culture organisationnelle de Novo Nordisk?
4. Quelle est la stratégie organisationnelle de Novo Nordisk? Peut-elle lui conférer un avantage concurrentiel?

CAS N° 32

LE BOULEVERSEMENT DES FUSIONS DÉPARTEMENTALES[75]

François est pharmacien dans un centre d'hébergement et de soins de longue durée (CHSLD) depuis 15 ans. Il possède un baccalauréat en pharmacie et un diplôme d'études supérieures en pharmacie d'hôpital (DPH). Il est le seul pharmacien, mais est aidé d'une assistante technique aussi brillante que vaillante. Engagé dans l'équipe interdisciplinaire de l'établissement et donnant des soins pharmaceutiques de qualité à ses patients, il est reconnu pour ses compétences. Son type de pratique lui convient tout à fait, car il estime la clientèle âgée et il aime travailler avec les omnipraticiens. L'horaire de travail lui plaît aussi : la pharmacie ouvre du lundi au vendredi, de 8 h 30 à 16 h 30, est fermée les fins de semaine et n'a pas de système de garde. Comme François est chef d'une famille monoparentale de 2 enfants âgés de 8 et de 10 ans, cet horaire facilite grandement sa vie familiale.

À la suite de la création des centres de santé et de services sociaux (CSSS), qui a mené à la fusion de cinq établissements de sa région, François fait maintenant partie d'un important département de pharmacie. Il doit travailler non seulement dans son centre d'origine, mais aussi dans le centre hospitalier régional de soins généraux et spécialisés de courte durée. L'équipe de pharmaciens de ce dernier est très heureuse d'accueillir de nouveaux collègues expérimentés. Elle est jeune et dynamique. Les pharmaciens qui la composent ont tous une maîtrise en pharmacie d'hôpital (M.Sc.) et, en moyenne, huit années d'expérience. Pour les seconder dans leurs tâches, ils peuvent compter sur 20 assistants techniques. Fait à noter : la collègue de François a préféré prendre sa retraite plutôt que de vivre le changement. Les pharmaciens du centre hospitalier régional voient dans la création du CSSS la possibilité de réorganiser les soins pharmaceutiques selon les priorités de l'établissement et de répartir les soirs et les fins de semaine entre un plus grand nombre de professionnels. Comme il manquait trois pharmaciens dans différentes unités de soins aigus avant la fusion, ils proposent de réintégrer les soins pharmaceutiques dans les unités de soins où ils avaient été abandonnés et de les diminuer temporairement au CHSLD, jusqu'à un recrutement futur.

On peut comprendre que, pour François, les changements sont grands, tant dans sa vie professionnelle que dans sa vie personnelle. Désormais, en effet, il devra assumer des gardes et des périodes de distribution les soirs et les fins de semaine, participer à des comités de travail du nouveau centre de santé issu de la fusion, travailler dans des unités de soins aigus et modifier l'organisation de sa vie familiale. Malgré tout, rechigner ne pourra rien changer à la situation. François se montre donc motivé et considère la conjoncture avec optimisme et intérêt. En plus de travailler dans son CHSLD d'origine à mi-temps, il est intégré à l'équipe d'oncologie du centre régional. Le responsable du secteur d'oncologie et le chef du département de pharmacie veillent à ce que François reçoive une formation d'une semaine et assiste à un congrès international rapidement, car le personnel manque dans ce secteur en pleine croissance. Il y a de plus en plus de patients à voir et de traitements à préparer. François s'intéresse beaucoup à ce nouveau domaine. Il réorganise les activités familiales de façon à pouvoir lire et étudier les soirs et les fins de semaine. Il veut devenir compétent le plus rapidement possible.

Trois mois plus tard, François a la nostalgie de son travail d'avant la fusion. L'oncologie est un secteur tellement différent de la gériatrie ! Bien qu'il ait lu, posé des questions et assisté à des formations, il ne se trouve pas compétent et regrette la confiance en lui qu'il avait auparavant, dans les tournées médicales et auprès des patients. Du côté de sa vie familiale, il a souvent des problèmes de gardiennage les soirs et les fins de semaine et il doit demander des échanges d'horaires de travail avec ses collègues. Toute cette situation est pour lui une source de stress et d'anxiété. Il est insatisfait de sa vie professionnelle ainsi que de sa vie familiale, à laquelle il consacre de moins en moins de temps. Au travail, il a constamment peur de commettre des erreurs et commence à croire que le pharmacien responsable du secteur vérifie ce qu'il fait. Quand il a voulu parler de la situation au chef du département de pharmacie, ce dernier l'a envoyé vers le responsable de secteur.

Six mois plus tard, François a de moins en moins d'entrain le matin pour aller travailler. Il dort très peu et a l'impression que la nuit ne lui permet pas de récupérer. L'anxiété et le stress ont augmenté ; les tracas occupent toutes ses pensées. Il a de la difficulté à se concentrer sur la tâche à accomplir. Il regarde même à l'avance son horaire et prend des journées de maladie lorsqu'il est en oncologie, tellement le travail dans ce secteur lui pèse. « Et si j'allais voir un médecin afin qu'il m'arrête momentanément ? » se dit-il. Cependant, un fort sentiment de culpabilité l'empêche de faire la démarche envisagée : « Je mettrais toute la pression sur le reste de l'équipe. »

Un matin, aux prises avec de l'anxiété et une incapacité physique et morale à aller travailler, François, en larmes, appelle un parent. Ce dernier lui conseille vivement d'aller consulter immédiatement. Le médecin signe alors un arrêt de travail d'une durée de deux mois, à réévaluer par la suite.

Questions

1. Quelles sont les principales causes du stress vécu par François ?
2. Quelles sont les principales conséquences du stress vécu par François ?
3. Quelles stratégies organisationnelles pourraient permettre de réduire les effets néfastes des agents de stress présents dans le milieu de travail ?
4. Que devrait faire François ?

CAS N° 33

L'ARRIVÉE DE Mme ROY[76]

Caroline Tremblay est guide-animatrice dans un musée depuis le début de ses études collégiales. La satisfaction et le plaisir qu'elle a toujours ressentis dans cet emploi l'ont orientée vers des études en histoire de l'art, domaine dans lequel elle vient de terminer un baccalauréat. Après cinq années de travail à temps partiel, la directrice générale du musée lui a officiellement proposé un poste permanent à temps complet, que Caroline s'est empressée d'accepter. Le musée dans lequel elle travaille est une réplique d'un domaine ancestral anglais du 18e siècle. Il accueille des expositions de peintres et de sculpteurs reconnus et offre aux visiteurs l'occasion de faire une visite guidée sur l'histoire des familles qui auraient pu y vivre. Depuis peu, l'éventail des services offerts s'est élargi. Il est maintenant possible de réserver le musée pour des mariages et des réceptions. Les tâches de Caroline, comme celles des trois autres guides-animateurs, consistent à accueillir les visiteurs, à leur fournir de l'information sur les expositions et à animer des visites guidées. Depuis que de nouveaux services sont proposés, les guides-animateurs doivent aussi assurer la sécurité au cours des réceptions et veiller au bon déroulement de ces soirées, dans le respect des limites fixées par la direction du musée, notamment l'interdiction de fumer et de prendre des photographies à l'intérieur, ainsi que la fermeture des lieux à une heure prédéterminée.

Pour coordonner les services, la direction du musée a récemment embauché une directrice des événements, dont les tâches consistent à promouvoir les services, à rencontrer les clients potentiels, à négocier les contrats et à s'assurer de la présence, à chaque événement, d'un guide-animateur responsable, connaissant tous les détails de l'entente conclue avec les clients. La personne embauchée, Justine Roy, est une ancienne guide-animatrice du musée.

Depuis l'entrée en fonction de Mme Roy, Caroline éprouve quelques problèmes. Ses heures de travail hebdomadaires sont nettement inférieures à celles des autres guides-animateurs qui ont moins d'ancienneté qu'elle. Lorsqu'elle en a parlé à Mme Roy, cette dernière lui a répondu qu'elle devait prendre les heures de travail offertes ou démissionner. De plus, à maintes reprises, Mme Roy ne l'a pas avisée de visites de groupe qu'elle animait, a négligé de lui préciser lesquelles elle devait faire en anglais et lui a refusé l'accès aux contrats des réceptions dont elle était responsable et dont les conditions ne respectaient pas les règlements du musée. Caroline s'est donc retrouvée plusieurs fois dans des situations où elle a fait l'objet de critiques de la part de clients. Plusieurs plaintes officielles ont d'ailleurs été déposées à son sujet. Caroline ne comprend pas ce qui se passe. Elle a toujours fait son travail consciencieusement, en vérifiant minutieusement chaque détail des événements dont elle avait la responsabilité. Les clients n'avaient que des éloges pour elle. De plus, en interrogeant ses collègues, elle s'aperçoit qu'elle est la seule à ne pas avoir accès à l'information. Elle est très inquiète.

Depuis deux mois, Caroline se sent complètement épuisée et elle souffre d'insomnie. Elle craint que Mme Roy ne recommande son licenciement. Chaque matin, elle a des maux de ventre et pleure avant d'aller travailler. Ses relations avec ses collègues se sont détériorées, car elle s'isole de plus en plus. En outre, elle a commis de nombreuses erreurs durant les dernières visites guidées qu'elle a animées. Ayant supporté la situation pendant quatre mois et n'en pouvant plus, elle demande une rencontre à Mme Roy, pour mettre les choses au point. Celle-ci prétend ne pas avoir de temps à lui consacrer et lui précise du même coup que, si elle continue à faire son travail de la sorte, elle risque de perdre son emploi.

Caroline décide alors de rapporter la situation à la directrice générale du musée, avec qui elle entretient de bonnes relations depuis qu'elle a obtenu son emploi, il y a cinq ans. Cette dernière est surprise de ce que lui raconte la guide-animatrice. Elle connaît bien Mme Roy, qu'elle a elle-même engagée sur la base de ses compétences en gestion des ressources humaines. De plus, elle affirme ne pas avoir entendu parler des plaintes déposées par les clients, mais plutôt du fait que les employés pensent qu'elle a des problèmes personnels. La directrice générale promet à Caroline de rencontrer Mme Roy pour éclaircir les choses. La situation continue tout de même de se détériorer pour la guide-animatrice. Un mois plus tard, celle-ci va consulter son médecin, qui lui prescrit un arrêt de travail de deux semaines.

Questions

1. De quels types et de quelles formes de violence au travail Caroline Tremblay est-elle victime?
2. Quelles en sont les manifestations?
3. Que suggéreriez-vous à Caroline?

III Exercices

EXERCICE 1

MON MEILLEUR PATRON

Marche à suivre

1. Dressez une liste des qualités décrivant le meilleur patron pour qui vous ayez travaillé. Si vous ne trouvez pas d'exemple sur lequel vous appuyer, établissez la liste des qualités que vous voudriez voir chez un supérieur dans votre prochain emploi.
2. Formez des groupes de quatre ou cinq étudiants et comparez vos listes.
3. Dressez une liste unique des qualités du *meilleur patron* selon votre groupe. Vérifiez que toutes les qualités citées y figurent bien, mais que chacune d'elles n'y apparaît qu'une fois. Indiquez par un crochet les qualités citées plusieurs fois. L'un d'entre vous se préparera ensuite à présenter les conclusions du groupe au cours d'une discussion en classe.
4. Lorsque tous les groupes auront terminé l'étape 3, les porte-parole s'adresseront à toute la classe. Le professeur pourra alors établir une liste des qualités du meilleur patron commune à tous les étudiants.
5. N'hésitez pas à poser des questions et à discuter des conclusions.

EXERCICE 2

LES MOTS DE LA FIN : REMUE-MÉNINGES ET IDÉES EN VRAC[77]

Marche à suivre

1. Donnez le plus de versions possible aux phrases suivantes en les complétant.
   a) Lorsque j'ai commencé ce cours, je pensais…
   b) Ce qui m'inquiète avant tout à propos de cette session, c'est…
   c) Dans trois ans, je serai…
   d) Le plus grand défi que le monde actuel doit relever, c'est…
   e) Les spécialistes en comportement organisationnel peuvent…
   f) Les ressources humaines, ce sont…
   g) L'analyse organisationnelle, c'est…
   h) La question la plus utile qu'on m'ait jamais posée est : « … ? »
   i) Au sein des organisations, le phénomène le plus important est…
   j) J'apprends le plus lorsque…
2. Votre professeur organisera une discussion en se basant sur vos réponses. Prêtez une attention particulière aux similitudes et aux différences entre les réponses fournies par les divers étudiants.

EXERCICE 3

MON MEILLEUR EMPLOI

Marche à suivre

1. Dressez la liste des cinq choses principales que vous attendez de votre premier (ou prochain) emploi à plein temps.
2. Échangez votre liste avec celle d'un autre étudiant. Vous indiquerez ensuite, sur la liste de votre collègue, les probabilités que chaque objectif retenu se réalise. (Note : le professeur voudra sans doute que tout le monde se serve de la même échelle de probabilités.)
3. Discutez de vos évaluations respectives avec votre collègue. Essayez d'éliminer les objectifs superficiels ou modifiez-les pour leur donner du contenu. Reformulez également les objectifs irréalistes. Aidez votre collègue à faire de même.
4. Regroupez-vous en équipes de quatre à six étudiants. Chacun doit exposer les objectifs qui lui semblent les plus réalistes afin que l'équipe constitue une liste commune à tous ses membres. Un porte-parole transmettra au reste de la classe un échantillon de cette liste.
5. Réfléchissez à ce que vous avez retiré de l'exercice. Discutez-en avec les membres de votre équipe. Préparez-vous ensuite à participer à une discussion élargie avec le reste de la classe, animée par le professeur.

EXERCICE 4

QUE VALORISEZ-VOUS PARTICULIÈREMENT DANS UN TRAVAIL ?[78]

Marche à suivre

1. Classez les caractéristiques d'emploi suivantes selon leur importance pour vous (de 1 = la moins importante, à 9 = la plus importante).

   Il est important pour moi d'avoir un emploi qui…

   _____ inspire le respect des autres.

   _____ encourage l'acquisition continue de connaissances et de talents.

   _____ assure la sécurité d'emploi.

   _____ procure un sentiment d'accomplissement.

   _____ permet d'obtenir une rémunération élevée.

   _____ est stimulant sur le plan intellectuel.

   _____ reconnaît un bon rendement et le récompense.

   _____ offre de bonnes conditions de travail.

   _____ offre de bonnes possibilités de promotion à des postes élevés dans la hiérarchie[79].

2. Formez des équipes à partir des consignes de votre professeur. Dans chaque groupe, les *hommes* doivent établir ensemble le classement général auquel, *selon eux*, les *femmes* en sont arrivées. Discutez des justifications d'un tel classement. Bien entendu, les *femmes* de chaque groupe ne doivent pas participer à l'établissement de ce classement. Elles écouteront plutôt les échanges de propos entre les hommes et noteront leurs commentaires en vue de la discussion générale qui va suivre. Un porte-parole des hommes communiquera le classement établi à l'ensemble de la classe.
3. (*Facultatif*) Formez des équipes exclusivement masculines ou féminines. Chaque groupe déterminera quelles valeurs, selon lui, ont été classées *première* et *dernière* par les personnes du *sexe opposé*. Discutez des raisons pour lesquelles vous arrivez à ces conclusions et des raisons pour lesquelles, selon vous, les autres valeurs n'ont pas été classées première ou dernière. Les porte-parole feront ensuite part des résultats à l'ensemble de la classe.

EXERCICE 5

VOTRE ACTIF[80]

Toute entreprise possède un actif, soit un ensemble de ressources qu'elle utilise pour produire des biens ou des services recherchés par une clientèle. Cet actif comprend notamment du capital, des terrains, des produits ou des processus brevetés, des installations, du matériel, des matières premières et des ressources humaines.

Chacun de nous dispose également d'un actif qui lui permet d'atteindre les objectifs qu'il se fixe. Nous parlons alors de *talents*, d'*habiletés* et de *compétences*. Si nous en héritons certains de nos parents, nous en acquérons un grand nombre par l'apprentissage. Une chose est sûre : nous en sommes généralement fiers.

Marche à suivre

1. Vous allez remplir le tableau ci-dessous. Dans la colonne de droite, inscrivez cinq ou six de vos réalisations, des choses dont vous êtes vraiment fier. Il doit s'agir de réalisations personnelles *dont vous pouvez clamer la paternité*. Si vous êtes fier d'appartenir à une association donnée, vous ne pouvez l'inclure dans votre liste à moins que vous n'estimiez pouvoir vous en attribuer en grande partie le mérite. Si vous avez l'impression que le fait même d'avoir été invité à vous joindre à cette association est une réussite en soi, incluez-la dans votre liste.

   Une fois la colonne de droite remplie, passez à celle de gauche en nommant les talents, les habiletés et les compétences qui vous ont permis d'accomplir ce qui figure dans la colonne des réalisations.
2. Formez des équipes. Tandis que chaque membre de votre équipe montre sa liste aux autres, prêtez attention à vos propres perceptions et sentiments. Notez leurs effets sur vos attitudes à l'égard des autres membres.
3. Chaque groupe discute ensuite à partir des questions suivantes :

   a) Sur quels points vos attitudes et vos sentiments à l'égard des autres membres ont-ils changé au cours de l'exercice ? Quelles conclusions tirez-vous à propos des processus qui entrent en jeu dans la façon dont nous apprenons à connaître et à respecter les autres ?

   b) Qu'avez-vous pensé des instructions données pour cet exercice ? À quel genre de résultat vous attendiez-vous ? Vos attentes se sont-elles confirmées ?

Mon actif

ACTIF Talents, habiletés et compétences	RÉALISATIONS et RÉUSSITES

EXERCICE 6

UN POSTE À L'ÉTRANGER[81]

Cet exercice porte sur des questions concernant les travailleurs susceptibles d'être affectés à des postes à l'étranger. Il a pour objectif de mettre en lumière le grand nombre de problèmes que l'expatriation peut poser. Il souligne l'importance, pour les gestionnaires qui veulent des travailleurs expatriés productifs et motivés, d'être conscients de ces problèmes et prêts à les résoudre. Parmi les sujets qui seront immanquablement abordés au cours de cet exercice, citons la nécessaire formation à la culture du pays de destination et les cours de langue pour les travailleurs et leur famille, ainsi que l'incidence potentielle de l'obtention d'un poste à l'étranger sur la famille et le rôle déterminant de cette dernière sur l'intérêt des travailleurs pour de tels postes.

Marche à suivre

1. En équipes, composez des *familles* de quatre ou cinq personnes. Comme il existe de plus en plus de familles monoparentales, il serait intéressant que quelques équipes ne comportent qu'un chef de famille. Chaque étudiant se voit attribuer un rôle à jouer dans sa famille; une description sommaire de la personne qu'il représente figure ci-après.
2. Prenez une vingtaine de minutes pour discuter des effets qu'une proposition de poste à l'étranger aura sur les membres de votre famille. Vous avez pour objectif de parvenir à une décision: accepter le poste proposé ou le refuser. Vous devez également décider si toute la famille va déménager ou uniquement la personne embauchée. L'affectation est d'au moins deux ans, avec une possibilité de renouvellement annuel jusqu'à un maximum de quatre ans. La famille, ou le travailleur, a droit à un voyage annuel dans son pays d'origine, aux frais de l'employeur, pour un maximum de deux semaines. Si elle décide de s'expatrier seule, la personne à qui on offre le poste ne doit pas s'attendre à d'autres indemnités de logement ou de vie chère que celles figurant dans sa description de rôle, et ce, même si elle prévoit que ses dépenses dépasseront considérablement l'indemnité de séjour offerte par l'employeur. Abordez les questions suivantes au cours de votre discussion:
   a) Qu'est-ce qui inquiète le plus votre famille en ce qui concerne une expatriation temporaire?
   b) Qu'avez-vous besoin de savoir sur le pays de destination pour prendre une décision en toute connaissance de cause?
   c) S'il décide de partir seul, que peut faire le travailleur à qui on propose un poste à l'étranger pour faciliter la transition? Et si toute la famille l'accompagne?
   d) Que devrait faire le travailleur pour éviter que l'expatriation ne crée un stress inutile pour sa famille ou pour lui?
   e) Quelles leçons les gestionnaires ayant des travailleurs expatriés pourraient-ils tirer de cet exercice?

   Essayez de parvenir à un consensus familial. Si ce n'est pas possible et en cas de grandes divergences d'opinions, tentez de trouver des compromis selon ce qui vous semble correspondre aux rôles décrits plus loin.
3. Partagez vos réponses avec le reste de la classe, expliquez-en les raisons et répondez aux questions des autres étudiants.
4. (*Facultatif*) Lorsque toutes les familles auront donné leur réponse à une question, le professeur pourrait demander aux étudiants si leurs réponses semblent correspondre à ce qui est pratique courante chez les gestionnaires, d'après les études sur le sujet.

DESCRIPTIONS DES MEMBRES DE LA FAMILLE

La personne à qui on propose le poste à l'étranger

Il s'agit d'un cadre intermédiaire qui est en train de gravir rapidement les échelons de son entreprise et qui devrait bientôt accéder à un poste de cadre supérieur. On vient de lui offrir l'occasion de gérer des activités à l'étranger, tout en lui promettant un poste de vice-président à son retour. L'employeur paiera les frais de déménagement, y compris les dépenses liées à la vente de la maison et les coûts de réinstallation de la famille au retour. Il offrira des cours de langue au cadre et une formation à la culture du pays de destination à l'ensemble de la famille. Il accordera également une indemnité de séjour correspondant à 20 % du salaire, ce qui devrait permettre à la famille d'entretenir un mode de vie équivalant à celui dont elle jouit actuellement.

Le conjoint ou la conjointe

Cette personne exerce une profession et possède une expérience et des compétences recherchées sur le marché du travail local. Il n'est pas certain qu'elle puisse trouver un emploi dans le pays de destination. Le couple a besoin de ses revenus d'emploi – bien qu'ils soient moins élevés que ceux de la personne à qui on propose le poste à l'étranger – pour pouvoir payer, le moment venu, les études universitaires de ses enfants. Le conjoint ou la conjointe a consacré 15 ans de sa vie à sa carrière, y compris à l'obtention d'un diplôme en étudiant le soir.

L'aîné ou l'aînée des enfants

Cette personne termine sa première année de cégep et a l'intention d'obtenir son diplôme dans un an et demi. S'expatrier en ce moment retarderait sans doute ses projets de six mois. Depuis un peu plus d'un an, elle vit une relation amoureuse sérieuse. On parle de mariage après l'obtention du diplôme, mais il n'y a pas encore eu de fiançailles officielles.

Le cadet ou la cadette

Cette personne termine ses études secondaires et a déjà visité quelques cégeps afin de préparer sa demande d'admission pour l'automne suivant. Elle participe à un grand nombre d'activités scolaires ; on lui a demandé de prendre des photos pour l'album de finissants et elle appartient à une équipe sportive. Elle a des difficultés d'apprentissage pour lesquelles son école lui fournit des services.

Le benjamin ou la benjamine

Cette personne, qui est âgée de 13 ans, poursuit ses études secondaires, est membre d'une troupe de scouts et suit des cours de piano. Elle a eu de sérieux problèmes de santé qui ont nécessité des visites fréquentes chez le médecin et chez des spécialistes. Elle fréquente la même école et le même groupe d'amis depuis plusieurs années.

EXERCICE 7

SIGNAUX CULTURELS[82]

Dans un contexte professionnel, la *culture* fait référence à des convictions et à des attentes communes qui modèlent le comportement des individus. Dans cet exercice, l'expression « culture étrangère » désigne un ensemble de convictions et d'attentes différentes de celles de la culture des participants. (Les caractéristiques de cette dernière culture seront déterminées par les participants eux-mêmes.)

Marche à suivre

1. (De 10 à 15 minutes) Divisez-vous en deux groupes dont les membres porteront des insignes de couleurs différentes (ce peut être de simples papillons adhésifs bleus et jaunes sur lesquels chaque membre des groupes bleu et jaune inscrira son nom).

   Chaque groupe définit collectivement ses propres signaux culturels. Inventez des types de comportements ou des mots qui auront une signification unique pour les membres de votre groupe et qui leur donneront un sentiment d'appartenance. Pour chaque catégorie figurant dans le tableau de la page suivante, déterminez au moins une caractéristique importante dans *votre culture*.

   Après avoir établi certains aspects culturels propres à votre collectivité, entraînez-vous à les extérioriser. Le mieux serait de former des équipes de trois ou quatre personnes au sein des deux groupes respectifs et de discuter entre vous. L'objectif est d'en apprendre le plus possible les uns sur les autres (les centres d'intérêt, les loisirs, le lieu d'habitation, le genre de famille, les cours qu'on suit), tout en recourant aux phrases clés et aux autres signaux culturels définis par le groupe. Rien ne vous oblige à révéler des choses personnelles et authentiques ; les discussions ne servent qu'à permettre l'observation culturelle. À cette étape de l'exercice, votre but est de bien connaître les signaux de votre groupe culturel. Répétez-les jusqu'à ce que vous les ayez assimilés complètement.

Types de signaux culturels	Signaux propres à votre culture
Expressions du visage	
Regard (vous devez avoir un certain contact visuel pour observer les autres)	
Poignée de main	
Langage corporel (tenez-vous debout pour que le langage soit assez évident)	
Phrases ou mots clés	

2. Imaginez maintenant que vous êtes au service d'une société qui a décidé d'explorer la possibilité de faire des affaires avec des entreprises appartenant à une autre culture. Comme il vous faut en apprendre le plus possible sur cette *culture étrangère*, vous envoyez deux ou trois représentants en «voyage d'affaires». Ils devront, dans la mesure du possible, se comporter de façon cohérente et conforme à leur *culture d'origine*. Il leur faut, individuellement, essayer d'en apprendre le plus possible sur les membres de l'autre groupe, tout en observant les comportements et en notant les expressions de ces derniers qu'il leur serait utile de connaître pour de futures négociations avec les entreprises étrangères. (Il sera considéré comme contraire à l'éthique que les envoyés posent des questions directes sur les signaux culturels de l'autre groupe. Il faut obtenir les données sur le terrain, par l'observation et les conversations.)

   Tandis que vos représentants sont en voyage d'exploration, vous recevez la visite de ceux de l'autre culture qui doivent entrer en contact avec vous pour recueillir des renseignements sur votre propre culture. Au cours de vos conversations avec eux, vous devez respecter scrupuleusement les aspects culturels définis par votre groupe.

3. (De 5 à 10 minutes) Tous les voyageurs d'affaires rentrent *chez eux*. Chacun des deux groupes note, après discussion, les données recueillies sur l'autre culture par les membres ayant reçu les visiteurs et par les représentants partis en voyage d'exploration. Ces renseignements serviront à orienter les actions des prochains représentants qui seront envoyés en visite *à l'étranger*.

4. (De 5 à 10 minutes) Choisissez de un à trois autres représentants qui feront un nouveau voyage afin de vérifier les hypothèses émises par votre groupe sur la *culture étrangère*. Ces personnes devront intégrer à leur comportement les signaux culturels relevés *chez l'étranger* pour s'assurer qu'ils sont bien compris.

5. (De 5 à 10 minutes) Une fois les représentants revenus et leurs observations notées, chacun des deux groupes prépare un rapport pour informer la classe de ce qu'ils ont appris sur la *culture étrangère*.

EXERCICE 8

LES PRÉJUGÉS AU QUOTIDIEN[83]

Marche à suivre

1. Tous ensemble, préparez une liste des groupes qui sont souvent la cible de préjugés et de stéréotypes dans notre société; il peut s'agir de groupes fondés sur le sexe, l'origine ethnoculturelle ou régionale, l'orientation sexuelle, la religion, etc. Après avoir établi cette liste, formulez quelques préjugés négatifs et positifs associés à chaque groupe. (À cette étape, la classe peut se scinder en petites équipes.)

   Comparez les préjugés dont les divers groupes cibles sont l'objet: y a-t-il des liens entre eux, des tendances? Discutez des conséquences des préjugés sur chacun des groupes. Sur ce plan, comparez les groupes cibles à qui on attribue des caractéristiques valorisées par les organisations avec ceux à qui on attribue des caractéristiques mal perçues par les organisations.

2. Individuellement, réfléchissez aux listes de préjugés établies et indiquez à quels groupes vous vous identifiez. Décrivez un événement au cours duquel vous avez été victime d'un préjugé parce qu'on vous a considéré comme appartenant à tel ou tel groupe. Posez-vous les questions suivantes et notez vos réponses et réflexions:
   a) À quel groupe vous identifiez-vous le plus?
   b) Quel est le stéréotype dont vous avez été victime?
   c) Que s'est-il passé? Où et quand l'incident est-il survenu? Quel genre de propos ont été échangés?
   d) Quelles ont été vos réactions? Qu'avez-vous ressenti? Qu'avez-vous pensé? Qu'avez-vous fait?
   e) Cet événement a-t-il eu des conséquences sur vous et sur les autres?
3. En petits groupes, discutez maintenant de vos expériences. Chaque membre décrit brièvement l'incident dont il a été victime en soulignant ce qu'il a ressenti. Dans chaque groupe, choisissez ensuite collectivement l'un des incidents relatés afin de le *jouer* pour l'ensemble de la classe. Il s'agira alors pour tous les étudiants de discuter de leurs réactions à chaque événement, de déterminer le préjugé ou le stéréotype mis en scène, les sentiments évoqués et les conséquences.
4. Pensez maintenant à vos propres préjugés à l'égard d'autres personnes et aux stéréotypes que vous entretenez. À l'égard de quels groupes particuliers nourrissez-vous des préjugés? Quelles sortes de stéréotypes associez-vous aux membres de ces groupes? Comment ces préjugés sont-ils apparus? Est-ce un membre de votre famille, un ami ou les médias qui vous ont influencé et qui vous ont amené à juger d'une certaine manière un groupe donné?
5. Essayez maintenant de déterminer les effets des préjugés et des stéréotypes en milieu de travail. En quoi les préjugés influent-ils sur les travailleurs, sur les cadres, sur les relations entre les individus et sur l'ensemble d'une organisation? Réfléchissez à la façon dont vous pourriez vous débarrasser de certains clichés et cherchez comment vous pourriez encourager d'autres personnes à le faire.

EXERCICE 9

COMMENT PERCEVONS-NOUS LES DIFFÉRENCES?[84]

Il est clair qu'à l'avenir les milieux de travail seront de plus en plus diversifiés. Il y aura davantage de femmes et de personnes d'origines ethnoculturelles différentes, une plus grande variété de modes de vie et de compétences, etc. Se montrer capable de gérer une main-d'œuvre hétérogène et de travailler avec des gens très différents devient rapidement une compétence essentielle chez les gestionnaires efficaces.

En outre, il est de plus en plus évident que la diversité au sein d'une équipe de travail peut favoriser sensiblement la créativité et le rendement. Dans le monde des affaires d'aujourd'hui, qui est en évolution constante, mettre à profit la diversité de la main-d'œuvre permettra au gestionnaire et à son organisation d'obtenir un avantage concurrentiel et de tirer parti plus efficacement des ressources humaines disponibles. L'exercice qui suit est un premier pas vers la compréhension de notre façon de travailler avec des gens que nous considérons comme différents de nous. Bien qu'il soit relativement simple, il n'en porte pas moins sur un sujet extrêmement sérieux.

Marche à suivre

1. Imaginez-vous au volant d'une voiture de location, dans une ville que vous visitez pour la première fois. Vous êtes à une heure de distance de votre destination et vous allez emprunter une autoroute où la circulation est fluide. Vous décidez de passer le temps en écoutant votre musique préférée.

   L'autoradio comporte quatre touches déjà programmées sur quatre chaînes offrant des genres musicaux différents. Sur l'une on passe de la musique techno, sur l'autre du rap, sur la troisième de la musique classique et sur la dernière du jazz. Quel genre de musique voulez-vous écouter pendant le trajet? (On suppose que vous désirez vous détendre et que vous ne souhaitez pas passer d'une chaîne à une autre.)

2. Formez des groupes en fonction du genre de musique choisi. Ceux qui ont opté pour la musique techno se rassemblent dans un coin de la salle indiqué par le professeur, les amateurs de rap vont se placer dans un autre coin, etc. Chaque groupe répond à la question suivante : en quels termes décririez-vous les gens qui aiment écouter les trois genres de musique autres que celui que vous avez choisi ?

   Répondez pour chacun des trois groupes.

   Désignez un porte-parole qui communiquera les réponses de votre équipe à l'ensemble de la classe.

3. Poursuivez par une discussion collective portant sur les questions suivantes :

   a) Selon vous, quel peut être l'objectif de cet exercice ? Et son intérêt ?

   b) Qu'avez-vous remarqué à propos des qualificatifs employés pour décrire les groupes ? Avez-vous été *surpris* au cours de cet exercice ?

   c) Sur quelles données les opinions exprimées se fondent-elles ?

   d) Quel terme courant désigne les généralisations que nous faisons au sujet des autres ?

   e) Quelles pourraient être les conséquences de ces généralisations ?

   f) Quel lien y a-t-il entre la façon de percevoir les différences de goûts musicaux et la façon de percevoir d'autres sortes de différences (sexe, aptitudes physiques et mentales, origine ethnoculturelle, âge, nationalité, etc.) ?

   g) Avez-vous appris quelque chose sur la facilité avec laquelle des stéréotypes se forment d'un groupe à un autre ?

   h) À quels moyens les organisations pourraient-elles recourir pour reconnaître davantage les différences entre les individus et les mettre à profit ?

EXERCICE 10

LA RIVIÈRE AUX ALLIGATORS[85]

Il était une fois une jeune femme nommée Abigaël, amoureuse d'un homme nommé Grégoire. Les deux amants vivaient sur les rives opposées d'une rivière qui grouillait d'alligators dangereux. Un beau matin, Abigaël voulut traverser la rivière pour rejoindre Grégoire, mais les fortes crues de la semaine précédente avaient malheureusement emporté le seul pont existant. Elle alla donc voir Sinbad, propriétaire d'une barque, pour qu'il la transporte de l'autre côté. Celui-ci lui répondit qu'il serait ravi de le faire, à condition qu'elle le rejoigne d'abord dans sa couche pour quelques instants. Abigaël refusa et alla voir son ami Yvan pour lui faire part de sa détresse. Cependant, ce dernier ne voulait absolument pas intervenir dans cette affaire.

Abigaël finit par se dire qu'elle n'avait pas le choix et qu'elle devait accepter la condition de Sinbad, ce qu'elle fit. Ce dernier tint sa promesse et lui permit d'aller se réfugier dans les bras de Grégoire, ou du moins le croyait-elle…

Lorsque la jeune femme raconta à son amoureux l'infidélité qu'elle avait dû commettre pour pouvoir traverser la rivière, il la repoussa avec mépris. Humiliée et désemparée, elle alla faire le récit de ses malheurs à Sam, un autre voisin et ami. Plein de compassion pour elle, Sam s'en prit à Grégoire et lui infligea une sérieuse correction. Abigaël était ravie de se voir ainsi vengée de l'indifférence de son ex-amoureux. Lorsque le soleil se coucha sur la rivière aux alligators, les gens l'entendirent rire à gorge déployée du sort de Grégoire.

Marche à suivre

1. Lisez le conte *La rivière aux alligators*.

2. Classez les cinq personnages en commençant par celui dont le comportement vous semble *le plus répréhensible* et en finissant par celui dont l'attitude vous paraît *la moins répréhensible*. Vous aurez, bien entendu, vos propres raisons pour les classer ainsi. Notez-les brièvement.

3. Formez des équipes en suivant les consignes de votre professeur (au moins deux personnes de chaque sexe par groupe).

4. Chaque équipe doit :

   a) se choisir un porte-parole ;

b) comparer les divers classements des coéquipiers;

c) examiner les raisons avancées par chacun pour justifier son classement;

d) tenter de parvenir à un classement consensuel final reflétant l'opinion de l'équipe.

5. Le porte-parole choisi fera part à l'ensemble de la classe des conclusions de l'équipe et des raisons pour lesquelles elle en est arrivée ou non à un classement consensuel. Une discussion générale s'ensuivra.

EXERCICE 11

TRAVAIL D'ÉQUIPE ET MOTIVATION[86]

Vous êtes propriétaire d'une petite entreprise manufacturière qui fabrique des *bidules*. Votre bidule est une copie d'un bidule réputé à l'échelle nationale. Appelé WooWoo, l'article que vous vendez est moins cher et mieux distribué que la marque-vedette. En ce moment, vous enregistrez un montant de ventes élevé. Il y a cependant un grand nombre d'articles rejetés pour défaut de fabrication, ce qui augmente vos coûts de production et retarde les livraisons. Vous employez 50 travailleurs répartis dans les services suivants: vente, production, services techniques, administration.

Marche à suivre

1. En équipes, discutez des méthodes pouvant motiver tous les salariés de l'organisation. Classez-les ensuite par ordre de préférence.
2. Concevez un plan de motivation organisationnel visant à obtenir un haut degré de satisfaction professionnelle, une faible rotation de personnel, une productivité élevée et un travail d'excellente qualité.
3. Que peut-on faire de particulier en ce qui concerne les travailleurs du bas de la hiérarchie payés au salaire minimum ? Comment motiver ces salariés ? Sur quelle théorie de la motivation fondez-vous votre opinion ?
4. Chaque équipe présente son plan de motivation au reste de la classe et résume ses idées au tableau. Puis l'ensemble des étudiants travaille à concevoir un plan unique en s'appuyant sur celles-ci. Discutez des corrections et des ajouts suggérés.
5. Remplissez la feuille de travail ci-dessous: inscrivez dans la colonne de droite les qualités qu'un travailleur doit posséder pour collaborer pleinement à une équipe de travail; ces qualités s'opposent aux caractéristiques d'un travailleur ayant une attitude individualiste, qui sont indiquées dans la colonne de gauche.

Travailleur individualiste	Membre coopératif d'une équipe de travail
Bavarde	
Est centré sur lui-même	
Est axé uniquement sur son service	
Est compétitif	
Est logique	
Utilise notes et messages écrits	
Accorde de l'importance à son image et à celle des autres	
Garde l'information pour lui	
A une vision à court terme	
Vise des résultats immédiats	
Est critique	
S'en tient à sa fonction	

EXERCICE 12

LES INCONVÉNIENTS DES MESURES DISCIPLINAIRES[87]

Marche à suivre

Il existe de nombreux problèmes associés à l'utilisation des mesures punitives ou disciplinaires visant à modifier un comportement. En effet, les punitions peuvent avoir différents effets négatifs sur le milieu de travail. Pour mieux comprendre ces répercussions, formez des équipes et trouvez des exemples illustrant les énoncés suivants:

a) Il n'est pas toujours possible d'infliger une punition à la personne dont on désire changer le comportement.

____

____

b) Les punitions à répétition risquent d'entraîner la disparition des comportements socialement convenables.

____

____

c) Les punitions suscitent une aversion envers leur auteur.

____

____

d) Les punitions provoquent des émotions néfastes, telles que l'anxiété et l'agressivité.

____

____

e) Les punitions accroissent le désir d'éviter d'être puni plutôt que celui d'adopter le comportement convenable.

____

____

f) Réprimer un comportement donné n'assure pas l'apparition du comportement souhaité.

____

____

g) Le suivi des résultats obtenus par l'administration de punitions exige des ressources supplémentaires.

____

____

h) Les punitions peuvent créer des obstacles à la communication et freiner la circulation de l'information.

____

____

EXERCICE 13

LE JEU DE CONSTRUCTION[88]

Matériel nécessaire

Des boîtes de jeu Lego, Meccano ou Mega Bloks

Marche à suivre

1. Formez des équipes en suivant les consignes de votre professeur. Chaque groupe (ou organisation temporaire) a pour mission de réaliser une construction à l'aide du jeu fourni. Il faut définir les rôles de chacun au sein des groupes : il doit y avoir au moins quatre *constructeurs*, quelques *consultants* pour faire des suggestions et des *observateurs* silencieux pour remplir la feuille d'observation ci-dessous.
2. Les règles :
   - Chaque équipe dispose de 15 minutes pour planifier sa construction ; le temps pour la réaliser sera déterminé par le professeur.
   - Pendant l'étape de la planification, on ne peut assembler plus de deux éléments du jeu.
   - Avant de commencer la compétition, on doit replacer toutes les pièces dans la boîte de jeu.
   - À la fin de la compétition, la construction doit être tout à fait terminée.

FEUILLE D'OBSERVATION

a) Quelles activités de planification avez-vous observées ?

____

____

Les membres de l'équipe ont-ils respecté les règles ?

____

____

b) Quelles activités d'organisation avez-vous observées ?

____

____

Le travail à accomplir a-t-il été subdivisé en sous-tâches ? Y a-t-il eu division du travail ?

____

____

c) Le groupe était-il motivé ? Justifiez votre réponse.

____

____

d) Y a-t-il eu recours à des techniques de contrôle ?

____

____

A-t-on chargé une personne de la gestion du temps ?

____

____

Y a-t-il eu des discussions pour prévoir une ou des solutions de rechange ?

____

____

e) Avez-vous constaté l'apparition d'un leader manifeste dans le groupe ?

____

____

Quels étaient les comportements indiquant que cette personne était le leader ?

____

____

Comment le leader a-t-il réussi à gagner la confiance du groupe ?

____

____

f) Y a-t-il eu des conflits au sein du groupe ?

____

____

Y a-t-il eu une lutte de pouvoir autour du leadership ?

____

____

EXERCICE 14

PRÉFÉRENCES EN MATIÈRE DE CONCEPTION DE POSTE

Marche à suivre

1. Dans la colonne de gauche, classez les caractéristiques de poste suivantes selon leur importance *pour vous* (de 1 = la plus importante à 10 = la moins importante). Dans celle de droite, classez ces caractéristiques selon l'importance qu'elles ont, d'après vous, *pour les autres*.

   _______ Variété des tâches _______

   _______ Rétroaction sur le rendement _______

   _______ Autonomie et marge de manœuvre _______

   _______ Travail en équipe _______

   _______ Responsabilités _______

   _______ Relations amicales avec les collègues _______

   _______ Intégralité de la tâche _______

   _______ Importance du poste aux yeux des autres _______

   _______ Disponibilité des ressources nécessaires pour bien travailler _______

   _______ Horaires variables _______

2. Divisez-vous en équipes en suivant les consignes du professeur. Présentez vos classements à vos coéquipiers. Discutez des différences concernant vos préférences respectives en matière de conception de poste, puis des différences touchant ce que chacun de vous estime être les préférences des autres en la matière. Constatez-vous des similitudes importantes au sein de votre groupe, que ce soit dans une colonne ou dans l'autre ? Établissez un classement consensuel pour chaque colonne. Désignez un porte-parole qui présentera vos conclusions et les résultats de vos discussions au reste de la classe.

EXERCICE 15

UN EMPLOI DE RÊVE[89]

1. Imaginez un emploi correspondant à ce que vous estimez être l'emploi idéal ou un *emploi de rêve*. Aux fins de la discussion, essayez d'imaginer un poste que vous occuperiez dans l'année qui suivra la fin de vos études. Décrivez brièvement cet emploi dans l'espace ci-dessous. Commencez votre description par les mots suivants : « Mon emploi de rêve serait… »

   ____

   ____

   ____

   ____

   ____

2. Relisez la description de la théorie des caractéristiques de l'emploi (Hackman et Oldham) figurant au chapitre 6. Prêtez une attention particulière aux caractéristiques fondamentales d'un poste. Réfléchissez à la façon dont chacune d'elles pourrait s'appliquer intégralement à votre emploi idéal. Décrivez dans les espaces ci-dessous comment certains aspects propres à votre emploi de rêve sont liés ou correspondent à chacune de ces caractéristiques fondamentales.

   a) Polyvalence : _______________________________

   ____

   ____

b) Intégralité de la tâche : ______________________________

____

____

c) Valeur de la tâche : ______________________________

____

____

d) Autonomie : ______________________________

____

____

e) Rétroaction : ______________________________

____

____

3. Formez des équipes en suivant les consignes du professeur. Au sein de chaque équipe, comparez les descriptions faites par les uns et les autres de vos *emplois de rêve* et les caractéristiques fondamentales que vous leur avez attribuées. Choisissez l'un d'entre vous pour qu'il présente son emploi idéal au reste de la classe. Préparez-vous à participer à une discussion générale sur les caractéristiques fondamentales d'un poste et sur la façon dont elles pourraient être (ou ne pas être) liées au rendement et à la satisfaction professionnelle. Interrogez-vous également sur la probabilité que les emplois de rêve décrits par les divers étudiants existent. Autrement dit, le rêve peut-il devenir réalité ?

EXERCICE 16

LA MOTIVATION PAR L'ENRICHISSEMENT DES TÂCHES[90]

Marche à suivre

1. Formez des équipes de cinq à sept personnes. Le professeur attribuera à chacune l'une des catégories d'emploi suivantes :
   a) Caissier dans une banque ;
   b) Vendeur dans un commerce de détail ;
   c) Gérant d'un établissement de restauration rapide (ex. : McDonald's) ;
   d) Serveur ;
   e) Réceptionniste ;
   f) Gérant de restaurant ;
   g) Employé de bureau (ou aide-comptable) ;
   h) Concierge.
2. En équipe, dressez une liste descriptive des tâches associées à la catégorie d'emploi qui vous a été attribuée. Vous devez nommer environ quatre à six tâches.
3. En vous appuyant sur la théorie des caractéristiques de l'emploi (voir le chapitre 6), procédez à un enrichissement de ces tâches. À cette fin, vous devez dresser une nouvelle liste de tâches en y intégrant une ou plusieurs des caractéristiques fondamentales d'un emploi enrichi (polyvalence, intégralité de la tâche, etc.) proposées par Richard Hackman et Greg Oldham. Indiquez à laquelle ou auxquelles de ces caractéristiques se rapporte chacune des tâches ajoutées.
4. Choisissez un porte-parole qui présentera à la classe les résultats de la démarche de l'équipe. Il décrira une ou deux des tâches d'abord associées à l'emploi. Puis il fera état de l'enrichissement suggéré. Enfin, il précisera les liens entre les nouvelles tâches proposées par l'équipe et l'une ou l'autre des cinq caractéristiques fondamentales de l'emploi contenues dans le modèle élaboré par Richard Hackman et Greg Oldham.
5. Chaque équipe devrait aussi se préparer à débattre de questions complémentaires, notamment les suivantes :
   a) Comment un gestionnaire pourrait-il s'y prendre pour élargir, plutôt qu'enrichir, les tâches associées à cet emploi ?
   b) Qu'est-ce qui rendrait cet emploi facile ou difficile ?
   c) Quelles contraintes pourraient concrètement entraver, dans un milieu de travail, l'enrichissement des tâches proposé ?
   d) Quelles raisons pourraient amener un travailleur à se montrer *défavorable* à cet enrichissement de ses tâches ?

EXERCICE 17

AUGMENTATIONS DE SALAIRE ANNUELLES

Marche à suivre

1. Lisez les huit profils présentant les cadres que vous supervisez, afin de formuler des recommandations quant aux augmentations de salaire annuelles. Votre société n'a pas fixé de limite au pourcentage d'augmentation individuel, mais elle a indiqué que le total accordé ne devrait pas dépasser la somme de 14 232$ (soit 4 % du total des salaires) prévue au budget. Vous disposez de toute une gamme de données sur lesquelles fonder vos décisions, y compris un *indice de productivité* (IP) que l'ingénierie industrielle définit comme un critère quantitatif de l'efficacité opérationnelle de l'unité de travail de chaque cadre. Cet indice va de 10 (coefficient le plus élevé) à 1 (le plus faible). Écrivez le pourcentage d'augmentation que *vous* accorderiez à chacun des cadres dans l'espace prévu à côté de leur nom, et soyez prêt à justifier votre décision.

___ *A. Alvarez.* M. Alvarez est nouveau dans l'entreprise. Il est responsable d'une équipe de travail assez difficile et dont les tâches sont pénibles et salissantes. Bien que son poste ne soit pas facile, vous n'êtes pas très impressionné par son travail. De vos discussions avec les autres cadres, il ressort qu'ils ont un avis semblable. IP = 3. Salaire = 43 000$.

___ *B.J. Ouellette.* M. Ouellette est un homme jovial qui consacre beaucoup de temps à ses *loisirs*. Tout le monde plaisante sur ses difficultés à faire en sorte que le travail avance. Selon vous, il y a un manque flagrant de ce côté-là. M. Ouellette est à ce poste depuis deux ans. IP = 3. Salaire = 45 000$.

___ *Z. Davis.* Depuis trois ans à son poste actuel, M. Davis est l'un de vos meilleurs éléments, bien que d'autres cadres ne soient pas du même avis. Ayant une épouse assez fortunée, il n'a pas vraiment besoin d'argent, mais il aime travailler. IP = 7. Salaire = 48 000$.

___ *M. Tremblay.* M. Tremblay éprouve des problèmes personnels et financiers. Des commérages circulent quant à son rendement. Cependant, vous êtes relativement satisfait de ce cadre au service de votre entreprise depuis deux ans. IP = 7. Salaire = 46 000$.

___ *C.M. Liu.* M. Liu est en train de terminer sa première année à un poste difficile. Cet homme très respecté de ses collègues et de ses subordonnés vient de recevoir une offre d'une autre société qui lui propose 15 % de plus que son salaire actuel. Cette offre vous a impressionné et, selon ce que vous savez de la situation de M. Liu, la question du salaire sera déterminante dans sa décision. IP = 9. Salaire = 44 000$.

___ *B. Beauchemin.* M. Beauchemin n'est cadre que depuis un an. Ses collègues et vous estimez qu'il fait du bon travail. Certains en sont surpris, car cet homme s'est avéré un *esprit libre* qui ne semble pas accorder d'importance à l'argent ni au statut professionnel. IP = 9. Salaire = 43 800$.

___ *H. Loiselle.* Depuis un an à son poste actuel, Mme Loiselle a récemment divorcé et a deux enfants à charge. Ses collègues l'estiment beaucoup, mais votre évaluation est moins enthousiaste. Il est certain que Mme Loiselle saurait quoi faire d'un peu plus d'argent. IP = 5. Salaire = 43 000$.

___ *G. Gagné.* Très dépensier, M. Gagné est toujours tiré à quatre épingles et circule dans une voiture neuve. Il occupe son poste actuel depuis un an. Bien que vous considériez que son travail est facile, les résultats qu'il obtient sont discutables. Cependant, pour certaines raisons, d'autres parlent de lui comme du meilleur de la *cuvée de cette année*. IP = 5. Salaire = 43 000$.

2. Regroupez-vous en équipes de quatre à sept personnes et comparez vos décisions concernant les augmentations.

3. Décidez collectivement des augmentations que vous allez accorder et préparez-vous à en faire part au reste de la classe. Assurez-vous que le porte-parole de votre équipe est capable de fournir les raisons justifiant le pourcentage que vous avez consenti à chacun des cadres.

4. Le professeur demande à chaque équipe de présenter ses décisions puis, après discussion, fournit l'avis d'un spécialiste.

EXERCICE 18

DOUBLE APPARTENANCE[91]

Marche à suivre

L'objectif de cet exercice est de vivre une situation de double appartenance et d'éprouver ce que ressent une personne aux prises avec un conflit d'allégeance entre deux équipes ou deux organisations rivales.

1. Avec l'ensemble de la classe, établissez la nature de la mise que chacun devra risquer aux fins de cet exercice. Il peut s'agir d'une somme de 5 ¢, de 10 ¢ ou davantage.
2. Formez des équipes. Chacune d'entre elles doit nommer ou élire celui de ses membres qui possède les compétences les plus solides en géographie afin qu'il joue le rôle de l'expert.
3. Les experts se réunissent pour former leur propre équipe.
4. Les équipes, y compris celle des experts, sont invitées à répondre à une question donnée. L'équipe qui se rapprochera le plus de la réponse correcte remportera la mise, à laquelle chacun a déjà contribué. Le professeur choisit la question parmi les suivantes : a) Quelle est la distance, à vol d'oiseau (en kilomètres), entre Pékin et Moscou ? b) À quelle hauteur (en mètres) s'élève le plus haut sommet du Canada ? c) Quelle est la longueur du plus long fleuve d'Afrique ?
5. Toutes les équipes, y compris celle des experts, doivent tenter de trouver la bonne réponse. Puis, après que chacune en sera arrivée à un résultat, les experts regagneront leur équipe d'origine afin d'informer les autres membres de cette dernière des délibérations qui auront eu lieu au sein de l'équipe des spécialistes.
6. Les experts sont invités à reconstituer l'équipe des spécialistes et à déterminer ce que sera leur réponse finale. Ensuite, chacun d'eux devra prendre une décision. Au moment indiqué par le professeur, ils auront en effet chacun deux minutes pour choisir leur allégeance : jouer le tout pour le tout en adhérant à la réponse de leur équipe d'origine ou demeurer au sein de l'équipe des experts. Tant qu'il reste deux membres dans l'équipe des experts, celle-ci conserve son statut de groupe et peut rivaliser avec les autres pour la mise. Pendant les deux minutes que dure la période de réflexion des experts, les équipes d'origine ont le droit de tout tenter (dans les limites normales de la bienséance) pour convaincre leur expert respectif de revenir dans leurs rangs.
7. Après les deux minutes décisives, les équipes communiquent chacune leur avis sur la réponse à la question posée. L'équipe la plus proche de la bonne réponse (que le nombre fourni soit inférieur ou supérieur à celle-ci) remporte la mise.
8. Toute la classe devrait être prête à participer à une discussion sur les questions suivantes :
   a) Comment se sent-on quand, à l'instar de l'expert, on est soumis à une double allégeance ?
   b) Quels moyens auraient pu utiliser les équipes qui n'ont pas réussi à faire revenir dans leurs rangs leur expert respectif ?

EXERCICE 19

TRAVŒUFS PRATIQUES[92]

Matériel requis pour chaque équipe

1 œuf
6 pailles en plastique
1 mètre de ruban isolant
1 grand bocal en plastique

Marche à suivre

1. Formez des équipes égales de cinq à sept personnes.
2. L'objectif est de faire *tomber* un œuf dans un bocal, à partir d'une chaise, sans qu'il se casse. Les équipes ont 10 minutes pour évaluer le matériel disponible et pour élaborer une méthode. Durant cette période, les objets ne peuvent pas être manipulés.
3. Chaque équipe a également 10 minutes pour mettre en œuvre la méthode trouvée.

4. Debout sur une chaise, un membre de chaque équipe laissera tomber un œuf dans le bocal en plastique prévu. L'opération doit se faire devant toute la classe, équipe par équipe.
5. (*Facultatif*) Donnez un nom à votre œuf.
6. Chaque équipe se regroupe et discute des comportements individuels et collectifs qui se sont manifestés au cours de l'activité. (*Facultatif*: le travail peut se faire par écrit.) Les questions suivantes peuvent aider à l'analyse:
   a) Quel type de groupe constituez-vous? Expliquez.
   b) L'équipe fait-elle preuve de cohésion? Expliquez.
   c) En quoi la cohésion a-t-elle influé sur les résultats? Expliquez.
   d) Y a-t-il eu apparition évidente d'une *pensée de groupe*? Expliquez.
   e) Avez-vous fixé des normes collectives? Expliquez.
   f) Y a-t-il eu des conflits évidents? Expliquez.
   g) Y a-t-il eu manifestation de *paresse sociale*? Expliquez.

EXERCICE 20

CONSOLIDATION D'ÉQUIPE: LA CHASSE AUX TRÉSORS[93]

Réfléchissez à ce qu'implique la participation à une équipe à succès. Qu'est-ce qui fait qu'une équipe réussira mieux qu'une autre? Que doit faire chacun des membres pour que son équipe réussisse? Quelles sont les caractéristiques d'une équipe efficace?

Marche à suivre

1. Formez des équipes en suivant les consignes du professeur. Trouvez les objets figurant dans la liste «Les trésors à rapporter», tout en respectant les règles suivantes:
   a) Les coéquipiers doivent *demeurer ensemble pendant toute la durée de l'activité*; autrement dit, nul ne peut aller dans une direction différente de celle des autres.
   b) L'équipe doit être de retour dans la classe dans les délais prescrits par le professeur.

   L'équipe ayant rapporté le plus grand nombre d'objets de la liste sera déclarée gagnante.
2. Réfléchissez à l'expérience collective que vous venez de vivre. Qu'a fait chaque membre? Quelle était la stratégie mise en œuvre par votre équipe? Qu'est-ce qui a rendu votre équipe efficace? Dressez la liste des éléments qui ont le plus contribué à son efficacité. Désignez un porte-parole qui résumera vos discussions à l'ensemble de la classe. Quelles similitudes apparaissent entre les équipes concernant ce qui les a aidées à être efficaces?

LES TRÉSORS À RAPPORTER[94]

Trouvez ou faites en sorte d'obtenir chacun des objets ou des éléments ci-dessous, puis rapportez-les à la salle de cours.

1. Un livre dont le titre comporte le mot «équipe».
2. Une blague, une histoire drôle sur une équipe que vous raconterez à l'ensemble de la classe.
3. Un dessin représentant l'ensemble des membres de l'équipe.
4. Un souvenir de la région.
5. La photo d'une équipe ou d'un groupe.
6. Un article de journal traitant d'une équipe.
7. Une chanson composée par l'équipe, qu'elle interprétera devant la classe.
8. Une feuille sur laquelle figurent les signatures de cinq professeurs.
9. Du papier à lettres provenant du bureau du doyen.
10. Une tasse à café.
11. Une pomme.
12. Un objet aux couleurs d'une équipe sportive de votre université ou de votre région.
13. Une définition de la «cohésion d'un groupe» que vous communiquerez au reste de la classe.

14. Une paire de baguettes chinoises pour manger.
15. Trois boîtes de conserve de légumes.
16. Des fruits séchés.
17. Trois objets insolites au choix.
18. Une pelote de fil de coton.
19. Une image représentant un reptile.
20. Un nom de groupe.

EXERCICE 21

DYNAMIQUE D'UNE ÉQUIPE DE TRAVAIL[95]

Pensez à l'équipe de travail dont vous faites partie dans ce cours ou dans un autre, ou à toute autre équipe que suggère le professeur. Indiquez ensuite dans quelle mesure chacune des affirmations suivantes correspond à votre expérience au sein de cette équipe. Utilisez cette échelle :

4 = toujours 3 = souvent 2 = parfois 1 = jamais

_____ a) Je peux y faire entendre mes idées.

_____ b) On m'encourage à avancer des idées novatrices et à prendre certains risques.

_____ c) L'équipe encourage la diversité des opinions.

_____ d) J'ai toute la responsabilité que je désire.

_____ e) Les coéquipiers sont traités équitablement.

_____ f) Les membres se font confiance quant à l'exécution des tâches respectives qui leur sont assignées.

_____ g) L'équipe se fixe des normes élevées en matière de rendement.

_____ h) Les coéquipiers partagent les tâches et se les échangent.

_____ i) Dans cette équipe, on peut tirer une leçon de ses erreurs.

_____ j) Cette équipe a institué de bonnes règles de fonctionnement.

Marche à suivre

Constituez des groupes en suivant les consignes du professeur. Idéalement, votre groupe devrait correspondre à l'équipe que vous venez d'évaluer. Les membres de chaque équipe prennent connaissance de leurs évaluations respectives, puis établissent une évaluation globale de leur équipe. Ils entourent les points sur lesquels leurs opinions divergent le plus ; ils en discutent afin d'essayer de comprendre les raisons de ces divergences.

Généralement, l'échelle fournie ci-dessus permet d'évaluer le potentiel de créativité d'une équipe. Additionnez les points attribués : plus le résultat total obtenu est élevé, meilleur est le potentiel de créativité. Si tous les membres de votre groupe ont évalué la même équipe, dressez la liste des cinq choses les plus importantes que vous pourriez tous faire pour améliorer le fonctionnement de votre équipe. Désignez un porte-parole qui résumera vos discussions à l'ensemble de la classe.

EXERCICE 22

DÉTERMINATION DES NORMES D'ÉQUIPE

Marche à suivre

1. Choisissez une organisation que vous connaissez assez bien.

2. Complétez les phrases ci-dessous en utilisant l'un ou l'autre des éléments suivants :

a) seraient nettement d'accord ou l'encourageraient fortement.

b) seraient d'accord ou l'encourageraient.

c) ne considéreraient pas cela comme important.

d) seraient en désaccord ou le décourageraient.

e) seraient nettement en désaccord ou le décourageraient fortement.

Si un salarié de cette organisation...

1. montrait un intérêt certain pour les problèmes vécus par l'organisation et proposait des solutions pour les régler, *la plupart des autres...* ____
2. se fixait des normes de rendement personnel élevées, *la plupart des autres...* ____
3. essayait d'amener son groupe de travail à fonctionner comme une véritable équipe dans le traitement des problèmes, *la plupart des autres...* ____
4. pensait à s'adresser à un supérieur lorsqu'un problème se présente, *la plupart des autres...* ____
5. évaluait les coûts en fonction des bénéfices qu'en tirerait l'organisation, *la plupart des autres...* ____
6. manifestait son intérêt pour le bien-être des autres membres de l'organisation, *la plupart des autres...* ____
7. faisait attendre un client ou un consommateur pour s'occuper d'affaires personnelles, *la plupart des autres...* ____
8. critiquait un collègue essayant d'améliorer certains aspects du travail, *la plupart des autres...* ____
9. cherchait sérieusement des façons d'accroître ses connaissances afin de faire un meilleur travail, *la plupart des autres...* ____
10. se montrait vraiment honnête dans ses réponses à ce questionnaire, *la plupart des autres...* ____

NOTATION

a) = +2, b) = +1, c) = 0, d) = –1, e) = –2

1. Fierté et intérêt pour l'organisation
   Note ____
2. Rendement et excellence
   Note ____
3. Travail d'équipe et communication
   Note ____
4. Leadership et supervision
   Note ____
5. Rentabilité et efficience
   Note ____
6. Relations avec les collègues
   Note ____
7. Relations avec la clientèle
   Note ____
8. Esprit novateur et créativité
   Note ____
9. Formation et développement personnel
   Note ____
10. Franchise et ouverture d'esprit
    Note ____

EXERCICE 23

LA CULTURE D'UNE ÉQUIPE DE TRAVAIL[96]

Marche à suivre

L'échelle bipolaire employée ici peut servir à évaluer le fonctionnement d'une équipe de diverses manières intéressantes. Appliquez-la à votre évaluation de la situation présente d'une équipe. Pour ce faire, entourez le chiffre qui correspond le mieux à *votre point de vue sur la culture de cette équipe*. Vous pouvez également indiquer comment vous estimez que l'équipe *devrait fonctionner* en utilisant un signe comme ^, et comment elle *a déjà fonctionné* par le passé en utilisant un autre signe comme □.

a) Si vous évaluez votre propre équipe, faites en sorte que chaque membre donne son évaluation avant d'établir la moyenne des résultats. Discutez ensuite de ce qui a motivé les interprétations de chacun ainsi que des répercussions possibles de cette rétroaction sur le fonctionnement ultérieur de l'équipe. Cette étape est souvent très productive et contribue à améliorer le fonctionnement d'une équipe.

b) Si vous évaluez une autre équipe que la vôtre, fondez votre rétroaction sur les résultats de votre évaluation faite avec l'échelle bipolaire. Veillez à bien évoquer les comportements *que vous avez observés* et à ne pas donner uniquement votre interprétation subjective des notes que vous avez accordées.

c) Vous pouvez utiliser l'échelle bipolaire pour comparer l'autoévaluation d'une équipe avec l'évaluation de cette même équipe par une autre.

Relations fondées sur la confiance	1	2	3	4	5	Relations empreintes de méfiance
Entraide	1	2	3	4	5	Indifférence ou obstruction
Expression des sentiments	1	2	3	4	5	Refoulement des sentiments
Audace	1	2	3	4	5	Prudence
Franchise	1	2	3	4	5	Tromperie
Affrontement	1	2	3	4	5	Fuite
Ouverture d'esprit	1	2	3	4	5	Étroitesse d'esprit

EXERCICE 24

LA CHAISE VIDE[97]

Il y a quelques jours, on a demandé au professeur Stevens d'assister à une réunion facultaire à l'université. Il était en congé sabbatique, mais un collègue l'a discrètement convaincu d'y participer afin d'appuyer un projet tenant à cœur aux membres de leur département. Le doyen est un *machiavélique* typique ne tenant compte que de ses propres intérêts. M. Stevens a déjà eu quelques démêlés avec lui à propos de son style dominateur et hargneux, ainsi que de ses mauvaises relations avec plusieurs membres de son unité. Plusieurs d'entre eux le craignent et se sentent traités injustement.

Le corps professoral de la faculté comprend des spécialistes de différentes disciplines, certaines s'appuyant davantage sur la recherche qualitative, d'autres sur la recherche quantitative. La faculté comporte cinq départements (finance et assurance, management, marketing, opérations et systèmes de décisions, systèmes d'information organisationnels), ainsi qu'une école de comptabilité. La confusion et l'inquiétude y règnent depuis la mise en place de cette structure organisationnelle, qui est nouvelle. Il y a de nombreux conflits entre ses membres à propos de l'orientation qui est prise par la direction.

Au cours de la réunion, on a prévu de discuter de plusieurs propositions qui vont avoir de sérieuses répercussions sur l'avenir de certains professeurs, en particulier ceux qui enseignent le management. Le doyen, un professeur de finance, a des relations tendues avec les professeurs de management, qui, selon lui, « sont toujours en train d'analyser les actions et les motifs des gens ». M. Stevens, professeur titulaire en comportement organisationnel, est déterminé à protéger les intérêts de ses collègues du Département de management et à contrer les intentions du doyen.

Outre le doyen et M. Stevens, sept membres du corps enseignant vont assister à la réunion. Le schéma apparaissant ci-dessous illustre leur répartition autour de la table et la disposition générale de la salle. Les **X** correspondent aux partisans du doyen et les **+** à ses détracteurs, soutenant le professeur Stevens. Les **?** sont indécis et pourraient pencher pour l'un ou l'autre camp. Les chiffres entourés indiquent des places inoccupées. Les deux **?** sont des professeurs en management et le **+** assis à côté d'eux est un spécialiste de l'analyse quantitative. Près de la porte, le premier **X** est un comptable, les deux **+** suivants sont des enseignants en management et le second **X** enseigne l'analyse quantitative. Le schéma montre les places occupées par tous les participants, à l'exception de celle du professeur Stevens, qui est le dernier à arriver. De la porte, celui-ci observe la salle et, en moins de 10 secondes, sait exactement quelle place lui permettra d'atteindre son objectif avec le plus d'efficacité.

Marche à suivre

1. Formez des équipes en suivant les consignes du professeur.
2. Avec les autres membres de votre équipe, répondez aux questions suivantes :
   a) Quelle place le professeur Stevens a-t-il choisie ? Pourquoi ?
   b) Quel est le schéma probable de communication et d'interaction dans ce groupe d'individus ?
   c) Que pourrait-on faire pour que ce groupe travaille dans l'harmonie ?

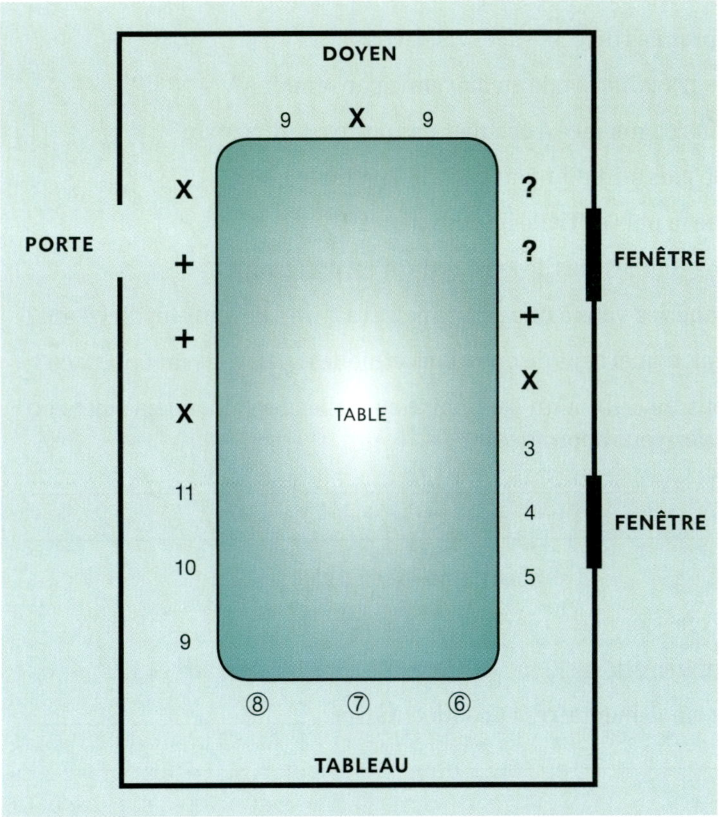

EXERCICE 25

ENTREVUE AVEC UN DIRIGEANT[98]

Marche à suivre

1. Prenez rendez-vous avec un gestionnaire afin de l'interviewer. Il peut s'agir d'un chef d'entreprise ou de l'un des dirigeants d'un organisme sans but lucratif, d'une société d'État, d'un établissement d'enseignement, etc. Préparez votre entrevue en vous appuyant sur le questionnaire proposé ci-dessous, mais en n'hésitant pas à y ajouter vos propres questions.
2. Apportez vos notes en classe. Joignez-vous à l'une des équipes formées selon les consignes du professeur. En équipe, comparez les réponses obtenues par chacun des membres. Quels sujets reviennent d'une entrevue à une autre? Quels sujets diffèrent? Constatez-vous un degré de stress aussi élevé chez les dirigeants travaillant dans des organismes sans but lucratif que chez ceux qui dirigent des sociétés à but lucratif? Le nombre d'heures de travail de ces personnes vous a-t-il surpris?
3. Si le professeur vous le demande, préparez un rapport écrit résumant les entrevues menées dans votre équipe.

QUESTIONNAIRE D'ENTREVUE

Nom de l'étudiant: ____________________ Date: ____________________

1. Quel poste occupez-vous dans l'organisation (quel est votre titre)?
2. Depuis combien d'années occupez-vous ce poste?

   Combien d'années d'expérience à des postes de direction avez-vous?
3. Combien de subordonnés directs supervisez-vous?
4. Combien d'heures travaillez-vous en moyenne par semaine?
5. Comment avez-vous commencé à occuper des postes de direction?
6. Quel est l'aspect le plus stimulant du travail d'un dirigeant?
7. Quelle est la partie la plus difficile de votre travail?
8. Selon vous, quelles sont les clés de la réussite d'un dirigeant?
9. Quels conseils donneriez-vous à une personne qui aspire à devenir un dirigeant?
10. À titre de dirigeant, à quel type de questions éthiques avez-vous dû faire face?
11. Si vous deviez vous inscrire à un séminaire sur le leadership, quels sujets ou problèmes désireriez-vous approfondir?
12. Vos propres questions: ____________________

    ____

    Sexe: M _____ F _____ Nombre d'années d'études: _____

    Degré de stress professionnel: Très élevé ____ Élevé ____ Moyen ____ Faible ____

    Organisation à but lucratif _____ Organisme sans but lucratif _____

    Renseignements complémentaires et commentaires: ____________________

    ____

    ____

EXERCICE 26

INVENTAIRE DES COMPÉTENCES EN LEADERSHIP

Marche à suivre

1. Lisez attentivement la liste des compétences ci-dessous. Demandez des précisions au professeur sur celles que vous ne comprenez pas.
2. Cochez la colonne *Excellente* ou *À améliorer* pour chaque compétence, selon votre évaluation personnelle.
3. Décrivez brièvement une situation dans laquelle vous avez eu à utiliser chacune de ces compétences.
4. Retrouvez-vous en équipes pour discuter de vos inventaires respectifs. Préparez un rapport sur les compétences nécessitant le plus d'améliorations dans votre équipe.

Compétence	Excellente	À améliorer	Situation
Communication			
Gestion de conflits			
Délégation de responsabilités			
Comportement éthique			
Écoute			
Motivation			
Négociation			
Évaluation du rendement et rétroaction			
Planification et fixation d'objectifs			
Pouvoir et influence			
Présentation et persuasion			
Résolution de problèmes et prise de décisions			
Gestion du stress			
Consolidation d'équipe			
Gestion du temps			

EXERCICE 27

LEADERSHIP ET PARTICIPATION AU PROCESSUS DÉCISIONNEL

Marche à suivre

1. Pour chacune des 10 situations décrites ci-dessous, indiquez lequel des trois styles de prise de décision suivants vous adopteriez. Indiquez votre choix en inscrivant la lettre A, C ou G dans l'espace prévu à cette fin.

A = Décision par voie d'autorité. Vous prendriez seul la décision, sans demander d'information supplémentaire.

C = Décision par consultation. Vous prendriez la décision en vous appuyant sur l'information fournie par l'équipe dont vous faites partie.

G = Décision collective. Vous permettriez à votre équipe de prendre la décision sans appel.

Situations exigeant une décision

_____ a) Vous avez mis au point une nouvelle procédure destinée à accroître la productivité. Votre patron voit votre idée d'un bon œil et voudrait que vous l'implantiez d'ici quelques semaines. Vous jugez vos subordonnés relativement compétents et prévoyez qu'ils se montreront ouverts au changement proposé.

_____ b) Depuis que de nouveaux concurrents sont apparus dans votre secteur de marché, votre entreprise subit une baisse de revenus. On vous a demandé de congédier 3 de vos 10 salariés d'ici deux semaines. Vous êtes leur supérieur depuis un an et vous estimez qu'ils sont très compétents.

_____ c) Votre service fait face au même problème depuis plusieurs mois. Les nombreuses solutions implantées ont toutes échoué. Vous venez finalement d'avoir une idée pour résoudre ce problème, mais vous n'êtes pas certain des répercussions possibles du changement qu'elle nécessite ni du degré d'assentiment de vos subordonnés, qui sont par ailleurs très compétents.

_____ d) La popularité des horaires variables est grande dans votre organisation. Certains services permettent aux employés de commencer et de terminer leur travail à l'heure qui leur convient. Toutefois, la nature des activités de votre service exige que tous les employés du service aient des heures de travail qui coïncident. Vous ne connaissez pas le degré d'intérêt de vos subordonnés à l'égard d'un changement d'horaire, mais vous songez à imiter ce qui se fait dans les autres services. Vos employés forment une équipe très compétente et aiment prendre des décisions.

_____ e) Dans votre secteur industriel, la technologie évolue si rapidement que les membres de votre organisation ont du mal à suivre. La haute direction a engagé un expert-conseil qui vient de soumettre ses recommandations. Vous avez deux semaines pour prendre une décision à cet égard. Vos subordonnés sont compétents et sont heureux de la possibilité qui leur est donnée de participer au processus décisionnel.

_____ f) Votre patronne vous a téléphoné pour vous annoncer qu'un client vient de passer une commande relevant de votre service et assujettie à un délai de livraison très court. Elle vous prie de lui dire dans les 15 minutes qui suivent si vous acceptez ou refusez ce contrat. En consultant votre calendrier de production, vous comprenez qu'il sera très difficile de livrer la commande à temps. Ce serait néanmoins possible si votre équipe mettait les bouchées doubles. Vos subordonnés sont coopératifs et compétents. Ils aiment prendre part au processus décisionnel.

_____ g) La haute direction vient d'émettre une directive relative à un changement. Vous devez décider de la façon dont vous allez implanter ce dernier. Il doit entrer en vigueur dans un mois et va toucher tout votre service. Sa réussite passe par l'accord de vos subordonnés, qui ne se montrent généralement pas très désireux de participer au processus décisionnel.

_____ h) Vous croyez possible d'accroître la productivité de votre service. Vous avez envisagé diverses mesures pour y parvenir, mais vous n'êtes pas certain de leur efficacité. Vos subordonnés sont très expérimentés, et la plupart d'entre eux ont plus d'ancienneté que vous dans le service.

_____ i) La haute direction songe à instaurer un changement qui touchera tous vos subordonnés. Vous savez que ces derniers vont être furieux de ses conséquences sur leurs conditions de travail. Certains d'entre eux vont probablement démissionner. Le changement entrera en vigueur dans un mois. Vos subordonnés sont très compétents.

_____ j) Un client vient de vous proposer un contrat d'achat concernant l'un de vos produits, assorti d'un délai de livraison très court. Son offre échoit dans deux jours. Pour satisfaire aux conditions du contrat, les salariés devront travailler de nuit, samedis et dimanches compris, durant six semaines. Vous ne pouvez exiger qu'ils fassent des heures supplémentaires. Signer ce contrat très lucratif pourrait vous aider à obtenir l'augmentation, méritée selon vous, que vous visez. Par contre, si vous ne tenez pas parole et ne respectez pas les délais, vos chances d'obtenir cette augmentation seront réduites à néant. Vos employés sont très compétents.

2. Regroupez-vous en suivant les consignes du professeur. Comparez vos choix pour chaque situation. Essayez de concilier les divergences de points de vue et préparez-vous à justifier vos choix au cours d'une discussion générale.

EXERCICE 28

MON MEILLEUR PATRON II[99]

Marche à suivre

1. Reportez-vous à l'exercice 1, « Mon meilleur patron », et reprenez la liste des qualités établie par l'ensemble de la classe.
2. (5 minutes) Relisez *votre* liste personnelle. Imaginez que vous interrogiez une centaine de *citoyens ordinaires* dans la rue (ou dans un centre commercial) à propos des traits de personnalité et des qualités de cette liste, en leur posant la question suivante : « Selon vous, dans notre société, le _______________ (trait de personnalité X ou qualité Y) est-il *plus courant chez les femmes ou chez les hommes* ? » Pensez-vous que *la plupart d'entre eux* vont répondre que le _______________ (trait de personnalité X ou qualité Y) se rencontre plus fréquemment *chez les femmes* ? *chez les hommes* ? chez les deux sexes ou chez aucun d'eux[100] ? Interrogez-les sur chaque trait de personnalité ou qualité de votre liste.
3. (5 minutes) Procédez de la même manière pour la liste établie collectivement par la classe.

4. (De 10 à 15 minutes) La classe répond elle-même sommairement au sondage. Elle détermine à quel sexe elle associe chacune des qualités de la liste collective.

5. (De 15 à 20 minutes) Discussion : Quels constats et quelles remarques pouvez-vous faire quant aux données générées par votre classe ? Quelles conclusions en tirez-vous ?

EXERCICE 29

ÉCOUTE ACTIVE[101]

Marche à suivre

1. Relisez la section du chapitre 12 consacrée à l'écoute active, en particulier les cinq conseils de base se rapportant aux comportements à adopter.
2. Formez des équipes de trois personnes : la première *écoutera*, la deuxième *parlera* et la troisième *observera*. (S'il est impossible de diviser la classe en groupes de trois, on pourra accepter qu'il y ait deux observateurs dans une ou deux équipes.)
3. La *personne qui parle* est libre d'aborder tout sujet qui l'intéresse *tant qu'elle perçoit une écoute active* de la part de la personne qui écoute. Elle devrait cesser de parler dès qu'elle ne se sent plus écoutée activement.
4. La *personne qui écoute* devrait appliquer les conseils de base de l'écoute active énoncés au chapitre 12 et en respecter le plus grand nombre possible pour faire en sorte que la personne qui parle poursuive ses explications. Il ne devrait pas y avoir d'autres interventions de sa part que celles que requiert l'écoute active.
5. La *personne qui observe* prend des notes sur les comportements et les compétences de celle qui écoute, ainsi que sur leur incidence apparente sur le processus de communication.
6. Intervertissez les rôles, jusqu'à ce que chaque membre de l'équipe ait rempli les trois fonctions.
7. Le professeur organise une discussion sur les remarques des observateurs et sur les comportements des personnes qui parlent et de celles qui écoutent. La discussion portera surtout sur les conseils de base de l'écoute active, sur le fait qu'ils ont été respectés ou non, ainsi que sur l'effet du comportement des personnes qui écoutent sur la communication.

EXERCICE 30

ÉVALUATION D'UN SUPÉRIEUR

Marche à suivre

1. Formez des équipes en suivant les consignes du professeur.
2. Le professeur quitte la salle.
3. Les équipes se réunissent et prennent 10 minutes pour établir une liste des commentaires, des problèmes, des questions et des préoccupations qu'elles voudraient faire connaître au professeur concernant le cours, depuis son commencement. Souvenez-vous que l'intérêt de cet exercice est double : (a) communiquer vos impressions au professeur ; (b) en apprendre davantage sur le processus de rétroaction, tant du côté de celui qui la donne que du côté de celui qui la reçoit.
4. Chaque équipe choisit un porte-parole pour communiquer ses impressions au professeur.
5. Les porte-parole devraient se réunir brièvement en vue de décider de la disposition la plus appropriée des tables et des chaises pour la séance de rétroaction. Réaménagez la salle de classe en fonction de leurs décisions.
6. Pendant que les porte-parole se réunissent, les autres membres des équipes devraient discuter de ce qu'ils attendent de l'activité. L'expérience de rétroaction va-t-elle être positive pour toutes les parties concernées ? Préparez-vous à observer le processus d'un œil critique.

7. Le professeur revient dans la salle et la séance de rétroaction proprement dite commence. Des observateurs désignés devraient prendre des notes afin de présenter des commentaires constructifs à la fin de l'exercice.
8. Une fois la séance de rétroaction terminée, le professeur lance la discussion en demandant aux observateurs de faire part de leurs commentaires et aux porte-parole d'exprimer leurs réactions.

EXERCICE 31

RÉTROACTION À 360 DEGRÉS[102]

Bien des membres d'organisations éprouvent une véritable anxiété au moment des périodes d'évaluation du rendement. Ce processus est néanmoins un important rituel organisationnel et un élément clé de la gestion des ressources humaines. Les organisations établissent généralement des procédures et des mécanismes pour cette évaluation.

Il est rare, par ailleurs, que le processus mette à l'aise les gestionnaires. Ceux-ci se sentent souvent embarrassés dans le rôle de *juge tout-puissant* qui leur incombe. En fait, ils reçoivent rarement une réelle formation sur la façon de fournir de la rétroaction. Pourtant, pour le gestionnaire, la capacité de fournir une rétroaction adéquate est au cœur même de sa fonction d'*entraîneur* et de *formateur*. Elle constitue un investissement dans le développement professionnel d'un autre individu et n'est pas le mécanisme punitif qu'on associe souvent aux *commentaires du patron*. Pour ce qui est des subordonnés, il est clair que la plupart d'entre eux veulent savoir où ils en sont, malgré la crainte de *se faire tirer les oreilles*. Malheureusement, il arrive trop souvent que la rétroaction fournie soit imprécise et édulcorée.

Marche à suivre

1. Relisez la section du chapitre 12 qui traite de la rétroaction (en particulier les conseils pour une rétroaction constructive) avant de venir en cours. Il serait également intéressant que vous preniez des notes sur vos perceptions et vos sentiments à l'égard du cours *avant de vous présenter en classe*.
2. Par petits groupes, les étudiants discutent de leurs expériences, positives et négatives, concernant le cours. Ils doivent déterminer les aspects en fonction desquels ils évalueront le cours et le professeur. Ainsi, ils peuvent choisir de discuter de critères tels que la pertinence de ce qu'on leur enseigne (par rapport à leur formation de gestionnaire), la façon dont l'enseignant structure et présente le contenu (cours magistral, travaux pratiques, etc.), ainsi que son style d'enseignement (enthousiasme, impartialité, etc.).
3. Chaque groupe désigne l'un de ses membres pour le représenter dans un groupe de porte-parole qui fournira de la rétroaction au professeur devant toute la classe.
4. L'ensemble des étudiants fournit au groupe de porte-parole de la rétroaction sur l'efficacité dont ses membres ont fait preuve au cours de l'exercice, c'est-à-dire sur leur mise en pratique des principes d'une rétroaction efficace (ex. : commentaires descriptifs, précis plutôt que généraux).

EXERCICE 32

ANALYSE ET NÉGOCIATION DE RÔLE[103]

Un rôle correspond à un ensemble de comportements attendus de la part d'un individu (ou d'un groupe) occupant une position particulière. Les attentes liées aux rôles existent dans tous les types d'organisations, qu'il s'agisse de lieux de travail, d'établissements d'enseignement, de familles, d'associations, etc. Il se produit une ambiguïté de rôle lorsqu'une personne éprouve des incertitudes à propos de ce qu'on attend d'elle. Il peut également arriver qu'un rôle comporte des attentes contradictoires, telles que la loyauté à l'égard d'une entreprise qui enfreint la loi.

La méthode d'analyse de rôle (*role analysis technique*) sert à améliorer l'efficacité d'une équipe ou d'un groupe. Elle permet de clarifier les attentes liées aux rôles ; en effet, tous les membres d'une organisation ont des responsabilités qui se traduisent en attentes.

D'une définition consensuelle des exigences associées à un rôle – faisant appel à toutes les personnes concernées – découleront davantage d'efficacité et une plus grande satisfaction de tous. La participation et la collaboration des membres à ce processus de définition et d'analyse des rôles devraient permettre de préciser le partage des responsabilités et d'accroître le degré d'engagement de chacun à l'égard des décisions prises.

Marche à suivre

Procédez individuellement. Lisez attentivement le plan de cours que vous a remis le professeur. Notez par écrit vos questions sur tous les points qui ne vous semblent pas clairs ou que vous comprenez mal. Prêtez une attention particulière aux exigences concernant votre rendement dans le cours. Dressez une liste de tout ce qu'on attend de vous pour que vous réussissiez. Discutez ensuite de ces questions et de cette liste en petits groupes.

EXERCICE 33

LES NAUFRAGÉS[104]

Imaginez la situation suivante.

Le yacht sur lequel vous vous trouvez navigue sur les eaux du Pacifique Sud lorsqu'un incendie éclate et détruit le bateau ainsi que la plus grande partie de ce qu'il contenait. Vous faites partie d'un petit groupe de survivants réfugiés à bord d'un canot de sauvetage équipé de rames. Vous ne savez pas exactement quelle est votre position, mais vous l'estimez à près d'un millier de kilomètres de la côte la plus proche. L'un d'entre vous a dans ses poches cinq pièces de un dollar et une boîte d'allumettes. Par contre, vos poches et celles des autres sont vides. Dans votre embarcation, vous disposez des objets ci-contre :

	A	B	C
Un sextant			
Un miroir de poche			
20 litres d'eau			
Une moustiquaire			
Une ration de nourriture			
Des cartes de l'océan Pacifique			
Un coussin de flottaison			
8 litres de carburant			
Une petite radio à transistors			
Du produit répulsif contre les requins			
Une bâche en plastique noir de 6 m^2			
Un litre de rhum			
5 m de corde en nylon			
24 tablettes de chocolat			
Du matériel de pêche			

Marche à suivre

1. *En procédant seul*, classez les 15 objets par ordre d'importance pour votre survie, en indiquant leur rang dans la colonne A (de 1 = indispensable à 15 = le moins important).
2. *Avec le groupe auquel vous serez assigné*, produisez le même type de classement en vous servant de la colonne B. Désignez l'un d'entre vous pour présenter vos conclusions au reste de la classe.
3. N'écrivez rien dans la colonne C tant que votre professeur ne vous aura pas donné d'autres consignes.

EXERCICE 34

INCURSION DANS L'INCONNU[105]

Marche à suivre

1. Formez des groupes de quatre ou cinq étudiants. Prenez quelques minutes pour réfléchir en groupe aux *premières attitudes* que manifestent généralement les membres d'une organisation dans des situations nouvelles, puis à leurs comportements dans un cadre familier.

2. Selon les consignes du professeur, séparez-vous pour former de nouveaux groupes de quatre ou cinq étudiants.

3. Ces nouveaux groupes vont passer de 15 à 20 minutes à faire connaissance. Il n'y a aucune consigne particulière concernant la façon de procéder, mais soyez tous bien conscients de vos *premières attitudes* dans ce nouveau groupe. Essayez chacun d'agir de façon à vous sentir plus à l'aise avec les autres.

4. Réfléchissez à ce qui s'est produit dans votre nouveau groupe en accordant une attention particulière aux points suivants:

   a) De quels sujets avez-vous discuté (contenu)? Votre discussion portait-elle sur la situation présente ou sur d'autres situations?

   b) Quelle approche votre groupe a-t-il adoptée pour cette tâche (processus)? Quelle approche avez-vous adoptée, personnellement, au sein de votre groupe, pour cette même tâche? Avez-vous tenté de lancer la discussion ou avez-vous attendu pour y participer? De quelle façon? Avez-vous posé des questions ou vous êtes-vous contenté d'écouter? Avez-vous répondu aux questions des autres? Avez-vous proposé des sujets?

   c) Étiez-vous personnellement plutôt préoccupé par votre façon d'entrer en communication avec les autres ou par la façon qu'avaient les autres d'entrer en communication avec vous? Vous êtes-vous montré prudent ou entreprenant? Avez-vous fait preuve d'ouverture? Avez-vous abordé des sujets qui pouvaient paraître difficiles ou risqués? Votre groupe a-t-il utilisé l'humour? Cela a-t-il nui à la dynamique collective ou cela a-t-il eu un effet positif?

   d) Que pensez-vous de l'approche ou des comportements que vous avez adoptés personnellement? Était-ce difficile ou facile? Les autres ont-ils réagi comme vous vous y attendiez? Y a-t-il des attitudes que vous désireriez manifester plus souvent, mieux ou moins souvent?

   e) Vos attitudes personnelles correspondaient-elles à ce que vous aviez prévu (objectifs)?

5. L'ensemble de la classe discute des réponses à ces questions. (Remarque: malgré certaines différences, il devrait y avoir des similitudes d'un groupe à un autre.) Cette discussion doit permettre aux étudiants de prendre conscience de leurs *premières attitudes* et de les comprendre.

6. (*Facultatif*) Certains étudiants partagent leurs premières attitudes. Au sein de chacun des groupes, les membres peuvent discuter pendant 5 à 10 minutes de leurs perceptions mutuelles.

   a) Quelles attitudes ces étudiants ont-ils aimées ou estimées particulièrement utiles? Lesquelles n'ont-ils pas aimées?

   b) Quelles ont été vos réactions personnelles à l'égard des autres? Avez-vous remarqué les approches par lesquelles les autres ont tenté d'entrer en communication? Si oui, quelles sont ces approches?

(S'il y a des inquiétudes à propos des aspects personnels de cette discussion, le professeur peut demander aux groupes d'exprimer ce qu'ils ont aimé et ce qu'ils n'ont pas aimé, sans faire référence à des individus précis.)

EXERCICE 35

LE CASSE-TÊTE DES CONGÉS[106]

Les professeurs Khalili, Mercier, Meilleur, Poirier et Quintaro enseignent à l'université. Tous ont droit à deux semaines de vacances annuelles. L'an passé, ils ont tous pris leur première semaine de congé au cours des cinq premiers mois de l'année et leur seconde semaine au cours des cinq derniers mois. Si chaque professeur a pris chacune de ses deux semaines de congé dans un mois différent de celui des autres, durant quel mois a-t-il pris sa première, puis sa seconde semaine ?

Voici ce qui s'est passé :

a) Mercier a pris sa première semaine avant Khalili, qui a pris les siennes avant Porter ; l'ordre s'inverse pour la deuxième semaine.

b) Le professeur qui a eu des vacances en mars en a pris également en septembre.

c) Quintaro n'a pris sa première semaine ni en mars ni en avril.

d) Ni Quintaro ni le professeur qui a pris sa première semaine en janvier ne sont partis en vacances pendant le mois d'août ou le mois de décembre.

e) Meilleur a pris sa deuxième semaine avant Mercier, mais après Quintaro.

Marche à suivre

Pouvez-vous résoudre ce casse-tête ? Essayez, puis comparez vos réponses avec celles des autres étudiants. Faites appel à vos talents de communicateur !

Mois	Professeur
Janvier	
Février	
Mars	
Avril	
Mai	
Juin	
Juillet	
Août	
Septembre	
Octobre	
Novembre	
Décembre	

EXERCICE 36

LES ORANGES UGLI[107]

Dans la plupart des milieux professionnels, les gens ont besoin les uns des autres pour accomplir leurs tâches, servir leur organisation et progresser dans leur carrière. Au sein des organisations, pour obtenir des résultats, nous devons collaborer avec d'autres, même si leurs objectifs sont différents des nôtres. Votre tâche, au cours de cette activité, est d'apprendre à collaborer plus efficacement avec les autres.

Marche à suivre

1. Formez des équipes de deux personnes. Dans chaque duo, un étudiant lit la description du rôle du Dr Roland et se prépare à le tenir, et l'autre fait la même chose pour celui du Dr Jean (le professeur vous distribuera ces descriptions). L'un des deux étudiants est aussi porte-parole de l'équipe, et l'autre, observateur. Apprenez vos rôles respectifs et préparez-vous à rencontrer votre collègue, puis passez aux étapes 2 et 3.
2. À cette étape, le professeur vous annonce qu'il joue le rôle de M. Cardoza, propriétaire de l'entreprise pour laquelle travaillent les deux docteurs. Il vous donne les précisions suivantes :
   a) La durée de la rencontre avec votre collègue ;
   b) Les renseignements que vous devrez lui transmettre à la fin de la rencontre.

   Lorsque vous aurez ces renseignements, vous pourrez rencontrer le représentant de l'autre entreprise et déterminer les questions sur lesquelles vous croyez pouvoir parvenir à un accord.
3. Après les rencontres (les négociations), le porte-parole de chaque équipe présente au reste de la classe les accords conclus. L'autre membre, l'observateur, décrit la dynamique des négociations et du processus ayant permis d'aboutir à un accord.
4. Prêtez attention aux points suivants :
   a) Avez-vous trouvé une solution ? Si oui, qu'est-ce qui a été essentiel pour parvenir à un accord ?
   b) Y a-t-il eu un climat de confiance mutuelle entre l'autre négociateur et vous ? Pourquoi ce climat s'est-il (ou ne s'est-il pas) instauré ?
   c) Chaque partie a-t-elle transmis toute l'information dont elle disposait ? Quelle proportion de l'information chaque partie a-t-elle partagée ?
   d) Quel degré de créativité ou de complexité les solutions proposées présentent-elles ? Si ces solutions s'avèrent compliquées, qu'est-ce qui peut l'expliquer, selon vous ?
   e) La présence de l'auditoire a-t-elle eu une incidence sur votre comportement ? A-t-elle facilité les négociations ou les a-t-elle compliquées ?

EXERCICE 37

CONFLITS ET DIALOGUES[108]

Marche à suivre

1. Pensez à une situation conflictuelle au travail ou à l'université, et essayez de créer un dialogue qui représente le cœur du conflit.
2. Écrivez vos commentaires sur ce dialogue conflictuel en suivant le format indiqué ci-dessous.

Introduction

a) Le contexte du conflit ;

b) mes buts et objectifs ;

c) ma stratégie ;

d) mes hypothèses.

Dialogue

Écrivez ci-dessous l'extrait de dialogue que vous avez créé et essayez d'ajouter entre parenthèses, après chacune de vos répliques, ce que vous pensiez réellement en prononçant ces paroles.

Moi ______________________________

L'autre ______________________________

Moi ______________________________

L'autre ______________________________

Etc.

3. Formez des équipes et mettez en commun vos situations conflictuelles. Faites tour à tour la lecture des dialogues en demandant à un coéquipier de jouer le rôle de l'autre.
4. Toujours en équipe, discutez des aspects suivants:
   a) le style de résolution de conflit que vous avez utilisé (affrontement, résolution de problème, évitement, etc.);
   b) les éléments déclencheurs du conflit, c'est-à-dire ce qui vous a véritablement contrarié et les raisons de votre réaction;
   c) le degré d'efficacité dont vous avez fait preuve;
   d) les autres façons dont vous auriez pu gérer ce conflit.
5. Choisissez un dialogue parmi ceux qui ont été exposés dans votre équipe et présentez-le au reste de la classe. Préparez-vous à discuter de votre analyse et à envisager diverses stratégies de résolution de ce conflit.

EXERCICE 38

ANALYSE DU CHAMP DES FORCES

Marche à suivre

1. Choisissez une situation qui comporte, pour vous, des enjeux élevés (ex.: l'obtention d'une meilleure note dans tel cours, d'une promotion ou d'un poste).
2. En vous servant du tableau figurant ci-dessous, appliquez la méthode d'analyse du champ des forces à votre situation.
   a) Décrivez la situation comme elle se présente en ce moment.
   b) Décrivez la situation telle que vous voudriez qu'elle soit.
   c) Dégagez les *forces motrices*, c'est-à-dire les facteurs qui concourent à vous faire aller dans la direction souhaitée.
   d) Dégagez les *forces restrictives*, c'est-à-dire les facteurs qui freinent votre progression dans la direction souhaitée.
3. Essayez d'être aussi précis que possible dans la description des deux types de forces ou facteurs. Dressez-en une liste complète et n'en oubliez pas!
4. Reprenez votre liste de forces et attribuez à chacune d'elles le qualificatif *forte*, *moyenne* ou *faible*. Faites-le pour les deux types de forces.
5. Classez les forces en fonction de leur capacité à influer sur la situation ou à la maîtriser.
6. Comparez vos analyses par petits groupes. Discutez de l'utilité et des inconvénients de recourir à cette méthode d'analyse des forces dans des situations personnelles et de son application aux contextes des organisations.
7. Préparez-vous à communiquer les conclusions de votre groupe au reste de la classe.

Tableau d'analyse des forces en présence

Situation actuelle	Situation recherchée
Forces motrices	**Forces restrictives**

EXERCICE 39

LES COULISSES DES ORGANISATIONS[109]

Marche à suivre

1. Procurez-vous un exemplaire de chaque document apparaissant dans la liste qui suit, en vous adressant à la société pour laquelle vous travaillez, à un parent afin qu'il se tourne vers son entreprise ou à votre université. Les universités possèdent des énoncés de mission, des codes d'éthique destinés aux corps étudiant et professoral, des organigrammes, des définitions de postes, des formulaires d'évaluation de l'enseignement et des outils de contrôle. Les associations d'étudiants pourraient également avoir certains de ces documents, que vous devez apporter en classe. Il n'est pas nécessaire qu'ils proviennent tous de la même organisation.

    a) énoncé de mission;

    b) code d'éthique;

    c) organigramme;

    d) définition de poste;

    e) formulaire d'évaluation;

    f) outil de contrôle.

2. Répartissez-vous en équipes en suivant les consignes du professeur. Montrez à vos coéquipiers les documents que vous avez apportés et informez-les de ce que vous avez appris en cherchant à les obtenir. Ainsi, avez-vous découvert que certaines organisations ont bel et bien une *mission* sans pour autant en posséder un *énoncé* écrit? Avez-vous constaté qu'il peut exister des définitions de postes sans toutefois qu'elles servent vraiment ou qu'elles soient mises à jour?

EXERCICE 40

D'UN HAMBURGER À L'AUTRE...[110]

Si le processus d'amélioration ou de changement au sein d'une organisation comporte une étape critique, c'est bien celle du *diagnostic* servant à analyser le fonctionnement général. Bien des efforts visant à changer et à améliorer ce qui se fait dans une organisation n'atteignent pas leurs objectifs parce que cette étape cruciale a été omise ou survolée.

Pour illustrer cette situation, imaginez votre réaction si, après avoir confié à votre médecin que vous souffrez de douleurs à l'estomac, il recommandait une intervention chirurgicale sans procéder à des analyses, sans vous demander d'autres renseignements et sans même vous examiner. Vous changeriez probablement de médecin! Il est pourtant fréquent de voir des gestionnaires tenter d'instaurer des changements majeurs sans procéder à un véritable diagnostic préalable, ce qui revient à entreprendre de vastes projets à partir de simples brouillons d'idées.

Dans cet exercice, on vous demandera d'effectuer en équipe le diagnostic de deux organisations du secteur de la restauration rapide. Ce travail vous donnera l'occasion d'utiliser une bonne partie des connaissances que vous avez acquises en faisant d'autres exercices et en étudiant d'autres sujets. Votre tâche consiste à décrire ces organisations aussi précisément que possible en fonction de plusieurs concepts organisationnels clés. Bien que vous connaissiez sans doute déjà ces entreprises, essayez de prendre du recul et de les évaluer comme si vous les observiez pour la première fois.

Marche à suivre

1. Après avoir formé des équipes de quatre à six étudiants, lisez les consignes suivantes.

    S'il existe une expérience commune à un grand nombre de Nord-Américains, c'est sans doute la visite d'un établissement McDonald's et la dégustation d'un hamburger. En fait, on dit souvent que les archéologues du 25e siècle tireront sans doute de leurs fouilles des ruines de notre civilisation la conclusion que la principale religion de notre époque reposait sur un culte d'arches dorées.

    Votre cabinet-conseil, RapidoExpert, a la réputation d'être le plus habile, le plus perspicace et le plus coûteux des cabinets canadiens. Le président de McDonald's vous a engagés, votre équipe et vous, pour que vous fassiez des recommandations visant à améliorer la motivation et le rendement du personnel dans les établissements franchisés. Nous partirons du principe que les tâches clés des activités d'exploitation sont la préparation de la nourriture, la réception des commandes, les relations avec la clientèle et les tâches d'entretien.

Depuis quelque temps, le président de McDonald's soupçonne ses principaux concurrents, tels que Burger King, A&W, Mikes, Dunkin' Donuts et diverses autres entreprises spécialisées dans la pizza, d'entamer sérieusement les parts de marché de sa société. Il a engagé une agence d'études de marché afin qu'elle compare les qualités respectives des sandwichs, des frites et des boissons servis chez McDonald's et chez son principal concurrent. Il a également demandé une évaluation des campagnes publicitaires des deux organisations.

Ne vous préoccupez pas des questions de marketing, sauf en ce qui concerne leur incidence possible sur le comportement des travailleurs. Le président désire que *vous* examiniez l'*organisation* des franchises afin de déterminer les points forts et les points faibles de McDonald's et de la chaîne concurrente. Choisissez un concurrent qui *talonne* vraiment McDonald's dans votre région.

Le président vous propose un contrat inhabituel: il veut que vous fondiez vos recommandations sur vos observations en tant que clients. Il ne tient pas à ce que vous fassiez un diagnostic complet à partir d'entrevues, de sondages ou de ce que vous observeriez dans *les coulisses* des établissements. Votre rapport devra comporter deux parties. Le président attend des recommandations concrètes, précises et pragmatiques. Évitez les conseils vagues et généraux du type «améliorer la communication» ou «accroître la confiance». Expliquez précisément *ce que doit faire* la direction pour améliorer le rendement de l'organisation. Justifiez vos suggestions en vous appuyant sur une ou plusieurs théories de la motivation, du leadership, des groupes de travail ou de la conception de poste.

1re partie

Sa société ayant des objectifs de rentabilité, de volume de ventes, de service rapide et courtois et de propreté, le président de McDonald's veut une analyse *comparative* de McDo et de son concurrent, soit une étude *faisant ressortir les différences dans les domaines suivants*:

- objectifs organisationnels;
- structure organisationnelle;
- technologie;
- environnement;
- motivation du personnel;
- communication;
- style de leadership;
- politiques, procédures, règles et normes;
- conception de postes;
- climat social au sein de l'organisation.

2e partie

Compte tenu des objectifs décrits dans la 1re partie (rentabilité, volume de ventes, service rapide et courtois, propreté), quelles mesures particulières la direction de McDonald's et les franchisés pourraient-ils appliquer dans les domaines suivants?

- conception de poste et circuits de production;
- structure organisationnelle (à l'échelle des établissements);
- mesures d'incitation destinées aux membres du personnel;
- leadership;
- recrutement et sélection du personnel.

En quoi McDonald's et son concurrent diffèrent-ils dans ces domaines? Quelle société a la meilleure approche?

2. Rendez-vous en équipe dans un restaurant McDonald's, puis dans un restaurant franchisé concurrent. Autant que possible, prenez un repas dans chacun d'eux. Afin de parvenir à une évaluation valable, choisissez des établissements situés dans le même quartier ou la même région. Après avoir observé ce qui se passe dans chacun, préparez collectivement un rapport oral de 10 minutes pour le conseil de direction de McDonald's.

3. Chaque équipe présentera son rapport au reste de la classe, qui jouera le rôle du conseil de direction. Un chronométreur désigné par le professeur contrôlera que la durée de 10 minutes est respectée.

   Les questions à aborder sont notamment les suivantes:

   a) Quelles sont les similitudes entre les deux organisations?

   b) Quelles sont les différences entre les deux organisations?

c) Avez-vous des *intuitions* quelconques quant à l'origine de certaines caractéristiques organisationnelles observées ? Ainsi, pourriez-vous essayer d'expliquer les raisons pour lesquelles l'une des organisations possède un type particulier de structure, de système de motivation et de climat social ?

d) Pouvez-vous expliquer l'existence de ces caractéristiques organisationnelles en fonction d'autres aspects particuliers observés ? Par exemple, les objectifs sont-ils à l'origine de la structure, ou est-ce plutôt l'environnement qui a une incidence sur cette dernière ?

EXERCICE 41

UNE INVASION EXTRATERRESTRE[111]

Marche à suivre

Cet exercice porte sur la culture organisationnelle. Vous ferez partie d'une équipe qui aura pour tâche de visiter une organisation.

1. Visitez en groupe les installations de l'organisation choisie, suivant les conditions décrites dans la section « Mise en situation » ci-dessous.
2. Prenez des notes détaillées sur les différents aspects de la culture organisationnelle que vous observez.
3. Préparez un exposé afin de présenter à la classe le résultat de vos observations et toutes les conclusions que vous avez pu en tirer sur la nature de cette organisation, à savoir son idéologie, ses valeurs et ses normes de comportement.
4. Veillez à expliquer les fondements de vos conclusions tirées des manifestations de la culture organisationnelle observée.

Votre exposé devra durer 20 minutes. Préparez-le donc avec soin. N'hésitez pas à utiliser tout document ou matériel que vous auriez pu rapporter pour aider votre auditoire à comprendre ce que vous avez découvert.

MISE EN SITUATION

Vous êtes des Martiens débarquant tout juste sur la Terre au terme du premier voyage en provenance de votre planète. Vos supérieurs vous ont confié la mission d'en apprendre le plus possible sur les Terriens et sur leurs comportements, sans leur laisser deviner quoi que ce soit de vos origines. Pour la réussite des projets futurs de vos supérieurs, il est crucial que vous ne fassiez rien qui dérange ces créatures.

Malheureusement, comme votre langage martien est constitué d'émissions d'ondes électromagnétiques, il vous est impossible de communiquer par la parole et de poser des questions aux indigènes de la planète Terre. Même si vous le pouviez, ce serait trop risqué, car il ressort des renseignements recueillis par l'Agence de sécurité interplanétaire – un organisme généralement fiable – que les Terriens ont tendance à dévorer ceux qui les irritent. Vous avez cependant bénéficié d'un cours intensif en langues terriennes qui vous permettra de lire des documents dans la zone où votre astronef a atterri.

Ces consignes limitent votre collecte de données à la simple observation et vous empêchent de parler aux indigènes, et ce pour deux raisons. Tout d'abord, votre objectif est d'apprendre comment fonctionne l'organisation dans l'exécution quotidienne de ses activités et non pas de vous fonder sur des réponses que donneraient des membres empressés à un groupe d'étudiants curieux. Ensuite, vous serez probablement surpris de la quantité de choses qu'on peut apprendre par la simple observation, dans la mesure où on fait preuve d'une concentration suffisante. Un grand nombre de gestionnaires d'expérience ont recours à ce talent pour percevoir ce qui se déroule lorsqu'ils font le tour de leur usine ou de leurs bureaux.

Comme vous ne pouvez parler à qui que ce soit, il vous sera impossible de cerner certaines des composantes de la culture organisationnelle (les récits, les anecdotes, etc.), à moins de vous procurer des exemplaires du matériel promotionnel de l'organisation au cours de votre visite (brochures, rapports annuels, matériel publicitaire). Ne vous découragez pas, car les aspects visibles tels que les objets, l'environnement de travail, les symboles et parfois les rituels peuvent fournir beaucoup d'information sur la culture d'une organisation. Ayez l'œil ouvert et les oreilles en alerte. Déployez vos antennes de Martiens !

EXERCICE 42

LES CERCLES DU POUVOIR[112]

Cet exercice est orienté vers l'étude du pouvoir et de l'influence dans une salle de classe. Plus précisément, il doit vous permettre de dégager les formes de pouvoir que votre professeur utilise, selon un certain agencement, pour atteindre les objectifs du cours.

Marche à suivre

1. Rappelez-vous que le pouvoir de votre professeur peut notamment se fonder sur les bases suivantes :

a) l'autorité qui découle de sa position dans la hiérarchie de l'organisation (pouvoir hiérarchique);

b) ses connaissances et ses compétences dans le domaine qu'il enseigne (pouvoir d'expertise);

c) l'estime que vous accordez personnellement à ce professeur (pouvoir de référence).

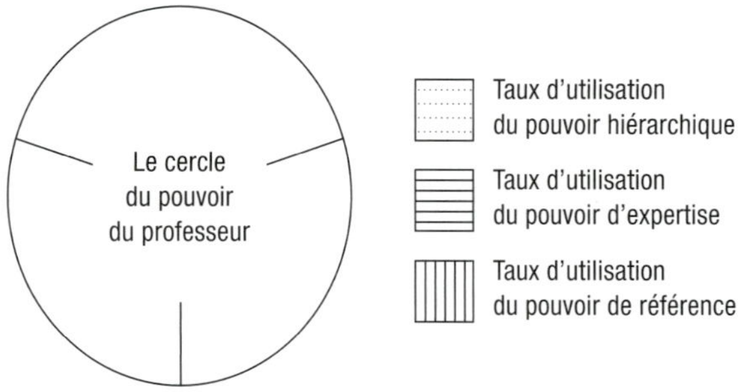

2. À l'aide de la figure du « cercle du pouvoir », indiquez l'agencement des formes de pouvoir qui vous paraît le plus manifeste lorsque vous observez la façon dont votre professeur se comporte dans l'ensemble de son cours. Représentez l'importance ou la place relative accordée aux trois bases du pouvoir (ex. : 60 % pour le pouvoir hiérarchique, 30 % pour le pouvoir d'expertise et 10 % pour le pouvoir de référence). Utilisez la légende présentée à droite du cercle pour marquer les trois sections correspondantes et ainsi illustrer le profil de votre professeur sur le plan du pouvoir. Le professeur dessinera lui aussi un cercle du pouvoir qui représentera la façon dont lui-même se perçoit en la matière.

3. Examinez maintenant les situations particulières décrites ci-dessous, qui pourraient survenir en classe et obliger le professeur à utiliser son pouvoir. Dessinez pour chacune un cercle du pouvoir indiquant l'agencement des formes de pouvoir auquel votre professeur aurait tendance à recourir, selon vous, pour atteindre son objectif.

a) Le professeur veut changer le format de l'examen final.

b) Le professeur désire ajouter un travail en équipe aux exigences du cours.

c) Le professeur veut que les étudiants assistent à une conférence de deux heures donnée par un invité un samedi matin.

d) Le professeur veut que les étudiants se préparent mieux aux discussions en classe.

Pour chacune de ces situations, le professeur dessinera lui aussi un cercle du pouvoir représentant la façon dont lui-même perçoit l'utilisation des formes de pouvoir qu'il envisage.

4. Répartissez-vous en équipes en suivant les consignes de votre professeur. Mettez en commun les cercles que vous avez dessinés et engagez une discussion sur les profils obtenus ainsi que sur les raisons qui sont à l'origine de ceux-ci. Désignez un porte-parole qui communiquera le point de vue général de votre équipe à l'ensemble de la classe. Discutez avec vos coéquipiers de la meilleure façon de faire part de vos commentaires à votre professeur devant toute la classe et aidez le porte-parole à se préparer à la séance plénière.

5. Invitez le professeur à présenter à la classe ses propres cercles du pouvoir. Demandez-lui de commenter les écarts qui pourraient apparaître entre la perception qu'il a de lui-même en matière de pouvoir et le point de vue de la classe. Réfléchissez collectivement aux conséquences éventuelles, pour un leader ou un gestionnaire, d'un écart entre l'image qu'il a de lui et la manière dont il est perçu par son entourage quant à la question du pouvoir.

6. Avec toute la classe et le professeur, discutez de la tendance qu'on peut avoir à favoriser une forme de pouvoir ou quelques-unes d'entre elles, c'est-à-dire de la tendance à adopter un agencement quelque peu prévisible.

Débattez aussi de la nécessité, pour le leader ou le gestionnaire efficace, d'utiliser son pouvoir en tenant compte des circonstances et de recourir à un agencement adapté au type d'influence que requiert chaque situation.

IV Autoévaluations

TEST 1

LES POSTULATS D'UN GESTIONNAIRE[113]

Marche à suivre

Lisez les énoncés suivants. Pour chacun d'eux, si vous êtes d'accord, écrivez «oui» dans les espaces prévus à cet effet; si vous n'êtes pas d'accord, écrivez «non». Adoptez un point de vue pour chaque proposition.

_____ 1. Un bon salaire et une sécurité d'emploi suffisent à satisfaire la plupart des travailleurs.

_____ 2. Un gestionnaire devrait aider ses subordonnés dans l'accomplissement de leurs tâches et les encadrer.

_____ 3. La plupart des gens aiment assumer de véritables responsabilités dans leur emploi.

_____ 4. La plupart des gens craignent d'acquérir de nouvelles connaissances dans le cadre de leur emploi.

_____ 5. Les gestionnaires devraient laisser leurs subordonnés contrôler la qualité de leur travail.

_____ 6. La plupart des gens détestent travailler.

_____ 7. La plupart des gens sont créatifs.

_____ 8. Un gestionnaire devrait superviser de près ses subordonnés et diriger leur travail.

_____ 9. La plupart des gens ont tendance à résister au changement.

_____ 10. La plupart des gens ne travaillent que s'ils y sont obligés.

_____ 11. Les gens devraient avoir la possibilité de fixer eux-mêmes leurs objectifs de travail.

_____ 12. La plupart des gens sont plus heureux en dehors de leur travail.

_____ 13. La plupart des gens ont vraiment à cœur l'organisation pour laquelle ils travaillent.

_____ 14. Un gestionnaire devrait aider ses subordonnés à progresser et à s'épanouir dans leur travail.

Résultat

Comptez le nombre de fois où vous avez répondu « oui » aux questions 1, 4, 6, 8, 9, 10, 12 et écrivez le résultat ici : X = _____. Comptez ensuite le nombre de fois où vous avez répondu « oui » aux questions 2, 3, 5, 7, 11, 13, 14 et écrivez le résultat ici : Y = _____.

Interprétation

Cette évaluation va vous donner quelques indices sur vos tendances quant aux hypothèses de la *théorie X* (vos résultats X) et de la *théorie Y* (vos résultats Y) avancées par Douglas McGregor. Ce dernier a énoncé et mis en parallèle deux théories mettant en lumière deux conceptions contraires de l'être humain au travail. À la vision traditionnelle selon laquelle l'être humain ordinaire n'aime ni le travail ni les responsabilités et doit être dirigé et contrôlé – qu'il a appelée la *théorie X* –, McGregor a opposé la vision selon laquelle l'individu ordinaire aime le travail, est créatif et accepte les responsabilités – qu'il a appelée la *théorie Y*. Pour ce penseur, les *hypothèses de la théorie Y* sont les plus appropriées. Selon lui, les salariés qui sont bien traités par leur employeur réagissent favorablement à ce qu'on attend d'eux.

Réfléchissez à vos comportements avec les autres individus qui, dans votre cadre de travail, peuvent être à l'origine de *prophéties qui se réalisent* (voir le chapitre 4).

TEST 2

LE GESTIONNAIRE DU 21e SIÈCLE[114]

Marche à suivre

Procédez à l'évaluation de vos caractéristiques personnelles en vous basant sur le barème ci-dessous :

F = Fort. Je suis très à l'aise sur ce point.

B = Bon. J'ai encore des progrès à faire sur ce point.

I = Insuffisant. Je dois vraiment travailler fort pour m'améliorer sur ce point.

? = Indécis. Je ne sais pas.

_____ 1. *Résistance au stress*. Aptitude à mener à bien un travail, même dans des conditions stressantes.

_____ 2. *Tolérance à l'incertitude*. Aptitude à mener à bien un travail, même dans des conditions ambiguës et incertaines.

_____ 3. *Objectivité sociale*. Capacité à agir sans préjugés raciaux, ethnoculturels ou sexistes ni autres tendances discriminatoires.

_____ 4. *Normes professionnelles personnelles*. Capacité à établir ses propres normes de rendement élevé et à les respecter.

_____ 5. *Endurance*. Capacité à supporter de longues heures de travail.

_____ 6. *Flexibilité*. Capacité à faire preuve de souplesse et à s'adapter aux changements.

_____ 7. *Confiance en soi*. Capacité à prendre constamment des décisions et à les faire respecter.

_____ 8. *Autoévaluation objective*. Aptitude à évaluer ses points forts autant que ses points faibles et à reconnaître ses compétences et ses motivations personnelles au travail.

_____ 9. *Introspection*. Capacité à tirer profit de ses expériences, de sa conscience de soi et de l'autoobservation.

_____ 10. *Esprit d'entreprise*. Aptitude à s'attaquer aux problèmes et à tirer profit des occasions de changement constructif.

Résultat

Comptez un point par **F** et un demi-point par **B**. N'accordez aucun point aux caractéristiques marquées d'un **I** ou d'un **?**. Faites le total des points obtenus. Mon *profil de gestionnaire* = _________.

Interprétation

Ce test vous permet d'esquisser votre profil de gestionnaire. Êtes-vous le prototype parfait du gestionnaire, avec un total de 10 points, ou votre résultat est-il légèrement inférieur ? Il est probable que la perfection ne sera pas monnaie courante dans votre classe. Demandez à quelqu'un qui vous connaît bien de vous évaluer. Vous serez surpris des différences entre son évaluation et la vôtre. Soyons réalistes, la plupart d'entre nous doivent fournir des efforts pour poursuivre leur développement personnel concernant ces points ainsi que d'autres caractéristiques associées aux fonctions de gestionnaire.

Cette liste est un excellent point de départ pour savoir quelles compétences de gestionnaire améliorer et comment faire. L'AACSB International – Association to Advance Collegiate Schools of Business – recommande de veiller au développement de ces compétences et de ces caractéristiques personnelles chez les étudiants en administration des affaires. La réussite de ces derniers – et la vôtre – à titre de gestionnaires du 21e siècle pourrait fort bien dépendre (1) de la prise de conscience de l'importance de ces caractéristiques fondamentales en gestion et (2) de leur volonté de se consacrer à les renforcer tout au long de leur carrière.

TEST 3

VOTRE TOLÉRANCE À L'AGITATION[115]

Marche à suivre

Les affirmations qui suivent sont celles d'un gestionnaire de 37 ans travaillant dans une grande société prospère. Aimeriez-vous avoir un emploi doté de ces caractéristiques ? En vous basant sur le barème ci-dessous, écrivez vos réponses dans les espaces prévus à cet effet.

4 = J'aimerais énormément ; c'est tout à fait acceptable.

3 = Ce serait acceptable et plaisant la plupart du temps.

2 = Je ne crois pas que je réagirais à cette situation d'une façon particulière.

1 = Ce serait quelque peu désagréable pour moi.

0 = Je n'aimerais pas du tout.

_____ 1. Je passe fréquemment de 30 à 40 % de mon temps en réunion.

_____ 2. Il y a un an et demi, mon poste n'existait pas ; ainsi, j'ai dû le définir au fur et à mesure.

_____ 3. Très souvent, je n'ai pas assez d'autorité pour déléguer à d'autres les responsabilités que j'assume ou qu'on me confie.

_____ 4. À tout moment, j'ai en moyenne une douzaine de messages téléphoniques auxquels je dois répondre.

_____ 5. Il ne semble pas y avoir de lien entre la qualité de mon rendement et ma rémunération.

_____ 6. Dans mon travail, j'ai besoin de deux semaines de formation en gestion par an simplement pour me tenir à jour.

_____ 7. Ma société a un excellent programme d'équité en matière d'emploi et a des activités à l'échelle internationale ; j'ai donc des contacts professionnels fréquents et étroits avec des individus des deux sexes, d'origines ethnoculturelles et de nationalités très diverses.

_____ 8. Il n'existe aucun moyen objectif de mesurer mon efficacité.

_____ 9. Je dépends de trois supérieurs en ce qui a trait à divers aspects de mon poste, et chacun d'eux a son mot à dire dans l'évaluation de mon rendement.

_____ 10. Je consacre en moyenne près du tiers de mon temps à des urgences inattendues qui m'obligent à retarder tout ce que j'avais prévu faire.

_____ 11. Lorsque je dois rencontrer tous les gens que je supervise, ma secrétaire passe la majeure partie de sa journée à trouver un moment où nous serons tous disponibles ; même lorsqu'elle y parvient, je ne suis jamais certain que tout le monde pourra assister à la réunion jusqu'à la fin.

_____ 12. Mon diplôme universitaire, qui devait me préparer à ce genre d'emploi, est maintenant dépassé, et je devrais probablement retourner étudier pour en obtenir un autre.

_____ 13. Mon poste exige la lecture hebdomadaire de 100 à 200 pages de documentation technique.

_____ 14. Je dois m'absenter de chez moi au moins une nuit par semaine.

_____ 15. Mon service a des liens tellement étroits avec les activités de plusieurs autres services qu'il est presque impossible de déterminer lequel d'entre eux est responsable de l'exécution de certaines tâches.

_____ 16. L'an prochain, le poste auquel je serai probablement promu dans une autre division aura relativement les mêmes caractéristiques que celui que j'occupe actuellement.

_____ 17. Depuis que je travaille ici, il y a eu une restructuration complète chaque année, soit à l'échelle de la société tout entière, soit à celle de mon service.

_____ 18. Bien que je puisse envisager plusieurs possibilités d'avancement, je dois admettre que je ne vois objectivement aucun véritable cheminement de carrière.

_____ 19. Bien que je puisse envisager plusieurs possibilités d'avancement, je ne crois pas avoir de véritables chances d'accéder aux échelons supérieurs.

_____ 20. Même si j'ai bien des idées sur la façon d'améliorer les choses, je n'ai pas vraiment d'influence directe sur la stratégie d'entreprise ni sur la politique concernant les salariés de ma division.

_____ 21. Ma société vient de mettre en place un centre d'évaluation. Tous les cadres, moi compris, devront y subir une batterie de tests psychologiques destinés à évaluer leur potentiel.

_____ 22. Ma société est partie défenderesse dans un procès antitrust, et si l'affaire est portée devant les tribunaux, je serai probablement amené à témoigner à propos de certaines décisions prises il y a quelques années.

_____ 23. Avec la bureautique et l'informatique, on introduit continuellement de nouvelles technologies dans ma division. Je suis donc en perpétuel apprentissage.

_____ 24. Sans que je le sache, mes patrons peuvent contrôler ce que je fais en accédant à mon ordinateur.

Résultat

Additionnez les points de vos réponses et divisez la somme par 24. Tolérance à l'agitation = __________.

Interprétation

Ce test vous permet de vous faire une idée de votre tolérance en matière de gestion dans des périodes mouvementées, ce qui caractérise les milieux de travail actuels. Généralement, plus le résultat est élevé, plus l'individu semble à l'aise dans des situations agitées et marquées par des changements, ce qui est un signe des plus positifs.

À des fins de comparaison, sachez que 500 jeunes gestionnaires et étudiants inscrits en maîtrise d'administration des affaires ont obtenu des résultats situés en moyenne entre 1,5 et 1,6. L'auteur du test recommande d'interpréter le résultat à la façon de la moyenne cumulative d'un bulletin, pour laquelle 4 correspondrait à un A d'excellence. Selon cette interprétation, 1,5 correspondrait à un C ! Et vous, qu'avez-vous obtenu ?

TEST 4

VOTRE INDICE DE PRÉPARATION À LA MONDIALISATION[116]

Marche à suivre

Faites votre autoévaluation pour chacun des points suivants afin de connaître votre degré de préparation à un environnement de travail mondialisé. En vous basant sur le barème ci-dessous, écrivez vos réponses dans les espaces prévus à cet effet.

1 = Très peu 2 = Peu 3 = Passablement 4 = Bien 5 = Très bien

_____ 1. Je comprends ma propre culture en matière d'attentes et de valeurs, ainsi que son incidence sur la communication et les relations interpersonnelles.

_____ 2. Si quelqu'un me présente un point de vue différent du mien, j'essaie de le comprendre plutôt que de le critiquer.

_____ 3. Je suis à l'aise dans des situations où il y a un manque d'information et dont les résultats sont imprévisibles.

_____ 4. Je suis ouvert à la nouveauté et toujours à la recherche de nouvelles données et d'occasions d'apprendre.

_____ 5. Je comprends assez bien les attitudes à l'égard de ma culture et les perceptions que peuvent en avoir des personnes issues d'autres cultures.

_____ 6. Je suis toujours à la recherche d'information sur d'autres pays et cultures afin d'apprendre toujours plus.

_____ 7. Je suis parfaitement au courant de ce qui différencie les systèmes de gouvernement et les systèmes politiques et économiques dans le monde.

_____ 8. Je m'efforce d'accroître ma compréhension des personnes issues d'autres cultures.

_____ 9. Je suis capable d'adapter mon style de communication afin de travailler plus efficacement avec des gens de cultures différentes.

_____ 10. Je peux déceler les effets des différences culturelles sur les relations professionnelles et adapter mes attitudes et mon comportement en conséquence.

Interprétation

Pour réussir dans l'environnement de travail du 21e siècle, il faut être à l'aise avec la dimension mondiale de l'économie et la diversité culturelle inhérente à ce contexte. Cela exige: un *esprit d'ouverture sur le monde*, réceptif aux différences culturelles et respectueux de ces différences; une *connaissance des réalités mondiales*, passant par l'envie continuelle de connaître les autres nations et cultures et d'en apprendre plus sur elles; des *compétences professionnelles adaptées au contexte de la mondialisation*, permettant de travailler efficacement avec toutes les cultures.

Résultats

L'objectif est de parvenir à un résultat s'approchant le plus possible du parfait «5» pour chacune des trois dimensions de la préparation à la mondialisation. Calculez vos résultats de la manière suivante:

Esprit d'ouverture sur le monde	Points (1 + 2 + 3 + 4)/4	= _________
Connaissance des réalités mondiales	Points (5 + 6 + 7)/3	= _________
Compétences professionnelles adaptées au contexte de la mondialisation	Points (8 + 9 + 10)/3	= _________

TEST 5

VOS VALEURS PERSONNELLES[117]

Marche à suivre

Évaluez les 16 éléments ci-dessous en fonction de l'importance que vous leur accordez, de 0 (pas important) à 100 (très important), et en vous servant de l'échelle suivante:

Pas important				Relativement important						Très important
0	10	20	30	40	50	60	70	80	90	100

_____ 1. Avoir un emploi satisfaisant et agréable.

_____ 2. Avoir un emploi très bien rémunéré.

_____ 3. Être heureux en ménage.

_____ 4. Établir de nouvelles relations, participer à des événements sociaux.

_____ 5. S'investir dans des activités communautaires.

_____ 6. Adhérer à une religion.

_____ 7. Faire du sport et de l'exercice.

_____ 8. Se développer intellectuellement.

_____ 9. Embrasser une carrière riche en défis.

_____ 10. Posséder une belle voiture, de beaux vêtements, une belle maison, etc.

_____ 11. Consacrer du temps à sa famille.

_____ 12. Avoir plusieurs bons amis.

_____ 13. Faire du bénévolat dans des organismes sans but lucratif, comme la Fondation québécoise du cancer.

_____ 14. Méditer, prendre le temps de réfléchir, de prier, etc.

_____ 15. Avoir une alimentation équilibrée.

_____ 16. Bénéficier de lectures enrichissantes, suivre des émissions de télévision intéressantes, participer à des programmes de formation personnelle, etc.

Résultats

Transcrivez les cotes d'importance que vous avez attribuées à ces éléments dans les cases appropriées du tableau ci-dessous, puis additionnez-les par paires.

	Vie professionnelle	Finances	Vie familiale	Dimension sociale
	1.	2.	3.	4.
	9.	10.	11.	12.
Totaux				
	Vie communautaire	Dimension spirituelle	Dimension physique	Dimension intellectuelle
	5.	6.	7.	8.
	13.	14.	15.	16.
Totaux				

Interprétation

Quel que soit le domaine, le total indique l'importance que vous lui accordez. Des totaux similaires ou presque dans les huit domaines indiquent une personnalité harmonieuse. Pensez aux efforts et au temps que vous consacrez à vos trois valeurs essentielles. Sont-ils suffisants pour vous permettre d'atteindre le degré de réussite que vous visez dans chacun de ces domaines ? Si ce n'est pas le cas, comment pourriez-vous vous améliorer ? Y a-t-il un domaine pour lequel vous estimez que vous devriez avoir un total plus élevé ? Si oui, lequel, et que pourriez-vous faire ?

TEST 6

VOTRE DEGRÉ DE TOLÉRANCE À L'AMBIGUÏTÉ[118]

Marche à suivre

Pour déterminer votre degré de tolérance à l'ambiguïté, commentez les affirmations suivantes. Vous devez donner votre point de vue sur *toutes les affirmations*, sans en laisser de côté. En vous basant sur le barème ci-dessous, écrivez dans les espaces prévus à cet effet le chiffre qui correspond le plus à votre attitude.

1	2	3	4	5	6	7
Tout à fait en désaccord	Moyennement en désaccord	Un peu en désaccord		Un peu d'accord	Moyennement d'accord	Tout à fait d'accord

_____ 1. Un spécialiste qui ne peut fournir de réponse précise n'est probablement pas très compétent.

_____ 2. Un problème impossible à résoudre, ça n'existe pas.

_____ 3. J'aimerais vivre quelque temps dans un pays étranger.

_____ 4. Les gens qui vivent selon un horaire précis passent sans doute à côté des joies de l'existence.

_____ 5. Dans un bon emploi, on sait toujours clairement ce qu'il y a à faire et la façon de le faire.

_____ 6. À long terme, il est plus productif de s'attaquer aux petits problèmes simples qu'aux grands problèmes compliqués.

_____ 7. Il est plus amusant de s'attaquer à un problème compliqué que de résoudre un problème simple.

_____ 8. Souvent, les gens les plus intéressants et les plus stimulants sont ceux qui n'ont pas peur de se montrer originaux et différents.

_____ 9. Nous préférons toujours ce qui nous est familier à ce qui nous est inconnu.

_____10. Bienheureux ceux qui mènent une vie régulière et équilibrée, rarement marquée par des surprises ou des événements inattendus.

_____11. Les gens qui tiennent absolument à ce qu'une réponse soit négative ou affirmative ne savent rien de la complexité des choses.

_____12. Nous prenons un grand nombre de nos décisions les plus importantes sans disposer de toute l'information voulue.

_____13. Je préfère les soirées où je connais la plupart des gens à celles où les invités me sont presque tous inconnus.

_____14. Il est essentiel d'avoir des idéaux très tôt dans la vie.

_____15. Les professeurs ou les superviseurs qui ne fournissent pas trop de détails sur les travaux ou les tâches à effectuer donnent aux gens la chance de faire preuve d'initiative et d'originalité.

_____16. Un bon professeur est quelqu'un qui vous incite à réfléchir à votre façon de voir les choses.

_____Total

Résultat

S. Brudner, qui a élaboré ce test, fait état d'un indice de fiabilité de 0,85 avec des échantillons variés (surtout des étudiants et des travailleurs dans le domaine de la santé). Cependant, ses données datent de quelques années, et il est fort possible que des changements notables se soient produits dans les attitudes évaluées. Avec des extrêmes de 16 et 112, les résultats sont généralement compris entre 25 et 79 et la moyenne est d'environ 49.

On a conçu ce test pour mesurer les diverses composantes des réactions qui peuvent se produire dans des situations perçues comme menaçantes à cause de leur nouveauté, de leur complexité ou de leur insolubilité.

On a *inversé* la moitié des affirmations (3, 4, 7, 8, 11, 12, 15, 16). Pour calculer votre résultat, commencez par *inverser* le barème de notation pour ces huit affirmations : une note 1 devient une note 7 ; 2 = 6 ; 3 = 5 ; 5 = 3 ; etc.

Vous pouvez ensuite additionner les notes attribuées aux 16 affirmations et indiquer le total dans l'espace prévu à cet effet.

Interprétation

Plus votre résultat est élevé, moins vous tolérez l'ambiguïté. Empiriquement, on note une corrélation positive entre une faible tolérance à l'ambiguïté et les tendances suivantes :

- conformisme dans les convictions religieuses ;
- fréquentation élevée des lieux de culte ;
- foi profonde ;
- acceptation de la censure ;
- autoritarisme élevé ;
- machiavélisme faible.

L'application du concept de tolérance aux pratiques de gestion actuelles est claire et évidente. L'ambiguïté et le changement caractérisent le monde du travail d'aujourd'hui et nombre d'organisations. Il est probable que les personnes dotées d'une grande tolérance à l'ambiguïté pourront travailler plus efficacement dans des organisations et des contextes marqués par l'effervescence, un degré élevé de changement et une incertitude quant aux attentes, aux normes de rendement, aux tâches à accomplir, etc.

À l'opposé, il y a davantage de risques que les individus supportant mal l'ambiguïté soient incapables de s'adapter rapidement aux bouleversements, à l'incertitude et au changement. Il est probable que ces individus se montreront plus rigides et réagiront par la colère, le stress et la frustration à un degré élevé d'incertitude et d'ambiguïté dans leur environnement de travail. On associe donc des degrés élevés de tolérance à l'ambiguïté à la capacité de suivre le mouvement à une époque où les organisations, les conditions environnementales et les exigences changent rapidement.

TEST 7

PROFIL BIFACTORIEL

Marche à suivre

Pour chacune des six situations suivantes, répartissez un total de 10 points entre les deux possibilités qui vous sont proposées, selon l'importance que vous leur accordez.

Exemple : Saison chaude	7	3	Saison froide
1. Poste à responsabilités élevées			Sécurité d'emploi
2. Reconnaissance des réalisations			Bonnes relations avec les collègues
3. Possibilités d'avancement			Patron compétent
4. Possibilités d'apprentissage et d'épanouissement au travail			Bonnes conditions de travail
5. Poste favorisant l'accomplissement de soi			Qualité de l'encadrement et des politiques de l'employeur
6. Objectifs professionnels ambitieux			Salaire de base élevé

Résultats

Faites le total des points attribués aux éléments de la *colonne de gauche* :
FM = ________.

Faites le total des points attribués aux éléments de la *colonne de droite* :
FH = ________.

Interprétation

Les éléments de la colonne de gauche correspondent aux facteurs moteurs (FM). Les points attribués à ces éléments indiquent donc l'importance relative que vous accordez aux facteurs de satisfaction professionnelle selon la théorie bifactorielle de Herzberg. Ils témoignent de l'intérêt que vous portez à la nature même du travail.

Les éléments de la colonne de droite correspondent aux facteurs d'hygiène (FH). Les points attribués à ces éléments indiquent l'importance relative que vous accordez aux facteurs d'ambiance déterminant le degré d'insatisfaction professionnelle selon la théorie bifactorielle de Herzberg. Ils témoignent de l'intérêt que vous portez à l'environnement de travail ou au contexte professionnel.

TEST 8

ÊTES-VOUS *UNIVERSEL*[119] ?

Marche à suivre

Réagissez aux huit affirmations ci-dessous en utilisant l'échelle suivante, allant de 1 à 5:

1 = Tout à fait en désaccord
2 = Plutôt en désaccord
3 = Indécis
4 = Plutôt d'accord
5 = Tout à fait d'accord

_____ 1. Vous estimez qu'un professionnel a le droit de prendre ses propres décisions en ce qui concerne le travail à accomplir.

_____ 2. Vous croyez qu'un professionnel ne devrait assumer que des rôles de nature fonctionnelle, peu importe les sacrifices en matière de salaire.

_____ 3. Une promotion à un poste administratif élevé ne vous intéresse pas.

_____ 4. Vous estimez qu'il vaut mieux qu'un professionnel soit évalué par ses pairs plutôt que par la direction.

_____ 5. Vos amis se retrouvent plutôt parmi des membres de votre profession.

_____ 6. Vous préféreriez qu'on reconnaisse vos réalisations ou qu'on vous en attribue le mérite à l'extérieur de votre organisation plutôt qu'à l'interne.

_____ 7. Vous considérez qu'il est plus important de contribuer au bien-être de la collectivité qu'à celui de l'organisation qui vous emploie.

_____ 8. Les gestionnaires ne devraient pas déléguer aux professionnels les tâches de planification des horaires et des barèmes de coûts.

Résultat et interprétation

Un gestionnaire *universel* s'identifie à sa carrière professionnelle, tandis qu'un gestionnaire *local* s'identifie à l'organisation qui l'emploie.

Faites le total des points. De 30 à 40, votre orientation professionnelle est plutôt celle d'un gestionnaire *universel*; de 10 à 20, elle correspond à celle d'un gestionnaire *local*; entre 20 et 30, on parle d'une orientation mixte.

TEST 9

L'EFFICACITÉ D'UNE ÉQUIPE

Marche à suivre

Pour cette évaluation, choisissez une équipe particulière au sein de laquelle vous travaillez ou avez travaillé. Il peut s'agir aussi bien d'une équipe professionnelle que d'une équipe de travail créée dans le cadre de l'un de vos cours. Indiquez la fréquence des comportements et des attitudes correspondant aux huit affirmations suivantes à l'aide du barème fourni. Notez vos réponses dans les espaces prévus à cet effet.

Régulièrement	Fréquemment	Parfois	Rarement
1	2	3	4

_____ 1. Les membres font preuve de loyauté les uns envers les autres et à l'égard du leader de l'équipe.

_____ 2. Les membres et le leader éprouvent une grande confiance mutuelle.

_____ 3. Les valeurs et les objectifs de l'équipe correspondent aux valeurs et aux attentes des membres.

_____ 4. Les activités de l'équipe se déroulent dans une atmosphère de collaboration et de soutien.

_____ 5. L'équipe tient à contribuer à l'épanouissement de ses membres.

_____ 6. L'équipe connaît la valeur d'un *conformisme constructif*, sait à quel moment s'en servir et pour quels objectifs.

_____ 7. Les membres se communiquent franchement toute l'information requise par les activités de l'équipe.

_____ 8. Les membres ne craignent pas de prendre les décisions qu'ils jugent appropriées.

Résultat

Additionnez les points: _______. Indiquez par un X où vous situez l'équipe sur l'axe ci-dessous.

Équipe efficace 8 . . . . 16 . . . . 24 . . . . 32 Équipe inefficace

Interprétation

Plus le résultat est bas, plus l'équipe est efficace. Que pourriez-vous faire pour contribuer à en accroître l'efficacité? Et l'équipe, comment pourrait-elle s'améliorer?

TEST 10

LE QUESTIONNAIRE DU COLLÈGUE LE MOINS APPRÉCIÉ[120]

Marche à suivre

Pensez à tous ceux et celles avec qui vous avez travaillé, dans une entreprise, dans une association, pour un projet universitaire ou dans un autre contexte. Ensuite, pensez à *la personne* avec laquelle vous avez eu les relations *les plus difficiles*, autrement dit, à celle avec laquelle vous aviez le plus de difficultés à accomplir le travail. Qu'il s'agisse d'un collègue, d'un supérieur ou d'un subordonné, c'est la personne avec qui vous voudriez le moins travailler de nouveau. Décrivez-la en entourant le chiffre qui lui correspond le mieux sur chacun des axes ci-dessous, dont les extrémités correspondent à des qualificatifs contraires. Faites-le rapidement. Il n'y a ni bonnes ni mauvaises réponses.

Plaisant	8	7	6	5	4	3	2	1	Déplaisant
Amical	8	7	6	5	4	3	2	1	Inamical
Difficile à convaincre	1	2	3	4	5	6	7	8	Facile à convaincre
Tendu	1	2	3	4	5	6	7	8	Détendu
Distant	1	2	3	4	5	6	7	8	Affable
Froid	1	2	3	4	5	6	7	8	Chaleureux
Bienveillant	8	7	6	5	4	3	2	1	Hostile
Ennuyeux	1	2	3	4	5	6	7	8	Intéressant
Querelleur	1	2	3	4	5	6	7	8	Conciliant
Pessimiste	1	2	3	4	5	6	7	8	Optimiste
Confiant	8	7	6	5	4	3	2	1	Méfiant
Déloyal	1	2	3	4	5	6	7	8	Loyal
Indigne de confiance	1	2	3	4	5	6	7	8	Digne de confiance
Sensible	8	7	6	5	4	3	2	1	Insensible
Antipathique	1	2	3	4	5	6	7	8	Sympathique
Agréable	8	7	6	5	4	3	2	1	Désagréable
Hypocrite	1	2	3	4	5	6	7	8	Franc
Gentil	8	7	6	5	4	3	2	1	Insupportable

Résultat

Ce test s'appelle le « questionnaire du collègue le moins apprécié (CMA) ». Faites le total des chiffres que vous avez entourés pour connaître votre indice CMA. Indice CMA = ________.

Interprétation

Fred Fiedler se sert du questionnaire du CMA pour définir le style de leadership dominant chez un individu (voir le chapitre 10). Selon lui, le style de leadership est une dimension relativement stable de la personnalité, et il est donc difficile de le modifier. Ce postulat a conduit Fiedler à l'approche situationnelle du leadership selon laquelle le succès d'un leader dépend de l'adéquation entre son style de leadership et les exigences de la situation dans laquelle il l'exerce. Si votre résultat est égal ou supérieur à 73, Fiedler considère que vous êtes un leader axé sur les relations, tandis que si votre indice CMA est égal ou inférieur à 64, il considère que vous êtes un leader axé sur les tâches. Un résultat situé entre 65 et 72 vous laisse la possibilité de décider du style de leadership qui vous convient le mieux.

11

RE STYLE DE LEADERSHIP

Marche à suivre

Les énoncés suivants décrivent certaines attitudes d'un leader. En entourant la lettre correspondante, indiquez la fréquence probable à laquelle vous adopteriez ces différentes attitudes si vous étiez le leader d'une équipe de travail.

T = Toujours F = Fréquemment P = Parfois R = Rarement J = Jamais

T F P R J 1. Agir à titre de porte-parole de l'équipe.

T F P R J 2. Encourager les membres de l'équipe à faire des heures supplémentaires.

T F P R J 3. Accorder aux membres de l'équipe une liberté totale dans leur travail.

T F P R J 4. Encourager l'utilisation de procédures uniformes.

T F P R J 5. Laisser les membres de l'équipe résoudre eux-mêmes leurs problèmes.

T F P R J 6. Insister pour devancer les équipes concurrentes.

T F P R J 7. Parler au nom de l'équipe.

T F P R J 8. Pousser les membres de l'équipe à accroître leurs efforts.

T F P R J 9. Faire l'essai de nouvelles idées issues de l'équipe.

T F P R J 10. Laisser les membres travailler de la manière qu'ils estiment être la meilleure.

T F P R J 11. Veiller à son propre avancement.

T F P R J 12. Tolérer l'incertitude et le report de certaines activités.

T F P R J 13. En présence de visiteurs, exprimer le point de vue de l'équipe.

T F P R J 14. Maintenir une cadence de travail rapide.

T F P R J 15. Donner une tâche à effectuer, puis laisser faire les membres.

T F P R J 16. Régler les conflits internes de l'équipe.

T F P R J 17. Mettre l'accent sur les détails du travail à effectuer.

T F P R J 18. Représenter l'équipe dans les réunions de travail.

T F P R J 19. Éviter d'accorder trop de liberté aux membres de l'équipe.

T F P R J 20. Décider ce qui doit se faire et la façon de le faire.

T F P R J 21. Pousser la productivité.

T F P R J 22. Accorder de la latitude à certains membres de l'équipe.

T F P R J 23. S'attendre à ce que les choses se passent comme prévu.

T F P R J 24. Permettre à l'équipe de prendre des initiatives.

T F P R J 25. Affecter certains membres de l'équipe à des tâches particulières.

T F P R J 26. Se montrer ouvert au changement.

T F P R J 27. Demander aux membres de l'équipe de travailler plus dur.

T F P R J 28. Faire confiance au jugement des membres de l'équipe.

T F P R J 29. Planifier le travail à effectuer.

T F P R J 30. Refuser d'expliquer ses actions.

T F P R J 31. Persuader les autres que ses idées sont les meilleures.

T F P R J 32. Permettre à l'équipe d'établir son propre rythme de travail.

T F P R J 33. Exhorter l'équipe à battre son précédent record de production.

T F P R J 34. Agir sans consulter l'équipe.

T F P R J 35. Exiger des membres de l'équipe qu'ils respectent les normes établies.

Résultats

1. Soulignez les éléments 8, 12, 17, 18, 19, 30, 34 et 35.
2. Écrivez le chiffre **1** à côté des *éléments soulignés* lorsque vous avez répondu **R** (rarement) ou **J** (jamais).
3. Écrivez le chiffre **1** à côté des *éléments non soulignés* lorsque vous avez répondu **T** (toujours) ou **F** (fréquemment).
4. Entourez les chiffres **1** qui apparaissent maintenant à côté des éléments 3, 5, 8, 10, 15, 18, 19, 22, 24, 26, 28, 30, 32, 34 et 35.
5. Comptez le nombre de chiffres **1** entourés. Ce nombre donne votre résultat relatif à un style de leadership axé sur les relations. Écrivez-le à côté de la lettre **R**, ci-dessous.
6. Comptez le nombre de chiffres **1** non entourés. Ce nombre donne votre résultat relatif à un style de leadership axé sur les tâches. Écrivez-le à côté de la lettre **T**, ci-dessous.

T = ________ **R** = ________

TEST 12

LEADERSHIP TRANSACTIONNEL ET LEADERSHIP TRANSFORMATEUR[121]

Marche à suivre

Voici 10 paires d'affirmations. Selon vos convictions, la perception que vous avez de vous-même ou ce qui vous caractérise le mieux, répartissez 5 points entre les deux affirmations a) et b) de chaque paire. Vous êtes libre de répartir ces 5 points entre l'affirmation a) et l'affirmation b) selon les formules suivantes : 5 pour a), 0 pour b) ; 4 pour a), 1 pour b) ; 3 pour a), 2 pour b) ; etc. Cependant, vous ne pouvez pas attribuer 2,5 à chacune des affirmations d'une paire. Réfléchissez à vos choix en fonction de vos traits personnels ou de vos convictions.

1. a) À titre de leader, j'ai pour mission première de maintenir la stabilité. ________
   b) À titre de leader, j'ai pour mission première d'instaurer le changement. ________
2. a) À titre de leader, je dois provoquer les événements. ________
   b) À titre de leader, je dois aller dans le sens des événements. ________
3. a) Je veille à ce que mes subordonnés soient récompensés équitablement pour leur travail. ________
   b) Je veille à ce que les aspirations personnelles de mes subordonnés soient satisfaites. ________

4. a) Je préfère penser à long terme : que *pourrait-il* se produire ? ________
   b) Je préfère penser à court terme : que *va-t-il* se produire ? ________
5. a) À titre de leader, je dépense énormément d'énergie à gérer des objectifs distincts, mais qui s'inscrivent dans une même perspective. ________
   b) À titre de leader, je dépense énormément d'énergie à créer des espoirs, des attentes et des aspirations chez mes subordonnés. ________
6. a) Je suis convaincu qu'une grande part de mes activités de leadership peuvent être assimilées au travail d'un enseignant, même si cette affirmation ne doit pas être prise au pied de la lettre. ________
   b) Je crois qu'une grande part de mon travail de leader consiste à jouer un rôle de *facilitateur*. ________
7. a) À titre de leader, mon sens moral doit être aussi élevé que celui de mes subordonnés. ________
   b) À titre de leader, mon sens moral doit être plus élevé que celui de mes subordonnés. ________
8. a) J'aime stimuler mes subordonnés afin qu'ils aient envie de se surpasser. ________
   b) J'aime récompenser mes subordonnés pour un travail bien fait. ________
9. a) Le leadership devrait se fonder sur le pragmatisme. ________
   b) Le leadership devrait être axé sur l'inspiration. ________
10. a) Si j'ai le pouvoir d'influencer les autres, c'est avant tout parce que je peux les amener à s'identifier à moi et à mes idées. ________
    b) Si j'ai le pouvoir d'influencer les autres, c'est avant tout grâce à mon statut et à ma position. ________

Résultats

Entourez les points attribués aux affirmations 1b, 2a, 3b, 4a, 5b, 6a, 7b, 8a, 9b, 10a, puis additionnez-les. T^1 = ________. Additionnez maintenant les points attribués aux affirmations (non entourées) 1a, 2b, 3a, 4b, 5a, 6b, 7a, 8b, 9a, 10b. T^2 = ________.

Interprétation

Ce test vous permet d'avoir une idée de vos tendances en matière de leadership en vous indiquant si vous êtes plutôt orienté vers le type transformateur (T^1) ou vers le type transactionnel (T^2). Nous vous suggérons de relire les concepts qui s'y rattachent, au chapitre 10.

Aujourd'hui, on accorde une grande attention aux aspects *transformateurs* du leadership, c'est-à-dire aux qualités personnelles qui inspirent une vision et suscitent, chez les subordonnés, le désir d'accomplir de grandes choses. Toutefois, les leaders qui auront le plus de succès dans l'avenir compteront sans doute parmi ceux qui ont des tendances élevées dans les deux types de leadership.

TEST 13

VOTRE PROPENSION À LA DÉLÉGATION[122]

Marche à suivre

Pensez aux occasions que vous avez eues de diriger une équipe: il peut s'agir d'une situation professionnelle à temps partiel ou à temps plein, d'une équipe de travail à l'université ou de n'importe quel autre type d'équipe. Faites le test ci-dessous en indiquant votre opinion sur chacune des neuf affirmations qu'il comporte, selon le barème suivant:

1 = Tout à fait en désaccord
2 = Plutôt en désaccord
3 = Indécis
4 = Plutôt d'accord
5 = Tout à fait d'accord

Lorsque je suis responsable d'une équipe, j'estime...

_____ 1. que les autres sont trop inexpérimentés la plupart du temps pour accomplir leur travail, alors je préfère faire les choses moi-même.

_____ 2. qu'expliquer les choses prend souvent plus de temps que de les faire moi-même.

_____ 3. que les erreurs des autres sont lourdes de conséquences; aussi, je ne leur donne pas trop de travail à faire.

_____ 4. qu'il y a certaines tâches qu'on ne devrait jamais déléguer.

_____ 5. que j'obtiens plus rapidement des résultats en accomplissant le travail moi-même.

_____ 6. que la plupart des gens ne sont efficaces que dans des tâches bien précises et qu'il vaut mieux ne pas leur donner trop de responsabilités.

_____ 7. que la plupart des gens sont trop occupés pour qu'on leur assigne des tâches supplémentaires.

_____ 8. que la plupart des gens ne sont tout simplement pas prêts à assumer des responsabilités supplémentaires.

_____ 9. que ma position m'autorise à prendre mes propres décisions.

Résultat

Faites le total des points et écrivez-le ici: _______.

Interprétation

Ce test vous donnera une idée de votre degré de *volonté de déléguer*. Le résultat peut se situer entre 9 et 45 points. Plus il est élevé, moins vous êtes disposé à déléguer des tâches à autrui. La propension à la délégation est une caractéristique importante chez les gestionnaires. Elle devient essentielle si, à titre de cadre, vous avez l'intention d'amener vos subordonnés à prendre eux-mêmes le contrôle de certaines situations, c'est-à-dire de leur donner l'occasion d'assumer des responsabilités et de gérer eux-mêmes leur travail. Vu l'importance croissante accordée à l'autonomisation dans les nouveaux milieux de travail, vous devez sérieusement réfléchir à votre volonté de déléguer.

TEST 14

VOTRE DEGRÉ DE MACHIAVÉLISME[123]

Marche à suivre

Pour chacune des dix affirmations suivantes, entourez le chiffre qui correspond le plus à votre attitude.

	Tout à fait en désaccord	Plutôt en désaccord	Indécis	Plutôt d'accord	Tout à fait d'accord
1. Pour bien s'y prendre avec les gens, il faut leur dire ce qu'ils ont envie d'entendre.	1	2	3	4	5
2. Lorsqu'on demande à quelqu'un de faire quelque chose pour soi, il vaut mieux lui en donner la vraie raison plutôt que d'en chercher d'autres plus convaincantes.	1	2	3	4	5
3. Faire totalement confiance à quelqu'un, c'est courir après les ennuis.	1	2	3	4	5
4. Pour que les choses avancent, il faut savoir prendre des raccourcis.	1	2	3	4	5
5. Mieux vaut être conscient du fait que tout le monde a un côté malveillant, car celui-ci peut se manifester à tout moment.	1	2	3	4	5
6. On ne devrait agir que conformément à la morale.	1	2	3	4	5
7. La plupart des gens sont fondamentalement bons et honnêtes.	1	2	3	4	5
8. Quelle que soit la raison, on ne devrait jamais mentir.	1	2	3	4	5
9. La plupart des gens oublient plus facilement la mort de leur père que la perte d'un bien.	1	2	3	4	5
10. D'une façon générale, les gens ne travaillent dur que s'ils y sont forcés.	1	2	3	4	5

Résultat et interprétation

Ce test est conçu pour évaluer votre degré de machiavélisme à l'aide de l'*échelle de Mach*. Il permet ainsi établir votre orientation à l'égard du pouvoir. L'individu qui a une forte tendance au machiavélisme est pragmatique, garde ses distances avec les autres et estime que la fin peut justifier les moyens. Pour connaître votre résultat sur l'échelle de Mach, additionnez les chiffres entourés pour les affirmations 1, 3, 4, 5, 9 et 10. Pour les quatre affirmations restantes, *inversez* les chiffres que vous avez entourés : 5 devient 1 ; 4 devient 2 ; 2 devient 4 ; 1 devient 5. Ajoutez leur somme au total précédent pour connaître *votre indice de Mach*. Un échantillon aléatoire d'adultes américains a donné une moyenne de 25. Généralement, les étudiants en administration des affaires obtiennent des résultats plus élevés.

Les recherches effectuées à l'aide de l'échelle de Mach indiquent que : (1) les hommes sont généralement plus machiavéliques que les femmes ; (2) les personnes plus âgées le sont généralement moins que les jeunes adultes ; (3) le degré de machiavélisme n'est pas lié à l'intelligence ni aux aptitudes des personnes ; (4) le degré de machiavélisme des gens n'est pas lié à certaines caractéristiques sociodémographiques, comme le niveau d'études ou l'état matrimonial ; (5) les personnes à forte tendance machiavélique se rencontrent souvent dans les postes ou les professions qui mettent l'accent sur le contrôle et la manipulation (ex. : les cadres, les avocats, les psychiatres et les spécialistes du comportement).

TEST 15

VOTRE PROFIL DE POUVOIR[124]

Marche à suivre

Voici 20 énoncés décrivant certains comportements que des superviseurs (leaders) ont parfois à l'égard de leurs subordonnés. Commencez par lire attentivement chaque énoncé en pensant à la façon dont vous préférez exercer votre influence sur autrui. Puis, entourez le chiffre qui correspond le plus à votre point de vue.

	Tout à fait en désaccord	Plutôt en désaccord	Indécis	Plutôt d'accord	Tout à fait d'accord
Pour influencer les autres, j'aurais tendance à…					
1. augmenter leur salaire.	1	2	3	4	5
2. les valoriser.	1	2	3	4	5
3. leur assigner des tâches désagréables.	1	2	3	4	5
4. leur faire sentir que je les appuie.	1	2	3	4	5
5. leur faire sentir qu'ils ont des engagements à respecter.	1	2	3	4	5
6. faire en sorte qu'ils se sentent personnellement acceptés.	1	2	3	4	5
7. faire en sorte qu'ils se sentent importants.	1	2	3	4	5
8. leur faire de bonnes suggestions techniques.	1	2	3	4	5
9. rendre leur travail difficile.	1	2	3	4	5
10. partager mon expérience et ma formation avec eux.	1	2	3	4	5
11. leur rendre la vie désagréable.	1	2	3	4	5
12. faire en sorte qu'ils finissent par détester venir travailler.	1	2	3	4	5
13. les aider à obtenir une augmentation de salaire.	1	2	3	4	5
14. leur faire sentir qu'ils doivent satisfaire aux exigences de leur poste.	1	2	3	4	5

15. leur donner des conseils judicieux en ce qui concerne leurs tâches.	1	2	3	4	5
16. leur accorder des avantages spéciaux.	1	2	3	4	5
17. les aider à obtenir de l'avancement.	1	2	3	4	5
18. leur faire sentir qu'ils ont des responsabilités à assumer.	1	2	3	4	5
19. leur donner la formation technique dont ils ont besoin.	1	2	3	4	5
20. leur faire comprendre qu'ils ont des tâches à accomplir.	1	2	3	4	5

Résultats

Inscrivez vos réponses concernant les 20 propositions dans la grille ci-dessous et comptabilisez-les selon la méthode suivante.

- *Pouvoir de récompense*: additionnez vos réponses concernant les énoncés 1, 13, 16 et 17, puis divisez le résultat par 4.
- *Pouvoir de coercition*: additionnez vos réponses concernant les énoncés 3, 9, 11 et 12, puis divisez le résultat par 4.
- *Pouvoir légitime*: additionnez vos réponses concernant les énoncés 5, 14, 18 et 20, puis divisez le résultat par 4.
- *Pouvoir de référence*: additionnez vos réponses concernant les énoncés 2, 4, 6 et 7, puis divisez le résultat par 4.
- *Pouvoir d'expertise*: additionnez vos réponses concernant les énoncés 8, 10, 15 et 19, puis divisez le résultat par 4.

	Pouvoir de récompense	Pouvoir de coercition	Pouvoir légitime	Pouvoir de référence	Pouvoir d'expertise
	1	3	5	2	8
	13	9	14	4	10
	16	11	18	6	15
	17	12	20	7	19
Total					
Divisé par 4					

Interprétation

Un résultat élevé (4 ou plus) dans l'une ou l'autre des cinq dimensions du pouvoir signifie que vous auriez tendance à influencer le comportement d'autrui en ayant recours à cette forme particulière de pouvoir. Un résultat peu élevé (2 ou moins) indique que vous préférez ne pas avoir recours à cette forme particulière de pouvoir. Vos résultats constituent votre profil de pouvoir.

Le pouvoir qu'on a ne correspond pas à la simple addition de ces cinq sources, mais plutôt à certaines synergies. Celles-ci sont plus puissantes que la somme de leurs composantes. Ainsi, le pouvoir de référence tend à amplifier l'effet des autres sources de pouvoir, car l'intention d'influencer émane d'une personne respectée. Le pouvoir de récompense accroît souvent l'effet du pouvoir de référence, car les gens ont tendance à estimer ceux qui leur accordent ce qu'ils désirent. En revanche, certaines combinaisons de formes de pouvoir produisent parfois des effets contraires. Autrement dit, leur association a un effet moindre que la somme de leurs composantes. Ainsi, le recours (ou la menace de recourir) au pouvoir de coercition entraîne généralement un affaiblissement des diverses sources de pouvoir personnel.

TEST 16

ÊTES-VOUS INTUITIF ?[125]

Marche à suivre

Répondez sincèrement et aussi vite que vous le pouvez à ce questionnaire. Choisissez les réponses qui vous conviennent le mieux.

1. Lorsque vous travaillez à un projet, vous préférez…
   a) qu'on vous fasse part du problème, tout en vous accordant une grande latitude concernant la façon de le résoudre.
   b) qu'on vous donne des consignes préalables précises sur la façon de résoudre le problème.
2. Lorsque vous travaillez à un projet, vous préférez que vos collègues soient…
   a) pragmatiques. b) inventifs.
3. Les gens que vous admirez le plus sont…
   a) créatifs. b) prudents.
4. Vos amis tendent à être…
   a) sérieux et travailleurs.
   b) passionnés et souvent émotifs.
5. Si vous demandez un conseil à un collègue à propos d'un problème…
   a) vous ne vous énervez jamais, ou ne vous énervez que rarement, s'il met en doute vos hypothèses de base.
   b) vous vous énervez s'il met en doute vos hypothèses de base.
6. Lorsque commence votre journée de travail…
   a) vous préparez rarement un plan précis et, le cas échéant, vous ne le suivez pas.
   b) vous commencez par planifier vos activités.
7. Quand vous manipulez des chiffres…
   a) vous ne commettez jamais d'erreurs ou n'en commettez que rarement.
   b) vous commettez souvent des erreurs.
8. Vous estimez…
   a) qu'il vous arrive rarement de rêvasser et, le cas échéant, vous n'êtes guère satisfait de vous.
   b) qu'il vous arrive fréquemment de rêvasser et, chaque fois, vous en ressentez du bien-être.
9. Lorsque vous abordez un problème, vous préférez…
   a) suivre les indications ou les consignes qu'on vous donne.
   b) contourner les indications ou les consignes qu'on vous donne.
10. Lorsque vous assemblez quelque chose, vous préférez…
    a) suivre étape par étape les instructions fournies.
    b) observer l'illustration de l'objet assemblé.
11. Ceux qui vous irritent *le plus* sont les gens…
    a) désordonnés.
    b) bien organisés.
12. Si une crise inattendue survient et si vous devez y faire face…
    a) vous éprouvez de l'anxiété.
    b) vous êtes stimulé par le défi qui l'accompagne.

Résultat

Faites le total des réponses a) aux questions 1, 3, 5, 6 et 11 : a = ________.

Procédez de la même façon pour les réponses b) aux questions 2, 4, 7, 8, 9, 10 et 12 : b = ________.

Additionnez ces deux totaux : $a + b$ = ________. Le résultat, situé entre 0 et 12, correspond à votre *indice d'intuition*.

Interprétation

Dans son ouvrage *Intuition in Organizations* (Newbury Park, Californie, Sage, 1989), Weston H. Agor souligne que « les méthodes traditionnelles d'analyse [...] ne sont pas aussi utiles au processus décisionnel qu'elles l'ont déjà été. [...] Si vous cherchez à vous préparer à l'environnement de travail de demain, il serait logique d'accorder une certaine attention à l'utilisation et au développement des aptitudes intuitives pouvant servir à la prise de décision. »

M. Agor a mis au point ce test afin d'aider les gens à évaluer leur tendance à recourir à l'intuition avant de prendre une décision. L'indice que vous avez obtenu peut vous donner une idée de votre force dans ce domaine. Vous pourriez également en conclure qu'il vous faut améliorer cette aptitude et ne pas craindre de vous appuyer davantage sur votre intuition en matière de prise de décision (voir le chapitre 11).

TEST 17

L'INFLUENCE DES HEURISTIQUES SUR LE PROCESSUS DÉCISIONNEL[126]

Marche à suivre

Êtes-vous capable d'éviter les écueils les plus courants en matière de prise de décision ? Procédez à votre autoévaluation en répondant aux questions suivantes.

1. Qu'est-ce qui est le plus risqué :
   a) un voyage de 800 km en voiture ?
   b) un vol de 800 km en avion ?
2. En anglais, y a-t-il plus de mots...
   a) commençant par la lettre *r* ?
   b) dont la troisième lettre est un *r* ?
3. Marc est en train de terminer sa maîtrise en administration des affaires dans une université prestigieuse. Il s'intéresse beaucoup aux arts et a même songé à faire une carrière de musicien. Il est probable qu'il acceptera un emploi...
   a) dans une entreprise du domaine des arts, à titre d'administrateur.
   b) dans un cabinet d'experts-conseils en gestion.
4. Vous êtes sur le point d'engager un directeur commercial pour la région centrale du pays, et ce pour la cinquième fois cette année. Selon la loi des probabilités, vous estimez qu'il devrait se montrer à la hauteur, puisque les quatre précédents étaient des incompétents. Ce raisonnement vous semble-t-il...
   a) correct ? b) incorrect ?
5. Un fabricant d'ordinateurs de la région de Montréal vient d'embaucher un ingénieur ayant quatre années d'expérience et d'excellentes qualifications. Un chimiste, ne connaissant pas grand-chose à la profession ni à l'industrie et à qui on a demandé d'estimer le salaire de base de cet ingénieur, a avancé la somme de 60 000 $ par an. Quelle est votre estimation ?

   ________ $ par an

Résultat

Votre professeur vous indiquera les bonnes réponses et vous donnera quelques précisions.

Interprétation

Chacune de ces questions sert à analyser vos tendances à laisser diverses heuristiques influer sur votre jugement. Dans son livre *Judgment in Managerial Decision Making*, Max Bazerman qualifie ces heuristiques de « stratégies exploratoires » ou de « procédés simplificateurs » employés dans la prise de décision. Il affirme que « les heuristiques sont généralement utiles, mais [qu']elles peuvent également être à l'origine d'erreurs majeures [...]. S'ils prennent conscience des répercussions négatives que peut entraîner le recours aux heuristiques, les gestionnaires peuvent alors décider de les utiliser en fonction de la situation et du moment. »

Ce test vous donnera un premier aperçu de la façon dont vous utilisez les heuristiques. Un décideur informé comprend leur nature, est capable de les reconnaître lorsqu'elles se manifestent et s'en détourne si elles risquent de fausser son jugement et ses décisions.

Poussez plus loin cette autoévaluation. Avant que le professeur ne vous fasse part de ses commentaires, reprenez vos réponses et, à côté de chacune d'elles, écrivez quelle heuristique du jugement s'applique selon vous (voir le chapitre 11).

Décrivez ensuite une situation vécue au cours de laquelle une idée préconçue a joué un rôle dans le processus décisionnel. Préparez-vous à la présenter en classe et à en discuter avec les autres étudiants.

TEST 18

LES STYLES DE GESTION DES CONFLITS[127]

Marche à suivre

Réfléchissez à votre façon d'agir dans des situations de conflits, c'est-à-dire lorsqu'une ou plusieurs personnes vont à l'encontre de ce que vous désirez. Pour chacune des 20 affirmations ci-dessous, écrivez dans l'espace prévu à cet effet le chiffre qui correspond le mieux à la probabilité que vous adoptiez, dans une situation de conflit, les différentes réactions décrites.

1 = Très peu probable	3 = Probable
2 = Peu probable	4 = Très probable

_____ 1. Je cède aux souhaits de l'autre.

_____ 2. J'essaie de parvenir à une position intermédiaire entre celle de mon interlocuteur et la mienne.

_____ 3. Je tente d'imposer mon point de vue.

_____ 4. J'examine tous les aspects de la question jusqu'à ce que je trouve une solution qui satisfasse les deux parties.

_____ 5. J'évite toute confrontation au sujet des différences entre mon interlocuteur et moi.

_____ 6. Je m'entends avec l'autre partie.

_____ 7. J'insiste sur le fait que nous devons parvenir à un compromis.

_____ 8. Je cherche à retirer des avantages de la situation.

_____ 9. Je défends mes objectifs ainsi que ceux de l'autre partie.

_____ 10. J'évite de faire ressortir les différences d'opinions.

_____ 11. J'essaie de contenter mon interlocuteur.

_____ 12. J'insiste pour que chacun cède un peu de terrain.

_____ 13. Je me bats afin d'obtenir un résultat positif pour moi.

_____ 14. J'examine les idées des deux parties afin de trouver une solution optimale pour tous.

_____ 15. J'essaie de minimiser l'importance des différences.

_____ 16. Je m'adapte aux objectifs et aux intérêts de l'autre partie.

_____ 17. J'essaie de parvenir à une solution équitable chaque fois que c'est possible.

_____ 18. Je fais tout ce que je peux pour gagner.

_____ 19. Dans la mesure du possible, je tente de trouver une solution qui serve autant mes intérêts que ceux de l'autre partie.

_____ 20. J'essaie d'éviter tout affrontement avec l'autre partie.

Résultats

Faites le total des points attribués aux énoncés 1, 6, 11 et 16: *Tendance à l'accommodation* _____.

Faites le total des points attribués aux énoncés 2, 7, 12 et 17: *Tendance à la recherche de compromis* _____.

Faites le total des points attribués aux énoncés 3, 8, 13 et 18: *Tendance à l'affrontement ou à la contrainte* _____.

Faites le total des points attribués aux énoncés 4, 9, 14 et 19: *Tendance à la résolution de problème* _____.

Faites le total des points attribués aux énoncés 5, 10, 15 et 20: *Tendance à l'évitement* _____.

Interprétation

Chacun des résultats ci-dessus correspond à l'un des styles de gestion des conflits décrits au chapitre 13. Reportez-vous à la figure 13.4 et faites les rapprochements nécessaires. Si chaque style peut être approprié dans certaines circonstances, seule la résolution de problème permet de résoudre véritablement les conflits. Nous vous suggérons de réfléchir à la tendance que révèlent vos résultats et de définir la meilleure façon de gérer les conflits auxquels vous vous trouvez mêlé.

TEST 19

VOTRE TYPE DE PERSONNALITÉ[128]

Marche à suivre

En ce qui vous concerne, quel est le degré de véracité des neuf affirmations suivantes? Pour l'indiquer, entourez le chiffre correspondant.

	Faux	Ni vrai ni faux			Vrai
1. Je déteste abandonner tant que je ne suis pas certain d'avoir perdu.	1	2	3	4	5
2. J'ai parfois l'impression que je ne devrais pas travailler aussi dur, mais quelque chose me pousse à continuer.	1	2	3	4	5
3. J'adore les défis. Plus j'en ai, mieux c'est.	1	2	3	4	5
4. Je m'investis plus dans mon travail que la plupart des gens que je connais.	1	2	3	4	5
5. Il me semble que j'aurais besoin de journées de 30 heures pour finir tout ce que je commence.	1	2	3	4	5
6. J'aborde généralement mon travail avec plus de sérieux que la plupart de ceux que je connais.	1	2	3	4	5
7. Il existe sans doute des gens nonchalants au travail, mais ce n'est pas mon genre.	1	2	3	4	5
8. On estime que mes réalisations sont considérablement plus élevées que celles de la plupart des gens que je connais.	1	2	3	4	5
9. On m'a souvent demandé de diriger des groupes.	1	2	3	4	5

Résultat

Additionnez tous vos points: 19.

Interprétation

Les individus ayant une personnalité de type A (impatients, compétitifs) ont tendance à obtenir des résultats de 36 ou plus. Les individus ayant une personnalité de type B (détendus) ont tendance à obtenir des résultats de 22 ou moins. Les résultats se situant entre 23 et 35 indiquent une combinaison équilibrée des deux types.

TEST 20

COMMENT GÉREZ-VOUS VOTRE TEMPS ?[129]

Marche à suivre

Remplissez le questionnaire ci-dessous en indiquant **O** (oui) ou **N** (non) devant chacun des 12 énoncés. Efforcez-vous de faire preuve de franchise, pour obtenir un portrait fidèle de vos tendances dans les situations décrites.

_____ 1. Si plusieurs tâches tout aussi urgentes et importantes les unes que les autres m'attendent, je commence généralement par la plus facile.

_____ 2. Je règle les choses les plus importantes pendant la période de la journée où je sais que je suis le plus efficace.

_____ 3. La plupart du temps, je ne fais pas ce que d'autres peuvent faire aussi bien que moi ; je préfère leur déléguer le travail dans ce cas.

_____ 4. Même si les réunions sans objectif clair et utile me dérangent, je les tolère.

_____ 5. Avant de lire un document, je le feuillette rapidement ; si j'estime qu'il ne sera pas suffisamment utile pour le temps que je vais y investir, je m'arrête là.

_____ 6. Si je n'accomplis pas au moins une tâche importante chaque jour, je n'en fais pas une maladie.

_____ 7. Je garde les tâches les plus insignifiantes pour la période de la journée où je me sens le moins créatif.

_____ 8. Mon espace de travail est propre et bien rangé.

_____ 9. La porte de mon bureau n'est jamais *fermée* ; je travaille rarement dans une quiétude totale.

_____ 10. Je programme chacune de mes journées de travail heure par heure.

_____ 11. Je n'aime pas trop prévoir et programmer. Je préfère réagir au gré des événements quotidiens.

_____ 12. Chaque jour ou chaque semaine, je me réserve un certain temps que je consacre à des activités prioritaires.

Résultat

Comptez le nombre de **O** aux énoncés 2, 3, 5, 7, 8 et 12 : _______.

Comptez le nombre de **N** aux énoncés 1, 4, 6, 9, 10 et 11 : _______.

Faites le total : _______.

Interprétation

Plus le total est élevé, plus votre comportement correspond à celui qu'on recommande en matière de gestion du temps. Relisez les points pour lesquels votre réponse n'était pas celle qui était attendue. Pourquoi cette différence ? Pourquoi votre comportement sur ce point diffère-t-il de ce qu'on recommande pour bien gérer son temps ? Réfléchissez à ce que vous pourriez faire (et à la facilité avec laquelle ce pourrait être fait) pour que votre comportement corresponde mieux à ces lignes directrices en matière de gestion du temps. Sur ce sujet, consultez René Moulinier, *Gestion du temps : manager son travail, manager sa vie*, Paris, Chiron, 2007.

TEST 21

VOTRE PRÉFÉRENCE EN MATIÈRE DE STRUCTURE ORGANISATIONNELLE[130]

Marche à suivre

Dans l'espace prévu à cet effet et selon le barème suivant, indiquez jusqu'à quel point chacune des 16 affirmations ci-dessous correspond à votre point de vue.

5 =	Tout à fait d'accord
4 =	Plutôt d'accord
3 =	Indécis
2 =	Plutôt en désaccord
1 =	Tout à fait en désaccord

Je préfère travailler dans une organisation où…

_____ 1. les personnes haut placées dans la hiérarchie définissent les objectifs.

_____ 2. on définit clairement les méthodes de travail et les procédures à adopter.

_____ 3. la haute direction prend les décisions importantes.

_____ 4. ma loyauté compte autant que mon aptitude à accomplir le travail.

_____ 5. on a établi clairement les prérogatives et les responsabilités de la hiérarchie.

_____ 6. la haute direction se montre ferme et résolue.

_____ 7. on s'occupe de planifier ma carrière pour moi.

_____ 8. je peux me spécialiser.

_____ 9. mon ancienneté compte autant que mon degré de rendement.

_____ 10. la direction peut me fournir l'information dont j'ai besoin pour accomplir mon travail.

_____ 11. la chaîne de commandement est bien établie.

_____ 12. tout le monde respecte les règles et les procédures.

_____ 13. on accepte l'autorité inhérente à un poste de leader.

_____ 14. les travailleurs sont loyaux à l'égard de leur supérieur.

_____ 15. les gens font ce qu'on leur demande.

_____ 16. les travailleurs s'adressent à leur supérieur avant de consulter un échelon plus élevé.

Résultat

Faites le total de vos points : _____.

Interprétation

Ce test mesure votre préférence, en matière de structure organisationnelle, pour le modèle *organique* ou le modèle *mécaniste* (voir le chapitre 14). Un résultat très élevé (supérieur à 64) indique votre inclination pour une structure mécaniste, tandis qu'un résultat inférieur à 48 vous classe plutôt parmi les tenants d'une structure organique. Entre 48 et 64, vous n'avez pas d'attirance marquée pour l'un ou l'autre des modèles et vous pourriez être à l'aise dans l'une et l'autre de ces structures organisationnelles.

La préférence en matière de structure organisationnelle constitue une question importante dans les nouveaux milieux de travail. Tout semble indiquer que les organisations modernes optent de plus en plus pour les caractéristiques du modèle organique. On peut donc présumer que ceux d'entre nous qui y travaillent ou y travailleront devront être à l'aise dans ce type de structure.

TEST 22

QUELLE EST LA CULTURE QUI VOUS CONVIENT ?[131]

Marche à suivre

Entourez le chiffre correspondant à la culture organisationnelle qui vous conviendrait le mieux.

_____ 1. Une culture qui valorise le talent, l'esprit d'entreprise et la réussite plutôt que l'engagement, qui est généreuse dans ses rétributions financières et qui reconnaît les réalisations individuelles.

_____ 2. Une culture qui met l'accent sur la loyauté, sur le fait de travailler pour le bien du groupe et sur l'établissement de nombreux contacts professionnels, et qui valorise les *généralistes* et un cheminement de carrière progressif.

_____ 3. Une culture qui offre peu de sécurité d'emploi, qui fonctionne avec une mentalité de survivant, qui considère que tout individu peut faire la différence et qui cherche à saisir les occasions s'offrant à elle.

_____ 4. Une culture qui valorise les relations à long terme, qui met l'accent sur un cheminement de carrière systématique, qui favorise la formation régulière et qui privilégie un système de promotion fondé sur l'acquisition d'une expertise fonctionnelle.

Résultat

Ces descriptions correspondent aux quatre types de cultures organisationnelles : 1 = l'équipe de baseball ; 2 = le club ; 3 = la forteresse ; 4 = l'académie.

Interprétation

La réussite de votre carrière pourrait, dans une certaine mesure, dépendre d'un emploi dans une organisation dont la culture s'accorderait bien avec vos valeurs. Ce test pourrait vous aider à distinguer les diverses cultures organisationnelles dominantes, à évaluer leur capacité de répondre à vos attentes ainsi qu'à prendre conscience du fait que ces dernières peuvent changer avec le temps. Ainsi, une personne qui aime prendre des risques ne serait sans doute pas à sa place dans un *club*, mais s'intégrerait sans problème dans une *équipe de baseball*. Quelqu'un qui est à l'affût de tous les débouchés possibles n'aimerait pas une *académie*, mais se sentirait bien au sein d'une *forteresse*.

Glossaire

Accommodation (p. 445) Stratégie de gestion des conflits par laquelle on aplanit les divergences pour se concentrer sur les ressemblances et les points d'entente

Activité de leadership liée aux relations (p. 252) Activité qui consiste à entretenir les relations collectives et interpersonnelles dans une équipe et qui permet à celle-ci de maintenir sa cohésion et sa vitalité en tant qu'entité sociale en évolution

Activité de leadership liée aux tâches (p. 251) Activité qui contribue directement à l'accomplissement des tâches importantes incombant à un groupe

Adaptation externe (p. 537) Processus qui permet à l'organisation d'atteindre ses objectifs et de composer avec les forces de l'environnement; plus précisément, ensemble des tâches à accomplir et des méthodes à employer pour atteindre les objectifs organisationnels et, le cas échéant, pour assumer les succès et les échecs

Adhocratie (p. 513) Structure organisationnelle caractérisée par: la rareté des politiques, des procédures et des directives; une décentralisation marquée; un processus décisionnel participatif; une spécialisation horizontale poussée; un petit nombre de paliers hiérarchiques; l'absence quasi totale de mécanismes de contrôle formels

Affect (p. 74) Terme générique désignant le large éventail de sentiments que les individus éprouvent dans leur vie et qui se manifestent sous forme d'émotions et d'humeurs

Affectivité négative (p. 80) Tendance à être démoralisé la plupart du temps

Affectivité positive (p. 80) Tendance à être continuellement positif

Affrontement (p. 446) Stratégie de gestion des conflits par laquelle la victoire revient à celle des parties qui réussit à s'imposer par sa force, par la supériorité de ses compétences ou par son influence

Agent de changement (p. 570) Individu ou groupe qui prend en charge la modification des schèmes de comportement d'une personne ou d'un système social

Alliance interentreprises (p. 521) Accord de coopération ou de coparticipation visant le rapprochement stratégique d'entreprises indépendantes, qui forment alors une coentreprise

Ambiguïté de rôle (p. 253) Situation dans laquelle une personne a des incertitudes quant à ce qu'on attend d'elle

Apprentissage (p. 23) Changement durable du comportement résultant de l'expérience

Apprentissage continu (p. 23) Développement permanent d'une personne et de ses connaissances, jour après jour, grâce aux expériences vécues

Apprentissage organisationnel (p. 500) Processus d'acquisition de connaissances et d'utilisation, de diffusion, d'interprétation et de conservation de l'information qui permet à l'organisation et à ses membres de s'adapter aux circonstances

Approche de la contingence (p. 8) Approche qui consiste à tenter de répondre aux besoins de gestion en tenant compte des particularités du contexte

Approche décisionnelle optimale (p. 378) Approche selon laquelle le décideur choisit la meilleure solution possible

Approche décisionnelle satisfaisante (p. 379) Approche selon laquelle le décideur choisit la première possibilité qui lui semble apporter une solution satisfaisante ou acceptable à un problème donné

Aptitude (p. 67) Prédisposition à apprendre; capacité potentielle

Arbitrage (p. 455) Processus de règlement des différends par lequel un tiers neutre agit comme arbitre et, après avoir entendu les arguments respectifs des parties, prend une décision par laquelle celles-ci sont liées

Attachement à l'organisation (p. 88) Attitude positive, loyauté plus ou moins grande d'une personne envers son organisation

Attentes (p. 155) Dans la théorie des attentes, probabilité, aux yeux de l'individu, que les efforts investis dans l'exécution d'une tâche se traduisent par un niveau de rendement donné

Attitude (p. 85) Disposition d'esprit positive ou négative à l'égard d'une personne ou d'un objet de l'environnement

Attitude de subordination passive (p. 338) Attitude d'une personne qui, dans un contexte de subordination, croit qu'elle doit être passive et respectueuse et qu'elle doit obéir à l'autorité du leader

Attitude de subordination proactive (p. 338) Attitude d'une personne qui, dans un contexte de subordination, croit qu'elle doit exprimer ses opinions, prendre des initiatives et remettre en question le leader de façon constructive

Attitude défensive (p. 423) Attitude qu'adopte une personne lorsqu'elle a l'impression qu'on l'attaque et qu'elle doit se défendre

Attribution (p. 119) Processus par lequel un individu tente de trouver des explications à un événement, d'en déterminer les causes

Autoritarisme (p. 46) Tendance à adhérer scrupuleusement à des valeurs traditionnelles, à obéir à l'autorité établie et à privilégier la fermeté et le pouvoir

Barrière relationnelle (p. 410) Obstacle à la communication qui survient lorsque le récepteur du message est incapable d'écouter objectivement ce que l'émetteur lui dit, à cause d'un manque de confiance, de conflits interpersonnels, d'une mauvaise réputation de l'émetteur, de stéréotypes ou de préjugés, notamment

Besoin d'accomplissement (p. 147) Dans la théorie des besoins acquis, désir de faire mieux et d'être plus efficace, de résoudre des problèmes ou de maîtriser des tâches complexes

Besoin d'affiliation (p. 147) Dans la théorie des besoins acquis, désir d'établir et d'entretenir des relations chaleureuses avec autrui

Besoin de pouvoir (p. 147) Dans la théorie des besoins acquis, désir d'exercer son emprise sur les autres, d'influencer leur comportement ou d'en être responsable

Besoin de pouvoir essentiellement altruiste (p. 325) Besoin d'exercer le pouvoir, mais essentiellement au bénéfice d'autrui

Besoins d'ordre inférieur (p. 146) Dans la théorie de la hiérarchie des besoins de Maslow, besoins physiologiques, besoin de sécurité et besoins sociaux

Besoins d'ordre supérieur (p. 146) Dans la théorie de la hiérarchie des besoins de Maslow, besoin d'estime et besoin de réalisation de soi

Besoins de développement (p. 146) Dans la théorie ERD, besoins liés au désir d'épanouissement et d'accomplissement

Besoins existentiels (p. 146) Dans la théorie ERD, besoins liés au désir de bien-être physique et matériel

Besoins relationnels (p. 146) Dans la théorie ERD, besoins liés au désir de relations interpersonnelles satisfaisantes

Bien-être (p. 596) État de satisfaction du corps et de l'esprit qui passe par une bonne santé physique et mentale et qui permet de mieux résister au stress

Blogue (p. 417) Site web dans lequel une personne communique son point de vue sur des événements et des situations, ou raconte une histoire

Bon stress (ou **eustress**) (p. 586) Stress se traduisant par une tension modérée et ayant des effets bénéfiques tant pour l'individu que pour l'organisation

Bruit parasite (p. 404) Toute perturbation qui interfère dans la transmission du message et gêne le processus de communication

Bureaucratie (p. 489) Forme d'organisation, idéale selon le sociologue allemand Max Weber, qui s'appuie sur l'autorité, la logique et l'ordre, et qui a pour fondements la division du travail, le contrôle hiérarchique, l'avancement au mérite, les possibilités de carrière à long terme et une gestion fondée sur des directives

Canal de communication (p. 404) Voie utilisée pour la transmission d'un message (rencontre en personne, téléphone, lettre, note de service, courriel, messagerie vocale, etc.)

Canal de communication formel (p. 415) Canal de communication qui suit la voie hiérarchique déterminée par la structure officielle de l'organisation

Canal de communication informel (p. 415) Canal de communication qui emprunte d'autres voies que les voies hiérarchiques déterminées par la structure officielle de l'organisation

Capacité (p. 67) Faculté d'accomplir les tâches inhérentes à un poste donné

Capacité d'absorber (p. 528) Capacité d'apprendre, notamment de repérer les nouvelles données, de les assimiler et de les appliquer à de nouveaux buts

Capacité de changer (p. 528) Capacité de s'adapter

Capital social (p. 19) Ensemble des relations et des réseaux sur lesquelles le gestionnaire peut au besoin s'appuyer pour mener à bien certaines tâches

Caractéristique sociodémographique (p. 55) Variable qui reflète la situation sociale d'un individu (âge, sexe, etc.) et qui influe sur son devenir

Centralisation (p. 480) Concentration du pouvoir décisionnel aux échelons supérieurs de la hiérarchie organisationnelle

Cercle de qualité (p. 221) Groupe de travailleurs qui se rencontrent régulièrement pour trouver des moyens d'améliorer la qualité de leurs produits ou services et de leurs activités au sein de leur organisation

Chaîne de valeur (p. 12) Séquence des activités d'une organisation menant à la création de biens et de services qui ont une valeur pour les clients

Changement non planifié (p. 570) Changement qui survient spontanément ou par hasard, sans l'intervention d'un agent de changement

Changement planifié (p. 570) Changement qui résulte des efforts délibérés d'un agent de changement en réaction à un écart de rendement perçu

Changement transformateur (p. 569) Révision majeure des caractéristiques fondamentales d'une organisation

Classement (p. 198) Méthode comparative d'évaluation du rendement selon laquelle on classe les personnes évaluées de la meilleure à la moins bonne pour chacun des aspects du rendement visés par l'évaluation

Climat organisationnel (p. 12) Perception qu'ont les employés de leur milieu de travail, notamment sur les plans de l'ambiance de travail, des relations avec les collègues et de la supervision

Cohésion (p. 257) Intensité du désir des membres d'une équipe d'y appartenir et puissance de leur motivation à y maintenir une participation active

Communication (p. 403) Processus d'émission et de réception de messages porteurs de sens

Communication ascendante (p. 418) Communication qui circule des paliers inférieurs vers les paliers supérieurs de la hiérarchie d'une organisation

Communication descendante (p. 418) Communication qui circule des paliers supérieurs vers les paliers inférieurs de la hiérarchie d'une organisation

Communication horizontale (p. 419) Communication qui circule entre employés du même échelon hiérarchique d'une organisation

Communication non verbale (p. 405) Communication qui passe notamment par l'expression du visage, le regard, la position du corps et les gestes

Comparaison par paires (p. 198) Méthode comparative d'évaluation du rendement selon laquelle on compare chaque travailleur à chacun de ses collègues évalués

Compétence (p. 18) Aptitude à traduire un savoir en des actions qui produiront les résultats escomptés

Compétence conceptuelle (p. 19) Aptitude à analyser et à résoudre des problèmes complexes

Compétence humaine (p. 18) Aptitude qui permet de bien travailler avec d'autres

Compétence technique (p. 18) Aptitude à effectuer certaines tâches spécialisées

Complexité cognitive (p. 523) Capacité plus ou moins grande d'une personne à percevoir des nuances et des variations subtiles

Complexité comportementale (p. 523) Éventail de rôles qu'une personne est capable de jouer pour s'adapter aux situations

Complexité de l'environnement (p. 518) Ampleur des problèmes et des occasions que présente l'environnement organisationnel immédiat et global, telle que la révèlent ses trois variables majeures : sa richesse, l'étroitesse de ses liens d'interdépendance avec l'organisation et le degré d'incertitude qu'il génère

Comportement de citoyenneté organisationnelle (p. 91) Comportement du travailleur qui manifeste sa volonté d'aller au-delà de son devoir ou de faire un effort supplémentaire dans son travail

Comportement de subordination (p. 337) Comportement adopté par les subordonnés dans leurs rapports avec un leader

Comportement organisationnel (p. 6) Étude du comportement humain au sein des organisations

Comportement perturbateur (p. 252) Comportement qui nuit au fonctionnement de l'équipe

Comportement professionnel contreproductif (p. 91) Comportement professionnel visant à perturber les relations ou à freiner le rendement au travail

Composante affective d'une attitude (p. 86) Sentiment particulier qu'éprouve un individu à l'égard de quelqu'un ou de quelque chose ; attitude elle-même

Composante cognitive d'une attitude (p. 86) Ensemble des croyances, des opinions, des connaissances et de l'information que possède un individu et qui engendrent des sentiments ; antécédents de l'attitude

Composante comportementale d'une attitude (p. 86) Intention de comportement ou prédisposition à agir d'une façon donnée, résultant d'une attitude

Composition de l'équipe (p. 234) Ensemble des compétences, des traits de personnalité et des expériences que les membres apportent à l'équipe

Compromis (p. 445) Stratégie de gestion des conflits par laquelle chaque partie cède à l'autre sur un point important

Conception de poste (p. 174) Planification et description des tâches inhérentes à un poste, et détermination des conditions dans lesquelles celles-ci s'accomplissent

Conception organisationnelle (p. 506) Processus qui consiste à déterminer la structure d'organisation appropriée et à la mettre en œuvre

Concordance de statut (p. 235) Situation dans laquelle la position d'une personne au sein d'une équipe correspond à celle qu'elle occupe à l'extérieur de l'équipe

Conditionnement opérant (ou **conditionnement instrumental**) (p. 127) Processus qui vise à influer sur le comportement d'autrui en manipulant ses conséquences

Conditionnement répondant (ou **conditionnement pavlovien**) (p. 126) Forme d'apprentissage par association qui fait appel à la manipulation de stimuli pour influer sur le comportement

Conflit (p. 433) Désaccord entre des individus ou des groupes concernant des questions de fond ou des frictions résultant de problèmes relationnels

Conflit constructif (p. 436) Conflit qui a des retombées positives pour les individus, les groupes ou l'organisation

Conflit de fond (p. 433) Désaccord fondamental sur les objectifs à poursuivre ou sur les moyens de les atteindre

Conflit de rôle (p. 253) Situation dans laquelle une personne ne parvient pas à répondre aux attentes liées à son rôle parce qu'elles sont contradictoires ou incompatibles

Conflit destructeur (p. 437) Conflit qui a des retombées négatives pour les individus, les groupes ou l'organisation

Conflit émotionnel (p. 433) Problème relationnel qui se manifeste, notamment, par des sentiments de colère, de méfiance, d'animosité, de crainte et de rancune

Conflit intergroupes (p. 434) Conflit qui oppose deux groupes ou plus

Conflit interorganisationnel (p. 435) Conflit qui oppose deux organisations ou plus

Conflit interpersonnel (p. 434) Conflit qui oppose deux individus ou plus

Conflit intrapersonnel (p. 434) Déchirement intérieur découlant d'un choix qu'une personne doit faire ou déchirement intérieur dû à l'incompatibilité, réelle ou perçue, entre les attentes ou les objectifs d'une personne, d'une part, et les attentes qu'on entretient à son égard ou les objectifs qu'on lui fixe, d'autre part

Conglomérat (p. 491) Société formée par la concentration de plusieurs organisations exerçant des activités diversifiées sans rapport entre elles

Congruence des valeurs (p. 50) Situation dans laquelle des individus se disent satisfaits d'être en contact avec des personnes dont les valeurs sont similaires aux leurs

Conscience de l'autre (p. 37) Connaissance des comportements, des préférences, des styles, des louvoiements et des traits de personnalité d'autrui

Conscience de soi (p. 37) Connaissance de ses propres comportements, préférences, styles, louvoiements, traits de personnalité, etc.

Conscience de soi (p. 76) Capacité de comprendre ses propres émotions et leurs répercussions sur soi et sur les autres

Conscience éthique (p. 22) Conscience enrichie qui incite la personne à s'interroger systématiquement sur la valeur éthique de ses décisions et de ses comportements

Conscience sociale (p. 76) Capacité de faire preuve d'empathie, de comprendre les émotions des autres

Consensus (p. 266) Décision de groupe appuyée par la plupart des membres et à laquelle les autres acceptent de se rallier

Consolidation d'équipe (p. 247) Série d'actions planifiées visant à recueillir et à analyser des données sur le fonctionnement d'une équipe, puis à amorcer des changements pour faciliter la collaboration entre les membres et améliorer l'efficacité opérationnelle de l'équipe

Construction sociale (p. 338) Processus par lequel le comportement des individus se « construit » au fil des situations qu'ils vivent, selon les contextes, les actions et les interactions avec autrui

Contagion des émotions et de l'humeur (p. 81) Propagation des émotions et de l'humeur d'une personne dans son entourage

Contexte décisionnel d'incertitude (p. 376) Contexte dans lequel les décideurs disposent de si peu d'information qu'il leur est impossible d'évaluer les probabilités associées aux résultats des diverses actions qu'ils envisagent

Contexte décisionnel de certitude (p. 376) Contexte dans lequel les décideurs disposent de suffisamment d'information pour prévoir les résultats de chacune des actions qu'ils envisagent

Contexte décisionnel de risque (p. 376) Contexte dans lequel les décideurs n'ont pas de certitude absolue quant aux résultats des diverses actions qu'ils envisagent, mais connaissent les probabilités qui y sont associées

Contrainte (p. 446) Stratégie de gestion des conflits par laquelle l'une des parties, s'appuyant sur son autorité hiérarchique, impose sa solution et spécifie les gains et les pertes de chacune

Contrat psychologique (p. 285) Ensemble d'attentes réciproques et non écrites entre une personne, en matière de récompenses, et l'organisation pour laquelle elle travaille, en matière de contributions

Contre-culture (p. 540) Philosophie et valeurs propres à un groupe, qui se définissent par opposition à la culture dominante de l'organisation

Contrôle (p. 16) Surveiller le rendement et prendre les mesures correctives qui s'imposent

Contrôle (p. 476) Ensemble de mécanismes qui servent à maintenir les activités et la production d'une organisation dans des limites prédéterminées

Contrôle des processus (p. 477) Ensemble de mécanismes de contrôle organisationnel qui consistent à spécifier la façon dont les tâches doivent être accomplies

Contrôle des résultats (p. 476) Ensemble de mécanismes de contrôle organisationnel consistant à fixer des objectifs et à définir des critères d'évaluation des résultats, à évaluer les résultats par rapport aux objectifs et à instaurer des mesures correctives

Coordination (p. 485) Ensemble des mécanismes qu'utilise l'organisation pour établir un agencement cohérent des activités de ses diverses unités

Créativité (p. 389) Capacité de trouver des réponses originales et ingénieuses pour résoudre les problèmes ou saisir les occasions qui se présentent

Croyance (p. 86) Idée qu'entretient un individu sur une personne ou une situation, et conclusion qui en découle

Culture à contexte pauvre (p. 414) Culture dans laquelle les locuteurs ont tendance à être très explicites dans leur utilisation du discours ou de l'écrit; le message est en grande partie transmis par les mots utilisés plutôt que par le contexte

Culture à contexte riche (p. 414) Culture dans laquelle les locuteurs ont tendance à ne transmettre par les mots qu'une partie du message, le reste devant être interprété selon la situation, le langage corporel ou d'autres indices contextuels

Culture organisationnelle (p. 11) Ensemble des attitudes, des valeurs et des croyances communes qu'acquièrent les membres d'une organisation et qui guident leur comportement

Culture organisationnelle (ou **culture d'entreprise**) (p. 537) Ensemble des attitudes, des valeurs et des croyances communes qu'acquièrent les membres d'une organisation et qui guident leur comportement

Cycle positif (p. 510) Série d'améliorations s'enchaînant les unes aux autres, grâce à une adaptation réussie de l'organisation

Décalage culturel organisationnel (p. 561) Décalage qui se crée entre les schémas de la culture dominante et les innovations émergentes

Décentralisation (p. 480) Délégation du pouvoir décisionnel aux échelons inférieurs de la hiérarchie organisationnelle

Décision collective (ou **décision consensuelle**) (p. 384) Décision prise par l'ensemble des membres d'un groupe

Décision de crise (p. 374) Décision qui vise à résoudre un problème imprévu dont les conséquences peuvent être dangereuses, voire désastreuses, en l'absence de solution rapide et adéquate

Décision non programmée (p. 374) Décision qui vise à résoudre un problème par une solution originale, conçue sur mesure

Décision par consultation (p. 384) Décision que prend un responsable après avoir demandé leur avis aux membres de son groupe

Décision par voie d'autorité (p. 384) Décision que prend un responsable en s'appuyant sur l'information dont il dispose et sans y faire participer les membres de son groupe

Décision programmée (p. 374) Décision qui vise à résoudre un problème par une solution normalisée ayant fait ses preuves

Décodage (p. 404) Processus par lequel le récepteur attribue un sens au message reçu

Décristallisation (p. 572) Étape préliminaire du changement planifié, durant laquelle des attitudes et des comportements sont remis en question pour que le besoin de changement soit clairement ressenti

Démenti (p. 423) Attitude qu'adopte une personne lorsqu'elle a l'impression qu'on met sa valeur en doute

Différences individuelles (p. 35) Différences dans les façons de penser, les sentiments et les comportements qui distinguent les êtres humains les uns des autres

Dilemme moral (p. 371) Dilemme qui oblige à faire un choix entre plusieurs solutions pénibles ou comportant des inconvénients sur le plan éthique

Dimension du leadership culturellement acceptée (p. 358) Dimension du leadership que les personnes issues d'une culture donnée s'attendent à trouver chez un leader efficace

Direction (p. 16) Insuffler au personnel de l'enthousiasme et de l'ardeur au travail

Dissonance cognitive (p. 87) Malaise que ressent un individu en cas de contradiction entre son attitude et son comportement

Dissonance émotionnelle (p. 82) Écart susceptible de survenir entre les émotions qu'on ressent réellement et celles qu'on essaye d'exprimer, de projeter

Distribution forcée (p. 199) Méthode comparative d'évaluation du rendement qui se fonde sur un nombre restreint de catégories d'appréciation (excellent, bon, acceptable, médiocre, insatisfaisant) dans lesquelles l'évaluateur doit placer une proportion donnée des personnes évaluées

Diversité de la main-d'œuvre (p. 14) Présence, au sein de la main-d'œuvre, d'une variété d'individus se différenciant par le sexe, la race, l'origine ethnoculturelle, l'âge, l'état physique et mental, l'orientation sexuelle

Dogmatisme (p. 46) Tendance à percevoir le monde comme une source de menaces et à tenir l'autorité légitime pour absolue

Dynamique de groupe ou d'équipe (p. 238) Ensemble des phénomènes psychosociaux qui influent sur les relations personnelles et professionnelles des membres d'une équipe

Dynamique interéquipes (p. 260) Ensemble des phénomènes relationnels se produisant entre deux équipes ou plus

Écart de rendement (p. 570) Écart entre le rendement constaté et le rendement désiré

Échelle d'évaluation comportementale (p. 199) Méthode de mesure absolue du rendement selon laquelle, après avoir recensé une série de comportements observables dans un emploi donné, on construit une échelle avec différents comportements typiques servant de références et correspondant chacun à un niveau de rendement

Échelle d'évaluation graphique (p. 199) Méthode de mesure absolue qui permet d'évaluer le rendement selon divers critères qu'on

Modèle décisionnel classique (p. 378) Modèle selon lequel le décideur évolue dans un univers de certitude absolue

Modèle décisionnel comportemental (p. 379) Modèle selon lequel le décideur agit seulement en fonction de ce qu'il perçoit d'une situation donnée

Modèle décisionnel de la poubelle (p. 379) Modèle selon lequel les principales composantes du processus décisionnel que sont les problèmes, les solutions, les intervenants et le contexte décisionnel se trouvent pêle-mêle dans la «poubelle» de l'organisation

Modèle mécaniste (ou **bureaucratie mécaniste**) (p. 490) Type de bureaucratie qui privilégie la spécialisation verticale et le contrôle, qui recourt à des modes de coordination formels et qui s'appuie fortement sur la standardisation, la formalisation, les directives, les politiques et les procédures

Modèle organique (ou **bureaucratie professionnelle**) (p. 490) Type de bureaucratie qui privilégie la spécialisation horizontale, recourt à des modes de coordination interpersonnels et réduit au minimum les directives, les politiques et les procédures

Modification du comportement organisationnel (p. 128) En milieu de travail, renforcement systématique des comportements recherchés et non-renforcement ou punition des comportements indésirables

Monitorage de soi (p. 47) Capacité qu'a un individu d'adapter son comportement aux facteurs environnementaux

Motivation au travail (p. 142) Ensemble des énergies qui soustendent l'orientation, l'intensité et la persistance des efforts qu'un individu consacre à son travail

Multiculturalisme (p. 14) Pluralisme et respect de la diversité et des différences individuelles dans un milieu de travail

Négociation (p. 447) Processus par lequel des parties privilégiant des positions divergentes tentent de parvenir à une entente, à une décision commune

Négociation des rôles (p. 254) Méthode qui consiste à réunir des individus afin qu'ils expriment et clarifient leurs attentes respectives et mutuelles dans le cadre de leurs relations professionnelles et qu'ils se mettent tous d'accord à leur sujet

Négociation distributive (p. 450) Négociation centrée sur les positions respectives des parties, luttant chacune pour maximiser ses propres gains

Négociation raisonnée (ou **négociation à gains mutuels**) (p. 450) Négociation centrée sur l'évaluation des questions à régler et des intérêts en jeu, toutes les parties recherchant conjointement une solution qui maximise leurs gains mutuels

Neutralisants du leadership (p. 333) Caractéristiques des subordonnés, de la tâche ou de l'organisation qui empêchent le leader d'adopter certains comportements ou annulent les effets de ses actions

Norme (p. 254) Règle de conduite ou critère de comportement que se donnent les membres d'une équipe

Norme de rendement (p. 255) Attente du groupe quant à l'intensité des efforts que ses membres doivent déployer, quant à la quantité et à la qualité du travail à accomplir

Objectif de production (p. 467) Objectif de l'organisation qui délimite son champ d'activité et précise son énoncé de mission, plus général

Objectif sociétal (p. 465) Objectif organisationnel relatif à la contribution que l'organisation entend apporter à l'ensemble de la société

Objectif stratégique (p. 467) Objectif de l'organisation qui énonce une condition susceptible d'accroître ses chances de survie

Optimisme (p. 347) Attente d'un résultat positif

Organigramme (p. 470) Représentation graphique de la structure formelle d'une organisation

Organisation (p. 11) Regroupement d'individus qui travaillent à un objectif commun

Organisation (p. 16) Mettre sur pied les structures, répartir les tâches et distribuer les ressources en fonction des objectifs

Organisation en réseau (p. 520) Regroupement d'entreprises en perpétuelle mutation, qui a une société à sa tête et dont les membres mettent en commun leurs compétences, leurs ressources et leur expérience afin de prospérer ensemble

Paresse sociale (ou **effet Ringelmann**) (p. 226) Phénomène qui se manifeste par une diminution du rendement des individus en situation de travail collectif.

Partage de poste (p. 186) Formule qui consiste à répartir la totalité des tâches d'un poste à temps plein entre deux travailleurs ou plus, selon des horaires convenus entre eux et avec l'employeur

Partage du travail (ou **travail partagé**) (p. 186) Procédé par lequel un employeur et son personnel s'entendent pour réduire le nombre d'heures de travail afin d'éviter des licenciements

Parties intéressées (p. 13) Individus, groupes et organisations ayant des intérêts dans l'évolution du rendement d'une organisation

Pensée analytique (p. 380) Approche méthodique et réfléchie de résolution de problèmes

Pensée de groupe (p. 268) Tendance, chez les membres de groupes à la cohésion très forte, à perdre tout sens critique

Pensée intuitive (p. 380) Approche souple et spontanée de résolution de problèmes

Perception (p. 103) Processus par lequel nous sélectionnons, organisons, interprétons et récupérons l'information que nous transmet notre environnement

Perception d'iniquité (p. 152) Sentiment éprouvé par une personne qui, se comparant à d'autres, estime qu'elle est trop ou pas assez récompensée pour son travail

Perception sélective (p. 117) Tendance d'une personne à privilégier une lecture de la réalité qui correspond à ses besoins, à ses attentes, à ses valeurs et à ses attitudes, et qui l'amène à ne voir que certains aspects d'une situation, d'une personne ou d'un point de vue

Personnalité (p. 40) Profil global d'un individu ; combinaison de traits qui font de lui un être unique dans la manière qu'il a de se comporter et d'entrer en relation avec autrui

Personnalité de type A (p. 47) Personnalité caractérisée par l'impatience, le désir de réussite et le perfectionnisme

Personnalité de type B (p. 47) Personnalité caractérisée par un caractère calme et un faible esprit de compétition

Personnalité proactive (p. 45) Disposition d'une personne à agir en vue de modifier son environnement

Philosophie de gestion (p. 557) Philosophie organisationnelle qui fait le lien entre les questions clés relatives aux objectifs de l'organisation et celles relatives à la collaboration entre ses membres, pour déterminer les méthodes générales que l'organisation devrait adopter dans la conduite de ses affaires

Piège de la confirmation (p. 383) Tendance poussant l'individu à rechercher l'information qui confirme ce qu'il croit être vrai et à ignorer ou à négliger celle qui pourrait infirmer ses convictions

Piège du jugement a posteriori (p. 383) Tendance à surestimer rétrospectivement ce qu'on aurait pu ou dû prévoir concernant un événement

Planification (p. 16) Fixer des objectifs et déterminer les actions à entreprendre pour les atteindre

Polyvalence (p. 221) Capacité des travailleurs à assumer toute une variété de fonctions et de tâches

Pouvoir (p. 281) Selon la perspective: (1) capacité d'amener autrui à faire ce qu'on lui demande ou ce qu'on veut; (2) capacité d'influer sur le cours des événements

Pouvoir associé à la maîtrise des processus (p. 287) Capacité d'influer sur les méthodes de production et d'analyse

Pouvoir d'expertise (p. 289) Capacité qu'a un individu d'influer sur le comportement d'autrui grâce aux connaissances, à l'expérience ou au discernement qui lui sont propres et dont d'autres, qui ne les possèdent pas, ont besoin

Pouvoir d'information (p. 288) Forme de pouvoir qui résulte de l'accès à l'information et de la mainmise qu'on a sur elle

Pouvoir de coalition (p. 290) Capacité qu'a un individu d'influer indirectement sur le comportement d'autrui parce que celui-ci se sent redevable en vertu d'un intérêt collectif supérieur

Pouvoir de coercition (p. 287) Capacité qu'a un individu d'influer sur le comportement d'autrui en lui refusant les récompenses qu'il convoite ou en le punissant

Pouvoir de persuasion rationnelle (p. 289) Capacité qu'a un individu d'influer sur le comportement d'autrui en l'amenant à admettre le bien-fondé d'un objectif donné et des moyens proposés pour l'atteindre

Pouvoir de récompense (p. 286) Capacité qu'a un individu d'influer sur le comportement d'autrui en lui offrant des récompenses ou en mettant fin à une situation désagréable

Pouvoir de référence (p. 289) Capacité qu'a un individu d'influer sur le comportement d'autrui parce que celui-ci désire s'identifier à lui, comme source de pouvoir

Pouvoir de représentation (p. 288) Droit, accordé officiellement par l'organisation, de prendre la parole au nom d'un groupe plus ou moins important ou de s'adresser à ce groupe à titre de représentant de l'organisation

Pouvoir légitime (p. 286) Capacité qu'a un individu d'influencer le comportement d'autrui en s'appuyant sur son autorité hiérarchique

Prime (p. 193) Complément de salaire en espèces visant à récompenser les individus dont le rendement est supérieur aux normes ou aux attentes de l'organisation

Principes de la communication collaborative (p. 423) Ensemble de règles qui favorisent la résolution commune de problèmes

Prise de décision (ou **processus décisionnel**) (p. 264) Processus qui consiste à choisir, parmi plusieurs lignes de conduite, un plan d'action visant à régler un problème ou à saisir une occasion

Problématique diversité-consensus (p. 236) Phénomène selon lequel une grande diversité au sein d'une équipe tend à rendre la collaboration plus difficile, bien qu'elle augmente la somme d'aptitudes et de compétences disponibles pour la résolution des problèmes

Problème moral (p. 371) Problème qui a des conséquences éthiques importantes pour le décideur ou d'autres personnes

Programme d'aide au personnel (p. 592) Programme que met en place l'organisation dans le but d'apporter un soutien aux employés qui font face à des problèmes personnels ou professionnels générateurs de stress

Programme d'options d'achat d'actions (p. 195) Système de rémunération donnant aux employés qui y adhèrent le droit d'acheter ultérieurement des actions à un prix fixé à l'avance

Programme de formation « adéquation leader-situation » (p. 328) Programme de formation visant à apprendre aux leaders à analyser la situation dans laquelle ils se trouvent afin d'harmoniser leur indice CMA et leur maîtrise situationnelle

Programme de partage des gains de productivité (p. 194) Système de rémunération qui accorde aux travailleurs un supplément de rémunération proportionnel aux gains de productivité de l'organisation

Programme de participation aux bénéfices (p. 194) Système de rémunération qui récompense les travailleurs en liant leur rémunération aux profits de l'organisation

Projection (p. 117) Fait d'attribuer à autrui des caractéristiques, des attentes, des besoins ou des convictions propres à soi

Prophétie qui se réalise (p. 118) Propension à découvrir ou à susciter ce à quoi on s'attend chez quelqu'un ou dans une situation donnée

Prototype du leader (p. 336) Représentation mentale du leader idéal

Proxémie (p. 263) Utilisation de l'espace dans lequel ont lieu les interactions entre les employés

Proxémie (p. 407) Étude de l'utilisation que les êtres humains font de l'espace

Punition (p. 132) Stratégie de modification du comportement qui consiste à attribuer des conséquences négatives ou à supprimer des conséquences positives à la suite d'un comportement indésirable, et ce, afin de diminuer la probabilité que le comportement se répète dans des conditions similaires

Questionnaire du collègue le moins apprécié (CMA) (p. 325) Instrument de mesure qui permet de déterminer, à partir d'une description du collègue le moins apprécié, si le répondant a un style de leadership axé sur les relations ou sur la tâche

Récepteur (p. 404) Individu ou groupe à qui s'adresse un message

Récompense extrinsèque (p. 128) Récompense attribuée à un individu par quelqu'un d'autre comme conséquence positive d'un travail jugé satisfaisant

Récompense intrinsèque (p. 191) Récompense qui découle directement de l'accomplissement du travail et du rendement obtenu

Recristallisation (p. 573) Étape finale du changement planifié, durant laquelle les acquis du changement sont consolidés et assimilés à long terme

Régime d'actionnariat des employés (p. 195) Système de rémunération par lequel une société de capitaux donne à ses salariés des actions de l'entreprise ou leur permet d'en acquérir à un prix inférieur à celui du marché

Règle de la conformité aux normes (p. 257) Règle selon laquelle plus la cohésion d'une équipe est forte, plus les membres en respectent les normes

Règles de présentation de soi (p. 83) Normes informelles d'un groupe social donné qui déterminent dans quelle mesure il est approprié, pour ses membres, de manifester ses émotions

Remue-méninges (p. 269) Technique d'aide à la prise de décision collective fondée sur la libre expression du plus grand nombre possible d'idées, sans critiques immédiates

Rémunération au mérite (p. 192) Système de rémunération selon lequel le salaire et les augmentations des travailleurs sont directement liés à l'évaluation de leur rendement pour une période donnée

Rémunération fondée sur les compétences (p. 195) Système de rémunération par lequel une société de capitaux donne à ses salariés des actions de l'entreprise ou leur permet d'en acquérir à un prix inférieur à celui du marché

Rémunération selon le rendement (p. 192) Système de rémunération selon lequel les individus qui fournissent le meilleur rendement sont les mieux rémunérés

Renforcement (p. 126) Attribution d'une conséquence à un comportement afin d'influer sur ce celui-ci

Renforcement continu (p. 130) Stratégie de renforcement qui consiste à récompenser le comportement souhaité chaque fois qu'il se manifeste

Renforcement intermittent (ou **renforcement partiel**) (p. 130) Stratégie de renforcement qui consiste à ne récompenser le comportement souhaité qu'occasionnellement

Renforcement négatif (ou **évitement**) (p. 132) Stratégie de modification du comportement qui consiste à faire suivre le comportement souhaité du retrait de conséquences négatives ou désagréables, afin de favoriser la répétition du comportement dans des conditions similaires

Renforcement positif (p. 128) Stratégie de modification du comportement qui consiste à faire suivre le comportement souhaité par des conséquences positives afin d'augmenter la probabilité de le voir se reproduire dans un contexte similaire

Réseau de communication centralisé (p. 263) Réseau de communication dans lequel le coordonnateur du groupe centralise l'information

Réseau de communication décentralisé (p. 262) Réseau de communication dans lequel la circulation et le partage de l'information s'effectuent par communication directe entre tous les membres de l'équipe

Réseau de communication restreint (p. 263) Réseau de communication dans lequel les sous-groupes en présence sont en désaccord et campent sur leurs positions respectives, ce qui limite la circulation et le partage de l'information

Réseau de communication virtuel (p. 264) Réseau de communication donnant aux membres d'une équipe la possibilité de communiquer par voie électronique tout le temps ou presque

Résilience (p. 347) Capacité à retomber sur ses pieds et à continuer d'aller de l'avant après un échec

Résistance au changement (p. 576) Tout comportement ou toute attitude indiquant le refus de soutenir ou d'apporter une modification proposée

Résolution de conflit (p. 438) Situation dans laquelle les causes sous-jacentes d'un conflit ont été éliminées

Résolution de problème (p. 446) Stratégie de gestion des conflits qui s'appuie sur la collecte et l'évaluation de l'information pertinente et sur des discussions franches entre les parties pour éliminer les antécédents du conflit

Rétroaction (p. 404) Dans le processus de communication, message de retour qu'adresse le récepteur d'un message à son émetteur, généralement pour l'informer de sa compréhension ou de son interprétation de ce que ce dernier a dit ou fait

Rétroaction à 360 degrés (p. 201) Approche de l'évaluation du rendement qui ajoute aux sources internes d'information (supérieur immédiat, collègues, subordonnés) l'autoévaluation ainsi que l'évaluation par la clientèle ou par d'autres personnes avec qui le travailleur est en contact à l'extérieur de son unité de travail

Rite (p. 545) Activité planifiée, standardisée et récurrente à laquelle on recourt à un moment précis afin d'influer sur la perception et sur le comportement des membres de l'organisation

Rituel (p. 545) Ensemble de rites

Rôle (p. 252) Ensemble d'attentes associées à un poste ou à une fonction au sein d'une équipe

Rotation des postes (p. 176) Approche de la conception de poste selon laquelle on augmente la diversité des tâches en changeant périodiquement les travailleurs de poste, sans pour autant augmenter le degré de difficulté des tâches ni le niveau de responsabilité du poste

Sagesse gestionnaire (p. 528) Capacité de percevoir les variations de l'environnement et de comprendre qui sont les acteurs sociaux et quelles relations ils entretiennent

Satisfaction professionnelle (p. 16) Sentiment favorable qu'un individu éprouve à l'égard de son emploi et de son milieu de travail

Satisfaction professionnelle (p. 87) Attitude ou sentiment positif qu'un individu éprouve, à divers degrés, à l'égard de son emploi et de son milieu de travail

Scénario de gestion (p. 509) Habitude qu'acquièrent à la longue les gestionnaires d'une même organisation, tant dans leur façon de diagnostiquer et d'analyser les problèmes que dans celle d'envisager les solutions possibles

Schème (p. 107) Cadre cognitif qui correspond à la connaissance, structurée par le temps et l'expérience, qu'a l'individu d'un concept ou d'un stimulus donné

Semaine de travail comprimée (p. 184) Aménagement de l'horaire de travail consistant en une répartition des tâches hebdomadaires d'un emploi à temps plein sur moins de cinq jours complets

Sens politique (p. 292) Aptitude à négocier efficacement, à se montrer persuasif et à distinguer les objectifs et les moyens auxquels tel ou tel individu est le plus susceptible de souscrire

Sentiment d'autonomisation (p. 180) Sentiment d'accomplissement personnel et de réalisation d'un but engendré par une liberté d'action accrue permettant l'utilisation des talents et du savoir-faire personnels ; ce sentiment alimente le sentiment de compétence et d'engagement au travail

Sentiment de compétence (ou **autoefficacité**) (p. 38) Conviction intime qu'un individu a de pouvoir accomplir avec succès une tâche déterminée

Simplification des tâches (p. 176) Approche de la conception de poste selon laquelle les procédés sont standardisés et les travailleurs, confinés dans des tâches normalisées, clairement définies et hautement spécialisées

Sociogramme (p. 219) Diagramme des structures informelles et des liens sociaux existant au sein d'une organisation

Source de distraction environnementale (p. 411) Source de distraction liée à l'environnement, telle qu'un bruit ou un visiteur impromptu, qui interfère avec la transmission d'un message et interrompt le processus de communication

Sous-culture (p. 540) Philosophie et valeurs qui sont propres à un groupe, mais qui ne se définissent pas par opposition à la culture dominante de l'organisation

Sous-traitance (ou **impartition**) (p. 503) Opération qui consiste à confier l'exécution de certaines activités à des fournisseurs extérieurs à l'organisation

Spécialisation horizontale (p. 480) Division du travail basée sur le regroupement de compétences ou de ressources de même type, qui mène à la création d'unités ou de groupes de travail au sein de l'organisation

Spécialisation verticale (p. 470) Division hiérarchique du travail qui répartit l'autorité et détermine les échelons auxquels se prennent les décisions importantes

Standardisation (p. 478) Mécanisme de contrôle des processus qui consiste à imposer des limites aux actions permises dans l'accomplissement d'une tâche ou d'une série de tâches, à définir des lignes de conduite très précises afin que des activités similaires soient toujours accomplies de la même manière

Stéréotype (p. 57) Attribution à une personne des caractéristiques couramment associées à une catégorie ou à un groupe de la population auquel on l'associe, sans tenir compte de ses particularités individuelles

Stigmatisation (p. 63) Déni ou rejet d'une personne à cause d'un attribut que la société dans laquelle elle vit dénigre fortement

Stimulus (p. 126) Agent déclencheur qui provoque une réaction comportementale

Stratégie de coercition (p. 574) Stratégie par laquelle l'agent de changement s'appuie sur son pouvoir légitime (l'autorité), sur son pouvoir de récompense ou sur son pouvoir de coercition pour amener les personnes à se soumettre à sa volonté de changement

Stratégie de partage du pouvoir (p. 575) Stratégie par laquelle l'agent de changement s'appuie sur son pouvoir de référence pour favoriser sincèrement et activement la participation des personnes concernées à la planification et à l'implantation du changement qu'il propose

Stratégie de persuasion rationnelle (p. 574) Stratégie par laquelle l'agent de changement s'appuie sur son pouvoir d'expertise ou sur son pouvoir de persuasion rationnelle pour convaincre les personnes qu'elles ont avantage à adhérer au changement qu'il propose

Stratégie organisationnelle (p. 499) Plan d'ensemble de l'organisation résultant d'un processus de positionnement dans l'environnement concurrentiel et de détermination des activités et des mesures à implanter pour soutenir efficacement la concurrence

Stress (p. 580) Tension qu'une personne ressent lorsqu'elle est soumise à des exigences, à des contraintes ou à des demandes inhabituelles

Structure divisionnaire (p. 481) Structure organisationnelle qui regroupe les individus et les ressources par produits, secteurs géographiques, types de services, clients ou entités juridiques

Structure fonctionnelle (p. 481) Structure organisationnelle qui regroupe les individus par compétences, connaissances ou activités

Structure matricielle (p. 483) Structure organisationnelle qui combine des éléments des structures fonctionnelle et divisionnaire, et où le travailleur est assigné à plus d'un type d'unité

Structure simple (p. 510) Configuration structurelle caractérisée par des mécanismes de coordination formels peu nombreux et peu élaborés, une forte centralisation, un contrôle exercé par le dirigeant, une spécialisation horizontale peu poussée et un personnel fonctionnel peu nombreux

Substituts du leadership (p. 333) Caractéristiques des subordonnés, de la tâche ou de l'organisation qui remplacent l'influence exercée par le leader et qui la rendent ainsi moins nécessaire, voire superflue

Surcharge de rôle (p. 253) Situation dans laquelle les attentes à l'égard d'une personne sont trop élevées, si bien que celle-ci se sent submergée par la charge de travail

Surenchère irrationnelle (p. 387) Investissement d'efforts supplémentaires dans un plan d'action dont tout indique qu'il ne fonctionne pas

Symbole culturel (p. 546) Objet, action ou événement qui transmet un message d'ordre culturel

Syndrome de la compartimentation (p. 220) Ensemble de problèmes qui résultent d'un manque de communication et d'interactions entre les travailleurs des divers services et unités d'une organisation

Synergie (p. 225) Phénomène de coordination des énergies qui fait que le tout dépasse la somme des parties

Système ouvert (p. 12) Système qui interagit avec son environnement, transforme les ressources qu'il reçoit de lui, avant de les y réexpédier sous forme de produits finis (biens ou services)

Technique Delphi (p. 270) Technique d'aide à la prise de décision collective qui repose sur une série de questionnaires distribués à de nombreux décideurs et qui vise à faire émerger un consensus

Technique du groupe nominal (p. 270) Technique d'aide à la prise de décision collective qui, s'appuyant sur des règles précises, permet à tous les membres de l'équipe d'émettre leurs idées indépendamment les uns des autres, pour les faire émerger et les hiérarchiser

Technologies de l'information et des communications (TIC) (p. 511) Combinaison de l'équipement, du matériel, des procédures et des systèmes qui est utilisée pour recueillir, emmagasiner, analyser et diffuser l'information afin qu'elle puisse se traduire en connaissances

Technologies liées aux activités d'exploitation (p. 511) Combinaison des ressources, des connaissances et des techniques qui crée un extrant (bien ou service) pour l'organisation

Téléphone arabe (p. 416) Transmission de rumeurs et d'information officieuse par l'intermédiaire des réseaux d'amis et de connaissances

Télétravail (p. 186) Aménagement du travail qui permet aux individus d'exercer leurs activités professionnelles à distance, chez eux ou ailleurs, tout en restant reliés à l'organisation grâce aux technologies de l'information et des communications

Théorie bifactorielle (ou **théorie des deux facteurs**) (p. 148) Théorie de Herzberg qui distingue les facteurs de satisfaction professionnelle (facteurs moteurs) des facteurs pouvant prévenir l'insatisfaction professionnelle (facteurs d'hygiène)

Théorie de l'agence (p. 305) Théorie selon laquelle les sociétés ouvertes peuvent fonctionner efficacement même si leurs gestionnaires cherchent à défendre leurs intérêts personnels et n'assument pas systématiquement toutes les conséquences de leurs pratiques de gestion

Théorie de l'apprentissage social (p. 123) Théorie selon laquelle le processus d'apprentissage se fonde sur l'interaction entre l'individu, le comportement des gens qui l'entourent et l'environnement

Théorie de l'autodétermination (p. 162) Théorie qui s'appuie sur une approche multidimensionnelle de la motivation et selon laquelle le type de motivation est fonction du degré d'autodétermination dont dispose l'individu ; un degré élevé d'autodétermination est source, notamment, de bien-être, d'engagement et de rendement

Théorie de l'équité (p. 151) Théorie d'Adams selon laquelle, lorsque l'individu compare ce qu'il reçoit pour son travail avec ce que d'autres reçoivent pour leur propre travail, toute iniquité perçue devient une source de motivation ; l'individu tentera de redresser la situation afin d'éliminer la tension résultant de la perception d'iniquité

Théorie de l'évaluation cognitive (p. 165) Théorie selon laquelle le fait de récompenser extrinsèquement un individu pour un travail intrinsèquement satisfaisant réduit sa motivation

Théorie de l'identité sociale (p. 64) Théorie visant à déterminer les bases psychologiques de la discrimination

Théorie de la hiérarchie des besoins (p. 145) Théorie de Maslow en vertu de laquelle les besoins humains sont organisés de façon hiérarchique, selon une pyramide à la base de laquelle se trouvent les besoins les plus élémentaires (besoins physiologiques, besoin de sécurité et besoins sociaux) et au sommet de laquelle se situent les besoins d'ordre supérieur (besoin d'estime et besoin de réalisation de soi)

Théorie des attentes (p. 155) Théorie de Vroom selon laquelle la motivation au travail résulte d'un calcul rationnel faisant intervenir la perception du lien entre les efforts déployés, le rendement atteint et la valeur de la récompense qui y est associée

Théorie des besoins acquis (p. 147) Théorie de McClelland qui met en lumière trois besoins particulièrement importants en milieu professionnel : le besoin d'affiliation, le besoin de pouvoir et le besoin d'accomplissement ; ces besoins s'acquièrent avec le temps et l'expérience

Théorie des besoins relationnels (FIRO-B) (p. 234) Théorie qui met en lumière les différences dans la façon dont les gens entrent en rapport les uns avec les autres selon leurs besoins, d'une part d'exprimer des sentiments liés à l'appartenance, au pouvoir et à l'affection, et d'autre part de se voir témoigner de tels sentiments

Théorie des caractéristiques de l'emploi (p. 179) Théorie qui met en lumière cinq caractéristiques fondamentales d'un emploi enrichi, particulièrement importantes dans la conception de poste : la polyvalence, l'intégralité de la tâche, la valeur de la tâche, l'autonomie et la rétroaction

Théorie des échanges leader-membres (ou **théorie LMX**) (p. 343) Théorie du leadership qui se concentre sur la qualité des relations entre le leader et les membres de son groupe

Théorie du cheminement critique (p. 329) Théorie du leadership selon laquelle la fonction clé du leader consiste à adapter ses comportements aux caractéristiques d'une situation donnée de manière à en combler les manques

Théorie du traitement des données sociales (p. 182) Théorie selon laquelle les besoins individuels, la perception des tâches et les comportements qui en découlent se fondent sur des réalités d'origine sociale

Théorie ERD (p. 146) Théorie d'Alderfer selon laquelle les besoins humains se répartissent en besoins existentiels, en besoins relationnels et en besoins de développement

Théories des comportements du leader (p. 321) Théories du leadership selon lesquelles ce sont principalement les comportements du leader qui permettent de prédire le rendement et les autres résultats organisationnels

Théories des processus (p. 143) Théories de la motivation qui portent sur la compréhension des processus cognitifs ou mentaux déterminant le comportement des individus

Théories des traits personnels du leader (p. 320) Théories du leadership selon lesquelles ce sont en grande partie des attributs personnels qui permettent de distinguer les leaders des autres et de prédire les succès d'un leader ou les résultats de son organisation

Théories du contenu (p. 143) Théories de la motivation qui portent sur la compréhension des besoins susceptibles d'influencer le comportement des individus

Théories du leadership situationnel (p. 324) Théories du leadership selon lesquelles ce sont les caractéristiques situationnelles qui, associées aux traits et aux comportements du leader, permettent de prédire les résultats d'un leadership donné

Théories implicites de la subordination (p. 337) Ensemble d'idées préconçues que les leaders ont concernant les comportements et les caractéristiques prototypiques et contreprototypiques des subordonnés

Théories implicites du leadership (p. 336) Ensemble d'idées préconçues qu'a un individu concernant les attributs des leaders (traits personnels et comportements) et qui traduisent la structure et le contenu des « catégories cognitives » qu'il utilise pour distinguer les leaders des autres

Traits de personnalité (p. 41) Caractéristiques marquées et durables qui déterminent le comportement d'un individu

Traits relatifs à l'adaptation affective (p. 47) Traits de personnalité qui déterminent dans quelle mesure un individu est émotionnellement instable ou enclin à avoir des comportements inadmissibles

Traits relatifs à la conception personnelle du monde (p. 44) Traits de personnalité qui se rapportent à la façon dont un individu conçoit son environnement social et physique, à ses croyances et à ses convictions intimes sur diverses questions

Traits sociaux (p. 42) Caractéristiques apparentes qui composent l'image projetée par un individu en interaction sociale

Transparence relationnelle (p. 422) Capacité de partager des renseignements, des pensées et des émotions avec les autres de manière sincère

Travail d'équipe (p. 216) Travail d'un groupe dont les membres se sentent collectivement responsables quant à un objectif commun

Travail émotionnel (p. 82) Effort déployé par un individu pour manifester les émotions attendues de lui par l'organisation au cours des échanges interpersonnels au travail

Travail permanent à temps partiel (p. 189) Formule qui consiste, pour une personne ayant un statut de travailleur permanent, à travailler moins d'heures que si elle faisait une semaine de travail normale

Travail temporaire à temps partiel (p. 189) Formule qui consiste, pour une personne ayant un statut de travailleur temporaire, à travailler moins d'heures que si elle faisait une semaine de travail normale

Tuyau qui fuit (p. 57) Expression inventée pour désigner le fait que les femmes n'atteignent pas les échelons les plus élevés d'une organisation

Unité fonctionnelle (p. 474) Groupe de travail qui seconde les unités opérationnelles de l'organisation en leur fournissant de l'expertise et des services spécialisés

Unité opérationnelle (p. 474) Groupe de travail qui assume les activités premières de l'organisation

Valence (p. 156) Dans la théorie des attentes, valeur accordée par l'individu à chaque récompense possible

Valeur du canal de communication (p. 417) Capacité du canal de communication à transmettre efficacement l'information

Valeurs (p. 48) Principes généraux qui orientent les actions et les jugements d'un individu

Valeurs finales (p. 49) Valeurs relatives aux choix de l'individu quant aux buts et aux objectifs qu'il se fixe dans la vie

Valeurs instrumentales (p. 49) Valeurs relatives aux moyens qu'utilise l'individu pour atteindre ses buts

Variable dépendante (p. 7) Fait ou événement auquel le chercheur s'intéresse et qui, selon son hypothèse de recherche, devrait varier sous l'effet de la variable indépendante

Variable indépendante (p. 7) Fait ou événement qui, selon l'hypothèse de recherche, devrait avoir une incidence sur la variable dépendante

Wiki (p. 417) Site web collaboratif au contenu duquel chaque personne contribue en rédigeant et en publiant du texte, ou en révisant ce que les autres ont publié

Zone d'indifférence (p. 285) Éventail des demandes des supérieurs auxquelles un subordonné accepte de se conformer sans jugements ni critiques

Notes

CHAPITRE 1

1. Voir : Jeffrey Pfeffer, The Human Equation : Builing Profits by Putting People First, Boston, Harvard Business School Press, 1998 ; Charles O'Reilly III et Jeffrey Pfeffer, Hidden Value : How Great Companies Achieve Extraordinary Results with Ordinary People, Boston, Harvard Business School Press, 2000.
2. Pour un aperçu général, voir Jay W. Lorsch (sous la dir. de), *Handbook of Organizational Behavior*, Englewood Cliffs (New Jersey), Prentice Hall, 1987.
3. Jeffrey Pfeffer et Robert I. Sutton, *Hard Facts, Dangerous Half-Truths, and Total Nonsense : Profiting from Evidence-Based Management*, Boston, Harvard Business School Press, 2006. Voir aussi : Jeffrey Pfeffer et Robert I. Sutton, « Management Half-Truths and Nonsense », *California Management Review*, vol. 48, nº 3, 2006, p. 77-100 ; Jeffrey Pfeffer et Robert I. Sutton, « Evidence-Based Management », *Harvard Business Review*, janvier 2006, R0601E.
4. Geert Hofstede, « Cultural Contraints in Management Theories », *Academy of Management Executive*, vol. 7, nº 1, 1993, p. 81-94.
5. John Huey, « Managing in the Midst of Chaos », *Fortune*, 5 avril 1993, p. 38-48. Voir aussi : Tom Peters, *Thriving on Chaos*, New York, Knopf, 1991 ; Jay R. Galbraith, Edward E. Lawler III et autres, *Organizing for the Future :The New Logic for Managing Organizations*, San Francisco, Jossey-Bass, 1993 ; William H. Davidow et Michael S. Malone, *The Virtual Corporation : Structuring and Revitalizing the Corporation of the 21st Century*, New York, Harper Business, 1993 ; Charles Handy, *The Age of Unreason*, Boston, Harvard Business School Press, 1994 ; Peter Drucker, *Managing in a Time of Great Change*, New York, Truman Talley, 1995 ; Peter Drucker, *Management Challenges for the 21st Century*, New York, Harper, 1999.
6. D'après : Jay A. Conger, *Winning'Em Over : A New Model for Managing in the Age of Persuasion*, New York, Simon & Schuster, 1998, p. 180-181 ; Stewart D. Friedman, Perry Christensen et Jessica DeGroot, « Work and Life : The End of the Zero-Sum Game », *Harvard Business Review*, novembre-décembre 1998, p. 119-129 ; C. Argyris, « Empowerment : The Emperor's New Clothes », *Harvard Business Review*, mai-juin 1998, p. 98-105.
7. D'après Gary Hamel, « The Facebook Generation vs. the Fortune 500 », opensource.com, 22 septembre 2010.
8. Rajiv Dutta, « eBay's Meg Whitman on Building a Company's Culture », *Business Week*, 27 mars 2009, businessweek.com.
9. R. Roosevelt Thomas Jr., *Beyond Race and Gender : Unleashing the Power of Your Total Workforce by Managing Diversity*, New York, AMACOM, 1992, p. 10. Voir aussi : R. Roosevelt Thomas Jr., « From "Affirmative Action" to "Affirming Diversity" », *Harvard Business Review*, nov.-déc. 1990, p. 107-117 ; R. Roosevelt Thomas Jr. et Marjorie I. Woodruff, *Building a House for Diversity*, New York, AMACOM, 1999.
10. D'après *Workforce 2000: Work and Workers in the 21st Century*, Indianapolis, Hudson Instittute, 1987. Pour un exposé complet, voir : Martin M. Chemers, Stuart Oskamp et Mark A. Costanzo, *Diversity in Organizations : New Perspectives of a Changing Workplace*, Beverly Hills, Sage, 1995 ; Robert T. Golembiewski, *Managing Diversity in Organizations*, Tuscaloosa, University of Alabama Press, 1995.
11. Voir : Taylor Cox Jr., « The Multicultural Organization », *Academy of Management Executive*, nº 5, 1991, p. 34-37 ; *Cultural Diversity in Organizations : Theory, Research and Practice*, San Francisco, Bernett-Koehler, 1993.
12. *Workforce 2000: Work and Workers in the 21st Century* (1987).
13. www.statcan.gc.ca ; www.stat.gouv.qc.ca.
14. www.statcan.gc.ca.
15. www.statcan.gc.ca.
16. www.statcan.gc.ca.
17. D'après Alice H. Eagly, Mary C. Johansen-Smith et Marloes L. van Engen, « Transformational, Transactional and Laissez-Faire Leadership Styles : A Meta-Analysis Comparison », *Psychological Bulletin*, vol. 129, nº 3, 2003, p. 569-591.
18. Cox (1991) ; Thomas (1990, 1992).
19. Thomas et Woodruff (1991).
20. *Ibid.* ; Thomas (1990, 1992).
21. www.statcan.gc.ca.
22. www.catalyst.org.
23. Pour plus d'information sur le processus de gestion, voir John R. Schermerhorn Jr., *Management*, 8e éd., New York, Wiley, 2005.
24. Henry Mintzberg, *The Nature of Managerial Work*, New York, Harper & Row, 1973. Voir aussi : Henry Mintzberg, *Mintzberg on Management*, New York, Free Press, 1989 ; « Rounding Out the Manager's Job », *Sloan Management Review*, automne 1994, p. 11-26.
25. Robert L. Katz, « Skills of an Effective Administrator », *Harvard Business Review*, nº 52, septembre-octobre 1974, p. 94. Voir aussi Richard E. Boyatzis, *The Competent Manager : A Model for Effective Performance*, New York, Wiley, 1982.
26. Daniel Goleman, *Emotional Intelligence*, New York, Bantam, 1995 ; Daniel Goleman, *Working with Emotional Intelligence*, New York, Bantam, 1998. Voir aussi : Daniel Goleman, « What Makes a Leader », *Harvard Business Review*, novembre-décembre 1998, p. 93-102 ; Daniel Goleman, « Leadership that Makes a Difference », *Harvard Business Review*, mars-avril 2000, p. 79-90, citation de la p. 80.
27. Herminia Ibarra, *Managerial Networks*, notes d'enseignement nº 9-495-039, Harvard Business School Publishing, Boston (Massachusetts).
28. Rakesch Khuran et Nitin Noria, « It's Time to Make Management a True Profession », *Harvard Business Review*, octobre 2008, p. 70-77.
29. Archie B. Carroll, « In Search of the Moral Manager », *Business Horizons*, mars-avril 2001, p. 7-15.
30. Schéma inspiré de Thomas, Schermerhorn et Dinehart (2004).
31. Mahzarin R. Banagji, Max H. Bazerman et Dolly Chugh, « How Unethical Are You ? », *Harvard Business Review*, décembre 2003.
32. Terry Thomas, John R. Schermerhorn Jr. et John W. Dinehart, « Strategic Leadership of Ethical Behavior in Business », *Academy of Management Executive*, 2004.
33. Pour un exposé récent sur l'apprentissage expérientiel, voir D. Christopher Kayes, « Experiential Learning and Its Critics : Preserving the Role of Experience in Management Learning and Education », *Academy of Management Learning and Education*, vol. 1, nº 2, 2002, p. 137-149.

CHAPITRE 2

1. Voir Dorothy Leonard et Susan Strauss, « Putting Your Company's Whole Brain to Work », *Harvard Business Review*, vol. 75, nº 4, juillet-août 1997, p. 110-121. Voir aussi Daniel Pink, *A Whole New Mind : Why Right-Brainers Will Rule the Future*, New York, Riverhead Books, 2005.
2. Viktor Gecas, « The Self-Concept », dans Ralph H. Turner et James F. Short Jr. (sous la dir. de), vol. 8, *Annual Review of Sociology*, Palo Alto (Californie), Annual Review, 1982, p. 3. Voir aussi : Arthur P. Brief et Ramon J. Aldag, « The Self in Work Organizations : A Conceptual Review », *Academy of Management Review*, janvier 1981, p. 75-88 ; Jerry J. Sullivan, « Self Theories and Employee Motivation », *Journal of Management*, juin 1989, p. 345-363.
3. Comparer avec Philip Cushman, « Why the Self Is Empty », *American Psychologist*, mai 1990, p. 599-611.
4. Partiellement basé sur une définition donnée dans Gecas (1982), p. 3.

5. Suggéré par J. Brockner, *Self-Esteem at Work*, Lexington (Massachusetts), Lexington Books, 1988, p. 144; John A. Wagner III et John R. Hollenbeck, *Management of Organizational Behavior*, Englewood Cliffs (New Jersey), Prentice-Hall, 1992, p. 100-101.
6. Voir : N. Brody, *Personality : In Search of Individuality*, San Diego (Californie), Academic Press, 1988, p. 68-101 ; C. Holden, « The Genetics of Personality », *Science*, 7 août 1987, p. 598-601.
7. Voir Geert Hofstede, *Culture's Consequences : International Differences in Work-Related Values*, édition abrégée, Beverly Hills, Sage, 1984.
8. D'après R. Arvey, B. Avolio et R. Krueger (2007), « Developmental and Genetic Determinants of Leadership Role Occupancy Among Women », *Journal of Applied Psychology*, vol. 92, n° 3, 2007, p. 693-706.
9. Chris Argyris, *Personality and Organization*, New York, Harper & Row, 1957 ; Daniel J. Levinson, *The Seasons of a Man's Life*, New York, Knopf, 1978 ; Gail Sheehy, *New Passages*, New York, Ballantine Books, 1995.
10. M.R. Barrick et M.K. Mount, « The Big Five Personality Dimensions and Job Performance : A Meta Analysis », *Personnel Psychology*, vol. 44, 1991, p. 1-26 ; M.R. Barrick et M.K. Mount, « Autonomy as a Moderator of the Relationships Between the Big Five Personality Dimensions and Job Performance », *Journal of Applied Psychology*, février 1993, p. 111-118.
11. Voir David A. Whetten et Kim S. Cameron, *Developing Management Skills*, 3e éd., New York, Harper Collins, 1995, p. 72.
12. Raymond G. Hunt, Frank J. Krzystofiak, James R. Meindl et Abdalla M. Yousry, « Cognitive Style and Decision Making », *Organizational Behavior and Human Decision Processes*, vol. 44, n° 3, 1989, p. 436-453. Pour d'autres études sur les différents modes de résolution de problèmes, voir : Ferdinand A. Gul, « The Joint and Moderating Role of Personality and Cognitive Style on Decision Making », *Accounting Review*, avril 1984, p. 264-277 ; Brian H. Kleiner, « The Interrelationship of Jungian Modes of Mental Functioning with Organizational Factors : Implications for Management Development », *Human Relations*, novembre 1983, p. 997-1012 ; James L. McKenney et Peter G.W. Keen, « How Managers' Minds Work », *Harvard Business Review*, mai-juin 1974, p. 79-90.
13. On trouvera quelques exemples d'organisations utilisant l'indicateur typologique de Myers-Briggs dans : J.M. Kunimerow et L.W. McAllister, « Team Building with the Myers-Briggs Type Indicator : Case Studies », *Journal of Psychological Type*, vol. 15, 1988, p. 26-32 ; G.H. Rice Jr. et D.P. Lindecamp, « Personality Types and Business Success of Small Retailers », *Journal of Occupational Psychology*, vol. 62, 1989, p. 177-182 ; B. Roach, *Strategy Styles and Management Types : A Resource Book for Organizational Management Consultants*, Stanford (Californie), Balestrand, 1989.
14. J.B. Rotter, « Generalized Expectancies for Internal Versus External Control of Reinforcement », *Psychological Monographs*, vol. 80, 1966, p. 1-28.
15. Voir : J. Michael Crant, « Proactive Behavior in Organizations », *Journal of Management*, vol. 26, 2000, p. 435-462 ; T.S. Bateman et J.M. Crant, « The Proactive Component of Organizational Behavior », *Journal of Organizational Behavior*, vol. 14, 1993, p. 103-118.
16. Don Hellriegel, John W. Slocum Jr. et Richard W. Woodman, *Organizational Behavior*, 5e éd., St. Paul (Minnesota), West, 1989, p. 46.
17. Voir Wagner et Hollenbeck (1992), chap. 4.
18. Nicolas Machiavel, *Le Prince*, Paris, J'ai Lu (Librio Martingale), 1997.
19. Richard Christie et Florence L. Geis, *Studies in Machiavellianism*, New York, Academic Press, 1970.
20. *Ibid.*
21. Voir M. Snyder, *Public Appearances/Private Realities : The Psychology of Self-Monitoring*, New York, Freeman, 1987.
22. *Ibid.*
23. Voir Meyer Friedman et Ray Roseman, *Type A Behavior and Your Heart*, New York, Knopf, 1974. Pour un autre point de vue, voir Walter Kiechel III, « Attack of the Obsessive Managers », *Fortune*, 16 février 1987, p. 127-128.
24. Voir P.E. Jacob, J.J. Flink et H.L. Schuchman, « Values and Their Function in Decisionmaking », *American Behavioral Scientist*, vol. 5, suppl. 9, 1962, p. 6-38.
25. Voir M. Rokeach et S.J. Ball Rokeach, « Stability and Change in American Value Priorities », 1968-1981, *American Psychologist*, mai 1989, p. 775-784.
26. Milton Rokeach, *The Nature of Human Values*, New York, Free Press, 1973.
27. Voir W.C. Frederick et J. Weber, « The Values of Corporate Managers and Their Critics : An Empirical Description and Normative Implications », dans W.C. Frederick et L.E. Preston (sous la dir. de), *Business Ethics Research Issues and Empirical Studies*, Greenwich (Connecticut), JAI Press, 1990, p. 123-144.
28. Gordon Allport, Philip E. Vernon et Gardner Lindzey, *Study of Values*, Boston, Houghton Mifflin, 1931.
29. Adapté de R. Tagiuri, « Purchasing Executive : General Manager or Specialist ? », *Journal of Purchasing*, août 1967, p. 16-21.
30. Bruce M. Meglino et Elizabeth C. Ravlin, « Individual Values in Organizations : Concepts, Controversies and Research », *Journal of Management*, vol. 24, 1998, p. 351-389.
31. Meglino et Ravlin (1998).
32. Geert Hofstede, *Culture's Consequences : International Differences in Work-Related Values*, 2e éd., Beverly Hills (Californie), Sage, 2001 ; Fons Trompenaars et Charles Hampden-Turner, *Riding the Waves of Culture : Understanding Cultural Diversity in Global Business*, 2e éd., New York, McGraw-Hill, 1998. Pour un excellent débat sur la culture, voir « Culture : The Neglected Concept », dans Peter B. Smith et Michael Harris Bond, *Social Psychology Across Cultures*, 2e éd., Boston, Allyn & Bacon, 1998. Voir aussi Michael H. Hoppe, « An Interview with Geert Hofstede », *Academy of Management Executive*, vol. 18, 2004, p. 88-93.
33. Geert Hofstede, *Culture and Organizations : Software of the Mind*, Londres, McGraw-Hill, 1991.
34. P. Christopher Earley et Randall S. Perterson, « The Elusive Cultural Chameleon : Cultural Intelligence as a New Approach to Intercultural Training for the Global Manager », *Academy of Management Learning and Education*, vol. 3, n° 1, 2004, p. 100-115.
35. Hofstede, 2001 ; Geert Hofstede et Michael H. Bond, « The Confucius Connection : From Culture Roots to Economic Growth », *Organizational Dynamics*, vol. 16, 1988, p. 4-21.
36. Zhan Su et Louis-Frédéric Lessard, « Les traits culturels des gestionnaires québécois », *Revue Organisation*, vol. 7, n° 1, printemps 1998, p. 29-40.
37. Hofstede (2001).
38. Chinese Culture Connection, « Chinese Values and the Search for Culture-Free Dimensions of Culture », *Journal of Cross-Cultural Psychology*, vol. 18, 1987, p. 143-164.
39. Hofstede et Bond, 1988 ; Geert Hofstede, « Cultural Constraints in Management Theories », *Academy of Management Executive*, vol. 7, 1993, p. 81-94. Pour d'autres discussions sur les valeurs asiatiques et confucianistes, voir Jim Rohwer, *Asia Rising : Why America Will Prosper as Asia's Economies Boom*, New York, Simon & Schuster, 1995.
40. À titre d'exemple, voir John R. Schermerhorn Jr. et Michael H. Bond, « Cross-Cultural Leadership Dynamics in Collectivism and High Power Distance Settings », *Leadership and Organization Development Journal*, vol. 18, 1997, p. 187-193.
41. L.R. Gómez-Mejía, D.B. Balkin et R.L. Cardy, *Managing Human Resources*, Englewood Cliffs (New Jersey), Prentice-Hall, 1995, p. 154.
42. John P. Fernandez, *Managing a Diverse Workforce*, Lexington (Massachusetts), Heath, 1991 ; Jamieson et O'Mara (1991).
43. Adapté de Rob McInnes, *Diversity World*, www.diversityworld.com.
44. Traduction libre, citation tirée de Rob McInnes, « Workforce Diversity : Changing the Way You Do Business », www.diversityworld.com/Diversity/workforce_diversity.htm, 1999, page consultée le 14 février 2013.
45. www.catalyst.org.
46. www.catalyst.org.
47. www.statcan.gc.ca.
48. Voir Taylor H. Co et Stacy Blake, « Managing Cultural Diversity : Implications for Organizational Competitiveness », *Academy of Management Executive*, vol. 5, n° 3, 1991, p. 45.
49. http//lois.justice.gc.ca.

50. www.catalyst.org.
51. www.statcan.gc.ca.
52. Voir Lois Joy, « Advancing Women Leaders : The Connection between Women Corporate Board Directors and Women Corporate Officers », Catalyst, 2008, info@catalyst.org, www.catalyst.org.
53. Voir Lynda Gratton, «Inspiring Women : Corporate Best Practice in Europe», The Lehman Brothers Centre for Women in Business, 2007.
54. Voir l'étude de Catalyst, *The Double-Bind Dilemma for Women in Leadership : Damned if You Do, Doomed if You Don't*, 2007, info@catalyst.org, www.catalyst.org.
55. *Ibid.*
56. Voir les études de : Catalyst, *The Double-Bind Dilemma for Women in Leadership : Damned if You Do, Doomed if You Don't*, 2007, info@catalyst.org, www.catalyst.org ; Pricewaterhouse Coopers, *The Leaking Pipeline : Where are our Female Leaders ?*, mars 2008. PwC Gender Advisory Council, www.pwc.com/women.
57. www.statcan.gc.ca.
58. Voir Carol Mithers, « Workplace Wars », *Ladies' Home Journal*, mai 2009, p. 104-109
59. Mithers, 2009.
60. www.statcan.gc.ca.
61. François Normand, « Un demi-siècle de galère », *Les Affaires*, 21 janvier 2012, p. 12.
62. http ://laws-lois.justice.gc.ca/fra/Const/page-15.html.
63. http ://www.publicationsduquebec.gouv.qc.ca.
64. http ://laws-lois.justice.gc.ca/fra/lois/h-6.
65. www.ophq.gouv.qc.ca.
66. www.statcan.gc.ca.
67. http ://laws-lois.justice.gc.ca/fra/lois/h-6.
68. http ://laws-lois.justice.gc.ca/fra/Const/page-15.html.
69. http ://www.pollingreport.com/civil.htm.
70. Voir Lauren Prince, «Marketers : Buying Power of Gays to Exceed $835 Billion», 1er décembre 2011, http ://www.futuresforextrading.com/gfn/Buying%20Power%20of%20Gays%20to%20Exceed%20$835%20Billion.htm.
71. Voir Katharine Esty, « From Diversity to Inclusion », 30 avril 2007, http ://www.boston.com/jobs/nehra/043007.shtml, page consultée le 15 février 2013.
72. *Ibid.*
73. Voir Henri Tajfel et John Turner, « An Integrative Theory of Intergroup Conflict », dans William G. Austin et Stephen Worchel, *The Social Psychology in Intergroup Relations*, Monterey (Californie), Brooks-Cole, 1979, p. 94-109.
74. http ://www.catalystwomen.org/press_room/factsheets/factwoc3.htm.
75. Larry L. Cummings et Donald P. Schwab, *Performance in Organizations : Determinants and Appraisal*, Glenview (Illinois), Scott, Foresman, 1973, p. 8.
76. Voir J. Hogan, « Structure of Physical Performance in Occupational Tasks », *Journal of Applied Psychology*, vol. 76, 1991, p. 495-507.

CHAPITRE 3

1. Définitions de concepts et exposés d'après : J.M. George, « Trait and State Affect », dans K.R. Murphy (sous la dir. de), *Individual Differences in Behavior in Organizations*, San Francisco, Jossey-Bass, 1996, p. 45 ; N.H. Frijda, « Moods, Emotion Episodes and Emotions », dans M. Lewis et J.M. Haviland (sous la dir. de), *Handbook of Emotions*, New York, Guilford Press, 1993, p. 381-403 ; H.M. Weiss et R. Cropanzano, « Affective Events Theory : A Theoretical Discussion of the Structure, Causes, and Consequences of Affective Experiences at Work », dans B.M. Staw et L.L. Cummings (sous la dir. de), *Research in Organizational Behavior*, vol. 18, Greenwich (Connecticut), JAT Press, 1996, p. 17-19 ; P. Ekman et R.J. Davidson (sous la dir. de), *The Nature of Emotions : Fundamental Questions*, Oxford University Press, 1994 ; Frijda (1993), p. 381.
2. Pour un exemple, voir Mary Ann Hazen, «Grief and the Workplace», *Academy of Management Perspective*, vol. 22, nº 3, août 2008, p. 78-86.
3. J.A. Fuller, J.M. Stanton, G.G. Fisher, C. Spitzmuller, S.S. Russell et P. C. Smith, « A Lengthy Look at the Daily Grind : Time Series Analysis of Events, Mood, Stress, and Satisfaction », *Journal of Applied Psychology*, vol. 88, 2003, p. 1019-1033 ; C.J. Thoreson, S.A. Kaplan, A.P. Barsky, C.R. Warren et K. de Chermont, « The Affective Underpinnings of Job Perceptions and Attitudes ; A Meta-Analytic Review and Integration », *Psychological Bulletin*, vol. 129, 2003, p. 914-925.
4. Daniel Goleman, « Leadership That Gets Results », *Harvard Business Review*, mars-avril 2000, p.78-90. Voir aussi ses livres *Emotional Intelligence*, New York, Bantam Books, 1995, et *Working with Emotional Intelligence*, New York, Bantam Books, 1998.
5. Voir : Davies L. Stankow et R.D. Roberts, « Emotion and Intelligence : In Search of an Elusive Construct », *Journal of Personality and Social Psychology*, vol. 75, 1998, p. 989-1015 ; I. Greenstein, *The Presidential Difference : Leadership Style from FDR to Clinton*, Princeton (New Jersey), Princeton University Press, 2001 ; Goleman (2000).
6. Goleman (1998).
7. Weiss et Cropanzano (1996, p. 1-74.)
8. J.P. Tangney et K.W. Fischer (sous la dir. de), « Self-Conscious Emotions : The Psychology of Shame, Guilt, Embarrassment and Pride », New York, Guilford Press, 1995 ; J.L. Tracy et R.W. Robbins, « Putting the Self into Self-Conscious Emotions : A Theoretical Model », *Psychological Inquiry*, vol. 15, 2004, p. 103-125 ; D. Keltner et C. Anderson, « Saving Face for Darwin : The Functions and Uses of Embarrassment », *Current Directions in Psychological Science*, vol. 9, 2000, p. 187-192 ; J.S. Beer, E.A. Heery, D. Keltner, D. Scabini et R.T. Knight, « The Regulatory Function of Self-Conscious Emotion : Insights from Patients with Orbitofrontal Damage », *Journal of Personality and Social Psychology*, vol. 85, 2003, p. 594-604 ; R.P. Vecchio, « Explorations of Employee Envy : Feeling Envious and Feeling Envided », *Cognition and Emotion*, vol. 19, 2005, p. 69-81 ; C.F. Poulson II, « Shame and Work », dans N.M. Ashkanasy, W. Zerby et C.E.J. Hartel (sous la dir. de), *Emotions in the Workplace : Research, Theory, and Practice*, Westport (Connecticut), Quorum Books, p. 490-541.
9. Diane Brady, « Charm Offensive », *Business Week*, 26 juin 2006, p. 76-80.
10. Lewis et Haviland (1993).
11. Information tirée de Joe O'Shea, « How a Facebook Update Can Cost You Your Job », *Irish Independent*, 1er septembre 2010, p. 34.
12. Damon Darlin et Matt Richtel, « Chairwoman Leaves Hewlett in Spying Furor », *The Wall Street Journal*, 23 septembre 2006, p. A1 et A9.
13. R.E. Lucas, A.E. Clark, Y. Georgellis et E. Deiner, « Unemployment Alters the Set Points for Life Satisfaction », *Psychological Science*, vol. 15, 2004, p. 8-13 ; C. Graham, A. Eggers et S. Sukhtaner, « Does Happiness Pay ? : An Exploration Based on Panel Data from Russia », *Journal of Economic Behaviour and Organization*, 2006 ; C.H. Howell, R.T. Howell et K.A. Schwabe, « Does Wealth Enhance Life Satisfaction for People Who Are Materially Deprived ? : Exploring the Association Among the Orang Asli of Peninsular Malaysia », *Social Indicators Research*, 2006 ; G.L. Clore, N. Schwartz et M. Conway, « Affective Causes and Consequences of Social Information Processing », dans R.S. Wyer Jr. et T.K. Srull (sous la dir. de), *Handbook of Social Cognition*, vol. 1, Hillsdale (New Jersey), Erlbaum, 1994, p. 323-417 ; K.D. Vohs, R.F. Baumeister et G. Lowenstein, *Do Emotions Help or Hurt Decision Making ?*, New York, Russell Sage Foundation Press ; H.M. Weiss, J.P. Nicholas et C.S. Daus, « An Examination of the Joint Effects of Affective Experiences and Job Beliefs on Job Satisfaction and Variations in Affective Experiences over Time », *Organizational Behavior and Human Decision Processes*, vol. 78, 1999, p. 1-24 ; N.M. Ashkanasy, « Emotion and Performance », *Human Performance*, vol. 17, 2004, p. 137-144.
14. Voir : Robert G. Lord, Richard J. Klimoski et Ruth Knafer (sous la dir. de), *Emotions in the Workplace : Understanding The Structure and Role of Emotions in Organizational Behavior*, San Francisco, Jossey-Bass, 2002 ; Roy L. Payne et Cary L. Cooper (sous la dir. de), *Emotions at Work : Theory Research and Applications for Management*, Chichester (Royaume-Uni), John Wiley & Sons, 2004 ; Daniel Goleman et Richard Boyatzis, « Social Intelligence and the Biology of Leadership », *Harvard Business Review*, septembre 2008, réimpression R0809E.

15. Caroline Bartel et Richard Saavedra, «The Collective Construction of Work Group Moods», *Administrative Science Quarterly*, vol. 45, juin 2000, p. 197-231.

16. Joyce K. Bono et Remus Ilies, «Charisma, Positive Emotions and Mood Contagion», *Leadership Quarterly*, vol. 17, 2006, p. 317-334; Goleman et Boyatzis (2008).

17. James H. Fowler et Nicholas A. Christakis, «Dynamic Spread of Happiness in a Large Social Netwok: Longitudinal Analysis over 20 Years in the Framingham Heart Study», *British Medical Journal*, 2008, p. 337-338.

18. Shawn Achor, «L'intelligence positive», *Premium*, vol. 14, juin-juillet-août 2012, p. 30. Version anglaise originale publiée dans *Harvard Business Review*.

19. Daniel Goleman, Richard Boyatzis et Annie McKie, *Primal Leadership: Realizing the Power of Emotional Intelligence*, Boston, Harvard Business School Publishing, 2002; citation tirée de «Managing the Mood Is Crucial When Times are Tough», *Financial Times*, 24 mars 2009.

20. Citation tirée de «Managing the Mood Is Crucial When Times are Tough», *Financial Times*, 24 mars 2009.

21. S.M. Kruml et D. Geddes, «Catching Fire Without Burning Out: Is There an Ideal Way to Perform Emotional Labor?», dans N.M. Ashkanasy C.E.J. Hartel et W.J. Zerby (sous la dir. de), *Emotions in the Workplace*, New York, Quorum, 2000, p. 177-188.

22. A. Grandey, «Emotional Regulation in the Workplace: A New Way to Conceptualize Emotional Labor», *Journal of Occupational Health Psychology*, vol. 5, nº 1, 2000, p. 95-110; R. Cropanzano, D.E. Rupp et Z.S. Byrne, «The Relationship of Emotional Exhaustion to Work Attitudes, Job Performance and Organizational Citizenship Behavior», *Journal of Applied Psychology*, 2003, p. 160-169.

23. W. Tasi et Y. Huang, «Mechanisms Linking Employee Affective Delivery and Customer Behavioral Intentions», *Journal of Applied Psychology*, vol. 87, 2002, 1001-1008.

24. Information tirée de: Leigh Buchanan, «Life Lessons», *Inc.*, 6 juin 2006, www.inc.com/magazine; «A Fortune Coined from Cheerfulness Entrepreneurship», *Financial Times*, 20 mai 2009; www.lifeisgood.com/about.

25. A.A. Grandey, «When "The Show Must Go on": Surface Acting and Deep Acting as Determinants of Emotional Exhaustion and Peer-Rated Service Delivery», *Academy of Management Journal*, 2003, p. 86-96.

26. M. Eid et E. Diener, «Norms for Experiencing Emotions in Different Cultures: Inter- and Intranational Differences», *Journal of Personality and Social Psychology*, vol. 81, nº 5, 2001, p. 869-885.

27. *Ibid.*, 2001.

28. B. Mesquita, «Emotions in Collectivist and Individualist Contexts», *Journal of Personality and Social Psychology*, vol. 80, nº 1, 2001, p. 68-74.

29. D. Rubin, «Grumpy German Shoppers Distrust the Wal-Mart Style», *Seattle Times*, 30 déc. 2001, p. a15; A. Rafaeli, «When Cashiers Meet Custormers: An Analysis of Supermarket Cashiers», *Academy of Management Journal*, 1989, p. 245-273.

30. H.M. Weiss et R. Cropanzano, «An Affective Events Approach to Job Satisfaction», dans B.M. Staw et L.L. Cummings (sous la dir. de), *Research in Organizational Behavior*, vol. 18, Greenwich (Connecticut), JAI Press, 1996, p. 1-74; N.M. Ashkanasy et C.S. Daus, «Emotion in the Workplace: New Challenges for Managers», *Academy of Management Executive*, vol. 16, 2002, p. 76-86.

31. A.G. Miner et C.L. Hulin, *Affective Experience at Work: A Test of Affective Events Theory.* Affiche présentée à la 15ᵉ conférence annuelle de la Society for Industrial and Organizational Psychology, en 2000.

32. Comparer avec Martin Fishbein et Icek Ajzen, *Belief, Attitude, Intention and Behavior: An Introduction to Theory and Research*, Reading (Massachusetts), Addison-Wesley, 1973.

33. Voir A.W. Wicker, «Attitude Versus Action: The Relationship of Verbal and Overt Behavioral Responses to Attitude Objects», *Journal of Social Issues*, vol. 25, nº 1, automne 1969, p. 41-78.

34. L. Festinger, *A Theory of Cognitive Dissonance*, Palo Alto (Californie), Stanford University Press, 1957.

35. Voir «The Things They Do for Love», *Harvard Business Review*, décembre 2004, p. 19-20.

36. Tony DiRomualdo, «The High Cost of Employee Disengagement», 7 juillet 2004, www.wistechnology.com.

37. Information tirée de Sue Shellenbarger, «Employers Are Finding It Doesn't Cost Much to Make a Staff Happy», *The Wall Street Journal*, 19 novembre 1977, p. B1; voir aussi «Job Satisfaction on the Decline», The Conference Board, juillet 2002.

38. Information tirée de *What Workers Want: A Worldwide Study of Attitudes to Work and Work-Life Balance*, Londres, FDS International, 2007.

39. Kelly Schwind Wilson et David T. Wagner, «The Spillover of Daily Job Satisfaction onto Employees' Family Lives: The Facilitating Role of Work-Family Integration», *Academy of Management Journal*, vol. 52, février 2009, p. 87-102.

40. Voir W.E. Wymer et J.M. Carsten, «Alternative Ways to Gather Opinions», *HR Magazine*, vol. 37, nº 4, avril 1992, p. 71-78.

41. Le Job Descriptive Index (JDI) est disponible auprès du Dʳ Patricia C. Smith, Département de psychologie, Bowling Green State University. Le Minnesota Satisfaction Questionnaire (MSQ) est disponible à l'Industrial Relations Center et au Vocational Psychology Research Center, University of Minnesota.

42. Shawn Achor, «L'intelligence positive», *Premium*, vol. 14, juin-juillet-août 2012, p. 31.

43. http://www.randstad.ca.

44. «Despite Low Job Satisfaction, Employees Unlikely to Seek New Jobs, Accenture Research Reports, Prefer to Focus on Creating Opportunities with Current Employers», 4 mars 2011, http://newsroom.accenture.com/article_display.cfm?article_id=5163.

45. «U.S. Job Satisfaction at Lowest Level in Two Decades», communiqué de presse, The Conference Board, 5 janvier 2009, www.conference-board.org.

46. Pour une recherche historique, voir B.M. Staw, «The Consequences of Turnover», *Journal of Occupational Behavior*, vol. 1, 1980, p. 253-273.

47. C.N. Greene, «The Satisfaction-Performance Controversy», *Business Horizons*, vol. 15, 1972, p. 31-41; M. T Iaffaldano et P.M. Muchinsky, «Job Satisfaction and Job Performance: A Meta-Analysis», *Psychological Bulletin*, vol. 97, 1985, p. 251-273; D. Organ, «A Reappraisal and Reinterpretation of the Satisfaction-Causes-Performance Hypothesis», *Academy of Management Review*, vol. 2, 1977, p. 46-53; P. Lorenzi, «A Comment on Organ's Reappraisal of the Satisfaction-Causes-Performance Hypothesis», *Academy of Management Review*, vol. 3, 1978, p. 380-382.

48. Salary.com, «Survey Shows Impact of Downturn on Job Satisfaction», *OH&S: Occupational Health and Safety*, 7 février 2009, www.ohsonline.com.

49. Tony DiRomualdo, «The High Cost of Employee Disengagement», 7 juil. 2004, www.wistechnology.com.

50. Information et citations tirées de «Generation Gap: On Their Bosses, Millenials Happier Than Boomers», *The Wall Street Journal*, 15 novembre 2010, p. B6. Voir aussi Brenda Kowske, «The "Generations" Debate Degenerates: Finding Facts Among the Myths», Kenexa Research Institute, 2010.

51. Dennis W. Organ, *Organizational Citizenship Behavior: The Good Soldier Syndrome*, Lexington (Massachusetts), Lexington Books, 1988; Dennis W. Organ, «Organizational Citizenship Behavior: It's Constructive Cleanup Time», *Human Performance*, vol. 10, 1997, p. 85-97.

52. Voir Mark C. Bolino et William H. Turnley, «Going the Extra Mile: Cultivating and Managing Employee Citizenship Behavior», *Academy of Management Executive*, vol. 17, août 2003, p. 60-67.

53. Voir Venetta I. Coleman et Walter C. Borman, «Investigating the Underlying Structure of the Citizenhip Performance Domain», *Human Resource Management Review*, vol. 10, 2000, p. 115-126.

54. Sandra L. Robinson et Rebecca J. Bennett, «A Typology of Deviant Workplace Behaviors: A Multidimensional Scaling Study», *Academy of Management Journal*, vol. 38, 1995, p. 555-572.

55. Reeshad S. Dalal, «A Meta-Analysis of the Relationship Among Organizational Citizenship Behavior and Counterproductive Work Behavior», *Journal of Applied Psychology*, vol. 90, 2005, p. 1241-1255.

56. Timothy A. Judge et Remus Ilies, «Affect and Job Satisfaction: A Study of Their Relationship at Work and at Home», *Journal of Applied Psychology*, vol. 89, 2004, p. 661-673.

57. Ilies et autres (2009).

58. Voir Benjamin Schneider, Paul J. Hanges, D. Brent Smith et Amy Salvaggio, «Which Comes First: Employee Attitudes or Organizational, Financial, and Market Performance?», *Journal of Applied Psychology*, vol. 88, n° 5, 2003, p. 836-851.

59. Voir Satoris S. Culbertson, «Do Satisfied Employees Mean Satisfied Customers?», *The Academy of Management Perspectives*, vol. 23, février 2009, p. 76-77.

60. L.W. Porter et E.E. Lawler III, *Managerial Attitudes and Work Performance*, Homewood (Illinois), Irwin, 1968.

61. Schneider, Hanges, Smith et Salvaggio (2003).

62. *Ibid.*

CHAPITRE 4

1. H.R. Schiffmann, *Sensation and Perception: An Integrated Approach*, 3e éd., New York, Wiley, 1990.

2. Exemple tiré de John A. Wagner III et John R. Hollenbeck, *Organizational Behavior*, 3e éd., Upper Saddle River (New Jersey), Prentice-Hall, 1998, p. 59.

3. Voir: Georgia T. Chao et Steve W.J. Kozlowski, «Employee Perceptions on the Implementation of Robotic Manufacturing Technology», *Journal of Applied Psychology*, vol. 71, 1986, p. 70-76; Steven F. Cronshaw et Robert G. Lord, «Effects of Categorization, Attribution and Encoding Processes in Leadership Perceptions», *Journal of Applied Psychology*, vol. 72, 1987, p. 97-106.

4. Voir: Robert Lord, «An Information Processing Approach to Social Perceptions, Leadership and Behavioral Measurement in Organizations», dans B.M. Staw et L.L. Cummings (sous la dir. de), *Research in Organizational Behavior*, vol. 7, Greenwich (Connecticut), JAI Press, 1985, p. 87-128; T.K. Skrull et R.S. Wyer, *Advances in Social Cognition*, Hillsdale (New Jersey), Erlbaum, 1988; U. Neisser, *Cognitive and Reality*, San Francisco, Freeman, 1976, p. 112.

5. Voir: J.G. Hunt, *Leadership: A New Synthesis*, Newbury Park (Californie), Sage, 1991, chap. 7; R.G. Lord et R.J. Foti, «Schema Theories, Information Processing and Organizational Behavior», dans H.P. Simms Jr. et D.A. Gioia (sous la dir. de), *Thinking Organization*, San Francisco, Jossey-Bass, 1986, p. 20-48; S.T. Fiske et S.E. Taylor, *Social Cognition*, Reading (Massachusetts), Addison-Wesley, 1984.

6. Information tirée de Temple Hemphill, «Bull Market: Now is the Time to Take Advantage of Web 2.0», *BlackMBA*, hiver 2008-2009, p. 63-66. Voir aussi Brian Solis, *Engage: The Complete Guide for Brands and Business*, Hoboken (New Jersey), John Wiley & Sons, 2010.

7. D'après Merideth Ferguson, Neta Moye et Ray Friedman, «The Lingering Effects of the Recruitment Experience on the Long-Term Employment Relationship», *Negociation and Conflict Management Research*, vol. 1, 2008, p. 246-262.

8. Voir William L. Gardner et Mark J. Martinko, «Impression Management in Organizations», *Journal of Management*, juin 1988, p. 332.

9. Citation tirée de Sheila O'Flanagan, «Underestimate Casual Dressers at Your Peril», *Irish Times*, 22 juil. 2005.

10. Voir: B.R. Schlenker, *Impression Management: The Self-Concept, Social Identity, and Interpersonal Relations*, Monterey (Californie), Brooks/Cole, 1980; W.L. Gardner et M.J. Martinko, «Impression Management in Organizations», *Journal of Management*, juin 1988, p. 332; R.B. Cialdini, «Indirect Tactics of Image Management: Beyond Basking», dans R.A. Giacolini et P. Rosenfeld (sous la dir. de), *Impression Management in the Organization*, Hillsdale (New Jersey), Erlbaum, 1989, p. 45-71; Sandy Wayne et Robert Liden, «Effects of Impression Management on Performance Ratings», *Academy of Management Journal*, février 1995, p. 232-260.

11. Information tirée de «Misconceptions about Women in the Global Arena Keep Their Number Low», www.catalystwomen.org.

12. Ces exemples sont tirés de Natasha Josefowitz, *Paths to Power*, Reading (Massachusetts), Addison-Wesley, 1980, p. 60. Pour plus d'information sur le thème du genre, voir Gray N. Powell (sous la dir. de), *Handbook of Gender and Work*, Thousand Oaks (Californie), Sage, 2009.

13. Guylaine Boucher, «Au-delà du mythe», *Effectif*, vol. 15, n° 3, juin-juillet-août 2012.

14. Ruth Wright, «Les femmes à la haute direction: où sont-elles?», *Effectif*, vol. 15, n° 3, juin-juillet-août 2012.

15. Gilbert Lavoie, «La parité, une bataille quasi gagnée», *Le Soleil*, 9 janvier 2012, en ligne.

16. Voir, par exemple: Stephan Thernstrom et Abigail Thernstrom, *America in Black and White*, New York, Simon & Schuster, 1997; David A. Thomas et Suzy Wetlaufer, «A Question of Color: A Debate on Race in the U.S. Workspace», *Harvard Business Review*, vol. 2, septembre-octobre 1997, p. 118-132.

17. Olivier Schmouker, «Les femmes toujours aussi discriminées au travail», lesaffaires.com, 11 décembre 2012.

18. Iris Gagnon-Paradis, «Les femmes gagnent des places dans les C.A.», *La Presse*, 19 novembre 2012.

19. Pour un récent rapport sur la discrimination fondée sur l'âge, voir Joseph C. Santora et William J. Seaton, «Age Discrimination: Alive and Well in the Workplace?», *The Academy of Management Perspectives*, vol. 22, mai 2008, p. 103-104.

20. Sondage cité dans Kelly Greene, «Age Is Still More Than A Number», *The Wall Street Journal*, 10 avril 2003, p. D2.

21. «Facebook Gets Down to Business», *Business Week*, 20 avril 2009, p. 30.

22. Iris Gagnon-Paradis (2012).

23. Dewitt C. Dearborn et Herbert A. Simon, «Selective Perception: A Note on the Departmental Identification of Executives», *Sociometry*, vol. 21, 1958, p. 140-144.

24. J. Sterling Livingston, «Pygmalion in Management», *Harvard Business Review*, juillet-août 1969, p. 81-89.

25. R.A. Rosenthal et L. Jacobson, *Pygmalion à l'école – Succès ou échec scolaire, un facteur important: le préjugé du maître*, Tournai, Casterman, 1971.

26. Information tirée de Deloitte LLP, «Leadership Counts: 2007 Deloitte & Touche USA Ethics & Workplace Survey Results», Kiplinger Resource Center, juin 2007, www.kiplinger.com.

27. D. Eden et A.B. Shani, «Pygmalion Goes to Boot Camp», *Journal of Applied Psychology*, vol. 67, 1982, p. 194-199.

28. Business Digest, «Être optimiste, ça paie», *Premium*, vol. 14, juin-juillet-août 2012, p. 44.

29. Voir H.H. Kelley, «Attribution in Social Interaction», dans E. Jones et autres (sous la dir. de), *Attribution: Perceiving the Causes of Behavior*, Morristown (New Jersey), General Learning Press, 1972.

30. Voir: Terence R. Mitchell, S.G. Green et R.E. Wood, «An Attribution Model of Leadership and the Poor Performing Subordinate», dans Barry Staw et Larry L. Cummings (sous la dir. de), *Research in Organizational Behavior*, New York, JAI Press, 1981, p. 197-234; John H. Harvey et Gifford Weary, «Current Issues in Attribution Theory et Research», *Annual Review of Psychology*, vol. 35, 1984, p. 427-459.

31. Voir F. Fosterling, «Attributional Retraining: A Review», *Psychological Bulletin*, novembre 1985, p. 496-512.

32. R.M. Steers, S.J. Bischoff et L.H. Higgins, «Cross Cultural Management Research», *Journal of Management Inquiry*, décembre 1992, p. 325-326; J.G. Miller, «Culture and the Development of Everyday Causal Explanation», *Journal of Personality and Social Psychology*, vol. 46, 1984, p. 961-978.

33. A. Maass et C. Volpato, «Gender Differences in Self-Serving Attributions About Sexual Experiences», *Journal of Applied Psychology*, vol. 19, 1989, p. 517-542.

34. Voir: J.M. Crant et T.S. Bateman, «Assignment of Credit and Blame for Performance Outcomes», *Academy of Management Journal*, février 1993, p. 7-27; E.C. Pence, W.E. Pendelton, G.H. Dobbins et J.A. Sgro, «Effects of Causal Explanations and Sex Variables on Recommendations for Corrective Actions Following Employee Failure», *Organizational Behavior and Human Performance*, avril 1982, p. 227-240.

35. D'après Hélène Lee-Gosselin et Hawo Ann, *Où sont les femmes dans la direction des organisations?*, Chaire Claire-Bonenfant, Femmes,

Savoirs et Sociétés, Université Laval, http://www.fss.ulaval.ca/cms_recherche/upload/claire_bon/fichiers/f_doc_synthese_femmes.pdf.

36. Tiré de B.R. Schlinker (1980).

37. A. Bandura, *Social Learning Theory*, Englewood Cliffs (New Jersey), Prentice-Hall, 1977.

38. Voir, notamment: A.M. Morrison, R.P. White et E. Van Velsor, *Breaking the Glass Ceiling*, Reading (Massachusetts), Addison-Wesley, 1987; J.D. Zalesny et J.K. Ford, «Extending the Social Information Processing Perspective: New Links to Attitudes, Behaviors and Perceptions», *Organizational Behavior and Human Decision Processes*, vol. 47, nº 2, 1990, p. 205-246; M.E. Gist, C. Schwoerer et B. Rosen, «Effects of Alternative Training Methods of Self-Efficacy and Performance in Computer Software Training», *Journal of Applied Psychology*, vol. 74, 1989, p. 884-891; D.D. Sutton et R.W. Woodman, «Pygmalion Goes to Work: The Effects of Superviser Expectations in a Retail Setting», *Journal of Applied Psychology*, vol. 74, nº 6, 1989, p. 943-950; M.E. Gist, «The Influence of Training Method on Self-Efficacy and Idea Generation Among Managers», *Personnel Psychology*, vol. 42, nº 6, 1989, p. 787-805.

39. Bandura (1977 et 1997).

40. Voir: M.E. Gist, «Self Efficacy: Implications in Organizational Behavior and Human Resource Management», *Academy of Management Review*, vol. 12, nº 3, 1987, p. 472-485; A. Bandura, «Self-Efficacy Mechanisms in Human Agency», *American Psychologist*, vol. 37, nº 4, 1987, p. 122-147.

41. Adapté de «Gaining Perspective – A Discussion [with Rushworth M. Kidder] on the Topic of Ethical Business Leadership», *BGS International Exchange*, vol. 5, nº 3, automne 2006, p. 6-8.

42. Pour un bon aperçu des approches axées sur le renforcement, voir: W.E. Scott Jr. et P.M. Podsakoff, *Behavioral Principles in the Practice of Management*, New York, Wiley, 1985; Fred Luthans et Robert Kreitner, *Organizational Behavior Modification and Beyond*, Glenview (Illinois), Scott, Foresman, 1985.

43. Quelques ouvrages de B.F. Skinner qu'on pourra consulter: *Walden Two*, New York, Macmillan, 1948; *Science and Human Behavior*, New York, Macmillan, 1953; *Contingencies of Reinforcement*, New York, Appleton-Century-Crofts, 1969.

44. E.L. Thorndike, *Animal Intelligence*, New York, Macmillan, 1911, p. 244.

45. Exemple adapté de Fred Luthans et Robert Kreitner, *Organizational Behavior Modification and Beyond*, Glenview (Illinois), Scott Foresman, 1985.

46. Adapté de Luthans et Kreitner (1985).

47. Cet exposé est basé sur Luthans et Kreitner (1985).

48. Les deux lois sont traitées dans Keith L. Miller, *Principles of Everyday Behavior Analysis*, Monterey (Californie), Brooks-Cole, 1975, p. 122.

49. Cet exemple s'appuie sur une étude de Barbara Price et Richard Osborn, «Shaping the Training of Skilled Workers», document de travail, Detroit, Département de gestion de la Wayne State University, 1999.

50. Robert Kreitner et Angelo Kiniki, *Organization Behavior*, 2e éd., Homewood (Illinois), Irwin, 1992.

51. Et cela, pendant plusieurs années. Voir: K.M. Evans, «On-the Job Lotteries: A Low-Cost Incentive That Sparks Higher Productivity», *Compensation and Benefits Review*, vol. 20, nº 4, 1988, p. 63-74; A. Halcrow, «Incentive! How Three Companies Cut Costs», *Personal Journal*, février 1986, p. 12.

52. Information et citations tirées des sites web des entreprises du groupe et de The Entrepreneur's Hall of Fame, www.1tbn.com/halloffame.html; «The Importance of Being Richard Branson», *Knowledge@Wharton*, 12 janvier 2005.

53. A.R. Korukonda et James G. Hunt, «Pat on the Back Versus Kick in the Pants: An Application of Cognitive Inference to the Study of Leader Reward and Punishment Behavior», *Group and Organization Studies*, vol. 14, 1989, p. 299-234.

54. Edwin A. Locke, «The Myths of Behavior Mod in Organizations», *Academy of Management Review*, vol. 2, octobre 1977, p. 543-553. Pour une réplique, voir Jerry L. Gray, «The Myths of the Myths About Behavior Mod in Organizations: A Reply to Locke's Criticisms of Behavior Modification», *Academy of Management Review*, vol. 4, janvier 1979, p. 121-129.

55. Robert Kreitner, «Controversy in OBM: History, Misconceptions and Ethics», dans Lee Frederiksen (sous la dir. de), *Handbook of Organizational Behavior Management*, New York, Wiley, 1982, p. 71-91.

56. W.E. Scott Jr. et P.M. Podsakoff, *Behavioral Principles in the Practice of Management*, New York, Wiley, 1985. Voir aussi: W. Clay Hamner, «Reinforcement Theory and Contingency Management in Organizational Settings», dans Richard M. Steers et Lyman W. Porters (sous la dir. de), *Motivation and Work Behavior*, 4e éd., New York, McGraw-Hill, 1987, p. 139-165; Luthans et Kreitner (1985); Charles C. Manz et Henry P. Sims Jr., *Superleadership*, New York, Berkeley, 1990.

CHAPITRE 5

1. Voir John P. Campbell, Marvin D. Dunnette, Edward E. Lawler III et Karl E. Weick Jr., *Managerial Behavior Performance and Effectiveness*, New York, McGraw-Hill, 1970, chap. 15.

2. Geert Hofstede, «Cultural Constraints in Management Theories», *Academy of Management Executive*, vol. 7, février 1993, p. 81-94.

3. Geert Hofstede, *Culture's Consequences: International Differences in Work-Related Values*, éd. abrégée, Beverly Hills, Sage, 1984.

4. Abraham Maslow, *Eupsychian Management*, Homewood (Illinois), Irwin, 1965, et *Motivation and Personality*, 2e éd. New York, Harper & Row, 1970.

5. Lyman W. Porter, «Job Attitudes in Management: II. Perceived Importance of Needs as a Function of Job Level», *Journal of Applied Psychology*, vol. 47, avril 1963, p. 141-148.

6. Douglas T. Hall et Khalil E. Nougaim, «An Examination of Maslow's Need Hierarchy in an Organizational Setting», *Organizational Behavior and Human Performance*, vol. 3, 1968, p. 12-35; Porter (1963); John M. Ivancevich, «Perceived Need Satisfactions of Domestic Versus Overseas Managers», *Journal of Applied Psychology*, vol. 54, août 1969, p. 274-278.

7. Mahmoud A. Wahba et Lawrence G. Bridwell, «Maslow Reconsidered: A Review of Research on the Need Hierarchy Theory», *Academy of Management Proceedings*, 1974, p. 514-520; Edward E. Lawler III et J. Lloyd Shuttle, «A Causal Correlation Test of the Need Hierarchy Concept», *Organizational Behavior and Human Performance*, vol. 7, 1973, p. 265-287.

8. Nancy J. Adler, *International Dimensions of Organizational Behavior*, 2e éd., Boston, PWS-Kent, 1991, p. 153; Richard M. Hodgetts et Fred Luthans, *International Management*, New York, McGraw-Hill, 1991, chap. 11.

9. Clayton P. Alderfer: «An Empirical Test of a New Theory of Human Needs», *Organizational Behavior and Human Performance*, vol. 4, 1969, p. 142-175, et *Existence, Relatedness and Growth*, New York, Free Press, 1972; Benjamin Schneider et Clayton P. Alderfer, «Three Studies of Need Satisfaction in Organization», *Administrative Science Quarterly*, vol. 18, 1973, p. 489-505.

10. Lane Tracy, «A Dynamic Living Systems Model of Work Motivation», *Systems Research*, vol. 1, 1984, p. 191-203; John Rauschenberger, Neal Schmidt et John E. Hunter, «A Test of the Need Hierarchy Concept by a Markov Model of Change in Need Strength», *Administrative Science Quarterly*, vol. 25, 1980, p. 654-670.

11. Voici quelques références utiles sur le sujet. David C. McClelland: *The Achieving Society*, New York, Van Nostrand, 1961, «Business, Drive and National Achievement», *Harvard Business Review*, vol. 40, juillet-août 1962, p. 99-112, et «That Urge to Achieve», *Think*, nov.-déc. 1966, p. 19-32; G.H. Litwin et R.A. Stringer, *Motivation and Organizational Climate*, Boston, Division de la recherche du Harvard Business School, 1966, p. 18-25.

12. George Harris, «To Know Why Men Do What They Do: A Conversation with David C. McClelland», *Psychology Today*, vol. 4, janvier 1971, p. 35-39.

13. David C. McClelland et David H. Burnham, «Power Is the Great Motivator», *Harvard Business Review*, vol. 54, mars-avril 1976, p. 100-110; David C. McClelland et Richard E. Boyatzis, «Leadership Motive Pattern and Long-Term Success in Management», *Journal of Applied Psychology*, vol. 67, 1982, p. 737-743.

14. P. Miron et D.C. McClelland, «The Impact of Achievement Motivation Training in Small Businesses», *California Management Review*, été 1979, p. 13-28.

15. Herzberg et ses associés ont expliqué en détail la théorie bifactorielle dans : Frederick Herzberg, Bernard Mausner et Barbara Bloch Synderman, *The Motivation to Work*, 2e éd., New York, Wiley, 1967 ; Frederick Herzberg, « One More Time : How Do You Motivate Employees ? », *Harvard Business Review*, vol. 46, no 1, janvier-février 1968, p. 53-62.

16. Tiré de Herzberg (1968).

17. Voir : Robert J. House et Lawrence A. Wigdor, « Herzberg's Dual-Factor Theory of Job Satisfaction and Motivation : A Review of the Evidence and a Criticism », *Personnel Psychology*, vol. 20, hiver 1967, p. 369-389 ; Steven Kerr, Anne Harlan et Ralph Stogdill, « Preference for Motivator and Hygiene Factors in a Hypothetical Interview Situation », *Personnel Psychology*, vol. 27, hiver 1974, p. 109-124 ; Nathan King, « A Clarification and Evaluation of the Two-Factor Theory of Job Satisfaction », *Psychological Bulletin*, juillet 1970, p. 18-31 ; Marvin Dunnette, John Campbell et Milton Hakel, « Factors Contributing to Job Satisfaction and Job Dissatisfaction in Six Occupational Groups », *Organizational Behavior and Human Performance*, mai 1967, p. 143-174 ; R.J. House et L. Wigdor, « Herzberg's Dual Factor Theory of Job Satisfaction and Motivation : A Review of the Evidence and a Criticism », *Personnel Psychology*, été 1967, p. 369-389.

18. Adler (1991), chap. 6 ; Nancy J. Adler et J.T. Graham, « Cross-Cultural Interaction : The International Comparison Fallacy », *Journal of International Business Studies*, automne 1989, p. 515-537 ; Frederick Herzberg, « Workers Needs : The Same Around the World », *Industry Week*, 27 septembre 1987, p. 29-32.

19. Voir notamment J. Stacy Adams : « Toward an Understanding of Inequality », *Journal of Abnormal and Social Psychology*, vol. 67, 1963, p. 422-436, et « Inequity in Social Exchange », dans L. Berkowitz (sous la dir. de), *Advances in Experimental Social Psychology*, vol. 2, New York, Academic Press, 1965, p. 267-300.

20. Adams (1965).

21. On trouvera un exposé sur ces questions dans C. Kagitcibasi et J.W. Berry, « Cross-Cultural Psychology : Current Research and Trends », *Annual Review of Psychology*, vol. 40, 1989, p. 493-531.

22. Voir : Blair Sheppard, Roy J. Lewicki et John Minton, *Organizational Justice : The Search for Fairness in the Workplace*, New York, Lexington Books, 1992 ; Jerald Greenberg, *The Quest for Justice on the Job : Essays and Experiments*, Thousand Oaks (Californie), Sage, 1995 ; Robert Folger et Russell Cropanzano, *Organizational Justice and Human Resource Management*, Thousand Oaks (Californie), Sage, 1998 ; Mary A. Konovksy « Understanding Procedural Justice and Its Impact on Business Organizations », *Journal of Management*, vol. 26, 2000, p. 489-511.

23. La notion de justice interactionnelle est définie par Robert J. Bies, « The Predicament of Injustice : The Management of Moral Outrage », dans L.L. Cummings et B.M. Staw (sous la dir. de), *Research in Organizational Behavior*, vol. 9, Greenwich (Connecticut), JAI Press, 1987, p. 289-319. L'exemple est de Carol T. Kulik et Robert L. Holbrook, « Demographics in Service Encounters : Effects of Racial and Gender Congruence on Perceived Fairness », *Social Justice Research*, vol. 13, 2000, p. 375-402.

24. Information concernant cette situation tirée de Jared Sandberg, « Why You May Regret Looking at Papers Left on the Office Copier », *Wall Street Journal*, 20 juin 2006, p. B1.

25. Victor H. Vroom, *Work and Motivation*, New York, Wiley, 1964.

26. *Ibid.*

27. Voir : Terence R. Mitchell : « Expectancy Models of Job Satisfaction, Occupational Preference and Effort : A Theoretical, Methodological and Empirical Appraisal », *Psychological Bulletin*, vol. 81, 1974, p. 1053-1077, et « Expectancy-Value Models in Organizational Psychology », dans N. Feather (sous la dir. de), *Expectancy, Incentive and Action*, New York, Erlbaum and Associates, 1980 ; Mahmoud A. Wahba et Robert J. House, « Expectancy Theory in Work and Motivation : Some Logical and Methodological Issues », *Human Relations*, vol. 27, janvier 1974, p. 121-147 ; Terry Connolly, « Some Conceptual and Methodological Issues in Expectancy Models of Work Performance Motivation », *Academy of Management Review*, vol. 1, octobre 1976, p. 37-47.

28. Voir Adler (1991).

29. Edwin A. Locke, Karyll N. Shaw, Lise M. Saari et Gary P. Latham, « Goal Setting and Task Performance : 1969-1980 », *Psychological Bulletin*, vol. 90, juillet-novembre 1981, p. 125-152 ; Edwin A. Locke et Gary P. Latham : « Work Motivation and Satisfaction : Light at the End of the Tunnel », *Psychological Science*, vol. 1, no 4, juillet 1990, p. 240-246, et *A Theory of Goal Setting and Task Performance*, Englewood Cliffs (New Jersey), Prentice Hall, 1990.

30. Edwin A. Locke et Gary P. Latham, « Has Goal Setting Gone Wild, or Have Its Attackers Abandoned Good Scholarship ? », *The Academy of Management Perspective*, vol. 23, février 2009, p. 17-23.

31. Gary P. Latham et Edwin A. Locke, « Goal Setting : A Motivational Technique That Works », *Organizational Dynamics*, vol. 8, automne 1979, p. 68-80 ; Gary P. Latham et Timothy P. Steele, « The Motivational Effects of Participation Versus Goal-Setting on Performance », *Academy of Management Journal*, vol. 26, 1983, p. 406-417 ; Miriam Erez et Frederick H. Kanfer, « The Role of Goal Acceptance in Goal Setting and Task Performance », *Academy of Management Review*, vol. 8, 1983, p. 454- 463 ; R.E. Wood et E.A. Locke, « Goal Setting and Strategy Effects on Complex Tasks », dans B. Staw et L.L. Cummings (sous la dir. de) (1990).

32. Voir E.A. Locke et G.P. Latham (1990), p. 241.

33. Pour une discussion récente sur la fixation d'objectifs, voir : Lisa D. Ordónez, Maurice E. Schwitzer, Adam D. Galinsky et Max H. Bazerman, « Goals Gone Wild : The Systematic Side Effects of Overprescribing Goal Setting », *The Academy of Management Perspective*, vol. 23, février 2009, p. 6-16 ; Locke et Latham (2009).

34. Gary P. Latham et Edwin A. Locke (1979) ; Gary P. Latham et Timothy P. Steele (1983) ; Miriam Erez et Frederick H. Kanfer (1983) ; R.E. Wood et E.A. Locke, « Goal Setting and Strategy Effects on Complex Tasks », dans B. Staw et L.L. Cummings (sous la dir. de) (1990).

35. D'après Alexander D. Stajkovic, Edwin A. Locke et Eden S. Blair, « A First Examination of the Relationships Between Primed Subconscious Goals, Assigned Conscious Goals, and Task Performance », *Journal of Applied Psychology*, vol. 91, no 5, 2006, p. 1172-1180.

36. Pour une réflexion et de l'information sur la GPO, voir Anthony P. Raia, *Managing by Objectives*, Glenview (Illinois), Scott, Foresman, 1974.

37. *Ibid.* ; Steven Kerr résume également très bien les principales critiques sur ce sujet dans « Overcoming the Dysfunctions of MBO », *Management by Objectives*, vol. 5, no 1, 1976.

38. Edward L. Deci et Richard M. Ryan, *Intrinsic Motivation and Self-Determination in Human Behavior*, New York, Plenum Press, 1985 ; Edward L. Deci et Richard M. Ryan, « The "What" and "Why" of Goal Pursuits : Human Needs and the Self-Determination of Behaviour », *Psychological Inquiry*, 2000, vol. 11, p. 227-268 ; Richard M. Ryan et Edward L. Deci, « Self-Determination Theory and the Facilitation of Intrinsic Motivation, Social Development, and Well-Being », *American Psychologist*, vol. 55, no 1, 2000, p. 68-78.

39. M.R. Blais, N.M. Brière, L. Lachance, A.S. Riddle et R.J. Vallerand, « L'inventaire des motivations au travail », *Revue québécoise de psychologie*, vol. 14, 1993, p. 185-215.

40. Edward L. Deci et Richard M. Ryan (1985).

41. Edward L. Deci et Richard M. Ryan, « Favoriser la motivation optimale et la santé mentale dans les divers milieux de travail », *Canadian Psychology / Psychologie canadienne*, vol. 49, no 1, février 2008, p. 24-34.

42. D'après Nicolas Gillet et autres, « The Impact of Organizational Factors on Psychological Needs and Their Relations with Well-Being », *Journal of Business and Psychology*, vol. 27, no 4, décembre 2012, p. 437-450

43. G.R. Salancik, « Interaction Effects of Performance and Money on Self-Perception of Intrinsic Motivation », *Organizational Behavior and Human Performance*, juin 1975, p. 339-351 ; F. Luthans, M. Martinko et T. Kess, « An Analysis of the Impact of Contingency Monetary Rewards on Intrinsic Motivation », *Proceedings of the Nineteenth Annual Midwest Academy of Management*, Saint-Louis, 1976, p. 209-221.

44. Edward L. Deci et Richard M. Ryan, « The "What" and "Why" of Goal Pursuits : Human Needs and the Self-Determination of Behavior », *Psychological Inquiry*, vol. 11, 2000, p.227-268.

45. Richard M. Ryan et Edward L. Deci, « Self-Determination Theory and the Facilitation of Intrinsic Motivation, Social Development, and Well-Being », *American Psychologist*, vol. 55, no 1, 2000, p. 68-78.

CHAPITRE 6

1. Frederick W. Taylor, *The Principles of Scientific Management*, New York, Norton, 1967.
2. Frederick Herzberg, « One More Time : How Do You Motivate Employees ? », *Harvard Business Review*, vol. 81, nº 1, janvier-février 2003, p. 87-96.
3. Paul J. Champagne et Curt Tausky, « When Job Enrichment Doesn't Pay », *Personnel*, vol. 3, janvier-février 1978, p. 30-40.
4. Pour une description complète, voir J. Richard Hackman et Greg R. Oldham, *Work Redesign*, Reading (Massachusetts), Addison-Wesley, 1980.
5. Voir J. Richard Hackman et Greg Oldham, « Development of the Job Diagnostic Survey », *Journal of Applied Psychology*, vol. 60, 1975, p. 159-170.
6. *Ibid.*
7. Voir, par exemple, Kenneth D. Thomas et Betty A. Velthouse, « Cognitive Elements of Empowerment : An "Interpretive" Model of Intrinsic Task Motivation », *Academy of Management Review*, vol. 15, nº 4, 1990, p. 666-681.
8. J.R. Hackman et G. Oldham (1975). Pour une étude novatrice, voir : Charles L. Hulin et Milton R. Blood, « Job Enlargement, Individual Differences and Worker Responses », *Psychological Bulletin*, vol. 69, 1968, p. 41-55; Milton R. Blood et Charles L. Hulin, « Alienation, Environmental Characteristics and Worker Responses », *Journal of Applied Psychology*, vol. 51, 1967, p. 284-290.
9. Gerald Salancik et Jeffrey Pfeffer, « An Examination of Need-Satisfaction Models of Job Attitudes », *Administrative Science Quarterly*, vol. 22, 1977, p. 427-456; Gerald Salancik et Jeffrey Pfeffer, « A Social Information Processing Approach to Job Attitude and Task Design », *Administrative Science Quarterly*, vol. 23, 1978, p. 224-253.
10. George W. England et Itzhak Harpaz, « How Working Is Defined : National Contexts and Demographic and Organizational Role Influences », *Journal of Organizational Behavior*, juillet 1990, p. 253-266.
11. William A. Pasmore, « Overcoming the Roadblocks to Work-Restructuring Efforts », *Organizational Dynamics*, vol. 10, 1982, p. 54-67; Hackman et Oldham (1975).
12. Pour des aperçus, voir : Allan R. Cohen et Herman Gadon, *Alternative Work Schedules : Integrating Individual and Organizational Needs*, Reading (Massachusetts), Addison-Wesley, 1978; Jon L. Pearce, John W. Newstrom, Randall B. Dunham et Alison E. Barber, *Alternative Work Schedules*, Boston, Allyn & Bacon, 1989. Voir aussi Sharon Parker et Toby Wall, *Job and Work Design*, Thousand Oaks (Californie), Sage, 1998.
13. B.J. Wixom, Jr. : « Recognizing People in a World of Change », *HR Magazine*, juin 1995, p. 7-8; « The Value of Flexibility », *Inc.*, avril 1996, p. 114.
14. Institut de la statistique du Québec, compilations spéciales à partir des données de l'enquête sur la population active réalisée par Statistique Canada, www.stat.gouv.gc.ca.
15. Carole Le Hirez, « Offrir des avantages qui ont du sens », *Les Affaires*, 25 octobre 2008, p. 19.
16. « Aetna Life & Casualty Company », *Wall Street Journal*, 4 juin 1990, p. B1.
17. Olga Kharif, « Chopping Hours, Not Heads », *Business Week*, 5 janvier 2009, p. 85.
18. Émilie Laperrière, « Le télétravail : pas pour tout le monde », *La Presse*, 23 juillet 2011.
19. François Cardinal, « Boulot, dodo », *La Presse*, 3 septembre 2011.
20. Stéphane Gagné, « Oui, le télétravail peut vous rendre efficace », *Les Affaires*, 26 janvier 2008, p. 28.
21. *Ibid.*
22. Claudine Hébert, « Bien outiller ses vendeurs sur la route », *Les Affaires*, 20 septembre 2008, p. 27.
23. D'après Timothy D. Golden, John F. Veiga et Zeki Simsek, « Telecommuting's Differential Impact on Work-Family Conflict : Is There No Place Like Home ? », *Journal of Applied Psychology*, novembre 2006, vol. 91, nº 6, p.1340-1350.
24. Claudine Hébert, « Le télétravail comme outil de recrutement », *Les Affaires*, 13 septembre 2008, p. 23.
25. *Ibid.*
26. Tiré de Phil Porter, « Telecommuting Mom Is Part of a National Trend », *Columbus Dispatch*, 29 novembre 2000, p. H1, H2.
27. « Hurting, But Often Uncounted », *Business Week*, 20 avril 2009, p. 20.
28. Daniel C. Feldman et Helen I. Doerpinghaus, « Missing Persons No Longer : Managing Part-Time Workers in the '90s », *Organizational Dynamics*, été 1992, p. 59-72.
29. Steve Hamm, « A Passion for the Planet », *Business Week*, 21 août 2006, p. 92-94. Voir aussi Yvon Chouinard, *Let My People Go Surfing : The Education of a Reluctant Businessman*, New York, Penguin, 2006.
30. Pour des analyses poussées de la théorie, de la recherche et des applications, voir Edward E. Lawler III : *Pay and Organizational Effectiveness*, New York, McGraw-Hill, 1971; *Pay and Organizational Development*, Reading (Massachusetts), Addison-Wesley, 1981; « The Design of Effective Reward Systems », dans Jay W. Lorsch (sous la dir. de), *Handbook of Organizational Behavior*, Englewood Cliffs (New Jersey), Prentice-Hall, 1987, p. 255-271.
31. « Reasons for Pay Raises », *Business Week*, 29 mai 2006, p. 11.
32. À titre d'exemple, voir D.B. Balkin et L.R. Gómez-Mejía (sous la dir. de), *New Perspectives on Compensation*, Englewood Cliffs (New Jersey), Prentice-Hall, 1987.
33. Information tirée de Reuters, « Coming Work Sick Afflicts Biz », *Economic Times Bangalore*, 28 janvier 2007, p. 14; www.webmd.com/content/article/86/98895.htm.
34. Jone L. Pearce, « Why Merit Pay Doesn't Work : Implications from Organization Theory », dans Balkin et Gómez-Mejía (1987), p. 169-178; Jerry M. Newman, « Selecting Incentive Plans to Complement Organizational Strategy », dans Balkin et Gómez-Mejía (1987), p. 214-224; Edward E. Lawler III, « Pay for Performance : Making It Work », *Compensation and Benefits Review*, vol. 21, 1989, p. 55-60.
35. Carole Le Hirez, « La chasse à la main-d'œuvre tire les salaires vers le haut », *Les Affaires*, 25 octobre 2008, p. 17.
36. D'après : « Win-Win Situations for Those at the Top », *Financial Times*, 4 janvier 2007, p. 22; Alan Murray, « Executive's Fatal Flaw : Failing to Understand New Demands on CEO's », *Wall Street Journal*, 4 janvier 2007; Marie-Claude Morin, « Pas de hausse pour la moitié des PDG », *Les Affaires*, 26 mai 2012, p. 12.
37. Marie Tison, « Un arrangement de départ de 4,9 millions », *La Presse*, 4 avril 2012, « La Presse Affaires », p. 1; Carl Renaud, « Pierre Duhaime de SNC-Lavalin pourrait toucher 13,2 M$ », *Argent*, 22 février 2013, http://argent.canoe.ca/nouvelles/affaires/pierre-duhaime-snc-lavalin-pourrait-toucher-132-3122012.
38. Cyril Altmeyer, « Serge Tchuruk et Patricia Russo quittent Alcatel-Lucent », Reuters France, 29 juillet 2008, http://fr.reuters.com/article/businessNews/idFRDEC92182120080730.
39. Nicolas Rauline, « HP : les actionnaires se rebellent contre les administrateurs », *Les Échos*, 16 août 2010, p. 17; Brid-Aine Parnell, « Ex-HP Boss Mark Hurd's $53M Gold Parachute Approved by Judge », *The Register*, 26 septembre 2012.
40. Carole Le Hirez, « Les salaires des dirigeants devront changer », *Les Affaires*, 25 octobre 2008, p. 17.
41. Jon R. Katzenbach et Douglas K. Smith, « The Discipline of Teams », *Harvard Business Review*, mars-avril 1993a, p. 111-120; Jon R. Katzenbach et Douglas K. Smith, *The Wisdom of Teams : Creating the High Performance Organization*, Boston, Harvard Business School Press, 1993b.
42. S.E. Markham, K.D. Scott et B.L. Little, « National Gainsharing Study : The Importance of Industry Differences », *Compensation and Benefits Review*, janvier-février 1992, p. 34-45.
43. Information tirée de Stratford Shermin, « Secrets of HP's "Muddle" Team », *Fortune*, 18 mars 1996, p. 116-120.
44. L.R. Gómez-Mejía, D.B. Balkin et R.L. Cardy, *Managing Human Resources*, Englewood Cliffs (New Jersey), Prentice-Hall, 1995, p. 410-411.
45. N. Gupta, G.E. Ledford, G.D. Jenkins et D.H. Doty, « Survey-Based Prescriptions for Skill-Based Pay », *American Compensation Association Journal*, vol. 1, nº 1, 1992, p. 48-59; L.W. Ledford, « The Effectiveness of Skill-Based Pay », *Perspectives in Total Compensation*, vol. 1, nº 1, 1991, p. 1-4.

46. Pour plus de détails, voir : G.P. Latham et K.N. Wexley, *Increasing Productivity Through Performance Appraisal*, 2e éd. ; Stephen J. Carroll et Craig E. Schneier, *Performance Appraisal and Review Systems*, Glenview (Illinois), Scott, Foresman, 1982.

47. Voir George T. Milkovich et John W. Boudreau, *Personal/Human Resource Management : A Diagnostic Approach*, 5e édition, Plano (Texas), Business Publications, 1988.

48. Mark R. Edwards et Ann J. Ewen, *360-Degree Feedback : The Powerful New Tool For Employee Feedback and Performance Improvement*, New York, Amacom, 1996.

49. Pour un examen de plusieurs de ces erreurs, voir David L. Devries, Ann M. Morrison, Sandra L. Shullman et Michael P. Gerlach, *Performance Appraisal on the Line*, Greensboro (Caroline du Nord), Center for Creative Leadership, 1986, chap. 3.

50. Joseph M. Stauffer et M. Ronald Buckley, « The Existence and Nature of Racial Bias in Supervisory Ratings », *Journal of Applied Psychology*, vol. 90, 2005, p. 586-591. Également cités : K. Kraiger et J.K. Ford, « A Meta-Analysis of Ratee Race Effects in Performance Ratings », *Journal of Applied Psychology*, vol. 70, 1985, p. 56-65 ; P.R. Sackett et C.L.Z. DuBois, « Rater-Ratee Race Effects on Performance Evaluations : Challenging Meta-Analytic Conclusions », *Journal of Applied Psychology*, vol. 76, 1991, p. 873-877.

CHAPITRE 7

1. Voir, par exemple : Jon R. Katzenbach et Douglas K. Smith : « The Discipline of Teams », *Harvard Business Review*, mars-avril 1993a, p. 111-120 ; *The Wisdom of Teams : Creating the High-Performance Organization*, Boston, Harvard Business School Press, 1993b.

2. Katzenbach et Smith (1993a), p. 112.

3. Information tirée de Scott Thurm, « Teamwork Raises Everyone's Game », *The Wall Street Journal*, 7 novembre 2005, p. B7.

4. *Ibid.*

5. Katzenbach et Smith (1993a, 1993b).

6. Pour un bon aperçu, voir Greg L. Stewart, Charles C. Manz et Henry P. Sims, *Team Work and Group Dynamics*, New York, Wiley, 1999.

7. Katzenbach et Smith (1993a, 1993b).

8. Voir Jon R. Katzenbach, « The Myth of the Top Management Team », *Harvard Business Review*, vol. 75, novembre-décembre 1997, p. 83-91.

9. Information tirée de Stratford Shermin, « Secrets of HP's "Muddled" Team », *Fortune*, 18 mars 1996, p. 116-120.

10. Rensis Likert, *New Patterns of Management*, New York, McGraw-Hill, 1961.

11. Voir Stewart, Manz et Sims (1999), p. 43-44.

12. Rensis Likert (1961).

13. Information tirée de « Two Wasted Days at Work », *CNNMoney.com*, 16 mars 2005, www.cnnmoney.com.

14. Jay A. Conger, *Winning 'Em Over : A New Model for Managing in the Age of Persuasion*, New York, Simon & Schuster, 1998.

15. *Ibid.*, p. 191.

16. Voir Jay R. Galbraith, *Designing Organizations*, San Francisco, Jossey-Bass, 1998.

17. Robert P. Steel, Anthony J. Mento, Benjamin L. Dilla, Nestor Ovalle et Russell F. Lloyd, « Factors Influencing the Success and Failure of Two Quality Circles Programs », *Journal of Management*, vol. 11, no 1, 1985, p. 99-119 ; Edward E. Lawler III et Susan A. Mohrman, « Quality Circles : After the Honeymoon », *Organizational Dynamics*, vol. 15, no 4, 1987, p. 42-54.

18. Voir, par exemple : Paul S. Goodman, Rukmini Devadas et Terri L. Griffith Hughson, « Groups and Productivity : Analyzing the Effectiveness of Self-Managing Teams », chapitre 11, dans John R. Campbell et Richard J. Campbell, *Productivity in Organizations*, San Francisco, Jossey-Bass, 1988 ; Jack Orsbrun, Linda Moran, Ed Musslewhite et John H. Zenger, avec Craig Perrin, *Self-Directed Work Teams : The New American Challenge*, Homewood (Illinois), Business One Irwin, 1990 ; Dale E. Yeatts et Cloyd Hyten, *High Performing Self-Managed Work Teams*, Thousand Oaks (Californie), Sage, 1997.

19. Pour un aperçu, voir Linda Moran, Jack Orsburn, Jack D. Orsburn et John H. Zenger, *The New Self-Directed Work Teams : Mastering the Challenge*, New York, McGraw-Hill, 1999.

20. Voir : D. Duarte et N. Snyder, *Mastering Virtual Teams : Strategies, Tools, and Techniques That Succeed*, San Francisco, Jossey-Bass, 1999 ; Jessica Lipnack et Jeffrey Stamps, *Virtual Teams : Reaching Across Space, Time, and Organization with Technology*, New York, Wiley, 1997.

21. Pour une analyse, voir Wayne F. Cascio, « Managing a Virtual Workplace », *Academy of Management Executive*, vol. 14, 2000, p. 81-90.

22. *Ibid.* ; Stacie A. Furst, Martha Reeves, Benson Rosen et Richard S. Blackburn, « Managing the Life Cycle of Virtual Teams », *Academy of Management Executive*, vol. 18, no 2, 2004, p. 6-11 ; Duarte et Snyder (1999) ; Lipnack et Stamps (1997) ; J. Richard Hackman, en entrevue avec Diane Coutu, « Why Teams Don't Work », *Harvard Business Review*, mai 2009, p. 99-105.

23. Voir, par exemple, J. Richard Hackman et Nancy Katz, « Group Behavior and Performance », dans Susan T. Fiske, Daniel T. Gilbert et Gardner Lindzey (sous la dir. de), *Handbook of Social Psychology*, 5e édition, Hoboken (New Jersey), Wiley, 2010, chapitre 32, p. 1208-1251.

24. Marvin E. Shaw, *Group Dynamics : The Psychology of Small Group Behavior*, 2e éd., New York, McGraw-Hill, 1976.

25. Bib Latané, Kipling Williams et Stephen Harkins, « Many Hands Make Light the Work : The Causes and Consequences of Social Loafing », *Journal of Personality and Social Psychology*, vol. 37, 1978, p. 822-832 ; E. Weklon et G.M. Gargano, « Cognitive Effort in Additive Task Groups : The Effects of Shared Responsibility on the Quality of Multi-Attribute Judgments », *Organizational Behavior and Human Decision Processes*, vol. 36, 1985, p. 348-361 ; John M. George, « Extrinsic and Intrinsic Origins of Perceived Social Loafing in Organizations », *Academy of Management Journal*, mars 1992, p. 191-202 ; W. Jack Duncan, « Why Some People Loaf in Groups While Others Loaf Alone », *Academy of Management Executive*, vol. 8, 1994, p. 79-80.

26. Latané, Williams et Harkins (1978) ; E. Weldon et G.M. Gargano, « Cognitive Effort in Additive Task Groups : The Effects of Shared Responsibility on the Quality of Multi-Attribute Judgments », *Organizational Behavior and Human Decision Processes*, vol. 36, 1985, p. 348-361 ; John M. George, « Extrinsic and Intrinsic Origins of Perceived Social Loafing in Organizations », *Academy of Management Journal*, mars 1992, p. 191-202 ; W. Jack Duncan, « Why Some People Loaf in Groups While Others Loaf Alone », *Academy of Management Executive*, vol. 8, 1994, p. 79-80.

27. D.A. Kravitz et B. Martin, « Ringelmann Rediscovered », *Journal of Personality and Social Psychology*, vol. 50, 1986, p. 936-941.

28. D'après Kenneth H. Price, David A. Harrison et Joanne H. Gavin, « Withholding Inputs in Team Contexts : Member Composition, Interaction Processes, Evaluation Structure, and Social Loafing », *Journal of Applied Psychology*, vol. 91, no 6, 2006, p. 1375-1384.

29. Voir notamment Leland P. Bradford, *Group Development*, 2e éd., San Francisco, Jossey-Bass, 1997.

30. J. Steven Heinen et Eugene Jacobson, « A Model of Task Group Development in Complex Organization and a Strategy of Implementation », *Academy of Management Review*, vol. 1, octobre 1976, p. 98-111 ; Bruce W. Tuckman, « Developmental Sequence in Small Groups », *Psychological Bulletin*, vol. 63, 1965, p. 384-399 ; Bruce W. Tuckman et Mary Ann C. Jensen, « Stages of Small Group Development Revisited », *Group & Organization Studies*, vol. 2, 1977, p. 419-427.

31. Citation tirée d'Alex Markels, « Money & Business », *U.S. News Online*, 22 octobre 2006.

32. Voir J. Richard Hackman, « The Design of Work Teams », dans Jay W. Lorsch (sous la dir. de), *Handbook of Organizational Behavior*, Englewood Cliffs (New Jersey), Prentice Hall, 1987, p. 343-357.

33. Markels (2006).

34. Exemple tiré de « Designed for Interaction », *Fortune*, 8 janvier 2001, p. 150.

35. David M. Herold, « The Effectiveness of Work Groups », dans Steven Kerr (sous la dir. de), *Organizational Behavior*, New York, Wiley, 1979, p. 95 ; voir aussi l'étude sur les groupes de projet dans Stewart, Manz et Sims (1999), p. 142-143.

36. E.J. Thomas et C.F. Fink, « Effects of Group Size », dans Larry L. Cummings et William E. Scott (sous la dir. de), *Readings in Organizational*

and Human Performance, Homewood (Illinois), Irwin, 1969, p. 394-408.

37. Robert D. Hof, «Amazon's Risky Bet», *Business Week*, 13 novembre 2006, p. 52.
38. Thomas et Fink (1969).
39. Information tirée de: «MBA Students 'Cheat the Most'», *Financial Times*, 21 septembre 2006, p. 1; Romy Drucker, «The Devil Made Me Do It», *Business Week*, 24 juillet 2006, p. 10; Karen Richardson, «Buffett Advises on Scandals: Avoid Temptations», *Wall Street Journal*, 10 octobre 2006, p. A9.
40. Shaw (1976).
41. William C. Schutz, *FIRO: A Three-Dimensional Theory of Interpersonal Behavior*, New York, Rinehart, 1958.
42. William C. Schultz, «The Interpersonal Underworld», *Harvard Business Review*, vol. 36, juillet-août 1958, p. 130.
43. Daniel R. Ilgen, Jeffrey A. LePine et John R. Hollenbeck, «Effective Decision Making in Multinational Teams», dans P. Christopher Earley et Miriam Erez (sous la dir. de), *New Perspectives on International Industrial/Organizational Psychology*, San Francisco, New Lexington Press, 1997, p. 377-409.
44. Matt Golosinski, «Teamwork Takes Center Stage», *Northwestern*, hiver 2005, p. 39.
45. Daniel R. Ilgen, Jeffrey A. LePine et John R. Hollenbeck, «Effective Decision Making in Multinational Teams», dans P. Christopher Earley et Miriam Erez (sous la dir. de) (1997); Warren Watson, «Cultural Diversity's Impact on Interaction Process and Performance», *Academy of Management Journal*, vol. 16, 1993.
46. L. Argote et J.E. McGrath, «Group Processes in Organizations: Continuity and Change», dans C.L. Cooper et I.T. Robertson (sous la dir. de), *International Review of Industrial and Organizational Psychology*, New York, Wiley, 1993, p. 333-389.
47. Voir Ilgen, Le Pine et Hollenbeck (1997).
48. Golosinski (2005), p. 39.
49. «Dream Teams», *Northwestern*, hiver 2005, p. 10; Matt Golosinski, «Teamwork Takes Center Stage», *Northwestern*, hiver 2005, p. 39.
50. Information et citations tirées d'Allen St. John, «Racing's Fastest Pit Crew», *The Wall Street Journal*, 9 mai 2008, p. W4; voir aussi «High-Octane Business Training», *BizEd*, juillet-août 2008, p. 72.
51. Anita Williams Woolley, Christopher F. Chabris, Alex Pentland, Nada Hasmi et Thomas W. Malone, «Evidence for a Collective Intelligence Factor in the Performance of Human Groups», *Science*, vol. 330, 29 octobre 2010, p. 686-688.

CHAPITRE 8

1. Anne Powell, Gabriele Piccoli et Blake Ives, «Virtual Teams: A Review of Current Literature and Directions for Future Research», *The DATA BASE For Advances in Information Systems*, vol. 35, nº 31, 2004.
2. Time-Management-Guide.com
3. «Virtual Team Benefits», Exforsys Inc., http://www.exforsys.com/career-center/virtual-team/virtual-team-benefits.html, 3 mai 2009, page consultée le 14 mars 2013.
4. Angela Sasso, à propos de la première recontre avec les membres de son équipe virtuelle, www.leadingvirtually.com/?p-59.
5. Information tirée de David Kirkpatrick, «The Second Coming of Apple», *Fortune*, 9 novembre 1998, p. 86-92. Voir aussi: Brent Schlender, «The Three Faces of Steve», *Fortune*, 9 novembre 1998, p. 96-104; www.apple.com.
6. Diane Coutu, «Why Teams Don't Work», *Harvard Business Review*, mai 2009, p. 99-105.
7. *Ibid.*
8. Steven Levy, «Insanely Great», *Wired*, février 1994, www.wired.com.
9. Diane Coutu (2009), p. 99-105.
10. Anita Williams Woolley, Christopher F. Chabris, Alex Pentland, Nada Hasmi et Thomas W. Malone, «Evidence for a Collective Intelligence Factor in the Performance of Human Groups», *Science*, vol. 330, 29 octobre 2010, p. 686-688.
11. Pour une étude intéressante sur les équipes sportives, voir: Ellen Fagenson-Eland, «The National Football League's Bill Parcells on Winning, Leading and Turning Around Teams», *Academy of Management Executive*, vol. 15, août 2001, p. 48-57; Nancy Katz, «Sports Teams as a Model for Workplace Teams: Lessons and Liabilities», *Academy of Management Executive*, vol. 15, août 2002, p. 56-69.
12. Pour une bonne analyse de la formation d'équipe, voir William D. Dyer, *Team Building*, 3e éd., Reading (Massachusetts), Addison-Wesley, 1995.
13. Dennis Berman, «Zap! Pow! Splat!», *Business Week*, numéro sur les entreprises, 9 février 1998, p. ENT22.
14. Information tirée de Reena Jana, «Real Life Imitates Real World», *Business Week*, 23 et 30 mars 2009, p. 42.
15. D'après l'étude d'Edgar H. Schein, *Process Consultation*, Reading (Massachusetts), Addison-Wesley, 1969, p. 32-37, ou vol. 1, 1988, p. 40-49.
16. Le texte suivant est devenu un classique sur le sujet: Robert F. Bales, «Task Roles and Social Roles in Problem-Solving Groups», dans Eleanor E. Maccoby, Theodore M. Newcomb et E.L. Hartley (sous la dir. de), *Readings in Social Psychology*, New York, Holt, Rinehart and Winston, 1958.
17. Pour une bonne description des activités de leadership liées aux tâches et aux relations, voir John J. Gabarro et Anne Harlan, «Note on Process Observation», note 9-477-029, Harvard Business School, 1976.
18. Christine Porath et Christine Pearson, «How Toxic Colleagues Corrode Performance», *Harvard Business Review*, avril 2009, p. 24.
19. Voir Daniel C. Feldman, «The Development and Enforcement of Group Norms», *Academy of Management Review*, vol. 9, 1984, p. 47-53.
20. Voir: Robert F. Allen et Saul Pilnick, «Confronting the Shadow Organization: How to Select and Defeat Negative Norms», *Organizational Dynamics*, printemps 1973, p. 13-17; Alvin Zander, *Making Groups Effective*, San Francisco, Jossey-Bass, 1982, chap. 4; Feldman (1984).
21. D'après Eric Matson, «The Seven Sins of Deadly Meetings», *Fast Company*, avril-mai 1996, p. 122.
22. Information tirée de Ken Gordon, «Tressel's Way Transforms OSU into "Model Program"», *Columbus Dispatch*, 5 janvier 2007, p. A1, A4.
23. Pour un résumé de la recherche menée sur la cohésion des groupes, voir Marvin E. Shaw, *Group Dynamics*, New York, McGraw-Hill, 1971, p. 110-112 et 192.
24. Dora C. Lau et J. Keith Murnighan, «Interactions Within Groups and Subgroups: The Effects of Demographic Faultlines», *Academy of Management Journal*, vol. 48, 2005, p. 645-659; «Demographic Diversity and Faultlines: The Compositional Dynamics of Organizational Groups», *Academy of Management Review*, vol. 23, 1998, p. 325-340.
25. Information et citations tirées de: Robert D. Hof, «Amazon's Risky Bet», *Business Week*, 13 novembre 2006, p. 52; Jon Neale, «Jeff Bezos», *BusinessWings*, 16 février 2007, www.businesswings.co.uk; Alan Deutschman, «Inside the Mind of Jeff Bezos», Fast Company, août 2004, www.fastcompany.com/magazine/85; http://en.wikipedia.org/wiki/Jeff_Bezos.
26. Pour une étude sur la dynamique intergroupes, voir Edgar H. Schein, *Process Consultation*, vol. 1, Reading (Massachusetts), Addison-Wesley, 1988, p. 106-115.
27. On trouvera une étude sur les notions de groupe interactif, de groupe d'action parallèle et de groupe de neutralisation dans Fred E. Fiedler, *A Theory of Leadership Productivity*, New York, McGraw-Hill, 1967.
28. Pour la recherche sur les réseaux de communication, voir Alex Bavelas, «Communication Patterns in Task-Oriented Groups», *Journal of the Acoustical Society of America*, vol. 22, 1950, p. 725-730. Voir aussi «Research on Communication Networks», dont le résumé est présenté dans Shaw (1976), p. 137-153.
29. Le livre suivant est devenu un classique sur la proxémie: Edward T. Hall's, *The Hidden Dimension*, Garden City (New York), Doubleday, 1986.
30. Mirand Well, «Alternative Spaces Spawning Desk-Free Zone», *The Columbus Dispatch*, 18 mai 1998, p. 10-11.
31. «Tread: Rethinking the Workplace», *Business Week*, 25 septembre 2006, p. IN.
32. Amy Saunders, «A Creative Approach to Work», *The Columbus Dispatch*, 2 mai 2008, p. C1, C9.

33. Michelle Conlin et Douglas MacMillan, «Managing the Tweets», *Business Week*, 1er juin 2009, p. 20-21.

34. Voir: Wayne F. Cascio, «Managing a Virtual Workplace», *Academy of Management Executive*, vol. 14, 2000, p. 81-90; Sheila Simsarian Webber, «Virtual Teams: A Meta-Analysis», http://www.shrm.org/foundation/finding.asp; Stacie A. Furst, Martha Reeves, Benson Rosen et Richard S. Blackburn, «Managing the Life Cycle of Virtual Teams», *Academy of Management Executive*, vol. 18, 2004, p. 6-20.

35. Adam Bryant, «He Wants Subjects, Verbs and Objects», *The New York Times*, 26 avril 2009, www.nytimes.com.

36. Analyse préparée à partir des propos de Schein (1988), p. 69-75.

37. *Ibid*., p. 73.

38. Élaboré à partir des lignes directrices proposées dans l'article de Jay Hall, «Decisions, Decisions, Decisions», *Psychology Today*, novembre 1971, p. 55-56.

39. Norman R.F. Maier, «Assets and Liabilities in Group Problem Solving», *Psychological Review*, vol. 74, 1967, p. 239-249.

40. Irving L. Janis: «Groupthink», *Psychology Today*, novembre 1971, p. 33-36; *Groupthink*, 2e éd., Boston, Houghton Mifflin, 1982. Voir aussi: J. Longley et D.G. Pruitt, «Groupthink: A Critique of Janis's Theory», dans L. Wheeler (sous la dir. de), *Review of Personality and Social Psychology*, Beverly Hills (Californie), Sage, 1980; Carrie R. Leana, «A Partial Test of Janis's Groupthink Model: The Effects of Group Cohesiveness and Leader Behavior on Decision Processes», *Journal of Management*, vol. 11, no 1, 1985, p. 5-18; Jerry Harvey, «Managing Agreement in Organizations: The Abilene Paradox», *Organizational Dynamics*, été 1974, p. 63-80.

41. Voir Janis (1971, 1982).

42. Janis (1982).

43. Gayle W. Hill, «Group Versus Individual Performance: Are Two Heads Better Than One?», *Psychological Bulletin*, vol. 91, 1982, p. 517-539.

44. Ces techniques sont fort bien expliquées dans: George P. Huber, *Managerial Decision Making*, Glenview (Illinois), Scott, Foresman, 1980; Andre L. Delbecq, Andrew L. Van de Ven et David H. Gustafson, *Group Techniques for Program Planning: A Guide to Nominal Groups and Delphi Techniques*, Glenview (Illinois), Scott, Foresman, 1975; William M. Fox, «Anonymity and Other Keys to Successful Problem-Solving Meetings», *National Productivity Review*, vol. 8, printemps, 1989, p. 145-156.

45. Delbecq et autres (1975); Fox (1989).

CHAPITRE 9

1. Plusieurs universitaires soulignent cette interdépendance, notamment W. Richard Scott et Gereal F. Davis, *Organizations and Organizing: Rational, Natural and Open Systems Perspectives*, Upper Saddle River (New Jersey), Pearson-Prentice Hall, 2007.

2. On doit le travail le plus récent et le plus étendu à Jeffrey Pfeffer, *Organizations and Organization Theory*, Boston, Pitman, 1983; Jeffrey Pfeffer et Gerald R. Salancik, *The External Control of Organizations*, Englewood Cliffs (New Jersey), Prentice Hall, 1978.

3. Rosabeth Moss Kanter, « Power Failure in Management Circuit», *Harvard Business Review*, juillet-août 1979, p. 65-75.

4. John R.P. French et Bertram Raven, «The Bases of Social Power», dans Dorwin Cartwright (sous la dir. de), *Group Dynamics Research and Theory*, Evanston (Illinois), Row, Peterson, 1962, p. 607-623.

5. Pfeffer (1983); Pfeffer et Salancik (1978).

6. Stanley Milgram, «Behavioral Study of Obedience», dans Dennis W. Organ (sous la dir. de), *The Applied Psychology of Work Behavior*, Dallas, Business Publications, 1978, p. 384-398. Voir aussi Stanley Milgram: «Behavioral Study of Obedience», *Journal of Abnormal and Social Psychology*, vol. 67, 1963, p. 371-378; «Group Pressure and Action Against a Person», *Journal of Abnormal and Social Psychology*, vol. 69, 1964, p. 137-143; «Some Conditions of Obedience and Disobedience to Authority», *Human Relations*, vol. 1, 1965, p. 57-76; *Obedience to Authority*, New York, Harper & Row, 1974.

7. Randal Morck, « Behavioral Finance in Corporate Governance: Economics and the Ethics of the Devil's Advocate», *Journal of Management and Governance*, vol. 2, no 2, 2008, p. 179-191; N. Craig Smith, Sally S. Simpson et Chun-Yao Huang, « Why Managers Fail to Do the Right Thing: An Empirical Study of Ethical and Illegal Conduct», *Business Ethics Quarterly*, vol. 17, no 4, 2007, p. 633-649.

8. Chester Barnard, *The Functions of the Executive*, Cambridge (Massachusetts), Harvard University Press, 1938.

9. Pour de récentes études, voir: Karin A. Orvis, Nicole M. Dudley et Jose M. Corlina, « Conscientiousness and Reactions to Psychological Contract Breach: A Longitudinal Field Study», *Journal of Applied Psychology*, vol. 93, no 5, 2008, p. 1183-1195; Prashant Bordia, Simion Lyod D. Restubog et Robert L. Tang, « When Employees Strike Back: Investigating Mediating Mechanisms Between Psychological Contract Breach and Work Place Deviance», *Journal of Applied Psychology*, vol. 93, no 5, 2008, p. 1004-1010. Pour une analyse critique, voir Neil Conway et Rob B. Briner, *Understanding Psychological Contracts at Work: Critical Evaluation of Theory and Research*, Oxford (R.-U.), Oxford University Press, 2005.

10. Barnard (1938).

11. Voir: Joseph R. Desjardins, *Business Ethics and the Environment: Imagining a Sustainable Future*, Upper Saddle River (New Jersey), Pearson-Prentice Hall, 2007; Steven N. Brenner et Earl A. Mollander, «Is the Ethics of Business Changing?», *Harvard Business Review*, vol. 55, février 1977, p. 57-71; Barry Z. Posner et Warren H. Schmidt, «Values and the American Manager: An Update», *California Management Review*, vol. 26, printemps 1984, p. 202-216.

12. French et Raven (1962).

13. Nous avons ajouté à la liste de French et Raven le *pouvoir associé à la maitrise des processus*, le *pouvoir d'information* et le *pouvoir de représentation*.

14. D'après Ruth W. Grant, « Ethics and Incentives: A Political Approach», *The American Political Science Review*, vol. 100, no 1, 2006, p. 29-40.

15. Nous avons ajouté le *pouvoir de coalition* à la liste de French et Raven.

16. Voir: Jean-Jacques Herings, Gerald Van Der Lean et Doif Tallman, «Social Structured Games», *Theory and Decision*, vol. 62, no 1, 2007, p. 1-30; William Matthew Bowler, «Organizational Goals Versus the Dominant Coalition: A Critical View of the Value of Organizational Citizenship Behavior», *Journal of Behavior and Applied Management*, vol. 7, no 3, 2006, p. 258-277.

17. Pour un point de vue différent (mais néanmoins intéressant) au sujet du pouvoir, des relations et de l'influence, voir Calvin Morrill, Mayer N. Zold et H. Roa, «Covert Political Conflict in Organizations: Challenges from Below», *American Sociological Review*, vol. 29, 2003, p. 391-416.

18. Roger Ebert, *Invictus*, 9 décembre 2009, *Chicago Sun-Times*, http://rogerebert.suntimes.com/apps/pbcs.dll/article?AID=/20091209/REVIEWS/912099994, http://invictusmovie.warnerbros.com.

19. David Kipinis, Stuart M. Schmidt, Chris Swaffin-Smith et Ian Wilkinson, « Patterns of Managerial Influence: Shotgun Managers, Tacticians, and Bystanders», *Organizational Dynamics*, vol. 12, 1984, p. 60-69.

20. *Ibid.*; voir David Kipinis, Stuart M. Schmidt et Ian Wilkinson, « Intraorganizational Influence Tactics: Explorations in Getting One's Way», *Journal of Applied Psychology*, vol. 65, 1980, p. 440-452.

21. *Ibid.*

22. Warren Schilit et Edwin A. Locke, «A Study of Upward Influence in Organizations», *Administrative Science Quarterly*, vol. 27, 1982, p. 301-316.

23. *Ibid.*; voir Amil Somech et Anat Drach-Zahavy, «Relative Power and Influence Strategy: The Effect of Agent-Target Organizational Power on Superior's Choices of Influence Strategies», *Journal of Organizational Behavior*, vol. 23, no 2, 2002, p. 167-194.

24. Pour un exposé sur l'habilitation, voir: Scott E. Seibert, Seth R. Silver et W. Allan Randolph, «Taking Empowerment to the Next Level: A Multiple-level Model of Empowerment, Performance and Satisfaction», *Academy of Management Journal*, vol. 47, no 3, 2004, p. 37-53; John E. Mathieu, Lucky L. Gibson et Thomas M. Ruddy, «Empowerment and Team Effectiveness: An Empirical Test of an Integrated Model», *Journal of Applied Psychology*, vol. 91, no 1, 2006, p. 1-10; Jean M. Bartunek et Gretchen M. Spreitzer, «The Interdisciplinary Career of a Popular Construct Used in Management: Empowerment in the Late 20th Century», *Journal of Management Inquiry*, vol. 15, no 3, 2006, p. 255-274.

25. M. Anita, M. Liu, W. M. Chiu et R. Fellows, « Enhancing Commitment Through Work Empowerment », *Engineering, Construction and Architectural Management*, vol. 14, nº 6, 2007, p. 568-574.

26. G. Spreitzer, « Taking Stock : A Review of More Than Twenty Years of Research on Empowerment at Work », dans C. Cooper et J. Barling (sous la dir. de), *The Handboook of Organizational Behavior*, Thousand Oaks (Californie), Sage, 2007, p. 314-339 ; J.M. Bartunek et G. Spreitzer, « The Interdisciplinary Career of a Popular Construct Used in Management : Empowerment in the Late 20th Century », *Journal of Management Inquiry*, vol. 15, nº 3, 2006, p. 255-273 ; G.M. Spreitzer, « Empowerment », dans S. Rogelberg (sous la dir. de), *Encyclopedia of Industrial and Organizational Psychology*, Thousand Oaks (Californie), Sage, 2006, p. 202-206.

27. M.S. Logan et D. Ganster, « The Effects of Empowerment on Attitudes and Performance : The Role of Social Support and Empowerment Beliefs », *Journal of Management Studies*, vol. 44, 2007, p. 1523-1531.

28. Jeffrey Pfeffer, « Producing Sustainable Competitive Advantage Through the Effective Management of People », *Academy of Management Executive*, vol. 19, nº 4, 2005, p. 85-115.

29. www.cisco.com.

30. Voir ces travaux pertinents sur le jeu politique en milieu organisationnel : Robert H. Miles, *Macro Organizational Behavior*, Santa Monica (Californie), Goodyear, 1980 ; Bronston T. Mayes et Robert W. Allen, « Toward a Definition of Organizational Politics », *Academy of Management Review*, vol. 2, 1977, p. 672-677 ; Gerald F. Cavanagh, Dennis J. Moberg et Manuel Velasquez, « The Ethics of Organizational Politics », *Academy of Management Review*, vol. 6, juillet 1981, p. 363-374 ; Dan Farrell et James C. Petersen, « Patterns of Political Behavior in Organizations », *Academy of Management Review*, vol. 7, juillet 1982, p. 403-412 ; D.L. Madison, R.W. Allen, L.W. Porter et B.T. Mayes, « Organizational Politics : An Exploration of Managers' Perceptions », *Human Relations*, vol. 33, 1980, p. 92-107.

31. Jeffrey Pfeffer, *Power in Organizations*, Boston (Massachusetts), Pitman, 1981.

32. Gerald Ferris, Sherry Davidson et Pamela Perrewe, *Political Skill at Work*, Mountain View (Californie), Davies-Black, 2005.

33. Schilit et Locke (1982).

34. Mayes et Allen (1977), p. 675 ; James L. Hall et Joel L. Leldecker, « A Review of Vertical and Lateral Relations : A New Perspective for Managers », dans Patrick Connor (sous la dir. de), *Dimensions in Modern Management*, 3e éd., Boston, Houghton Mifflin, 1982, p. 138-146 ; John P. Kotter, « Power, Success and Organizational Effectiveness », *Organizational Dynamics*, vol. 6, hiver 1978, p. 27-43.

35. Voir Susan William et Rick Wilson, « Group Support System, Power, and Influence in an Organization : A Field Study », *Decision Sciences*, vol. 28, nº 4, 1997, p. 911-938.

36. B. Ashforth et R.T. Lee, « Defensive Behavior in Organizations : A Preliminary Model », *Human Relations*, juillet 1990, p. 621-648 ; communication personnelle avec Blake Ashforth, mars 2006 ; Pfeffer (1983).

37. Pour un exposé sur la théorie de l'attribution, voir : Simon Tagger et Michell Neubert, « The Impact of Poor Performers on Team Outcomes : An Empirical Examination of Attribution Theory », *Personnel Psychology*, vol. 57, nº 4, 2004, p. 935-979 ; Robert G. Lord et Karen Maher, « Alternative Information-Processing Models and Their Implications », *Academy of Management Review*, vol. 15, nº 1, 1990, p. 9-29.

38. Pour un exposé plus détaillé, voir : Richard Ritte et Steven Levy, *The Ropes to Skip and the Ropes to Know : Studies in Organizational Behavior*, 7e éd., Hoboken (New Jersey), John Wiley and Sons, 2006 ; Gerry Griffin et Ciaran Parker, *Games Companies Play : An Insider's Guide to Surviving Politics*, Hoboken (New Jersey), John Wiley and Sons, 2004.

39. Sources : J.P. O'Connor Jr., R. Priem et K.M.Gilly, « Do CEO Stock Options Prevent or Promote Fraudulent Financial Reporting ? », *Academy of Management Journal*, vol. 49, nº 3, 2006, p. 483-500 ; D. Dalton, C. Daily, A.E. Ellstrand et J.L. Johnson, « Meta-Analysis of Financial Performance and Quality : Fusion or Confusion », *Academy of Management Journal*, vol. 46, nº 1, 1998, p. 13-26.

40. Timothy G. Pollock, Harald M. Fischer et James B. Wade, « The Role of Power and Politics in the Repricing of Executive Options », *Academy of Management Journal*, vol. 45, nº 6, 2002, p. 1172-1182.

41. Voir : David Henry, « Worker vs. CEO Pay : Room to Run », *Business Week*, 30 octobre 2006, p. 13-14 ; Takao Kato et Katsuyuii Kubo, « CEO Compensation and Firm Performance in Japan, Evidence from New Panel Data on Individual CEO Pay », *Journal of the Japanese and International Economics*, vol. 20, nº 1, 2006, p. 1-31 ; Jeffery Moriarty, « Do CEOs Get Paid Too Much ? », *Business Ethics Quarterly*, vol. 15, nº 15, 2005, p. 257-266.

42. Jeffrey Pfeffer, « Ending CEO Pay Envy », *Business 2.0*, vol. 7, nº 5, juin 2006, p. 62 ; Sylvie St-Onge et Michel Magnan, « La rémunération des dirigeants : mythes et recommandations », *Gestion*, automne 2008, p. 25.

43. Gérard Bérubé, « Rémunération honteuse », *Le Devoir*, 24 mai 2012, p. 81.

44. Voir J.M. Ivancevich, T.N. Deuning, J.A. Gilbert et R. Konopaske, « Deterring White-Collar Crime », *Academy of Management Executive*, vol. 17, nº 2, 2003, p. 114-128.

45. Francis Vailles, « Chronologie de l'affaire Norbourg », lesaffaires.com, 19 janvier 2011.

46. Voir : J.P. O'Connor Jr., R. Priem et K.M. Gilly, « Do CEO Stock Options Prevent or Promote Fraudulent Financial Reporting ? », *Academy of Management Journal*, vol. 49, nº 3, 2006, p. 483-500 ; D. Dalton, C. Daily, A.E. Ellstrand et J.L. Johnson, « Meta-Analysis of Financial Performance and Quality : Fusion or Confusion », *Academy of Management Journal*, vol. 46, nº 1, 1998, p. 13-26.

47. *Ibid.*

48. *Ibid.*

49. Gerard Sanders et Donald Hambrick, « Swinging for the Fences : The Effects of CEO Stock Options on Company Risk Taking and Performance », *Academy of Management Journal*, vol. 50, nº 5, 2007, p. 1055-1078 ; Xiaomeng Zhang, Kathryn Bartol, Ken Smith, Michael Pfarrer et Dmitry Khanin, « CEOS on the Edge : Earnings Manipulation and Stock-Based Incentive Misalignment », *Academy of Management Journal*, vol. 51, nº 2, 2008, p. 241-258.

50. Voir Pfeffer (1983).

51. Richard N. Osborn, « Strategic Leadership and Alliances in a Global Economy », document de travail, Department of Business, Wayne State University, 2007.

52. Le concept de coalition dominante est au cœur de l'étude de James D. Thompson, *Organizations in Action*, New York, McGraw-Hill, 1967. Voir aussi : Rony Simons et Randall S. Peterson, « When to Let Them Duke It Out », *Harvard Business Review*, vol. 84, nº 6, 2006, p. 23-49 ; M. Firth, P.M.Y. Fund et O.M. Rui, « Firm Performance, Governance Structure, and Top Management Turnover in a Transition Economy », *Journal of Management Studies*, vol. 43, nº 6, 2006, p. 1289-1299 ; John A. Pearce, « A Structural Analysis of Dominant Coalitions in Small Banks », *Journal of Management*, vol. 21, nº 6, 1995, p. 1075-1096.

53. Cette analyse est fondée sur : Cavanagh, Moberg et Velasquez (1981) ; Manuel Velasquez, Dennis J. Moberg et Gerald Cavanagh, « Organizational Statesmanship and Dirty Politics : Ethical Guidelines for the Organizational Politician », *Organizational Dynamics*, vol. 11, 1983, p. 65-79. Ces deux articles contiennent d'intéressantes réflexions sur l'éthique, le pouvoir et le jeu politique.

CHAPITRE 10

1. Arthur G. Bedeian et James G. Hunt, « Academic Amnesia and Vestigial Assumptions of our Forefathers », *The Leadership Quarterly*, vol. 17, 2006, p. 190-205.

2. Voir J.P. Kotter, *A Force for Change : How Leadership Differs from Management*, New York, Free Press, 1990.

3. Gary Yukl, *Leadership in Organizations*, 6e éd., Upper Saddle River (New Jersey), Prentice-Hall, 2006a, chap. 8.

4. Voir Bernard M. Bass, *Bass and Stogdill's Handbook of Leadership*, 3e éd., New York, Free Press, 1990.

5. Gérard Ouimet, « Le pouvoir politique du dirigeant d'entreprise : perversité ou nécessité ? », *Gestion*, printemps 2005, p. 42.

6. www.avon.com.

7. Voir : Alan Bryman, *Charisma and Leadership in Organizations*, London, Sage, 1992, chap. 5 ; Ralph M. Stogdill, *Handbook of Leadership*, New York, Free Press, 1974.

8. D'après: Robert J. House et Ram Aditya, «The Social Scientific Study of Leadership: Quo Vadis?», *Journal of Management*, vol. 23, 1997, p. 409-474; Shelley A. Kirkpatrick et Edwin A. Locke, «Leadership: Do Traits Matter?», *The Executive*, vol. 5, n° 2, 1991, p. 48-60; Gary Yukl (2006a).
9. Rensis Likert, *New Patterns of Management*, New York, McGraw-Hill, 1961.
10. Bass (1990), chap. 24.
11. Robert R. Blake et Jane S. Mouton, *The New Managerial Grid*, Houston, Gulf, 1991, p. 29.
12. Voir: M.F. Peterson, «PM Theory in Japan and China: What's in It for the United States?», *Organizational Dynamics*, printemps 1988, p. 22-39; J. Misumi et M.F. Peterson, «The Performance-Maintenance Theory of Leadership: Review of a Japanese Research Program», *Administrative Science Quarterly*, vol. 30, 1985, p. 198-223; P.B. Smith, J. Misumi, M. Tayeb, M.F. Peterson et M. Bond, «On the Generality of Leadership Style Measures Across Cultures», exposé présenté au International Congress of Applied Psychology, Jérusalem, juillet 1986.
13. House et Aditya (1997).
14. Kirkpatrick et Locke (1991); Yukl (2006a); J.G. Hunt et G.E. Dodge, «Management in Organizations», *Handbook of Psychology*, Washington (Columbia), American Psychological Association, 2000.
15. Cette section est basée sur F.E. Fiedler et M.M. Chemers, *Leadership and Effective Management*, Glenview (Illinois), Scott, Foresman, 1974.
16. La section sur la théorie des ressources cognitives est basée sur Fred E. Fiedler et Joseph F. Garcia, *New Approaches in Effective Leadership*, New York, Wiley, 1987.
17. Voir L.H. Peters, D.D. Harke et J.T. Pohlmann, «Fiedler's Contingency Theory of Leadership: An Application of the Meta-Analysis Procedures of Schmidt and Hunter», *Psychological Bulletin*, vol. 97, 1985, p. 274-285.
18. Yukl (2006a).
19. F.E. Fiedler, Martin Chemers et Linda Mahar, *Improving Leadership Effectiveness: The Leader Match Concept*, 2e éd., New York, Wiley, 1984.
20. Pour de la documentation sur ce sujet, voir: Fred E. Fiedler et Linda Mahar, «The Effectiveness of Contingency Model Training: A Review of the Validation of Leader Match», *Personnel Psychology*, printemps 1979, p. 45-62; Fred E. Garcia, Cecil H. Bell, Martin M. Chemers et Dennis Patrick, «Increasing Mine Productivity and Safety Through Management Training and Organization Development: A Comparative Study», *Basic and Applied Social Psychology*, mars 1984, p. 1-18; Arthur G. Jago et James W. Ragan, «The Trouble with Leader Match Is That It Doesn't Match Fiedler's Contingency Model», *Journal of Applied Psychology*, novembre 1986, p. 555-559; Yukl (2006a); R. Ayman, M.M. Chemers et F.E. Fiedler, «The Contingency Model of Leadership Effectiveness: Its Levels of Analysis», *The Leadership Quarterly*, été 1995, p. 147-168.
21. Yukl (2006a); R. Ayman, M.M. Chemers et F.E. Fiedler (1995), p. 141-188.
22. Cette section est basée sur Robert J. House et Terence R. Mitchell, «Path-Goal Theory of Leadership», *Journal of Contemporary Business*, automne 1977, p. 81-97.
23. House et Mitchell (1977).
24. C.A. Schriesheim et L.L. Neider, «Path-Goal Theory: The Long and Winding Road», *The Leadership Quarterly*, vol. 7, 1996, p. 317-321; M.G. Evans, «Commentary on R.J. House's Path-Goal Theory of Leader Effectiveness», *The Leadership Quarterly*, vol. 7, 1996, p. 305-309.
25. R.J. House, «Path-Goal Theory of Leadership: Lessons, Legacy, and a Reformulated Theory», *The Leadership Quarterly*, vol. 7, 1996, p. 323-352.
26. Pour une étude de cette approche, voir: Paul Hersey et Kenneth H. Blanchard, *Management of Organizational Behavior*, Englewood Cliffs (New Jersey), Prentice Hall, 1988; Paul Hersey, Kenneth Blanchard et Dewey E. Johnson, *Management of Organizational Behavior*, 8e éd., Upper Saddle River (New Jersey), Prentice Hall, 2001.
27. R.P. Vecchio et C. Fernandez, «Situational Leadership Theory Revisited», dans M. Schnake (sous la dir. de), *1995 Southern Management Association Proceedings*, Valdosta (Georgia), Georgia Southern University, 1995, p. 137-139; Claude L. Graeff, «Evolution of Situational Leadership Theory: A Critical Review», *The Leadership Quarterly*, vol. 8, 1997, p. 153-170.
28. Cette section est basée sur: Steven Kerr et John Jermier, «Substitutes for Leadership: Their Meaning and Measurement», *Organizational Behavior and Human Performance*, vol. 22, 1978, p. 375-403; Jon P. Howell, David E. Bowen, Peter W. Dorfman, Steven Kerr et Phillip M. Podsakoff, «Substitutes for Leadership: Effective Alternatives to Ineffective Leadership», *Organizational Dynamics*, été 1990, p. 21-38.
29. Phillip M. Podsakoff, Peter W. Dorfman, Jon P. Howell et William D. Todor, «Leader Reward and Punishment Behaviors: A Preliminary Test of a Culture-Free Style of Leadership Effectiveness», *Advances in Comparative Management*, vol. 2, 1989, p. 95-138; T. K. Peng, «Substitutes of Leadership in an International Setting», manuscrit non publié, College of Business Administration, Texas Tech University, 1990; P.M. Podsakoff et S.B. MacKenzie, «Kerr and Jermier's Substitutes for Leadership Model: Background, Empirical Assessment, and Suggestions for Future Research», *The Leadership Quarterly*, vol. 8, n° 2, 1997, p. 117-132.
30. Voir J. Pfeffer, «Management as Symbolic Action: The Creation and Maintenance of Organizational Paradigms», dans Cummings et Staw, *Research in Organizational Behavior*, t. 3, Greenwich (Connecticut), JAI Press, 1981, p. 1-52.
31. James R. Meindl, «On Leadership: An Alternative to the Conventional Wisdom», dans Cummings et Staw (1981), p. 159-203. Comparer avec Bryman (1992); voir aussi James G. Hunt et Jay A. Conger (sous la dir. de), *The Leadership Quarterly*, vol. 10, n° 2, 1999, éd. spéciale.
32. D. Eden et U. Leviatan, «Implicit Leadership Theory as a Determinant of the Factor Structure Underlying Supervisory Behavior Scales», *Journal of Applied Psychology*, vol. 60, 1975, p. 736-741.
33. R. Lord et C. Emrich, «Thinking Outside the Box By Looking Inside the Box: Extending the Cognitive Revolution in Leadership Research», *The Leadership Quarterly*, vol. 11, n° 4, 2001, p. 551-579.
34. Voir T.R. Mitchell, S.G. Green et R.E. Wood, «An Attribution Model of Leadership and the Poor Performing Subordinate: Development and Validation», dans L.L. Cummings et B.M. Staw (sous la dir. de), *Research in Organizational Behavior*, t. 3, Greenwich (Connecticut), JAI Press, 1981, p. 197-234.
35. Robert Lord et Karen Maher, *Leadership and Information Processing*, Boston, Unwin Hyman, 1991.
36. Thomas Sy et autres, «Leadership Perceptions as a Function of Race-Occupation Fit: The Case of Asian Americans», *Journal of Applied Psychology*, 2010.
37. L.R. Offermann, John K. Jr. Kennedy et P.W. Wirtz, «Implicit Leadership Theories: Content, Structure and Generalizability», *The Leadership Quarterly*, vol. 5, 1994, p. 43-58.
38. C.R. Gerstner et D.B. Day, «Cross-Cultural Comparison of Leadership Prototypes», *The Leadership Quarterly*, vol. 5, 1994, p. 122-134.
39. M. Carsten, M. Uhl-Bien, B. West, J. Patera et R. McGregor, «Exploring Social Constructions of Followership», *The Leadership Quarterly*, vol. 21, n° 3, 2010, p. 543-562.
40. T. Sy, «What Do You Think of Followers? Examining the Content, Structure, and Consequences of Implicit Followership Theories», *Organizational Behavior and Human Decision Processes*, vol. 113, n° 2, 2010, p. 73-84.
41. Carsten et autres (2010).
42. R.J. House, W.D. Spangler et J. Woycke, «Personality and Charisma in the U.S. Presidency», *Administrative Science Quarterly*, vol. 36, 1991, p. 364-396.
43. Voir Jane M. Howell et Bruce J. Avolio, «The Ethics of Charismatic Leadership: Submission or Liberation», *Academy of Management Executive*, vol. 6, mai 1992, p. 43-54.
44. Jay A. Conger et Rabindra N. Kanungo, *Charismatic Leadership in Organizations*, San Francisco, Jossey-Bass, 1998.
45. *Ibid.*
46. Voir: B.M. Bass, *Leadership and Performance Beyond Expectations*, New York, Free Press, 1985; Bryman (1992), p. 98-99.
47. B.M. Bass, *A New Paradigm of Leadership*, Alexandria (Virginie), U.S. Army Research Institute for the Behavioral and Social Sciences, 1996.
48. Bryman (1992), chap. 6; B.M. Bass et B.J. Avolio, «Transformational Leadership: A Response to Critics», dans M.M. Chemers et R. Ayman (sous la dir. de), *Leadership Theory and Practice: Perspectives and*

Directions, San Diego (Californie), Academic Press, 1993, p. 49-80; Kevin B. Lowe, K. Galen Kroeck et Nagaraj Sivasubramanium, « Effectiveness Correlates of Transfomational and Transactional Leadership : A Meta-Analytic Review of the MLQ Literature », *The Leadership Quarterly*, vol. 7, 1996, p. 385-426.

49. Bass (1996) ; Bass et Avolio (1993).

50. Voir Jay A. Conger et Rabindra N. Kanungo, « Training Charismatic Leadership : A Risky and Critical Task », dans Jay A. Conger, Rabindra N. Kanungo et autres (sous la dir. de), *Charismatic Leadership : The Elusive Factor in Organizational Effectiveness*, San Francisco, Jossey-Bass, 1988, chap. 11.

51. Voir J.R. Kouzes et B.F. Posner, *The Leadership Challenge : How to Get Extraordinary Things Done in Organizations*, San Francisco, Jossey-Bass, 1991.

52. Marshall et Molly G. Sashkin, *Leadership That Matters*, San Francisco, Berrett-Koehler, 2003, chap. 10.

53. G.B. Graen et M. Uhl-Bien, « Relationship-Based Approach to Leadership : Development of Leader-Member Exchange (LMX) Theory of Leadership over 25 Years : Applying a Multi-Level Multi-Domain Perspective », *The Leadership Quarterly*, vol. 6, 1995, p. 219-247.

54. Sarah Saint-Michel et Nouchka Wielhorski, « Style de leadership, LMX et engagement organisationnel des salariés : le genre du leader a-t-il un impact ? », *@GRH*, 2011/1, nº 1, p. 13-38.

55. C.R. Gerstner et D.V. Day, « Meta-Analytic Review of Leader-Member Exchange Theory : Correlates and Construct Ideas », *Journal of Applied Psychology*, vol. 82, p. 827-844.

56. Basé sur : Bruce J. Avolio et William L. Gardner, « Authentic Leadership Development : Getting to the Root of Positive Forms of Leadership », *The Leadership Quarterly*, vol. 16, 2005, p. 315-338 ; William L. Gardner, Bruce J. Avolio, Fred Luthans, Douglas R. May et Fred O. Walumba, « Can You See the Real Me ? A Self-Based Model of Authentic Leader and Follower Development », *The Leadership Quarterly*, vol. 16, 2005, p. 343-372.

57. Bill George, Peter Sims, Andrew N. McLean et Diana Mayer, « Discovering Your Authentic Leadership », *Harvard Business Review*, février 2007, p. 1-9.

58. Pour une discussion plus approfondie sur la psychologie positive, voir : Avolio et Gardner (2005) ; Judith A. Ross, « Making Every Leadership Moment Matter », *Harvard Management Update*, septembre 2006, p. 3-5.

59. D'après : Lewis W. Fry, « Toward a Paradigm of Spiritual Leadership », *The Leadership Quarterly*, vol. 16, 2005, p. 619-622 ; Lewis W. Fry, Steve Vitucci et Marie Cedillo, « Spiritual Leadership and Army Transformation : Theory, Measurement, and Establishing a Baseline », *The Leadership Quarterly*, vol. 16, nº 5, octobre 2005, p. 835-862.

60. Renée Rivest, *Êtes-vous Tintin, Milou, Haddock...*, Septembre, 2004 (note : Madame Rivest a obtenu les droits de Moulinsart SA afin de développer cette méthodologie). Voir aussi : www.groupe-regain.com ; Patricia Cloutier, « Livre d'affaires de l'année – Renée Rivest mérite le prix du public », *Le Soleil*, 13 juin 2005, p. C8 ; Lucie Douville, « Êtes-vous Tintin, Milou, Haddock... », *Revue VIVRE*, mai 2005, p. 40 ; Anick Charrette, « Oser devenir son Hergé personnel », *Transcontinental Outaouais*, 20 septembre 2004 ; Lyne Turgeon, « Tintin et la méthode ReGain », *La Presse*, 14 septembre 2004, La Presse Affaires, p. 2 ; Marlène Lebreux, « En équipe avec Tintin, Milou, Haddock, Tournesol et Dupond », *La Presse*, 20 novembre 2004, Carrières et professions, p. 4.

61. Robert K. Greenleaf, *The Servant as Leader*, Indianapolis (Indiana), The Robert K. Greenleaf Center, 1970 (republié en 1991).

62. Pour une discussion, voir Michael E. Brown et Linda K. Trevino, « Ethical Leadership : A Review and Future Directions », *The Leadership Quarterly*, vol. 17, nº 6, 2006, p. 579-609.

63. Michael E. Brown et Linda K. Trevino, « Ethical Leadership : A Review and Future Directions », *The Leadership Quarterly*, décembre 2006, vol. 17, nº 6, p. 598.

64. Craig L. Pearce et Jay A. Conger (sous la dir. de), *Shared Leadership*, Thousand Oaks (Californie), Sage, 2003, chap. 1.

65. Voir Mary Uhl-Bien, Russ Marion et Bill McKelvey, « Complexity Leadership Theory : Shifting Leadership from the Industrial Age to the Knowledge Era », *The Leadership Quarterly*, vol. 18, nº 4, 2007, p. 298-318.

66. Cet exposé s'appuie largement sur celui de Katrina A. Zalatan et Gary Yukl, « Team Leadership », dans George R. Goethals, Georgia J. Sorenson et James McGregor Burns (sous la dir. de), *Encyclopedia of Leadership*, vol. A, Great Barrington (Massachusetts), Berkshire-Sage, 2004, p. 1529-1552.

67. Cet exposé s'inspire principalement de : Robert J. House, Paul J. Hanges, Mansour Javidan, Peter W. Dorfman et Vipin Gupta (sous la dir. de), *Culture, Leadership, and Organizations*, Thousand Oaks (Californie), Sage, 2004 ; Mansour Javidan, Peter W. Dorfman, Mary Sully de Luque et Robert J. House, « In the Eye of the Beholder : Cross Cultural Lessons in Leadership from Project GLOBE », *Academy of Management Perspectives*, février 2006, vol. 20, nº 1, p. 67-90 ; Robert House et autres, « Understanding Cultures and Implicit Leadership Theories Across the Globe : An Introduction to Project GLOBE », *Journal of World Business*, vol. 37, nº 1, printemps 2002, p. 3-10.

CHAPITRE 11

1. «Skills Stakeholders Want», *Biz-Ed*, mai-juin 2009, p. 11.

2. Pour des aperçus sur le sujet, voir : Susan J. Miller, David J. Hickson et David C. Wilson, « Decision-Making in Organizations », dans Stewart R. Clegg, Cynthia Hardy et Walter R. Nord (sous la dir. de), *Handbook of Organizational Studies*, London, Sage, 1996, p. 293-312 ; George P. Huber, *Managerial Decision Making*, Glenview (Illinois), Scott, Foresman, 1980.

3. Cette figure et l'exposé qui s'y rapporte sont inspirés de conversations avec la Dre Alma Acevedo, de la Universidad de Puerto Rico, à Rio Piedras, et de deux de ses articles: «Of Fallacies and Curricula : A Case of Business Ethics», *Teaching Business Ethics*, vol. 5, 2001, p. 157-170 ; «Business Ethics : An Introduction», document de travail, 2009.

4. Acevedo (2009).

5. Stephen Fineman, «Emotion and Organizing», dans Clegg, Hardy et Nord (sous la dir. de), 1996, p. 542-580.

6. Information et citations tirées de «Life and Death at the iPad Factory», *Bloomberg Business Week*, 7-13 juin 2010, p. 35-36.

7. Pour une discussion sur le cadre éthique de la prise de décision, voir : Joseph R. Desjardins, *Business, Ethics and the Environment*, Upper Saddle River (New Jersey), Pearson Education, 2007; Linda A. Trevino et Katherine A. Nelson, *Managing Business Ethics*, New York, Wiley, 1995; Saul W. Gellerman, «Why "Good" Managers Make Bad Ethical Choices», *Harvard Business Review*, vol. 64, juillet-août 1986, p. 85-90; Barbara Ley Toffler, *Tough Choices : Managers Talk Ethics*, New York, Wiley, 1986.

8. Basé sur Gerald F. Cavanagh, *American Business Values*, 4e édition, Upper Saddle River (New Jersey), Prentice-Hall, 1998.

9. www.josephsoninstitute.org.

10. Fons Trompenaars, *Riding the Waves of Culture : Understanding Cultural Diversity in Business*, London, Nicholas Brealey, 1993, p. 6.

11. *Ibid.*

12. Nancy J. Adler, *International Dimensions of Organizational Behavior*, 4e éd., Boston, PWS-Kent, 2002.

13. *Ibid.*

14. Information tirée de Paul Nutt, « Decision Debacles and How to Avoid Them », *Business Strategy Review*, vol. 21, nº 2, 2001, p. 23-34.

15. Pour une revue scientifique, voir : Dean Tjosvold, «Effects of Crisis Orientation on Managers' Approach to Controversy in Decision Making», *Academy of Management Journal*, vol. 27, 1984, p. 130-138; Ian I. Mitroff, Paul Shrivastava et Firdaus E. Udwadia, « Effective Crisis Management », *Academy of Management Executive*, vol. 1, 1987, p. 283-292.

16. *Ibid.*

17. Cette section est basée sur : Michael D. Cohen, James G. March et Johan P. Olsen, « The Garbage Can Model of Organizational Choice », *Administrative Science Quarterly*, vol. 17, 1972, p. 1-25 ; James G. March et Herbert A. Simon, *Organizations*, New York, Wiley, 1958, p. 137-142.

18. Voir, par exemple, Jonathan Rosenoer et William Scherlis, «Risk Gone Wild», *Harvard Business Review*, mai 2009, p. 26.

19. Voir KPMG, qui offre des services de gestion des risques de l'entreprise, www.kpmg.com.

20. On attribue généralement cette distinction à Herbert Simon, dans *Administrative Behavior*, New York, Free Press, 1945; on peut aussi consulter cet ouvrage de Simon: *The New Science of Management Decision*, New York, Harper & Row, 1960.

21. Pour un rappel historique, voir Leigh Buchanan et Andrew O'Connell, «Thinking Machines», *Harvard Business Review*, vol. 84, n° 1, 2006, p. 38-49. Pour des applications récentes, voir : Jiju Anthony, Raj Anand, Maneesh Kumar et M.K. Tiwari, «Multiple Response Optimization Using Taguchi Methodology and Nero-Fuzzy Based Model», *Journal of Manufacturing Technology Management*, vol. 17, n° 7, 2006, p. 108-112 ; Craig Boutilier, « The Influence of Influence Diagrams on Artificial Intelligence », *Decision Analysis*, vol. 2, n° 4, 2005, p. 229-232.

22. Voir aussi Mary Zey (sous la dir. de), *Decision Making: Alternatives to Rational Choice Models*, Thousand Oaks (Californie), Sage, 1992.

23. Simon (1958).

24. Pour divers points de vue, voir: Cohen, March et Olsen (1972); Miller, Hickson et Wilson (1996); Michael Masuch et Perry LaPontin, «Beyond Garbage Cans: An AI Model of Organizational Choice», *Administrative Science Quarterly*, vol. 34, 1989, p. 38-67.

25. Pour une bonne discussion sur le sujet, voir: Watson H. Agor, *Intuition in Organizations : Leading and Managing Productively*, Newbury Park (Californie), Sage, 1989 ; Herbert A. Simon, « Making Management Decisions: The Role of Intuition and Emotion », *Academy of Management Executive*, vol. 1, 1987, p. 57-64; Orlando Behling et Norman L. Eckel, « Making Sense Out of Intuition », *Academy of Management Executive*, vol. 5, 1991, p. 46-54.

26. Agor (1989).

27. Chris Bart et Gregory, McQueen, «Why Women Make Better Directors», *International Journal of Business Governance and Ethics*, vol. 8, n° 1, p. 93-99.

28. Malcolm Gladwell, *Intuition : comment réfléchir sans y penser*, Montréal, Transcontinental, 2005, p. 25-26.

29. Lili Marin, « Malcolm Gladwell : le gourou du moment », *Commerce*, vol. 106, n° 4, avril 2005, p. 45.

30. Alan Deutschman, «Inside the Mind of Jeff Bezos», *Fast Company*, vol. 85, août 2004, www.fastcompany.com.

31. Pour un classique sur ce sujet, voir la liste d'articles publiés par D. Kahneman et A. Tversky : « Subjective Probability : A Judgment of Representativeness », *Cognitive Psychology*, vol. 3, 1972, p. 430-454; « On the Psychology of Prediction », *Psychological Review*, vol. 80, 1973, p. 237-251; « Prospect Theory : An Analysis of Decision Under Risk », *Econometrica*, vol. 47, 1979, p. 263-291; « Psychology of Preferences », *Scientific American*, 1982, p. 161-173; « Choices, Values, Frames », *American Psychologist*, vol. 39, 1984, p. 341-350.

32. Les définitions et l'analyse qui suit s'appuient sur Max H. Bazerman, *Judgment in Managerial Decision Making*, 3e éd., New York, Wiley, 1994.

33. Voir la discussion de James A.F. Stoner, *Management*, 2e édition, Englewood Cliffs (New Jersey), Prentice Hall, 1982, p. 167-168.

34. Il peut arriver aussi qu'il y ait trop de décideurs, comme l'ont démontré Phillip G. Clampitt et M. Lee Williams, « Decision Downsizing », *MIT Sloan Management Review*, vol. 48, n° 2, 2007, p. 77-89.

35. Victor H. Vroom et Arthur G. Jago, *The New Leadership: Managing Participation in Organizations*, Englewood Cliffs (New Jersey), Prentice-Hall, 1988. Cet ouvrage s'appuie sur des travaux antérieurs: Victor H. Vroom, « A New Look in Managerial Decision-Making », *Organizational Dynamics*, printemps 1973, p. 66-80 ; Victor H. Vroom et Philip W. Yetton, *Leadership and Decision-Making*, Pittsburgh, University of Pittsburgh Press, 1973.

36. Vroom et Yetton (1973); Vroom et Jago (1988).

37. *Ibid.*

38. Voir la discussion dans Victor H. Vroom, «Leadership and the Decision Making Process», *Organizational Dynamics*, vol. 28, 2000, p. 82-94.

39. Barry M. Staw, «The Escalation of Commitment to a Course of Action», *Academy of Management Review*, vol. 6, 1981, p. 577-587; Barry M. Staw et Jerry Ross, « Knowing When to Pull the Plug », *Harvard Business Review*, vol. 65, mars-avril 1987, p. 68-74. Voir aussi Glen Whyte, « Escalating Commitment to a Course of Action: A Reinterpretation », *Academy of Management Review*, vol. 11, 1986, p. 311-321.

40. Joel Brockner, « The Escalation of Commitment to a Failing Course of Action : Toward Theoretical Progress », *Academy of Management Review*, vol. 17, 1992, p. 39-61 ; J. Ross et B.M. Staw, « Organizational Escalation and Exit : Lessons from the Shoreham Nuclear Power Plant », *Academy of Management Journal*, vol. 36, 1993, p. 701-732.

41. D'après G. McNamara, H. Moon et P. Bromiley, « Banking on Commitment : Intended and Unintended Consequences of Organizations' Attempt to Attenuate Escalation of Commitment », *Academy of Management Journal*, vol. 45, n° 2, 2002, p. 443-452.

42. D'après Marc Street et Vera L. Street, « The Effects of Escalating Commitment on Ethical Decision Making », *Journal of Business Ethics*, vol. 64, 2006, p. 343-356.

43. Voir, par exemple, les livres suivants de Roger von Oech : *A Whack on the Side of the Head*, New York, Warner Books, 1983 ; *A Kick in the Seat ot the Pants*, New York, Harper & Row, 1986.

44. Voir Cameron M. Ford et Dennis A. Gioia, *Creative Action in Organizations*, Thousand Oaks (Californie), Sage, 1995.

45. G. Wallas, *The Art of Thought*, New York, Harcourt, 1926, cité dans Bazerman (1994).

46. E. Glassman, « Creative Problem Solving », *Supervisory Management*, janvier 1989, p. 21-26 ; B. Kabanoff et J.R. Rossiter, « Recent Developments in Applied Creativity », *International Review of Industrial and Organizational Psychology*, vol. 9, 1994, p. 283-324.

47. Teresa M. Amabile, «Motivating Creativity in Organizations», *California Management Review*, vol. 40, automne 1997, p. 39-58.

48. Inspiré de: Edward DeBono, *Lateral Thinking : Creativity Step-by-Step*, New York, HarperCollins, 1970; John S. Dacey et Kathleen H. Lennon, *Understanding Creativity*, San Francisco, Jossey-Bass, 1998; Bettina von Stamm, *Managing Innovation, Design and Creativity*, Chichester (Angleterre), Wiley, 2003.

49. R. Drazen, M. Glenn et R. Kazanijan, «Multilevel Theorizing about Creativity in Organizations: A Sense-making Perspective », *Academy of Management Review*, vol. 21, 1999, p. 286-307.

50. Inspiré de : DeBono (1970); Dacey et Lennon (1998); Von Stamm (2003).

51. Voir «Mosh Pits for Creativity», *Business Week*, 7 novembre 2005, p. 98-99.

52. I.L. Thompson et L. Brajkovich, « Improving the Creativity of Organizational Work Groups », *Academy of Management Journal*, vol. 17, 2003, p. 96-115.

53. *Ibid.*

54. R. Drazen, M. Glynn et R. Kazanjian, « Multilevel Theorizing About Creativity in Organizations : A Sensemaking Perspective », *Academy of Management Review*, vol. 21, 1999, p. 286-307.

55. *Ibid.*

56. Pour des études récentes, voir : J. Perry-Smith et C. Shalley, « The Social Side of Creativity : A Static and Dynamic Social Network Perspective », *Academy of Management Review*, vol. 28, 2003, p. 89-101 ; S. Taggar, « Individual Creativity and Group Ability to Utilize Individual Creative Resources : A Multilevel Model », *Academy of Management Journal*, vol. 45, 2002, p. 315-330.

57. *Ibid.*

CHAPITRE 12

1. Résultats mis en ligne sur le site web de l'American Management Association (www.amanet.org) : « The Passionate Organization », 26-29 septembre 2000 ; « Managerial Skills and Competence », mars-avril 2000.

2. Voir Angelo S. DeNisi et Abraham N. Kluger, « Feedback Effectiveness : Can 360-Degree Appraisals Be Improved ? », *Academy of Management Executive*, vol. 14, 2000, p. 129-139.

3. Edward T. Hall, *The Hidden Dimension*, Garden City (New York), Doubleday, 1966.

4. Voir : D.E. Campbell, « Interior Office Design and Visitor Response », *Journal of Applied Psychology*, vol. 64, 1979, p. 648-653 ; P.C. Morrow et J.C. McElroy, « Interior Office Design and Visiter Response : A Constructive Replication », *Journal of Applied Psychology*, vol. 66, 1981, p. 646-650.

5. M.P. Rowe et M. Baker, «Are You Hearing Enough Employee Concerns?», *Harvard Business Review*, vol. 62, mai-juin 1984, p. 127-135.

6. Cette analyse s'appuie sur Carl R. Rogers et Richard E. Fatson, «Active Listening», Chicago, Relations Center of the University of Chicago.

7. *Ibid.* Adapté d'un exemple figurant dans ce document.

8. Variante d'une citation de Ralph Waldo Emerson, www.quotationspage.com/quotes/Ralph_Waldo_Emerson, pages consultées le 8 avril 2013.

9. Cet exemple est tiré de Richard V. Farace, Peter R. Monge et Hamish M. Russell, *Communicating and Organizing*, Reading (Massachusetts), Addison-Wesley, 1977, p. 97-98.

10. Ces exemples sont tirés de *Business Week*, 6 juillet 1981, p. 107.

11. Voir A. Mehrabian, *Silent Messages*, Belmont (Californie), Wadsworth, 1981.

12. Étude revue dans John C. Athanassiades, «The Distortion of Upward Communication in Hierarchical Organizations», *Academy of Management Journal*, vol. 16, juin 1973, p. 207-226.

13. F. Lee, «Being Polite and Keeping MUM: How Bad News is Communicated in Organizational Hierarchies», *Journal of Applied Social Psychology*, vol. 23, 1993, p. 1124-1149.

14. Thomas J. Peters et Robert H. Waterman Jr., dans *Le Prix de l'excellence*, Paris, InterÉditions, 1983.

15. N. Shivapriya, «Accenture All Set to Venture into Corporate Training», *Economic Times*, 17 février 2007, p. 5.

16. Voir: C. Barnum et N. Woliansky, «Taking Cues from Body Language», *Management Review*, vol. 78, 1989, p. 59; S. Bochner (sous la dir. de), *Cultures in Contact: Studies in Cross-Cultural Interaction*, London, Pergamon, 1982; A. Furnham et S. Bocher, *Culture Shock: Psychological Reactions to Unfamiliar Environments*, London, Methuen, 1986; «How Not to Do International Business», *Business Week*, 12 avril 1999; Yori Kagegama, «Tokyo Auto Show Highlights», *Associated Press*, 24 octobre 2001.

17. Edward T. Hall, *Beyond Cultures*, New York, Doubleday, 1976.

18. Citations tirées de «Lost in Translation», *Wall Street Journal*, 18 mai 2004, p. BI et B6.

19. Voir Gary P. Ferraro, «The Need for Linguistic Proficiency in Global Business», *Business Horizons*, vol. 39, mai-juin 1966, p. 39-46.

20. Le réseautage est considéré par Kotter comme une pratique de gestion essentielle ; voir J.P. Kotter, *The General Managers*, New York, Free Press, 1982.

21. Thomas J. Peters et Robert H. Waterman Jr., dans *Le Prix de l'excellence*, Paris, InterÉditions, 1983.

22. Patricia Kitchen, «Business Beginning to See Benefits of Employing Wikis», *The Columbus Dispatch*, 26 mars 2007, p. C1-C2.

23. Voir Robert H. Lengel et Richard L. Daft, «The Selection of Communication Media as an Executive Skill», *Academy of Management Executive*, août 1998, p. 225-232.

24. *Business Week*, 16 mai 1994, p. 8.

25. Diane Brady, « *#!@the E-Mail. Can We Talk? », *Business Week*, 4 décembre 2006, p. 109-110.

26. Voir Daniel Goleman, *Social Intelligence : The New Science of Human Relationships*, New York, Bantam Books, 2006.

27. *Ibid.*

28. Katherine Reynolds Lewis, « Digital Debris », *Columbus Dispatch*, 26 février 2007, p. B1.

29. « Four Presence Potholes to Avoid », *Network World*, vol. 24, nº 1, 8 janvier 2007, p. 28.

30. Don Tapscott et Anthony D. Williams, «The Wiki Workplace», Business Week Online, 000077135, consulté le 26 mars 2007.

31. Andre Martin, *The President's Challenge : Creating the Space for Transformation*, document d'entreprise, copyright Mars Inc., 2008.

32. C. Crossley et G. Vogelsang, « Measuring Interactional Transparency and Testing its Impact on Trust and Psychological Capital », document de travail, The University of Nebraska, 2009.

33. D'après J. Detert et E. Burris, «Leadership Behavior and Employee Voice : Is the Door Really Open?», *Academy of Management Journal*, vol. 50, nº 4, 2007, p. 869-884.

34. D.A. Whetten et K.S. Cameron, *Developing Management Skills*, New York, Prentice Hall, 2006.

35. Description du *design thinking* trouvée sur le site web de IDEO, à l'adresse www.ideo.com, 18 juillet 2013. Information tirée de Stefan Thomke et Ashok Nimgade, «IDEO Product Development», Harvard Business School, http://www.ideo.com/culture/careers, cas 9-600-143, 26 avril 2007, p. 5-6. Voir aussi T. Peters, «The Peters Principles», *Forbes ASAP*, 13 septembre 1993, p. 180.

CHAPITRE 13

1. « Where in the World is Eduardo Saverin? », *Thinking about Thinking*, publié le 15 juin 2009, http://larrycheng.com/2009/06/15/where-in-the-world-is-eduardo-saverin, consulté le 11 avril 2013.

2. Claire Hoffman, « The Battle for Facebook », *Rolling Stone*, publié le 15 septembre 2010, http://www.rollingstone.com/culture/news/the-battle-for-facebook-20100915, consulté le 11 avril 2013.

3. Voir notamment: Henry Mintzberg, *The Nature of Managerial Work*, New York, Harper & Row, 1973; John R.P. Kotter, *The General Managers*, New York, Free Press, 1982.

4. Sur ce sujet, un classique: Richard E. Walton, *Interpersonal Peacemaking, Confrontations and Third-Party Consultation*, Reading (Massachusetts), Addison-Wesley, 1969.

5. Kenneth W. Thomas et Warren H. Schmidt, «A Survey of Managerial Interests with Respect to Conflict», *Academy of Management Journal*, vol. 19, 1976, p. 315-318.

6. Pour un bon aperçu sur le sujet, voir: Richard E. Walton, *Managing Conflict: Interpersonal Dialogue and Third-Party Roles*, 2e éd., Reading (Massachusetts), Addison-Wesley, 1987; Dean Tjosvold, *The Conflict-Positive Organization: Stimulate Diversity and Create Unity*, Reading (Massachusetts), Addison-Wesley, 1991.

7. Walton (1969).

8. *Ibid.*

9. Richard E. Walton et John M. Dutton, «The Management of Interdepartmental Conflict: A Model and Review», *Administrative Science Quarterly*, vol. 14, 1969, p. 73-84.

10. Information tirée de « "Bridget Jones" Blogger Fire Fury », CNN.com, 19 juillet 2006.

11. Geert Hofstede: *Culture's Consequences: International Differences in Work-Related Values*, Beverly Hills (Californie), Sage, 1980; «Cultural Constraints in Management Theories», *Academy of Management Executive*, vol. 7, 1993, p. 81-94.

12. D'après «Capitalizing on Diversity: Navigating the Seas of the Multicultural Workforce and Workplace», *Business Week*, section Special Advertising, 4 décembre 1998.

13. Ces phases sont conformes aux modèles décrits dans *Administrative Science Quarterly*, septembre 1967, p. 269-320: Alan C. Filley, *Interpersonal Conflict Resolution*, Glenview (Illinois), Scott, Foresman, 1975 ; Louis R. Pondy, «Organizational Conflict: Concepts and Models».

14. Information tirée de Ken Brown et Gee L. Lee, «Lucent Fires Top China Executives», *The Wall Street Journal*, 7 avril 2004, p. A8.

15. Walton et Dutton (1969).

16. Rensis Likert et Jane B. Likert, *New Ways of Managing Conflict*, New York, McGraw-Hill, 1976.

17. Voir: Jay Galbraith, *Designing Complex Organizations*, Reading (Massachusetts), Addison Wesley, 1973; David Nadler et Michael Tushman, *Strategic Organizational Design*, Glenview (Illinois), Scott, Foresman, 1988.

18. E.M. Eisenberg et M.G. Witten, «Reconsidering Openness in Organizational Communication», *Academy of Management Review*, vol. 12, 1987, p. 418-426.

19. R.G. Lord et M.C. Kernan, «Scripts as Determinants of Purposeful Behavior in Organizations», *Academy of Management Review*, vol. 12, 1987, p. 265-277.

20. Voir: Filley (1975); L. David Brown, *Managing Conflict at Organizational Interfaces*, Reading (Massachusetts), Addison-Wesley, 1983.

21. *Ibid.*, p. 27 et 29.

22. Pour quelques études sur ce sujet, voir: Robert R. Blake et Jane Strygley Mouton, «The Fifth Achievement», *Journal of Applied Behavioral Science*, vol. 6, 1970, p. 413-427; Kenneth Thomas, «Conflict and Conflict Management», dans M.D. Dunnett (sous la dir. de), *Handbook of Industrial and Organizational Behavior*, Chicago, Rand McNally, 1976, p. 889-935; Kenneth W. Thomas, «Toward Multi-Dimensional Values in Teaching: The Examples of Conflict Behaviors», *Academy of Management Review*, vol. 2, 1977, p. 484-490.

23. Voir notamment Valerie Patterson, «How to Negotiate Pay in a Tough Economy», *The Wall Street Journal*, 29 mars 2004, p. R7.

24. Pour un excellent aperçu, voir Roger Fisher et William Ury, *Getting to Yes: Negotiating Agreement Without Giving In*, New York, Penguin, 1983. Voir aussi James A. Wall Jr., *Negotiation: Theory and Practice*, Glenview (Illinois), Scott, Foresman, 1985.

25. D'après: Robert Moskowitz, «How to Negotiate Increase», http://www.frontiernet.net/~tezcan/negotiate.htm, 1995, consulté le 19 juillet 2013; Mark Gordon, «Negotiating What You're Worth», *Harvard Management Communication Letter 2.1*, hiver 2005; Dona Dezube, «Salary Negotiation Know-How», www.monster.com, consulté le 8 mars 2007.

26. Information et citations tirées de : David Kiley, « Ford's Savior ? », *Business Week*, 16 mars 2009, p. 31-34 ; Alex Taylor III, « Fixing up Ford », *Fortune*, 14 mai 2009.

27. Roy J. Lewicki et Joseph A. Litterer, *Negotiation*, Homewood (Illinois), Irwin, 1985, p. 315-319.

28. *Ibid.*, p. 328-329.

29. Pour une bonne analyse, voir: Michael H. Bond, *Behind the Chinese Face*, London, Oxford University Press, 1991; Richard D. Lewis, *When Cultures Collide*, London, Nicholas Brealey, 1996, chap. 23.

30. L'analyse qui suit est basée sur: Fisher et Ury (1983); Lewicki et Litterer (1985).

31. Exemple élaboré à partir de Max H. Bazerman, *Judgment in Managerial Decision Making*, 2e éd., New York, Wiley, 1991, p. 106-108.

32. David Gauthier-Villars et Leila Abboud: « In France, CEOs Can Become Hostages », *The Wall Street Journal*, 3 avril 2009, p. B1, B4; «Bossnapping of Executives Wins 45% Backing in Poll», *The Wall Street Journal*, 8 avril 2009, p. A8.

33. Pour une analyse détaillée, voir: Fisher et Ury (1983); Lewicki et Litterer (1985).

34. Élaboré à partir de Bazerman (1991), p. 127-141.

35. Fisher et Ury (1983), p. 33.

36. D'après Jeanne M. Brett, Mara Olekalns, Ray Friedman, Nathan Goates, Cameron Anderson et Cara Cherry Lisco, «Sticks and Stones: Language, Face, and On-Line Dispute Resolution», *Academy of Management Journal*, vol. 50, nº 1, 2007, p. 85-99.

37. Lewicki et Litterer (1985), p. 177-181.

CHAPITRE 14

1. L'essentiel de ce chapitre s'appuie sur Richard N. Osborn, James G. Hunt et Lawrence R. Jauch, *Organization Theory: Integrated Text and Cases*, Melbourne (Floride), Krieger, 1985. Pour un aperçu plus récent s'inscrivant dans le prolongement de cet ouvrage, voir Lex Donaldson, «The Normal Science of Structural Contingency Theory», dans Stewart R. Clegg, Cynthia Hardy et Walter R. Nord (sous la dir. de), *Handbook of Organizational Studies*, Londres, Sage, 1996, p. 57-76. Pour un traitement plus approfondi, voir W. Richard Scott et Gerald F. Davis, *Organizations and Organizing: Rational and Open Systems*, Englewood Cliffs (New Jersey), Prentice-Hall, 2007.

2. «Sous la direction de Jack Welch, GE a augmenté sa capitalisation boursière de plus de 400 milliards de dollars» (traduction libre), *Opportunist Magazine*, http://opportunistmagazine.com/during-jack-welch%E2%80%99s-tenure-ge-increased-its-market-capitalization-by-over-400-billion-name/, posté le 1er décembre 2010, consulté le 5 juin 2013.

3. «The Google Way: Give Engineers Room», *The New York Times*, http://www.nytimes.com/2007/10/21/jobs/21pre.html, posté le 21 octobre 2007, consulté le 5 juin 2013.

4. «Freedom and Welfare: Amex's All Inclusive Mantra», *The Economic Times*, http://articles.economictimes.indiatimes.com/2010-08-09/news/27619987_1_employees-amex-india-development-plan, 9 août 2010, consulté le 5 juin 2013.

5. «The Leadership-Profit Chain: How Leadership Impacts Employee Passion and Customer Devotion», Blanchard LeaderChat, http://leaderchat.org/2010/04/28/the-leadership-profit-chain-how-leadership-impacts-employee-passion-and-customer-devotion, posté le 28 avril 2010, consulté le 5 juin 2013.

6. Osborn, Hunt et Jauch (1985); Scott et Davis (2007).

7. H. Talcott Parsons, *Structure and Processes in Modern Societies*, New York, Free Press, 1960.

8. Voir: B. Bartkus, M. Glassman et B. McAfee, «Mission Statement Quality and Financial Performance», *European Management Journal*, vol. 24, nº 1, 2006, p. 66-79; J. Peyrefitte et F.R. David, «A Content Analysis of the Mission Statements of United States Firms in Four Industries», *International Journal of Management*, vol. 23, nº 2, 2006, p. 296-305; Terri Lammers, «The Effective and Indispensable Mission Statement», *Inc.*, août 1992, p. 1, 7 et 23; I.C. MacMillan et A. Meshulack, «Replacement Versus Expansion: Dilemma for Mature U.S. Businesses», *Academy of Management Journal*, vol. 26, 1983, p. 708-726.

9. «Making Vision Statements Meaningful», *British Journal of Administrative Management*, avril-mai 2006, p. 17; L. Larwood, C.M. Falbe, M. Kriger et P.M. Miesing, «Structure and Meaning of Organizational Vision», *Academy of Management Journal*, vol. 38, nº 4, 1995, p. 740-770.

10. Voir: Scott et Davis (2007); Stewart R. Clegg et Cynthia Hardy, «Organizations, Organization and Organizing», dans Clegg, Hardy et Nord (sous la dir. de) (1996), p. 1-28; William H. Starbuck et Paul C. Nystrom, «Designing and Understanding Organizations», dans P.C. Nystrom et W.H. Starbuck (sous la dir. de), *Handbook of Organizational Design: Adapting Organizations to Their Environments*, New York, Oxford University Press, 1981.

11. Voir: Jeffrey Pfeffer, «Barriers to the Advance of Organization Science», *Academy of Management Review*, vol. 18, nº 4, 1994, p. 599-620; Richard M. Cyert et James G. March, *A Behavioral Theory of the Firm*, Englewood Cliffs (New Jersey), Prentice-Hall, 1963. On trouvera également une bonne analyse des objectifs organisationnels dans: Charles Perrow, *Organizational Analysis: A Sociological View*, Belmont (Californie), Wadsworth, 1970; Richard H. Hall, «Organizational Behavior: A Sociological Perspective», dans Jay W. Lorsch (sous la dir. de), *Handbook of Organizational Behavior*, Englewood Cliffs (New Jersey), Prentice-Hall, 1987, p. 84-95.

12. Voir Osborn, Hunt et Jauch (1985) pour un tableau historique; pour les différents taux de survie selon l'époque de formation et le développement technologique, voir R. Agarwal, M. Sarkar et R. Echambadi, «The Conditioning Effect of Time on Firm Survival: An Industry Life Cycle Approach», *Academy of Management Journal*, vol. 25, 2002, p. 971-985.

13. Janice Beyer, Danta P. Ashmos et R.N. Osborn, «Contrasts in Enacting TQM: Mechanistic Vs. Organic Ideology and Implementation», *Journal of Quality Management*, vol. 1, 1997, p. 13-29; pour une étude classique, voir Paul R. Lawrence et Jay W. Lorsch, *Organization and Environment*, Homewood (Illinois), Irwin, 1969.

14. Osborn, Hunt, and Jauch (1985).

15. Pour des comptes rendus, voir: Scott et Davis (2007); Osborn, Hunt et Jauch (1985); Clegg, Hardy et Nord (1996).

16. Voir www.nucor.com.

17. Par exemple, voir: J. Gao, R. Kishore, K. Nam, H.R. Rao et H. Song, «An Investigation of the Factors that Influence the Duration of IT Outsourcing Relationships», *Decision Support Systems*, vol. 42, nº 4, 2007, p. 21-37; J.E.M. McGee, M.J. Dowling et W.L. Megginson, «Cooperative Strategy and New Venture Performance: The Role of Business Strategy and Management Experience», *Strategic Management Journal*, vol. 16, 1995, p. 565-580; James B. Quinn, *Intelligent Enterprise: A Knowledge and Service Based Paradigm for Industry*, New York, Free Press, 1992.

18. Voir: F.T. Rothaemel, M.A. Hitt et L.A. Jobe, «Balancing Vertical Integration and Strategic Outsourcing: Effects on Product Portfolio, Product Success, and Firm Performance», *Strategic Management Journal*, vol. 27, nº 11, 2006, p. 1033-1049; L.F. Cranor et S. Greenstein (sous la dir. de), *Communications Policy and Information Technology: Promises, Problems and Prospects*, Cambridge (Massachusetts),

MIT Press, 2002; P. Candace Deans, *Global Information Systems and Technology: Focus on the Organization and its Functional Areas*, Harrisburg (Pennsylvanie), Ideal Group, 1994; Osborn, Hunt et Jauch (1985).

19. Haim Levy et Deborah Gunthorpe, *Introduction to Investments*, 2e éd., Cincinnati (Ohio), Southwestern, 1999; Cranor et Greenstein (2002).
20. William G. Ouchi et M.A. McGuire, «Organization Control: Two Functions», *Administrative Science Quarterly*, vol. 20, 1977, p. 559-569.
21. Cette analyse est adaptée de: W. Edwards Deming, «Improvement of Quality and Productivity Through Action by Management», *Productivity Review*, hiver 1982, p. 12 et 22; Edwards Deming, *Quality, Productivity and Competitive Position*, Cambridge (Massachusetts), MIT Center for Advanced Engineering, 1982.
22. R. Durand, «Predicting a Firm's Forecasting Ability: The Roles of Organizational Illusion of Control and Organizational Attention», *Strategic Management Journal*, vol. 24, septembre 2003, p. 821-838.
23. Pour des études sur le sujet, voir: Scott et Davis (2007); Osborn, Hunt et Jauch (1985); Clegg, Hardy et Nord (1996).
24. Rhys Andrews, George A. Boyne, Jennifer Law et Richard M. Walker, «Centralization, Organization Strategy, and Public Service Performance», *Journal of Public Administration Research and Theory*, vol. 19, nº 1, 2009, p. 57-81.
25. Voir: C. Bradley, «Succeeding by Organizational Design», *Decision: Ireland's Business Review*, vol. 11, nº 1, 2006, p. 24-29; Osborn, Hunt et Jauch (1985) pour des études sur la centralisation-décentralisation.
26. Andrews, Boyne, Law et Walker (2009).
27. Bradley (2006); Osborn, Hunt et Jauch (1985).
28. Pour un examen des tendances structurelles actuelles et de leurs répercussions sur les résultats, voir aussi: Scott et Davis (2007); Clegg, Hardy et Nord (1996).
29. *Ibid.*
30. Pour une bonne analyse des premières applications de la structure matricielle, voir Stanley Davis, Paul Lawrence, Harvey Kolodny et Michael Beer, *Matrix*, Reading (Massachusetts), Addison-Wesley, 1977.
31. www.NBBJ.com.
32. Voir P.R. Lawrence et J.W. Lorsch, *Organization and Environment: Managing Differentiation and Integration*, Homewood (Illinois), Richard D. Irwin, 1967.
33. Voir: Osborn, Hunt et Jauch (1985); Scott et Davis (2007).
34. «Johnson & Johnson CEO William Weldon: Leadership in a Decentralized Company», Knowledge@Wharton, 25 juin 2008, http://knowledge.wharton.upenn.edu/article.cfm?articleid=2003, consulté le 7 juin 2013.
35. D'après Beth A. Bechky, «Gaffers, Gofers and Grips: Role-Based Coordination in Temporary Organizations», *Organization Science*, vol. 17, nº 1, 2006, p. 3-23.
36. Max Weber, *The Theory of Social and Economic Organization*, traduit de l'allemand par A.M. Henderson et H.T. Parsons, New York, Free Press, 1947.
37. Stephen Cummings et Todd Bridgman, «The Strawman: The Reconfiguration of Max Weber in Management Textbooks and Why It Matters», *2008 Academy of Management Proceedings*, 2008, p. 243-249.
38. *Ibid.*
39. On doit les premières observations sur le sujet à Tom Burns et G.M. Stalken, *The Management of Innovation*, Londres, Tavistock, 1961.
40. Voir Henry Mintzberg, *Structure in Fives: Designing Effective Organizations*, Englewood Cliffs (New Jersey), Prentice-Hall, 1983.
41. *Ibid.*
42. *Ibid.*
43. Pour une analyse étoffée, voir Osborn, Hunt et Jauch (1985).
44. Voir Peter Clark et Ken Starkey, *Organization Transitions and Innovation – Design*, Londres, Pinter, 1988.

CHAPITRE 15

1. L'idée que la stratégie est un processus coévolutif émane de plusieurs sources, notamment: David Simon, Michael Hitt et Duane Ireland, «Managing Firm Resources in Dynamic Environments to Create Value: Looking Inside the Black Box», *Academy of Management Review*, vol. 32, 2007, p. 273-292; Alfred D. Chandler, *The Visible Hand: The Managerial Revolution in America*, Cambridge (Massachusetts), Belknap, 1977; Michael E. Porter, *Competitive Strategy*, New York, Free Press, 1980; L.R. Jauch et R.N. Osborn, «Toward an Integrated Theory of Strategy», *Academy of Management Review*, vol. 6, nº 3, 1981, p. 491-498; B. Wernefelt, «A Resource-Based View of the Firm», *Strategic Management Journal*, vol. 5, nº 2, 1984, p. 171-180; J.B. Barney, «Firm Resources and Sustained Competitive Advantage», *Journal of Management*, vol. 17, nº 1, 1991, p. 99-120; Ross Marion, *The Edge of Organization: Chaos and Complexity Theories of Formal Social Systems*, Londres, Sage, 1999; Arie Lewin, Chris Long et Timothy Caroll, «The Coevolution of New Organizational Forms», *Organization Science*, vol. 10, 1999, p. 535-550; Hitt, Ireland et Hoskisson, *Strategic Management: Competition and Globalization*, Cincinatti (Ohio), Southwestern, 2001.
2. Marion (1999).
3. Samuel J. Palmisano, « The New CIO : Setting the Innovation Agenda », discours du premier CIO Leadership Forum d'IBM, Monte Carlo, www.IBM.com.
4. G. Huber, «Organizational Learning: The Contributing Process and the Literature», *Organization Science*, vol. 2, nº 1, 1991, p. 88-115.
5. J.W. Myer et B. Rowan, «Institutionalized Organizations: Formal Structure as Myth and Ceremony», *American Journal of Sociology*, vol. 83, 1977, p. 340-363.
6. M. Mumford, «The Leadership Quarterly Special Issue on Leading Innovation», *The Leadership Quarterly*, vol. 14, 2003, p. 385-387; M. Mumford, G. Scott, B. Gaddis, B. Strange et J. Strange, «Leading Creative People: Orchestrating Expertise and Relationships», *The Leadership Quarterly*, vol. 12, 2002, p. 705-750.
7. Voir Bjame Espedal, «Do Organization Routines Change as Experience Changes?», *Journal of Applied Behavior Science*, vol. 42, nº 4, 2006, p. 468-491.
8. Voir Raji Srinivasan, Pamela Haunschild et Rajdeep Grewal, «Vicarious Learning in Product Development Introductions in the Early Years of a Converging Market», *Management Science*, vol. 53, nº 1, 2007, p. 16-29.
9. James G. March, *Decisions and Organizations*, Oxford, Basil Blackwell, 1988.
10. Pour un exemple de conséquences désastreuses, voir R.N. Osborn et D.H. Jackson, «Leaders, Riverboat Gamblers, or Purposeful Unintended Consequences in the Management of Complex Technologies», *Academy of Management Journal*, vol. 31, 1988, p. 924-947.
11. O.P. Walsch et G.R. Ungson, «Organization Memory», *Academy of Management Review*, vol. 16, nº 1, 1991, p. 57-91.
12. Justin J.P. Jansen, Frans A.J. Van Den Bosh et Henk W. Volberda, «Exploratory Innovation, Exploitive Innovation and Performance: Effects of Organizational Antecedents and Environmental Moderators», *Management Science*, vol. 52, nº 11, 2006, p. 197-226.
13. Simon, Hitt et Ireland (2007).
14. Cette analyse de la conception organisationnelle s'appuie sur R.N. Osborn, J.G. Hunt et L. Jauch, *Organization Theory Integrated Text and Cases*, Melbourne (Floride), Krieger, 1984, p. 123-215. Pour un traitement plus approfondi, voir W. Richard Scott et Gerald F. Davis, *Organizations and Organizing: Rational and Open Systems*, Englewood Cliffs (New Jersey), Prentice-Hall, 2007.
15. Simon, Hitt et Ireland (2007); Marion (1999); Jauch et Osborn (1981).
16. Porter (1980).
17. Pour un exemple, voir Simon, Hitt et Ireland (2007).
18. Jeffrey Pfeffer, «Producing Sustainable Competitive Advantage Through the Effective Management of People», *Academy of Management Executive*, vol. 19, nº 4, 2005, p. 85-115.
19. Osborn, Hunt et Jauch (1984).
20. Cette inertie peut aussi bien être la conséquence d'une routine rigide que de problèmes liés aux ressources; voir Gilbert Clark, «Unbundling the Structure of Inertia: Resource Versus Routine Rigidity», *Academy of Management Journal*, vol. 48, nº 6, 2005, p. 741-763.

21. Voir: R. Lord et M. Kernan, «Scripts as Determinants of Purposeful Behavior in Organizations», *Academy of Management Review*, vol. 12, nº 2, 1987, p. 265-278; A.L. Stinchcombe, *Economic Sociology*, New York, Academic Press, 1983.
22. Cette analyse de l'organisation sans frontières se fonde sur R. Ashkenas, D. Ulrich, T. Jick et S. Kerr, *The Boundaryless Organization : Breaking the Chains of Organizational Structure*, San Francisco (Californie), Jossey-Bass, 1995. Pour une analyse antérieure, voir aussi R. Golembiewski, *Men, Management and Morality*, New Brunswick (New Jersey), Transaction, 1989. Pour une analyse critique, voir R. Golembiewski, « The Boundaryless Organization : Breaking the Chains of Organizational Structure, A Review », *International Journal of Organizational Analysis*, vol. 6, 1998, p. 267-270.
23. S. Kerr et D. Ulrich, « Creating the Boundaryless Organization : The Radical Reconstruction of Organization Capabilities », *Planning Review*, vol. 23, 1995, p. 41-44.
24. Voir: Scott et Davis (2007) ; David A. Nadler et Michael L. Tushman, *Competing by Design : The Power of Organizational Architecture*, New York, Oxford University Press, 1997 ; Jack Veiga et Kathleen Dechant, « Wired World Woes: www.help », *Academy of Management Executive*, vol. 11, nº 3, 1997, p. 73-79.
25. A.A. Marcus, *Business and Society: Ethics, Government and the World of Economy*, Homewood (Illinois), Richard D. Irwin, 1993.
26. Voir Henry Mintzberg, *Structure in Fives: Designing Effective Organizations*, Englewood Cliffs (New Jersey), Prentice-Hall, 1983.
27. Voir Scott et Davis (2007); Osborn, Hunt et Jauch (1984).
28. *Ibid.*
29. Voir: Peter M. Blau et Richard A. Schoenner, *The Structures of Organizations*, New York, Basic Books, 1971; Joan Woodward, *Industrial Organization: Theory and Practice*, Londres, Oxford University Press, 1965.
30. Geraldine DeSanctis, «Information Technology», dans Nigel Nicholson (sous la dir. de), *Blackwell Encyclopedic Dictionary of Organizational Behavior*, Cambridge (Massachusetts), Blackwell, 1995, p. 232-233.
31. James D. Thompson, *Organization in Action*, New York, McGraw-Hill, 1967.
32. Woodward (1965).
33. Pour un compte rendu récent, voir Scott et Davis (2007); cette analyse inclut également celle de Osborn, Hunt et Jauch (1984). Voir aussi Louis Fry, «Technology-Structure Research: Three Critical Issues», *Academy of Management Journal*, vol. 25, 1982, p. 532-552.
34. Mintzberg (1983).
35. Voir Henry Mintzberg et Alexandra McHugh, «Strategy Formulation in an Adhocracy», *Administrative Science Quarterly*, vol. 30, nº 2, 1985, p. 160-193.
36. Halit Keskis, Ali E. Akgun, Ayse Gunsel et Salih Imamoglu, «The Relationship Between Adhocracy and Clan Cultures and Tacit Oriented KM Strategy», *Journal of Transnational Management*, vol. 10, nº 3, 2005, p. 39-51.
37. DeSanctis (1995).
38. Prashant C. Palvia, Shailendra C. Palvia et Edward M. Roche, *Global Information Technology and Systems Management: Key Issues and Trends*, Nashua (New Hampshire), Ivy League, 1996.
39. DeSanctis (1995).
40. Osborn, Hunt et Jauch (1984).
41. Jaana Woiceshyn, «The Role of Management in the Adoption of Technology: A Longitudinal Investigation», *Technology Studies*, vol. 4, nº 1, 1997, p. 62-99; Melissa A. Schilling, «Technological Lockout: An Integrative Model of the Economic and Strategic Factors Driving Technological Success and Failure», *Academy of Management Review*, vol. 23, nº 2, 1998, p. 267-284.
42. David Lei, Michael Hitt et Richard A. Bettis, «Dynamic Capabilities and Strategic Management», *Journal of Management*, 1996, p. 547-567.
43. Voir M.L. Markus, B. Manville et C.E. Agres, «What Makes a Virtual Organization Work», *MIT Sloan Management Review*, vol. 42, 2002, p. 13-27; Janice Beyer, Danta P. Ashmos et R.N. Osborn, «Contrasts in Enacting TQM: Mechanistic vs. Organic Ideology and Implementation», *Journal of Quality Management*, vol. 1, 1997, p. 13-29.
44. D'après Markus, Manville et Agres (2002).
45. Jack Veiga et Kathleen Dechant, «Wired World Woes: www.help», *Academy of Management Executive*, vol. 11, nº 3, 1997, p. 73-79.
46. Michael A. Hitt, R. Duane Ireland et Robert E. Hoskisson, *Strategic Management: Competitiveness and Globalization*, Cincinnati (Ohio), South-Western College, 2007.
47. Voir www.amazon.com.
48. Cette section s'appuie sur: R.N. Osborn, «The Evolution of Strategic Alliances in High Technology», document de travail, Détroit, Department of Business, Wayne State University, 2007; R.N. Osborn et J.G. Hunt, «The Environment and Organization Effectiveness», *Administrative Science Quarterly*, vol. 19, 1974, p. 231-246; Osborn, Hunt et Jauch (1984). Pour une analyse plus poussée, voir P. Kenis et D. Knoke, «How Organizational Field Networks Shape Interorganizational Tie-Formation Rates», *Academy of Management Journal*, vol. 27, 2002, p. 275-294.
49. Voir R.N. Osborn et C.C. Baughn, «New Patterns in the Formation of U.S. Japanese Cooperative Ventures», *Columbia Journal of World Business*, vol. 22, 1988, p. 57-65.
50. Cette section s'appuie sur: R.N. Osborn, «International Alliances: Going Beyond the Hype», *Mt. Eliza Business Review*, vol. 6, 2003, p. 37-44; S. Reddy, J.F. Hennart et R. Osborn, «The Prevalence of Equity and Non-Equity Cross-Border Linkages: Japanese Investments in the U.S.», *Organization Studies*, vol. 23, 2002, p. 759-780.
51. *Ibid.*
52. Wepin Tsai, «Knowledge Transfer in Interorganizational Networks: Effect of Network Position and Absorptive Capacity on Business Unit Innovation and Performance», *Academy of Management Journal*, vol. 44, nº 5, 2001, p. 996-1004.
53. Osborn (2003).
54. R.N. Osborn, J.G. Hunt et L.R. Jauch, «Toward a Contextual Theory of Leadership», *The Leadership Quarterly*, vol. 13, 2002, p. 797-837.
55. Pour une discussion sur les équipes de direction, voir Amy C. Edmonson, Michael A. Roberto et Michael D. Watkins, «A Dynamic Model of Top Management Team Effectiveness: Matching Unstructured Task Streams», *The Leadership Quarterly*, vol. 14, 2003, p. 297-325.
56. Voir Michael D. Mumford, Alison Lantes, Jay J. Caughron et Tamara L. Friedrich, «Charismatic, Ideological and Pragmatic Leadership: Multi-Level Influences on Emergence and Performance», *The Leadership Quarterly*, vol. 19, nº 2, 2008, p. 144-160.
57. Cette discussion sur la perspective multiniveau s'appuie essentiellement sur: James G. Hunt, *Leadership: A New Synthesis*, Thousand Oaks (Californie), Sage, 1991; Ken Shepard, Jerry L. Gray, James G. (Jerry) Hunt et Sarah McArthur (sous la dir. de), *Organization Design, Levels of Work and Human Capability*, Ontario (Canada), Global Organization Design Society, 2007, p. 534.
58. Gerry Larsson, Thorvald Haerem, Misa Sjöberg, Aida Alvinius et Björn Bakken, «Indirect Leadership under Severe Stress: A Qualitative Inquiry into the 2004 Kosovo Riots», *International Journal of Organizational Analysis*, vol. 15, nº 1, 2007, p. 23-35.
59. Yair Berson, Shaul Oreg et Taly Dvir, «CEO Values, Organizational Culture and Firm Outcomes», *Journal of Organizational Behavior*, vol. 29, 2008, p. 615-633.
60. Voir R. Marion et M. Uhl-Bien, «Leadership in Complex Organizations», *The Leadership Quarterly*, vol. 12, nº 4, 2001, p. 389-418.
61. D.C. Hambrick, «Top Management Teams», dans Nigel Nicholson (sous la dir. de), *Blackwell Encyclopedic Dictionary of Organizational Behavior*, Oxford (Angleterre), Blackwell, 1995, p. 567-568.
62. Cette discussion sur les équipes de direction s'appuie grandement sur A.C. Edmonson, Michael A. Roborto et Michael D. Watkins, «A Dynamic Model of Top Management Team Effectiveness : Matching Unstructured Task Streams», *The Leadership Quarterly*, vol. 14, 2003, p. 297-325.
63. D'après Yair Berson, Shaul Oreg et Taly Dvir, «CEO Values, Organizational Cultures and Firm Outcomes», *Journal of Organizational Behavior*, vol. 29, nº 5, 2008, p. 615-633.
64. Pour une discussion sur les équipes de direction, voir : D.C. Hambrick, T.S. Cho et M.J. Chen, «The Influence of Top Management Team Heterogeneity on Firm's Competitive Moves», *Administrative Science*

Quarterly, vol. 41, 1996, p. 659-684 ; T. Simons, L.H. Pelled et K.A. Smith, «Making use of Difference, Diversity, Debate and Decision Comprehensiveness in Top Management Teams», *Academy of Management Journal*, vol. 42, 1999, p. 662-673.

65. Osborn, Hunt et Jauch (2002).
66. Kimberly B. Boal et Robert Hooijberg, «Strategic Leadership Research: Moving On», *The Leadership Quarterly*, vol. 11, nº 4, 2000, p. 515-550.
67. Cet exposé sur la perspective du leadership stratégique repose essentiellement sur Boal et Hooijberg (2000).
68. Robert E. Quinn, Sue R. Faerman, Michael P. Thompson et Michael R. McGrath, *Becoming a Master Manager*, 4e édition, Hoboken (New Jersey), Wiley, 2006.
69. Boal et Hooijberg (2000).
70. *Ibid.*
71. *Ibid.*

CHAPITRE 16

1. Pour des travaux récents, voir Ali Danisman, C.R. Hinnings et Trevor Slack, «Integration and Differentiation in Institutional Values: An Empirical Investigation in the Field of Canadian National Sport Organizations», *Canadian Journal of Administrative Sciences*, vol. 23, nº 4, 2006, p. 301-315. La présente analyse, comme beaucoup d'autres sur le sujet de la culture organisationnelle, est fondée sur Edgar Schein: «Organizational Culture», *American Psychologist*, vol. 45, nº 2, février 1990, p. 109-119; *Organizational Culture and Leadership*, San Francisco, Jossey-Bass, 1985.
2. Schein (1990).
3. Cet exemple a été cité dans une interview d'Edgar Schein, «Corporate Culture Is the Real Key to Creativity», *Business Month*, mai 1989, p. 73-74.
4. Voir Schein (1985).
5. Jeffrey Pfeffer, *The Human Equation: Building Profits by Putting People First*, Boston, Harvard Business School Press, 1998.
6. Pour une analyse approfondie, voir J.M. Beyer et H.M. Trice, «How an Organization's Rites Reveal Its Culture», *Organizational Dynamics*, printemps 1987, p. 27-41.
7. A. Cooke et D.M. Rousseau, «Behavioral Norms and Expectations: A Quantitative Approach to the Assessment of Organizational Culture», *Group and Organizational Studies*, vol. 13, 1988, p. 245-273.
8. Mary Trefy, «A Double-Edged Sword: Organizational Culture in Multicultural Organizations», *International Journal of Management*, vol. 23, 2006, p. 563-576; H. Martin et C. Siehl, «Organization Culture and Counterculture: An Uneasy Symbiosis», *Organizational Dynamics*, vol. 12, nº 2, automne 1983, p. 52-64.
9. www.apple-history.com.
10. Pour des travaux récents sur le choc des cultures organisationnelles, voir George Lodorfos et Agyenim Boateng, «The Role of Culture in the Merger and Acquisition Process: Evidence from the European Chemical Industry», *Management Decision*, vol. 44, 2006, p. 1405-1410.
11. Voir R.N. Osborn, «The Aftermath of the Daimler and Detroit», document de travail, Department of Management, Wayne State University, 2005.
12. Taylor Cox Jr., «The Multicultural Organization», *Academy of Management Executive*, vol. 2, nº 2, 1991, p. 34-47.
13. Information et citations tirées de Dana Mattioli, «With Jobs Scarce, Age Becomes an Issue», *The Wall Street Journal*, 19 mai 2009, p. D4.
14. Pour des études classiques, voir: T. Deal et A. Kennedy, *Corporate Culture*, Reading (Massachusetts), Addison-Wesley, 1982; T. Peters et R. Waterman, *Le Prix de l'excellence*, Paris, InterÉditions, 1983. Par ailleurs, Joanne Martin et Peter Frost ont résumé des études encore plus récentes dans leur article «The Organizational Culture War Games: The Struggle for Intellectual Dominance», paru dans Stewart R. Clegg, Cynthia Hardy et Walter R. Nord (sous la dir. de), *Handbook of Organization Studies*, Londres, Sage, 1996, p. 599-621.
15. Voir Schein: (1985), p. 52-57; (1990).
16. Pour une perspective différente, voir Ana Rafaeli et Michael G. Pratt (sous la dir. de), *Artifacts and Organizations: Beyond Mere Symbols*, Mahwah (New Jersey), Lawrence Erlbaum Associates, 2006.
17. Schein (1990).
18. www.montereypasta.com, traduction libre.
19. H. Gertz, *The Interpretation of Culture*, New York, Basic Books, 1973.
20. Voir: Rafaeli et Pratt (2006); Beyer et Trice (1987).
21. H.M. Trice et J.M. Beyer, «Studying Organizational Cultures Through Rites and Ceremonials», *Academy of Management Review*, vol. 9, nº 4, octobre 1984, p. 653-669.
22. J. Martin, M.S. Feldman, M.J. Hatch et S.B. Sitkin: «The Uniqueness Paradox in Organizational Stories», *Administrative Science Quarterly*, vol. 28, nº 3, 1983, p. 438-453; *Business Week*, 23 novembre 1992, p. 117.
23. Pour une étude récente, voir John Barnes, Donald W. Jackson, Michael D. Hutt et Ajith Kumar, «The Role of Culture Strength in Shaping Sale Force Outcomes», *Journal of Personal Setting and Sales Management*, vol. 26, nº 3, 2006, p. 255-269. Cette tradition des cultures fortes reprend le travail de Deal et Kennedy (1982) et de Peters et Waterman (1983).
24. Tryce et Beyer (1984).
25. New York, HarperCollins, 2009.
26. *Idem.*
27. R.N. Osborn et D. Jackson, «Leaders, River Boat Gamblers, or Purposeful Unintended Consequences in the Management of Complex Dangerous Technologies», *Academy of Management Journal*, vol. 31, nº 4, décembre 1988, p. 924-947.
28. Pour une analyse originale, voir John Connolly, «High Performance Cultures», *Business Strategy Review*, vol. 17, 2006, p. 19-32; pour un traitement plus classique, voir Martin, Feldman, Hatch et Sitkin (1983).
29. Osborn et Jackson (1988).
30. R.N. Osborn, « Purposeful Unintended Consequences and Systemic Financial Risk », document de travail, Département du management, Wayne State University, 2009.
31. Pour une étude classique et populaire, voir Peter F. Drucker, *Innovation and Entrepreneurship*, New York, Harper, 1985. Edward B. Roberts, dans son article « Managing Invention and Innovation », *Research Technology Management*, janvier-février 1989, p. 1-19, apporte la perspective d'un praticien, tandis que John Clark, avec son livre *Managing Innovation and Change*, Thousand Oaks (Californie), Sage, 1985, fournit une étude de cas vaste et intéressante.
32. P. Berrone, L. Gelabert, A. Fosfuri et L. Gomez-Mejia, « Can Institutional Forces Create Competitive Advantage? An Empirical Examination of Environmental Innovation », *2008 Academy of Management Proceedings*, 2008.
33. D'après U. Hulsher, N. Anderson et J. Salgado, «Team-Level Predictors of Innovation at Work : A Comprehensive Meta-Analysis Spanning Three Decades of Research», *Journal of Applied Psychology*, vol. 94, nº 5, 2009, p. 1128-1145. © American Psychological Association.
34. Voir Justin J.P. Jansen, Frans A.J. Van Den Bosh et Henk W. Volberda, «Exploratory Innovation, Exploitive Innovation and Performance: Effects of Organizational Antecedents and Environmental Moderators», *Management Science*, vol. 52, nº 11, 2006, p. 197-226.
35. D. Dougherty, «Organizing for Innovation», dans Clegg, Hardy et Nord (sous la dir. de), *Handbook of Organization Studies*, 1996, p. 424-439.
36. Pour une discussion sur la cannibalisation des produits, voir S. Netessie et T. Taylor, «Product Line Design and Production Technology», *Marketing Science*, vol. 26, nº 1, 2007, p. 101-118.
37. Gerard J. Tellis, Jaideep C. Prabhu et Rajesh K. Chandy, «Radical Innovation Across Nations: The Preeminence of Corporate Culture», *Journal of Marketing*, vol. 73, nº 1, 2009, p. 3-23.
38. N. Clymer et S. Asaba, «A New Approach for Understanding Dominant Design : The Case of the Ink-jet Printer», *Journal of Engineering and Technology Management*, vol. 25, nº 3, 2008, p. 137-152.
39. V. Acha, «Open by Design : The Role of Design in Open Innovation», *2008 Academy of Management Proceedings*, 2008, p. 1-6.
40. L'un des premiers à avoir souligné le rôle de la «consommation influente» fut E. von Hippel, *The Sources of Innovation*, New York, Oxford University Press, 1988.

41. Voir J. Birkinshaw, G. Hamel et M. Mol, «Management Innovation», *Academy of Management Review*, vol. 33, 2008, p. 825-845.

42. Les termes «exploration» et «exploitation» ont été popularisés par James G. March. Voir James G. March, «Exploration and Exploitation in Organizational Learning», *Organization Science*, vol. 2, nº 1, 1991, p. 71-87.

43. Pour un compte rendu récent, voir Sung-Choon Kang, Shad S. Morris et Scott A. Shell, «Relational Archetypes, Organizational Learning, and Value Creation: Extending the Human Resource Architecture», *Academy of Management Review*, vol. 32, 2007, p. 236-256.

44. Tellis, Prabhu et Chandy (2009). Pour une discussion approfondie sur l'innovation radicale, voir R.N. Osborn et C.C. Baughn, *An Assessment of the State of the Field of Organizational Design*, Alexandria (Virginie), US Army Research Institute, 1994.

45. Voir M. Tushman et P. Anderson, «Technological Discontinuities and Organizational Environments», *Administrative Science Quarterly*, vol. 31, 1986, p. 439-465.

46. M. Tushman et C.O. Reilly, «Ambidextrous Organizations: Managing Evolutionary and Revolutionary Change», *California Management Review*, vol. 38, nº 4, 1996, p. 8-30.

47. M. Tokman, R.G. Richey, L. Marino et K.M. Weaver, «Exploration, Exploitation and Satisfaction in Supply Chain Portfolio Strategy», *Journal of Business Logistics*, vol. 28, 2007, p. 25-48.

48. Voir C. Mirow, K. Hoelzle et H. Gemueden, «The Ambidextrous Organization in Practice: Barriers to Innovation Within Research and Development», *2008 Academy of Management Proceedings*, 2008, p. 1-6.

49. Cette section est fondée sur Osborn et Baughn (1994).

50. Y. Berson, S. Oreg et T. Dvir, «CEO Values, Organizational Culture and Firm Outcomes», *Journal of Organizational Behavior*, vol. 29, 2008, p. 615-633.

51. www.cisco.com.

52. J. Kerr et J. Slocum, «Managing Corporate Culture Through Reward Systems», *Academy of Management Executive*, vol. 19, nº 4, 2005, p. 130-138.

53. J. Karpoff, D.S. Lee et Gerald Martin, «A Company's Reputation Is What Gets Fried When Its Books Are Cooked», uwnews.org, 2007.

54. Martin et Frost (1996).

55. Pour un exemple, voir Tellis, Prabhu et Chandy (2009).

56. Pour une bonne analyse, voir C. Miller, *Formalization and Innovation : An Ethnographic Study of Process Formalization*, Ann Arbor (Michigan), Proquest, 2008.

57. *Ibid.*, p. 391.

58. Voir: K. Boal et P. Schultz, «Storytelling, Time and Evolution: The Role of Strategic Leadership in Complex Adaptive Systems», *The Leadership Quarterly*, vol. 18, 2007, p. 411-428; A. Grove, *Only the Paranoid Survive*, New York, Doubleday, 1996.

CHAPITRE 17

1. Voir Robert Reich, «The Company of the Future», *Fast Company*, novembre 1998, p. 124.

2. Michael Beer et Nitin Mitra, «Cracking the Code of Change», *Harvard Business Review*, mai-juin 2000, p. 133.

3. Tom Peters: *Thriving on Chaos*, New York, Random House, 1987; «Managing in a World Gone Bonkers», *World Executive Digest*, février 1993, p. 26-29; *The Circle of Innovation*, New York, Knopf, 1997.

4. Voir: David Nadler et Michael Tushman, *Strategic Organizational Design*, Glenview (Illinois), Scott Foresman, 1988; Noel M. Tichy, «Revolutionize Your Company», *Fortune*, 13 décembre 1993, p. 114-118.

5. Jerry I. Porras et Robert C. Silvers, «Organization Development and Transformation», *Annual Review of Psychology*, vol. 42, 1991, p. 51-78.

6. Information tirée de Ken Brown et Gee L. Lee, «Lucent Fires Top China Executives», *Wall Street Journal*, 7 avril 2004, p. A8.

7. Beer et Mitra (2000), p. 133.

8. John P. Kotter, «Why Transformation Efforts Fail», *Harvard Business Review*, mars-avril 1995, p. 59-67.

9. Kurt Lewin, «Group Decision and Social Change», dans G.E. Swanson, T.M. Newcomb et E.L. Hartley (sous la dir. de), *Readings in Social Psychology*, New York, Holt, Rinehart & Winston, 1952, p. 459-473.

10. Noel M. Tichy et Mary Anne Devanna, *The Transformational Leader*, New York, John Wiley & Sons, 1986, p. 44.

11. Pour une description des stratégies de changement, voir Robert Chin et Kenneth D. Benne, «General Strategies for Effecting Changes in Human Systems», dans Warren G. Bennis et autres (sous la dir. de), *The Planning of Change*, 3e éd., New York, Holt, Rinehart & Winston, 1969, p. 22-45.

12. Exemple élaboré à partir d'un exercice figurant dans J. William Pfeiffer et John E. Jones, *A Handbook of Structural Experiences for Human Relations Training*, vol. 2, La Jolla (Californie), University Associates, 1973.

13. D'après John Amis, Trevor Slack et C.R. Hinings, «The Pace, Sequence, and Linearity of Radical Change», *Academy of Management Journal*, vol. 47, nº 1, 2004, p. 15-40.

14. Pfeiffer et Jones (1973).

15. *Ibid.*

16. Donald Klein, «Some Notes on the Dynamics of Resistance to Change: The Defender Role», dans Bennis et autres (1969), p. 117-124.

17. Voir Everett M. Rogers, *Communication of Innovations*, 3e éd., New York, Free Press, 1993.

18. *Ibid.*

19. John P. Kotter et Leonard A. Schlesinger, «Choosing Strategies for Change», *Harvard Business Review*, vol. 57, mars-avril 1979, p. 109-112.

20. Arthur P. Brief, Randall S. Schuler et Mary Van Sell, *Managing Job Stress*, New York, Little, Brown, 1981.

21. *Ibid.*

22. John R. Schermerhorn, *Management for Productivity*, 1re éd. canadienne, Toronto, John Wiley, 1989, p. 636-642.

23. Pour un résumé de la recherche sur ce sujet, voir Steve M. Jex, *Stress and Job Performance*, Thousand Oaks (Californie), Sage, 1998.

24. Citée dans Susan Crompton, *Qu'est-ce qui stresse les stressés? Principales sources de stress des travailleurs*, Statistique Canada, 13 octobre 2011, http://www.statcan.gc.ca/pub/11-008-x/2011002/article/11562-fra.htm.

25. M. Vézina, E. Cloutier, S. Stock, K. Lippel, É. Fortin et autres, *Rapport sommaire. Enquête québécoise sur des conditions de travail, d'emploi et de santé et de sécurité du travail (EQCOTESST)*, Québec, Institut de recherche Robert-Sauvé en santé et en sécurité du travail - Institut national de santé publique du Québec et Institut de la statistique du Québec, 2011.

26. D'après Jean-Pierre-Brun (sous la dir. de), *La santé psychologique au travail...de la définition des problèmes aux solutions*, fascicule 2 : *Les causes du problème*, Chaire en gestion de la santé et de la sécurité du travail dans les organisations, Université Laval, Québec, 2003.

27. Anne-Louise Champagne, «Génération sandwich: nouveau défi du monde du travail», *Le Soleil*, 28 février 2005, p. C1.

28. Voir Orlando Behling et Arthur L. Darrow, *Managing Work-Related Stress*, Chicago, Science Research Associates, 1984.

29. Meyer Friedman et Ray Roseman, *Type A Behavior and Your Heart*, New York, 1974.

30. *Ibid.*

31. Jean-Pierre Brun (2003).

32. Voir H. Selye, *The Stress of Life*, éd. rév. et corr., New York, McGraw-Hill, 1976.

33. Jeffrey Pfeffer, *The Human Equation: Building Profits by Putting People First*, Boston, Harvard Business School Press, 1998.

34. Citations tirées de Alan M. Webber, «Danger: Toxic Company», *Fast Company*, novembre 1998, p. 152.

35. Voir John D. Adams, «Health, Stress and the Manager's Life Style», *Group and Organization Studies*, vol. 6, septembre 1981, p. 291-301.

36. D'après André Noël, «Au bas de l'échelle et au bout du rouleau», *La Presse*, 8 septembre 2007, p. A24.

37. Alain Marchand, «Mental Health in Canada: Are There Any Risky Occupations and Industries?», *International Journal of Law and Psychiatry*, vol. 30, nos 4-5, juillet-octobre 2007, p. 272-283.

38. Guillaume Bourgault-Côté, «Le nouveau mal du siècle», *Le Devoir*, 2 novembre 2007, p. A1.

39. Suzanne Dansereau, «Les coûts effarants de la santé mentale», *Les Affaires*, 26 février 2005, p. 5.

40. Vézina, Cloutier, Stock, Lippel, Fortin et autres (2011).

41. Suzanne Dansereau (2005).

42. Jean-Pierre-Brun (2003).

43. C. Williams, «Sources de stress en milieu de travail», *L'emploi et le revenu en perspective*, juin 2003, vol. 4, nº 6, p. 5-14.

44. Adapté de Robert Kreitner, «Personal Wellness: It's Just Good Business», *Business Horizons*, vol. 25, mai-juin 1982, Foundation for the School of Business à la Indiana University, p. 28-35. Voir également Behling et Darrow (1984), p. 27-31.

45. GP2S, *La santé au travail, une avenue rentable pour tous*, mémoire présenté au ministre des Finances Raymond Bachand durant la consultation prébudgétaire 2010-2011, janvier 2010.

46. Pfeffer (1998).

CAHIER D'APPRENTISSAGE

1. © James M. Kouzes et Barry Z. Posner, 1998, Jossey-Bass Publishers, San Francisco. Jossey-Bass est une marque déposée de Jossey-Bass Inc., une entreprise du groupe Wiley.

   James M. Kouzes est président de TPG/Learning Systems, une société offrant des programmes d'apprentissage axés sur la pratique et le rendement en matière de leadership. En 1993, *The Wall Street Journal* l'a cité comme l'un des 12 «fournisseurs non universitaires de formation pour les cadres supérieurs» les plus sollicités par les entreprises aux États-Unis. Il compte parmi ses clients passés et actuels AT&T, Boeing, Boy Scouts of America, Charles Schwab, Ciba-Geigy, Dell Computer, First Bank System, Honeywell, Johnson & Johnson, Levi Strauss & Co., Motorola, Pacific Bell, Standord University, Xerox Corporation et YMCA.

   Barry Z. Posner, Ph.D., est doyen de la Leavey School of Business de la Santa Clara University et professeur en comportement organisationnel. Il a reçu de nombreux prix d'excellence en enseignement et en leadership, a publié plus de 80 articles de recherche ou axés sur la pratique, et il fait actuellement partie des comités de rédaction des revues *The Journal of Management Education*, *The Journal of Management Inquiry* et *The Journal of Business Ethics*. En outre, il siège au conseil d'administration des organismes Public Allies et The Center for Excellence in Non-Profits. Parmi ses clients, on trouve des détaillants tout comme des entreprises des secteurs de la santé, de la haute technologie, des services financiers et de la production industrielle, de même que des organismes communautaires.

   Kouzes et Posner sont les coauteurs de nombreux ouvrages à succès sur le leadership, dont plusieurs ont été primés. *The Leadership Challenge: How to Keep Getting Extraordinary Things Done in Organizations* (2e éd., 1995), qui a été tiré à plus de 800 000 exemplaires, a été traduit en 15 langues, a fait l'objet de 3 documents vidéo et a reçu le Critic's Choice Award 1995-1996 décerné par des critiques de livres américains. *Credibility: How Leaders Gain and Lose It, Why People Demand It* (1993) a été qualifié par *Industry Week* comme l'un des cinq meilleurs livres de gestion de l'année. Le plus récent ouvrage de Kouzes et Posner en tant que coauteurs s'intitule *Encouraging the Heart: A Leader's Guide to Rewarding and Recognizing Others* (1998).

2. Pour prendre connaissance des premiers travaux de James M. Kouzes et Barry Z. Posner, voir *Le défi du leadership* (Paris, AFNOR, 1991).

3. Cher Holton, «Interrogatories: Identifying Issues and Needs», *The 2002 Annual: Volume 1, Training*, © 2002, Jossey-Bass et Pfeiffer.

4. Chuck Kormanski, Sr. et Chuck Kormanski, Jr., «Choices: Learning Effective Conflict Management Strategies», *The 2003 Annual: Volume 1, Training*, © 2003, Jossey-Bass et Pfeiffer.

5. Elisabeth A. Smith, *The 2003 Annual: Volume 1, Training*, © 2003, Jossey-Bass et Pfeiffer.

6. Carol P. Harvey (Assumption College) et John R. Schermerhorn, Jr. (Ohio University).

7. Deborah Orr, «The Cheap Gourmet», *Forbes*, 10 avril 2006.

8. www.traderjoes.com/how_we_do_biz.html, page consultée le 10 juillet 2009.

9. Deborah Orr, *op. cit.*

10. Business Week Online, 21 février 2008.

11. Beth Kowitt, «Inside the Secret World of Trader Joe's», *Fortune*, 23 août 2010, http://money.cnn.com/2010/08/20/news/companies/inside_trader_joes_full_version.fortune/index.htm, consulté le 8 juillet 2013.

12. Marianne Wilson, «When Less Is More», *Chain Store Age*, novembre 2006.

13. Irwin Speizer, «The Grocery Chain That Shouldn't Be», *Fast Company*, février 2004.

14. http://www.traderjoes.com/meet, page consultée le 10 juillet 2009.

15. www.traderjoes.com/benefits.html, page consultée le 10 juillet 2009.

16. «Trader Joe's Store Manager Salary», GlassDoor.com, http://www.glassdoor.com/Salary/Trader-Joe-s-Store-Manager-Salaries-E5631_D_KO13,26.htm, page consultée le 8 juillet 2013.

17. http://www.huffingtonpost.com/2009/07/13/thegreenpeace-vs-trader_n_230891.html, consulté le 8 juillet 2013.

18. http://go.greenpeaceusa.org/seafood/scorecards/trader-joes.pdf, document consulté le 8 juillet 2013.

19. «Traitor Who?», *Traitor Joe's*, http://www.traitorjoe.com/who.htm#update, page consultée le 8 juillet 2013.

20. Bernardo M. Ferdman (California School of Professional Psychology, San Diego, Californie), Plácida I. Gallegos (Southwest Communication Resources Inc.) et The Kaleel Jamison Consulting Group Inc., d'après une version écourtée d'une étude figurant dans le guide pratique de E.E. Kossek et S. Cobel, *Managing Diversity: Human Resource Strategies for Transforming the Workplace*, Oxford (G.-B.), Blackwell, 1996.

21. Paul McLaughlin, «Enfants terribles», *Canadian Business*, décembre 1989, p. 141-142.

22. *How Xerox Diversity Breeds Business Success*, http://a1851.g.akamaitech.net/f/1851/2996/24h/cacheB.xerox.com/downloads/usa/en/d/Diversity_Brochure_2006.pdf, consulté le 8 juillet 2013.

23. «Xerox Reports Fourth-Quarter 2010 Earnings», *Wall Street Journal*, 26 janvier 2011, http://online.wsj.com/article/PR-CO-20110126-903779.html., page consultée le 1er mars 2011.

24. http://www.xerox.com/go/xrx/template/019d.jsp?view=Factbook&id=Overview&Xcntry=USA&Xlang=en_US&Xseg=xnet, page consultée le 7 juillet 2009.

25. http://www.xerox.com/downloads/usa/en//n/nr_Xerox_Diversity_Timeline_2008.pdf, document consulté le 8 juillet 2013.

26. *Ibid.*

27. *Ibid.*

28. http://www.xeroxcareers.com/working-xerox/diversity.aspx, page consultée le 7 juillet 2009.

29. «Diversity, Inclusion and Opportunity», *Xerox 2010 Report on Global Citizenship*, http://xerox.com/corporate-citizenship-2010/employee-engagement/diversity.html, page consultée le 8 juillet 2013.

30. *How Xerox Diversity Breeds Business Success.*

31. http://www.hrc.org/documents/HRC_Corporate_Equality_Index_2009.pdf, document consulté le 8 juillet 2013.

32. Information et citations tirées de «About Our Company», www.sas.com/corporate/overview; Charles Fishman, «Sanity Inc.», *Fast Company*, janvier 1999, p. 84ff; «SAS Marks 6th Straight Year on Fortune List of "100 Best Companies to Work For"», www.sas.com/news/preleases/ 010803/news1.html; «Company Work/Life», www.sas.com/corporate/ worklife; «Keeping Employees Without Breaking the Bank», The Workforce Stability Institute, www.employee.org; «Investment in the Work Environment Helps Retain Staff», www.csresearchservices.com.

33. http://www.linkedin.com/in/loisquam, page consultée le 8 juillet 2013.

34. Thomas Lee, «Lois Quam Leaves Piper Jaffray to Start Incubator», *Star Tribune*, 8 avril 2009, http://www.startribune.com/business/42640682.html, article consulté le 8 juillet 2013.

35. http://tysvar.com.

36. http://tysvar.com/our-vision, page consultée le 8 juillet 2013.

37. www.morrissuntribune.com/articles/index.cfm?id=16258&se, page consultée le 18 juillet 2009.

38. http://tysvar.com/our-work/, page consultée le 5 juillet 2009.
39. http://tysvar.com; http://tysvar.com/green-blog, page consultée le 5 juillet 2009.
40. http://tcbmag.blogs.com/debatable/2008/02/qa-with-lois-qu.htmlQ, page consultée le 5 juillet 2009.
41. http://www.linkedin.com/in/loisquam, page consultée le 9 juillet 2013.
42. http://tysvar.com/lois-quam.com, page consultée le 5 juillet 2009.
43. Rachel Keranen, «Health Care Exec Lois Quam to Lead Global Health Project», *Minneapolis St. Paul Business Journal*, 26 janvier 2011, http://www.bizjournals.com/twincities/news/2011/01/26/health-industry-vet-lois-quam-named-to.html.
44. *Ibid.*
45. «Statement of Terje Mikalsen, CEO of Tysvar, Regarding the Appointment of Lois Quam to Head Global Health at the State Department», *Tysvar*, document publié le 26 novembre 2011; http://tysvar.com/news, page consultée le 1er mars 2011.
46. http://tysvar.com/our-work, page consultée le 5 juillet 2009.
47. Extrait de Lois Quam, *Capturing the Full Potential of Alternative Energy*, presentation faite à la conférence Biofuels, Carbon and Trade: Leadership for the Independent Americas, University of Minnesota, octobre 2007, http://www.piperjaffray.com/pdf/lois_quam_speech.pdf, document consulté le 9 juillet 2013.
48. Mary McGarry (Empire State College) et Barry R. Armandi (SUNY-Old Westbury).
49. Barry R. Armandi (SUNY-Old Westbury).
50. George Strauss et Alex Bavelas, «Group Dynamics and Intergroup Relations» (sous le titre de «The Hovey and Beard Case»), dans William F. Whyte (sous la dir. de), *Money and Motivation*, New York, Harper & Row, 1955.
51. S.A. Rachid (Ryerson Polytechnical Institute).
52. Franklin Ramsoomair (Wilfrid Laurier University).
53. S.A. Rachid (Ryerson Polytechnical Institute).
54. David S. Chappell (Ohio University), adapté par Hal Babson (Columbus State University) et John R. Schermerhorn, Jr. (Ohio University).
55. David Caraviello, «For Earnhardt, Letarte Brings "needed" change», *NASCAR*, document publié le 2 décembre 2010; http://www.nascar.com/news/101202/dearnhardtjr-sletarte-champions-week-cw/index.html?eref=/drivers/dps/dearnhardtjr, page consultée le 5 mars 2011.
56. «Statistics», *NASCAR*, http://nascar.com/kyn/nbtn, page consultée le 5 mars 2011.
57. http://www.visitpit.com/aboutus/testimonials/, page consultée le 13 juillet 2009.
58. *Ibid.*
59. John Bowen (Columbus State Community College).
60. Voir Gerald F. Cavanagh, Dennis J. Moberg et Manuel Velasquez, «The Ethics of Organizational Politics», *Academy of Management Review*, vol. 6, juillet 1981, p. 363-374.
61. Donald D. Bowen et coll., *Experience in Management and Organizational Behavior*, 4e éd., New York, Wiley, 1997.
62. Sharon Shinn, «The CEO of Accessibility», *BizEd*, mars-avril 2007, p. 18-24.
63. Jeffrey Bartash, «Zander Puts Mojo Back into Motorola», www.marketwatch.com, 6 décembre 2005.
64. Shinn (2007).
65. Barbara McCain (Oklahoma City University).
66. Jean R. Schermerhorn, Jr. (Ohio University).
67. Cas rédigé par Patrick Boudreault et Claire de Billy (Université Laval).
68. Marcus Osborn (RSR Partners).
69. Marcus Osborn (RSR Partners).
70. Anne C. Cowden (California State University, Sacramento) et John R. Schermerhorn, Jr. (Ohio University).
71. D'après «Daniel Yee, "Chick-fil-A" Recipe Winning Customers», *The Columbus Dispatch*, 9 septembre 2006, p. D1.
72. www.hoovers.com.
73. «Novo Nordisk Cuts CO_2 Emissions 9%», *Environmental Leader*, 5 février 2009, http://www.environmentalleader.com/2009/02/05/novo-nordisk-cuts-co2-emissions-9, page consultée le 12 juillet 2013.
74. *Ibid.*
75. Cas rédigé par Patrick Boudreault et Claire de Billy (Université Laval).
76. Cas rédigé par Marie-Ève Dufour, candidate au doctorat, École de relations industrielles, Université de Montréal.
77. Barbara K. Goza, professeure invitée (University of California, Santa Cruz) et professeure (California State Polytechnic University, Pomona); exercice tiré du *Journal of Management*, 1993.
78. Roy J. Lewiki et coll., *Experiences in Management and Organizational Behavior*, 3e éd., New York, John Wiley & Sons, 1988, p. 23-26.
79. Ces neuf éléments sont tirés d'un sondage mené par Nicholas J. Beutell et O.C. Brenner, «Sex Differences in Work Values», *Journal of Vocational Behavior*, vol. 28, 1986, p. 29-41.
80. Donald D. Bowen et coll., *Exercices in Management and Organizational Behavior*, 4e éd., New York, John Wiley & Sons, 1997.
81. Robert E. Ledman (Gannon University); exercice présenté à l'Experiential Exercice Track de l'ABSEL Conference (1996) et publié dans les actes du colloque.
82. Adapté par Susan Rawson Zacur et W. Alan Randolph (University of Baltimore) du *Journal of Management Education*, vol. 17, no 4, nov. 1993, p. 510-516.
83. Susan Schor (Pace University) et Annie McKee (Warton School, University of Pennsylvania), avec la collaboration de Ariel Fishman (Warton School).
84. Exercice mis au point par Barbara Walker, une pionnière dans la recherche sur l'appréciation des différences; adapté ici par Douglas T. Hall.
85. Sidney B. Simon, Howard Kirschenbaum et Liland Howe, *Values Classification, The Handbook*, éd. rév., Sunderland (Massachusetts), Value Press, 1991.
86. Dre Barbara McCain (Oklahoma City University).
87. Dre Barbara McCain (Oklahoma City University), d'après les notes de cours du Dr Larry Michaelson (Oklahoma City University).
88. Bonnie McNeelly, «Using the Tinker Toy Exercice to Teach the Four Functions of Management», *Journal of Management Education*, vol. 18, no 4, novembre 1994, p. 468-472.
89. Lady Hanson (California State Polytechnic University, Pomona).
90. Diana Page (University of West Florida).
91. Joseph A. Raelin (Boston College).
92. Dre Barbara McCain (Oklahoma City University).
93. Michael R. Manning et Paula J. Schmidt (New Mexico State University), «Building Effective Work Teams: A Quick Exercise Based on a Scavenger Hunt», *Journal of Management Education*, Thousand Oaks (Californie), Sage, 1995, p. 392-398. La liste d'objets de la chasse aux trésors est tirée de C.E. Larson et F.M. Lafas, *Team Work: What Must Go Right/What Can Go Wrong*, Newbury Park (Californie), Sage, 1989.
94. Selon les régions, le professeur pourra remplacer certains objets de la liste par d'autres.
95. William Dyer, *Team Building*, 2e éd., Reading (Massachusetts), Addison-Wesley, 1987, p. 123-125.
96. Conrad P. Jackson (MPC Inc.), d'après Donald D. Bowen et coll., *Experiences in Management and Organizational Behavior*, 4e éd., New York, John Wiley and Sons, 1997.
97. Barry R. Armandi (SUNY-Old Westbury).
98. Bonnie McNeely (Murray State University), «Make Your Principles of Management Class Come Alive», *Journal of Management Education*, vol. 18, no 2, mai 1994, p. 246-249.
99. J. Marcus Maier (Chapman University), «The Gender Prism», *Journal of Management Education*, vol. 17, no 3, 1993, mis à jour en 1996, p. 285-314; Prix Fritz Roethlisberg 1994 du meilleur article.
100. L'exercice permet aux étudiants de prendre conscience, au-delà de leurs propres conceptions, des définitions que la société donne aux concepts de masculinité et de féminité.

101. Robert Ledman (Morehouse College), d'après son exposé intitulé «An Experiential Exercise to Teach Active Listening», présenté à l'Organizational Behavior Teaching Conference, Macomb, Illinois, 1995.
102. D'après Timothy J. Serey (Northern Kentucky University), *Journal of Management Education*, vol. 17, nº 2, mai 1993.
103. Paul Lyons (Frostburg State University), «Developing Expectations with the Role Analysis Technique», *Journal of Management Education*, vol. 17, nº 3, août 1993, p. 386-389.
104. «Lost at Sea: A Consensus Seeking-Task», *The 1975 Handbook for Group Facilitators*.
105. Michael R. Manning (New Mexico State University), Conrad N. Jackson (MPC Inc., Huntsville, Alabama) et Paula S. Weber (New Mexico Highlands University).
106. Barbara G. McCain et Dre Mary Khalili (Oklahoma City University), à partir d'une activité conçue par la Dre Khalili.
107. D'après Hall et coll., *Experiences in Management and Organizational Behavior*, 3e éd., New York, John Wiley and Sons, 1998; conçu à l'origine par Robert J. Hause, adaptation de D.T. Hall et R.J. Lewicki, avec des suggestions de H. Kolodny et T. Ruble.
108. Edward G. Wertheim (Northeastern University).
109. Bonnie L. McNeely (Murray State University), «Make Your Principles of Management Class Come Alive», *Journal of Management Education*, vol. 18, nº 2, mai 1994, p. 246-249.
110. D.T. Hall (Boston University) et F.S. Hall (University of New Hampshire).
111. Donald D. Bowen et coll., *Experiences in Management and Organizational Behavior*, 4e éd., New York, John Wiley and Sons, 1997.
112. Marian C. Schultz (University of West Florida).
113. John R. Schermerhorn, Jr., *Management*, 5e éd., New York, John Wiley and Sons, 1996, p. 51.
114. Outcome Management Project, phase I et phase II, AACSB International – The Association to Advance Collegiate Schools of Business, St. Louis, 1986 et 1987.
115. Peter B. Vail, *Managing as a Performance Art: New Ideas for a World of Chaotic Change*, San Francisco, Jossey-Bass, 1989, p. 8-9.
116. «Is Your Company Really Global?», *Business Week*, 1er décembre 1997.
117. Robert N. Lussier, *Human Relations in Organizations*, 2e éd., Homewood (Illinois), Richard D. Irwin, 1993.
118. S. Budner, «Intolerance of Ambiguity as a Personality Variable», *Journal of Personality*, vol. 30, nº 1, 1962, p. 29-50.
119. Joseph A. Raelin, *The Clash of Cultures, Managers and Professionals*, Harvard Business School Press, 1986.
120. Fred E. Fiedler et Martin M. Chemers, *Improving Leadership Effectiveness: The Leader Match Concept*, 2e éd., New York, John Wiley & Sons, 1984.
121. W. Warner Burke.
122. L. Steinmetz et R. Todd, *First Line Management*, 4e éd., Homewood (Illinois), BPI/Irwin, 1986, p. 64-67.
123. R. Christie et F.L. Geis, *Studies in Machiavellianism*, New York, Academic Press, 1970.
124. T.R. Hinken et C.A. Schriesheim, «Development and Application of New Scales to Measure the French and the Raven (1959) Bases of Social Power», *Journal of Applied Psychology*, vol. 74, 1989, p. 561-567; contribution de Marcus Maier (Chapman University).
125. Enquête AIM (El Paso, Texas), ENFP Enterprises, 1989, © Weston H. Agor, 1989.
126. Max H. Bazerman, *Judgment in Managerial Decision Making*, 3e éd., John Wiley & Sons, 1994, p. 13-14.
127. Cet outil est décrit dans Carsten K. W. De Drew, Arne Evers, Bianca Beersma, Esther S. Kluwer et Aukje Nauta, «A Theory-Based Measure of Conflict Management Strategies in the Workplace», *Journal of Organizational Behavior*, vol. 22, 2001, p. 645-668. Utilisation autorisée.
128. *Job Demands and Worker Health*, (HEW Publication nº [NIOSH] 75-160), US Department Of Health, Education and Welfare, Washington (Columbia), 1975, p. 253-254.
129. Robert E. Quinn et coll., *Becoming a Master Manager: A Contemporary Framework*, New York, John Wiley & Sons, 1990, p. 75-76.
130. John F. Veiga et John N. Yanouzas, *The Dynamics of Organization Theory: Gaining a Macro Perspective*, St. Paul (Minnesota), West, 1979, p. 158-160.
131. Carol Hymowitz, «Which Corporate Culture Fits You?», *The Wall Street Journal*, 17 juillet 1989, p. B1.

SOURCE des illustrations

Page couverture: xpixel/Shutterstock.

Ouverture de la partie 1, du chapitre 1 et page C1: Dimitrios/Shutterstock.

CHAPITRE 1

Page 6: Dmitriy Shironosov/Shutterstock; ***page 10***: Gracieuseté de Xeos Imagerie; ***page 14***: Jacob Wackerhausen/iStockphoto.

Ouverture de la partie 2, des chapitres 2 à 6 et page C1: Pan Xunbin/Shutterstock.

CHAPITRE 2

Page 36: ***(en haut)***: iStockphoto/Thinkstock; ***(en bas)***: Gracieuseté de Mailhot Industries; ***page 38***: iStockphoto/Thinkstock; ***page 39***: (à gauche): wavebreakmedia/Shutterstock; ***(au centre)***: Monkey Business Images/Shutterstock; ***(à droite)***: Thomas Northcut/Thinkstock; ***page 46***: Interphoto/Alamy; ***page 51***: iStockphoto/Thinkstock; ***page 54***: iStockphoto/Thinkstock; ***page 56***: iStockphoto/Thinkstock; ***page 57***: Monkey Business/Shutterstock; ***page 61***: iStockphoto/Thinkstock.

CHAPITRE 3

Page 77: (à gauche): Thinkstock; ***(à droite)***: Fuse/Thinkstock; ***page 80***: Wavebreak Media/Thinkstock; ***page 90***: shironosov/iStock/Thinkstock.

CHAPITRE 4

Page 107: wavebreakmedia/Shutterstock; ***page 110***: drserg/Shutterstock; ***page 113***: Gracieuseté du Mouvement des caisses Desjardins; ***page 115***: Alain Roberge/La Presse; ***page 116***: iStockphoto/Thinkstock; ***page 125***: Gracieuseté de GE Aviation; ***page 130***: Fuse/Thinkstock.

CHAPITRE 5

Page 144: Fuse/Thinkstock; ***page 147***: Claran Griffin/Thinkstock; ***page 152***: Digital Vision/Thinkstock; ***page 156***: iStockphoto/Thinkstock; ***page 159***: iStockphoto/Thinkstock; ***page 163***: iStockphoto/Thinkstock; ***page 164***: iStockphoto/Thinkstock; ***page 166***: Marko Poplasen/Shutterstock.

CHAPITRE 6

Page 177: Jupiterimages/Thinkstock; ***page 178***: LiPo Ching/MCT/Newscom; ***page 183***: Gracieuseté de Delegatus; ***page 186***: Anna Bryukhanova/iStockphoto; ***page 187***: Tara Flake/Shutterstock; ***page 191***: Kzenon/Shutterstock; ***page 193***: Lisa F. Young/Shutterstock.

Ouverture de la partie 3, des chapitres 7 et 8 et page C1: Thomas Vogel/iStockphoto.

CHAPITRE 7

Page 216: Monkey Business Images/Shutterstock; ***page 219***: wavebreakmedia/Shutterstock; ***page 220***: Absolunet.com; ***page 223***: Andrey_Popov/Shutterstock; ***page 226***: Africa Studio/Shutterstock; ***page 235***: Monkey Business Images/Shutterstock.

CHAPITRE 8

Page 246: Jong Kiam Soon/Shutterstock; ***page 248***: Gracieuseté de Physio Extra; ***page 249***: Gracieuseté de L-IPSE Services conseil inc.; ***page 253***: Monkey Business Images/Shutterstock; ***page 258***: Jacob Wackerhausen/iStockphoto; ***page 260***: Reed Saxon/AP Photo/CP Images; ***page 268***: EDHAR/Shutterstock.

Ouverture de la partie 4, des chapitres 9 à 13 et page C1: Olgysha/Shutterstock.

CHAPITRE 9

Page 282: tomocam/Shutterstock; ***page 284***: MTI, Bea Kallos/AP Photos; ***page 288***: Zhukov Oleg/Shutterstock; ***page 292***: Denis Farrell/AP Photo/CP Images; ***page 294***: Pressmaster/Shutterstock; ***page 296***: Photographie: Camirand Studio photographe/Gracieuseté de la Société conseil Lambda.

CHAPITRE 10

Page 320: Media Punch/© Rex Features 2013, tous droits réservés/CP Images; ***page 322***: ©Action Press, tous droits réservés/CP Images; ***page 340***: Dragon Images/Shutterstock; ***page 346***: Gracieuseté de La maison des leaders; ***page 348***: Gracieuseté de ReGain groupe conseil; ***page 351***: Gracieuseté de Marie-Pierre Dufort et Ugo Dionne, Bénévoles d'affaires; ***page 355***: Gracieuseté de Robert J. House, University of Pennsylvania.

CHAPITRE 11

Page 372: Wang Yishu/ChinaFotoPress/CP Images; ***page 387***: Christopher Parypa/Shutterstock; ***page 388***: higyou/Shutterstock; ***page 391***: Francis Vachon/CP Images; ***page 393***: Gracieuseté de Memostars.com/Photo de Maude Chauvin.

CHAPITRE 12

Page 405: StockLite/Shutterstock; ***page 406***: bikeriderlondon/Shutterstock; ***page 409***: Gracieuseté de Couche-Tard; ***page 414***: Kzenon/Shutterstock; ***page 416***: Gracieuseté de Biron Groupe Santé; ***page 424***: © Gracieuseté d'IDEO.

CHAPITRE 13

Page 433: BlueSkyImage/Shutterstock; ***page 439***: Pressmaster/Shutterstock; ***page 447***: vgstudio/Shutterstock; ***page 448***: StockLite/Shutterstock; ***page 449***: Jim West/Alamy; ***page 452***: James Mattil/Shutterstock; ***page 453***: Pressmaster/Shutterstock; ***page 455***: Rommel Canlas/Shutterstock.

Ouverture de la partie 5, des chapitres 14 à 17 et page C1: Supachart/Shutterstock.

CHAPITRE 14

Page 466: Gracieuseté du Groupement des chefs d'entreprise du Québec; ***page 468***: Gracieuseté de Sport Dinaco; ***page 471***: Gracieuseté de l'Université Laval; ***page 472***: arek_malang/Shutterstock; ***page 475***: QStock/Shutterstock; ***page 488***: Pressmaster/Shutterstock.

CHAPITRE 15

Page 502: Gracieuseté de Groupe Robert; ***page 503***: the adam design studio/Shutterstock; ***page 505***: Gracieuseté de Room to Read (www.roomtoread.org); ***page 507***: Solmax, Mineria Dolores, Mexique.

CHAPITRE 16

Page 541: XiXinXing/Shutterstock; ***page 545***: lsantilli/iStockphoto; ***page 547***: Paul Sakuma/AP Photo/CP Images; ***page 554***: Gracieuseté de Premier Tech; ***page 559***: Mario Beauregard/CP Images.

CHAPITRE 17

Page 570: iQoncept/Shutterstock; ***page 582***: Dragon Images/Shutterstock; ***page 584***: Svitlana Prada/iStockphoto; ***page 590***: Salvatore Sacco/Bell Canada/Newscom; ***page 595***: Paul Chiasson/CP Images; ***page 596***: Aaron Amat/Shutterstock.

Index

A

D

E

H

J

M

N

O

Q

R